D1726127

Marcus M. Payk
Frieden durch Recht?

Studien zur
Internationalen Geschichte

Herausgegeben von
Eckart Conze,
Julia Angster,
Marc Frey,
Johannes Paulmann

Band 42

Studien zur Internationalen Geschichte

Herausgegeben von
Eckart Conze,
Julia Angster,
Marc Frey,
Wilfried Loth und
Johannes Paulmann

Band 42

Marcus M. Payk

Frieden durch Recht?

Der Aufstieg des modernen Völkerrechts und der
Friedensschluss nach dem Ersten Weltkrieg

DE GRUYTER
OLDENBOURG

Gefördert aus Mitteln der VolkswagenStiftung

ISBN 978-3-11-057845-4
e-ISBN (PDF) 978-3-11-058148-5
e-ISBN (EPUB) 978-3-11-057916-1
ISSN 2190-149X

Library of Congress Control Number: 2018007277

Bibliografische Information der Deutschen Nationalbibliothek
Die Deutsche Nationalbibliothek verzeichnet diese Publikation in der Deutschen
Nationalbibliografie; detaillierte bibliografische Daten sind im Internet über
http://dnb.dnb.de abrufbar.

© 2018 Walter de Gruyter GmbH, Berlin/Boston
Titelbild: Pierre de Margerie vom französischen Außenministerium bringt den Band mit dem
deutschen Friedensvertrag am 28. Juni 1919 zur Unterzeichnung in das Versailler
Königsschloss ©Nationaal Archief/Collection Spaarnestad/Het Leven
Typesetting: bsix information exchange GmbH, Braunschweig
Printing and binding: CPI books GmbH, Leck

www.degruyter.com

Inhaltsverzeichnis

Einleitung

„La Paix du Droit est signée"[1], so lautete eine Schlagzeile in der französischen Presse einen Tag nach der Unterzeichnung des Versailler Vertrags, und man braucht nicht viel Phantasie, um sich die Empörung auszumalen, mit der eine solche Formulierung auf deutscher Seite gelesen wurde. Wohl entsprach der Begriff des Rechtsfriedens dem Grundtenor, den die alliierten und assoziierten Siegermächte bereits während des Weltkrieges angeschlagen hatten. Im Land des Kriegsverlierers war es jedoch nahezu unvorstellbar, das Friedensabkommen in Kategorien des Rechts und der Gerechtigkeit zu begreifen. Der Vertrag stehe in einem „schreienden Widerspruch zur Rechtsidee"[2], so hieß es dort, und von Beginn an verfocht die Reichsregierung die Ansicht, seit dem Notenwechsel zum Waffenstillstand von November 1918 einen vertraglichen Anspruch auf einen „echten" Rechtsfrieden zu besitzen.

Dass sich sowohl Sieger als auch Verlierer an erster Stelle auf das Recht berufen wollten, ist bemerkenswert. Wohl bei keinem anderen Friedensschluss der neuzeitlichen Geschichte spielen Bezüge auf Recht, Rechtlichkeit und Gerechtigkeit eine derart prominente Rolle wie nach dem Ersten Weltkrieg. Und diese Bedeutung erschöpfte sich nicht allein in einer vordergründigen Rhetorik, sondern schlug sich in einer präzedenzlosen Detailliertheit nieder. Allein der Versailler Vertrag umfasste 440 Artikel sowie zahlreiche Anlagen und Anhänge, und diesem ausgreifenden Regelungsanspruch standen die Abkommen mit den anderen Kriegsverlierern, die Verträge von Saint-Germain, Neuilly-sur-Seine, Trianon und Sèvres, keineswegs nach. Über die Gründe, warum ausgerechnet die Pariser Friedenskonferenz von 1919/20 die „mit Abstand längsten Friedensverträge der Vertragsgeschichte"[3] geschaffen hat, herrscht allerdings keine Einigkeit. Während einzelne Stimmen hierin das ehrliche Bemühen der Siegermächte erkennen, „in Detailbestimmungen Recht zu setzen, statt mit Pauschalformulierungen Macht zu demonstrieren"[4], verstehen nicht wenige Betrachter

---

1 La Paix du Droit est signée, in: Le Petit Journal v. 29.06.1919, S. 1.
2 Philipp Zorn, Der Friedensvertrag und das Recht, in: Deutsche Juristen-Zeitung v. 01.09.1920, Sp. 665–669, hier: Sp. 666.
3 Jörg Fisch, Krieg und Frieden im Friedensvertrag. Eine universalgeschichtliche Studie über Grundlagen und Formelemente des Friedensschlusses, Stuttgart 1979, S. 612.
4 Fritz Fellner, Die Friedensordnung von Paris 1919/20 – Machtdiktat oder Rechtsfriede? Versuch einer Interpretation, in: ders., Vom Dreibund zum Völkerbund. Studien zur Geschichte der internationalen Beziehungen 1882–1919, hrsgg. v. Heidrun Maschl u. Brigitte Mazhohl-Wallnig, Wien 1994, S. 305–320, hier: S. 306.

https://doi.org/10.1515/9783110581485-202

die „monströse Detailliertheit"[5] und das „Paragraphengewitter"[6] der Bestimmungen als besonders perfiden Versuch einer juristischen Fesselung und Knebelung.

Eine ähnliche Unsicherheit besteht für die grundsätzliche Einordnung des Pariser Friedensschlusses in die Entwicklung des Völkerrechts und der zunehmenden Verrechtlichung internationaler Politik. Die jüngere Forschung hat sich zwar der schrittweisen Ausdehnung globaler Rechtsverhältnisse seit dem 19. Jahrhundert auf vielfältige Weise gewidmet, motiviert nicht zuletzt von der markanten Expansion völkerrechtlicher Regelwerke seit den 1990er Jahren. Doch die eigentümlich isolierte, geradezu erratische Stellung der Friedensverträge nach dem Ersten Weltkrieg ist von diesem völkerrechtshistorischen Aufschwung bislang unangetastet geblieben. So werden Weltkrieg und Friedensschluss zwar häufig als epochale Schwelle für die Verwandlung eines „klassischen" in ein „modernes" Völkerrecht bezeichnet, welches die – zuvor angeblich unumschränkte – Souveränität der Staaten schrittweise immer weiter begrenzt habe, etwa durch die Einschränkung des freien Kriegsführungsrechts („ius ad bellum") oder durch die Ausbildung über- und suprastaatlicher Institutionen.[7] Doch bei näherer Betrachtung ist unklar, welche Rolle die Friedensverträge von 1919/20 in diesem Übergang spielen. Deutungen, welche über generalisierende Annahmen hinausgehen und explizit nach dem Stellenwert des Friedensschlusses in der Völkerrechtsgeschichte fragen, sind rar und lücken-

---

5 Peter Krüger, Versailles. Deutsche Außenpolitik zwischen Revisionismus und Friedenssicherung, 2. Aufl., München 1993, S. 13.
6 Karl Schwendemann, Versailles nach 15 Jahren. Der Stand der Revision des Versailler Diktats, Berlin 1935, S. 20.
7 Beispielhaft nur Wilhelm Grewe, Epochen der Völkerrechtsgeschichte, 2. Aufl., Baden-Baden 1988, S. 679, 685f.; David Kennedy, The Move to Institutions, in: Cardozo Law Review 8, H. 5 (1987), S. 841–988. Eine neuere Nachzeichnung dieses Umbruchs bei Arnulf Becker Lorca, Mestizo International Law. A Global Intellectual History 1842–1933, Cambridge, UK 2015, eine prototypische Aneignung durch die Politikwissenschaft bei Florian Pfeil, Globale Verrechtlichung. Global Governance und die Konstitutionalisierung des internationalen Rechts, Baden-Baden 2011, S. 282–285; Norman Paech/Gerhard Stuby, Machtpolitik und Völkerrecht in den internationalen Beziehungen. Ein Studienbuch, Baden-Baden 1994, S. 154–328. – Der Begriff des „modernen" Völkerrechts als Gegensatz zu einem „klassischen" Völkerrecht ist in ideenhistorischer Perspektive nicht unproblematisch, vgl. Wilhelm Grewe, Was ist „klassisches", was ist „modernes" Völkerrecht?, in: Alexander Böhm/Klaus Lüderssen/Karl-Heinz Ziegler (Hrsg.), Idee und Realität des Rechts in der Entwicklung internationaler Beziehungen. Festgabe für Wolfgang Preiser, Baden-Baden 1983, S. 111–131, hier: S. 131. Dazu auch: Randall Lesaffer, International Law and its History. The Story of an Unrequited Love, in: Matthew Craven/M. Fitzmaurice/Maria Vogiatzi (Hrsg.), Time, History and International Law, Leiden 2007, S. 27–41.

haft.[8] Auch wenn kaum noch von einem willkürlichen Gewaltfrieden gesprochen wird, der den wehrlosen Kriegsverlierern abgepresst worden sei,[9] liegen nur wenige empirische Untersuchungen zum Einfluss völkerrechtlicher Prinzipien oder juristischer Akteure vor.[10] Dass der Weltkrieg in hohem Maße ein Krieg um das Völkerrecht war[11], bleibt zumeist ebenso unberücksichtigt wie die Bedeutung längerfristiger normativer Erwartungen in den westlichen Gesellschaften seit dem ausgehenden 19. Jahrhundert. Einzelne Wortmeldungen, welche mit Blick auf die Begründung des Völkerbundes oder der Internationalen Arbeitsorganisation (ILO) von einem „wichtigen Schritt in Richtung einer neuen globalen Gesellschaftsordnung"[12] sprechen, tun dies in der Regel nicht ohne gleichzeitigen Hinweis auf die machtpolitische Unversöhnlichkeit, mit der etwa extensive Reparationsforderungen oder eine Stigmatisierung der Kriegsverlierer durchgesetzt worden seien. Eine ähnliche Entgegensetzung von Recht und Politik lässt sich für die Interpretation der friedensvertraglichen Strafbestimmungen feststellen, auch wenn diese mittlerweile weniger als moralische Diskriminierung denn als unzureichende Aufarbeitung staatlicher Verbrechen betrachtet werden.[13] In der Summe gilt der Friedensschluss jedenfalls meist als unausge-

---

8 Vgl. Thomas Würtenberger/Gernot Sydow, Versailles und das Völkerrecht, in: Gerd Krumeich (Hrsg.), Versailles 1919. Ziele, Wirkung, Wahrnehmung, Essen 2001, S. 35–52, daneben Christian Tomuschat, The 1871 Peace Treaty between France and Germany and the 1919 Peace Treaty of Versailles, in: Randall Lesaffer (Hrsg.), Peace Treaties and International Law in European History. From the Late Middle Ages to World War One, Cambridge, UK 2004, S. 382–396.

9 Vgl. aber Hans Fenske, Der Anfang vom Ende des alten Europa. Die alliierte Verweigerung von Friedensgesprächen 1914–1919, München 2013, S. 81–110. Skeptischer Duktus auch bei Hans-Christof Kraus, Versailles und die Folgen. Außenpolitik zwischen Revisionismus und Verständigung 1919–1933, Berlin 2013, S. 22–33.

10 Vgl. Peter Krüger, Völkerrecht und internationale Politik. Internationale Neuordnung nach dem Ersten Weltkrieg, in: Ulrich Lappenküper/Reiner Marcowitz (Hrsg.), Macht und Recht. Völkerrecht in den internationalen Beziehungen, Paderborn 2010, S. 207–232, hier: S. 216–221. Eine erste Skizze bei Annie Deperchin, Die französischen Juristen und der Versailler Vertrag, in: Krumeich (Hrsg.), Versailles 1919, S. 87–102.

11 Vgl. Isabel V. Hull, A Scrap of Paper. Breaking and Making International Law During the Great War, Ithaca, N.Y. 2014, bes. S. 1–15.

12 Antoine Fleury, Die Pariser Vorortverträge, in: Pim den Boer u.a. (Hrsg.), Europäische Erinnerungsorte, 3 Bde., München 2012, Bd. 2, Das Haus Europa, S. 505–513, hier: S. 508.

13 Für neuere Deutungen vgl. nur die entsprechenden Abschnitte bei Annette Weinke, Gewalt, Geschichte, Gerechtigkeit. Transnationale Debatten über deutsche Staatsverbrechen im 20. Jahrhundert, Göttingen 2016; Mark Lewis, The Birth of the New Justice. The Internationalization of Crime and Punishment, 1919–1950, Oxford 2014; Daniel Marc Segesser, Recht statt Rache oder Rache durch Recht? Die Ahndung von Kriegsverbrechen in der internationalen wissenschaftlichen Debatte 1872–1945, Paderborn 2010, daneben außerdem Jost Dülffer, Internationale Strafgerichtsbarkeit und die Friedensordnung nach dem Ersten Weltkrieg, in: Michaela

gorener Kompromiss zwischen widersprüchlichen Prinzipien, die sich angesichts einer drängenden Zeitnot und einer aufgepeitschten Öffentlichkeit kaum miteinander hätten versöhnen lassen: „[T]he treaty was the least bad compromise available at that difficult time"[14], heißt es etwa mit Blick auf das Versailler Abkommen.

Die vorliegende Studie hält solche Deutungen für unbefriedigend. Sie bezweifelt, dass der Friedensschluss mit dem Hinweis auf eine innere Widersprüchlichkeit zwischen „modernen und nichtmodernen Bestimmungen"[15] hinreichend charakterisiert ist, und sie hält es auch für eine Vereinfachung, einen völkerrechtlichen Fortschritt (Völkerbund, Selbstbestimmung, Abrüstung etc.) mit einer machtpolitischen Regression (Reparationen, Annexionen, Kolonialinteressen etc.) und moralischen Diffamierung (Kriegsschuld, verweigerte Amnestie etc.) zu verrechnen. Stattdessen wird eine neue Interpretation vorgeschlagen, welche nach dem Wechselverhältnis von normativen Erwartungen, völkerrechtlichen Begründungen und politischen Zwängen fragt und auf dieser Grundlage die rechtsförmige Gestalt des Friedens erklären möchte. Das bedeutet nicht, an die Friedensverträge mit einem programmatischen Maßstab heranzutreten oder sie als konzeptionell stringente Gebilde zu sehen; im Mittelpunkt steht vielmehr die vielgestaltige und vielförmige Bedeutung rechtlicher Aspekte im Prozess der Aushandlung, Entscheidungsfindung und Rechtfertigung.

Konkret lassen sich zwei wesentliche, miteinander verknüpfte Problemfelder identifizieren: Einerseits soll der Friedensschluss in längere Entwicklungslinien eingebettet und gefragt werden, inwieweit er durch die zunehmende Formalisierung und Institutionalisierung der Staatenverhältnisse seit dem 19. Jahrhundert geprägt war. Welchen Einfluss besaßen zeitgenössische Vorstellungen über den rechtlichen Zusammenhalt der europäischen Staatenwelt, über ihre zivilisatorischen Grundlagen und ihre Abgrenzung zur außereuropäischen Welt? Wie bedeutsam war das liberal-imperiale Fortschrittsbewusstsein der westli-

---

Bachem-Rehm/Claudia Hiepel/Henning Türk (Hrsg.), Teilungen überwinden. Europäische und internationale Geschichte im 19. und 20. Jahrhundert. Festschrift für Wilfried Loth, München 2014, S. 293–303. Grundlegend immer noch: Walter Schwengler, Völkerrecht, Versailler Vertrag und Auslieferungsfrage. Die Strafverfolgung wegen Kriegsverbrechern als Problem des Friedensschlusses 1919/20, Stuttgart 1982.

14 Jay M. Winter/Antoine Prost, The Great War. Historical Debates, 1914 to the Present, Cambridge, UK 2005, S. 51. Ähnlich Helmut Konrad, Drafting the Peace, in: Jay M. Winter (Hrsg.), The Cambridge History of the First World War, 3 Bde., Cambridge, UK 2014, Bd. 2, S. 606–637, hier: S. 363f.; Manfred F. Boemeke/Gerald D. Feldman/Elisabeth Glaser, Introduction, in: dies. (Hrsg.), The Treaty of Versailles. A Reassessment after 75 Years, New York 1998, S. 1–20, hier: S. 3.

15 So Ralph Blessing, Der mögliche Frieden. Die Modernisierung der Außenpolitik und die deutsch-französischen Beziehungen 1923–1929, München 2008, S. 47.

chen Gesellschaften und wie trug es zur normativen Rationalisierung des Weltkrieges wie des Friedensschlusses bei? Andererseits muss nach dem praktischen Stellenwert des Völkerrechts auf der Pariser Friedenskonferenz gefragt werden: In welchen Situationen und auf welche Weise waren rechtliche Argumente präsent? Wann und warum wurden Juristen während der Aushandlung der alliierten Friedensbedingungen hinzugezogen und in welchem Verhältnis standen sie zu anderen Akteuren? Welche bewussten oder unbewussten Selbstbindungen, welche kalkulierten Folgen und unbeabsichtigten Konsequenzen knüpften sich an eine Anrufung des Völkerrechts? Inwieweit lassen sich die Konturen einer „Pariser Ordnung" erkennen und wie lässt sich diese inhaltlich bestimmen?

Frieden und Recht: Konzeptionelle Überlegungen

Die Formel eines „Friedens durch Recht" gehört vielleicht zu den am stärksten emphatisch aufgeladenen Glaubenssätzen des Völkerrechts.[16] Die Vorstellung, dass sich politische Konflikte durch Recht vermeiden, eindämmen und bewältigen lassen würden, bestimmte schon die rudimentäre Feststellung einzelner Macht- und Territorialverhältnisse in einem vormodernen „Zwischen-Mächte-Recht" (H. Steiger), was sich nach dem Aufstieg der neuzeitlichen Staatenwelt erst in einem formalisierten Vertragsvölkerrecht fortsetzte, später dann in multilateralen Vereinbarungen und schließlich in universalen Normstrukturen von teils prä-konstitutioneller Geltungskraft. Das Ziel jeder Begründung rechtlicher Verhältnisse zwischen Kollektiven lag in einer Eindämmung willkürlicher Gewalt, kriegerischer Selbsthilfe und politischer Übermächtigung. Beschränkte sich diese friedensstiftende Kraft des Völkerrechts zunächst auf den formalen Abschluss eines Konfliktes, indem die entstandenen Machtverhältnisse in einem Friedensvertrag als neue Rechtsgrundlage fixiert wurden, so bildete sich spätestens im 19. Jahrhundert auch ein dezidiert völkerrechtliches Instrument der Kriegsverhütung heraus, etwa durch Mediation, „Gute Dienste", Arbitration, internationale Gerichtshöfe. In Verbindung mit den zeitgleichen Bemühungen, die im Krieg ausgeübte Gewalt durch ein Kriegsvölkerrecht („humanitäres Völkerrecht") zu zähmen, entstand die Erwartung einer friedensherstellenden und

---

16 Vgl. Lothar Brock, Frieden durch Recht. Anmerkungen zum Thema im historischen Kontext, in: Peter Becker/Reiner Braun/Dieter Deiseroth (Hrsg.), Frieden durch Recht?, Berlin 2010, S. 15–34; Wilhelm Grewe, Friede durch Recht?, Berlin 1985. Allgemein auch: Cecilia M. Bailliet/Kjetil Mujezinovic Larsen (Hrsg.), Promoting Peace through International Law, Oxford 2015; Patricia Schneider (Hrsg.), Frieden durch Recht. Friedenssicherung durch internationale Rechtsprechung und Rechtsdurchsetzung, Baden-Baden 2003.

friedensbewahrenden Funktion des Völkerrechts, welches die destruktiven Kräfte des Politischen durch regelgeleitete Prozeduren aufzufangen und einzuhegen versprach.[17]

Das ist eine nachvollziehbare Vorstellung, und doch ist die darin angelegte, stark normative Essentialisierung des Rechts mit ihren teleologischen Tendenzen aus historischer Sicht fragwürdig. Tritt man einen Schritt zurück, so lässt sich nicht nur leicht erkennen, dass Frieden und Recht variierenden Ausdeutungen unterliegen können. Die Annahme einer Einhegung der Politik durch das Recht setzt zudem eine vorlaufende Bestimmung und eindeutige Abgrenzung beider Bereiche voraus, die bei näherer Betrachtung fast immer schwierig ist. „It is impossible to make substantive decisions within the law which would imply no political choice"[18], so ist mit guten Gründen gerade für das Völkerrecht festgehalten worden. Das meint nichts anderes, als dass sich die Geltungskraft des Rechts, sein regulativer Einfluss auf die politischen Verhältnisse und damit auf die Schaffung eines zwischenstaatlichen Friedenszustands, kaum aus dem Rechtlichen selbst erklären lässt. Erst die Einbeziehung seiner Kontexte und Voraussetzungen vermag die Normativität des Rechts hinreichend zu erklären.[19]

Der Pariser Friedensschluss von 1919/20 erlaubt es, derartige Kontexte, Zuweisungen und Projektionen eines „Friedens durch Recht" im Detail zu rekonstruieren und damit festgefahrene Annahmen über die Bedeutung des Völkerrechts in der internationalen Politik neu zu überdenken. Gerade den Friedensmachern nach dem Ersten Weltkrieg wurde (und wird) typischerweise vorgeworfen, sich mit idealistischem Eifer und naivem Optimismus dem Völkerrecht verschrieben zu haben.[20] Bei näherer Betrachtung ergibt sich jedoch rasch ein

---

17 Vgl. nur Randall Lesaffer, Peace Treaties and the Formation of International Law, in: Bardo Fassbender/Anne Peters (Hrsg.), The Oxford Handbook of the History of International Law, Oxford 2012, S. 71–94; Randall Lesaffer (Hrsg.), Peace Treaties and International Law in European History. From the Late Middle Ages to World War One, Cambridge, UK 2004; Heinhard Steiger, Friede in der Rechtsgeschichte [2003], in: ders., Von der Staatengesellschaft zur Weltrepublik? Aufsätze zur Geschichte des Völkerrechts aus vierzig Jahren, Baden-Baden 2009, S. 293–355, außerdem: Fisch, Krieg und Frieden, bes. S. 4–17.

18 Martti Koskenniemi, Between Apology and Utopia. The Politics of International Law [1990], in: ders., The Politics of International Law, Oxford 2011, S. 35–62, hier: S. 61.

19 Das gilt selbstverständlich für die Geschichte des Rechts allgemein, vgl. nur Anthony Musson/Chantal Stebbings (Hrsg.), Making Legal History. Approaches and Methodologies, Cambridge, UK 2012.

20 Vgl. Robert J. Delahunty/John C. Yoo, Peace through Law? The Failure of a Noble Experiment, in: Michigan Law Review 106 (2008), S. 923–939, siehe auch Norman A. Graebner/Edward M. Bennett, The Versailles Treaty and its Legacy. The Failure of the Wilsonian Vision, New York 2011, auch Alexander Anievas, International Relations between War and Revolution.

weitaus undeutlicheres und widersprüchliches Bild. Schon die Gegenüberstellung einer zynisch-realistischen Machtpolitik, wie sie vorgeblich von europäischer Seite verfolgt worden sei, und einem illusionären „Wilsonianism" mit dem Ziel einer „rule of international law"[21] greift ins Leere; insbesondere der vielfach als Kronzeuge bemühte Woodrow Wilson zeigte, darauf wird diese Studie hinweisen, nur wenig Sympathie für das Völkerrecht. Ebenso wäre es kurzsichtig, die von allen Seiten erhobenen Forderungen nach einem Rechtsfrieden als Konsequenz einer bestimmten Programmatik zu begreifen. Die Anrufung des Rechts folgte, so die untersuchungsleitende Vermutung, weniger einem strategischem Kalkül als politischen Zwängen, Erwartungen und Bindungen großer normativer Kraft.

Damit wird der zentrale Ansatz der vorliegenden Untersuchung greifbar: Es geht weniger um eine Einordnung des Pariser Friedensschlusses in die Entwicklungsgeschichte des Völkerrechts als darum, die Bedeutung von völkerrechtlichen Ansprüchen, Argumenten und Akteuren in der Entstehung der Friedensverträge auszuloten. Die historische Beschäftigung mit Fragen des Rechts, der Rechtlichkeit und Rechtsförmigkeit muss, so der hier vertretene Anspruch, konzeptionell über die Bahnen einer Rechtsgeschichte klassischen Zuschnitts hinausgeführt werden. Anstatt die Rekonstruktion juristischer Aspekte im Rahmen einer etablierten Völkerrechtsgeschichte vorzunehmen, ist es notwendig, einen Schritt zurückzutreten und die Bedeutung des Rechts, seine politische Funktionalisierung wie seine unverfügbare Eigenlogik, in einzelnen historischen Situationen auszuloten.

Eine solche kontextualisierende Perspektive auf rechtliche Phänomene ist sowohl in der Rechts- wie in der Geschichtswissenschaft bemerkenswert selten anzutreffen. Die historische Auseinandersetzung mit dem Völkerrecht hat im vergangenen Jahrzehnt zwar einen beachtlichen Aufschwung genommen, auch jenseits der Sonderkonjunktur in einzelnen Feldern wie der Geschichte der Menschenrechte, des Völkerstrafrechts oder des humanitären Völkerrechts.[22] Doch

---

Wilsonian Diplomacy and the Making of the Treaty of Versailles, in: International Politics 51, H. 5 (2014), S. 619–647. Noch die holzschnittartige Entgegensetzung von „Idealismus" und „Realismus" in den Theorien internationaler Beziehungen lässt sich bekanntermaßen auf diese Auseinandersetzungen zurückführen, als klassische Darstellung vgl. Edward H. Carr, The Twenty Years' Crisis, 1919–1939. An Introduction to the Study of International Relations [1946], 2. Aufl., London 1964.

21 Patrick O. Cohrs, The Unfinished Peace after World War I. America, Britain and the Stabilisation of Europe, 1919–1932, Cambridge, UK, New York 2006, S. 33.

22 Als neuere Darstellungen vgl. hier nur Stephen C. Neff, Justice among Nations. A History of International Law, Cambridge, Mass. 2014; Harald Kleinschmidt, Geschichte des Völkerrechts im Krieg und Frieden, Darmstadt 2013; Emmanuelle Jouannet, The Liberal-Welfarist Law of Nations. A History of International Law, Cambridge, UK, New York 2012; Luigi Nuzzo/Miloš

in der dezidiert völkerrechtshistorischen Forschung, um zunächst bei dieser zu bleiben, sind die meisten Darstellungen in ihrem Anliegen und methodischen Repertoire weiterhin dogmatisch-ideengeschichtlich, teils auch disziplinär-wissenschaftsgeschichtlich ausgerichtet.[23] Der Kontext einzelner Normen, Rechtsinstitute oder Juristen wird vielfach als unerwünschter äußerer Einfluss rationalisiert und in der Betrachtung ausgeklammert, wenigstens aber als „historiography of something else"[24] beargwöhnt. Erst in Ansätzen ist in der Völkerrechtslehre eine Auseinandersetzung mit der Historizität des eigenen Gegenstandes zu beobachten.[25] Auf einer metareflexiven Ebene wird zwar seit längerer Zeit über Außenperspektiven auf juridische Phänomene nachgedacht; hier sind dann auch Forderungen zu vernehmen, dass das Völkerrecht stärker als „myth and ritual in the international community and within nation-states"[26] behandelt werden solle und dass sein rationalistisches, fortschrittsoptimistisches Pathos auf seine Symbolik[27] oder auf seine Fremdartigkeit, Irrationalität oder Emotionalität befragt werden müsse.[28] Gleichzeitig bleiben derartige Vorstöße histo-

---

Vec (Hrsg.), Constructing International Law. The Birth of a Discipline, Frankfurt a.M. 2012, schließlich vor allem Bardo Fassbender/Anne Peters (Hrsg.), The Oxford Handbook of the History of International Law, Oxford 2012. Siehe auch die Übersichten von Frederik Dhondt, Recent Research in the History of International Law, in: Tijdschrift voor Rechtsgeschiedenis 84, 1/2 (2016), S. 313–334; Marcus M. Payk, Institutionalisierung und Verrechtlichung: Die Geschichte des Völkerrechts im späten 19. und frühen 20. Jahrhundert, in: Archiv für Sozialgeschichte 52 (2012), S. 861–883.

23 Vgl. Andreas Arnauld (Hrsg.), Völkerrechtsgeschichte(n). Historische Narrative und Konzepte im Wandel, Berlin 2017; Jörg Fisch, Völkerrecht, in: Jost Dülffer/Wilfried Loth (Hrsg.), Dimensionen internationaler Geschichte, München 2012, S. 151–168; Ingo Hueck, Völkerrechtsgeschichte. Hauptrichtungen, Tendenzen, Perspektiven, in: Wilfried Loth/Jürgen Osterhammel (Hrsg.), Internationale Geschichte, München 2000, S. 267–285.

24 Rose Parfitt, The Spectre of Sources, in: EJIL 25, H. 1 (2014), S. 297–306, hier: S. 302.

25 Vgl. Matthew Craven, Theorizing the Turn to History in International Law, in: Anne Orford/Florian Hoffmann (Hrsg.), The Oxford Handbook of the Theory of International Law, Oxford 2016, S. 21–37. Siehe auch Martti Koskenniemi, A History of International Law Histories, in: Fassbender/Peters (Hrsg.), Oxford Handbook, S. 943–971; Heinhard Steiger, Was heißt und zu welchem Ende studiert man Völkerrechtsgeschichte? [2011], in: ders., Universalität und Partikularität des Völkerrechts in geschichtlicher Perspektive. Aufsätze zur Völkerrechtsgeschichte 2008–2015, Baden-Baden 2015, S. 49–62.

26 Hilary Charlesworth/David Kennedy, Afterword: and Forward. There Remains so Much We do not Know, in: Anne Orford (Hrsg.), International Law and its Others, Cambridge, UK 2006, S. 401–408, hier: S. 407.

27 Vgl. Andrea Bindig, Humanitäres Völkerrecht als symbolische Form. Zur Normativität humanitären Völkerrechts im Spiegel der Philosophie der symbolischen Formen Ernst Cassirers, Tübingen 2015.

28 Vgl. Gerry J. Simpson, The Sentimental Life of International Law, in: London Review of International Law 3, H. 1 (2015), S. 3–29.

risch oft unbestimmt, weil sie das Interesse am Recht in den Vordergrund stellen, weniger seine quellengestützte Einbettung in die Vielfältigkeit und Uneindeutigkeit vergangener Lebenswirklichkeiten.

Umgekehrt hat auch die allgemeine Geschichtswissenschaft oft nur wenig zum historischen Verständnis des Völkerrechts und seinen vielschichtigen Bedeutungen beizutragen. Innerhalb einer Geschichte der internationalen Beziehungen erscheint das Völkerrecht bemerkenswert häufig als abgekapselte Nebenform einer traditionalen Staatengeschichte. Diese Zurückhaltung mag aus der Unsicherheit rühren, wie dem Selbstbewusstsein des juristischen Standes beizukommen ist, der die Geschichte des Rechts oft als eigene Domäne behauptet und mit exklusiven Zugangsvoraussetzungen bewehrt. Sie lässt sich aber auch aus einer tradierten Geschichtsschreibung erklären, die lange Zeit von einem Primat außenpolitischer Machtentfaltung ausging und das Völkerrecht nur als mittelbare Ableitung ohne eigenen Wert begriffen hat; die völkerrechtlichen Aspekte des Pariser Friedens von 1919/20 sind darum häufig als „Einbruch der Ideologie"[29] oder „Einbruch des moralisierenden Denkens"[30] in eine zwischenstaatliche Macht- und Interessenpolitik interpretiert worden.[31]

Derartige Auffassungen werden kaum noch ernsthaft vertreten. Auch wer sich mit klassischen Problemen von Stabilität, Machtverteilung und Friedenserhalt im Staatensystem beschäftigt, veranschlagt den Einfluss von Normen und Institutionen, Rechten und Regeln inzwischen denkbar hoch.[32] Dahinter steht ein markanter Wandel der politischen und gesellschaftlichen Werthorizonte, in denen – insbesondere in Deutschland – das Völkerrecht inzwischen zu einem

---

29 Peter Grupp, Deutsche Außenpolitik im Schatten von Versailles 1918–1920. Zur Politik des Auswärtigen Amts vom Ende des Ersten Weltkriegs und der Novemberrevolution bis zum Inkrafttreten des Versailler Vertrags, Paderborn 1988, S. 67.

30 Krüger, Versailles, S. 30.

31 Ähnlicher Tenor bei Hellmuth Rößler (Hrsg.), Ideologie und Machtpolitik 1919. Plan und Werk der Pariser Friedenskonferenzen 1919, Göttingen 1966.

32 Als Beispiel hier nur Matthias Schulz, Normen und Praxis. Das Europäische Konzert der Großmächte als Sicherheitsrat 1815–1860, München 2009, bes. S. 13–16, daneben klassisch: Paul W. Schroeder, The Transformation of European Politics, 1763–1848, Oxford 1994. Siehe auch Friedrich Kießling, Macht, Recht, Legitimität. Aufstieg und Verfall von Verrechtlichung und kollektiver Sicherheit in den internationalen Beziehungen der Zwischenkriegszeit, in: Lappenküper/Marcowitz (Hrsg.), Macht und Recht, S. 181–206, aus anderer Perspektive etwa Niels P. Petersson, Anarchie und Weltrecht. Das Deutsche Reich und die Institutionen der Weltwirtschaft 1890–1930, Göttingen 2009. Allgemeine Überlegungen bei Jost Dülffer, Recht, Normen und Macht, in: Dülffer/Loth (Hrsg.), Dimensionen internationaler Geschichte, S. 169–188; Eckart Conze, Abschied von Staat und Politik? Überlegungen zur Geschichte der internationalen Politik, in: Eckart Conze/Ulrich Lappenküper/Guido Müller (Hrsg.), Geschichte der internationalen Beziehungen. Erneuerung und Erweiterung einer historischen Disziplin, Köln 2004, S. 15–43.

eigenständigen Gegenüber einer nationalen Machtpolitik avanciert ist, zu einem populären Maßstab der Staatenpraxis und einer höherrangigen Antithese großer moralischer Kraft.[33] Doch so sympathisch die Hochschätzung des internationalen Rechts sein mag: Das historische Erklärungspotential einer derartigen Apologie ist begrenzt. Anstatt einen aufsteigenden, wiewohl „mühsamen Weg der Verrechtlichung" zu entwerfen, auf dem der Fortschritt des Völkerrechts „noch nicht an sein Ende gekommen"[34] sei, muss die Historiographie auf eine nüchternere, auch kritischere Weise mit Phänomenen des Rechts umgehen können. Nur aus der Distanz lässt sich erkennen, dass die markante Verrechtlichung der internationalen Beziehung, wie sie sich seit der zweiten Hälfte des 19. Jahrhunderts unverkennbar beschleunigte, nicht notwendig einen Gegenpol zu einer interessengeleiteten Machtpolitik darstellte, sondern selbst den unterschiedlichen Leitideen, Formationen und Konstellationen des Politischen einer Zeit entsprungen war.[35]

Eine Reduktion des Rechts auf ein bloßes Epiphänomen von Machtlagen wäre gleichwohl wieder zu kurz gegriffen. Durch seine Verbindlichkeitsstruktur lässt sich das Recht nie auf einen simplen Ausdruck oder auf ein bloßes Objekt von Herrschaftsverhältnissen reduzieren. Es handelt sich um eine eigenlogische Größe, deren subjektive Geltungskraft sich jeder direkten Steuerung entzieht, ja, in deren Unverfügbarkeit erst ihr eigentlicher (und eben auch politischer) Wert liegt.[36] Unabhängigkeit und Invarianz sind, um mit Niklas Luhmann zu

---

33 Vgl. Ulrich R. Haltern, Was bedeutet Souveränität?, Tübingen 2007, S. 75–97.

34 Martin Löhnig/Mareike Preisner, Das Haager Kriegsvölkerrecht – Scheitern und Ruhm, in: Martin Löhnig/Mareike Preisner/Thomas Schlemmer (Hrsg.), Krieg und Recht. Die Ausdifferenzierung des Rechts von der ersten Haager Friedenskonferenz bis heute, Regenstauf 2014, S. 9–24, hier: S. 23. Ähnlich: Eckart Conze, Völkerstrafrecht und Völkerstrafrechtspoltik, in: Dülffer/Loth (Hrsg.), Dimensionen internationaler Geschichte, S. 189–209; Ulrich Lappenküper/Reiner Marcowitz, Einführung, in: Lappenküper/Marcowitz (Hrsg.), Macht und Recht, S. IX–XXIII; Segesser, Recht statt Rache, S. 394–416.

35 Vgl. Miloš Vec, From the Congress of Vienna to the Paris Peace Treaties of 1919, in: Fassbender/Peters (Hrsg.), Oxford Handbook, S. 654–678, hier: S. 671–673; ders., Verrechtlichung internationaler Streitbeilegung im 19. und 20. Jahrhundert? Beobachtungen und Fragen zu den Strukturen völkerrechtlicher Konfliktaustragung, in: Serge Dauchy/Miloš Vec (Hrsg.), Les conflits entre peuples. De la résolution libre à la résolution imposée, Baden-Baden 2011, S. 1–23, hier: S. 7–11; ders., Recht und Normierung in der industriellen Revolution. Neue Strukturen der Normsetzung in Völkerrecht, staatlicher Gesetzgebung und gesellschaftlicher Selbstnormierung, Frankfurt a.M. 2006, S. 15–20, aber etwa auch Fisch, Völkerrecht, S. 155 u.ö.; Steiger, Friede in der Rechtsgeschichte, S. 345. Zurückhaltender: Dülffer, Recht, Normen und Macht, S. 175, 179. Zur Herkunft des Begriffes siehe Otto Kirchheimer, Zur Staatslehre des Sozialismus und Bolschewismus, in: Zeitschrift für Politik 17 (1928), S. 593–611, der als Verrechtlichung eine Tendenz zur formalistisch-juristischen Entpolitisierung gesellschaftlicher Konflikte kritisierte.

36 Vgl. Brock, Frieden durch Recht, S. 31.

sprechen, der „Sinn des Rechts"[37], und seine vielzitierte Formulierung einer „Legitimation durch Verfahren" verweist nicht zuletzt auf den Umstand, dass Äußerlichkeit und Formalität entscheidende Kriterien darstellen, um das Recht von instabilen Machtlagen und inneren Überzeugungen abzugrenzen und ihm eine Geltungskraft eigener Art zuzuweisen.[38] Bezogen auf diese Studie bedeutet das: Wenngleich das Völkerrecht zu unterschiedlichen Zwecken mobilisiert und instrumentalisiert werden kann, so ist es in seinen Formen, Bedeutungen, Konsequenzen nie frei verfügbar und eindeutig vorherbestimmbar.

Entgegen der intuitiven Vorstellung von seiner statischen, unpolitischen, friedensstiftenden Gestalt soll Recht hier als diskursives Phänomen mit beträchtlicher Dynamik und einer eigenen Geschichts- und Politikmächtigkeit begriffen werden.[39] Insofern wird nicht nur davon ausgegangen, dass das Völkerrecht – ebenso wie die ihm zugrundeliegenden Denkbilder zu Staat, Vertrag oder internationaler Gemeinschaft[40] – zu unterschiedlichen Zeiten unterschiedliche Dinge meinte, sondern es soll auch nach seiner Wirksamkeit und eigenständigen Bedeutung im historischen Verlauf gefragt werden. Anders formuliert: Völkerrecht wird nicht allein als das Resultat eines geschichtlichen Prozesses angesehen, nicht als „Speichermedium der Konflikterinnerung"[41] oder als das Ergebnis einer kollektiven Lernerfahrung der Menschheit im Sinne eines „challenge and response"-Modells. Es war und ist stets selbst ein zentraler Bestandteil von Konflikten, Auseinandersetzungen und Deutungskämpfen. Aus diesem Grund sind es nicht allein die verschiedenen Rechtssätze der Friedensverträge, welche zu einer historischen Analyse auffordern, sondern gleichermaßen die dahinterstehenden normativen Erwartungen bereits der Zeitgenossen, ihr progressiver Anspruch einer Pazifikation des Politischen und ihr ebenso li-

---

37 Niklas Luhmann, Legitimation durch Verfahren, 9. Aufl., Frankfurt a.M. 2013, S. 143.
38 Ebenda.
39 Ein vergleichbares konzeptionelles Interesse an einem „contest of ideas moulded in the idiom of law" bei Kim C. Priemel, The Betrayal. The Nuremberg Trials and German Divergence, Oxford 2016, S. 15.
40 Eine nomothetische Annahme, welche im Völkerrecht ein überhistorisches Phänomen erkennt, welches es in funktional äquivalenter Form zu allen Zeiten gegeben habe, etwa bei Karl-Heinz Ziegler, Völkerrechtsgeschichte. Ein Studienbuch, 2., durchges. u. erg. Aufl., München 2007, S. 1f. Für eine andere Perspektive siehe hingegen Ernst Baltrusch, Außenpolitik, Bünde und Reichsbildung in der Antike, München 2008, S. 15–26.
41 Vgl. Stefan Troebst, Speichermedium der Konflikterinnerung. Zur osteuropäischen Prägung des modernen Völkerrechts, in: Zeitschrift für Ostmitteleuropa-Forschung 61, H. 3 (2012), S. 405–432.

berales wie imperiales Sendungsbewusstsein aus dem Geist des späten 19. Jahrhunderts.[42]

Gegenstände und Grundlagen der Untersuchung

Die Studie behandelt zunächst Aspekte internationaler Verrechtlichung vom ausgehenden 19. Jahrhundert bis zum Ende des Weltkriegs, in größerem Detail sodann die Pariser Friedenskonferenz von 1919/20, ergänzt um die endgültigen Friedensregelungen mit der Türkei durch das Lausanner Abkommen von 1923. Erschlossen wird dieser Untersuchungszeitraum durch eine Kombination politik-, kultur- und rechtshistorischer Zugriffe, die sich in abstrahierter Form den folgenden beiden Gegenstandsbereichen zuordnen lassen:

(1.) Einerseits beschäftigt sich die Studie mit der Geschichte des Völkerrechts, die lange Zeit als Ideen- und Wissenschaftsgeschichte betrieben wurde, sich mittlerweile aber erheblich ausdifferenziert hat. Während klassische Darstellungen, in denen das Völkerrecht als ein geschlossenes, geradezu überzeitliches Denksystem begriffen wurde, an Überzeugungskraft eingebüßt haben, hat die Ausdifferenzierung der völkerrechtshistorischen Forschung in den letzten Jahrzehnten eine Fülle neuer Einsichten in die Biographien, Netzwerke und akademischen Institutionen zusammengetragen.[43] Dabei wurde nicht nur die Meistererzählung einer linearen Universalisierung europäischer Doktrinen, Normen und Werte schrittweise relativiert, sondern auch die Eigenlogik völkerrechtlicher Argumente und Akteure stärker in den Vordergrund gerückt, etwa in Hinweisen auf die juristische Rechtfertigung des Kolonialismus oder auf Aneignungsprozesse innerhalb der außereuropäischen Welt.[44]

---

42 Für Überlegungen in diese Richtung vgl. Nathaniel Berman, Passion and Ambivalence. Colonialism, Nationalism, and International Law, Leiden, Boston 2012, S. XIf. Weitere Hintergründe etwa bei Mark Mazower, Governing the World. The History of an Idea, New York 2012, S. 13–115.

43 Eindrücke bei Bardo Fassbender/Anne Peters, Towards a Global History of International Law, in: dies. (Hrsg.), Oxford Handbook, S. 1–24; Matthew Craven/M. Fitzmaurice/Maria Vogiatzi (Hrsg.), Time, History and International Law, Leiden 2007. Außerdem: Michael Stolleis, Zur Ideengeschichte des Völkerrechts 1870–1939, in: Lutz Raphael/Heinz-Elmar Tenorth (Hrsg.), Ideen als gesellschaftliche Gestaltungskraft im Europa der Neuzeit. Beiträge für eine erneuerte Geistesgeschichte, München 2006, S. 161–170.

44 Vgl. hier nur Becker Lorca, Mestizo International Law; Turan Kayaoğlu, Legal Imperialism. Sovereignty and Extraterritoriality in Japan, the Ottoman Empire, and China, Cambridge, UK 2010; Antony Anghie, Imperialism, Sovereignty and the Making of International Law, Cambridge, UK 2005. Eine Differenzierung dieser oft moralisch-normativ einäugigen Perspektive fordert Umut Özsu, Agency, Universality, and the Politics of International Legal History, in:

Daran kann hier mit dem Versuch angeschlossen werden, die disziplinäre Entwicklung des Völkerrechts noch stärker mit der Dynamik internationaler Politik zu verbinden und dazu insbesondere nach der Rolle, Funktion und Tätigkeit von Juristen in der Außenpolitik und Diplomatie zu fragen. Zwar liegen einflussreiche Deutungen vor, welche den Aufschwung der Völkerrechtswissenschaft ab den 1860er Jahren auf ein neues Verständnis nicht nur der völkerrechtlichen Theorie, sondern gerade auch der Praxis zurückführen.[45] Doch wenn man sich nicht ganz auf eine abstrahierte Staatenpraxis beschränkt – oder auf das, was die Völkerrechtslehre als solche konstruiert –, so ist unsicher, was überhaupt als völkerrechtliche Praxis begriffen werden kann.[46] Es liegen nur wenige Überlegungen vor, wie sich ein juristisches Tun auf diplomatischer Ebene erfassen lässt.[47] Weder über die Einführung von Rechtsabteilungen in den Außenämtern ab den 1880er Jahren lassen sich belastbare Aussagen formulieren, noch hat die Einbindung von Rechtsberatern in den außenpolitischen Verfahrensgang, von wenigen Ausnahmen abgesehen, bislang adäquate historische Betrachtung gefunden.[48] Auch die vorliegende Untersuchung kann dieses Feld nicht systematisch erschließen. Sie will es anhand einzelner Personen und Tätigkeitsfelder aber wenigstens so weit aufhellen, dass ein erster Einblick in den üblicherweise hinter den Kulissen des Protokolls agierenden Kreis der juristischen Berater, der Rechtskonsulenten und diplomatisch beauftragten Profes-

---

Harvard ILJ 52 (2010), S. 58–72. Siehe auch Heinhard Steiger, Universalität und Partikularität des Völkerrechts in geschichtlicher Perspektive. Aufsätze zur Völkerrechtsgeschichte 2008–2015, Baden-Baden 2015.

45 So die These des mittlerweile wohl am häufigsten zitierten Werks zur modernen Völkerrechtsgeschichte: Martti Koskenniemi, The Gentle Civilizer of Nations. The Rise and Fall of International Law 1870–1960, Cambridge, UK 2002. Siehe aber die Kritik von A.W. Brian Simpson, in: AJIL 96, H. 4 (2002), S. 995–1000, und von Anthony Carty, The Evolution of International Legal Scholarship in Germany during the Kaiserreich and the Weimarer Republic (1871–1933), in: German Yearbook of International Law 50 (2007), S. 29–90, hier: S. 34–37.

46 Vgl. Anthony Carty, Doctrine versus State Practice, in: Fassbender/Peters (Hrsg.), Oxford Handbook, S. 972–996.

47 Vgl. Frederik Dhondt, Looking Beyond the Tip of the Iceberg. Diplomatic Praxis and Legal Culture in the History of Public International Law, in: Rechtskultur. Zeitschrift für Europäische Rechtsgeschichte 2 (2013), S. 31–42; Gerry J. Simpson, International Law in Diplomatic History, in: James Crawford/Martti Koskenniemi (Hrsg.), The Cambridge Companion to International Law, Cambridge, UK, New York 2012, S. 25–46; Jean-Michel Guieu/Dzovinar Kévonian, Introduction. Juristes et relations internationales, in: Relations internationales 149 (2012), S. 3–11.

48 Als Ausnahmen: Gerhard Stuby, Vom „Kronjuristen" zum „Kronzeugen". Friedrich Wilhelm Gaus. Ein Leben im Auswärtigen Amt der Wilhelmstraße, Hamburg 2008; Anthony Carty/Richard A. Smith, Sir Gerald Fitzmaurice and the World Crisis. A Legal Adviser in the Foreign Office, Den Haag 2000. Siehe auch Dhondt, Recent Research, S. 324–326.

soren gewonnen werden kann.[49] Es sollen die Zusammenhänge von politischer Entscheidung und juristischer Beratung greifbar gemacht und zugleich über Gemeinsamkeiten und Unterschiede zu anderen Formen der Expertise nachgedacht werden.[50]

Darüber hinaus will die vorliegende Untersuchung die historische Betrachtung des Völkerrechts aber noch weiter für politische, soziale oder kulturelle Einflüsse öffnen. Wenn in der vorliegenden Untersuchung von normativen Erwartungen oder von rechtsförmigen Weltvorstellungen gesprochen wird, so hat dies mit dem etablierten Rechtsbegriff von Jurisprudenz und Jurisdiktion zunächst wenig zu tun, sondern will den – fraglos oberflächlichen, darum aber nicht bedeutungslosen – Bezug auf völkerrechtliche Argumente außerhalb der eigentlichen Rechtslehre erfassen. Der Aufstieg des Völkerrechts zum Ende des 19. Jahrhunderts war, so eine untersuchungsleitende These, maßgeblich dadurch bedingt, dass er die Erwartungen der westeuropäisch-nordamerikanischen Gesellschaften an eine bestimmte Ordnung der internationalen Beziehungen in greifbarer Weise untermauerte und ihnen einen moralisch hochwertigen Ausdruck gab. Erst die Einbeziehung politischer Reden oder publizistischer Äußerungen erlaubt es, derartige normative Begriffe und Kategorien jenseits einer etablierten Ideengeschichte des Völkerrechts sichtbar zu machen. Für die vorliegende Untersuchung sind diese Überlagerungs- und Resonanzräume des Völkerrechts zentral, da sie erst verständlich machen können, warum Weltkrieg wie Friedensschluss eine spezifisch völkerrechtliche Aufladung erfahren konnten.

---

49 Einblicke aus einer Gegenwartsperspektive bei Matthew Windsor, Consigliere or Conscience? The Role of the Government Legal Adviser, in: Jean d'Aspremont u.a. (Hrsg.), International Law as a Profession, Cambridge 2017, S. 355–388; Andraž Zidar, Interpretation and the International Legal Profession. Between Duty and Aspiration, in: Andrea Bianchi/Daniel Peat/Matthew Windsor (Hrsg.), Interpretation in International Law, Oxford 2015, S. 133–146. Außerdem: David Kennedy, A World of Struggle. How Power, Law, and Expertise Shape Global Political Economy, Princeton 2016, S. 218–276.
50 Die Beteiligung von Experten in der Außenpolitik hat in letzter Zeit einige Aufmerksamkeit gefunden, vgl. nur Bernhard Struck/Davide Rodogno/Jakob Vogel (Hrsg.), Shaping the Transnational Sphere: Experts, Networks, Issues, New York 2013; Johannes Paulmann, Reformer, Experten und Diplomaten. Grundlagen des Internationalismus im 19. Jahrhundert, in: Hillard v. Thiessen (Hrsg.), Akteure der Außenbeziehungen. Netzwerke und Interkulturalität im historischen Wandel, Köln 2010, S. 173–197, in diese Richtung u.a. auch Isabella Löhr/Roland Wenzlhuemer (Hrsg.), The Nation State and Beyond. Governing Globalization Processes in the Nineteenth and Early Twentieth Centuries, Berlin, Heidelberg 2013; Madeleine Herren, Hintertüren zur Macht. Internationalismus und modernisierungsorientierte Außenpolitik in Belgien, der Schweiz und den USA 1865–1914, München 2000. Speziell für die Friedenskonferenz, mit allerdings überholtem Ansatz, siehe Dimitri Kitsikis, Le rôle des experts à la conférence de la paix de 1919. Gestation d'une technocratie en politique internationale, Ottawa 1972.

(2.) Auf einer zweiten Ebene untersucht die Studie diplomatische Begegnungen und Verhandlungen von den Haager Konferenzen 1899/1907 über den Ersten Weltkrieg bis zur Pariser Friedenskonferenz von 1919/20; punktuell werden noch die Folgegespräche in London, San Remo und vor allem Lausanne 1922/23 einbezogen. Diese Betrachtung soll sich nicht auf eine klassische Geschichte der internationalen Beziehungen beschränken; dazu findet sich eine uferlose Forschungsliteratur. In Anlehnung an jüngere Konzepte wird vielmehr ein Zugriff verfolgt, der die Handlungsräume, Verhaltensmuster und Sinnhorizonte einzelner Akteure und Akteursgruppen in den Mittelpunkt stellt.[51] Nur so lässt sich der konkrete Einfluss von normativen Erwartungen und völkerrechtlichen Argumenten ausloten, und nur auf diese Weise kann die Funktion und Stellung von Juristen in der internationalen Politik und Diplomatie erschlossen werden.

Dieser Blick auf Individuen in außenpolitischen Kontexten – neben Diplomaten, Politikern und Juristen wären noch Journalisten zu nennen – konzentriert sich vorrangig auf Personen aus Frankreich, Großbritannien und den USA, beschränkt sich also auf die dominanten drei Staaten aus dem Kreis der alliierten und assoziierten Siegermächte von 1918. Daneben werden deutsche Vertreter betrachtet, punktuell die Repräsentanten weiterer Staaten. Eine solche Auswahl mag als wenig originell gelten und einer immer wieder angemahnten globalgeschichtlichen Erweiterung wenig angemessen erscheinen.[52] Sie folgt aber den historischen Bedingungen. Einerseits lässt sich die hier in den Vordergrund gestellte Entstehung der Vertragstexte ohne vorrangigen Blick auf die amerikanischen, britischen oder französischen Vertreter schwerlich rekonstruieren; schon die italienischen und japanischen Vertreter standen vielfach so sehr am Rande, dass sich über sie kaum die allgemeine Debatte erschließen lässt. Andererseits soll mit dieser Schwerpunktsetzung keineswegs gesagt sein, dass die im Friedensschluss enthaltene Universalisierung westlicher Ordnungsvorstellungen ein unausweichlicher Prozess gewesen sei; vielmehr sollen gerade die his-

---

51 Vgl. Johannes Paulmann, Diplomatie, in: Dülffer/Loth (Hrsg.), Dimensionen internationaler Geschichte, S. 47–64; Hillard v. Thiessen (Hrsg.), Akteure der Außenbeziehungen. Netzwerke und Interkulturalität im historischen Wandel, Köln 2010. Allgemein zum „international turn" des frühen 20. Jahrhunderts siehe auch Glenda Sluga, Internationalism in the Age of Nationalism, Philadelphia 2013, S. 11–44; Jürgen Osterhammel, Die Verwandlung der Welt. Eine Geschichte des 19. Jahrhunderts, 4., durchges. Aufl., München 2009, S. 723–735; Herren, Hintertüren zur Macht, S. 507–513.
52 Für die Völkerrechtsgeschichte: Fassbender/Peters, Towards a Global History, S. 11–14. Als allgemeiner Überblick auch Madeleine Herren, Diplomatie im Fokus der Globalgeschichte, in: Neue Politische Literatur 61, H. 3 (2016), S. 413–438.

torischen Bedingungen und widersprüchlichen Voraussetzungen dieser Entwicklung nachgezeichnet werden.

Daneben stützt sich der die Untersuchung auf einen kulturhistorisch sensibilisierten Begriff von Politikgeschichte, wie er seit über einem Jahrzehnt fest etabliert und inzwischen auch in der Geschichte der internationalen Politik, der Außenpolitik- und Diplomatiegeschichte gut verankert ist.[53] Entsprechend geht es weniger um vermeintlich objektive Gesetzmäßigkeiten, Kausalitäten oder Strukturen, sondern an erster Stelle um Erwartungen und Deutungen, um Sinnhorizonte, kommunikative Praktiken und symbolisches Handeln, in denen sich Machtbeziehungen ausdrücken. Dabei sind die folgenden konzeptionellen Ergänzungen zu machen, um rechtliche Aspekte adäquat einzubeziehen: Auf der einen Seite wird eine rhetorische oder propagandistische Inanspruchnahme des Völkerrechts ernst genommen, insofern sie nicht als anstößige Instrumentalisierung verworfen, sondern auf ihre Konsequenzen innerhalb und außerhalb des Rechtlichen befragt werden soll. Gerade die emphatische Anrufung von Recht und Gerechtigkeit, wie es die alliierten Nationen während des Weltkrieges praktizierten, gibt bei näherem Hinsehen subtile Selbstbindungen zu erkennen, die so nicht intendiert waren, die sich aber kaum ignorieren ließen. Mit anderen Worten: Offenbar geht auch von einem instrumentalisierten Recht eine eigene Geltungskraft aus, über die in der historischen Forschung bislang wenig nachgedacht worden ist.

Auf der anderen Seite interessiert sich die Studie für eine größtmögliche Annäherung an jene Momente, in denen politische Auseinandersetzungen und Deliberationen in rechtsverbindliche Entscheidungen übergehen, also aus dem Kommunikations- und Konfliktfeld des Politischen heraustreten und in die Form wie Sprache des Rechts gebracht werden. Da das Völkerrecht nicht von einer zentralen Erzwingungsgewalt garantiert werden kann, wie es für das innerstaatliche Recht gemeinhin angenommen wird, muss sich hier umso mehr der Blick auf jene spezifische Art und Weise richten, mit der eine völkerrechtliche Normativität in unterschiedlichen Kontexten hergestellt wurde. Die Untersuchung zeigt die rechtlichen Dimensionen des Friedens darum nicht allein für die materiellen – also inhaltlich-gegenständlichen – Bestimmungen auf, sondern ebenso für die äußeren Formen, Verfahren und Prozeduren, für die vertragstechnische Gestaltung und juristische Ausfertigung. Diese Aspekte stellen nicht bloßes Dekor und Staffage dar, sondern erlauben weiterführende Einsichten in die kontingente Dynamik der Beschlussfassung; dass sie überdies nicht

---

53 Vgl. Peter Burschel/Birthe Kundrus (Hrsg.), Diplomatiegeschichte. [= Historische Anthropologie. Themenheft 21/2], Köln 2013; Barbara Stollberg-Rilinger (Hrsg.), Was heißt Kulturgeschichte des Politischen?, Berlin 2005.

wirklich unpolitisch sind, versteht sich von selbst. Kurzum: Die völkerrechtlichen Dimensionen des Pariser Friedensschlusses, so der untersuchungsleitende Ansatz, werden weniger über Doktrinen und Dogmen als über Akteure und ihre Sinndeutungen, über die Bedeutung des Formalen und seine Eigenlogik erschlossen.[54]

Die Quellengrundlage auf beiden Ebenen fällt vielfältig aus. Sie erstreckt sich einerseits von der einschlägigen juristischen Fachliteratur, etwa in Gestalt einflussreicher Lehrbücher und Traktate, über publizistische Stellungnahmen bis zu Broschüren oder Zeitungsartikel; für Letztere wurde hier bevorzugt, wenngleich stets nur beispielhaft, auf die national führende Presse zurückgegriffen, etwa auf die Londoner Times oder die New York Times, auf Le Temps oder Le Figaro. Auf der anderen Seite reichen die herangezogenen Quellen von offiziellen Deklarationen über ein amtliches Schrifttum, Protokolle und regierungsinterne Korrespondenzen bis hin zu den Memoiren und unveröffentlichten Briefwechseln einzelner Akteure. Dass die eigentlichen Vertragstexte eine zentrale Quelle darstellen, liegt auf der Hand.[55] Insgesamt kann gerade für die Pariser Friedenskonferenz auf ein überaus reichhaltiges, teils zeitgenössisch publiziertes, teils später editiertes Quellenmaterial zurückgegriffen werden; der nächste Abschnitt wird nochmals punktuell darauf eingehen.

Neben publizierten Quellen stützt sich die Studie auf Unterlagen aus zahlreichen Archiven. Es ist erstaunlich, dass für viele formale und rechtstechnische Fragen bislang kaum archivalische Studien betrieben wurden; auch grundlegende Materialien zur Vertragsgestaltung wurden hier zum ersten Mal ausfindig gemacht und ausgewertet. Vorrangig wurden die Materialien der Delegationen und Außenämter gesichtet, daneben die Nachlässe einzelner Juristen, aber auch führender Politiker, Diplomaten und Journalisten aus Frankreich, Großbritannien und den USA durchgearbeitet. Nicht in allen Fällen waren persönliche Bestände verfügbar, so dass immer wieder auf Parallelüberlieferungen zurückge-

---

54 Damit kann kann im Übrigen an die Aufmerksamkeit angeschlossen werden, welche die frühneuzeitliche Geschichtsforschung dem Völkerrecht fast schon traditionell entgegenbringt, vgl. beispielhaft: Barbara Stollberg-Rilinger, Völkerrechtlicher Status und zeremonielle Praxis auf dem Westfälischen Friedenskongreß, in: Michael Jucker u.a. (Hrsg.), Rechtsformen internationaler Politik. Theorie, Norm und Praxis vom 12. bis 18. Jahrhundert, Berlin 2011, S. 147–164.

55 Die meisten der hier behandelten völkerrechtlichen Verträge werden nach folgenden gängigen Sammlungen (und in einem juristischen Zitationsstil) nachgewiesen: Consolidated Treaty Series (CTS); League of Nations Treaty Series (LNTS); United Nations Treaty Series (UNTS). Die hier wesentlichen Abkommen: 225 CTS 188 (Vertrag von Versailles [= VV]); 226 CTS 6 (Vertrag von Saint-Germain [= VSG]); 226 CTS 332 (Vertrag von Neuilly [= VN]); 6 LNTS 187 (Vertrag von Trianon [= VT]); 28 LNTS 11 (Vertrag von Lausanne [= VL]). Der nicht in Kraft getretene Vertrag von Sèvres [= VS] ist abgedr. etwa in AJIL 15 (1921), S. 179–295.

griffen werden musste. Zwar ließen sich nicht alle potentiell auffindbaren Nachlässe von Konferenzteilnehmern konsultieren, da bereits die Zahl der entsprechenden Archive in einem dreistelligen Bereich liegen dürfte. Eine Auswertung des personalisierten Schrifttums war trotzdem unverzichtbar, weil es die hochgradig stilisierte Form einzelner Ergebnisprotokolle schwer macht, Details oder auch atmosphärische Schwankungen genau nachzuverfolgen. Dieser Vorbehalt ist bei der Interpretation solcher offizieller Quellen stets mitzudenken; vielleicht kann man in ihrer Betonung des Inhaltlichen bei gleichzeitiger Geringschätzung von Äußerlichkeiten ein Kennzeichen des spezifischen Politikverständnisses der behandelten Epoche sehen. Ein tiefenschärferes Bild der ausgehandelten Entscheidungen ergibt sich jedenfalls erst aus einer parallelen Lektüre von Protokollen und Korrespondenzen, Memoranden und Tagebüchern unterschiedlichster Herkunft; vor diesem Hintergrund bestätigt sich nochmals, dass sich das historische Interesse am Völkerrecht in der internationalen Politik nicht auf die Lektüre von Lehrbüchern und Staatsverträgen beschränken kann.

Hinweise zum Forschungsstand

Insgesamt erlaubt es eine für normative Aspekte und juristische Akteure sensible Historiographie, die zuletzt stagnierende Forschung zum Friedensschluss nach dem Ersten Weltkrieg neu zu beleben und die bisherigen, mittlerweile stark verfestigten Bewertungen zu hinterfragen und zu ergänzen. Drei wesentliche Phasen der historischen Debatte lassen sich unterscheiden: Eine erste, noch stark politisch-publizistisch unterfütterte und meist aus eigener Anteilnahme entsprungene Auseinandersetzung kann für die Zeit bis in die 1950er Jahre angesetzt werden. Sowohl in den Verlierer- wie Siegerstaaten dominierten meist von Enttäuschung und Erbitterung angetriebene Deutungen, seltener hingegen ein verhaltenes Bemühen um eine Apologie. Noch während der Verhandlungen setzte eine Springflut von Veröffentlichungen ein. Zwar wurde von britischer Seite ab 1920 auch eine semioffizielle Konferenzgeschichte publiziert, die, bereits während der Friedenskonferenz geplant und teilweise von Verhandlungsteilnehmern geschrieben, eine insgesamt zurückhaltende, defensive Haltung einnahm.[56] Doch die meisten Stellungnahmen beriefen sich weitaus dramatischer und publikumsträchtiger auf ein eigenes Erleben, wofür an erster Stelle die tendenziöse, gleichwohl einflussreiche Polemik des britischen Ökono-

---

56 Vgl. A History of the Peace Conference of Paris, hrsgg. v. Harold W. V. Temperley, 6 Bde., London 1920–1924. Hintergründe zur Publikation bei John D. Fair, Harold Temperley. A Scholar and Romantic in the Public Realm, Newark 1992, S. 147–151.

men John Maynard Keynes steht.[57] Auch anderen Beteiligten war in den Jahren nach der Konferenz daran gelegen, ihre jeweilige Position durch die Berufung auf eine miterlebte bzw. aktenmäßig dokumentierte „Wahrheit" zu rechtfertigen.[58] Es überrascht nicht, wenn in zahlreichen Publikationen subjektives Erleben und objektive Dokumentation eng verknüpft waren, sei es durch eine entsprechende Montagetechnik,[59] sei es durch separate Quellenbände; hier ragt der Fall des amerikanischen Rechtsberaters David Hunter Miller heraus, der sein Tagebuch mit einer zwanzigbändigen Sammlung komplettierte und im Jahr 1924 als auf 40 Exemplare limitierten Privatdruck erscheinen ließ.[60]

Seit den 1930er Jahren gewannen die meisten historischen Darstellungen zusehends an Tiefenschärfe, trotz oder gerade wegen der europäischen Zerwürfnisse, die in den Zweiten Weltkrieg mündeten. Damit sind weniger die Studien gemeint, die deutsche Wissenschaftler nach Durchsicht der 1940 in Frankreich erbeuteten Konferenzakten erstellten und deren nationalistisch-revisionistische Ausrichtung unverkennbar ist.[61] Vielmehr intensivierten sich auf der Gegenseite

---

57 Vgl. John Maynard Keynes, The Economic Consequences of the Peace, New York 1920. Mittlerweile überwiegt das kritische Urteil zu Keynes, eine Zusammenfassung der Kritik etwa bei Adam Tooze, The Deluge. The Great War and the Remaking of Global Order, 1916–1931, London 2014, S. 294–304; Stephen A. Schuker, J. M. Keynes and the Personal Politics of Reparations, in: Diplomacy & Statecraft 25, 3/4 (2014), S. 453–471, 579–591, allgemein noch Michael G. Fry, British Revisionism, in: Boemeke/Feldman/Glaser (Hrsg.), Treaty of Versailles, S. 565–601.
58 Vgl. Edward M. House/Charles Seymour (Hrsg.), What really Happened at Paris. The Story of the Peace Conference, 1918–1919, by American Delegates, London 1921; Robert Lansing, The Peace Negotiations. A Personal Narrative, Boston, New York 1921; André Tardieu, La Paix. Préface de Georges Clemenceau, Paris 1921.
59 Dies fällt auf etwa bei Ray Stannard Baker, Woodrow Wilson and World Settlement, 3 Bde., London, New York 1923; The Intimate Papers of Colonel House, hrsgg. v. Charles Seymour, 4 Bde., Boston, New York 1926–1928; Georges Clemenceau, Grandeurs et misères d'une victoire, Paris 1930; David Lloyd George, The Truth about the Peace Treaties. Memoirs of the Peace Conference, 2 Bde., London 1938. Eine Gegenüberstellung des seinerzeitigen Erlebens und der späteren Bewertung etwa bei James T. Shotwell, At the Paris Peace Conference, New York 1937; Harold Nicolson, Peacemaking 1919, London 1933.
60 Vgl. David Hunter Miller, My Diary at the Conference of Paris. With Documents, 22 Bde., New York 1924 [= DHMD].
61 Vgl. Kurt Egon Freiherr v. Türcke, Die alliierten und assoziierten Hauptmächte. Rechtsform einer gescheiterten Weltordnung, Berlin 1942, im Nachgang auch Ludwig Zimmermann, Frankreichs Ruhrpolitik von Versailles bis zum Dawesplan, Göttingen 1971; Erwin Hölzle, Die Selbstentmachtung Europas. Das Experiment des Friedens vor und im Ersten Weltkrieg. Unter Verwertung unveröffentlichter, zum Teil verlorengegangener deutscher und französischer Dokumente, Göttingen 1975. Das Original des Versailler Abkommens ist seither verschollen, vgl. Vincent Laniol, Des archives emblématiques dans la guerre. Le destin „secret" des originaux des traités de Versailles et de Saint-Germain pendant la seconde guerre mondiale, in: Guerres mondiales et conflits contemporains, H. 229 (2008), S. 21–41; Daniel Schranz, Der Friedensver-

die Bemühungen, durch eine historische Analyse der Fehler von 1919/20 für eine künftige Friedenslösung besser gewappnet zu sein; die tendenziöse Motivation war damit zwar nicht geringer, vielleicht aber in den Ergebnissen weniger festgelegt als im deutschen Fall. Seit Beginn der 1940er Jahre sind erste empirisch abgestützte Gesamtdarstellungen[62] zu verzeichnen, darunter die bis dato beste Organisationsgeschichte der Konferenz.[63] In diesen Kontext gehört zudem die dreizehnbändige Publikation zahlreicher Unterlagen und Protokolle der amerikanischen Verhandlungsdelegation, die ab 1942 in der Reihe der „Papers Relating to the Foreign Relations of the United States" erschienen.[64] Nachdem die über vierzig Bände der „Recueil des Actes de la Conférence", welcher die amtlichen, vom französischen Außenministerium erstellten Verhandlungsprotokolle umfasste,[65] nur für die interne Verwendung bestimmt war, bedeutete die amerikanische Veröffentlichung einen Durchbruch, an den sich 1947 – und wenigstens für die Ereignisse ab Sommer 1919 – auch eine britische Aktenedition anschloss.[66]

Der Beginn einer zweiten Etappe der historischen Forschung kann für die 1960er Jahre angesetzt werden. Nachdem sich die politische Weltlage grundstürzend geändert sowie der archivalische Zugang zu den Delegations- und Konferenzunterlagen gelockert hatte, intensivierte sich die Forschung. Eine Bib-

---

trag als Beutestück. Zum Schicksal der Originalurkunde des Versailler Vertrages im Zweiten Weltkrieg, in: Krumeich (Hrsg.), Versailles 1919, S. 342–348.

62 Vgl. Paul Birdsall, Versailles Twenty Years After. A Defense [1941], Neudr., Hamden 1962.

63 Vgl. Frank S. Marston, The Peace Conference of 1919. Organization and Procedure, London, New York 1944.

64 Vgl. Papers Relating to the Foreign Relations of the United States. The Paris Peace Conference, 1919, 13 Bde., Washington 1942–1947 [=FRUS PPC 1919]. Eine Besprechung etwa durch Bernadotte E. Schmitt, The Peace Conference of 1919, in: The Journal of Modern History 16, H. 1 (1944), S. 49–59. Zur Entstehung siehe nur Sacha Zala, Geschichte unter der Schere politischer Zensur. Amtliche Aktensammlungen im internationalen Vergleich, München 2001, S. 105–114.

65 Vgl. Conférence de la Paix 1919–1920. Recueil des Actes de la Conférence, hrsgg. v. Ministère des Affaires Étrangères, 42 Bde., Paris 1922–1935 [= RdA]. Allenfalls semioffiziellen Charakter trug die Auswahl: La Paix de Versailles. La documentation internationale, hrsgg. v. Albert Geouffre de Lapradelle, 12 Bde., Paris 1929–1939, die immerhin einige Wortlaut-Protokolle enthielt, dazu auch Robert C. Binkley, Documentation internationale. La paix de Versailles by M. Lapradelle, in: The Journal of Modern History 4, H. 1 (1932), S. 155f. Seit 2014 wird eine neue Edition der französischen Akten herausgegeben, vgl. Documents diplomatiques français. Armistices et Paix 1918–1920, Bd. I, hrsgg. v. Robert Frank u. Gerd Krumeich, Brüssel 2014 [= DDF].

66 Vgl. Documents on British Foreign Policy, 1919–1939. First Series, hrsgg. v. Ernest L. Woodward u. William N. Medlicott, London 1947–1986 [= DBFP]. Als spätere Edition British Documents on Foreign Affairs. Part II, Series I: The Paris Peace Conference, hrsgg. v. Michael L. Dockrill, 15 Bde., Frederick, Md. 1989–1991 [= BDFA].

liographie von 1970 vermittelt eine Momentaufnahme des rasant wachsenden Schrifttums, lässt den damit verbundenen Umschwung in der Bewertung des Friedens allerdings erst in Ansätzen erkennen.[67] Während das Interesse auf den Versailler Vertrag konzentriert blieb und die Friedensabkommen mit Österreich und Ungarn, Bulgarien und dem Osmanischen Reich weiterhin nur am Rand betrachtet wurden, verlor die bis dato vorherrschende Fundamentalkritik viel von ihrer Schärfe und Überzeugungskraft. So wurde etwa die französische Politik neu und milder bewertet, hingegen die Verantwortung der Kriegsverlierer deutlicher akzentuiert, welche – sei es in naiver Selbsttäuschung, sei es mit obstruktivem Kalkül – jedes Eingeständnis der eigenen militärischen Niederlage verweigert hätten. Die Durchsetzung dieser Interpretation war Voraussetzung, um einerseits die alliierten Nationen von dem populären Vorwurf zu entlasten, mit dem „Schmachfrieden" den Aufstieg der NS-Diktatur überhaupt erst provoziert zu haben, andererseits aber auch einen unbefangenen Blick auf die Zwischenkriegszeit zu gewinnen, deren Schicksal nun nicht mehr durch einen verfehlten Frieden festgelegt schien.[68]

Diese Bewertung, die in den westlichen Ländern teils schon länger vertreten wurde, in Deutschland aber fraglos erst durch die Erfahrungen der NS-Diktatur und die Auseinandersetzungen der Fischer-Kontroverse in den frühen 1960er Jahren möglich wurde, ging zudem mit einer Verlagerung der methodischen Interessen einher. Dazu zählt einerseits eine stärkere Konzentration auf ökonomische Fragen, darunter besonders auf die Reparationsproblematik, andererseits ein gestiegenes Bewusstsein für die konkurrierenden Interessen innerhalb der Siegerallianz. Zu nahezu allen am Friedensschluss beteiligten Staaten wurden seither gesonderte Studien vorgelegt, die ihr Augenmerk meist auf die Interaktion von innen-, außen- und wirtschaftspolitischen Faktoren innerhalb einer Nation legten. Es war ein passender Abschluss dieser Forschungskonjunktur, dass die ökonomischen Zielsetzungen von Alliierten und Mittel-

---

67 Vgl. Max Gunzenhäuser, Die Pariser Friedenskonferenz 1919 und die Friedensverträge 1919–1920. Literaturbericht und Bibliographie, Frankfurt a.M. 1970.

68 Eindrücke zu den verändernden Bewertungen etwa bei Gerhard Schulz, Revolutionen und Friedensschlüsse. 1917–1920, 6. Aufl., München 1985; Marc Trachtenberg, Versailles after Sixty Years, in: Journal of Contemporary History 17, H. 3 (1982), S. 487–506; Charles S. Maier, The Truth about the Treaties, in: Journal of Modern History 51, H. 1 (1979), S. 56–67; Klaus Schwabe, Deutsche Revolution und Wilson-Frieden. Die amerikanische und deutsche Friedensstrategie zwischen Ideologie und Machtpolitik 1918/19, Düsseldorf 1971; Pierre Renouvin, Le traité de Versailles, Paris 1969.

mächten zum Ende der 1980er Jahre schließlich in einer vergleichenden Perspektive behandelt werden konnten.[69]

Seit ungefähr zehn Jahren lässt sich eine dritte Phase erkennen, die zugleich mit einer Verlagerung der thematischen Schwerpunkte zum Ende des Ersten Weltkrieges einhergegangen ist. An der eigentlichen Friedenskonferenz von Paris hat das Forschungsinteresse seit den 1990er Jahren kontinuierlich nachgelassen. Der im Mai 1994 auf einer internationalen Tagung, bei allen Nuancierungen im Detail, festgestellte Konsens der Geschichtsschreibung ist seither erstaunlich wenig relativiert worden.[70] Nahezu sämtliche jüngeren Überblicksdarstellungen haben daran angeknüpft,[71] während empirische Studien zu Einzelfragen der Friedenskonferenz seither nur in überschaubarer Zahl erschienen sind. Dabei wurden neue Akzente, allgemeinen historiographischen Trends zur Geschichte des Ersten Weltkriegs folgend, vornehmlich in den Beziehungen der außereuropäischen Welt zur Friedenskonferenz gesetzt,[72] in der Bedeutung

---

69 Maßgeblich: Georges-Henri Soutou, L'or et le sang. Les buts de guerre économiques de la Première Guerre mondiale, Paris 1989. Siehe aber bereits Charles S. Maier, Recasting bourgeois Europe. Stabilization in France, Germany, and Italy in the Decade after World War I, Princeton 1975.

70 Vgl. Manfred F. Boemeke/Gerald D. Feldman/Elisabeth Glaser (Hrsg.), The Treaty of Versailles. A Reassessment after 75 Years, New York 1998. Der Tenor verschiedener Tagungen zum Ende der 1990er Jahre fiel ähnlich aus: Claude Carlier/Georges-Henri Soutou (Hrsg.), 1918–1925: Comment faire la paix?, Paris 2001; Michael L. Dockrill/John Fisher (Hrsg.), The Paris Peace Conference, 1919. Peace Without Victory?, Basingstoke 2001; Gerd Krumeich (Hrsg.), Versailles 1919. Ziele, Wirkung, Wahrnehmung, Essen 2001.

71 Vgl. Alan Sharp, The Versailles Settlement. Peacemaking after the First World War, 1919–1923, 2. Aufl., Basingstoke 2008; Eberhard Kolb, Der Frieden von Versailles, München 2005; Jean-Jacques Becker, Le traité de Versailles, Paris 2002; Margaret MacMillan, Peacemakers. The Paris Conference of 1919 and its Attempt to End War, London 2001. Daneben wird der Konsens gebündelt etwa von Konrad, Drafting the Peace; Jost Dülffer, Versailles und die Friedensschlüsse des 19. und 20. Jahrhunderts [2001], in: ders. (Hrsg.), Frieden stiften. Deeskalations- und Friedenspolitik im 20. Jahrhundert, Köln, Weimar, Wien 2008, S. 157–173; Annie Deperchin, La conférence de la paix, in: Stéphane Audoin-Rouzeau/Jean-Jacques Becker (Hrsg.), Encyclopédie de la Grande Guerre 1914–1918. Histoire et culture, Paris 2004, S. 993–1005; Michael Salewski, Versailles 1919. Der fast gelungene Frieden, in: Wolfgang Elz/Sönke Neitzel (Hrsg.), Internationale Beziehungen im 19. und 20. Jahrhundert. Festschrift für Winfried Baumgart zum 65. Geburtstag, Paderborn 2003, S. 187–203.

72 Vgl. Erez Manela, The Wilsonian Moment. Self-Determination and the International Origins of Anticolonial Nationalism, Oxford 2007, zusammenfassend auch Leonard V. Smith, Empires at the Paris Peace Conference, in: Robert Gerwarth/Erez Manela (Hrsg.), Empires at War. 1911–1923, Oxford 2014, S. 254–276, mit Blick auf dem Völkerbund zudem Susan Pedersen, The Guardians. The League of Nations and the Crisis of Empire, Oxford, New York 2015.

von Öffentlichkeit und Medien,[73] in der Rolle von Experten und wissenschaftlicher Expertise,[74] schließlich in der ambivalenten Kraft von Nationalismus, Selbstbestimmung und Bevölkerungspolitik.[75] Ein jüngeres Publikationsprojekt hat – teilweise hagiographische – Porträts von mehreren Dutzend der beteiligten Staatsmänner versammelt.[76] Vereinzelt haben aktuelle politische Entwicklungen, namentlich der amerikanische Krieg gegen den Irak im Jahr 2003, zu neuen Auseinandersetzungen über eine Interventions- und Demokratisierungspolitik der USA im Zeichen eines „Wilsonianism" geführt; in historischer Sicht sind diese Debatten mit ihren holzschnittartigen Argumenten eher unergiebig geblieben.[77]

Demgegenüber hat sich das Interesse am Ende des Ersten Weltkrieges jenseits der Geschehnisse von Paris außerordentlich belebt. Der Übergang in die Nachkriegszeit wird mittlerweile als langgestreckte, diskontinuierliche und ungleichzeitige Phase verstanden, in der den jeweiligen Friedensabkommen zwischen Siegern und Besiegten oft nur eine randständige, allenfalls punktuelle Bedeutung zugewiesen wird. Stattdessen ist die Nach- und Fortwirkung einer „Kriegskultur"[78] in den Mittelpunkt gerückt, also die anhaltend hohe Gewaltdynamik, die Schwierigkeiten einer Rückkehr zu zivilen Verhältnissen oder die

---

73 Vgl. Verena Steller, Diplomatie von Angesicht zu Angesicht. Diplomatische Handlungsformen in den deutsch-französischen Beziehungen 1870–1919, Paderborn 2011; Joseph Raymond Hayden, Negotiating in the Press. American Journalism and Diplomacy, 1918–1919, Baton Rouge 2010, daneben: Madeleine Herren, Shifting Identities and Cosmopolitan Machineries. A New World Imagined at the 1919 Peace Conference in Paris, in: Christiane Brosius/Roland Wenzlhuemer (Hrsg.), Transcultural Turbulences, Berlin, Heidelberg 2011, S. 67–82.

74 Vgl. Volker Prott, The Politics of Self-Determination. Remaking Territories and National Identities in Europe, 1917–1923, Oxford 2016.

75 Vgl. Eric D. Weitz, From the Vienna to the Paris System. International Politics and the Entangled Histories of Human Rights, Forced Deportations, and Civilizing Missions, in: AHR 113, H. 5 (2008), S. 1313–1343; Carole Fink, Defending the Rights of Others. The Great Powers, the Jews, and International Minority Protection, 1878–1938, New York 2006, außerdem Abschnitte bei Umut Özsu, Formalizing Displacement. International Law and Population Transfers, Oxford 2015; Michael Schwartz, Ethnische „Säuberungen" in der Moderne. Globale Wechselwirkungen nationalistischer Gewaltpolitik im 19. und 20. Jahrhundert, München 2013; Jörg Fisch, Das Selbstbestimmungsrecht der Völker. Die Domestizierung einer Illusion, München 2010.

76 Vgl. Reihe „The Makers of the Modern World", hrsgg. v. Alan Sharp, London 2008–2011.

77 Vgl. Graebner/Bennett, Versailles Treaty, dazu die Kritik bei Sally Marks, Mistakes and Myths. The Allies, Germany, and the Versailles Treaty, 1918–1921, in: The Journal of Modern History 85, H. 3 (2013), S. 632–659. Ein anderes Beispiel: David Andelman, A Shattered Peace. Versailles 1919 and the Price we Pay Today, Hoboken 2008.

78 Vgl. Jost Dülffer/Gerd Krumeich (Hrsg.), Der verlorene Frieden. Politik und Kriegskultur nach 1918, Essen 2002; Andreas Wirsching, Vom Weltkrieg zum Bürgerkrieg? Politischer Extremismus in Deutschland und Frankreich 1918–1933/39. Berlin und Paris im Vergleich, München 1999.

Verarbeitung traumatischer Erfahrungen, was sich mit dem Federstrich eines förmlichen Friedensvertrages jeweils kaum lösen ließ.[79] Besondere Aufmerksamkeit richtet sich mittlerweile auf den Zerfall der multiethnischen Imperien und den Übergang in Revolution und Bürgerkrieg in Ost- und Mitteleuropa, aber auch auf die Verwerfungen im Nahen Osten bis nach Vorderasien sowie die antikolonialen Befreiungsbewegungen in ihren globalen Bezügen.[80] Im Ergebnis werden inzwischen für viele Bereiche längere Linien gezogen, welche den üblichen zeitlichen Betrachtungsrahmen des Weltkriegs sprengen und den Blick auf die Jahre von ungefähr 1911 bis 1923 erweitern. In vergleichbarer Weise hat sich der geographische Fokus vom westeuropäischen Kriegsschauplatz erst nach Ost- und Mitteleuropa, dann weiter in den nichteuropäischen Raum verlagert. In der thematischen Auseinandersetzung mit der Nachkriegsordnung wurde schließlich die jahrzehntelange Blickverengung auf die „Twenty Years' Crisis" der westlichen Staatenpolitik oder auf das deutsche „Revisionssyndrom"[81] revidiert.

Die Pariser Friedenskonferenz von 1919/20 und die daraus resultierenden Abkommen dienen dabei oft nur noch als Staffage. Angesichts der vielfarbigen Auseinandersetzungen, in die politische Entrepreneure und Staatsgründer, Nationalisten und Revolutionäre an Schauplätzen rund um die Welt verstrickt waren, schrumpfen die Geschehnisse in Paris nicht selten zu einem unbedeutenden Diplomatengeplänkel.[82] Doch ein solches Desinteresse lässt sich auch zum Vorteil wenden. Erst nach dem Verzicht auf die beharrlichen Versuche, das Ende des Krieges primär über die Verträge von Versailles, Saint-Germain, Neuilly-sur-Seine, Trianon und Sèvres erschließen zu wollen, lassen sich diese unbefan-

---

79 Vgl. Bruno Cabanes, The Great War and the Origins of Humanitarianism, 1918–1924, Cambridge, UK 2014; Mark Edele/Robert Gerwarth, The Limits of Demobilization. Global Perspectives on the Aftermath of the Great War, in: Journal of Contemporary History 50, H. 1 (2014), S. 3–14.
80 Vgl. Robert Gerwarth, The Vanquished. Why the First World War Failed to End, 1917–1923, London 2016; Joshua Sanborn, Imperial Apocalypse. The Great War and the Destruction of the Russian Empire, Oxford 2014, Ausschnitte daneben etwa bei Jochen Böhler/Włodzimierz Borodziej/Joachim v. Puttkamer (Hrsg.), Legacies of Violence. Eastern Europe's First World War, München 2014; Omer Bartov/Eric D. Weitz (Hrsg.), Shatterzone of Empires. Coexistence and Violence in the German, Habsburg, Russian, and Ottoman Borderlands, Bloomington 2013; Stéphane Audoin-Rouzeau/Christophe Prochasson (Hrsg.), Sortir de la grande guerre. Le monde et l'après-1918, Paris 2008; Manela, Wilsonian Moment.
81 Vgl. Michael Salewski, Das Weimarer Revisionssyndrom, in: Aus Politik und Zeitgeschichte, B2 (1980), S. 14–25, siehe auch Thomas Lorenz, „Die Weltgeschichte ist das Weltgericht!" Der Versailler Vertrag in Diskurs und Zeitgeist der Weimarer Republik, Frankfurt a.M. 2008.
82 Ein Brückenschlag bei Marcus M. Payk/Roberta Pergher (Hrsg.), Beyond Versailles. Governance, Legitimacy, and the Formation of New Polities after the Great War, Bloomington i.E.

gen in den Blick nehmen. Der vorliegende Versuch einer Neuinterpretation bemüht sich um eine solche distanzierte Betrachtung, der es nicht in erster Linie um Erfolg und Scheitern des Friedensschlusses geht, sondern darum, das spezifische Gepräge der Vertragswerke herauszuarbeiten und auf neue Weise zu erklären.

I Das Völkerrecht als Fortschrittserzählung und die Haager Konferenzen 1899/1907

Als die russische Regierung im Sommer 1898 überraschend den Vorschlag einer allgemeinen Abrüstungs- und Friedenskonferenz in der europäischen Öffentlichkeit lancierte, sparte sie nicht an großen Worten: Der Rüstungswettlauf der Großmächte müsse gestoppt und die Menschheit vor der Erfindung immer grausamerer und kostspieligerer Zerstörungsmaschinen geschützt werden, so mahnte das am 24. August in Sankt Petersburg vorgestellte Manifest im Namen von Zar Nikolaus II.; vielmehr sei es die Verpflichtung der zivilisierten Nationen, mit dem Anbruch des neuen Jahrhunderts endlich die große Idee des Weltfriedens zu verwirklichen.[1]

Dieses „Zarenmanifest" bildete den Auftakt für die beiden Haager Konferenzen von 1899/1907, mit denen die Erwartung einer fortschreitenden Verrechtlichung der internationalen Beziehungen im ausgehenden 19. Jahrhundert einen Scheitelpunkt erreichte.[2] Zwar klang das Pathos des russischen Appells in den Regierungszentralen der anderen europäischen Mächte reichlich hohl, und schnell war der Vorwurf zur Hand, das im Rüstungswettlauf der Großmächte hoffnungslos in Rückstand geratene Zarenreich wolle sich auf diese Weise nur eine Atempause verschaffen. Doch die Resonanz in den westlichen Gesellschaften war beträchtlich. Selbst wo die Motive der Initiative für zweifelhaft oder we-

---

1 Das russisches Memoire vom 24.08.1898 ist im franz. Original abgedr. etwa in: Die grosse Politik der Europäischen Kabinette 1871–1914. Sammlung der diplomatischen Akten des Auswärtigen Amtes, Berlin 1922, Bd. 15, S. 142f. Eine englische Übersetzung in: The Hague Conventions and Declarations of 1899 and 1907, hrsgg. v. James Brown Scott, New York 1915, S. XIVf.
2 Aus der Literatur zu den Haager Konferenzen vgl. nur Maartje M. Abbenhuis/Christopher Ernest Barber/Annalise R. Higgins (Hrsg.), War, Peace and International Order? The Legacies of the Hague Conferences of 1899 and 1907, Abingdon, N.Y. 2017; Arthur Eyffinger, The 1907 Hague Peace Conference. „The Conscience of the Civilized World", Den Haag 2007; ders., The 1899 Hague Peace Conference. The Parliament of Man, the Federation of the World, Den Haag 1999; Jost Dülffer, Regeln gegen den Krieg? Die Haager Friedenskonferenzen 1899 und 1907 in der internationalen Politik, Frankfurt a.M., Berlin, Wien 1981, für Einzelfragen etwa Maxi Ines Carl, Zwischen staatlicher Souveränität und Völkerrechtsgemeinschaft. Deutschlands Haltung und Beitrag zur Entstehung des Ständigen Internationalen Gerichtshofs, Baden-Baden 2012, S. 11–102; Christian J. Tams, Die Zweite Haager Konferenz und das Recht der friedlichen Streitbeilegung, in: Die Friedens-Warte 82 (2007), S. 119–138; Geoffrey Best, Peace Conferences and the Century of Total War. The 1899 Hague Conference and What Came after, in: International Affairs 75, H. 3 (1999), S. 619–634; Calvin DeArmond Davis, The United States and the Second Hague Peace Conference. American Diplomacy and International Organization, 1899–1914, Durham, N.C. 1975; ders., The United States and the First Hague Peace Conference, Ithaca, N.Y. 1962.

https://doi.org/10.1515/9783110581485-001

nigstens unklar gehalten wurden, fügte sich die russische Forderung nach einer Pazifikation der Staatenverhältnisse passgenau in den Glauben einer liberalen Öffentlichkeit, dass sich die internationale Ordnung nach Maßstäben der Vernunft, der Friedlichkeit und Gerechtigkeit ausrichten lasse; auch darum blieb den politischen Entscheidungsträgern in Berlin und London, Paris und Wien kaum etwas anderes übrig, als sich auf die unbequeme Einladung des Zaren einzulassen.[3]

Diese normativen Erwartungen und liberalen Ordnungsideen sind weit erklärungsbedürftiger als die tatsächlichen Beweggründe der russischen Seite oder auch die Bilanz der eigentlichen Konferenzen von 1899 und 1907; die Frage, ob das Haager Friedensprojekt eher an dem weltfremden Idealismus seiner Initiatoren oder an der machtpolitischen Verweigerung des Deutschen Reiches gescheitert sei, wurde in der Forschung ausgiebig erörtert.[4] Das folgende Kapitel verfolgt ein anderes Interesse. Es diskutiert das Problem, warum die Idee einer Regulierung, Formalisierung und Verrechtlichung der internationalen Verhältnisse überhaupt eine so starke Resonanz in den westlichen Gesellschaften besaß und welche politischen Implikationen sich daraus ergaben. Dazu werden drei Problemfelder erschlossen, für die die Haager Konferenzen als Fluchtpunkt dienen. Ein erstes Unterkapitel skizziert den Aufschwung rechtsförmiger Welt- und Ordnungsvorstellung in Westeuropa und Nordamerika im 19. Jahrhundert, ergänzt mit Hinweisen zur disziplinären Neugründung der Völkerrechtslehre. Der zweite Abschnitt behandelt anhand der Haager Konferenzen die Bedeutung juristischer Experten in der internationalen Politik und zeigt auf, dass sich deren Einfluss kaum einheitlich als Form oder Effekt einer Verrechtlichung interpretieren lässt. In einem letzten Unterkapitel wird anhand der Haager Verhandlungen über die Einrichtung einer internationalen Schiedsbarkeit schließlich dargelegt, wie eine ideelle Aufladung des Völkerrechts konkret wirkmächtig wurde und welche politische Funktionalität und Konsequenz juristische Argumente in den Staatenbeziehungen entwickeln konnten. Insgesamt wird damit ein Horizont aufgespannt, der es im weiteren Untersuchungsverlauf einsichtig macht, warum der Erste Weltkrieg als Konflikt um das Völkerrecht rationalisiert

---

3 Vgl. Dülffer, Regeln gegen den Krieg, S. 19–53.
4 Vgl. ebenda, S. 343–348, daneben nur Carl, Zwischen staatlicher Souveränität, S. 130–133; Matthias Schulz, Macht, internationale Politik und Normenwandel im Staatensystem des 19. Jahrhunderts, in: Lappenküper/Marcowitz (Hrsg.), Macht und Recht, S. 113–134, hier: S. 131f. Die Frage nach der deutschen Position sollte vor allem im Kontext der späteren Kriegsschulddiskussion eine große Rolle spielen, vgl. Ulrich Heinemann, Die verdrängte Niederlage. Politische Öffentlichkeit und Kriegsschuldfrage in der Weimarer Republik, Göttingen 1983, S. 208–212, daneben Claudia Denfeld, Hans Wehberg. Die Organisation der Staatengemeinschaft, Baden-Baden, Tübingen 2008, S. 36–41.

wurde und von welchen längerfristigen normativen Ansichten der Pariser Friedensschluss von 1919/20 bestimmt war.

1 Die Verrechtlichung der Welt im 19. Jahrhundert

Zu den epochalen Umwälzungen des 19. Jahrhunderts gehört der Siegeszug des europäischen Völkerrechts, mit dem uneinheitliche, ungleichartige und global höchst unterschiedliche Vorstellungen zur politischen Gliederung der Welt in das Konzept eines selbstregulierenden internationalen Systems eingeschmolzen wurden. Dass der Glaube an eine Ordnungsmacht des Völkerrechts gerade in der westlichen Welt – und dort besonders bei den bürgerlich-liberalen Eliten – aufkam, war kein Zufall. Seit dem ausgehenden 18. Jahrhundert wurde die Legitimität der politischen Verhältnisse in Westeuropa und Nordamerika immer stärker über das Recht definiert. Die Berufung auf das Recht, auf formale Rechtsförmigkeit wie materielle Rechtmäßigkeit, avancierte trotz beträchtlicher nationaler und sozialer Unterschiede zu einer konstitutiven Grundlage der modernen Gesellschaften. Nicht nur waren es oftmals Juristen, die gegen überkommene Traditionen und Privilegien stritten und dabei als fortschrittsgewisse Protagonisten eines liberalen Reformgeistes auftraten, als Fürsprecher meritokratischer Sozialverhältnisse und Verfechter von sprach- und logikzentrierten Weltdeutungen. Sondern weit über den Kreis der Anwälte und Advokaten, der Richter und Rechtsprofessoren hinaus besaß die Anrufung des Rechts eine große und identitätsstiftende Kraft. Der Gedanke einer rechtlich geschützten Privatautonomie, der Grundsatz der Vertragsfreiheit, die Gleichheit vor dem Gesetz oder auch die Verfassungsurkunden mit ihrer Begrenzung der politischen Herrschaftsgewalt mögen als Beispiele genügen. Was zuvor in dehnbarer Weise durch Sitte und Moral, Tradition und Konvention geregelt worden war, so lässt sich festhalten, geriet im 19. Jahrhundert vermehrt in den Bannkreis einer juristischen Formalisierung. Die partikularen Arrangements, mit denen zuvor verschiedene normative Bezüge nebeneinander existieren konnten, wichen immer mehr der Vorstellung eines einheitlichen, meist nationalstaatlich verfassten und marktförmig integrierten Rechtssystems.[5]

Diese Betonung des Rechtlichen bezog sich zunächst auf eine nationalstaatliche Ebene, strahlte aber im Verlauf des 19. Jahrhunderts von dort immer mehr auf die zwischenstaatlichen Verhältnisse aus. Während das hergebrachte Völ-

---

5 Die Literatur hierzu ist schwer einzugrenzen, siehe beispielhaft Christof Dipper (Hrsg.), Rechtskultur, Rechtswissenschaft, Rechtsberufe im 19. Jahrhundert. Professionalisierung und Verrechtlichung in Deutschland und Italien, Berlin 2000.

kerrecht noch kaum über eigenständige disziplinäre Strukturen verfügte und in seiner akademischen Debatte zur Jahrhundertmitte vielfach „Ratlosigkeit und inhaltliche Leere"[6] herrschten, kam es in den folgenden Jahrzehnten zu einem dynamischen Aufschwung, der das internationale Recht nicht nur als eigenes juristisches Teilfach etablierte, sondern zu einem originär „liberalen Projekt"[7] werden ließ. Im Jahr 1869 gründete der Belgier Gustave Rolin-Jaequemyns die Zeitschrift „Revue de droit international et de législation comparée" (RDI), in deren Umfeld sich zahlreiche progressive Sozialreformer, Liberale und Internationalisten einfanden.[8] Vier Jahre später, 1873, wurde aus diesem Kreis heraus das „Institut de Droit international" (IDI) in Gent begründet, während nahezu zeitgleich auch die erst in Brüssel, dann in London angesiedelte „International Law Association" entstand. Beide Verbände dienten als Plattformen für die disziplinäre Um- und Neugründung der Völkerrechtswissenschaft. Anstatt ältere Debatten zu den naturrechtlichen und rechtsphilosophischen Dimensionen des Völkerrechts nachzuhängen, setzte sich immer stärker der Anspruch durch, die angeblich irrationalen Egoismen der Staaten, Regierungen und Politiker durch juristische Verfahren domestizieren zu wollen. In Übereinstimmung mit den positivistischen Strömungen der Zeit sollten dazu einerseits die gewohnheitsrechtlichen Praktiken zwischen den Nationen aufgearbeitet und wissenschaftlich erschlossen werden; andererseits, und wichtiger noch, ging es um eine positive Rechtssetzung durch Verträge und Abkommen als Hauptrechtsquelle des Völkerrechts. Ziel war nicht weniger als eine rechts- und vertragsförmige Verdichtung aller Weltverhältnisse.[9]

In einem solchen Verständnis war das Völkerrecht das liberale Antidot zur wahrgenommenen Unordnung, Unsicherheit und Anarchie zwischen den Völkern der Welt. Es führe, so meinte etwa der Schweizer Jurist Johann Caspar Bluntschli im Jahr 1868, „aus der rohen Barbarei der Gewalt und Willkür zu ci-

---

6 Stolleis, Ideengeschichte des Völkerrechts, S. 163.

7 Koskenniemi, Gentle Civilizer, S. 57.

8 Vgl. Gustave Rolin-Jaequemyns, De l'étude de la législation comparée et de droit international, in: RDI 1 (1869), S. 1–17.

9 Vgl. Koskenniemi, Gentle Civilizer, S. 28–67, daneben Neff, Justice among Nations, S. 300f.: Vec, From the Congress, S. 666–677; Mazower, Governing the World, S. 63–93; Jouannet, The Liberal-Welfarist Law, S. 110–134; Mark Weston Janis, America and the Law of Nations 1776–1939, Oxford 2010, S. 134–138; Casper Sylvest, British Liberal Internationalism, 1880–1930. Making Progress?, Manchester 2009, S. 73–91. Für Einzelaspekte: Nuzzo/Vec (Hrsg.), Constructing International Law; Kleinschmidt, Geschichte des Völkerrechts, S. 387–398. Paradigmatisch siehe etwa Lassa Oppenheim, The Science of International Law. Its Task and Method, in: AJIL 2, H. 2 (1908), S. 313–356, und für eine nuancierte Einbettung sodann Benedict Kingsbury, Legal Positivism as Normative Politics. International Society, Balance of Power and Lassa Oppenheim's Positive Law, in: EJIL 13, H. 2 (2002), S. 401–436.

vilisierten Rechtszuständen."[10] Als maßgebliches Vorbild wurde dabei immer wieder auf die Befriedung der innerstaatlichen Verhältnisse durch das Recht hingewiesen und das Miteinander der Staaten in einer ähnlichen Weise als sinnhafte Ordnung gedeutet wie das Miteinander der aufgeklärten Individuen einer bürgerlichen Gesellschaft. Entsprechend wenig überrascht es, wenn der vom altliberalen Juristen Robert v. Mohl um 1860 aufgebrachte Begriff der „internationalen Gemeinschaft"[11] große Resonanz fand oder wenn der britische Jurist John Westlake kurz nach der Jahrhundertwende bündig erklärte: „[S]tates live together in the civilised world substantially as men live together in a state."[12] Zwar blieb unbestritten, dass es in der Gemeinschaft der souveränen Staaten keine übergeordnete Erzwingungsmacht geben könne, wie sie in der obersten Staatsgewalt selbstverständlich bestand. Doch aus liberaler Sicht war das nicht der entscheidende Punkt. Auch eine bürgerliche Gesellschaft stützte sich idealiter nicht auf eine zentrale Autorität, sondern auf die Fähigkeit und Bereitschaft ihrer Mitglieder, einander als mündige Rechtssubjekte anzuerkennen und gemeinsam Regeln zu etablieren und einzuhalten. Es kann nicht erstaunen, wenn etwa Bluntschli erklärte: „Die Rechtsgleichheit der Staten ist ebenso zu verstehen, wie die Rechtsgleichheit der Privatpersonen."[13] Und um die Jahrhundertwende erblickte Franz v. Liszt in einer unbedingten Vertragstreue nach bürgerlichem Vorbild die wesentliche Voraussetzung, „ohne die das Völkerrecht nicht bestehen kann."[14]

Wie aber ließ sich eine internationale Gemeinschaft auf völkerrechtlicher Grundlage einrichten? Die liberalen Weltvorstellungen des 19. Jahrhunderts entstanden vornehmlich in Auseinandersetzung mit der bestehenden Staatenordnung, namentlich mit jenem informellen Reglement der europäischen Großmächte, welches sich nach dem Wiener Kongress von 1814/15 zum sogenannten Europäischen Konzert verfestigt hatte. Damit war die Vorherrschaft von Großbritannien, Frankreich, Preußen, Österreich (ab 1867: Österreich-Ungarn) und

---

10 Johann Caspar Bluntschli, Das moderne Völkerrecht der civilisirten Staten. Als Rechtsbuch dargestellt, Nördlingen 1868, S. 4. Siehe auch Betsy Röben, Johann Caspar Bluntschli, Francis Lieber und das moderne Völkerrecht 1861–1881, Baden-Baden 2003.

11 Vgl. Robert v. Mohl, Die Pflege der internationalen Gemeinschaft als Aufgabe des Völkerrechtes, in: ders., Staatsrecht, Völkerrecht und Politik, Bd. 1, Tübingen 1860, S. 579–636, dazu Vec, Recht und Normierung, S. 48–75, weiter Michael Stolleis, Geschichte des öffentlichen Rechts in Deutschland, Bd. 2. Staatsrechtslehre und Verwaltungswissenschaft, 1800–1914, München 1992, S. 172–176.

12 John Westlake, International Law, Bd. 1: Peace, Cambridge, UK 1904, S. 7.

13 Bluntschli, Das moderne Völkerrecht, S. 91. Siehe auch Miloš Vec, Grundrechte der Staaten. Die Tradierung des Natur- und Völkerrechts der Aufklärung, in: Rechtsgeschichte 18 (2011), S. 66–95, hier: S. 72–81.

14 Franz v. Liszt, Das Völkerrecht. Systematisch dargestellt, 4. Aufl., Berlin 1906, S. 179.

Russland in der europäischen Politik gemeint, welche auf Prinzipien der Gleichrangigkeit, des Gleichgewichts und der gemeinsamen Interessen aufbaute. Ein solches gemeineuropäisches Staatenrecht, gefasst etwa als Ius Publicum Europaeum oder „droit public de l'Europe", hatte sich zwar schon seit dem 17. Jahrhundert herausgebildet.[15] Erst nach den napoleonischen Kriegen und dem Wiener Kongress aber nahm das Bewusstsein für eine gemeinschaftliche Verantwortung für Frieden und Stabilität in Europa zu. Auf dieser Grundlage ließen sich rudimentäre Kooperations- und Verständigungsformen begründen, ohne den Gedanken der Souveränität und Nicht-Intervention aufzugeben. Allein die normative Verbundenheit und Gleichrangigkeit der Konzertmächte konnte demnach gewährleisten, dass alle Interessen und Konflikte gemeinschaftlich ausgehandelt wurden, also ohne die Vorherrschaft einer Macht oder gar einer übergeordneten Erzwingungsgewalt. Unter dieser Prämisse lässt sich dem Europäischen Konzert durchaus eine präzedenzlose „Institutionalisierung und Verrechtlichung"[16], gar die Etablierung einer „rule of law"[17] in der Staatenwelt zuschreiben. Trotzdem muss festgehalten werden, dass es sich bei der Wiener Ordnung gerade nicht um ein formalisiertes Rechtssystem handelte, sondern um einen exklusiven regionalen Verbund, der durch Prinzipien der Koordination, der gegenseitigen Rücksichtnahme und der sittlichen Selbstbindung auf

---

15 Zu diesem „französischen Zeitalters" vgl. Ziegler, Völkerrechtsgeschichte, S. 155f., 169–172, im Anschluss an Grewe, Epochen, S. 502–510. Eine solche Kategorisierung dürfte mittlerweile nicht mehr ohne weiteres überzeugen, siehe Heinhard Steiger, Zur Begründung der Universalität des Völkerrechts, in: Steiger, Von der Staatengesellschaft, S. 667–692, hier: S. 670f. Zur Begrifflichkeit des Ius Publicum Europaeum stammt die wohl wirkmächtigste, stark von der eigenen wie Zeitsituation beeinflusste Deutung von Carl Schmitt, Der Nomos der Erde im Völkerrecht des Jus Publicum Europaeum [1950], 4. Aufl., Berlin 1997, bes. S. 111–186. Der Versuch einer affirmativen Aneignung bei Armin v. Bogdandy/Stephan Hinghofer-Szalkay, Das etwas unheimliche Ius Publicum Europaeum. Begriffsgeschichtliche Analysen im Spannungsfeld von europäischem Rechtsraum, droit public de l'Europe und Carl Schmitt, in: ZaöRV 73, H. 2 (2013), S. 209–248. Zur Gleichgewichtsidee siehe nur Miloš Vec, Principles in 19th Century International Law Doctrine, in: Nuzzo/Vec (Hrsg.), Constructing International Law, S. 209–227, hier: S. 215, 223; Schulz, Normen und Praxis, S. 596–599; Winfried Baumgart, Europäisches Konzert und nationale Bewegung. Internationale Beziehungen 1830–1878, 2., durchges. und erg. Aufl., Paderborn 2007, S. 146–151, außerdem Michael Jonas/Ulrich Lappenküper/Bernd Wegner (Hrsg.), Stabilität durch Gleichgewicht? Balance of Power im internationalen System der Neuzeit, Paderborn 2015.
16 Schulz, Normen und Praxis, S. 2.
17 Schroeder, The Transformation of European Politics, S. 530. Siehe auch ders., The Vienna System and its Stability. The Problem of Stabilizing a State System in Transformation, in: Peter Krüger (Hrsg.), Das europäische Staatensystem im Wandel. Strukturelle Bedingungen und bewegende Kräfte seit der Frühen Neuzeit, München 1996, S. 107–122, hier: S. 113.

elastische Weise zusammengehalten wurde.[18] In der „europäisch-christliche[n] Staatengenossenschaft", so formuliert beispielsweise der Berliner Rechtsprofessor August Heffter im Jahr 1867, stünden alle „Rechtsgrundsätze unter der moralischen Gesamtbürgschaft aller Beteiligten"[19].

Gerade wegen dieser flexiblen Aushandlungsmechanismen und konsensorientierten Unbestimmtheit besaß das Europäische Konzert unter aufgeklärten Zeitgenossen und liberalen Juristen jedoch einen schlechten Ruf. Nicht allein die mit dem österreichischen Außenminister Klemens v. Metternich assoziierte Restaurationspolitik hatte mit ihren antirevolutionären und antinationalen Tendenzen eine scharfe Opposition herausgefordert. Spätestens seit Mitte des Jahrhunderts galt das Konzert in progressiver Sicht als ein legitimistisches Kartell, in dem aristokratische Zugehörigkeiten und machttaktische Erwägungen wichtiger seien als vertragliche Bindungen und rechtliche Pflichten. Bereits der Krimkrieg (1853–1856) hatte gezeigt, wie unbeständig der normative Konsens zwischen den Großmächten realiter war und wie rasch er politischen Opportunitäten weichen konnte.[20] Auch dass die zaristische Regierung im Jahr 1870 jene Verpflichtung zur Neutralisierung des Schwarzen Meeres, die ihr mit dem Friedensvertrag von 1856 auferlegt worden war, einseitig aufkündigte, sorgte in der bürgerlichen Völkerrechtslehre für Bestürzung. Was war ein Vertrag wert, wenn er mit nahezu beliebigen Gründen verworfen werden konnte? Die Bereitschaft der anderen Mächte, den russischen Rücktritt durch eine Konvention nachträglich zu heilen, wirkte eher noch als Bestätigung, dass rechtliche Fragen im Europäischen Konzert ausschließlich nach machtpolitischen Kriterien beurteilt werden würden.[21] Auch der deutsche Reichskanzler Otto v. Bismarck bestätigte

---

18 Vgl. neben Schulz, Normen und Praxis, Schroeder, The Transformation of European Politics, etwa auch Gerry J. Simpson, Great Powers and Outlaw States. Unequal Sovereigns in the International Legal Order, Cambridge, UK 2004, S. 91–115. Allgemeiner: Baumgart, Europäisches Konzert, S. 1–19, oder die Beiträge in Wolfram Pyta (Hrsg.), Das europäische Mächtekonzert. Friedens- und Sicherheitspolitik vom Wiener Kongress 1815 bis zum Krimkrieg 1853, Köln 2008.
19 August W. Heffter, Das Europäische Völkerrecht der Gegenwart, Berlin 1867, S. 14.
20 Vgl. Winfried Baumgart, Der Friede von Paris 1856. Studien zum Verhältnis von Kriegführung, Politik und Friedensbewahrung, München 1972, S. 246–258, mit weiteren Hinweisen Reiner Marcowitz, Von der Diplomatiegeschichte zur Geschichte der internationalen Beziehungen, in: Francia 32, H. 3 (2005), S. 75–100, hier: S. 92–96, daneben Eckart Conze, „Wer von Europa spricht, hat unrecht." Aufstieg und Verfall des vertragsrechtlichen Multilateralismus im europäischen Staatensystem des 19. Jahrhunderts, in: Historisches Jahrbuch 121 (2001), S. 214–241, hier: S. 236–241; Schroeder, Vienna System, S. 121.
21 Vgl. David J. Bederman, The 1871 London Declaration, rebus sic stantibus and a Primitivist View of the Law of Nations, in: AJIL 82, H. 1 (1988), S. 1–40, hier: S. 4–17. Zeitgenössische Bewertungen bei Robert Phillimore, Commentaries upon International Law, Bd. 1, 3. Aufl.,

diesen Eindruck, als er die Einhaltung völkerrechtliche Verträge in diesem Zusammenhang ganz auf den „guten Glauben der Regierungen"[22] stützen wollte. Kurz gesagt: Gemessen an den normativen Maßstäben einer bürgerlichen Gesellschaft erschien die „Realpolitik" der europäischen Großmächte sowohl moralisch bedenklich als auch rechtlich fragwürdig.[23]

Wenn die liberalen Eliten und Völkerrechtler im letzten Drittel des 19. Jahrhunderts verstärkt auf eine Umwandlung des Ius Publicum Europaeum in ein internationales Regelsystem mit höherer Verbindlichkeit und universaler Ausstrahlung drängten, dann verband sich damit trotzdem kein revolutionärer Bruch. Immer noch stand der kardinale Leitgedanke des europäischen Staatenrechts im Vordergrund, dass die gemeinsame Ordnung nicht auf eine zentralisierte Erzwingungsmacht oder hierarchische Weisungsverhältnisse gestützt sein solle, sondern auf ein gleichgesinntes Miteinander.[24] Dazu waren zwei Anforderungen essentiell, die im Völkerrecht seit je hohen Stellenwert besessen hatten, nun aber weiter abstrahiert und formalisiert wurden: Einerseits sollten nur vollständig souveräne Staaten als gleichrangige Rechtssubjekte gelten. Andererseits, aber damit eng verbunden, musste ihre Bereitschaft und Befähigung zur unbedingten Rechts- und Vertragstreue vorausgesetzt, ja, zur Grundlage ihrer Anerkennung als Rechtssubjekte gemacht werden.

Vor diesem Hintergrund wandelte sich das Völkerrecht endgültig von einem „Zwischen-Mächte-Recht" in ein zwischenstaatliches Recht, beschränkte sich

---

London 1879, S. 92, 294f.; Johann Caspar Bluntschli, Le Congrès de Berlin et sa portée au point de vue du droit international, in: RDI 11 (1879), S. 1–37, 411–430; 12 (1880), S. 276–294, 410–424; eine Einbettung mit Blick auf die Vorgeschichte des Ersten Weltkriegs bei Hull, Scrap of Paper, S. 19.

22 Otto v. Bismarck, Aufzeichnung v. 21.11.1870, in: GPEK, Bd. 2, S. 13–16, hier: S. 15. Siehe auch Baumgart, Europäisches Konzert, S. 158f., 401f.; Grewe, Epochen, S. 605; Serge Maiwald, Der Berliner Kongress 1878 und das Völkerrecht. Die Lösung des Balkanproblems im 19. Jahrhundert, Stuttgart 1948, S. 14–16.

23 Vgl. Schulz, Normen und Praxis, S. 642–646. Siehe auch Conze, Aufstieg und Verfall, S. 225–228; daneben etwa Johannes Paulmann, Pomp und Politik. Monarchenbegegnungen in Europa zwischen Ancien Régime und Erstem Weltkrieg, Paderborn 2000, S. 152–179.

24 Aus dieser Herleitung rührt der eo ipso vermutlich unaufhebbare Eurozentrismus des Völkerrechts, vgl. neben Fassbender/Peters, Towards a Global History, S. 2–7, auch Arnulf Becker Lorca, Eurocentrism in the History of International Law, in: Fassbender/Peters (Hrsg.), Oxford Handbook, S. 1037–1057, sowie aus der weiteren Debatte etwa Alexandra Kemmerer, Towards a Global History of International Law? Editor's Note, in: EJIL 25, H. 1 (2014), S. 287–295; Jacob Katz Cogan, The Oxford Handbook of the History of International Law, in: AJIL 108, H. 2 (2014), S. 371–376, hier: S. 374; Heinhard Steiger, Von einer eurozentrischen zu einer globalen Völkerrechtsgeschichte? [2014], in: Steiger, Universalität und Partikularität, S. 31–48, hier: S. 45f. Außerdem: Martti Koskenniemi, International Law in Europe. Between Tradition and Renewal, in: EJIL 16, H. 1 (2005), S. 113–124, hier: S. 114f.

also auf regelhafte Beziehungen zwischen als gleichartig typisierten Einheiten. Damit verband sich die Dogmatisierung einer souveränen Staatlichkeit. Die herausragende Bedeutung von Souveränität für die Entstehung eines modernen Staatensystems wird zwar häufig auf den Westfälischen Frieden von 1648 projiziert, der teilweise auch als Gründungsakt für das „klassische Völkerrecht" gilt. Faktisch setzte sich erst in den Jahrzehnten nach dem Wiener Kongress von 1814/15 ein abstrakt-systemisches Interaktionsgefüge souveräner Staaten in größerem Umfang durch.[25] Denn so präzise die Theorie einer exklusiven Souveränität seit dem 17. Jahrhundert ausformuliert sein mochte, etwa von Jean Bodin oder Hugo Grotius, so variabel hatten sich die Verhältnisse zwischen Monarchen, Herrscherhäusern und anderen politischen Instanzen in der Realität nach wie vor gestaltet. Bis weit in das 19. Jahrhundert bestand ein Großteil der staats- und völkerrechtlichen Literatur aus einer Beschreibung der verwinkelten Beziehungen zwischen einzelnen territorialen Gewalten und Gebilden, deren Rechtsverhältnisse regelmäßig nur in einer historischen Herleitung verständlich gemacht werden konnten. Mit der Dogmatik einer unumschränkten Souveränität oder abstrahierten Kategorien von Staatlichkeit waren diese wechselseitigen Beziehungen, Abhängigkeiten und Verflechtungen jedenfalls selten in Übereinstimmung zu bringen.[26] Hinzu kam, dass ein Verständnis des Gemeinwesens als Staat selbst in Europa um 1800 noch kaum ausgebildet war. Auch wenn die Nationalbewegungen und nationalstaatlichen Einigungsversuche das gängige Bild des 19. Jahrhunderts dominieren, sollte nicht der Prozess einer Formalisierung und Normierung der eigentlich zugrundeliegenden staatlichen Einheiten über-

---

25 Vgl. Heinhard Steiger, Vom Völkerrecht der Christenheit zum Weltbürgerrecht. Überlegungen zur Epochenbildung in der Völkerrechtsgeschichte, in: Steiger, Von der Staatengesellschaft, S. 51–66, hier: S. 51f., 59f.; Heinz Duchhardt, From the Peace of Westphalia to the Congress of Vienna, in: Fassbender/Peters (Hrsg.), Oxford Handbook, S. 628–653, hier: S. 617f., sowie Vec, From the Congress, S. 655–657.
26 So das Argument bei Heinhard Steiger, Remarks Concerning the Normative Structure of Modern World Order in a Historical Perspective, in: Steiger, Von der Staatengesellschaft, S. 749–775, hier: S. 752f. Siehe auch ders., Der Westfälische Frieden – Grundgesetz für Europa?, in: Steiger, Von der Staatengesellschaft, S. 383–429, hier: S. 427–429, sowie zur weiteren Kritik am Topos des „Westfälischen Systems" etwa Heinz Duchhardt, Das „Westfälische System". Realität und Mythos, in: Thiessen (Hrsg.), Akteure der Außenbeziehungen, S. 393–401; Randall Lesaffer, The Classical Law of Nations (1500–1800), in: Alexander Orakhelashvili (Hrsg.), Research Handbook on the Theory and History of International Law, Cheltenham 2011, S. 408–440, hier: S. 408f.; ders., Peace Treaties from Lodi to Westphalia, in: Lesaffer (Hrsg.), Peace Treaties, S. 9–44, hier: S. 43f.; Andreas Osiander, Sovereignty, International Relations, and the Westphalian Myth, in: International Organization 55, H. 2 (2001), S. 251–287, hier: S. 264–269, daneben am Rande auch Neff, Justice among Nations, S. 140f. Aus einer älteren Perspektive hingegen Grewe, Epochen, S. 194–210, 369–374.

sehen werden. Es war ein schwieriger und voraussetzungsreicher Vorgang, die Hoheitsgewalt des absolutistischen Souveräns konzeptionell auf ein politisches Kollektiv zu übertragen, dieses territorial und staatsbürgerlich abzugrenzen und mit einem auf überpersonale Dauer gestellten Regierungsapparat zu versehen. Fraglos wurzelte dieser Prozess in seinen Anfängen im 17. Jahrhundert. Es ist aber bezeichnend, dass beispielsweise der Staat in der deutschsprachigen Welt nicht vor Mitte des 19. Jahrhunderts mit einer eigenen juristischen Persönlichkeit ausgestattet wurde. Und erst um 1900 legte der deutsch-österreichische Staatsrechtler Georg Jellinek mit der Drei-Elemente-Lehre einen ersten Versuch der theoretischen Erfassung und Definition vor.[27]

Diese Privilegierung von Staatlichkeit als Rahmen aller souveränen Herrschaftsgewalt war vor allem deshalb von epochaler Bedeutung, weil sie zur Grundlage der internationalen Ordnung wurde.[28] Die überaus facettenreichen Rechtsbeziehungen, wie sie zwischen Kollektiven unterschiedlichster Art bestanden hatten, wichen im Verlauf des 19. Jahrhunderts einem vereinfachten, aber starren Völkerrecht, in dem allein Staaten nach europäischem Modell souverän war. „By the end of the nineteenth century, there was but one sovereignty and one international law"[29], so ist zutreffend geurteilt worden. Auf begrifflicher Ebene spiegelte sich dieser Prozess bereits in der Ablösung des hergebrachten „Law of Nations" oder „droit des gens" durch das „International Law" bzw. „droit international". Dass dabei, der englischen und teils auch der französischen Sprachtradition folgend, Staat und Nation weitgehend synonym gesetzt wurden, sollte man ebenso wenig überbewerten wie die Tatsache, dass im deutschen Sprachraum der Begriff des Völkerrechts bestehen blieb. Wenngleich dieser semantische Wandel teilweise auf ältere lateinische Ausdrücke – ius gentium und ius inter gentes – zurückgeführt werden kann, stand dahinter eine fundamentale Vereinheitlichung der politischen Außenverhältnisse zu einem System der internationalen Beziehungen.[30]

---

27 Als Überblicke nur Wolfgang Reinhard, Geschichte der Staatsgewalt. Eine vergleichende Verfassungsgeschichte Europas von den Anfängen bis zur Gegenwart, München 1999, S. 15–124. Details zum deutschen Fall bei Henning Uhlenbrock, Der Staat als juristische Person. Dogmengeschichtliche Untersuchung zu einem Grundbegriff der deutschen Staatsrechtslehre, Berlin 2000; Jens Kersten, Georg Jellinek und die klassische Staatslehre. Tübingen, Berlin 2000.
28 Vgl. Antonio Cassese, States: Rise and Decline of the Primary Subjects of the International Community, in: Fassbender/Peters (Hrsg.), Oxford Handbook, S. 49–70, hier: S. 52–55.
29 David Kennedy, International Law and the Nineteenth Century. History of an Illusion, in: Nordic Journal of International Law 65 (1996), S. 385–420, S. 411.
30 Vgl. Vec, From the Congress, S. 656f.; Heinhard Steiger, Art. Völkerrecht, in: Otto Brunner/ Werner Conze/Reinhart Koselleck (Hrsg.), Geschichtliche Grundbegriffe. Historisches Lexikon zur politisch-sozialen Sprache in Deutschland, 8 Bde., Stuttgart 1992, Bd. 7, S. 97–140, hier: S. 134–136; Grewe, Epochen, S. 542. Als eigentlicher Begriffsschöpfer des „International Law" gilt

In diesem Prozess wurden nicht allein sämtliche Monarchen auf ihre Funktion als Staatsoberhäupter reduziert und die etablierten Herrschaftsdynastien schrittweise aus der internationalen Ordnung ausgegrenzt, sondern auch sonstige Verbände und Organisationen kamen nicht mehr als Träger von Rechten und Pflichten auf internationaler Ebene („Völkerrechtssubjekte") in Frage. Einzig der Heilige Stuhl und der Malteserorden mochten ihre traditionelle Stellung als eigenständige Rechtssubjekte behaupten,[31] wozu noch das 1864 etablierte Rote Kreuz trat, jedoch keine der anderen internationalen Organisationen, also etwa die ungefähr zeitgleich begründeten Verwaltungsunionen wie der Weltpostverein oder die Internationale Telegraphenunion.[32] Ließ sich dies durch einen Mangel an souveräner Herrschaftsgewalt auch gut begründen, so sah das im Fall der weltumspannend tätigen Handelskompanien schon anders aus, da diese bis weit bis in das 19. Jahrhundert in vielen Erdteilen solche Rechte reklamiert hatten, die bald nur noch Staaten zukommen sollten: Die britische East India Company oder die niederländische Vereenigde Oostindische Compagnie unterhielten auf den von ihnen kontrollierten Territorien beispielsweise eigene Streitkräfte, während die kanadisch-britische Hudson's Bay Company, die den nordamerikanischen Pelzhandel weitgehend monopolisiert hatte, sogar eine eigene Währung ausgab. Gleichwohl gerieten diese Privatunternehmungen bald als systemfremde Erscheinungen ganz an den Rand des Völkerrechts. Selbst eine staatähnliche Camouflage wie im Fall des vom belgischen König etablierten Freistaats im Kongo beschwor erhebliche Konflikte herauf und war nur temporär (1885 bis 1908) durchzuhalten.[33]

Jeremy Bentham, der damit 1789 das Recht der staatlichen Außenbeziehungen fassen wollte, siehe Neff, Justice among Nations, S. 210f.; Duncan Bell, Victorian Visions of Global Order. An Introduction, in: ders. (Hrsg.), Victorian Visions of Global Order. Empire and International Relations in Nineteenth-Century Political Thought, Cambridge, UK 2007, S. 1–25, hier: S. 4; Jennifer Pitts, A Turn to Empire. The Rise of Imperial Liberalism in Britain and France, Princeton 2006, S. 103–121.

31 Vgl. Malcolm Shaw, International Law, 7. Aufl., Cambridge, UK 2014, S. 178f., sowie, bereits mit skeptischen Untertönen, etwa Lassa Oppenheim, International Law. A Treatise, Bd. 1, Peace, London 1905, S. 152f.

32 Zur völkerrechtlichen Rechtsfähigkeit vgl. nur Shaw, International Law, S. 142f., 188–201, in historischer Perspektive auch Kleinschmidt, Geschichte des Völkerrechts, S. 300–304, für die Zwischenkriegszeit etwa Natasha Wheatley, New Subjects in International Law and Order, in: Glenda Sluga/Patricia Clavin (Hrsg.), Internationalisms. A Twentieth-Century History, Cambridge, UK, New York 2017, S. 265–286.

33 Vgl. Koen Stapelbroek, Trade, Chartered Companies, and Mercantile Associations, in: Fassbender/Peters (Hrsg.), Oxford Handbook, S. 338–358, hier: S. 350–357; Ziegler, Völkerrechtsgeschichte, S. 178. Beispielhaft: Jean Stengers, Leopold II and the Association Internationale du Congo, in: Stig Förster/Wolfgang J. Mommsen/Ronald E. Robinson (Hrsg.), Bismarck, Europe

Wichtiger als die Ausgrenzung derartiger privater und wirtschaftlicher Organisationen aus dem Völkerrecht war die Frage, wie es um die Staatlichkeit anderer politischer Verbände rund um den Globus bestellt war und zu welchen Bedingungen sie sich in das europäische Regelsystem integrieren ließen.[34] Auch wenn die Unabhängigkeit zahlreicher Länder und Völkerschaften an der europäischen Peripherie unbestritten war, so musste ihre völkerrechtliche Stellung und Gleichrangigkeit zunächst als ungesichert gelten. Das betraf insbesondere das Osmanische Reich, dessen Zulassung zum „droit public et du concert européen" nach dem Krimkrieg aus diesem Grund ausdrücklich in Artikel VII des Pariser Friedensabkommens vom 30. März 1856 stipuliert wurde. Allerdings hatte die Hohe Pforte weder um eine solche völkerrechtliche Klausel nachgesucht noch war eindeutig zu sagen, inwieweit damit über die bisherigen Beziehungen zu den europäischen Mächten hinausgegangen werden sollte.[35] Bei näherer Betrachtung lässt sich dieser Vorstoß deshalb vorrangig auf die geostrategischen und wirtschaftlichen Interessen von Großbritannien und Frankreich zurückführen, in deren Wahrnehmung sich das Osmanische Reich nur durch eine Aufnahme in das europäische Staatenrecht soweit stabilisieren ließ, dass es einem russischen Expansionsstreben ebenso standzuhalten vermochte wie seine horrenden Auslandsschulden bedienen konnte. Es zeigt die Kraft der normativen Erwartungen, dass solche Kalküle nicht mehr an die bisherige Praxis einer Fremdbeherrschung anknüpfen konnten, sondern sich auf die Forderung nach einer Selbstführung und Selbststeuerung nach europäischen Vorgaben stützen mussten. Insofern wurde es nicht als Eingriff in die osmanische Souveränität – welche in Artikel IX des Pariser Friedens von 1856 zudem nochmals ausdrücklich bekräftigt wurde – verstanden, sondern als deren Ermöglichung und Festigung, wenn die Regierung in Konstantinopel zu einer Fortsetzung ihres inneren Re-

---

and Africa. The Berlin Africa Conference 1884–1885 and the Onset of Partition, Oxford 1988, S. 229–244.

34 Überblicke bei Wolfgang Reinhard, Die Unterwerfung der Welt. Globalgeschichte der europäischen Expansion, 1415–2015, München 2016; Jörg Fisch, Die europäische Expansion und das Völkerrecht. Die Auseinandersetzungen um den Status der überseeischen Gebiete vom 15. Jahrhundert bis zur Gegenwart, Stuttgart 1984.

35 Vgl. Becker Lorca, Mestizo International Law, S. 120f.; Toyoda Tetsuya, L'aspect universaliste du droit international européen du 19ème siècle et le statut juridique de la Turquie avant 1856, in: JHIL 8 (2006), S. 19–37, hier: S. 21; Hugh McKinnon Wood, The Treaty of Paris and Turkey's Status in International Law, in: AJIL 37, H. 2 (1943), S. 262–274. Siehe auch Jennifer Pitts, Boundaries of Victorian International Law, in: Bell (Hrsg.), Victorian Visions, S. 67–88, hier: S. 68f.; Grewe, Epochen, S. 541; Gerrit W. Gong, The Standard of „Civilization" in International Society, Oxford 1984, S. 106f., 111–114; Fisch, Krieg und Frieden, S. 540; Baumgart, Friede von Paris, S. 233.

formkurses (den „Tanzimat"-Reformen) aufgefordert und zur Gleichberechtigung der christlichen Volksgruppen verpflichtet wurde.[36]

Über den osmanischen Fall hinaus zeigt sich in diesen Forderungen eine allgemeine Tendenz, die auch in anderen Fällen einer Zulassung zum europäischen Staatenrecht erkennbar ist. Mit der Behauptung einer unsicheren oder defizitären Staatlichkeit ließen sich inhaltliche Auflagen diktieren, welche ein Staat im Gegenzug für seine Aufnahme in die Völkerrechtsgemeinschaft übernehmen musste.[37] Jeweils ging es darum, eine in westlichen Augen noch ungefestigte, unreife Nation auf jene innere Stabilität und Verlässlichkeit zu verpflichten, wie es für eine bürgerliche Gesellschaft und Wirtschaft erforderlich schien. Das bekannteste Beispiel dürfte die Berliner Kongressakte von 1878 darstellen, in der die Herauslösung von Bulgarien, Serbien und Montenegro aus dem osmanischen Herrschaftsbereich geregelt wurde.[38] Die Anerkennung der neuen Staaten wurde dabei nicht nur mit einem Minderheitenschutz besonders für die jüdischen Bevölkerungsteile verbunden.[39] Die europäischen Großmächte forderten zugleich eine wirtschaftliche Öffnung, unter anderem durch die Vorschriften zum internationalen Handelsverkehr, zu Transitzöllen oder zur freien Schiffbarkeit der Donau. Auch die Übernahme eines dem jeweiligen Territorium entsprechenden Anteils an den osmanischen Auslandsschulden zählte dazu, was den eigenen Anspruch einer internationalen Gerechtigkeit ebenso beweisen sollte wie den Sorgen der europäischen Gläubigerbanken Rechnung trug.[40]

---

36 Vgl. Candan Badem, The Ottoman Crimean War. 1853–1856, Leiden 2010, S. 287f., 335–359; Kayaoğlu, Legal Imperialism, S. 114–121; Baumgart, Friede von Paris, S. 211–219; Matthew S. Anderson, The Eastern Question, 1774–1923, London 1966, S. 142f. Zur osmanischen Reformepoche allgemein Carter Vaughn Findley, The Tanzimat, in: Reşat Kasaba (Hrsg.), Turkey in the Modern World, Cambridge, UK 2008, S. 11–37, hier bes. S. 17–21.

37 Vgl. James Crawford, The Creation of States in International Law, 2. Aufl., Oxford 2006, S. 545f.

38 Vgl. Baumgart, Europäisches Konzert, S. 416–428; Ralph Melville/Hans-Jürgen Schröder (Hrsg.), Der Berliner Kongreß von 1878. Die Politik der Großmächte und die Probleme der Modernisierung in Südosteuropa in der zweiten Hälfte des 19. Jahrhunderts, Wiesbaden 1982; Anderson, Eastern Question, S. 178–219. Am Rande verdienen hervorgehoben zu werden: Ernest L. Woodward, The Congress of Berlin 1878, London 1920; Henry F. Munro, Berlin Congress, Washington 1918, die jeweils als Auftragsarbeiten für die britische bzw. amerikanische Delegation der Pariser Friedenskonferenz 1919/20 entstanden, siehe Erik Goldstein, Winning the Peace. British Diplomatic Strategy, Peace Planning, and the Paris Peace Conference, 1916–1920, Oxford 1991, S. 40.

39 Vgl. Fink, Defending the Rights of Others, S. 22–30, 37f.; Maiwald, Berliner Kongress 1878, S. 60–68. Gleiche Auflagen galten für Rumänien und das Osmanische Reich.

40 Vgl. ebenda, S. 114–116, zur Frage der osmanischen Auslandsschuld auch Lea Heimbeck, Die Abwicklung von Staatsbankrotten im Völkerrecht, Baden-Baden 2013, S. 150–153.

Eine solche konditionale Anerkennung wurde zwar stets mit der Stabilisierung einer ungefestigten staatlichen Souveränität begründet. Doch über die Erfüllung dieses Kriteriums entschieden die europäischen Großmächte allein und letztlich nach wechselnden Gesichtspunkten und Interessenlagen. Das bekam wiederum besonders die Hohe Pforte zu spüren. Trotz der förmlichen Aufnahme in die europäische Staatengemeinschaft galt das Osmanische Reich in westlichen Augen weiterhin als überaus fragwürdiges Gebilde, so dass beispielsweise die etablierten Vorrechte einzelner westlicher Nationen auch nach 1856 nicht widerrufen wurden. Sowohl die seit dem Mittelalter gewährten Handelsprivilegien für die Bürger verschiedener europäischer Nationen („Kapitulationen") als auch deren straf- und zivilrechtliche Immunität im Rahmen der Konsulargerichtsbarkeit bestanden nach 1856 unangetastet fort.[41] Mehr noch, im letzten Drittel des 19. Jahrhunderts und im Kontext der „orientalischen Frage" nahmen die Stimmen zu, welche die Staatlichkeit der Hohen Pforte als so defizitär, korrupt und willkürlich behaupteten, dass eine europäische Intervention und damit eine Aufhebung der osmanischen Souveränität vorstellbar wurden. Gustave Rolin-Jaequemyns forderte 1876 beispielsweise, das Osmanische Reich als „état de banqueroute morale et financière" zu behandeln und im Interesse „de paix générale et d'humanité" unter internationale Kuratel zu stellen.[42] Auch Georg Jellinek sprach 1882 von einer osmanischen „Unfähigkeit, den Staatszwecken allein und überhaupt genügen zu können", so dass die österreich-ungarische Verwaltung von Bosnien und Herzegowina schon im Interesse des Weltfriedens zwingend notwendig sei.[43]

---

41 Vgl. Umut Özsu, Ottoman Empire, in: Fassbender/Peters (Hrsg.), Oxford Handbook, S. 429–448.

42 Vgl. Gustave Rolin-Jaequemyns, Le droit international et la question d'Orient, Gent 1876, S. 79, 84–97. Zum Gedanken der Intervention vgl. Davide Rodogno, European Legal Doctrines on Intervention and the Status of the Ottoman Empire within the ‚Family of Nations' Throughout the Nineteenth Century, in: JHIL 18, H. 1 (2016), S. 5–41; ders., Against Massacre. Humanitarian Interventions in the Ottoman Empire, 1815–1914. The Emergence of a European Concept and International Practice, Princeton 2012, S. 164–184, sowie mehrere Beiträge in Fabian Klose (Hrsg.), The Emergence of Humanitarian Intervention. Ideas and Practice from the Nineteenth Century to the Present, Cambridge, UK 2016. Aus allgemeiner Perspektive zudem Miloš Vec, Intervention/Nichtintervention. Verrechtlichung der Politik und Politisierung des Völkerrechts im 19. Jahrhundert, in: Lappenküper/Marcowitz (Hrsg.), Macht und Recht, S. 135–160. Für einen regionalen Bezug auch Adamantios Skordos, Geschichtsregionale Völkerrechtsforschung. Der Fall Südosteuropa, in: Zeitschrift für Ostmitteleuropa-Forschung 61, H. 3 (2012), S. 433–473, hier: S. 447f.

43 Georg Jellinek, Die Lehre von den Staatenverbindungen, Wien 1882, S. 115. Zur osmanischen Spätzeit siehe nur Ryan Gingeras, Fall of the Sultanate. The Great War and the End of the Ottoman Empire, 1908–1922, Oxford 2016; Baumgart, Europäisches Konzert, S. 288–293; Anderson, Eastern Question, S. 178–309.

Nicht immer erfolgte die Zulassung zur Völkerrechtsgemeinschaft jedoch durch vertragliche Anerkennung mit Auflagen. Die innere Zugehörigkeit der USA zu den europäischen Traditionen und Werten galt etwa als so selbstverständlich, dass darüber keine besondere Debatte geführt wurde. Größere Aufmerksamkeit erregte der Fall von Japan, das zum Ende des 19. Jahrhunderts als erste außereuropäische Nation ebenbürtig zu den Staaten Europas aufrückte. Die entscheidende Begründung lag in der japanischen Bereitschaft zur Achtung und Garantie des Völkerrechts. Nichts bewies die Gleichrangigkeit Japans in westlichen Augen so sehr wie die Bereitwilligkeit, sich im chinesisch-japanischen Krieg von 1894 an die Grundsätze des europäischen Kriegsrechts zu halten. Die ostasiatische Inselnation habe sich durch ihre „gewissenhafte Beobachtung der völkerrechtlichen Grundsätze ins hellste Licht"[44] gesetzt, so hieß es in der einschlägigen Literatur, und der deutsch-britische Jurist Lassa Oppenheim formulierte kurz nach 1900 mit pathetischen Worten, dass sich Japan durch seine „marvelous efforts" gar einen herausgehobenen Platz als „one of the Great Powers that lead the Family of Nations" erworben habe.[45]

Das Völkerrecht verwandelte sich damit zum Ende des Jahrhunderts endgültig in ein abstraktes Regelsystem mit universaler Reichweite. Die exklusiven religiösen Prägungen und territorialen Bezüge des Ius Publicum Europaeum wichen der Vorstellung eines übergreifenden Standards der Zivilisationen, den auch nichteuropäische Staaten wie Japan erfüllen konnten. Wohl ließ sich der Zivilisationsbegriff in seinen völkerrechtlichen Dimensionen nie abschließend ausbuchstabieren.[46] Das war jedoch gewollt, denn auf diese Weise ließ sich die Position zahlreicher Herrschaftsverbände gegenüber der Völkerrechtsgemeinschaft flexibel bestimmen und die beobachtete Distanz als Entwicklungsrückstand behaupten, der über verschiedene Stufen (potentiell) aufholbar sei.[47] Rea-

---

44 Liszt, Völkerrecht, S. 4.
45 Oppenheim, International Law, Bd. 1 (1905), S. 33. Vgl. Douglas Howland, International Law and Japanese Sovereignty. The Emerging Global Order in the 19th Century, New York 2016, S. 99–125; Becker Lorca, Mestizo International Law, S. 68–72; Urs Matthias Zachmann, Völkerrechtsdenken und Außenpolitik in Japan, 1919–1960, Baden-Baden 2013, S. 71–77. Außerdem: Kinji Akashi, Japanese „Acceptance" of the European Law of Nations: A Brief History of International Law in Japan c. 1853–1900, in: Michael Stolleis/Masaharu Yanagihara (Hrsg.), East Asian and European Perspectives on International Law, Baden-Baden 2004, S. 1–21; Gong, Standard, S. 164–200.
46 Vgl. Marc Pauka, Kultur, Fortschritt und Reziprozität. Die Begriffsgeschichte des zivilisierten Staates im Völkerrecht, Baden-Baden 2012, bes. S. 188f. Siehe auch Fisch, Die europäische Expansion, S. 307f., zu den Bemühen Westlakes, den Zivilisationsbegriff juristisch greifbar zu machen.
47 Vgl. Becker Lorca, Mestizo International Law, S. 65–74, 108–114; Kayaoğlu, Legal Imperialism; Anghie, Imperialism, S. 56–65, 98–100; Fisch, Die europäische Expansion, S. 302, 332f.

liter dürfte unbestreitbar sein, dass sich ein zivilisatorischer Charakter nicht wirklich aus einer – wie auch immer zu objektivierenden – Wesensart eines Kollektivs oder Volkes ableiten ließ. Gerade am Beispiel Japans ist zudem klar erkennbar, dass die Achtung des Völkerrechts vornehmlich auf das strategische Kalkül der Tokioer Regierung zurückging, sich durch eine demonstrative Aneignung der europäischen Regelwerke als gleichrangig zu präsentieren.[48] Auch andere Nationen bemühten sich darum, eine eigene Zivilisiertheit durch die Übernahme westlicher normativer Vorstellungen auszudrücken, um damit als eigenständige Völkerrechtssubjekte akzeptiert zu werden. Es war kein Zufall, sondern vielfach staatspolitisches Programm, wenn Studenten von nahezu allen Kontinenten im ausgehenden 19. Jahrhundert an die europäischen Universitäten strömten, um hier jene völkerrechtlichen Voraussetzungen und Erwartungen zu studieren, welche der eigenen Nation einen Platz in der zivilisierten Staatenwelt zu sichern versprachen.[49]

Nicht alle Kollektive konnten oder wollten sich auf diese Weise in das universale Reglement des europäischen Völkerrechts einordnen. Zahlreiche locker verfasste Herrschaftsverbände, Volksstämme oder nomadisierende Gruppen galten schon aufgrund ihrer andersartigen Macht- und Eigentumsbegriffe a priori als inkompatibel mit den Standards des Völkerrechts. Nicht wenigen Kollektiven in Afrika, aber auch in Asien, Amerika und Ozeanien, wurde aufgrund ihrer politischen Struktur ein erkleckliches Souveränitätsdefizit bescheinigt, welches es undenkbar machte, ihnen eine eigene Rechtssubjektivität und eine gleichrangige Stellung in der internationalen Gemeinschaft zuzubilligen. Das verhinderte zwar nicht, dass ihnen vielfach einseitige und unvorteilhafte, „ungleiche Verträge" aufgezwungen wurden.[50] Häufig wurde von westlicher Seite jedoch die Notwendigkeit behauptet, die eigenen Standards qua Intervention und kolonialer Unterwerfung zu erzwingen. Die „Rechtsgemeinschaft der Kulturstaaten", so meinte etwa der deutsche Jurist Franz v. Liszt kurz nach der Jahrhundertwende, müsse sich gegenüber solchen Kollektiven „durch ihre tatsächliche Macht" schützen und sei dabei allenfalls an „die Grundsätze des Christentums und der Menschlichkeit gebunden."[51] Dass auch diese Grundsätze wenig wogen, zeigte sich in den verschiedenen „Zivilisierungsmissionen", mit denen die europäischen Mächte, bald aber auch die USA und Japan im Namen der internationa-

---

48 Vgl. Howland, International Law, S. 23–26, 123, 140; Zachmann, Völkerrechtsdenken und Außenpolitik, S. 80–84.
49 Vgl. Becker Lorca, Mestizo International Law, S. 52f.
50 Vgl. Kleinschmidt, Geschichte des Völkerrechts, S. 304–316, 361–379, oder die Beiträge in Saliha Belmessous (Hrsg.), Empire by Treaty. Negotiating European Expansion, 1600–1900, Oxford 2015.
51 Liszt, Völkerrecht, S. 6.

len Gemeinschaft gegen andere politische Verbände vorgingen. Die amerikanische Intervention auf den Philippinen 1899, die internationale Strafexpeditionen gegen die Boxerbewegung in China 1900/01 oder die deutsche Vernichtungskampagne gegen die Volksgruppen der Herero und Nama 1904 bis 1908 legen eindringliches Zeugnis davon ab, wie sehr die Berufung auf Zivilisation und Völkerrecht mit einer entgrenzten Gewaltausübung einhergehen konnte.[52]

Doch solche rabiaten Übergriffe blieben die Ausnahme. Die Ausweitung westlicher Standards erfolgte selten im Rahmen einer unverstellten machtpolitischen Übermächtigung, sondern verknüpfte liberale und imperiale Handlungsmuster, wohlmeinenden Paternalismus und rücksichtslose Interessendurchsetzung auf intrikate Weise.[53] Im Regelfall folgte sie einfach den mächtigen Triebkräften von Handel und Kommerz, Verkehr und Kommunikation. Die Formalisierung der zwischenstaatlichen Verhältnisse als Rechtsbeziehungen war nie von den ökonomischen Bedingungen und Antriebskräften einer frühen Phase der Globalisierung zu lösen. Zumal die wirtschaftliche und technologische Dynamik, wie sie seit der Industrialisierung in Europa und den USA spätestens seit Mitte des 19. Jahrhunderts immer stärker freigesetzt wurde, trug zur Universalisierung des Völkerrechts wesentlich bei.[54] Nicht nur, dass ökonomische Motive im westlichen Verständnis immer auch eine ideelle Seite besaßen und einen Fortschritt der Menschheit und eine Befreiung aus Elend und Armut signalisierten. Die Zunahme der weltweiten Handelsbeziehungen erforderte auch in praktischer Hinsicht eine vermehrte Koordination, Regulierung und Normierung,

---

52 Vgl. Boris Barth/Jürgen Osterhammel (Hrsg.), Zivilisierungsmissionen. Imperiale Weltverbesserung seit dem 18. Jahrhundert, Konstanz 2005. Siehe auch Kristina Lovrić-Pernak, Morale internationale und humanité im Völkerrecht des späten 19. Jahrhunderts, Baden-Baden 2013, S. 18–24; Gong, Standard, S. 51f. Eine Kritik, die derartige Praktiken als „contrary to Christian morality" angriff, etwa bei Oppenheim, International Law, Bd. 1 (1905), S. 34.

53 Vgl. Casper Sylvest, „Our passion for legality". International Law and Imperialism in Late Nineteenth-Century Britain, in: Review of International Studies 34, H. 3 (2008), S. 403–423; Pitts, Turn to Empire, S. 3–7; Koskenniemi, Gentle Civilizer, S. 98–178, außerdem mehrere Beiträge in Bell (Hrsg.), Victorian Visions. Eine Betonung des antiimperialistischen Gehalts des Völkerrechts des 19. Jahrhunderts hingegen bei Andrew Fitzmaurice, Liberalism and Empire in Nineteenth-Century International Law, in: AHR 117, H. 1 (2012), S. 122–140. Auch für die abolitionistischen und humanitaristischen Strömungen war ein liberal-imperialer Gestaltungsanspruch charakteristisch, vgl. Klose (Hrsg.), Emergence of Humanitarian Intervention; Amalia Ribi Forclaz, Humanitarian Imperialism. The Politics of Anti-Slavery Activism, 1880–1940, Oxford 2015; Michael N. Barnett, Empire of Humanity. A History of Humanitarianism, Ithaca, N.Y. 2011, S. 49–94.

54 Vgl. Osterhammel, Verwandlung, S. 1010–1055; Petersson, Anarchie und Weltrecht, S. 151–337, auch Guido Thiemeyer, The „Forces Profondes" of Internationalism in the Late Nineteenth Century. Politics, Economy and Culture, in: Löhr/Wenzlhuemer (Hrsg.), Nation State and Beyond, S. 27–42, hier: S. 29–38.

wie sie wiederum nur zwischen Nationen der zivilisierten Staatenwelt als Form der Selbstregulation vorstellbar waren. Hingewiesen sei auf die Abkommen zur Standardisierung von Messeinheiten, Größen und Gewichten, wie es beispielhaft in der Internationalen Meterkonvention (1875) vorgenommen wurde; auf die Vereinheitlichung der Verkehrs- und Kommunikationsverhältnisse, etwa durch den Weltpostverein (1875/78); oder auf die Frage eines grenzüberschreitenden Schutzes von geistigem Eigentum und Patenten (Berner Übereinkunft zum Schutze von Werken der Literatur und Kunst, 1886).[55]

Das Besondere an derartigen Vereinbarungen war ihr systembildender Charakter. Im Gegensatz zu den traditionellen, oft bilateralen Verträgen, welche sich seit je mit den grundlegenden Fragen von Krieg und Frieden befasst hatten, waren solche multilateralen Konventionen offen für den Beitritt weiterer Staaten, auf unbegrenzte Dauer gestellt und von dezidiert „technischem" Charakter; alle politischen Fragen sollten, wenigstens nominell, ausgeklammert bleiben. Sie beruhten auf der Erwartung, dass sich das regelgeleitete Miteinander der Nationen immer weiter festigen lasse und in eine immer engere, vertragsförmige Verdichtung der Staatenwelt übergehen würde; zu Recht ist von einer „funktionalen Weltverflechtung durch Völkerrecht"[56] gesprochen worden. Die regulative Bedeutung dieser Konventionen wuchs in der Tat umso stärker an, desto mehr Nationen sich anschlossen, was wiederum Druck auf außerhalb stehende oder neu etablierte Staaten ausübte, ebenfalls beizutreten. Es ist nicht zu hoch gegriffen, wenn man in diesen Verträgen jenen Anspruch einer Selbstregulation der internationalen Gemeinschaft – als einer Gesellschaft der rechtstreuen und zivilisierten Staaten – par excellence erkennt, der schließlich in die Haager Konferenzen von 1899 und 1907 einmünden sollte.

Es lässt sich zusammenfassen: Die Verrechtlichung der Welt erfolgte im Medium des europäischen Völkerrechts. Das Ius Publicum Europaeum wurde zum Schnittmuster für ein Regelsystem universaler Reichweite, in dem das Verhältnis der beteiligten Nationen nicht länger von einem anarchischen Ringen der Kräfte bestimmt sein sollte, sondern – wie im Idealbild einer bürgerlich-liberalen Gesellschaft vorgezeichnet – in einem rechts- und vertragsförmigen Rahmen koordiniert werden würde. Jede Anerkennung eines politischen Kollektivs als Rechtssubjekt setzte sowohl seine Fähigkeit (gefasst in der Souveränität) als auch seine Bereitschaft (gefasst in der Zivilisation) voraus, diese basale Ordnungsidee zu akzeptieren und zu garantieren. Das war in zeitgenössischen Augen unvermeidbar, denn in Ermangelung einer übergeordneten Zwangsgewalt

---

55 Vgl. Vec, Recht und Normierung, S. 21–163; Madeleine Herren, Internationale Organisationen seit 1865. Eine Globalgeschichte der internationalen Ordnung, Darmstadt 2009, S. 15–49.
56 Vgl. Vec, Recht und Normierung, S. 21 u.ö.

ließ sich die Geltungskraft des Völkerrechts kaum auf andere Weise begründen; August Heffter notierte dazu, dass die gleichberechtigte Anerkennung eines Staates entweder eine „Zugehörigkeit zu dem Europäischen Staatenkreise oder eine friedliche Einstellung zu demselben [voraussetzte], die eine gegenseitige Anwendung der Grundsätze des internationalen Rechts bedingt und erwarten lässt."[57]

Dass diese Universalisierung des Völkerrechts immer auch eine gewalthafte Seite besaß und leicht in die Rechtfertigung eines westlichen Imperialismus umschlagen konnte, ist zwar unbestreitbar. Doch die Anrufung des Völkerrechts ging nie in einer vordergründigen Instrumentalisierung für wirtschaftliche und machtpolitische Interessen auf. Auch wenn sich für nahezu jede Form der Unterwerfung und Ausplünderung eine juristische Begründung ersinnen ließ, schwächte dies die Grundprinzipien des Völkerrechts bemerkenswert wenig. Im Gegenteil, jede Inanspruchnahme völkerrechtlicher Argumente bestätigte und bekräftigte letztlich den übergeordneten Anspruch einer regelgeleiteten internationalen Ordnung, weshalb Nationen und politische Kollektive auf der ganzen Welt daran anzuknüpfen suchten. Pointiert gesprochen: Die normative Kraft des Völkerrechts war von seiner tatsächlichen Einhaltung durch die Regierungen weitgehend abgekoppelt, sondern entsprang vorrangig seiner öffentlichen Sinngebung als Fortschrittserzählung der zivilisierten Menschheit.

2 Die Begründung juristischer Expertise in der Außenpolitik

Dass aus dem russischen Vorstoß von 1898 für eine Abrüstung der Großmächte eine Konferenz für völkerrechtliche Kodifikationsfragen werden würde, war zunächst nicht absehbar gewesen. Die verhaltenen Reaktionen, mit denen das Zarenmanifest in den europäischen Hauptstädten aufgenommen worden war, hatten es jedoch rasch notwendig gemacht, die russische Initiative zu einer Beratung „technischer Fragen" in den Staatenbeziehungen umzudeuten und auf einen neutralen Schauplatz zu verlegen.[58] Die Wahl war dabei auf Den Haag gefallen, welches seit der ab 1893 dort stattfindenden Konferenz für internationales Privatrecht als „Stadt des Rechts" galt, aber auch einen niederländischen Republikanismus und Neutralismus verkörperte. Die amerikanische Delegation führte eine derartige Sinndeutung noch weiter, als sie am 4. Juli 1899 im nahe gelegen Delft eine Gedenkveranstaltung ausrichtete, in der die Feier des ameri-

---

57 Heffter, Das Europäische Völkerrecht, S. 33.
58 Vgl. Dülffer, Regeln gegen den Krieg, S. 39–68.

kanischen Unabhängigkeitstages mit einer Erinnerung an Hugo Grotius als Gründungsfigur des Völkerrechts verknüpft wurde.[59]

Der Blick auf den Teilnehmerkreis der beiden Konferenzen bestätigt zunächst die rapide Ausdehnung der Staatenwelt. Als der niederländische Außenminister am 18. Mai 1899 die erste Haager Konferenz eröffnete, saßen ihm bereits rund 100 Delegierte aus 26 Ländern gegenüber, vornehmlich aus den europäischen Nationen, aber auch aus den USA, Kanada und Mexiko. Asien war mit Delegationen aus China, Japan, Persien und Siam vertreten; die seinerzeit sechs Staaten Afrikas fehlten hingegen. Dieser Kreis hatte sich bei der Folgekonferenz acht Jahre später erheblich ausgedehnt. Nunmehr wurden 256 Vertreter – darunter ungefähr 100 Ministres plénipotentiaires – von 44 Delegationen gezählt, wobei die größte Zunahme bei den südamerikanischen Staaten zu verzeichnen war, die nunmehr fast durchgängig Vertreter schickten. Die afrikanischen Nationen blieben weiter unberücksichtigt, und auch bei den asiatischen Staaten gab es keine Veränderung. Zwar reiste eine koreanische Delegation an, wurde aber mit Blick auf die Besetzung Koreas nach dem russisch-japanischen Krieg 1904/05 nicht zugelassen.[60]

Doch nicht allein die globale Reichweite der Konferenz markiert den Wandel der internationalen Beziehungen, sondern ebenso die personelle Zusammensetzung der entsandten Delegationen. An die Teilnahme eines Staatsoberhauptes oder auch nur eines Regierungschefs musste zwar angesichts des Konferenzprogramms weder 1899 noch 1907 ernsthaft gedacht werden. Doch während beim ersten Zusammentreffen vor allem kleine, drei- bis fünfköpfige Gesandtschaften das Bild bestimmten, so traten acht Jahre später zahlreiche Delegationen mit zehn und mehr Mitgliedern auf. Und nachdem 1899 zumeist verdiente, im höheren Lebensalter stehende Diplomaten entsandt worden waren, die nicht notwendig eine Nähe zum eigentlichen Thema der Konferenz besitzen mussten, hatte die Bedeutung fachlich geschulter Experten 1907 deutlich zugenommen.[61]

---

59 Vgl. Martine Julia van Ittersum, Hugo Grotius. The Making of a Founding Father of International Law, in: Orford/Hoffmann (Hrsg.), The Oxford Handbook of the Theory of International Law, S. 82–100, hier: S. 88–96.
60 Vgl. Eyffinger, The 1907 Hague Peace Conference, S. 83–86, 233–240. Zu Japan und Korea siehe Howland, International Law, S. 134–136.
61 Für die Haager Konferenzen vgl. Steller, Diplomatie, S. 244–247; Dülffer, Regeln gegen den Krieg, S. 66f., 300f., für die Veränderungen in den Auswärtigen Diensten siehe Baumgart, Europäisches Konzert, S. 113–145. Weiterer Blick bei Paulmann, Reformer; Madeleine Herren, Governmental Internationalism and the Beginning of a New World Order in the Late Nineteenth Century, in: Martin H. Geyer/Johannes Paulmann (Hrsg.), The Mechanics of Internationalism. Culture, Society, and Politics from the 1840s to the First World War, Oxford 2001, S. 121–144.

Neben Militärexperten traf diese Professionalisierung vor allem auf Juristen zu. Wohl gehörte ein juristisch ausgebildetes Personal seit langem zum bevorzugten Rekrutierungspotential der staatlichen Bürokratie, wenngleich in Frankreich und Deutschland deutlicher als in Großbritannien und den USA. Doch das Feld der Außenpolitik und des diplomatischen Verkehrs hatte zumindest in Europa stets eine Domäne des Adels dargestellt.[62] Es überrascht nicht, wenn die bürgerlich-liberalen Verfechter des Völkerrechts zunächst große Distanz zur Diplomatie gehalten hatten, die nicht selten als intransparent, personalistisch und vormodern beschrieben wurde. Im Jahr 1871 hatte Rolin-Jaequemyns beispielsweise angemerkt, dass die Völkerrechtslehre „au nom de la science" in allen Fragen des Staatenverkehrs mitsprechen müsse, „dont la diplomatie a eu trop souvent l'insuffisant monopole"[63]. Und im Gründungsstatut des Institut de Droit international war kurz darauf festgelegt worden, dass Diplomaten im aktiven Dienst nicht Mitglieder werden durften.[64]

Gewiss: Unter internationalen Juristen wurde nicht bestritten, dass das Völkerrecht seine Quellen überhaupt erst in den politischen Beschlüssen und in den Handlungen der Diplomaten und Regierungen finden würde. Doch eine derartige „Staatenpraxis" schien nur das Rohmaterial zu liefern, aus dem erst die völkerrechtswissenschaftliche Interpretation die Grundlagen der internationalen Gemeinschaft entstehen lasse.[65] „The legal scholarship of the nineteenth century interpreted and systematised diplomatic practice into legal rules"[66], so

---

62 Vgl. nur Thomas G. Otte, „Outdoor Relief for the Aristocracy"? European Nobility and Diplomacy, 1850–1914, in: Markus Mösslang/Torsten Riotte (Hrsg.), The Diplomats' World. A Cultural History of Diplomacy, 1815–1914, Oxford 2008, S. 23–58, hier: S. 43–57; Hamish M. Scott, Diplomatic Culture in Old Regime Europe, in: Brendan Simms/Hamish M. Scott (Hrsg.), Cultures of Power in Europe during the Long Eighteenth Century, Cambridge, UK, New York 2007, S. 58–85, hier: S. 72–85; Paul G. Lauren, Diplomats and Bureaucrats. The first Institutional Responses to Twentieth-Century Diplomacy in France and Germany, Stanford 1976, S. 26–32. Für Deutschland: Karl-Alexander Hampe, Das Auswärtige Amt in der Ära Bismarck, Bonn 1995, S. 56–73.

63 Gustave Rolin-Jaequemyns, Rezension zu La Russia ed il trattato di Parigi del 1856, in: RDI 3 (1871), S. 515. Zum Anspruch als Wissenschaft siehe auch Oppenheim, Science of International Law, S. 313f.

64 So Art. 6 des Statuts votés par la Conférence Juridique internationale de Gand, le 10 Septembre 1873, in: Annuaire de l'Institut de Droit International 1 (1877), S. 1–5, hier: S. 2. Vgl. Mazower, Governing the World, S. 66, 69.

65 Vgl. Carty, Doctrine, hier: S. 973–979. Siehe auch Matthew Craven, The Invention of a Tradition. Westlake, The Berlin Conference and the Historicisation of International Law, in: Nuzzo/Vec (Hrsg.), Constructing International Law, S. 363–402, hier: S. 392f.; Casper Sylvest, The Foundations of Victorian International Law, in: Bell (Hrsg.), Victorian Visions, S. 47–66, hier: S. 58f.; Kennedy, International Law, hier: S. 410f.

66 Koskenniemi, Between Apology and Utopia, S. 37.

ist zutreffend geurteilt worden. Insofern grenzte sich die Völkerrechtslehre des ausgehenden 19. Jahrhunderts zwar von einer staatlich-diplomatischen Handlungsebene ab, wollte sich aber nicht mehr mit einer bloßen Dokumentation zwischenstaatlicher Akte begnügen, wie es noch zu Jahrhundertbeginn den Schwerpunkt des völkerrechtliches Tuns dargestellt hatte; die Sammlung diplomatischer Akten durch Johann Ludwig Klüber auf dem Wiener Kongress 1814/15 mag als Beispiel genügen. Das Selbstverständnis vieler Völkerrechtler zielte nunmehr auf die juristische Fortentwicklung der Staatenbeziehungen zu einem internationalen Regelsystem, wie es von Bluntschli im Jahr 1868 auf den Punkt gebracht wurde: „Wie die Wissenschaft für die Begründung und Erkenntniß des Völkerrechts entscheidend geworden ist, so hat sie die Pflicht, auch seine Fortschritte vorzubereiten, zu beleuchten und zu begleiten."[67] Und der britische Jurist Travers Twiss meinte wenig später mit vielleicht noch größerem Selbstbewusstsein: „Those who by genius and study are capable of mastering its principles, and of applying them with discernment to the maintenance of a sound public opinion, where questions of Right and Wrong are at issue between Independent States, are in substance although not in form the true law-givers of Nations in this respect."[68]

Das war ein hoher und selbstgewisser Anspruch, der in den Außenämtern allerdings gemischte Gefühle hervorrief. Sicherlich gab es eine Reihe von Völkerrechtlern, die keinerlei Berührungspunkte zur Diplomatie besaßen und sich ganz auf den fachwissenschaftlichen Diskurs beschränkten. Doch nicht wenige Fachvertreter bewegten sich im weiteren Orbit der Außenämter, von denen sie zunehmend häufiger in diplomatischen und außenpolitischen Angelegenheit herangezogen wurden, eben weil die Bedeutung des Völkerrechts in den zwischenstaatlichen Verhältnissen zum Ende des Jahrhunderts sprunghaft anstieg. Die Haager Verhandlungen stehen beispielhaft für dieses neuartige Engagement von Juristen in der Diplomatie, lassen jedoch deutlich erkennen, dass sich allein davon kaum auf eine Verrechtlichung der Außenbeziehungen schließen lässt. Wie der folgende Rundblick auf die Juristen der britischen, französischen, amerikanischen und deutschen Delegation aufzeigt, war ihre Rolle und ihr Einfluss im Feld der internationalen Politik sehr viel komplexer:

(1.) Mit Großbritannien zu beginnen macht schon deshalb Sinn, weil der erwähnte Travers Twiss zu den ersten Juristen gehörte, die im Rahmen diplomatischer Verhandlungen als eigenständige Experten – und nicht nur als nachge-

---

67 Bluntschli, Das moderne Völkerrecht, S. 49. Zu diesem Werk, aber auch zur Biographie zudem Röben, Bluntschli, Lieber und das moderne Völkerrecht, S. 1–11, 40–61.
68 Travers Twiss, The Law of Nations Considered as Independent Political Communities. On the Rights and Duties of Nations in Time of Peace, 2. Aufl., Oxford 1884, S. xliii.

ordnete Sekretäre eigener Art – hinzugezogen wurden. Nachdem er bis 1872 als Queen's Advocate und damit als dritter Law Officer of the Crown tätig gewesen war, hatte Twiss die britische Delegation auf der Berliner Afrikakonferenz von 1884/85 beraten und an den Verhandlungen als semioffizieller „jurisconsulte anglais" am Rande teilgenommen.[69] Zwar war Twiss nicht unumstritten, weil er seine wissenschaftliche Reputation nicht nur für die britischen Angelegenheiten, sondern gleichermaßen für das Vorhaben des belgischen Königs Leopold II. in die Waagschale geworfen hatte, im Kongo-Becken einen Freistaat zu errichten.[70] Trotzdem – oder gerade deswegen – wurde schon 1886, kurz nach der Afrikakonferenz, die Stelle eines unabhängigen völkerrechtlichen Experten im Foreign Office geschaffen. Bereits seit 1876 hatten juristische Fragen einen gesonderten Arbeitsbereich des Diplomaten und ehemaligen Staatsanwalts von Hongkong, Julian Pauncefote, dargestellt. Nun aber wurde das Amt eines eigenständigen „Legal Assistant" eingerichtet, der 1893 überdies zum „Legal Advisor" avancierte. Als erster Stelleninhaber wurde Edward Davidson ernannt, der sich jedoch weitgehend auf die Erstattung von Gutachten beschränkte. In den allgemeinen Verfahrensgang der britischen Außenpolitik war er kaum eingebunden, und auch an eine Teilnahme an diplomatischen Zusammenkünften war nicht gedacht.[71] Zur ersten Haager Konferenz 1899 wurde darum auch nicht Davidson entsandt, sondern Pauncefote reaktiviert, der inzwischen Botschafter in Wa-

---

69 Vgl. Rapport de la Commission, Anlage zum 5. Protokoll v. 13.12.1884, in: Staatsarchiv. Sammlung der officiellen Actenstücke zur Geschichte der Gegenwart, Bd. 45, Leipzig 1886, S. 118–137, hier: S. 120, 132.

70 Vgl. Fitzmaurice, Liberalism and Empire, S.127–133; Sylvest, „Our passion for legality", S. 408–415. Daneben: Lovrić-Pernak, Morale internationale, S. 60, 64f.; Patrick Polden, The Institutions and Governance of the Bar, in: William Cornish u.a. (Hrsg.), The Oxford History of the Laws of England, Oxford 2010, S. 1063–1107, hier: S. 1064; James Crawford, Public International Law in Twentieth-Century England, in: Jack Beatson/Reinhard Zimmermann (Hrsg.), Jurists Uprooted. German-Speaking Émigré Lawyers in Twentieth-Century Britain, Oxford 2004, S. 681–708, hier: S. 687.

71 Zur historischen Genese der Rechtsberatung im Foreign Office liegen nur verstreute Angaben vor, vgl. Kate Jones, Marking Foreign Policy by Justice. The Legal Advisers to the Foreign Office, 1876–1953, in: Robert McCorquodale/Jean-Pierre Gauci (Hrsg.), British Influences on International Law, 1915–2015, Leiden 2016, S. 28–55, hier: S. 29–34; Polden, The Institutions, S. 1064; Ray Jones, The Nineteenth-Century Foreign Office. An Administrative History, London 1971, S. 69–73; David H. N. Johnson, The English Tradition of International Law, in: International and Comparative Law Quarterly 11, H. 2 (1962), S. 416–445, hier: S. 436f.; Arnold McNair, The Debt of International Law in Britain to the Civil Law and the Civilians, in: Transactions of the Grotius Society 39 (1953), S. 183–210, hier: S. 204, Fn. 53; Richard Sallet, Der diplomatische Dienst. Seine Geschichte und Organisation in Frankreich, Großbritannien und den Vereinigten Staaten, Stuttgart 1953, S. 165; Herbert William Malkin, International Law in Practice, in: Law Quarterly Review 49 (1933), S. 489–510, hier: S. 490.

shington war; entscheidend war die Erfahrung des diplomatische Routiniers, nicht die juristische Expertise des Legal Advisors.[72]

Ein solcher Pragmatismus hatte sich 1907, bei der zweiten Haager Konferenz, verflüchtigt. Um das britische Engagement demonstrativ zu unterstreichen, wurden nun zwei der renommiertesten Juristen Großbritanniens zu Ministres plénipotentiaires ernannt: Edward Fry, Richter am Londoner Court of Appeal und Vermittler in mehreren internationalen Konflikten, sowie Lord Reay (Donald James Mackay), ehemals hochrangiger Beamter in Indien, der sich aber schon in den 1870er Jahren mit völkerrechtlichen Initiativen profiliert hatte und seit 1892 dem IDI angehörte. Fry wie Reay repräsentierten jene Führungsschicht Großbritanniens, deren Weltbild ebenso imperial wie normativ gestimmt war. Humanitäre Anliegen und religiöses Empfinden – Fry kam aus einer einflussreichen Quäkerfamilie –, eine zivilisatorische Sendung und die Traditionen des Common Law führten zwar zu einer hohen Wertschätzung des Völkerrechts. Doch darunter wurde weniger eine systematische Rechtsordnung begriffen denn eine pragmatische und fallbezogene, im Wesentlichen auf die Macht des British Empire gestützte Durchsetzung von Recht und Gerechtigkeit im Staatenverkehr. „Custom and reason are the two sources of international law"[73], so fasste Westlake diese britische Sicht im Jahr 1904 zusammen.[74]

Trotzdem musste die vage normative Gestimmtheit, wie sie von Fry und Reay verkörpert wurde, mit der Dogmatik und Systematik der kontinentaleuropäischen Juristen vermittelt werden. Aus diesem Grund entsandte das Foreign Office auch noch Cecil Hurst, den 1902 eingestellten Assistenten von Edward Davidson, als „technical delegate" nach Den Haag. Hurst, der ein Rechtsstudium am Trinity College in Cambridge absolviert hatte und 1893 als Anwalt (Middle Temple) zugelassen worden war, trat dabei explizit nicht als Diplomat oder aktiver Außenpolitiker auf, sondern in erster Linie als unpolitischer Fachmann. Und da im Grunde genommen weder Fry noch Reay an den juristischen

---

72 Vgl. Dülffer, Regeln gegen den Krieg, S. 153f. Siehe auch Salisbury an Pauncefote, Brief v. 16.05.1899, in: British Documents on the Origins of the War 1898–1914, Bd. 1, The End of British Isolation, hrsgg. v. George P. Gooch u. Harold W. V. Temperley, London 1927, S. 225f.
73 Westlake, International Law, Bd. 1, S. 14.
74 Vgl. Sylvest, British Liberal Internationalism, bes. S. 61–100; Michael Lobban, English Approaches to International Law in the Nineteenth Century, in: Craven/Fitzmaurice/Vogiatzi (Hrsg.), Time, History and International Law, S. 65–90; Crawford, Public International Law, S. 684–692, sowie zahlreiche Beiträge in Bell (Hrsg.), Victorian Visions. Daneben zur britischen Delegation noch Verena Ritter-Döring, Zwischen Normierung und Rüstungswettlauf. Die Entwicklung des Seekriegsrechts, 1856–1914, Baden-Baden 2014, S. 202–206; Gabriela A. Frei, Great Britain, Contraband and Future Maritime Conflict (1885–1916), in: Francia 40 (2013), S. 409–418, hier: S. 412–415; Sibyl Crowe/Edward T. Corp, Our Ablest Public Servant. Sir Eyre Crowe, 1864–1925, Braunton Devon 1993, S. 204–207.

Feinheiten der Haager Verhandlungen sonderlich interessiert waren, fiel Hurst bald die Hauptlast in der Vorbereitung und Absicherung der britischen Interessen zu.[75] Es zeigte sich rasch, dass er beträchtliches Talent besaß, um die notorisch unbestimmten diplomatischen und politischen Festlegungen in rechtlich tragfähige Kategorien zu überführen. Nicht ohne Grund merkte der Deutschlandexperte des Foreign Office, der Diplomat Eyre Crowe, zum Ende der Verhandlungen an: „We have been fortunate enough to have the services of a very able lawyer indeed (...). The result is that we have repeatedly been congratulated by our French colleagues, including the great international lawyer Monsieur Renault, on the excellent work we have turned out."[76]

(2.) Tatsächlich spielte Louis Renault, der offizielle Rechtsberater der französischen Delegation, auf den Haager Konferenzen eine tragende Rolle. Zwar war die Position eines „jurisconsulte-conseil" im Ministère des Affaires étrangères erst 1890 geschaffen worden. Doch sie besetzte von Beginn an eine zentrale Stelle im politischen und administrativen Gefüge. Als erster Amtsinhaber wurde der seit 1874 an der Universität Paris lehrende Rechtsprofessor Renault berufen, der zunächst im römischen Recht sowie im Handels- und Zivilrecht gearbeitet hatte, sich aber spätestens mit seiner 1879 erschienenen „Introduction à l'étude du droit international" einen Ruf als führender Völkerrechtler erworben hatte. Im Gegensatz zum britischen Verständnis eines pragmatisch auszudeutenden Gewohnheits- und Richterrechts, aber auch in Abkehr von den in Frankreich lange nachwirkenden philosophischen und naturrechtlichen Traditionen des Völkerrechts, vertrat Renault ein positivistisches, modernes Rechtsverständnis.[77] Ohnehin hatte Renault sein wissenschaftliches Engagement nach der Be-

---

75 Zur Biographie von Cecil James Barrington Hurst (1870–1963) vgl. neben Jones, Marking Foreign Policy, S. 34–43, vor allem Eric Beckett, Sir Cecil Hurst's Services to International Law, in: BYBIL 26 (1949), S. 1–5; Gerald Fitzmaurice, Sir Cecil Hurst (1870–1963), in: Annuaire de l'Institut de Droit International 13, H. 2 (1963), S. 462–477; Arnold McNair, Sir Cecil James Barrington Hurst, GCMG, KCB, QC, LLD, in: BYBIL 38 (1962), S. 400–406; Charles de Visscher/ Kenneth Carpmael/C. John Colombos, Sir Cecil Hurst. Two Tributes, in: The International and Comparative Law Quarterly 13, H. 1 (1964), S. 1–5. Eigene Schriften: International Law: The Collected Papers of Sir Cecil Hurst, London 1950.
76 Crowe an Charles Dilke, Brief v. 15.10.1907, in: TNA, FO 800/243, Bl. 2–6, hier: Bl. 2f. Siehe auch Crowe/Corp, Our Ablest Public Servant, S. 212–214, daneben Clive Parry, United Kingdom, in: Herbert C. L. Merillat (Hrsg.), Legal Advisers and Foreign Affairs, Dobbs Ferry, N.Y. 1964, S. 101–152, hier: S. 132f.; McNair, Sir Cecil Hurst, hier: S. 401.
77 Vgl. Louis Renault, Introduction à l'étude du droit international, Paris 1879. Siehe Paul Fauchille, Louis Renault (1843–1918). Sa vie – son œuvre, Paris 1918, daneben Peter Jackson, Beyond the Balance of Power. France and the Politics of National Security in the Era of the First World War, Cambridge, UK 2013, S. 57f.; Anja Wüst, Das völkerrechtliche Werk von Georges Scelle im Frankreich der Zwischenkriegszeit, Baden-Baden 2007, S. 21–24; Koskenniemi, Gentle

rufung als Jurisconsulte keineswegs aufgegeben. Er galt als ein überaus charismatischer Hochschullehrer, der nicht nur zahlreiche völkerrechtliche Dissertationen anregte, sondern mit seinen Vorlesungen auch ein breites Publikum anzog: „His success in the classroom was phenomenal."[78]

Ähnlich wie sein britischer Kollege Cecil Hurst verstand Renault seine Rolle als Rechtsberater des Außenministeriums gleichwohl als konsultative, im Kern unpolitisch-technische Tätigkeit.[79] Die enthusiastische Hoffnung mancher Haager Delegierter auf eine neue Ära des dauerhaften Friedens durch das Völkerrecht war ihm fremd. Die umstrittene Frage der Schiedsbarkeit hätte er am liebsten gar nicht auf dem Konferenzprogramm gesehen, sondern bevorzugt in Form einer wissenschaftlichen Fachtagung erörtert, etwa im Rahmen des IDI.[80] Gleichwohl war Renault als französischer Jurisconsulte nicht nur an nahezu allen wesentlichen Entscheidungen beteiligt, sondern übernahm als Berichterstatter des Redaktionskomitees auch den Hauptteil ihrer Ausformulierung. Seine Rolle in diesem Komitee, welches sowohl 1899 als auch, in ungleich größerem Umfang, 1907 die Ergebnisse der Verhandlungen zu einer Schlussakte zusammenfassen sollte, fand hohe und höchste Anerkennung bei den übrigen Konferenzteilnehmern: „[S]eine Verdienste um die juristische Ausarbeitung der Konferenzbeschlüsse müssen auf das wärmste anerkannt werden"[81], notierte sein deutscher Fachkollege Philipp Zorn, während ihm der Wiener Völkerrechtler Heinrich

Civilizer, S. 274–284, zum weiteren Kontext auch Jean-Michel Guieu, Les juristes internationalistes français, l'Europe et la paix à la Belle Époque, in: Relations internationales 149 (2012), S. 27–41.

78 So das Urteil von James Brown Scott, In Memoriam. Louis Renault, in: AJIL 12, H. 3 (1918), S. 606–610, hier: S. 609, der bei Renault in Paris gehört hatte. Vgl. zudem Fauchille, Louis Renault, S. 36. Zum Amt des Jurisconsulte siehe auch Jackson, Beyond the Balance, S. 30, 34; Jean Baillou, Les affaires étrangères et le corps diplomatique français, 2 Bde., Paris 1984, Bd. 2, S. 104–106; M. B. Hayne, The French Foreign Office and the Origins of the First World War 1898–1914, Oxford 1993, S. 160; Lauren, Diplomats and Bureaucrats, S. 89. Verstreute Unterlagen in: AD, Papiers Renault, PA-AP 147.

79 Vgl. Fauchille, Louis Renault, S. 35.

80 Vgl. Steller, Diplomatie, S. 249, Fn. 104; Peter Jackson, Tradition and Adaptation. The Social Universe of the French Foreign Ministry in the Era of the First World War, in: French History 24, H. 2 (2010), S. 164–196, hier: S. 174; Dülffer, Regeln gegen den Krieg, S. 173f., 180, 284. Siehe als Beispiel etwa Louis Renault, Note sur la communication faite par la Russie en vue de la prochaine conférence de la paix, 28.01.1906, in: AD, Service Juridique, Fonds Fromageot, Box 2.

81 Philipp Zorn, Deutschland und die beiden Haager Friedenskonferenzen, Stuttgart, Berlin 1920, S. 54. Ähnlich auch Christian Meurer, Die Haager Friedenskonferenz. Bd. 2, Kriegsrecht, München 1907, S. 363, der Renaults Tätigkeit als „eine glänzende Leistung der französischen Jurisprudenz" würdigt, die „an schlagender Kürze und juristischer Bestimmtheit nichts zu wünschen übrig" lasse. Siehe weiter Neff, Justice among Nations, S. 327.

Lammasch eine sämtliche Delegierten „übertreffende Sachkenntnis"[82] attestierte. Die herausragende Autorität Renaults als „Herrschernatur unter den Völkerrechtlern"[83] und „admired and beloved master of international law"[84] war innerhalb des Faches jedenfalls schon um 1900 grenzüberschreitend akzeptiert.

Doch auch im französischen Fall zeigt sich eine deutliche Aufwertung der juristischen Expertise erst bei der zweiten Haager Konferenz 1907. Während eine Rechtsabteilung als selbstständige Organisationseinheit erst nach dem Weltkrieg eingerichtet wurde, entschloss sich die Führung des Quai d'Orsay im Zuge interner Reformen dazu, zunächst Renaults Fakultätskollegen André Weiss als „jurisconsulte-adjoint" für alle Fragen des internationalen Privatrechts einzustellen.[85] Daneben kam aus Anlass der Haager Verhandlungen noch Henri Fromageot als „jurisconsulte-suppléant" hinzu. Nach einem Studium in Paris, Leipzig und Oxford war Fromageot zwar 1891 zunächst mit einer Arbeit über das Staatsangehörigkeitsrecht promoviert worden, hatte sich aber dann im Bereich des Seevölkerrechts spezialisiert und seit 1902 zudem in verschiedenen internationalen Schlichtungsverfahren umfangreiche Erfahrungen gesammelt.[86] Ebenso wie bei Renault fanden Tätigkeit und Kompetenz von Fromageot rasch hohes Lob bei anderen Delegierten: „It is not given to many young men to acquire in so short a time such a solid reputation and so many titles to remembrance; but above all, his honesty of purpose, his gentleness of manner, his transparent sincerity, not only engendered personal affection, but reflected credit on his country."[87]

---

82 Heinrich Lammasch, Aus meinem Leben, in: Marga Lammasch/Hans Sperl (Hrsg.), Heinrich Lammasch. Seine Aufzeichnungen, sein Wirken und seine Politik, Wien 1922, S. 10–102, hier: S. 44.

83 Max Huber, Denkwürdigkeiten 1907–1924, Zürich 1974, S. 49.

84 Elihu Root, The Codification of International Law, in: AJIL 19, H. 4 (1925), S. 675–684, hier: S. 680.

85 Einige Eckdaten in M. André Weiss, Vice-Président, in: Rapport Annuel de la Cour Permanente de Justice Internationale 1 (1922–25), S. 13f. Siehe auch Scott G. Blair, Les origines en France de la SDN. Léon Bourgeois et la Commission interministérielle d'Études pour la Société des Nations (1917–1919), in: Alexandre Niess/Maurice Vaïsse (Hrsg.), Léon Bourgeois (1851–1925). Du solidarisme à la Société des Nations, Langres 2006, S. 73–101, hier: S. 85f.

86 Vgl. ebenda, S. 87f.; June K. Burton, Fromageot, Henri-Auguste, in: Warren Frederick Kuehl (Hrsg.), Biographical Dictionary of Internationalists, Westport, Conn. 1983, S. 277f.; M. Henri Fromageot, in: Annual Report of the Permanent Court of International Justice 5 (1928/29), S. 33; M. Henri Fromageot, Judge, in: ebenda 7 (1931), S. 26f., zur Charakterisierung auch Jules Laroche, Au Quai d'Orsay avec Briand et Poincaré. 1913–1926, Paris 1957, S. 67. Siehe zudem Henri Fromageot, De la double nationalité de l'individu et des sociétés. Thèse pour le doctorat, Paris 1891; ders., Code maritime Britannique. Loi anglaise sur la marine marchande, Paris 1896.

87 James Brown Scott, The Hague Peace Conferences of 1899 and 1907. A Series of Lectures Delivered before the John Hopkins University, 2 Bde., Baltimore 1909, Bd. 1, S. 159.

(3.) Für die Außenpolitik der USA lässt sich die Institutionalisierung einer Rechtsberatung ebenfalls für die 1890er Jahren beobachten. Im Jahr 1891 war im Department of State die Position eines „Solicitor" eingerichtet worden, dem die Gestaltung völkerrechtlicher Verträge und die allgemeine Rechtsberatung der außenpolitischen Entscheidungsträger übertragen wurde, der aber bis Anfang der 1930er Jahre bemerkenswerterweise dem Justizministerium zugehörig blieb und von dort auch finanziert wurde. Bereits auf organisatorischer Ebene sollte damit eine Unabhängigkeit der juristischen Beratung vom diplomatischen Tagesgeschäft unterstrichen werden.[88] Aus diesem Grund wurde der amtierende Solicitor William L. Penfield[89] zum Ende des Jahrzehnts auch nicht in die Delegation für die erste Haager Friedenskonferenz aufgenommen, in deren Reihen einzig der Rechtsanwalt Frederick W. Holls über juristische Expertise verfügte.[90]

Die Veränderungen zur zweiten Haager Konferenz sind im amerikanischen Fall darum besonders augenfällig. Nachdem Penfield 1906 von seinem Amt zurückgetreten war, berief Elihu Root – ein erfolgreicher Anwalt und Politiker aus New York, der im vorangegangenen Jahr zum Außenminister ernannt worden war – einen Rechtsprofessor der Columbia University zum neuen Solicitor und Rechtsberater: James Brown Scott.[91] Damit erhielt die juristische Unterfütterung der amerikanischen Außenpolitik ein ganz neues Format. Scotts organisatorische Energie war beeindruckend, seine publizistische Produktivität beachtlich, seine Vernetzung innerhalb der noch überschaubaren Welt der Völkerrechtswissenschaft außerordentlich hoch. Er kam aus dem engeren Umfeld der Lake Mohonk Conference on Arbitration, die sich ab 1895 der Idee einer internationalen Schiedsgerichtsbarkeit verschrieben hatte, und er zählte zu den Mitbegründern der daraus hervorgegangenen American Society of International Law (ASIL); es war kein Zufall, wenn Root in diesem 1906 erstmals zusammengetretenen Verband der amerikanischen Völkerrechtler den Vorsitz übernahm und Scott den Posten des Geschäftsführers.[92]

---

88 Zur Vorgeschichte vgl. Lester H. Woolsey, The Legal Adviser of the Department of State, in: AJIL 26, H. 1 (1932), S. 124–126. Siehe auch Richard Bilder, The Office of the Legal Adviser. The State Department Lawyer and Foreign Affairs, in: AJIL 56, H. 3 (1962), S. 633–684.
89 Vgl. William L. Penfield, in: AJIL 4, H. 3 (1910), S. 677–679.
90 Vgl. Davis, United States and the First Hague Peace Conference, S. 64f.; Davis, United States and the Second Hague Peace Conference, S. 22.
91 Vgl. Scott an Root, Brief v. 17.01.1906, in: LoC, Root Papers, Box 47, sowie James Brown Scott, Elihu Root – an Appreciation, in: Proceedings of the American Society of International Law 31 (1937), S. 1–33, hier: S. 6. Siehe auch Philip C. Jessup, Elihu Root, 2 Bde., New York 1938, Bd. 1, S. 456.
92 Vgl. Benjamin A. Coates, Legalist Empire. International Law and American Foreign Relations in the Early Twentieth Century, New York 2016, S. 66, 80, 90–94, 117f.; John Hepp, James

Auf der zweiten Haager Konferenz verfocht Scott von Beginn an mit Verve und der Rückendeckung von Roots einen entschiedenen Legalismus. Damit war nicht notwendig eine umfassende Kodifikation in einem formalistisch-systematischen Sinn gemeint. Der Begriff des Legalismus verweist vor dem Hintergrund eines angelsächsischen Rechtsverständnisses zunächst nur auf die Bedeutung gerichtlicher Verfahren und juristischer Techniken im Umgang mit (politischen) Konflikten. Geschlossene Verträge, Präzedenzfälle und eine unabhängige Rechtsprechung waren aus amerikanischer Sicht bedeutsamer als ein kohärentes Normsystem nach kontinentaleuropäischem Vorbild. Dem entsprachen auch die Einrichtung der Law Schools und die Etablierung der „Casebook Method", wie sie an der Harvard University in jenen Jahren aufgekommen waren, als Scott dort seine Abschlüsse gemacht hatte (1890 und 1891). Das Studium abstrakter Rechtsregeln war für die amerikanische Juristenausbildung zu dieser Zeit weitaus weniger wichtig als eine praktische Auseinandersetzung mit konkreten Fällen und Entscheidungen.[93] In der Sicht von Scott und anderen amerikanischen Juristen stellte sich gerade das Völkerrecht als Musterfall einer organisch gewachsenen Rechtsordnung dar, die pragmatisch von Richtern und Gerichten gestaltet wurde. „[I]nternational law is part of the English common law", so hielt Scott 1902 in der ersten Ausgabe seines vielfach aufgelegten Lehrbuches fest, und aus diesem Grund seien „[j]udicial decisions (...) an important and indispensable source of authority in international law."[94]

Brown Scott and the Rise of Public International Law, in: Journal of the Gilded Age and Progressive Era 7, H. 2 (2008), S. 151–179, hier: S. 164–168; Jonathan M. Zasloff, Law and the Shaping of American Foreign Policy. From the Gilded Age to the New Era, in: New York University Law Review 78 (2003), S. 240–373, hier: S. 306–312; Christopher R. Rossi, Broken Chain of Being. James Scott Brown and the Origins of Modern International Law, Den Haag 1998, S. 5–7; Ralph D. Nurnberger, James Brown Scott. Peace Through Justice, Ph.D. Georgetown 1975, S. 129–171; George A. Finch, James Brown Scott, 1866–1943, in: AJIL 38, H. 2 (1944), S. 183–217, hier: S. 188–196. Letzterer hat über seinen langjährigen Mentor auch eine sympathisierende Biographie verfasst, die aus dem Nachlass veröffentlicht wurde als ders., Adventures in Internationalism. A Biography of James Brown Scott, Clark, N.J. 2012. Eine Fassung des Manuskripts mit hands. Korrekturen in: GUSC, Scott Papers, Box 69/01.

93 Vgl. zur Casebook Method und dem Aufstieg eines „legal formalism" nur Hugh MacGill/R. Kent Newmyer, Legal Education and Legal Thought, 1790–1920, in: Michael Grossberg/Christopher Tomlins (Hrsg.), The Cambridge History of Law in America, Bd. 2, The Long Nineteenth Century (1789–1920), Cambridge, UK 2008, S. 36–67, hier: S. 52–55; Robert W. Gordon, The American Legal Profession, 1870–2000, in: Michael Grossberg/Christopher Tomlins (Hrsg.), The Cambridge History of Law in America, Bd. 3, The Twentieth Century and After (1920–), Cambridge, UK 2008, S. 73–126, hier: S. 87–90, zum weiteren ideellen Hintergrund auch Zasloff, Law and the Shaping, S. 247–284.

94 Vgl. James Brown Scott (Hrsg.), Cases on International Law. Selected from Decisions of English and American Courts, Boston 1902, S. XI. Siehe auch Coates, Legalist Empire,

Solche theoretischen Positionierungen waren für die Verhandlungen in Den Haag zwar wenig relevant, und auf dem Papier firmierte James Brown Scott wie die meisten anderen Rechtsberater lediglich als „technical delegate". Doch sein Einfluss ging weit darüber hinaus. Nicht nur verkörperte der von ihm verfochtene Legalismus die offizielle Linie der amerikanischen Außenpolitik unter Elihu Root und Theodore Roosevelt, welche sich auf den ganzen Einfluss der USA als rasch aufsteigende politische und wirtschaftliche Großmacht stützen konnte. Sondern seine fachlichen Netzwerke wie sein kommunikatives Naturell ließen ihn bald in den Mittelpunkt des amerikanischen Auftritts in Den Haag rücken. Vor allem im Kreis der übrigen Juristen war Scott ein geschätzter Gesprächspartner, der mit Louis Renault ebenso in enger Verbindung stand wie mit Cecil Hurst. Heinrich Lammasch notierte rückblickend: „In vieler Beziehung war (...) die Seele der amerikanischen Delegation jenes Mitglied, das kein Stimmrecht in ihr hatte, nicht plenipotentiaire war: Professor J. Brown Scott."[95]

(4.) Eine solche Hochachtung wurde den Juristen der deutschen Delegation nur selten zuteil. Für die erste Friedenskonferenz waren der konservative Völkerrechtler Philipp Zorn aus Königsberg sowie der Münchener Ordinarius Karl v. Stengel ernannt worden, wobei die betont antipazifistische, bellizistische Haltung des Letzteren zwar bei den anderen Delegationen für Irritationen sorgte, für die Frage seiner Ernennung durch das Auswärtige Amt aber vermutlich nur eine untergeordnete Rolle gespielt hatte.[96] Die Idee einer Verrechtlichung der internationalen Beziehungen wurde in der Wilhelmstraße gleichwohl skeptisch beurteilt, was bemerkenswerterweise auch und gerade für die im Jahr 1885 eingerichtete Rechtsabteilung galt. Obwohl dieses Ressort, dessen Einrichtung sich weniger der zeitgleichen Afrikakonferenz verdankte als der Arbeitsüberlastung der anderen Referate, fest in bürgerlicher Hand war und die im Auswärtigen Amt sonst spürbare Dominanz der Aristokratie kaum bemerkbar war, bestand hier gegenüber dem Haager Konferenzprogramm große Skepsis. Mehr als einmal drohte Zorn, der den deutschen Standpunkt auf der Konferenz zu vertre-

---

S. 60f., 84f.; Hepp, James Brown Scott, S. 159–162; Rossi, Broken Chain, S. 110; Finch, James Brown Scott, S. 185–188.

95 Lammasch, Aus meinem Leben, S. 45. Vgl. Coates, Legalist Empire, S. 88–95; Davis, United States and the Second Hague Peace Conference, S. 168f. Die Korrespondenz zwischen Scott und Renault, in: GUSC, Scott Papers, Box 6/7.

96 Vgl. GPEK, Bd. 15, S. 182, Fn. **. Siehe Julia Schmidt, Konservative Staatsrechtslehre und Friedenspolitik. Leben und Werk Philipp Zorns, Ebelsbach 2001, S. 133–135, daneben Steller, Diplomatie, S. 248; Schulz, Normen und Praxis, S. 627.

ten hatte, durch die überaus engen Vorgaben aus der Rechtsabteilung desavouiert zu werden.[97] Bei der zweiten Haager Konferenz 1907 schien sich in dieser Hinsicht ein Fortschritt abzuzeichnen. Neben Zorn, der sich durch sein zurückhaltendes Auftreten große Sympathien erworben hatte, reiste nun auch ein hochrangiges Mitglied der Rechtsabteilung des Auswärtigen Amtes nach Den Haag, und zwar Johannes Kriege.[98] Doch bei näherem Hinsehen zeigt sich rasch, dass mit dieser Entsendung nicht unbedingt eine größere Verständigungsbereitschaft verbunden war. Innerhalb kürzester Zeit verprellte Kriege durch sein undiplomatisches Auftreten nahezu alle Angehörigen der eigenen wie der anderen Delegationen. Er versuchte alle Rechtsfragen bei sich und seinem Assistenten Otto Göppert zu monopolisieren und ihnen eine möglichst enge Auslegung zu geben; Philipp Zorn beklagte später nicht ohne Grund Krieges „Tendenz zu formaljuristischen Orgien bürokratischer Schulweisheit"[99]. Zwar konnte Louis Renault der rechtswissenschaftlichen Exaktheit seines deutschen Gegenübers durchaus Respekt entgegenbringen, und offenbar blieb er mit ihm nachmals in kollegial-freundschaftlichem Kontakt.[100] Doch andere Delegierte, so etwa der britische Unterhändler Eyre Crowe, erlebten die Verhandlungen mit Kriege als ermüdende Tortur.[101] Selbst der meist wohlwollende Lammasch, der Kriege einigen „juristischen Scharfsinn" zugutehielt, musste festhalten, dass er menschlich schwer zu ertragen gewesen sei: „Er war ein ganz einseitiger Jurist, der für gar nichts anderes Interesse und Verständnis hatte. (...) [E]r arbeitete die meisten Nächte hindurch, auch wenn die anderen auf Soireen waren."[102]

---

97 Vgl. etwa die Aufzeichnung des Direktors der Rechtsabteilung im Auswärtigen Amt v. 19.06.1899, in: GPEK, Bd. 15, S. 298–300. Siehe auch Carl, Zwischen staatlicher Souveränität, S. 43f.; Steller, Diplomatie, S. 248; Dülffer, Regeln gegen den Krieg, S. 131. Zur Rechtsabteilung vgl. Stuby, Vom „Kronjuristen" zum „Kronzeugen", S. 28–32; Hampe, Das Auswärtige Amt, S. 29f., 92f.
98 Vgl. mit weiteren Angaben Carl, Zwischen staatlicher Souveränität, S. 116f.
99 Zit. nach Heinrich Pohl, Philipp Zorn als Forscher, Lehrer und Politiker. Blätter zu seinem Gedächtnis, Tübingen 1928, S. 46. Siehe auch Zorn, Deutschland, S. 55f. Weiter: Schmidt, Konservative Staatsrechtslehre, S. 188, 191f. Nach 1918 sah sich Zorn in seinem kritischen Urteil über die seinerzeitige Außenpolitik bestätigt, vgl. Zorn an Kurt Zorn, Brief v. 18.10.1919, in: BArch Koblenz, NL Zorn, N 1206/17.
100 Vgl. Hayne, French Foreign Office, S. 160; Fauchille, Louis Renault, S. 78, 80, 105. Die Kontakte zwischen Renault und Kriege bestanden teilweise als informelle Kommunikationsbeziehung zwischen Paris und Berlin, vgl. Jules Cambon an den Außenminister (Pichon), Brief v. 14.04.1913, in: AD, Papiers J. Cambon, PA-AP 43/57, Bl. 315f.
101 Vgl. Crowe/Corp, Our Ablest Public Servant, S. 209–211. Siehe auch Crowe an Clema Crowe, Brief v. 28.06.1907, in: Bodleian Lib., Crowe Papers, MS.Eng.d.2901, Bl. 31–34.
102 Lammasch, Aus meinem Leben, S. 43.

Bezieht man in dieses Urteil noch die Tatsache ein, dass sich die deutsche Skepsis gegenüber der Konferenz in den Jahren nach 1899 faktisch nur wenig verändert hatte, ist es nicht von der Hand zu weisen, dass die Entsendung Krieges mit Bedacht erfolgt war. Für das Auswärtige Amt bot Krieges Auftreten die Gewähr für eine „harte Linie nationaler Interessendurchsetzung"[103], und das nicht nur gegenüber den anderen Gesandtschaften, sondern ebenso gegenüber den eigenen Vertretern wie Philipp Zorn oder sogar Delegationsleiter Adolf Marschall v. Bieberstein. In der Wilhelmstraße war man mit Krieges linientreuer Durchsetzung der deutschen Position jedenfalls so zufrieden, dass er vier Jahre später, im Jahr 1911, zum Leiter der Rechtsabteilung ernannt wurde.

Auch in den übrigen Delegationen waren zahlreiche Juristen vertreten, welche die völkerrechtliche Expertise auf den Haager Konferenzen weiter verstärkten: Tobias Asser für die niederländische Delegation, der Schweizer Max Huber, der von der österreichisch-ungarischen Regierung ernannte Wiener Heinrich Lammasch oder Aruga Nagao aus Japan sind nur einige Vertreter, die sich nennen lassen. Damit verändert sich allerdings nicht der grundsätzliche Befund, dass von der Präsenz dieser Juristen keineswegs auf eine Verrechtlichung der Staatenbeziehungen geschlossen werden sollte.[104] Wohl ist auffällig, dass in verblüffender Parallelität sowohl in Großbritannien, Frankreich, USA und Deutschland in einem vergleichsweise engen Zeitraum, ungefähr von Mitte der 1880er bis Mitte der 1890er Jahre, jeweils eigenständige Rechtsberater innerhalb der Außenministerien installiert wurden. Doch die Unterschiede innerhalb der vier hier betrachteten Delegationen verbieten es, einen einheitlichen Einfluss der juristischen Experten anzunehmen oder ihnen auch nur eine gleichartige Stellung zuzubilligen. Bei näherer Betrachtung sind vielmehr verschiedene Handlungsrollen zu erkennen, die ein ganzes Spektrum von Funktionen abdecken und die, sehr verallgemeinernd zusammengefasst, von einer normativen Aufladung der Außenpolitik (USA) über eine rechtstechnische Begleitung der Konferenz (Frankreich) und einer betont unpolitischen Rechtsberatung (Großbritannien) bis zu einer strategischen Instrumentalisierung juristischer Vorbehalte (Deutsches Reich) reichen.

Daran lassen sich einige Überlegungen anschließen, um am Beispiel der Haager Konferenzjuristen einen ersten Zugriff auf die verschiedenen Bedeutungsebenen rechtlicher Expertise in der Außenpolitik zu versuchen. So sind, erstens, die verschiedenen nationalen Rechtstraditionen und rechtskulturellen Milieus zu berücksichtigen, die, bewusst oder unbewusst, die Rollenerwartun-

---

103 Dülffer, Regeln gegen den Krieg, S. 312. Daneben Huber, Denkwürdigkeiten, S. 36f., 40f.
104 So aber impliziert u.a. bei Guieu, Juristes internationalistes, S. 40f. Siehe auch Neff, Justice among Nations, S. 323–328; Steller, Diplomatie, S. 245–251.

gen der Juristen prägten. Demnach wäre die formalistisch-positivistische Kodifikationsorientierung und ausgesprochene Staatsnähe der kontinentalen Rechtssysteme Frankreichs und Deutschlands gegen das angelsächsische Rechtsdenken in der Tradition des Common Law zu setzen, in dem besonderes Gewicht auf Präzedenzfälle, situative Umstände und unabhängige Instanzen (Richter und Gerichte) gelegt wurde. Allerdings erweist sich eine solche Kategorisierung als weitaus zu grob, um die unterschiedlichen Handlungsmuster der Haager Rechtsexperten zu erklären. Es ist daher, zweitens, ein Blick auf die jeweilige Position innerhalb der Delegationen und den außenpolitischen Institutionen notwendig. In dieser Sicht lässt sich zunächst erkennen, dass die amerikanischen und französischen Juristen zunächst einen externen, universitär verwurzelten Sachverstand repräsentierten. Der britische sowie der deutsche Vertreter standen hingegen in einem Angestelltenverhältnis zum Außenamt und lassen sich eher als hausinterne Konsulenten begreifen, geradezu als Justiziare. Trotzdem waren die übertragenen Aufgaben vergleichbar. Sämtliche formalen und (rechts-)technischen Fragen gingen durch die Hände der Rechtsberater, und ausnahmslos erfolgte die Berücksichtigung ihres juristischen Urteils nur dann, wenn es sich mit den jeweils gegebenen politisch-strategischen Zielsetzungen der beteiligten Nationen verbinden ließ. Die Funktion der Juristen zielte daher, drittens, immer auch auf eine Erweiterung der diplomatischen und politischen Optionen. In dieser Sicht diente die juristische Expertise nur selten einer originären Gestaltung oder Korrektur der jeweiligen außenpolitischen Vorgehensweise, sondern im Regelfall ihrer Absicherung und Rechtfertigung. Trotzdem bot sich zwischen Zustimmung, Kritik und Schweigen ein breites Feld unterschiedlicher Handlungsmöglichkeiten, so dass, viertens, auch die Persönlichkeit und die subjektiven Überzeugungen der Juristen, ihr fachliches Ethos wie ihre eigenen Ambitionen in Rechnung zu stellen sind. Man sollte diese individuellen Meinungen nicht überschätzen, denn die politischen Schlussfolgerungen, welche aus ihrem Rat gezogen wurden, konnten die Juristen nur wenig beeinflussen. Gleichwohl besaß ihre persönliche Autorität und Überzeugungskraft nicht nur nach außen, sondern auch nach innen vor allem dort Bedeutung, wo die Machtbeziehungen weniger durch hierarchische Unterordnung als durch Vertrauen und kommunikative Offenheit geprägt waren. Mit anderen Worten: Die Position eines Rechtsberaters hing in entscheidendem Maße davon ab, welchen Wert die politischen Entscheidungsträger auf sein juristisches Urteil legten.[105]

---

[105] Historische Studien zu Funktion und Tätigkeit von Rechtsberatern in den Außenministerien fehlen fast vollständig. Über die in der Einleitung genannte Literatur hinaus siehe noch A. W. Brian Simpson, The Rule of Law in International Affairs. Maccabaean Lecture in Jurisprudence, in: Proceedings of the British Academy 125 (2003), S. 211–263; Antonio Cassese, The Role

Insgesamt greift es damit zu kurz, die Konferenzjuristen entweder nur als gewiefte Winkeladvokaten der jeweiligen Regierungspolitik zu verstehen oder als unpolitische Fachvertreter, gar als idealistische Streiter für eine gerechtere Welt. Realiter konnten sie unterschiedliche Rollen im diplomatischen Feld einnehmen, so dass ihre praktischen Tätigkeiten und Handlungen weitaus interessanter erscheinen als ihre jeweiligen völkerrechtlichen Positionen. Trotzdem blieben Konflikte zwischen einer Loyalität im nationalen Interesse einerseits, dem normativen und internationalistischen Selbstanspruch andererseits nicht aus. Das vielleicht beste Beispiel stellt der Rechtsberater der zaristischen Regierung dar, Friedrich Fromhold Martens, der im Jahr 1868 in den diplomatischen Dienst eingetreten war, als Professor an der Universität von Sankt Petersburg aber auch zu den renommiertesten Völkerrechtlern des späten 19. Jahrhunderts zählte. Wie kaum ein zweiter Jurist seiner Zeit galt er als „the most legal-minded of diplomats and the most expert diplomat among lawyers"[106].

Die Haager Konferenzen hatte Martens im Dienst der russischen Regierung wesentlich vorbereitet, wobei er seinen Ruf als fortschrittlicher und kosmopolitischer Jurist immer wieder mit den außenpolitischen Interessen des Zarenreiches ausbalancieren musste. Als Beispiel mag die von ihm formulierte Präambel zur II. Haager Konvention betreffend der Gesetze und Gebräuche des Landkriegs dienen. Hier war eine Sentenz enthalten, dass im Kriegsfall überall dort, wo es an positiv gesetzten Normen fehlen würde, die Gebote der zivilisierten Welt, die Grundsätze der Menschlichkeit und die Forderungen des öffentlichen Gewissens als Maßstäbe zur Beurteilung der Legitimität eines Kriegshandelns gelten sollten (Martens'sche Klausel).[107] Eine solche Forderung entsprach einer-

---

of the Legal Advisor in Ensuring that Foreign Policy Conforms to International Legal Standards, in: Michigan Journal of International Law 14 (1992), S. 139–217; Ronald St. John MacDonald, The Role of the Legal Adviser of Ministries of Foreign Affairs, in: Recueil des Cours/Académie de Droit International de La Haye 149, H. 3 (1977), S. 377–482; Herbert C. L. Merillat (Hrsg.), Legal Advisers and Foreign Affairs, Dobbs Ferry, N.Y. 1964; eine Weiterführung der hier begonnenen Überlegungen sodann unten, S. 353ff.

106 So Eyffinger, The 1907 Hague Peace Conference, S. 29. Siehe auch Lauri Mälksoo, Friedrich Fromhold von Martens (Fyodor Fyodorovich Martens) (1845–1909), in: Fassbender/Peters (Hrsg.), Oxford Handbook, S. 1147–1151; Martin Aust, Völkerrechttransfer im Zarenreich. Internationalismus und Imperium bei Fedor F. Martens, in: Osteuropa 60, H. 9 (2010), S. 113–125, außerdem Becker Lorca, Mestizo International Law, S. 124–127. Eine belletristische Annäherung, die um das Problem von Selbstbehauptung und Opportunismus kreist, im Roman von Jaan Kroos, Professor Martensi ärasõit [Professor Martens' Abreise, dt. 1992], Tallinn 1984.

107 Im Original: „En attendant qu'un code plus complet des lois de la guerre puisse être édicté, les Hautes Parties contractantes jugent opportun de constater que, dans les cas non compris dans les dispositions réglementaires adoptées par elles, les populations et les belligérants restent sous la sauvegarde et sous l'empire des principes du droit des gens, tels qu'ils résultent

seits passgenau den Erwartungen bürgerlicher Gesellschaftskreise, in denen Werte wie Humanität, Zivilisation und Öffentlichkeit große Bedeutung besaßen und in denen der Fortschritt des Rechts für ein historisches Entwicklungsgesetz galt; in diesem Sinne lässt sich die Martens'sche Klausel geradezu als ethische Grundlegung des humanitären Völkerrechts begreifen.[108] Andererseits sollte man nicht übersehen, dass Martens zugleich die machtpolitischen Interessen der russischen Regierung im Blick behielt, indem der von ihm gewählte Wortlaut das Völkerrecht auf geschickte Weise als per se unabgeschlossen und deutungsoffen erklärte. Seine Formulierung, so ist plausibel argumentiert worden, habe in erster Linie die Handlungsfreiheit der Großmächte unter der Prämisse ihrer gegebenen Zivilisiertheit und Humanität zu bewahren versucht. Dieser subtile Vorbehalt sei erst von nachfolgenden Juristengenerationen überdeckt worden, welche die Martens'sche Klausel zu einem zentralen Baustein im Narrativ einer kontinuierlich fortschreitenden Verrechtlichung der Staatenverhältnisse erhoben hätten.[109]

Man braucht dieses Beispiel nicht zu vertiefen, um das Dilemma einer juristischen Expertise in der internationalen Politik zu erkennen. Die disziplinäre Neugründung der Völkerrechtslehre im letzten Drittel des 19. Jahrhunderts basierte zwar auf der Idee einer fachlichen Neutralität mit größtmöglicher Distanz zu den Niederungen politischer Ambitionen und Kompromisse. Doch der Glaube an die Überlegenheit der juristischen Maßstäbe war nicht davor gefeit, der etablierten Diplomatie den Rang ablaufen zu wollen. Weder bei Martens noch bei anderen Völkerrechtlern war zum Ende des Jahrhunderts ein nennenswerter Widerstand gegenüber einer außenpolitischen Indienstnahme zu verzeichnen. Das zeigte sich selbst innerhalb des Institut de Droit international, wo es schon

---

des usages établis entre nations civilisées, des lois de l'humanité et des exigences de la conscience publique", so in der Präambel der II. Haager Konvention von 1899 betreffend die Gesetze und Gebräuche des Landkriegs. Der Text entsprach weitgehend der ebenfalls von Martens ausformulierten, aber nicht in Kraft getretenen Brüsseler Deklaration von 1874. Siehe auch Mälksoo, Friedrich Fromhold von Martens, S. 1148; Segesser, Recht statt Rache, S. 127; Stephen C. Neff, War and the Law of Nations. A General History, Cambridge, UK 2005, S. 210. Eine längere historische Perspektivierung bei Kerstin v. Lingen, Fulfilling the Martens Clause: Debating 'Crimes Against Humanity', 1899–1945, in: Fabian Klose/Mirjam Thulin (Hrsg.): Humanity. A History of European Concepts in Practice from the Sixteenth Century to the Present, Göttingen 2016, S. 187–208.

108 Entsprechend wird die Klausel teils als „quasi-metaphysical residue" verstanden, so Frédéric Mégret, International Law as Law, in: Crawford/Koskenniemi (Hrsg.), The Cambridge Companion to International Law, S. 64–92, hier: S. 69. Siehe auch Jan Klabbers, International Law, Cambridge, UK 2013, S. 206.

109 Dieses Argument vor allem bei Rotem Giladi, The Enactment of Irony. Reflections on the Origins of the Martens Clause, in: EJIL 25, H. 3 (2014), S. 847–869.

in den 1880er Jahren zu einer Abmilderung jener Satzungsklausel kam, die bislang eine aktive Rolle in der Außenpolitik ausgeschlossen hatte. Je bedeutsamer das Völkerrecht werde, so hatte der seinerzeit nicht zufällig von Travers Twiss mitinitiierte Vorstoß argumentiert, desto mehr müssten die Mitglieder des IDI aktiv an der Gestaltung der Staatenverhältnisse mitarbeiten können. Eine entsprechende Regelung wurde 1888 verabschiedet, so dass bei einer Tätigkeit „au service diplomatique actif" nunmehr lediglich das Wahlrecht im IDI ruhen sollte.[110]

Doch diese Annahme einer eigenen Bedeutsamkeit in den internationalen Beziehungen war eine juristische Selbstsuggestion. Aus der Sicht der etablierten Diplomatie gelangten die Völkerrechtler selbst bei einem Eintritt in den auswärtigen Dienst kaum über den Rang als nachgeordnete Hilfskräfte hinaus, deren doktrinär-theoretische Orientierung für die Fragen der Tagespolitik und der Mächtekonkurrenz wenig brauchbar erschien. In diesem Sinne wollten etwa die deutschen Vertreter in den Haager Konferenzen rückblickend kaum mehr als wissenschaftliche Spielerei erkennen. „Mehr als die Pazifisten, die uns eine schlechte Note geben", so schrieb der deutsche Delegationsleiter Marschall v. Bieberstein im Oktober 1907 an Reichskanzler Bernhard v. Bülow, „werden sich die Professoren des Völkerrechts freuen, denen unsere Debatten für ihre Bücher und Vorlesungen ein reiches (...) Material bieten"[111] würden. Dass hinter einem solchen ostentativen Realismus vornehmlich politische Ignoranz stand und eine bedenkliche Unterschätzung jener Kraft, welche das Völkerrecht als System normativer Erwartungen mobilisieren konnte, sollte sich freilich bald zeigen.

3 Die Haager Verhandlungen über eine internationale Schiedsbarkeit

Kurz nach Jahresbeginn 1899 hatte die russische Regierung mit einer zweiten Zirkularnote den Versuch unternommen, die Ideen des Zarenmanifests angesichts seiner verhaltenen Aufnahme auf neue Weise auszubuchstabieren. Neben Fragen der Abrüstung, der Rüstungskontrolle und des Kriegsvölkerrechts tauchte nun erstmals auch der Vorschlag einer internationalen Schiedsgerichtsbarkeit (Arbitration) auf der Tagesordnung auf.[112] Das kam für die europäischen Re-

---

110 Vgl. Révision des statuts, in: Annuaire de l'Institut de Droit International 8 (1885/1886), S. 343; Révision des statuts, in: Annuaire de l'Institut de Droit International 9 (1888), S. 357.
111 Marschall v. Bieberstein an Bülow, Brief v. 21.10.1907, in: GPEK, Bd. 23/1, S. 274–281.
112 Vgl. Dülffer, Regeln gegen den Krieg, S. 51f.

gierungen zwar vergleichsweise unerwartet, war im Grunde genommen jedoch nicht verwunderlich. Einerseits handelte es sich um eine anerkannte Form der Konfliktschlichtung, die in der zweiten Hälfte des 19. Jahrhunderts nach älteren Vorbildern wieder neu entdeckt worden war und mit der kleinere Zwistigkeiten, periphere Grenzkonflikte oder fiskalische Streitigkeiten durch ad hoc einberufene Schiedsgremien geregelt wurden.[113] Andererseits entsprach die Idee einer internationalen Schiedsbarkeit einer verbreiteten Forderung, die in der europäischen und nordamerikanischen Öffentlichkeit, und hier besonders von der bürgerlichen Friedensbewegung, immer vehementer erhoben wurde. Es müssten endlich die Voraussetzungen für eine friedliche Konfliktregulation zwischen den Staaten geschaffen werden, so das Argument, damit diese nicht mehr ausschließlich auf den Krieg als gewaltsame Selbsthilfe zurückgreifen brauchten; der Schritt zum Krieg galt in den westlichen Gesellschaften zunehmend als ein irrationales, inhumanes und letztlich auch unökonomisches Phänomen.[114]

Vor diesem Hintergrund avancierte die Einrichtung einer internationalen Schiedsgerichtsbarkeit zu einer zentralen Säule des Haager Konferenzprogramms, allzumal schon früh erkennbar wurde, dass es auf dem eigentlichen Hauptfeld der Konferenz, der Abrüstung, kaum nennenswerte Fortschritte geben würde. Wie von nicht wenigen Skeptikern erwartet, stellte es sich als unmöglich heraus, verbindliche Schritte für eine koordinierte Abrüstung oder wenigstens eine verbindliche Rüstungskontrolle zu vereinbaren. Letztlich reichte es trotz feierlicher Beteuerungen darum nur für eine Reihe von unverbindlichen Absichtserklärungen („vœux"), welche in die 1899 verabschiedete und 1907 fortgeschriebene Schlussakte der Konferenz eingingen, kaum aber Geltungskraft entwickelten.[115]

---

113 Eine zeittypische Zusammenstellung etwa bei International Arbitration, International Tribunal. A Collection of the Various Schemes which Have Been Propounded; and of Instances in the 19th Century, hrsgg. v. William E. Darby, 4. Aufl., London 1904, S. 767–917. Siehe auch Hans-Jürgen Schlochauer, Die Entwicklung der internationalen Schiedsidee, in: Archiv des Völkerrechts 10, H. 1 (1962), S. 1–41; Grewe, Epochen, S. 119–130, 235f., 423–427, 606–615, sodann Karl-Heinz Lingens, Der Jay-Vertrag (1794) als Geburtsstunde der modernen internationalen Schiedsgerichtsbarkeit? Zur Entstehung eines undifferenzierten Geschichtsbildes, in: Dauchy/Vec (Hrsg.), Les conflits entre peuples, S. 65–82, mit Hinweisen auf die Konstruiertheit solcher „Wiederentdeckungen".
114 So zeittypisch Norman Angell, The Great Illusion. A Study of the Relation of Military Power to National Advantage, New York, London 1910. Allgemein: David Cortright, Peace. A History of Movements and Ideas, Cambridge, UK 2008.
115 Vgl. zur Abrüstungsfrage Scott Andrew Keefer, The Law of Nations and Britain's Quest for Naval Security. International Law and Arms Control, 1898–1914, Cham 2016, S. 95–224. Die Schlussakte bei Scott, The Hague Conventions, S. 1–31, dort die „vœux" auf S. 28–31.

Demgegenüber waren die Fortschritte in der Kodifikation des Kriegsrechts, um das zweite große Sachthema der Konferenz ebenfalls kursorisch anzusprechen, weitaus beachtlicher. Die entsprechenden Haager Kommissionen konnten an die gewohnheitsrechtlich anerkannten, teils aber auch schon in einzelnen Verträgen niedergelegten Regeln für das ius in bello anknüpfen und die Kodifikationsbestrebungen der letzten fünfzig Jahre fortschreiben. Ausgehend von dem 1863 vorgelegten Regelwerk des deutsch-amerikanischen Juristen Francis Lieber, mit dem das Verhalten der Unionstruppen im amerikanischen Bürgerkrieg verbindlich geregelt worden war („Lieber Code"), hatte sich die Diskussion über die Genfer Konventionen (ab 1864), die Brüsseler Konferenz (1874) und das Oxford Manual des IDI (1880) entwickelt und sollte nun fortgesetzt werden.[116] Mit Erfolg, denn von den dreizehn Konventionen, die in Den Haag 1899 und 1907 verabschiedet wurden, behandelten zwölf verschiedene Aspekte der Kriegsführung. Dazu zählen beispielsweise die Gesetze und Gebräuche des Landkriegs, für die im Anhang der Konvention ein bald als Haager Landkriegsordnung (HLKO) bekanntes Regelwerk beigefügt wurde, aber auch eine Ausdehnung der humanitären Grundsätze der Genfer Konventionen auf den Seekrieg oder ein (allerdings nicht in Kraft getretener) internationaler Prisenhof.[117]

Trotzdem nahmen die kriegsvölkerrechtlichen Regelwerke in der durchnummerierten Reihenfolge der Haager Schlussakte nur die Plätze II. bis XIII. ein. An erster Stelle stand mit dem „Abkommen zur friedlichen Erledigung internationaler Streitfälle" das ehrgeizige Vorhaben einer Schiedskonvention. Und wenn der heftigste Widerstand gegen die Idee einer formalisierten Streitschlichtung bald aus der deutschen Delegation kommen sollte, so lag der größte Ehrgeiz, dieses Projekt gegen alle Widerstände zu einem Erfolg zu führen, beim Vorsitzenden der zuständigen Kommission: Der Franzose Léon Bourgeois leitete sowohl 1899 als auch 1907 die Verhandlungen in der Schiedsfrage, und er warf dazu ein beträchtliches politisches Gewicht in die Waagschale.

Im Gegensatz zu den meisten übrigen Delegierten war Bourgeois nicht Diplomat, sondern aktiver Politiker, der bereits 1895/96 kurzfristig als Premiermi-

---

116 Vgl. Segesser, Recht statt Rache, S. 76–129; Davis, United States and the Second Hague Peace Conference, S. 200–250; Davis, United States and the First Hague Peace Conference, S. 125–136.
117 Vgl. Neff, Justice among Nations, S. 325–327; Neff, War and the Law of Nations, S. 341–344; Dülffer, Regeln gegen den Krieg, S. 73–80, 275–299, 304f. Zeitgenössisch siehe etwa A. Pearce Higgins, The Hague Peace Conferences and Other International Conferences Concerning the Laws and Usages of War. Texts of Conventions with Commentaries, Cambridge, UK 1909; Paul Boidin, Les lois de la guerre et les deux Conférences de la Haye (1899–1907), Paris 1908; Meurer, Die Haager Friedenskonferenz. Der Text der Konventionen: 205 CTS 233, 250, 263, 277, 299, 305, 319, 331, 345, 359, 367, 381, 395. Außerdem bei Scott, The Hague Conventions, S. 89–219.

nister der Dritten Republik amtiert hatte und der nicht zuletzt aus diesem Grund über ein beträchtliches Selbstbewusstsein gegenüber der französischen Regierung wie auch der Ministerialbürokratie des Quai d'Orsay verfügte. Gleichzeitig zählte er zu den wortmächtigsten Fürsprechern eines „pacifisme juridique"[118] als einer in Frankreich besonders dominanten Richtung des Pazifismus, die sich vor allem eine internationale Verrechtlichung zum Zweck der Friedenssicherung auf ihr Banner geschrieben hatte. Bourgeois gehörte zum Führungskreis der „Association pour la paix par le droit", die sich 1885 gegründet hatte und um die Jahrhundertwende die größte pazifistische Vereinigung des Landes darstellte. Das erklärte Ziel war es, so hatte es auch Bourgeois in zahlreichen Schriften und Reden proklamiert, die Staatenwelt als echte Rechtsgemeinschaft zu organisieren und mit eigenen, effektiv handlungsfähigen Institutionen auszustatten.[119]

Während der Haager Verhandlungen machte Bourgeois keinen Hehl daraus, wo seine Sympathien lagen. Das Ziel sei, so verkündete er bereits bei der Auftaktsitzung, „to establish relations between nations preferably according to law, and to regulate them, in case of dispute, according to justice"[120]. Einer solchen Absicht ließ sich zwar kaum widersprechen, in der Praxis spitzte sich die Diskussion jedoch auf zwei unterschiedliche, wenngleich inhaltlich verkoppelte Streitpunkte zu, die in bemerkenswerter Kontinuität von der ersten zur zweiten Konferenz reichten. Erstens: Sollte eine permanente Institution der Konfliktregulation begründet werden, möglicherweise sogar – wie es ein britischer Vorstoß direkt zu Beginn formulierte – als Gerichtshof? Und wer sollte an dieser Institution als Richter amtieren? Zweitens: Inwieweit sollte die internationale Schiedsbarkeit obligatorisch sein, also in bestimmten Fällen einen gleichsam verpflichtenden „Rechtsweg" für zwischenstaatliche Konflikte darstellen?

---

118 Vgl. Rémi Fabre, Un exemple de pacifisme juridique. Théodore Ruyssen et le mouvement „La paix par le droit", in: Vingtième Siècle 39 (1993), S. 38–54, hier: S. 41.

119 Vgl. Jackson, Beyond the Balance, S. 63–70; Catherine Nicault, Léon Bourgeois, militant de la Paix (1899–1918), in: Niess/Vaïsse (Hrsg.), Léon Bourgeois (1851–1925), S. 43–72; Marc Sorlot, Léon Bourgeois, 1851–1925. Un moraliste en politique, Paris 2005. Einige gesammelte Schriften in Léon Bourgeois, Pour la société des nations, Paris 1910. Zum französischen Pazifismus siehe weiter Jean-Michel Guieu, Le rameau et le glaive. Les militants français pour la Société des Nations, Paris 2008, S. 22–26; Fabre, Exemple; Jean Defrasne, Le pacifisme en France, Paris 1994, S. 32f.

120 Protokoll v. 26.05.1899, in: The Proceedings of the Hague Peace Conferences. The Conference of 1899. Translation of the Official Texts, hrsgg. v. James Brown Scott, New York 1920, S. 583–585, hier: S. 583 [= PHPC 1899]. Es werden die ins Englische übertragenen Konferenzprotokolle dieser leicht zugänglichen Edition zugrunde gelegt; zu dieser Übersetzung siehe auch unten S. 278.

Der Streit um ein institutionalisiertes Gericht

Die Verhandlungen begannen 1899 mit einem russischen Entwurf aus der Feder von Friedrich Fromhold Martens, in dessen Mittelpunkt die Forderung nach einer permanenten Instanz der Schiedsbarkeit stand. Dem setzte die deutsche Delegation von Anfang an erheblichen Widerstand entgegen, wobei ihr eine Reihe kleinerer Staaten zumindest hinter den Kulissen den Rücken stärkte. So mokierte sich beispielsweise der rumänische Vertreter in einem Schreiben an das Auswärtige Amt über die „von einer Unmenge unberufener Friedensapostel stark betriebenen Mode – um nicht zu sagen Modetorheit – (...), die darin besteht, in dem obligatorischen und permanenten Schiedsgericht den Stein der Weisen zur Ordnung aller europäischen Verwicklungen entdeckt zu haben."[121]

Das Hauptproblem einer solchen ständigen Einrichtung lag aus Sicht ihrer Gegner nicht nur in ihrer Kompetenz, sondern bereits in ihrer Zusammensetzung. Jede dauerhafte Institutionalisierung warf die Frage auf, welche Nationen hier auf welche Weise vertreten sein würden und inwieweit eine gleichrangige Partizipation nicht kleineren Staaten einen ihre reale Bedeutung weit übersteigenden Einfluss zugestehen würde. Eine solche Gleichbehandlung sei nicht akzeptabel, so gab es Bülow in seinen Weisungen an die Delegation zu erkennen, da die internationale Ordnung und der Erhalt des Friedens das Ergebnis einer „ausschließlich großmächtlichen Weltbeherrschung"[122] seien.

Angesichts derartiger Vorbehalte wurden von Bourgeois, aber auch von zahlreichen anderen Delegierten beträchtliche diplomatische Anstrengungen mobilisiert, um der deutschen Seite entgegenzukommen. Eine Beschlussfassung gegen oder ohne das Deutsche Reich erschien kaum vorstellbar, zumindest nicht wünschenswert. Trotz einer sukzessiven Aufweichung des herkömmlichen Einstimmigkeitsprinzips in Richtung einer „Quasi-Unanimität" war ein Konsens zwischen den europäischen Großmächten immer noch unverzichtbar; insofern blieben alle Beteiligten den Solidaritätsideen des Europäischen Konzerts verhaftet.[123] Tatsächlich ließ sich Wilhelm II. nach mehreren Wochen umstimmen, wobei allerdings weniger die moralischen Appelle der Gegenseite den Ausschlag gegeben hatten, sondern ein einfaches politisches Kalkül: Einerseits konnte der Kaiser die von den eigenen Delegierten vorgetragene Argumentation nachvollziehen, dass „das Schiedsgerichtsprojekt in der neuesten Gestalt, zu-

---

121 Beldiman an Richthofen, Brief v. 06.06.1899, in: GPEK, Bd. 15, S. 262–265, hier: S. 262.
122 Bülow an Münster, Brief v. 03.06.1899, in: ebenda, Bd. 15, S. 242–244, hier: S. 244. Siehe auch die Argumente des Direktors der Rechtsabteilung im Auswärtigen Amt v. 10.06.1899, in: ebenda, S. 268f. Zu den deutschen Widerständen weiter Carl, Zwischen staatlicher Souveränität, S. 43–52; Dülffer, Regeln gegen den Krieg, S. 103–137.
123 Vgl. Neff, Justice among Nations, S. 327; Simpson, Great Powers, S. 139f., 148.

nächst rein technisch-juristisch betrachtet, für uns an dem bisherigen Zustand kaum irgendetwas ändern wird und daher für Deutschland als unschädlich und harmlos angesehen werden kann."[124] Auf der anderen Seite war Wilhelm II. daran gelegen, seinen Cousin Zar Nikolaus II. nicht bloßzustellen und damit die deutsch-russischen Beziehungen unnötig zu belasten. Ein Scheitern der Konferenz sollte sich Deutschland zumindest nicht zurechnen lassen dürfen, weshalb der Kaiser in einer später viel zitierte Notiz seine Zustimmung gab: „Damit er [= Nikolaus II.] sich nicht vor Europa blamire, stimme ich dem Unsinn zu! Aber werde in meiner Praxis auch für später mich nur auf Gott und mein scharfes Schwert verlassen und berufen!"[125]

Der Preis für diese halbherzige Zustimmung war hoch. Im Gegenzug für die Hinnahme einer permanenten Institution bestand die deutsche Seite darauf, diese Einrichtung auf eine Liste von (Schieds-)Richtern zu reduzieren, aus deren Kreis im Fall eines Staatenstreits der Vorsitzende einer Schiedskommission ausgesucht werden solle. Diese Liste firmierte zwar unter der Bezeichnung eines Ständigen Schiedsgerichtshofes („Cour permanente d'arbitrage") und sollte von einem Büro in Den Haag verwaltet werden. Doch im Grunde handelte es sich um eine rein virtuelle Instanz. Von einem eigenständigen Gerichtshof mit dauerhafter Zusammensetzung und festen Zuständigkeiten, zu denen Bourgeois sogar ein Initiativrecht in internationalen Konflikten hatte zählen wollen, konnte kaum die Rede sein.[126]

Dieser Eindruck wurde durch den in Artikel 23 der I. Konvention (1899) vorgesehenen Modus der Richterwahl noch untermauert. Während in ersten Entwürfen zur Qualifikation der Richter noch dezidiert von Juristen („jurisconsultes" bzw. „jurists or publicists of high character for learning and integrity"[127]) die Rede gewesen war, wurde dieser Rahmen in den Beratungen rasch überschritten. Vermutlich um die politischen Einflussmöglichkeiten zu stärken, wurde von dem Erfordernis einer eindeutigen juristischen Qualifikation bald abgerückt. Verlangt wurde von den Schiedsrichtern fortan nur noch „known competency in international law, of the highest moral reputation, and disposed to ac-

---

124 Bülow an Wilhelm II., Brief v. 21.06.1899, in: GPEK, Bd. 15, S. 300–306, hier: S. 303.
125 Handschr. Randbemerkung, ebenda, S. 305. Zu den Hintergründen und besonders zur Frage des amerikanischen Engagements siehe auch Dülffer, Regeln gegen den Krieg, S. 91–94; Davis, United States and the First Hague Peace Conference, S. 146–172; Zorn, Deutschland, S. 36f.; Frederick W. Holls, The Peace Conference at the Hague and its Bearings on International Law and Policy, New York 1900, S. 164–171.
126 Vgl. Protokoll v. 09.06.1899, in: PHPC 1899, S. 709–719, hier: S. 710. Daneben: Dülffer, Regeln gegen den Krieg, S. 94f.
127 Vgl. Permanent Court of Arbitration. Proposition of Julian Pauncefote, in: PHPC 1899, S. 813–815, hier: S. 814.

cept the duties of arbitrator."[128] Auch in einer späteren Sitzung blieb die Anmerkung von Zorn, neben Juristen müssten ebenso „diplomatists and perhaps technical arbitrators"[129] zum Richteramt zugelassen werden, unwidersprochen.

Acht Jahre später, auf der Konferenz von 1907, wurde ein neuer Anlauf unternommen, in der Frage eines internationalen Schiedsgerichtshofes über die bisherige Haager Liste hinauszukommen. Zwar waren sämtliche Verhandlungen durch die Vergrößerung des Teilnehmerkreises sehr viel schwerfälliger geworden. Der deutsche Delegationsleiter von 1907, Adolf Marschall v. Bieberstein, sprach nicht ohne Grund vom „dunklen Wirrwarr"[130] der zahlreichen Konferenzgremien, was im Fall der Schiedsbarkeit neben der Hauptkommission noch zwei Unterkommissionen (Überarbeitung der Schiedskonvention von 1899; Prisengerichtshof) meinte, von denen sich Erstere zudem in drei Prüfungskomitees aufspaltete.[131] Doch wichtiger war, dass die deutsche Regierung ihren Widerstand gegen ein permanentes Gericht inzwischen erheblich abgemildert hatte, so dass Bourgeois schon zu Beginn der Kommissionsarbeit verkünden konnte, dass einem tatsächlichen Schiedsgerichtshofs („Cour de justice arbitrale") eigentlich kaum noch etwas im Weg stehe.[132]

Vielleicht war es symptomatisch, dass 1907 nun nicht mehr ein russischer Entwurf, sondern ein Vorschlag der amerikanischen Delegation den Ausgangspunkt der Beratungen bildete. Während die zaristische Regierung als innenwie außenpolitisch deutlich geschwächt gelten musste, nicht zuletzt durch die Niederlage im russisch-japanischen Krieg 1904/05, wuchsen die USA immer mehr in die Rolle einer selbstbewussten Weltmacht hinein. Zudem besaß die Schiedsbarkeit in der amerikanischen Friedensbewegung wie Völkerrechtslehre seit dem spektakulären „Alabama"-Fall von 1872 eine besondere Bedeutung.[133]

---

128 Vgl. Protokoll v. 09.06.1899, in: ebenda, S. 709–719, hier: S. 718f.

129 Vgl. Protokoll v. 18.07.1899, in: ebenda, S. 780–789, hier: S. 785. Zur vorlaufenden Diskussion in der Völkerrechtslehre über die Eignung internationaler (Schieds-)Richter vgl. nur Bluntschli, Das moderne Völkerrecht, S. 273; Friedrich Fromhold Martens, Traité de Droit International, Bd. 3, Paris 1887, S. 152. Siehe auch Oppenheim, Science of International Law, S. 323.

130 Marschall v. Bieberstein an Bülow, Brief v. 28.07.1907, in: GPEK, Bd. 23/2, S. 264–272, hier: S. 266.

131 Vgl. Sorlot, Léon Bourgeois, S. 187–195.

132 Vgl. Protokoll v. 22.06.1907, in: The Proceedings of the Hague Peace Conferences. The Conference of 1907. Translation of the Official Texts, hrsgg. v. James Brown Scott, 3 Bde., New York 1921, Bd. 2, S. 1–8, hier: S. 5 [= PHPC 1907].

133 Dieses Schlichtungsverfahren zwischen Großbritannien und den USA ging auf den Vorwurf zurück, dass die Londoner Regierung während des Amerikanischen Bürgerkriegs ihre Neutralitätspflicht verletzt habe, indem sie nicht gegen den Bau mehrerer für die Konföderation bestimmter Kaperschiffe (darunter die CSS Alabama) durch britische Werften eingeschritten sei. Dass dieser Disput, in dem beide Seiten zuvor mit Krieg gedroht hatten, auf friedliche

Die außenpolitischen Eliten der USA setzten große Hoffnungen auf die Begründung eines tatsächlich handlungsfähigen Gerichts, wie es dem angelsächsischen Rechtsverständnis mit seiner starken Betonung von Richterrecht und Präzedenzfällen entgegenkam. Die Regulierung internationaler Konflikte sollte aus dem Bereich der diplomatischen Aushandlung und gewaltsamen Selbsthilfe herausgelöst und, analog zu den innerstaatlichen Verhältnissen, durch ein gerichtsförmiges Verfahren ersetzt werden.[134]

Obwohl sich in der zuständigen Ersten Unterkommission schon früh eine verhaltene Reaktion gegenüber dem amerikanischen Vorschlag abzuzeichnen begann, richtete James Brown Scott als Vertreter der US-Delegation am 1. August nochmals einen eindringlichen Appell an die übrigen Mitglieder der Kommission. Es sei dringend notwendig, über die kompromissbehaftete Liste von 1899 hinauszugehen, da es sich weder um Richter noch um ein Gericht im echten Sinne handele: „In a word, the Permanent Court is not permanent because it is not composed of permanent judges; it is not accessible because it has to be constituted for each case; it is not a court because it is not composed of judges."[135] Erforderlich sei vielmehr ein echtes, dauerhaft institutionalisiertes Gericht, welches mit jedem Urteil die allgemeine Rechtsordnung der Staaten befestigen und verdichten würde: „Each decision will be a milestone in the line of progress and will forecast a highly developed, comprehensive, and universal system of international law."[136]

Derartige legalistische Wunschträume blieben unerfüllt. Mochte auch die grundsätzliche Zustimmung zum Projekt eines permanenten Schiedsgerichts gestiegen sein, so entpuppte sich die Frage der Richterernennung im Fortgang der Gespräche als ein unüberwindlicher Stolperstein. Es ließ sich kaum eine Einigung darüber erzielen, wie viele Sitze auf der Richterbank jede Nation überhaupt besetzen dürfe und ob nicht zwischen kleineren und größeren Mächten

---

Weise (und mit einer fiskalischen Entschädigung der USA) beigelegt werden konnte, galt innerhalb der Friedensbewegung als geradezu sensationeller Durchbruch. Details bei Tom Bingham, The Alabama Claims Arbitration, in: International and Comparative Law Quarterly 54, H. 1 (2005), S. 1–26, sowie ergänzend Janis, America, S. 131–134; Cecilie Reid, Peace and Law. Peace Activism and International Arbitration, 1895–1907, in: Peace & Change 29, H. 3/4 (2004), S. 527–548, hier: S. 531f.; C. Roland Marchand, The American Peace Movement and Social Reform, 1898–1918, Princeton 1972, S. 42f.; Warren F. Kuehl, Seeking World Order. The United States and International Organization to 1920, Nashville 1969, S. 25, 33, 54, 65f.

134 Der amerikanische Entwurf in: PHPC 1907, Bd. 2, S. 1015f. Siehe auch Scott, Hague Peace Conferences, Bd. 1, S. 274–286, sowie Dülffer, Regeln gegen den Krieg, S. 307f., Davis, United States and the Second Hague Peace Conference, S. 261.

135 Protokoll v. 01.08.1907, in: PHPC 1907, Bd. 2, S. 312–331, hier: S. 319.

136 Ebenda, S. 320. Siehe auch Coates, Legalist Empire, S. 88–95; Davis, United States and the Second Hague Peace Conference, S. 260–262.

differenziert werden müsse. Während alle Beteiligten wie selbstverständlich davon ausgingen, dass die Richter immer auch als Vertreter ihrer jeweiligen Nationen zu betrachten seien, war zugleich offenkundig, dass nicht alle an der Haager Konferenz teilnehmende Staaten einen oder gar zwei Sitze beanspruchen konnten. Ein handlungsfähiger Spruchkörper mit einer über vierzigköpfigen Richterbank war kaum vorstellbar.[137]

Doch gegen den von James Brown Scott ausgearbeiteten, von amerikanischer, britischer und deutscher Seite gleichermaßen getragenen Plan einer abgestuften Repräsentation protestierten die kleineren Mächte mit großer Entschiedenheit. Der vorgeschlagene Modus, wonach die Großmächte auf der Richterbank dauerhaft präsent sein würden, die anderen Nationen durch ein Rotationsmodell jedoch immer nur zeitweilig, wurde als unvereinbar mit einer rechtlichen Gleichrangigkeit aller Nationen zurückgewiesen. Insbesondere der brasilianische Delegierte, der Völkerrechtler Ruy Barbosa, machte sich zum Wortführer dieses Protests und insistierte auf dem Grundsatz einer absoluten Souveränität als Kardinalprinzip des Völkerrechts; es sei unvorstellbar, sich dem Vormachtanspruch besonders der europäischen Nationen zu beugen. Dagegen ließ sich wenig einwenden. Jeder Versuch der etablierten Großmächte, aber auch der USA, den eigenen Vormachtanspruch zu rationalisieren und in eine völkerrechtlich akzeptable Form zu bringen, erwies sich als zweifelhaft, einerseits weil die herangezogenen Argumente, wie etwa eine Staffelung nach territorialer Ausdehnung, Bevölkerungsgröße oder Handelsbilanzen, nicht die gewünschten Ergebnisse erbrachten, andererseits weil eine Rangordnung nach Gesittung, Kultur oder Zivilisation kaum zu operationalisieren war.[138] Spätestens Mitte September 1907 war unabwendbar, dass an der Frage der Richterwahl das Vorhaben eines dauerhaft institutionalisierten Gerichtshofes doch noch zum Stillstand gekommen war. Die Haager Schiedsrichterliste des „Cour permanente d'arbitrage" blieb bestehen und die Delegierten konnten sich nur noch auf die unverbindliche Absichtserklärung einigen, wonach die Staaten aufgefordert seien, auch künftig die Bedingungen für einen permanenten Gerichtshof zu prüfen.[139]

---

137 Vgl. Dülffer, Regeln gegen den Krieg, S. 307f.
138 Vgl. Becker Lorca, Mestizo International Law, S. 158–164; Simpson, Great Powers, S. 136–147; Davis, United States and the Second Hague Peace Conference, S. 270–273. Scott warf Barbosa nachmals „an unwillingness to adjust theory to the necessities of the modern world" vor, siehe Scott, Hague Peace Conferences, Bd. 1, S. 169.
139 Vgl. Carl, Zwischen staatlicher Souveränität, S. 95–98; Francis A. Boyle, Foundations of World Order. The Legalist Approach to International Relations (1898–1922), Durham, N.C. 1999, S. 40, 43f.; Dülffer, Regeln gegen den Krieg, S. 310f; Davis, United States and the Second Hague Peace Conference, S. 275f. Die Kommissionsempfehlung in: PHPC 1899, S. 1050.

Konfliktregulierung zwischen rechtlicher Pflicht und politischer Option

Hatte sich die deutsche Diplomatie im Streit um die Einrichtung eines dauerhaften Gerichts auch der Mehrheitsmeinung angeschlossen, so blieb sie in der Frage eines Obligatoriums, also einer rechtlich bindenden Pflicht zur Einleitung und Durchführung eines Schlichtungsverfahrens, bei ihrem entschlossenen Widerstand. In den Reihen der Friedensbewegung war eine solche Verpflichtung zwar bereits als einzig wirksamer Schritt zur Kriegsvermeidung und Kriegsverhütung eingefordert worden. Doch die Haager Verhandlungen unterliefen derartige überschießende Erwartungen zunächst, indem sie an den Konsens der Völkerrechtslehre anknüpften, wonach eine solche Schiedspflicht ohnehin nur in juristischen Streitfällen vorstellbar sei. Der den Verhandlungen im Jahr 1899 zugrunde gelegte Entwurf aus der Feder von Martens hatte beispielsweise alle solche Fälle von vornherein ausgeschlossen, in denen es um die politische Existenz, um vitale Interessen oder auch die nationale Ehre der Staaten gehen würde.[140]

Während der ersten Haager Konferenz, die ganz im Schatten der deutschen Weigerung stand, überhaupt eine permanente Institution zu akzeptieren, wurde die Frage einer obligatorischen Schiedsbarkeit allerdings nicht vertiefend diskutiert.[141] Erst auf der Nachfolgekonferenz von 1907 intensivierte sich die Debatte. Nun schien ein allgemeiner Schiedsvertrag in greifbare Nähe gerückt, also eine multilaterale Konvention zur friedlichen Konfliktregulierung, der letztlich alle als zivilisiert verstandenen Staaten der Welt beitreten sollten.[142] Eine solche globale Öffnung entsprach der allgemeinen Tendenz der Haager Verhandlungen. Nachdem die I. Haager Konvention im Jahr 1899 noch von den Signatarstaaten gesprochen hatte. – und damit alle Regelungen auf die unterzeichnenden Nationen beschränkte –, so wurde acht Jahre später nicht zufällig der Begriff der vertragsschließenden Parteien („contracting parties") verwandt, was den Betritt weiterer Staaten ermöglichen sollte.[143]

Allerdings: Die Frage, in welchen Fällen ein obligatorisches Schlichtungsverfahren unmittelbare Rechtspflicht werden solle und in welchen Fällen die

---

140 Vgl. Art. 10 der Outlines for the Preparation of a Draft Convention (Russian Draft), in: Scott, The Hague Conventions, S. 797–800, hier: S. 799. Zur Diskussion in der Völkerrechtswissenschaft vgl. nur Westlake, International Law, Bd. 1, S. 339–343; Martens, Traité de Droit, S. 154f.; Bluntschli, Das moderne Völkerrecht, S. 30, 277f.
141 Vgl. Dülffer, Regeln gegen den Krieg, S. 90–94, 312.
142 Vgl. Scott, Hague Peace Conferences, Bd. 1, S. 333.
143 Vgl. ebenda, Bd. 1, S. 97. Zur Idee der beitrittsoffenen Konventionen siehe Vec, Recht und Normierung, S. 111–124, zeitgenössisch etwa Oppenheim, International Law, Bd. 1 (1905), S. 517–520, 529f., 567f.

Handlungsfreiheit der staatlichen Regierungen gewahrt bleiben müsse, basierte auf einer tragfähigen Unterscheidung zwischen politischen, die staatliche Souveränität berührenden Konflikten und juristischen Streitigkeiten, etwa um Fragen der Vertragsauslegung. In diese Richtung wies beispielsweise Artikel 16 der I. Haager Konvention (1899), die nur von „questions of a legal nature and especially in the interpretation or application of international conventions" sprach, für die allein eine schiedsgerichtliche Regelung vorstellbar sei als „the most effective, and at the same time the most equitable means of settling disputes which diplomacy has failed to settle".

Alle an der Konferenz beteiligten Regierungen waren entschlossen, an dieser Einschränkung festzuhalten. Selbst die amerikanische Delegation, die von Elihu Root explizit angewiesen worden war, eine obligatorische Schiedsgerichtsbarkeit in Den Haag so weit als irgend möglich festzuschreiben, ging in ihren Anträgen stets von einer Beschränkung auf rechtliche Konflikte aus.[144] Wie sich allerdings in der Ersten Kommission und ihren Untergremien bald herausstellte, herrschte in der faktischen Unterscheidbarkeit politischer und rechtlicher Konflikte alles andere als Einmütigkeit. Aus deutscher Sicht führte Marschall v. Bieberstein schon am 23. Juli 1907 das Argument ins Feld, dass jede Abgrenzung angesichts der Unbestimmtheit der politischen Ausnahmeklauseln – etwa nationale Interessen oder Ehre – so gut wie unmöglich sei: „This elasticity is so great that in a treaty bearing the signature of a large number of countries it would inevitably lead to diverse interpretations and numberless controversies."[145] Da es nur den jeweils betroffenen Staaten selbst überlassen werden könne, darüber zu entscheiden, ob ein politischer oder rechtlicher Konflikt vorliege, wäre aber der Grundgedanke eines obligatorischen Schlichtungsverfahrens bereits an dieser Stelle ausgehebelt. Schon deshalb, so Marschall v. Bieberstein, verbiete sich ein genereller Schiedsvertrag; denkbar sei allenfalls, wie in der bisherigen Praxis, der Abschluss bilateraler Abkommen unter Berücksichtigung der jeweiligen Interessen.[146]

Damit wird die wesentliche Konfliktlinie der Debatte erkennbar, die ab September 1907 besonders das Prüfungskomitee A beschäftigte: Auf der einen Seite drängte besonders Léon Bourgeois – nach Scott „the living embodiment of compulsory arbitration"[147] – massiv auf den Abschluss eines allgemeinen Schiedsvertrages. Auf der anderen Seite zeigten sich neben den deutschen Vertreter

---

144 Vgl. Elihu Root, Instructions to the American Delegates to the Hague Conference 1907, 31.05.1907, in: Scott, Hague Peace Conferences, Bd. 2, S. 181–197, hier: S. 189. Siehe allgemein auch Tams, Zweite Haager Konferenz, S. 126f.
145 Protokoll v. 23.07.1907, in: PHPC 1907, Bd. 2, S. 268–291, hier: S. 287.
146 Vgl. Dülffer, Regeln gegen den Krieg, S. 318; Scott, Hague Peace Conferences, Bd. 1, S. 341.
147 So ebenda, Bd. 2, S. 353.

noch weitere Delegierte zurückhaltend, ob eine solche pauschale Verpflichtung politisch machbar und tatsächlich sinnvoll sei. Ein gewichtiges Argument war die Sorge vor neuartigen Formen der Auseinandersetzung, in der alle Machtunterschiede zugunsten einer fiktiven Gleichheit der Parteien vor einem Schiedsgericht nivelliert wären. Nicht allein in Deutschland sah man die Gefahr, dass man sich dadurch „ganz allgemein und auch böswilligen kleineren Staaten gegenüber der Möglichkeit berauben würde, den Machtfaktor zur Geltung zu bringen."[148] In Frankreich hatte sich Louis Renault schon früh gegen einen generellen Schiedsvertrag ausgesprochen, der die außenpolitische Handlungsfreiheit einschränkten würde, war damit aber intern offenbar nicht durchgedrungen.[149] Auch in Großbritannien hat der Legal Advisor davor gewarnt, sich der Unzufriedenheit und Zanksucht einzelner Kleinstaaten vor Gericht auszuliefern. Das Foreign Office hatte die britische Delegation in Den Haag daher anfangs noch angewiesen, eine Zusatzklausel einzubringen, wonach jeder beteiligte Staat selbst über die Zweckmäßigkeit eines schiedsgerichtlichen Verfahrens entscheiden dürfe. Diese Vorgabe aus London stellte freilich das glatte Gegenteil eines Obligatoriums dar und wurde darum nach einem Widerspruch von Edward Fry und mit Blick auf die öffentliche Meinung unauffällig wieder zurückgezogen; auch Außenminister Edward Grey fürchtete eine internationale Blamage und Isolation Großbritanniens.[150]

Dass eine Reihe von Delegationen ihre eigene Skepsis in ähnlicher Weise im Ungefähren lassen konnte wie die britischen Diplomaten, lag jedoch nicht zuletzt an dem entschlossenen Widerstand der deutschen Gesandtschaft, die jede Geschmeidigkeit vermissen ließ.[151] Reichsregierung und Auswärtiges Amt waren entschlossen, keine Kompromisse einzugehen, was sich bereits daran zeigte, dass der eigentlich für das Prüfungskomitee A zugeteilte Philipp Zorn noch vor Beginn der Verhandlungen seinen Platz an Johannes Kriege abtreten musste, dem zugetraut wurde, die deutsche Position energischer zu vertreten.[152]

148 Bülow an Wilhelm II., Brief v. 29.07.1907, in: GPEK, Bd. 23/2, S. 329f., hier: S. 330.

149 Vgl. Louis Renault, Note sur la communication faite par la Russie en vue de la prochaine conférence de la paix, 28.01.1906, in: AD, Service Juridique, Fonds Fromageot, Box 2. Die Position von Bourgeois gegenüber den Einwänden von Renault bleibt unklar, siehe Dülffer, Regeln gegen den Krieg, S. 173f., 180–182.

150 Vgl. Grey an Fry, Brief v. 19.07.1907; Fry an Grey, Brief v. 21.07.1907; Grey an Lord Chancellor, Brief v. 22.07.1907, in: British Documents on the Origins of the War 1898–1914, Bd. 8, Arbitration, Neutrality and Security, hrsgg. v. George P. Gooch u. Harold W. V. Temperley, London 1932, S. 258–260. Siehe auch Dülffer, Regeln gegen den Krieg, S. 315.

151 Vgl. Steller, Diplomatie, S. 259; Best, Peace Conferences, S. 622–625.

152 Vgl. Protokoll v. 13.07.1907, in: PHPC 1907, Bd. 2, S. 375–384, hier: S. 375. Siehe auch Dülffer, Regeln gegen den Krieg, S. 317; Huber, Denkwürdigkeiten, S. 40–42. Zu Zorns Ausgrenzung weiter Schmidt, Konservative Staatsrechtslehre, S. 192–194.

In der Kommissionsdebatte kursierten in der Tat bald verschiedene Kompromissangebote, in denen meist versucht wurde, den deutschen Widerstand dadurch zu unterlaufen, dass die Schiedspflicht des Artikels 16 auf einen mehr oder minder engen Katalog von Tatbeständen eingegrenzt wurde. Auch Bourgeois bedrängte die deutsche Seite, wenigstens einer kleinen Positivliste zuzustimmen und der Kommission damit einen symbolischen Erfolg zu gestatten.[153] Auch andere Delegierte machten den Druck der Öffentlichkeit geltend: „All of us feel that we must progress further than in 1899; this is demanded by public opinion to which is due the meeting of the Second Peace Conference."[154] Gleichwohl beharrte Kriege auf seinem Standpunkt und wandte sich gegen jeden Kompromiss aus einem Gefühl moralischer Verpflichtung oder politischer Wünschbarkeit: „[I]t has been maintained that the conclusion of a world arbitration treaty, no matter how defective from the juridical point of view, would have great importance from the moral point of view as representing the collective impression of the conscience of the civilized world. We do not share this view."[155]

In der Tat war es für die anderen Kommissionsmitglieder nicht einfach, dem von Kriege und den anderen deutschen Delegierten mit großer Ausdauer vertretenen Argument beizukommen, dass es nicht möglich sei, in internationalen Konflikten politische von rechtlichen Streitfragen zu trennen. Bourgeois setzte daher zunächst eine weitere Unterkommission ein, die jedoch zwei Wochen später ohne Ergebnis wieder vor die Delegierten treten musste.[156] Die Frage wurde nunmehr vom Prüfungskomitee A wieder zurück in die übergeordnete Erste Kommission verlagert, wo sich indes auch kein Fortschritt abzeichnete. Am 5. Oktober begründete Marschall v. Bieberstein nochmals die deutsche Ablehnung mit der Unmöglichkeit, gerade im Völkerrecht politische und juristische Fragen zu trennen: „A question may be legal in one country, and political in another one. There are even purely legal matters which become political at the time of a dispute. (...) The result is that the word ‚legal' states everything and states nothing, and in matters of interpretation the result is just the same."[157]

Am 7. Oktober 1907 drängte Bourgeois zu einer Abstimmung über den inzwischen vorliegenden Kompromissvorschlag, die allerdings kein eindeutiges

---

153 Vgl. Marschall v. Bieberstein an Bülow, Brief v. 15.08.1907, in: GPEK, Bd. 23/2, S. 330–335, hier: S. 333. Siehe auch Davis, United States and the Second Hague Peace Conference, S. 281.
154 So der Portugiese Alberto d'Oliveira, Protokoll v. 06.08.1907, in: PHPC 1907, Bd. 2, S. 416–431, hier: S. 423.
155 Ebenda, S. 420.
156 Vgl. Protokoll v. 19.08.1907, in: ebenda, Bd. 2, S. 460–474, hier: S. 465.
157 Protokoll v. 05.10.1907, in: ebenda, Bd. 2, S. 41–58, hier: S. 50.

Bild erbrachte. Wohl stimmten Vertreter von 31 Nationen für eine verpflichtende Schiedsbarkeit in bestimmten Fällen. Allerdings votierten neben Deutschland noch Österreich-Ungarn, Belgien, Bulgarien, Griechenland, Rumänien, die Schweiz und das Osmanische Reich für eine Ablehnung; Italien, Japan, Montenegro, Siam und Luxemburg enthielten sich.[158] Die Spannungen zwischen den Delegierten hatten sich in den Tagen zuvor erheblich verstärkt, was sich während der Debatte in kaum mehr diplomatisch gezügelten Vorwürfen an die jeweilige Gegenseite ausdrückte.[159] Selbst Bourgeois gelang es kaum, die Wogen zu beruhigen. Mehrfach musste er an die Delegierten appellieren, nicht einer „juridical confusion" zu verfallen: „At all events, this confusion is too hypothetical to cause us to lose the tangible benefit of arbitral justice."[160]

Doch diese Appelle blieben wirkungslos. Am Ende wurde Artikel 16 (1899) unverändert als Artikel 38 (1907) der I. Konvention fortgeschrieben, so dass die Schiedsbarkeit von den Vertragsparteien weiterhin als geeignetes Instrument in juristischen Streitfällen anerkannt, nicht aber als verpflichtend festgeschrieben wurde.[161] In der deutschen Delegation wurde dieses Ergebnis folgerichtig als Sieg der eigenen Position gewertet,[162] auch wenn in den meisten Delegationen nichts anderes erwartet worden war. Eyre Crowe sah die unausgesprochenen britischen Vorbehalte vollauf bestätigt und konstatierte, dass der „compulsory arbitration treaty never had any chance of being signed"[163]. Für diejenigen unter den Diplomaten und Juristen, die sich von den Debatten jedoch mehr als machttaktische Manöver erhofft hatten, war das Resultat unbefriedigend. Um wenigstens nach außen hin einen Fortschritt präsentieren zu können, schlug Bourgeois eine Deklaration als Ausdruck des gemeinsamen guten Willens vor, deren unverbindlicher – nicht allein von Lammasch als scheinheilig empfundener[164] – Charakter die amerikanische Delegation verbittert zu einer kompletten Stimmenthaltung bewegte. Die Mehrheit habe für ein Obligatorium votiert, so erklärte der amerikanische Vertreter Choate seine Ablehnung, und sich nun trotzdem auf eine unverbindliche Erklärung zu beschränken sei „a very decided

---

158 Protokoll v. 07.10.1907, in: ebenda, Bd. 2, S. 94–108, hier: S. 97.

159 Vgl. Lammasch, Aus meinem Leben, S. 52–58.

160 Ebenda, S. 105.

161 Vgl. etwa Higgins, Hague Peace Conferences, S. 170f., ein Resümee aus heutiger Sicht bei Tams, Zweite Haager Konferenz, S. 134–136.

162 Vgl. Marschall v. Bieberstein an Bülow, Brief v. 11.10.1907, in: GPEK, Bd. 23/2, S. 345f.; hier: S. 345.

163 Crowe an Charles Dilke, Brief v. 15.10.1907, in: TNA, FO 800/243, Bl. 2–6, hier: Bl. 4.

164 Vgl. Lammasch, Aus meinem Leben, S. 58.

and serious retreat (...), and one which (...) cannot but seriously retard and imperil the progress of the cause of arbitration in general."[165]

Das war ein harsches Urteil, und es richtete sich trotz aller diplomatischen Höflichkeit unverkennbar an die Adresse der deutschen Delegation. Sicherlich, man mag diesen Vorwurf angesichts der reservierten Haltung auch anderer Nationen für nicht ganz fair halten. Doch der formalistische Starrsinn und die fehlenden Bereitschaft zum Konsens, wie sie von den deutschen Diplomaten an den Tag gelegt wurde, macht verständlich, warum sich gerade das Kaiserreich nun den Vorwurf gefallen lassen musste, einer machtpolitischen Verabsolutierung nationaler Souveränität das Wort zu reden. Von einem Bekenntnis zum internationalen Recht war bei den deutschen Repräsentanten zumindest wenig zu spüren gewesen, nur eine Attitüde großmächtlicher Arroganz, welche derartige Zugeständnisse an die übrige Staatenwelt mit Blick auf die eigene Stärke und Dominanz als überflüssig erachtete. Für James Brown Scott und andere Legalisten war es freilich gerade diese Haltung demonstrativer Überlegenheit, die mittlerweile als moralisch überaus zweifelhaft erschien: „If it be said that all States are equal, it necessarily follows that the conception of great and small Powers finds no place in a correct system of international law. It is only when we leave the realm of law and face brute force that inequality appears. It is only when the sword is thrown upon the scales of justice that the balance tips."[166]

Es lässt sich festhalten: Das Völkerrecht entwickelte sich im späten 19. Jahrhundert von einem Ensemble regionaler Gebräuche in Europa zu einem System abstrakter Regeln mit universalem Geltungsanspruch. Dieser Prozess, der in enger Wechselbeziehung mit einer Zunahme der Globalisierung und des aufsteigenden Internationalismus stand, war zwar unbestritten polyzentrisch, diskontinuierlich und uneinheitlich. Aber vorangetrieben wurde er maßgeblich durch die rapiden Veränderungen in Gesellschaft, Wirtschaft und Kultur der westlichen Nationen. Wie der Eintritt juristischer Experten in die Außenämter oder die Haager Debatten um die internationale Schiedsbarkeit anzeigen, galt jede Verbreitung und Verdichtung des Völkerrechts als „signposts of a historical process"[167], entsprach also einer zeittypischen Fortschrittserwartung, welche den gegenwärtigen Zustand als unzureichend begriff und auf eine Modernisierung der internationalen Verhältnisse durch das Recht abzielte. Es war beispielswei-

---

165 Protokoll v. 11.10.1907, in: PHPC 1907, Bd. 2, S. 190–199, hier: S. 192. Siehe auch Dülffer, Regeln gegen den Krieg, S. 320; Davis, United States and the Second Hague Peace Conference, S. 284; Scott, Hague Peace Conferences, Bd. 1, S. 379–385, sowie Fry an Grey, Brief v. 12.10.1907, in: BDOW 8, S. 288–294, hier: S. 293.
166 Protokoll v. 01.08.1907, in: PHPC 1907, Bd. 2, S. 312–331, hier: S. 321.
167 Vgl. Sylvest, Foundations, S. 58. Siehe auch Herren, Hintertüren zur Macht, S. 509.

se nur folgerichtig, wenn die in Den Haag nicht abschließend beratenen Probleme des Seekriegsrechtes schon 1908/09 auf einer Nachfolgekonferenz in London aufgegriffen wurden, mit einer nahezu identischen Besetzung was die Konferenzjuristen anging, wiederum aber nur mit begrenztem Erfolg: Die im Februar 1909 mit großen Hoffnungen verabschiedete Seerechtsdeklaration wurde vom britischen Oberhaus nicht ratifiziert und trat darum nicht in Kraft.[168]

In den Augen der fortschrittsoptimistischen Eliten der westlichen Welt bestand das Haupthindernis jedweder weiteren Verrechtlichung in der Tat im Egoismus der nationalen Interessenvertreter.[169] Doch auch wenn auf Seiten nahezu aller Regierungen eine beträchtliche Skepsis bestand, weitgehende und teils unabsehbare rechtliche Verpflichtungen einzugehen, geriet um die Jahrhundertwende vor allem das Deutsche Reich in ein moralisches Zwielicht. So nachvollziehbar das Argument der deutschen Vertreter in Den Haag gewesen war, dass ein Obligatorium angesichts der kaum praktikablen Unterscheidung von rechtlichen und politischen Konflikten wenig Sinn mache, so wenig ließ sich damit die verbreitete Erwartung befriedigen, dass Konflikte zwischen den Staaten nicht durch Macht, sondern durch Recht reguliert werden sollten. Der öffentliche Glaube an die Kraft des Völkerrechts war groß, und groß war auch die Bereitschaft zahlreicher Politiker, diesem Glauben auf demonstrative Weise Rechnung zu tragen. Es nützte daher nichts, wenn die deutsche Kritik in sich folgerichtig war oder der Standpunkt der Reichsregierung auf anderen Gebieten, etwa im Fall des Prisengerichtshofes, als fortschrittlich gelten konnte: Das Kaiserreich befestigte auf den Haager Konferenzen seinen Ruf als doktrinärer Machtstaat.

Dass Deutschland damit einem überkommenen Souveränitätsdogma nachgegangen habe, ist jedoch wenigstens teilweise ein Missverständnis. Eine unangefochtene Souveränität zählte im ausgehenden 19. Jahrhundert vielmehr zur Voraussetzung jedweder Verrechtlichung der internationalen Ordnung, sofern damit – und das war der archimedische Punkt – eine unbedingte Rechts- und Vertragstreue einherging. In dieser Sicht waren die Garantie des Völkerrechts, die Stabilität der Staatenwelt und das Selbstverständnis als zivilisierte Nationen

---

168 Vgl. Ritter-Döring, Zwischen Normierung und Rüstungswettlauf, S. 272–303, 308–314; Alexander Rindfleisch, Zwischen Kriegserwartung und Verrechtlichung. Die internationalen Debatten über das Seekriegsrecht 1904–1914, Norderstedt 2012, S. 171–244, 253–261. Daneben: Frei, Great Britain, S. 415f.; Davis, United States and the Second Hague Peace Conference, S. 308. Zur Bedeutung der Konferenzjuristen und des Redaktionskomitees in London siehe weiter Alexander Hold-Ferneck, Die Reform des Seekriegsrechts durch die Londoner Konferenz 1908/09, Stuttgart 1914, S. 19–24.
169 In diesem Sinne noch Steven Harris, Taming Arbitration. States' Men, Lawyers, and Peace Advocates from the Hague to the War, in: JHIL 19, H. 3 (2017), S. 362–396.

in einem untrennbaren Wechselverhältnis verwoben. Die japanische Regierung hatte diesen Zusammenhang auf kongeniale Weise genutzt, um nicht nur als vollwertiges Mitglied der internationalen Gemeinschaft, sondern als ostasiatische Großmacht anerkannt zu werden; die deutsche Regierung ließ in den beiden Jahrzehnten vor dem Krieg hingegen jedes vergleichbare Verständnis und jedes rhetorische Bekenntnis zum Völkerrecht vermissen. Zwar wurde dem Deutschen Reich in der internationalen Diplomatie der Jahrhundertwende ohnehin nur ein begrenzter Vertrauensvorschuss entgegengebracht, zumal von konkurrierenden europäischen Großmächten wie Großbritannien und Frankreich. Doch es war die in Den Haag und bei ähnlichen Gelegenheiten an den Tag gelegte Verweigerungshaltung, welche erst dazu einlud, dem Kaiserreich eine Abkehr von den westlichen Humanitäts-, Rechts- und Friedensidealen zuzuschreiben. Das Völkerrecht, so lässt sich darum bilanzieren, stellte in den Jahrzehnten vor 1914 nicht nur ein gewohnheitsrechtliches, teils bereits vertraglich vereinbartes Normensystem zwischen den Staaten dar. Mindestens ebenso sehr handelte es sich um ein suggestives Narrativ der Fortschrittlichkeit und Friedlichkeit und um eine symbolische Form der Humanität und Zivilisation. Welche eminent politische Kraft in dieser liberalen Glaubenslehre des Völkerrechts steckte, sollte sich mit dem Ausbruch des Ersten Weltkrieges erweisen.

II Der Erste Weltkrieg als Kampf um das Recht

Am 28. Juli 1914 brach mit der Kriegserklärung Österreich-Ungarns an Serbien jener lang erwartete „große Krieg" aus, der nicht nur in den folgenden Wochen alle europäischen Großmächte in seinen Strudel ziehen, sondern in den kommenden Jahren weite Teile der hergebrachten Staatenwelt in Trümmer legen sollte. Schon für die Zeitgenossen war die Dynamik dieser scheinbar unaufhaltsamen Gewalteskalation in einem hohen Maße verstörend, und seither hat die Frage nach den Ursachen und Hintergründen des Weltkrieges eine Literatur hervorgebracht, die ihresgleichen sucht. Trotzdem muss sich der Blick in den folgenden drei Abschnitten vornehmlich auf die weitere Verflechtung von internationaler Politik und Völkerrecht beschränken. In einem ersten Abschnitt wird diskutiert, welchen Stellenwert das Völkerrecht im Weltkrieg besaß, welche Bedeutung der Verletzung völkerrechtlicher Bestimmungen zugemessen wurde und wie sich darin Vorstellungen europäischer Vertrags- und Rechtstreue widerspiegelten. Es wird ein Bogen von der deutschen Verletzung der belgischen Neutralität bis hin zum amerikanischen Kriegseintritt geschlagen, wobei besonders das 14-Punkte-Programm von Woodrow Wilson angesichts der Bedeutung, die ihm in den späteren Friedensverhandlungen zugeschrieben wurde, vertieft erörtert wird. Der zweite Teil konzentriert sich auf die Mobilisierung der Völkerrechtslehre in Frankreich und den USA, Großbritannien und Deutschland. Die weltanschauliche Ideologisierungskraft des Weltkrieges wird auf eine personale Ebene heruntergebrochen, indem die unterschiedlichen Handlungsrollen von Juristen und Rechtsberatern in den Blick genommen werden. Das letzte Unterkapitel untersucht schließlich amerikanische, britische und französische Pläne für eine neue Form der kollektiven Sicherheit und der permanenten Staatenorganisation, die aus den erlebten Schrecken des Krieges hergeleitet wurden, jedoch zugleich ältere Debatten zur Ordnung der Staatengemeinschaft fortführten.

1 Von der Verletzung der belgischen Neutralität bis zum 14-Punkte-Programm

Nachdem serbische Nationalisten am 28. Juni 1914 den österreichisch-ungarischen Thronfolgers Franz Ferdinand in Sarajevo ermordet hatten, geriet das komplizierte, seit mehreren Jahrzehnten gewachsene und doch gleichzeitig als instabil empfundene Geflecht der Allianzen und Interessenkoalitionen zwischen den europäischen Staaten in eine jähe Dynamik. Während bestehende

https://doi.org/10.1515/9783110581485-002

Verfahren einer Deeskalation, die noch bis ins Frühjahr 1914 immer wieder erfolgreich angewandt worden waren,[1] nicht mehr griffen, sorgten Fehlperzeptionen, Drohgebärden und vermeintliche Handlungszwänge in der Julikrise dafür, dass die Schwelle zum Krieg mit bestürzender Leichtigkeit überwunden wurde. Auch wenn sich bis heute über die Einschätzung und Gewichtung einzelner Faktoren kaum eine verbindliche Einigkeit erzielen lässt,[2] so lassen sich doch die folgenden, zum Verständnis des weiteren Verlaufes unverzichtbaren Grundlinien ziehen:

Nach dem Attentat von Sarajevo sicherte die Reichsleitung der österreichisch-ungarischen Regierung zunächst freie Hand für Repressionsmaßnahmen gegen Serbien zu, was mit Blick auf das gemeinsame Defensivbündnis („Zweibund") geschah, vor allem aber im Glauben an eine Lokalisierung des Konflikts einerseits, aufgrund der eigenen außenpolitischen Ambitionen und Interessen andererseits. Die deutsche Hoffnung, durch ein martialisches Auftreten die anderen europäischen Mächte von einem Engagement abzuschrecken und die Stellung des Reiches als dominante Großmacht in der Mitte Europas zu stärken, ging nicht auf. Wohl nutzte die Wiener Regierung die deutsche Rückendeckung am 23. Juli für ein drakonisches Ultimatum an die Adresse Serbiens. Auch dass sich die zaristische Regierung beeilen würde, daraufhin den „slawischen Brudervölkern" auf dem Balkan zur Hilfe zu eilen, war in Berlin und Wien erwartet worden. Doch es zeigte sich bald, dass sich keine europäische Großmacht von dem Gedankenspiel eines Waffengangs einschüchtern ließ, so dass sich die Situation zum Monatsende kaum mehr beherrschen ließ: Wenige Stunden bevor die Belgrader Regierung am 25. Juli die geforderte bedingungslose Annahme des Wiener Ultimatums ablehnte, begann die serbische Mobilmachung, was drei Tage später die österreich-ungarische Kriegserklärung nach sich zog. Es folgte am 30. Juli die Generalmobilisierung der russischen Armee, worauf das Deutsche Reich am 1. August mit einer Mobilmachung der eigenen Truppen und einer Kriegserklärung an die Adresse Moskaus reagierte. Damit sah sich Frankreich unter Zugzwang gesetzt. Die deutsche Regierung hatte Paris zwar zuvor noch zur Neutralität aufgefordert, Staatspräsident Raymond Poincaré aber maß den – kurz zuvor in Sankt Petersburg nochmals bekräftigten – Bündnisverpflichtungen gegenüber Russland wie auch der eigenen Revanchepolitik

---

1 Friedrich Kießling, Gegen den „großen" Krieg? Entspannung in den internationalen Beziehungen 1911–1914, München 2002, S. 149–316.
2 Zum Ausbruch des Krieges vgl. nur Gerd Krumeich, Juli 1914. Eine Bilanz, Paderborn 2013; Christopher M. Clark, The Sleepwalkers. How Europe Went to War in 1914, London 2012, jeweils mit Hinweisen auf die ältere Literatur. Als Literaturbericht etwa William Mulligan, The Trial Continues. New Directions in the Study of the Origins of the First World War, in: The English Historical Review 129, H. 538 (2014), S. 639–666.

höchste Priorität zu, so dass die französische Regierung keinesfalls zu einem Zurückweichen oder einer Mäßigung bereit war; am 3. August erklärte Deutschland sodann Frankreich ebenfalls den Krieg.[3]

Schließlich erwiesen sich die von der deutschen Regierung gehegten Hoffnungen, dass Großbritannien dem Konflikt nicht beitreten würde, rasch als Spekulation. Nachdem deutsche Truppen am 3./4. August in das neutrale Belgien und Luxemburg eingedrungen waren und, ganz so wie es der „Schlieffen-Plan" seit Jahren vorsah, unter Umgehung der französischen Defensivstellungen nach Nordfrankreich vorstoßen wollten, war es für die Londoner Regierung nahezu unmöglich, sich aus dem Krieg herauszuhalten. Am 4. August erklärte das British Empire, also neben Großbritannien auch Indien und die selbstverwalteten Dominions (Australien, Kanada, Neuseeland, Südafrika), den Mittelmächten den Krieg. Ende des Monats erfolgte die Kriegserklärung Japans, das als aufsteigende Großmacht einen Anspruch auf die kolonialen Besitzungen des Reiches im Pazifik, an erster Stelle aber auf den deutschen Flottenstützpunkt Tsingtau auf der chinesischen Halbinsel Shandong erhob. Im folgenden Jahr trat zudem, nach einer kurzen Phase der Neutralität, das zuvor mit den Mittelmächten im „Dreibund" verbundene Italien der Entente bei, motiviert nicht zuletzt durch die heimliche Zusicherung von umfangreichen Territorialgewinnen im Fall eines Sieges (Londoner Vertrag, 1915). Von den weiteren Nationen, die dem Lager der Entente bis 1916 beitraten, seien hier nur noch Rumänien, Portugal und Griechenland genannt.[4]

Das vom Deutschen und Habsburger Reich gebildete Bündnis der Mittelmächte konnte hingegen nur das Osmanische Reich (ab Oktober 1914) und Bulgarien (ab Oktober 1915) für einen Beitritt gewinnen, was immerhin den Vorteil eines weitgehend zusammenhängenden Verteidigungsraums mit sich brachte und eine leichtere Verschiebung von Ressourcen und Truppen zwischen den Bündnispartnern ermöglichte. Um die gegnerischen Handelsbeziehungen gleichwohl zu erschweren, Nachschubwege zu unterbrechen und allgemein wirtschaftlichen Druck auszuüben, reagierte Großbritannien ab Anfang November 1914 mit einer Blockade der Nordsee, die im folgenden Jahre noch mit vergleichbaren Sperrmaßnahmen in der Adria und vor Ostafrika ergänzt wurde.

---

3 Vgl. Jörn Leonhard, Die Büchse der Pandora. Geschichte des Ersten Weltkrieges, München 2014, S. 84–127; Manfried Rauchensteiner, Der Erste Weltkrieg und das Ende der Habsburger-monarchie 1914–1918, Wien 2013, S. 85–159; Herfried Münkler, Der große Krieg. Die Welt 1914–1918, Berlin 2013, S. 107–213; Clark, Sleepwalkers, S. 367–515. Neben diesen Werken folgt die Darstellung im Weiteren etwa David Stevenson, With Our Backs to the Wall. Victory and Defeat in 1918, Cambridge, Mass. 2011; Eric D. Brose, A History of the Great War. World War One and the International Crisis of the Early Twentieth Century, New York 2010.
4 Vgl. nur Leonhard, Büchse der Pandora, S. 307–324; Brose, History, S. 47–159.

Damit wurden nicht nur die strategischen Möglichkeiten der deutschen wie der österreichisch-ungarischen Flotte weitgehend beschränkt, die sich entgegen aller Erwartungen der Vorkriegszeit für den Kriegsverlauf als nahezu bedeutungslos entpuppten. Schwerer wog, dass es in ganz Europa zu einer schmerzlichen Verknappung der Rohstoff- und auch Nahrungsmittelversorgung kam. Weit über das eigentliche Frontgeschehen hinaus drang der Weltkrieg damit in einem bislang unvorstellbaren Umfang in den Alltag der beteiligten Gesellschaften ein. Aber auch nach außen, vorwiegend durch imperiale und koloniale Verbindungen, griff die Konfrontation der beiden Militärblöcke aus der europäischen Mitte immer weiter in die Welt aus. In Europa blieben lediglich die Schweiz, die Niederlande, Spanien und die skandinavischen Länder neutral, außerhalb von Europa beispielsweise Persien, Mexiko oder, bis 1917, die USA.[5]

Belgien 1914: Deutschland als Verächter des Völkerrechts

Die destruktive Eigendynamik des Krieges, der sich an lokalen Zwistigkeiten entzündet hatte und von dort aus Land um Land erfasste, war schon für die Zeitgenossen in hohem Maße verstörend und erklärungsbedürftig, zumal wenn man die patriotischen Szenen auf den Boulevards der Hauptstädte im August 1914 oder den Enthusiasmus der bildungsbürgerlichen Jugend nicht für die ganze historische Wirklichkeit hält.[6] Sicherlich gehörte die Begründung und Legitimation von Krieg, Kriegsführung und Kriegszielen seit jeher untrennbar zu militärischen Konflikten aller Art, sei es zur Sinngebung der erbrachten Opfer, zur Mobilisierung aller Ressourcen oder auch zur Gewinnung von Bündnispartnern. Kaum je zuvor war allerdings ein Krieg derart im Namen des Völkerrechts geführt worden, wie dies für den Ersten Weltkrieg zu konstatieren ist. Dieser Zusammenhang wird besonders dann deutlich, wenn man nicht allein von juristischen Einzelfragen her denkt, sondern wiederum nach der Funktionalität und Resonanz völkerrechtlicher Argumente in unterschiedlichen Kontexten fragt.

An erster Stelle drängt sich dazu das Beispiel des deutschen Einmarschs in Belgien und Luxemburg auf. Nachdem die deutsche Armee am 2. August erst die luxemburgische, nach einem unbeantwortet verstrichenen Ultimatum einen Tag später dann die belgische Grenze ohne gesonderte Kriegserklärung überschritten hatte, gab Reichskanzler Bethmann Hollweg vor dem Reichstag eine Erklärung ab, in der er, mehrfach von stürmischen Beifall unterbrochen, die

---

5 Vgl. Leonhard, Büchse der Pandora, S. 470–524; Münkler, Der große Krieg, S. 289–201; Brose, History, S. 160–282.
6 Vgl. Münkler, Der große Krieg, S. 222–229.

Verletzung des Völkerrechts mit den übergeordneten Prinzipien militärischer Notwendigkeit und staatlicher Selbstverteidigung rechtfertigte:

Meine Herren, wir sind jetzt in der Notwehr; und Not kennt kein Gebot! Unsere Truppen haben Luxemburg besetzt, vielleicht schon belgisches Gebiet betreten. Meine Herren, das widerspricht den Geboten des Völkerrechts. Die französische Regierung hat zwar in Brüssel erklärt, die Neutralität Belgiens respektieren zu wollen, solange der Gegner sie respektiere. Wir wussten aber, dass Frankreich zum Einfall bereit stand. Frankreich konnte warten, wir aber nicht. Ein französischer Einfall in unsere Flanke am unteren Rhein hätte verhängnisvoll werden können. So waren wir gezwungen, uns über den berechtigten Protest der luxemburgischen und der belgischen Regierung hinwegzusetzen. Das Unrecht – ich spreche offen –, das Unrecht, das wir damit tun, werden wir wieder gutzumachen suchen, sobald unser militärisches Ziel erreicht ist. Wer so bedroht ist wie wir und um sein Höchstes kämpft, der darf nur daran denken, wie er sich durchhaut![7]

Dass dieser offen eingestandene Rechtsbruch das Deutsche Reich aus Sicht der zivilen Staatsführung in eine ungünstige Ausgangslage brachte, war bereits den gewundenen Formulierungen anzumerken und der wortreichen Beteuerung einer existentiellen Notwehr. Auch aus späterer Sicht sind diese Erklärung sowie das vorausgehende Ultimatum an die belgische Regierung als kapitale Fehler bezeichnet worden.[8] Deutschland manövrierte sich mit der Verletzung der im sogenannten Endvertrag von London (1839) festgelegten und von allen europäischen Großmächten garantierten Neutralität des belgischen Staates in eine argumentative Defensive, aus der es auch späterhin kaum mehr herausfinden konnte. Das lag nicht allein in der Sache selbst. Das Völkerrecht der Vorkriegszeit war in vielen Punkten unbestimmt und stillschweigend an einem Vorrang der europäischen Großmächte ausgerichtet, so dass die Führung des kaiserlichen Deutschland hier durchaus einen gewissen Spielraum erwarten konnte. Die latenten Einkreisungsängste waren zudem so stark und die Argumente für einen schnellen Präventivkrieg so zwingend, dass sich die Entscheidungsträger ohne größere Bedenken über das Recht einer kleineren Nation hinwegsetzen zu können meinten. Doch während die Verletzung der belgischen Neutralität in der Innensicht als bedauerliche, aber unvermeidliche Folge eines staatlichen Existenzkampfes gesehen wurde, wurde in westlichen Augen damit an selbstverständliche Grundsätze der zivilisierten Staatenwelt gerührt. Das Kaiserreich

---

7 Protokoll v. 04.08.1914, in: Verhandlungen des Reichstages, Stenographische Berichte, Bd. 306, Berlin 1916, S. 3–12, hier: S. 6Df. Zur belgischen Neutralität etwa William E. Lingelbach, Belgian Neutrality. Its Origin and Interpretation, in: AHR 39, H. 1 (1933), S. 48–72, daneben Grewe, Epochen, S. 506–509.
8 Vgl. Clark, Sleepwalkers, S. 548–550.

galt fortan in einer Weise als Verächter des Völkerrechts, die sich kaum mehr beherrschen ließ.[9]

Welche unmittelbare Bedeutung dem zukam, lässt sich anhand des britischen Kriegseintrittes erkennen, der sich weder aus dem Einmarsch deutscher Truppen in Belgien noch aus den Kriegserklärungen an Russland und Frankreich – mit beiden Nationen hatte sich Großbritannien 1907 zu einem Militärbündnis („Triple Entente") zusammengeschlossen – zwingend ergab. Zwar war es nicht nur unter Völkerrechtlern der Vorkriegszeit unumstritten, sondern entsprach dem etablierten Rechtsstandpunkt des Foreign Office, dass die Verletzung der Neutralität Belgiens einen legitimen Kriegsgrund darstellen würde.[10] Trotzdem, soviel muss der deutschen Kalkulation zugutegehalten werden, bestand aus Londoner Sicht kein Automatismus. Seit Jahren waren alle britischen Planungen davon ausgegangen, dass ein deutscher Vormarsch im Kriegsfall unter Verletzung der belgischen Neutralität stattfinden würde, wie es etwa 1912 in einem Memorandum des Diplomaten Eyre Crowe als „practically certain"[11] angenommen worden war. Allerdings waren in London unterschiedliche Varianten einer Reaktion diskutiert worden, welche nicht notwendig auf eine Intervention und eine förmliche Kriegserklärung hinauslaufen mussten, sondern beispielsweise eine militärische Zurückhaltung mit einer Seeblockade und wirtschaftlichen Sanktionen kombinierten. Crowe hatte zwar schon zu diesem Zeitpunkt – und im augenfälligen Gegensatz zur Reichsregierung in der Julikrise 1914 – erkannt, welche Einfluss die öffentlichen Meinung für die Legitimation eines militärischen Engagements besitzen würde: „It is (...) of much importance that a country should not, if it can avoid it, place itself hopelessly in the wrong in the eyes of the world at the moment of entering on a life-and-death struggle."[12] Doch für die britische Entscheidungsfindung bei Kriegsausbruch galt zunächst unverändert das, was er in einem anderen Memorandum bereits 1908 für den britischen Außenminister Grey festgehalten hatte, nämlich dass sich die politische Handlungsfreiheit zwar nicht über die rechtlichen und moralischen Verpflich-

---

9 Vgl. ebenda, S. 515–537, daneben Krumeich, Juli 1914, S. 176, 179f.; Münkler, Der große Krieg, S. 87–97. Einen spezifisch deutschen Primat des Militärischen gegenüber dem Völkerrecht betont Hull, Scrap of Paper, S. 43f.; Isabel V. Hull, Absolute Destruction. Military Culture and the Practices of War in Imperial Germany, Ithaca, N.Y. 2005, S. 166. Ähnlich Annie Deperchin, The Laws of War, in: Winter (Hrsg.), Cambridge History of the First World War, Bd. 1, S. 615–638, hier: S. 629–630. Siehe weiter Lingelbach, Belgian Neutrality, S. 71f.
10 Vgl. Liszt, Völkerrecht, S. 51, sowie dann Law Officers of the Crown (Collier, Coleridge, Twiss), Report v. 06.08.1870, in: BDOW 8, S. 378f.; Cecil Hurst, Memorandum v. 16.02.1912, in: ebenda, S. 391f. Weiter: Clark, Sleepwalkers, S. 494, auch Andreas Rose, Zwischen Empire und Kontinent. Britische Außenpolitik vor dem Ersten Weltkrieg, München 2011, S. 268–271.
11 Eyre Crowe, Minute v. 10.03.1912, in: BDOW 8, S. 392–396, hier: S. 393.
12 Ebenda, S. 394.

tungen des Garantievertrages hinwegsetzen könne, aber doch ein erheblicher Spielraum hinsichtlich „the mode and time of action"[13] zu konstatieren sei.

Die in den letzten Tagen der Julikrise innerhalb der britischen Regierung angestellten Überlegungen lassen diesen Vorbehalt deutlich erkennen. Während sich Grey auf europäischer Bühne mehrfach um eine Vermittlung zwischen den Streitparteien bemühte, erwogen die einzelnen Entscheidungsträger in Kabinett, Foreign Office und Militär zahlreiche Handlungsoptionen, wobei weder die (rechtliche) Garantie der belgischen Neutralität noch auch die (politische) Bündnisverpflichtung mit Frankreich letztlich einen eindeutigen Ausschlag gaben.[14] Damit ist nicht gesagt, dass der britische Entschluss zum Kriegseintritt, den Grey am 3. August vor dem House of Commons emphatisch als moralische Verpflichtung des Königreiches zur Wahrung des internationalen Rechts darstellte, letztlich nur aus vorgeschobenen Gründen erfolgt sei oder dass die Berufung auf völkerrechtliche Handlungszwänge andere Interessen bewusst habe kaschieren sollen. Dieser Vorwurf wurde zwar vielfach von Seiten der Mittelmächte wie später noch vereinzelt erhoben.[15] Doch er übersieht, dass völkerrechtliche Argumente in der Öffentlichkeit und damit auch im politischen Prozess bereits eine Eigendynamik entwickelt hatten, die nur noch mit beachtlichen Anstrengungen einzudämmen gewesen wäre. Unter den Bedingungen des Kriegsausbruches erfuhr eine abstrakte, außerhalb diplomatischer Kreise nahezu vergessene Vertragsbestimmung aus dem Vormärz eine schlagartige Aktualisierung und Popularisierung als Symbol für die Rechtsbrüchigkeit der einen und die Rechtstreue der anderen Seite. Mehr noch: Die Achtung des Völkerrechts, das war geradezu eine Quintessenz der liberalen Weltvorstellungen des ausgehenden 19. Jahrhunderts, war keineswegs eine bloße Formalie, sondern

---

13 Eyre Crowe, Memorandum v. 15.11.1908, in: ebenda, S. 375–378, hier: S. 377. Handschriftlich setzte Charles Hardinge noch die Anmerkung hinzu, dass ein britisches Einschreiten „necessarily depend[s] upon our policy at the time and the circumstances of the moment". Zu Crowe, der aufgrund seiner familiären Bindung nach Deutschland vielfach angegriffen wurde, und seiner Rolle im Foreign Office vgl. Thomas G. Otte, Between Old Diplomacy and New. Eyre Crowe and British Foreign Policy 1914–1925, in: Gaynor Johnson (Hrsg.), Peacemaking, Peacemakers and Diplomacy, 1880–1939. Essays in Honour of Professor Alan Sharp, Newcastle upon Tyne 2010, S. 17–49; Crowe/Corp, Our Ablest Public Servant, S. 255–273, auch Rose, Zwischen Empire und Kontinent, S. 369–377.
14 Vgl. Leonhard, Büchse der Pandora, S. 102f., 108f.; Krumeich, Juli 1914, S. 180f.; Clark, Sleepwalkers, S. 537–547; Michael H. Ekstein/Zara Steiner, The Sarajevo Crisis, in: Francis H. Hinsley (Hrsg.), British Foreign Policy under Sir Edward Grey [1977], Cambridge, UK 2008, S. 397–410, hier: S. 406f.
15 Vgl. Ernst Müller-Meiningen, „Who are the huns?" The Law of Nations and its Breakers, Berlin 1915, S. 20–25; Niall Ferguson, The Pity of War. Explaining World War I, New York 1999, S. 158f.

für das Bestehen der gesamten Staatenordnung unabdingbar und insofern untrennbar mit der eigenen Sicherheit und dem eigenen nationalen Interesse verwoben. Die Verletzung der belgischen Neutralität ermöglichte es der britischen Regierung daher, jede weitere Auseinandersetzung über die eigenen, durchaus variierenden Interessen an einem Kriegseintritt zu vermeiden und stattdessen eine Intervention nicht nur als gerechtfertigt, sondern auch aus übergeordneten Gründen als zwingend darzustellen.[16]

Wie sehr die deutsche Verletzung des Völkerrechts in Großbritannien von Beginn an einen geradezu paradigmatische Bedeutung erhielt, lässt sich in nuce auch an dem Schicksal einer Begriffsprägung von Bethmann Hollweg beobachten. In einem Gespräch mit dem britischen Botschafter Edward Goschen am Abend des 4. August soll der Kanzler den Garantievertrag von 1839 als ein „Fetzen Papier" oder „scrap of paper" bezeichnet haben, der einen Krieg zwischen Deutschland und England nicht rechtfertigen könne. Eben diese Formulierung wurde, gegen die Regeln der diplomatischen Konvention, durchaus aber mit einiger Kalkulation, von der britischen Regierung in die Öffentlichkeit gebracht und sorgte in Großbritannien für einen Sturm der Entrüstung.[17] Bei näherer Betrachtung ist zwar kaum noch zu klären, ob Bethmann Hollweg tatsächlich von einem „Fetzen Papier" gesprochen hat oder auf welche Weise der entsprechende englische Begriff in den Bericht Goschens eingegangen ist.[18] Allerdings wurde eine derartige verbale Geringschätzung eines förmlichen Vertrages als dem Selbst- und Weltbild der bürgerlichen Gesellschaftsmitte Englands so diametral entgegengesetzt empfunden, dass die Formel des „scrap of paper" zu einem zentralen Bezugspunkt für die rhetorische Mobilisierung und ideelle Abgrenzung der britischen Öffentlichkeit wurde. Während sich Deutschlands Politik auf „fraud and force" stütze, so hieß es beispielsweise in einem Kommentar in der Londoner Times, setze England auf die Kraft des Wortes, auf Ehre, Verlässlichkeit und die „sanctity of law".[19] Der Journalist Emile Dillon publizierte

---

16 Diese Aufgabe fiel besonders dem Schatzkanzler und späteren Premierminister David Lloyd George zu, vgl. Bentley B. Gilbert, Pacifist to Interventionist: David Lloyd George in 1911 and 1914. Was Belgium an Issue?, in: Hist. J. 28, H. 4 (1985), S. 863–885, hier: S. 884f. Weiter: Hull, Scrap of Paper, S. 33–41; Clark, Sleepwalkers, S. 539f., 545, daneben Leonhard, Büchse der Pandora, S. 109.

17 Vgl. nur The German View of Treaties, in: The Times v. 19.08.1914, S. 8; The Eve of War, in: The Times v. 28.08.1914, S. 7.

18 Dass der Ausdruck in dieser oder einen ähnlichen Form tatsächlich gefallen sei, unterstreichen aber Hull, Scrap of Paper, S. 42f.; Thomas G. Otte, A „German Paperchase". The „Scrap of Paper" Controversy and the Problem of Myth and Memory in International History, in: Diplomacy & Statecraft 18, H. 1 (2007), S. 53–87, hier: S. 73–78. Siehe auch The Diary of Edward Goschen 1900–1914, hrsg. v. Christopher H. D. Howard, London 1980, Annex B, S. 293–302.

19 Vgl. England's Word, in: The Times v. 28.08.1914, S. 9.

noch im gleichen Jahr eine Geschichte des Kriegsausbruchs, welche nicht nur den Begriff des „scrap of paper" als verkaufsfördernden Titel nutzte, sondern die Verachtung des Rechts als typisches Merkmal des deutschen „political Antichrist" beschrieb.[20] In immer neuen Variationen wurde die „Heiligkeit des Rechts" und besonders auch die „Heiligkeit der Verträge" („sanctity of treaties") beschworen, in deren Maximen – etwa: freier Bindungswille, schriftliche Form, Vertragstreue aus einer gemeinsamen Rechtstradition („pacta sunt servanda") – nichts weniger als die Grundlagen der gesamten europäischen Zivilisation gesehen wurde.[21] Für die westlichen Gesellschaften war ein solcher Bezug auf das Recht, wie dargestellt, schon im 19. Jahrhundert unabdingbar gewesen, auch wenn die Grundgedanken der Vertragstreue innerhalb der Völkerrechtslehre noch weiter zurückreichten, etwa bis zu Emer de Vattel, einem Schweizer Juristen des 18. Jahrhunderts.[22] Auch der britische Völkerrechtler Robert Phillimore hatte schon 1882 in dieser Hinsicht nicht mit großen Worten gespart: „Upon a scrupulous fidelity in the observation of Treaties, not merely in their letter but in their spirit, obviously depends, under God, the peace of the world. Pacta sunt servanda is the pervading maxim of International, as it was of Roman jurisprudence."[23]

20 Vgl. Emile Dillon, A Scrap of Paper. The Inner History of German Diplomacy and her Scheme of World-Wide Conquest, 2. Aufl., London, New York, Toronto 1914, S. 177–204. Als weiteres Beispiel siehe nur Gilbert K. Chesterton, Why England Came to Be in It, in: New York Times Current History. The European War 1 (Aug.–Dez. 1914), S. 108–125.

21 Vgl. Otte, A „German Paperchase", S. 58–61; Nicoletta F. Gullace, Sexual Violence and Family Honor. British Propaganda and International Law during the First World War, in: AHR 102, H. 3 (1997), S. 714–747, hier: S. 720–725. Siehe auch Martin Schramm, Das Deutschlandbild in der britischen Presse 1912–1919, Berlin 2007, S. 365.

22 Vgl. Karl-Heinz Ziegler, Emer de Vattel und die Entwicklung des Völkerrechts im 18. Jahrhundert, in: Markus Kremer/Hans-Richard Reuter (Hrsg.), Macht und Moral. Politisches Denken im 17. und 18. Jahrhundert, Stuttgart 2007, S. 321–341, hier: S. 336.

23 Robert Phillimore, Commentaries upon International Law, Bd. 2, 3. Aufl., London 1882, S. 69. Ähnlich: Alphonse Rivier, Principes du Droit des Gens, 2 Bde., Paris 1896, Bd. 2, S. 38f. Präzisierend sei hinzugefügt, dass sich der Grundsatz des „pacta sunt servanda" aus der mittelalterlichen Kanonistik herleitet, nicht aus dem römischen Recht.

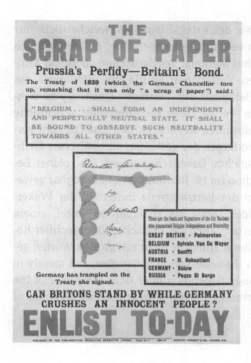

Abb. 1: „The Scrap of Paper. Prussia's Perfidy – Britain's Bond". Britisches Rekrutierungsposter (1914).

Der Vorwurf des Rechtsbruchs implizierte also schon zu diesem Zeitpunkt den Vorwurf einer Abweichung von den zivilisatorischen Verhaltensstandards zwischen den europäischen Mächten. Einer solche Zuschreibung, die bereits während der Haager Konferenzen im Raum gestanden hatte, ließ sich von Seiten der Mittelmächte kaum etwas entgegensetzen. Das von Bethmann Hollweg vorgebrachte Argument der staatlichen Notwehr und der militärischen Notwendigkeit verhallte in Großbritannien und den anderen alliierten Nationen weitgehend ungehört.[24] Auch in den neutralen Ländern, und zumal in den USA, auf deren Einfluss und Sympathie die deutsche Rechtfertigung in nicht geringem Maße berechnet war, fand sich nur wenig positive Resonanz. In einem ungezeichneten, vermutlich von James Brown Scott verfassten Editorial des American Journal of International Law (AJIL) wurde nachdrücklich daran erinnert,

---

24 Vgl. lediglich Josef Kohler, Notwehr und Neutralität, in: ZfV 8 (1914), S. 576–580; Müller-Meiningen, „Who are the huns?", S. 1–45; Otto Koellreuter, Kriegsziel und Völkerrecht. Betrachtungen aus der Front, in: ZfV 10 (1917/18), S. 493–503, hier: S. 498. Ein gute Darstellung für eine typische zeitgenössische Argumentation bei Sandra Link, Ein Realist mit Idealen. Der Völkerrechtler Karl Strupp (1886–1940), Baden-Baden 2003, S. 72–91. Allg. auch Neff, War and the Law of Nations, S. 239–243; Koskenniemi, Gentle Civilizer, S. 228–231.

dass das Prinzip der „sanctity of treaties" ein „essential principle of the public law of Europe" darstelle.[25]

Schon in den ersten Tagen und Wochen nach Kriegsausbruch etablierte sich in der öffentlichen Meinung der Entente-Staaten damit ein Eindruck deutscher Ruchlosigkeit und Wortbrüchigkeit, der im weiteren Kriegsverlauf nur noch ausgebaut werden musste. Die Empörung über die Verletzung der belgischen Neutralität stellte nur die Eröffnungsfanfare dar, welche bald durch einen Aufschrei des Entsetzens über die deutschen Verbrechen im Zuge der Okkupation Belgiens übertönt werden sollte. Auch hier zeigte sich der Zusammenhang zwischen einer Verletzung des Völkerrechts und der Wahrnehmung einer zivilisatorischen Abweichung. Selbst wenn man gegenüber manchen Vorwürfen („abgehackte Kinderhände") skeptisch ist, dürfte doch unstreitig sein, dass mit den Übergriffen der deutschen Truppen in der Vorstellungswelt der alliierten Gesellschaften das Bild eines grausamen „Hunnen" festgeschrieben wurde, der an der Zivilbevölkerung unvorstellbare Gewaltverbrechen verübe.[26] Eine zurückhaltende Argumentation mochte sich immer noch darauf berufen, dass sich die deutsche Armee gegenüber der Zivilbevölkerung einer Verletzung der Haager Landkriegsordnung schuldig gemacht habe, was oft, aber nicht durchgängig zutreffend war.[27] Allerdings ging es stets weniger um die juristischen Details der HLKO als darum, die Haager Konventionen zu Symbolen für die eigene Rechtmäßigkeit und moralische Überlegenheit aufzuwerten, obwohl sie unter den politischen und militärischen Eliten Großbritanniens vor 1914 keinen besonders guten Ruf besessen hatten.[28]

Die Empörung über die Verletzung der belgischen Neutralität wie über die deutschen Kriegsgräuel während der Okkupation entwickelte damit eine eigene

---

25 Vgl. The Hague Conventions and the Neutrality of Belgium and Luxemburg, in: AJIL 9, H. 4 (1915), S. 959–962, dazu mit anderer Interpretation Segesser, Recht statt Rache, S. 155. Ohnehin war die deutsche Position auf dem globalen Meinungsmarkt denkbar schwach, vgl. Leonhard, Büchse der Pandora, S. 707f.

26 Vgl. Hull, Scrap of Paper, S. 60–94; Alan Kramer, Dynamic of Destruction. Culture and Mass Killing in the First World War, Oxford 2007, S. 24–27; John Horne/Alan Kramer, German Atrocities, 1914. A History of Denial, New Haven 2001, zu Letzterem siehe aber die Kritik von Roger Chickering, in: Journal of Modern History 75, H. 3 (2003), S. 718f.

27 So war die Hinrichtung der belgischen Krankenschwester Edith Cavell, die große Empörung hervorrief, nicht völkerrechtswidrig, vgl. Segesser, Recht statt Rache, S. 184f.; Gullace, Sexual Violence and Family Honor, S. 735, Fn. 83; Schwengler, Völkerrecht, S. 67, Fn. 198. Siehe auch Hull, Scrap of Paper, S. 106–111; Horne/Kramer, German Atrocities, S. 311.

28 Zur Skepsis in Großbritannien gegenüber den Haager Konventionen wie allgemein gegenüber der Friedensbewegung vgl. etwa The World's Peace, in: The Times v. 16.12.1910, S. 11; The Peace Congress, in: The Times v. 28.07.1908. Weitere Hinweise bei Gullace, Sexual Violence and Family Honor, S. 731–734.

normative Kraft. Während sich die völkerrechtliche Aufmerksamkeit mittel- und langfristig von einer Regulation der eigentlichen Kriegsführung auf den Schutz der Zivilbevölkerung verlagerte,[29] diente die Entrüstung über die deutschen Rechtsverletzungen in Großbritannien zunächst als Vehikel für eine weitere Mobilisierung.[30] Das war aus zwei Gründen folgenreich. Einerseits wurde die Legitimität der eigenen Position von Beginn an die Illegitimität der gegnerischen Position eingeschrieben. Andererseits wurde die deutsche Rechtsverletzung in den zeittypischen Deutungen nicht allein als abstrakter Verstoß gegen juristische Prinzipien dargestellt, sondern als Ausdruck einer grundlegenden Verachtung der humanitär-zivilisatorischen Maßstäbe und Sittlichkeitsvorstellungen der britischen Gesellschaft wahrgenommen.[31] Der militärischen Intervention des Vereinigten Königreichs war damit nicht nur eine hohe Zustimmung in der Gesellschaft sicher, sondern dem Weltkrieg wurde zugleich ein höherer Sinn als Krieg zur Wiederherstellung von Recht und Gerechtigkeit verliehen.

Britische Seeblockade und amerikanische Intervention

Dass die deutschen Verstöße gegen das Völkerrecht weniger in der Sache als in ihrer Funktion bedeutsam waren, zeigt ein knapper Vergleich mit der britischen Seeblockade. Denn der Entschluss der britischen Regierung, den Handelsverkehr der Kriegsgegner zu blockieren und auf diese Weise einen Wirtschaftskrieg gegen die Mittelmächte zu führen, ließ sich ebenfalls als Verletzung des geltenden Völkerrechts angreifen. So war einerseits das Prinzip der Fernblockade fragwürdig, weil die Royal Navy nicht allein, wie es das etablierte Völkerrecht seit der Pariser Seerechtsdeklaration von 1856 gestattete, die feindlichen Häfen engräumig blockierte, sondern im Ärmelkanal wie vor Schottland Position bezog und damit die entscheidenden Ausgänge aus der Nordsee abriegelte; Anfang November erklärte Großbritannien zudem die gesamte Nordsee zur militärischen Sperrzone. Auf der anderen Seite war die Mitte März 1915 getroffene Entscheidung umstritten, neben Kriegsgütern auch Rohstoffe, Verbrauchsgüter und Lebensmittel zur Konterbande zu erklären und Kontrolle wie Konfiskation

---

29 Vgl. Cabanes, Great War, S. 6f.
30 Vgl. Gilbert, Pacifist to Interventionist, S. 865.
31 Vgl. Gullace, Sexual Violence and Family Honor, S. 717–729. Es überrascht nicht, dass die Invasion Belgiens in den zeitgenössischen Beschreibungen und Bildern regelmäßig als Vergewaltigung einer wehrlosen Nation dargestellt wird, wie es ähnlich auch für Armenien gilt, siehe dazu Michelle Tusan, „Crimes against Humanity". Human Rights, the British Empire, and the Origins of the Response to the Armenian Genocide, in: AHR 119, H. 1 (2014), S. 47–77, bes. S. 62f. Für den weiteren Kontext außerdem: Leonhard, Büchse der Pandora, S. 775f.

auf den Handel der neutralen Mächte auszudehnen, sofern Deutschland als das Endziel von Warenlieferungen vermutet werden konnte. Auf diese Weise sollte der Handel der Mittelmächte möglichst vollständig abgeschnürt werden. Es überrascht nicht, dass in dem von deutscher Seite bald gezeichneten Bild einer „Hungerblockade" die Leiden von Frauen und Kindern dramatisch hervorgehoben wurden; auch hier sollte ein Bruch vornehmlich abstrakter Rechtsprinzipien in einer ähnlichen Weise symbolisch begreiflich gemacht werden wie im Fall der belgischen Neutralität.[32]

Allerdings gelang es der deutschen Kritik nie, aus der völkerrechtswidrigen, zumindest aber juristisch zweifelhaften Form der britischen Seeblockade ein vergleichbares Kapital zu schlagen. Zunächst war das deutsche Vorgehen in der Nordsee, etwa mit Blick auf die Praxis der Minenlegung, völkerrechtlich ebenfalls nicht eindeutig. Dann erwies sich als problematisch, dass der Protest der deutschen Seite neben gewohnheitsrechtlichen Erwägungen vor allem auf die Bestimmungen der Londoner Seerechtsdeklaration abhob, die 1908/09 als maritimes Gegenstück der Haager Landkriegsordnung ausgehandelt worden, jedoch nie formell in Kraft getreten war. Die britische Regierung hatte zwar in der Vorkriegszeit ihre Bereitschaft erklärt, die Deklaration in der Substanz grundsätzlich anzuerkennen. Nach Kriegsausbruch wurde diese Erklärung aber bald relativiert, so dass die Vorwürfe der deutschen Seite weitgehend ins Leere liefen und allenfalls eine moralische Bindung anführen konnten.[33]

Immerhin konnte sich die deutsche Haltung zunächst durch die Position der USA bestärkt fühlen, welche gegen jede Beeinträchtigung des neutralen Handelsverkehrs protestierten. Nachdrücklich wurde die britische Regierung aus Washington aufgefordert, ihre Seekriegsführung an die anerkannten Regeln

---

32 Vgl. Nicholas A. Lambert, Planning Armageddon. British Economic Warfare and the First World War, Cambridge, Mass. 2012, S. 199–231; Eric W. Osborne, Britain's Economic Blockade of Germany, 1914–1919, London, Portland 2004, S. 58–82. Außerdem: Neff, War and the Law of Nations, S. 233–235. Die Folgen der Blockade für die deutsche Gesellschaft und Wirtschaft sind umstritten, vgl. Kramer, Dynamic of Destruction, S. 153–155; Osborne, Britain's Economic Blockade, S. 182f., 193f.

33 Vgl. Paul Heilborn, Der verschärfte Seekrieg, in: ZfV 9 (1916), S. 44–62; Max Fleischmann, Der verschärfte Unterseeboot-Krieg. Verwicklungen mit den Vereinigten Staaten von Amerika, in: ZfV 10 (1917/18), S. 401–447, hier bes. S. 424f.; Albrecht Mendelssohn Bartholdy, Handelskrieg und Rechtsprechung, in: ZfV 10 (1917/18), S. 282–321. Den britischen Standpunkt verficht etwa Ronald F. Roxburgh, The Legal Position of the Declaration of London, in: Journal of the Society of Comparative Legislation 15, H. 2 (1915), S. 72–75, ähnlich auch James Brown Scott, The Status of the Declaration of London, in: AJIL 9, H. 1 (1915), S. 199–202. Siehe weiter Hull, Scrap of Paper, S. 141–210; Frei, Great Britain, S. 416f.; Lambert, Planning Armageddon, S. 210–216; Osborne, Britain's Economic Blockade, S. 61f., für die Haltung der Rechtsabteilung des AA weiter Stuby, Vom „Kronjuristen" zum „Kronzeugen", S. 46–50.

des Völkerrechts anzupassen; anderenfalls würden die USA „full reparation for every act" verlangen „which under the rules of international law constitutes a violation of neutral rights."[34] Und im Oktober 1915 wurde im AJIL bilanziert, dass die britische Haltung gegenüber dem geltenden Völkerrecht im Grunde „in the same category with the German Chancellor's ‚scrap of paper' theory"[35] einsortiert werden könne.

Mit zunehmender Kriegsdauer distanzierten sich die USA gleichwohl immer mehr vom deutschen Standpunkt, so dass die Blockade, trotz juristischer Zweifel, offensichtlicher Handelseinschränkungen und zivilrechtlicher Klagen, schließlich mehr oder minder stillschweigend akzeptiert wurde.[36] Eine wichtige Rolle spielte dabei nicht zuletzt das britische Argument, dass die Seekriegsmaßnahmen der Royal Navy nicht mit engen formalistischen Maßstäben bewertet werden sollten, sondern in ihrer Intention gewürdigt werden müssten. Wie der britische Außenminister seinem amerikanischen Amtskollegen auf dessen Protestnote vom 30. März 1915 hin auseinandersetzte, sei jede „justifiable method" gerechtfertigt angesichts der „shocking violation of the recognized rules and principles of civilized warfare"[37] durch den Kriegsgegner. Dieser Grundakkord wurde in London wiederholt angeschlagen. Auch dort, wo die deutsche Seite formal völkerrechtskonform gehandelt hatte, wie etwa bei der überfallartigen Beschießung der britischen Hafenstädte Hartlepool und Scarborough am 16. Dezember 1914, wurde von britischer Seite stets die allgemeine Idee des Völkerrechts als höherrangiges Prinzip geltend gemacht. Die Londoner Times argumentierte nach diesem Zwischenfall beispielsweise, dass die Haager Konventionen nicht legalistisch-verengt ausgelegt werden dürften, sondern in erster Linie als „guidance of civilized nations" dienen würden, als „expression of a principle which dominated all civilized war". Aus dieser Sicht stellten sich die Rechtfertigungen der deutschen Seite als „legal quibbles" dar, welche die brutale Verachtung aller zivilisatorischer Standards kaum verhüllen könnten: „The

---

34 Secretary of State (Bryan) an den amerikanischen Botschafter in London (Page), Brief v. 30.03.1915, in: FRUS, 1915. Supplement, The World War, Washington 1928, S. 152–156, hier: S. 156. Siehe auch Justus D. Doenecke, Nothing less than War. A New History of America's Entry into World War I, Lexington, Ky. 2011, S. 44–57; Ross A. Kennedy, The Will to Believe. Woodrow Wilson, World War I, and America's Strategy for Peace and Security, Kent, Oh. 2009, S. 109–114; Robert W. Tucker, Woodrow Wilson and the Great War. Reconsidering America's Neutrality 1914–1917, Charlottesville 2007, S. 100–107.
35 James W. Garner, Some Questions of International Law in the European War, VIII: Blockades, in: AJIL 9, H. 4 (1915), S. 818–857, hier: S. 823. Allgemein zur amerikanischen Haltung auch Lambert, Planning Armageddon, S. 232–278.
36 Vgl. Doenecke, Nothing less than War, S. 46; Tucker, Woodrow Wilson, S. 102f. Siehe auch Garner, Some Questions VIII, S. 843f., 856f.
37 Grey an Secretary of State, 23.07.1915, in: FRUS 1915, Supp., S. 168–171, hier: S. 169.

charge against them is not that they have broken the letter of the law, but that they do not wish to be civilized."[38]

Auf diesen Standpunkt stellte sich auch der britische Politiker Arthur Balfour im April 1915, als er, kurz vor seiner Ernennung zum Marineminister in der Koalitionsregierung von Herbert Asquith, ein zu enges Verständnis des Völkerrechts mit ähnlichen Gründen zurückwies. In einem Zeitungsartikel, der wenig später als Broschüre in den USA hohe Verbreitung fand, argumentierte Balfour mit dem aus der kolonialen Praxis, vor allem aber aus dem Burenkrieg (1899–1902) vertrauten Behauptung, dass nicht zwei gleichrangige Gegner miteinander streiten würden, sondern ein asymmetrischer Krieg geführt werde. Das Völkerrecht sei jedoch ein Recht zwischen zivilisierten Nationen und auf reziproke Beziehungen angewiesen, so Balfour, und solche seien im vorliegenden Konflikt schlechterdings nicht mehr gegeben. Angesichts der deutschen Kriegführung sei die britische Regierung gezwungen, vom geltenden Völkerrecht abzuweichen, um wenigstens dessen Grundgedanken („the spirit") zu verteidigen.[39]

Diese Argumentation fand auf amerikanischer Seite einige Resonanz. Unter Berufung auf Balfour stellte beispielsweise James W. Garner fest: „[I]n a war between a civilized belligerent and an uncivilized enemy who recognizes no law of humanity, the former belligerent is not bound to observe the same rules that are obligatory when his enemy conducts the war according to civilized and humane methods."[40] Angesichts einer solchen Auffassung war es ein im Grunde vergebliches Bemühen, wenn der deutsche Botschafter in Washington, Johann Heinrich v. Bernstorff, gegenüber dem amerikanischen Außenminister wiederholt „the brutal contempt of international law" durch Großbritannien beklagte und dabei ein ganz ähnliches humanitär-juristisches Vokabular zum Einsatz brachte wie seine Kollegen im gegnerischen Lager: „British tyranny mercilessly increases the sufferings of the world indifferent to the laws of humanity, indifferent to the protests of the neutrals whom they severely harm, indifferent even to the silent longing for peace among England's own allies. Each day of the terrible struggle causes new destruction, new sufferings."[41]

---

38 On Legalism, in: The Times v. 07.01.1915, S. 9.
39 Vgl. Arthur J. Balfour, The British Blockade, London 1915, S. 8–12. Siehe auch Jason Tomes, Balfour and Foreign Policy. The International Thought of a Conservative Statesman, Cambridge, UK, New York 1997, S. 270f., zu völkerrechtlichen Fragen des (zweiten) Burenkriegs außerdem Ralph Uhlig, Die Interparlamentarische Union 1899–1914. Friedenssicherungsbemühungen im Zeitalter des Imperialismus, Stuttgart 1988, S. 338–356. Andere Ansicht bei Hull, Absolute Destruction, S. 129.
40 Garner, Some Questions VIII, S. 825.
41 Bernstorff an Secretary of State, 31.01.1917, in: FRUS, 1917. Supplement 1, The World War, Washington 1931, S. 97–100, hier: S. 99.

Allerdings: Der Grund, weshalb der deutsche Protest in Washington kaum durchdringen konnte, lässt sich allein nicht, wie in Berlin beargwöhnt, auf britisch-französische Propaganda oder eine verdeckte Sympathie mit der Entente zurückzuführen. Vielmehr war es die deutsche Taktik des U-Boot-Krieges und hier besonders die Entscheidung zu seiner unbeschränkten Ausweitung im Jahr 1917, welche die amerikanische Öffentlichkeit nachhaltig verstörte und schließlich zu dem Kriegseintritt der USA auf Seiten der alliierten Mächte führte. Bereits die aufsehenerregende Versenkung der RMS Lusitania am 7. Mai 1915, bei der knapp 130 amerikanische Staatsbürger umkamen, hatte zu scharfen Protesten geführt.[42] Als die deutsche Marineführung nach einer mehrmonatigen Pause im darauffolgenden Jahr wieder mit Angriffen auf feindliche und neutrale Handelsschiffe begann, geschah dies zwar weitgehend unter Beachtung der einschlägigen prisenrechtlichen Vorschriften (Kontrolle unbewaffneter Handelsschiffe; Beschlagnahme von Konterbande; Blockade der Weiterfahrt). Nach der Seeschlacht im Skagerrak am 31. Mai begannen innerhalb der deutschen Führung jedoch erbitterte Auseinandersetzungen zwischen militärischen und zivilen Stellen, diesen Einsatz zu einem unbeschränkten U-Boot-Krieg zu erweitern und damit eine kriegsentscheidende Wende herbeizuführen. Dass dies auch die Versenkung von leicht und unbewaffneten Handelsschiffen ohne weitere Vorwarnung und ohne Aufnahme der Schiffbrüchigen bedeuten würde, also einen flagranten Verstoß gegen weithin akzeptiertes Gewohnheitsrecht, wurde von der militärischen Führung akzeptiert. Es handele sich, so lautete das Argument, um eine neuartige Waffenform, die spezifische Einschränkungen und Notwendigkeiten mit sich bringe und nicht nach den hergebrachten Regularien des Kriegsvölkerrechts beurteilt werden könne.[43] Den endgültigen Ausschlag gab freilich nicht eine derartige juristische Rechtfertigung, sondern die selbstbewusste Argumentation der deutschen Admiralität, Großbritannien auf diese Weise innerhalb von sechs Monaten zu einer Kapitulation zwingen zu können. Mit der Zustimmung von Kaiser Wilhelm II. und gegen den Protest ziviler Regierungsstellen eröffnete die Kaiserliche Marine daher am 1. Februar 1917 den unbeschränkten U-Boot-Krieg.[44]

---

42 Vgl. Tucker, Woodrow Wilson, S. 108–130.
43 Vgl. Hermann Rehm, Der Unterseebootkrieg, in: ZfV 9 (1916), S. 20–43; Oda v. Alvensleben, Unterseebootskrieg und Völkerrecht, Stuttgart 1916. Eine Gegenkritik bei A. Pearce Higgins, Defensively-Armed Merchant Ships and Submarine Warfare, London 1917; Theodore S. Woolsey, Submarine Reflections, in: AJIL 11, H. 1 (1917), S. 137.
44 Vgl. hier nur Hull, Scrap of Paper, S. 215–234, 240–275; Dirk Bönker, Ein German Way of War? Deutscher Militarismus und maritime Kriegführung im Ersten Weltkrieg, in: Sven Oliver Müller/Cornelius Torp (Hrsg.), Das deutsche Kaiserreich in der Kontroverse, Göttingen 2009, S. 308–322, hier: S. 312–320. Weiter: Brose, History, S. 247–253.

Dass dieser Schritt den Eintritt der USA auf Seiten der Entente nach sich ziehen würde, war von deutscher Seite zwar einkalkuliert, doch mit der Hoffnung relativiert worden, die britische Regierung würde die Waffen strecken, bevor amerikanische Truppen in größerem Umfang auf dem europäischen Kriegsschauplatz eingetroffen seien. Dieses Vabanquespiel ging bekanntlich nicht auf, auch weil sich die amerikanische Regierung nach der Ankündigung des unbeschränkten U-Boot-Krieges rasch und mit großer Entschiedenheit auf die Seite der Entente stellte: Am 3. Februar brachen die USA die diplomatischen Beziehungen zum Deutschen Reich ab, am 2. April 1917 plädierte der amerikanische Präsident Woodrow Wilson vor dem versammelten US-Kongress für einen Eintritt in den Weltkrieg, vier Tage später unterzeichnete er die Kriegserklärung.[45]

In seiner Kongressrede begründete Wilson diesen Schritt an erster Stelle mit der Notwendigkeit, die Grundlagen des internationalen Zusammenlebens zu verteidigen. Der U-Boot-Krieg des Deutschen Reiches sei keine legitime militärische Strategie in einem umgrenzten Konflikt, sondern nichts weniger als ein „warfare against mankind"[46]. Die amerikanische Intervention sei daher auch keine Parteinahme in den europäischen Rivalitäten und Intrigen – entsprechend traten die USA dem Konflikt auch nicht als alliierte, sondern lediglich als mit der Entente assoziierte Macht bei[47] –, sondern erfolge zum Schutz übergeordneter Werte und im Namen der gesamten Menschheit. Nichts weniger als die Zivilisation selbst stehe in diesem Krieg auf dem Spiel, so Wilson, und wenngleich Frieden ein hohes Gut sei, so sei doch das Recht „more precious than peace". Das amerikanische Ziel sei mithin „a universal dominion of right by

45 Zu den internen Entscheidungsverläufen innerhalb der Wilson-Administration vgl. Doenecke, Nothing less than War, 250–277; Kennedy, Will to Believe, S. 128–162; Thomas J. Knock, To End all Wars. Woodrow Wilson and the Quest for a New World Order, New York 1992, S. 115–122. Außerdem: Arthur Walworth, America's Moment 1918. American Diplomacy at the End of World War I, New York 1977, S. 1–31.
46 Woodrow Wilson, Address to a Joint Session of Congress v. 02.04.1917, in: The Papers of Woodrow Wilson, hrsgg. v. Arthur Link, 69 Bde., Princeton 1966–1994, Bd. 41, S. 519–527, hier: S. 520.
47 Das machte in der Sache keinen großen Unterschied, untermauerte aber die Behauptung, nicht aus nationalem Eigennutz, sondern für die Staatengemeinschaft und die Wahrung des internationalen Rechts zu streiten, vgl. Kennedy, Will to Believe, S. 141; Lloyd E. Ambrosius, Democracy, Peace, and World Order, in: John Milton Cooper (Hrsg.), Reconsidering Woodrow Wilson. Progressivism, Internationalism, War, and Peace, Washington 2008, S. 225–249, hier: S. 227f.; Walworth, America's Moment 1918, S. 1–17. Im Nachfolgenden soll nur ausnahmsweise die volle Bezeichnung als „alliierte und assoziierte Nationen" gebraucht und – der Kürze halber – meist nur von alliierten Staaten gesprochen werden.

such a concert of free peoples as shall bring peace and safety to all nations and make the world itself at last free."[48]

Die machttaktische Verachtung des Völkerrechts durch die deutsche Führung bestärkte also auch im Fall des U-Boot-Krieges die größeren und suggestiven Erklärungsmuster der Gegenseite. Erst die Abkehr des Kaiserreiches von allen gemeinsamen Werten und der Verrat an den Grundsätzen der zivilisierten Menschheit habe es notwendig gemacht, dass sich die alliierten und assoziierten Nationen zu einer Schutzgemeinschaft zusammenschlossen. Nicht zufällig wurde in französischen Zeitungen von „la piraterie teutonne" gesprochen, also der deutsche U-Boot-Krieg mit Piraterie gleichgesetzt und damit die Figur des recht- und gesetzlosen „Feindes der Menschheit" beschworen.[49] Die britische Times sprach nach der Versenkung der Lusitania von einem „relapse into barbarism"[50], und in der New York Times war schon nach den ersten Kriegswochen bilanziert worden, dass selbst „savages" oder „[o]rientals" ein höheres Rechtsbewusstsein besäßen als die deutsche Seite.[51]

Zwar bedurfte es eines erhöhten Begründungsaufwands, dass das Deutsche Reich nunmehr in jene Kategorie des Unzivilisierten und Barbarischen fiel, die zuvor ausschließlich für außereuropäische Herrschaftsverbände gegolten hatten. Doch seit dem ausgehenden 19. Jahrhundert, und nochmals vermehrt in den Jahren vor dem Krieg, hatte sich das Deutschlandbild in den westlichen Nationen vielfach eingetrübt, wozu das parvenühafte Auftreten von Wilhelm II., die säbelrasselnde Rhetorik der Reichsregierung und die Weltmachtträume der deutschen Eliten jeweils reichlich Anlass geboten hatten. In den westlichen Nationen wurde dem Reich eine eigentümliche politische Rückständigkeit zugeschrieben, in der eine fortgeschrittene Industrialisierung mit einem schroffen Antiliberalismus Hand in Hand gehen würden; daneben bestanden langfristig

---

48 Woodrow Wilson, Address to a Joint Session of Congress v. 02.04.1917, in: PWW, Bd. 41, S. 519–527, hier: S. 526f. In dieser Rede fiel auch die berühmte Formulierung, dass die Welt „must be made safe for democracy". Siehe weiter Doenecke, Nothing less than War, S. 289–299; Tucker, Woodrow Wilson, S. 188–199, sowie besonders auch Jason C. Flanagan, Woodrow Wilson's „Rhetorical Restructuring". The Transformation of the American Self and the Construction of the German Enemy, in: Rhetoric & Public Affairs 7, H. 2 (2004), S. 115–148, hier: S. 129–133, 139. Zur damit berührten Figur des gerechten Krieges außerdem Shaw, International Law, S. 811–814; Neff, War and the Law of Nations, S. 290f.
49 Vgl. La Guerre, in: Le Temps v. 03.08.1916, S. 1. Zur Piraterie als Herausforderung der internationalen Rechtsordnung zeitgenössisch etwa Oppenheim, International Law, Bd. 1 (1905), S. 325f.
50 The Sinking of the Lusitania, in: The Times v. 08.05.1915, S. 9. Zur Metapher des Barbaren allgemein John Horne, Art. Barbaren, in: Gerhard Hirschfeld/Gerd Krumeich/Irina Renz (Hrsg.), Enzyklopädie Erster Weltkrieg, Paderborn 2003, S. 370–372.
51 Vgl. Chesterton, Why England Came, S. 114.

wirksame Stereotype zu Preußentum und Militarismus, Autokratie und hegelianischer Staatsverehrung.[52] Deutschland sei in zivilisatorischer Hinsicht allenfalls bis in das 13. Jahrhundert vorgeschritten, meinte Elihu Root im April 1918 auf einer Vorstandssitzung der American Society of International Law, und es habe „abnormal instincts which characterize her barbarisms and separate her from any civilized people. She has the intolerance, the incapacity to realize the right of existence of others, which characterizes her and her people as barbarians."[53] In eine ähnliche Richtung wurde auch von britischer Seite argumentiert, wo der deutsche Angriffskrieg auf einen „spirit of barbarism which ‚culture' and industrial efficiency have not mitigated" zurückgeführt wurde, was wiederum belege, wie sehr innerer Despotismus und äußere Aggression zusammengehörten: „Out of the inner life of a nation comes its foreign policy."[54]

Dass das Kaiserreich offenkundig entschlossen schien, die gemeinsamen europäischen Traditionen und die Grundlagen der zivilisierten Welt um des eigenen Vorteils willen zu verwerfen, prägte alle Deutungen des Krieges und überschattete jede Vorstellung von einer Nachkriegsordnung. In den westlichen Augen war Frieden bald nur noch mit einem – in welcher Form auch immer – domestizierten Reich vorstellbar. Während in Frankreich vor allem über territoriale Verkleinerungen und militärische Beschränkungen nachgedacht wurde, zielten amerikanische Forderungen auch auf einem grundsätzlichen Wandel der Herrschaftsverhältnisse. Nur wenn die Hohenzollern-Dynastie gestürzt und die gesamte „Potsdam gang" abgesetzt sei, so konnte man zumindest in amerikanischen Zeitungen lesen (und so wurde es von deutscher Seite auch verstanden[55]), lasse sich ein „re-zivilisiertes" Deutschland überhaupt wieder in die internationale Gemeinschaft integrieren.[56]

---

52 Die Geschichtsschreibung hat sich lange Zeit an diesen Deutungen abgearbeitet, vgl. Sven Oliver Müller/Cornelius Torp, Das Bild des deutschen Kaiserreichs im Wandel, in: Müller/Torp (Hrsg.), Das deutsche Kaiserreich, S. 9–27. Siehe auch Frank A. Ninkovich, Global Dawn. The Cultural Foundation of American Internationalism, 1865–1890, Cambridge, Mass. 2009, S. 113f.; Schulz, Normen und Praxis, S. 627f., außerdem Schramm, Deutschlandbild, S. 497–513.
53 Elihu Root, Protokoll v. 28.04.1918, in: Proceedings of the American Society of International Law 12 (1918), S. 5–21, hier: S. 19.
54 John Macdonnell, in: Coleman Phillipson, International Law and the Great War, London 1915, S. XVIII, XXIII.
55 Vgl. Schwabe, Deutsche Revolution, S. 39–44.
56 Vgl. Binoy Kampmark, „No Peace with the Hohenzollerns". American Attitudes on Political Legitimacy towards Hohenzollern Germany, 1917–1918, in: Diplomatic History 34, H. 5 (2010), S. 769–791, hier: S. 778–783. Zuvor waren vergleichbare Vorstellungen eines „regime change" vorwiegend mit Blick auf Süd- und Zentralamerika verfolgt worden, siehe ebenda, S. 776f. Überzeichnend wohl hingegen Fenske, Anfang vom Ende, S. 27–33. Zur hier berührten Katego-

Die Beurteilung der mit Deutschland verbündeten Nationen fiel hingegen deutlich milder aus. Es hatte seinen guten Grund, wenn die USA nur Österreich-Ungarn, nicht aber Bulgarien und dem Osmanischen Reich den Krieg erklärten; beide Nationen wurden in Washington letztlich nur als Werkzeuge deutscher Hegemonialpolitik gesehen. Zwar ließ sich auch hier, zumal durch die weiter-schwelende „orientalische Frage", ein Zusammenhang zwischen Autokratie, Reformunfähigkeit und unberechenbarer Außenpolitik herstellen. Das Osmani-sche Reich galt vor dem Ideal westlicher Nationalstaatlichkeit weiterhin als multiethnischer, nur durch Gewalt und Korruption zusammengehaltener Fli-ckenteppich, was in geringem Umfang auch auf das Habsburgerreich projiziert wurde.[57] Doch damit verband sich ein weitaus geringerer Erklärungsbedarf. Dass in Südosteuropa und an der europäischen Peripherie die zivilgesellschaft-lichen Defizite hoch und der Mangel an Staatlichkeit eklatant war, wurde von westlichen Betrachtern seit Jahrzehnten als gegeben vorausgesetzt. Aus diesem Grund reichte beispielsweise das öffentliche Entsetzen über die Vertreibung und Ermordung der Armenier 1915/16 zu keinem Zeitpunkt an die Empörung he-ran, mit der das deutsche Vorgehen in Belgien bedacht wurde.[58] Wohl wurden die türkischen Ereignisse in der westlichen Öffentlichkeit als humanitäre Kata-strophe thematisiert, und die Entente-Staaten erklärten im Mai 1915 in einer De-klaration, dass sie die Regierung in Konstantinopel für alle „new crimes of Tur-key against humanity and civilization" strafrechtlich zur Verantwortung ziehen würden.[59] Im Ganzen schienen die Vorgänge in Armenien jedoch nur jene ste-reotypen Auffassungen über den unzivilisierten und gewalthaften Charakter der osmanischen Politik zu bestätigen, die bereits zuvor bestanden hatten. An-ders formuliert: Die Empörung über die Kriegsverbrechen Deutschlands war

---

rie des „rogue state" vgl. Ian Clark, Legitimacy in International Society, Oxford 2009, S. 27, pointiert Anghie, Imperialism, S. 270–298.

57 Vgl. Rodogno, Against Massacre, S. 36–47. Eine Rehabilitierung der multinationalen Ord-nung Österreich-Ungarns etwa bei Pieter M. Judson, The Habsburg Empire. A New History, Cambridge, Mass. 2016.

58 Zum Völkermord in Armenien vgl. nur Gingeras, Fall of the Sultanate, S. 135–183; Raymond H. Kévorkian, The Armenian Genocide. A Complete History, London, New York 2011; Ronald Grigor Suny/Fatma Müge Göçek/Norman M. Naimark (Hrsg.), A Question of Genocide. Armen-ians and Turks at the End of the Ottoman Empire, New York 2011; Vahakn N. Dadrian, The History of the Armenian Genocide. Ethnic Conflict from the Balkans to Anatolia to the Cauca-sus, 4., überarb. Aufl., New York, Oxford 2003, S. 203–302. Zur deutschen Rolle etwa Hull, Absolute Destruction, S. 263–290, zur völkerrechtlichen Dimension die Hinweise bei Segesser, Recht statt Rache, S. 203–212.

59 Vgl. Tusan, „Crimes against Humanity", S. 62; Kévorkian, Armenian Genocide, S. 763; Sé-vane Garibian, From the 1915 Allied Joint Declaration to the 1920 Treaty of Sèvres. Back to an International Criminal Law in Progress, in: Armenian Review 52 (2010), S. 87–102, hier: S. 87f.

auch deshalb unvergleichlich höher, weil man eine derartige Missachtung des Völkerrechts – fixiert auf Vorstellungen einer zivilisatorischen Abstufung – deutschen Truppen sehr viel weniger zugetraut hatte als osmanischen.[60]

Gleichberechtigung und Gleichrangigkeit in der Staatengemeinschaft nach 1917

Im Weltkrieg zerfiel endgültig die Idee des Europäischen Konzertes, dessen Zusammengehörigkeit sich nicht nach objektiven Kriterien bemessen hatte, sondern historisch gewachsen und flexiblen Arrangements gefolgt war. Dem deutschen Argument, dass es eine grundsätzliche Ungleichheit und Konkurrenz der Staaten gebe, deren Rangordnung sich nicht zuletzt im Krieg entscheiden würde, wurde von der Entente mehr denn je das Konzept einer regelgeleiteten Staatengemeinschaft entgegengehalten. Die alliierten Nationen seien in den Krieg gezogen, so meinte der britische Völkerrechtler Alexander Pearce Higgins, um „the rule of right in international relations"[61] zu sichern. Auch kleinere Mächte wie Belgien oder Serbien waren demnach gleichberechtigt, und eine Verletzung ihrer Souveränität bedeutete immer auch eine Verletzung der gesamten internationalen Ordnung. Es überrascht nicht, wenn Deutschland, Österreich-Ungarn und das Osmanische Reich von alliierter Seite nicht nur als „the enemies of the international idea" bezeichnet wurden, sondern ebenso als „the last surviving foes of the national principle"[62], was im Kern nichts anderes meinte als eine Gegnerschaft zum nationalstaatlichen Internationalismus der westeuropäisch-nordamerikanischen Hemisphäre.

Diese Diagnose erschien 1917 und damit in dem Jahr, in welches der amerikanische Kriegseintritt einerseits, die bolschewistische Revolution im Zarenreich andererseits fiel. Rückblickend markieren beide Ergebnisse nicht nur den Beginn jenes Gegensatzes zwischen Ost und West, der einen Großteil des

---

60 Zu den gängigen Deutungen vgl. etwa Oliver Schulz, „This clumsy fabric of barbarous power". Die europäische Außenpolitik und der außereuropäische Raum am Beispiel des Osmanischen Reiches, in: Pyta (Hrsg.), Das europäische Mächtekonzert, S. 273–298; Thomas Scheffler, „Wenn hinten, weit, in der Türkei die Völker aufeinander schlagen ...". Zum Funktionswandel „orientalischer" Gewalt in europäischen Öffentlichkeiten des 19. und 20. Jahrhunderts, in: Jörg Requate/Martin Schulze Wessel (Hrsg.), Europäische Öffentlichkeit. Transnationale Kommunikation seit dem 18. Jahrhundert, Frankfurt a.M. 2002, S. 205–223. Außerdem: Anderson, Eastern Question, S. 310–352.

61 A. Pearce Higgins, Preface to the Seventh Edition, in: William Edward Hall, A Treatise on International Law, 7. Aufl., Oxford, London, New York 1917, S. V–XVII, hier: S. XI.

62 So der britische Historiker Ramsay Muir, Nationalism and Internationalism. The Culmination of Modern History, Boston 1917, S. 205.

20. Jahrhunderts prägen sollte, sondern ebenso den Anfang vom Ende der globalen Vorrangstellung Europas. Aus zeitgenössischer Perspektive war diese Entwicklung zwar keineswegs absehbar. Aber dass sich die innereuropäischen Verhältnisse durch die immer noch zunehmenden weltweiten Verwicklungen des Krieges veränderten, musste ab 1917 doch als irreversibel akzeptiert werden. Die weltweite Dominanz der europäischen Großmächte hatte nicht nur dazu geführt, dass zahlreiche Herrschaftsverbände, Gesellschaften und Ökonomien auf der ganzen Welt in den Konflikt hineingezogen wurden. Sondern die Vorstellung eines Zivilisationskrieges, in dem um Prinzipien des Völkerrechts, der Integrität der internationalen Ordnung und der Freiheit von autokratischer Unterdrückung gefochten wurde, bedeutete auch, dass die zuvor klar geschnittene Gegenüberstellung von einer europäisch-zivilisierten und einer außereuropäisch-unzivilisierten Welt kaum zu halten war, sondern neue Deutungsmuster nötig wurden.[63]

Um zunächst mit der gewaltsamen Machtübernahme der Bolschewiki in Russland zu beginnen: Bereits die Februarrevolution und der Sturz des Zaren bedeuteten aus westlicher Sicht einen Rückschlag für die gemeinsamen Kriegsanstrengungen, und diese Beunruhigung wuchs im Verlauf des Jahres bis zur Oktoberrevolution deutlich an. Wohl stieß das Aufbegehren der russischen Bevölkerung gegen die zaristische Herrschaft in den westlichen Gesellschaften auf Verständnis, zumal gleichzeitig der autokratisch-despotische Charakter der Mittelmächte hervorgehoben wurde; nicht ohne Grund sprach der französische Premierminister Georges Clemenceau späterhin vom schwierigen Bündnis mit „les champions russes de l'oppression européenne"[64]. Doch die radikalen Forderungen, mit denen die Bolschewiki und ihre Führungsköpfe Wladimir Iljitsch Lenin und Leo Trotzki ab Herbst 1917 den europäischen Staaten gegenübertraten, mussten als Kampfansage an die etablierte Praxis der europäischen Diplomatie verstanden werden. Rasch wurde ersichtlich, dass die Revolutionäre neben einem inneren Systemwechsel auch eine Umwälzung der internationalen Beziehungen anstrebten. Dazu zählte nicht allein Lenins „Erklärung der Rechte der Völker Russlands", welche jeder Volksgruppe eine eigene staatliche Existenz in Aussicht stellte und das Stichwort der (nationalen) Selbstbestimmung in der öffentlichen Wahrnehmung verankerte.[65] Sondern als Volkskommissar für

---

63 Vgl. Leonhard, Büchse der Pandora, S. 706–722; Georges-Henri Soutou, Diplomacy, in: Winter (Hrsg.), Cambridge History of the First World War, Bd. 2, S. 495–541, hier: S. 512–517, aus der älteren Literatur Klaus Hildebrand, Europäisches Zentrum, überseeische Peripherie und neue Welt. Über den Wandel des Staatensystems zwischen dem Berliner Kongress (1878) und dem Pariser Frieden (1919/20), in: HZ 240 (1989), S. 53–94, hier: S. 88–94.
64 Clemenceau, Grandeurs et misères, S. 159.
65 Vgl. Fisch, Selbstbestimmungsrecht, S. 148–151.

äußere Angelegenheiten machte auch Trotzki unübersehbar deutlich, dass die Bolschewiki in ihrem Streben nach einer proletarischen Weltrevolution auf die traditionellen zwischenstaatlichen Formen keineswegs besondere Rücksicht nehmen würden. Sowohl die Veröffentlichung der Geheimverträge der zaristischen Regierung, mit der verschiedene machtpolitische Absprachen der Entente bekannt gemacht wurden, wie die Bereitschaft, ab Ende November 1917 gegen alle Bündnisverpflichtungen um einen Separatfrieden mit den Mittelmächten nachzusuchen, stellten grobe, aber kalkulierte Verletzungen der üblichen diplomatischen Konventionen dar.[66]

Das bolschewistische Friedensersuchen an die Mittelmächte, welches am 8. November als allgemeines „Friedensdekret" an alle Kriegsparteien adressiert worden war, folgte vornehmlich opportunistischen Erwägungen. Wie die deutsche Delegation bei den Verhandlungen in der weißrussischen Stadt Brest im Januar 1918 bald erfahren musste, erkannte besonders Trotzki in den diplomatische Gesprächen wenig mehr als einen propagandistischen Schlagabtausch und in völkerrechtlichen Verträgen allenfalls taktische Übereinkommen auf Zeit. Auch wenn sich die deutsche Seite schließlich in dem am 3. März geschlossenen Friedensvertrag von Brest-Litowsk weitgehend durchsetzen konnte – freilich erst durch die Androhung, dann durch den Einsatz militärischer Gewalt –, war offensichtlich, dass es den Bolschewiki allein um die innenpolitische Stabilität ging, nicht aber um längerfristige internationale Beziehungen oder gar dauerhafte Verpflichtungen.[67]

Die Abkehr der östlichen Großmacht von den gemeinsamen Traditionen der europäischen Staatenpolitik fiel zwar mit einer zuvor unbekannten Hinwendung der USA zu den Angelegenheiten des alten Kontinents zusammen. Aber man sollte daraus nicht den Schluss ziehen, dass die Vereinigten Staaten nun

---

66 Vgl. Richard K. Debo, Survival and Consolidation. The Foreign Policy of Soviet Russia, 1918–1921, Montreal 1992, S. 11–21, zu den weiteren Hintergründen auch Rex Arvin Wade, The Russian Revolution, 1917, 2. Aufl., Cambridge, UK 2006, S. 81–85, 172–176. Über die Geheimverträge siehe Zala, Geschichte unter der Schere, S. 47f.

67 Vgl. Susanne Schattenberg, 1918 – Die Neuerfindung der Diplomatie und die Friedensverhandlungen von Brest-Litowsk, in: Matthias Stadelmann/Lilia Antipow (Hrsg.), Schlüsseljahre. Zentrale Konstellationen der mittel- und osteuropäischen Geschichte, Stuttgart 2011, S. 273–293, hier: S. 288–291; Jakob Schirmer, „Weder Krieg noch Frieden" – das diplomatische Dilemma von Brest-Litowsk 1917/18, in: Journal der Juristischen Zeitgeschichte 5, H. 1 (2011), S. 9–13. Zum Kontext auch Debo, Survival and Consolidation, S. 22–33; Wade, The Russian Revolution, S. 258–260, sowie allgemein zum Vertrag von Brest-Litowsk etwa Tooze, Deluge, S. 108–140, daneben, mit Hinweisen auf den Einfluss des Leiters der Rechtsabteilung des AA, Johannes Kriege, auch Stuby, Vom „Kronjuristen" zum „Kronzeugen", S. 57–63; Winfried Baumgart, Deutsche Ostpolitik 1918. Von Brest-Litowsk bis zum Ende des Ersten Weltkrieges, München, Wien 1966, S. 13–28, 275.

endgültig in die europäische Großmacht- und Konzertdiplomatie hätten eintreten wollen. Im Gegenteil, ebenso wie bei den bolschewistischen Revolutionären bestand in Washington ein anti-legitimistisches und anti-dynastisches, oft auch anti-imperialistisches Bewusstsein, welches das hergebrachte Machtdenken der europäischen Nationen verwarf. Auch hier wurde von einer prinzipiellen Gleichheit und Selbstbestimmtheit der Völker ausgegangen, allerdings nicht in Form einer kommunistischen Verbrüderung der Menschheit, sondern in Form einer Gemeinschaft gleichberechtigter Staaten.

Dieser Zusammenhang lässt sich idealiter im sogenannten 14-Punkte-Programm erkennen, das Woodrow Wilson am 8. Januar 1918 in einer Rede vor dem US-Kongress verkündete. Die Entstehung dieser vielzitierten amerikanischen Kriegsziele geht auf den vorangegangenen Herbst zurück. Edward Mandell („Colonel") House, einer der engsten Berater des amerikanischen Präsidenten und für diesen vielfach in semioffizieller diplomatischer Mission unterwegs, war im November 1917 mit alliierten Regierungsvertretern in London und Paris zusammengetroffen.[68] In Versailles war auf Vorschlag des britischen Premierministers David Lloyd George bereits Anfang des Monats ein Supreme War Council zur Koordination der alliierten Kriegsanstrengungen eingerichtet worden, dessen Möglichkeiten House aber als unbefriedigend erschienen, wie er überhaupt nach Washington vor allem über den Egoismus und die undurchsichtigen Absichten der Europäer berichtete. Aber nicht allein in der militärischen Auseinandersetzung mit den Mittelmächten vermisste er eine Koordination, sondern auch gegenüber der russischen Revolution – die Bolschewiki hatten die Übergangsregierung von Alexander Kerenski just an jenem 7. November gestürzt, an dem House an Land gegangen war – schien es an jeder geschlossenen Haltung zu fehlen. Beides hing aus amerikanischer Sicht zusammen, denn je länger die Alliierten über ihre politischen Kriegsziele und territorialen Ambitionen schwiegen, zumal konfrontiert mit den Geheimverträgen aus den zaristischen Archiven, desto mehr schien die Initiative auf die junge bolschewistische Regierung überzugehen.[69]

In dieser Situation lag es für Wilson nahe, mit einer Erklärung über die Kriegsziele der USA gleichermaßen die europäischen Verbündeten unter Zugzwang zu setzen, den Bolschewiki den Wind aus den Segeln zu nehmen und die

---

68 Zu House vgl. Charles E. Neu, Colonel House. A Biography of Woodrow Wilson's Silent Partner, New York 2015; Godfrey Hodgson, Woodrow Wilson's Right Hand. The Life of Colonel Edward M. House, New Haven 2006.
69 Vgl. Neu, Colonel House, S. 317–329; Hodgson, Woodrow Wilson's Right Hand, S. 161f.; David F. Trask, The United States in the Supreme War Council. American War Aims and Inter-Allied Strategy, 1917–1918, Middletown, Conn. 1961, S. 30–36. Siehe auch Intimate Papers of Colonel House, Bd. 3, S. 210–315.

amerikanische Beteiligung mit einem Sinn zu unterlegen, der den eigenen Idealen entsprach und doch sichtbar frei von nationalen Interessen schien. Er beauftragte House mit der Vorbereitung eines solchen Manifests, der diese Aufgabe wiederum an die Führungsriege der „Inquiry" weiterreichte, einer schon zu Herbstbeginn gegründeten Studiengruppe zur Ausarbeitung der amerikanischen Kriegs- und Friedensziele.[70] Innerhalb weniger Tage wurde hier eine entsprechende Grundsatzrede entworfen, die programmatisch ganz auf der Linie eines liberalen, fortschrittsorientierten Internationalismus lag. Wilson und House überarbeiteten den Text mehrfach, änderten aber nur wenig an den inhaltlichen Aussagen. Am 8. Januar trug der amerikanische Präsident die Rede dann in einer Sondersitzung des eilends zusammengerufenen Kongresses vor.[71]

Inhaltlich gliederte sich das 14-Punkte-Programm in allgemeine Forderungen zur künftigen Gestalt der zwischenstaatlichen Beziehungen einerseits und konkrete Aussagen zu den staatlich-territorialen Folgen des Krieges andererseits. Für eine detaillierte Analyse sei auf die reichlich vorliegende Literatur verwiesen. Hier soll allein herausgestellt werden, wie sehr das ganze Programm vom Credo einer Gemeinschaft der freien und gleichen Nationen getragen war, in der nationale Egoismen hinter gemeinschaftlichen Interessen, machtpolitische Dominanz hinter gleichrangiger Teilhabe, Konkurrenz hinter Kooperation, Abschließung hinter Austausch, Verkehr und Handel zurücktreten müssten. In Wilsons 14 Punkten wurde die Welt als ein System gleichberechtigter Staaten gedacht, und besonders seine allgemeinen Forderungen (Verbot der Geheimverträge; Freiheit der Meere in Kriegs- und Friedenszeiten; Abschaffung aller Zollschranken und Gleichheit der Handelsbedingungen; allgemeine Abrüstung) zielten auf friedfertige und ungehinderte Beziehungen zwischen diesen Grundeinheiten. Dass davon die kolonialen Gebiete ausgenommen wurden, deren Unfähigkeit zur Selbstregierung (noch) ein stellvertretendes und treuhänderisches Engagement der „fortgeschrittenen" Nationen erfordere, war eine Selbstverständlichkeit der Zeit. Alle anderen Staaten bildeten hingegen zusammen die

---

70 Vgl. immer noch Lawrence E. Gelfand, The Inquiry. American Preparations for Peace, 1917–1919, Westport, Conn. 1976, bes. S. 137–153, daneben Wesley J. Reisser, The Black Book. Woodrow Wilson's Secret Plan for Peace, Lanham, Md. 2012, S. 3–18.

71 Vgl. Woodrow Wilson, Address to Congress v. 18.01.1918, in: PWW, Bd. 45, S. 534–539. Siehe dazu nur: Neu, Colonel House, S. 331–333; Trygve Throntveit, The Fable of the Fourteen Points. Woodrow Wilson and National Self-Determination, in: Diplomatic History 35 (2011), S. 445–481, hier: S. 459–474; Kennedy, Will to Believe, S. 136–141, 148–161; Hodgson, Woodrow Wilson's Right Hand, S. 163–168; Knock, To End all Wars, S. 123–147; Intimate Papers of Colonel House, Bd. 3, S. 316–349. Allgemein zu den „progressives" in der amerikanischen Politik vgl. hier nur Robert Morse Crunden, Ministers of Reform. The Progressives' Achievement in American Civilization, 1889–1920, Urbana, Ill. 1984.

„society of free nations", die sich in einem Völkerbund zur Verteidigung von „political independence and territorial integrity to great and small states alike"[72] zusammenschließen würden.

Ähnliche Leitideen strukturierten die konkreten Territorialforderungen des 14-Punkte-Programms, in denen sich Wilson weitaus flexibler zeigte, als es manche tendenziöse Lesart später nahelegte; die meisten amerikanischen Forderungen waren als Verhandlungsgrundlage gedacht, nicht als dogmatische Festlegung.[73] Als Orientierungsmaßstab diente auch hier die Annahme, dass die internationale Ordnung und der Erhalt des Friedens in erster Linie auf saturierte, innerlich befriedete Staaten angewiesen seien. Dahinter stand der Gedanke der Selbstbestimmung, wenngleich der Begriff, entgegen späterer Falschannahmen, in den 14 Punkten selbst gar nicht genannt wurde. Gleichwohl war Wilsons programmatische Rede vom 8. Januar ein Versuch, diesem von Lenin schwungvoll in die Debatte eingebrachten Schlagwort eine anders akzentuierte, amerikanisch inspirierte Auslegung zu geben.[74] Für den US-Präsidenten verband sich mit dem Prinzip der Selbstbestimmung jedenfalls kein förmliches Recht auf nationalstaatliche Eigenständigkeit oder auch nur nationale Autonomie, sondern in erster Linie die allgemeine Idee der Selbstregierung. In dieser Sicht ging es um Formen der demokratischen Repräsentation, der Mitsprache und der Mitbestimmung, die aus amerikanischer Sicht am geeignetsten erschienen, Konflikte friedlich zu lösen und zu einem Ausgleich der Interessen zu kommen. Selbstbestimmung wurde damit als eine Vorbedingung für das friedliche Zusammenleben der Völker verstanden, was eine eigenständige staatliche Existenz meinen konnte, nicht aber zwangsläufig darauf hinauslaufen musste. Entscheidend war vielmehr, durch partizipatorische und emanzipatorische Politikformen die fatale Dynamik von innenpolitischer Unterdrückung und außenpolitischer Aggression einzudämmen. Wo politische Teilhabe und öffentliche Meinungsfreiheit gesichert seien, so lässt sich dieser Gedanke umschreiben, seien

---

72 Vgl. Woodrow Wilson, Address to Congress v. 18.01.1918, in: PWW, Bd. 45, S. 534–539, hier: S. 537f.

73 So milderte er bei allen Territorialregelungen die vorgeschlagene Formulierung „must" zugunsten von „should" ab, vgl. Throntveit, Fable, S. 467, auch Jost Dülffer, Die Diskussion um das Selbstbestimmungsrecht und die Friedensregelungen nach den Weltkriegen des 20. Jahrhunderts, in: Jörg Fisch (Hrsg.), Die Verteilung der Welt, München 2011, S. 113–116, hier: S. 114–120; ders., Selbstbestimmung, Wirtschaftsinteressen und Großmachtpolitik. Grundprinzipien für die Friedensregelung nach dem Ersten Weltkrieg, in: Dülffer (Hrsg.), Frieden stiften, S. 118–137, hier: S. 119.

74 Für die klassische Deutung von „Wilson vs. Lenin" siehe vor allem Arno J. Mayer, Political Origins of the New Diplomacy, 1917–18, New Haven 1959, S. 368–393. Außerdem: Tooze, Deluge, S. 119–123; Leonhard, Büchse der Pandora, S. 651–661; Fisch, Selbstbestimmungsrecht, S. 151–154.

Gewalt, Unterdrückung oder gar die Führung eines Angriffskriegs schlechterdings kaum mehr vorstellbar. Schon 1913 hatte die amerikanische Regierung darum einer in den Wirren des mexikanischen Bürgerkriegs an die Macht gelangten Militärführung jede Legitimität abgesprochen, eben weil sie sich über die Verfassung und den demokratischen Willen der Bevölkerung gewaltsam hinweggesetzt hatte. Dieser Hintergrund macht im Übrigen auch plausibel, weshalb, worauf später die deutsche Regierung einige Hoffnung setzen sollte, amerikanische Betrachter oftmals zwischen einer antidemokratischen Herrschaftskaste des Kaiserreiches und einer unmündigen Bevölkerung in Deutschland unterscheiden wollten.[75]

Forderungen nach der Begründung neuer Nationalstaaten waren in den 14 Punkten hingegen kaum enthalten. Für die Völker des Habsburgerreiches wurde lediglich „the freest opportunity of autonomous development"[76] in Aussicht gestellt, für die nichttürkische Bevölkerung des Osmanischen Reiches immerhin noch „an undoubted security of life and an absolutely unmolested opportunity of autonomous development"[77]. Zwar wurde im Fall von Polen über die Wiederbegründung eines eigenen Staates gesprochen, wofür sich auch historische Vorläufer anführen ließen. Andererseits wurde noch nicht einmal der Rückkehr von Elsass-Lothringen unter französische Herrschaft expressis verbis zugestimmt. Von zentraler Bedeutung war schließlich Belgien. Nicht nur musste dessen Unabhängigkeit wiederhergestellt werden, sondern es wurde auch seine Stellung als souveräner Staat ausdrücklich bekräftigt und bereits eine Wiedergutmachung der Neutralitätsverletzung durch die deutsche Invasion im August 1914 impliziert.[78]

Das Manifest der 14 Punkte war zwar nicht die einzige programmatische Erklärung Wilsons; in drei weiteren Ansprachen vertiefte und befestigte der amerikanische Präsident noch seine Position, so dass sich die Zielsetzungen der USA schlussendlich, wie von deutscher Seite später sarkastisch festgestellt wor-

---

75 Vgl. Throntveit, Fable, S. 463–474; Allen Lynch, Woodrow Wilson and the Principle of „National Self-Determination". A Reconsideration, in: Review of International Studies 28, H. 2 (2002), S. 419–436, hier: S. 427–429, weiter Daniel Larsen, Abandoning Democracy. Woodrow Wilson and Promoting German Democracy, 1918–1919, in: Diplomatic History 37, H. 3 (2013), S. 476–508; Kampmark, No Peace, S. 777f., 788f., sowie Crunden, Ministers of Reform, S. 236–248, dort auch zu den religiös-protestantischen Hintergründen von Wilsons Außenpolitik.
76 Vgl. Woodrow Wilson, Address to Congress v. 18.01.1918, in: PWW, Bd. 45, S. 534–539, hier: S. 537.
77 Ebenda, S. 538.
78 Zur Bedeutung des belgischen Falls für die spätere Debatte um die Wiederherstellung von Recht und Gerechtigkeit siehe auch unten, S. 496ff.

den ist, auf stolze 27 Punkte erstreckten.[79] Doch wichtiger ist die Einsicht, dass diese Kriegsziele zentrale Grundgedanken des zeitgenössischen Völkerrechts aufnahmen und in politischer Gestalt artikulierten. Im Mittelpunkt stand die Vorstellung einer regelgeleiteten Ordnung aus gleichberechtigten, souveränen und zivilisierten Staaten, deren internationale Kooperationsfähigkeit immer ein Ausdruck ihrer inneren Verhältnisse war.[80]

Zwar konnte in die Worte Wilsons bei rechter Betrachtung auch ein Versprechen hineingelesen werden, wonach jeder politischer Herrschaftsverband allein durch die Reklamation einer nationalen Unabhängigkeit als Mitglied der internationalen Gemeinschaft anerkannt werden müsse. Doch in Washington wurden die Voraussetzungen für eine eigenstaatliche Anerkennung allenfalls für Teile von Ost- und Mitteleuropa antizipiert, kaum jedoch für die außereuropäische Welt. Das verhinderte nicht, dass die 14 Punkte in Korea und China, in Indien und Ägypten und anderenorts als geradezu sensationelles Angebot der Eigenstaatlichkeit und Unabhängigkeit rezipiert wurden. In den Kreisen der antikolonialen Nationalbewegungen sorgten Wilsons Prinzipien rasch für enorme Erwartungen und aufgeregte Spekulationen, was den verdrucksten Widerstand der französischen und britischen Regierung gegen das amerikanische Programm erheblich vertiefte.[81] Wohl hatte Lloyd George wenige Tage vor der Kongressrede des amerikanischen Präsidenten, am 5. Januar 1918, eine in vielen Punkten gleichgerichtete Rede gehalten. Es sollte allerdings nicht übersehen werden, dass die Interessen des British Empire in entscheidenden Punkten anders gelagert waren.[82] Und nur bei Wilson war die internationale Resonanz so überwältigend ausgefallen und der Druck der geweckten Erwartungen so hoch, dass der Proklamation der Kriegsziele eine eigene politische Kraft zuwuchs. Aus diesem Grund, und auch weil die faktische Abhängigkeit von den USA erheblich war, ließ sich weder aus London noch Paris ein explizites Veto gegen die 14 Punkte vernehmen, was zu der Wahrnehmung beitrug, dass die Vereinigten Staaten nach 1917 die unangefochtene Führungsmacht nicht nur der Kriegsal-

---

79 Wesentlich sind außerdem Wilsons Reden vom 11. Februar vor dem Kongress („four principles"), vom 4. Juli in Mount Vernon („four ends") und vom 27. September 1918 in New York („five particulars"). Siehe lediglich Walworth, America's Moment 1918, S. 6–17, eine Zusammenstellung dann in den Urkunden zum Friedensvertrage von Versailles vom 28. Juni 1919, hrsgg. v. Herbert Kraus u. Gustav Rödiger, 2 Bde., Berlin 1920, Bd. I, S. 1–4.

80 Vgl. Leonard V. Smith, The Wilsonian Challenge to International Law, in: JHIL 13, H. 1 (2011), S. 179–208, hier: S. 189f.; Soutou, Diplomacy, S. 517f.

81 Vgl. Manela, Wilsonian Moment, S. 15–34.

82 Vgl. Michael G. Fry, And Fortune Fled. David Lloyd George, the First Democratic Statesman, 1916–1922, New York 2011, S. 144–156; Alan Sharp, David Lloyd George. Great Britain, London 2008, S. 38–42. Die Rede abgedr. etwa bei Erik Goldstein, The First World War Peace Settlements, 1919–1925, Harlow 2002, S. 97–101.

lianz gegen die Mittelmächte, sondern überhaupt der internationalen Staatengemeinschaft darstellen würden.

Es kann festgehalten werden: Der Weltkrieg wurde von Beginn an im Namen des Völkerrechts geführt. Die deutsche Verletzung der belgischen Neutralität war aus Sicht der Entente ein Wendepunkt, in dem sich die wahre Natur des Reiches zu erkennen gegeben habe und die als kalkulierte Abkehr von den Grundlagen einer gemeinsamen Werteordnung gelten musste. Erst damit konnte der Krieg als Widerstreit zwischen den antagonistischen Prinzipien des Unrechts, der nackten Gewalt, der nihilistischen Machtpolitik einerseits, des Rechts, der Zivilisation und der friedlichen Kooperation andererseits verstehbar gemacht werden. Damit soll nicht in Abrede gestellt werden, dass es zeitgenössisch viele konkurrierende Interpretationen zum Weltkrieg gab, von den späteren Auslegungen der nationalen Historiographien ganz zu schweigen. Gleichwohl war dieser kardinale Antagonismus von Recht und Unrecht für die Mobilisierung der westlichen Kriegsgesellschaften unverzichtbar, und zumal deren bürgerliche Mittelschichten erkannten im deutschen Vorgehen eine brutale Verachtung der europäischen Rechts-, Vertrags- und Schriftkultur, welche alle etablierten Standards der Zivilisation weit hinter sich lasse.

Die Mittelmächte und zumal Deutschland befanden sich demgegenüber von Beginn an in der Defensive. Der Verweis auf eine Rechtswidrigkeit der britischen Seeblockade erzielte zwar im eigenen Lager hohe Resonanz, doch die Sympathie in den neutralen Ländern blieb verhalten. Auch andere Gegenkampagnen, wie etwa die deutsche Empörung über den angeblich rechtswidrigen Einsatz von „unzivilisierten" Kolonialtruppen, versandeten folgenlos. Mit der Entscheidung zum unbeschränkten U-Boot-Krieg wurde vielmehr die Auffassung der Gegenseite noch bestätigt, dass die deutsche Kriegführung mit den kodifizierten Normen zugleich auch den moralischen Konsens der zivilisierten Nationen aufgekündigt habe. Spätestens im Umbruchjahr 1917, in dem sich die Dimensionen des Weltkrieges durch den Kriegseintritt der USA und das Ausscheiden Russlands nicht nur quantitativ, sondern auch qualitativ veränderten, zerbrachen die gewachsenen Formen der europäischen Staatsbeziehungen endgültig. Es ist kennzeichnend für die Mittelmächte, dass ihre politischen Eliten diesen Bruch kaum realisierten, sondern späterhin leichtfertig meinten, eine Rückkehr zum Status quo ante der Großmachtpolitik des Europäischen Konzerts sei immer noch möglich.

Auf Seiten der alliierten und assoziierten Nationen hatte sich zu diesem Zeitpunkt bereits die Idee einer internationalen Gemeinschaft durchgesetzt, deren Mitglieder schon deshalb gleichberechtigt und gleichrangig waren, weil ihnen grundlegende zivilisatorische Standards gemeinsam waren. Das war in Sprache und Konzeption nahtlos aus der völkerrechtlichen Ideenwelt des späten 19. Jahrhunderts hergeleitet, welche nun nicht nur den Weltkrieg verstehbar machte, sondern zugleich die eigene Position aufwertete. Die Aggression der Mittelmächte bedrohe das Staatensystem in seiner Gesamtheit, so die alliierte Annahme, weshalb die gemeinschaftliche Durchsetzung und Wiederherstellung des internationalen Rechts einen legitimen Kriegsgrund darstelle, der selbst dann noch Gültigkeit besitze, wenn es im Verlauf der Auseinandersetzung zu eigenen Rechtsverletzungen komme. In einer Ansprache in Baltimore im April 1918 forderte Wilson mit aller Emphase, sämtliche Opfer auf sich zu nehmen, um Recht und Gerechtigkeit in der Welt durchzusetzen: „Force, force to the utmost, force without stint or limit, the righteous and triumphant force which shall make right the law of the world and cast every selfish dominion down in the dust."[83] Angesichts solcher Äußerungen wird deutlich, wie sehr Recht und Rechtlichkeit zur maßgeblichen Bezugsgröße für politisches Handeln avancierten. Erst jetzt, und nur auf alliierter Seite, wurde unübersehbar deklariert, dass die zwischenstaatliche Ordnung auf nicht verhandelbaren Normen und Prinzipien beruhe, an denen sich jedwede internationale Politik messen lassen müsse. Und erst diese Blickrichtung macht wiederum den verhaltenen Optimismus verständlich, mit dem manche Beobachter in die Zukunft schauten: Das Völkerrecht werde gestärkt aus dem Weltkrieg hinaustreten, so lautete ein oft gehörter Grundtenor, den Elihu Root schon im Dezember 1915 mit der Aussage zusammenfasste, „that from the horrors of violated law a stronger law may come"[84].

2 Die Mobilisierung der Völkerrechtslehre

Es überrascht nicht, dass eine Interpretation des Weltkrieges als Auseinandersetzung zwischen Recht und Unrecht die akademische Völkerrechtswissenschaft in einer besonderen Weise involvierte. Die Frage der Rechtmäßigkeit einzelner Maßnahmen und Handlungen des Krieges fand nicht nur in der Öffentlichkeit breite Aufmerksamkeit. Sie führte auch zu einem beachtlichen Aufschwung der akademischen Diskussion wie einer Bedeutungsaufwertung (kriegs-)völkerrechtlicher Expertise innerhalb der militärischen Bürokratie.[85] In

---

83 Wilson, Ansprache v. 06.04.1918, in: PWW, Bd. 47, S. 267–270, hier: S. 270.
84 Elihu Root, The Outlook for International Law, in: AJIL 10, H. 1 (1916), S. 1–11, S. 10. Ganz ähnlich Phillipson, International Law, S. 392–396. Siehe weiter Neff, Justice among Nations, S. 346.
85 Zur völkerrechtswissenschaftlichen Diskussion im Krieg vgl. etwa Alexandre Mérignhac/Ernest Lémonon, Le Droit des Gens et la Guerre de 1914–1918, 2 Bde., Paris 1921; James W. Garner, International Law and the World War, 2 Bde., London 1920, als Gesamtbewertung auch Hull, Scrap of Paper. Eine allgemeine Übersicht zur Entwicklung des Kriegsvölkerrechts daneben bei

den folgenden Abschnitten geht es indes weniger um rechtstechnische Einzelfragen als um das allgemeine Problem, wie sich Völkerrechtler in Frankreich, den USA, Großbritannien und Deutschland im Spannungsfeld von juristischem Selbstverständnis und patriotischer Selbstverpflichtung positionierten und was daraus für die völkerrechtlichen Debatten des Kriegs folgte.

(1.) Blickt man auf die Völkerrechtslehre in den Entente-Staaten, so muss mit Frankreich begonnen werden, wo der Weltkrieg von Beginn an, und vielleicht mehr als irgendwo sonst, als legitimer Abwehrkampf gegen eine illegitime Aggression rationalisiert wurde. Dass die revanchistischen Ambitionen in der französischen Staatsführung vor und während der Julikrise bewusst zur Verschärfung der Situation beigetragen hatten, ist zwar unbestreitbar. Allerdings stellt die seither andauernde Diskussion über den Anteil der Pariser Politik am Kriegsausbruch eine vornehmlich akademische Debatte dar. Die Gewissheit der französischen Gesellschaft, ein unschuldiges Opfer deutscher Macht- und Gewaltpolitik geworden zu sein, war groß, und sie war unmittelbar handlungsleitend.[86]

Insofern ließ sich der Schock, den der Kriegsausbruch gerade innerhalb des „pacifisme juridique" auslöste, vergleichsweise gut verarbeiten. Die Verletzung der belgischen Neutralität übte eine machtvolle Integrationsfunktion aus. Nahezu sämtliche Führungsköpfe der französischen Völkerrechtswissenschaft wie auch die Protagonisten der Friedensbewegung fühlten sich den Idealen einer „Union sacrée" verpflichtet. Die Verteidigung der eigenen Heimat, republikanischer Grundwerte und des internationalen Rechts ging dabei meist Hand in Hand, weshalb selbst entschlossene Pazifisten wie Léon Bourgeois den Krieg ohne zu zögern guthießen; ähnliche Tendenzen hatte es vor 1914 schon in den Debatten um Elsass-Lothringen gegeben.[87] Zwar blieb das Prinzip einer friedlichen Konfliktregulierung die zentrale Orientierungsgröße für Bourgeois, und die seit geraumer Zeit unter seinem Vorsitz betriebenen Vorbereitungen für eine dritte Haager Friedenskonferenz wurden am Quai d'Orsay noch bis in den Juli 1914 fortgeführt.[88] Doch zugleich wurde der „guerre du droit" als ein Entschei-

---

Neff, War and the Law of Nations, S. 167–275, mit Blick besonders auf Deutschland auch die Ausführungen bei Andreas Toppe, Militär und Kriegsvölkerrecht. Rechtsnorm, Fachdiskurs und Kriegspraxis in Deutschland 1899–1940, München 2008, S. 27–184.

86 Vgl. Clark, Sleepwalkers, S. 293–313, 433–450, 557f.; David Stevenson, French War Aims against Germany, 1914–1919, Oxford 1982, S. 9–35.

87 Vgl. Michael G. Clinton, The French Peace Movement, 1821–1919, Ph.D. Notre Dame 1998, S. 250–283; Defrasne, Pacifisme, S. 60–65.

88 Vgl. etwa Commission de La Haye, Protokoll v. 02.07.1914, in: AD, Papiers Bourgeois, PA-AP 29/4.

dungskampf über die Frage gesehen, ob sich in den internationalen Beziehungen das Recht oder die Gewalt durchsetzen würde.[89]

Die Bereitschaft, mit der eigenen fachlichen Expertise unmittelbar in den Kriegseinsatz – und das meinte zunächst in den Dienst öffentlicher Sinnstiftung – einzutreten, lässt sich für die französische Jurisprudenz nirgendwo besser erkennen als anhand der Publikationsreihe „Pour la défense du droit international". Ab 1917 von einem gleichnamigen Komitee französischer und belgischer Völkerrechtler herausgegeben (und von staatlichen Stellen subventioniert), beabsichtigten diese schmalen Broschüren, wie es schon der erste Satz des programmatischen Vorwortes unterstrich, „à rétablir la vérité juridique sur un certain nombre de points où elle a été travestie par les théoriciens au service de nos adversaires."[90] Autor dieser Zeilen und zugleich Initiator des gesamten Komitees war der Jurisconsulte des Quai d'Orsay, Louis Renault, der das wichtigste Ziel des Unternehmens darin erblickte, den apologetischen Erklärungen der deutschen Seite entgegenzutreten.[91] Zwar seien Patriotismus und Loyalität zur eigenen Nation durchaus nachvollziehbare und legitime Motive, notierte er mit Blick auf die Gegenseite, doch es sei mit einem juristischen Berufsethos nicht vereinbar, einen offensichtlichen Rechtsbruch zu rechtfertigen: „En présence de certains actes, on peut demander le silence et condamner le panégyrique. Après la violation du droit, en présence d'actes déloyaux ou barbares, rien n'est plus odieux que la tentative de les justifier par de captieux raisonnements; cela mène à une véritable perversion du sens moral."[92] Im Gegensatz dazu werde im französischen Lager immer noch das Bewusstsein hochgehalten, „que nous sommes des hommes de droit et que nous devons respecter la science même dans les luttes les plus ardentes."[93]

In seinen Briefen an James Brown Scott lässt sich die Empörung von Renault noch deutlicher greifen, daneben vielleicht auch eine persönlichen Enttäuschung über Johannes Kriege, mit dem er vor dem Weltkrieg durchaus auf kollegial-freundschaftlichem Fuß gestanden hatte. Es sei ihm zweifelhaft, so notierte er im April 1917, ob es ihm je wieder möglich sein werden, „d'avoir des

---

89 Vgl. Guieu, Rameau, S. 27f.; Nicault, Léon Bourgeois, S. 63–65; Deperchin, Die französischen Juristen, hier: S. 88–91.

90 Louis Renault, Les premières violations du droit des gens par l'Allemagne, Luxembourg et Belgique, Paris 1917, S. 2.

91 Vgl. Fauchille, Louis Renault, S. 136. Siehe auch Segesser, Recht statt Rache, S. 154f., 174f.; Deperchin, Die französischen Juristen, S. 89f.

92 Renault, Premières violations, S. 6.

93 Ebenda, S. 6. Eine solche polare Gegenüberstellung war unter französischen Juristen weit verbreitet, siehe nur Jacques Flach, Le Droit de la Force et la Force du Droit, Paris 1915. Siehe auch Carty, Evolution, S. 63–66.

rapports de courtoisie avec nos collègues d'outre Rhin dont un trop grand nombre se sont montrés trop peu respectueux des notions de justice les plus élémentaires."[94] Und wenige Monate später setzte Renault seinem amerikanischen Kollegen nochmals auseinander, wie unvereinbar er die bloße Existenz des deutschen „empire de proie" mit seiner Hoffnung auf „l'établissement d'une législation internationale et d'une association juridique"[95] halte.

Vom Komitee Pour la défense du droit international wurden nach Renaults Eröffnungsschrift noch fünf weitere Abhandlungen zu den deutschen Kriegsrechtsverletzungen in Belgien und Nordfrankreich herausgebracht.[96] Während jede Broschüre die eklatante Völkerrechtswidrigkeit des deutschen Vorgehens ausführlich darlegte, bestand der eigentliche Mehrwert dieser Publikationsoffensive darin, die französische Position innerhalb der Fachwissenschaft offensiv darzustellen. In der Tat reagierte die britische[97] wie amerikanische[98] Völkerrechtslehre mit Zustimmung, gerade weil der Eindruck einer offensiven Kriegspropaganda vermieden und die Argumentation in einem Modus strenger Wissenschaftlichkeit vorgetragen wurden. Renaults Schrift wurde zudem rasch ins Englische übersetzt, was auf die große Bedeutung hinweist, welche der (fach-) öffentlichen Meinung im Ausland, besonders aber in den zunächst noch neutralen USA zugemessen wurde. Auch andere führende Juristen warben in der amerikanischen Öffentlichkeit für den französischen Standpunkt. Ferdinand Larnaude, ein Professor für öffentliches Recht an der Pariser Universität, unterstrich anlässlich der Weltausstellung von San Francisco 1915 beispielsweise die hohe Bedeutung von Recht und Rechtswissenschaft in Frankreich.[99] In ähnlicher Weise bemühte sich auch sein völkerrechtlicher Fakultätskollege Albert

94 Renault an Scott, Brief v. 04.04.1917 (Abschrift), in: GUSC, Scott Papers, Box 6/7.

95 Renault an Scott, Brief v. 01.07.1915 (Abschrift), in: ebenda.

96 Antoine Pillet, Les violences allemandes à l'encontre des non-combattants, Paris 1917; Jules Basdevant, Les Déportations du Nord de la France et de la Belgique en vue du Travail forcé et le Droit international, Paris 1917; Paul Fauchille, L'Évacuation des territoires occupés par l'Allemagne dans le Nord de la France, Paris 1917; Louis Le Fur, Des représailles en temps de Guerre. Représailles et réparations, Paris 1919; Alexandre Mérignhac, La Guerre Économique Allemande, Paris 1919.

97 Vgl. Hugh H. L. Bellot, The Publications of Le Comité pour la défense du Droit International, in: Journal of Comparative Legislation and International Law. New Series 18, H. 1 (1918), S. 136–140.

98 Vgl. George Grafton Wilson, The Defense of International Law, in: AJIL 12, H. 2 (1918), S. 378–380.

99 Vgl. Ferdinand Larnaude, La science française. Les sciences juridiques et politiques, Paris 1915. Larnaude bemüht sich später auch um eine spanische Übersetzung, für die der chilenische Jurist Alejandro Álvarez um eine Finanzierung bei der CEIP nachsuchte, vgl. Álvarez an Scott, Brief v. 25.05.1918, in: CUML, CEIP Records, Box 575.

de Lapradelle, der 1915 als Gastprofessor an der Columbia University in New York verbrachte, mit zahlreichen öffentlichen Vorträgen und Interviews um das amerikanische Publikum.[100]

Larnaude und Lapradelle waren es jedoch auch, die der fachwissenschaftlichen Debatte, welche (straf-)rechtlichen Konsequenzen aus dem Krieg – genauer gesagt: aus dem deutschen Angriffskrieg – zu ziehen seien, einen neuen Impuls verliehen. Das etablierte Völkerrecht war hierzu nur wenig ergiebig, stellte doch das Recht zum Krieg (ius ad bellum) ein klassisches Souveränitätsmerkmal der Staaten dar. Im französischen Außenministerium verhielt man sich zurückhaltend, zumal Louis Renault schon früh eine reservierte Auffassung zu erkennen gegeben hatte.[101] Vielleicht deshalb forderte Georges Clemenceau, der sich wenig für die Dogmatik des Völkerrechts, sehr viel mehr aber für seine politischen Möglichkeiten interessierte, auch nicht Renault, sondern Larnaude und Lapradelle auf, in einem Gutachten die völker- und strafrechtliche Verantwortung von Kaiser Wilhelm II. zu beurteilen.[102] Bereits diese Anfrage präjudizierte das Ergebnis ebenso wie eine Gesamtsituation, in der die Positionen von Recht und Unrecht schon eindeutig verteilt waren. In ihrem Ende 1918 vorgelegten Memorandum stellten Larnaude und Lapradelle zumindest nicht nur die Schuld des deutschen Kaisers fest, sondern schlugen zu seiner Verurteilung auch ein internationales Tribunal vor. Der Maßstab dafür könnte nicht das existierende Recht sein, so argumentierten sie, sondern nur ein „droit international nouveau", welches bereits „naît et se développe sous la pression des circonstances"[103]. Allein vom Sieg der alliierten Mächte hänge es ab, ob in der Staa-

---

100 Vgl. Germany of the Future. Interview with M. de Lapradelle, in: New York Times Current History. The European War, New York 1917, Bd. 1: August–December 1914, S. 605–608. Lapradelle hielt sich in offenbar halboffizieller Funktion auch in Brasilien auf, vgl. Dépêches Télégraphiques, in: Le Temps v. 03.09.1916, S. 1. Zum weiteren Kontext siehe Yves-Henri Nouailhat, France et États-Unis. Août 1914–avril 1917, Paris 1979, S. 151–182.
101 Vgl. Louis Renault, De l'Application du Droit pénal aux faits de guerre, in: Journal du Droit International 42 (1915), S. 313–344. Siehe auch Deperchin, Laws of War, S. 635; Lewis, Birth of the New Justice, S. 35; Fritz Dickmann, Die Kriegsschuldfrage auf der Friedenskonferenz von Paris 1919, in: HZ 197, H. 1 (1963), S. 1–101, hier: S. 18.
102 Vgl. Vincent Laniol, Ferdinand Larnaude, un „délégué technique" à la conférence de la Paix de 1919 entre expertise et „culture de guerre", in: Relations internationales 149, H. 1 (2012), S. 43–55, hier: S. 52f.; Segesser, Recht statt Rache, S. 161f., 213f.; Deperchin, Die französischen Juristen, S. 89f.; Schwengler, Völkerrecht, S. 77f., 81; Dickmann, Kriegsschuldfrage, S. 19f. Zum beruflichen Hintergrund siehe auch die Personalakten in: AN, F/17/22680/A (Larnaude) bzw. F/17/24737 (Lapradelle).
103 Ferdinand Larnaude/Albert Geouffre de Lapradelle, Examen de la Responsabilité Pénale de l'Empereur Guillaume d'Allemagne, in: Journal du Droit International 46 (1919), S. 131–162, hier: S. 153.

tenwelt künftig überhaupt noch ein Recht bestehen werde: „C'est la vie ou la mort du droit international, c'est l'avenir de la Société des nations qui sont ici en jeu. Les belligérants alliés ou associés en ont le sort entre leurs mains."[104]

(2.) Jedes Gruppenbild der amerikanischen Völkerrechtslehre zu Beginn des 20. Jahrhunderts wäre unvollständig ohne James Brown Scott, der spätestens nach der zweiten Haager Konferenz zu einer entscheidenden Schlüsselfigur der innerfachlichen Netzwerke aufgestiegen war und dessen Verbindungen sich in politische wie akademische Gefilde auf beiden Seiten des Atlantiks erstreckten. Innerhalb des State Department war Scott zwar 1909/10, nach dem Rücktritt von Elihu Root als Außenminister, zunächst ins Abseits geraten. Er wechselte Anfang 1911 zu der vom Stahlmagnaten und Philanthropen Andrew Carnegie neugegründeten „Carnegie Endowment for International Peace" (CEIP), wo er seither als Generalsekretär und Direktor der „Division of International Law" amtierte.[105] Diese Position war weit mehr als ein Trostpreis mit Leitungsfunktion, denn damit verfügte Scott über beträchtliche finanzielle Ressourcen, mit denen er in den folgenden Jahrzehnten einen erheblichen Teil der völkerrechtlichen Editionen, Zeitschriften und Einzelpublikationen subventionierte. Ebenso engagierte sich die CEIP während seiner Amtszeit in der institutionellen Förderung einschlägiger Verbände und Organisationen, etwa der von Scott selbst mitbegründeten „American Society of International Law", aber auch der „American Society for Judicial Settlement of International Disputes" oder der Haager Akademie für Völkerrecht, die im Jahr 1914 gegründet wurde, ihre Arbeit aber erst 1923 aufnehmen konnte.[106]

Nach dem Kriegsausbruch von 1914 vermied Scott zunächst eine eigene Positionierung, auch wenn sich seine Sympathien bei einer Durchsicht seiner Korrespondenzen unschwer feststellen lassen. Wohl hatte er nach seinem Abschluss in Harvard (1890) für einige Zeit in Paris als auch in Berlin studiert, anschließend (1894) in Heidelberg promoviert, und sprach beide Sprachen nahezu fließend. Trotzdem gehörte seine Zuneigung an erster Stelle der französischen Kultur- und Geisteswelt, und wenn er den deutschen Kollegen auch mit Respekt begegnete, war doch sein Briefwechsel mit den französischen Fachgenossen

---

104 Ebenda, S. 159.
105 Zur Gründung der CEIP vgl. hier nur Marchand, American Peace Movement, S. 99–143; Kuehl, Seeking World Order, S. 110–122, daneben Dorothy V. Jones, Toward a Just World. The Critical Years in the Search for International Justice, Chicago 2002, S. 60f.
106 Vgl. Katharina Rietzler, Fortunes of a Profession. American Foundations and International Law, 1910–1939, in: Global Society 28, H. 1 (2014), S. 8–23, hier: S. 10–12; Coates, Legalist Empire, S. 79f., 88–98; Hepp, James Brown Scott, S. 170f. Eine Übersicht der geförderten Projekte im Findbuch: CUML, Inventory of the CEIP Records.

weitaus herzlicher.[107] Besonders mit Louis Renault stand Scott bis zu dessen Tod im Frühjahr 1918 in engem Austausch, daneben aber auch mit Henri Fromageot und Albert de Lapradelle. Mit Jules Basdevant, einem jungen Völkerrechtler von der Universität Grenoble, der bald nach Kriegsbeginn eingezogen worden war, korrespondierte er bis in den Schützengraben. Er werde die Sache des internationalen Rechts nunmehr mit der Waffe in der Hand verteidigen, so schrieb der französische Jurist etwa im Jahr 1915, und rekapitulierte zugleich die gemeinsame völkerrechtliche Glaubenslehre: „I am engaged in defending my country, and at the same time, law, the faith due to treatise, the independence of the small states (Belgium and Serbia), the liberty of our brethren in Alsace-Lorraine, who have for such a long time lived under oppression, and in the international order of things, I am defending the principles of political liberty."[108]

Zu diesem Zeitpunkt war Scott wieder in den Staatsdienst zurückgekehrt. Im August 1914 hatte ihn der amerikanische Außenminister William Jennings Bryan zum „special advisor" des State Department ernannt und dem Büro des „Counselors" zugeordnet. Bei dieser Position des Counselors handelte es sich um ein neues Amt der außenpolitischen Rechtsberatung, das 1909 parallel zu dem eher rechtstechnisch orientierten Solicitor geschaffen, politisch aber stärker gewichtet war. Dass der Counselor zugleich als Stellvertreter des Ministers fungierte, unterstreicht nochmals die Bedeutung juristischer Fragen in der amerikanischen Außenpolitik. Überdies war der Posten von Beginn an fest in der Hand der legalistischen Netzwerke aus dem Umfeld der Lake Mohonk Conference und der ASIL, wie es sich schon an den ersten beiden Amtsinhabern, John Bassett Moore und Chandler P. Anderson, ablesen lässt.[109] Im Jahr 1914 hatte Robert Lansing die Position des Counselor übernommen, auch er ein Völkerrechtler, Fürsprecher internationaler Verrechtlichung und darüber hinaus eng mit Scott befreundet, der ihm zwei Jahre zuvor emphatisch geschrieben hatte: „[O]ur friendship (...) began by an address of yours on arbitration, which is the bond, as it was the beginning, of our friendship, and which unites us in a com-

---

107 Vgl. Coates, Legalist Empire, S. 96; Nurnberger, James Brown Scott, S. 23, 26–29.
108 Basdevant an Scott, Brief v. 17.03.1915 (Abschrift und Übersetzung), in: GUSC, Scott Papers, Box 1/5.
109 Zu Moore, einem Kollegen und Konkurrenten Scotts von der Columbia University, vgl. Coates, Legalist Empire, S. 34f.; Janis, America, S. 204f., 231f.; Marchand, American Peace Movement, S. 39–73; zu Anderson, einem der Mitherausgeber des AJIL, siehe etwa: Honorable Chandler P. Anderson. New Counsellor for the Department of State, in: AJIL 5, H. 2 (1911), S. 440–442.

mon work toward a common end, namely, the substitution of principles of justice for force in the settlement of international disputes."[110]

Diese Konstellation erwies sich als folgenreich, denn nachdem sich Bryan ein Jahr später mit Wilson im Streit um eine angemessene Reaktion auf die Versenkung der Lusitania überworfen hatte, rückte nunmehr Lansing in das Amt des amerikanischen Außenministers auf. Zwar betrachtete Wilson die „legalistic attitude" und das „apparent cientifico leaning"[111] von Lansing mit großer Skepsis, und er erblickte in ihm nicht zu Unrecht einen ebenso peniblen wie pedantischen Juristen vom konservativen Flügel der Demokratischen Partei. Doch andererseits boten Lansings unverhohlen mit der Entente sympathisierenden Positionen einen innenpolitischen Flankenschutz, so dass Wilson, überzeugt auch durch das intensive Zureden von House, ihn am 23. Juni 1915 zum Secretary of State ernannte.[112]

Lansing griff in seiner neuen Position rasch auf den Rat und die Unterstützung durch Scott als Special Advisor zurück. Als neuer Counselor wurde zwar Frank L. Polk ernannt, ein New Yorker Jurist und hochrangiger Stadtbeamter.[113] Doch Scott wurde zum Vorsitzenden des einflussreichen „Joint State-Navy Neutrality Board" befördert, wo er an der Entstehung von rund 140 Memoranden zu Fragen der amerikanischen Neutralität beteiligt war.[114] Daneben vertrat er die USA in verschiedenen internationalen Gremien, obwohl sich sein leidenschaftlich betriebenes Engagement für eine dritte Haager Konferenz – deren Vorbereitungskomitee er zusammen mit Louis Renault, Heinrich Lammasch und anderen angehörte – spätestens mit dem Kriegseintritt der USA als vergeblich erwies.[115] Schließlich war Scott aber auch dafür verantwortlich, dass die außenpo-

---

110 Scott an Lansing, Brief v. 09.03.1912, in: GUSC, Scott Papers, Box 5/4. Siehe auch den zustimmenden, vermutlich von Scott geschriebenen Kommentar: The Appointment of Mr. Robert Lansing of New York as Counselor of the Department of State, in: AJIL 8, H. 2 (1914), S. 336–338.

111 Wilson an Lansing, Brief v. 16.08.1915, in: FRUS. The Lansing Papers, 1914–1920, 2 Bde., Washington 1939–1940, Bd. 2, S. 550.

112 Vgl. Tucker, Woodrow Wilson, S. 30–38; Daniel M. Smith, Robert Lansing and American Neutrality. 1914–1917, Berkeley 1958, S. 68–82. Siehe auch Smith, Wilsonian Challenge, S. 180; Doenecke, Nothing less than War, S. 9, 84.

113 Vgl. Kell F. Mitchell, Frank L. Polk and the Paris Peace Conference, 1919, Ph.D. Univ. of Georgia 1966, S. 3–6.

114 Vgl. Lansing an Scott, Brief v. 12.08.1914, in: GUSC, Scott Papers, Box 5/4, sowie Coates, Legalist Empire, S. 137f., 142–148; Smith, Lansing and American Neutrality, S. 20. Die erwähnten Memoranden in: GUSC, Scott Papers, Box 15–17.

115 Vgl. Davis, United States and the Second Hague Peace Conference, S. 335–338; James Brown Scott, Recommendation for a Third Peace Conference at the Hague, in: AJIL 2, H. 4 (1908), S. 815–822; ders., Peace through Justice. Three Papers on International Justice and

litische Rechtsberatung des State Department schrittweise ausgelagert und von der Division of International Law der CEIP übernommen wurde, was das Schnittfeld von US-Außenpolitik, amerikanischer Völkerrechtslehre und zivilgesellschaftlich-philanthropischem Engagement weiter verdichtete.[116]

Die gemeinsame Überzeugung in diesem legalistischen Milieu, zu dem sich neben Lansing, Scott und Elihu Root beispielsweise auch der Präsident der Columbia University und spätere Direktor der CEIP, Nicholas Murray Butler, sowie die beiden ehemaligen US-Präsidenten Theodore Roosevelt und William Howard Taft rechnen lassen, war die Vorstellung, dass das Völkerrecht ein geeignetes Medium zur Befriedung der Welt darstellen würde, wobei ein nach dem Modell des US Supreme Court gezeichneter Gerichtshof weit im Vordergrund stand. Bei näherem Hinsehen zeigt sich zwar, dass die Meinungen, wie den Urteilssprüchen eines solchen Gerichts hinreichende Durchsetzungskraft verliehen werden könnte, deutlich auseinandergingen. In der Vorstellungswelt von Scott und Lansing reichte dazu allein das Gewicht der öffentlichen Meinung. Die Anhänger der „League to Enforce Peace", die 1915 von Taft mitbegründet worden war, legten demgegenüber einen stärkeren Akzent auf eine tatsächliche Erzwingung des Rechts im Rahmen eines kollektiven Staatenverbandes, was weder ökonomische Sanktionen noch eine militärische Intervention ausschloss. Allerdings traten diese Differenzen überall dort zurück, wo es um das grundsätzliche Bekenntnis zu einem regelhaften Staatensystem auf völkerrechtlicher Grundlage ging.[117]

the Means of Attaining It, New York u.a. 1917, bes. S. 51–84. Siehe auch Pellet an Doumerge, Brief v. 25.02.1914 (Kopie), in: AD, Papiers Bourgeois, PA-AP 29/4.

116 Vgl. Lansing an Scott, Brief v. 28.02.1918, in: CEIP Records, Box 574, sowie James Brown Scott, Report of the Division of International Law, in: Carnegie Endowment for International Peace. Yearbook 8 (1919), S. 105–136, hier: S. 105. Die Kritik aus den Reihen der professionellen Diplomatie blieb marginal (vgl. Marchand, American Peace Movement, S. 70f.), vermutlich auch weil das State Department personell unzureichend ausgestattet war und die Arbeitslast mit Kriegsausbruch rapide in die Höhe schoss, vgl. Coates, Legalist Empire, S. 136–138. Siehe auch Martin Dubin, The Carnegie Endowment for International Peace and the Advocacy of a League of Nations, 1914–1918, in: Proceedings of the American Philosophical Society 123, H. 6 (1979), S. 344–368, hier: S. 366.

117 Vgl. Stephen Wertheim, The League that Wasn't. American Designs for a Legalist-Sanctionist League of Nations and the Intellectual Origins of International Organization, 1914–1920, in: Diplomatic History 35, H. 5 (2011), S. 797–836; Coates, Legalist Empire, S. 152–176; daneben, wenngleich teilweise mit zu geringer Differenzierung der verschiedenen legalistischen Strömungen, Zasloff, Law and the Shaping; Boyle, Foundations of World Order, S. 7–24; Dubin, Carnegie Endowment. Aus zeitgenössischer britischer Sicht auch E. A. Whittuck, International Law Teaching, in: Problems of the War. Papers Read before the Society 3 (1917), S. 43–59, hier: S. 55, zur League to Enforce Peace außerdem W. R. Bisschop, International Leagues, in: Transactions of the Grotius Society 2 (1916), S. 117–133, hier: S. 128–131.

Die Dominanz des Legalismus im State Department sollte jedoch nicht darüber hinwegtäuschen, dass er im Weißen Haus und der Wilson-Administration mit ihren progressiv-demokratischen Leitideen nur sehr bedingt vertreten wurde. Zwar gab es vereinzelte Schnittpunkte, etwa in der Skepsis gegenüber dem französischen Vorstoß für eine internationalisierte Strafverfolgung von Kaiser Wilhelm II.; sowohl Wilson wie Lansing erblickten darin einen bedenklichen Präzedenzfall, da einzig die jeweilige Nation berechtigt sei, über ihre Staatsführung zu richten.[118] Doch grundsätzlich war der amerikanische Präsident wenig geneigt, seine exekutive Amtsgewalt an juristischen Erwägungen auszurichten. Nach dem amerikanischen Kriegseintritt wuchs diese Entfremdung zwischen Weißem Haus und State Department nochmals deutlich an. Während Wilson die wesentlichen politischen Entscheidungen bei sich (und einem engeren Beratungskreis mit House an der Spitze) zu monopolisieren versuchte, überließ er dem State Department und Robert Lansing allenfalls die Routineangelegenheiten.[119]

(3.) Obwohl für den britischen Fall ebenfalls von einer Aufwertung des Völkerrechts im Weltkrieg gesprochen werden kann, weist dieses Bild bei näherem Hinsehen einige andere Akzente auf. Grundsätzlich kam es zu einer ähnlich raschen Nationalisierung wie in Frankreich und den USA, wie es sich etwa anhand der neugegründeten „Grotius Society" aufzeigen lässt. Nachdem die in London ansässige International Law Association ihre Tätigkeit infolge des Krieges eingestellt hatte, wurde im Mai 1915 eine neue völkerrechtliche Vereinigung gegründet, die – allen Subventionen der amerikanischen CEIP zum Trotz[120] – nur britischen Staatsangehörigen vorbehalten bleiben sollte. Ein Bezug zur akademischen Völkerrechtswissenschaft war hingegen zweitrangig, vermutlich auch, weil das Fach in Großbritannien bis dato ohnehin nur vergleichsweise schwach institutionalisiert war und eigentlich nur an den Universitäten von Oxford und Cambridge ernsthaft wissenschaftlich betrieben wurde; auch fehlte eine dezidierte Fachzeitschrift.[121] In den Statuten der Grotius Society wurde da-

---

118 Vgl. Binoy Kampmark, Sacred Sovereigns and Punishable War Crimes. The Ambivalence of the Wilson Administration towards a Trial of Kaiser Wilhelm II, in: Australian Journal of Politics & History 53, H. 4 (2007), S. 519–537, daneben auch Schwengler, Völkerrecht, S. 80–87.
119 Vgl. Walworth, America's Moment 1918, S. 75–90; Smith, Lansing and American Neutrality, S. 68–82, 145–165. Siehe auch Smith, Wilsonian Challenge, S. 180. Eine, zumindest anfänglich, hohe Übereinstimmung in den außenpolitischen Konzeptionen von Bryan, Lansing und Wilson auf Grundlage gemeinsamer progressiver Werte sieht hingegen Crunden, Ministers of Reform, S. 225–243.
120 Vgl. Hugh H. L. Bellot, Editorial Comment, in: Problems of the War. Papers Read before the Society 3 (1917), S. Vf., sowie die Unterlagen in: CUML, CEIP Records.
121 Vgl. William Cornish, International Law, in: Cornish u.a. (Hrsg.), The Oxford History of the Laws of England, S. 255–277, hier: S. 277; Karl-Heinz Lingens, The British Yearbook of Inter-

rum nur von einer allgemeinen Beschäftigung mit dem Völkerrecht gesprochen, was neben Juristen auch diplomatische Praktiker sowie eine interessierte Allgemeinheit ansprechen konnte. Als erster Präsident amtierte mit Lord Reay einer der britischen Delegierten auf der Haager Konferenz von 1907.[122]

Trotz ihrer exklusiven Beschränkung auf britische Staatsbürger versuchte die Grotius Society jeden Eindruck von Voreingenommenheit und patriotischer Parteinahme zu vermeiden. Im Anschluss an das erste Treffen unterstrich der Vizepräsident Henry Goudy, ein Zivilrechtler und Komparatist aus Oxford, dass die Vereinigung von einem „absolutely independent spirit" beseelt sei, „endeavouring to discover the truth whatever it may be"[123]. Das schloss, wie Goudy andeutet, eine Missbilligung der Londoner Regierungspolitik nicht aus, wenngleich natürlich trotzdem die deutsche Kriegsführung im Mittelpunkt der Kritik stand. Dass Großbritannien im Namen des Rechts gegen das Unrecht kämpfe, war in der Grotius Society jedenfalls unbestritten, ebenso aber auch, dass daraus eine moralische Selbstverpflichtung folge, wie Goudy erklärte: „If we are to be beaten let us fall with honour and clean hands. If we are victorious let us afterwards exact reparation from those in authority who have been responsible for brutalities. Unless this is done, International Law will be degraded, if not destroyed, and civilisation itself will be in danger."[124]

Die Nationalisierung des internationalen Rechts konnte sich allerdings auch bis auf eine persönliche Ebene erstrecken, wie es sich anhand des deutschstämmigen, aber britisch naturalisierten Juristen Lassa Oppenheim nachvollziehen lässt, der 1908 in Nachfolge von John Westlake die renommierte Whewell-Professur in Cambridge angetreten hatte. Bereits im August 1914 hatte sich Oppenheim gegenüber einem Kollegen über die deutsche Invasion in Belgien empört gezeigt: „This attack on permanent neutrality is the greatest international crime since the time of Napoleon I and, unless it is brought home to its perpetrator, International Law will disappear entirely."[125] Doch diese private Kritik verhinderte nicht, dass er bald in den Verdacht einer politischen Unzu-

---

national Law zwischen den Weltkriegen, in: Michael Stolleis (Hrsg.), Juristische Zeitschriften in Europa, Frankfurt a.M. 2006, S. 597–626, hier: S. 599–601; Ingo Hueck, Die Gründung völkerrechtlicher Zeitschriften in Deutschland im internationalen Vergleich, in: Michael Stolleis (Hrsg.), Juristische Zeitschriften. Die neuen Medien des 18.–20. Jahrhunderts, Frankfurt a.M. 1999, S. 379–420, S. 388f.

122 Vgl. Rules, in: Problems of the War. Papers Read before the Society 1 (1915), S. VIIf. Siehe auch Sylvest, British Liberal Internationalism, S. 206; The Grotius Society, in: Times v. 03.03.1916, S. 3.

123 Henry Goudy, Introduction, in: Problems of the War. Papers Read before the Society 1 (1915), S. 1–7, hier: S. 2.

124 Ebenda, S. 7.

125 Oppenheim an Mr. Bates, Brief v. 14.08.1914 (Kopie), in: GUSC, Scott Papers, Box 6/3.

verlässigkeit geriet und sich darum zu einer öffentlichen Distanzierung von den Mittelmächten genötigt sah.[126] Diese Stellungnahme brachte Oppenheim nunmehr scharfe Attacken von deutschen Juristen ein, die sich darüber entrüsteten, dass er sich „als Deutscher" auf die Seite des Feindes gestellt habe; besonders in der Deutschen Juristen-Zeitung wurde Oppenheim in der Folge vehement angegriffen und denunziert.[127]

Dass Oppenheim, der den Begriff des Kriegsverbrechens schon in der Vorkriegszeit in die Diskussion eingeführt hatte, zudem eine strafrechtliche Ahndung der deutschen Völkerrechtsverletzungen einforderte, entsprach eher der französischen als der amerikanischen Position.[128] Auch andere britische Juristen forderten eine Verfolgung und Bestrafung, schon um, wie der Generalsekretär der Grotius Society, Hugh Bellot, meinte, jedweder Nachahmung „to commit atrocities in the name of military necessity" vorzubeugen. Andererseits war Bellot hellsichtig genug, in dieser Frage eine Unentschlossenheit und Zurückhaltung der eigenen Regierung anzunehmen: „[T]he tendency in official quarters will no doubt be towards smoothing over these troublesome terms."[129] Das war insofern zutreffend, als die Frage, ob man Verstöße gegen das Völkerrecht bis hin zu Kaiser Wilhelm II. strafrechtlich ahnden könne, in der Londoner Regierung kontrovers diskutiert wurde. Zwar neigte David Lloyd George eher einer aktiven Strafverfolgung zu, vermied aber anfänglich jede Festlegung.[130] Auch ein im Foreign Office erstelltes Gutachten aus der Feder des Diplomaten James Headlam-Morley bezweifelte, ob das bestehende Völkerrecht für eine Aburteilung des Kaisers ausreiche. Diese Aufgabe könne allenfalls ein neuartiger internationaler Gerichtshof übernehmen, so Headlam-Morley, was Außenminister Balfour indes schleunigst mit dem Kommentar quittierte, dass diese Ansicht keineswegs die offizielle Linie des Foreign Office darstelle.[131]

---

126 Vgl. Lassa Oppenheim, A Professor's Protest (Leserbrief), in: The Times v. 19.05.1915, S. 10. Siehe auch Kingsbury, Legal Positivism, S. 404f., sowie allgemein Mathias Schmoeckel, Consent and Caution. Lassa Oppenheim and his Reaction to World War I, in: Lesaffer (Hrsg.), Peace Treaties, S. 270–288.
127 Vgl. nur Otto Liebmann, Deutsche Juristen im feindlichen Lager, in: Deutsche Juristen-Zeitung v. 01.07.1915, S. 688–691. Siehe auch Oppenheim an Scott, Brief v. 20.09.1915, in: GUSC, Scott Papers, Box 6/3.
128 Vgl. Segesser, Recht statt Rache, S. 51f.
129 Hugh H. L. Bellot, War Crimes. Their Prevention and Punishment, in: Transactions of the Grotius Society 2 (1916), S. 31–55, hier: S. 54. Siehe auch Lewis, Birth of the New Justice, S. 35; Segesser, Recht statt Rache, S. 199f.; Schwengler, Völkerrecht, S. 69f.
130 Vgl. Sharp, David Lloyd George, S. 94–97; Fry, And Fortune Fled, S. 177.
131 Vgl. Headlam-Morley, Memorandum o.T., 12.12.1918, in: TNA, FO 371/4356, Bl. 125–132. Siehe auch Goldstein, Winning the Peace, S. 223f.

Diese Unentschiedenheit war insofern paradigmatisch, als in Großbritannien große Unsicherheit bestand, inwieweit sich völkerrechtliche Prinzipien im Weltkrieg noch aufrechterhalten lassen würden. Der kämpferische Optimismus der französischen und auch amerikanischen Völkerrechtslehre, die den Weltkrieg zwar als Attacke auf das Völkerrecht rationalisierten, dessen grundsätzliche Geltungskraft aber nicht in Abrede stellten, sondern vielmehr eine Stärkung forderten, lässt sich für britische Akteure nur in Einzelfällen beobachten. Öfter überwog der Versuch, völkerrechtliche Verpflichtungen zurückzunehmen oder einzuschränken, wie es etwa für die umstrittene Blockadepolitik galt. Nachdem Léon Bourgeois, der inzwischen als Ministre d'État ohne Portefeuille amtierte, im Jahr 1916 den stillschweigenden Abschied Großbritanniens von der Londoner Deklaration kritisiert hatte (und überhaupt die Art und Weise, mit der die Seeblockade durchgeführt wurde), entsandte das Foreign Office eine ganze Delegation nach Paris, um der französischen Seite die Probleme einer derartigen rechtlichen Bindung im Krieg aufzuzeigen.[132] Es war auch kein Zufall, dass Arthur Balfour, ohnehin ein Skeptiker gegenüber juristischen Argumenten, bei seinem amerikanischen Amtskollegen Robert Lansing zu Jahresbeginn 1917 erhebliche Zweifel anmeldete, inwieweit man sich künftig noch auf die normative Kraft des Völkerrechts verlassen könne: „If existing treaties are no more than scraps of paper, can fresh treaties help us? If the violation of the most fundamental canons of international law be crowned with success, will it not be in vain that the assembled nations labour to improve their code?"[133]

Um die eigene Position präziser bestimmen zu können und erste Überlegungen für eine Nachkriegsordnung zu entwickeln, setzte die Londoner Regierung im Januar 1918 ein „interdepartmental International Law Committee" ein, zu dessen Schwerpunkten die für Großbritannien besonders neuralgische Frage der Freiheit der Meere zählte. Auch hier dominierte eine insgesamt skeptische Haltung gegenüber dem geltenden Seevölkerrecht, und das nicht allein bei den Vertretern der Admiralität.[134] Die zivilen Mitglieder des Komitees zeigten sich über die Möglichkeiten des Völkerrechts ebenso ernüchtert, wie es etwa das ab-

---

132 Vgl. Hull, Scrap of Paper, S. 190–194; Nouailhat, France et États-Unis, S. 350f. Daneben: Lambert, Planning Armageddon, S. 428f. Die Unterlagen von Bourgeois dazu in: AD, Papiers Bourgeois, PA-AP 29/10.

133 Balfour an Secretary of State, Brief v. 13.01.1917, in: FRUS 1917, Supp. 1, S. 17–21, hier: S. 20. Zur Zurückhaltung Balfours gegenüber dem Völkerrecht siehe Tomes, Balfour and Foreign Policy, S. 182, 270–272.

134 Vgl. Jan Martin Lemnitzer, Power, Law and the End of Privateering, Basingstoke 2014, S. 190; Hull, Scrap of Paper, S. 207f.; Goldstein, Winning the Peace, S. 220–223. Zu den Mitgliedern dieses Gremiums unter dem Vorsitz des Innenministers George Cave zählten unter anderem Crowe, Hurst und Higgins, vgl. die Übersicht v. 16.01.1918, in: TNA, FO 371/3467.

schließende Memorandum zu erkennen gibt, das von A. Pearce Higgins verfasst wurde. Aufgrund der Erfahrungen im Krieg, so stand dort zu lesen, sei es ratsam, im Bereich des Seevölkerrechts und Seekriegsrechts keine weiteren Verpflichtungen einzugehen, sondern im Gegenteil zu erwägen, die Pariser Seerechtsdeklaration von 1856 nach dem Weltkrieg aufzukündigen.[135] Auch die Haager Konventionen von 1907 und die Londoner Seerechtsdeklaration erschienen nach Higgins' Meinung missglückt und unvorteilhaft, denn sie hätten die Operationen der britischen Seestreitkräfte ernsthaft behindert, „had we been engaged with an enemy whose conduct was honourable, and who, by observing these Conventions, gave us no ground for receding from them without discredit"[136].

Zwar stieß eine solche Zurückweisung völkerrechtlicher Verpflichtungen in den Debatten auf Kritik. Doch dabei handelte es sich in erster Linie um taktische Einwände, etwa wenn auf einer Kommissionssitzung angemerkt wurde, dass ein solches Vorgehen „would have the appearance of tearing up a treaty", was in der öffentlichen Meinung einen ungünstigen Eindruck erwecken und die britische Position bei internationalen Verhandlungen verschlechtern würde.[137] Realiter teilten selbst die Juristen des Foreign Office die Vorbehalte gegenüber der gegenwärtigen Rechtslage, zumal sie seit Kriegsausbruch mit einschlägigen Streitfragen geradezu überschwemmt worden waren. Vor allem auf Cecil Hurst war hier eine erhebliche Arbeitsbelastung zugekommen. Hurst hatte sich zwar schon auf der Haager Friedenskonferenz 1907 wie der Londoner Seerechtskonferenz 1908/09 unentbehrlich gemacht, war formal aber immer noch dem langjährigen Rechtsberater Edward Davidson nachgeordnet. Im Jahr 1913 in den Rang eines Queen's Counsel erhoben, wurde er seit Kriegsbeginn immerhin von Herbert William Malkin unterstützt, der nach einem Studium in Cambridge und seiner Anwaltszulassung (Inner Temple) als Assistent in das Foreign Office eingetreten war.[138] Demgegenüber bestanden nur sporadische Kontakte in die Völkerrechtswissenschaft, so etwa zu Lassa Oppenheim, was aber schon deshalb

---

135 Vgl. [Pearce Higgins,] The Freedom of the Seas, Memorandum o.D. (Fahnenabzug), in: TNA, FO 372/1186, Nr. 206760.

136 Ebenda, S. 2. Die nach einer Kommissionssitzung nochmals gekürzte und entschärfte Fassung v. 18.12.1918, in: BDFA II, Ser. I, Bd. 1, S. 34–67. In Großbritannien war seit längerer Zeit debattiert worden, ob man sich mit der Seerechtsdeklaration von 1856, die erstmals wesentliche Fragen zum Blockade- und Prisenrecht regelte, unnötige Fesseln angelegt hatte, vgl. Lemnitzer, Power, S. 139–149; Ritter-Döring, Zwischen Normierung und Rüstungswettlauf, S. 120f.

137 Vgl. International Law Commission, Protokoll v. 11.10.1918, in: TNA, FO 372/1185, Nr. 176616, S. 2B.

138 Vgl. Jones, Marking Foreign Policy, S. 34–39, 43f. Zur Biographie Malkins (1883–1945) liegen wenige Angaben vor, die wesentlichen Stationen lassen sich dem Nachlass entnehmen (CAC, Malkin Papers), daneben auch einigen Unterlagen in: TNA, FO 366/870, Bl. 362–398.

nahelag, weil sich zu vielen praktischen Fragen kaum ein juristischer Konsens erkennen ließ. Gerade die nicht in Kraft getretene Londoner Seerechtsdeklaration stellte ein schwer in den Griff zu bekommendes „legal puzzle"[139] dar, und als ähnlich umstritten erwiesen sich auch andere seekriegsrechtliche Grundprinzipien wie Konterbande, Visitation, Prisen. Allerdings fand Malkin rasch heraus, dass auch die akademische Rechtslehre nicht immer eindeutige Auskünfte geben konnte. Auf eine Anfrage hin teilte ihm Oppenheim im Juni 1915 beispielsweise lapidar mit, dass ihm die Urteilsbegründungen russischer Prisengerichte, die er in seinem Standardwerk „International Law" (1912) kommentiert habe, eigentlich nur durch „unofficial material such as newspaper clippings" bekannt gewesen seien.[140]

Eine unklare Rechtsgrundlage mochte sich zwar auch als Vorteil erweisen, wenn es darum ging, die Seeblockade juristisch zu rechtfertigen.[141] Hurst war in dieser Hinsicht jedoch illusionslos, zumal was die Auseinandersetzung mit dem Rechtsstandpunkt der USA anging. Es gehe allenfalls darum, so merkte er im Juli 1915 zu einem Memorandum von Malkin an, ein Schiedsverfahren zwischen beiden Staaten hinauszuzögern.[142] Auch an anderen Stellen lässt sich, zumindest zwischen den Zeilen, ein beachtlicher Pessimismus erkennen, welche den Rechtsexperten des Foreign Office gegenüber der normativen Geltungskraft des Völkerrechts ergriffen hatte. In einem Brief an seinen amerikanischen Kollegen James Brown Scott, mit dem er spätestens seit der Haager Konferenz 1907 gut bekannt war, merkte Hurst lakonisch an, dass völkerrechtliche Regeln im Krieg „were of but little service except to those who wished to pick holes in them." Denn als er in Paris über die Geltungskraft der Londoner Deklaration verhandelt habe, habe selbst Henri Fromageot als Jurisconsulte des Quai d'Orsay ihm gegenüber zugegeben: „Never again must we attempt a codification of international law!"[143]

Erwähnungen am Rande von Carty/Smith, Gerald Fitzmaurice. Mit autobiographischem Akzent außerdem Malkin, International Law, S. 490.

139 Hull, Scrap of Paper, S. 146. Außerdem: Ritter-Döring, Zwischen Normierung und Rüstungswettlauf, S. 317–322; Rindfleisch, Zwischen Kriegserwartung und Verrechtlichung, S. 265–287.

140 Oppenheim an Malkin, Brief v. 21.06.1915, in: BDFA, Part II, Series H: The First World War, 1914–1918, hrsgg. v. David Stevenson, Kenneth Bourne u. Paul Preston, 12 Bde., Frederick, Md. 1989, Bd. 5, S. 269f. Die entsprechenden Unterlagen von Malkin in: TNA, FO 800/898.

141 Vgl. Osborne, Britain's Economic Blockade, S. 83–152.

142 Cecil Hurst, Notizen v. 19.07.1915, in: BDFA II, H: First World War, Bd. 5, S. 361f. Siehe auch Lambert, Planning Armageddon, S. 255–259.

143 Hurst an Scott, Brief v. 25.06.1915, in: GUSC, Scott Papers, Box 4/4. Mit Fromageot stand Hurst seit der Londoner Seerechtskonferenz in einem Dialog über die Deklaration, vgl. Rindfleisch, Zwischen Kriegserwartung und Verrechtlichung, S. 257.

(4.) Dass der Weltkrieg eine grundsätzliche Herausforderung der Völkerrechtslehre bedeutete, ist auch für Deutschland zu konstatieren. Angesichts der überwältigenden Kritik, welche die offensichtliche, von Bethmann Hollweg expressis verbis zugegebene Verletzung der belgischen Neutralität durch das Kaiserreich hervorrief, befanden sich die deutschen Juristen allerdings von Beginn an in der Defensive. Das kosmopolitisch-liberale Sentiment des Völkerrechts, das sich in Deutschland zunächst nur wenig von den europäischen Nachbarländern unterschieden hatte, verlor ab August 1914 rapide an Überzeugungskraft und Rückhalt.[144] Während die Juristen des Auswärtigen Amtes mit Johannes Kriege an der Spitze von den Entscheidungen der militärischen Führung nahezu vollständig isoliert blieben und allenfalls nachträglich einzelne Rechtsverletzungen, etwa im Zuge der deutschen Besatzungspolitik in Belgien, zu rechtfertigen suchten,[145] schwenkte die große Mehrheit der deutschen Völkerrechtler auf einen dezidiert bellizistischen Kurs ein. Das war nicht untypisch für die allgemeine Gestimmtheit der übrigen Wissenschaftler, Literaten oder Künstler in Deutschland, die sich – am sichtbarsten in dem emphatischen Aufruf „An die Kulturwelt!" vom Herbst 1914 – lautstark mit der Führung des Reiches solidarisierten.[146]

Dass aus diesem nationalen Konsens alle jene ausgrenzt wurden, die den Krieg nicht als legitime Vorwärtsverteidigung und existentielle Selbstbehauptung sehen wollten, lässt sich beispielhaft an der „Zeitschrift für Völkerrecht" (ZfV) ablesen, in der es direkt nach Kriegsausbruch zu einem Eklat gekommen war. Vom Berliner Rechtsprofessor Josef Kohler, einem der bekanntesten Universalgelehrten und Pazifisten seiner Zeit, 1907 als „Zeitschrift für Völkerrecht und Bundesstaatsrecht" gegründet, zählte das Journal zu den ersten völkerrechtlichen Fachzeitschriften Deutschlands. Im Jahr 1913 hatte Kohler die Redaktion auf eine breitere Basis gestellt, indem er einerseits Lassa Oppenheim aus Cambridge, andererseits den jungen Hans Wehberg, einen Schüler von Philipp Zorn, in die Redaktion berufen hatte.[147]

Der Ausbruch des Weltkrieges bedeutete in diesem fortschrittsoptimistisch-pazifistischen Milieu und besonders für Kohler einen fundamentalen Einschnitt, der nur zu verarbeiten war, wenn – wie es auf der anderen Seite etwa Léon

---

144 Vgl. Carl, Zwischen staatlicher Souveränität, S. 125–133.
145 Vgl. Hull, Scrap of Paper, S. 56, 82, 133f. Siehe auch Stuby, Vom „Kronjuristen" zum „Kronzeugen", S. 38–50.
146 Vgl. Leonhard, Büchse der Pandora, S. 241–244; Münkler, Der große Krieg, S. 229–267, mit weiteren Nachweisen.
147 Vgl. Kirsten Nies, „Die Geschichte ist weiter als wir". Zur Entwicklung des politischen und völkerrechtlichen Denkens Josef Kohlers in der Wilhelminischen Ära, Berlin 2009, S. 139–153; Hueck, Gründung, S. 407f.

Bourgeois tat – der Waffengang als von außen aufgezwungene Selbstverteidigung gerechtfertigt wurde.[148] In der Folge wandelte sich Kohler zu einem entschiedenen Nationalisten, der es unerträglich fand, im Rahmen der ZfV „mit einem Engländer zusammen zu wirken, auch wenn er ein gewesener Deutscher ist."[149] Oppenheim trat daraufhin empört aus der Redaktion aus, gefolgt von Hans Wehberg, der sich gleichfalls unter Protest zurückzog. Beides wurde auf der Gegenseite aufmerksam registriert. Das französische Journal du Droit International brachte eine Notiz,[150] und im AJIL erschien, vermutlich aufgrund der guten Kontakte zwischen Wehberg und James Brown Scott, ein wohlwollender Bericht über „the manly stand which Dr. Wehberg took when it was distressing and difficult to be manly in public."[151]

Wichtiger war, dass sich die deutsche Völkerrechtslehre durch den Weltkrieg und die Kritik aus den Entente-Staaten dazu aufgefordert sah, sich programmatisch zu erklären. Längst beendet geglaubte Auseinandersetzungen über den Rechtscharakter des Völkerrechts brachen wieder auf. Angesichts der Leichtigkeit, mit der Europa vom Frieden zum Krieg geschritten war, schien nicht nur die optimistische Erwartung einer fortschreitenden Verrechtlichung fragwürdig zu sein, sondern überhaupt die Vorstellung, dass das Völkerrecht den Frieden zwischen den Staaten sichern könne. Für die Mehrheit der deutschen Völkerrechtler stand fest, dass die bisherigen Anstrengungen und zumal die Haager Konventionen gescheitert seien; insofern war man mit den juristischen Kollegen vor allem aus Großbritannien, teils auch aus Frankreich und den USA durchaus einer Meinung.[152]

Allerdings unterschieden sich die Antworten auf die Frage, welche Konsequenzen daraus zu ziehen seien. Unter dem Titel „Das neue Völkerrecht" gab Josef Kohler eine radikale, weithin beachtete Antwort, welche die erste Ausgabe der ZfV nach dem Zerwürfnis mit Oppenheim und Wehberg eröffnete. Kohler erklärte nicht nur die Vorstellung von der internationalen Kooperation der Staaten – das „Wahngebilde von einer Völkergemeinschaft" – zu einem Trug-

---

148 Vgl. Nies, „Die Geschichte ist weiter als wir", S. 211–249. Ein ähnliches Muster bei Zorn, vgl. Schmidt, Konservative Staatsrechtslehre, S. 242–246.

149 Zit. nach Toppe, Militär und Kriegsvölkerrecht, S. 103.

150 La ligue allemande „La Patrie nouvelle" (Neues Vaterland) pour la paix, in: Journal du Droit International 42 (1915), S. 943f.

151 The Attitude of Journals of International Law in Time of War, in: AJIL 1915, H. 4 (9), S. 924–927, hier: S. 925. Siehe auch Scott an Wehberg, Brief v. 01.01.1915, in: BArch Koblenz, NL Wehberg, N 1199/128. Zum weiteren Kontext vgl. nur Nies, „Die Geschichte ist weiter als wir", S. 224–228; Denfeld, Hans Wehberg, S. 17–19.

152 Vgl. Hull, Scrap of Paper, S. 317, 329f.; Koskenniemi, Gentle Civilizer, S. 228–231, daneben etwa Carty, Evolution, S. 68–70.

schluss, sondern lehnte nunmehr die hergebrachte Praxis, das Völkerrecht auf zwischenstaatliche Verträge zu stützen, rundweg ab: „Auch wir waren in diesen Illusionen befangen, und wir sind offen genug, es einzugestehen (...). Ein auf Völkervertrag bestehendes Völkerrecht kann nicht mehr bestehen."[153]

Kohler plädierte stattdessen für eine radikale Abkehr von der Idee eines „Aeropag (...), worin jeder Staat gleichberechtigt wirkt, um der Welt die Gesetze des Völkerrechts zu diktieren."[154] Das Völkerrecht der Zukunft sei geschichtlich und kulturell begründet; es sei nicht durch zwischenstaatliche Übereinkunft positiv zu setzen, sondern machtpolitisch fundiert und damit in erster Linie Ausdruck eines nationalen Rechtsbewusstseins. Vor diesem Hintergrund hielt Kohler eine engere Verbindung mit den ostmitteleuropäischen Nationen, aber auch dem Osmanischen Reich für wünschenswert, rechtliche Beziehungen mit den Ländern der Entente jedoch für kaum noch möglich. Der Krieg habe die „wahre Seele unserer Gegner" enthüllt, so Kohler: „Verträge mit Lügnern und Betrügern können keine Rechtsquelle bilden; an der Rechtsfortbildung können nur Völker mit erwachtem Sittlichkeitsgefühl mitarbeiten. Sollen wir eine bramarbasierende Gauklernation wie die Franzosen (...) oder eine verlogene Krämergesellschaft wie die Engländer (...) noch weiter als gleichberechtigte Brudernationen erkennen?"[155]

Das war nicht untypisch für deutsche Professoren und Intellektuelle nach 1914. Die ideelle Aufladung des Weltkriegs als weltanschaulicher Großkonflikt begünstigte auf deutscher Seite nicht nur einen schroffen Antiliberalismus, sondern oftmals eine Abwendung vom Westen und eine Hinwendung nach Mittel- und Osteuropa. Sicherlich kam dieser alternative Internationalismus kaum je über vage Gestimmtheiten hinaus, und schon der Schulterschluss zwischen deutschen und österreich-ungarischen Juristen blieb weitgehend imaginär.[156] Trotzdem wurden derartige Wortmeldungen auf der Gegenseite aufmerksam registriert und als weitere Belege dafür genommen, dass die deutschen Juristen den Konsens einer übergreifenden Völkerrechtsgemeinschaft aufgekündigt hätten.[157]

Umso mehr fielen diejenigen auf, die in Deutschland weiterhin am Völkerrecht der Vorkriegszeit und insbesondere an den Idealen der Haager Konferen-

---

153 Josef Kohler, Das neue Völkerrecht, in: ZfV 9 (1916), S. 5–10, hier: S. 6f. Dazu etwa Nies, „Die Geschichte ist weiter als wir", S. 249–252; Hueck, Gründung, S. 409.
154 Kohler, Das neue Völkerrecht, S. 8.
155 Ebenda, S. 7.
156 Vgl. Deutsch-österreichisch-ungarische Juristen, vereinigt Euch!, in: Deutsche Juristen-Zeitung 21 (1916), 207f.
157 Vgl. W. Schmalzigang, Bulletin de Jurisprudence Allemande, in: Journal du Droit International 43 (1916), S. 624–633, hier: S. 632.

zen festhielten. Neben Wehberg, der die Konferenzen von 1899 und 1907 als Beginn eines „neuen Zeitalters der Weltgeschichte"[158] apostrophierte, muss dazu auf den Marburger Professor Walther Schücking hingewiesen werden, der schon in den Jahren vor 1914 als Vertreter einer pazifistischen Völkerrechtslehre galt. Zwar zeigte sich Schücking bei Kriegsausbruch ganz von einer Unschuld Deutschlands überzeugt, wovon er, ebenso wie Louis Renault auf der Gegenseite, nicht zufällig vor allem die amerikanischen Kollegen überzeugen suchte, darunter an erster Stelle James Brown Scott.[159] Doch so sehr der Weltkrieg den demokratisch-liberalen Schücking getroffen hatte, er hatte ihn nicht, wie etwa Kohler, aus der Bahn geworfen. In seinen Veröffentlichungen (die indes der Zensur unterlagen) hielt er an einer Fortentwicklung des „Haager Werkes" beharrlich fest, wovon auch seine Beteiligung an verschiedenen Friedensinitiativen zeugt.[160]

Im Juli 1916 beteiligte sich Schücking überdies an der Gründung der „Zentralstelle [für] Völkerrecht" in Frankfurt,[161] deren Nachfolge im Winter 1916/17 dann die „Deutsche Gesellschaft für Völkerrecht" antrat.[162] Funktional entsprachen diese Vereinigungen den völkerrechtlichen Verbänden anderer Länder, welche den Wegfall internationaler Kommunikationsforen kompensieren und die Position der eigenen Nation mehr oder minder propagandistisch vertreten sollten. Es war kein Geheimnis, dass sich das Auswärtige Amt an der Gründung beteiligt hatte. Vielleicht deshalb standen nicht die Wortführer nationalistischer Positionen wie etwa Kohler im Vordergrund, sondern eher gemäßigte Personen (Theodor Niemeyer, Karl Strupp, Philipp Zorn) bis hin zu bekennenden Pazifisten wie Schücking. Innerhalb der Reichsregierung war jedenfalls genau registriert worden, welche Bedeutung das Völkerrecht für die Legitimation der Kriegsanstrengungen in den Entente-Staaten gespielt hatte. Es überrascht nicht, dass

---

158 Hans Wehberg, Die dritte Haager Friedenskonferenz, in: ZfV 8 (1914), S. 247–264, hier: S. 264. Siehe auch Denfeld, Hans Wehberg, S. 9, 117–154.

159 Vgl. Schücking an Scott, Brief v. 21.08.1914, in: GUSC, Scott Papers, 07/06.

160 Vgl. immer noch Detlev Acker, Walther Schücking, 1875–1955, Münster 1970, S. 59–101, daneben Klaus Schlichtmann, Walther Schücking (1875–1935), Völkerrechtler, Pazifist und Parlamentarier, in: Historische Mitteilungen der Ranke-Gesellschaft 15 (2002), S. 129–147, hier: S. 135–138, ideengeschichtlich auch Christian J. Tams, Re-Introducing Walther Schücking, in: EJIL 22, H. 3 (2011), S. 725–739; Mónica Garcia-Salmones Rovira, Walther Schücking and the Pacifist Traditions of International Law, in: EJIL 22, H. 3 (2011), S. 755–782; Frank Bodendiek, Walther Schückings Konzeption der internationalen Ordnung. Dogmatische Strukturen und ideengeschichtliche Bedeutung, Berlin 2001.

161 Vgl. Marcus Llanque, Demokratisches Denken im Krieg. Die deutsche Debatte im Ersten Weltkrieg, Berlin 2000, S. 266; Acker, Walther Schücking, S. 62–66, 86, 108.

162 Vgl. Karl Strupp, Eine deutsche Gesellschaft für Völkerrecht, in: Deutsche Juristen-Zeitung 22 (1917), 492f.

mit der schwindenden Hoffnung auf einen Siegfrieden das offizielle Interesse am Völkerrecht deutlich zunahm. Die Deutsche Gesellschaft für Völkerrecht, die sich, vergleichbar der Grotius Society, über Fachvertreter hinaus für alle sonstigen Interessenten öffnete, diente ab 1917/18 insofern nicht nur als interner Resonanzraum, in dem die Positionen von Schücking oder von Wehberg und Lammasch eine wieder etwas positivere Rezeption erfuhren. Sie war zugleich als Signal an die internationale Fachgemeinschaft gedacht, dass die deutsche Völkerrechtslehre immer noch zu einer Anknüpfung an den Vorkriegsstand bereit war.[163]

Jedoch: Dass man sich diesbezüglich Illusionen machte, ist nicht zu übersehen. Es bestand in den Reihen der deutschen Juristen kaum ein Bewusstsein dafür, wie sehr die internationale Entzweiung innerhalb des Faches bereits fortgeschritten war und dass es in den Augen vieler Völkerrechtler in den Ententestaaten nur noch wenige Möglichkeiten einer Wiederannäherung gab. Hinzu kam, dass es in Deutschland nicht nur unter betont nationalen, sondern ebenso in den Reihen gemäßigter und pazifistischer Völkerrechtler als ausgemacht galt, dass dem Kaiserreich keine herausgehobene Verantwortung für den Krieg zukommen würde.[164] Die Debatten über Schuld und Strafverfolgung, wie sie in den alliierten Nationen geführt wurden, wurden daher weitgehend als propagandistische Gespinste abgetan, was sich nach dem Krieg ebenso als Fehlkalkulation erwies wie die illusionäre Annahme, ausgerechnet in Woodrow Wilson einen Fachgenossen mit Sympathie für das Völkerrecht Haager Provenienz gefunden zu haben.[165] Nur vor dem Hintergrund dieser Wunschvorstellungen erklärt sich die neue Aufmerksamkeit, die dem Völkerrecht, und wenig später auch der Idee eines Völkerbundes, im späteren Kriegsverlauf in Deutschland entgegengebracht wurde.

Der Weltkrieg bedeutete für die Völkerrechtslehre in den beteiligten Nationen gleichermaßen Krise und Chance, Abwertung und Aufwertung. Der Blick auf die Situation in Frankreich, den USA, Großbritannien und Deutschland hat dabei unterschiedliche Aspekte herausgehoben, die sich nur begrenzt generalisieren lassen, im Ganzen aber ein Schlaglicht auf die Intensivierung des Verhältnisses von Politik und Völkerrecht werfen. Versucht man zu einigen allgemeinen Schlussfolgerungen zu gelangen, so kann zunächst der wenig überraschende Befund hervorgehoben werden, dass sich die Völkerrechtslehre in allen Ländern loyal zum Regierungskurs verhielt. In die nationale Pflicht genommen, sei es aus patriotischer Begeisterung, sei es aus vorauseilendem Gehor-

---

163 Vgl. Koskenniemi, Gentle Civilizer, S. 231f., 234f.; Acker, Walther Schücking, S. 112.
164 Prototypisch: Wehberg an Scott, Brief v. 04.09.1914, in: GUSC, Scott Papers, 09/01.
165 Vgl. Schwabe, Deutsche Revolution, S. 39–44.

sam, sei es aus tatsächlich erlebten Zwängen heraus, bemühten sich nahezu alle Völkerrechtler darum, den Standpunkt der eigenen Seite mit den Lehrsätzen der eigenen Disziplin auszudrücken. Aus dem Gegner im Krieg wurde damit nahezu notwendig auch ein Gegner des eigenen Fach- und Wissenschaftsverständnisses; dem Vorwurf disziplinärer Unredlichkeit, wie er von französischen Fachvertretern gegen die deutsche Seite erhoben wurde, entsprach die Attacke eines Josef Kohler, welcher der Gegenseite die Fähigkeit absprach, überhaupt juristisch denken zu können.[166]

Diese Abgrenzung ging mit Tendenzen einer Nationalisierung einher, welche die übernationalen Verflechtungen, Kommunikationskanäle und Rezeptionsräume der Völkerrechtswissenschaft weitgehend zerstörte, zumindest aber auf absehbare Zeit blockierte. Während etablierte Institutionen wie das Institut de Droit international ihre Tätigkeit fast vollständig einstellten – das für 1914 vorgesehene Treffen in München war schon kurz nach Kriegsausbruch abgesagt worden[167] –, wurden jeweils eigene Fachgesellschaften oder Zeitschriften gegründet. Zwar lässt sich gleichzeitig beobachten, dass sich die gegnerischen Machtblöcke nun innerhalb der Völkerrechtslehre abbildeten; der Annäherung zwischen französischen, britischen und amerikanischen Juristen entsprach die Vorstellung, dass es Gemeinsamkeiten im Rechtsverständnis der Mittelmächte geben müsse. Doch insgesamt überwog der Rückbezug auf nationale Strukturen und Interessen, wobei sich die meisten Völkerrechtler für die außenpolitischen und propagandistischen Anforderungen des Tages offen zeigten. In der Tat war das Interesse der Öffentlichkeit für völkerrechtliche Fragen merklich gestiegen; wie kaum je zuvor, so urteilte ein Beobachter, seien „questions réservées autrefois exclusivement aux juristes et aux experts" zum Gegenstand leidenschaftlicher Debatten geworden, und zwar „non seulement dans les journaux, mais même dans ,la foule'."[168]

So sehr diese Tendenzen – nationalistische Aufladung, politische Indienstnahme, öffentliche Aufmerksamkeit – dem seit Mitte des 19. Jahrhunderts gepflegten Selbstverständnis der Völkerrechtslehre widersprachen, so wenig lässt sich übersehen, dass sie im Grunde nur an bestehende Trends anknüpften. Be-

---

166 Vgl. Josef Kohler, Wilsons Botschaft, in: Deutsche Juristen-Zeitung 22, Nr. 9/10 (1917), S. 457f., hier bezogen auf die USA: „Was das Juristische betrifft, so will ich lieber nicht davon sprechen; denn dem Amerikaner fehlt kraft seines Anglizismus vollkommen die Übung des logisch juristischen Denkens." Ähnlich auch: Kohler, Das neue Völkerrecht, S. 10.
167 Vgl. Koskenniemi, Gentle Civilizer, S. 229.
168 James W. Garner, Le développement et les tendances récentes du droit international, in: Recueil des cours/Académie de Droit International de La Haye, H. 1 (1931), S. 605–720, hier: S. 616. Ähnlich bereits Wilhelm Knorr, Völkerrecht für weitere Kreise, in: ZfV 9 (1916), S. 340–350.

reits auf der Haager Konferenz von 1907 hatten die Juristen ihr Tun auf bestimmte diplomatische Ziele und öffentliche Erwartungen ausgerichtet, wobei die unterschiedliche Akzentsetzung mit dem Weltkrieg allenfalls noch deutlicher hervortrat. Wo in Großbritannien eine behutsame Skepsis bestand und in Deutschland eine bedenkenlose Abkehr, bezogen sich die französische und, mehr noch, die amerikanische Völkerrechtslehre in affirmativer Weise auf den Gedanken einer fortschreitenden Verrechtlichung der zwischenstaatlichen Ordnung. Es war kein Zufall, dass vor allem in diesen Ländern an weitreichenden Plänen für eine neue Form der zwischenstaatlichen Friedenssicherung gearbeitet wurde. Dass das Fiasko der Julikrise allerdings ein kollektives Versagen vor allem der Diplomatie bedeutet hatte, darin stimmten die Völkerrechtler aller beteiligten Staaten bei ganz unterschiedlichen Begründungen überein.

3 Die alliierten Debatten zur Garantie der internationalen Ordnung

Die Anrufung des Völkerrechts wie auch das Engagement vieler Juristen sollten nicht darüber hinwegtäuschen, dass das optimistische Vertrauen, welches vor 1914 in eine fortschreitende Verrechtlichung der Staatenbeziehungen gesetzt worden war, mit Kriegsausbruch dramatisch gelitten hatte. Wohl hielten manche Protagonisten – auf Léon Bourgeois, James Brown Scott oder Walther Schücking wurde hingewiesen – weiterhin an dem Glauben fest, dass der auf den Haager Konferenzen von 1899 und 1907 eingeschlagene Pfad einer Kodifikation durch multilaterale Abkommen entschlossen fortgesetzt werden müsse. Doch es hat seinen guten Grund, dass bald nach dem August 1914 alle Planungen für eine dritte Haager Konferenz sang- und klanglos eingestellt worden waren. Nicht nur weite Teile der Öffentlichkeit, sondern auch die Mehrheit der politischen und juristischen Eliten zeigten sich ernüchtert über die schwache Kraft solcher internationaler Regelwerke. „Was nützen alle völkerrechtlichen Abmachungen und Vereinbarungen, wenn sie im Ernstfalle nicht beachtet werden?"[169], fragte der Leipziger Richter Ernst Neukamp in einem Aufsatz zur Fortgeltung der Haager Konventionen. Und der britische Außenminister Balfour hatte in seinem oben bereits zitierten Schreiben an Lansing unmissverständlich

---

169 Ernst Neukamp, Die Haager Friedenskonferenzen und der Europäische Krieg, in: ZfV 8 (1914), S. 545–568, hier: S. 564.

Klage geführte über eine Staatengemeinschaft „plentifully supplied indeed with international laws, but with no machinery for enforcing them"[170].

In dem Moment, in dem die Achtung und Wahrung des Völkerrechts nicht mehr für ein selbstverständliches Merkmal der europäischen Großmächte gehalten werden konnte, wurde es erforderlich, über neue Möglichkeiten zur Sicherung der zwischenstaatlichen Rechtsverhältnisse nachzudenken. In den Entente-Staaten bestand wenig Glauben daran, nach dem Krieg nochmals zu den Arrangements des Europäischen Konzerts zurückkehren zu können. In den meisten Debatten wurde darum über eine Formalisierung und Pazifikation der anarchischen Staatenwelt nachgedacht, wie es ein britischer Jurist umriss: „In order that law and right, in the relationships of States, may be enabled to triumph over anarchy and brute force, the nations of the world must necessarily be bound together more closely by some kind of federal system."[171]

Ein näherer Blick zeigt, dass solche Forderungen immer noch aus den normativen Erwartungen und dem Fortschrittsglauben des ausgehenden 19. Jahrhunderts entwickelt waren. Die Aporien der internationalen Ordnung waren in dieser Sicht nicht durch eine übergeordnete Erzwingungsmacht zu beheben, sondern nur durch die Institutionalisierung einer gemeinschaftlichen Koordination und verbindlichen Kooperation. Mit solchen zwischenstaatlichen Strukturen sei schließlich keine Einschränkung der einzelstaatlichen Souveränität verbunden, so die zeitgenössische Lesart, sondern im Gegenteil ihr Schutz: Erst in einer formalisierten Staatengemeinschaft bestehe eine wechselseitige Verpflichtung zum Erhalt des Friedens und zur Durchsetzung des internationalen Rechts, und erst damit könne die Unabhängigkeit und territoriale Integrität jedes einzelnen Mitgliedsstaates – und zwar auch von kleineren Mächten wie Belgien oder Serbien – effektiv garantiert werden.

Als sich der amerikanische Präsident Wilson am 27. Mai 1916 erstmals öffentlich für eine solche neuartige Selbstorganisation der zivilisierten Staatenwelt in einem Völkerbund – um bei diesem in Deutschland eingebürgerten Begriff zu bleiben[172] – aussprach, gab er also längst zirkulierenden Forderungen

---

170 Balfour an Secretary of State, Brief v. 13.01.1917, in: FRUS 1917, Supp. 1, S. 17–21, hier: S. 18.

171 Vgl. Phillipson, International Law, S. 395. Für einen Überblick wesentlicher Debattenstränge siehe Carl Bouchard, Le citoyen et l'ordre mondial (1914–1919). Le rêve d'une paix durable au lendemain de la Grande Guerre en France, en Grande-Bretagne et aux États-Unis, Paris 2008, S. 95–188.

172 Zur deutschen Begriffsverwendung, die eng an Kants Begrifflichkeiten orientiert bleibt, vgl. Jörg Fisch, Das Volk im „Völkerrecht". Staat, Volk und Individuum im internationalen Recht am Ende des Ersten Weltkrieges, in: Manfred Hettling (Hrsg.), Volksgeschichten im Europa der Zwischenkriegszeit, Göttingen 2003, S. 38–64, hier: S. 50f.

nur den sichtbarsten Ausdruck. Nicht zufällig vor der ersten Jahresversammlung der 1915 gegründeten League to Enforce Peace plädierte Wilson für einen Zusammenschluss aller Nationen, der nicht als Allianz oder Kriegsbündnis gedacht war, sondern als gemeinschaftliche Abwehr einzelner, aggressiver Störer des Weltfriedens: „[C]oercion shall be summoned not to the service of political ambition or selfish hostility, but to the service of a common order, a common justice, and a common peace."[173] Dieses Bekenntnis wurde später im 14-Punkte-Programm nochmals bekräftigt. Es sei eine „general association of nations" notwendig, so hieß es dort, begründet „under specific covenants for the purpose of affording mutual guarantees of political independence and territorial integrity to great and small states alike."[174]

Derartige Aussagen haben in der zeitgenössischen Wahrnehmung, aber auch in der Forschung dazu geführt, die Forderung nach einem Völkerbund unter den amerikanischen Kriegszielen denkbar hoch anzusetzen. Das ist nicht ganz falsch, allerdings muss berücksichtigt werden, dass in allen alliierten Staaten über eine weitere Formalisierung und Verregelung der zwischenstaatlichen Beziehungen nachgedacht wurde. Überdies war es keineswegs ausgemacht, wie sich in einer selbstregulierenden Staatenwelt zentrale Ordnungsprinzipien institutionalisieren und gewährleisten lassen würden; man musste dazu nicht notwendig an eine supranationalen Körperschaft mit eigenen Organen denken. Der folgende Blick auf die in den französischen, britischen und amerikanischen Planungsgruppen geführten Debatten über einen Völkerbund fragt daher nicht allein nach Konkurrenz und Verknüpfung der unterschiedlichen Entwürfe, sondern vor allem danach, inwieweit sie mit den weiteren Friedens- und Nachkriegsplanungen der alliierten Nationen verknüpft waren.

(1.) In Paris war, den innenpolitischen Krisen und häufigen Regierungswechseln zum Trotz, seit dem Frühjahr 1916 in verschiedenen Kommissionen versucht worden, die anfänglich nur äußerst vagen französischen Kriegsziele auszuformulieren und im Hinblick auf eine künftige Friedensordnung zu präzisieren. Daraus erwuchs Anfang des nachfolgenden Jahres das „Comité d'Études", in dem sich eine kleine Gruppe französischer Wissenschaftler, vornehmlich Historiker und Geographen, auf Initiative des seinerzeitigen Premier- und Außenministers Aristide Briand zusammenfand. Die Debatten kreisten vor allem um die politisch-territorialen und wirtschaftlichen Dimensionen einer künf-

---

173 Woodrow Wilson, Address Delivered at the First Annual Assemblage of the League to Enforce Peace v. 27.05.1916, in: PWW, Bd. 37, S. 113–116. Siehe auch Lloyd E. Ambrosius, Woodrow Wilson, Alliances, and the League of Nations, in: Journal of the Gilded Age and Progressive Era 5, H. 2 (2006), S. 139–165, hier: S. 140–144.
174 Woodrow Wilson, Adress to Congress v. 08.01.1918, in: PWW, Bd. 45, S. 534–539, hier: S. 538.

tigen Neuordnung in Europa, später auch darüber hinaus, blieben andererseits jedoch traditionellen Denkmustern verhaftet. Die Rückkehr Elsass-Lothringens und die künftige Stellung des Saarlandes nahmen breiten Raum ein, ebenso der Wiederaufbau in Nordfrankreich, schließlich die Frage der deutsch-französischen Grenze im Rheinland. Es dominierten militärstrategische, in geringerem Umfang ökonomische Argumente, kaum jedoch Überlegungen für eine allgemeine Friedensordnung oder eine Neufassung der Staatenbeziehungen.[175]

Eben diese Frage der internationalen Ordnung nahm die im Juni 1917 begründete Commission interministérielle d'Études pour la Société des Nations in den Blick, zu deren Vorsitzendem Léon Bourgeois berufen wurde. Diese Wahl war keine Überraschung. Als herausragender Verfechter einer zwischenstaatlichen Verrechtlichung hatte sich Bourgeois seit den Haager Konferenzen vielfach profiliert. In der Öffentlichkeit der Dritten Republik war er regelmäßig mit entsprechenden Stellungnahmen präsent, etwa wenn er in einer Rede zu Ehren von Louis Renault, dem 1907 der Friedensnobelpreis verliehen worden war, emphatisch für eine „organisation juridique de la vie internationale" warb und die Haager Konferenzen als erste Schritte zu einer „société de droit entre les nations" bezeichnete.[176] Zwar bestand in der französischen Regierung nur sehr begrenztes Interesse an solchen Fragen, doch das Ernennungsschreiben für Bourgeois formulierte hochgesteckte Ziele. Die Kommission sollte Möglichkeiten erörtern für einen Bund „à garantir à l'avenir le monde civilisé contre le retour des guerres et de faire régner entre elles la concorde et la paix, sans lesquelles l'humanité ne saurait progresser dans les voies de la civilisation."[177]

Auf die Zusammensetzung der „Commission interministérielle" hatte Bourgeois offenbar nur teilweise Einfluss nehmen können. Während sich das „Comité d'Études" als akademisches Gremium in bewusstem Abstand zur französischen Außenpolitik bewegte, setzte sich die Bourgeois-Kommission zur einen Hälfte aus Diplomaten zusammen, versammelte aber zur anderen Hälfte sämtlichen völkerrechtlichen Sachverstand, den das Außenministerium aufbieten

---

175 Vgl. Comité d'études. Travaux, 2 Bde., Paris 1918f. Siehe auch Olivier Lowczyk, La fabrique de la paix. Du Comité d'études à la Conférence de la paix, l'élaboration par la France des traités de la Première guerre mondiale, Paris 2010, zum weiteren Kontext zudem Soutou, L'or et le sang, S. 231–412; Stevenson, French War Aims, S. 36–60.
176 Léon Bourgeois, La Société des Nations, in: Bourgeois, Pour la société, S. 265–289, hier: S. 272, 285.
177 Ribot an Bourgeois, Brief v. 26.07.1917, in: AD, Papiers Bourgeois, PA-AP 29/17. Siehe auch Jackson, Beyond the Balance, S. 178–189; Guieu, Rameau, S. 46f.; Blair, Origins, S. 75–79; Christa Haas, Die französische Völkerbundpolitik 1917–1926, Dortmund 1996, S. 28f., 41–43, für das vorherige Engagement von Bourgeois zudem Lowczyk, Fabrique de la Paix, S. 40f.

konnte.[178] Dazu zählten Louis Renault und dessen Stellvertreter André Weiss und Henri Fromageot, als zusätzlicher Assistent aber auch Jules Basdevant, der nach einem Fronteinsatz zunächst nicht an die Universität Grenoble zurückgekehrt, sondern an das Außenministerium abgeordnet worden war. Eine Schlüsselstellung nahm der Sekretär der Kommission ein, Maximilien Jarousse de Sillac, der schon während der Haager Friedenskonferenz von 1907 für Bourgeois gearbeitet hatte und über exzellente Verbindungen in die USA verfügte.[179] Im Herbst 1916 versuchte er in mehreren inoffiziellen Gesprächen die amerikanische Haltung zu einem Völkerbund auszuloten, wobei er nicht allein mit Politikern wie Elihu Root oder William Howard Taft, Edward House oder Theodore Marburg zusammentraf. Auch mit Völkerrechtlern wie John Bassett Moore oder James Brown Scott führte er Gespräche, wobei ihm Letzterer im Oktober 1916 nicht nur seine große Sympathie für Frankreich zu erkennen gab, sondern privatim Wilsons außenpolitischen Kurs kritisierte.[180]

Der Einfluss dieser Hintergrundgespräche auf die ein knappes Jahr später beginnende Kommissionsarbeit ist nur schwer einzuschätzen. Von Skepsis war bei Bourgeois wenig zu spüren. Es zeigte sich bald, dass der unter seiner Federführung entstehende Entwurf einer „Société des Nations" konzeptionell eng mit einem „pacifisme juridique" verzahnt war und sich stark an die Vorstellungswelt der Haager Konferenzen anlehnte. Es gehe um eine Körperschaft, so formulierte es der Abschlussbericht, zum Erhalt des Friedens „par la substitution du Droit à la force dans le règlement des conflits. Elle garantit donc également à tous les États, petits et grands, l'exercice de leur souveraineté."[181] Doch dazu müsse die Organisation nicht nur mit einer obligatorischen Schiedsbarkeit ausgestattet sein, wie sie 1907 am deutschen Widerstand gescheitert sei, sondern zugleich mit einer umfassenden Sanktionsgewalt, welche es überhaupt erst

---

178 Vgl. Blair, Origins, S. 79–89.

179 Vgl. Jackson, Tradition and Adaptation, S. 180; Blair, Origins, S. 86f., 100; Haas, Französische Völkerbundpolitik, S. 21–24; Hayne, French Foreign Office, S. 160f.; Kuehl, Seeking World Order, S. 234.

180 Vgl. Jarousse de Sillac, Notizen v. 03.10.1916, in: AD, Papiers Bourgeois, PA-AP 29/17, Bl. 159–161, dort auch Aufzeichnungen über die sonstigen Gespräche. Siehe auch am Rande Nouailhat, France et États-Unis, S. 401.

181 Hier zitiert nach der auf der Pariser Friedenskonferenz vorgelegten Fassung: Textes adoptés par la Commission Ministérielle Française de la Société des Nations, 08.06.1918, in: RdA, Bd. IV-B-1, S. 11–17, hier: S. 11, 15. Das Original unter dem Titel Textes adoptés par la Commission, 08.06.1919, in: AD, Série Société des Nations, Bd. 4, Bl. 230–245. Eine Übersetzung in David Hunter Miller, The Drafting of the Covenant, 2. Bde., New York 1928, Bd. 2, S. 238–246. Siehe auch Blair, Origins, S. 96f., daneben Andrew Williams, Why Don't the French do Think Tanks? France Faces up to the Anglo-Saxon Superpowers, 1918–1921, in: Review of International Studies 34, H. 1 (2008), S. 53–68, hier: S. 58–62.

möglich mache, aggressive Staaten wirksam zur Räson zu rufen. Eine Parallelisierung mit dem Modell der innerstaatlichen Gewalten war unübersehbar, denn
der „Société des Nations" war eine Legislative (ein Rat als politisches Lenkungs-
gremium der Staaten) ebenso zugedacht wie eine Judikative (ein internationaler
Gerichtshof) und eine Exekutive (eine internationale Armee).[182]

Auf dieses weitreichende Programm hatten die Jurisconsultes des Quai
d'Orsay in der Kommission wiederholt kritisch reagiert. Zwar teilten Renault
und seine Mitarbeiter das grundsätzliche Anliegen von Bourgeois, hielten seine
Konzeption aber angesichts des damit verbundenen Strukturbruchs in den internationalen Beziehungen für kaum realistisch. Henri Fromageot bezweifelte
in einem Bericht über die völkerrechtlichen Grundlagen beispielsweise, ob jetzt
schon der Zeitpunkt für eine derartige Organisation gekommen sei.[183] Auch in
den Wortmeldungen der anderen Juristen zeigte sich Skepsis, etwa wenn Jules
Basdevant anregte, die „Société des Nations" nicht als starres System anzulegen, sondern die Dynamik der internationalen Machtbeziehungen zu berücksichtigen.[184] Doch diese Einwendungen, die sich auf ähnliche Weise in den Vorbehalten altgedienter Diplomaten spiegelten, blieben meist ohne Resonanz. Der
Abschlussbericht aus der Feder von Bourgeois ging in ungebrochenem Optimismus von einer grundsätzlichen Identität von Recht und Frieden aus und präsentierte die „Société des Nations" als unmittelbare Ableitung der republikanischen Werte Frankreichs.[185]

Angesichts dieses überschießenden Idealismus überrascht es nicht, wenn
innerhalb des Pariser Regierungsapparats um 1917/18 offen bezweifelt wurde,
dass damit den konkreten Sicherheitsansprüchen Frankreichs gedient sei, für
die eine Rückführung Elsass-Lothringens, eine Kontrolle über die deutsche Roh-
stoffindustrie oder ein neubegründetes Polen weitaus bedeutsamer schienen.[186]
Bereits gegenüber den Aussagen Wilsons hatte sich die Pariser Regierung zurückhaltend gezeigt, doch eine noch größere Distanz bestand zu den französischen Anhängern eines Völkerbunds.[187] Es war eine vergebliche Hoffnung,
wenn Theodore Marburg in einem Brief an Bourgeois darum bat, dieser möge

---

182 Vgl. Haas, Französische Völkerbundpolitik, S. 44–53. Als Vorbild unübersehbar ist Bourgeois, Société des Nations.
183 Vgl. Henri Fromageot, Limites en droit (Bericht), Protokoll v. 28.09.1917, in: AD, Société
des Nations, Bd. 1, Bl. 63–69. Zu den Zweifeln von Fromageot auch Jackson, Beyond the Balance, S. 183f.
184 Vgl. Haas, Französische Völkerbundpolitik, S. 53–63.
185 Der Abschlussbericht v. 08.06.1918, in: RdA, Bd. IV-B-1, S. 11–17. Siehe auch Jackson,
Beyond the Balance, S. 188f.
186 Vgl. dazu etwa Soutou, L'or et le sang, S. 141–192, 279–304.
187 Vgl. Guieu, Rameau, S. 35–45; Bouchard, Citoyen, S. 63–94.

doch seinen Einfluss innerhalb der französischen Regierung für die Sache der amerikanischen League to Enforce Peace verwenden.[188] Bei Licht betrachtet war Bourgeois, wie der amerikanische Anwalt Felix Frankfurter nach einigen Gesprächen in Paris bald merkte, „a voice crying in the wilderness"[189] und auf der politischen Bühne fast vollständig isoliert. Das bestätigt auch die offizielle Aufnahme des Kommissionsberichts im französischen Ministerrat am 25. Juni 1918. Ohne den Bericht gelesen zu haben, ohne auch auf die Sache selbst einzugehen, bedachte der seit November 1917 amtierende Regierungschef Georges Clemenceau lediglich Bourgeois mit einigen spöttischen Kommentaren und folgte ansonsten der Empfehlung von Außenminister Stéphen Pichon, den Text ohne weitere Stellungnahme der französischen Regierung nach London, Washington und Rom zu übermitteln.[190] Immerhin: Als es darum ging, die Delegierten für die Friedensverhandlungen zu nominieren, konnte Clemenceau an Bourgeois kaum vorbeigehen und benannte ihn, obschon mit einigem Widerwillen, als Vertreter Frankreichs für die Frage des Völkerbundes.

(2.) In Großbritannien ressortierten die Planungen und Vorbereitungen für die Friedenskonferenz ebenfalls im Außenministerium, wo man ab 1916/17 ernsthaft damit begonnen hatte, sich mit den möglichen Problemen einer Nachkriegsordnung auseinanderzusetzen. Verschiedene Experten sollten für das Foreign Office zunächst Informationen zu zahlreichen Einzelfragen zusammentragen, woraus eine weitgespannte Publikationsreihe mit nicht weniger als 174 sogenannten „Peace (Hand-)Books" erwuchs, die teils einen Umfang von mehreren hundert Seiten aufwiesen. Diese Schriften bildeten zugleich das Rückgrat des im März 1918 etablierten „Political Intelligence Department" (PID), das unter der Aufsicht des Staatssekretärs Charles Hardinge und der Leitung von William Tyrrell stand. Eine solche Professionalisierung und auch Akademisierung besaß allerdings Fallstricke eigener Art, denn rasch tauchte das Problem auf, wie mit einer solchen Informationsfülle überhaupt umzugehen sei; allein für Afrika lagen beispielsweise vierzig „Peace Books" vor.[191]

---

188 Marburg an Bourgeois, Brief v. 13.09.1917, in: AD, Papiers Bourgeois, PA-AP 29/16. Marburg, ein republikanischer Politiker aus Baltimore und von Taft kurzzeitig als Botschafter nach Brüssel entsandt, zählte zu den Unterstützern Wilsons in der League to Enforce Peace, vgl. Knock, To End all Wars, S. 56, 148.

189 Frankfurter an Lansing, Brief v. 07.08.1917, in: FRUS, Lansing Papers, Bd. 2, S. 38–42, hier: S. 41.

190 Vgl. Poincaré Journal, Eintrag v. 25.06.1918, in: Raymond Poincaré, Au service de la France. Neuf années de souvenirs, 11 Bde., Paris 1974, Bd. 10, S. 244f. Siehe auch Stevenson, French War Aims, S. 109f.

191 Vgl. Goldstein, Winning the Peace, S. 39–47; Michael L. Dockrill/Zara Steiner, The Foreign Office at the Paris Peace Conference in 1919, in: International History Review 2, H. 1 (1980), S. 55–86, hier: S. 67; Kitsikis, Rôle des experts, S. 13. Siehe auch den Bestand in: TNA, FO 373.

In der Frage einer neuen Organisation der Staatenbeziehungen in Form eines Völkerbundes hatte die britische Regierungsspitze anfangs noch versucht, mit den USA in einen näheren Kontakt zu treten und bereits im Vorfeld eine einheitliche Position der angloamerikanischen Nationen abzustimmen.[192] Doch da sich Wilson gegen jede Form einer solchen Absprache sperrte, wurden die entsprechenden Planungen ebenfalls an das Foreign Office abgegeben, obwohl – oder gerade weil – dieses von dem eigentlichen politischen Entscheidungszentrum in London zunehmend isoliert war. Spätestens mit der Einrichtung des War Cabinet im Winter 1916 und des Imperial War Cabinet im Frühjahr 1917 waren alle wesentlichen Entscheidungen der Außenpolitik auf Premierminister David Lloyd George und den kleinen Zirkel seiner politischen Vertrauten übergegangen. Der im Dezember 1916 zum Außenminister ernannt Arthur Balfour wurde aus den eigentlichen Entscheidungsprozessen weitgehend herausgehalten, ebenso die von Lloyd George stets misstrauisch beäugten Diplomaten und das allgemeine Personal des außenpolitischen Dienstes.[193] Einzig der parlamentarische Unterstaatssekretär des Foreign Office, der konservative Parlamentsabgeordnete Robert Cecil, konnte sich verschiedentlich Gehör beim Premierminister verschaffen. Nicht zuletzt weil er nach seiner Ernennung zum „Minister of Blockade" (eigentlich eine Koordinationsfunktion im Rahmen des Außenamtes) zugleich über Kabinettsrang verfügte, überstieg Cecils Einfluss auf die britische Außenpolitik in dieser Phase zumeist den seines nominellen Vorgesetzten Arthur Balfour.[194]

Ebenso wie in Paris wurde die Frage eines Völkerbundes daher auch in London zunächst getrennt von den Vorbereitungen für spätere Friedensverhandlungen behandelt, und ebenso wie in der französischen Regierung zeigten sich auch in Whitehall bald Spannungen zwischen politischen Vorstellungen und juristischen Vorbehalten. So hatte beispielsweise Robert Cecil im Oktober 1916, noch unter der Regierung von Herbert Asquith, ein leidenschaftliches Memorandum für eine Neuorganisation der staatlichen Beziehungen verfasst, das im War

---

192 Vgl. Peter J. Yearwood, Guarantee of Peace. The League of Nations in British Policy, 1914–1925, Oxford, New York 2009, S. 75–84; Seth P. Tillman, Anglo-American Relations at the Paris Peace Conference of 1919, Princeton 1961, S. 108–117.

193 Vgl. Roberta M. Warman, The Erosion of Foreign Office Influence in the Making of Foreign Policy, 1916–1918, in: Hist. J. 15, H. 1 (1972), S. 133–159; Gordon A. Craig, The British Foreign Office from Grey to Austen Chamberlain, in: ders. (Hrsg.), The Diplomats 1919–1939, Princeton 1953, S. 15–48, hier: S. 17–25. Daneben: Fry, And Fortune Fled, S. 89–144.

194 Vgl. Gaynor Johnson, Lord Robert Cecil. Politician and Internationalist, Farnham 2013, S. 53–74; Maja Bachofen, Lord Robert Cecil und der Völkerbund, Zürich 1959, S. 15–17.

Cabinet im April und Anfang Mai 1917 wohlwollend diskutiert wurde.[195] Wenig später, im Juli, legte jedoch Cecil Hurst als Legal Advisor des Foreign Office ein kritisches Memorandum vor, welches sich nominell mit dem Entwurf der amerikanischen League to Enforce Peace auseinandersetzte, im Grunde aber die gesamte Idee einer weitreichenden Staatenorganisation verwarf und stattdessen einen lockeren Konferenzmechanismus zur Friedenssicherung vorschlug.[196] Es gab also gute Gründe, wenn Balfour zum Jahresende ein Committee on the League of Nations einsetzte, welches einen kohärenten Vorschlag für eine abgestimmte britische Position entwickeln sollte. Als Vorsitzender wurde der Richter Walter Phillimore ernannt, dem drei Angehörige des Foreign Office (Eyre Crowe, der bereits den Entwurf von Robert Cecil ausführlich kritisiert hatte; William Tyrrell; Cecil Hurst) sowie drei Historiker (Julian Corbett, Albert F. Pollard, J. Holland Rose) zur Seite standen.[197]

Ab Januar 1918 entwickelte dieses Phillimore-Komitee in neun Sitzungen einen eigenen Entwurf für eine Staatenorganisation. Der Abschlussbericht wurde am 3. Juli 1918 vorgelegt, vielleicht wichtiger war aber der Zwischenbericht vom 20. März, dessen Empfehlungen die weitere britische Diskussion prägen sollten.[198] Auffallend war von Beginn an, dass alle Planungen eher zurückhaltend ausfielen und, wie es schon Cecil Hurst vorgesehen hatte, lediglich auf ein institutionalisiertes Konferenzsystem hinausliefen, welches als vermittelnde Instanz zwischen den Staaten etabliert werden sollte. Eine Garantie des territorialen Status quo war damit nicht verbunden, ebenso wenig ein Instrumentarium zur Kriegsvermeidung, obwohl Letzteres seit geraumer Zeit in legalistischen Kreisen immer wieder gefordert worden war. So fehlte nicht nur ein automatischer Sanktionsmechanismus gegenüber einem Aggressor, sondern ebenso ein obligatorisches Schiedsverfahren oder gar ein Internationaler Gerichtshof; die Haager Konferenzen wurden mittlerweile von Cecil Hurst so skeptisch beurteilt, dass er sich gegen jede auch nur rhetorische Anknüpfung aussprach.[199] Zwar

---

195 Vgl. Johnson, Lord Robert Cecil, S. 88f.; Robert Cecil of Chelwood, A Great Experiment. An Autobiography, New York 1941, S. 353–357.

196 Vgl. Cecil Hurst, Memorandum/Alternative Draft Convention v. Juli 1917, in: TNA, FO 800/249, Bl. 2–4. Siehe auch Alfred Zimmern, The League of Nations and the Rule of Law, 1918–1935, London 1936, S. 161–165.

197 Vgl. Yearwood, Guarantee of Peace, S. 49, 74–79; Crowe/Corp, Our Ablest Public Servant, S. 306; Tillman, Anglo-American Relations, S. 109.

198 Die Berichte in: TNA, FO 373/3439. Der Zwischenbericht auch in Miller, Drafting, Bd. 1, S. 3–8.

199 Vgl. etwa Committee on the League of Nations, Protokoll v. 27.02.1918, in: TNA, FO 371/3483, S. 2f. Siehe auch Yearwood, Guarantee of Peace, S. 77; Davis, United States and the Second Hague Peace Conference, S. 346f.

hatte Walter Phillimore als Vorsitzender durchaus „juridical inclinations"[200] an den Tag gelegt. Doch im Kern fiel der unter seiner Ägide entstandene Plan letztlich pragmatisch und zurückhaltend aus, zumal im Vergleich zu den französischen Vorschlägen. Weder das kardinale Prinzip einzelstaatlicher Souveränität noch auch die komplizierte Architektur des British Empire wurden ernsthaft tangiert, sondern die vorgeschlagene „League of Nations" nach britischen Vorstellungen war als begrenzte und flexible Instanz für die Aushandlung internationaler Streitigkeiten angelegt.[201]

Es war dieser Zwischenbericht des Phillimore-Komitees, den das britische Imperial War Cabinet im Mai 1918 an die Regierungen der Dominions sowie an den amerikanischen Präsidenten übermittelte. Zwar hatte sich Wilson zu diesem Zeitpunkt noch nicht öffentlich festgelegt, aber die inzwischen durchgesickerten Details der amerikanischen Planungen zu einem Völkerbund ließen bereits eine sehr viel umfangreichere Institution mit eigenen Kompetenzen erkennen, was sich in den Augen des Foreign Office in bedenklicher Weise an die Vorschläge der Bourgeois-Kommission anzunähern schien; der französische Plan erschien nicht nur Eyre Crowe aufgrund der Forderungen nach einer internationalen Armee als reine Phantasterei.[202] Trotzdem sah man sich in London unter Zugzwang gesetzt, so dass erste Synthesen der alliierten Entwürfe ausgearbeitet wurden. Im Dezember legte auch Robert Cecil, inzwischen zum Leiter einer Völkerbunds-Abteilung im Außenministerium ernannt, nochmals einen neuen Entwurf vor, der sich bei näherem Hinsehen aber nur graduell vom Plan der Phillimore-Kommission unterschied und allenfalls kleinere Zugeständnisse an die amerikanische Seite machte.[203]

Diese sorgsam durchdachten Planungen des Foreign Office wurden bald durch ein Memorandum des südafrikanischen Politikers und Generals Jan Smuts, den Lloyd George als Vertreter der Dominions in das Imperial War Cabinet berufen hatte, durcheinandergewirbelt. Obwohl er sich maßgeblich auf die Ausarbeitung von Alfred Zimmern stützte, ging Smuts über die Idee eines flexiblen Konferenzsystems hinaus und plädierte bereits im Vorwort für eine „radical transformation"[204] des internationalen Systems. Um das infolge des Krieges eingetretene Machtvakuum besonders in Osteuropa, im Nahen Osten und Teilen von Afrika und Asien auszufüllen, sei eine dauerhafte und mit starker Exekutiv-

---

200 So Zimmern, League of Nations, S. 180.

201 Vgl. Yearwood, Guarantee of Peace, S. 75–77; Crowe/Corp, Our Ablest Public Servant, S. 303–307; Goldstein, Winning the Peace, S. 210–213; Zimmern, League of Nations, S. 179–185.

202 Vgl. Miller Diary, Eintrag v. 05.12.1918, in: DHMD, Bd. 1, S. 33.

203 Vgl. Johnson, Lord Robert Cecil, S. 92–97; Yearwood, Guarantee of Peace, S. 83–86; Goldstein, Winning the Peace, S. 213–216.

204 Jan Christiaan Smuts, The League of Nations. A Practical Suggestion, London 1918, S. V.

macht ausgestattete Organisation notwendig, die sich nach Lage der Dinge einzig auf die Großmächte stützen könne. Dass dabei das British Empire mit seiner nahezu weltweiten Interventionsfähigkeit als Modell im Hintergrund stand, war unverkennbar. Weder Smuts noch sein Stichwortgeber Zimmern waren, wie es der französische Entwurf vorsah, von einem starren Verbund aus gleichrangigen Staaten überzeugt, sondern plädierten für einen anpassungsfähigen Mechanismus, welcher den Hierarchien und Dynamiken der internationalen Politik flexibel Rechnung tragen würde. Entsprechend machte Smuts den Vorschlag, eine zweigliedrige Institution mit einem Rat der Großmächte einerseits und einer periodisch zusammentretenden allgemeinen Staatenversammlung andererseits zu schaffen, wobei dem Rat besonders für die Verwaltung „unzivilisierter" und staatenloser Territorien erhebliche Kompetenzen zugedacht waren.[205]

Zur Überraschung des Foreign Office reagierte die britische Regierung mit Sympathie auf Smuts' Entwurf.[206] Er stieß zudem bei Wilson auf große Zustimmung,[207] obwohl – oder gerade weil – auch die amerikanischen Rechtsexperten deutliche Vorbehalte aus juristischer Sicht anmeldeten: eine emotionalisierende Sprache, unpräzise und mehrdeutige Begrifflichkeiten, erkleckliche Lücken.[208] Doch selbst Robert Cecil lobte Smuts' Vorschläge in einer Sitzung des War Cabinet am 23. Dezember 1918, auch wenn sich nicht feststellen lässt, inwiefern sich hier Opportunismus und Überzeugung vermischten. Ein endgültiger Beschluss zur britischen Position wurde trotzdem immer noch nicht gefasst, so dass letztlich offen blieb, welchen der kursierenden Pläne die British Empire Delegation in den Friedensgesprächen vertreten würde. Dass Robert Cecil die technische Verantwortung für alle Fragen zum Völkerbund übertragen wurde, Jan Smuts hingegen als verhandlungsbevollmächtigter Delegierter Südafrikas gleichfalls nach Paris fahren würde, ließ noch keine Vorentscheidung erkennen.[209]

(3.) Dass die Idee eines Völkerbundes das zentrale amerikanische Kriegsziel dargestellt habe, ist, wie erwähnt, eine holzschnittartige Verkürzung, die in die-

---

205 Vgl. ebenda, daneben Goldstein, Winning the Peace, S. 216–218; Zimmern, League of Nations, S. 209–214. Zu den liberal-imperialen Ideenwelten von Smuts und Zimmern auch Mark Mazower, No Enchanted Palace. The End of Empire and the Ideological Origins of the United Nations, Princeton 2009, S. 40–42, 78–86; Jeanne Morefield, Covenants without Swords. Idealist Liberalism and the Spirit of Empire, Princeton 2005, S. 96–230.
206 Vgl. Yearwood, Guarantee of Peace, S. 103; Goldstein, Winning the Peace, S. 218.
207 Vgl. George Curry, Woodrow Wilson, Jan Smuts, and the Versailles Settlement, in: AHR 66, H. 4 (1961), S. 968–986, hier: S. 969f; Mazower, No Enchanted Palace, S. 42–65.
208 Vgl. David Hunter Miller/James Brown Scott, Summary Observations, Memorandum v. 13.01.1919, in: Miller, Drafting, Bd. 1, S. 34f.
209 Vgl. Yearwood, Guarantee of Peace, S. 103–106; Crowe/Corp, Our Ablest Public Servant, S. 309f.; Goldstein, Winning the Peace, S. 217–219. Daneben: Cecil of Chelwood, Great Experiment, S. 61; Lloyd George, Truth, Bd. 1, S. 619–634.

ser Form kaum zu halten ist. Zu drängend waren die Anforderungen des Tages, zu unterschiedlich die Auffassungen der beteiligten Akteure, zu vage auch die Vorstellungen, wie sich eine neuartige Assoziation souveräner Staaten überhaupt organisieren lasse. Und trotzdem: Nicht allein für Gruppierungen wie die League to Enforce Peace, sondern auch für Woodrow Wilson wurde die Neuorganisation der internationalen Gemeinschaft im Kriegsverlauf immer mehr zum „key to a new world order"[210]. Wenngleich die Haltung des amerikanischen Präsidenten schon Zeitgenossen als schwankend und nicht immer widerspruchsfrei erschien, lässt sich doch von seinem ersten öffentlichen Plädoyer für einen Völkerbund am 27. Mai 1916 („the nations of the world must in some way band themselves together"[211]) über mehrere aufsehenerregende Ansprachen bis zum 14-Punkte-Programm vom 8. Januar 1918 eine Linie ziehen, die mit immer größerer Bestimmtheit auf eine neuartige Institutionalisierung der Staatengemeinschaft hinauslief.[212]

Im September 1917 hatte Edward House von Wilson den Auftrag erhalten, eine Studiengruppe zur Diskussion der amerikanischen Kriegsziele und Friedensplanungen einzuberufen, die unabhängig vom Außenministerium arbeiten sollte. Dort wurden zwar ebenfalls erste Pläne für eine Nachkriegsordnung geschmiedet. Doch dass im State Department vor allem das etablierte Völkerrecht und die Haager Konferenztradition im Vordergrund stehen würden, war ein offenes Geheimnis, ebenso die Tatsache, dass Juristen dort bei allen Planungen eine prominente Rolle spielen würden. Neben engen Mitarbeitern von Robert Lansing wie Lester H. Woolsey und James Brown Scott waren intern auch die beiden ehemaligen Rechtsberater Chandler P. Anderson und John Bassett Moore genannt worden, mithin alles Exponenten des legalistischen Milieus aus dem weiteren Umfeld der American Society of International Law.[213]

Auch wenn fraglich ist, ob man im Weißen Haus über diese Planungen im Detail informiert war, zeigten sich Wilson und seine Mitstreiter fest entschlossen, keinesfalls dem State Department die Federführung zu überlassen. Von

---

210 So Ambrosius, Democracy, S. 228.
211 Woodrow Wilson, Address Delivered at the First Annual Assemblage of the League to Enforce Peace v. 27.05.1916, in: PWW, Bd. 37, S. 113–116, hier: S. 115.
212 Vgl. Ambrosius, Democracy, S. 228–234; Thomas J. Knock, Wilsonian Concepts and International Realities at the End of the War, in: Boemeke/Feldman/Glaser (Hrsg.), Treaty of Versailles, S. 111–130, hier: S. 114–116.
213 Vgl. Maryann Civitello, The State Department and Peacemaking, 1917–1920. Attitudes of State Department Officials toward Wilson's Peacemaking Efforts, Ph.D. Fordham Univ. 1981, S. 76–87; Gelfand, Inquiry, S. 24–26. Als erste Ideenskizze siehe Breckinridge Long/Lester Woolsey an Lansing, Brief v. 04.08.1917, in: FRUS, PPC 1919, Bd. 1, S. 9f., wo bereits James Brown Scott als Experte für alle Fragen des Völkerrechts genannt wird.

House mit der Entscheidung für eine unabhängige Studiengruppe konfrontiert, gab Lansing allerdings nach und kündigte seine Unterstützung an, wenngleich es ihm anschließend nicht gelang, wenigstens Chandler Anderson in dieser Runde unterzubringen.[214] House war zwar diplomatisch versiert genug, die meist konservativen Führungsköpfe des legalistischen Establishments immer wieder einzubinden.[215] Doch als er in den folgenden Wochen das Personaltableau der neuen Gruppe zusammenstellte, achtete er sehr genau darauf, vorwiegend Personen aus dem Spektrum eines „progressive internationalism"[216] zu rekrutieren. In die Führungsriege aufgenommen wurden sein Schwager, Sidney E. Mezes, Professor für Philosophie und Präsident des City College in New York; Walter Lippmann, ein junger Publizist und Mitherausgeber des linksliberalen Magazins New Republic; James T. Shotwell, ein Historiker von der Columbia University; Isaiah Bowman, Direktor der American Geographical Society; schließlich David Hunter Miller, ein Rechtsanwalt, der zusammen mit dem Schwiegersohn von House, Gordon Auchincloss, eine vor allem auf wirtschaftliche Fragen spezialisierte Kanzlei in New York führte.[217]

Jenseits dieser fünfköpfigen Führungsgruppe aus dem gehobenen, vielfach der Demokratischen Partei nahestehenden Bürgertum New Yorks wuchs die „Inquiry" – wie die neutral-zurückhaltende Bezeichnung lautete[218] – rapide an. Mitte Januar 1918 verfügte sie bereits über 51 Mitarbeiter, eine Zahl, die in der Spitze auf über 130 Personen stieg. Mit dem anwachsenden Mitarbeiterstamm stiegen indes die Ambitionen, sowohl was die thematische Breite als auch die Gründlichkeit der akademischen Bearbeitung anging. Es wurde eine immense Zahl von Memoranden erstellt, die alle nur denkbaren territorialen, aber auch wirtschaftlichen und sozialen Probleme für eine künftige Friedensordnung behandelten. Dabei ging es insbesondere darum, dauerhafte Lösungen für jene „war-breeding areas" zu entwickeln, welche sich als stete Quelle internationaler Konflikte erwiesen hätten. Schon die ersten Übersichten begannen meist bei El-

---

214 Vgl. Civitello, State Department, S. 87–105; Gelfand, Inquiry, S. 25–31, 73. Siehe auch Lansing an Mezes, Brief v. 05.11.1917, in: NA-RA, RG 256 (M820, Roll 195), 182/4, sowie Lansing, Peace Negotiations, S. 17f.

215 Vgl. Zasloff, Law and the Shaping, S. 337f.

216 Vgl. Knock, Wilsonian Concepts, S. 48–69, 112f.

217 Vgl. Gelfand, Inquiry, S. 32–52. Siehe etwa auch Neu, Colonel House, S. 318, 354f.; Hodgson, Woodrow Wilson's Right Hand, S. 158–161; Jay M. Winter, Dreams of Peace and Freedom. Utopian Moments in the Twentieth Century, New Haven 2006, S. 53–56; Jonathan M. Nielson, American Historians in War and Peace. Patriotism, Diplomacy, and the Paris Peace Conference 1919, Dubuque 1994, S. 55–73; Shotwell, Paris Peace Conference, S. 3–19; Sidney E. Mezes, Preparations for Peace, in: House/Seymour (Hrsg.), What really Happened at Paris, S. 1–14. Eher mokant hingegen Andelman, Shattered Peace, S. 18–21.

218 Vgl. Shotwell, Paris Peace Conference, S. 8; Gelfand, Inquiry, S. 41.

sass-Lothringen und führten über den europäischen Irredentismus und die Randzonen des Osmanischen Reiches bis in den Fernen Osten. Um einen Völkerbund ging es zunächst nur am Rande, obwohl Möglichkeiten „for organizing (giving structure to) a concert of the authority and force of mankind to insure a just and lasting peace" erörtert werden sollten.[219] Ganz ähnlich wie beim PID des Foreign Office wollte die Inquiry den amerikanischen Delegierten eines künftigen Friedenskongresses vor allem belastbare und orientierende Angaben liefern, und ganz ähnlich führte dies nicht selten zu einem Übermaß nicht mehr sinnvoll rezipierbarer Informationen.[220]

Für völkerrechtliche Fragen wurde innerhalb der Inquiry im November 1917 eine eigene Abteilung gebildet, die zunächst kommissarisch von Joseph P. Chamberlain (Columbia University) geleitet und im Januar 1918 dann von David Hunter Miller übernommen wurde. Miller verfügte zwar kaum über völkerrechtliche Erfahrungen und hatte innerhalb der Inquiry, als deren Schatzmeister er auch amtierte, vor allem wirtschaftsrechtliche Angelegenheiten bearbeitet. Doch die Suche nach einem qualifizierten Völkerrechtler außerhalb der legalistischen Zirkel gestaltete sich offenkundig als schwierig, und Miller besaß neben einer guten Vernetzung in der New Yorker Geschäftswelt und einer loyalen Nähe zu House – den er gelegentlich mit lokalen Stimmungsberichten versorgte – vor allem die Gabe, juristische Fragen pointiert und verständlich zusammenzufassen.[221]

Als Abteilungsleiter agierte Miller nicht ungeschickt. Von Beginn an suchte er einen engen Kontakt zum State Department, obwohl im Dezember zunächst über eine Teilung der völkerrechtlichen Materien nachgedacht worden war: Alle Fragen des herkömmlichen (Kriegs-)Völkerrechts sollten beim Außenministerium in Washington ressortieren, so hatte Lippmann vorgeschlagen, alle in die Zukunft weisenden Themen einer neuen internationalen Ordnung – Völkerbund, Internationalisierung, Minderheitenschutz, Freiheit der Meere etc. – hin-

---

219 Vgl. A Preliminary Brief Outline of the Subjects to be Dealt with on the Inquiry [o.D.], Anlage zu Mezes an Lippmann, Brief v. 10.11.1917, in: FRUS, PPC 1919, Bd. 1, S. 16f. Siehe auch Neil Smith, American Empire. Roosevelt's Geographer and the Prelude to Globalization, Berkeley 2003, S. 113–188; Charles Seymour, Geography, Justice and Politics at the Paris Peace Conference of 1919, New York 1951.

220 Vgl. MacMillan, Peacemakers, S. 63; Kitsikis, Rôle des experts, S. 12–15, 161–191. Die Memoranden und Dossiers der Inquiry, wohl mehr als 1000 Stück, in: NA-RA, RG 256/4 (M1107). Eine Übersicht bei Sandra K. Rangel, Records of the American Commission to Negotiate Peace. Inventory of Record Group 256, Washington 1974, S. 22–152.

221 Vgl. Gelfand, Inquiry, S. 51f. u. 300f.; Hodgson, Woodrow Wilson's Right Hand, S. 142. Als Beispiel für die Zuträgerdienste vgl. den Bericht von einer Versammlung deutschstämmiger Amerikaner im Madison Square Garden, Miller an House, Brief v. 25.06.1915, in: LoC, Wilson Papers, Series II, Reel 71.

gegen bei der Inquiry in New York.[222] Eine solche klare Aufspaltung fand jedoch nicht statt, im Gegenteil. Miller wurde zum „special assistant" des State Department ernannt, und im Januar 1918 trafen House und Lansing zudem die Verabredung, dass eine gemeinsame Kommission von Inquiry und State Department für völkerrechtliche Fragen gebildet werden solle, der neben Miller auch James Brown Scott und der gegenwärtige Solicitor des Außenministeriums, Lester H. Woolsey, angehören würden.[223]

In dieser Zusammensetzung kooperierte das neue Komitee weitgehend spannungsfrei, offenbar aber auch, abgesehen von einem Treffen in New York im Juli 1918, rein virtuell.[224] Miller blieb in New York weitgehend in das Umfeld der Inquiry eingebunden und stützte sich ansonsten organisatorisch ganz auf seine private Anwaltskanzlei. Woolsey arbeitete innerhalb der regulären Bürokratie des State Departement in Washington. Scott, der bereits im Mai 1917 in das Judge Advocate General's Reserve Corps der US-Streitkräfte eingezogen worden war, wurde nun wieder an das Außenministerium abgeordnet, wo er Lansing zu Jahresanfang 1918 das Angebot machte, Räumlichkeiten und Ressourcen der Carnegie-Stiftung zu nutzen; in der Folge übernahm die International Law Division der CEIP nicht nur, wie erwähnt, einen beträchtlichen Teil der außenpolitischen Rechtsberatung des State Department, sondern Scott residierte bald wieder in seinem eigenen Büro, nur zwei Straßenzüge vom Außenministerium entfernt und schräg gegenüber vom Weißen Haus.[225]

Auch die jeweiligen Interessen und Tätigkeiten wiesen in unterschiedliche Richtungen. Woolsey hatte schon im Dezember 1917 damit begonnen, eine Liste von völkerrechtlichen Themen zusammenzustellen, die gegebenenfalls von der Friedenskonferenz behandelt werden könnten, was sich rasch auf über 40 Stichworte von „Aborigines" über „Nationality" bis zu „War" summierte.[226] Unab-

---

222 Vgl. Lippmann an House, Brief v. 28.12.1917, in: FRUS, PPC 1919, Bd. 1, S. 54.
223 Vgl. Walworth, America's Moment 1918, S. 76; Gelfand, Inquiry, S. 300–302. Zu Woolsey siehe etwa Eleanor H. Finch, Lester H. Woolsey, 1877–1961, in: AJIL 56, H. 1 (1962), S. 130–134; James Brown Scott, Lester H. Woolsey, the New Solicitor for the Department of State, in: AJIL 11, H. 3 (1917), S. 645f., sowie die Unterlagen in LoC, Woolsey Papers.
224 Vgl. Scott an Miller, Brief v. 21.06.1918, in: NA-RA, RG 256/1, Box 13; Woolsey an Miller, Brief v. 21.06.1918, in: NA-RA, RG 256/1, Box 16.
225 Vgl. Shotwell, Paris Peace Conference, S. 7, 9f.; Mezes, Preparations for Peace, S. 7. Weiter: Nurnberger, James Brown Scott, S. 254f., sowie zur Abordnung Scotts an das State Department auch Scott, Report (1919), hier: S. 106f., und Biddle an McCain, Brief v. 08.02.1918 (Auszug), in: NA-RA, RG 256 (M820, Roll 275); Lansing an Secretary of War, Brief v. 30.01.1918, in: GUSC, Scott Papers, Box 5/4.
226 Vgl. Woolsey an Mezes, Briefe v. 15.12.1917 (Durchschlag) u. 07.02.1918; Lester H. Woolsey, Memorandum v. 18.01.1918 (Durchschlag), in: NA-RA, RG 256/1, Box 13. Siehe auch die Papiere in: LoC, Woolsey Papers, Box 68.

hängig davon initiierte Scott im Rahmen der CEIP mehr als zwanzig einschlägige Monographien, Dokumentationen und Quellensammlungen, welche den juristischen wie historischen Hintergrund zahlreicher Gegenwartsprobleme der internationalen Beziehungen aufhellten und für den regierungsamtlichen Gebrauch vom State Department gedruckt wurden.[227] Miller schließlich konzentrierte sich, neben dem Aufbau einer Bibliothek mit der einschlägigen amerikanischen und internationalen Literatur zum Völkerrecht, vor allem auf die Auswertung der außenpolitischen Reden und Kommentare von Woodrow Wilson, um daraus Leitideen für die amerikanische Friedensplanung zu extrahieren und diese in juristischer Hinsicht zu interpretieren.

Auf diese Weise entstand zwar eine ausführliche Übersicht, welche völkerrechtlichen Fragen auf einer Friedenskonferenz erörtert werden könnten und in wessen Zuständigkeit sie jeweils fallen würden.[228] Doch ironischerweise stellte das rein kompilatorische, Ende Juli 1918 abgeschlossene Dossier von Miller den einzigen Versuch einer programmatischen Standortbestimmung dar. Unter dem Titel „American Program and International Law" wurden hier verschiedene Aussagen Wilsons zur Neuordnung der internationalen Beziehungen mit dem etablierten Völkerrecht in Beziehung gesetzt und zu einem mehr oder minder kohärenten Programm zusammengefügt. Das gesamte, nie veröffentlichte Dokument ist ein hervorragendes Zeugnis, wie aus einzelnen Aussagen des amerikanischen Präsidenten jener machtvolle „Wilsonianism" erwachsen konnte, der eine innere Stringenz und Überzeugungskraft besaß, die weit über Wilsons eigene, durchaus sprunghafte Auffassungen hinausgingen.[229] Auch Millers Rhetorik trug weniger die Züge einer allgemeinen juristischen Abhandlung denn die eines flammenden Plädoyers für den Präsidenten, der, so behauptete er in seinem Fazit, „asks nothing for America, but demands Freedom, Peace and Justice for the world"[230].

---

227 Vgl. James Brown Scott, Report of the Division of International Law, in: Carnegie Endowment for International Peace. Yearbook 9 (1920), S. 83–125, hier: S. 112. Siehe auch Gelfand, Inquiry, S. 302; Scott an Butler, Brief v. 10.11.1917, in: NA-RA, RG 256/1, Box 13.

228 Vgl. den Zwischenbericht v. 10.07.1918 und den Abschlussbericht v. 22.08.1918, in: LoC, Woolsey Papers, Box 68.

229 Zum „Wilsonianism" und seinen nicht immer kongruenten Verhältnis zur Außenpolitik Wilsons vgl. summarisch John A. Thompson, Wilsonianism. The Dynamics of a Conflicted Concept, in: International Affairs 86, H. 1 (2010), S. 27–47; Knock, Wilsonian Concepts; Ders., To End all Wars; David Steigerwald, Wilsonian Idealism in America, Ithaca, N.Y. 1994; Lloyd E. Ambrosius, Wilsonian Statecraft. Theory and Practice of Liberal Internationalism during World War I, Wilmington, Del. 1991.

230 Vgl. David Hunter Miller, American Program and International Law, in: DHMD, Bd. 2, S. 323–475, hier: S. 474. Siehe auch Miller, Drafting, Bd. 1, S. 18.

Noch während Miller an diesem Dossier arbeitete, wurde er zur Unterstützung der amerikanischen Völkerbund-Planungen hinzugezogen. Der Plan der britischen Phillimore-Kommission war mittlerweile in Washington eingetroffen und von Wilson an House weitergereicht worden, der darüber nun mit Miller und dem britischen Verbindungsoffizier William Wiseman in seinem Feriendomizil in Magnolia (Mass.) beriet. Aus diesen Gesprächen entstand nun erstmals ein amerikanischer Entwurf, der am 16. Juli abgeschlossen vorlag. Inhaltlich war dieser Magnolia Draft deutlich weitreichender als die zurückhaltenden britischen Vorschläge, doch als sich Woodrow Wilson im August selbst an die Arbeit machte und diese Vorarbeiten zu einem eigenen Entwurf umgestaltete, dehnten sich Umfang, Aufgabenspektrum und Kompetenzen des prospektiven Völkerbundes nochmals beträchtlich aus.[231]

Auf eine genauere Gegenüberstellung kann hier verzichtet werden, aber bereits auf den ersten Blick fällt auf, dass die amerikanischen Pläne ungefähr zwischen dem britischen und dem französischen Modell angesiedelt waren; Letzteres war nach seinem Eintreffen in Washington nicht zuletzt deshalb unbeachtet geblieben, weil es nach realistischer Einschätzung kaum als Herzensprojekt der Regierung von Clemenceau galt. Vergleichbar dem französischen Entwurf, sah jedoch auch der amerikanische Plan ein beachtliches Instrumentarium von Erzwingungsgewalten vor – von einem obligatorischen Schiedsverfahren bis zu wirtschaftlichen und militärischen Sanktionen –, ergänzt noch um weitreichende Abrüstungsforderungen und eine Garantie des territorialen Status quo. House hatte zudem einen internationalen Gerichtshof vorgesehen, den Wilson jedoch wieder gestrichen hatte. Damit gingen beide Entwürfe bereits über den Vorstellungshorizont von Millers Memorandum hinaus, wo als Sanktionsmacht immer noch auf die Kraft der öffentlichen Meinung gesetzt und ansonsten die Freiwilligkeit einer Schiedsbarkeit in der Haager Traditionslinie vorgesehen wurde.[232] Unbestritten war aber der grundsätzliche Konsens, dass die „partnership of peoples against conquest and dominion"[233] die zentrale Voraussetzung sei, um die Staatengemeinschaft ohne übergeordnete Erzwingungsgewalt auf ein friedliches und kooperatives Miteinander zu verpflichten.

Damit kann festgehalten werden, dass der Neugestaltung der internationalen Beziehungen zwar auch in den USA hohe Bedeutung zukam, eine stringente

---

231 Vgl. Neu, Colonel House, S. 355–357; Hodgson, Woodrow Wilson's Right Hand, S. 198–206; Crowe/Corp, Our Ablest Public Servant, S. 307; Tillman, Anglo-American Relations, S. 111–113; Miller, Drafting, Bd. 1, S. 12–15; Intimate Papers of Colonel House, Bd. 4, S. 21–54. Die verschiedenen Entwürfe etwa in FRUS, PPC 1919, Bd. 1, S. 497–501 (House), S. 501–505 (Wilson).
232 David Hunter Miller, American Program and International Law, in: DHMD, Bd. 2, S. 465–469.
233 Ebenda, S. 447.

Programmatik aber trotzdem nicht ersichtlich war. Während sich die legalistischen Protagonisten des State Department skeptisch bis ablehnend verhielten, war die Frage eines Völkerbundes im Rahmen der Inquiry nur allgemein erörtert worden. Erst spät und erst im kleinen Kreis der politischen Führungsspitze, namentlich zwischen Edward House und Woodrow Wilson, entstanden greifbare Pläne für einen solchen Staatenverband, was auch erklärt, dass in der amerikanischen Verhandlungsdelegation zunächst kein eigener Delegierter für die Frage eines Völkerbunds vorgesehen worden war; im Oktober 1918 wurden jedoch immerhin David Hunter Miller und James Brown Scott als „Technical Advisors" und Rechtsberater nominiert.[234]

Die Neuorganisation der Staatenwelt nach dem Krieg, so lässt sich zusammenfassen, stellte innerhalb der französischen, britischen und amerikanischen Nachkriegsplanungen eine zwar feste, in ihrer genauen Bedeutung aber unbekannte Größe dar. Die unter Bezeichnungen wie League, Association, Société oder Völkerbund kursierenden Vorstellungen reichten von einem losen Konferenzmechanismus unter Führung der Großmächte bis zu einer elaborierten Bündnisorganisation mit eigenen Organen. Gleichwohl zielten alle Entwürfe im Kern darauf ab, die internationale Gemeinschaft weiter zu institutionalisieren, um so Frieden, Stabilität und die Achtung des Völkerrechts effektiv garantieren zu können.

Derartige Pläne stießen in den Rechtsabteilungen der Außenministerien auf Vorbehalte. Renault und Fromageot, Hurst und Malkin, Scott und Woolsey waren allesamt skeptisch gegenüber den kursierenden Ideen, die in ihren Konsequenzen wenig durchdacht schienen. Doch schon in der weiteren Völkerrechtswissenschaft wurde diese Skepsis nicht unbedingt geteilt, und darüber hinaus mussten die politischen Fürsprecher eines Völkerbundes – Woodrow Wilson natürlich, aber auch Léon Bourgeois oder Robert Cecil – nur auf den Weltkrieg hinweisen, um die Notwendigkeit neuer Institutionen und Instanzen zwischen den Staaten zu unterstreichen. Es war überwältigender Konsens, dass die Verletzung des friedlichen Zusammenlebens durch einzelne Störer, wie es der deutsche Angriffskrieg im August 1914 vor Augen geführt hatte, künftig ausgeschlossen sein müsse. „The ‚anarchistic' society of nations is doomed, and is to be superseded by an ‚organised' society of nations"[235], schrieb der belgische Jurist Georges Kaeckenbeeck im Jahr 1918, und er artikulierte damit die schon seit längerem virulente Vorstellung, dass die fragilen, unverbindlichen und politisch-

---

234 Vgl. Mezes an Secretary of State, Brief v. 25.10.1918, in: FRUS, PPC 1919, Bd. 1, S. 111f.; Robert Lansing, Memorandum o.D., in: ebenda, S. 113–115.
235 Georges Kaeckenbeeck, Divergences between British and Other Views on International Law, in: Transactions of the Grotius Society 4 (1918), S. 213–252, hier: S. 215.

dynamischen Beziehungen zwischen den Nationen in einem Bund der zivilisierten Staaten formalisiert werden müssten. Diese Garantie der internationalen Ordnung stellte den eigentlichen Kern aller Rede vom Völkerbund dar; der Weltkrieg lieferte nur noch die letzte Begründung und die Pariser Friedenskonferenz 1919/20 den Schauplatz, um einen Bund der rechtstreuen Nationen aus der Taufe zu heben.

Insgesamt: Mit dem Ausbruch des Ersten Weltkriegs zerbrach das alte Europa, doch dieser Bruch ließ sich zunächst nur in den Kategorien des ausgehenden 19. Jahrhunderts verstehen. Die Suche nach den Ursachen für die scheinbar unaufhaltsame Gewalteskalation griff auf längerfristige Deutungen und Wahrnehmungen zurück, etwa wenn der ungünstige Eindruck, den die deutschen Vertreter auf den Haager Konferenzen hinterlassen hatten, nun als Menetekel einer zunehmenden Rücksichtslosigkeit und machtlüsternen Aggression des Kaiserreiches erschien. Aus einer größeren Distanz lässt sich zwar unschwer erkennen, dass es sich um eine verzerrte Wahrnehmung handelte und dass die – unbestreitbaren – Regelverletzungen der deutschen Seite nach Kriegsausbruch vielfach dazu dienten, die eigene Position zu rationalisieren und mit moralischer Dramatik aufzuladen. Doch eine solche Instrumentalisierung stellte den normativen Sinnhorizont der bürgerlich-liberalen Eliten in Westeuropa nicht in Frage, sondern brauchte und bestätigte ihn gleichermaßen; es war weder gewollt noch faktisch möglich, das deutsche Vorgehen in anderer Weise zu deuten als in Kategorien von Rechtsverachtung, Vertragsbrüchigkeit und defizitärer Zivilisation.

Sicherlich, das geltende Völkerrecht war bei Kriegsausbruch uneindeutig und hätte unter anderen Umständen erhebliche politische Spielräume geboten, weshalb der deutschen Führung eine Berufung auf das souveräne Recht eines ius ad bellum und der staatlichen Notwehr ursprünglich unproblematisch erschienen war. Gleichwohl war es in den westeuropäischen Gesellschaften nicht schwer, darin einen Normverstoß zu erkennen, der das eigene Selbstverständnis fundamental verletzte oder aber – mit gleichem Ergebnis – in diesem Sinne rasch und erfolgreich mobilisiert werden konnte. Unabhängig davon, ob man die bellizistisch-militaristischen Neigungen der deutschen Eliten höher einschätzt als im Fall der anderen Nationen, unabhängig auch von der Frage, ob man etwa dem britischen oder französischen Bürgertum tatsächlich ein stärkeres Rechtsbewusstsein und größere moralische Integrität zusprechen möchte oder nicht: Die suggestive Behauptung, dass der Krieg zwischen Recht und Unrecht ausgefochten werden würde, besaß auf alliierter Seite eine sich selbst bestätigende Überzeugungskraft. Es war kaum noch etwas anderes vorstellbar, als dass sich das Deutsche Reich mit seinem mutwilligen Schritt zum Krieg gegenüber den Ideen des Völkerrechts und den Grundsätzen der zivilisierten Welt, ja, gegenüber dem Fortschritt der Menschheit zutiefst schuldig gemacht habe.

Weder in Berlin noch in Wien oder Konstantinopel ist im Kriegsverlauf jemals angemessen realisiert worden, dass es sich nicht allein um flüchtige Propagandaformeln handelte, sondern um Deutungen mit einer großen und eigenen Kraft. Bis in die letzten Momente des Krieges und darüber hinaus wurde auf Seiten der Mittelmächte unterschätzt, dass kein Weg wieder zum Status quo ante der gewachsenen Staatenordnung Europas zurückführen würde. Spätestens seit dem Kriegseintritt der USA verfochten die alliierten und assoziierten Nationen den Anspruch, die internationale Gemeinschaft insgesamt zu repräsentieren, was die Mittelmächte und ihre Verbündeten mit rhetorischer Unerbittlichkeit auf eine Rolle als aggressive Außenseiter festlegte. Alle jene Vorstellungen zum Zusammenhang von politischer Rückständigkeit und fehlendem Rechtsbewusstsein, von innerer Schwäche und äußerer Aggressivität, die zuvor für die außereuropäische Welt entwickelt worden waren, wurden nunmehr auf die europäischen Verhältnisse zurückbezogen. An die Stelle der solidarischen Verbundenheit des Europäischen Konzerts trat eine Zusammengehörigkeit der zivilisierten, also rechtstreuen Staaten auf Grundlage souveräner Gleichrangigkeit, was unmittelbar in Forderungen nach einer Institutionalisierung der internationalen Gemeinschaft in einem Völkerbund mündete. Allerdings: Der von alliierter Seite damit durchgängig erhobene Anspruch, dass nicht Gewalt, nationale Egoismen und nackte Machtpolitik die zwischenstaatlichen Verhältnisse bestimmen dürften, sondern die Maßstäbe von Recht und Gerechtigkeit, Stabilität und Berechenbarkeit, ging mit kaum absehbaren Bindungen einher; an erster Stelle führten sie zu der Selbstverpflichtung, jeden künftigen Friedensschluss tatsächlich nach diesen Prämissen anlegen zu müssen.

III Das langgezogene Kriegsende und die Planungen von Friedensgesprächen ab Herbst 1918

Dass der Moment des Kriegsendes ein Moment des Neubeginns sein müsse, war eine im Herbst 1918 nicht selten gehörte Forderung. Es gebe keine Rückkehr in die falsche Sicherheit der Vorkriegszeit, so mahnte ein Kommentar der Londoner Times im November, sondern nur den Aufbruch in eine ungewisse Zukunft.[1] Das folgende Kapitel betrachtet diese Umbruchsstimmung vom Ende der regulären Kampfhandlungen bis zum Beginn der alliierten Friedenskonferenz in Paris. Damit wird eine Zwischenzeit in den Blick genommen, die an der Westfront von einem erzwungenen, wiewohl geordneten Rückzug der deutschen Armee gekennzeichnet war, an zahlreichen anderen Kriegsschauplätzen – ganz zu schweigen von den bürgerkriegsartigen Auseinandersetzungen innerhalb zahlreicher Staaten – jedoch von einer unverändert hohen oder gar zunehmenden Gewaltdynamik, die es schwer macht, überhaupt von einem Kriegsende zu sprechen. In der Forschung ist dieser „Krieg im Frieden" vermehrt in den Mittelpunkt gerückt, und in der Tat ist er auch zum Verständnis der Pariser Friedensverhandlungen unverzichtbar. In einem ersten Unterkapitel wird daher nicht allein das Ende der Kriegshandlungen mit Deutschland, Österreich-Ungarn, Bulgarien und dem Osmanischen Reich nachgezeichnet, sondern ebenso die alliierte Wahrnehmung der Krisen in Mittel- und Osteuropa. Ein zweiter Teil untersucht die organisatorischen Etappen bis zum offiziellen Beginn der Friedensgespräche, was zunächst die Dialektik von „old" und „new diplomacy" in den Blick nimmt, von dort aus aber der Frage nachgeht, inwieweit sich alliierte Planungen verselbstständigten und aus der Idee einer informellen Abstimmung eine formale Vorkonferenz erwuchs. Das dritte Unterkapitel betrachtet schließlich die Erwartungen, Hoffnungen und Zuschreibungen, die sich bald auf das Pariser Geschehen richteten und in deren Mittelpunkt nicht nur der amerikanische Präsident Woodrow Wilson stand, sondern die französischen Hauptstadt gleichsam zur Kapitale der Menschheit avancierte.

---

1 Vgl. „Before the War", in: The Times v. 27.11.1918, S. 9.

https://doi.org/10.1515/9783110581485-003

1 Die Einstellung der Kampfhandlungen und die Gespenster der Anarchie

Es gehört zu den elementaren Fakten des Ersten Weltkrieges, dass seinem scheinbar mühelosen Ausbruch die erheblichen Schwierigkeiten gegenüberstanden, zu einem Ende zu kommen. Die halbherzigen Friedensinitiativen der Mittelmächte, welche überraschend lange noch glaubten, mit den anderen europäischen Großmächten auf einem gemeinsamen Boden zu stehen, scheiterten ebenso wie die Versuche nicht direkt beteiligter Akteure, etwa der Sozialistischen Internationale, des Papstes oder, vor dem eigenen Kriegseintritt, auch der USA unter Woodrow Wilson. Angesichts der umfassenden Mobilisierung der Kriegsgesellschaften, angesichts zumal der weitgespannten Kriegsziele und der ideologischen Aufladung des Konflikts mitsamt einem intensiven Opfer- und Märtyrerkult, war auf allen Seiten lange Zeit nur ein Sieg vorstellbar. Sicherlich differierten Formen und Inhalte eines solchen Siegfriedens sowohl zwischen den einzelnen Nationen wie im zeitlichen Verlauf erheblich. Insgesamt dürfte sich aber kaum bestreiten lassen, dass gerade für den Ersten Weltkrieg jene rasante Zuspitzung von Unversöhnlichkeit, Kompromisslosigkeit und totaler Feindschaft charakteristisch war, wie sie sich als Kennzeichen moderner Kriege begreifen lässt.[2]

Letztlich fiel die militärische Entscheidung erst im Sommer 1918, und sie fiel knapp aus. Der am 3. März geschlossene Frieden von Brest-Litowsk hatte für die Mittelmächte eine wichtige Entlastung bedeutet, zumal bereits kurz zuvor ein Separatfrieden mit der neubegründeten Ukraine geschlossen worden war („Brotfrieden")[3]. Am 7. Mai unterwarf sich zudem Rumänien mit dem Frieden von Bukarest endgültig der militärischen Überlegenheit der Mittelmächte. Die im Osten gewonnene Handlungsfreiheit wurde von deutscher Seite unverzüglich in Planungen für einen Ausbruch aus dem Stellungskrieg an der Westfront umgesetzt. Am 21. März 1918 gelang es deutschen Truppen, im Rahmen der „Michael-Offensive" die verhärteten Frontlinien an der Somme überraschend zu durchbrechen, die dort stationierte britische 5. Armee zu überrennen und den Frontverlauf um weitere 60 km in französisches Terrain auszudehnen. Allerdings war in diesem Erfolg bereits der Keim der Niederlage angelegt, denn es

---

2 Vgl. Leonhard, Büchse der Pandora, S. 801–805; Soutou, Diplomacy, S. 496–516. Eine ungewöhnlich starke Betonung der Friedensbereitschaft auf deutscher Seite hingegen bei Fenske, Anfang vom Ende, S. 39–43, 49–52.

3 Vgl. etwa Tooze, Deluge, S. 124–155; Baumgart, Deutsche Ostpolitik 1918, S. 29–92, daneben zur Neubegründung der Ukraine und ihrem Verhältnis zu den Mittelmächten weiter Caroline Milow, Die ukrainische Frage 1917–1923 im Spannungsfeld der europäischen Diplomatie, Wiesbaden 2002, S. 21–56, 91–166.

fehlte an einem tragfähigen Konzept, diesen Ausbruch zu mehr als bloßen Territorialgewinnen zu nutzen. Die Verluste der deutschen Seite waren hoch und die logistischen Schwierigkeiten durch überdehnte Transport- und Kommunikationswege bald beträchtlich, während das erhoffte Ziel, die Trennung der britischen und französischen Truppen, nicht erreicht werden konnte.[4]

Auf Seiten der Entente wirkte sich hingegen der im April 1917 erfolgte Kriegseintritt der USA zunehmend stabilisierend aus, und sei es auch nur in moralischer Hinsicht. Zwar agierten die britischen, französischen und (wenigen) amerikanischen Streitkräfte an der Westfront immer noch unabhängig voneinander, da der am 5. November 1917 etablierte Supreme War Council das Konkurrenzgebaren des militärischen Führungspersonals nicht wirklich hatte beheben können. Doch unter dem Eindruck der deutschen Frühjahrsoffensive erklärten sich die beteiligten Regierungen schließlich bereit, den französischen Generalstabschef Ferdinand Foch als gemeinsamen Oberbefehlshaber zu installieren. Diese Entscheidung war folgenreich: Nachdem der deutsche Vormarsch steckengeblieben war, gelang es Foch im Juli 1918, eine koordinierte Gegenoffensive einzuleiten, zu der neben französischen und britischen Truppen nun vermehrt auch amerikanische sowie italienische Soldaten herangezogen wurden und welche die überdehnten deutschen Linien unter starken Druck setzte. Ab August begann sich der Frontverlauf langsam, aber stetig wieder nach Osten zu verschieben. Die Anzahl der in alliierte Kriegsgefangenschaft genommenen Soldaten stieg rapide an, während bei der Führung der Obersten Heeresleitung (OHL) um Erich Ludendorff und Paul v. Hindenburg die Klage über Moral, Ausrüstung und Kampfkraft der eigenen Truppen immer vernehmlicher wurde.[5]

Waffenstillstand an allen Fronten

Gleichwohl zeigten sich nicht an der Westfront, sondern auf den anderen Kriegsschauplätzen und bei den deutschen Bündnispartnern zuerst Auflösungserscheinungen, die zu einer Einstellung der Kampfhandlungen führten. Das Habsburgerreich sah sich beispielsweise nicht allein vor Versorgungsprobleme durch die alliierte Blockade gestellt und mit den Folgen der grassierenden Influ-

---

4 Vgl. Leonhard, Büchse der Pandora, S. 827–845; Christoph Mick, 1918. Endgame, in: Winter (Hrsg.), Cambridge History of the First World War, Bd. 1, S. 133–171, hier: S. 145–152; Stevenson, With Our Backs, S. 30–111.
5 Vgl. Leonhard, Büchse der Pandora, S. 845–855; Mick, 1918. Endgame, S. 152–154; Stevenson, With Our Backs, S. 62–64, 112–169; zu Foch und der Koordination der alliierten Anstrengungen Elizabeth Greenhalgh, Foch in Command. The Forging of a First World War General, Cambridge, UK 2011, S. 263–295; Trask, United States, S. 62–69, 80–99.

enza (Spanische Grippe) konfrontiert. Weite Teile der Eliten zeigten vielmehr eine vergleichbar epidemische Angst vor einer Ausbreitung des Bolschewismus, dessen Forderungen nach einer Selbstbestimmung aller Völker nicht ohne Grund als Brandbeschleuniger in den Nationalitätenkonflikten der k.u.k. Monarchie gesehen wurden.[6] Die österreichisch-ungarische Regierung hatte seit Jahresbeginn mehrfach die Möglichkeit eines Sonderfriedens ins Gespräch gebracht und dazu mit Bulgarien und dem Osmanischen Reich zaghaft Fühlung aufgenommen. Erst aber am 14. September 1918 forderte Kaiser Karl I., der Ende 1916 dem fast siebzig Jahre lang regierenden Franz Joseph auf dem Thron nachgefolgt war, schließlich auch öffentlich, wenngleich gegen entschiedenen deutschen Widerstand, allgemeine Friedensgespräche unter Vermittlung der schwedischen Regierung.[7]

Doch bei den alliierten und assoziierten Nationen fand diese späte Initiative keine nennenswerte Resonanz mehr.[8] Der Zerfall der Habsburgermonarchie in einzelne Nationalitätengruppen zeichnete sich zu diesem Zeitpunkt unübersehbar ab, wobei die tschechische Unabhängigkeitsbewegung nicht zufällig eine Vorreiterrolle einnahm. Tschechische Verbände hatten nahezu seit Kriegsbeginn auf Seiten der Entente gekämpft, und im Sommer 1918 war ihre Dachorganisation, der in Paris residierende Nationalrat der tschechoslowakischen Länder (Národní výbor československý), nacheinander von Frankreich, Großbritannien und den USA als kriegführende Exilregierung anerkannt worden. Auf das „Völkermanifest" vom 16. Oktober, mit dem der Kaiser Karl I. in letzter Minute eine behutsame Föderalisierung Österreich-Ungarns unter Wahrung der Reichseinheit in Gang zu setzen suchte, reagierte der Nationalrat mit der Unabhängigkeitserklärung. Am 28. Oktober wurde in Prag die Tschechoslowakei als Staat ausgerufen.[9]

Aber auch in anderen Teilen der Doppelmonarchie gärte es, in Siebenbürgen etwa oder in Galizien, wo polnische Volksgruppen auf die Wiederentste-

---

6 Vgl. Rauchensteiner, Der Erste Weltkrieg, S. 725–734; Fisch, Selbstbestimmungsrecht, S. 148–151.
7 Vgl. Ekengren an Lansing, Telegramm v. 16.09.1918 (Übersetzung), in: FRUS, 1918. Supplement 1, The World War, 2 Bde., Washington 1933, Bd. 1, S. 306–309, sowie dort die weiteren Dokumente. Siehe auch Rauchensteiner, Der Erste Weltkrieg, S. 1021f.
8 Vgl. Lansing an Ekengren, Telegramm v. 19.10.1918, in: FRUS 1918, Supp. 1, Bd. 1, S. 368. Hierzu und zum Folgenden auch: Nicole M. Phelps, U.S.–Habsburg Relations from 1815 to the Paris Peace Conference. Sovereignty Transformed, New York 2013, S. 258–273.
9 Vgl. Masaryk an Lansing, Brief v. 18.10.1918, in: FRUS 1918, Supp. 1, Bd. 1, S. 847–851. Weiter: Judson, Habsburg Empire, S. 433–436; Rauchensteiner, Der Erste Weltkrieg, S. 1027–1039, oder die Beiträge in Hans Lemberg/Peter Heumos (Hrsg.), Das Jahr 1919 in der Tschechoslowakei und in Ostmitteleuropa, München 1993.

hung einer großpolnischen Nation hofften.[10] Im südslawischen Raum gründete sich der Staat der Slowenen, Kroaten und Serben, der sich noch im Dezember 1918 mit dem Königreich Serbien zusammenschloss und fortan als Königreich der Serben, Kroaten und Slowenen (Kraljevina Srba, Hrvata i Slovenaca) firmierte, teils aber auch SHS-Staat oder inoffiziell schon Jugoslawien genannt wurde.[11] In Wien hatte Karl I. am 27. Oktober zwar zum Beweis seines Reformwillens noch den Pazifisten und Völkerrechtler Heinrich Lammasch zum Ministerpräsidenten berufen. Doch dieser gutwillige, politisch unerfahrene Gelehrte vermochte weder den sich rasch beschleunigenden Zerfall der Monarchie zu stoppen noch gar den militärischen Zusammenbruch abzuwenden. Bereits am Tag seiner Ernennung musste das von Lammasch geleitete „Liquidationsministerium" um einen Waffenstillstand nachsuchen, der zwischen österreichischen und italienischen Militärführern am 3. November in der Villa Giusti bei Padua geschlossen wurde. Angesichts von massenhaften Befehlsverweigerungen in der k.u.k. Armee überrascht es nicht, dass dieses Abkommen einer bedingungslosen Kapitulation Österreichs gleichkam und dem italienischen Militär umfangreiche Befugnisse einräumte.[12] Die wenige Tage zuvor aus dem Reichsverband ausgetretene ungarische Regierung erklärte sich von diesem Waffenstillstand zwar nicht betroffen, kam aber letztlich nicht umhin, zehn Tage später in Belgrad, und zu schlechteren Bedingungen, ein analoges Abkommen unterschreiben zu müssen.[13]

Einen ähnlichen Weg in die Kapitulation hatten zuvor schon die Emissäre der bulgarischen und osmanischen Armeen gehen müssen. So war das bulgari-

---

10 Vgl. Benjamin Conrad, Umkämpfte Grenzen, umkämpfte Bevölkerung. Die Entstehung der Staatsgrenzen der Zweiten Polnischen Republik 1918–1923, Stuttgart 2014, S. 98–107.

11 Vgl. Dejan Djokić, Nikola Pašić and Ante Trumbić. The Kingdom of Serbs, Croats and Slovenes, London 2010, S. 37–55; Charles Jelavich/Barbara Jelavich, The Establishment of the Balkan National States, 1804–1920, 3. Aufl., Seattle 1997, S. 300–305; Ivo J. Lederer, Yugoslavia at the Paris Peace Conference. A Study in Frontiermaking, New Haven 1963, S. 36–53.

12 Vgl. Rauchensteiner, Der Erste Weltkrieg, S. 1036–1047, 1051, allgemein auch Mark Cornwall, Auflösung und Niederlage. Die österreichisch-ungarische Revolution, in: ders. (Hrsg.), Die letzten Jahre der Donaumonarchie. Der erste Vielvölkerstaat im Europa des frühen 20. Jahrhunderts, 2 Aufl., Essen 2006, S. 174–201. Daneben: Bullit Lowry, Armistice 1918, Kent, Oh. 1996, S. 101–116; René Albrecht-Carrié, Italy at the Paris Peace Conference, New York 1938, S. 50–52.

13 Vgl. Bogdan Krizman, The Belgrade Armistice of 13 November 1918, in: Slavonic and East European Review 48, H. 110 (1970), S. 67–87, weitere Hintergründe bei Lowry, Armistice, S. 115f.; Francis Deák, Hungary at the Paris Peace Conference. The Diplomatic History of the Treaty of Trianon [1942], New York 1972, S. 10f.; C. A. Macartney, Hungary and her Successors. The Treaty of Trianon and its Consequences 1919–1937, Neuaufl., London 1965, S. 37f. Die Texte etwa in FRUS, PPC 1919, Bd. 2, S. 175–185.

sche Heer in den Tagen um den 15. September an der mazedonischen Front weitgehend zusammengebrochen. Französische und serbische Truppen waren bei der griechischen Hafenstadt Saloniki angelandet und von dort nach Norden vorgestoßen, wobei sie die bulgarischen Linien nach blutigen Kämpfen bei Dobro Pole weitgehend aufgerieben hatten. Während sich der ungeordnete Rückzug einzelner bulgarischer Truppenteile zu einer teilweise panischen Flucht steigerte, geriet das kriegsgeschwächte Land an den Rand des Bürgerkrieges. In Radomir proklamierten enttäuschte Soldaten eine sozialistische Republik, und nur noch mit Mühe gelangte eine Delegation von Sofia – die zurückflutende bulgarische Armee vermochte keine Vertreter mehr zu stellen – bis in das französische Hauptquartier in Saloniki, um dort am 29. September einen Waffenstillstand zu unterzeichnen.[14]

Wenig später schied auch das Osmanische Reich aus dem Krieg aus. Nachdem seine Streitkräfte am 18./19. September in der Schlacht bei Megiddo (Palästina) von den Truppen des British Empire und ihren arabischen Verbündeten vernichtend geschlagen worden waren, sah sich die Sultansregierung dazu gezwungen, um eine Einstellung der Kampfhandlungen nachzusuchen. Allerdings dauerte es bis zum 30. Oktober, bevor osmanische Vertreter an Bord eines britischen, im Hafen von Moudros in der Nordägäis ankernden Kriegsschiffes schließlich einen Waffenstillstand unterzeichnen konnten.[15] Zu diesem Zeitpunkt konnte die Hohe Pforte kaum noch auf die militärische Disziplin der eigenen Truppen zählen, zumal die seit Kriegsbeginn immer wieder aufflackernden Revolten verschiedener Volksgruppen inzwischen in einen geradezu sturzbachartigen Zerfall der osmanischen Herrschaftsgewalt eingemündet waren. An erster Stelle muss der Aufstand auf der arabischen Halbinsel genannt werden, wo Hussein ibn Ali, das Oberhaupt der Haschemiten im Hedschas, dank britischer Zusagen einer staatlichen Eigenständigkeit schon ab Sommer 1916 auf alliierter Seite in den Krieg eingetreten war. Aber auch in den östlichen Grenzgebieten bestanden starke nationale Spannungen, so in Kurdistan oder auch im Kauka-

---

14 Vgl. Frederick B. Chary, The History of Bulgaria, Santa Barbara 2011, S. 52–56; Richard C. Hall, Bulgaria in the First World War, in: Historian 73, H. 2 (2011), S. 300–315; Richard Crampton, Aleksandŭr Stamboliĭski, Bulgaria, London 2009, S. 58–70.
15 Vgl. Gwynne Dyer, The Turkish Armistice of 1918. 1: The Turkish Decision for a Separate Peace, Autumn 1918, in: Middle Eastern Studies 8, H. 2 (1972), S. 143–178; ders., The Turkish Armistice of 1918. 2: A Lost Opportunity. The Armistice Negotiations of Moudros, in: Middle Eastern Studies 8, H. 3 (1972), S. 313–348; eine historische Einbettung bei Erik J. Zürcher, The Ottoman Empire and the Armistice of Moudhros, in: ders., The Young Turk Legacy and Nation Building. From the Ottoman Empire to Atatürk's Turkey, London 2010, S. 188–194. Der Text etwa in Temperley, History, Bd. 1, S. 495–497.

sus, wo es gar zu einer kurzlebigen Föderation aus Georgiern, Armeniern und Aserbaidschanern kam.[16] Vergleichbare separatistische Bewegungen hatte das Deutsche Reich zwar nicht zu gewärtigen, aber die OHL registrierte die galoppierenden Auflösungserscheinungen bei den Bündnispartnern sehr genau und befürchtete schon Mitte September einen ähnlichen Zusammenbruch der militärischen Disziplin und bürgerkriegsähnliche Zustände. Wenn auf alliierter Seite gleichwohl weiterhin mit einem zähen Kampf- und Beharrungswillen der Gegenseite gerechnet wurde, so kann man darin nicht nur taktische Vorsicht vor dem Hintergrund der eigenen Erschöpfung erkennen, sondern ebenso die suggestive Kraft, mit der das Propagandabild einer monolithischen deutschen Kriegsmaschine auf seine Urheber zurückwirkte. Alle Planungen gingen davon aus, dass Deutschland noch bis weit in das Jahr 1919 kampfbereit sein werde, so dass es nahegelegen hatte, zunächst die deutschen Verbündeten zu bezwingen und das Reich zu isolieren. Ohnehin galten die Regierungen in Wien, Sofia oder Konstantinopel meist nur als bloße Werkzeuge des deutschen Machtwillens. Die amerikanische Regierung hatte, auch darin eben nur assoziierte Macht, beispielsweise lediglich die diplomatischen Beziehungen zu Bulgarien und dem Osmanischen Reich abgebrochen, ihnen aber nicht den Krieg erklärt.[17]

Dass die deutsche Seite schon kurz nach dem Ausscheiden ihrer Bündnispartner, Anfang Oktober, um einen Waffenstillstand und die Einleitung von

---

16 Vgl. zum Desintegrationsprozess des Osmanischen Reiches bei Kriegsende etwa Gingeras, Fall of the Sultanate; Michael A. Reynolds, Shattering Empires. The Clash and Collapse of the Ottoman and Russian Empires, 1908–1918, Cambridge, UK 2011, S. 191–250; David Fromkin, A Peace to End All Peace. The Fall of the Ottoman Empire and the Creation of the Modern Middle East, 2. Aufl., New York 2009, S. 351–402; Hamit Bozarslan, Empire ottoman, Turquie, monde arabe. De la fin de la guerre à la fin de l'empire, in: Audoin-Rouzeau/Prochasson (Hrsg.), Sortir de la grande guerre, S. 329–347; Aviel Roshwald, Ethnic Nationalism and the Fall of Empires. Central Europe, Russia, and the Middle East, 1914–1923, London 2001, S. 104–113; Erik J. Zürcher, Turkey. A Modern History, Neuaufl., London 1998, S. 121–125. Zur arabischen Rebellion hier nur Adeed Dawisha, Arab Nationalism in the Twentieth Century. From Triumph to Despair, Neuaufl., Princeton 2016, S. 14–74; Robert McNamara, The Hashemites. The Dream of Arabia, London 2009; Efraim Karsh/Inari Karsh, Empires of the Sand. The Struggle for Mastery in the Middle East, 1789–1923, Cambridge, Mass., London 2001, S. 185–221. Beispielhaft für die Suche nach nationaler Eigenständigkeit etwa Jamil Hasanli, Foreign Policy of the Republic of Azerbaijan. The Difficult Road to Western Integration, 1918–1920, London 2016; Saad Eskander, Britain's Policy in Southern Kurdistan. The Formation and the Termination of the First Kurdish Government, 1918–1919, in: British Journal of Middle Eastern Studies 27, H. 2 (2000), S. 139–163.
17 Vgl. Lansing an Chairman of the Committee on Foreign Relations of the Senate, 06.12.1917, in: FRUS, 1917. Supplement 2, The World War, 2 Bde., Washington 1931, S. 448–454. Weiter: Leonhard, Büchse der Pandora, S. 862–895; Stevenson, With Our Backs, S. 112–169.

Friedensverhandlungen nachsuchte, kam aus alliierter Sicht vergleichsweise überraschend. Die Hintergründe dieser Entscheidung sind umfangreich debattiert worden. Als treibende Kraft lässt sich vor allem die OHL identifizieren, die allerdings weniger von der unbestreitbaren militärischen Überlegenheit der Entente umgetrieben wurde als von der Furcht vor einem Ausbruch revolutionärer Gewalt in den Reihen der eigenen Truppen. Es bedurfte keiner besonderen Hellsichtigkeit, um zu erkennen, dass sich auch die militärische Lage im weiteren Kriegsverlauf nur verschlechtern würde, erst recht wenn sich die Front, die derzeit immer noch durch den verwüsteten Nordosten Frankreichs sowie durch Belgien verlief, auf das Reichsgebiet verschieben und die bislang völlig intakten Industriezentren an Rhein und Ruhr erfassen sollte. Während einer Besprechung im Großen Hauptquartier in Spa legte Ludendorff dem Kaiser wie der zivilen Führung daher am 29. September unmissverständlich dar, dass ein sofortiger Waffenstillstand unabweisbar sei. Nach kurzer Diskussion einigten sich die Beteiligten auf die Verfahrensvorschläge des Auswärtigen Amtes, welche eine parlamentarische Neuordnung der politischen Verhältnisse („Revolution von oben") ebenso vorsahen wie die Einleitung allgemeiner Friedensverhandlungen, für die man sich auf das 14-Punkte-Programm von Woodrow Wilson berufen wollte.[18] Es ist nachträglich großes Gewicht auf die Tatsache gelegt worden, dass man in der OHL über den genauen Inhalt des amerikanischen Programms gar nicht im Detail informiert war.[19] Allerdings war die genaue Kenntnis nicht entscheidend, ging es der militärischen Führung doch nicht wirklich um eine inhaltliche Festlegung, sondern in erstere Linie darum, eine Niederlage größeren Ausmaßes zu verhindern, die Disziplin der Truppe zu bewahren und gleichzeitig eine formelle Kapitulation zu vermeiden. In dieser Sicht war die Berufung auf einen „Wilson-Frieden" zunächst nur ein taktischer Schritt, um aus einer militärischen Zwangslage auszubrechen und sich neue Handlungsspielräume zu sichern.[20]

Am 3. Oktober 1918 folgte der neu ernannte Reichskanzler Max v. Baden dem Drängen Ludendorffs und ließ ein Ersuchen um die Einleitung von Frie-

---

18 Vgl. Paul v. Hintze, Aufzeichnungen v. 29.09.1918, in: Klaus Schwabe (Hrsg.), Quellen zum Friedensschluß von Versailles, Darmstadt 1997, S. 52f.
19 Vgl. Schwabe, Deutsche Revolution, S. 92.
20 Vgl. hier nur Mick, 1918. Endgame, S. 161–164; Lowry, Armistice, S. 26–41; Pierre Renouvin, L'Armistice de Rethondes. 11 novembre 1918 [1968], Neuaufl., Paris 2006, S. 90–101. Weiter: Stevenson, With Our Backs, S. 509–514; Becker, Traité de Versailles, S. 7–10; Leo Haupts, Deutsche Friedenspolitik 1918–1919. Eine Alternative zur Machtpolitik des Ersten Weltkrieges?, Düsseldorf 1976, S. 143–154. Für eine breite Einbettung siehe Boris Barth, Dolchstoßlegenden und politische Desintegration. Das Trauma der deutschen Niederlage im Ersten Weltkrieg 1914–1933, Düsseldorf 2003, S. 11–92.

densverhandlungen, verbunden mit einer Bitte um einen sofortigen Waffenstillstand, über die Schweiz nach Washington telegraphieren. Die amerikanische
Administration sah sich durch diese Aufforderung in einige Verlegenheit gesetzt. Die knappen Vorschläge der deutschen Seite bezogen sich so vorbehaltlos
und zugleich so rhetorisch geschickt auf die 14 Punkte, dass sie von der Regierung in Washington kaum abgelehnt werden konnten. Andererseits war offen,
wie die europäischen Verbündeten auf die deutsche Friedensnote reagieren
würden oder auch nur auf die Tatsache, dass sie exklusiv an den amerikanischen Präsidenten adressiert worden war. Hinzu kam eine Unsicherheit über
die militärische Lage an der Westfront wie über die innenpolitische Situation in
Deutschland. Zwar waren es nicht zuletzt die Forderungen der USA nach einem
Regimewechsel gewesen, welche die deutsche Führung zusätzlich motiviert
hatten, zeitgleich zum Waffenstillstandsgesuch eine Verfassungsreform mit
dem Ziel einer weitgehenden Parlamentarisierung in die Wege zu leiten; daneben wurden die bislang oppositionellen Sozialdemokraten in die Regierung eingebunden und selbst eine Abdankung des Kaisers erschien nicht ausgeschlossen. Doch Ausmaß, Nachhaltigkeit und innere Motivation dieses Wandels, der
sich über den ganzen Oktober hinzog und alsbald eine unkontrollierte Eigendynamik gewinnen sollte, war von außen nur schwer auszumachen; einige amerikanische Betrachter mutmaßten sogar, dass es sich nur um eine taktische Finte
preußischer Militaristen und Autokraten mit dem Ziel des Machterhalts handele.[21]

An das deutsche Ersuchen vom 3. Oktober und die erste, ebenfalls über die
Schweiz geleitete Antwort der USA vom 8. Oktober schloss sich ein fast den ganzen Monat andauernder Notenwechsel an. Wilson und sein Außenminister Lansing versuchten mit diesen tastenden, teils hinhaltenden Botschaften, einerseits
die Gegenseite zu weiteren Zusagen zu bewegen, andererseits aber Zeit zu gewinnen, um die europäischen Verbündeten in Parallelverhandlungen auf das
amerikanische Programm festzulegen. Denn während die deutsche Seite am
12. Oktober ihre Akzeptanz der 14 Punkte nochmals ausdrücklich bestätigte –
und, eine kühne Formulierung Lansings aufgreifend, die Auffassung vertrat, es
gehe nur noch um praktische Details der Umsetzung[22] –, war die Haltung in den
Reihen der europäischen Alliierten keineswegs eindeutig. Nicht allein die belgische Regierung erhob den Anspruch, vor jeder Entscheidung über einen Waf-

---

21 Eine Aufschlüsselung des Notenwechsels und seiner Hintergründe bei Schwabe, Deutsche
Revolution, S. 88–175, sowie bei Renouvin, L'Armistice de Rethondes, S. 107–198.
22 Vgl. Lansing an Kanzler, Telegramm v. 08.10.1918; Solf and Wilson, Telegramm v.
12.10.1918, in: FRUS 1918, Supp. 1, Bd. 1, S. 343, 357f.

fenstillstand gehört zu werden.[23] Auch Lloyd George befürchtete einen amerikanischen Alleingang. Wilson wolle nach wie vor als „the great arbiter of the war" auftreten, äußerte Lloyd George in kleinem Kreis: „He had no right to reply to the German note without consultation."[24] Ähnlich skeptisch reagierte Clemenceau, der seine zuvor öffentlich inszenierte Verehrung für Wilson mit den militärischen Vorteilsgewinnen des Sommers 1918 rasch wieder abgelegt hatte.[25] Angesichts der Tatsache, dass Wilson, zumindest in französischer Sicht, als Adressat des deutschen Waffenstillstandgesuchs nun eine unerwartete und unverdiente Schlüsselrolle zugefallen war, suchte Clemenceau mehr denn je einen engen Schulterschluss mit der Londoner Regierung, um den USA nicht zu große Spielräume zu belassen.[26]

Es gab mithin gute Gründe, dass sich Edward House am 14. Oktober 1918 eilends nach Europa einschiffte. Mit dem Auftrag von Wilson, für einen Friedensschluss auf Grundlage des amerikanischen Programms zu werben, richtete House seinen Hauptsitz ab dem 26. Oktober in Paris ein, in unmittelbarer Nähe zum Supreme War Council in Versailles. Zwar war sein Status als freischwebender Emissär nicht über jeden Zweifel erhaben; der französische Staatspräsident Raymond Poincaré deutete ihm gegenüber mit leichter Indignation an, dass er nicht offiziell als Diplomat akkreditiert sei.[27] Entscheidend war jedoch, wie House mit den Vorbehalten der europäischen Verbündeten umgehen würde, die keineswegs daran dachten, sich den amerikanischen Plänen unterzuordnen und damit Gefahr zu laufen, sowohl den militärischen Vorteil der gegenwärtigen Kriegslage als auch den Einfluss auf die Gestaltung des Friedens aus der Hand zu geben. House versuchte diesen Widerstand zu unterlaufen, indem er Waffenstillstands- und Friedensverhandlungen in den seit Ende Oktober geführten Gesprächen als zwei getrennte Aspekte behandelte, wie es auch die deutsche Note vom 3. Oktober nahegelegt hatte (und im Unterschied etwa zur

---

23 Vgl. Minister in Belgium (Whitlock) an Secretaty of State, Telegramm v. 07.10.1918, in: ebenda, Bd. 1, S. 344. Auch: Sally Marks, Innocent Abroad. Belgium at the Paris Peace Conference of 1919, Chapel Hill 1981, S. 71–73.

24 So gegenüber seinem Vertrauten Riddell, siehe Riddell Diary, Eintrag v. 10.10.1918, in: The Riddell Diaries, 1908–1923, hrsgg. v. John M. McEwen, London, Dover, N.H. 1986, S. 240. Siehe auch Lowry, Armistice, S. 42–58, für die grundsätzliche britische Haltung auch Fry, And Fortune Fled, S. 151–171.

25 Vgl. Michel Drouin, Georges Clemenceau, les États-Unis et Wilson dans L'Homme enchaîné de 1914 à 1917, in: Sylvie Brodziak/Caroline Fontaine (Hrsg.), Clemenceau et la Grande Guerre, La Crèche 2010, S. 163–182.

26 Vgl. Jean-Baptiste Duroselle, Clemenceau, Paris 1988, S. 731–740; Stevenson, French War Aims, S. 144f. Zum gesamten Kontext weiter Soutou, Diplomacy, S. 530–539; Lowry, Armistice, S. 59–76.

27 Vgl. Poincaré Journal, Eintrag v. 28.10.1918, in: Poincaré, Au service, Bd. 10, S. 395f.

bloßen Friedensofferte der österreichisch-ungarischen Regierung vom 14. September). So akzeptierte er zwar die Strategie des Supreme War Council, mithilfe von drakonischen Abzugs- und Ablieferungsbedingungen eine Wiederaufnahme der Kampfhandlungen durch die deutsche Seite unmöglich zu machen. Doch dieses Zugeständnis war nur als kurzfristige Vorleistung in dem Bemühen gedacht, die europäischen Regierungen langfristig auf das 14-Punkte-Programm als Grundlage jedweder Friedensgespräche festzulegen.[28]

Die Vertreter der europäischen Regierungen – neben Clemenceau, Lloyd George sowie Vittorio Emanuele Orlando aus Italien kamen zeitweilig der belgische Außenminister Paul Hymans und sein tschechoslowakischer Amtskollege Edward Beneš hinzu – erwiesen sich allerdings als widerspenstig. Zu den geringeren Herausforderungen zählten der italienische Anspruch einer Hegemonie über die Adria, den Orlando unter Hinweis auf den umstrittenen Londoner Vertrag von 1915 anzumelden versuchte, der aber auf so verhaltene Resonanz stieß, dass die Diskussion rasch darüber hinwegging.[29] Schwieriger war die Frage der Reparationen. Gegen amerikanische Skepsis konnte Clemenceau durchsetzen, dass der siebte und achte Punkt von Wilsons 14-Punkte-Programm, in denen die Wiederherstellung der zerstörten Gebiete in Belgien und Frankreich gefordert wurde, bei den prospektiven Friedensgesprächen als Wiedergutmachung aller durch den Krieg bedingten zivilen Schäden interpretiert werden sollte. Auf Lloyd Georges Betreiben wurde diese Lesart noch präzisiert, wonach die Schäden durch „the aggression of Germany by land, by sea and from the air" verursacht sein müssten, was nichts anderes meinte, als dass alle deutschen Angriffshandlungen erfasst sein sollten. Zuvor war nur von einer „invasion" die Rede gewesen, was sich als faktischer Einmarsch von Truppen verstehen ließ und so die britischen Ansprüche gegenüber belgischen und französischen Forderungen zurückgesetzt hätte.[30]

---

28 Vgl. Schwabe, Deutsche Revolution, S. 176–195, bes. 190. Siehe daneben Hodgson, Woodrow Wilson's Right Hand, S. 185–192; Lowry, Armistice, S. 77–100, 117–146; Inga Floto, Colonel House in Paris. A Study of American Policy at the Paris Peace Conference 1919, Princeton 1980, S. 41–60.
29 Vgl. Albrecht-Carrié, Italy, S. 60–66.
30 Vgl. House an Wilson, Telegramm v. 30.10.1918, in: FRUS 1918, Supp. 1, Bd. 1, S. 425–427, hier: S. 426. Die genaue Rekonstruktion dieser Vorgänge und Formulierungen hat die Forschung lange beschäftigt, weil sich darin mit gutem Grund der Grundstein aller späteren Reparationsforderungen sehen lässt, vgl. Bruce Kent, The Spoils of War. The Politics, Economics, and Diplomacy of Reparations, 1918–1932, Oxford 1991, S. 23–26, 32f.; Antony Lentin, Lloyd George, Woodrow Wilson and the Guilt of Germany. An Essay in the Pre-History of Appeasement, Leicester 1984, S. 112–114; Marc Trachtenberg, Reparation at the Paris Peace Conference, in: The Journal of Modern History 51, H. 1 (1979), S. 24–55, hier: S. 27–29; Peter Krüger, Deutschland und die Reparationen 1918/19. Die Genesis des Reparationsproblems in Deutsch-

Noch widerständiger zeigte sich Lloyd George allerdings gegenüber der von Wilson geforderten „[a]bsolute freedom of navigation upon the seas". Um seinen Verhandlungsspielraum zu erweitern, hatte Edward House zwar ein Memorandum zur Auslegung der 14 Punkte ausarbeiten und von Wilson absegnen lassen („Cobb-Lippmann-Memorandum").[31] Doch auch mit dieser Argumentationshilfe, welche in der Frage der Freiheit der Meere eine bewusst defensive Interpretation enthielt, die direkt an das britische Misstrauen adressiert war, ließen sich die Vorbehalte zunächst nicht überwinden.[32] House musste beträchtliches diplomatisches Geschick aufwenden und zuletzt zur Drohung eines amerikanischen Separatfriedens greifen, um doch noch einen Kompromiss zu erzielen.[33] In der abschließenden Fassung wurde auf britischen Wunsch hervorgehoben, dass die Forderung nach einer Freiheit der Meere „is open to various interpretations, some of which they [die alliierten Repräsentanten] could not accept." Am Nachmittag des 4. November, nach nahezu einer Woche unausgesetzter Verhandlungen, konnte House schließlich die letzte Fassung eines sorgfältig abgestimmten „memorandum of observations" nach Washington kabeln, mit dem die europäischen Verbündeten ihre Zustimmung zur Einleitung von Friedensverhandlungen auf Grundlage des amerikanischen Programms gaben.[34]

Schon einen Tag später, am 5. November, übersandte Robert Lansing der deutschen Regierung eine Note mit diesem, wie es teilweise genannt wird, „Pre-Armistice Agreement" der Siegermächte untereinander. Lansing wies dabei zunächst auf die Vorbehalte der europäischen Alliierten hin, also die neue Inter-

---

land zwischen Waffenstillstand und Versailler Friedensschluß, Stuttgart 1973, S. 28–41; Dickmann, Kriegsschuldfrage, S. 46; Philip M. Burnett, Reparation at the Paris Peace Conference, 2 Bde., New York 1940, Bd. 1, S. 5–8 (mit zahlreichen weiteren Dokumenten); Louis-Lucien Klotz, De la Guerre à la paix. Souvenirs et documents, Paris 1924, S. 94–103. Zusammenfassend weiter Leonard Gomes, German Reparations, 1919–1932. A Historical Survey, Basingstoke 2010, S. 7f.; Sharp, Versailles Settlement, S. 83f. Siehe ausführlicher unten, S. 522f.

31 Frank Cobb und Walter Lippmann waren zwei Mitarbeiter der Inquiry, vgl. Cobb-Lippmann-Memorandum v. 29.10.1918, in: FRUS 1918, Supp. 1, Bd. 1, S. 405–413.

32 Vgl. ebenda, S. 406. Zu dem Memorandum siehe Tillman, Anglo-American Relations, S. 45f. Eine Fassung gelangte schnell in deutsche Hände und begünstigte in Berlin eine optimistische Lesart der amerikanischen Zielsetzungen, vgl. Schwabe, Deutsche Revolution, S. 220f.

33 Vgl. Lowry, Armistice, S. 144–146. Außerdem: Fry, And Fortune Fled, S. 163–168; Walworth, America's Moment 1918, S. 55–61.

34 Vgl. House an Wilson, Telegramm v. 04.11.1918, in: FRUS 1918, Supp. 1, Bd. 1, S. 460–462. Zur unterschiedlichen Bewertung der durch House erzielten Verhandlungsergebnisse vgl. Knock, Wilsonian Concepts, S. 125; Sally Marks, Smoke and Mirrors. In Smoke-Filled Rooms and the Galerie des Glaces, in: Boemeke/Feldman/Glaser (Hrsg.), Treaty of Versailles, S. 337–370, hier: S. 340–342; Floto, Colonel House, S. 15f., 59f.; Schwabe, Deutsche Revolution, S. 191. Aus interessierter Sicht auch Lloyd George, Truth, Bd. 1, S. 82–88.

pretation der Wiedergutmachungsforderungen und die Einschränkung der Aussage zur Freiheit der Meere. Die entscheidende Passage lautete jedoch, dass die alliierten Regierungen „declare their willingness to make peace with the Government of Germany on the terms of peace laid down in the President's address to Congress of January 1918, and the principles of settlement enunciated in his subsequent addresses."[35]

Dass mit dieser Lansing-Note allerdings ein pactum de contrahendo, also ein förmlicher Vorvertrag, zwischen den Siegermächten und Deutschland geschlossen worden sei, kann nicht ernsthaft überzeugen. Die Behauptung eines solchen bindenden Vorvertrags zählt zwar zu den zentralen Argumenten gegen die Rechtmäßigkeit des Versailler Vertrages.[36] Doch es lassen sich wenigstens drei Gegenargumente formulieren. Erstens war ein solches Rechtsinstrument im Völkerrecht kaum etabliert, sondern wurde, in Anlehnung an zivilrechtliche Grundsätze, in der Fachliteratur allenfalls am Rande erwähnt und meinte dann auch nur eine grundsätzliche Bereitschaft zum Vertragsabschluss, nicht aber eine vorlaufende Festlegung der Vertragsinhalte.[37] In formeller Hinsicht ist, zweitens, zweifelhaft, ob sich diese Note überhaupt als ein völkerrechtlich bindendes Abkommen zwischen den Siegermächten und Deutschland begreifen lässt, welches, unbeschadet aller Vertragsfreiheit im Völkerrecht, den zeitgenössi-

---

35 Lansing an Sulzer, Note v. 05.11.1918, in: FRUS 1918, Supp. 1, Bd. 1, S. 468f.

36 Die Annahme eines pactum de contrahendo geht auf den deutschen Delegierten Walther Schücking zurück (siehe unten, S. 409) und erhielt in den deutschen Revisionskampagnen der 1920er und 1930er Jahre kanonischen Rang, vgl. Alexander Hold-Ferneck, Zur Frage der Rechtsverbindlichkeit des Friedensvertrages von Versailles, in: Zeitschrift für Internationales Recht 30 (1923), S. 110–117; Wilhelm Marx, Die Rechtsgrundlagen der Pariser Friedensverhandlungen und ihre Verletzung durch den Vertrag von Versailles, in: Heinrich Schnee/Hans Draeger (Hrsg.), Zehn Jahre Versailles, 3 Bde., Berlin 1929, Bd. 1, S. 1–14, hier: S. 8f.; Theodor Niemeyer, Der Versailler Vertrag und seine Revisionsmöglichkeit, in: Schnee/Draeger (Hrsg.), Zehn Jahre Versailles, Bd. 1, S. 133–157, hier: S. 145–147; Josef L. Kunz, Die Revision der Pariser Friedensverträge. Eine völkerrechtliche Untersuchung, Berlin 1932, S. 225; Herbert Wissmann, Revisionsprobleme des Diktats von Versailles, Berlin 1936, S. 7. Prototypisch auch Krüger, Deutschland, S. 41f., der darin „unzweifelhaft eine bindende völkerrechtliche Vereinbarung" erblickte, ohne dies näher zu begründen.

37 Vgl. Oppenheim, International Law, Bd. 1 (1905), S. 524f., ähnlich später dann Paulus Andreas Hausmann, Friedenspräliminarien in der Völkerrechtsgeschichte, in: ZaöRV 25 (1965), S. 657–692, hier: S. 689. Skeptisch mit Blick auf den konkreten Sachverhalt etwa Würtenberger/Sydow, Versailles, S. 44, allgemein zurückhaltend Anthony Aust, Modern Treaty Law and Practice, 3. Aufl., Cambridge, UK, New York 2013, S. 26; Loïc Marion, La notion de pactum de contrahendo dans la jurisprudence internationale, in: Revue générale de droit international public 78 (1974), S. 351–398. In der zeitgenössischen Literatur findet das Instrument eines pactum de contrahendo kaum Erwähnung; gegen ein solche Übernahme aus dem Privatrecht argumentiert etwa auch Jellinek, Lehre, S. 105. Dazu auch: Vec, Grundrechte, S. 83f.

schen Erwartungen im Hinblick auf die Vollmacht der Unterhändler und eine Ratifikation genügt hätte.[38] Drittens ist in materieller Hinsicht wenig plausibel, dass die europäischen Regierungschefs durch diese Einigung alle Entscheidungen über den Friedensschluss mit einem Federstrich hatten festlegen wollen; in dieser Sicht fehlte es zumindest einem Teil der involvierten Parteien essentiell an jenem rechtlichen (im Unterschied zu einem politischen) Bindungswillen, der zumindest in der neueren Literatur als maßgeblich für das Bestehen eines völkerrechtlichen Vertrags gesehen wird.[39]

Zutreffender dürfte daher eine Interpretation sein, wonach die Lansing-Note zwar den mühsam errungenen Konsens wiedergeben sollte, dass alle Verhandlungen von den 14 Punkten ausgehen würden. Doch der Frieden sei durch das Programm des amerikanischen Präsidenten keineswegs präjudiziert, so die reservatio mentalis wenigstens der europäischen Regierungschefs. Schon angesichts der vagen Formulierungen und unbestimmten Erklärungen sei allenfalls von einer moralischen und also politischen Bindung auszugehen; Wilsons Leitsätze stellten lediglich eine „obligation of honour"[40] dar, so wurde Ende 1918 in einem Memorandum des Foreign Office notiert. Doch obwohl damit die dogmatische Scheidelinie[41] zu einem juristisch bindenden pactum de contrahendo treffend bezeichnet war: Wie eine derartige moralische Verpflichtung im Einzelnen aussehen würde und wie sich die 14 Punkte während ihrer Übertragung in formale Vertragsbestimmungen ausbuchstabieren ließen, war alles andere als eindeutig. Sowohl die normative Bindungswirkung wie auch der inhaltliche Geltungsumfang der Lansing-Note blieben daher ein kontrovers debattiertes Problem, wie es sich wenig später, im Februar 1919, unter anderem in den Diskussionen der Reparationskommission erweisen sollte. Darauf wird noch einzugehen sein, ebenso wie auf die Tatsache, dass sich die alliierten Regierungen in ihrer am 16. Juni 1919 veröffentlichten Replik auf die deutschen Gegenvorschläge selbst zur Lansing-Note als Grundlage des Friedens bekannten. An dieser Stelle lässt sich immerhin bereits festhalten, dass der Note vom 5. November in

---

38 Für solche formalen Anforderungen vgl. etwa Oppenheim, International Law, Bd. 1 (1905), S. 521–526, 531–539; Rivier, Principes du Droit, Bd. 2, S. 38–57. Ähnlich: Hall, Treatise, S. 339–343; Liszt, Völkerrecht, S. 171–176, schließlich auch Westlake, International Law, Bd. 1, S. 279–282, der allerdings (S. 281f.) einem diplomatischen Notenwechsel insofern eine Rechtskraft zuweisen will, wenn die zumindest stillschweigende Zustimmung des Staatsoberhauptes erkennbar wird. Dezidierte Gegenansicht bei Wissmann, Revisionsprobleme, S. 6, 9, der eine Ratifikationsnotwendigkeit abstreitet.

39 Aus der aktuellen Literatur vgl. nur Aust, Modern Treaty Law, S. 20, 87, daneben Shaw, International Law, S. 656.

40 Memorandum on the Settlement with Germany, 23.12.1918, in: TNA, FO 371/4354, Bl. 336–340, hier: Bl. 336.

41 Vgl. Marion, La notion de pactum de contrahendo, S. 372f.

deutschen Augen eine eminente Bedeutung innewohnte, die zwar an ihrem eigentlichen Charakter vorbeigehen mochte, gleichwohl aber eine politische Dynamik entwickelte, die noch Jahrzehnte anhalten sollte.[42]

Wichtiger als dieser Vorausblick auf die Friedenverhandlungen war für die deutsche Regierung Anfang November 1918 jedoch die alliierte Bereitschaft zu einem Waffenstillstand und damit zu einer zügigen Einstellung der Kampfhandlungen. In der Note vom 5. November hatten die Siegermächte die Gegenseite aufgefordert, bei Marschall Foch als alliiertem Oberbefehlshaber um die genauen Inhalte eines Waffenstillstandes nachzusuchen. Auf die Debatten innerhalb der Reichsregierung, die politisch unter großem Druck stand, sich teils auch schon mit offenen revolutionären Zuständen konfrontiert sah, kann hier nicht weiter eingegangen zu werden.[43] Am 6. November wurde der Zentrumspolitiker Matthias Erzberger zum Kopf einer Waffenstillstandskommission ernannt, der es nach einigen vergeblichen Anläufen zwei Tage später gelang, die Frontlinien in Nordfrankreich zu überqueren.[44] In einem Waldstück nahe Compiègne trafen Erzberger und seine Mitarbeiter auf Foch sowie drei britische Seeoffiziere, welche ihnen, augenscheinlich mit Gesten kalkulierter Demütigung, die vom Supreme War Council festgelegten Bedingungen eines Waffenstillstands mitteilten: Sechs Stunden nach der Unterzeichnung sollten alle Feindseligkeiten eingestellt werden; Deutschland sei zur unverzüglichen Räumung der besetzten Gebiete in Frankreich, Belgien und Luxemburg verpflichtet, daneben zum Rückzug aus allen ost- und mitteleuropäischen Gebieten auf die Reichsgrenzen vom 1. August 1914 sowie zur Rückführung aller Kriegsgefangenen innerhalb von 15 Tagen. Auch hier wurde die Pflicht zur Wiedergutmachung aller verübten Schäden festgeschrieben, ebenso zur Annullierung der Friedensverträge von Brest-Litowsk und Bukarest, was die Abtretung sämtlicher aus diesen Verträgen erhaltenen Lieferungen, darunter immerhin 91 000 kg Gold, umfasste. Von unmittelbarer Bedeutung war die Einschränkung der deutschen Kampfkraft durch die Ablieferung von militärischen Material (5000 Kanonen, 25 000 Maschinengewehre, 3000 Minenwerfer, 1700 Flugzeugen, nahezu die gesamte Kriegsflotte, sämtliche Unterseeboote) sowie von zivilen Gütern (5000 Lokomotiven, 150 000 Waggons, 5000 Lastkraftwagen). Als Sicherheit für den Waffenstillstand wurde eine Besetzung der linksrheinischen Gebiete festgesetzt,

---

42 Vgl. Krüger, Versailles, S. 19–30; ders., Deutschland, S. 41f.; Schwabe, Deutsche Revolution, S. 226; Dickmann, Kriegsschuldfrage, S. 52f.; Burnett, Reparation, S. 52f., 130. Siehe auch die apodiktische Argumentation bei Birdsall, Versailles Twenty Years After, S. 22–26, überaus kritisch daneben Nicolson, Peacemaking 1919, S. 10–17.

43 Vgl. Schwabe, Deutsche Revolution, S. 195–226. Zum Kontext auch Barth, Dolchstoßlegenden, S. 197–228.

44 Vgl. Grupp, Deutsche Außenpolitik, S. 31–33.

wobei die strategisch wichtigen Überquerungen bei Mainz, Koblenz und Köln durch alliierte und amerikanische Truppen auch auf der rechten Rheinseite besetzt werden sollten, ergänzt noch um eine neutrale Zone von zehn Kilometern.[45]

In der Summe waren diese Bedingungen einschneidend, denn sie sollten Deutschland an einer Fortführung des Kampfes effektiv hindern. Angesichts der Tatsache, dass weder der einen noch der anderen Seite je ein entscheidungsrelevanter militärischer Durchbruch hatte gelingen können, war das naheliegend, zumal die alliierte Seite, und hier besonders die französische Regierung, das Waffenstillstandsgesuch von Beginn an als Kapitulation begreifen wollte. Die Reichsregierung hatte diesen Ausdruck in ihren Noten zwar sorgsam vermieden. Es bleibt jedoch fraglich, ob die Vertreter der Entente anders hätten handeln können. In Paris und London dominierte im Herbst 1918 nach wie vor der Eindruck, selbst mit dem Rücken zur Wand zu stehen. Es war kaum vorstellbar, die deutsche Aufforderung zu Verhandlungen in den Wind zu schlagen und für eine Fortführung des Kampfes, gar für eine vollständige militärische Unterwerfung Deutschlands im Zeichen einer „bedingungslosen Kapitulation", wie sie von amerikanischen Politikern vereinzelt gefordert wurde, hinreichende politische, militärische und ökonomische Kräfte zu mobilisieren.[46] Angesichts des deutschen Ersuchens jedoch darauf zu verzichten, die eigene Position durch die Forderung nach einer irreversiblen Waffenstreckung zu sichern, war ebenso unwahrscheinlich. Alles andere als der Versuch, der Gegenseite eine Wiederaufnahme der militärischen Auseinandersetzung durch weitreichende Auflagen möglichst zu erschweren, wäre nach alliierter Ansicht nicht nur militärisch fahrlässig, sondern auch politisch kaum durchsetzbar gewesen.[47] Zudem machte die zivile Führung des Reiches unübersehbar deutlich, dass sie sich zwar gegen eine formale Kapitulation verwahrte, aber doch eine Fortsetzung des Krieges um jeden Preis vermeiden wollte, teils in Antizipation des erhofften „Wil-

---

45 Der Text in: FRUS, PPC 1919, Bd. 2, S. 1–11. In die genannten Zahlen sind bereits die Zugeständnisse von Foch einkalkuliert, vgl. Lowry, Armistice, S. 160. Siehe außerdem Ferdinand Foch, Mémoires pour servir à l'histoire de la guerre de 1914–1918, 2 Bde., Paris 1931, Bd. 2, S. 268–320; Matthias Erzberger, Erlebnisse im Weltkrieg, Stuttgart 1920, S. 326–365. Weiter: Greenhalgh, Foch in Command, S. 464–494; Renouvin, L'Armistice de Rethondes, S. 261–282.
46 Derartige Forderungen stieß nicht zuletzt auf den Widerstand von Wilson, vgl. Stephen A. Schuker, Woodrow Wilson vs. American Public Opinion. The Unconditional Surrender Movement of 1918, in: Guido Müller (Hrsg.), Deutschland und der Westen. Internationale Beziehungen im 20. Jahrhundert. Festschrift für Klaus Schwabe zum 65. Geburtstag, Stuttgart 1998, S. 101–110.
47 Besonders in Frankreich wurde später intensiv darüber diskutiert, inwieweit der Waffenstillstand „zu früh" erfolgt sei, vgl. Renouvin, L'Armistice de Rethondes, S. 283–296; Becker, Traité de Versailles, S. 21f.

son-Friedens", insbesondere aber angesichts der innenpolitischen Konflikte. Der Übergang zu einer republikanischen Verfassung war keineswegs gesichert, und mit guten Gründen galt die Loyalität der alten Eliten, namentlich des Militärs, als fraglich; am 26. Oktober wurde Ludendorff abgelöst, da er inzwischen forderte, das Waffenstillstandsgesuch zurückzuziehen und die militärische Auseinandersetzung weiterzuführen. Doch jede Fortsetzung des Krieges, so wurde von der neuen Reichsregierung befürchtet, hätte die eingeleitete Parlamentarisierung und Demokratisierung des Reiches dem diktatorischen Machtanspruch der OHL geopfert.[48]

Als Erzberger in den Morgenstunden des 11. November, um Punkt 5 Uhr, seine Unterschrift unter das zunächst auf 36 Tage befristete Abkommen setzte, waren diese Konflikte keineswegs ausgestanden. Jede Rücksprache mit Berlin hatte sich äußerst mühselig gestaltet, so dass es letztlich ungewiss war, im Namen welcher Regierung Erzberger eigentlich unterzeichnete.[49] Zwei Tage zuvor hatten in einer Parallelaktion der SPD-Politiker Philipp Scheidemann wie auch der Sozialist Karl Liebknecht die Republik ausgerufen. Am Nachmittag des 9. November war das Kanzleramt durch den Sozialdemokraten Friedrich Ebert übernommen worden, der am Abend des nächsten Tages auch sein Einverständnis zur Unterzeichnung des Waffenstillstands gab. Trotzdem blieb zunächst unabsehbar, wie sich neue Reichsregierung, revolutionäre Rätebewegung und Heer/OHL in den politischen Umwälzungen in Deutschland zueinander verhalten würden. Als der Waffenstillstand an der Westfront am 11. November 1918 um 11 Uhr, also sechs Stunden nach seiner Unterzeichnung, in Kraft trat und mit Trompetensignalen verkündet wurde, bedeutete dies zwar den erlösenden Abschluss der langjährigen Kampfhandlungen an der Westfront. Für die Auseinandersetzungen um die politische Verfasstheit des Reiches spielte dieser Akt jedoch nur noch eine geringe Rolle.[50]

„Chaos by every standard of our thinking": Der Zerfall Mittel- und Osteuropas

In allen Verliererstaaten überschnitt sich der Waffenstillstand mit einer bereits länger währenden Legitimitätskrise der hergebrachten politischen Strukturen, die im Herbst 1918 in einen galoppierenden Legitimitätsverfall überging, die

---

48 Vgl. Lowry, Armistice, S. 163–165. Zur Diskussion um die Kapitulation etwa Leonhard, Büchse der Pandora, S. 920–922; Münkler, Der große Krieg, S. 742–745; Stevenson, With Our Backs, S. 515–517, 526–533; Barth, Dolchstoßlegenden, S. 76–92.
49 Vgl. Erzberger, Erlebnisse im Weltkrieg, S. 361–365.
50 Vgl. Leonhard, Büchse der Pandora, S. 916–919.

hergebrachte Institutionenordnung erschütterte und die Stellung der Staatsoberhäupter nachhaltig ins Wanken brachte. In Deutschland versuchte der scheidende Reichskanzler von Max v. Baden die staatsrechtliche Kontinuität etwa dadurch zu wahren, dass er vor der Übergabe seiner Amtsgeschäfte an Ebert, wiewohl weitgehend auf eigene Faust, den Thronverzicht von Wilhelm II. sowohl als Kaiser wie als preußischen König öffentlich ankündigte. Der auf diese Weise überrumpelte Monarch, der sich im Generalhauptquartier in Spa aufhielt und zögerlich zum Verzicht allenfalls auf die Kaiserkrone bereit gewesen wäre, scheute jedoch die politische Auseinandersetzung. In den nahegelegenen Niederlanden suchte er um Asyl nach, wobei dieser kampflose Rückzug das Prestige der Monarchie nachhaltig beschädigte und fortan nur noch eine Minderheit eine Rückkehr des Kaisers wünschen ließ. Blutige Kämpfe um die Legitimität der Staatsspitze blieben dadurch aber weitgehend aus. Auf Schloss Amerongen, welches ihm von niederländischer Seite als Quartier zur Verfügung gestellt worden war, unterzeichnete Wilhelm II. am 28. November seine Abdankungsurkunde und machte damit den Weg frei für eine geordnete Überleitung der höchsten Macht im Staat und die Fortführung der Regierungsgeschäfte durch die neuen Machthaber.[51]

In Wien war zuvor schon der Habsburger Kaiser Karl I. von der Opposition zur Aufgabe seiner Herrschaftsrechte gedrängt worden, ohne indes wie Wilhelm II. zu einer offiziellen Abdankung bereit zu sein. Vielmehr gab er am 11. November lediglich eine Verzichtserklärung für die österreichische Reichshälfte, zwei Tage später auch für Ungarn ab. Ohnehin war die Donaumonarchie zu diesem Zeitpunkt bereits auf die einstigen österreichischen Erbländer geschrumpft: Am 24. Oktober war die seit 1867 bestehende Realunion zwischen beiden Ländern vom ungarischen Reichstag in Budapest aufgehoben worden, wenige Tage später erklärten erst die Tschechoslowakei, dann der SHS-Staat ihre Unabhängigkeit. Am 30. Oktober 1918 konstituierte sich schließlich Deutschösterreich als Reststaat des ehemaligen Habsburgerreiches, dessen Regierung unter dem Sozialisten Karl Renner jedoch bewusst nicht in die förmliche Nachfolge zum „Liquidationsministerium" von Lammasch eintrat, sondern einen staatsrechtlichen Neuanfang zu behaupten versuchte. Karl I. zog sich in das Exil in die Schweiz zurück, und obwohl er lange noch auf eine Rückkehr an die Spitze einer restaurierten österreichischen Monarchie hoffte, folgte aus seiner Verweigerung eines formalen Thronverzichts doch nur, dass ihn die Wiener Re-

---

51 Vgl. Münkler, Der große Krieg, S. 750–752; Barth, Dolchstoßlegenden, S. 180–195.

gierung mit dem „Habsburgergesetz" vom April 1919 auf Dauer des Landes verwies.[52]

In Sofia lagen die Verhältnisse wenig anders. Der seit 1887 – zunächst unter osmanischer Oberaufsicht, seit 1908 aber unabhängig – regierende Zar Ferdinand I. versuchte die Legitimität der bulgarischen Monarchie zwar noch dadurch zu retten, dass er Reformen ankündigte und am 3. Oktober die Amtsgeschäfte an seinen Sohn Boris III. übergab. Doch die monarchiefeindliche Stimmung im Land war groß und die politischen Verhältnisse stellenweise kaum zu stabilisieren. Die in Radomir ausgebrochene Revolte ließ sich nur mit deutscher militärischer Unterstützung niederschlagen. In den nachfolgenden Wirren konnte sich vor allem der Führer der radikalen Agrarpartei, der erst Ende September aus mehrjähriger politischer Haft entlassene Aleksandŭr Stamboliĭski, als starker Mann behaupten. Im Januar trat Stamboliĭski in das Kabinett einer Übergangsregierung unter Theodore Theodoroff ein, übernahm nach den Wahlen von August 1919 aber schließlich selbst das Amt des Ministerpräsidenten, das er bis zu seiner Ermordung während eines Militärputsches im Jahr 1924 verteidigen sollte.[53]

Ähnlich unübersichtlich war schließlich die Lage in Konstantinopel. Nachdem Mehmed V. Reşad, als Sultan und Kalif gleichermaßen das politische Oberhaupt des Osmanischen Reiches wie der religiöse Führer der sunnitischen Muslime, im Juli 1918 verstorben war, folgte ihm sein jüngerer Bruder Mehmed VI. Vahideddin. Beide Herrscher waren allerdings nur Aushängeschilder, lagen die eigentlichen Machtbefugnisse doch seit 1913 in der Hand eines jungtürkischen Triumvirats aus Ismail Enver, Mehmed Talaat und Ahmed Cemal, welches während des Weltkrieges nahezu diktatorische Herrschaftsgewalt besessen hatte. Als die Kriegsniederlage unübersehbar wurde, gelang es Mehmed VI. zwar, die Führung der Jungtürken mit Unterstützung oppositioneller Kräfte zu stürzen und wieder einen größeren Anteil an den Regierungsgeschäften zu übernehmen. Doch dieser Teil besaß spätestens nach der Unterzeichnung des Waffen-

---

52 Vgl. Judson, Habsburg Empire, S. 430–441; Rauchensteiner, Der Erste Weltkrieg, S. 1033–1052, daneben etwa Holm Sundhaussen, Von der Multiethnizität zum Nationalstaat. Der Zerfall „Kakaniens" und die staatliche Neuordnung im Donauraum am Ende des Ersten Weltkrieges, in: ders./Hans-Joachim Torke (Hrsg.), 1917–1918 als Epochengrenze?, Wiesbaden 2000, S. 79–100, oder die Beiträge in Helmut Konrad/Wolfgang Maderthaner (Hrsg.), ... der Rest ist Österreich. Das Werden der Ersten Republik, 2 Bde., Wien 2008/2009.
53 Vgl. Valery Kolev, The Bulgarian Delegation at the Paris Peace Conference, 1919–1920, in: Jahrbuch für Europäische Geschichte 13 (2012), S. 43–53, hier: S. 43f.; Chary, History of Bulgaria, S. 55–58; Crampton, Aleksandŭr Stamboliĭski, S. 68–70; Edson James Drake, Bulgaria at the Paris Peace Conference. A Diplomatic History of the Treaty of Neuilly-sur-Seine, Ph.D. Georgetown 1967, S. 45–49.

stillstandes von Moudros wiederum nur symbolischen Wert. Nach der ab Mitte November erfolgten Besatzung von Konstantinopel durch britische, französische und italienische Truppen verlor Mehmed VI. nicht nur einen Großteil seiner Macht an die Entente-Mächte. Wenig später musste er auch weitgehend passiv erleben, wie sich in Anatolien eine laizistisch-nationalistische Befreiungsbewegung unter Mustafa Kemal (Atatürk) zusammenfand, die mit rasch wachsender Kraft auf einen Bruch mit den überkommenen Institutionen des Osmanischen Reiches zustrebte; im November 1922 wurde das Sultanat abgeschafft und Mehmed VI. des Landes verwiesen.[54]

Dass in den Hauptstädten aller Verliererstaaten die Legitimität der etablierten Staatsführung dahinschwand und neuen Kräften den Weg öffnete, war immer noch ein geringer Preis verglichen mit jenem Zerfall von Staatlichkeit, der in den Randzonen der einstigen Imperien, in den ehemaligen Kriegsgebieten und den alten wie neuen Grenzräumen um sich griff. Während in den alten Metropolen (Berlin, Wien oder Konstantinopel) ebenso um die Macht gerungen wurde wie in den neuen Hauptstädten (Prag oder Zagreb, Warschau oder Riga), ließ sich in vielen ländlichen Gebieten kaum mehr die Existenz eines staatlichen Gewaltmonopols erkennen. Der rapide Verfall der lokalen Autoritäten innerhalb erschöpfter Kriegsgesellschaften, der wirtschaftliche Niedergang, die Blockade gewohnter Verkehrs- und Handelswege durch neue Grenzen, schließlich der vergleichsweise plötzliche Rückzug der russischen und deutschen Armee im Frühjahr 1918 hatten dazu beigetragen, dass vom Finnischen Meerbusen bis zum Schwarzen Meer zahlreiche unreglementierte Freiräume aufklafften. In diesen staatsfernen Zonen galt nur noch das Recht des Stärkeren, so dass allenfalls lokale Kriegsherren eine Ordnungsfunktion ausübten. Nimmt man noch die in den Friedensverträgen von Brest-Litowsk und Bukarest vereinbarte Rückkehr von hunderttausenden Kriegsgefangenen hinzu, welche die Situation besonders in Österreich, Ungarn sowie in Teilen des Deutschen Reiches weiter zu destabilisieren drohte, so wird deutlich, dass an vielen Orten im Osten Europas spätestens seit Mitte des Jahres 1918 ein beträchtliches Machtvakuum bestand.[55]

---

54 Vgl. Gingeras, Fall of the Sultanate, S. 235–297; Fromkin, Peace to End all Peace, S. 427–434; Andrew Mango, From the Sultan to Atatürk. Turkey, London 2009, S. 3–66; Hasan Kayalı, The Struggle for Independence, in: Kasaba (Hrsg.), Turkey in the Modern World, S. 112–146; Zürcher, Turkey, S. 149–167.

55 Als Panorama vgl. die Beiträge in Böhler u.a. (Hrsg.), Legacies of Violence; Bartov/Weitz (Hrsg.), Shatterzone of Empires; Robert Gerwarth/John Horne (Hrsg.), War in Peace. Paramilitary Violence in Europe after the Great War, Oxford 2012; Audoin-Rouzeau/Prochasson (Hrsg.), Sortir de la grande guerre. Siehe daneben Gerwarth, Vanquished, S. 69–100; Sanborn, Imperial Apocalypse, S. 171–238; Felix Schnell, Räume des Schreckens. Gewalträume und Gruppenmilitanz in der Ukraine, 1905–1933, Hamburg 2012, S. 164–176; Jochen Böhler, Enduring Violence.

Als Nutznießer, teils auch als Urheber dieser Situation wurden aus zeitgenössischer Sicht an erster Stelle die bolschewistischen Revolutionäre ausgemacht. Das war einerseits eine plakative Zuspitzung und Projektion, mit der wiederum ein eigenes Gewalthandeln als antirevolutionäre Abwehrmaßnahme gerechtfertigt werden konnte, wie etwa die Vorgehensweise der Freikorps in Deutschland im Winter 1918/19 erkennen lässt oder die rumänischen Exzesse in der Bukowina.[56] Auf der anderen Seite ist unbestreitbar, dass die Bolschewiki gerade dort, wo nur eine schwache staatliche Gewalt bestand, rücksichtslos nach der Macht griffen; die Wirren der nationalen Unabhängigkeitskämpfe in der Ukraine, in Finnland oder Bessarabien mögen als Beispiele dienen, daneben natürlich Ungarn, wo Béla Kun, ein in russischer Kriegsgefangenschaft zum Revolutionär gewandelter Journalist, mit seiner Agitation für eine Räteregierung zeitweilig großen Zulauf fand.[57] An zahllosen Orten flackerten blutige Auseinandersetzungen auf, ohne dass sich im Regelfall von einer Konfrontation entlang staatlicher Grenzen sprechen ließe. Im Gegenteil, gerade den bolschewistischen Revolutionären erschienen nationale Zugehörigkeiten als ebenso unerheblich wie eine klare Unterscheidung zwischen Krieg und Frieden, Kombattant und Zivilist, was sich auf Seiten ihrer Gegner darin widerspiegelte, dass diese in ihren konterrevolutionären Feldzügen ebenfalls derartige Unterscheidungen aufgaben.[58]

The Postwar Struggles in East-Central Europe, 1917–21, in: Journal of Contemporary History 50, H. 1 (2014), S. 58–77; Julia Eichenberg/John Paul Newman, Aftershocks. Violence in Dissolving Empires after the First World War, in: Contemporary European History 19, H. 3 (2010), S. 183–194; Kramer, Dynamic of Destruction, S. 268–327; Roshwald, Ethnic Nationalism, S. 156–217. Überlegungen zur Typologie der Gewalt bei Bruno Cabanes, 1919. Aftermath, in: Winter (Hrsg.), Cambridge History of the First World War, Bd. 1, S. 172–197, hier: S. 190–196, konzeptionell auch Jörg Baberowski, Krieg in staatsfernen Räumen. Russland und die Sowjetunion 1905–1950, in: Dietrich Beyrau/Michael Hochgeschwender/Dieter Langewiesche (Hrsg.), Formen des Krieges. Von der Antike bis zur Gegenwart, Paderborn 2007, S. 291–309.

56 Vgl. Gerwarth, Vanquished, S. 153–167; Barth, Dolchstoßlegenden, S. 229–272; Wirsching, Vom Weltkrieg zum Bürgerkrieg, S. 124–135; Mariana Hausleitner, Die Rumänisierung der Bukowina. Die Durchsetzung des nationalstaatlichen Anspruchs Großrumäniens 1918–1944, München 2001, S. 93–102.

57 Zur Ukraine vgl. Schnell, Räume des Schreckens, S. 176–190; Milow, Die ukrainische Frage, S. 55–68, zu Ungarn etwa Arno J. Mayer, Politics and Diplomacy of Peacemaking. Containment and Counterrevolution at Versailles, 1918–1919, New York 1967, S. 521–603; Alfred D. Low, The Soviet Hungarian Republic and the Paris Peace Conference, in: Transactions of the American Philosophical Society. New Series 53, H. 10 (1963), S. 1–91.

58 Als Schlaglichter unter vielen vgl. lediglich Jochen Böhler, Generals and Warlords, Revolutionaries and Nation-State Builders. The First World War and its Aftermath in Central and Eastern Europe, in: Böhler u.a. (Hrsg.), Legacies of Violence, S. 51–66; Joshua Sanborn, The Genesis of Russian Warlordism. Violence and Governance during the First World War and the Civil

Angesichts dieser Revolutions- und Gewaltdynamik in Osteuropa, die jedes zurechenbare Staatshandeln und jede völkerrechtliche Einhegung mühelos hinter sich ließ, überrascht es nicht, wenn in den westlichen Gesellschaften teils Ratlosigkeit, teils große Ängste vorherrschten. Zwar hatten die Entente-Mächte zwischen April und Dezember 1918 kleinere Truppenkontingente in Hafenstädte am Rande Russlands (Wladiwostok, Murmansk, Archangelsk, Odessa) entsandt, die sich Scharmützel mit verschiedenen bewaffneten Gruppierungen lieferten. Doch eine großangelegte Intervention blieb außerhalb der politischen Möglichkeiten, so sehr einzelne Fürsprecher, etwa Winston Churchill, auf eine militärische Lösung drängten. Neben der weitgehenden Erschöpfung aller materiellen und mentalen Ressourcen im Weltkrieg spielten dabei nicht zuletzt etablierte Wahrnehmungsmuster eine wesentliche Rolle, welche Berichte über Grausamkeiten und revolutionäre Verwerfungen an der osteuropäischen Peripherie zwar mit Entsetzen registrierten, aber als erwartbar für vermeintlich halbzivilisierte Gesellschaften betrachteten. Aus dieser Perspektive bestand die Hauptsorge weniger in einer Ausbreitung des Bolschewismus an sich als in der prekären vormodernen Verfasstheit der politischen und sozialen Strukturen, deren kriegsbedingte Krise als eigentliche Ursache für das Auftreten der kommunistischen Revolutionäre gelten musste. Anders formuliert: Der Bolschewismus war in westlicher Sicht eine missliche, aber wenig überraschende Konsequenz der autokratischen, von sozialer Immobilität und wirtschaftlicher Stagnation gekennzeichneten Verhältnisse in den multinationalen Imperien; der Weltkrieg habe diese unzureichende Staatlichkeit nur in eklatanter Weise offen gelegt. Sicherlich wurde vielfach vor einem Ausgreifen der russischen Revolution auf die ausgezehrten Kriegsgesellschaften in Mitteleuropa oder gar in Westeuropa gewarnt. Es ist aber eine rückblickende Projektion, darin bereits die Angst vor einem expansiven Kommunismus sowjetischer Prägung zu sehen, auf den die alliierten Vertreter in Paris mit einer ideologisch eingefärbten Eindämmungspolitik avant la lettre reagiert hätten.[59] Faktisch erschien der Bolschewismus weniger als ge-

---

War, in: Contemporary European History 19, H. 3 (2010), S. 195–213; Piotr J. Wróbel, The Revival of Poland and Paramilitary Violence, 1918–1920, in: Rüdiger Bergien/Ralf Pröve (Hrsg.), Spießer, Patrioten, Revolutionäre. Militärische Mobilisierung und gesellschaftliche Ordnung in der Neuzeit, Göttingen 2010, S. 281–304; Robert Gerwarth, The Central European Counter-Revolution: Paramilitary Violence in Germany, Austria, and Hungary after the Great War, in: Past and Present 200 (2008), S. 175–209. Zum Kontext weiter Alexander Victor Prusin, The Lands Between. Conflict in the East European Borderlands, 1870–1992, Oxford 2010, S. 73–96; Roshwald, Ethnic Nationalism, S. 171–174.

59 Die Eindämmungsthese ist klassisch formuliert bei Mayer, Politics and Diplomacy, bes. S. 229–343, und wurde vielfach aufgegriffen, nicht zuletzt in der IR-Forschung, siehe etwa Anievas, International Relations, S. 635–638, 641. Eine gut begründete Kritik hingegen bei Kay Lundgreen-Nielsen, The Mayer Thesis Reconsidered. The Poles and the Paris Peace Con-

schlossene, revolutionäre Alternative zu einem westlichen Weltbild denn als seine heillose Zerrüttung und Zerstörung.

Bedeutsamer als die Wahrnehmung einer direkten Bedrohung war daher der indirekte Effekt. Die wahrgenommene Schwäche der staatlichen Strukturen verlieh allen alliierten Friedensplanungen eine zusätzliche Dimension von ungeahnter Dringlichkeit. Weit mehr als dem Weltkrieg selbst entsprangen dem Niedergang der multiethnischen Großreiche, den Bürgerkriegsszenen Ost- und Mitteleuropas und überhaupt dem Verfall oder zumindest der Überforderung jedes staatlichen Gewaltmonopols jene furchteinflößenden Gespenster der Anarchie und der Unregierbarkeit, welche westliche Vorstellungen von der europäischen Peripherie und der außereuropäischen Welt seit Jahrzehnten bestimmt hatten. Angesichts der dramatischen Auflösung der bisherigen imperialen Herrschaftsstrukturen und der nationalen Befreiungskämpfe von Finnland über das Baltikum und Ostgalizien, von Weißrussland und der Ukraine bis nach Bessarabien und in den Kaukasus bedurften große Teile des östlichen Europa einer staatlichen Reorganisation. „[T]he monarchy faces complete anarchy"[60], so berichtete etwa die New York Times am 1. November über das Habsburgerreich, mit dessen faktischer Auflösung lange Zeit weder in London, Paris noch Washington ernsthaft gerechnet worden war; es sei ein „unforeseen débâcle" gewesen, so meinte Lloyd George rückblickend, welches alle Beteiligten unter beträchtlichen Zugzwang gesetzt habe.[61]

Noch deutlicher wurde dieser Eindruck von Walter Lippmann auf den Punkt gebracht, der im Herbst 1918 im Gefolge von Edward House in Paris eingetroffen war. „[T]here is no stable government anywhere east of the Rhine", notierte er kurz darauf, und er beschrieb Mittel- und Osteuropa als einen anarchischen Raum „in which government had disappeared over immense areas"[62]. Doch gerade weil der Krieg alle überkommenen Herrschaftsstrukturen zerstört habe, sei es nun entscheidend, so Lippmann, dem alliierten Sieg eine Neugestaltung der politischen Verhältnisse folgen zu lassen:

---

ference, 1919, in: International History Review 7, H. 1 (1985), S. 68–102, differenzierter zur westlichen Sorge vor dem Bolschewismus schon John M. Thompson, Russia, Bolshevism, and the Versailles Peace, Princeton 1966, S. 13–20.

60 Wide Anarchy in Austria, in: New York Times v. 01.11.1918.

61 Lloyd George, Truth, Bd. 1, S. 90. Siehe zur britischen Wahrnehmung auch László Péter, R. W. Seton-Watson's Changing Views on the National Question of the Habsburg Monarchy and the European Balance of Power, in: Slavonic and East European Review 82, H. 3 (2004), S. 655–679; Gábor Bátonyi, Britain and Central Europe. 1918–1933, Oxford 1999, S. 9–17; Goldstein, Winning the Peace, S. 130–140, zur amerikanischen Position daneben Phelps, U.S.-Habsburg Relations, S. 258–273.

62 Walter Lippmann, The Political Scene. An Essay on the Victory of 1918, New York 1919, S. 31.

We have torn down authority. (...) We started to destroy a supremely evil thing and it is destroyed. The result of destroying it is destruction, and what is left are fragments, and possibilities, the stirrings of new life long suppressed, old hopes released, old wrongs being avenged, and endless agitation. It is chaos by every standard of our thinking, wild and dangerous, perhaps infectious, and thoroughly uncomfortable. But we cannot, having deliberately torn a central part of the world order to pieces, leave the wreckage in a panic and whimper that it is dreadful.[63]

Man kann diesen Zusammenhang von wahrgenommenem Autoritätszerfall und erforderlicher Neuordnung, wie sie in Lippmanns Worten zum Ausdruck kommt, kaum überschätzen. Zwar gab es durchaus warnende Stimmen, von Winston Churchill beispielsweise oder auch von Robert Lansing, der nicht sicher war, ob der Bolschewismus wirklich nur eine temporäre Erscheinung sein würde und inwieweit er den autokratischen Regimen der alten Machthaber vorzuziehen sei.[64] Auch Alfred Zimmern vom Foreign Office konstatierte im März 1919, dass „it is now generally admitted on all sides (...) that Bolshevist rule has been a ghastly failure."[65] Doch die meisten Debatten, die über das östliche Europa geführt wurden, kreisten weniger um eine politisch-ideologische Gegnerschaft als um die drängende Vorstellung, dass die im Zusammenbruch der alten Ordnung freigesetzten Völker und Nationen in effektive Herrschaftsstrukturen übergeleitet werden müssten. Territorien, Bevölkerungen und Machtapparate sollten in ein stabiles Gliederungsgefüge unabhängiger Staaten gebracht werden, so der durchgängige Konsens aller Zeitbetrachter, und diese Staaten müssten im Inneren jeweils durch ein Mindestmaß an nationaler Selbstbestimmtheit und Teilhabe gekennzeichnet sein, so dass sie alle revolutionären Verwerfungen letztlich selbst abschütteln konnten. Vor diesem Hintergrund erklärt sich nicht nur, weshalb zunächst eine große Zögerlichkeit bestand, überhaupt eine Anerkennung der bolschewistischen Machtergreifung in Sankt Petersburg, Moskau und anderswo in Erwägung zu ziehen. Sondern es wird auch verständlich, dass der anstehende Friedensschluss von zahlreichen Vertretern der Siegermächte weniger als Interessenausgleich zwischen konkurrierenden Kriegsparteien vorgestellt wurde, sondern als Anlass und Auftakt für eine systemische

63 Ebenda, S. 8f. Zu Lippmann im Kontext der amerikanischen Friedensplanungen vgl. Glenda Sluga, The Nation, Psychology, and International Politics, 1870–1919, Basingstoke 2006, S. 8–11, 38–44. Eine Interpretation des imperialen Zerfalls Russlands als Form der Dekolonisierung bei Sanborn, Imperial Apocalypse, S. 239–262. Siehe daneben Tooze, Deluge, S. 21.
64 Vgl. Lansing an Root, Brief v. 28.10.1918, in: LoC, Root Papers, Box 136. Siehe auch Ephraim Koch Smith, Robert Lansing and the Paris Peace Conference, Ph.D. John Hopkins Univ. Baltimore 1972, S. 109–114.
65 Zimmern an Headlam-Morley, Brief v. 17.03.1919, in: CAC, Headlam-Morley Papers, HDLM 688/2.

Stabilisierung und Strukturierung der zwischenstaatlichen Ordnung; nur so schienen friedliche Zustände im Osten Europas denkbar. Diese Position vermochte sich nicht zuletzt, und wenig überraschend, auf den amerikanischen Präsidenten selbst berufen, der schon am 11. Februar 1918 vor dem US-Kongress proklamiert hatte: „What is at stake now is the peace of the world. What we are striving for is a new international order based upon broad and universal principles of right and justice, no mere peace of shreds and patches."[66]

2 Der Beginn der interalliierten Gespräche und der Zwang zur Formalisierung

Edward House befand sich noch an Bord der USS Northern Pacific auf dem Weg nach Europa, als er am 22. Oktober 1918 von den Zugeständnissen erfuhr, zu denen die Reichsregierung im Vorfeld des Waffenstillstands bereit war. Deutschland stehe offensichtlich kurz vor dem Kollaps, ließ er daraufhin hoffnungsfroh an Wilson telegraphieren, und es werde den Alliierten nicht schwer fallen, in den bevorstehenden Friedensverhandlungen die eigenen Bedingungen durchzusetzen. Ein Friedenskongress werde kaum mehr als zwei bis drei Monate dauern, so House, und es brauche nur noch „a little organization and some understanding amongst the principals to have matters expedited in a way that is quite unusual at such gatherings."[67]

Dass sich diese optimistische Auffassung kaum aufrechterhalten ließ, ist hinreichend bekannt. Schon alle vorbereitenden Gespräche erwiesen sich als überaus mühselig, und es dauerte geraume Zeit, bevor auch nur eine als Abstimmung über die Friedensbedingungen gedachte Vorkonferenz der Alliierten zusammentreten konnte. Es überrascht darum nicht, wenn gerade die Vorbereitungen der Siegermächte in der Forschung vielfach skeptisch beurteilt worden sind, zumal im Vergleich mit anderen Konferenzen und Kongressen des europäischen Staatensystems. Es handele sich um „die organisatorisch am mangelhaftesten aufgezogenen Friedensverhandlungen des 19. und 20. Jahrhunderts"[68], so lautet eine pointierte Kritik, und nicht wenige Stimmen machen die unzu-

---

66 Wilson, Rede vor dem US-Kongress, 11.02.1918, in: PWW, Bd. 46, S. 318–324, hier: S. 320.
67 House an Wilson, Telegramm v. 22.10.1918, in: FRUS, PPC 1919, Bd. 1, S. 155.
68 Winfried Baumgart, Vom europäischen Konzert zum Völkerbund. Friedensschlüsse und Friedenssicherung von Wien bis Versailles, 2., erw. Aufl., Darmstadt 1987, S. 77.

reichenden Planungen für zahlreiche der späteren Probleme und Konflikte des Friedensschlusses verantwortlich.[69]

Allerdings setzt diese Kritik einen Maßstab voraus, über den keine Einigkeit bestand. Alle diplomatischen und völkerrechtlichen Präzedenzfälle, wie sie sich etwa aus der Praxis des Europäischen Konzerts herleiten ließen, standen im Herbst 1918 zur Disposition. Nicht nur angesichts eines in seinen militärischen, politischen und ideologischen Totalität völlig neuartigen Konflikts war unsicher, inwieweit an geübte Traditionen einer formalen Kriegsbeendigung angeknüpft werden könne, sondern auch mit Blick auf den Staatszerfall in Mittel- und Osteuropa. In alliierter Sicht war der Krieg zwar als Verteidigung der internationalen Gemeinschaft gegen den Machtanspruch eines aggressiven Störers geführt worden; doch in der Frage, wie und nach welchen Regularien diese Gemeinschaft nun über eine friedliche Neuordnung Europas und der Welt entscheiden solle, ließ sich kaum eine einfache Antwort finden.

Konferenzvorbereitungen zwischen alter und neuer Diplomatie

Dass sich alle Friedensplanungen auf die Kriegszeit zurückführen lassen, ist eine Binsenweisheit. Doch kaum je dürfte sich dabei eine Organisation so hervorgetan haben wie die Inquiry, welche, wie erinnerlich, einige Monate nach dem amerikanischen Kriegseintritt gegründet wurde und welche die US-Regierung in ihren Planungen einer Nachkriegsordnung unterstützen sollte. Dass die Inquiry dem amerikanischen Präsidenten vor allem seine eigenen Auffassungen – oder das, was sich dafür halten ließ – in Form eines kohärent-verdichteten „Wilsonianism" zurückspiegelte, wurde bereits festgehalten. Allerdings war die Erarbeitung umfangreicher Memoranden, die im Januar 1919 schließlich in einem Gesamtentwurf („Black Book") kulminierte, nur die eine Seite.[70] Nach dem Willen ihrer Protagonisten sollte die Inquiry, so hatte es bereits ein Zwischenbericht vom Mai 1918 festgehalten, als „active organization" bei den anstehenden Friedensverhandlungen eine maßgebliche Rolle spielen und „a selected group

---

69 Klassisch: Nicolson, Peacemaking 1919, S. 80–90, 100–103, 117–125. Siehe daneben etwa Steller, Diplomatie, S. 406–409, auch Kolb, Frieden von Versailles, S. 49.
70 Vgl. Reisser, The Black Book, S. 14–16; Arthur Walworth, Wilson and his Peacemakers. American Diplomacy at the Paris Peace Conference, 1919, New York 1986, S. 93. Der Text als Outline of Tentative Report and Recommendations Prepared by the Intelligence Section, 21.01.1919, in: DHMD, Bd. 4, S. 209–281.

of men" entsenden „to mediate between the documentary material and the peace commissioners themselves."[71]

Um diesen Anspruch zu untermauern, wurden im September nicht nur alle Themen benannt, an deren Diskussion die Mitarbeiter der Inquiry beteiligt werden könnten, was sich von den Grenzfragen über die Anerkennung „fragwürdiger Staaten" („doubtful states") bis zum Schutz von Minderheiten und „weak peoples" erstreckte.[72] Sondern es wurde auch grundsätzlich über Organisation und Ablauf der Friedensgespräche nachgedacht. Dass ein Zusammentreffen sämtlicher am Krieg beteiligten Mächte stattfinden müsse, war zwar unbestritten. Doch die angestrebte Neuordnung der internationalen Verhältnisse machte ein einheitliches Programm der alliierten Nationen erforderlich, weshalb ein Friedenskongress der Kriegsparteien, so sah es das Memorandum vor, zunächst auf den förmlichen Austausch von Erklärungen und Gegenerklärungen begrenzt bleiben solle. Die Siegermächte würden sodann eine „Permanent Allied Organization for Unity of Aim" einberufen, in der die alliierten Verhandlungsführer, gedacht wurde an die Außenminister, untereinander und in enger Abstimmung mit ihren Sachverständigen eine einheitliche Linie festlegen würden. Erst wenn auf diese Weise eine gemeinsame Position des Siegerbündnisses erreicht sei, könnte der eigentliche Kongress wieder aufgenommen werden.[73]

Auch wenn sich kaum abschätzen lässt, ob und inwieweit dieses einzelne Memorandum überhaupt auf der politischen Entscheidungsebene zur Kenntnis genommen wurde, enthält es doch prototypisch die innerhalb der Wilson-Administration verbreitete Auffassung, dass mit der Praxis einer interessengeleiteten Diplomatie der Aushandlungs-, Kompensations- und Kompromissgeschäfte gebrochen werden müsse. „There can be no compromise", so hatte Wilson in seiner Mount-Vernont-Ansprache vom 4. Juli 1918 ausgerufen: „No halfway decision would be tolerable."[74] Das entsprach ganz der Linie der Inquiry, wonach die Neubegründung der internationalen Ordnung von Beginn an systematisch und nach inhaltlichen Kriterien erfolgen sollte. Entscheidungen dürften nicht in unwägbaren Begegnungen auf dem glatten Parkett der Diplomatie getroffen werden, sondern müssten sich durch die unwiderstehliche Macht wissenschaft-

---

71 Report on the Inquiry, 10.05.1918, in: FRUS, PPC 1919, Bd. 1, S. 82–97, hier: S. 97. Das Original als Inquiry Document No. 882, in: NA-RA, RG 256/4 (M1107, Roll 41).

72 Vgl. A Preliminary Survey, o.D., in: FRUS, PPC 1919, Bd. 1, S. 17–22. Siehe auch Gelfand, Inquiry, S. 156–159. Eine kürzere, auf den 1. September datierte und in den entscheidenden Punkten identische Fassung aus dem Nachlass von House ist abgedr. ebenda, S. 359f.

73 Vgl. Organization and Working of the Peace Conference, o.D. [10.09.1918] (Durchschrift v. 1932), in: CUML, Shotwell Papers, Box 41. Datierung nach Gelfand, Inquiry, S. 157. Siehe auch Shotwell, Paris Peace Conference, S. 30f.

74 Wilson, Ansprache v. 04.07.1918, in: PWW, Bd. 48, S. 514–517, hier: S. 516.

licher Fakten und rationaler Kriterien gleichsam von selbst ergeben. Nicht zuletzt aus diesem Grund wurde eine schriftliche Verhandlungsführung gegenüber allen mündlichen Absprachen favorisiert, da sich, so die Annahme, Forderungen in Gestalt von Memoranden und Konzeptpapieren weitaus sachlicher
und objektiver beurteilen lassen würden. Die eigentlichen Sachfragen, etwa die
Ziehung neuer Grenzen in Osteuropa, sollten nicht nach Kräfteverhältnissen
entschieden werden, sondern nach dem letzten Kenntnisstand von Geographie,
Ethnographie oder Linguistik, von Geschichte und Ökonomie behandelt werden. Die Katastrophe des Weltkrieges habe das Scheitern der hergebrachten, oft
aristokratisch gestimmten Diplomatie des Europäischen Konzerts belegt, so die
Wahrnehmung nicht weniger amerikanischer Beobachter, weswegen der Friedensschluss ganz den fortschrittlichen und partnerschaftlichen Grundsätzen einer „new diplomacy" folgen müsse.[75]

Derartige Vorstellungen einer modernen Verhandlungsführung waren nicht
allein auf die amerikanische Seite begrenzt, sondern lassen sich auch in den
britischen Planungen erkennen. Charles Hardinge vom Foreign Office hatte zusammen mit Alwyn Parker, der die Bibliothek des britischen Außenministeriums zu einer Forschungseinrichtung für das PID umfunktioniert hatte, in einer geradezu klandestinen Fleißarbeit seit Frühjahr 1917 einen Plan für die Konferenzorganisation ausgearbeitet, der sich zuvörderst durch eine bemerkenswerte Komplexität auszeichnete. Die graphische Übersicht zum Kongress wurde
von einem mehrfarbigen Hexagon beherrscht, in dem alle Mächte und Gremien
in perfekter Symmetrie zueinander standen. Vorgesehen war auch hier eine
mehrstufige Vorgehensweise. Zunächst sollte Einigkeit zwischen den führenden
Mächten der Entente hergestellt und so jeder Angriffspunkt für „German intrigues" minimiert werden. Erst im Anschluss an diese interalliierte Einigung
würde ein Friedenskongress aller Kriegsparteien zusammentreten, wo es jedoch
nur noch um „the settlement of details" gehen könne. Und schließlich würde
sich dieser Friedenskongress durch den Beitritt der neutralen Mächte zu einem
allgemeinen Weltkongress erweitern – genannt wurde als Vorbild die Haager
Konferenz von 1907 –, auf dem die Frage eines Völkerbundes, der weiteren Kodifikation des Völkerrechts und überhaupt alle Fragen der zukünftigen internationalen Ordnung beraten werden könnten. Für die Verhandlungen sah Hardinge ein feinzelliges System aus Haupt-, Neben- und Fachkommissionen vor, wobei, ähnlich wie im amerikanischen Fall, der Verlauf als ein „exchange of prepared memoranda and the delivery of counter-proposals in writing" gedacht

---

75 Zur Idee der „new diplomacy" zeitgenössisch Baker, Woodrow Wilson, Bd. 1, S. 23–46. Eine
Übersicht zur Forschung bei Steller, Diplomatie, S. 362–391, 429–431; Throntveit, Fable,
S. 455–460; Knock, To End all Wars, S. 31–69, sowie als Klassiker Mayer, Political Origins.

wurde. Dieses Verfahren sei zwar umständlich, so argumentierte Hardinge, jedoch mit Blick auf die Vielfalt der Regelungsmaterien unabdingbar. Zudem sollten alle nicht-politischen Fragen, zu denen er bemerkenswerterweise auch die territorialen Probleme zählte, in gesonderten Kommissionen behandelt werden, weshalb den britischen Planern ein starkes Konferenzsekretariat als ebenso wichtig erschien wie der permanente Austausch der jeweils entsandten Experten mit ihren Delegationen.[76]

Die Reaktion der britischen Regierung fiel zurückhaltend aus. Als Hardinge seine Pläne zum Ende des Krieges, im Oktober 1918, an Arthur Balfour weiterleitete, vermochte die Regierungsspitze einer solchen kleinteiligen Vorgehensweise wenig abgewinnen. David Lloyd George soll bei dem Anblick des bunten Organigramms lediglich gelacht haben.[77] Ohnehin zeichnete sich bald ab, dass das Foreign Office, bereits während der Kriegsjahre seiner angestammten Rolle wie auch seines politischen Einflusses beraubt, in der Organisation der Friedensverhandlungen keine führende Rolle würde spielen können, die detaillierten Planungen also vornehmlich für die Akten geschrieben worden waren. Besonders verbittert reagierte Hardinge auf die Entscheidung von Lloyd George, an ihm vorbei den vormaligen Sekretär des (Imperial) War Cabinet, den diplomatisch unerfahrenen Maurice Hankey, zum Sekretär der britischen Delegation zu ernennen; was für Hardinge übrigblieb, war der Ehrentitel als „Organizing Ambassador".[78]

Die ambitionierten Pläne des britischen Foreign Office wie der amerikanischen Inquiry rückten aber auch deshalb bald in den Hintergrund, weil sich im Anschluss an den Waffenstillstand von Compiègne zunächst die Frage nach einem geeigneten Konferenzort in den Vordergrund schob. Noch bevor Klarheit über die mögliche Abfolge von Vorgesprächen, Vorkonferenz und allgemeinen Kongressverhandlungen bestand, begann hinter den Kulissen ein heftiges Tauziehen um den Ort auch nur eines ersten Zusammentreffens. Allen Beteiligten war bewusst, dass einmal etablierte Strukturen rasch eine hohe Beständigkeit

---

76 Vgl. Hardinge an Balfour, Brief v. 10.10.1918, in: BDFA II, Ser. I, Bd. 1, S. 80–86, hier: S. 82–85. Das in diesem Schreiben wiedergegebene Memorandum ist in großen Teilen wortidentisch mit einer Ausarbeitung Hardings mit Datum vom 31.10.1917, die Wiseman im November 1918 an David Hunter Miller weiterreichte und die daher enthalten ist sowohl in YLMA, House Papers, Box 189/2/122, als auch in DHMD, Bd. 2, S. 112–126. Siehe auch Goldstein, Winning the Peace, S. 24f., 90f., sowie allgemein Dockrill/Steiner, Foreign Office, S. 57f.
77 Vgl. Steller, Diplomatie, S. 397–401; Maurice Hankey, The Supreme Control at the Paris Peace Conference 1919. A Commentary, London 1963, S. 23; Nicolson, Peacemaking 1919, S. 26.
78 Vgl. Goldstein, Winning the Peace, S. 93–98; Dockrill/Steiner, Foreign Office, S. 58–60. Zum weiteren Kontext der britischen Friedensplanungen siehe weiter Crowe/Corp, Our Ablest Public Servant, S. 358–360; Hankey, Supreme Control, S. 11; Craig, British Foreign Office, S. 18–22; Lloyd George, Truth, S. 212f.

entwickeln konnten und dass dem jeweiligen Ausrichter eine besondere organisatorische und Verfahrensmacht zufallen würde. Insofern war eine Vorentscheidung eigentlich schon im November 1917 gefallen, als der Supreme War Council im Trianon Palasthotel installiert worden war, einem 1910 eröffneten Luxushotel direkt am Versailler Schlosspark und rund zwanzig Kilometer vom Pariser Stadtzentrum entfernt. Es war selbstverständlich gewesen, dass die Abstimmung zwischen Edward House und den interalliierten Regierungschefs Ende Oktober in diesem Rahmen stattgefunden hatte, und Clemenceau drängte nun darauf, hier auch die weiteren Verhandlungen zu führen. Dafür ließen sich praktische Gründe anführen, an erster Stelle die personelle Überschneidung und erforderliche enge Abstimmung mit den militärischen Befehlshabern, aber auch moralische Argumente, wie sie die französische Regierung in großer Zahl in die Waagschale warf: Kein anderes Land, vielleicht mit Ausnahme von Belgien, sei so sehr vom Krieg in Mitleidenschaft gezogen worden, und kein anderes Land habe den internationalen Kampf um Recht und Gerechtigkeit mit größerer Entschlossenheit angeführt als Frankreich. Es war keine Ausnahme, wenn beispielsweise der französische Botschafter in Washington, Jean Jules Jusserand, dahingehend instruiert wurde, die US-Regierung ausdrücklich an die Unterstützung Frankreichs während des Amerikanischen Unabhängigkeitskrieges zu erinnern.[79]

In Washington bestand gleichwohl Skepsis, und ebenso in London. Wilson hatte House angewiesen, sich für eine Konferenz in einem neutralen Land einzusetzen, wobei er an erster Stelle Lausanne genannt hatte.[80] Als House Anfang November mit Lloyd George sprach, rückte hingegen Genf in den Vordergrund, das vom Foreign Office bereits im vorangegangenen Jahr ins Auge gefasst worden war. Zahlreiche Gründe sprachen aus britischer Sicht für die beschauliche Stadt in der Schweiz, darunter eine „distinctly British atmosphere", eine Universität als Tagungszentrum und ein verfügbarer Bestand von immerhin 3120 Hotelzimmern, wie Hardinge schon im Oktober 1917 akkurat vorgerechnet hatte.[81] Die Wahl von Genf als Tagungsort schien so plausibel zu sein, dass Journalisten dort bereits Häuser anzumieten versuchten.[82] Am 7. November änderte Wilson jedoch seine Meinung und ließ House wissen, dass er Versailles

79 Vgl. Pichon an Jusserand, Brief v. 07.11.1918, in: SHD, Fonds Clemenceau, 6N72. Eine englische Übersetzung etwa in: YLMA, House Papers, Box 188/2/82. Zur Bedeutung der Ortswahl für diplomatische Begegnungen siehe allgemein Alan K. Henrikson, The Geography of Diplomacy, in: Colin Robert Flint (Hrsg.), The Geography of War and Peace. From Death Camps to Diplomats, Oxford, New York 2005, S. 369–394.
80 Vgl. Marston, Peace Conference, S. 38.
81 Vgl. Hardinge an Balfour, Brief v. 10.10.1918, in: BDFA II, Ser. I, Bd. 1, S. 80–86, hier: S. 85f.
82 Vgl. Emile Dillon, The Inside Story of the Peace Conference, New York 1920, S. 1.

nun doch für einen geeigneten Konferenzort halte. Möglicherweise folgte er hier der unter anderem von Lansing vertretenen Auffassung, dass man in der Schweiz weniger vor feindlichen Einflüssen geschützt sei als in einer alliierten Nation;[83] möglicherweise konnte er sich auch dem Werben der französischen Regierung nicht länger entziehen, die ihr Plädoyer für Versailles oder Paris mit einer herben Kritik an den neutralen Nationen verbunden hatte, welche sich aus Egoismus dem Kampf um die Freiheit der Menschheit verweigert hätten.[84] In jedem Fall war mit Meinungsumschwung des amerikanischen Präsidenten eine wichtige Vorentscheidung getroffen, zumal die italienische Regierung im Vorfeld erklärt hatte, sich jedem Vorschlag der USA anzuschließen.

Die britische Seite zeigte sich hingegen irritiert, und auch House war keineswegs glücklich. Wohl hatte das Trianon Palasthotel den vier nationalen Sekretariaten des Supreme War Council hinreichend Platz geboten, für eine große Konferenz waren die Räumlichkeiten in Versailles aber selbst nach Ansicht des Quai d'Orsay nur begrenzt nutzbar.[85] Da auch das nahe gelegene Königsschloss allenfalls für zeremonielle Begegnungen geeignet schien, war zu erwarten, dass sich nicht nur die Unterkünfte der Delegierten, sondern ein wesentlicher Teil der Gespräche im Pariser Stadtzentrum konzentrieren würden. Dass die französische Hauptstadt nur wenige Monate zuvor noch in Reichweite der deutschen Luft- und Kanonenangriffe gelegen hatte, stellte sich für House als einen psychologischen Faktor dar, der schwer auszurechnen sei. Nach seiner Auffassung wäre ein Ort in einem neutralen Land schon deshalb sinnvoll gewesen, weil sich hier alle Beteiligten ohne die symbolische Aufladung des Konferenzorts und abseits der zahlreichen Kriegszeugnisse und Kriegsspuren hätten begegnen können.[86] Eine vergleichbare Ansicht vertrat auch Lloyd George, der sich dem amerikanisch-französischen Schulterschluss zunächst widersetzte, dann aber nachgab, augenscheinlich nachdem sich auch die britische Presse für Paris eingesetzt hatte.[87]

---

83 Vgl. Gelfand, Inquiry, S. 156. Siehe auch Lansing an Sharp, Telegramm v. 09.11.1918, in: FRUS, PPC 1919, Bd. 1, S. 157f., mit der Sorge, dass es vielleicht nicht möglich sei, „to protect lives of peace delegates as we could not take in our own armed force". Ein Neffe von Lansing, Allen Welsh Dulles, war an der amerikanischen Legation in Bern tätig und vermittelte ihm Eindrücke aus erster Hand, vgl. z.B. Allen Welsh Dulles an Robert Lansing, Brief v. 17.01.1918, in: NA-RA, RG 256/182 (M820, Roll 195); auch in: PUSC, A.W. Dulles Papers, Box 37/18.
84 Vgl. Pichon an Jusserand, Brief v. 07.11.1918, in: SHD, Fonds Clemenceau, 6N72.
85 Vgl. die Unterlagen und Gebäudepläne in: AD, Série A. Paix, 285, Bl. 151–157.
86 Vgl. House Diary, Eintrag v. 08.11.1918, in: YLMA, House Papers, Serie 2, vol. 6a, S. 30f.
87 Vgl. Tillman, Anglo-American Relations, S. 56f.; Lloyd George, Truth, Bd. 1, S. 147f. Siehe auch House an Secretary of State, Telegramm v. 20.11.1918, in: FRUS, PPC 1919, Bd. 1, S. 124.

Die Wahl des Konferenzortes war für die weitere Organisation der Friedensgespräche schon deshalb von überragender Bedeutung, weil die Entscheidung für Paris zugleich bedeutete, dass der Vorsitz und die logistische Vorbereitung der Verhandlungen nunmehr in französische Hände übergehen würden. Diese Vorrangstellung des Gastgebers entsprach langgeübten diplomatischen Konventionen und war auch in der völkerrechtlichen Literatur unstrittig.[88] Ohnehin galt die französische Sprache als Lingua franca und bevorzugtes Medium des diplomatischen Verkehrs wenigstens in Europa, so dass etwa von britischer Seite schon frühzeitig, lange vor einer Entscheidung über den Konferenzort, darauf gedrungen wurde, entsprechendes Augenmerk auf die Sprachkompetenz der eigenen Diplomaten zu legen.[89] Dass auch die englische Sprache in den Rang der gleichberechtigten Verhandlungssprache aufsteigen sollte, war Ende 1918 jedenfalls keineswegs absehbar gewesen, obwohl zwischen House und britischen Vertretern erste Gespräche in dieser Richtung geführt wurden.[90]

Im Gegensatz zur französischen Regierungsspitze, die nur zögerlich zu einer organisatorischen Vorbereitung übergegangen war – Clemenceau hatte am Tag nach dem Waffenstillstand erstmals entsprechende Anordnungen erteilt[91] –, war von den Ministerialbeamten des Quai d'Orsay frühzeitig mit Überlegungen zur Durchführung eines Kongresses begonnen worden. Als hausinterner Jurisconsulte hatte Henri Fromageot am 8. November ein Memorandum vorgelegt, das die zentralen Friedenskongresse des 19. Jahrhunderts – namentlich den Wiener Kongress von 1814/15, den Pariser Kongress von 1856 und den Berliner Kongress von 1878 – als Präzedenzfälle diskutierte.[92] Die daraus entwickelten

---

88 Vgl. Oppenheim, International Law, Bd. 1 (1905), S. 512; Carlos Calvo, Le droit international théorique et pratique, Bd. 3, 4. Aufl., Paris 1888, S. 408–413. Siehe auch Henrikson, Geography of Diplomacy, S. 374.

89 Vgl. Hardinge an Balfour, Brief v. 10.10.1918, in: BDFA II, Ser. I, Bd. 1, S. 80–86, hier: S. 83.

90 Vgl. Tillman, Anglo-American Relations, S. 82. Siehe auch Vincent Laniol, Langue et relations internationales. Le monopole perdu de la langue française à la Conférence de la Paix de 1919, in: Denis Rolland/Jean-François Sirinelli (Hrsg.), Histoire culturelle des relations internationales. Carrefour méthodologique. XXᵉ siècle, Paris 2004, S. 79–116.

91 Vgl. Stevenson, French War Aims, S. 151f. Siehe auch Eintrag vom 12./13.11.1918, in: Jean Jules Henri Mordacq, Le ministère Clemenceau. Journal d'un témoin, 4 Bde., Paris 1930–1931, Bd. 3, S. 6–8. Eine Verteidigung der langsamen Vorgehensweise bei Tardieu, La Paix, S. 96f. Die politischen Friedensziele der französischen Regierung standen hingegen seit längerer Zeit wenigstens in ihren Umrissen fest, vgl. David Stevenson, French War Aims and Peace Planning, in: Boemeke/Feldman/Glaser (Hrsg.), Treaty of Versailles, S. 87–109, hier: S. 93–101; Soutou, L'or et le sang, S. 765f.; Duroselle, Clemenceau, S. 722–728.

92 Vgl. Henri Fromageot, Note pour le Directeur des Affaires Politiques. A.S. Organisation, composition et procédure des Congrès de Vienne, Paris et Berlin, handschr. Memorandum v. 08.11.1918, in: AD, Série A. Paix, 22, Bl. 74–76.

Schlussfolgerungen und protokollarische Empfehlungen fanden offenkundig Zustimmung, denn sie tauchten, teils dem Sinn nach, teils wörtlich, in der „Note sur le Congrès de la Paix" wieder auf, welche als Grundsatzpapier des französischen Außenministeriums die weitere Diskussion bestimmen sollte. Der Autor diese Papiers ist nicht zweifelsfrei festzustellen, aber aller Wahrscheinlichkeit nach handelte es sich um Philippe Berthelot, der durch die Erkrankung des bisherigen Direktors der Affaires Politiques et Commerciales, Pierre de Margerie, in eine zentrale Position aufgerückt war.[93]

Vergleichbar den amerikanischen und britischen Vorstellungen, wurde auch in diesem französischen Positionspapier zunächst auf eine Trennung von interalliierter Abstimmung und allgemeinem Friedenskongress abgehoben. Allerdings sah man am Quai d'Orsay darin weniger einen Bruch mit den Traditionen europäischer Großmachtdiplomatie, sondern versuchte, und darum waren Fromageots völkerrechtliche Vorarbeiten aufgenommen worden, an eine erprobte Praxis der Vergangenheit anzuknüpfen. Dass der offiziellen Zusammenkunft eine informelle Verständigung der führenden Siegermächte, genannt waren hier Frankreich, Großbritannien, Italien und die USA, vorausgehen würde, auf der die Friedensbedingungen für die unterlegenen Nationen festgelegt werden sollten, war eine übliche Vorgehensweise. Als wichtigste Punkte einer solchen Festlegung wurden die territorialen Fragen, die militärischen Garantien und die finanzielle Entschädigung genannt. Solche Vorgespräche schlossen zudem nicht aus, den nachfolgenden Kongress organisatorisch zu teilen und im Anschluss an den formellen Friedensschluss allgemeine „stipulations de droit public général" zu diskutieren. Ähnlich wie im britischen Memorandum vorgesehen, sprach auch die „Note sur le Congrès de la Paix" davon, dass sich das Treffen der Kriegsparteien durch den Beitritt weiterer Mächte zu einer Versammlung der „Société des Nations" erweitern könne. Ein solcher Weltkongress würde sodann über die Zukunft der internationalen Ordnung beraten und für diese, wie es ähnlich bereits der Wiener Kongress von 1814/15 getan habe, allge-

---

93 Vgl. Note sur le Congrès de la Paix, o.D., in: AD, Papiers Tardieu, PA-AP 116/296, Bl. 293–308 (auch in: DDF. Armistices et Paix I, S. 303–312). Eine handschr. auf den 19.11.1918 datiere Fassung in: SHD, Fonds Clemenceau, 6N72. Siehe auch Jackson, Beyond the Balance, S. 225–229; Jean-Luc Barré, Le Seigneur-Chat. Philippe Berthelot, 1866–1934, Paris 1988, S. 322–331; Baillou, Les affaires étrangères, Bd. 2, S. 354–358, daneben Robert C. Binkley, New Light on the Paris Peace Conference (I.), in: Political Science Quarterly 46, H. 3 (1931), S. 335–361, hier: S. 340–349, und daran anschließend Walworth, America's Moment 1918, S. 94–98. Eine zu einseitige Interpretation bei Frederick J. Cox, The French Peace Plans, 1918–1919. The Germ of the Conflict between Ferdinand Foch and Georges Clemenceau, in: ders. (Hrsg.), Studies in Modern European History in Honor of Franklin Charles Palm, New York 1956, S. 81–104, hier: S. 86. Allgemein: Richard D. Challener, The French Foreign Office. The Era of Philippe Berthelot, in: Craig (Hrsg.), The Diplomats 1919–1939, S. 49–85.

meine Leitprinzipien formulieren. Aus französischer Sicht bot sich dazu eine Deklaration zum „[d]roit des peuples de décider par vote libre et secret de leurs destinées" an, also eine Anerkennung des Rechts auf nationale und demokratische Selbstbestimmung, daneben eine feierliche Abkehr von allen untereinander geschlossenen Geheimverträgen.[94]

Es ist offensichtlich, dass mit derartigen Vorschlägen ein behutsamer Ausgleich zwischen den Traditionen europäischer Diplomatie und dem 14-Punkte-Programm Wilsons versucht wurde. Ähnlich wie die französische Zustimmung im Vorfeld der Lansing-Note kurz zuvor, war auch die „Note sur le Congrès de la Paix" von dem Versuch bestimmt, die 14 Punkte als Ausgangspunkt zu akzeptieren, jedoch zugleich nach Möglichkeiten ihrer Relativierung zu suchen. Als Grundlage für die Friedensverhandlungen seien die Grundsätze Wilsons zu unbestimmt, so hielt es das französische Papier jedenfalls unmissverständlich fest: „Ils ne peuvent non plus prendre comme point de départ les quatorze propositions du Président Wilson, car ce sont des principes de droit public, dont les négociations pourront s'inspirer, mais qui n'ont pas le caractère concret indispensable pour aboutir au règlement précis de stipulations concrètes."[95]

Die amerikanische Seite reagierte indes unwillig. Nachdem die Vorschläge des Quai d'Orsay Mitte November in einer ersten Fassung, einige Tage später in einer nochmals überarbeiteten Version den US-Gesandten in Paris übergeben worden waren, hatte Edward House das Papier sofort an das State Department telegraphieren lassen, wo es mit einer ganzen Reihe von kritischen Randnotizen versehen wurde.[96] Skeptisch reagierte auch David Hunter Miller, der mit seinen Mitarbeitern am 19. November in Paris angekommen war und noch am Tag seiner Ankunft damit beauftragt wurde, eine Stellungnahme zu erarbeiten. Sein innerhalb weniger Tage verfasster Bericht fiel nahezu durchgängig ablehnend aus.[97] Schon den Hinweis auf die Präzedenzfälle des 19. Jahrhunderts, den House bei seiner Weiterleitung nach Washington wohlweislich unterschlagen hatte,[98] wollte Miller nicht gelten lassen: „The task of the coming Peace Congress is one of such magnitude, and is one so different from anything that has

---

94 Vgl. Note sur le Congrès de la Paix, o.D., in: AD, Papiers Tardieu, PA-AP 116/296, Bl. 293–308, hier: Bl. 303–308. Als wesentliche Vorarbeit vgl. zudem den Entwurf eines Projet de Règlement, Memorandum v. 10.11.1918, in: AD, Série A. Paix, 22, Bl. 126–132.
95 Vgl. Note sur le Congrès de la Paix, o.D., in: AD, Papiers Tardieu, PA-AP 116/296, Bl. 293–308, hier: Bl. 305f.
96 Vgl. House an Lansing, Telegramm v. 15.11.1918, in: FRUS, PPC 1919, Bd. 1, S. 345–352. Siehe auch Cox, French Peace Plans, S. 90. Offiziell wurde das Memorandum dem State Department am 29. November durch Jusserand übergeben.
97 Vgl. Miller Diary, Einträge v. 19.11. bis 22.11.1918, in: DHMD, Bd. 1, S. 5–10.
98 Vgl. Walworth, America's Moment 1918, S. 95.

ever confronted the world before, that precedents in procedure should be used with great caution."[99] Der französische Entwurf atme den Geist einer Vergangenheit, in der es allein darum gegangen sei, die Interessen der etablierten Großmächte auszubalancieren. Das Problem des anstehenden Friedensschlusses, so Miller, bestehe jedoch weniger in einem formalen Abschluss eines Staatenkrieges, sondern darin, in weiten Gebieten überhaupt erst staatliche Strukturen zu schaffen und damit Grundlagen für die künftige internationale Ordnung zu legen: Die wichtigsten Aufgaben des Kongress seien „the bringing of order out of chaos in practically all of Europe east of the Rhine, and north of the Danube, as well as restoration and a new life in various other parts of Europe and of Asia, and beyond this the regulation of Africa for the future."[100]

Für eine solche Neugestaltung der internationalen Verhältnisse sei aber, so Miller weiter, die konsensgestimmte Konzertdiplomatie der Vergangenheit ein schlechter Ratgeber. Die alliierten Siegernationen müssten den Mittelmächten zwar mit einer einheitlichen Haltung gegenübertreten. Doch diese Geschlossenheit dürfe nicht aus vagen Kompromissen bestehen, sondern müsse eine systemische Gesamtlösung darstellen, aufgebaut auf „discussion and agreement" und niedergelegt in „memoranda embodying the agreement in full detail"[101]. Im Gegensatz zu den französischen Vorschlägen, die sich mit einem Hinweis auf die Kriegsziel-Erklärungen der Entente aus dem Januar 1917 begnügt hatten, sollten zudem die Interessen aller Parteien berücksichtigt werden, also die der kleineren Alliierten ebenso wie der neuen Staaten, etwa der Tschechoslowakei oder Polens, und selbst jene der Kriegsverlierer, auch wenn sich derzeit kaum sagen lasse, wo es noch eine verhandlungsfähige Regierung gebe. Kurz gefasst: So sehr Miller den Führungsanspruch der alliierten Hauptmächte für selbstverständlich hielt, so wenig durften die Friedensverhandlungen allein auf diesen machtpolitischen Vorrang – oder nur auf eine Machtposition als Kriegssieger – gestützt werden; entscheidend war vielmehr, sich auf die Überlegenheit der eigenen Werte zu stützen und sie entsprechend klar herauszustellen.[102]

Im Kern zielte Millers Zurückweisung der französischen Vorschläge auf eine Abrechnung der „new diplomacy" mit einer europäischen Macht- und Kabinettspolitik des 19. Jahrhunderts. Zwar hatte sich das Memorandum des Quai

---

99 David Hunter Miller, Memorandum Concerning the French Note, 22.11.1918, in: DHMD, Bd. 2, S. 28–42, hier: S. 32. Auch abgedr. in FRUS, PPC 1919, Bd. 1, S. 354–365. Original in YLMA, House Papers, Box 189/2/103.
100 David Hunter Miller, Memorandum Concerning the French Note, 22.11.1918, in: DHMD, Bd. 2, S. 28–42, hier: S. 29.
101 Ebenda, S. 32, 35.
102 Ebenda, S. 32, 40. Zur amerikanischen Abgrenzung von europäischen Gleichgewichtsideen vgl. nur Boyle, Foundations of World Order, S. 20–24.

d'Orsay um einen Ausgleich zwischen Tradition und Neubeginn bemüht, um eine Brücke zu den amerikanischen Vorstellungen zu schlagen.[103] Doch das wurde kaum gewürdigt. Schon die Nennung des Wiener Kongresses von 1814/15 als Präzedenzfall, mit dem in französischer Sicht lediglich der herausgehobene Stellenwert des anstehenden Friedensschlusses markiert werden sollte, alarmierte amerikanische Beobachter. In den USA, teils auch in Großbritannien, stand der Wiener Kongress exemplarisch für jene aristokratisch-willkürliche Politik der europäischen Kontinentalmächte, mit der, wie es Wilson noch im Februar 1918 in eine einprägsame Formulierung gebracht hatte, „peoples and provinces" umhergeschoben worden seien, „as if they were mere chattels and pawns in a game".[104] Nicht ohne Grund wurden die Wiener Vereinbarungen von 1815 im AJIL zu Jahresanfang 1919 als mahnendes Beispiel angeführt für ein Abkommen „dictated by autocracy and [of] no lasting value."[105] Zwar versuchte die französische Seite noch, ihre Position in verschiedenen Hintergrundgesprächen zu vermitteln, etwa indem Berthelot mit Arthur Frazier von der US-Botschaft zusammentraf und ihm wenigstens die Vorteile einer Aufteilung in „deux séries des discussions du Congrès" begreiflich zu machen suchte.[106] Doch insgesamt wurde die „Note sur le Congrès de la Paix" von vielen amerikanischen Beobachtern als Ausdruck jener europäischen Großmachtdiplomatie verstanden, welche für den Weltkrieg ursächlich gewesen sei und die im Interesse einer künftigen Friedensordnung gerade überwunden werden solle; für James Shotwell belegte sie schlagend, wie sehr Wilsons Misstrauen gegenüber den europäischen Verbündeten gerechtfertigt sei.[107]

---

103 Vgl. Jackson, Beyond the Balance, S. 207–211, 218–234.

104 So Wilson, Rede vor dem US-Kongress, 11.02.1918, in: PWW, Bd. 46, S. 318–324, hier: S. 322f. Zur Ablehnung und teilweisen Dämonisierung der Wiener Ordnung weiter Walworth, America's Moment 1918, S. 95; Schwabe, Deutsche Revolution, S. 57, zeitgenössisch etwa Theodore S. Woolsey, Two Treaties of Paris, in: AJIL 13, H. 1 (1919), S. 81–84. In Großbritannien fiel die Kritik nicht ganz so stark aus. So war der Wiener Kongress im einschlägigen, von einem Liverpooler Geschichtsprofessor verfassten Handbuch der PID in Teilen als beispielgebend geschildert worden, vgl. Charles K. Webster, The Congress of Vienna, 1814–1815, London u.a. 1919. Das Original dazu in: TNA, FO 373/7/37. Auf diese Darstellung gründete auch, zumal rückblickend, der demonstrative Respekt von Nicolson, Peacemaking 1919, S. 31f., 217f. Siehe aber auch Winfried Baumgart, Brest-Litovsk und Versailles. Ein Vergleich zweier Friedensschlüsse, in: HZ 210 (1970), S. 583–619, hier: S. 584f. Zudem: Ernest Satow, Peacemaking, Old and New, in: Cambridge Historical Journal 1, H. 1 (1923), S. 23–60.

105 Woolsey, Two Treaties of Paris, S. 82.

106 Vgl. Conversations Berthelot-Frazier, Aktennotiz v. 26.11.1918, in: AD, Série A. Paix, 22, Bl. 1 (auch in: DDF. Armistices et Paix I, S. 344f.). Siehe auch Barré, Seigneur-Chat, S. 328f.

107 Vgl. Shotwell, Paris Peace Conference, S. 33. Zur Skepsis gegenüber den europäischen Regierungen weiter Ambrosius, Wilson, Alliances, and the League of Nations, S. 142–144; Schulz, Revolutionen und Friedensschlüsse, S. 186.

Vielleicht auch aus diesen Gründen zeigte sich Woodrow Wilson bald entschlossen, selbst nach Paris zu reisen, obwohl – oder gerade weil – die Teilnahme eines Staatsoberhauptes an internationalen Verhandlungen kaum mit den diplomatischen Konventionen in Übereinstimmung zu bringen war.[108] Der Konferenzvorsitz, auf den sich Wilson in Anknüpfung an seine Vermittlerrolle während des Weltkrieges zunächst noch Hoffnungen gemacht hatte, war der französischen Seite zwar kaum mehr abspenstig zu machen.[109] Das Weiße Haus ließ jedoch bald verlauten, dass Wilson ohnehin nicht als Staatsoberhaupt nach Paris reisen werde, sondern als Regierungschef lediglich in eine gleichberechtigte Stellung zu David Lloyd George und Georges Clemenceau treten würde. Das war zugleich an die innenpolitischen Debatten in den USA adressiert, in denen die längere Abwesenheit eines amtierenden Präsidenten als politisch heikel, zumindest aber als so ungewöhnlich galt, dass Miller schon Anfang Oktober alle verfassungsrechtlichen Bedenken in einem Gutachten zu entkräften versucht hatte.[110] Schwer wog auch, dass die Demokratische Partei in den Zwischenwahlen vom 5. November eine Niederlage erlitten hatte und der US-Senat nun von einer republikanischen Mehrheit bestimmt war. Als Wilsons Reisepläne am 18. November schließlich offiziell verkündet wurden, konnten sie darum geradezu als Flucht vor einem innenpolitischen Machtverlust interpretiert werden.[111]

Jedoch: Selbst enge Weggefährten wie House, der sich, ebenso wie Außenminister Robert Lansing, schon Hoffnungen auf die Leitung der US-Delegation gemacht hatte,[112] vermochten es nicht, dem amerikanischen Präsidenten seine Entscheidung auszureden. Im Gegenteil, je mehr Nachrichten aus Europa in Washington eintrafen, desto mehr sah sich Wilson bestärkt. Einerseits ging er seit Ende Oktober fest davon aus, dass lediglich eine kurze Abstimmung mit den europäischen Regierungschefs über die „main territorial, political and racial questions"[113] notwendig sei. Andererseits, aber damit verknüpft, war er der

---

108 So waren etwa die Begegnungen von (monarchischen) Staatsoberhäuptern längst zu einer ritualisierten Machtdemonstration geworden, die eine eigene Botschaft transportierte, aber wenig mit inhaltlichen Verhandlungen in Verbindungen stand, vgl. Paulmann, Pomp und Politik, S. 152–179.
109 Vgl. Kennedy, Will to Believe, S. 65–103.
110 Vgl. Miller an House, Brief v. 07.10.1918, in: YLMA, House Papers, Box 81/2719. Dahinter stand eine längere Ausarbeitung, siehe auch David Hunter Miller, Some Legal Aspects of the Visit of President Wilson to Paris, in: Harvard Law Review 36, H. 1 (1922), S. 51–78. Miller rühmte sich nachmals, eine der „constitutional myths" der USA zerstört zu haben, vgl. Miller an Baker, Brief v. 07.11.1938, in: LoC, Baker Papers, Box 111.
111 Vgl. Walworth, America's Moment 1918, S. 110–120, daneben John Milton Cooper, Woodrow Wilson. A Biography, New York 2009, S. 455f.; Knock, To End all Wars, S. 189–192.
112 Zu den Ambitionen von House und Lansing vgl. etwa Neu, Colonel House, S. 378–381; Smith, Lansing and the Paris Peace Conference, S. 130–136.

Auffassung, dass es bei der Festlegung der alliierten Friedensbedingungen weniger auf Formalien, protokollarische Fragen oder gar die Planungspapiere der Außenministerien, die er für kleinliche Reißbrettskizzen hielt, ankommen würde, sondern auf die Kraft personaler Präsenz und den selbstbewussten Glauben an die eigene Sache. Als Wilson während der Überfahrt nach Europa, am 10. Dezember 1918, mit einer Gruppe der mitreisenden Experten aus der Inquiry zusammentraf, brachte er diese Einstellung in einem vielzitierten Satz auf den Punkt: „Tell me what is right and I'll fight for it"[114], soll Wilson nach den Erinnerungen der stark beeindruckten Teilnehmer gesagt haben. In der Tat: Neben dem Glauben an die wissenschaftlich-objektive Überlegenheit der amerikanischen Expertise gründete der Führungsanspruch des US-Präsidenten vor allem in einer sicheren Überzeugung, dass allein er die europäischen Nationen von ihrer überkommenen Diplomatie und Machtpolitik würde abbringen können.

Die Entscheidung für eine Vorkonferenz und die Frage der Repräsentation

Die Begeisterung über die Europareise des amerikanischen Präsidenten fiel in Paris, London oder Rom verhalten aus. Noch bevor sich Wilson am 3. Dezember in New York einschiffte – zusammen mit der drei LKW-Ladungen umfassenden Arbeitsbibliothek der Inquiry, wie die New York Times ehrfürchtig zu vermelden wusste[115] –, waren Clemenceau, Lloyd George und Orlando zu vertraulichen Gesprächen in London zusammengetroffen. Offiziell ging es bei dieser Londoner Konferenz am 2. und 3. Dezember um die weitere Vorbereitung der Friedensgespräche sowie vor allem darum, so wurde es zumindest dem erkrankten und in Paris gebliebenen Edward House bedeutet, Lloyd George vor den anstehenden Unterhauswahlen demonstrativ den Rücken zu stärken. Das war bei Licht betrachtet jedoch nur die halbe Wahrheit. Im Hintergrund versuchten die europäischen Regierungschefs durchaus, ihre politischen Interessen zu koordinieren, da etwa die britische Seite an einer Abstimmung in der Nahostpolitik oder die französische Regierung an einer Unterstützung für ihre linksrheinischen Pläne interessiert war.[116]

---

113 Vgl. Wilson an Lansing, Brief v. 29.10.1918, in: FRUS, PPC 1919, Bd. 1, S. 113.

114 Bullitt Diary, Eintrag v. 9./10.12.1918, in: PWW, Bd. 53, S. 350–353, hier: S. 352. Siehe auch Gelfand, Inquiry, S. 174, 328, weiter Cooper, Woodrow Wilson, S. 462; Walworth, America's Moment 1918, S. 129–136.

115 Tons of Data Go with Wilson Party, in: New York Times v. 04.12.1918, S. 2.

116 Vgl. Jackson, Beyond the Balance, S. 227f.; Walworth, Wilson and his Peacemakers, S. 102–109; Floto, Colonel House, S. 76–82, daneben noch MacMillan, Peacemakers, S. 28; Christopher M. Andrew/A. S. Kanya-Forstner, The Climax of French Imperial Expansion, 1914–1924, Stan-

Die Abstimmungsbemühungen zwischen Clemenceau, Lloyd George und Orlando griffen allerdings ins Leere, so dass der in Washington gefürchtete Schulterschluss der europäischen Verbündeten nicht zustande kam. In der organisatorischen Planung der Friedensgespräche zeichneten sich hingegen, wenngleich unter dem Vorbehalt einer späteren amerikanischen Zustimmung, erste tragfähige Beschlüsse ab. Neben den Entscheidungen, eine gemeinsame Kommission zur umstrittenen Frage der Reparationen zu berufen und die Strafverfolgung des deutschen Kaisers und weiterer Kriegsverantwortlicher auf die Agenda zu setzen, wurde nunmehr auch offiziell die Vereinbarung getroffen, eine interalliierte Vorkonferenz mit dem Ziel eines Präliminarfriedens abzuhalten. In der entscheidenden Resolution hieß es dazu wörtlich, dass „preliminaries of peace shall be signed [by] an Inter-Allied Conference be held in Paris or Versailles, the date thereof to be set after the arrival of the President."[117]

An dieser Stelle wie im weiteren Verlauf blieb zwar stets vage, was genau unter einem Präliminarfrieden zu verstehen sei; weiter unten wird dieses Problem nochmals im Detail erörtert.[118] Im Dezember 1918 bestand jedoch die Erwartung, dass sich die alliierten Nationen zunächst untereinander über die Konditionen einigen müssten, zu welchen sie einen Frieden mit den Mittelmächten einzugehen bereit waren, und dass die Akzeptanz dieser Friedensbedingungen um den Preis einer Wiederaufnahme der Kämpfe von der Gegenseite in gleicher Weise erzwungen werden konnte, wie es bereits für das Waffenstillstandsabkommen galt. Eine vorlaufende Einigung der Siegernationen entsprach den etablierten Vorrechten der Kriegssieger, auch wenn sich weitere Gründe für eine solche Vorkonferenz angeben ließen: Erstens konnte auf die Sorge hingewiesen werden, dass es bei einem überhasteten Friedenskongress aller beteiligten Mächte rasch zu einem Zerfall der Siegerkoalition kommen könnte, zumal angesichts der angenommenen Verschlagenheit der Feindmächte. Das Schreckgespenst eines deutschen Talleyrand ging um, der sich, wie weiland der französische Diplomat auf dem Wiener Kongress, die Meinungsverschiedenheiten der alliierten Sieger so geschickt zunutze machen würde, dass die Verlierer ihre

---

ford 1981, S. 174f.; Marston, Peace Conference, S. 45–53; Lloyd George, Truth, Bd. 1, S. 136–144; Binkley, New Light I, S. 350–354. Zur Zusammenfassung der Besprechungsergebnisse durch House, wie sie ihm von Sonnino, Derby und Clemenceau berichtet worden waren, siehe Polk an Lansing, Telegramm v. 07.12.1918, in: FRUS, PPC 1919, Bd. 1, S. 340–342. Als amerikanischer Vertreter war David Hunter Miller entsandt worden, der aber keinen Zugang zu den entscheidenden Besprechungen erhielt, siehe Miller Diary, Einträge v. 02.12. bis 04.12.1918, in: DHMD, Bd. 1, S. 23–32.

117 Polk an Lansing, Telegramm v. 07.12.1918, in: FRUS, PPC 1919, Bd. 1, S. 340–342, hier: S. 341. Der Beschluss v. 02.12.1918 auch in: DDF. Armistices et Paix I, S. 399–401.

118 Vgl. Marston, Peace Conference, S. 46–53. Siehe auch unten, S. 359ff.

Niederlage letztlich am Verhandlungstisch revidieren könnten; sehr genau war beispielsweise in der Londoner Times registriert worden, dass in der deutschen Presse unverhohlen auf „diplomatic successes through division of the Allies"[119] spekuliert werde. Zweitens, jedoch damit verbunden, ließ sich eine Vorkonferenz zur Erörterung der alliierten Friedensbedingungen schon deshalb rechtfertigen, weil der Krieg als Wiederherstellung von Recht und Gerechtigkeit behauptet worden war, die maßgeblichen Prinzipien des Friedens also überhaupt nicht mit der Gegenseite verhandelbar sein konnten. Es war keine Ausnahme, wenn etwa der einflussreiche britische Zeitungsverleger Northcliffe bereits Ende Oktober dafür plädiert hatte, dass es nicht um einen Kompromiss zwischen ebenbürtigen Parteien gehen würde, sondern um die Durchsetzung klar definierter Forderungen: „Our Government, every associated Government, must make up, or, if need be, must be made to make up, its own mind and to agree with its fellows. Then, with minds made up, they must tell the Germans what our irreducible terms are – irreducible, because framed strictly in accordance with justice – and the Germans must take them or leave them at their peril."[120]

Der dritte Grund für eine interalliierte Vorkonferenz ergab sich schließlich aus den wahrgenommenen staatlichen Zerfallsprozessen in weiten Teilen Osteuropas, aber eben auch Deutschlands, wo sich zum Jahresende geradezu bürgerkriegsähnliche Szenen abspielten. Es ließ sich in der Außenperspektive kaum sicher beurteilen, ob die Gegenseite überhaupt zu formalen Kongressverhandlungen und zu einem längerfristig bindenden Abkommen in der Lage sein würde. Es sei völlig offen, so notierte etwa die New York Times angesichts der erbitterten Weihnachtskämpfe in Berlin, wann mit der „formation of a Government representative of the whole of the late German Empire having sufficient authority and strength to conclude a permanent treaty of peace" zu rechnen sei.[121] Es war in alliierten Augen geradezu ein Gebot politischer Vernunft, nur vorläufige Arrangements zu treffen und eine Konsolidierung der eigenen Position zu betreiben anstatt übereilt in Verhandlungen einzutreten, deren Voraussetzungen, Bedingungen und Konsequenzen unüberschaubar waren. Erschwerend kam hinzu, dass, wie erinnerlich, die deutsche Seite eine formelle Kapitulation verweigert hatte, so dass der Waffenstillstand zunächst nur für einen befristeten Zeitraum abgeschlossen worden war.[122]

---

119 Through German Eyes. Still „Realpolitik", in: The Times v. 05.11.1918, S. 5.
120 „A Righteous Peace". Need for United Programme, in: The Times v. 23.10.1918, S. 7.
121 Peace Conference to Open on Jan. 13, in: New York Times v. 27.12.1918.
122 Der Waffenstillstand wurde am 13. Dezember 1918, 13. Januar und 16. Februar 1919 verlängert. Die Verhandlungen fanden jeweils in Trier statt. Im Unterschied dazu waren die Waffenstillstandsabkommen mit den anderen Verlierernationen unbefristet abgeschlossen worden, was ihren Charakter als Kapitulationserklärung unterstreicht.

Doch während es die Vertreter der alliierten Hauptmächte mit politischen, prinzipiellen wie pragmatischen Argumenten gut begründen konnten, dass derzeit noch keine Verhandlungen mit den Verlierermächten stattfinden sollten, war völlig ungeklärt, wie die geplante Vorkonferenz organisiert werden solle. Als Wilson am 13. Dezember in Europa ankam, musste er verstimmt feststellen, dass ein Beginn der interalliierten Beratungen völlig offen war. Kurz vor Weihnachten kamen sogar Gerüchte auf, die Gespräche seien auf unbestimmte Zeit verschoben worden,[123] während näher am Geschehen platzierte Beobachter weitere Abstimmungen nicht vor der ersten Januarwoche erwarteten.[124] Als Erklärung wurde zwar auf die langwierige Kabinettsbildung in Großbritannien hingewiesen, welche dem triumphalen Sieg Lloyd Georges in den Unterhauswahlen vom 14. Dezember folgte.[125] Doch faktisch lag der Hauptgrund in einer Unsicherheit, wie sich eine informelle Abstimmung über die Friedensbedingungen angesichts der Erwartungen jener über 30 Nationen einrichten ließ, welche den Mittelmächten und ihren Verbündeten seit August 1914 den Krieg erklärt hatten – die letzten beiden Staaten waren im Juli 1918 Haiti und Honduras gewesen –, von neu entstandene Staaten wie Polen oder der Tschechoslowakei oder gar den neutralen Staaten ganz zu schweigen.

Dass die vier alliierten und assoziierten Hauptmächte (Frankreich, Großbritannien, Italien, USA) weiterhin eine Führungsrolle beanspruchen würden, stand außer Zweifel und wurde in den französischen Planungspapieren noch mit einer feinsinnigen Differenzierung zwischen aktiven Kriegsparteien und „belligérants théoriques" wie China, Liberia oder die südamerikanischen Staaten verfeinert.[126] Diese Herabstufung der kleineren Mächte entsprach den langgeübten Traditionen des Europäischen Konzerts, rief aber auf amerikanischer Seite ein erstes Unbehagen hervor: „It smacks of ‚secret diplomacy' and will doubtless invite that criticism by the smaller countries"[127], kommentierte Lansing die französischen Vorschläge, ohne freilich eine Alternative zur führenden Rolle der Großmächte anbieten zu können oder zu wollen.[128]

---

123 Vgl. La Conférence de la Paix, in: Le Temps v. 22.12.1918, S. 4.
124 Vgl. Marston, Peace Conference, S. 49f.; Lloyd George, Truth, Bd. 1, S. 193f.
125 Vgl. Fry, And Fortune Fled, S. 171–192.
126 Vgl. Note sur le Congrès de la Paix, o.D., in: AD, Papiers Tardieu, PA-AP 116/296, Bl. 293–308, hier: Bl. 301–303.
127 Handschr. Kommentare von Lansing zu House an Lansing, Telegramm v. 15.11.1918, in: FRUS, PPC 1919, Bd. 1, S. 345–352, hier: S. 348. Zur Autorenschaft von Lansing vgl. Smith, Lansing and the Paris Peace Conference, S. 171, Fn. 180.
128 Vgl. Smith, Wilsonian Challenge, S. 188f., 202f.; Smith, Lansing and the Paris Peace Conference, S. 170f.

Die Regierungen der kleineren Nationen zeigten sich seit Herbst 1918 in der Tat immer weniger gewillt, den Großmächten die Initiative zu überlassen. Ab November liefen in den Außenämtern in London, Paris und Washington vermehrt Anfragen zur Teilnahme an den Friedensverhandlungen ein, und regelmäßig wurde dabei die Auffassung vertreten, mit einer Kriegserklärung den natürlichen Anspruch erworben zu haben, gleichberechtigt an allen Entscheidungen zum Friedensschluss teilzunehmen. Der portugiesische Botschafter in London hatte sich bereits bitterlich beim Foreign Office beschwert, dass zur Diskussion der Waffenstillstandsbedingungen zwar Repräsentanten von Belgien und Japan zugelassen worden seien, nicht aber ein Vertreter Portugals.[129] Ungefähr zeitgleich ging in Washington eine Reihe von Depeschen ein, mit denen sich die süd- und mittelamerikanischen Staaten nach den Details der Friedensgespräche erkundigten. So fragte der brasilianische Außenminister Domício da Gama zur Mitte des Monats an, ab wann eine Teilnahme der südamerikanischen Nation an den interalliierten Gesprächen erforderlich sei. Dass das State Department diese Anfrage höflich, aber bestimmt zurückwies, beeindruckte da Gama wenig. Einige Tage darauf ließ er mitteilen, dass eine Beteiligung Brasiliens mit Blick auf die öffentliche Meinung im eigenen Land unverzichtbar sei und er aus diesem Grund bereits zwei brasilianische Delegierte nominiert habe.[130]

Angesichts dieser Forderungen, die in der Regel geschickt auf die in der Kriegszeit gebrauchte Rhetorik einer internationalen Gemeinschaft gleichberechtigter Staaten zurückgriffen, waren die Möglichkeiten der Hauptmächte weitgehend beschränkt. Es reichte kaum mehr aus, stillschweigend von einer natürlichen Führungsrolle der Großmächte auszugehen. Stattdessen bedurfte es eines nachvollziehbaren und rational begründbaren Maßstabs, mit dem sich die Teilnahme der alliierten Nationen regeln ließ. Auf der Londoner Konferenz war eine erste Einigung dahingehend getroffen worden, dass neben Frankreich, Großbritannien, Italien und den USA auch Japan mit fünf Delegierten an der Vorkonferenz teilnehmen solle, womit das fernöstliche Inselreich endgültig als Großmacht nach europäischen Begriffen anerkannt wurde.[131] Hinsichtlich einer

---

129 Vgl. Lowry, Armistice, S. 85. Siehe auch José M. Ferreira, Portugal na Conferência da Paz, Paris, 1919, Lissabon 1992, S. 15–26.
130 Vgl. Morgan an Lansing, Telegramm v. 15.11.1918; Lansing an Morgan, Telegramm v. 19.11.1918; Morgan an Lansing, Telegramm v. 25.11.1918, in: FRUS, PPC 1919, Bd. 1, S. 223f. Siehe auch Polk Diary, Eintrag v. 16.11.1918, in: YLMA, Polk Papers, Box 19; Polk an Lansing, Telegramm v. 08.12.1918, in: PWW, Bd. 53, S. 342f. Zur Zusammenstellung der brasilianischen Delegation etwa Michael Streeter, Epitácio Pessoa. Brazil, London 2010, S. 77–86.
131 Vgl. Marston, Peace Conference, S. 18, 45. Zur schrittweisen Anerkennung Japans als Großmacht seit dem ausgehenden 19. Jahrhundert vgl. Howland, International Law, S. 127–43; Gong, Standard, S. 164–200. Siehe auch Brose, History, S. 92–94.

Beteiligung der übrigen Länder war jedoch kaum mehr als ein Kompromiss möglich gewesen, der im zusammenfassenden Telegrammstil von House auf folgendes Leitprinzip hinauslief: „Smaller allied powers not to be represented except when questions concerning them are discussed. Nations attaining their independence since the war to be heard by Inter-Allied Conference."[132]

Damit war eine Kategorisierung angedeutet, welche eine europäische Tradition seit dem Wiener Kongress aufnahm, die jedoch nun auf neuartige Weise formalisiert wurde. Der französische Außenminister Stéphen Pichon unterschied in einem Schreiben an die britischen Vertreter wenig später zwischen Staaten mit einem „generellen" Interesse und Staaten mit einem „speziellen" oder „partikularen" Interesse und setzte dies in eine abgestufte Repräsentation der einzelnen Nationen um. Die fünf Hauptmächte sollten den Kern der Vorkonferenz bilden und an allen Entscheidungen beteiligt werden, während die übrigen Länder fallweise dort zu beteiligen oder auch nur anzuhören waren, wo über ihre jeweiligen Anliegen entschieden werden sollte. Zudem sollten die Großmächte auf der Konferenz über fünf Sitze verfügen, die kleineren Alliierten über drei, die neubegründeten Staaten über zwei, im Entstehen begriffene sowie neutrale Staaten schließlich über jeweils einen Sitz.[133]

Letztlich war die Anzahl der Delegiertensitze aber nur ein Indikator für das Prestige und die internationale Stellung eines Landes.[134] Schwieriger war die dahinterstehende Frage, ob sich die Abstimmungen an dem Prinzip einer Staatengleichheit orientieren sollten oder ob den Großmächten hier ein Vorrang zukommen solle. Gerade das Europäische Konzert hatte seit jeher auf einer ungeschriebenen Rangordnung der Staaten basiert, in der die Großmächte gemeinsam eine Führungsrolle ausübten; dass ihren Stimmen ein größeres Gewicht beigemessen wurde als dem Willen der kleineren Nationen, war geradezu die Essenz des Konzertgedankens gewesen.[135] Andererseits hatte sich zum Ende des 19. Jahrhunderts immer mehr das Prinzip einer souveränen Gleichheit durchgesetzt. Auf den Haager Konferenzen war erstmals festgehalten worden, dass in den Abstimmungen auf jede Delegation – und also auf jeden Staat – jeweils nur

---

132 Polk an Lansing, Telegramm v. 07.12.1918, in: FRUS, PPC 1919, Bd. 1, S. 340–342, hier: S. 341.
133 Vgl. die französische Note an die britische Botschaft in London, v. 13.12.1918, in: DHMD, Bd. 2, S. 295–297. Auf diesen Vorschlag bezog sich vermutlich die britische Zustimmung bei [Derby an Pichon], Brief v. 02.01.1919, in: AD, Série A. Paix, 286, Bl. 55f.
134 Vgl. Marston, Peace Conference, S. 60.
135 Vgl. Schulz, Normen und Praxis, S. 541–543; Simpson, Great Powers, S. 93–115; Grewe, Epochen, S. 503f.; Baumgart, Vom europäischen Konzert, bes. S. 13f. Siehe auch Steller, Diplomatie, S. 402.

eine Stimme entfallen würde.[136] Das hatte zwar zu Problemen bei der Suche nach einheitlichen Beschlüssen geführt, wobei besonders das kompromisslose Auftreten des brasilianischen Delegierten Ruy Barbosa noch in allseitiger Erinnerung war. Doch im Herbst 1918 erschien jede Herabsetzung der kleineren Nationen angesichts der Tatsache, dass die alliierten Nationen den Grundsatz souveräner Gleichheit im Weltkrieg für sich reklamiert und der Gegenseite mit Blick auf Serbien und Belgien ein aggressives Hegemonialstreben vorgeworfen hatten, kaum vorstellbar. Vor diesem Hintergrund sollte der Friedensschluss vielmehr bekräftigen, dass alle Staaten in juristischer Hinsicht als gleichrangige Mitglieder der internationalen Gemeinschaft gelten müssten; Lassa Oppenheim hatte schon 1905 festgehalten, dass die „members of the community of nations (…) are equals, whatever differences between them may otherwise exist."[137]

Zu Jahresende 1918 war es mithin ein kaum lösbares Problem, wie sich die Zusammensetzung der Vorkonferenz angesichts derartiger normativer Selbstverpflichtungen, aber auch angesichts des Erwartungsdrucks der kleineren Nationen effektiv regeln ließ. Das bekam an erster Stelle das französische Außenministerium zu spüren, dem nicht nur die undankbare Aufgabe zugefallen war, ein Reglement für die Verhandlungen aufzusetzen, sondern welches durch die unkluge Entscheidung, bei einzelnen Nationen die Entsendung von Delegationen nach Paris anzuregen, die Lage noch verschärft hatte.[138] Ohnehin waren die organisatorischen Vorbereitungen am Quai d'Orsay inzwischen ins Stocken geraten. Als Regierungschef hatte Clemenceau, ähnlich wie Wilson, bislang zwar nur wenig Interesse für formale Fragen gezeigt; er verfolge, so soll er gegenüber dem Diplomaten Jules Cambon geäußert haben, lediglich zwei oder drei essentielle politische Ziele, der Rest sei ihm gleichgültig.[139] Doch möglicherweise alarmiert durch den Entschluss von Wilson, selbst an den Gesprächen teilzunehmen, vielleicht auch durch die amerikanische Kritik an den französischen Planungspapieren hellhörig geworden, hatte Clemenceau im Dezember damit begonnen, die diplomatischen Vorbereitungen auf neue Beine zu stellen. Er traf zwei grundsätzliche Entscheidungen, welche die bisherige Federführung des

---

136 Vgl. Scott, Hague Peace Conferences, Bd. 1, S. 36f.
137 Oppenheim, International Law, Bd. 1 (1905), S. 20. Mit einem ähnlichen Argument, dass der Vorrang einiger Mächte allenfalls noch einer „internationalen Courtoisie" folgen würde, auch Liszt, Völkerrecht, S. 61. Weitere zeitgenössische Hinweise zur Staatengleichheit bei Edwin D. Dickinson, The Equality of States in International Law, Cambridge, Mass. 1920, S. 153–188.
138 Aus unberücksichtigt gebliebenen Ländern wie Brasilien und Uruguay wurde scharfe Kritik an dieser Praxis der inoffiziellen Einladungen geübt, vgl. Marston, Peace Conference, S. 50f.
139 Vgl. Baillou, Les affaires étrangères, S. 357. Ähnlich auch eine Äußerung Clemenceaus gegenüber Paul Cambon, vgl. Laroche, Au Quai d'Orsay, S. 63.

Quai d'Orsay deutlich relativierten, ohne dass es deshalb nach außen hin zu einem Bruch gekommen wäre. Einerseits übertrug er alle weiteren Konferenzvorbereitungen seinem Vertrauten André Tardieu, dessen Loyalität er mindestens ebenso schätzte wie seine Organisationsstärke.[140] Und auf der anderen Seite nominierte er keine Führungsfigur des Außenministeriums – wie etwa Philippe Berthelot, der sich durchaus begründete Hoffnungen gemacht hatte – für die Position des Generalsekretärs der Vorkonferenz, sondern den vergleichsweise unerfahrenen, zumindest aber wenig bekannten Diplomaten Paul Dutasta, der zuletzt als Botschafter in der Schweiz amtiert hatte. Obwohl von ihm gemunkelt wurde, dass er ein illegitimer Sprössling des französischen Regierungschefs sei, scheint der Vorwurf des Nepotismus weniger zutreffend als die Absicht, auf diese Weise die etablierte diplomatische Elite zu umgehen. Denn Dutasta, dem zudem noch aufgegeben wurde, weiterhin den Kontakt zur Schweizer Regierung zu halten,[141] zeigte sich schnell überfordert. Weder vor noch während der Konferenz entwickelte er eigene Initiativen, sondern zog sich stets auf ein enges protokollarisches Tätigkeitsfeld zurück.[142]

Spätestens im Januar liefen also alle Fäden der Konferenzorganisation bei André Tardieu zusammen, dem damit auch die undankbare Aufgabe zufiel, aus den konkurrierenden Vorstellungen einen kohärenten Plan zur Arbeitsweise der interalliierten Vorkonferenz zu erstellen. Ein solches Konzeptpapier unter dem Titel „Plan des Premières Conversations" übergab Tardieu am 5. Januar an Clemenceau, einige Tage später dann an amerikanische und britische Stellen in Paris.[143] Der Vorschlag umriss drei wesentliche Bereiche (Zusammensetzung;

---

140 Vgl. Lowczyk, Fabrique de la Paix, S. 35f.; François Monnet, Refaire la République. André Tardieu, une dérive réactionnaire (1876–1945), Paris 1993, S. 54; Stevenson, French War Aims, S. 151–160. Daneben auch Jackson, Beyond the Balance, S. 205f. 229f.; Olivier Buirette, André Tardieu et L'Europe Centrale, in: Bulgarian Historical Review 25, H. 2 (1997), S. 75–95, hier: S. 83–89. Als Eigenbetrachtung: Tardieu, La Paix, S. 95f.

141 Vgl. Pichon an Dutasta, Brief v. 03.02.1919, in: AD, Papiers Dutasta, PA-AP 67/1, Bl. 128.

142 Vgl. Laurent Villate, La république des diplomates. Paul et Jules Cambon, 1843–1935, Paris 2001, S. 349f.; Barré, Seigneur-Chat, S. 321, 332f.; Baillou, Les affaires étrangères, S. 356f.; Laroche, Au Quai d'Orsay, S. 66; Challener, French Foreign Office, S. 69. Siehe auch Poincaré Journal, Einträge v. 20.02., 29.12. u. 30.12.1918, in: Poincaré, Au service, Bd. 10, S. 57, 459, daneben, für eine britische Perspektive, etwa Lloyd George, Truth, Bd. 1, S. 213; Nicolson, Peacemaking 1919, S. 119.

143 Vgl. o.T. [Plan des Premières Conversations], Memorandum v. 05.01.1919, in: AD, Série A. Paix, 23, Bl. 2–9, eine andere Fassung bzw. unvollständige Auszüge sowohl in: AD, Papiers Tardieu, PA-AP 116/296, Bl. 263–269, wie bei Tardieu, La Paix, S. 97–101. Die an Großbritannien und die USA übergebenen Versionen können demgegenüber als autoritative Fassungen gelten, siehe Plan of the Preliminary Conversations Between the Allied Ministers, Anlage zu Bliss an White, Brief v. 09.01.1919, in: FRUS, PPC 1919, Bd. 1, S. 385–396, sowie zu Derby an Curzon, Brief v. 10.01.1919, in: BDFA II, Ser. I, Bd. 1, S. 91–97.

Prinzipien und Methoden; Organisation), die zwischen den Hauptmächten noch zu klären seien, bevor die eigentliche Vorkonferenz zusammentreten und mit den Beratungen der Friedensbedingungen begonnen werden könne. Ein genauer Blick zeigt allerdings, dass Tardieus Konzeption mit den Vorschlägen des Quai d'Orsay aus dem November keineswegs radikal brach. An dem Prinzip mehrstufiger Verhandlungen wurde festgehalten, ebenso an dem Grundsatz, dass eine Beteiligung der Feindmächte erst zu einem späteren Zeitpunkt und unter dem Vorbehalt verhandlungsfähiger Regierungen vorstellbar sei. Zwar war nun ein affirmativer Bezug zum 14-Punkte-Programm und zur Lansing-Note vom 5. November 1918 aufgenommen worden, und es wurde zudem vorgeschlagen, zur inhaltlichen Arbeit Fachkommissionen einzusetzen und „technische Delegierte" zuzulassen; beides rekurrierte auf das Vorbild der Haager Konferenz von 1907. In der neuralgischen Frage der Repräsentation griff der Plan indes die Unterscheidung zwischen Staaten mit einem „generellen" und einem „besonderen" Interessen auf und schloss sich der von Pichon vorgeschlagenen Abstufung an, die von fünf Delegiertensitzen für die Großmächte bis zu je einem Sitz für neutrale und entstehende Staaten reichte.[144]

Für die weitere Diskussion diente der Tardieu-Plan als Grundlage. Während von britischer Seite keine schriftliche Äußerung überliefert ist,[145] waren auf amerikanischer Seite David Hunter Miller und der am 14. Dezember im Begleittross des amerikanischen Präsidenten eingetroffene James Brown Scott damit beschäftigt, eine Stellungnahme anzufertigen. Das entbehrte mit Blick auf die umstrittene Frage der Zusammensetzung nicht einer gewissen Sinnfälligkeit, hatte doch Scott schon während der Haager Verhandlungen von 1907 versucht, die rechtliche Gleichrangigkeit und faktische Ungleichheit zwischen kleineren und größeren Staaten auf einen Nenner zu bringen.[146] Angesicht der eminent politischen Dimensionen, die sich im Januar 1919 in der Diskussion des Tardieu-Planes auftaten, mussten zwar alle akademischen Feinheiten zurücktreten. Trotzdem, oder vielleicht gerade deshalb, ließ sich eine Differenzierung aus amerikanischer Sicht immer dann akzeptieren, wenn eine Abstufung zwischen

---

144 Vgl. o.T. [Plan des Premières Conversations], Memorandum v. 05.01.1919, in: AD, Série A. Paix, 23, Bl. 2–9, hier: Bl. 2f. Siehe auch Buirette, André Tardieu, S. 83–89; Binkley, New Light I, S. 356–359. Die hier außerdem formulierte Klausel zur Einstimmigkeit aller Entscheidungen wurde vom Supreme Council später gestrichen, vgl. Marston, Peace Conference, S. 267, außerdem Charles G. Fenwick, Organization and Procedure of the Peace Conference, in: American Political Science Review 13, H. 2 (1919), S. 199–212, hier: S. 209–212.

145 Randnotizen auf der französischen Fassung sowie eine englische Übersetzung zeugen gleichwohl von einer intensiven Lektüre durch Mitarbeiter des Foreign Office, vgl. TNA, FO 608/161/9, Bl. 212–240.

146 Siehe oben, S. 70.

den Staaten einem nachvollziehbaren objektiven Maßstab folgte und sich durch eine rationale Begründung von einer prinzipienlosen Diskriminierungspolitik absetzen würde. Mit anderen Worten: Sofern ein generalisierbares Prinzip angegeben werden und kein Verdacht einer willkürlichen Setzung aufkommen konnte, hielten die amerikanischen Juristen eine abgestufte Repräsentation für „in language and in terms consistent with the equality of States"[147].

Auch unabhängig von der umstrittenen Frage der Repräsentation beurteilten Miller und Scott das Planungspapier von Tardieu als „great improvement"[148] gegenüber den bisherigen französischen Entwürfen. Dass die Öffnung der Verhandlungen für technische Delegierte ihre Zustimmung fand, überrascht kaum, ebenso wenig die grundsätzliche Akzeptanz der von Tardieu vorgeschlagenen Leitprinzipien. Die von französischer Seite präferierte Reihenfolge der Verhandlungsthemen wiesen die amerikanischen Juristen hingegen zurück. Tardieu hatte einen Friedensschluss im engeren Sinne, also die Regelung neuralgischer Kriegsfolgen wie Territorialfragen und Wiedergutmachung, an den Beginn gestellt, während das Problem einer neuen internationalen Ordnung und namentlich der gesamte Komplex eines Völkerbundes erst im Anschluss behandelt werden sollte. Das entsprach der in den Verfahrensvorschlägen des Quai d'Orsay vom November vorgesehenen Abfolge,[149] war aber von amerikanischer Seite bereits zu diesem Zeitpunkt als unglückliche Reihenfolge und künstliche Trennung zurückgewiesen worden. Miller und Scott wiederholten diese Kritik, die sich auf das von Woodrow Wilson verschiedentlich vorgetragene Argument stützen konnte, dass zahlreiche Entscheidungen über das Ende des Krieges kaum ohne fundamentale Neuordnung der Staatengemeinschaft getroffen werden könnten.[150]

Zur Klärung dieser offenen Verfahrensfragen war in den letzten Dezembertagen eine Abstimmung der alliierten Hauptmächte für Montag, den 13. Januar

---

147 David Hunter Miller/James Brown Scott, Observations v. 12.01.1919, in: FRUS, PPC 1919, Bd. 1, S. 396–406, hier: S. 401. Schon im Dezember hatten beide auf den Vorschlag von Pichon mit den Worten reagiert, dass „in principle and almost of necessity, *some* classification as to the number of plenipotentiaries is essential", so David Hunter Miller/James Brown Scott, Memorandum on the French Note to the British Embassy, 18.12.1918, in: DHMD, Bd. 2, S. 312–316, hier: S. 315 (Hervorh. im Original). Weiter zur Arbeit an dem Memorandum auch Miller Diary, Einträge v. 08.01. bis 12.01.1919, in: ebenda, Bd. 1, S. 68–75.
148 Miller Diary, Eintrag v. 09.01.1919, in: ebenda, Bd. 1, S. 70.
149 Dort waren die „stipulations du droit public général" als „la seconde grande tâche du Congrès" begriffen worden, vgl. Note sur le Congrès de la Paix, o.D., in: AD, Papiers Tardieu, PA-AP 116/296, Bl. 293–308, hier: Bl. 303.
150 Vgl. David Hunter Miller/James Brown Scott, Observations v. 12.01.1919, in: FRUS, PPC 1919, Bd. 1, S. 396–406, hier: S. 399f. Siehe auch Hudson an Miller, Brief v. 21.11.1918, in: DHMD, Bd. 2, S. 26f.; Walworth, America's Moment 1918, S. 143, 145f., 149.

1919, angesetzt worden; auch das dazu als Gesprächsgrundlage verteilte Memorandum von Tardieu nannte dieses Datum auf dem Titelblatt. Um dem italienischen Premierminister Vittorio Orlando jedoch vor seiner Rückreise nach Rom noch die Gelegenheit zur Teilnahme zu geben, wurde das Treffen auf den Sonntag vorgezogen, an dem die Regierungschefs ohnehin im Rahmen des Supreme War Council zusammentrafen.[151] Nachdem die offiziellen Tagesordnungspunkte, vor allem die Verlängerung des Waffenstillstandes mit Deutschland, abgehandelt worden waren, verließ das militärische Personal den Sitzungsaal und die übrigen Teilnehmer wandten sich der weiteren Vorbereitung der interalliierten Vorkonferenz zu. Damit erwuchs aus dem Supreme War Council am Nachmittag des 12. Januar nahezu nahtlos das neue Konferenzgremium des Supreme Council, der teils auch unter der – an die Doppelbesetzung von Regierungschef und Außenminister angelehnten – Bezeichnung des Council of Ten firmierte. Eingefädelt hatte diese fließende Überleitung vor allem der britische Delegationssekretär Maurice Hankey, der im Gefolge von David Lloyd George erst am Vorabend aus London eingetroffen war, aber ein institutionalisiertes Entscheidungszentrum der Vorkonferenz für unabdingbar hielt. Hankey sorgte nicht nur dafür, dass der Tagungsort des Supreme War Council vom Trianon Palasthotel nunmehr in das französische Außenministerium verlegt wurde, was auch den Wechsel des gesamten „Versailles team"[152] der Schreibkräfte und Übersetzer einschloss. Sondern er veranlasste ebenso, dass von der zweiten Sitzungsrunde der politischen Entscheidungsträger ein gesondertes Protokoll erstellt und mit einer eigenen Ordnungsnummer versehen wurde, was die Eigenständigkeit des neuen Supreme Council von Beginn an dokumentieren sollte.[153]

Mit diesem Zusammentreffen war, wiewohl die Vertreter der japanischen Delegation erst am nächsten Tag eintreffen sollten und die öffentliche Versammlung aller Repräsentanten nicht vor dem nachfolgenden Samstag stattfinden konnte, die interalliierte Vorkonferenz faktisch ins Leben getreten. Einzelne

151 Vgl. House Diary, Eintrag v. 08.01.1919, in: YLMA, House Papers, Serie 2, vol. 7, S. 14f. Siehe auch Great Powers in Conference, in: The Times v. 11.01.1919, S. 9.
152 Hankey, Supreme Control, S. 25.
153 Vgl. die Anmerkungen in FRUS, PPC 1919, Bd. 3, S. 468. In der französischen Übersicht der Entscheidungen des Conseil suprême ist eine solche Unterscheidung anfänglich nur bedingt zu erkennen, vgl. RdA, Bd. I. Zur Etablierung des Supreme Council ansonsten weiter Hankey, Supreme Control, S. 22–24, dazu Stephen Roskill, Hankey. Man of Secrets, 3 Bde., London 1970–1974, Bd. 2, S. 43f. Daneben Marston, Peace Conference, S. 54, sowie aus der Nähe: Clive Day, The Atmosphere and Organization of the Peace Conference, in: House/Seymour (Hrsg.), What really Happened at Paris, S. 15–36, hier: S. 17–19; Robert Lansing, The Big Four and Others of the Peace Conference, Boston, New York 1921, S. 14–17; Preston Slosson, The Constitution of the Peace Conference, in: Political Science Quarterly 35, H. 3 (1920), S. 360–371, hier: S. 365f.; Fenwick, Organization.

Delegierte hatten zwar nur gerüchteweise von einem „preliminary, though unofficial meeting"[154] gehört. In der Pariser Öffentlichkeit wurde jedoch rasch erkannt, dass sich das Treffen bereits durch die Teilnahme von Wilson aus der Reihe der sonstigen Zusammenkünfte des Supreme War Council herausgehoben hatte: Nach dem Ende der Gespräche mussten sich die Delegierten ihren Weg durch ein Spalier von Photographen und den beißenden Qualm ihrer Magnesiumblitze bahnen, und auf der nahe gelegenen Place de la Concorde wartete eine erkleckliche Menschenmenge auf die Rückkehr der Staatsmänner aus dem Außenministerium.[155]

Umso dringlicher musste es sein, über die Einbeziehung der übrigen alliierten Staaten und den Ablauf der Verhandlungen endlich Klarheit zu schaffen. Auf der ersten Sitzung des Supreme Council stand darum die ungelöste Frage der Repräsentation ganz oben auf der Tagesordnung, und sie entwickelte noch zusätzliche Brisanz dadurch, dass Lloyd George gleich zum Auftakt eine eigenständige Vertretung der britischen Dominions forderte, wie es ihm im Imperial War Cabinet zuvor von den Regierungschefs Kanadas (Robert Borden) und Australiens (William Morris Hughes) abverlangt worden war.[156] Doch nicht nur deshalb schlugen die Wellen in der nachfolgenden Diskussion hoch. Den versammelten Politikern war bekannt, dass die Regierungen Belgiens und Serbiens die gleiche Sitzanzahl wie die Großmächte einforderten und dies mit dem Hinweis auf den besonderen Opferstatus ihrer Nationen begründeten. Ein hohes Selbstbewusstsein galt auch für Brasilien, dessen Vertreter sich mit dem Etikett eines „belligérant théorique" kaum anfreunden konnten, sondern unter Hinweis auf die Größe des eigenen Landes eine herausgehobene Stellung beanspruchten.[157] Russland stellte angesichts von Revolution und Bürgerkrieg immer noch ein Problem eigener Art dar, wobei in der Diskussion der Vorschlag erwogen wurde, den russischen Interessen eine Art stellvertretende Repräsentation zu gewähren; im Hintergrund zirkulierte daneben seit einiger Zeit der Gedanke,

---

154 Nicolson Diary, Eintrag v. 12.01.1919, in: Nicolson, Peacemaking 1919, S. 232. Ähnlich beiläufig Manley O. Hudson Diary, Eintrag v. 12.01.1919, in: HLSL, Hudson Papers, Box 166/1, S. 94.

155 Vgl. La Conférence de la Paix, in: Le Figaro v. 13.01.1919, S. 1; The First Meeting, in: The Times v. 13.01.1919, S. 9; Wilson Meets Three Premiers, in: New York Times v. 13.01.1919, daneben Shotwell Diary, Eintrag v. 12.01.1919, in: Shotwell, Paris Peace Conference, S. 115f. Atmosphärisch dicht, in den Details aber nicht immer akkurat ist die Beschreibung von Cary Grayson, dem Leibarzt und Vertrauten von Wilson, siehe Grayson Diary, Eintrag v. 12.01.1919, in: PWW, Bd. 54, S. 4–6.

156 Vgl. Lloyd George, Protokoll v. 12.01.1919, in: FRUS, PPC 1919, Bd. 3, S. 482–494, hier: S. 483.

157 Zu Belgien vgl. Marks, Innocent Abroad, S. 100f.; zu Serbien (als Teil des SHS-Staates) vgl. Lederer, Yugoslavia, S. 108–113; zu Brasilien vgl. Streeter, Epitácio Pessoa, S. 82f.

eine gesonderte Konferenz mit Vertretern des „weißen" und „roten" Russlands abzuhalten.[158]

Allein: Auch am Abend des 12. Januar war es nicht gelungen, Einigkeit in diesen Fragen herzustellen. Als Pichon die Sitzung kurz nach 18:30 Uhr schloss, war nicht nur die Außentemperatur unter den Nullpunkt gesunken, sondern die Atmosphäre in den überheizten Räumlichkeiten des Quai d'Orsay ebenso frostig geworden. In allen entscheidenden Fragen hatte man sich auf die nächste Sitzung vertagen müssen. Erkennbar enerviert, so lässt es sich noch der geglätteten Fassung der offiziellen Protokolle anmerken, klagte Wilson, dass er nicht wisse, was er der Presse über das heutigen Zusammentreffen sagen solle.[159] Lansing war ebenfalls entsetzt, wie Gordon Auchincloss im Anschluss festhielt: „The Secretary seemed very dissatisfied with what had happened at the conference in the afternoon and he seemed also to be very much up in the air about the whole proceedings."[160]

Für den Beginn der interalliierten Beratungen war das ein Menetekel. Gleichwohl war es vermutlich diese Unzufriedenheit, welche die Bereitschaft zu Kompromissen steigen ließ. Am nächsten Tag wurde eine Lösung für die umstrittene Zusammensetzung der Vorkonferenz gefunden, wobei die Unterscheidung zwischen den fünf Staaten mit einem „generellen Interesse" (Frankreich, Großbritannien, Italien, Japan, die USA) und den übrigen Staaten mit jeweils „partikularem" Interesse in eine kleinschrittige Abstufung der Delegiertenanzahl umgesetzt wurde: fünf Sitze für jede Großmacht; drei Sitze für die renitenten Nationen Belgien, Serbien und, dank der Protektion Wilsons, Brasilien; zwei Sitze für die übrigen alliierten Staaten mit „eingeschränktem Kriegseinsatz" (China, Griechenland, Hedschas, Polen, Portugal, Rumänien, Siam, Tschechoslowakei), aber auch für die britischen Dominions sowie Indiens (jedoch nicht Neuseelands); schließlich einen Sitz für solche Staaten, die sich entweder trotz Kriegserklärung nicht wirklich am Krieg beteiligt (Guatemala, Haiti, Honduras, Kuba, Liberia, Nicaragua, Panama) oder lediglich die diplomatischen Beziehungen zu den Mittelmächten unterbrochen hatten (Bolivien, Ecuador, Peru, Uru-

---

158 Vgl. Mayer, Politics and Diplomacy, S. 284–343; Thompson, Russia, S. 82–130; Lloyd George, Truth, S. 145f., 315–328.
159 Protokoll v. 12.01.1919, in: FRUS, PPC 1919, Bd. 3, S. 495–507, hier: S. 507.
160 Auchincloss Diary, Eintrag v. 12.01.1919, in: YLMA, Auchincloss Papers, Box 2/28, S. 280f. Siehe ergänzend auch Lansing Desk Diary, Eintrag v. 12.01.1919, in: LoC, Lansing Papers, Box 65.

guay).[161] Hingegen blieben Montenegro und, vor allem, Russland zunächst ausgeklammert, weil hier, wie mit einigem Recht argumentiert werden konnte, die gegenwärtig Instabilität jede Festlegung verbieten würde.[162] Mit der Umsetzung dieses Kompromisses wurde ein improvisiertes Komitee aus Berthelot, Frazier und Hankey sowie dem italienischen Diplomaten Luigi Aldrovandi Marescotti beauftragt, das zugleich die Geschäftsordnung der Vorkonferenz (Règlement de la Conférence de la Paix) ausarbeiten sollte. Faktisch waren es jedoch die führenden Rechtsberater der französischen, britischen und amerikanischen Delegation – Henri Fromageot, Cecil Hurst, David Hunter Miller –, die dieses Aufgabe übernahmen. Auf der Grundlage des Tardieu-Memorandums und einzelner Beschlüsse des Supreme Council verfassten sie in den nächsten Tagen ein allgemeines Konferenzstatut mit sechzehn Artikeln, das am Freitagnachmittag, den 17. Januar, schließlich vom Supreme Council akzeptiert wurde.[163]

Damit war der letzte Schritt jener Umwandlung der informellen Gespräche in eine formalisierte Konferenz aller Siegermächte vollzogen, gegen die sich die Regierungschefs der Hauptmächte, vor allem aber Wilson, lange Zeit gesperrt hatten. Der amerikanische Präsident befürchtete mit dem Übergang zu einer förmlichen Verhandlungsweise nicht nur eine Kakophonie der Forderungen der kleineren Nationen, sondern eine einengende Regulierung der Gespräche durch protokollarische Verfahren. Es müsste für die Vertreter der Hauptmächte möglich sein, ungezwungen über alle grundlegenden Fragen zu debattieren, hatte er noch am 12. Januar im Supreme Council gefordert.[164] Eine solche Hoffnung auf einen informellen Austausch war jedoch angesichts des massiven Drängens der kleineren Siegerstaaten, der unüberschaubaren Zahl der bereits involvierten Personen – Diplomaten, Experten, Lobbyisten – wie der öffentlichen Erwartun-

---

161 Vgl. die endgültige Fassung des Règlements, die, neben verschiedenen Zwischenstufen, enthalten ist in YLMA, House Papers, Box 189/2/125, sowie abgedr. etwa bei DHMD, Bd. 3, S. 355–359, hier: S. 355f. Siehe auch Marston, Peace Conference, S. 61–65, und weiter Walworth, Wilson and his Peacemakers, S. 17–19. Zur Berücksichtigung der süd- und zentralamerikanischen Staaten vgl. Michael Streeter, Central America and the Treaty of Versailles, New York 2011, S. 73–98; ders., South America and the Treaty of Versailles, New York 2011, S. 83–108.

162 Vgl. Marston, Peace Conference, S. 61f., 64. Zu Montenegro, das von serbischer Seite besetzt und in den SHS-Staat integriert worden war, vgl. Lederer, Yugoslavia, S. 113–116, sowie aus eigener Beobachtung Stephen Bonsal, Suitors and Suppliants. The Little Nations at Versailles, New York 1946, S. 84–95.

163 Vgl. Règlement de la Conférence de la Paix, Beschlüsse v. 15.01., 16.01. u. 17.01.1919, in: RdA, Bd. I, S. 9–15. Siehe auch Protokolle v. 13.01. u. 17.01.1919, in: FRUS, PPC 1919, Bd. 3, S. 539–556, 601–611, daneben Miller Diary, Eintrag v. 17.01.1919, in: DHMD, Bd. 1, S. 78f.; Hankey an Adeline Hankey, Brief v. 17.01.1919, in: CAC, Hankey Papers, HANK 3/24, Bl. 11–14.

164 Vgl. Wilson, Protokoll v. 12.01.1919, in: FRUS, PPC 1919, Bd. 3, S. 482–494, hier: S. 492.

gen spätestens im Dezember illusorisch geworden. Es war gleichsam eine Flucht nach vorne, wenn Clemenceau gegen Wilsons Widerstand am nächsten Tag durchsetzte, dass nun, nachdem über die Zusammensetzung der Vorkonferenz entschieden worden sei, baldmöglichst eine offizielle Eröffnung durch eine Vollversammlung aller Delegationen stattfinden solle, was nach einigem Hin und Her schließlich auf den 18. Januar terminiert wurde. Zwar teilte der französische Regierungschef die Vorbehalte Wilsons gegen eine formalistische Einschnürung der Verhandlungen, und noch weniger war er bereit, die Entscheidungsgewalt der Hauptmächte aus der Hand zu geben. Aber Clemenceau erhoffte sich von der Einberufung einer Vorkonferenz vor allem Ruhe für die eigentlichen Gespräche hinter den Kulissen oder wenigstens im Supreme Council; insofern dürfte er der Auffassung von Lloyd George zugestimmt haben, der Wilsons Unbehagen mit dem salomonischen Urteil zu besänftigen versucht hatte, dass formalisierte Verhandlungen eine informelle Abstimmung nicht ausschließen müssten.[165]

Insgesamt lässt sich festhalten, dass die organisatorische Vorbereitung des Friedensschlusses von Beginn an durch unbekanntes Terrain manövrieren musste. Einerseits war der Gestaltungsanspruch beträchtlich. Aus amerikanischer, teils aber auch aus britischer und partiell selbst aus französischer Sicht sollte über jene machtpolitischen Ambitionen und instabilen Kompromisse hinausgegangen werden, wie sie als charakteristisch für die europäische Staatenwelt seit dem Wiener Kongress behauptet und für den Kriegsausbruch mitverantwortlich gemacht wurden. Der Friedensschluss musste demgegenüber eine ganzheitliche und systemische Lösung sein, was im Verständnis einer „new diplomacy" eine rationale Begründung voraussetzte; entsprechend lag es nahe, die Verhandlungen zunächst schriftlich, durch den Austausch von Memoranden zu führen.

Trotz dieses Anspruchs einer neuartigen Verfahrensweise galt für die Regierungschefs der alliierten Hauptmächte andererseits die selbstverständliche Annahme, dass alle entscheidenden Fragen zunächst in direkten und vertraulichen Gesprächen abgestimmt werden würden. Die wichtigen politischen Entscheidungen sollten demnach außerhalb des diplomatischen Protokolls getroffen werden und auch unabhängig von allen Planungspapieren der Außenämter. Allerdings machten das Drängen der kleineren Nationen und die rapide ansteigenden öffentlichen Erwartungen eine Institutionalisierung und Offizialisierung der Friedensgespräche immer dringlicher. Nicht eine Beteiligung der Verlierernationen war daher bald das Problem, sondern die Frage, welche Staaten der

---

165 Vgl. Lloyd George, Protokoll v. 13.01.1919, in: ebenda, Bd. 3, S. 531–538, hier: S. 537. Siehe auch Marston, Peace Conference, S. 58f.

Siegerkoalition in welcher Weise an den politischen Beschlüssen über die Friedensbedingungen – gedacht noch als Präliminarfrieden – würden partizipieren können. Die Entscheidung für eine Abstimmung im Vorfeld zog unvermeidlich weitere Festlegungen nach sich. Das Beispiel der Repräsentation zeigt auf, wie entscheidend es dabei war, jeweils nachvollziehbare, als legitim wahrgenommene Prinzipien benennen zu können, in der Rhetorik des Rechts zu bleiben und jeden Verdacht eines willkürlichen Ermessens peinlich zu vermeiden. Es war diese erzwungene Formalisierung, die aus der interalliierten Vorkonferenz letztlich eine faktische Friedenkonferenz machen sollte und in der sich bereits jene normativen Selbstbindungen erkennen lassen, die auch in den weiteren Verhandlungen nie konterkariert, sondern allenfalls unterlaufen werden konnten.

3 Paris als Mittelpunkt der Welt im Winter 1918/19

In den Wochen nach dem Waffenstillstand gerieten die alliierten Vorbereitungen immer mehr in den Bann öffentlicher Aufmerksamkeit. In der Tat lässt sich die Dynamik der Friedensverhandlungen kaum ohne jene hohen und höchsten Erwartungen verstehen, die sich auf die Zusammenkunft der Staatsführer in Paris richteten. Das gilt besonders für die Hoffnungen und Sehnsüchte, die Menschen von allen Kontinenten auf den amerikanischen Präsidenten Woodrow Wilson projizierten; in der Forschung hat dieser kurze welthistorische Moment die griffige Formulierung eines „Wilsonian Moment" (Erez Manela) hervorgebracht. Eine ähnlich emphatische, wenngleich komplexere Bedeutungszuweisung lässt sich jedoch auch für Paris als Ort der Friedenskonferenz erkennen. Mit dem Eintreffen immer weiterer Delegationen entstand hier nur nicht ein politisch-diplomatisches Kräftefeld, dessen Umfang alle bisherigen Maßstäbe sprengte. Sondern in der öffentlichen Wahrnehmung und den zirkulierenden Deutungen erschien die französische Hauptstadt als ein internationaler Schicksalsort, in dem über die Zukunft der zivilisierten Menschheit entschieden würde.

Woodrow Wilsons Triumphzug

Als die USS George Washington, ein ehemals deutscher, im vergangenen Jahr jedoch in New York requirierter Liniendampfer, kurz vor dem Mittag des 13. Dezember 1918 bei guter Sicht auf Brest an der französischen Atlantikküste zusteuerte, wurde sie bereits von etlichen Schaulustigen erwartet. Die europäischen Verbündeten hatten in den letzten Tagen kaum eine Mühe gespart, um der Ankunft des amerikanischen Präsidenten einen überwältigenden Rahmen zu verleihen. Bereits die Einfahrt in den Hafen geriet zum Spektakel, hatten sich doch zum Begleitschutz der amerikanischen Schlachtschiffe auch Teile der britischen, französischen und italienischen Flotte gesellt, die den amerikanischen Präsidenten in einem „immense convoy that stretched as far as the eye could reach on the horizon"[166] bis zur Küste begleitete. Schlepper und Kutter waren flaggengeschmückt, Flugzeuge überflogen die Szenerie, die Kais waren von aufmarschierten Kompanien gesäumt, hinter denen sich zahllose Menschen drängten. Unter gewaltigen Salutschüssen betrat Wilson gegen 16 Uhr das Festland, wo Hunderte weiß gekleidete Kinder seinen Weg zum Bahnhof säumten. Ein „Train Présidentiel" brachte ihn über Nacht nach Paris, wo sich die Begeisterung bei seiner Ankunft am nächsten Tag noch steigerte. Die nur wenige Kilometer lange Strecke, die vom Bahnhof am Bois de Boulogne, wo ihn Poincaré und Clemenceau in seltener Eintracht empfangen hatten, zu seiner Unterkunft führte, geriet zu einem Triumphzug sondergleichen. Auf der Place de la Concorde, wo sich die amerikanische Delegation im Hôtel de Crillon einquartiert hatte, drängten sich mehr als 100 000 Menschen und ließen den Verkehr weitgehend zusammenbrechen. In der Straße vor dem Palais Murat, das Wilson von der französischen Regierung als persönliche Unterkunft zur Verfügung gestellt worden war, mussten die begeisterten Schaulustigen von einer Doppelreihe Kavallerie zurückgehalten werden. In jedem Fenster, auf jedem Balkon, an jeder Straßenlaterne, so notierte es der Korrespondent der Londoner Times, würden Trauben von jubelnden Menschen hängen.[167]

---

166 Fosdick Diary (SS George Washington), Eintrag v. 13.12.1918, in: PUSC, Fosdick Papers, Box 26/16, S. 16–18.
167 Vgl. Mr. Wilson in Paris, in: The Times v. 16.12.1918, S. 9; M. Wilson à Paris. Une Entrée Triomphale, in: Le Figaro v. 15.12.1918, S. 1. Nur beispielhaft: Grew Diary, Eintrag v. 19.12.1918, in: Joseph C. Grew, Turbulent Era. A Diplomatic Record of Forty Years, 1904–1945, 2 Bde., Boston 1952, Bd. 1, S. 362–368. Zur Wilson-Begeisterung in Frankreich etwa u.a. Pierre Miquel, La paix de Versailles et l'opinion publique française, Paris 1972, S. 37–46, George Bernard Noble, Policies and Opinions at Paris, 1919. Wilsonian Diplomacy, the Versailles Peace, and French Public Opinion, New York 1935, S. 72–79, zur Ankunft in Brest und Paris u.a. Seymour, Brief v. 14.12.1919, in: Charles Seymour, Letters from the Paris Peace Conference, hrsgg. v. Harold B. Whiteman Jr., New Haven 1965, S. 36–40. Weiter: Tyler Edward Stovall, Paris and the Spirit of 1919. Consumer Struggles, Transnationalism, and Revolution, Cambridge, UK, New York 2012, S. 146; Cooper, Woodrow Wilson, S. 462f.; MacMillan, Peacemakers, S. 11–24, daneben die Dokumente in PWW, Bd. 53, S. 382–391.

Abb. 2: Ankunft Wilsons am Bahnhof Bois de Boulogne am 14. Dezember 1918.

Die Begeisterung und Emphase, mit der Wilson in Frankreich, bei Abstechern nach Großbritannien und Italien aber auch dort begrüßt wurde, beschränkte sich indes nicht allein auf das Straßenpublikum. Ebenso bestand im gebildeten französischen Bürgertum, welches sich spätestens seit 1917 stark auf die USA orientiert hatte, eine ausgesprochene Wilson-Verehrung. Beispielhaft sei auf Ferdinand Larnaude hingewiesen, also jenen Rechtsprofessor der Pariser Universität, der zusammen mit seinem Kollegen Albert Lapradelle die offizielle französische Stellungnahme zur Strafverfolgung des deutschen Kaisers verfasst hatte. Im April 1917 hatte Larnaude damit begonnen, aus Begeisterung über den Kriegseintritt der USA eine Dankes- und Grußbotschaft der Rechtsprofessoren aus den alliierten Staaten an Wilson zusammenzustellen. Diese Adresse umfasste zuletzt nahezu sechshundert Namen nicht allein aus Frankreich, sondern ebenso aus Großbritannien, Belgien, Italien bis nach Japan und Russland, als Larnaude sie schließlich auf Pergament drucken ließ und am 4. Juli 1918 dem US-Botschafter in Paris, William Graves Sharp, übergab.[168] Doch als sich im November die Möglichkeit abzeichnete, dass Wilson selbst nach Paris kommen würde, meldete sich Larnaude bei der amerikanischen Botschaft mit der Bitte,

---

168 Vgl. France et États-Unis, in: Journal du Droit International 45 (1918), S. 1570f.; La faculté de droit à l'ambassade des États-Unis, in: Le Temps v. 03.07.1918, S. 4.

der Präsident möge doch der Pariser Rechtsfakultät einen persönlichen Besuch abstatten, wo die Grußbotschaft nochmals persönlich übergeben werden sollte.[169]

Daraus wurde zunächst nichts, so sehr sich Larnaude als Anhänger von Wilson präsentierte und ihm die amerikanische Botschaft in einer internen Aufzeichnung zugutehielt, dass er ein „consistent supporter and admirer"[170] des Präsidenten sei. Als dem amerikanischen Präsidenten am 21. Dezember an der Sorbonne eine Ehrendoktorwürde verliehen wurde, konnte Larnaude immerhin in seiner Funktion als Dekan der juristischen Fakultät einige Worte direkt an Wilson richten. In einer kurzen Ansprache zog er augenscheinlich alle rhetorischen Register, um Wilson nicht nur als Hoffnungsträger der Menschheit zu preisen, sondern insbesondere als juristischen Fachkollegen zu vereinnahmen. Der Präsident verkörpere wie kein zweiter die Ideale des Rechts und der Gerechtigkeit, nach denen sich die Menschheit sehne, so soll Larnaude ausweislich von Zeitungsberichten gesagt haben, und es gelang ihm zudem noch, dem amerikanischen Präsidenten wenige Minuten vor Ende der Veranstaltung die Grußbotschaft der europäischen Rechtsprofessoren zu überreichen.[171]

Bemerkenswerterweise gab Larnaude im Anschluss seine Bemühungen um einen direkten Kontakt zu Wilson nicht auf. Doch als er am 31. Dezember an der Spitze einer Abordnung der Pariser Rechtsfakultät die amerikanische Delegation im Hôtel de Crillon besuchen konnte, wurde er lediglich von Edward House empfangen. Auch das bei dieser Gelegenheit übergebene Memorandum zur Gründung eines „Institut international du droit public et de législation", für das Wilson geeignete US-Professoren vorschlagen sollte, blieb ohne Resonanz, ebenso wie die bei dieser Gelegenheit erneuerte Einladung von Larnaude, dass Wilson der juristischen Fakultät einen Besuch abstatten solle.[172] Der amerikanische Präsident müsse auf Anraten seiner Ärzte, so schrieb House einige Tage

---

169 Larnaude an Sharp, Briefe v. 30.11. u. 13.12.1918, in: LoC, Wilson Papers, Series 5B (Reel 388), Bl. 4663–4665. Das Selbstbewusstsein von Larnaude als Dekan der Pariser Rechtsfakultät wird gut greifbar in Ferdinand Larnaude, La Faculté de Droit, La vie universitaire à Paris. Ouvrage publié sous les auspices du Conseil de l'Université de Paris, Paris 1918, S. 75–99.

170 Memorandum, 20.12.1918, in: LoC, Wilson Papers, Series 5B (Reel 385), Bl. 1796.

171 Vgl. Le Président Wilson, juriste et historien, in: Le Figaro v. 22.12.1918, S. 1; Le Président Wilson à la Sorbonne, in: Le Temps v. 22.12.1918, S. 4; M. Wilson à la Sorbonne, in: Le Temps v. 23.12.1918, S. 1; Wilson Sorbonne Guest. Receives First Honorary Degree from University of Paris, in: New York Times v. 22.12.1918. Siehe auch Benham Diary, Eintrag v. 21.12.1918, in: PWW, Bd. 53, S. 459–461.

172 Vgl. Ferdinand Larnaude, Memorandum v. 31.12.1918, in: LoC, Wilson Papers, Series 5B (Reel 385), Bl. 4663f.

später, von jeglichen sozialen Anlässen oder sonstigen Engagements absehen.[173]

Mit welchen Gefühlen Larnaude diese mehrfachen Abweisungen aufgenommen haben mag, muss der Spekulation überlassen bleiben. Eine gewisse Ernüchterung wäre aber eine prototypische Reaktion, da sich die Wilson-Begeisterung aus dem Winter 1918/19 nach Beginn der Friedensverhandlungen immer schneller in große Enttäuschung verwandelte. Die Diskrepanz zwischen den umlaufenden Hoffnungen und den realen Möglichkeiten des Präsidenten waren von amerikanischer Seite schon früh mit Sorge betrachtet worden. Bereits an Bord der USS George Washington hatte Wilson vor einer „tragedy of disappointment" gewarnt.[174] Auch Gordon Auchincloss, der Schwiegersohn von House und als dessen Sekretär mit nach Europa gekommen, sah die öffentliche Euphorie bei der Ankunft von Wilson skeptisch: „I don't think that most of them knew what they were cheering about, but they have made out of the president a sort of religion and they think he is going to make life easier for them in future."[175] Ähnlich urteilte der im Gefolge des Präsidenten reisende Raymond Fosdick, als er mit Blick auf die feiernden Menschen in den Straßen von Paris notierte: „Poor Wilson! A man with his responsibilities is to be pitied. The French think that with almost a magic touch he will bring about the day of political and industrial justice."[176]

Was sich somit bereits während der Kriegsjahre angekündigt hatte, kulminierte bald nach dem Waffenstillstand: Die vage, aber suggestive Idee eines „Wilson-Friedens" entglitt nun vollends den Händen der amerikanischen Regierungsspitze. Für Larnaude bündelte sich in der Person des amerikanischen Präsidenten zahlreiche Sinnelemente des Krieges, angefangen bei den Idealen amerikanisch-französischer Verbundenheit über die Verteidigung von Recht und Gerechtigkeit bis hin zu der Tatsache, dass mit Wilson ausgerechnet ein Jurist als Fürsprecher einer neuen internationalen Ordnung auftrete. Zwar lässt sich unschwer erkennen, wie verzerrt diese Wahrnehmung war; Wilson ver-

---

173 Vgl. House an Larnaude, Brief v. 10.01.1919, in: LoC, Wilson Papers, Series 5B (Reel 389), Bl. 5886.

174 So George Creel, The War, the World and Wilson, New York 1920, S. 136. Der Journalist Creel hatte an der Spitze des „US Committee on Public Information" für die propagandistische Darstellung des amerikanischen Kriegseinsatzes gesorgt und einen entsprechenden Anteil daran, dass Wilson als überlebensgroßer Hoffnungsträger wahrgenommen wurde, siehe etwa Manela, Wilsonian Moment, S. 47–53. Zu Wilsons Skrupeln auch Joseph P. Tumulty, Woodrow Wilson as I Know Him, Garden City Park, N.Y. 1921, S. 348f.

175 Auchincloss Diary, Eintrag v. 13.12.1918, in: YLMA, Auchincloss Papers, Box 2/26, S. 141.

176 Fosdick Diary (SS George Washington), Eintrag v. 14.12.1918, in: PUSC, Fosdick Papers, Box 26/16, S. 18–20, hier: S. 20. Ähnlich hatte sich Wilson offenbar schon während der Überfahrt gegenüber Fosdick geäußert, siehe Cooper, Woodrow Wilson, S. 462.

stand sich keineswegs als jener „président-jurisconsulte"[177], zu dem ihn Clemenceau schon 1915 hatte machen wollen, und auch Larnaude dürfte seine Auffassung korrigiert haben, als er dem amerikanischen Präsidenten einige Wochen später in der Völkerbund-Kommission doch noch persönlich gegenübersaß. An seinem Nimbus änderte dies jedoch nichts. In den Herbst- und Wintermonaten 1918/19 wurde der amerikanische Präsident endgültig zu dem Gefangenen eines kaum steuerbaren „Wilsonianism". Für die amerikanische Seite stellte sich das bald als Bürde heraus, da es auch für Wilson selbst nicht immer einfach war, zwischen seinen realen und den ihm bloß zugeschriebenen Möglichkeiten sicher zu unterscheiden. Auf der anderen Seite war es nicht bloße Naivität, wenn das europäische Straßenpublikum bei seinem Anblick in Hochrufe ausbrach oder distinguierte Professoren wie Larnaude ihn hofierten. Für einen kurzen, aber tief empfundenen Moment war Wilson die lebendige Beglaubigung des alliierten Sieges und Hoffnungsträger einer neuen Weltordnung, und dieser Glaube besaß eine eigene politische Kraft.

Die Versammlung der Delegationen

Als Ort der Friedenskonferenz besaß Paris eine eminente Sinnfälligkeit und geradezu magnetische Kraft. Nachdem die französische Hauptstadt im November zum Schauplatz der interalliierten Gespräche bestimmt worden war, entwickelte sie sich in kürzester Zeit zu einem globalen Nervenzentrum, in dem sich Politik und Diplomatie, Verkehrswege und Nachrichtenströme vielfach überkreuzten. Von Paris aus gesehen war die gesamte übrige Welt nur noch Peripherie, und die reichhaltigen Überlieferungen in Archiven rund um den Globus zeigen an, wie intensiv die Depeschen und Kabel zwischen der europäischen Metropole und den jeweiligen Heimatländern zirkulierten. Seit Dezember waren immer mehr Delegierte, Gesandte und Emissäre in der Stadt an der Seine eingetroffen, dicht gefolgt von Lobbyisten und Interessenvertretern aller Couleur, von politischen Spekulanten, diplomatischen Privatiers und ungezählten Journalisten.[178]

---

177 Zit. nach Drouin, Georges Clemenceau, S. 168. Noch im Dezember 1918 beschrieb Clemenceau den amerikanischen Präsidenten, vielleicht schon mit sarkastischem Unterton, gegenüber seinem Vertrauten Mordacq als „un juriste, et un juriste profondément convaincu, un homme à principes", vgl. Eintrag v. 14.12.1918, in: Mordacq, Ministère Clemenceau. Journal, Bd. 3, S. 50.
178 Vgl. mit apologetischen Zügen die Darstellung des ehemaligen Pressebeauftragten der amerikanischen Delegation, Baker, Woodrow Wilson, Bd. 1, S. 116–135.

Den inneren Kern bildeten die Repräsentanten der 32 eingeladenen alliierten und assoziierten Nationen, die sich auf 27 Delegationen verteilten.[179] Diese Zahl fiel zwar gegenüber den 44 Gesandtschaften der Haager Konferenz von 1907 deutlich ab. Doch während die Zahl der Ministres plénipotentiaires, also der Personen, die eine Verhandlungsvollmacht vorweisen konnten und als entscheidungsberechtigte Repräsentanten ihrer jeweiligen Regierung akkreditiert wurden, mit rund 100 ungefähr gleich blieb, vervierfachte sich die allgemeine Personalstärke der Delegationen. Hatte ihre Gesamtheit im Jahr 1907 noch aus rund 250 Personen bestanden, so belief sie sich in Paris zwölf Jahre später auf weit über 1000 Köpfe.[180] Der nähere Blick zeigt, dass sich vor allem der Kreis der Berater, Experten und Sekretäre deutlich vergrößerte, teils aber auch Delegierte aus politischen Gründen berücksichtigt werden mussten. Als Beispiel für den ersten Fall lässt sich auf die American Commission to Negotiate Peace (ACNP) hinweisen, die neben den fünf Verhandlungsführern insgesamt 144 weitere Delegierte und Berater benannte; für den zweiten Fall steht etwa die British Empire Delegation, welche durch die Einbindung der Dominions und Indiens auf über 207 Personen anwuchs und die weitaus größte Abordnung darstellte. Doch auch die belgische Regierung hatte ihre drei Hauptdelegierten (bei einer Gesandtschaft von 56 Personen) mit Blick auf den Parteienproporz im Brüsseler Parlament ausgesucht, und ähnliche innenpolitische Rücksichten führten dazu, dass die Delegation des jungen Königreichs der Serben, Kroaten und Slowenen auf stattliche 93 Mitglieder kam.[181]

Einen Sonderfall bildete Frankreich. Zwar wurden hier 135 Delegierte benannt, die allerdings meist in ihren etablierten Arbeits- und Lebenskreis in Paris eingebunden blieben und sich also nicht in einer fremden Umwelt einrichten

---

179 Da sich Großbritannien, die vier Dominions Kanada, Australien, Südafrika, Neuseeland sowie Indien zur British Empire Delegation zusammenschlossen, waren weniger Delegationen als Staaten vertreten.

180 Die Zahlen lassen sich präzise nach der offiziellen Übersicht ermitteln, die zum 1. April 1919 vom französischen Außenministerium erstellt wurde, vgl. Conférence des Préliminaires de Paix: Composition et Fonctionnement, 1er Avril, Paris 1919. Ein Exemplar etwa in: AD, Papiers Tardieu, PA-AP 116/297 (dort auch eine vorläufige Liste v. 20.03.1919). Eine englische Übersetzung in FRUS, PPC 1919, Bd. 3, S. 1–90. Im Oktober wurde eine überarbeitete, nur noch die Zusammensetzung der Gremien wiedergebende Neuauflage herausgebracht, vgl. Fonctionnement de la Conférence, 1er Octobre, Paris 1919. Siehe außerdem Temperley, History, Bd. 1, S. 243f. Zu den Zahlen der Haager Konferenz von 1907 vgl. Eyffinger, The 1907 Hague Peace Conference, S. 83, 233–240.

181 Vgl. für Großbritannien: Sally Marks, Behind the Scenes of the Paris Peace Conference of 1919, in: Journal of British Studies 9, H. 2 (1970), S. 154–180, hier: S. 163; für Belgien: dies. Innocent Abroad, S. 101; für den SHS-Staat: Lederer, Yugoslavia, S. 93.

mussten.[182] Für den übrigen Teilnehmerkreis war das durchaus eine Herausforderung, da jede der Delegationen neben dem offiziellen Personal noch von einem umfänglichen Tross weiterer Personen begleitet wurde. Dazu zählte teilweise das Militärpersonal, welches von den Armeekontingenten an der Westfront abgeordnet wurde, sich jedoch meist als untauglich für eine zivile Verwendung erwies. Wichtiger war das aus den jeweiligen Heimatländern mitgebrachte Hilfspersonal, darunter Hausdiener und Laufburschen, Ärzte, Köche und Drucker, sowie gelegentlich Ehefrauen und Familienangehörige. Letzteres war nicht überall gerne gesehen. Die britische Delegation verweigerte beispielsweise mitreisenden Ehefrauen eine Unterkunft in den angemieteten Hotels, da, zeit- und professionstypisch, Klatschsucht unterstellt und Geheimnisverrat befürchtet wurde. Auch dass James Brown Scott von seiner Ehegattin begleitet wurde, obwohl er eigentlich noch Militärangehöriger und nur an die US-Delegation abgeordnet war, sorgte unter amerikanischen Vertretern für einige Entrüstung.[183]

Nimmt man noch den weiteren Kreis der interessierten Personen, der Lobbyisten und Journalisten hinzu – dem Presseclub für die Auslandskorrespondenten im vornehmen Maison Dufayel gehörten geschätzte 2200 Personen an; allein 300 Journalisten kamen aus den USA[184] –, wird verständlich, dass sich in den Pariser Hotels binnen kurzem eine drängende Raumnot bemerkbar machte. Wohl hatte sich die französische Regierung vermittelnd eingeschaltet und war bemüht, die Anfragen aus den verschiedenen Nationen zu koordinieren, auch weil teils erhebliche Sonderwünsche bestanden.[185] Doch in dem Maße, wie die Delegationen ab Herbst 1918 durch die Hinzuziehung immer neuer Experten und die Berücksichtigung immer weiterer Regierungsstellen expandierten, erwiesen sich die kühnsten Berechnungen rasch als Makulatur. Das britische Foreign Office mietete beispielsweise erst das Majestic mit 430 Betten an, kurz darauf das benachbarte Astoria mit weiteren 250 Betten, vor allem für das Dienstpersonal. Durch den kontinuierlich anwachsenden Umfang der British Empire Delegation, der sich unter Berücksichtigung aller Funktionsträger und des gesamten Begleitpersonals schlussendlich auf über 1000 Personen schätzen lässt,

---

182 Vgl. Baillou, Les affaires étrangères, S. 359. Siehe auch Jean-Jacques Becker, Clemenceau, chef de guerre, Paris 2012, S. 150; Clifford R. Lovin, A School for Diplomats. The Paris Peace Conference of 1919, Lanham, Md., Oxford 1997, S. 6.

183 Vgl. Polk an Lansing, Brief v. 31.01.1919, in: NA-RA, RG 256/184.1 (M820, Roll 195). Daneben: Auchincloss Diary, Eintrag v. 19.11.1918, in: YLMA, Auchincloss Papers, Box 2/26, S. 92–95, sowie Lansing an Polk, Brief v. 01.05.1919, in: YLMA, Polk Papers, Box 9/310, S. 6f. Siehe auch MacMillan, Peacemakers, S. 53f., 74.

184 Vgl. Hayden, Negotiating in the Press, S. 161; Tardieu, La Paix, S. 119.

185 Siehe etwa die amerikanischen Forderungen in einem ungezeichneten Memorandum v. 08.11.1918, in: YLMA, House Papers, Box 189/2/102.

kamen bald noch die Hotels La Perouse, Baltimore und d'Albe hinzu; außerdem wurden eine eigene Druckerei nebst Wohnbaracken in Nähe der Rennbahn bei Auteil errichtet sowie eine Garage für 35 Personenkraftwagen am Arc de Triomphe angemietet. Und das alles bei einer relativen Nähe zu London, welches mit dem Nachtzug und einer Kanalfähre bequem erreicht werden konnte, so dass ein Teil des Personals kontinuierlich zwischen beiden Hauptstädten rotierte.[186]

Doch nicht nur die Hotelpreise, auch die allgemeinen Lebenshaltungskosten schnellten in die Höhe. Zwar gründete dieser Preisanstieg nicht allein in der Friedenskonferenz, die, bei konservativer Schätzung, vermutlich nicht mehr als 12 000 bis 15 000 Personen in eine Stadt mit fast drei Millionen Einwohnern brachte, sondern mindestens ebenso sehr in der schwierigen Transformation der französischen Kriegswirtschaft. In den Augen vieler Pariser waren gleichwohl die ausländischen Delegierten und ihre Entourage die eigentlichen Preistreiber, und wer nicht selbst, etwa als Hotelier oder Gastronom, von der Konferenz profitieren konnte, der stand dem diplomatischen Auftrieb oft ablehnend gegenüber.[187] Es war bekannt, dass die Delegationen opulente Galadiners ausrichten ließen, gleichzeitig aber die Preise für Brot und Butter in den kleinen Geschäften unverhältnismäßig anstiegen.[188] Auch darum sollte nicht übersehen werden, dass es im ersten Halbjahr 1919 zu einer hohen Mobilisierung der Pariser Arbeiterbewegung kam, die ihre während der Kriegsjahre zurückgestellten Forderungen nach Partizipation und materiellen Verbesserungen massiv einforderte. Im Gegensatz zu Wilson, der in der organisierten Arbeiterschaft eine beträchtliche, wiewohl im Frühling rasch abkühlende Verehrung genoss, war Clemenceau geradezu verhasst.[189] Am 1. Mai 1919, nachdem die französische Regierung kurzfristig alle Demonstrationen und Umzüge verboten hatte, lieferten sich protestierende Eisenbahner für mehrere Stunden eine erbitterte Straßenschlacht mit den Pariser Polizeikräften, wobei auf der abgesperrten Place de la Concorde, unter den ungläubigen Blicken der amerikanischen Delegierten im

---

186 Vgl. Marks, Behind the Scenes, S. 157–163. Eindrücke etwa auch bei Vernon Bartlett, Behind the Scenes at the Peace Conference, London 1919, S. 11–17.

187 Vgl. Stovall, Paris, S. 149f.

188 Vgl. The Assembling of the Peace Conference, in: The Manchester Guardian History of the War 106 (19.07.1919), S. 121–132, hier: S. 125. Zur französischen Klage über steigende Preise siehe auch die Eindrücke des Privatsekretärs von Wilson: Close an Helen Close, Brief v. 05.02.1919, in: PUSC, Close Papers, Box 1/1, S. 4.

189 Vgl. Becker, Clemenceau, S. 100–106, 171–178; Mayer, Politics and Diplomacy, S. 169–186, 777–783.

angrenzenden Hôtel de Crillon, selbst Kavallerie und Feuerwehren zur Nieder-
schlagung der Proteste zum Einsatz kamen.[190]

Trotzdem: Die internationale Öffentlichkeit war wenig an solchen lokalen
Widerständen und Eigeninteressen interessiert, sondern wollte in der Stadt an
der Seine einen Schicksalsort für die Zukunft der Menschheit erblicken. Als
Machtzentrum der Welt imaginiert, entwickelte Paris einen unwiderstehlichen
Sog für politische Glücksritter unterschiedlichster Art.[191] Die Stadt, so schrieb
der amerikanische Schriftsteller John Dos Passos rückblickend, sei geradezu
überschwemmt worden von „all sorts of adventurers peddling oil concessions
or manganese mines, pretenders to dukedoms and thrones, cranks with short-
cuts to Utopia in their briefcases, secret agents, art dealers, rug salesmen, pro-
curers and pimps."[192] Mit ähnlichem Zungenschlag sprach Lansing gegenüber
Polk von einem „grand settling pool for all the cranks in the universe"[193].

Zu den ernsthafteren Bittstellern gehörte etwa der Vietnamese Nguyen Tat
Thanh, der für eine Unabhängigkeit Indochinas von französischer Kolonialherrschaft eintrat. Nach seiner Ankunft in Paris musste er sich allerdings zunächst
als Laufbursche im Hotel Ritz verdingen, und seine Bemühungen, der Friedenskonferenz seine Forderungen vorzutragen, blieben vergeblich; später griff er
unter dem Namen Ho Chi Minh zu weitaus radikaleren Methoden des antikolonialen Befreiungskampfes.[194] Zeitgenössisch großes Aufsehen erregte der
schwarze US-Bürgerrechtler W.E.B. Du Bois, unter dessen Ägide die erste Pan-
African Conference mit 60 Delegierten in Paris zusammentrat. Dieser Kongress,
so hieß es in einer Nachricht aus Washington an die US-Botschaft warnend,
wolle eine Petition an den amerikanischen Präsidenten richten „regarding the
right of self-government, self-determination and future status of the negro race
of the world."[195] Zionistische und jüdische Verbände von beiden Seiten des At-

---

190 Vgl. Stovall, Paris, bes. S. 155–172. Als Augenzeugenberichte etwa Hudson Diary, Eintrag
v. 01.05.1919, in: HLSL, Hudson Papers, Box 166/1, S. 325; Auchincloss Diary, Eintrag v.
01.05.1919, in: YLMA, Auchincloss Papers, Box 3/33, S. 551. Dann auch: Charles T. Thompson,
The Peace Conference Day by Day. A Presidential Pilgrimage Leading to the Discovery of Europe, New York 1920, S. 351.
191 Vgl. Michael Goebel, Anti-Imperial Metropolis. Interwar Paris and the Seeds of Third-World
Nationalism, New York 2015, S. 151–158; Stovall, Paris, S. 146–148.
192 John Dos Passos, Mr. Wilson's War, Garden City Park, N.Y. 1962, S. 458. James Brown Scott
war mit Dos Passos Tante bekannt und setzte sich mehrfach für den umstrittenen Autor ein,
vgl. die Korrespondenzen in: GUSC, Scott Papers, Box 3/5 und 3/11.
193 Lansing an Polk, Brief v. 25.01.1919, in: YLMA, Polk Papers, Box 9/308.
194 Vgl. Goebel, Anti-Imperial Metropolis, S. 155–157; Andelman, Shattered Peace, S. 24f., 122–
135; Manela, Wilsonian Moment, S. 3f.
195 Polk an amerikanische Botschaft in Paris, Kabel v. 17.01.1919, in: LoC, Wilson Papers, Series 5B (Reel 390), Bl. 7091. Sowohl die amerikanische wie britische Regierung verweigerte die

lantiks versuchten Druck auf die Delegationen auszuüben, um den Schutz der Juden in den neubegründeten Nationen Osteuropas zu gewährleisten; darauf wird noch einzugehen sein.[196] Schließlich kamen aus zahlreichen Ländern die Vertreterinnen verschiedener Suffragettenverbände in die Stadt, um hier das allgemeine Wahlrecht für Frauen, obschon nur in den zivilisierten Nationen, einzufordern. Da Woodrow Wilson in dieser Frage offenbar von seinen eigenen Töchtern unter Druck gesetzt worden war, hatte er der Frauenrechtlerin Millicent Fawcett halbherzig zugesagt, das Problem auf die Agenda der Konferenz zu setzten, von der es aber mit Hinweis auf die jeweils nationale Zuständigkeit rasch wieder verschwand; es blieb bei der unverbindlichen Anhörung einer Delegation des International Council of Women am 10. April vor der Völkerbund-Kommission.[197]

Doch vor allem die Teilnahme zahlreicher außereuropäischer Delegierter ließ die Konferenz als ein Weltereignis erscheinen und beschäftigte die öffentliche Imagination in hohem Umfang. Kaum ein zeitgenössischer Zeitungsbericht oder späteres Memoirenwerk mochte darauf verzichten, die exotischen Gewänder und bunten Uniformen inmitten von Heerscharen schwarzgekleideter Diplomaten hervorzuheben. Der Russlandspezialist Emile Dillon, Korrespondent des Philadelphia Ledger, sah die Konferenzräume und Hotellobbys bevölkert von

> strange visitants from Tartary and Kurdistan, Korea and Aderbeijan, Armenia, Persia, and the Hedjaz-men with patriarchal beards and scimitar-shaped noses, and others from desert and oasis, from Samarkand and Bokhara. Turbans and fezzes, sugarloaf hats and headgear resembling episcopal miters, old military uniforms devised for the embryonic armies of new states on the eve of perpetual peace, snowy-white burnooses, flowing mantles, and graceful garments like the Roman toga, contributed to create an atmosphere of dreamy unreality in the city where the grimmest of realities were being faced and coped with.[198]

Sicherlich konnte man im Umfeld der Friedenskonferenz derart fremdartig anmutenden Vertretern ferner Länder begegnen. Doch zumeist standen sie, wie et-

---

Ausstellung von Pässen, so dass eine Reihe von Delegierten nicht teilnehmen konnte, siehe zu den Hintergründen etwa Winter, Dreams of Peace and Freedom, S. 63–66; Walworth, Wilson and his Peacemakers, S. 36f., daneben außerdem William R. Keylor, The Legacy of the Great War. Peacemaking 1919, Boston 1998, S. 223–227.
196 Vgl. Fink, Defending the Rights of Others, S. 148–151, 193–202. Siehe unten, S. 629ff.
197 Vgl. Protokoll v. 10.04.1919, in: Miller, Drafting, Bd. 2, S. 360–374, hier: S. 361f. Siehe ansonsten Sluga, Internationalism, S. 51f.; Sluga, Nation, S. 120–131; Leila J. Rupp, Worlds of Women. The Making of an International Women's Movement, Princeton 1997, S. 210–217. Illustrativ: Women Cry for Justice, in: New York Times v. 22.01.1919.
198 Vgl. Dillon, Inside Story, S. 5.

wa die abessinischen Emissäre mit ihren weißen, wehenden Umhängen, ganz an der Peripherie der diplomatischen Begegnungen.[199] Dies gilt selbst für Emir Faisal, der von seinem Vater Hussein ibn Ali als Kopf einer arabischen Delegation nach Paris entsandt worden war und dort als Repräsentant einer nach westlichen Maßstäben imaginierten Nation des Hedschas („Hedjaz") auftrat. In der Presse wurde zwar stark auf den orientalischen Exotismus von Faisal reagiert, den der Prinz bewusst als diplomatisches Stilmittel zu kultivieren und einzusetzen versuchte.[200] Doch insgesamt darf man die Bedeutung und Präsenz solcher außereuropäischen Einflüsse nicht überschätzen. Nahezu alle Diplomaten und Gesandte pflegten westeuropäische Sprach-, Verhaltens- und Kleidungsstandards. Erhaltene Bilder zeigen die durchweg männlichen Delegierten meist in dunklen Anzügen mit weißen Hemden. Selbst Ganga Singh, der dandyhafte Maharadscha von Bikaner und Vertreter Indiens in der British Empire Delegation, präsentierte sich nur zu besonderen Anlässen mit einem traditionellen Turban. Nicht wenige Delegationen aus Asien, Afrika oder Südamerika verfügten zudem über europäische oder nordamerikanische Berater, von denen sie sich einen besseren Zugang zu den westlichen Mächten erhofften.[201] Man sollte daher die Illustration der Friedenskonferenz mit solchen bunten „Orientalismen" nicht unbedingt als Ausdruck einer sozialen Realität nehmen, sondern als Bebilderung der populären Vorstellung von einem „Parliament of the World"[202] oder einer „cosmopolitan caravanserai"[203].

Dass Paris als Stadt der Friedensverhandlungen eine besondere Bedeutung innewohnte, rührte nicht allein aus einem solchen kosmopolitischen Zusammentreffen. Die französische Kapitale repräsentierte bereits selbst, und weitaus mehr als das in globaler Hinsicht einflussreichere London, eine Fortschrittserzählung, mit der sich die ideellen Leitmotive des Weltkrieges nochmals beglaubigen ließen. Seit Jahrzehnten galt Paris als herausgehobener Ort des Geistes

---

199 Vgl. Bonsal, Suitors and Suppliants, S. 279.
200 Vgl. ebenda, S. 44f.; Harry Hansen, The Adventures of the Fourteen Points. Vivid and Dramatic Episodes of the Peace Conference from its Opening at Paris to the Signing of the Treaty of Versailles, New York 1919, S. 118–135. Siehe auch McNamara, The Hashemites, S. 92–102. Typisch ist etwa ein Bericht zum Empfang des Emirs im Pariser Rathaus, der fast zur Hälfte aus einer Beschreibung des äußeren Erscheinungsbilds Faisals besteht, vgl. Réception de l'Emir Feisal, in: Le Figaro v. 19.01.1919, S. 1. Allgemein zu arabischer Vertretung siehe ansonsten Fromkin, Peace to End all Peace, S. 351–426; MacMillan, Peacemakers, S. 392–437, außerdem etwa die Unterlagen in: AD, Série A. Paix, 23.
201 So wurde etwa die chinesische Delegation durch den australischen Reiseschriftsteller und Journalisten George Ernest Morrison beraten, vgl. Jonathan Clements, Wellington Koo. China, London 2008, S. 64f.
202 Day, Atmosphere and Organization, S. 15.
203 Dillon, Inside Story, S. 4. Siehe auch Herren, Shifting Identities, S. 73–76.

und der Rationalität, als Hort republikanischer Tugend und aufgeklärter Vernunft, so dass die Stadt problemlos alle jene Werte bündeln konnte, die in der propagandistischen Auseinandersetzung mit Deutschland im Vordergrund gestanden hatten. Dass der Frieden nunmehr in Paris geschlossen werden sollte, akzentuierte nochmals und in besonders anschaulicher Weise den alliierten Triumph. Zwar war die politische Entscheidung für den Tagungsort, wie oben dargestellt, aus anderen Gründen gefallen, und wenn überhaupt, sollte damit nach dem Willen Clemenceaus der Opfergang des französischen Volkes gewürdigt werden. Doch das änderte nichts daran, dass Paris als Wahrzeichen eines fortschrittlichen, spezifisch europäisch-zivilisierten Denk- und Lebensstils galt, was die Friedenskonferenz mit einer schwer greifbaren, aber wirkmächtigen Symbolik ausstattete.[204]

Eine Deutung von Paris als ein Zentrum des Fortschritts, der Aufklärung und der Zivilisation war seit dem 19. Jahrhundert bereits in der Metapher von „la ville lumière" enthalten. Zwar rührte die Bezeichnung als leuchtende Stadt bei näherer Betrachtung weniger aus einem besonderen Aufklärungsanspruch als aus dem Umstand, dass sie zu den ersten Großstädten mit einer regelmäßigen Straßenbeleuchtung gehört hatte; später kam noch die drastische Modernisierung des Stadtbilds durch Baron Hausmann hinzu. Doch rasch war aus der Begriffsprägung der „ville lumière" ein Assoziationsfeld erwachsen, in dem Paris für Fortschrittlichkeit, republikanische Gesinnung und eine aufgeklärte Lebensweise stand.[205] Der Aufschwung der Elektrizität seit der Jahrhundertwende verstärkte diesen Eindruck weiter. Besonders der vielbewunderte „Palais d'Électricité", der auf der Weltausstellung von 1900 die rasant fortschreitende Elektrifizierung symbolisierte, markierte auf eindrucksvolle Weise eine Gleichsetzung von Licht und Fortschritt, Republik und Kosmopolitismus. Im frühen 20. Jahrhundert galt, zumal in den Augen der zahlreichen amerikanischen Besucher, die „City of Light"[206] darum immer auch als eine Hauptstadt der politischen Moderne.

Doch auch hier lässt sich erkennen: In der tristen Realität des Winters 1918/19 war dieses Selbst- und Fremdbild nur mit Mühe aufrechtzuerhalten. Das öffentliche Leben war vielfach überschattet, wobei an erster Stelle die umlaufende Influenza genannt werden muss, welche im Frühjahr 1918 von den USA nach Europa übergesprungen war. Spätestens ab Herbst wurden aus nahe-

---

204 Zum Zusammenhang zwischen Paris, Frankreich und einem universalen Zivilisationsanspruch vgl. lediglich Patrice L. R. Higonnet, Paris. Capital of the World, Cambridge, Mass. 2002.
205 Vgl. ebenda, S. 122f., 170–176.
206 Stephen Bonsal, Unfinished Business, London 1944, S. 44. Allgemein siehe Higonnet, Paris, S. 317–345.

zu allen europäischen Städten zahlreiche Krankheitsfälle gemeldet, was sich für Paris, zusammengenommen mit den letzten Kampfhandlungen an der Westfront, im Oktober 1918 in der dritthöchsten monatlichen Mortalitätsrate seit Kriegsbeginn niederschlug.[207] Auch die angereisten Gesandtschaften blieben kaum verschont. Die Ärzte der ACNP verzeichneten in der Spitze mehr als 125 Krankenbesuche pro Tag, und die britische Delegation sah sich dazu gezwungen, das gesamte oberste Stockwerk des Majestic zu einem Behelfslazarett zu machen.[208] Ob Maurice Hankey (im November), Stéphen Pichon (im Dezember) oder Edward House (im Januar), jeweils lagen auch hochrangige Delegierte danieder.[209]

Die bedrohliche Nähe zur Front hatte zudem dazu geführt, dass Paris seit längerer Zeit durch Stromsperren und Schutzmaßnahmen vor feindlichen Luftangriffen allabendlich in weitgehende Dunkelheit versunken war; für Marcel Proust hatte „la ville lumière" während des Krieges allenfalls einen bläulich-dämmerigen Glanz ausgestrahlt.[210] Auch nach dem Waffenstillstand änderte sich das zunächst nur langsam. Die Energieversorgung befand sich in einem desolaten, durch Streiks und ungünstige Witterung zusätzlich belasteten Zustand, der noch bei Konferenzbeginn zu zahlreichen Stromausfällen führte. Die Spuren des eben zum Stillstand gebrachten Krieges waren für die Delegierten aber auch so unübersehbar, von der vielfach fotografierten Phalanx erbeuteter deutscher Kanonen auf der Place de la Concorde bis hin zu den Kriegsinvaliden und heimkehrenden Soldaten, die das Straßenbild in ungleich stärkerer Weise prägten, in der Regel aber kaum im Bild festgehalten wurden. Zwar wies die Stadt mit einigen Bombenkratern und beschädigten Häuserdächern nur vereinzelt Zerstörungen auf, zumindest im Vergleich zu den eigentlichen Schlachtfeldern in Flandern und anderswo. Doch diese Schäden übten auf viele Konferenz-

---

207 So lässt es zumindest eine statistische Auswertung für Clichy erkennen, vgl. Adrian Gregory, Lost Generations. The Impact of Military Casualties on Paris, London, and Berlin, in: Jay M. Winter/Jean-Louis Robert (Hrsg.), Capital Cities at War. Paris, London, Berlin 1914–1919, Bd. 2, Cambridge, UK 2007, S. 57–103, hier: S. 67–69.

208 Vgl. Crunden, Ministers of Reform, S. 265f.; Dockrill/Steiner, Foreign Office, S. 61.

209 Allgemein zur Grippeepidemie etwa Howard Phillips/David Killingray (Hrsg.), The Spanish Influenza Pandemic of 1918–19. New Perspectives, London 2003. Siehe auch William R. Keylor, Versailles and International Diplomacy, in: Boemeke/Feldman/Glaser (Hrsg.), Treaty of Versailles, S. 469–505, hier: S. 473, Fn. 5.

210 Vgl. Emmanuelle Cronier, The Street, in: Winter/Robert (Hrsg.), Capital Cities, Bd. 2, S. 57–104, hier: S. 67–70. Zu den Bedeutungszuweisungen von Licht und Öffentlichkeit während des Ersten Weltkrieges siehe Gundula Bavendammn, La ville lumière. Kriegsgesellschaft und militärisches Geheimnis im Ersten Weltkrieg am Beispiel von Paris, in: Gerhard Hirschfeld u.a. (Hrsg.), Kriegserfahrungen. Studien zur Sozial- und Mentalitätsgeschichte des Ersten Weltkriegs, Essen 1997, S. 53–67.

teilnehmer eine tiefe Wirkung und düstere Faszination aus, da sie den barbarischen Charakter der deutschen Angriffe nochmals nachdrücklich zu unterstreichen schienen.[211] Schließlich hatte der Krieg aber auch im einstmals berühmten Nachtleben seinen Spuren hinterlassen. „[A]ll the characteristics of modern Babylon" seien nahezu verschwunden, konstatierte etwa der Manchester Guardian in einem Rückblick auf den Januar 1919 betrübt, und wer die Stadt aus der Vorkriegszeit kenne, müsse zwangsläufig enttäuscht sein: „It was a kind of ‚half Paris' (...). The Jazz Bands which were let loose on the intervals at all the music-halls were almost the only exemplification of the Parisian habit of leading the fashions and follies of the world."[212]

Die Bedeutung von Paris für den Friedensschluss, so kann an dieser Stelle resümiert werden, erschöpfte sich also nicht darin, lediglich Ort für die interalliierten Gespräche zu sein, in pragmatischer Nähe zu den gemeinsamen Einrichtung der Kriegszeit und mit hilfreicher Unterstützung des französischen Regierungsapparates. Vielmehr unterstrichen die gängigen Wahrnehmungen und Deutungen der französischen Kapitale die zentrale Botschaft des Friedensschlusses. Als eine kosmopolitische Metropole repräsentierte Paris jene Grundwerte, um die der Weltkrieg aus alliierter Sicht geführt worden war, etwa zivilisatorischer Fortschritt und bürgerliche Freiheit, Wahrheit und Recht, Licht und Aufklärung. Es hatte eine tiefere symbolische Bedeutung, wenn die Ankunft Wilsons in Paris dadurch signalisiert worden war, dass die Scheinwerfer des Eiffelturms die ganze Nacht über in den Himmel geleuchtet hatten.[213] Dass die realen Lebensumstände der einheimischen Bevölkerung wie der angereisten Diplomaten mit solchen Bildern kaum etwas zu tun hatten, ist zwar unbestritten. Es kann aber nicht ernstlich geleugnet werden, dass dieser subtil leuchtende Hintergrund dem Geschehen auf der Bühne der interalliierten Vorkonferenz eine tiefere und suggestive Bedeutung verliehen.

Als Fazit dieses Kapitels ist festzuhalten: Nachdem die Kampfhandlungen an der Ostfront bereits im Frühjahr 1918 zu einem Ende gefunden hatten, legten

---

211 Vgl. beispielsweise Seymour, Brief v. 04.01.1919, in: Seymour, Letters, S. 90–92. Daneben ist zu berücksichtigen, dass von französischer Seite regelmäßig Rundfahrten zu den kriegszerstörten Landschaften organisiert wurden, mit denen die Verheerungen des Krieges drastisch vor Augen geführt werden sollten.
212 The Assembling of the Peace Conference, S. 123. Ähnlich verhalten auch Bartlett, Behind the Scenes, S. 11f. Andere Beobachter wollten rückblickend jedoch von einer „exhilarating atmosphere" zumindest innerhalb der High Society sprechen, so Elsa Maxwell, R.S.V.P. Elsa Maxwell's Own Story, Boston 1954, S. 135: „Every day was like a sparkling holiday. (...) Everywhere, every hour of the day and night, there were parties."
213 Vgl. Mr. Wilson in Paris, in: The Times v. 16.12.1918, S. 9.

die Kriegsparteien seit Ende September auch an den übrigen Fronten die Waffen nieder. In allen Verlierernationen fand dieser formale Akt nur noch ganz am Rande einer umfassenden Krisensituation statt. Regierungen und Staatsoberhäupter wurden aus dem Amt gedrängt, wirtschaftliche Notstände erschütterten die Gesellschaften, irreguläre Gewalt griff um sich, neue Parteien griffen nach der Macht, wie es an erster Stelle für den Bolschewismus galt, auch wenn er sich in den Augen der Siegermächte eher als Symptom einer zerfallenden Ordnung denn als originäre politische Kraft ausnahm.

Wie in dieser Situation zu einem stabilen Frieden gefunden werden könne, war alles andere als klar, auch wenn sich bei alliierten Nationen rasch die Auffassung durchsetzte, dass mit dem Untergang der Vielvölkerreiche die Neuordnung großer Teile Mittel- und Osteuropas auf dem Programm einer Friedenskonferenz stehen müsse. Die mit der deutschen Verletzung der belgischen Neutralität nach Kriegsausbruch aufgeflammte Diskussion um Stabilität und Verbindlichkeit der internationalen Ordnung erhielt damit ein komplementäres Gegenstück. Während der Kriegsausbruch von 1914 als unerwarteter Einbruch der Barbarei innerhalb Europas verarbeitet worden war, sahen sich die westlichen Gesellschaften ab 1917/18 zunehmend dem Eindruck einer entfesselten Anarchie im östlichen Europa ausgesetzt. Die Antwort lautete in beiden Fällen jedoch ähnlich: Ein Weg zurück in die machtpolitischen Arrangements der Vorkriegszeit sei nicht mehr möglich, weshalb sich der Friedensschluss nicht allein auf eine Beendigung des Kriegszustands beschränken könne, sondern eine neue, stärker formalisierte Ordnung der Staatenwelt begründen müsse.

Der Frieden wurde damit von Beginn an in einer Weise als präzedenzlos verstanden, die es schwer machte, nach etablierten Handlungsmustern zu verfahren oder allseits akzeptierte Maßstäbe vorauszusetzen. Das heißt nicht, dass das Kriegsende tatsächlich ohne Beispiel in der Geschichte war; je nach Blickwinkel ließen und lassen sich mehr oder minder treffende historische Analogien entdecken. Gleichwohl dominierte bei den meisten Beteiligten der Eindruck einer völlig neuartigen Situation, die es notwendig machte, über bisherige – zwar nie festgeschriebene, gleichwohl als gewohnheitsrechtlich verbindlich erachtete – diplomatische Standards vor allem der europäischen Staatenwelt hinwegzugehen. Obwohl sich einzelne Momente der historischen Vergewisserung erkennen lassen, etwa im Rückblick auf die Kongresse des 19. Jahrhunderts, hätte es jedenfalls erhebliche Widerstände hervorgerufen und eines unrealistisch starken politischen Willens bedurft, die Friedensverhandlungen nochmals in die Traditionen des Europäischen Konzertes einzustellen. Im Gegenteil, besonders auf amerikanischer Seite, beileibe aber nicht nur dort, kursierten fortschrittsoptimistische Vorstellungen einer Modernisierung der Staatenbeziehungen. Der Friedensschluss sollte demnach systematisch aufgebaut und rational begründbar sein, und er musste sich durch Offenheit, Transparenz und eine Berücksichtigung allgemeiner Interessen auszeichnen. Doch selbst wer diese Erwartungen nicht teilte, konnte die darin liegenden politischen Möglichkeiten ergreifen, so dass die „new diplomacy" im Grund immer für beide Optionen offen war: Für eine konstruktive Einbindung der Verlierermächte ebenso wie für ihre fortgesetzte Ausgrenzung als aggressive Außenseiter; mehrheitlich wurde dann der letztere Weg eingeschlagen.

Schon im Winter 1918/19 zeigte sich allerdings, dass der Versuch der alliierten Hauptmächte, sich über die wesentlichen Fragen in informellen Gesprächen zu beraten, nahezu aussichtslos war. Aus den lockeren Beratungen erwuchs eine Vorkonferenz aller alliierten und assoziierten Nationen, die sich nahtlos in eine förmliche Friedenskonferenz verwandelte; es soll in den nachfolgenden Kapiteln auch nur noch unter diesem Begriff von ihr die Rede sein. Einerseits konnten sich die Hauptmächte kaum den Forderungen der kleineren Nationen entziehen, was einen Prozess der Formalisierung und Institutionalisierung in Gang setzte, der sich nur mit erheblicher machtpolitischer Arroganz hätte abbrechen lassen. Andererseits ließen sich kaum die Zuschreibungen ignorieren, welche von außen an die alliierte Zusammenkunft herangetragen wurden und gerade jene Akteuren in Paris bestärken sollten, welche den Friedensschluss als Moment einer globalen Neuordnung verstanden. Sicherlich bestanden diese Erwartungen nicht gleichermaßen in allen Ländern, Milieus oder Schichten. In den Kreisen der westeuropäisch-nordamerikanischen Eliten und in der von ihnen bestimmten Öffentlichkeit lässt sich aber eine oft überschießende Sinnstiftung erkennen, wie es hier an der messianischen Glorifizierung Woodrow Wilsons ebenso aufgezeigt wurde wie an einer Wahrnehmung von Paris als Schicksalsort der zivilisierten Menschheit. Das Treffen der alliierten und assoziierten Mächte unterlag damit schon vor Beginn der eigentlichen Beratungen starken normativen Ausdeutungen und Bindungen, welche immer rascher und immer weiter über eine formale Beendigung des Kriegszustandes hinausreichten.

IV Die interalliierten Verhandlungen zwischen Politik und Recht

Nimmt man gängige Definitionen zum Maßstab, dann zielt Politik auf den Austrag und die verbindliche Entscheidung von Konflikten, also auf die Herstellung von Beschlüssen, Festlegungen, Regeln, mithin Recht. Es ist an dieser Stelle nicht notwendig, den umfangreichen Fundus der politischen Theorielehren durchzugehen, um zu erkennen, dass die Einigung auf verbindliche Bestimmungen jedoch zu den kardinalen Problemen der Pariser Friedenskonferenz von 1919/20 gehörte. Angesichts des öffentlichen Drucks und der hochgespannten Erwartungen, angesichts aber auch der formalen Zwänge, der diplomatischen Konventionen und der Vielzahl beteiligter Akteure mit konkurrierenden Interessen war kaum absehbar, wie die Repräsentanten der Siegernationen zu einem sowohl einmütig akzeptierten wie eindeutig formulierten Vertragstext kommen würden. Die folgenden Überlegungen gehen auf zwei Aspekte ein, die für die Beschlussfassung der Friedenskonferenz grundlegende Bedeutung besitzen: Einerseits werden die organisatorischen Arrangements rekonstruiert, welche die Inszenierung einer alliierten Einmütigkeit auf offener Bühne mit den Verfahren der Entscheidungsfindung hinter den Kulissen verknüpften. Andererseits rücken mit den Rechtsexperten der Delegationen solche Personen in den Mittelpunkt, die zwar in der historischen Forschung kaum je beachtet werden, die sich aber als paradigmatische Grenzgänger zwischen Politik und Recht begreifen lassen: Wer, wenn nicht dieser Personenkreis, musste die Umwandlung der politischen Beschlüsse in vertragsrechtliche Bestimmungen organisieren und verantworten?

1 Die Zusammenkunft der zivilisierten Welt und die Organisation der Entscheidungsfindung

Nachdem er an mehreren Besprechungen im Kreis der Regierungschefs teilgenommen hatte, zeigte sich der britische Diplomat James Headlam-Morley fasziniert. Nur aus nächster Nähe lasse sich die Arbeit der Friedenskonferenz wirklich verstehen, so notierte er über die politischen Spitzentreffen, und nur hier lasse sich eine Ahnung vom „raw material of which history is (...) made"[1] erhaschen. Ein solches Urteil über die Gestaltungsmacht des exklusiven Council of

---

1 Headlam-Morley an Phillips, Brief v. 18.04.1919 (Auszug), in: James Headlam-Morley, A Memoir of the Paris Peace Conference, 1919, London 1972, S. 82.

https://doi.org/10.1515/9783110581485-004

Four, in dem die vier Regierungschefs der alliierten Hauptmächte zusammensaßen, war nicht selten, wiewohl von Seiten der professionellen Diplomatie meist weniger Faszination denn Unmut und offene Empörung überwogen. „The proceedings of the Olympians continue shrouded in mystery", so ließe sich mit Eyre Crowe denn auch eine kritische Stimme aus dem Foreign Office zitieren: „The general dissatisfaction is extreme."[2]

Im Folgenden geht es weniger um die damit angedeuteten Spannungen zwischen „open diplomacy" und vertraulichen Absprachen, zwischen Öffentlichkeit und Geheimnis.[3] Vielmehr sollen die Strukturen der tatsächlichen Entscheidungsfindung freigelegt und nach den Bedingungen gefragt werden, unter denen zwischen den Siegermächten eine Einigkeit über die alliierten Friedensbedingungen hergestellt wurde. Dass bei diplomatischen Begegnungen gerade diese Einigkeit oftmals eine demonstrative Komponente besitzt und einen wichtigen Baustein in der Inszenierung und zeremoniellen Überhöhung darstellt, hat die Forschung wiederholt herausgehoben; seltener hat sie indes gefragt, wie eine solche öffentliche Theatralisierung mit der Herstellung einer politischen Übereinstimmung einerseits und der Abfassung rechtlich bindender Beschlüsse andererseits zusammenhängt. Die nachfolgende Darstellung einzelner Verhandlungsgremien bietet insofern nicht nur Einsichten in den Aufbau der Pariser Friedenskonferenz, sondern sucht auch Antworten auf die Frage, wie sich die Vorderbühne mit ihren aufsehenerregenden Haupt- und Staatsaktionen – um die Theatersprache des 18. Jahrhunderts zu zitieren – und die Begegnungen außerhalb des Rampenlichts zueinander verhielten.

Die Konferenzeröffnung, die Plenarversammlung und der Supreme Council

Kaum eine Darstellung zur Pariser Friedenskonferenz verzichtet auf den Hinweis, dass die Eröffnung der formellen Verhandlungen mit hohem Symbolbewusstsein und revanchistischem Kalkül auf den 18. Januar 1919 terminiert worden sei, was alle Erinnerungen an die deutsche Kaiserkrönung im Spiegelsaal von Versailles am 18. Januar 1871 sichtbar hätte auslöschen sollen.[4] In den Quellen findet diese Behauptung kein sicheres Fundament. Dass ein offizieller Auftakt der interalliierten Vorkonferenz zwar notwendig schien, wurde mit Blick auf das Drängen der kleineren Nationen wie auch der Erwartungen der Öf-

---

2 Crowe an Clema Crowe, Brief v. 05.05.1919, in: Bodleian Lib., Crowe Papers, Ms.Eng.d.3024, Bl. 129B.
3 Darüber bereits Steller, Diplomatie, S. 362–431 m. w. Nachw.
4 So bei Kolb, Frieden von Versailles, S. 49; Goldstein, First World War, S. 9.

fentlichkeit bereits oben festgehalten. Sieht man etwas genauer hin, so zeigt sich allerdings, dass lange Zeit unsicher war, bis wann die notwendigen Absprachen tatsächlich erfolgt sein würden. Am 13. Januar, einem Montag, hatte Clemenceau gegenüber dem französischen Staatspräsidenten Poincaré einen offiziellen Auftakt der Vorkonferenz zunächst für Mittwoch,[5] einige Stunden später im Supreme Council sodann für Donnerstag vorgeschlagen. Weil aber der italienische Außenminister, Sidney Sonnino, geltend gemacht hatte, dass der aufgrund einer Regierungskrise nach Rom zurückgeeilte Orlando bis zu diesem Zeitpunkt kaum wieder in Paris sein könne, wurde die Eröffnung nach kurzer Diskussion auf den Samstag verschoben.[6] Dass der Termin nunmehr auf den Jahrestag der Reichsgründung fallen würde, wurde zwar rasch erkannt und rhetorisch aufgegriffen. Trotzdem war diese Koinzidenz nicht das ursächliche Motiv, obschon sich damit jene suggestive Präsentation der Friedenskonferenz als Nukleus der zivilisierten Welt, von der im Folgenden die Rede sein soll, nochmals erheblich steigern ließ.[7]

Die erste und vielleicht wichtigste Sinngebung der Konferenz erfolgte durch die Eröffnungsansprache, mit der Raymond Poincaré die im französischen Außenministerium versammelten Delegierten kurz nach 15 Uhr begrüßte. In seiner Rede, die er im Vorfeld sorgfältig mit Clemenceau und Pichon abgestimmt hatte,[8] ließ der französische Staatspräsident nochmals sämtliche Motive aufscheinen, mit denen der Waffengang in Paris während der Kriegsjahre rationalisiert worden war: Die alliierten und assoziierten Nationen wären gegen ihren Willen in den Krieg gezwungen worden; der Krieg sei „une croisade de l'humanité pour le droit" und gegen die Machtpolitik eines barbarischen Autokratismus gewesen; mit dem Sieg der Entente habe jedoch letztlich die Gerechtigkeit triumphiert. „[N]otre victoire aussi est la victoire du droit", so bilanzierte Poincaré feierlich, und er leitet daraus nicht allein einen Anspruch auf Wiedergutmachung und Bestrafung der Schuldigen ab, sondern ebenso die Verpflichtung, ein vergleichbares Blutvergießen zu verhindern. Das konnte nach französischer Auffassung freilich nur durch eine Schwächung des Deutschen Reiches geschehen, welches, darauf wies Poincaré die versammelten Delegierten mit besonderem Nachdruck hin, seit seiner Gründung 1871 nur Gewalt und Zwietracht in Eu-

---

5 Vgl. Poincaré Journal, Eintrag v. 13.01.1919, in: Poincaré, Au service, Bd. 11, S. 58.
6 Vgl. Protokoll v. 13.01.1919, in: FRUS, PPC 1919, Bd. 3, S. 531–538, hier: S. 537f. Ähnlich schon: Steller, Diplomatie, S. 403, Fn. 203.
7 Vgl. etwa La Conférence S'Ouvre, in: Le Petit Journal v. 19.01.1919, wo die Verknüpfung von 1871 und 1919 schon auf der Titelseite prominent platziert war.
8 Vgl. Poincaré Journal, Eintrag v. 17.01.1919, in: Poincaré, Au service, Bd. 11, S. 69f.

ropa gesät habe: „Vous êtes assemblés pour réparer le mal qu'il a fait et pour en empêcher le retour. Vous tenez dans vos mains l'avenir du monde."[9] Derartige Äußerungen zielten nicht allein auf die Ausgrenzung der gegnerischen Mächte, sondern verklärten insbesondere die interalliierte Versammlung zum Mittelpunkt der zivilisierten Staatenwelt. Das war auch an der äußerlichen Rahmensetzung abzulesen. Die französischen Planungsstäbe hatten die traditionsreiche Salle de l'Horloge im Außenministerium – die zu diesem Anlass vorgenommene Umbenennung in Salle de la Paix setzte sich nie durch – zum Tagungsort bestimmt, womit die Entscheidung auf Räumlichkeiten gefallen war, deren prunkvoller Charakter bei einigen angelsächsischen Betrachtern für Stirnrunzeln sorgte. Zwar war das Gebäude am Südufer der Seine erst in den 1850er Jahren errichtet worden, so dass es, im Gegensatz zu zahlreichen anderen Pariser Regierungsgebäuden, äußerlich an keine monarchischen Traditionen anknüpfte.[10] Doch im Inneren war die Salle de l'Horloge, ebenso wie das Ministerbüro von Pichon als Tagungsraum des Supreme Council, in überwältigender Weise von einem historistischen Dekor mit goldverzierten Stuckleisten, von üppigen Cupidos und allegorischen Deckenfresken bestimmt. „[T]here was enough marble and white enamel and gold leaf to satisfy the average middle-class appetite for imperial trappings"[11], notierte etwa Harry Hansen, der Auslandskorrespondent der Chicago Daily News, und auch der anonyme Berichterstatter der Londoner Times sprach kritisch von den „somewhat sedative splendours"[12] der Räumlichkeiten, die einer vergangenen Epoche anzugehören schienen.[13]

---

9 L'ouverture de la conférence des préliminaires de paix, in: Journal Officiel v. 19.01.1919, S. 714–716, hier: S. 715f. Für eine englische Übersetzung siehe Protokoll v. 18.01.1919, in: FRUS, PPC 1919, Bd. 3, S. 157–175, hier: S. 162, 164. Die auf Französisch gehaltene Rede war bereits am Vortag ins Englische übertragen und von der Nachrichtenagentur Havas telegraphisch an die Redaktionen der Welt übermittelt worden. Schon am folgenden Tag konnten darum auch amerikanische Blätter die Rede im vollen Wortlaut abdrucken, z.B. Poincaré Welcomes Makers of Peace of Justice, in: New York Times v. 19.01.1919.

10 Vgl. Etienne François, Geschichte und Selbstverständnis des Pariser Regierungszentrums, in: Helmut Engel/Wolfgang Ribbe (Hrsg.), Geschichtsmeile Wilhelmstraße, Berlin 1997, S. 189–197, hier: S. 193.

11 Hansen, Adventures, S. 37.

12 Conference Opened, in: The Times v. 20.01.1919, S. 10.

13 Siehe auch Ernest Marshall, Peace Session Staged with French Decorum, in: New York Times v. 20.01.1919. Allgemein zur Bedeutung von Örtlichkeiten und Räumen für Friedensverhandlungen vgl. Henrikson, Geography of Diplomacy; Andrew D. Seidel, The Use of the Physical Environment in Peace Negotiations, in: Journal of Architectural Education 32, H. 2 (1978), S. 19–23. Zum ausgeprägten Snobismus auch und gerade der Diplomatie des republikanischen Frankreich siehe Hayne, French Foreign Office, S. 25f.

Abb. 3: Der Uhrensaal (Salle de l'Horloge) im französischen Außenministerium kurz vor der Eröffnung der interalliierten Gespräche am 18. Januar 1919.

Doch auch wenn den französischen Diplomaten von amerikanischer wie britischer Seite regelmäßig Oberflächlichkeit, übertriebenes Zeremonienbewusstsein und dünkelhafte Etikette unterstellt wurde, ließen sich immer noch einzelne Zeichen finden, denen der Sinn der Konferenz abgelesen werden konnte. So wollte Hansen in der überlebensgroßen Frauenstatue, die in der Salle de l'Horloge oberhalb der namensgebenden Uhr, auf dem Kaminsims, thronte und den Raum mit erhobener Fackel beherrschte, nichts weniger als eine „statue of Liberty"[14] erkennen, unter deren Schirm die Verhandlungen stattfinden würden. Auch dem amerikanischen Berichterstatter der Associated Press, Charles T. Thompson, der am 16. Januar vorab einen Blick in den Verhandlungssaal hatte werfen dürfen, fiel diese Figur auf: „As one enters, the dominating statue of Peace bearing aloft the torch of Civilization stands out."[15]

Faktisch repräsentierte die schon 1860 aufgestellte Statue zwar weder Freiheit noch Frieden, sondern allein Frankreich. Doch es war nicht untypisch, wenn den Räumlichkeiten und überhaupt dem gesamten Arrangement der Konferenz immer wieder eine über sich selbst hinausweisende Bedeutung verliehen

14 Hansen, Adventures, S. 36f.
15 Thompson, Peace Conference, S. 106.

wurde. Dazu zählte auch, dass sich in den Beschreibungen der Eröffnungszeremonie vom 18. Januar die Leuchtkraft der „Stadt des Lichts" widerspiegelte: „Four great lustre chandeliers hang from the ceiling, while five large windows, looking out over the Seine River, cast a flood of light over the sumptuous apartment."[16] Selbst das Wetter, so stand in der New York Times weiter zu lesen, hätte sich wenige Stunden vor Beginn aufgehellt: „Bright skies greeted the plenipotentiaries for the first time in a fortnight, sunshine and a bracing air succeeding the weeks of rain."[17] Eine solche Aussage lässt sich zwar anhand zeitgenössischer Wetterberichte und Aufzeichnungen unschwer korrigieren.[18] Trotzdem verweisen derartige Beschreibungen der äußeren Umstände auf die inhaltliche Sinngebung der Konferenz als Moment des Aufbruchs und des Fortschritts. In kaum einer Zeitung wurde die Eröffnung vom 18. Januar in einem Zusammenhang mit dem formalen Kriegsende gesehen, sondern meist als grundlegende Entscheidung über die Zukunft der Weltverhältnisse dargestellt. Die Friedensverhandlungen seien „part of the new machinery through which the civilized world must express its opinions, give its judgments, and enforce its penalties", hieß es beispielsweise in einem großen Artikel der Londoner Times: „Civilization has arrived at the parting of the ways, and upon the road which the Paris Conference may elect to follow the future of humanity depends."[19] Ein Kommentar in der New York Times bilanzierte, dass noch vor wenigen Jahren eine vergleichbar einträchtige und einmütige Zusammenkunft so vieler Staaten kaum vorstellbar gewesen sei; die alliierten Nationen würden die Tür zu einer neuen Ära aufstoßen „as apostles of the new faith, faith in the just dealing among nations, in the renunciation of selfish greed, in the adoption of a law of conduct, and a mutual pledge of faithful observance. (…) Why not recognize the bygoneness of the Holy Alliance and the Concert of Europe?"[20]

Es war diese emphatische Form der Berichterstattung, welche nicht nur die umlaufenden Hoffnungen (und wenig später Kritik und Enttäuschung) wie in einem Brennglas bündelte, sondern die auch das grundsätzliche Verhältnis zwi-

---

16 Bugles Greet Delegates, in: New York Times v. 19.01.1919.
17 Ebenda. Ganz ähnlich hatte die Presse übrigens auch schon über die Ankunft Wilsons zu berichten gewusst, dass am Tag seiner Ankunft in Paris die Regenwolken einem blauen Himmel gewichen seien, vgl. M. Wilson à Paris. Une Entrée Triomphale, in: Le Figaro v. 15.12.1918, S. 1.
18 Realiter war es vor allem grau und ungemütlich, der Himmel bedeckt mit leichtem Schneeregen, vgl. etwa den Wetterbericht (Bulletin du Bureau central météorologique) in: Le Temps v. 18.01. u. 22.01.1919, sowie z.B. Lansing Desk Diary, Eintrag v. 18.01.1919, in: LoC, Lansing Papers, Box 65 (Reel 2), S. 18; Grayson Diary, Eintrag v. 18.01.1919, in: PWW, Bd. 54, S. 126–128, hier: S. 128.
19 Conference Opened, in: The Times v. 20.01.1919, S. 9.
20 The Nations at Paris, in: New York Times v. 20.01.1919.

schen den diplomatischen Verhandlungen und der Öffentlichkeit bestimmte. Dabei war die Frage, wie „öffentlich" die Friedenskonferenz sein solle, keineswegs von vornherein entschieden, sondern gewann erst im Zuge der Diskussion um die formale Gestaltung der Verhandlungen eine eigene Dynamik. Nachdem im Anschluss an die Sitzung des Supreme Council vom 12. Januar ein Sekretär des französischen Außenministeriums lediglich ein dürres und inhaltsarmes Kommuniqué verlesen hatte, war ein Sturm der Entrüstung durch den internationalen Blätterwald gegangen.[21] Besonders die Vertreter der angelsächsischen Presse forderten eine grundsätzliche Transparenz, und sie beriefen sich dabei insbesondere auf die im 14-Punkte-Programm Wilsons enthaltene Kritik an der Geheimdiplomatie. Tatsächlich hatte es dort bereits im ersten Punkt geheißen, dass „private international understandings of any kind" keinen Bestand haben dürften, sondern dass „diplomacy shall proceed always frankly and in the public view", was gleichsam als Anspruch ausgelegt wurde, direkt von den Konferenztischen berichten zu können; Öffentlichkeit war in dieser Sicht ein essentieller Bestandteil der „new diplomacy".[22]

Eine solche Auslegung war in den Augen von Wilson zwar ein Missverständnis, da er mit diesem Punkt weniger eine Absage an vertrauliche Gespräche als an Geheimverträge gemeint hatte: „I meant, not that there should be no private discussions of delicate matters, but that no secret agreements should be entered into"[23], hatte er schon Anfang 1918 erklärt. Doch diese Präzisierung war wenig sichtbar, zumal vor dem Hintergrund der umlaufenden Wilson-Begeisterung, welche ihm die Auslegung der eigenen Politikziele weitgehend aus der Hand nahm. Nachdem die Frage einer Öffentlichkeit aufgrund der nicht nachlassenden Proteste mehrfach im Supreme Council erörtert worden war, stimmten Wilson und die anderen Regierungschefs schließlich am Morgen des 17. Januar dem Kompromiss zu, dass die Eröffnungssitzung der Delegierten – sowie jede weitere Vollversammlung – presseöffentlich sein sollten, die Sitzungen des Supreme Council wie auch der sonstigen Kommissionen jedoch im vertrauli-

---

21 Vgl. beispielhaft Veil Over The Conference. Official News Only, in: The Times v. 16.01.1919, S. 9. Siehe auch Headlam-Morley Diary, Eintrag v. 19.01.1919 (Auszug), in: Headlam-Morley, Memoir, S. 4–9, hier: S. 6f. In der französischen Presse überwog indes Zurückhaltung, teils auch Kritik an den Forderungen einer weitgehenden Publizität, vgl. Alfred Capus, La publicité de la Conférence, in: Le Figaro v. 19.01.1919, S. 1.
22 Vgl. Steller, Diplomatie, S. 368f., 374–386; Hayden, Negotiating in the Press, S. 115–127; Baker, Woodrow Wilson, Bd. 1, S. 136–160; Temperley, History, Bd. 1, S. 254–256; Bartlett, Behind the Scenes, S. 18f.
23 Zit. nach Baker, Woodrow Wilson, Bd. 1, S. 137. Ähnlich war im Cobb-Lippmann-Memorandum v. 29.10.1918, in: FRUS 1918, Supp. 1, Bd. 1, S. 405, festgehalten worden, dass „nothing which occurs in the course of such confidential negotiations shall be binding unless it appears in the final covenant made public to the world."

chen Kreis stattfinden müssten; es handele sich ja auch eher um „conversations, but not conferences", wie Lloyd George hintersinnig anmerkte.[24]

Für eine Inszenierung der Konferenz als Zusammenkunft der zivilisierten
Welt war die Öffentlichkeit trotzdem unverzichtbar. Nicht allein die feierlichen
Reden der Vertreter der Hauptmächte – am 18. Januar sprachen nach Poincaré
noch Wilson, Lloyd George und Sonnino – war sorgfältig orchestriert und minu-
tiös geplant worden, sondern auch die Teilnahme zahlreicher Journalisten.[25]
Das war nicht überraschend, da die öffentliche Meinung seit dem Aufstieg der
Massenpresse im 19. Jahrhundert immer mehr als fundamentale Kraft in der Politik wahrgenommen wurde. Auch und gerade in den westlichen Nationen zählte die Öffentlichkeit zu einer Legitimationsressource ersten Ranges, die im politischen Prozess kaum ignoriert werden konnte und deren außenpolitische Bedeutung vor und im Weltkrieg nochmals exponentiell zugenommen hatte.[26]
Während der Friedenskonferenz unternahmen alle Seiten beträchtliche Anstrengungen, die umlaufenden Meinungen und Stimmungen zu beeinflussen.
Die kriegsbedingten Zensurmaßnahmen bestanden daher noch 1919 vielfach
unverändert fort, zudem sind zahllose Versuche propagandistischer Darstellung
der eigenen Positionen zu erkennen, von selbstgedruckten Broschüren über eine intensive Kontaktpflege zu Berichterstattern bis hin zu regelrechten Werbe-
maßnahmen; auf amerikanischer Seite wurde gar über die Produktion eines
Films zum Völkerbund nachgedacht.[27]

Nach den Usancen der europäischen Diplomatie waren eine solche Hinwendung zur Öffentlichkeit und die aktive Einbeziehung einzelner Journalisten in-

---

24 Protokoll v. 17.01.1919, in: FRUS, PPC 1919, Bd. 3, S. 594–600, hier: 594f.

25 Siehe etwa die Unterlagen in TNA, FO 608/161/12; YLMA, House Papers, Box 188/2/83. Siehe auch Eintrag v. 18.01.1919, in: Mordacq, Ministère Clemenceau. Journal, Bd. 3, S. 88f.

26 Nur einführend: Friedrich Kießling, (Welt-)Öffentlichkeit, in: Dülffer/Loth (Hrsg.), Dimensionen internationaler Geschichte, S. 85–105, hier: S. 87–95. Zur Bedeutung der Presse im Vorfeld des Weltkrieges etwa Clark, Sleepwalkers, S. 226–239; Dominik Geppert, Pressekriege. Öffentlichkeit und Diplomatie in den deutsch-britischen Beziehungen (1896–1912), München
2007.

27 Zur Rolle der US-Presse vgl. Hayden, Negotiating in the Press, S. 147–163, für Frankreich
auch Miquel, La paix de Versailles, S. 19–36; Noble, Policies and Opinions, S. 3–15. Als wichtige Mittler seien genannt etwa Ray Stannard Baker für die amerikanische und Lord Riddell für
die britische Delegation. Für eine frühe Form der politischen Öffentlichkeitsarbeit in den USA
siehe George Creel, How We Advertised America. The First Telling of the Amazing Story of the
Committee on Public Information that Carried the Gospel of Americanism to Every Corner of the
Globe, New York 1920. Zum geplanten, offenbar aber nicht realisierten Film vgl. ein von Auchincloss und Miller verfasstes Memorandum, 28.01.1919, in: GUSC, Scott Papers, Box 23/22,
außerdem Auchincloss Diary, Eintrag v. 29. u. 30.01.1919, in: YLMA, Auchincloss Papers, Box 2/
30, S. 329f., 334f.

des nicht unproblematisch. Dass die Erwartung öffentlicher Verhandlungen im Zeichen einer „new diplomacy" wenigstens bei vielen amerikanischen Journalisten rasch in große Enttäuschung umschlug und die Kritik an der Friedenskonferenz sprunghaft anschwellen ließ, war die eine Schwierigkeit.[28] Das andere Problem war die Tatsache, dass die öffentliche Aufmerksamkeit die Diskrepanz zwischen einem formalen Konferenzgeschehen und informellen Erörterungen drastisch vergrößerte. Es war unbestreitbar, dass sich die Öffnung der Plenarveranstaltung für Journalisten zwar in einer mehrheitlich sympathisierenden Berichterstattung niederschlug, zugleich aber den Charakter des diplomatischen Zeremoniells veränderte. Nach der Beobachtung von Cary Grayson, einem Vertrauten Wilsons, hätten sich „some five hundred newspaper men" im Hintergrund der Salle de l'Horloge gedrängt, „representing nearly every country in the world excepting the enemy ones."[29] Poincaré empfand dieses Gedränge der Würde und Ernsthaftigkeit der Veranstaltung als überaus abträglich,[30] und auch Headlam-Morley, der allerdings selbst nicht teilgenommen hatte, kam aufgrund der ihm mitgeteilten Eindrücke zu der Auffassung, dass die Sitzung „very undignified" gewesen sei. Einzelne Pressevertreter hätten sich bis an die Tische der Delegierten herangedrängt, weshalb Headlam-Morley unmittelbar vermuten konnte, dass „no business at all will be done at the Plenary Sessions and it will probably meet very seldom"[31].

Dass die Plenarkonferenz zwar als öffentlichkeitswirksame Versammlung der zivilisierten Welt unverzichtbar war, realiter aber eine diplomatische Attrappe darstellte, deutete sich am 18. Januar schon mit dem weiteren Programmverlauf an. Nachdem Poincaré die Sitzung verlassen hatte, wurde Clemenceau den Absprachen gemäß zum Konferenzvorsitzenden gewählt und lenkte mit straffer Führung durch den Rest der Tagesordnung. Die Geschäftsordnung der Konferenz wurde als Tischvorlage bekanntgegeben sowie das Generalsekretariat unter Dutasta, das unten noch ausführlicher zu betrachtende Redaktionskomitee und das Komitee zur Prüfung der Vollmachten ernannt. Ohne weitere Aussprache schlug Clemenceau sodann zwei Themenbereiche vor – Kriegsschuld und Kriegsverbrechen der Verlierermächte sowie internationale Arbeitsgesetzgebung –, über welche die Friedenskonferenz im Weiteren verhandeln sollte. Da-

---

28 Vgl. Steller, Diplomatie, S. 413–419. Siehe etwa Thompson, Peace Conference, S. 101f., 112–115.
29 Grayson Diary, Eintrag v. 18.01.1919, in: PWW, Bd. 54, S. 126–128, hier: S. 127. Von nur 200–250 Journalisten spricht hingegen die britische Presse, vgl. Conference Opened, in: The Times v. 20.01.1919, S. 10.
30 Vgl. Poincaré Journal, Eintrag v. 18.01.1919, in: Poincaré, Au service, Bd. 11, S. 74.
31 Headlam-Morley Diary, Eintrag v. 19.01.1919 (Auszug), in: Headlam-Morley, Memoir, S. 4–9, hier: S. 7.

zu wie für allen weiteren Themen seien die Delegationen zur Eingabe von Memoranden und schriftlichen Stellungnahmen aufgefordert. „This method is somewhat new", merkte Clemenceau an, „but it has not seemed right to impose upon the Conference a particular order of work. (...) On these memoranda a comprehensive work will be compiled for submission to the Conference."[32]

Dieser Verfahrensvorschlag, der die umlaufenden Überlegungen über eine schriftliche Verhandlungsführung aufgriff und zugleich in einer kaum angreifbaren Weise auslegte, signalisierte den versammelten Staatsmännern jedoch, dass die Vertreter der Hauptmächte an einer inhaltlichen Diskussion wenig interessiert waren. Zwar hatte Clemenceau kurz vor dem Ende der Sitzung gegen 17 Uhr noch eine Grundsatzdebatte über den Völkerbund als Gegenstand der nächsten Plenarversammlung angekündigt. Doch als diese eine Woche später, am 25. Januar, in der Salle de l'Horloge erneut zusammentrat, bestätigten sich die Befürchtungen zahlreicher Delegierter. Im Anschluss an einige emphatische Erklärungen ging es nur noch um die Bestätigung einer Reihe von abgesprochenen Beschlüssen, darunter zur Einsetzung von fünf Kommissionen, auf deren Zuschnitt und Besetzung sich der Supreme Council inzwischen geeinigt hatte.[33] Wohl bildete das Themenspektrum dieser Kommissionen – zum Völkerbund, aber auch zu Kriegsverantwortung und Kriegsverbrechen, zu den Reparationen, zur internationalen Arbeitsgesetzgebung und zur Internationalisierung von Häfen, Wasserstraßen und Eisenbahnen – durchaus die hochgesteckten Zielsetzungen der Konferenz ab. Aber es war doch auffällig, dass sämtliche traditionellen Themen von Friedensverhandlungen, namentlich alle militärischen und territorialen Fragen, übergangen wurden. Über die Gründe musste freilich niemand lange rätseln, denn diese lagen auf der Hand. Unverblümt hatte Clemenceau zwei Tage zuvor im Supreme Council durchblicken lassen, dass derartige Punkte viel zu delikat seien, um einer ungeregelten und öffentlichen Diskussion überlassen zu werden.[34]

Auf die Rolle als Statisten einer öffentlichen Inszenierung reduziert, wurde bei den Repräsentanten der kleineren Mächte am 25. Januar rasch Protest laut. Als Anlass bot sich dazu die Besetzung der Kommissionen, in denen die fünf Hauptmächte jeweils einen Sitz erhalten sollten, die übrigen Mächte sich aber pro Kommission drei Sitze teilen mussten. Zum Wortführer gegen eine solche willkürliche Zurücksetzung machte sich zwar der belgische Außenminister,

---

32 Clemenceau, Protokoll v. 18.01.1919, in: FRUS, PPC 1919, Bd. 3, S. 169.
33 Vgl. Protokoll v. 22.01. u. 23.01.1919, in: ebenda, Bd. 3, S. 670–683, 693–703.
34 Clemenceau, Protokoll v. 23.01.1919, in: ebenda, Bd. 3, S. 693–703, hier: S. 699f. Siehe auch Marston, Peace Conference, S. 74–83; Fenwick, Organization, S. 204–207. Weiter: Steller, Diplomatie, S. 403–405.

Paul Hymans,[35] der damit aber nur den Unmut zahlreicher weiterer Delegierter aufgriff. Allein die Plenarversammlung könne über derartige Festlegungen entscheiden, so merkte beispielsweise auch der brasilianische Minister Pandiá Calógeras empört an: „It is with some surprise that I constantly hear it said: ‚This has been decided, that has been decided.' Who has taken a decision? We are a sovereign assembly, a sovereign court."[36]

Allerdings wird man diesen Gestus der Entrüstung nicht überschätzen dürfen. Allen anwesenden Delegierten war bewusst, dass die Diskussion über die alliierten Friedensziele kaum auf demokratische Weise und vor den Augen der Weltpresse geführt werden konnte. In dieser Sicht zielte der Protest der kleineren Nationen vor allem darauf ab, öffentlichen Druck aufzubauen und hinter den Kulissen individuelle Zugeständnisse auszuhandeln. Nicht zuletzt aus diesen Gründen bemühte sich Clemenceau darum, den Spielraum der Unmutsäußerungen nicht zu groß werden zu lassen. So verwies er mit kaltem Realismus einerseits darauf, dass die Hauptmächte überhaupt erst die Friedenskonferenz einberufen hatten: „I make no mystery of it – there is a Conference of the Great Powers going on in the next room"[37], hielt er den Delegierten entgegen, und es ist gut möglich, dass er dabei von seinem Sitzplatz vor dem Kamin auf die Flügeltüren zu seiner linken Hand deutete, welche zum Ministerbüro als dem üblichen Versammlungsort des Supreme Council führten. Auf der anderen Seite stütze er sich auf das traditionelle Argument einer machtpolitischen Verantwortung, mit der die Vorrangstellung der europäischen Großmächte seit je begründet worden sei. Dass die Hauptmächte den weitaus größeren Blutzoll entrichtet hätten, so Clemenceau, gebe ihnen ein natürliches Vorrecht in der Festlegung der Friedensbedingungen. Zugleich seien sie aber auch zu einem zügigen Ablauf der Verhandlungen verpflichtet, womit der französische Regierungschef die Unmutsäußerungen von Hymans und seinen Nachrednern geschickt gegen ihre Urheber wendete. Denn „as soon as the door was opened, everybody rushed in and discussed everything except the subject under discussion", verkündete Clemenceau: „It is my duty to guide the Conference in its work in order to obtain a result."[38]

Diese Herabsetzung der Plenarversammlung zu einem unverbindlichen Gesprächsforum musste zwar von den Vertretern der kleineren Staaten hingenommen werden. Wie sich in den folgenden Wochen allerdings herausstellte, ent-

---

35 Vgl. Sally Marks, Paul Hymans. Belgium, London 2010, S. 55.
36 Calogeras, Protokoll v. 25.01.1919, in: FRUS, PPC 1919, Bd. 3, S. 176–207, hier: S. 190.
37 Clemenceau, Protokoll v. 25.01.1919, in: ebenda, S. 196.
38 Ebenda, S. 197. Siehe auch MacMillan, Peacemakers, S. 100, für den weiteren Kontext auch Becker Lorca, Mestizo International Law, S. 164–168; Simpson, Great Powers, S. 154–164.

puppte sich jedoch auch der Supreme Council, den Clemenceau als tatsächliches Machtzentrum präsentiert hatte, als wenig geeignet, um zu konkreten Beschlüssen zu kommen. Als neuartiges Konferenzdirektorium war er aus dem Supreme War Council herausgewachsen, für den seit seiner Gründung im November 1917 unterschiedliche Bezeichnungen wie „Interallied Council", „Interallied Committee" oder auch „Supreme Allied War Council" im Umlauf gewesen waren, hinter dem aber auch ältere Traditionen des Europäischen Konzerts standen; auf den meisten bedeutsamen Konferenzen des 19. Jahrhunderts waren die letzten Entscheidungen immer im kleinen Kreis zwischen den Repräsentanten der europäischen Großmächte gefallen. Durch die treibende Kraft Hankeys war, wie erinnerlich, aus dem Supreme War Council am 12. Januar 1919 schließlich der Supreme Council – oder auch Council of Ten – erwachsen, in dem sich die politischen Spitzen der Delegationen der fünf Hauptmächte versammelten.[39] Das waren in der Regel jeweils Regierungschefs und Außenminister, also zunächst Georges Clemenceau und Stéphen Pichon für Frankreich; David Lloyd George und Arthur Balfour für das British Empire; Vittorio Orlando und Sidney Sonnino für Italien; Woodrow Wilson und Robert Lansing für die USA, wobei im amerikanischen Fall – ein protokollarisch kniffliger Sonderfall – der Regierungschef zugleich das Staatsoberhaupt war. Diplomatisch heikel war auch die Situation der japanischen Vertreter, bei denen es sich lediglich um zwei ehemalige Amtsinhaber handelte, die sich zudem in den ersten Wochen des Supreme Council noch vertreten lassen mussten: Der vormalige Premierminister Saionji Kinmochi, dessen aristokratische Herkunft und Stellung als Genrō von westlichen Diplomaten notorisch unterschätzt wurde, kam erst Mitte März in Paris an, und auch seine rechte Hand, der einstige japanische Außenminister Makino Nobuaki, der den zweiten Sitz einnahm, konnte nur mit Verspätung an den Sitzungen teilnehmen. Nicht allein, aber auch aufgrund dieser Außenseiterrolle, die sich auf außenpolitische Fehleinschätzungen wie innenpolitische Konflikte in Tokio zurückführen lässt, besaß die Stimme der japanischen Vertreter in Paris nur geringes Gewicht.[40]

---

39 Die Protokolle des Supreme Council sind aus verschiedenen Quellen überliefert, siehe RdA, Bd. I; BDFA II, Ser. I, Bd. 2 u. 3; FRUS, PPC 1919, Bd. 3 u. 4. Zur Überlieferungssituation siehe dort sowie Marston, Peace Conference, S. 261.

40 Vgl. Thomas W. Burkman, Japan and the League of Nations. Empire and World Order, 1914–1938, Honolulu 2008, S. 57–59; Barbara J. Brooks, Japan's Imperial Diplomacy. Consuls, Treaty Ports, and War in China, 1895–1938, Honolulu 2000, S. 30–32, daneben Jonathan Clements, Prince Saionji. Japan, London 2008, bes. S. 111–114; Zachmann, Völkerrechtsdenken und Außenpolitik, S. 91–94. Mit Genrō wurden im Japan der Meiji-Zeit üblicherweise jene Elder Statesmen umschrieben, die als informelle, aber einflussreiche Berater der japanischen Regie-

In der ersten Konferenzphase bis ungefähr Mitte März etablierte sich der Supreme Council als dominantes Lenkungsorgan der Konferenz. Während die Plenarversammlung nach den beiden Sitzungen im Januar nur noch einmal im Februar (14.), zweimal im April (11. und 28.) und dreimal im Mai (6., 29. und 31.) zusammentrat – und dabei jeweils nur anderenorts gefasste Beschlüsse akklamierte –, lassen sich für den Supreme Council vom 12. Januar bis zu seiner Auflösung am 17. Juni immerhin rund 70 Sitzungen zählen. Diese Zahl gewinnt noch an Kontur, wenn man berücksichtigt, dass sich die weit überwiegende Mehrheit der Sitzungen auf die ersten Wochen konzentriert, als der Rat teils mehrmals täglich zusammentrat. Ab Ende März ließ die Frequenz rapide nach, so dass auf den Zeitraum von April bis Juni nur noch fünf Sitzungen entfielen.[41]

Vor allem zu Beginn der Friedenskonferenz war die Abkunft des Supreme Council als politisch-militärisches Koordinationsorgan noch spürbar, und das nicht allein deshalb, weil sich das Gremium, sobald das Militärkomitee unter der Leitung von Foch den Raum betrat (wie es in 26 Sitzungen geschah), wieder in den Supreme War Council verwandelte. Auch die inhaltliche Diskussion konzentrierte sich vorrangig auf jene politischen und militärischen Probleme, die nach dem Konsens der Repräsentanten exklusiv unter den Großmächten erörtert werden sollten. Dazu zählten in erster Linie alle Gebietsfragen, Territorialkonflikte und Unabhängigkeitsforderungen einzelner Völkerschaften, wie sie sich aus dem Weltkrieg und seinen Folgen ergeben hatten. Sie bräuchten „courage to begin with those questions one day or other", hatte Clemenceau seine Kollegen am 30. Januar ermuntert, nachdem bereits in den ersten Sitzungen ein unergiebiger Streit um die Zukunft der deutschen Kolonien in eine Sackgasse geführt hatte.[42]

Ab Ende Januar 1919 avancierte der Salon de la Rotonde, das prunkvolle Ministerbüro im französischen Außenministerium, zum imaginierten Nabelpunkt der Welt. In den Vorzimmern fanden sich Repräsentanten unterschiedlichster Nationen und Nationalitäten ein, um dem zehnköpfigen Direktorium der Staatengemeinschaft ihre Ansprüche vorzutragen. Die gleichfalls anwesende Heerschar der Sekretäre und Konfidenten, aber auch der fallweise aus den einzelnen Delegationen herbeizitierten Sachverständigen, machte die eigentlich beabsichtigte Vertraulichkeit der Diskussion allerdings rasch zu einer Fiktion. Im Regelfall drängten sich dreißig und mehr Personen hinter und neben den Stühlen der

---

rung bzw. des Kaisers dienten. Eine typische Wahrnehmung der japanischen Delegierten bei Bonsal, Suitors and Suppliants, S. 227–244.

41 Vgl. Marston, Peace Conference, S. 96–110, 261–263, sowie die Protokolle in FRUS, PPC 1919, Bd. 3 u. 4. Siehe aber auch RdA, Bd. I, S. XXXf., wo unter „Conseil suprême" allerdings sämtliche obersten Gremien gefasst werden.

42 Clemenceau, Protokoll v. 30.01.1919, in: FRUS, PPC 1919, Bd. 3, S. 797–817, hier: S. 814.

Staatslenker, die als Halbkreis vor der nach Süden ausgerichteten Fensterfront angeordnet waren und in deren Mitte trat, wer als Bittsteller vorgelassen wurde; das französische Protokoll hatte im Übrigen darauf geachtet, dass Wilsons herausgehobener Stellung als Staatschef mit einer dezent erhöhten Rückenlehne Rechnung getragen wurde.[43]

Die Gunst, durch die goldverzierten, gepolsterten Flügeltüren in den Salon de la Rotonde gebeten zu werden, wurde freilich nicht allen in Paris versammelten Interessenvertretern gleichermaßen zuteil. Neben den offiziell anerkannten Konferenzdelegationen – darunter Vertreter der Rumänen und Tschechoslowaken, der Griechen und Jugoslawen, der Belgier und Araber – empfing der Supreme Council zwar auch solche Repräsentanten, deren nationale Eigenständigkeit fraglich war, wie es etwa für Albaner und Montenegriner, Syrer und Drusen, Armenier und Zionisten galt. Doch die größere Zahl der Anliegen konnte nicht persönlich vorgetragen werden. Zahllose Petitionen und Memoranden gingen schriftlich ein und wurden allenfalls zu den Konferenzakten genommen, eingesandt etwa vom Iman des Jemen, von katalanischen Separatisten oder von Angehörigen der irischen Sinn Féin. Eine kurdische Gesandtschaft war auf ihrem Weg nach Europa in Bagdad festgesetzt worden, und auch in Ägypten unterbanden die britischen Behörden den Versuch nationalistischer Kreise, eine Delegation nach Paris zu entsenden; ab März 1919 entwickelte sich daraus eine landesweite Erhebung gegen die britische Vorherrschaft am Nil. In Seoul scheiterten Bemühungen, koreanische Emissäre zu entsenden, um gegen die japanische Besatzung zu protestieren, wiewohl einzelne Vertreter der Nationalbewegung Koreas, darunter Kim Kyu-sik, mit chinesischer Unterstützung immerhin bis nach Paris gelangten. Dort blieben ihnen die Türen des Supreme Council allerdings dann ebenso verschlossen wie dem oben bereits erwähnten Nguyen Tat Thanh, der für eine Unabhängigkeit Vietnams von der französischen Kolonialherrschaft hatte werben wollen.[44] Aber auch den Vertretern europäischer Länder wurde keineswegs ein problemloser Zugang zum Supreme Council gewährt, wie die Repräsentanten der baltischen Länder, die um Bestätigung ihrer

---

43 Allgemein vgl. nur Walworth, Wilson and his Peacemakers, S. 14; Howard Elcock, Portrait of a Decision. The Council of Four and the Treaty of Versailles, London 1972, S. 62; Day, Atmosphere and Organization, S. 23f.; Temperley, History, Bd. 1, S. 249–263; Slosson, Constitution, S. 365f.

44 Vgl. Manela, Wilsonian Moment, S. 59f., 119–132, 141–148; Winter, Dreams of Peace and Freedom, S. 66–72; Eskander, Britain's Policy, S. 163. Außerdem: Becker Lorca, Mestizo International Law, S. 227–232. Einen Eindruck der dem Supreme Council vorgelegten Bittschriften und Memoranden vermittelt A Catalogue of Paris Peace Conference Delegation Propaganda in the Hoover War Library, Stanford 1926, S. 7–18, ein farbenfrohes, zeittypisch stereotypisiertes Bild zahlreicher kleiner Delegationen und Bittsteller zeichnet Bonsal, Suitors and Suppliants.

nationalen Unabhängigkeit wie um alliierten Schutz vor den Bolschewiki nachsuchten, erfahren mussten.[45]

In jedem Fall war der Auftritt vor dem in der Presse zu einem Weltdirekto-
rium stilisierten Supreme Council eine politischen Herausforderung, der sich
die meisten Parteien nur bewaffnet mit umfangreichen Redemanuskripten, Statistiken und Kartenmaterial stellten. Auf den jungen britischen Diplomaten Harold Nicolson machten die beklommen wartenden Gesandten der Tschechoslowakei, Karel Kramář und Edvard Beneš, beispielsweise den Eindruck „as if
awaiting the dentist", während zwei Tage später der rumänische Ministerpräsident Ionel Brătianu schon vor Gesprächsbeginn einigen Kredit dadurch ver-
spielte, dass er mit auftrumpfendem Selbstbewusstsein in den Salon trat, „evidently convinced that he is a greater statesman than any present."[46] Auch andere Beobachter zeigten sich angesichts des Zeremoniells irritiert, so der amerikanische Balkanexperte Clive Day, den ein langatmiger Auftritt der albanischen
Delegation angesichts der drängenden Probleme in Südosteuropa fassungslos
machte: „Surely no greater contrast is conceivable than that between the idle
words which filled M. Pichon's luxurious study in the palace on the Quai d'Orsay and the grim reality of life in the mountains of High Albania, where people
were being massacred by thousands."[47]

In der Tat erschöpften diese „auditions" nicht nur die Geduld und Aufmerksamkeit der Staatsmänner, sondern verschlangen beträchtliche Zeit.[48] In nahezu allen Fällen folgte aus den gehörten Forderungen lediglich eine Überweisung an zu diesem Zweck gebildete Territorialkommissionen, in denen die
Sachfragen von entsprechenden Experten beraten werden sollten.[49] Zudem wur-

---

45 Vgl. Charlotte Alston, Antonius Piip, Zigfrīds Meierovics and Augustinas Voldemaras. The
Baltic States, London 2010, S. 61–81. Allerdings wurden die baltischen Vertreter später von der
zuständigen Kommission gehört, vgl. RdA, Bd. IV-C-7, S. 2.

46 Nicolson Diary, Einträge v. 29.01. u. 31.01.1919, in: Nicolson, Peacemaking 1919, S. 252, 254.
Das Verhältnis Brătianus zu den Repräsentanten der alliierten Hauptmächte war ohnehin ge-
spannt, vgl. Keith Hitchins, Ionel Brătianu. Romania, London 2011, S. 108–114. Siehe auch
Hausleitner, Rumänisierung, S. 102–107.

47 Day, Atmosphere and Organization, S. 19. Ähnlich: Nicolson Diary, Eintrag v. 24.02.1919, in
Nicolson, Peacemaking 1919, S. 268 („Rather painful"); Sweetser Diary, Eintrag v. 25.02.1919,
in: LoC, Sweetser Papers, Box 1 („long tiresome historical account"). Zur entsprechenden Sitzung vgl. Protokoll v. 24.02.1919, in: FRUS, PPC 1919, Bd. 4, S. 99–116, hier: S. 104, 111–116.

48 Vgl. Marston, Peace Conference, S. 102f.; Slosson, Constitution, S. 364.

49 Eingesetzt wurden, allesamt im Februar, vorerst Kommissionen zu Rumänien/SHS-Staat,
Griechenland/Albanien, Belgien/Dänemark und der Tschechoslowakei, wobei der jeweilige
geographische Zuschnitt in der Regel nicht von vornherein gegeben war, sondern durch eine
nachträgliche Zuweisung weiterer Aufgaben entstand. Daneben muss die Kommission zu Polen
genannt werden, die sich aus einer alliierten Gesandtschaft in Warschau bzw. einem alliierten

de der Supreme Council auf diese Weise immer wieder mit tagesaktuellen Ereignissen beschäftigt, die weniger mit den eigentlichen Friedensregelungen zu tun hatten als mit den krisenhaften Ausläufern des Weltkrieges in den europäischen Gesellschaften und Staaten. Immer wieder stand die Frage einer militärischen Intervention in Ost- und Mitteleuropa im Raum, wo allerorten kriegerische und revolutionäre Wirren aufflackerten. Breiten Raum nahm beispielsweise das Problem ein, ob den polnischen Truppen, die im Weltkrieg auf Seiten der Entente an der Westfront gekämpft hatten („Hallers Armee"), eine Teilnahme an den aufflammenden Kämpfen in Galizien erlaubt werden sollten und auf welchem Weg sie dorthin gelangen könnten.[50] Gleichermaßen ungeklärt war auch die Haltung gegenüber Russland, zumal bolschewistische Truppen am 3. Februar Kiew eingenommen hatten und nun auf Odessa vorstießen.[51] Doch auch wo nicht mehr gekämpft wurde, hatte sich die Lage keineswegs stabilisiert. An erster Stelle ist auf die desolate wirtschaftliche Lage hinzuweisen, zumal nicht nur die alliierte Blockade gegenüber den Mittelmächten andauerte, sondern sich in ganz Europa die Umstellung der kriegswirtschaftlichen Produktion hinzog. Hungerkrisen und die Folgen der Spanischen Grippe kamen hinzu, ebenso innenpolitische Spannungen wie beispielsweise in Frankreich, wo die Demobilisierung nur stockend und langsam voranschritt.[52] Alle diese krisenhaften Konfliktfelder standen mit dem eigentlichen Friedensschluss in bestenfalls mittelbarer Verbindung, und doch bildeten sie den Rahmen für die politischen Spitzengespräche. Immerhin: In sämtlichen Wirtschafts- und Versorgungsfragen sorgte der am 8. Februar begründete Supreme Economic Council, ein von den vier europäischen Hauptmächten sowie Belgien besetztes Koordinationsgremium, für einige Erleichterung,[53] und sei es auch nur, dass sich nun dieser mit den nahezu stündlich eintreffenden „reports of the misery, disorder, and decaying organization of all Central and Eastern Europe"[54] herumschlagen musste.[55]

Verbindungskomitee zu polnischen Stellen entwickelt hatte. Erwähnung verdient in diesem Zusammenhang schließlich noch die Kommission zu den baltischen Staaten. Die Protokolle in RdA, Bd. IV C1 bis C8.

50 Vgl. Kay Lundgreen-Nielsen, The Polish Problem at the Paris Peace Conference. A Study of the Policies of the Great Powers and the Poles, 1918–1919, Odense 1979, S. 193–197.

51 Vgl. Thompson, Russia, S. 178–267.

52 Vgl. Cabanes, 1919. Aftermath, S. 181–186. Außerdem: ders., Die französischen Soldaten und der „Verlust des Sieges", in: Krumeich (Hrsg.), Versailles 1919, S. 269–279.

53 Vgl. Protokoll v. 08.02.1919, in: FRUS, PPC 1919, Bd. 3, S. 926–944, hier: S. 934f. Siehe auch Walworth, America's Moment 1918, S. 228; Marston, Peace Conference, S. 105f.

54 Keynes, Economic Consequences, S. 7.

55 Die Protokolle des Supreme Economic Council in: FRUS, PPC 1919, Bd. 10. Vgl. Walworth, Wilson and his Peacemakers, S. 156–162; Herbert Hoover, The Memoirs of Herbert Hoover,

Angesichts dieser vielgestaltigen Probleme, aber auch mit Blick auf die an ihn gerichteten Erwartungen wird verständlich, dass der Supreme Council zwar von den Delegationen der kleineren Mächte wie auch in der Öffentlichkeit als eigentlicher Entscheidungsort der Friedensverhandlungen wahrgenommen wurde, faktisch aber kaum ein strukturierendes Machtzentrum darstellte. Schon aufgrund seiner Größe und des Vorrangs des diplomatischen Protokolls war es schwer, zu raschen Entscheidungen zu kommen. Es ist darüber spekuliert worden, ob dahinter nicht auch eine kalkulierte Verzögerungstaktik des Konferenzsekretariats unter Dutasta, und mittelbar Clemenceaus, stand, mit der die französische Seite auf Zeit spielte.[56] Doch eine solche Annahme dürfte die ingeniöse Gestaltungskraft einzelner Akteure ebenso überschätzen wie die Eigendynamik im und vor dem Salon de la Rotonde verfehlen. Der gesamte Verlauf der Gespräche war nur unzureichend steuerbar, aufgrund der Vielzahl der Beteiligten, aufgrund der dichten Abfolge ihrer Begegnungen innerhalb und außerhalb der Konferenzräume, schließlich aber auch aufgrund der permanenten Kommentierung seitens einer interessierten Presse, die sich als Mitspieler für lancierte Gerüchte und kalkulierte Indiskretionen anbot; dass immer wieder einzelne Äußerungen und vertrauliche Details in den Pariser Zeitungen nachzulesen waren, sorgte im Supreme Council für ein latentes Misstrauen.[57] Mit guten Gründen kann man daher feststellen, dass ein pragmatischer Konsens zu einzelnen Fragen fast immer außerhalb der Reichweite der versammelten Regierungschefs und Diplomaten lag, auch wenn sich dies selbst ein skeptischer Teilnehmer wie Robert Lansing kaum eingestehen wollte: „As yet we have not really come to grips on any question"[58], konstatierte er schon Ende Januar verärgert, nur um zwei Wochen später erbittert hinzuzufügen: „We sit daily and discuss everything under heavens except peace. (…) The trouble is that we are getting nowhere."[59]

Bei näherer Betrachtung dürfte die Bedeutung des Supreme Council wie auch der Plenarversammlung jedoch weniger in einer tatsächlichen Entscheidungsfindung gelegen haben, sondern darin, dass es sich um (halb-)öffentliche Podien zur Aufführung eines politisch-diplomatischen Spektakels handelte.[60]

Bd. 1, Years of Adventure, 1874–1920, New York 1951, S. 461f., zur damit verbundenen Genese humanitärer Unterstützungsprogramme, insbesondere zur Eindämmung des Bolschewismus, siehe Cabanes, Great War, S. 153–164, 189–247; Thompson, Russia, S. 222–267.

56 Vgl. Marston, Peace Conference, S. 98f.; Lansing, The Big Four, S. 29f.

57 Vgl. Hayden, Negotiating in the Press, S. 148–156. Siehe etwa auch Hankey, Supreme Control, S. 52, 61.

58 Lansing an Polk, Brief v. 25.01.1919, in: YLMA, Polk Papers, Box 9/308.

59 Lansing an Polk, Brief v. 11.02.1919, in: ebenda.

60 So schon ähnlich gesehen bei Day, Atmosphere and Organization, S. 19f.

Für die Legitimation der Vorkonferenz war es von entscheidender Bedeutung, die umlaufenden Erwartungen an den Friedensschluss aufzugreifen. Auf diesen beiden Bühnen gelangten darum nicht allein die nationalen Aspirationen unterschiedlichster Gruppen sichtbar zur Aufführung, sondern vor allem die Inszenierung der alliierten und assoziierten Hauptmächte als Direktorium der Welt. Einerseits bot die zeremoniell überhöhte Anhörungspraxis des Supreme Council die Gelegenheit zur Appellation an ein Weltgewissen, was die Glaubwürdigkeit der Friedenskonferenz als Forum der zivilisierten Menschheit unterstrich. Auf der anderen Seite betonte die Plenarversammlung die demonstrative Einheit der Sieger, aus der sich gleichfalls eine beträchtliche Legitimationskraft herleitete. Entscheidungen, die sich auf die Zustimmung von 32 Nationen berufen konnten, verfügten über eine eminente politische Kraft. Beide Instanzen repräsentierten daher nicht nur die Konferenz in der Öffentlichkeit. Sie bündelten und bekräftigten die Erwartung, dass der Friedensschluss nicht nur ein Arrangement der Kriegsparteien darstellen würde, sondern dass die vereinten Nationen der Welt hier die Grundlagen für eine neue internationale Ordnung legen würden.

Die Arbeitsebene: Kommissionen und Sachverständige

Wenn man Plenarversammlung und Supreme Council in erster Linie als Orte für die Inszenierung alliierter Einigkeit versteht, nicht aber als Foren für die eigentlichen politischen Entscheidungen, dann fällt der Blick rasch auf die weiter im Hintergrund arbeitenden Kommissionen, welche die eigentliche Arbeitsebene der Friedenskonferenz darstellten. In der vorliegenden Literatur wird, wenn überhaupt, meist nur kursorisch auf diese Kommissionen eingegangen. Während einzelne Ausschüsse – etwa zum Völkerbund, zur Kriegsverantwortung oder zu den Reparationen – größere Beachtung gefunden haben, bleibt das weitere Feld häufig so nebulös, dass darin zuweilen ein Beleg für eine angeblich undurchschaubare Konferenzorganisation gesehen wird; geradezu klassisch ist in diesem Zusammenhang der Hinweis auf die von André Tardieu rückschauend genannte Zahl von 58 unterschiedlichen Kommissionen (mit insgesamt mehr als 1646 Sitzungen).[61]

---

61 Vgl. Tardieu, La Paix, S. 103, 107. Aufgenommen etwa in Kolb, Frieden von Versailles, S. 53; Fellner, Friedensordnung von Paris, S. 312; Schulz, Revolutionen und Friedensschlüsse, S. 206; Day, Atmosphere and Organization, S. 26, usw. Dazu auch Robert C. Binkley, New Light on the Paris Peace Conference (II.), in: Political Science Quarterly 46, H. 4 (1931), S. 509–547, hier: S. 519–521.

Eine solche Zahl erscheint allerdings noch zu tief gegriffen, denn selbst wenn man die jeweiligen Unterkommissionen außen vor lässt, dürfte die Gesamtsumme eher bei knapp 100 Kommissionen liegen.[62] Sinnvoller als eine solche Quantifizierung erscheint daher, zunächst eine orientierende Rundschau über die Kommissionen vorzunehmen, ohne aber eine vollständige Übersicht anzustreben oder sich in den Details zu verlieren. Jeder Versuch einer abschließenden Darstellung würde sich rasch mit dem Phänomen konfrontiert sehen, dass die eingesetzten Kommissionen im Lauf der Beratungen immer wieder in ad hoc einberufene Unterkommissionen, Kleingruppen und informelle Gesprächskontakte diffundierten, die zuweilen kaum über ein oder zwei Sitzungen hinauskamen. Hilfreich mag daher zunächst eine allgemeine Kategorisierung der Stellung und Funktion der Ausschüsse sein, welche eine mindestens fünffache Unterteilung nahelegt:[63]

(1.) Erheblichen Einfluss hatten zunächst die bereits während des Krieges oder im Vor- und Umfeld der Waffenstillstandsverhandlungen etablierten Kommissionen, die in der Regel vom Supreme War Council eingesetzt worden waren und die nicht selten bis in das Jahr 1919 fortbestanden. Dazu zählten, neben den militärischen Gremien im engeren Sinne, interalliierte Kommissionen etwa für die Blockade, für den Transport oder den Ankauf kriegswichtiger Güter. Obwohl nur an der Peripherie der Friedenskonferenz angesiedelt, besaß die hier gebündelte Expertise ebenso wie die gemachten Erfahrungen internationaler Kooperation einiges Gewicht. Aber auch die eigentliche Waffenstillstandskommission, die sich am 11. November 1918 konstituierte und bis zum 10. Januar 1920 bestand, ist in diese Kategorie einzuordnen, weil sie zwar nominell von der Friedenskonferenz unabhängig war, ihre Tätigkeit aber mit deren Verhandlungen zahlreiche Berührungspunkte aufwies.[64]

(2.) Über die administrativen Organe der eigentlichen Friedenskonferenz lässt sich schnell eine Übersicht gewinnen. Dass die Präsidentschaft der Konferenz in den Händen von Georges Clemenceau lag und die anderen Delegationsleiter als Stellvertreter fungierten, war eher eine Ehrenbezeugung als mit realer Macht ausgestattet. Gleiches gilt im Grunde für das Generalsekretariat unter Paul Dutasta, dem vor allem zwei Gremien zugeordnet waren: Das Komitee zur Prüfung der Vollmachten einerseits sowie das Redaktionskomitee der Konfe-

---

62 Die Übersicht in RdA, Bd. I, S. XXXIV–XXXVIII, kommt auf 98 Kommission und Komitees. Eine kürzere Liste etwa bei Temperley, History, Bd. 1, S. 497–504.

63 Diese Kategorisierung stimmt nicht vollständig mit jener späteren Taxonomie des französischen Außenministeriums überein, das in den 1920er Jahren die Dokumentation der Konferenzunterlagen in eine ähnliche Systematik zu bringen versuchte, vgl. RdA, Teile IV–VII, daran anknüpfend Baillou, Les affaires étrangères, S. 359–364.

64 Vgl. RdA, Bd. I, S. XXVIIIf.

renzjuristen andererseits; daneben wurde zu Ende Mai noch ein Komitee unter Leitung von André Tardieu zur Untersuchung und Beantwortung der Gegenvorschläge der Verliererstaaten (Comité de Coordination des Réponses aux Contre-Propositions Allemandes) ins Leben gerufen. Allerdings waren diese drei Gremien allenfalls formal dem Generalsekretariat unterstellt und besaßen, wie zu zeigen ist, direkten Zugang zu den eigentlichen Entscheidungsgremien.

(3.) Die Diskussion und Ausarbeitung der eigentlichen Friedensbedingungen fand in einer Vielzahl unterschiedlicher Kommissionen statt, die von den politischen Führungsgremien – der Plenarversammlung, dem Supreme Council, aber auch dem Council of Four und dem Council of Foreign Ministers – mit unterschiedlichen Aufträgen und Hintergedanken eingesetzt wurden. Die wichtigsten seien in Auswahl aufgezählt:

Kommission für den Völkerbund
(Commission on the League of Nations) IV.B.1[65]

Kommission für Kriegsverantwortung und Kriegsverbrechen
(Commission on the Responsibility of the Authors of the War and the
Enforcement of Penalties) IV.B.2

Kommission für Wiedergutmachung (Reparation)
(Commission on the Reparation of Damage) IV.B.3

Kommission für die internationale Arbeitsgesetzgebung
(Commission on International Labour Legislation) IV.B.4

Kommission für die Internationalisierung von Häfen, Wasserstraßen
und Eisenbahnen (Commission on International Regime of Ports,
Waterways, and Railway) IV.B.5

Kommission für Finanzen (Commission on Financial Questions) IV.B.6

Kommission für Wirtschaft (Commission on Economic Questions) IV.B.7

Kriegsgefangenenkommission (Commission on the Prisoners of War) IV.B.8

Geographiekommission (Commission on Geography) IV.B.9

Kommission für tschechoslowakische Angelegenheiten
(Commission on Czecho-Slovak Affairs) IV.C.1

Kommission für polnische Angelegenheiten
(Commission on Polish Affairs) IV.C.2

---

65 Die Ordnungsnummern nach der Systematik der RdA.

Kommission für rumänische und jugoslawische Angelegenheiten
(Commission on Rumanian and Yugo-Slav Affairs)   IV.C.4

Kommission für griechische und albanische Angelegenheiten
(Commission on Greek and Albanian Affairs)   IV.C.5

Kommission für belgische und dänische Angelegenheiten
(Commission on Belgian and Danish Affairs)   IV.C.6

Kommission für baltische Angelegenheiten
(Commission on Baltic Affairs)   IV.C.7

Zentrales Territorialkomitee (Central Territorial Committee)   IV.C.8

Diese Liste ist sehr unvollständig. Sie ließe sich problemlos durch eine große
Anzahl weiterer Kommissionen und Komitees ergänzen, die sich etwa mit der
geplanten Volksabstimmung in Teschen, dem Schicksal der deutschen Seekabel
oder auch der Ausarbeitung einer Hafenklausel im Vertrag mit Österreich beschäftigten. An diesen Beispielen wird ersichtlich, dass es auf dieser Ebene
nicht nur um grundsätzliche Fragen ging, sondern ebenso um Einzelpunkte
und Details. Die Kommissionen lassen sich insofern nur in engen Grenzen als
Instanzen für ein systematisches und koordiniertes Nachdenken über Kriegsende und Friedensordnung begreifen. Ebenso besaßen sie einen funktionellen
Charakter, indem sie zur Auslagerung strittiger Punkte, zur Ausgrenzung einzelner Parteien oder zur Absegnung anderenorts ausgehandelter Entscheidungen
genutzt wurden. Daneben muss bedacht werden, dass die meisten Beschlüsse
zwar in der ersten Konferenzphase fielen, als noch von einem übergreifenden
Friedensvertrag mit allen Kriegsgegnern ausgegangen wurde. Doch auch in der
zweiten Jahreshälfte mussten zuweilen neue Kommissionen eingesetzt bzw. ursprüngliche Kommissionen in neuer Besetzung wiederbelebt werden, um über
Einzelfragen der ausstehenden Friedensverträge mit Österreich und Ungarn,
Bulgarien und dem Osmanischen Reich zu beraten.

(4.) Eine weitere Rubrik ergibt sich durch die Einbeziehung aller jener Kommissionen, deren Auftrag über die unmittelbaren Kriegsfolgen hinauswies und
auf die Regelung verschiedener Einzelfragen der internationalen Beziehungen
zielte. Die Abgrenzung zu der vorhergehenden Kategorie ist nicht eindeutig, da
ein solches Kriterium natürlich auch, und in besonderem Maße, für den Völkerbund, die internationale Arbeitsgesetzgebung oder die Internationalisierung
der Verkehrswege galt. Gleichwohl lässt sich ein prinzipieller Unterschied darin
festmachen, dass diese weitere Reihe von Ausschüssen nicht in erster Linie Bestimmungen für die Verträge mit den besiegten Feindmächten ausarbeiten soll-

ten, sondern auf ergänzende Abkommen, häufig auch nur der Alliierten untereinander, zielten. Darunter lassen sich etwa die Kommissionen für die Ausarbeitung eines Abkommens zur zivilen Luftfahrt fassen, für die notwendig geworde-
ne Revision der Konventionen zum Waffen- und Spirituosenhandel in Afrika
oder über die Zukunft Spitzbergens. Auch das Committee on New States, in dem
es vor allem um das System des Minderheitenschutzes ging, wäre in diese Rubrik aufzunehmen.

(5.) Schließlich müssen alle jene Kommissionen in einer Kategorie zusammengefasst werden, welche die Umsetzung und Durchführung der Friedensverträge zum Gegenstand hatten. Ab Sommer 1919 wurde eine beachtliche Zahl
neuer Gremien ins Leben gerufen, die sich den Modalitäten der neuen Grenzziehungen oder der Einrichtung gemischter Schiedsgerichte ebenso widmeten wie
der Rückführung der Kriegsgefangenen oder der Besetzung des linken Rheinufers wie des Saarlandes. Auch die Organisationskomitees zur Gründung des
Völkerbundes oder der ILO sind hierzu zu zählen, daneben beispielsweise die
Ausschüsse zur Vorbereitung der Listen für die auszuliefernden Kriegsverbrecher oder zur Festsetzung des Schadenersatzes, den die alliierten Regierungen
als Folge der Selbstversenkung der deutschen Flotte in Scapa Flow beanspruchten.[66]

In der Summe darf eine derartige Kategorisierung jedoch nicht darüber hinwegtäuschen, dass nicht alle Kommissionen mit einem klar umrissenen Arbeits-
programm und eindeutigen Zuständigkeiten eingesetzt wurden, woraus sich
teils schwierige Abgrenzungen und uneinheitliche Beschlusslagen ergaben, etwa im Dreiecksverhältnis von Reparations-, Wirtschafts- und Finanzkommission. Zudem agierte jede Kommission selten allein mit Blick auf das ihr verliehe-
ne Mandat, sondern immer auch mit deutlichen Seitenblicken auf die politischen Interessen der vertretenen Nationen sowie die Ambitionen der jeweiligen
Repräsentanten. Das konnte zuweilen zu Fehleinschätzungen führen, etwa
wenn in der Kommission zur Internationalisierung der Verkehrswege zunächst
beabsichtigt wurde, eine allgemeine Verkehrskonvention auszuarbeiten, was
erst durch amerikanischen Protest gestoppt wurde.[67] Andere Ausschüsse waren
in dieser Hinsicht erfolgreicher, so etwa die ursprünglich zu den rumänischen
Angelegenheiten („Affaires Roumaines") eingesetzte Kommission, die ihr Mandat nach und nach so großzügig auslegte, dass letztlich der gesamte südosteu-
ropäische Raum zwischen Adria, Bosporus und Schwarzem Meer erörtert wur-

---

66 Unter dem Titel „Préparation de la mise en vigueur" finden sich die Protokolle mehrerer
dieser Kommissionen in ebenda, Bd. VI-A. Siehe außerdem die Unterlagen in: AD, Série Z.
Europe 1918–1929, S. 210.
67 Vgl. Temperley, History, Bd. 2, S. 96f.

de.[68] Eine Sonderrolle nahm auch das Redaktionskomitee ein, dessen Juristen über die Ausfertigung der Verträge und die Ausformulierung der Bestimmungen zu entscheiden hatten, was noch in größerer Ausführlichkeit betrachtet wird.

Im Regelfall sollte jede Kommission an die Instanz berichten, von der sie eingesetzt worden war, und zwar meist in Form eines Berichtes mit Empfehlungen, teils auch mit bereits ausformulierten Artikeln für die Friedensverträge im Anhang. In Fällen, wo kein gemeinsamer Beschluss formuliert werden konnte, wurde der Dissens im Abschlussbericht verzeichnet, zuweilen aber auch als gesondertes Minderheitenvotum ausgedrückt, wie es von amerikanischer und japanischer Seite im Fall der Kommission für Kriegsverantwortung und Kriegsverbrechen geschah.[69] Grundsätzlich wurde aber eine einvernehmliche Beschlussfassung angestrebt, teils auch als zwingend notwendig behauptet, so dass etwa der japanische Vorschlag einer Klausel zur Rassengleichheit in der Völkerbund-Kommission mit dem Hinweis auf einzelne Gegenstimmen abgewiesen werden konnte.[70] Zwar handelte es sich bei den Kommissionen nicht um eigentliche politische Entscheidungsgremien wie den Supreme Council, für den, wenngleich stillschweigend, das traditionelle Erfordernis einer Einstimmigkeit wenigstens der Großmächte geltend gemacht wurde. Doch auch auf dieser Ebene sollte die Geschlossenheit der internationalen Staatengemeinschaft demonstriert werden, was dadurch erleichtert wurde, dass die Beschlüsse oft zu Lasten Dritter getroffen wurden, oft aber auch noch unter der stillschweigenden Prämisse weiterer Verhandlungsrunden standen. Dass sich das als Fehlkalkulation erwies und zahlreiche Bestimmungen der Friedensverträge ohne weitere Anpassungen direkt aus den Kommissionsberichten übernommen wurden, ist späterhin kritisch diskutiert worden, ebenso allerdings der umgekehrte Fall, wonach sich die politischen Führungsgremien über die Empfehlungen der Expertengremien hinweggesetzt hätten.[71]

Insgesamt wird man gut daran tun, den fachlichen Anspruch dieser Kommissionen aus historischer Sicht zu relativieren. Die Vermutung einer sachlich-nüchternen, unpolitischen Expertise, welche durch politische Eingriffe verzerrt

---

68 Vgl. RdA, Bd. IV-C-5, S. 3–6. Siehe auch MacMillan, Peacemakers, S. 141–143.

69 Vgl. Memorandum of Reservations presented by the Representatives of the United States to the Report of the Commission on Responsibilities, 04.04.1919, in: BDFA II, Ser. I, Bd. 4, S. 361–373. Etwa auch in: RdA, Bd. IV-B-2, S. 219–232.

70 Vgl. Wilson, Protokoll v. 11.04.1919, in: Miller, Drafting, Bd. 2, S. 375–394, hier: S. 392. Dazu etwa Noriko Kawamura, Wilsonian Idealism and Japanese Claims at the Paris Peace Conference, in: The Pacific Historical Review 66, H. 4 (1997), S. 503–526, hier: S. 519.

71 Vgl. Kitsikis, Rôle des experts, S. 209, mit Hinweisen zum weiteren Feld auch Prott, Politics of Self-Determination, S. 7–10, 21–53. Daneben: Dülffer, Selbstbestimmung, S. 127; Shotwell, Paris Peace Conference, S. 44.

und verfälscht worden sei, erweist sich bei näherer Betrachtung als kaum stichhaltig, sondern erscheint zunächst als mythische Verbrämung einer zeitgenössischen Fortschrittserwartung. In der Wahrnehmung zahlreicher Beteiligter verkörperten die Ausschüsse in der Tat nicht nur eine neue Rationalität der Beschlussfassung, sondern es wurde auch davon ausgegangen, dass die Figur des Sachverständigen und akademischen Experten den diplomatischen Prozess professionalisieren würde. Dafür sprach bereits die Tatsache, dass den „technischen Delegierten", wiewohl sie nur nachrangig zu den verhandlungsbevollmächtigten Delegierten an den Verhandlungen teilnehmen konnten, in den Konferenzregularien ausdrücklich die Möglichkeit der Mitsprache eingeräumt worden war.[72] Entsprechend groß waren das Selbstbewusstsein mancher Experten und ihre Neigung, die eigenen Kompetenzen angesichts eines laienhaften Wissens der politischen Repräsentanten für unverzichtbar zu halten. So hob der amerikanische Balkanspezialist Clive Day, im Hauptberuf Wirtschaftshistoriker an der Yale University, nachmals hervor: „The representative of a great Power had every reason to follow the guidance of his expert advisers, and would depart from it only in the rare cases in which considerations of higher policy, concealed from his subordinates, made a sacrifice in one part of the field appear to him the inevitable means of gaining a greater benefit in another part."[73] In ähnlicher Weise sprach ein anderer Historiker, Preston Slosson von der Columbia University, der als Assistent von Shotwell nach Paris gekommen war, rückblickend von der Macht wissenschaftlicher Vernunft an den Konferenztischen: „It was interesting to see some humble college professor, an expert on Esthonia or the Turkish debt, for instance, sandwiched in between two titled foreign ministers of Great Powers–and not infrequently laying down the law to them by virtue of superior knowledge of the question at issue!"[74]

Ein solcher Glaube an das „superior knowledge" der akademisch ausgebildeten Ratgeber und Experten lässt sich, das zeigen die Beispiele, vor allem für die US-Delegation konstatieren, deren einzelne Abteilungen fast durchgängig von Professoren geleitet wurden.[75] Es lässt sich kaum überschätzen, welchen Einfluss die spezifische Sozialkultur der amerikanischen Bildungseliten in der ACNP ausübte, denn sie ging weit über den oft angemerkten Umstand hinaus,

---

[72] Vgl. Règlement de la Conférence de la Paix, Beschlüsse v. 15.01.1919, in: RdA, Bd. I, S. 9–12, hier: S. 10, 12. Weiter: Marston, Peace Conference, S. 71–73. Eine Parallelisierung von diplomatischer und technischer Expertise hingegen bei Steller, Diplomatie, S. 409–413.

[73] Day, Atmosphere and Organization, S. 35.

[74] Slosson, Constitution, S. 368. Zu Slosson und der Beteiligung amerikanischer Historiker siehe Nielson, American Historians, S. 63, 131–150.

[75] Vgl. College Professors in the Peace Conference, Memorandum o.D., in: YLMA, House Papers, Box 189/2/116.

dass Wilson seine Karriere als Professor der Princeton University begonnen hatte. In einem internen Memorandum hielt Edward House akkurat fest, wie viele Gelehrte und Absolventen seiner eigenen Alma Mater, der Yale University, in der amerikanischen Delegation tätig waren.[76] Anfang Januar wurde ein festliches Dinner für sämtliche in Paris anwesenden Princeton-Absolventen gegeben, zu dem sich über 150 Alumni einfanden, neben den bereits erwähnten Raymond Fosdick, Clive Day oder Gilbert Close beispielsweise auch der junge Wirtschaftsanwalt John Foster Dulles.[77] Der Diplomat Christian Herter, der 1916 kurzfristig als Attaché an der US-Botschaft in Berlin eingesetzt gewesen war und nunmehr im State Department arbeitete, wollte in Paris einen Großteil seines Abschlussjahrgangs aus Harvard getroffen haben.[78] Manley O. Hudson, der als Völkerrechtler bereits kurz nach seiner Promotion zur Inquiry gestoßen war, nutzte die Anwesenheit vieler Kollegen und besonders die Begegnungen mit Felix Frankfurter dazu, seine akademische Karriere an der Harvard Law School voranzutreiben.[79] Nicht ohne Grund fasste Fosdick in einem Brief an seine Familie seine zahlreichen Begegnungen mit Bekannten und Kollegen mit dem bündigen Satz zusammen: „Pretty nearly everybody you ever heard of is now in Paris."[80]

Die Präsenz der jungen Bildungselite der amerikanischen Ostküste, die allenfalls noch in den „Oxbridge chums"[81] der britischen Delegation eine Entsprechung fand, ging auf der Arbeitsebene der Kommissionen nahtlos in fachwissenschaftliche Netzwerke über. Denn die von allen Delegationen benannten Experten und Sachverständigen, deren spezialisiertes Wissen zur Bearbeitung zahlreicher Probleme des Friedensschlusses geeignet erschien, darunter etwa Geographen, Ökonomen und Historiker, Linguisten und Ethnologen, waren nicht selten untereinander aus den jeweiligen Fachkreisen bekannt.[82] Dieses

---

76 Vgl. Yale Men participating at the Peace Conference, Memorandum o.D., in: ebenda, Box 189/2/117.

77 Vgl. Close an Helen Close, Brief v. 19.01.1919, in: PUSC, Close Papers, Box 1/1, S. 3f.; Dulles Diary, Eintrag v. 11.01.1919, in: PUSC, J.F. Dulles Papers, Box 278.

78 So kolportiert bei Lovin, School for Diplomats, S. 3f., 48.

79 Vgl. etwa Hudson Diary, Einträge v. 05.05. u. 13.06.1919, in: HLSL, Hudson Papers, Box 166/1, S. 335f., 444.

80 Fosdick an Familie, Brief v. 15.04.1919, in: PUSC, Fosdick Papers, Box 26/15.

81 Andelman, Shattered Peace, S. 24.

82 Einzelstudien: Lowczyk, Fabrique de la Paix; Sluga, Nation; Gilles Palsky, Emmanuel de Martonne and the Ethnographical Cartography of Central Europe (1917–1920), in: Imago Mundi 54 (2002), S. 111–119; Taline Ter Minassian, Les géographes français et la délimitation des frontières balkaniques à la Conférence de la Paix en 1919, in: Revue d'histoire moderne et contemporaine 44, H. 2 (1997), S. 252–286; Jacques Bariéty, Comité d'études du Quai d'Orsay et les frontières de la Grande Roumanie, 1918–1919, in: Revue Roumaine d'histoire 35, H. 1 (1996), S. 43–51; Michael Heffernan, Geography, Cartography and Military Intelligence. The Royal Geo-

Feld einer „epistemic community" erweiterte sich zudem noch um zivilgesell-
schaftliche Gruppen und Organisationen, wie es sich in besonderer Weise in
der Kommission zur Begründung einer internationalen Arbeitsorganisation
zeigte: Der Ausschuss wurde ein Begegnungsort von Sozialreformern und Ar-
beitsrechtlern, die teils langjährig miteinander verbunden waren und ganz ähnlichen Vorstellungen von sozialer Gerechtigkeit nachhingen. In Paris gelang es
ihnen gerade durch ihre Geschlossenheit, eine beachtliche Gestaltungsmacht
zu erlangen und die Etablierung eines internationalen Arbeitsschutzes maßgeblich voranzubringen.[83]

Abb. 4: Britische Geographen setzen sich unter den Augen britischer Journalisten in Szene.

graphical Society and the First World War, in: Transactions of the Institute of British Geographers, New Series 21, H. 3 (1996), S. 504–533; Nielson, American Historians; Seymour, Geography.

83 Vgl. Jasmien van Daele, Engineering Social Peace. Networks, Ideas, and the Founding of
the International Labour Organization, in: International Review of Social History 50, H. 3
(2005), S. 435–466, hier: S. 448–453, daneben: Sandrine Kott, Une „communauté épistémique"
du social? Experts de l'OIT et internationalisation des politiques sociales dans l'entre-deux-
guerres, in: Genèses 71, H. 2 (2008), S. 26–46. Bemerkenswert war, dass ausgerechnet von
amerikanischer Seite kein Experte entsandt wurde, sondern der Wilson nahestehende Gewerk-
schaftsführer Samuel Gompers.

Die Einbindung in die akademischen und zivilgesellschaftlichen Netzwerke der alliierten Staatenwelt – über kirchliche und religiöse Verbindungen ist hingegen kaum etwas bekannt – bestätigte freilich nur den zeitgenössischen Eindruck, dass die Kommissionsarbeit weit mehr war als ein diplomatisches Ausgleichsgeschäft, sondern als Teil einer beispiellosen Professionalisierung der internationalen Beziehungen gesehen werden müsse. Auch wenn dieser fortschrittsoptimistische Enthusiasmus schon ab Februar 1919 wieder abbröckelte, wirkte doch die seit geraumer Zeit umlaufende Kritik an der, fraglos in einem Zerrspiegel betrachteten, europäischen Konzertdiplomatie des 19. Jahrhunderts machtvoll nach. Hätten in Wien 1814/15 und den nachfolgenden Jahrzehnten vorgeblich dilettierende Aristokraten über Länder, Siedlungen und Völker entschieden, die ihnen allenfalls dem Namen nach bekannt gewesen seien, so sollten die Entscheidungen von 1919 nach dem Willen nicht weniger Experten in Übereinstimmung mit objektiven Kriterien fallen und sich auf die Überlegenheit wissenschaftlicher Kompetenzen stützen können; im Begriff der „new diplomacy" war dieser Glaube, wie oben dargestellt, auf den Punkt gebracht worden. Während im Supreme Council nach wie vor die steife Etikette traditioneller Diplomatie dominieren würde, so hielt es etwa ein ungezeichnetes Memorandum der amerikanischen Delegation fest, würden sich die Gespräche in den Kommissionen durch eine ungezwungene Atmosphäre auszeichnen: Es könne geraucht werden, man verbringe die Tee- und Kaffeepausen gemeinsam, und würde es nicht um schwerwiegende politische Themen gehen, könne ein unbefangener Teilnehmer glauben, „that he was serving on a faculty committee."[84] Ähnlich positiv äußerte sich rückschauend auch Clive Day: „Discussion and criticism often cleared away mistakes and misunderstandings, and led to an agreement based on genuine conviction."[85]

Aus heutiger Sicht wird man dem Enthusiasmus über den unpolitisch-kollegialen Verhandlungsstil dieser Ausschüsse mit Zweifeln begegnen; es hatte gute Gründe, wenn Harold Nicolson gegenüber Marcel Proust bereits zeitgenössisch von einer „sham cordiality"[86] der Kommissionen sprach. Es lassen sich jedenfalls kaum Belege dafür finden, dass ihre Mitglieder gegen die übergeordneten Intentionen und Strategien der jeweiligen Delegationen handeln konnten oder

---

84 College Professors in the Peace Conference, Memorandum o.D., in: YLMA, House Papers, Box 189/2/116, S. 4. Auch ging nachmals die Sage um, dass nahezu alle Grenzziehungen für Osteuropa zwischen amerikanischen und britischen Delegierten in einem Séparée des berühmten Restaurants Maxim's ausgemacht worden seien, vgl. Nicolson, Peacemaking 1919, S. 106f. Siehe auch Andelman, Shattered Peace, S. 21.
85 Day, Atmosphere and Organization, S. 29. Affirmativ dazu etwa Fellner, Friedensordnung von Paris, S. 308–313. Weiter: Steller, Diplomatie, S. 405–413; Sluga, Nation, S. 8–36.
86 Nicolson Diary, Eintrag v. 02.03.1919, in: Nicolson, Peacemaking 1919, S. 276.

deren Interessen nicht mit allen verfügbaren Argumenten zu verfechten hatten. Eine ausgewogene Bilanz muss zudem in Rechnung stellen, dass es vor allem amerikanische und britische Experten waren, welche das Prädikat eines vorurteilsfreien Sachverstandes für sich in Anspruch nahmen, und zwar nicht selten gegenüber Delegierten, die eine abweichende Meinung vertraten. Mit Recht ist festgestellt worden, dass das umlaufende „vocabulary of liberal morality masked powerful and only partly hidden assumptions about imperial and racial superiority."[87] In diesem Sinne war die suggerierte Trennung von Politik und Expertise eine Fiktion, welche den Zielen einzelner Delegationen einen zwingenden Charakter verleihen sollte. Trotzdem wurde damit eine Realität geschaffen, in der sachbezogene, vermeintlich unpolitische Positionen eine ungeheure Politikmächtigkeit erhalten konnten. Als Beispiel sei lediglich auf die – im nächsten Abschnitt nochmals aufzugreifenden – Auseinandersetzungen um die Zugehörigkeit der kroatischen Hafenstadt Fiume (Rijeka) hingewiesen, wo mit den Auffassungen der „Experten"[88] durchaus Politik gemacht wurde, innerhalb wie außerhalb der beteiligten Delegationen.[89] Solche Konflikte belegen nachdrücklich, dass sich die fachliche Expertise kaum in einem autonomen Entscheidungsraum bewegte. Es wurde vorausgesetzt, dass die technischen Delegierten und Sachverständigen dazu bereit waren, ihre Position nach den Vorgaben der eigenen Führung auszurichten, sie im soziokommunikativen Gefüge der Kommissionen jedoch mit ihrer ganzen fachlichen Autorität selbstständig zu vertreten. In der Selbstsicht der Experten fiel ein solches Lavieren nicht immer auf, so dass etwa John Foster Dulles, der zur Debatte um die Reparationen hinzugezogen wurde, später unbefangen feststellen konnte, dass die US-Experten immer nur nach ihrem Wissen und Gewissen hätten entscheiden können: „[T]he American reparation delegates functioned on their own responsibility and they were wholly free of political considerations."[90]

Macht und Persönlichkeit: Der Council of Four

Der Arkanbereich der Kommissionen fand eine eigentümliche Spiegelung im Council of Four, also dem Rat der vier Regierungschefs Frankreichs, Großbritan-

---

87 Winter, Dreams of Peace and Freedom, S. 57.
88 „Many of these were ,experts' only in name", heißt es in einer lakonischen Wortmeldung aus der britischen Delegation in Temperley, History, Bd. 1, S. 244.
89 Vgl. Birdsall, Versailles Twenty Years After, S. 274–276, daneben John P. Posey, David Hunter Miller as an Informal Diplomat. The Fiume Question at the Paris Peace Conference 1919, in: Southern Quarterly 3 (1967), S. 251–272.
90 John Foster Dulles, Foreword, in: Burnett, Reparation, S. V–XIV, hier: S. VII.

niens, Italiens und der USA, die sich Ende März zusammengefunden hatten, um nunmehr in kleiner Runde zu beraten. Im Supreme Council hatte es in den zurückliegenden Wochen nur wenige Fortschritte gegeben, einerseits weil ein Großteil der Beratungen für drängende politische Tagesfragen sowie für die Anhörungen der kleineren Nationen verwandt wurde, dann aber auch, weil sich seit Mitte Februar ein beträchtliches Machtvakuum aufgetan hatte: Woodrow Wilson hatte am 14. Februar für einige Wochen nach Washington zurückkehren müssen, woraufhin auch Lloyd George nach London und Orlando nach Rom abgereist waren; am 19. Februar war überdies Clemenceau durch die Schüsse eines anarchistischen Attentäters verletzt und für einige Zeit außer Gefecht gesetzt worden.[91] Doch der Versuch der Außenminister, dieses Machtvakuum zu nutzen und die Entscheidungsfindung im Supreme Council zu beschleunigen, war ebenso naheliegend wie aussichtslos. Als die Regierungschefs Mitte März die Zügel wieder selbst in die Hand nahmen, kam die Tätigkeit des Supreme Council binnen kurzem ganz zum Erliegen, während sich mit dem Council of Four (Rat der Großen Vier) ein neues Machtzentrum bildete.[92]

Das war nicht unbedingt so geplant gewesen, lässt sich aber auf drei wesentliche Faktoren zurückführen. Erstens nahm in der zweiten Märzhälfte der Eindruck zu, dass sich der Niedergang der staatlichen Strukturen in Mittel- und Osteuropa nochmals dramatisch beschleunigt hatte. Am 20. März sprach Ray Stannard Baker in seinem Tagebuch von einem „race of peace with anarchy"[93], und ein solcher Eindruck gewann noch dadurch an Gewicht, dass am folgenden Tag in Budapest eine Räterepublik nach sowjetischem Vorbild ausgerufen wurde und zwei Wochen später mit der Münchener Räterepublik ein ähnlicher Brandherd in Deutschland aufflackerte.[94] Am 25. März artikulierte Wilson mit ähnlichen Worten seine Sorge über die stagnierenden Beratungen angesichts der Tatsache, dass „the world was on fire and that it now was a race between law and order and anarchy."[95] Unter dem gleichen Datum legte Lloyd George auch seinen Unmut über den bisherigen Verlauf der Konferenz in einer Denkschrift nieder („Fontainebleau-Memorandum"), welche eindringlich für einen

---

91 Vgl. Becker, Clemenceau, S. 175; Duroselle, Clemenceau, S. 745.
92 Vgl. MacMillan, Peacemakers, S. 281–287; Elcock, Portrait, S. 138–198; Renouvin, Traité de Versailles, S. 41; Marston, Peace Conference, S. 165–171.
93 Baker Diary, Eintrag v. 20.03.1919, in: PWW, Bd. 56, S. 103.
94 Vgl. Low, Soviet Hungarian Republic, auch Mayer, Politics and Diplomacy, S. 716–749.
95 So festgehalten im Grayson Diary, Eintrag v. 25.03.1919, in: PWW, Bd. 56, S. 246–249, hier: S. 247.

raschen Friedensschluss plädierte und die Gefahr einer weiteren Ausbreitung des Bolschewismus beschwor.[96]

Vor diesem Hintergrund drängte es sich, zweitens, immer mehr auf, die umständlichen und schleppenden Verhandlungsroutinen des Supreme Council überhaupt zu umgehen. Ab der letzten Märzwoche gingen informelle Absprachen im Vorfeld oder am Rande des Supreme Council – so etwa die Einigung, dass Hallers Armee über Danzig nach Polen transportiert werden solle[97] –, immer öfter in vertrauliche Beratungen in einem kleinen Kreis über, der nur noch aus den Regierungsoberhäuptern der alliierten Hauptmächte bestand, also aus Clemenceau, Lloyd George, Orlando und Wilson. Das hatte aus Sicht der Staatsmänner nicht nur den Vorteil, dass der japanische Vertreter Saionji außen vor bleiben musste, wobei es mit Blick auf das geringe politische Gewicht, das Japan zugemessen wurde, schwerfällt, darin mehr als Desinteresse und Ignoranz zu sehen. Auf diese Weise blieb auch die vielköpfige Entourage der Diplomaten, Experten und Sekretäre ausgeschlossen, so dass kaum noch vertrauliche Informationen ihren Weg in die Presse fanden.[98] Der eigentliche Clou war aber fraglos, dass auf diese Weise die Außenminister als oberste Diplomaten nicht mehr beteiligt werden mussten. In fast jeder Delegation bestand ein untergründiges Spannungsverhältnis zwischen der politischen Regierungsspitze und den jeweiligen Außenministern, denen nach den üblichen Gepflogenheiten eigentlich die Führung der diplomatischen Gespräche oblegen hätte. Dieser latente Konflikt wurde nunmehr zugunsten der Regierungschefs entschieden, zumal diese, so besonders Wilson, aber auch Lloyd George und Clemenceau, davon überzeugt waren, dass eine Verständigung in kleinen Runde und in einem weniger forma-

---

96 Vgl. Lloyd George, Some Considerations for the Peace Conference, Fontainebleau-Memorandum v. 25.03.1919, in: ebenda, Bd. 56, S. 259–270, dazu etwa Elcock, Portrait, S. 165–170; Lloyd George, Truth, Bd. 1, S. 403–422. Die Endfassung auch in: PA-UK, DLG Papers, F/147/2. In der Forschung wurde, neben einer starken Betonung der antibolschewistischen Stoßrichtung, darin eine frühe Ausprägung der Appeasement-Politik gegenüber deutschen Revisionsforderungen gesehen, so bei Bernd Jürgen Wendt, Lloyd George's Fontainebleau-Memorandum. Eine Wurzel des Appeasement?, in: Ursula Lehmkuhl/Clemens A. Wurm/Hubert Zimmermann (Hrsg.), Deutschland, Großbritannien, Amerika. Politik, Gesellschaft und Internationale Geschichte im 20. Jahrhundert, Stuttgart 2003, S. 27–44; Antony Lentin, Lloyd George and the Lost Peace. From Versailles to Hitler, 1919–1940, Basingstoke 2002, S. 10–13, 53–55, 74–76.

97 Dieser Beschluss wurde, obwohl außerhalb der Sitzung getroffen, formell noch dem Supreme Council zugeordnet, siehe Annex A zu Protokoll v. 24.03.1919, in: FRUS, PPC 1919, Bd. 4, S. 459–475, hier: S. 472. Siehe auch Lundgreen-Nielsen, Polish Problem, S. 225–231, daneben MacMillan, Peacemakers, S. 165.

98 Vgl. Hayden, Negotiating in the Press, S. 152–155; Elcock, Portrait, S. 82f., 322.

len Rahmen weitaus leichter gelingen könne als unter den Bedingungen des diplomatischen Protokolls.[99]

Als dritter Grund lässt sich schließlich der Ende März getroffene Beschluss anführen, den Friedensvertrag mit Deutschland vorzuziehen, was bedeutete, dass die Empfehlungen der Kommissionen durchgegangen und diejenigen Punkte, über die sich bislang allenfalls vordergründig eine Einigkeit hatte herstellen lassen, nunmehr abschließend beraten und entschieden werden mussten. Auch dies begünstigte die Konzentration in einem kleinen Zirkel, zu dem sich die vier Staatsmänner von nun an nahezu jeden Tag, in der Regel zweimal täglich, zusammensetzten. Zu rund 150 Sitzungen zwischen Ende März und Juni sind Aufzeichnungen überliefert,[100] in denen sich mehrheitlich bestätigt, was schon viele Zeitgenossen vermuteten: Die Spannbreite der Gespräche war enorm. Am 22. April, um nur ein willkürlich herausgewähltes Beispiel anzuführen, erstreckten sich die Themen von Elsass-Lothringen über Syrien zu den Vorbereitungen des Empfangs der deutschen Delegation, von der Demilitarisierung des linken Rheinufers über die Garantien der Vertragserfüllung bis zum amerikanisch-französischen Garantiepakt, von Österreich über Danzig bis zum russischen Archangelsk, das immer noch von britischen Truppen besetzt gehalten wurde. Und das alles angeblich in einer halben Stunde, bevor gegen 11:30 Uhr die japanischen Vertreter Makino und Chinda hinzukamen, um über die heftig umstrittene Frage der chinesischen Provinz Shandong zu sprechen.[101]

---

99 Vgl. Steller, Diplomatie, S. 414f.; MacMillan, Peacemakers, S. 13f., 36f., 48f.; Walworth, Wilson and his Peacemakers, S. 199–202, 212–220; Dockrill/Steiner, Foreign Office, S. 85f. Typisch etwa die pointierten Kommentare zu den Regierungschefs bei Lansing, The Big Four, S. 37–76.

100 Der größte Bestand sind die Aufzeichnungen des Übersetzers Paul Mantoux, Les délibérations du Conseil des quatre, 24 mars–28 juin 1919, 2 Bde., Paris 1955, der die auf Englisch geführten Gespräche, teils in stenographischer Form, teils nach Stichworten, teils aus der Erinnerung, auf Französisch festhielt; insofern ist die (Rück-)Übersetzung ins Englische (ders., The Deliberations of the Council of Four. (March 24–June 28, 1919), hrsgg. v. Arthur Link, 2 Bde., Princeton 1992) nicht ohne Fallstricke. Nur Ergebnisprotokolle, die in ihrer Stilisierung aber teilweise die Themen genauer benennen, sind die Aufzeichnung von Maurice Hankey, etwa in: FRUS, PPC 1919, Bd. 4 u. 5. Zeitweise protokolliert hat auch der italienische Übersetzer, siehe einzelne Auszüge in Luigi Aldrovandi Marescotti, Guerra diplomatica. Ricordi e framenti di diario (1914–1919), 8. Aufl., Mailand 1940; ders., Nuovi ricordi e frammenti di diario per far séguito a Guerra diplomatica (1914–1919), Mailand 1938. Näheres bei Steller, Diplomatie, S. 415; MacMillan, Peacemakers, S. 282f.; Gunzenhäuser, Pariser, S. 22f. Hingegen sprechen Walworth, Wilson and his Peacemakers, S. 213, und Marston, Peace Conference, S. 167, von insgesamt rund 200 Treffen.

101 Vgl. Protokoll v. 22.04.1919, in: FRUS, PPC 1919, Bd. 5, S. 112–123. Ein Großteil ist davon nicht bei Mantoux, Deliberations, Bd. 1, S. 317–319, angeführt, was unterstreicht, dass Hankeys Aufzeichnungen in erster Linie die Entscheidungen festhalten sollten, auch wenn sie ohne

Der nachmals oft erhobene Vorwurf, die vier Staatsmänner hätten in großer Heimlichkeit über die Friedensbedingungen entschieden, ist hingegen irreführend. Wie beim Supreme Council, wenngleich in einer deutlich informelleren Weise, wurden auch hier interessierte Parteien eingeladen und eine Vielzahl von Ratgebern herangezogen; ebenso wurden Kommissionen eingesetzt oder entsprechende Berichte angenommen. An einer symbolisch-repräsentativen Dimension fehlte es hingegen fast vollständig. Die Sitzungen fanden in der Regel in Wilsons Residenz an der Place des États-Unis statt, wo sich die vier Regierungschefs in einem dunkel getäfelten Arbeitszimmer gegenübersaßen und im Hintergrund, obwohl die Gespräche in englischer Sprache geführt wurden, meist noch Paul Mantoux als Übersetzer anwesend war, phasenweise auch der italienische Übersetzer Aldrovandi Marescotti. Dass ob der Vertraulichkeit der Gespräche anfangs nicht einmal schriftliche Aufzeichnungen gemacht wurden, erwies sich allerdings als Achillesferse des neuen Gremiums. Nicht alle Entscheidungen erreichten auch die zuständigen Stellen, und nicht immer waren die getroffenen Beschlüsse nach einigen Tagen noch allen Teilnehmern erinnerlich. Es war eine naheliegende Entscheidung, wenn Lloyd George ab dem 8. April zunehmend Maurice Hankey heranzog, der sich als umsichtig lenkender Sekretär erwies und dem es, im Zusammenspiel mit dem Redaktionskomitee, wesentlich zu verdanken ist, dass der Friedensvertrag mit Deutschland in den nächsten Wochen überhaupt klare Konturen erhielt.[102]

Zu den offenen Fragen, welche die Beratungen der Staatsmänner zunächst bestimmten, zählten etwa das Problem der Reparationen, die Strafverfolgung von Wilhelm II., die linksrheinischen und saarländischen Interessen Frankreichs, schließlich der japanisch-chinesische Streit um Shandong. Als größter Streitfall jedoch, der zwar nichts mit den Bedingungen des deutschen Vertrages zu tun hatte, die Konferenz aber trotzdem an den Rand des Scheiterns brachte, entwickelte sich im Laufe des April der Konflikt um die italienische Adriapolitik, der zugleich einen exemplarischen Einblick in die Tätigkeit des Council of Four bietet. Denn die Konzentration der Entscheidungsfindung auf vertrauliche Gespräche zwischen den Regierungschefs bot zwar den Vorteil zügiger und vertraulicher Beratungen; sie bedeutete aber auch, dass Persönlichkeit und Politik,

---

nähere Erörterungen oder durch unwidersprochene Äußerungen getroffen wurden. Dem entspricht die offizielle französische Sammlung der Beschlüsse: RdA, Bd. I, eine Zusammenstellung von britischer Seite in: TNA, FO 374/29–34.
102 Vgl. Hankey, Supreme Control, S. 105, 107–119, zur Einschätzung auch Roskill, Hankey, Bd. 2, S. 73–76, weiter Dockrill/Steiner, Foreign Office, S. 69; Temperley, History, Bd. 1, S. 250f. Offiziell wurde Hankey erst ab dem 20. April als Sekretär geführt, vgl. Protokoll v. 20.04.1919, in: FRUS, PPC 1919, Bd. 5, S. 95–105; Hankey an Adeline Hankey, Brief v. 20.04.1919, in: CAC, Hankey Papers, HANK 3/25, Bl. 45.

personale Präsenz und übergeordnete Interessen in eine höchstmögliche Spannung gerieten.

Im Mittelpunkt der erbitterten Auseinandersetzung des „italienischen Monats"[103] stand Vittorio Orlando, der im Kreis der anderen Regierungschefs immer ein Stück weit isoliert war, teils weil er – anders als sein Außenminister Sidney Sonnino – kaum Englisch sprach, teils weil er nur ein geringes Engagement in Streitfragen außerhalb der Interessen Italiens zeigte.[104] Doch schon aus Rücksicht auf die Instabilität der eigenen Regierung, die ihn zu einem häufigen Pendelverkehr zwischen Paris und Rom nötigte, wie auch mit Blick auf die nationalistische Stimmung in der Öffentlichkeit Italiens sah sich Orlando zu einem harschen Kurs genötigt. Dazu gehörte an erster Stelle die seit Kriegsende hartnäckig aufrechterhaltene Forderung nach einer weiteren Ausdehnung der italienischen Einflusssphäre auf der östlichen Seite der Adria, also territoriale Zugewinne noch über die von französischer und britischer Seite im Londoner Geheimvertrag vom 26. April 1915 gemachten Zugeständnisse (Tirol; Istrien mit Triest; Dalmatien) hinaus.[105]

Im Mittelpunkt der Debatten stand die Hafenstadt Fiume (Rijeka), über die in der Vergangenheit der größere Teil des ungarischen Seehandels abgewickelt worden war und auf deren Annexion sich nunmehr die Ambitionen der italienischen Regierung an erster Stelle richteten. Im Abkommen von 1915 war Fiume ausgeklammert worden, auch weil zu diesem Zeitpunkt ein vollständiger Zerfall Österreich-Ungarns kaum vorstellbar gewesen war. Spätestens seit Herbst 1918 jedoch, als die Doppelmonarchie längst in offener Auflösung begriffen war, rückte der Gedanke einer Angliederung der Hafenstadt an Italien in den Vordergrund. In verschiedenen Konferenzgremien hatten die italienischen Vertreter immer wieder entsprechende Gesprächsfäden zu spinnen versucht, die sich im

---

103 Elcock, Portrait, S. 217–240.
104 Vgl. MacMillan, Peacemakers, S. 282, H. James Burgwyn, The Legend of the Mutilated Victory. Italy, the Great War, and the Paris Peace Conference, 1915–1919, Westport, Conn. 1993, S. 250f., unkritisch hingegen Spencer M. Di Scala, Vittorio Orlando. Italy, London 2010, S. 164–179. Zuweilen wird spekuliert, dass für den Schritt zum Council of Four eine Rolle gespielt haben mag, dass Sonnino, der die römischen Interessen durchaus robust verfolgte, damit ausgeschlossen werden konnte.
105 Die Literatur zur „adriatischen Krise" ist groß, vgl. hier nur Marina Cattaruzza, L'Italia e la Questione Adriatica. Dibattiti Parlamentari e Panorama Internazionale (1918–1926), Rom 2014, S. 17–60; Daniela Rossini, Woodrow Wilson and the American Myth in Italy. Culture, Diplomacy, and War Propaganda, Cambridge, Mass. 2008, S. 169–192; Burgwyn, Legend, S. 269–286; Albrecht-Carrié, Italy, S. 86–140, zeitgenössisch auch: Charles Seymour, Struggle for the Adriatic, in: Yale Review 11 (1919), S. 462–481. Eine ebenfalls zeitnahe Analyse des Londoner Vertrages vor dem Hintergrund der italienischen Forderungen auch bei Temperley, History, Bd. 4, S. 278–306.

Council of Four ab dem 3. April allerdings rasch zu einem unlösbar scheinenden Knoten schürzten.[106] In den nachfolgenden drei Wochen wurden die italienischen Forderungen vielfach erörtert, in einer entscheidenden Phase ab dem 19. April in fünf unmittelbar aufeinanderfolgenden Sitzungen. Während der britische und französische Premier zögerlich eine Bereitschaft zu begrenzten Kompromissen zu erkennen gaben,[107] war der amerikanische Präsident nicht gewillt, klein beizugeben. Bereits im Londoner Geheimabkommen von 1915 hatte er ein Musterbeispiel europäischen Intrigenspiels und rücksichtsloser Expansionspolitik erblickt, und in dieser Linie schienen ihm nun auch die neuen Forderungen der italienischen Regierung zu stehen. Nicht nur war offensichtlich, dass Italien durch die Annexion einer wirtschaftlich wichtigen Hafenstadt den erst Ende Oktober 1918 proklamierten SHS-Staat zu schwächen versuchte.[108] Sondern für Wilson stellte es ein besonderes Dilemma dar, dass die römischen Forderungen selbst bei großzügiger Betrachtung kaum mit dem Prinzip einer nationalen Selbstbestimmung in Übereinstimmung zu bringen waren, auf welches ihn die öffentliche Meinung längst unabänderlich festgelegt hatte.[109]

Im Council of Four kam es daraufhin zu Szenen großer Dramatik. Für den 20. April notierte Paul Mantoux, dass Orlando in der Debatte um Fiume „signs of the liveliest emotion"[110] gezeigt hätte, wohinter sich nach den Berichten einzelner Zeugen ein veritabler Tränenausbruch verbarg. Nachdem er eine vorbereitete Erklärung verlesen habe, Wilson aber gleichwohl bei seiner ablehnenden Haltung geblieben sei, habe Orlando minutenlang nicht mehr sprechen können, sondern sei aufgestanden und schluchzend an das Fenster getreten. „I have

---

106 Als Beginn der Debatte vgl. Protokoll v. 03.04.1919, in: Mantoux, Deliberations, Bd. 1, S. 123–129, hier: S. 125.

107 Vgl. Joel Blatt, France and Italy at the Paris Peace Conference, in: International History Review 8, H. 1 (1986), S. 27–40, hier: S. 34–39; Tillman, Anglo-American Relations, S. 315–333.

108 Vgl. Lederer, Yugoslavia, S. 73, 105f., 186, 195–203, als weiterer Überblick auch Marie-Janine Calic, Geschichte Jugoslawiens im 20. Jahrhundert, München 2010, S. 83f.; Jelavich/Jelavich, Establishment of the Balkan National States, S. 301–305.

109 Vgl. Marina Cattaruzza/Sacha Zala, Wider das Selbstbestimmungsrecht? Wilsons Vierzehn Punkte und Italien in der europäischen Ordnung am Ende des Ersten Weltkriegs, in: Fisch (Hrsg.), Verteilung der Welt, S. 141–156, hier: S. 146–154; Fisch, Selbstbestimmungsrecht, S. 163f. Eine Wilson nahestehende Deutung bei Hansen, Adventures, S. 136–179, eine Kritik aus britischer Sicht etwa bei Henry Wickham Steed, Through Thirty Years 1892–1922. A Personal Narrative, Bd. 2, Garden City Park, N.Y. 1925, S. 326–329. Zur Rechtfertigung einzelner Territorialentscheidungen siehe auch die Ausführungen unten.

110 Protokoll v. 20.04.1919, in: Mantoux, Deliberations, Bd. 1, S. 290–297; hier: S. 294. Siehe auch Eintrag v. 20.04.1919, in: Aldrovandi Marescotti, Guerra diplomatica, S. 239–247, hier: S. 244.

seen Orlando break down and sob like a child"[111], notierte Hankey. Sicherlich sollten die spärlichen Quellen zu diesem Ereignis nicht überlastet werden, und es ist auch nicht unwahrscheinlich, dass in den Beschreibungen dieses Gefühlsausbruchs immer auch Stereotypen zur Emotionalität italienisch-mediterraner Politik mitschwangen.[112] Gleichwohl waren die übrigen Anwesenden konsterniert. Dass Orlando nicht vor Scham im Boden versunken sei, sondern sich nachmals noch bei ihm entschuldigt habe, sei geradezu unglaublich, schrieb Hankey an seine Ehefrau, verbunden mit der Anmerkung, dass er die eigenen Söhne für ein solches Verhalten durchaus diszipliniert hätte.[113] Auch von der gegenüberliegenden Residenz des britischen Premiers (23 Rue Nitot) war der am Fenster stehende Orlando aufgefallen, so dass einschlägige Gerüchte zu dieser Szene bald in Konferenzkreisen die Runde machten.[114]

Für die weiteren Verhandlungen waren diese „momenti d'intensa emozione"[115] zunächst bedeutungslos, wenngleich die italienische Delegation die nunmehr manifeste Ablehnung ihrer Ansprüche als Wendepunkt begriff. Es folgte noch eine Reihe ergebnisloser Gespräche, drei Tage später erklärte Orlando sodann den Rückzug Italiens von der Friedenskonferenz. Während sich Wilson daraufhin, in kalkulierter Verletzung aller diplomatischen Standards, direkt an die italienische Öffentlichkeit wandte und die amerikanische Position in einem Manifest darzulegen versuchte, reiste Orlando am 24. April unter dem notdürftigen Vorwand ab, sich über die nächsten Schritte mit dem römischen Parlament beraten zu müssen.[116] Da sich inzwischen allerdings eine deutsche Delegation zum Aufbruch nach Paris rüstete, mussten die letzten Entscheidungen zum Friedensschluss mit Deutschland von Clemenceau, Lloyd George und Wilson allein getroffen werden. Angesichts ihrer schon zuvor dominierenden Stellung be-

---

111 Hankey Diary, Eintrag v. 20.04.1919, in: CAC, Hankey Papers, HANK 1/5, Bl. 67f., und als Nachtrag dazu: ebenda, HANK 1/6/46.

112 Aus Erzählungen: House Diary, Eintrag v. 20.04.1919, in: YLMA, House Papers, Serie 2, vol. 7, S. 169; Grayson Diary, Eintrag v. 20.04.1919, in: PWW, Bd. 57, S. 513; Eintrag v. 20.04.1919, in: Poincaré, Au service, Bd. 11, S. 385.

113 Vgl. Hankey an Adeline Hankey, Brief v. 23.04.1919, in: CAC, Hankey Papers, HANK 3/25, Bl. 47f.

114 Vgl. Stevenson Diary, Eintrag v. 20.04.1919, in: Lloyd George. A Diary by Frances Stevenson, hrsgg. v. A. J. P. Taylor, London 1971, S. 181f. Auf den Vorfall bezieht sich möglicherweise John Foster Bass, The Peace Tangle, New York 1920, S. 44f. Hinweise in der Literatur bei Cattaruzza, L'Italia, S. 42f.; Walworth, Wilson and his Peacemakers, S. 344; Roskill, Hankey, Bd. 2, S. 80f.

115 Eintrag v. 20.04.1919, in: Silvio Crespi, Alla difesa d'Italia in guerra e a Versailles. Diario, 1917–1919, 2. Aufl., Mailand 1938, S. 442.

116 Vgl. Burgwyn, Legend, S. 278–281.

deutete diese Wandlung zum Council of Three – zum „roi à trois têtes"[117], wie James Brown Scott später bissig schrieb – freilich keine grundstürzende Änderung mehr.[118] Der italienische Auszug dauerte zudem nur zehn Tage, dann kehrte Orlando, der bei seiner Heimkehr in Rom noch als Nationalheld gefeiert worden war,[119] geschlagen nach Paris zurück. Am Vormittag des 7. Mai, wenige Stunden vor der Übergabe des Vertragsentwurfes an die deutschen Vertreter, nahm er erstmals wieder an einem Treffen des Council of Four teil, freilich ohne dass sich die konträren Positionen im Streit um Fiume angenähert hätten.[120]

Der entscheidende Punkt, der durch Orlandos Gefühlsausbruch unterstrichen wird, war die intensive Atmosphäre der Entscheidungsfindung im Kreis der Regierungschefs. Allen Beteiligten war bewusst, dass in diesem „Cabinet of the World"[121], auf diesem „Olympus"[122], letztgültige Beschlüsse getroffen werden würden, weitgehend ohne diplomatisches Lavieren oder vermittelnde Instanzen – obschon Clemenceau wie Lloyd George im Streit um Fiume noch zu schlichten versucht hatten –, ohne symbolische Deckformen und ohne gesichtswahrende Rückzugsmöglichkeiten. Eine solche Konfrontation erleichterte, ja, erzwang mit zunehmender Zeitknappheit einerseits die Entscheidungsfindung, da kaum noch Beschlüsse delegiert, formale Hindernisse vorgeschoben oder auf politische Nebenschauplätze ausgewichen werden konnte; zudem entstand durch die täglichen Begegnungen eine verhaltene Vertrautheit untereinander.[123] Doch auf der anderen Seite handelte es sich um eine existentielle Form der politischen Auseinandersetzung, welche die Staatsmänner physisch wie psychisch an ihre Grenzen führte. „Neither would yield an inch and neither would the President", so beschrieb Edward House den Zusammenstoß von Orlando und Sonnino mit Wilson, „so the situation is just where it was except that the feeling is more intense."[124]

---

117 James Brown Scott, Le français, langue diplomatique moderne. Étude critique de conciliation internationale, Paris 1924, S. 10.

118 Dem entsprachen denn auch Formulierungen wie „Three men made the Treaty with Germany in three weeks", so Slosson, Constitution, S. 367.

119 Vgl. Orlando Enters Rome, Acclaimed as National Hero, in: New York Times v. 27.04.1919.

120 Vgl. Rossini, Woodrow Wilson, S. 184–187; Burgwyn, Legend, S. 287f.; Albrecht-Carrié, Italy, S. 141–162. Daneben: Steller, Diplomatie, S. 421f.; Sharp, Versailles Settlement, S. 36. Unterlagen und Schriftwechsel zur Rückkehr der italienischen Delegation auch in: AD, Papiers Pichon, PA-AP 141/7, Bl. 134–211.

121 Hankey, Supreme Control, S. 193.

122 Crowe an Clema Crowe, Brief v. 26.03.1919, in: Bodleian Lib., Crowe Papers, Ms.Eng. d.3023, Bl. 140.

123 Vgl. Lloyd George, Truth, Bd. 1, S. 229; Tardieu, La Paix, S. 205f.; Slosson, Constitution, S. 367. Siehe auch MacMillan, Peacemakers, S. 284f.

124 House Diary, Eintrag v. 20.04.1919, in: YLMA, House Papers, Serie 2, vol. 7, S. 169.

Vor allem Orlando vermochte diesem Druck kaum zu widerstehen, so dass es kein Zufall war, wenn House am 20. April notierte, dass „Orlando *finally* broke down."[125] Doch auch Wilson war gesundheitlich schwer angeschlagen. Von einer Grippeerkrankung Anfang April hatte er sich kaum erholt, und auf einen Vertrauten wie Ray Stannard Baker wirkte er in diesen Wochen rapide gealtert und ausgezehrt.[126] Teilweise machten sich derartige Ausfallerscheinungen und Wesensveränderungen bemerkbar, dass seither eine Kontroverse darüber geführt wird, ob Wilson nicht bereits Ende April einen leichten Schlaganfall erlitten hatte, mehrere Monate vor seinem endgültigen Zusammenbruch im Oktober 1919.[127] Das war in der Öffentlichkeit freilich kaum sichtbar, wo der 63-jährige Wilson immer noch als vitaler Staatsmann voller Elan galt, ganz im Gegensatz zu dem 78-jährigen Clemenceau, der geradezu als „the living symbol of devastated, exhausted, depleted France"[128] erscheinen konnte. Auch das war zwar eine erhebliche Überzeichnung. Aber besonders nach dem am 19. Februar erfolgten Attentat musste der französische Regierungschef in einer Weise mit seinen Kräften haushalten, die bei Lloyd George zu der im kleinen Kreis geäußerten Befürchtung führte, dass der angegriffene Gesundheitszustand von Clemenceau die ganzen Verhandlungen verschleppen würde.[129] Tatsächlich besaß Lloyd George von den vier Regierungschefs augenscheinlich die größte Resilienz, vielleicht aufgrund seines vergleichsweise jungen Alters von 56 Jahren, vielleicht aufgrund seiner Konstitution und eines ironischen Naturells, sicherlich aber auch, weil die britischen Konferenzziele zu diesem Zeitpunkt weitgehend erreicht waren; weder mit Fiume noch mit den meisten anderen offenen Fragen, abgesehen von den Reparationen, verband die Londoner Regierung ein existentielles Interesse.[130]

---

125 Ebenda (Hervorh. durch den Verf.).

126 Vgl. Ray Stannard Baker, What Wilson Did at Paris, New York 1920, S. 51–67.

127 Vgl. Cooper, Woodrow Wilson, S. 494; Walworth, Wilson and his Peacemakers, S. 285f., jeweils mit weiteren Hinweisen.

128 William R. Keylor, The Messiah and the Tiger. Woodrow Wilson, Georges Clemenceau, and the Cultural Stereotypes of America and France at the Paris Peace Conference of 1919, in: William L. Chew (Hrsg.), National Stereotypes in Perspective. Americans in France, Frenchmen in America, Amsterdam 2001, S. 283–298, hier: S. 288.

129 Vgl. Riddell Diary, Eintrag v. 21.03.1919, in: Riddell Diaries, S. 261. Die Aufzeichnungen v. 24.04.1919, in: Mordacq, Ministère Clemenceau. Journal, Bd. 3, S. 242, betonten die robuste Gesundheit von Clemenceau in einer Weise, welche das Gegenteil nicht unwahrscheinlich erscheinen lässt, ebenso die in manchen Biographien beschworene Unermüdlichkeit des Staatsmanns, so bei Becker, Clemenceau, S. 117f., 182; Duroselle, Clemenceau, S. 859. Siehe auch MacMillan, Peacemakers, S. 40.

130 Für eine pointierte Charakterisierung Lloyd Georges vgl. Lentin, Lloyd George and the Lost Peace, S. 1–22.

Insgesamt entsprachen die Friedensverhandlungen im Council of Four zwar äußerlich den Traditionen einer Arkanpolitik. Sie fanden in einer gegen die Öffentlichkeit abgeschirmten Sphäre statt und setzten ganz auf die Vertraulichkeit der persönlichen Begegnung, des offenen Gesprächs und der Kommunikation von Angesicht zu Angesicht. Da aber mit den Regierungschefs zugleich die eigentlichen Entscheidungsträger am Tisch saßen, ging diese Abstimmung über alle tradierten Formen einer mittelbaren, und damit von einer persönlichen Verantwortung wenigstens partiell entlasteten, Diplomatie weit hinaus. Die Konsequenzen waren ambivalent: Wohl erleichterte eine solche „personal diplomacy", welche sich in der Zwischenkriegszeit in Form von Gipfelgesprächen als wichtiges Element der internationalen Politik durchsetzen sollte, eine rasche Koordination und unkomplizierte Beschlussfassung.[131] Im Fall von konträren Meinungen wurde es jedoch augenscheinlich schwieriger, zu Entscheidungen zu kommen, einerseits, weil einem Dissens sehr viel weniger ausgewichen werden konnte, andererseits, weil im gegebenen sozialen und kommunikativen Setting die Grenze zwischen den politischen Positionen und ihrer Repräsentation verschwammen. Insofern hatte die Beschlussfassung hinter den Kulissen durchaus den Nachteil, dass mit dem Verzicht auf eine öffentliche Inszenierung und Theatralisierung zugleich ein schützender Handlungsrahmen weggefallen war; alle Entscheidungen ließen sich nunmehr persönlich zurechnen.

Die Rückkehr der Diplomaten und der Übergang zur Botschafterkonferenz

Letztmals trat der Council of Four am 28. Juni 1919 zusammen, eine knappe Stunde nach der Unterzeichnung des Friedensvertrages mit Deutschland und im Anschluss an einen von Menschenmassen umjubelten Rundgang durch die Parkanlagen des Versailler Schlosses. Noch in der Nacht bestieg Woodrow Wilson, von Clemenceau zum Bahnhof begleitet, einen Zug nach Le Havre, um sich von dort aus nach den USA einzuschiffen. Lloyd George verließ die Stadt am nächsten Morgen, einem Sonntag, während Sidney Sonnino, der nach dem erst wenige Tage zuvor erfolgten Sturz der Regierung von Orlando die italienische Delegation bei der Vertragsunterzeichnung angeführt hatte, am Montagabend nach Rom abreiste.[132] Auch zahlreiche andere Diplomaten und Politiker verließen Paris oder wurden durch neue Gesandte ersetzt. Da immer noch die Frie-

---

131 Vgl. Steller, Diplomatie, S. 414f. Als Ausblick auf die Zwischenkriegszeit etwa Zara Steiner, The Lights that Failed. European International History 1919–1933, Oxford 2007, S. 183.
132 Eintrag v. 30.06.1919, in: Sidney Sonnino, Diario, hrsgg. v. Pietro Pastorelli, 3 Bde., Bari 1972, Bd. 3, S. 344. Siehe auch Albrecht-Carrié, Italy, S. 197–200, 233–236.

densverträge mit Österreich und Ungarn, Bulgarien und dem Osmanischen Reich auf der Tagesordnung standen, nahmen die Aktivitäten in den Kreisen der süd- und osteuropäischen Delegierten deutlich zu. Der griechische Premier Elefthérios Venizélos versuchte seine Position beispielsweise durch einzelne Hintergrundgespräche auszubauen, und ebenso rüsteten sich die Repräsentanten des SHS-Staates für die weiteren Verhandlungen in den schwierigen Grenzfragen auf dem Balkan.[133]

Gleichwohl bestand der übergreifende Eindruck, dass mit dem Versailler Vertrag das wichtigste der Friedensabkommen geschlossen worden sei. In den ersten Juliwochen griff das Gefühl eines allgemeinen Leerlaufs um sich. Während erste Kritik an den Versailler Bestimmungen laut wurde – in der amerikanischen Delegation war es schon im Mai aus Protest zu vereinzelten Rücktritten gekommen,[134] seit Juni schrieb Keynes in Cambridge an seiner erbitterten Streitschrift gegen den Vertrag[135] –, verfestigte sich bei nicht wenigen Beobachtern die Auffassung, dass der Friedenskonferenz nur noch ein langgezogenes, aber letztlich bedeutungsloses Nachspiel bevorstehe. „So far as I can see, no one is interested any longer in the Paris Conference. I am terribly glad we get away from the work there"[136], schrieb Auchincloss an David Hunter Miller, der bereits mit Edward House nach London gereist war. Dass dort, unter der Regie von Eric Drummond, dem designierten ersten Generalsekretär, erste Schritte zur Begründung des Völkerbundes unternommen wurden, wirkte auf viele Zeitbetrachter weitaus bedeutsamer als die in Paris zeitgleich angestellten Überlegungen zur Umsetzung der Versailler Vertragsbestimmungen.[137] Die Verhandlungen der Friedenskonferenz schienen in weiten Bereichen zum Erliegen gekommen, selbst wenn sich im Fall von Ungarn oder dem Osmanischen Reich ein Vertragsabschluss kaum absehen ließ.[138]

Für die politischen Entscheidungsstrukturen der Konferenz bedeutete die Abreise der Regierungschefs einen Einschnitt. Aus dem Wegfall des Council of Four folgte notwendig die Frage, wo fürderhin über die offenen Probleme bera-

---

133 Vgl. Nikolaos Petsalēs-Diomēdēs, Greece at the Paris Peace Conference 1919, Thessaloniki 1978, S. 245–250; Djokić, Pašić and Trumbić, S. 131–138.

134 Vgl. MacMillan, Peacemakers, S. 477f., zu Bullitt als dem Wortführer der meist jungen Protestierer auch Matthias Schickel, Zwischen Wilson und Lenin. Die Anfänge der globalen Blockbildung in den Jahren 1917–1919, dargestellt am Beispiel des amerikanischen Diplomaten William Christian Bullitt, Hamburg 2005, S. 252–258.

135 Vgl. Keynes, Economic Consequences, siehe auch Schuker, J.M. Keynes, S. 454–465; Fry, British Revisionism, S. 568–580.

136 Auchincloss an Miller, Brief v. 09.07.1919, in: YLMA, House Papers, Box 81/2722.

137 Vgl. die Protokolle des Comité d'Exécution des Clauses du Traité de Paix avec l'Allemagne, in: RdA, Bd. VI-A-1.

138 Vgl. Walworth, Wilson and his Peacemakers, S. 504–508.

ten werden sollte. Der Blick fiel dabei fast zwangsläufig auf die Außenminister der alliierten Hauptmächte, welche den Supreme Council, der seit dem 27. März nur noch sporadisch in großer Runde getagt hatte, als Council of Foreign Ministers – oder auch Council of Five – fortgeführt hatten. Das war eine undankbare Aufgabe gewesen, die eher repräsentative Funktionen erfüllt hatte, kaum aber mit einer echten Entscheidungsmöglichkeit verbunden gewesen war. Trotzdem hatten es die Außenminister auf diese Weise noch zu rund 30 Sitzungen gebracht, in denen zwischen April und Juni einerseits über politisch-militärische Tagesfragen, etwa die unübersichtliche Situation im Baltikum, andererseits über die Berichte der eingesetzten Kommissionen, vorwiegend zu den Territorialfragen, beraten worden war. Man sollte diese Verhandlungen nicht unterschätzen, auch wenn sie wenig daran änderten, dass der Council of Five allgemein als bedeutungsloses Aushängeschild wahrgenommen wurde.[139]

Als Leiter der in Paris verbliebenen Delegationen und ranghöchste Vertreter der jeweiligen Nationen traten die Außenminister ab dem 1. Juli zum Council of Heads of Delegations zusammen, was sie, so formulierte es Arthur Balfour schon am folgenden Tag selbstbewusst, zu den „lawful heirs of the Council of Four"[140] mache. Indes wurde rasch offenkundig, dass weder Balfour noch seine Amtskollegen – neben Robert Lansing und Stéphen Pichon auch Chinda Sutemi für Japan und Tommaso Tittoni für Italien, wo sich im Übrigen gerade eine neue Regierung unter Francesco Saverio Nitti konstituiert hatte – auch nur ansatzweise jene politische Entscheidungsgewalt reklamieren konnten, die für den Council of Four charakteristisch gewesen war. Im Gegenteil, auch nach ihrer Abreise beanspruchten die Regierungschefs immer noch das letzte Wort in allen wesentlichen Fragen. Da nur Clemenceau an den Sitzungen des Council of Heads of Delegations regelmäßig teilnehmen konnte, sahen sich die anderen Regierungschefs bald benachteiligt. Als Lloyd George einige Wochen später nochmals nach Paris kam, einerseits um an der Unterzeichnung des Vertrages von Saint-Germain, andererseits an der Übergabe der Friedensbedingungen an die bulgarische Delegation teilzunehmen, beklagte er sich lebhaft über diese Konstruktion und forderte am 15. September eine baldige Entscheidung über die Zukunft der Friedenskonferenz. Es sei „impossible for the Conference to continue in perpetuity governing Europe"[141], erklärte er und kündigte zugleich an, dass Balfour und das übrige Personal der British Empire Delegation künftig wieder in London gebraucht würden. Wenig später übernahm darum Eyre Cro-

---

139 Vgl. Marston, Peace Conference, S. 173–175. Die Protokolle in: FRUS, PPC 1919, Bd. 4.
140 Balfour, Protokoll v. 02.07.1919, in: ebenda, Bd. 7, S. 8–16, hier: S. 15. Siehe auch Tomes, Balfour and Foreign Policy, S. 273f.
141 Lloyd George, Protokoll v. 15.09.1919, in: FRUS, PPC 1919, Bd. 8, S. 200–217, hier: S. 203.

we vom Foreign Office die Vertretung der britischen Interessen in Paris, wobei ihm nach dem ausdrücklichen Willen von Lloyd George lediglich die Rolle als „telegraph for instructions"[142] ohne eigene Autorität zugedacht war.

Eine ähnliche Herabstufung der Delegationsleitung hatte es bereits im amerikanischen Fall gegeben. Robert Lansing war am 12. Juli nach Washington abgereist, weshalb der Vorsitz der amerikanischen Delegation kurzfristig erst Henry White, dann Frank Polk zugefallen war, der als Counselor des State Department immerhin Stellvertreter Lansings war und zum Ende des Monats die Leitung der ACNP übernahm.[143] Die italienische Regierung bemühte sich demgegenüber um eine gewisse Konstanz, indem sie Tittoni auch dann noch in Paris beließ, als Ende September wiederum ein neuer Außenminister, Vittorio Scialoja, ernannt wurde. Doch Scialoja war seit Ende Juni der zweite Mann der italienischen Delegation gewesen, so dass der Übergang vergleichsweise geordnet stattfand und Tittoni erst im November aus gesundheitlichen Gründen von seinen Aufgaben zurücktrat.[144] Noch größere Kontinuität bestand in der Vertretung der japanischen Interessen, die in den Händen des einstigen Außenministers Makino lag, sich später aber auch auf die beiden Botschafter in London und Paris, Chinda Sutemi und Matsui Keishirō, erstreckte; der ursprüngliche Delegationsleiter Saionji hatte sich im August auf die Rückreise nach Tokio gemacht, wo er, vor allem dank des japanischen Erfolgs in der umstrittenen Frage von Shandong, mit großer Begeisterung empfangen worden war.[145]

Obwohl es der Council of Heads of Delegations von Anfang Juli bis Mitte Januar auf 128 Sitzungen brachte, zeigen diese personellen Umbesetzungen deutlich an, dass die politisch relevanten Entscheidungen nunmehr wieder in den Regierungszentralen getroffen werden sollten.[146] Der Spielraum der Delegationsleiter vor Ort war gering, was oftmals zeitraubende Rücksprachen erforderlich machte und ein taktisches Lavieren in der Zwischenzeit begünstigte. Auf der anderen Seite erschienen die tatsächlich ausstehenden Entscheidungen überschaubar. Der Idee nach waren alle wesentlichen Fragen bereits im Frühjahr von den Kommissionen verhandelt und vom Supreme Council wie dem Council of Four in den Grundzügen entschieden worden; zudem lag mit dem Versailler Vertrag das Modell für die Ausarbeitung der weiteren Friedensverträ-

---

142 Ebenda, S. 209. Zu Crowes Rolle als Delegationsleiter vgl. Otte, Between Old Diplomacy and New, S. 23–27; Crowe/Corp, Our Ablest Public Servant, S. 349–353, auch Ephraim Maisel, The Foreign Office and Foreign Policy, 1919–1926, Brighton 1994, S. 45–54.
143 Vgl. Walworth, Wilson and his Peacemakers, S. 438f.; Smith, Lansing and the Paris Peace Conference, S. 614; Mitchell, Frank L. Polk, S. 10f.
144 Vgl. Albrecht-Carrié, Italy, S. 233–257.
145 Vgl. Burkman, Japan and the League, S. 94.
146 Vgl. Marston, Peace Conference, S. 215–227.

ge vor. Es ergab daher durchaus Sinn, wenn Frank Polk schon Anfang September an Lansing nach Washington schrieb, „that we should begin to have business go in its regular channels through the Foreign Offices"[147]. Wenig später wurde von britischer Seite erstmals ein konkreter Termin für das Ende der Verhandlungen ins Auge gefasst und der Rückzug aus Paris zunächst auf den 1. Dezember 1919 terminiert. Zu diesem Zeitpunkt, so die optimistische Annahme, seien der Friedensvertrag mit Bulgarien unterzeichnet, der Friedensvertrag mit Ungarn wenigstens unterschriftsreif und in den noch ungelösten Fragen – so etwa zur Frage der belgischen Neutralität und der Revision des Garantievertrages von 1839 – wenigstens allgemeine Entscheidungen getroffen. Der Friedensvertrag mit dem Osmanischen Reich müsse ohnehin gesondert behandelt werden, und die dazu notwendigen Abstimmungen könne ebenso gut der britische Botschafter in Paris, Lord Derby, übernehmen.[148]

Selbst wenn man darin zunächst das Interesse der professionellen Diplomatie erkennen mag, die Verhandlungen wieder in etablierte Bahnen zurückzuführen,[149] besaß dieser Vorschlag eine hohe Plausibilität. Der Council of Heads of Delegations sollte nur noch die letzten Beschlüsse über den Friedensschluss begleiten, alle darüber hinausgehenden Fragen und künftigen Abstimmungen würden sodann wieder in die Ressorts der Außenämter fallen. Trotzdem zeigte sich im Oktober und November, dass es nicht einfach war, die Verhandlungen in Paris zu einem tatsächlichen Ende zu bringen. Dafür waren zunächst Schwierigkeiten mit dem bulgarischen wie ungarischen Friedensvertrag verantwortlich, wie sie den politischen Verwerfungen in Ost- und Südosteuropa entsprangen; schon am 10. September hatten Vertreter des SHS-Staates und Rumäniens ihre Unterschrift unter den Vertrag von Saint-Germain verweigert. Bis in den Herbst bestand zudem große Unsicherheit darüber, ob und wann es nach dem Sturz von Béla Kun und der rumänischen Okkupation von Budapest eine verhandlungsfähige Regierung in Ungarn geben würde; über beide Aspekte wird unten noch im Detail berichtet. Als anhaltend unübersichtlich erwies sich auch die adriatische Frage, die zwischen den alliierten Hauptmächten weiterhin umstritten war, nach der Besetzung von Fiume durch italienische Freischärler aber neue Dringlichkeit erhielt; der nationalistische Schriftsteller Gabriele D'Annunzio hatte die Hafenstadt am 12. September in einem Coup erobert und forderte nun von der Regierung in Rom eine Annexion.[150] Schließlich häuften sich die

---

147 Polk an Lansing, Brief v. 22.09.1919, in: YLMA, Polk Papers, Box 9/314, S. 3.
148 Vgl. Tufton/Spring-Rice, Memorandum v. 16.10.1919, in: TNA, FO 608/162/1, Bl. 105–115, hier: Bl. 105f.
149 Vgl. Dockrill/Steiner, Foreign Office, S. 79–86.
150 Vgl. Cattaruzza, L'Italia, S. 61–101.

Konflikte mit der deutschen Seite, die schon jetzt auf eine grundlegende Revision des Friedensabkommens hinarbeitete. Die vom neuen deutschen Delegationsleiter, Kurt Freiherr v. Lersner, eingereichten Eingaben zur Besetzung der vorgesehenen Kommissionen, aber auch die Auseinandersetzungen um eine Entschädigung für die in Scapa Flow versenkte deutsche Flotte oder die Räumung des Baltikums gaben einen ersten Vorgeschmack, zu welchem Tauziehen es nach dem Inkrafttreten des Versailler Vertrages kommen würde.[151]

Damit nicht genug: Die vielleicht größte Unsicherheit ergab sich aus der Tatsache, dass der amerikanische Senat die Ratifikation des Friedensabkommens mit Deutschland am 19. November vorerst abgelehnt hatte, was sich zwar seit einiger Zeit angekündigt hatte, aber die Voraussetzungen, unter denen zahlreiche Entscheidungen getroffen worden waren, erheblich ins Wanken brachte.[152] In der Hoffnung auf eine neuerliche Abstimmung im US-Senat versuchten die Delegationen in Paris zunächst Zeit zu gewinnen. Die französische Regierung plädierte deshalb nicht nur nachdrücklich für die Fortführung aller interalliierten Gespräche, sondern versuchte zunächst auch, die Hinterlegung der Ratifikationsurkunden zum Versailler Vertrag – der neben Deutschland (16. Juli) mittlerweile auch in Frankreich (14. Oktober), Großbritannien (31. Juli)[153] und Italien (6. Oktober) ratifiziert worden war – hinauszuzögern, so dass sich der von deutscher Seite aufgeworfenen Frage nach einer amerikanischen Beteiligung an den einzurichtenden Kommissionen ausweichen ließ.[154] Allerdings hielt auch Polk als Leiter der US-Delegation eine Fortsetzung der Konferenz für so lange wünschenswert, bis die Verträge mit Bulgarien und Ungarn unterzeichnet seien.[155] In Washington, wo sich durch einen Schlaganfall und Zusammenbruch von Wilson ab Anfang Oktober ein zunehmendes Macht-

---

151 Vgl. Marston, Peace Conference, S. 222–224, für Einzelfragen etwa Krüger, Versailles, S. 88–118; Deák, Hungary, S. 93–170; Albrecht-Carrié, Italy, S. 245–247.

152 Vgl. Lloyd E. Ambrosius, Woodrow Wilson and the American Diplomatic Tradition. The Treaty Fight in Perspective, Cambridge, UK 1987, S. 172–250.

153 Obwohl keine formale Notwendigkeit dazu bestand, wurde die von König Georg V. vorgenommene Ratifikation nochmals vom britischen Parlament am 3. Oktober ausdrücklich bestätigt.

154 Vgl. Walworth, Wilson and his Peacemakers, S. 554; Marston, Peace Conference, S. 225–227. Über das Verfahren von Ratifikation und Inkrafttreten war in alliierten Kreisen seit dem Frühjahr nachgedacht worden, wenngleich zunächst im Hinblick auf Italien, dessen Ausscheren aus dem Kreis der Siegermächte nicht den gesamten Friedensschluss in Frage stellen sollte. Letztlich bestimmte der Vertragstext (nach Art. 440 VV), dass neben Deutschland die Ratifikation von drei Hauptmächten genügen sollte, um ein Protokoll zur Hinterlegung der Ratifikationsurkunden aufzustellen und damit den Vertrag in Kraft zu setzen.

155 Vgl. Mitchell, Frank L. Polk, S. 263–294. Siehe auch Walworth, Wilson and his Peacemakers, S. 439, 461.

vakuum aufgetan hatte, neigte sich die Waage zu diesem Zeitpunkt allerdings schon zur anderen Seite. Nicht allein führende Republikaner, sondern selbst House, der im Weißen Haus allerdings inzwischen mit Ungnade behandelt wurde, und Lansing, der einen Teil der präsidialen Amtsgeschäfte übernommen hatte, waren seit Mitte Oktober davon überzeugt, dass die Pariser Verhandlungen möglichst rasch beendet werden sollten.[156]

Der erlösende Moment erfolgte schließlich mit der Unterzeichnung des bulgarischen Vertrages am 27. November in Neuilly-sur-Seine. Nun ließ sich füglich argumentieren, dass die Konferenz alles erreicht habe, was sich unter zunehmend widrigen Bedingungen hatte erreichen lassen, und dieser Eindruck gewann noch dadurch zusätzliches Gewicht, dass am gleichen Tag eine Anordnung des rekonvaleszenten Wilson in Paris eintraf, wonach angesichts der gescheiterten US-Ratifikation jede weiter Beteiligung an den Verhandlungen unverzüglich zu beenden sei.[157] Die in der ACNP seit längerer Zeit gehegten Rückzugspläne wurden daraufhin rasch in die Tat umgesetzt. Am 9. Dezember brachen Polk, und mit ihm die beiden noch in Paris verbliebenen Delegierten Tasker Bliss und Henry White sowie der gesamte Rest der amerikanischen Delegation, in Richtung Brest auf, um von dort in die USA zurückzureisen.[158]

Die französische Bestürzung über diesen Rückzug war groß. Clemenceau beklagte lebhaft, dass die amerikanische Seite ihre europäischen Verbündeten, namentlich die französische Regierung, in einem Moment im Stich lasse, in dem sich das Schicksal des Versailler Vertrages entscheide. Doch angesichts der auf britischer Seite ebenfalls angestrebten Beendigung der Konferenz war es schon ein Erfolg, wenn Clemenceau für den 12. und 13. Dezember nochmals eine Zusammenkunft mit Lloyd George in London verabreden konnte, an der auch die Botschafter Italiens, Japans und der USA teilnahmen. Am Ende der Gespräche, die sich vor allem um Fiume, aber auch um die künftige Haltung gegenüber dem bolschewistischen Russland drehten, stand immerhin ein Kompromiss. Die Friedenskonferenz sollte in ihrer „present session" zwar zu einem Ende kommen und „large questions of policy" künftig direkt zwischen den Re-

---

156 Vgl. Auchincloss Diary, Eintrag v. 18.10.1919, in: YLMA, Auchincloss Papers, Box 3/35, S. 678. Zur politischen Situation in Washington im Herbst 1919 siehe nur Cooper, Woodrow Wilson, S. 535–560; Walworth, Wilson and his Peacemakers, S. 528–546; zur Entfremdung von House und Wilson etwa Neu, Colonel House, S. 405f., 431–437; Hodgson, Woodrow Wilson's Right Hand, S. 215–256; zur umstrittenen Loyalität von Lansing auch Dimitrii Lazo, A Question of Loyalty: Robert Lansing and the Treaty of Versailles, in: Diplomatic History 9 (1985), S. 35–53, hier: S. 51f.
157 Vgl. Walworth, Wilson and his Peacemakers, S. 554f.
158 Vgl. ebenda, S. 556. Siehe auch Grew Diary, Eintrag v. 09.12.1919, in: Grew, Turbulent Era, Bd. 1, S. 401–403.

gierungen beraten werden, für alle „questions of detail" hingegen eine „Conference of Ambassadors in Paris"[159] zuständig sein.

Auf diese Weise kehrte man zu den etablierten Modi der zwischenstaatlichen Diplomatie zurück. Für eine lockere Konferenz der in Paris akkreditierten Botschafter der alliierten und assoziierten Hauptmächte konnten verschiedene Vorbilder und Vorläufer angeführt werden, etwa die Botschafterkonferenz in Konstantinopel nach dem Pariser Friedenskongress von 1856 oder auch die Londoner Botschafterkonferenz zum Balkan nach 1912/13.[160] Der politische Status dieses Gremiums ließ sich gleichwohl nicht endgültig klären. Während von britischer Seite darin tatsächlich nur ein Abstimmungsorgan für ausstehende Detailfragen gesehen wurde, versuchte die französische Regierung die Botschafterkonferenz bald als institutionelle Nachfolgerin der Friedenskonferenz zu behaupten.[161] Diese unterschiedlichen Auffassungen wurden weiter dadurch verkompliziert, dass der amerikanische Botschafter Hugh Wallace nicht nur als Beobachter an den Verhandlungen teilnahm, sondern mit stillschweigender Billigung des State Department auch eine aktive politische Rolle einzunehmen versuchte.[162]

Für die europäische Nachkriegszeit entpuppt sich die unscheinbare, häufig unterschätzte Botschafterkonferenz jedenfalls als einflussreiches Organ zur Implementierung der Friedensverträge. Zwar blieb ihr Verhältnis zum Völkerbund, der im Vertragstext allein als Klärungs- und Vermittlungsinstanz für die Umsetzung der Friedensabkommen erwähnt worden war, letztlich ungeklärt. Doch für zahlreiche Fragen der Auslegung avancierten die fünf Pariser Botschafter der alliierten Hauptmächte zur maßgeblichen Instanz, ebenso für die Koordination der alliierten Kommissionen. Es ist zu Recht geurteilt worden, dass sich die Botschafter, die auf ein effektiv und geräuschlos arbeitendes, im französischen Außenministerium untergebrachtes Sekretariat unter René Massigli zurückgreifen konnten, immer als unpolitische Vertreter verstanden und auch so agierten.[163] In dieser Sicht vollendete die Botschafterkonferenz die politische Entleerung

---

159 Beschluss v. 13.12.1919, in: FRUS, PPC 1919, Bd. 9, S. 853–858, hier: S. 858.
160 Vgl. Baumgart, Friede von Paris, S. 152f., 187; Kießling, Gegen den „großen" Krieg?, S. 177–192. Allgemein: Schulz, Normen und Praxis, S. 12 u.ö.
161 Vgl. Jürgen Heideking, Areopag der Diplomaten. Die Pariser Botschafterkonferenz der alliierten Hauptmächte und die Probleme der europäischen Politik 1920–1931, Husum 1979, S. 19–21; Gerhard Paul Pink, The Conference of Ambassadors (Paris 1920–1931), Genf 1942, S. 24–40.
162 Vgl. Heideking, Areopag, S. 29. Beispielhaft die Instruktionen an Wallace zu Fragen des ungarischen Friedensvertrages in der Anlage von Polk an Wilson, Brief v. 24.02.1920, in: PWW, Bd. 64, S. 464–466.
163 Vgl. Heideking, Areopag, S. 340–350. Siehe auch Blessing, Mögliche Frieden, S. 60, 62, 67.

der Pariser Institutionen, wie sie mit dem Council of Heads of Delegations eingesetzt hatte. Zugleich markierte sie aber auch die Verfestigung und weitere Professionalisierung von internationalen Kommunikations- und Abstimmungsstrukturen unterhalb der politischen Entscheidungsebene. Wie anhand des Redaktionskomitees noch im Detail aufzuzeigen ist, wurde in diesem Gremium zumindest eine Praxis der Rechtsberatung institutionalisiert, deren Ursprung in der Friedenskonferenz lag und die, durch persönliche Bekanntschaften zwischen den einzelnen Delegationen noch befestigt, die internationale Politik der Zwischenkriegszeit prägen sollte. Die Botschafterkonferenz war insofern immer zweierlei: Eine Instanz der effektiven Koordination und formlosen Abstimmung der europäischen Diplomatie einerseits und ein politisches Steuerungsgremium der Siegermächte andererseits, welches in einzelnen Konflikten und Krisen der 1920er Jahre durchaus ein alternatives und exklusives Forum neben dem Völkerbund darstellte.[164]

Unabhängig von der Botschafterkonferenz blieb aber der am 13. Dezember in London gefasste Beschluss, dass die Grundsatzentscheidungen zum Friedensschluss auch nach dem Ende der Pariser Session von den Regierungen getroffen werden sollten, kein leeres Versprechen. Dass darunter vor allem eine Fortsetzung der „personal diplomacy" verstanden wurde, zeigte sich in den weiteren Beratungen zwischen den Regierungschefs und ihren Außenministern, die zunächst in London (12. Februar bis 10. April 1920), dann in San Remo (18. bis 26. April) und in Spa (5. bis 16. Juli) stattfanden. In diesen Gipfelgesprächen wurde der Abschluss der Friedensverträge mit Ungarn (4. Juni 1920) sowie mit der Osmanischen Reich (10. August 1920) vorbereitet, an der Substanz der im Frühjahr des vorangegangenen Jahres getroffenen Entscheidungen wurden allerdings keine wesentlichen Änderungen vorgenommen; auch die Friedensabkommen von Trianon und Sèvres sind daher den Pariser Verhandlungen zuzurechnen.

An dieser Zuordnung ändert auch nichts, dass von den Unterzeichnern des Versailler Friedens im Sommer 1920, beim Abschluss der beiden letzten Verträge, kaum noch jemand anwesend war. Zu sehr hatte die Dynamik der innenwie außenpolitischen Zeitläufte allen beteiligten Regierungen, Kanzleien und Auswärtigen Ämtern in den abgelaufenen zwölf Monaten zugesetzt, zu sehr hatten aber auch die strapaziöse Konferenzdiplomatie und die damit verbundenen Belastungen einen persönlichen Tribut gefordert. Der gesundheitlich schwer angeschlagene Woodrow Wilson war für den Rest seiner Amtszeit bis Anfang 1921 nur mehr ein Schatten seiner selbst, und er konnte nur noch tatenlos zusehen, wie der US-Senat am 19. März 1920 den Versailler Vertrag ein weiteres Mal zu-

---

164 Vgl. Steiner, Lights, S. 99, 335f., 356f.

rückwies und die USA damit endgültig auf eine Position außerhalb der Pariser Ordnung festlegte.[165] Georges Clemenceau erlitt in den französischen Präsidentschaftswahlen von Januar 1920 eine demütigende Niederlage und zog sich verbittert aus der Politik zurück, nicht ohne sich gegen den in Frankreich bald aufgekommenen Vorwurf, er habe die nationalen Interessen auf der Friedenskonferenz leichtfertig verspielt, mit einer eigenen Erinnerungsschrift zu wehren.[166] In Rom musste Francesco Nitti nach nicht einmal einem Jahr seinen Platz als Premierminister wieder räumen; auch Orlando kehrte nach einigen vergeblichen Versuchen nicht mehr auf die politische Bühne zurück.[167] Einzig David Lloyd George vermochte sich noch einige Zeit an der Macht zu halten. Zwar beanspruchten die innenpolitische Situation in Großbritannien und vor allem der Streit um die versprochenen Sozialreformen zunächst seine ganze Aufmerksamkeit.[168] Trotzdem, oder gerade deswegen, versuchte Lloyd George auch nach 1919 immer wieder die Rolle als „star performer on the European stage"[169] einzunehmen, zumal sich die diplomatischen Gipfeltreffen wie Perlen an einer Schnur aufreihten. Auf die Treffen in London, San Remo und Spa folgten allein bis 1922 noch zwanzig weitere Zusammenkünfte der ehemaligen Siegermächte und ihrer politischen Spitzen, allerdings mit einer zunehmenden Öffnung, wie die Beteiligung Deutschlands und der Sowjetunion schon an der Konferenz von Genua 1922 anzeigten.[170]

Zusammenfassend: Die Friedenskonferenz war ein vielschichtiges und wandelbares Gebilde, das für die Beschlussfassung über eine neue Friedensordnung kaum eindeutige Strukturen bereitstellte, sondern ein Konglomerat von Verhandlungsforen, geradezu ein System kommunizierender Röhren darstellte, in dem auf verschiedenen Ebenen, zwischen abwechselnden Akteuren und mit un-

---

165 Vgl. Cooper, Woodrow Wilson, S. 561–599; Ambrosius, Wilson and American Diplomatic Tradition, S. 251–289. Die USA und Deutschland schlossen erst am 25. August 1921 einen separaten Friedensvertrag, der allerdings vornehmlich aus der Übernahme weiter Teile des Versailler Vertrag bestand, siehe den Text in 12 LNTS 192.
166 Vgl. Bruno Cabanes, Clemenceau après le traité de Versailles, in: Brodziak/Fontaine (Hrsg.), Clemenceau, S. 203–216. Zu Clemenceau, Grandeurs et misères, siehe vor allem David Watson, Père la Victoire or Perdre la Victoire. Clemenceau's Defence of the Peace Settlement, in: Johnson (Hrsg.), Peacemaking, S. 103–119.
167 Vgl. Albrecht-Carrié, Italy, S. 288f, 293f.
168 Vgl. Sharp, David Lloyd George, S. 177–215.
169 Lentin, Lloyd George and the Lost Peace, S. 19. Außerdem: Fry, And Fortune Fled, S. 349–409; Maisel, The Foreign Office, S. 89–129.
170 Vgl. Cohrs, Unfinished Peace, S. 68–75; Georges-Henri Soutou, L'ordre européen. De Versailles à Locarno, in: Carlier/Soutou (Hrsg.), 1918–1925, S. 301–331; Paul W. Doerr, British Foreign Policy, 1919–1939, Manchester 1998, S. 55f., für Deutschland Peter Krüger, Die Außenpolitik der Republik von Weimar, Darmstadt 1985, S. 77–182.

terschiedlichen Absichten gesprochen wurde. Im Blick von außen sollte diese politische Menagerie zwar als einträchtige Konferenz der alliierten Nationen erscheinen. Sowohl die Plenarversammlung wie auch der Supreme Council versuchten das Bild einer Zusammenkunft der zivilisierten Welt zu vermitteln, welche über die Regelung der Kriegsfolgen und, mehr noch, über die Neubegründung einer stabilen und gerechten Staatenordnung befinden würde. Tatsächlich aber hat wohl kaum ein diplomatischer Vertreter, und wohl auch kein realistischer Zeitbetrachter, ernsthaft daran geglaubt, dass die Debatte in einer gleichberechtigten, inklusiven oder ergebnisoffenen Weise geführt werden würde. Ein solcher Anspruch mochte sich politisch klug ausspielen lassen, wie es einigen Vertretern der kleineren Nationen gelang. Doch bei Licht besehen handelte es sich jeweils um taktische Schachzüge, die auf eine moralische Vorteilssituation zielten oder auf Zugeständnisse an anderer, weniger sichtbarer Stelle.

Als eigentlicher Entscheidungsort entpuppte sich daher nicht die Vorderbühne, sondern das Reich der Hinterzimmer und Kulissen. Die überwiegende Mehrheit der friedensvertraglichen Bestimmungen wurde in den Kommissionen ausgearbeitet, wobei gegen jeden Versuch einer nachträglichen Rationalisierung eingewandt werden muss, dass die Beschlüsse selten aus einer faktischen Sachkunde hergeleitet wurden, sondern in der Regel den besonderen Möglichkeiten entsprangen, die diese spezifische Verhandlungsform bot. Nicht eine freimütige inhaltliche Diskussion bildete die Grundlage der getroffenen Festlegungen, sondern die politischen Zwänge, wie sie allen Kommissionsmitgliedern von den jeweiligen Delegationsleitungen auferlegt wurden. Das heißt nicht, dass sich einzelne Forderungen nicht auch auf sachverständige Argumente stützen konnten und mussten, ja, damit identisch erscheinen mochten, wie es besonders im Umfeld der ACNP zu beobachten war. Aber keine in diesen Gremien erhobene Position vermochte jemals die übergeordneten Zielsetzungen der eigenen Seite zu konterkarieren. Die Bedeutung der Kommissionsarbeit lag vielmehr stets darin, die eigentlichen Entscheidungsprozesse durch den Nimbus einer unpolitischen Expertise möglichst unauffällig zu halten und so außerhalb der (Konferenz-)Öffentlichkeit zu Kompromissen zu kommen.

Nicht immer waren einvernehmliche Beschlüsse möglich. Da alle Festlegungen von den Regierungschefs gebilligt werden mussten, fiel ihnen auch zu, über die strittigen Punkte zu debattieren; auf das Beispiel von Fiume wurde hingewiesen, weitere offene Fragen ließen sich hinzufügen. An solchen neuralgischen, oftmals symbolisch aufgeladenen Streitpunkten zeigten sich sodann die Möglichkeiten und Grenzen einer individuellen Abstimmung durch den kleinen Kreis der Spitzenpolitiker. Sicherlich: Vor allem Wilson, in ähnlicher Weise aber auch Lloyd George und Clemenceau lag die Vorstellung einer unkomplizierten, politisch direkten Verständigung weitaus näher als ein Austausch in den etablierten Formen der Diplomatie. Für diese informelle Entscheidungsfindung war jedoch ein hoher Preis zu entrichten, der angesichts der strittigen Fragen nicht nur zum Friedensschluss, sondern auch zur europäischen und internationalen Tagespolitik rasch immer weiter in die Höhe stieg: Immer neue Beratungsgegenstände kamen hinzu, die Tagesordnung war in einem steten Wandel begriffen, die Abfolge der Treffen von April bis Juni dicht gedrängt, und der Verzicht auf jedwede öffentliche Repräsentation der Entscheidungsfindung erhöhte das allgemeine Misstrauen. Das war sicherlich nicht gerecht, da es kaum andere Möglichkeiten gab, zu verbindlichen Beschlüssen zu kommen. Trotzdem stellten diese Beratungen hinter den Kulissen nicht nur eine Erleichterung und Vereinfachung dar, sondern gingen, gerade weil es an äußerlich-zeremoniellen Formen mangelte, mit einer erhöhten Erwartung an die singuläre Gestaltungsmacht der alliierten Hauptmächte einher.

Doch während James Headlam-Morley als Gast im Council of Four, wie es das Zitat zu Beginn nahelegt, vom wehenden Mantel der Geschichte beeindruckt war, versuchten die Regierungschefs dieser Belastungssituation so bald als möglich zu entfliehen. Nach der Unterzeichnung des Versailler Vertrages am 28. Juni 1919 ging die Konferenz in eine neue Phase über und die Leitung der Geschäfte wanderte weitgehend in die Hände des diplomatischen Establishments. Im Council of Heads of Delegations versammelten sich erst die Außenminister, dann die Karrierediplomaten, die den Stab im Januar 1920 schließlich an die in Paris akkreditierten Botschafter der alliierten Hauptmächte weiterreichten. Spätestens zu diesem Zeitpunkt war die Aufladung der Pariser Gespräche als einzigartiger Entscheidungsmoment über die Zukunft der Welt restlos verbraucht; was blieb, war eine sekundäre Institution, deren Agenda von den nationalen Regierungszentralen bestimmt wurde und welche die ausstehenden Fragen weitgehend mit diplomatischer Routine abzuwickeln suchte.

2 Die Rechtsexperten der Delegationen und ihre Aufgaben

Am 29. Februar 1919 wurde dem französischen Delegierten Léon Bourgeois ein Brief aus Spa zugestellt, den der deutsche Vertreter in der Waffenstillstandskommission dort einem französischen Verbindungsoffizier übergeben hatte. Aufgegeben worden war die Nachricht von Philipp Zorn, der trotz des seit langem unterbrochenen Postverkehrs auf diese Weise seinen „cher collègue des deux Conférences de la Paix"[171] zu erreichen versuchte. In einem bewegten

---

171 Zorn an Bourgeois, Brief v. 12.02.1919, in: AD, Papiers Bourgeois, PA-AP 29/16, Bl. 167–170, hier: Bl. 167. Siehe zu Zorns Haltung bei Kriegsende etwa dessen Lebenserinnerung (masch.

Schreiben appellierte er an Bourgeois, dass der Friedensschluss angesichts der bolschewistischen Gefahr milde ausfallen müsse. Einzig ein starkes Reich, so Zorn, könne die zivilisierte Welt noch vor der Weltrevolution und allgemeiner Anarchie schützen, was zwar die ehrliche Auffassung des konservativen Rechtsprofessors in den bürgerkriegsähnlichen Wirren des Winter 1918/19 ausdrückte, doch auf der Gegenseite kaum auf Verständnis hoffen konnte; ob sich Bourgeois überhaupt zu einer Antwort bemüßigt fühlte, ist nicht überliefert.

Auch wenn das Schreiben von Zorn an Bourgeois ein ebenso isolierter wie erfolgloser Vorstoß blieb, so verweist es doch auf subkutane Verbindungen im juristischen Feld. Zwar gibt es wohl kaum eine zweite Personengruppe, die sich weniger für das Rampenlicht der hohen Politik zu eignen scheint als Rechtsexperten und Rechtsberater. In politikhistorischen Betrachtungen üblicherweise auf einen Platz hinter den Kulissen festgelegt, treten sie in der Regel nur als technische Assistenten und unauffällige Ratgeber auf, vielleicht noch als undurchschaubare Strippenzieher und allenfalls als graue Eminenzen. Für die Aushandlung der Friedensbedingungen waren sie 1919 gleichwohl unabdingbar. Das nachstehende Kapitel rekonstruiert die unterschiedlichen Funktionen, die diesem Personenkreis, der im offiziellen Teilnehmerverzeichnis von April 1919 immerhin als eigenständige Kategorie unter den „Conseillers Techniques" gefasst wurde, während der Friedenskonferenz zufielen.[172] Im Anschluss an oben bereits entwickelte Überlegungen zu den Juristen der Haager Konferenz geht es um exemplarische Einsichten in die Handlungsmuster und Handlungsfelder von Juristen in der internationalen Politik, die hier vor allem für die amerikanische, französische und britische Gesandtschaft nachgezeichnet werden sollen; auf die deutschen Juristen wird weiter unten eingegangen.

Die amerikanischen Juristen: Konservativer Legalismus und der Vorrang des Politischen

An erster Stelle muss die amerikanische Delegation in den Blick genommen werden. Nicht nur hatten die US-Gesandten bereits auf der Haager Friedenskonferenz von 1907 eine weitergehende Verrechtlichung der Staatenbeziehungen gefordert. In den nachfolgenden Jahren war, wie erinnerlich, auch ein spezifischer, aus dem Umfeld der Lake Mohonk Conference wie der American Society

---

Ms.), in: BArch Koblenz, NL Zorn, N 1206/1, Bl. 165–169. Außerdem: Pohl, Philipp Zorn, S. 52–54.

172 Vgl. Conférence des Préliminaires de Paix: Composition et Fonctionnement, 1er Avril, Paris 1919. Englische Fassung in FRUS, PPC 1919, Bd. 3, S. 1–90.

of International Law stammender Legalismus zu einem wichtigen Bestandteil der amerikanischen Außenpolitik aufgestiegen, was sich mit der Ernennung von Robert Lansing zum Außenminister im Jahr 1915 personell und institutionell weiter verfestigt hatte.

Blickt man allerdings vom State Department hinüber zum Weißen Haus und auf die Präsidentschaft von Woodrow Wilson, entpuppt sich dieser Siegeszug des legalistischen Milieus bald als Scheinsieg. Entgegen der Erwartung vieler Zeitgenossen besaßen das Völkerrecht und die Idee eines rechtsförmigen Ausbaus der internationalen Ordnung keineswegs einen besonderen Stellenwert im Weltbild des amerikanischen Präsidenten. Keineswegs kreisten seine Vorstellungen von einer künftigen Friedensordnung, wie spätere Beobachter irrtümlich meinten, daher um eine „world order under international law"[173] oder „ein vor allem völkerrechtlich gegründetes universales Regelsystem"[174]. Sehr viel zutreffender war das Urteil von Philip Noel-Baker, dem Assistenten von Robert Cecil, der bereits aus eigener Beobachtung von einem „definite ‚anti-legalism' of President Wilson"[175] sprach. Wohl hatte Wilson für einige Zeit Rechtswissenschaften studiert und während seiner akademischen Karriere als Politikwissenschaftler in Princeton auch Völkerrecht gelesen. Doch im Grunde waren ihm der normativ-mechanistische Regulierungsglaube der legalistischen Strömungen und ihr eigentümlich konservatives, ganz auf die äußere Souveränität zentriertes Bild der zwischenstaatlichen Beziehungen fremd geblieben. In seiner Sicht war jede äußere Verrechtlichung von sekundärer Bedeutung, lag doch der eigentliche Grund für eine – innere ebenso wie äußere – Friedfertigkeit von Gesellschaften in ihrer inneren Gerechtigkeit, wie sie sich aus der Partizipation und Zustimmung der maßgeblichen (sprich: weißen und männlichen) Bevölkerungsteile ergeben würde. Nicht eine Konfliktregulation durch starre juristische Prozeduren war demnach entscheidend, sondern eine politische Konfliktbewältigung durch Aushandlung, Kompromisse und die flexible Integration von unterschiedlichen Interessen, innerhalb wie auch zwischen den Staaten. Mit anderen Worten: statt auf das Recht kam es in erster Linie auf die Politik an.[176]

---

173 Ronald Steel, Prologue. 1919–1945–1989, in: Boemeke/Feldman/Glaser (Hrsg.), Treaty of Versailles, S. 21–34, hier: S. 22.

174 Kießling, Macht, Recht, Legitimität, S. 196. Ähnlich Cohrs, Unfinished Peace, S. 32f.; Boyle, Foundations of World Order, S. 8f.

175 Philip Baker, The Making of the Covenant from a British Point of View, in: Peter Munch (Hrsg.), Les origines et l'œuvre de la Société des nations, 2 Bde., Kopenhagen 1923, Bd. 1, S. 16–67, hier: S. 49.

176 Vgl. Smith, Wilsonian Challenge, S. 189–194; Wertheim, League, S. 828–836; Janis, America, S. 158–175; Ambrosius, Wilson, Alliances, and the League of Nations, S. 146–149; Zasloff,

In der Vergangenheit hatte sich Wilsons Skepsis gegenüber einer völkerrechtlichen Überformung der Außenpolitik zunächst in einer ostentativen Distanz zu Lansing und den legalistischen Kreisen des State Department gezeigt. Es war kein Zufall, sondern Kalkül gewesen, wenn Wilson und House das Außenministerium nach 1917 aus allen Planungen für eine internationale Nachkriegsordnung weitgehend herausgehalten und stattdessen mit der Inquiry eine eigene Organisation installiert hatten. Auch die schroffe Ablehnung, mit der der amerikanische Präsident auf die naheliegende Forderung reagierte, den früheren Außenminister und prominenten Völkerrechtler Elihu Root, einen langjährigen Fürsprecher der internationalen Schiedsgerichtsbarkeit und Präsidenten der ASIL, in die amerikanische Verhandlungsdelegation für die Friedenskonferenz aufzunehmen, lässt sich auf ähnliche Ressentiments zurückführen.[177]

Unterhalb der Ebene der Hauptdelegierten, zu denen neben Wilson schlussendlich auch House und Lansing sowie der Diplomat Henry White und der einstige Generalstabschef Tasker Bliss zählten, waren solche präsidialen Vorbehalte weniger bedeutsam. Im Oktober 1918 waren David Hunter Miller, der Rechtsexperte der Inquiry, ebenso wie der an das State Department abgeordnete James Brown Scott als gleichrangige technische Delegierte für alle Fragen des Völkerrechts ernannt worden. Eine dritte Position blieb unbesetzt, war aber vermutlich für den Solicitor des State Department, Lester Woolsey, vorgesehen, der jedoch erst im Sommer nach Paris wechselte. Diese Besetzung lag schon deshalb nahe, weil, wie oben dargestellt, Miller, Scott und Woolsey seit Jahresanfang 1918 eine zwischen Inquiry und State Department angesiedelte Kommission zu den völkerrechtlichen Problemen der Nachkriegszeit gebildet und dabei weitgehend reibungsfrei zusammengearbeitet hatten.[178]

Law and the Shaping, S. 348, Fn. 461, jeweils mit weiteren Hinweisen. Daneben: Mazower, Governing the World, S. 117–128. Die etwa bei Röben, Bluntschli, Lieber und das moderne Völkerrecht, S. 80f., gezogene Traditionslinie von Francis Lieber und Johann Caspar Bluntschli zu Woodrow Wilson wirkt überzeichnet, treffender sind die hilflosen Hinweise auf Wilsons „curious antilegalism" in der älteren Literatur, wie bei Tillman, Anglo-American Relations, S. 121; Davis, United States and the Second Hague Peace Conference, S. 347.

177 Wilson an Williams McAdoo, Brief v. 25.11.1918, in: FRUS, PPC 1919, Bd. 1, S. 171f. Siehe auch Jessup, Elihu Root, Bd. 2, S. 379–382, daneben Wertheim, League, S. 802–828.

178 Zur Besetzung siehe Robert Lansing, Memorandum o.D., in: FRUS, PPC 1919, S. 113–115.

Abb. 5: Die amerikanischen Rechtsexperten David Hunter Miller und James Brown Scott am 26. März 1919.

Innerhalb der amerikanischen Delegation teilten sich Miller und Scott die Leitung der Rechtsabteilung auf Augenhöhe.[179] Unter den technischen Organen der ACNP nahm diese teils als „International Law Division", teils als „Legal Section" bezeichnete Abteilung einen der ersten Plätze ein, noch vor den Spezialabteilungen für militärische, wirtschaftliche oder territoriale Fragen. Diese Stellung wurde dadurch unterstrichen, dass Miller und Scott im eigentlich überfüllten Hauptsitz der ACNP, dem Hôtel de Crillon, eine ganze Zimmerflucht belegen konnten und zudem mit 24 Personen über einen der größten Mitarbeiterstäbe verfügten. Dazu zählten nicht allein eigene Übersetzer, Sekretäre und Stenographen, sondern auch eine Reihe nachgeordneter juristischer Mitarbeiter: Neben dem bereits erwähnten Manley O. Hudson wären noch Joseph Bailey Brown, ein Spezialist für Patentrecht, sowie Frank L. Warrin Jr. zu nennen, die aus der Kanzlei oder zumindest dem Umfeld von Miller und Auchincloss kamen. Aus der von Scott geleiteten International Law Division der CEIP kamen hingegen

---

179 Vgl. Miller Diary, Eintrag v. 09.12.1918, in: DHMD, Bd. 1, S. 39.

Henry G. Crocker und George A. Finch sowie Amos S. Hershey, ein Völkerrechts-professor der Indiana University.[180]

Zum Aufgabenspektrum von Miller und Scott gehörte zunächst die Teilnahme an der allgemeinen Kommissionsarbeit, wo sie mit der rechtskundigen Vertretung der amerikanischen Interessen beauftragt wurden: Miller war der zweite US-Vertreter in der Kommission für die Internationalisierung von Häfen, Wasserstraßen und Eisenbahnen sowie im Komitee zu den neuen Staaten; Scott trat hingegen in das Redaktionskomitee der Konferenz ein und saß daneben mit Lansing in der Kommission für Kriegsverantwortung und Kriegsverbrechen.[181] Wichtiger war jedoch die Unterstützung der eigenen Delegation. Schon bei der Etablierung der formalen Grundlagen und eines allgemeinen Regelwerks der Konferenz hatte sich gezeigt, dass eine juristische Einschätzung der verschiedenen Verfahrensvorschläge unverzichtbar war. Seit Miller im November und Scott im Dezember in Paris angekommen waren, hatten sie nahezu alle organisatorischen Vorschläge durchgesehen und kommentiert, auch wenn sich oftmals nicht sicher sagen ließen, welche Bedeutung diese Stellungnahmen in der sehr auf Wilson zugeschnittenen Verhandlungsstrategie der ACNP letztlich erhalten würden.

In der Tat: Dass Woodrow Wilson nicht nur der formalistischen Organisation der Friedensgespräche skeptisch gegenüberstand, sondern für juristische Zuarbeiten wenig übrig hatte, zeigte sich schlaglichtartig zu Jahresbeginn 1919. Am 27. Dezember waren Miller und Scott von Robert Lansing dazu aufgefordert worden, für den künftigen Friedensvertrag ein erstes Konzept zu erstellen, gleichsam als formaler Rahmen und „outline of essentials", der durch die Entscheidungen der interalliierten Verhandlungen inhaltlich gefüllt werden sollte. Drei Tage später legten die beiden Rechtsberater einen solchen „skeleton treaty" vor, der sich programmatisch noch ganz an den 14 Punkten Wilsons orientierte. An die erste Stelle war der Entwurf eines Völkerbundes gesetzt (noch „Association of Nations" genannt), gefolgt von einer Fort- und Festschreibung von

---

180 Vgl. Organization Charts, American Commission to Negotiate Peace, 01.04.1919, in: YLMA, House Papers, Box 189/2/107, S. 16. Davon leicht abweichend die Angaben in Composition and Organization of the Preliminary Peace Conference, 01.04.1919, in: FRUS, PPC 1919, Bd. 3, S. 1–90, hier: S. 2; Memorandum on the Organization of the American Commission to Negotiate Peace, in: ebenda, Bd. 11, S. 537–547, hier: S. 542. Personalunterlagen der genannten Mitarbeiter in: NA-RA, RG 256/184.1 (M820, Roll 241–279), Hinweise auch bei Scott, Report (1919), S. 105f. Weiter zur Organisation und Unterbringung der Rechtsabteilung: Hudson Diary, Eintrag v. 16.12.1918, in: HLSL, Hudson Papers, Box 166/1, S. 51; Miller Diary, Einträge v. 09.12. bis 17.12.1918, in: DHMD, Bd. 1, S. 38–46. Am Rande auch Shotwell, Paris Peace Conference, S. 9f., 32f.

181 Vgl. Composition and Organization of the Preliminary Peace Conference, 01.04.1919, in: FRUS, PPC 1919, Bd. 3, S. 1–90, hier: S. 59, 63, 69.

Grundsätzen zu „Open Diplomacy" und Wirtschaftsfragen, Freiheit der Meere und Abrüstung. Erst dann folgten Territorialfragen, das Problem der deutschen Kolonien sowie ganz zum Schluss, gefolgt nur noch von Klauseln zu Vertragslaufzeit, Beitritt und Ratifikation, die umstrittene Frage der Entschädigungen.[182]

In der ersten Januarwoche intensivierte sich diese Arbeit an einem Mustervertrag. Von Lansing ermutigt, bemühten sich Miller und Scott „to put flesh on the skeleton draft"[183], nahmen also eine stärkere inhaltliche Ausgestaltung vor. Am 9. Januar schickten sie die ersten ausgearbeiteten Abschnitte („The Contracting Powers" und „Agreement for a League of Nations") an Lansing und House, nach Aufforderung jedoch auch an das Büro von General Bliss.[184] Das war möglicherweise ein Fehler, denn als sich am nächsten Tag beim Treffen der fünf amerikanischen Hauptdelegierten ein eher zufälliges Gespräch zwischen Bliss und Lansing über eben diese Entwürfe entspann, reagierte der anwesende Wilson mit Empörung. Er habe keinen Auftrag für solche Vorarbeiten erteilt, verkündete der Präsident, und zudem lehne er es ab, die Ausarbeitung des Friedensvertrages an Juristen zu übertragen. Damit waren nicht nur die Vorbereitungen von Miller und Scott weitgehend entwertet, sondern zugleich eine Aussage in die Welt gesetzt, die Lansing als Vorwurf unmittelbar auf sich selbst bezog. In seinen Memoiren notierte er, dass Wilson

> said with great candor and emphasis that he did not intend to have lawyers drafting the treaty of peace. (...) [T]he President's sweeping disapproval of members of the legal profession participating in the treaty-making seemed to be, and I believe was, intended to be notice to me that my counsel was unwelcome. Being the only lawyer on the delegation I naturally took this remark to myself, and I know that other American Commissioners held the same view of its purpose.[185]

In der Interpretation dieses Zwischenfalls muss sicherlich der unerfüllte Ehrgeiz wie die empfindsame Eitelkeit von Lansing in Rechnung gestellt werden, außerdem die Tatsache, dass es sich um eine Verkettung unglücklicher Umstände handelte: Lansing hatte Miller und Scott die Ausarbeitung eines „skeleton trea-

---

182 Vgl. Miller/Scott an Lansing, Brief v. 30.12.1918 mit Anlage „Skeleton Draft of Peace Treaty", in: ebenda, Bd. 1, S. 298–315. Wesentliche Teile des Textes stammten nicht allein aus der Feder von Miller und Scott, sondern ebenso von Manley Hudson, vgl. Hudson Diary, Eintrag v. 28.–30.12.1918, in: HLSL, Hudson Papers, Box 166/1, S. 79–81. Siehe auch Smith, Lansing and the Paris Peace Conference, S. 225–229.
183 Miller/Scott an Lansing, Brief v. 09.01.1919, in: FRUS, PPC 1919, Bd. 1, S. 316–324. Auch in: DHMD, Bd. 3, S. 190–200.
184 Vgl. Miller Diary, Eintrag v. 09.01.1919, in: DHMD, Bd. 1, S. 69.
185 Lansing, Peace Negotiations, S. 107. Eine nuancierte Darstellung in Lansing Desk Diary, Eintrag v. 10.01.1919, in: LoC, Lansing Papers, Box 65; der entsprechende Auszug auch abgedr. bei Curry, Wilson, Smuts, S. 978.

ty" nicht zuletzt deshalb in gutem Glauben übertragen, weil er von House dazu ermutigt worden war. Diesem war es hingegen weniger um die Sache selbst gegangen als darum, die US-Emissäre in einer sinnvollen Weise zu beschäftigen und zugleich die fehlende Vorbereitung und Führungsschwäche Wilsons zu kaschieren. „[T]o keep him busy"[186], so beschrieb House seine Anfrage an Lansing in seinem Tagebuch, wo er wenig später allerdings auch selbstkritisch notieren musste, dass er nicht damit gerechnet habe, dass Bliss und Lansing das Projekt des Vertragsentwurfs gegenüber Wilson zur Sprache bringen würden.[187]

Gleichwohl lässt sich in dieser Episode eine tiefliegende Konfliktlinie innerhalb der amerikanischen Delegation erkennen, die, pointiert gesprochen, zwischen einem politischen und einem legalistischen Ansatz bestand. Dass Wilson die Ratschläge Lansings (allerdings auch der anderen US-Emissäre) vielfach ignorierte oder in schroffer Weise abwies, lag eben auch daran, dass er darin einen herkömmlichen Formalismus erkannte, der die in politisch wie moralischer Hinsicht notwendige Neubegründung der internationalen Ordnung zu verfehlen schien. Lansing stand in dieser Sicht pars pro toto für jenes konservativ-legalistische Milieu von State Department, ASIL und CEIP, zu dessen Exponenten etwa Roosevelt und Taft, Root und Butler zählten und welches in der US-Außenpolitik vor 1914 den Ton angegeben hatte. Im progressiv-internationalistischen Umfeld der Wilson-Administration war diese Ausrichtung seit längerer Zeit mit Skepsis betrachtet worden. „The word has gone around (...) that they do not want ‚international lawyers'"[188], so hatte John Bassett Moore schon im Oktober 1918 lakonisch über die Mehrheitsmeinung im Weißen Haus festgestellt. Das traf für Wilson und seine Entourage unbestritten zu. Noch rückblickend vertrat Ray Stannard Baker die Ansicht, dass sich der amerikanische Präsident gegen die „extreme legalists" in gleicher Weise habe durchsetzen müssen wie gegen die „extreme militarists"; beiden Richtungen sei jedes Verständnis für seinen visionären Friedensentwurf abgegangen: „For his was a moral idea as contrasted with either a military or a legal idea. The whole approach, the spirit, was different. Real peace, in his view, could not rest upon either military force or legal mechanism, though both might have their place in bringing it about. It

---

186 House Diary, Eintrag v. 03.01.1919, in: YLMA, House Papers, Serie 2, vol. 7, S. 6.
187 Vgl. House Diary, Eintrag v. 08.01.1919, in: ebenda, S. 17. Zu der gesamten Episode vgl. Smith, Wilsonian Challenge, S. 179f.; Walworth, Wilson and his Peacemakers, S. 110f.; Civitello, State Department, S. 184–192; Smith, Lansing and the Paris Peace Conference, S. 253; Posey, David Hunter Miller as an Informal Diplomat, S. 20.
188 Moore an Tochter, Brief v. 21.10.1918, zit. nach Stephen G. Craft, John Bassett Moore, Robert Lansing, and the Shandong Question, in: Pacific Historical Review 66, H. 2 (1997), S. 231–249, hier: S. 233.

must be inspired by a new moral purpose, directed by dispassionate scientific inquiry, and guaranteed as a positive responsibility."[189]

Es war dieser von Wilson und seiner Gefolgschaft mehr angedeutete als ausgesprochene, von der Gegenseite aber stets antizipierte Kontrast zwischen einer juristischen und einer politischen Herangehensweise, der dazu führte, dass Lansing dem Zwischenfall vom 10. Januar eine überragende Bedeutung zuschrieb. Hatte zwischen den beiden Politikern schon zuvor einige Distanz bestanden, so war daraus nun ein unüberwindbarer Abgrund geworden. Wohl fühlte sich Lansing während der späteren Krankheit Wilsons ab Herbst 1919 nochmals dazu verpflichtet, in die präsidialen Amtsgeschäfte einzugreifen. Doch es überrascht nicht, dass sich daraus heftige Konflikte nicht nur mit dem Präsidenten, sondern auch mit dessen Umfeld ergaben, welche mit dem Rücktritt Lansings endeten.[190]

Für die Tätigkeit der Rechtsabteilung blieb diese Entfremdung nicht ohne Konsequenzen. Während sich Scott noch enger an Lansing anschloss, orientierte sich Miller weiterhin an Edward House und blieb damit dem engeren Umfeld des Präsidenten verbunden. Zwar gab es kein äußerliches Zerwürfnis zwischen den beiden Juristen, und innerhalb der Abteilung setzte sich die kollegiale Zusammenarbeit unverändert fort.[191] Doch die bereits zuvor fühlbaren Unterschiede des Herkommens, der juristischen Ausrichtung und der Auffassung über die eigenen Aufgaben traten deutlicher in den Vordergrund. Als wohlhabender Wirtschaftsanwalt aus dem Umfeld der New Yorker Demokraten hatte Miller seit jeher in einiger Distanz zum legalistischen Milieu gestanden. Und eben diese Distanz war es nun, die ihn in den Augen von Wilson und House in besonderer Weise für eine juristische Unterstützung bei ihrem zentralen Anliegen, der Ausarbeitung der Völkerbundssatzung, qualifizierte. Bereits im vorangegangenen Sommer hatte Miller bei der Abfassung des Magnolia Draft assistiert und im Herbst zudem einen eigenen Entwurf zu Papier gebracht (der von Lansing und Scott allerdings intern zerpflückt worden war).[192] Im Januar 1919 zeigte sich bald erneut, wie unverzichtbar Millers juristischer Rat für Wilson werden sollte. Es

---

189 Vgl. Baker, Woodrow Wilson, Bd. 1, S. 181.
190 Vgl. Cooper, Woodrow Wilson, S. 537–539, 553–555. Siehe pointiert auch Lazo, Question. Als Selbstdeutung: Lansing, Peace Negotiations, S. 3–13.
191 Vgl. die Verabschiedung von Miller an Scott, Brief v. 29.05.1919, in: GSUC, Scott Papers, Box 5/9.
192 Vgl. [David Hunter Miller,] Tentative Draft of an Agreement for an Association of Nations, [30.11.1918], in: FRUS, PPC 1919, Bd. 1, S. 505–509, dort auch mit handschr. Anmerkungen Lansings. Offenbar hatte Scott den Entwurf an Lansing weitergegeben, vgl. Lansing Desk Diary, Einträge v. 17.12. u. 18.12.1918, in: LoC, Lansing Papers, Box 65. Weiter: Smith, Lansing and the Paris Peace Conference, S. 208f.

war nicht übertrieben, wenn House in sein Tagebuch notierte: „Miller is proving himself almost the most valuable man we have on our staff."[193] Niemand sonst dürfte die Papiere zum Völkerbund so gut gekannt haben wie er, und es war nur folgerichtig, dass Wilson während dieser Verhandlungsetappe sein Vertrauen fast ausschließlich auf diesen „quiet but sure jurist"[194] setzte, um seine Ziele in einer gleichzeitig politisch geschickten wie juristisch adäquaten Weise zu verfolgen.

Beispielhaft lässt sich Millers Rolle anhand der amerikanischen Bemühungen aufzeigen, noch vor Beginn der eigentlichen Kommissionsarbeit zur Völkerbundssatzung am 3. Februar eine grundsätzliche Übereinkunft mit den britischen Vertretern herzustellen und mit einem gemeinsamen Entwurf in die Verhandlungen zu gehen. Doch die im Hintergrund zwischen beiden Seiten geführten Gespräche, an denen für die ACNP zunächst Wilson, House und Miller, für die britische Delegation vor allem Robert Cecil und teils auch Jan Smuts teilnahmen, waren Ende Januar in eine Sackgasse geraten. Erst am Wochenende unmittelbar vor dem für Montag vorgesehenen Beginn der formellen Verhandlungen wurde David Hunter Miller beauftragt, zusammen mit dem Rechtsberater des Foreign Office, Cecil Hurst, einen kurzfristigen Kompromissvorschlag auszuarbeiten. Die beiden Juristen begannen am Morgen des 1. Februar, einem Samstag, mit der Arbeit, und sie führten im Verlauf des Tages die verschiedenen amerikanischen und britischen Entwürfe zu einem gemeinsamen Konzept zusammen. Schon am Sonntag zur Mittagszeit lag der Text in einer durchgesehenen Fassung vor, welche als Hurst-Miller-Entwurf schließlich auch den Beratungen der Völkerbund-Kommission zugrunde gelegt wurde; zu Recht wird darin die eigentliche Keimzelle der gesamten späteren Völkerbundssatzung erkannt.[195]

Für David Hunter Miller handelte es sich um einen beachtlichen Erfolg. Sein Einfluss innerhalb der ACNP wuchs deutlich an und erlaubte ihm etwa, sich wegen seines Engagements in der Völkerbundfrage sogar von seinen sonstigen Tä-

---

193 House Diary, Eintrag v. 02.02.1919, in: YLMA, House Papers, Serie 2, vol. 7, S. 31.
194 So das Urteil von Shotwell, Paris Peace Conference, S. 4. Allgemein auch John P. Posey, David Hunter Miller at the Paris Peace Conference. November, 1918–May, 1919, Ph.D. Univ. of Georgia 1962, S. 3–23.
195 Vgl. Johnson, Lord Robert Cecil, S. 101–104; Cooper, Woodrow Wilson, S. 471f.; Posey, David Hunter Miller at the Paris Peace Conference, S. 45–47; Tillman, Anglo-American Relations, S. 117–123; Cecil of Chelwood, Great Experiment, S. 69; Miller, Drafting, Bd. 1, S. 65–75; David Hunter Miller, The Making of the League of Nations, in: House/Seymour (Hrsg.), What really Happened at Paris, S. 398–424, hier: S. 405f.; Miller Diary, Einträge v. 01.02. u. 02.02.1919, in: DHMD, Bd. 1, S. 102–105. Der eigentliche Hurst-Miller-Entwurf, [02.02.1919], in: ebenda, Bd. 4, S. 354–357. Eine detaillierte Genealogie der Entwürfe bei Baker, Woodrow Wilson, Bd. 1, S. 215.

tigkeiten in der International Law Division befreien zu lassen.[196] Doch so eindrucksvoll Millers Stern aufstieg, so unaufhaltsam sank er wenig später wieder. Nachdem alle offenen Streitfragen zur Völkerbundssatzung im Laufe des Aprils geregelt worden waren, wurde Miller am 22. Mai auf Veranlassung von Wilson in die USA zurückbeordert, wo er für etwaige Rechtsfragen in Zusammenhang mit der Gründung des Völkerbundes zur Verfügung stehen sollte.[197] Das war freilich nur eine höfliche Umschreibung für die Beförderung auf ein Abstellgleis. Zwar verteidigte Miller die Pariser Verhandlungsergebnisse nachmals in der amerikanischen Öffentlichkeit, etwa im Streit um die Ratifikation des Versailler Vertrages oder gegenüber der Polemik von Keynes.[198] Auch mit House blieb er in guter und enger Verbindung.[199] Doch alle Angebote, Wilson in Fragen des Völkerbundes weiterhin juristisch zu beraten, waren erfolglos; im Juli antwortete der Präsident mit dem geradezu sarkastischen Hinweis, Miller möge sich doch dazu an Lansing wenden: „I am sure that he will desire your cooperation in many matters."[200]

Gerade das war nicht ausgemacht. Im Lager des konservativen Legalismus bestand eine große Skepsis nicht nur gegenüber Wilson, sondern ebenso gegenüber Miller, dessen fehlende völkerrechtliche Erfahrung ihm im Grunde nie nachgesehen worden war. Elihu Root charakterisierte ihn privatim als willfährigen Parteigänger Wilsons, der in den entscheidenden vertragstechnischen Fragen völlig ungeübt sei,[201] und auch Lansing machte Millers Unerfahrenheit später für zahlreiche Schwächen in der Satzung des Völkerbundes verantwortlich:

> Novice as he was in the matter of international law and drafting treaty provisions, the President at the Colonel's suggestions, I am sure, turned over to him the preparing of some of the most important and difficult articles of the treaty. He did not, in accordance with the Colonel's policy of secret and independent action, submit his drafts to James Brown Scott, his colleague and greatest expert in treaty drafting in the United States.[202]

---

196 Vgl. Miller Diary, Eintrag v. 17.03.1919, in: DHMD, Bd. 1, S. 174.
197 Vgl. Wilson an Lansing, Brief v. 22.05.1919, in: NA-RA, RG 256/184.1 (M820, Roll 271). Siehe auch Auchincloss Diary, Eintrag v. 21.05.1919, in: YLMA, Auchincloss Papers, Box 3/34, S. 583; Shotwell Diary, Eintrag v. 21.05.1919, in: Shotwell, Paris Peace Conference, S. 325f.
198 Vgl. Tillman, Anglo-American Relations, S. 253f. Siehe auch einzelne Drucksachen in LoC, Miller Papers, Box 80.
199 Vgl. House an Miller, Brief v. 29.05.1919, in: YLMA, House Papers, Box 81/2721, und dort der weitere Briefwechsel. Siehe auch Miller Diary, Eintrag v. 29.05.1919, in: DHMD, Bd. 1, S. 329.
200 Wilson an Miller, Brief v. 18.07.1919, in: LoC, Wilson Papers, Series 3 (Reel 158).
201 Vgl. Root an Baldwin, Brief v. 20.10.1919, in: LoC, Root Papers, Box 137.
202 Lansing an Polk, Brief v. 26.07.1919, in: YLMA, Polk Papers, Box 9/312. Siehe auch Smith, Wilsonian Challenge, S. 181. Außerdem: Robert Lansing, The Services of Doctor James Brown Scott, 16.06.1919, in: LoC, Lansing Papers, Box 63.

Eine solche Hochschätzung von James Brown Scott galt sicherlich nicht allein seiner völkerrechtlichen Expertise, sondern ebenso seiner Rolle als Exponent des außenpolitischen Legalismus, dessen enge Verbindung etwa zu Nicholas Murray Butler und Elihu Root, denen er nahezu alle wichtigen Karriereschritte verdankte, kein Geheimnis war.[203] Innerhalb der amerikanischen Völkerrechts-lehre, darauf wurde bereits hingewiesen, besetzte Scott jedenfalls eine Schlüs-selstelle, erst als Professor an der Columbia University, dann als Solicitor des State Department und schließlich als Direktor der International Law Division der CEIP. Mehr als jede akademische Position oder offizielle Funktion war es diese letztgenannte Stellung, welche Scott über Jahrzehnte eine gewichtige Stimme in zahllosen völkerrechtlichen Veröffentlichungs- und Vernetzungspro-jekten rund um den Globus verlieh.[204]

Bereits während der Kriegsjahre hatte Scott im Namen der CEIP eine Reihe von Publikationsvorhaben auf den Weg gebracht, welche der Vorbereitung spä-terer Friedensverhandlungen dienen sollten. Dazu gehörte nicht nur eine eng-lischsprachige Edition der Protokolle der Haager Friedenskonferenz, welche Scott explizit als Handreichung für die amerikanische Delegation vorgesehen hatte, die allerdings nicht mehr rechtzeitig fertiggestellt werden konnte.[205] Eine ähnliche orientierende Funktion sollte auch das umfangreiche Werk von Sarah Wambaugh über Geschichte und Funktion von Plebisziten in internationalen Konflikten einnehmen, eine politikwissenschaftliche Grundlagenarbeit über „the history of the doctrine of national self-determination in changes of sove-reignty"[206], auf deren Abschluss Scott im Jahresverlauf 1918 erst gegenüber der

---

203 Es war kein Zufall, dass sich Scott vor seiner Abreise nach Paris gerne noch mit Butler und Root beraten hätte, wie er es schon im Vorfeld der Haager Friedenskonferenz von 1907 gemacht hatte, siehe Scott an Butler, Brief v. 02.12.1918, in: CUML, Butler Papers, Box 369/3 (auch in: GUSC, Scott Papers, Box 2/10).

204 Dass Scott bei der CEIP wesentlich von seinem Assistenten George A. Finch als „the power behind the throne" unterstützt wurde, wird angedeutet von Lester H. Woolsey, George A. Finch. September 22, 1884–July 17, 1957, in: AJIL 51, H. 4 (1957), S. 754–757, hier: S. 754.

205 Die vier voluminösen Bände konnten erst 1920/21 erscheinen. Zwar trägt das Vorwort, in dem Lansing als wesentlicher Anreger des Publikationsvorhabens genannt wird, das Datum vom 28.02.1919, vgl. PHPC 1899, S. V. Doch im Oktober 1919 wurden immer noch Korrektur-fahnen innerhalb der CEIP herumgereicht, siehe Ball an Crocker, Brief v. 02.10.1919, in: CUML, CEIP Records, Box 579/4, Bl. 1862f. Zur Rolle der International Law Division im Kriegseinsatz siehe oben, S. 115f, und Scott, Report (1919), S. 105–107.

206 Sarah Wambaugh, A Monograph on Plebiscites. With a Collection of Official Documents, New York 1920, S. IX. Die Bedeutung dieses Werkes betont etwa Fisch, Selbstbestimmungs-recht, S. 298, 313f. Sarah Wambaugh war die Tochter des dem legalistischen Milieu zuzurechn-enden Rechtsprofessors und ehemaligen Beraters im State Department Eugene Wambaugh, vgl. zu diesem Coates, Legalist Empire, S. 77, 144f. Zur Entstehung des Buches siehe die Brief-

Autorin, dann gegenüber dem Verlag mehrfach drängte. Auch von fast allen späteren Mitarbeitern der Rechtsabteilung der ACNP waren seit 1918 Publikationen in Vorbereitung oder lagen bereits vor, so von Amos Hershey, Henry Crocker oder Frank L. Warrin Jr.[207] Ebenfalls im Programm der CEIP waren schließlich Ausgaben der jüngsten internationalen Abkommen, darunter der als Geheimsache eingestufte Vertragstext des Friedens von Brest-Litowsk, aber auch Übersetzungen wie etwa die 1918 erschienene Schrift „Das Programm der Meeresfreiheit" aus der Feder des Marburger Juristen Christian Meurer.[208] Insgesamt wurden durch die International Law Division mehr als zwei Dutzend derartige Publikationen für den Gebrauch durch das amerikanische Außenministerium gefördert.[209]

In Paris wurden Scotts akademische Interessen zwar stark von seinen praktischen Aufgaben in der ACNP und in den Kommissionen der Friedenskonferenz in Anspruch genommen; besonders auf seine Tätigkeit im Redaktionskomitee wird noch einzugehen sein. Gleichwohl nutzte er seinen Aufenthalt, der schließlich bis zum Ende der amerikanischen Delegationstätigkeit im Dezember 1919 reichen sollte, immer auch dazu, seine zahlreichen Kontakte zur europäischen und internationalen Völkerrechtslehre zu pflegen, zum Briten Thomas Barclay oder dem Franzosen Paul Fauchille beispielsweise, oder zu den zahlreichen Juristen, die als Delegierte ihres Landes nach Paris gekommen waren; mit Nikolaos Politis oder Edouard Rolin-Jaequemyns, Max Huber oder Milenko Vesnić verbanden ihn langjährige Bekanntschaften.[210] Es war auch nicht ungewöhnlich, wenn er die Zeit fand, sich in seiner Korrespondenz dafür einzusetzen, den chilenischen Juristen Alejandro Álvarez auf den renommierten Whewell-Lehrstuhl der Cambridge University zu platzieren, welcher nach dem Tod von Lassa Oppenheim im Oktober vakant geworden war.[211] Angesichts eines derart dicht geknüpften Netzwerks überrascht es nicht, wenn Scott, der für sein

---

wechsel zwischen Scott, Wambaugh und dem Verlag in: CUML, CEIP Records, Box 573 u. Box 580, sowie zwischen Hudson und Wambaugh in: HLSL, Hudson Papers, Box 4/25.

207 Vgl. Amos S. Hershey, Diplomatic Agents and Immunities, Washington 1919; Henry G. Crocker, Memorandum of Authorities on Law of Angary, Washington 1919; Frank Warrin, The Neutrality of Belgium, Washington 1918.

208 Vgl. Christian Meurer, The Program of the Freedom of the Sea. A Political Study in International Law, Washington 1919.

209 Als Momentaufnahme der laufenden Publikationsprojekte vgl. H.G.C. [d.i. Crocker], Bericht v. 02.05.1919, in: CUML, CEIP Records, Box 580/5. Außerdem: Scott, Report (1919), S. 106–128.

210 Korrespondenzen aus 1919, in: GUSC, Scott Papers.

211 Vgl. Scott an Hazeltime (Cambridge), Brief v. 03.11.1919, in: GUSC, Scott Papers, Box 4/1. Das Bemühen hatte keinen Erfolg; zum Nachfolger Oppenheims wurde Alexander Pearce Higgins ernannt. Siehe zu den Kontakten zu Álvarez auch Nurnberger, James Brown Scott, S. 249f.

internationales Engagement bereits 1916 für den Friedensnobelpreis nominiert worden war,[212] nunmehr von verschiedenen europäischen Regierungen ausgezeichnet wurde. Im Herbst erhielt er den Kronenorden des belgischen Königshauses aus der Hand von Rolin-Jaequemyns,[213] gefolgt, vermittelt vermutlich durch Vesnić, von einer Ehrung durch den SHS-Staat in Form des serbischen Ordens des Weißen Adlers.[214] Den Höhepunkt stellte freilich zu Jahresanfang 1920, Scott war schon nach Washington zurückgekehrt, die Aufnahme in die französische Ehrenlegion dar, für die ihn sein französischer Kollege im Redaktionskomitee, Henri Fromageot, mit Blick auf seine Verdienste um die französische Sprache rund ein halbes Jahr zuvor vorgeschlagen hatte.[215]

Auf eine vergleichbare Anerkennung durch die Wilson-Administration konnte Scott indes kaum hoffen. Es gelang ihm nie, einen Zugang zum inneren Zirkel der amerikanischen Delegation zu erhalten oder gar im Verhältnis zu Wilson über eine oberflächlich-professionelle Freundlichkeit hinauszukommen. Das mochte auch nicht sein Ziel gewesen sein, bedenkt man die Skepsis und teils vehemente Ablehnung, mit der Wilson im Umfeld des republikanisch-legalistischen Milieus bedacht wurde. Schon Ende März 1919 hatte Elihu Root einiges Aufsehen erregt, als er den vorliegenden Entwurf der Völkerbundssatzung in einem öffentlichen Brief einer grundlegenden Kritik unterzogen hatte, da er jedes Bekenntnis zur Verrechtlichung der Staatenwelt vermissen lasse.[216] Der gleiche Unmut war kurz darauf in einer Resolution der American Society of International Law zu spüren, welche die Delegationen in Paris dazu aufforderte, sich stärker um eine Anknüpfung an die Haager Konferenzen zu bemühen, was neben einem internationalen Gerichtshof auch eine Abfolge periodischer Konferenzen zur weiteren Kodifikation des Völkerrechts zum Ziel hatte.[217]

---

212 Vgl. Memorial in Support of the Nomination of James Brown Scott for the Nobel Price, Drucksache v. 1916, in: GUSC, Scott Papers, Box 59/5.

213 Vgl. Scott an Hymans, Brief v. 29.11.1919, in: GUSC, Scott Papers, Box 11/13.

214 Vgl. Unterlagen in: GUSC, Scott Papers, Box 84.

215 Vgl. Scott an Jusserand, Brief v. 18.02.1920, in: GUSC, Scott Papers, Box 11/14, sowie eine Aktennotiz v. 14.08.1919, in: AD, Série A. Paix, 22, Bl. 145. Siehe auch Note pour le Chef du service protocole (Entwurf), 30.08.1919, in: AD, Série A. Paix, 29, Bl. 165–167.

216 Vgl. Root an Hays, Brief v. 29.03.1919, in: LoC, Root Papers, Box 137. Auch in: AJIL 13 (1919), S. 580–596. Siehe auch: Root Suggests Six Amendments to League, in: New York Times v. 31.03.1919, S. 1, zur Einordnung etwa Wertheim, League, S. 822f.; Zasloff, Law and the Shaping, S. 342–350.

217 Vgl. Minutes of the Meeting of the Executive Council, 17.04.1919, in: Proceedings of the American Society of International Law 13 (1919), S. 39–64, hier: S. 45–64. Zum Kontext nur Jessup, Elihu Root, Bd. 2, S. 385–395, daneben: Ambrosius, Wilson and American Diplomatic Tradition, S. 101–104.

Man tut James Brown Scott nicht unrecht, wenn man seine Haltung gegenüber den Pariser Verhandlungsergebnissen vor diesem Hintergrund betrachtet. Als Mann überaus diplomatischer Umgangsformen äußerte er sich zwar selten unfreundlich oder feindselig, so dass seine verschiedentlich zitierte scharfe Kritik am Versailler Vertrag nur aus zweiter Hand verfügbar ist: Der Vertrag sei „a great human tragedy", so soll er im Zwiegespräch mit dem amerikanischen Journalisten Arthur Sweetser bereits im Mai 1919 geäußert haben, gerade weil er „so essentially human" sei: „The statesmen here have but given their people what they want and cry for."[218] Doch auch wenn er sich in der Öffentlichkeit meist darauf verlegte, keine Stellung zu beziehen – „I have made it a point not to discuss the Treaty situation and the complications arising out of it"[219] –, so war doch seine Enttäuschung, dass die Verhandlungsergebnisse nur wenig zur Weiterentwicklung des Völkerrechts beigetragen hatten, mit den Händen zu greifen. Freilich: Diese Unzufriedenheit entsprang dem enttäuschten Fortschrittsglauben der Völkerrechtslehre vor 1914, vor deren Hintergrund sich der Friedensschluss kaum anders als politisch instrumentalisiert und nationalistisch þorniert verstehen ließ; in dieser Sicht schien das beste Antidot immer noch eine unpolitische Verrechtlichung durch internationalistische Experten: „The experience that the world has had with the Conference at Paris, composed of nationally-minded instead of internationally-minded men, has suggested in more than one quarter the advantage of consulting members of scientific bodies, the acceptance of whose work depends solely upon its merit and practicability."[220]

Im Ganzen besaß die Rechtsabteilung der ACNP ein eigentümliches Janusgesicht, welches mit David Hunter Miller und James Brown Scott in unterschiedliche Richtungen blickte. Ursächlich dafür waren die bereits für die Kriegszeit konstatierten Bruchlinien zwischen dem eher demokratisch-progressiven Internationalismus von Wilson und seiner Gefolgschaft und dem konservativ-legalistischen Milieu aus State Department, ASIL und CEIP. Einerseits zogen Wilson und House mit Miller sehr bewusst einen Quereinsteiger heran, für den zunächst seine politische und persönliche Loyalität sprach und dessen Fähigkeit eines geschmeidigen Umgangs mit Rechtsfragen höher zählte als seine fachwissenschaftliche Verankerung. Miller repräsentierte insofern einen advokatori-

---

218 Sweetser Diary, Eintrag v. 18.05.1919, in: LoC, Sweetser Papers, Box 1. Zu Sweetser etwa Isabella Löhr/Madeleine Herren, Gipfeltreffen im Schatten der Weltpolitik. Arthur Sweetser und die Mediendiplomatie des Völkerbunds, in: ZfG 62 (2014), S. 411–424.
219 Vgl. Scott an Shepardson, Brief v. 09.03.1920, in: GUSC, Scott Papers, Box 11/14. Siehe auch Nurnberger, James Brown Scott, S. 262.
220 James Brown Scott, The Project of a Permanent Court of International Justice and Resolutions of the Advisory Committee of Jurists. Report and Commentary, Washington 1920, S. 138.

schen Umgang mit dem Völkerrecht, der vom amerikanischen Präsidenten als notwendige Absicherung des außenpolitischen Geschäfts akzeptiert werden mochte, nach seiner Auffassung aber kaum einen Eigenwert in sich trug. Eben einen solchen Eigenwert besaß das Völkerrecht jedoch auf der anderen Seite, innerhalb des legalistischen Milieus, welches auf der Friedenskonferenz mit Lansing und Scott vertreten war. Dass es sich dabei zugleich um Sympathisanten des konservativen Flügels der Demokraten oder gar des republikanischen Establishments handelte, war zwar ein gewichtiger Faktor für ihre Ausgrenzung durch den Präsidenten. Der eigentliche Grund lag jedoch in dem – sicherlich aber nicht ganz gerechten – Verdacht Wilsons, dass nach dem Willen dieser Kreise rechtliche Verfahren an die Stelle eines politischen Interessenausgleichs treten sollten; von der Skepsis, mit der etwa Otto Kirchheimer kaum zehn Jahre später die Vorstellung einer Verrechtlichung bedachte und als Entpolitisierung gesellschaftlicher Spannungen beschreiben sollte, war das nicht weit entfernt.[221] Für den Friedensschluss war dieser Gegensatz zwar von begrenzter Bedeutung, da letztlich sowohl Wilson wie die konservativen Legalisten seinen völkerrechtlichen Aufladungen zurückhaltend gegenüberstanden, wenngleich aus unterschiedlichen Gründen. Es bleibt aber bemerkenswert, wie schnell diese Konflikte in den 1920er Jahren versandeten, so dass sich die wenig später aufkommende Kritik an der amerikanischen Friedensstrategie darauf beschränken konnte, das Politikverständnis Wilsons und die Glaubenslehren der legalistischen Zirkel gleichermaßen als idealistische Verirrung abzutun.

Die französischen Juristen: Formalismus, Obstruktion und Sendungsbewusstsein

Jede Betrachtung der Rechtsexperten der französischen Delegation muss in Rechnung stellen, dass die Stellung von Juristen in Politik und Gesellschaft Frankreichs eine herausgehobene war. Die „professions judiciaires et juridiques" gehörten nach Ansehen und Aufgaben zu den Führungsgruppen der Dritten Republik. Besonders der Staatsdienst war eine vorrangige, teils ausschließliche Domäne der Rechtsberufe, und in dem damit verbundenen Etatismus lag auch der größte Unterschied zum amerikanischen Legalismus. Bestand in den USA immer noch der Vorrang eines Fall- und Richterrechts aus den Grundsätzen des Common Law, dominierte in Frankreich unangefochten die kontinentale, am römischen Recht orientierte Tradition des kodifizierten Rechts mit stark positivistischer und formalistischer Ausprägung; in der Folge wurde (und wird)

---

221 Vgl. Kirchheimer, Staatslehre, und die Ausführungen in der Einleitung, S. 10f.

dem französischen Rechtsverständnis üblicherweise argumentative Klarheit und sprachliche Präzision ebenso zugeschrieben wie ein Übermaß an Staatsfixierung, Regulierungsstreben und einengender Dogmatik.[222]

Der Primat des Juristischen galt auch für das französische Außenamt. Zu Beginn des 20. Jahrhunderts hatten sechs von sieben Außenministern und ein vermutlich noch höherer Prozentsatz der übrigen Angehörigen des Quai d'Orsay eine juristische Ausbildung durchlaufen. Schon bei den Eingangsprüfungen für den diplomatischen Dienst standen rechtswissenschaftliche Kompetenzen im Mittelpunkt, darunter die genaue Kenntnis völkerrechtlicher Verträge und Verpflichtungen. Auch der Einfluss des internen Rechtsberaters („jurisconsulte") für die Formulierung der Außenpolitik war beachtlich, zumindest ungleich größer als bei anderen westlichen Nationen. Selbst der Weltkrieg hatte zunächst wenig daran geändert, dass sich die internationalen Beziehungen aus Sicht des Quai d'Orsay in erster Linie als System der schriftlichen Vereinbarungen und vertraglichen Bindungen darstellten, die eine juristische Denk- und Arbeitsweise voraussetzten.[223]

Wenn das französische Außenministerium und seine Juristen trotzdem nicht in ähnlich herausgehobener Stelle in die Friedenskonferenz involviert waren, wie es für den Auftritt von Louis Renault auf den Haager Konferenzen gegolten hatte, so lag das in erster Linie an Premierminister Georges Clemenceau. Als studierter Mediziner hatte er erst über den Umweg des Journalismus in die Politik gefunden, weswegen er nicht nur dem juristischen Standesbewusstsein, sondern besonders dem sozial ungemein homogenen, vielfach aristokratisch-großbürgerlichen und durch dichte Patronagebeziehungen strukturierten Milieu des Quai d'Orsay in gehöriger Distanz gegenüberstand. Ebenso wie Wilson zeigte sich Clemenceau entschlossen, den Vorrang politischer Entscheidungsmacht gegen den exklusiven Geltungsanspruch der Diplomatie ebenso zu verteidigen wie gegen jedwede juristische Formalien.[224] Schon die Ernennung von Paul Dutasta zum Generalsekretär der Friedenskonferenz hatte sich kaum anders denn als eine Misstrauenserklärung gegenüber der professionellen Diplomatie verstehen lassen. Gleichwohl waren für die praktische Durchführung der Konferenz sowohl Personal wie auch Einrichtungen des Quai d'Orsay unverzichtbar. An erster Stelle muss auf Philippe Berthelot hingewiesen werden, der zwar von Cle-

---

222 Als Überblick vgl. Gilles Le Béguec, La république des avocats, Paris 2003; Dominique Gros, La légitimation par le droit, in: Marc Olivier Baruch/Vincent Duclert (Hrsg.), Serviteurs de l'État. Une histoire politique de l'administration française, 1875–1945, Paris 2000, S. 19–35; Yves-Henri Gaudemet, Les juristes et la vie politique de la IIIe République, Paris 1970, S. 13–50.
223 Vgl. Jackson, Beyond the Balance, S. 20f.; Jackson, Tradition and Adaptation, S. 173–176.
224 Vgl. Jackson, Beyond the Balance, S. 22, 28, 166f., 227f. Weiter: Duroselle, Clemenceau, S. 721–728; Stevenson, French War Aims, S. 95–99, 117f.

menceau demonstrativ zurückgesetzt worden war, was aber seinen Ehrgeiz eher noch beflügelte. Als graue Eminenz machte sich Berthelot für eine weitgehend lautlose, aber effektive Durchsetzung der französischen Interessen unentbehrlich.[225]

Für den hier behandelten Zusammenhang sind zunächst die Rechtsberater des Außenamtes von besonderem Interesse. Henri Fromageot, der „jurisconsulte-suppléant" und vormalige Assistent von Louis Renault, war nach dessen Tod befördert worden und hatte im März 1918 die Stellung als führender Jurisconsulte des Quai d'Orsay übernommen, allerdings nur für den Bereich des „droit international public".[226] Für das gesamte Feld des internationalen Privatrechts blieb André Weiss verantwortlich, dessen Position dadurch ebenfalls aufgewertet wurde. Mit dieser gleichrangigen Besetzung durch eine Doppelspitze war wiederum der Posten des „jurisconsulte-adjoint" neu zu besetzen, wobei die Wahl letztlich auf Albert Lapradelle fiel, ohne dessen Aufgabenfeld inhaltlich weiter zu spezifizieren.[227] Aushilfsweise wurde zudem Jules Basdevant herangezogen, der seit November 1918 an der Pariser Universität lehrte, was zu den stillschweigenden Voraussetzungen für eine Karriere als Rechtsberater des Quai d'Orsay zählte; es war eine sprechende Ausnahme, dass Fromageot über keine Professur dort verfügte. Gleichwohl wurde Basdevant erst im Jahr 1922 auf einen ordentlichen Lehrstuhl für Völkerrecht berufen und ein Jahr später zum „jurisconsulte-adjoint" ernannt. Im Jahr 1930 wurde er Nachfolger von Fromageot und stieg zum führenden Jurisconsulte des Außenministeriums auf, mit erheblichem Einfluss sowohl für die französische Außenpolitik wie die Völkerrechtslehre in der Mitte des 20. Jahrhunderts.[228]

---

225 Vgl. Jackson, Beyond the Balance, S. 225–228; Barré, Seigneur-Chat, S. 332–342; Challener, French Foreign Office, S. 69f.

226 Vgl. die Unterlagen in der Personalakte von Fromageot, in: AD, Fonds Personnel, 2e Série, S. 648.

227 Vgl. Lapradelle an Scott, Brief v. 26.03.1918, in: CUML, CEIP Records, Box 574. In den Augen von James Brown Scott stellte sich Lapradelle als der eigentliche Nachfolger des verehrten Louis Renault dar, vgl. Scott an Lapradelle, Brief v. 07.08.1919, in: GUSC, Scott Papers, Box 11.

228 Vgl. Nécrologie. Jules Basdevant, in: Revue internationale de droit comparé 21, H. 4 (1969), S. 821–824, hier: S. 822; Charles Chaumont, Hommage. Jules Basdevant, in: Annuaire français de droit international 13 (1967), S. 1–3, insofern nicht ganz zutreffend Koskenniemi, Gentle Civilizer, S. 312. Zu den vorgenannten Personalia siehe Renault an Scott, Brief v. 31.12.1917 (Kopie), in: GUSC, Scott Papers, Box 6/7.

Abb. 6: Henri Fromageot
(Porträt aus dem Jahr 1924).

Während der Friedensverhandlungen berieten die Juristen des Außenministeriums nicht nur die eigene Delegation, sondern vertraten die französischen Interessen in verschiedenen Kommissionen. Als Vorsitzender des gleich noch zu behandelnden Redaktionskomitees besetzte Fromageot eine Schlüsselstellung, wohingegen der Einfluss der anderen Rechtsberater weniger gut auszumachen ist. André Weiss nahm als Delegierter an den Verhandlungen zur Internationalisierung der Verkehrswege teil; Lapradelle gehörte als Generalsekretär der Kommission zur Kriegsverantwortung an und assistierte später in der Luftfahrt-Kommission; Basdevant unterstützte unter anderem die Kommission für polnische Angelegenheiten und war damit einer der wenigen Juristen, der sich mit territorialen Fragen beschäftigte.[229]

Um der rechtlichen Expertise des Außenministeriums etwas entgegenzustellen, berief Clemenceau zu Jahresbeginn jedoch noch ein gesondertes Gremium juristischer Ratgeber ein. Am 13. Januar 1919 vermeldeten die französischen Zeitungen, dass ein zehnköpfiges „comité consultatif juridique" eingesetzt worden sei, „qui a pour mission de donner son avis sur toutes les questions relatives aux travaux de la Conférence de la paix."[230] Zum Vorsitzenden

---

[229] Vgl. die Protokolle der entsprechenden Bände der RdA, sowie Baillou, Les affaires étrangères, S. 360–364.

des unmittelbar beim Ministerrat angesiedelten Gremiums wurde Ferdinand Larnaude ernannt.[231] Die übrigen Mitglieder waren Richter, Staatsräte, Anwälte, vor allem aber Rechtsprofessoren, darunter prominente Vertreter aus dem Komitee Pour la défense du droit international der Kriegszeit. Auch Lapradelle wurde aufgenommen, der zwar als „jurisconsulte-adjoint" mit dem Außenministerium assoziiert war, in den völkerrechtlichen Kreisen Frankreichs aber in hohem Ansehen stand und mit Larnaude das französische Memorandum zur strafrechtlichen Verantwortung des Kaisers verfasst hatte.[232]

Die Einberufung eines solchen Ratgebergremiums aus den Reihen der juristischen Fakultät von Paris folgte zwar einer gängigen Praxis, über die Larnaude als Dekan schon 1918 stolz angemerkt hatte: „[I]l n'est pas une branche de l'activité politique ou administrative de l'État où ne soient appelées et hautement appréciées les compétences si variées que la Faculté renferme dans son sein. La Faculté de droit de Paris sert l'État sous toutes les formes et dans tous les domaines."[233] Doch trotz der Aufmerksamkeit, welche die Gründung dieses „comité consultatif juridique" auf sich zog – in der britischen Delegation wurde sogleich ein neuer Aktenvorgang angelegt und selbst in der New York Times fand sich eine kleine Notiz[234] –, verharrte seine tatsächliche Aktivität unterhalb jeder Wahrnehmungsschwelle. In der Presse wurde das Komitee, soweit erkennbar, nicht mehr erwähnt. Aber auch in den französischen Delegationsakten finden sich kaum Hinweise oder gar ein geschlossener Bestand zu seiner Tätigkeit. Insofern ist es nicht zwingend, darin einen Beleg für den großen Einfluss juristischer Expertise während der Friedenskonferenz zu erkennen.[235] Vielmehr lässt sich die begründete Vermutung anstellen, dass es zunächst eher der Anschein eines solchen Einflusses war, welcher die eigentliche Bedeutung dieses Komitees markiert. Clemenceau hatte mit Larnaude einen Experten gefunden, der einerseits unbestreitbares fachliches Renommee in die Waagschale werfen konn-

---

230 Le Figaro v. 13.01.1919, S. 1. Auch Poincaré war informiert worden, vgl. Poincaré Journal, Eintrag v. 12.01.1919, in: Poincaré, Au service, Bd. 11, S. 56.

231 Zu Larnaude vgl. nochmals Laniol, Ferdinand Larnaude, S. 46–51; Deperchin, Die französischen Juristen, S. 93–97, zum weiteren Feld mit zahlreichen Hinweisen auf Larnaude auch Guillaume Sacriste, Droit, histoire et politique en 1900. Sur quelques implications politiques de la méthode du droit constitutionnel à la fin du XIXème siècle, in: Revue d'histoire des sciences humaines 1, H. 4 (2001), S. 69–94.

232 In der Literatur finden sich kaum Angaben zu diesem Komitee, vgl. Laniol, Ferdinand Larnaude, S. 46f., sowie, mit einigen Ungenauigkeiten, Deperchin, Die französischen Juristen, S. 91f. Siehe auch Miquel, La paix de Versailles, S. 238, Fn. 2.

233 Larnaude, Faculté de Droit, S. 90.

234 Vgl. French Judicial Advisory Committee, 14.01.1919, in: TNA, FO 608/124/24, Bl. 451; Clemenceau's Legal Aids, in: New York Times v. 14.01.1919.

235 Vgl. aber Laniol, Ferdinand Larnaude, S. 46; Deperchin, Die französischen Juristen, S. 92.

te, andererseits aber über keine eigene Machtbasis oder politische Heimatinstitution – wie es etwa für die Juristen des Quai d'Orsay gelten mochte – verfügte, also ganz vom Premierminister abhängig war. Damit ließ sich Larnaude gezielt dort heranziehen, wo für Clemenceau eine juristische Argumentation oder rechtliche Absicherung wichtig war, ohne zugleich die Kontrolle über die Situation an nachgeordnete Stellen wie das Außenministerium abzugeben.

In welcher Weise sich die juristischen Experten für einen diplomatischen Einsatz anboten, lässt sich an den beiden französischen Vertretern in der Völkerbund-Kommission erkennen. Vielleicht weil Woodrow Wilson selbst den Vorsitz dieses Ausschusses übernommen hatte, entschied sich Clemenceau dafür, die französischen Interessen durch zwei Juristen vertreten zu lassen; der amerikanische Präsident galt ihm immer noch als „un homme qui vit confiné dans les livres de jurisprudence"[236]. Neben Larnaude wurde daher Léon Bourgeois nominiert, der spätestens seit den Haager Konferenzen zu den bekanntesten Verfechtern eines „pacifisme juridique" zählte und den offiziellen Völkerbundsplan der französischen Regierung ausgearbeitet hatte.[237] Auf der anderen Seite muss es der Spekulation überlassen bleiben, ob Clemenceau mit dieser Personalentscheidung tatsächlich versucht hatte, auf einen vorgeblich akademisch-rechtswissenschaftlichen Anspruch Wilsons zu reagieren, oder – scharfsichtiger – dessen anti-legalistische und anti-formalistische Haltung herausfordern wollte. Die Berufung der beiden Juristen führte jedenfalls dazu, dass französische Positionen innerhalb dieser Kommission bald in einer Weise mit rechtlichen Argumenten unterfüttert wurden, die für die amerikanischen Vertreter eine Herausforderung darstellte und wohl auch darstellen sollte.[238]

---

236 So festgehalten in Poincaré Journal, Eintrag v. 13.01.1919, in: Poincaré, Au service, Bd. 11, S. 58.

237 Zu Bourgeois als Kommissionsmitglied siehe hier nur Sorlot, Léon Bourgeois, S. 274–284, daneben Guieu, Rameau, S. 54–61, ansonsten die Ausführungen oben. Dass Bourgeois in der Vergangenheit den Aufstieg von Larnaude protegiert hatte, wird angedeutet bei Sacriste, Droit, histoire et politique en 1900, S. 70, Fn. 3.

238 Vgl. Jackson, Beyond the Balance, S. 262–274; Stephen Wertheim, The League of Nations. A Retreat from International Law?, in: Journal of Global History 7, H. 2 (2012), S. 210–232, hier: S. 223; Laniol, Ferdinand Larnaude, S. 48f.; Haas, Französische Völkerbundpolitik, S. 94–121; Birdsall, Versailles Twenty Years After, S. 116–147; Noble, Policies and Opinions, S. 133–140. Zeitgenössisch wurden die amerikanisch-französischen Auseinandersetzungen in dieser Kommission nicht selten als Konflikte zwischen jener „neuen" und „alten Diplomatie" rationalisiert, auf die oben hingewiesen wurde, siehe etwa Baker, Woodrow Wilson, Bd. 1, S. 270–294. Dazu auch: Walworth, Wilson and his Peacemakers, S. 113–117. Aufschlussreich ist in jedem Fall, dass zwischen amerikanischen und britischen Stellen schon im Vorfeld verabredet worden war, auf keinen Fall Bourgeois als stellvertretenden Kommissionsvorsitzenden zuzulassen, vgl. House Diary, Eintrag v. 30.01.1919, in: YLMA, House Papers, Serie 2, vol. 7, S. 27.

Abb. 7: Die Völkerbund-Kommission im Februar 1919 mit Léon Bourgeois (sitzend, 3.v.l.) und Ferdinand Larnaude (stehend, ganz rechts).

Erste Konflikte ergaben sich dadurch, dass sich Bourgeois und Larnaude beim Auftakt der Verhandlungen am 3. Februar durch den kurzfristig präsentierten Hurst-Miller-Plan völlig überrumpelt fühlten. Zwar wurden während der Sitzung neben dem amerikanisch-britischen Entwurf noch der Bericht der Bourgeois-Kommission vom 8. Juni 1918 sowie ein italienischer Vorschlag vorgelegt. Doch die beiden letzteren Projekte wurden nach einer allgemeinen Aussprache still-schweigend und weitgehend unbeachtet zu den Akten genommen, während sich die Kommissionsmehrheit dafür aussprach, den weiteren Beratungen den Hurst-Miller-Entwurf zugrunde zu legen. Das war nicht nur ein Affront gegen Bourgeois als Autor der französischen Konzeption, sondern setzte diesen auch, wie der britische Vertreter Robert Cecil notierte, in praktischer Hinsicht unter erheblichen Zugzwang, „discussing the draft which he saw for the first time, with only twenty-four hours' delay for it to be translated and considered."[239]

Die französischen Juristen suchten sich für diesen unerwarteten amerika-nisch-britischen Vorstoß dadurch zu revanchieren, dass sie gleich zu Beginn der Verhandlungen auf einer förmliche Protokollierung der Gespräche bestan-den. Das war in der Sache sicherlich nachvollziehbar, zumal mehrheitlich Eng-

---

239 Cecil Diary, Eintrag v. 03.02.1919, in: British Library, Cecil Papers, 51131, Bl. 32. Siehe wei-ter Haas, Französische Völkerbundpolitik, S. 95–99; Tillman, Anglo-American Relations, S. 121f.; Miller, Drafting, Bd. 1, S. 65–75.

lisch gesprochen wurde und sich Bourgeois und Larnaude in der Rolle einer französischsprachigen Minderheit wiederfanden.[240] Gleichwohl signalisierte diese Forderung für die anderen Kommissionsteilnehmer in erster Linie, dass hier formale Korrektheit und Umständlichkeit an die Stelle einer pragmatischen Ergebnisorientierung zu treten drohten. Die französische Position bestehe nur aus „principle and right and other abstractions", so merkte Robert Cecil verstimmt an, „whereas the Americans and still more the British are only considering what will give the best chance to the League of working properly."[241] Auch Wilson versuchte sich jeder protokollarischen Einengung zu entziehen. In einer informellen Aussprache könne man eher zu tragfähigen Abmachungen gelangen, so lautete der Einwand des amerikanischen Präsidenten, und zudem werde man nicht Gefahr laufen, dass die Protokolle an die Öffentlichkeit dringen und so den weiteren Verhandlungsverlauf unnötig erschweren würden.[242] Doch weder mit dem einen noch dem anderen Argument konnte er sich gegen Bourgeois und Larnaude durchsetzen, so dass in der 3. Sitzung schließlich ein Sekretariat gebildet wurde, welches die weiteren Gespräche protokollierte.[243]

Die Konfrontation von formaler Korrektheit und politischer Flexibilität zählte bald zur Grundmelodie der Kommissionsdebatten. Auf die Frage von Larnaude, welche Instanz eigentlich über die Vereinbarkeit von völkerrechtlichen Verträgen mit der Satzung des Völkerbundes befinden würde – zur Diskussion stand der spätere Artikel 20 VBS –, reagierte Wilson beispielsweise nonchalant. Diese Frage sei kaum im Vorhinein zu entscheiden, so bescheinigte er dem französischen Juristen, die letzte und höchste Entscheidungsmacht werde aber bei der öffentlichen Meinung liegen. Und weiter: Sobald ein internationales Abkommen „is discovered to conflict with the general principles laid down in the Covenant, it would be morally impossible to sustain such a treaty. Every public declaration constitutes a moral obligation, and the decision of the court of public opinion will be much more effective than that of any tribunal in the world,

---

240 Daneben sprachen noch der brasilianische Delegierte Epitácio Pessoa sowie die italienischen Vertreter Orlando und Vittorio Scialoja ausschließlich Französisch, wiewohl bei allen Beteiligten, von Ausnahmen abgesehen, eine wenigstens passive Kenntnis der beiden Sprachen vorausgesetzt werden muss, vgl. Miller, Drafting, Bd. 1, S. 124f., 156. Siehe auch Laniol, Langue, S. 103–105.
241 Cecil Diary, Eintrag v. 04.02.1919, in: British Library, Cecil Papers, 51131, Bl. 33.
242 So die Erinnerungen des zeitweise als Übersetzers hinzugezogenen Bonsal, Unfinished Business, S. 27. Da noch keine Protokolle geführt wurden, sind weitere Angaben entsprechend spärlich. Siehe aber Miller, Drafting, Bd. 1, S. 139, 142f. Dort auch einzelne der stenographischen Aufzeichnungen von Whitney Shepardson und französischer Seite.
243 Vgl. Protokoll v. 05.02.1919, in: ebenda, Bd. 2, S. 259–263, hier: S. 261.

since it is more powerful and is able to register its effect in the face of technicalities."[244]

Auf diesen legeren Umgang mit der Geltungskraft völkerrechtlicher Verträge, die nach juristischer Auffassung eben nicht eine politische und öffentliche Aushandlungsfrage darstellte, reagierte Larnaude entsetzt, wiewohl sich nicht aus einer weiteren Quelle verifizieren lässt, was der als Übersetzer anwesende Stephen Bonsal späterhin festhielt: „Larnaude trembled with pent-up emotion. He is reported to have said *sotto voce* to Bourgeois, ‚Tell me, mon ami, am I at the Peace Conference or in a madhouse?'"[245] Ins Protokoll aufgenommen wurde hingegen nur die kühle Replik an Wilson, dass es auch in Ländern mit hochentwickelter „idée de légalité"[246] verschiedene Meinungen zu Fragen der Auslegung gebe, die nicht von der Öffentlichkeit, sondern allein von einem hierzu berufenen Organ entschieden werden könnten. Davon wollte Wilson wenig wissen. Nachdem er noch eine „lengthy dissertation"[247] von Orlando (auch er von Haus aus Jurist) hatte anhören müssen, parierte er die Attacke von Larnaude mit der nochmaligen Bestätigung, dass es hier um den „good faith of nations" gehe. Solche Fragen dürften gerade nicht einem Gericht überlassen werden, sondern müssten sich nach dem moralischen Empfinden der beteiligten Nationen richten: „[I]n such a matter as this the moral judgment of peoples is more accurate than proceedings before a tribunal."[248]

Derartige Spannungen setzten sich in den folgenden Sitzungen fort, etwa wenn Larnaude und Wilson ihre Klingen am 11. Februar über der Frage kreuzten, ob die Satzung des Völkerbundes eher als völkerrechtlicher Vertrag oder, weitergehend, als eine Art überstaatliche Verfassung zu werten sei.[249] Auf der gleichen Sitzung brachte Léon Bourgeois zudem eine Reihe französischer Anträge ein, mit denen wesentliche Änderungen am Satzungsentwurf vorgeschlagen wurden, darunter an erster Stelle der Vorschlag einer internationalen Armee, welche die Sanktionsgewalt des Völkerbundes glaubwürdig hätte untermauern

---

244 Wilson, Protokoll v. 10.02.1919, in: ebenda, Bd. 2, S. 277–287, hier: S. 280.
245 Bonsal, Unfinished Business, S. 48f. (Hervorh. im Original).
246 Larnaude, Protokoll v. 10.02.1919, in: Miller, Drafting, Bd. 2, S. 444–456, hier: S. 447. Die englische Fassung des Protokolls ist offenkundig sinnwidrig („idea of equality") übersetzt, siehe ebenda S. 280.
247 Bonsal, Unfinished Business, S. 49.
248 Wilson, Protokoll v. 10.02.1919, in: Miller, Drafting, Bd. 2, S. 277–287, hier: S. 280. Auch: Jackson, Beyond the Balance, S. 270.
249 Larnaude neigte offenbar letzterer Auffassung zu, vgl. Larnaude, Protokoll v. 11.02.1919, in: Miller, Drafting, Bd. 2, S. 287–297, hier: S. 289.

können.[250] Das kam aus amerikanischer wie britischer Sicht keinesfalls in Frage. Trotzdem war es nicht einfach, sich neben den juristischen Spitzfindigkeiten von Larnaude nun auch der moralisch aufgeladenen Argumentation von Bourgeois zu entziehen, der selbst von dem nachdrücklich vorgebrachten Hinweis Wilsons, dass die USA einem bewaffneten Völkerbund schon aus verfassungsrechtlichen Gründen nicht beitreten könnten, kaum zu beeindrucken war.[251] Immer wieder zeigte es sich zudem, dass der weitschweifige Vortragsstil von Bourgeois es schwer machte, zielgerichtet zu debattieren. Das war nicht ohne Tragik, denn der mittlerweile fast Siebzigjährige war vom Ideal eines Völkerbundes aus tiefstem Herzen erfüllt, und an dieser Überzeugung ließ er die Kommission freigiebig teilhaben. Nahezu alle persönlichen Aufzeichnungen sind von der Klage über die langatmigen Referate durchzogen, mit denen Bourgeois die französischen Anträge vortrug und welche die Geduld der anderen Kommissionsmitglieder beträchtlich strapazierten. Die offiziellen Protokolle geben mit ihrer verkürzten Darstellungsweise nur einen schwachen Widerschein dieser ausholenden Monologe. Für den dolmetschenden Bonsal war Bourgeois nichts weniger als eine „bête noire"[252], für Robert Cecil „a sad hindrance to work, as he talks (...) always off the point."[253]

Dieser Eindruck verschärfte sich noch dadurch, dass Bourgeois immer wieder auf die Haager Konventionen zu sprechen kam, die er, wie oben aufgezeigt, an prominenter Stelle mitgestaltet hatte und die sein eigentliches Lebensthema darstellten. Schon im französischen Völkerbundsentwurf hatten die Haager Konferenzen und die dort gelegten Grundlagen einer internationalen Schiedsbarkeit als Referenzpunkte gedient. Der neu zu begründende Völkerbund sei dazu berufen „de maintenir et de développer les institutions judiciaires internationales créées à La Haye"[254], hatte es dort geheißen, und von einem vergleichbaren Rückgriff auf das Haager Vorbild waren zahlreiche Einlassung von Bourgeois während der Kommissionsgespräche bestimmt. Eine Neufassung der Präambel, welche die französischen Delegierten am 13. Februar vorlegten, gipfelte in der Aussage, dass der Völkerbund die Haager Konferenzen fortführen und

250 Vgl. Bourgeois, Protokoll v. 11.02.1919, in: Miller, Drafting, Bd. 2, S. 287–297, hier: S. 290–293.

251 Vgl. House Diary, Eintrag v. 11.02.1919, in: YLMA, House Papers, Serie 2, vol. 7, S. 45.

252 Bonsal, Unfinished Business, S. 30.

253 Cecil Diary, Eintrag v. 09.02.1919, in: British Library, Cecil Papers, 51131, Bl. 36. Sehr harmonisierend hingegen Cecil of Chelwood, Great Experiment, S. 71. Daneben: Thompson, Peace Conference, S. 192.

254 Textes adoptés par la Commission Ministérielle Française de la Société des Nations, 08.06.1918, in: RdA IV-B-1, S. 11–17, hier: S. 16.

vollenden werde.[255] Angesichts der Ablehnung, mit der Wilson dem Haager Werk gegenüberstand, war das kein sonderlich geschicktes Plädoyer. Wohl wollte der portugiesische Delegierte ebenfalls einen Hinweis auf das Haager Prinzip der internationalen Schiedsbarkeit aufgenommen sehen, doch die ablehnende Auffassung der Kommissionsmehrheit brachte Robert Cecil mit den Worten auf den Punkt, dass „the League of Nations might better stand by itself and not bear the burden of the criticisms which have been levelled against international conventions"[256]. Die Ablehnung fiel in der anschließenden Abstimmung mit zehn zu fünf Stimmen noch glimpflich aus angesichts der Verärgerung, wie sie House in seinen Aufzeichnungen an den Tag legte: „Bourgeois and his confrere insisted upon putting in something about the Hague Tribunal. They have the greatest reverence for that institution. I think they are the only people left in the world who have."[257]

Man braucht weder diesen noch weitere Punkte im Einzelnen zu vertiefen, um zu erkennen, wie sehr alle Einwendungen der französischen Juristen von amerikanischer und britischer Seite, aber auch darüber hinaus, als formalistisch, sophistisch und obstruktiv verstanden wurden. Schon am 25. Januar hatte Lloyd George gegenüber Balfour spekuliert, dass Bourgeois lediglich aufgrund seiner langatmigen Vortragsweise von Clemenceau für die Völkerbund-Kommission nominiert worden war.[258] Diese Vermutung verdichtete sich im Verlauf des Februars immer mehr zur Gewissheit. Bald galt es als ausgemacht, dass die intransigente Haltung der französischen Kommissionsmitglieder auf unmittelbare Weisungen von Clemenceau zurückgehe, zumal André Tardieu gegenüber Robert Cecil entsprechende Andeutungen gemacht hatte. Die französische Regierung sei durchaus gewillt, so notierte Cecil, auf das Antrags- und Abstimmungsverhalten von Bourgeois einen entsprechenden Einfluss auszuüben, sofern die USA und Großbritannien auf anderen Politikfeldern zu Zugeständnissen bereit seien.[259]

Dass der Auftritt der französischen Juristen für Clemenceau tatsächlich einen Hebel darstellte, um in anderen Streitfragen – an erster Linie im Problem der linksrheinischen deutschen Territorien – eine Lösung zu seinen Gunsten zu

---

255 Vgl. Protokoll v. 13.02.1919, in: Miller, Drafting, Bd. 2, S. 298–316, hier: S. 298f.
256 Cecil, Protokoll v. 13.02.1919, in: ebenda, S. 299. Siehe auch Miller, Drafting, Bd. 1, S. 225f.
257 House Diary, Eintrag v. 13.02.1919, in: YLMA, House Papers, Serie 2, vol. 7, S. 47. Weiter: Jackson, Beyond the Balance, S. 270f.
258 Vgl. Cecil Diary, Eintrag v. 25.01.1919, in: British Library, Cecil Papers, 51131, Bl. 24.
259 Vgl. Cecil Diary, Eintrag v. 28.02.1919, in: ebenda, Bl. 45. Ein Treffen mit Clemenceau bestätigte Cecil in dieser Einschätzung, siehe Cecil an House, Brief v. 08.03.1919, zit. nach Birdsall, Versailles Twenty Years After, S. 132.

erreichen, ist vielfach vermutet worden.[260] Allerdings zeigte sich spätestens in der zweiten Runde der Kommissionsarbeit, die ungefähr eine Woche nach der Rückkehr von Wilson aus den Vereinigten Staaten begann, dass sich die Rechtsberater nur bedingt so steuern ließen, wie es dem Premierminister vorschweben mochte. Vom 22. März bis zum 11. April wurde der vorliegende Entwurf der Satzung nochmals durchgemustert, wobei zahlreiche Bestimmungen gleichzeitig präzisiert, ergänzt sowie in politischer Hinsicht für unterschiedliche Parteien und Richtungen annehmbar gemacht werden mussten. Das war keine leichte Aufgabe, und gerade Wilson stand unter erheblichem innenpolitischem Druck, eine Anerkennung der Monroe-Doktrin in der Satzung zu verankern. Auf der anderen Seite hatte das strategische Interesse Clemenceaus am Völkerbund deutlich nachgelassen, zumal sich seine Prioritäten nach dem in Aussicht gestellten amerikanisch-britischen Garantiepakt ab Mitte März verschoben hatten und er sich nunmehr den amerikanischen Vorstellungen gegenüber konziliant zeigen konnte.[261]

Doch dieser Rückzug, mit dem Clemenceau vorherige Positionen aus machtpolitischem Kalkül bedenkenlos zu räumen bereit war, rief bei Bourgeois bares Unverständnis hervor. Es kam in der Folge zu einigen Konflikten innerhalb der französischen Delegation, an deren Ende Clemenceau Bourgeois mit einiger Herablassung bescheinigt haben soll: „Faites-vous battre, peu m'importe."[262] In der Tat versuchte Bourgeois den Kampf um einen Völkerbund nach seinen Vorstellungen nunmehr allein fortzuführen, obschon es bei den anderen Kommissionsmitgliedern als ausgemacht galt, dass er sich dabei nicht mehr auf das Einverständnis der französischen Regierung stützen konnte. Überdies ließ Clemenceau Bourgeois, den er seit jeher als Exponenten politischer Mittelmäßigkeit begriffen hatte, bald seinen Unwillen spüren.[263] Auf der Plenarsitzung vom 28. April desavouierte er ihn öffentlich, denn als Bourgeois nochmals mit zwei Änderungsvorschlägen zur Völkerbundssatzung aufwartete, hörte Clemenceau nicht nur mit erkennbarer Ungeduld zu, sondern überging sie in der nachfolgenden Abstimmung glattweg.[264] Das war sicherlich nicht ganz fair, denn Bourgeois (und Larnaude) hatten sich zuvor noch an Clemenceau gewandt und

---

260 Vgl. Jackson, Beyond the Balance, S. 272; Haas, Französische Völkerbundpolitik, S. 78–81; Cox, French Peace Plans, S. 93–99; Birdsall, Versailles Twenty Years After, S. 116–119; Miller, Drafting, Bd. 1, S. 310.
261 Vgl. Haas, Französische Völkerbundpolitik, S. 81–88. Näheres unten, S. 570f.
262 So nach Poincaré Journal, Eintrag v. 27.03.1919, in: Poincaré, Au service, Bd. 11, S. 283.
263 Vgl. Blair, Origins, S. 99; Renouvin, Traité de Versailles, S. 78.
264 Vgl. Jackson, Beyond the Balance, S. 274; Haas, Französische Völkerbundpolitik, S. 78f., 86–88; Birdsall, Versailles Twenty Years After, S. 146f. Die französische Presse stellte sich indes eher auf die Seite von Bourgeois, vgl. Noble, Policies and Opinions, S. 140–144. In den offiziel-

ihre Absicht einer neuerlichen Präsentation der französischen Standpunkte während der Plenarsitzung angekündigt.[265] Doch es ist nicht erkennbar, dass sie überhaupt einer Antwort gewürdigt wurden, zumal sich Clemenceau bereits gegenüber Edward House, so wollte es zumindest Bonsal gehört haben, ostentativ von beiden Delegierten distanziert hatte: „Larnaude is getting on my nerves and Bourgeois is sapping my vitality."[266] Das Ende war damit absehbar. Anfang Mai ließ Clemenceau lapidar verlauten, dass Bourgeois aus gesundheitlichen Gründen nicht mit der Vorbereitung der Völkerbundsgründung beauftragt werden würde, sondern Pichon.[267] Zwar wurde Bourgeois später doch noch in die französische Delegation beim Völkerbund berufen und später sogar zum Präsidenten des Völkerbundsrates gewählt; zudem wurde im Dezember 1920 bekannt, dass er den während des Weltkrieges ausgesetzten Friedensnobelpreis für dieses Jahr erhalten sollte (und Woodrow Wilson den Preis für 1919). Eine politische Bedeutung besaß er gleichwohl kaum noch, sondern blieb auf die repräsentative Rolle als „Vater des Völkerbundes" beschränkt.[268]

Demgegenüber war Larnaude geschmeidig genug, die veränderten Zielvorgaben der französischen Politik zu erkennen und umzusetzen. Schon Ende März hatte Bonsal beobachten können, dass sich Larnaude innerhalb der Kommission zunehmend um Distanz zu Bourgeois bemühte.[269] Auch hinter den Kulissen klagte er über die starre Haltung seines Kollegen, etwa wenn er gegenüber Poincaré bedauerte, dass Bourgeois den amerikanischen Präsidenten durch seine beharrliche Anrufung der Haager Traditionen nachhaltig verprellt hatte.[270] Larnaude selbst stellte seine juristische Pedanterie in der zweiten Verhandlungsrunde, soweit erkennbar, rasch ein. Teilweise unterstützt durch Lapradelle und Sillac, ließ er nunmehr jeden obstruktiven Formalismus vermissen und bemühte sich besonders um eine gute Zusammenarbeit mit David Hunter Miller. Gemeinsam verfassten beide Juristen die französische Fassung der Satzung, wobei sich besonders die Präambel als Herausforderung entpuppte, die erst in den

len Papieren ist der Vorfall weniger gut erkennbar, vgl. Protokoll v. 28.04.1919, in: FRUS, PPC 1919, Bd. 3, S. 285–331, hier: S. 294–302.

265 Vgl. Bourgeois/Larnaude an Clemenceau, Brief v. 18.04.1919, in: SHD, Fonds Clemenceau, 6N74.

266 Zit. nach Bonsal, Unfinished Business, S. 203.

267 Vgl. Eintrag v. 02.05.1919, in: Mordacq, Ministère Clemenceau. Journal, Bd. 3, S. 256f.

268 Vgl. Jackson, Beyond the Balance, S. 418–426; Jost Dülffer/Christa Haas, Léon Bourgeois and the Reaction in France to His Receiving the Nobel Peace Prize in 1920, in: Francia 20, H. 3 (1993), S. 19–35, hier: S. 30–33. Siehe hingegen die versöhnlichen Töne in Léon Bourgeois, Le Traité de paix de Versailles, Paris 1919.

269 Vgl. Bonsal, Unfinished Business, S. 163.

270 Vgl. Poincaré Journal, Eintrag v. 26.04.1919, in: Poincaré, Au service, Bd. 11, S. 373–377, hier: S. 376.

frühen Morgenstunden des 19. April, während einer langen Sitzung in Larnaudes Appartement in Neuilly, bewältigt werden konnte.[271]

Diese Anpassungsbereitschaft von Larnaude wurde wenigstens teilweise honoriert. Zwar musste er André Tardieu im Juni nochmals auf die Existenz des „comité consultatif juridique" hinweisen und seine Dienste anbieten.[272] Doch ob auf Tardieus Empfehlung hin oder unabhängig davon, erinnerte man sich in der Regierung durchaus an Larnaudes loyalen Einsatz. Ab Sommer wurde er, wie aus den Akten von Pichon hervorgeht, für eine heikle innenpolitische Aufgabe herangezogen. Die Ratifikation des Versailler Vertrags, der nach seiner Unterzeichnung Ende Juni von großen Teilen der französischen Politik und Gesellschaft als unzureichend begriffen worden war, konnte zu diesem Zeitpunkt keineswegs als gesichert gelten. Um in den parlamentarischen Debatten bestehen und überhaupt die Deutungshoheit über den Vertrag behaupten zu können, wurde Larnaude von der Regierungsspitze um Clemenceau offensichtlich mit der Aufgabe betraut, die Diskussion zur Völkerbundssatzung zu verfolgen und ihre Bestimmungen gegen die lautstarke Kritik der Opposition zu verteidigen. Zwischen Juli und September verfasste er zahlreiche Memoranden zu den Debatten in der Deputiertenkammer, wobei im Briefkopf seiner Berichte teils noch das „comité consultatif juridique" figurierte, teils wieder sein eigentliches Amt als Dekan der juristischen Fakultät von Paris. Inhaltlich überrascht es aber nicht, wenn hier seine eigene Rolle, die Position der Regierung um Clemenceau und das nationale Interesse in einer Apologie der französischen Verhandlungserfolge zusammenflossen.[273]

Es lässt sich für die französische Delegation festhalten: Recht, Rechtlichkeit sowie eine formalistisch-legalistische Vorgehensweise besaßen hohen Stellenwert, ohne dass dies die politischen Inhalte unmittelbar bestimmt hätte. So nahmen zwar sämtliche Jurisconsultes des Quai d'Orsay an prominenter Stelle an den Verhandlungen teil, und es lässt sich die Vermutung anstellen, dass die während der Friedenskonferenz gemachten Erfahrungen wenig später, im Jahr 1920, dazu führten, eine eigenständige Rechtsabteilung („Service Juridique") im

---

271 Vgl. Miller Diary, Eintrag v. 18.04.1919, in: DHMD, Bd. 1, S. 258f., siehe auch Miller, Making of the League, S. 423.

272 Vgl. Larnaude an Tardieu, Brief v. 08.06.1919, in: AD, Papiers Tardieu, PA-AP 116/465, Bl. 90f. Als höflich hinhaltende Replik dann Tardieu an Larnaude, Brief v. 11.06.1919, in: ebenda, Bl. 92.

273 Beispielsweise: Larnaude, Observations sur les discours prononcés à la Chambre des Députés sur le traité de Paix (Société des Nations), 01.09.1919, in: AD, Papiers Pichon, PA-AP 141/8, Bl. 111–115, sowie die weiteren Unterlagen dort. Zur französischen Debatte siehe Jackson, Beyond the Balance, S. 305–315; Duroselle, Clemenceau, S. 768–773.

französischen Außenministerium zu etablieren.[274] Doch so wertvoll diese juristische Unterstützung im Einzelnen gewesen sein mochte, besaß Clemenceau nur wenig Sinn für eine betont rechtsförmige Außenpolitik und verteidigte argwöhnisch den Vorrang der politischen Entscheidungsmacht. Die Distanz, die er zur traditionellen Diplomatie zu halten versuchte, galt insofern in noch höherem Maße für die Juristen des Außenamtes.

Gezielt griff Clemenceau hingegen auf die Dienste des Rechtsprofessors und diplomatischen Außenseiters Ferdinand Larnaude zurück, der nicht nur fachliche Erfahrung mit politischem Gespür verband, sondern besondere Loyalität zu erkennen gab. Das von Larnaude angeführte „comité consultatif juridique" dürfte zwar nur eine Potemkin'sche Existenz geführt haben, indem es mehr der Eitelkeit des Juristen als einer organisierten Rechtsberatung der Regierung diente. Trotzdem erfüllte Larnaude, wie am Beispiel der Völkerbund-Kommission erkennbar, seine Aufgabe gut. Im Gegensatz zu Léon Bourgeois, der sich mit dem Verhandlungsgegenstand in einer Weise identifizierte, welche Steuerungsprobleme aufwarf, zeigte sich Larnaude in seinem Einsatz legalistischer Einwendungen und rechtsförmiger Verzögerungstaktiken durchaus flexibel. Damit ist nicht gesagt, dass die jeweiligen Wortmeldungen von Larnaude (oder auch von Bourgeois) nicht substantiiert gewesen seien; im Gegenteil, die besondere Bedeutung der juristischen Argumentation bestand gerade darin, dass sie begründet war und damit den Verhandlungsverlauf auf eine Weise beeinflusste, die sich schwer abwehren ließ. Obwohl besonders von amerikanischer und britischer Seite schon früh der Vorwurf eines obstruktiven Verhaltens erhoben wurde, ließ sich gegen die französischen Einwände oftmals nur eine ablehnende Abstimmung durch die Kommissionsmehrheit setzen, was weder ein verlässliches noch ein überzeugendes Instrument darstellte.

Vielleicht war es kein Zufall, dass Larnaude am Ende vor allem mit David Hunter Miller auf eine gedeihliche Weise zusammenarbeitete: Beide Juristen standen den eigentlich zuständigen Rechtsexperten der jeweiligen Außenministerien mit mehr oder minder großer Distanz gegenüber, und beide dienten der politischen Führungsfigur in subalterner Rolle und mit großer Loyalität. Eine solche Erfahrung mochte, zumal im Rückblick, durchaus ein Gefühl der Verbundenheit gestiftet haben, wie es in dem sporadischen Briefwechsel erkennbar wird, den Larnaude und Miller nach 1920 führten. „Je n'oublierai jamais ces belles réunions de l'Hôtel Crillon", so schrieb der französische Jurist im November

---

274 Vgl. Baillou, Les affaires étrangères, S. 388f. Außerdem: Jackson, Beyond the Balance, S. 336.

1922 an seinen amerikanischen Kollegen, „où tous nous essayions d'organiser la paix!"[275]

Die britischen Juristen: Verankerung im Common Law und in der Weltpolitik des Empire

Im Gegensatz zur amerikanischen und französischen Abordnung spielten Juristen in der British Empire Delegation – die, wie erwähnt, mit über 200 Delegierten die größte Gesandtschaft darstellte – nur eine untergeordnete Rolle. Zwar lässt das offizielle Teilnehmerverzeichnis durchaus einige hochkarätige Namen erkennen, welche sich in der Kategorie der Rechtsberater auf den vorderen Plätzen versammelt fanden. Ein näherer Blick zeigt jedoch, dass von den hier genannten vier Personen lediglich Cecil Hurst, der Rechtsberater des Foreign Office, als völkerrechtlicher Experte gelten konnte.[276] Die drei anderen Juristen hatten mit internationalen Rechtsfragen bislang kaum zu tun gehabt. Es handelte sich um die beiden Law Officers of the Crown – Gordon Hewart als Attorney-General und Ernest Pollock als Solicitor-General, die erst zu Jahresanfang in diese Positionen aufgerückt waren – sowie um John Andrew Hamilton (Lord Sumner), dem, wie es später hieß, „last of the political law lords"[277].

Ebenso wie die Richter Fry und Reay, die als britische Delegierte an der Haager Konferenz von 1907 teilgenommen hatten, konnten Hewart, Pollock und Sumner zwar als juristische Autoritäten gelten. Zugleich waren sie aber auch und in erster Linie politische Mandatsträger, die von allen akademischen Debatten über eine Verrechtlichung der Staatenbeziehungen ebenso weit entfernt waren wie vom diplomatischen Establishment. Obwohl den Law Officers lange Zeit, bis zum Ausscheiden von Travers Twiss als Queen's Advocat, auch völkerrechtliche Problemfälle vorgelegt worden waren, bestand die eigentliche Aufgabe ihres Amtes, und das rührt aus den Eigentümlichkeiten des monarchisch-konstitutionellen Regierungssystem Großbritanniens, zunächst in der Vertretung der Interessen von Monarch und Regierung vor Gericht, sodann vor allem in der juristischen Beratung von Regierung und Parlament.[278] Beide Aufgaben

---

275 Larnaude an Miller, Brief v. 22.11.1922, in: LoC, Miller Papers, Box 1.
276 Vgl. Composition and Organization of the Preliminary Peace Conference, 01.04.1919, in: FRUS, PPC 1919, Bd. 3, S. 1–90, hier: S. 8.
277 So Antony Lentin, The Last Political Law Lord. Lord Sumner (1859–1934), Newcastle 2008.
278 Vgl. Polden, The Institutions, S. 1066–1078; John L. J. Edwards, The Law Officers of the Crown. A Study of the Offices of Attorney-General and Solicitor-General of England with an Account of the Office of the Director of Public Prosecutions of England, London 1964, S. 90–176.

hatten eine deutlich innenpolitische Ausrichtung und lassen sich kaum mit den formalistischen Vorstellungen eines kontinentalen Rechtsdenkens fassen, sondern unterstreichen den Befund, dass die Grenze zwischen Recht und Politik in Großbritannien wie auch den anderen Common-Law-Ländern erheblich durchlässiger war. Sowohl Hewart wie Pollock waren in ihrer Funktion als Law Officers zudem erfahrene Parlamentspolitiker; Pollock saß seit 1910 für Warwick und Leamington im Unterhaus, Hewart seit 1913 für Leicester. Sumner gehörte hingegen seit 1913 dem Oberhaus an und zählte als Lord of Appeal in Ordinary zum höchsten Berufungsgericht des britischen Justizwesens. Dass die politische Einbindung in Einzelfällen noch weiter reichen konnte, zeigt der Umstand, dass das Amt des Attorney-General während der Kriegszeit teilweise mit einem Sitz im Kabinett verbunden war. Hewart wurde ein solcher Rang bei seiner Ernennung zu Jahresbeginn 1919 zunächst noch zugestanden, nicht aber seinem designierten Nachfolger Pollock im Jahr 1922.[279]

Dass die Law Officers über politisches Feingefühl verfügten, war schon deshalb ratsam, weil der britische Premier David Lloyd George seinen amerikanischen und französischen Amtskollegen in der skeptischen Haltung gegenüber den Rechtsberufen wenig nachstand. Zwar war Lloyd George selbst studierter Jurist, der für einige Jahre als Anwalt in einer walisischen Kleinstadt praktiziert hatte. Doch schon bald, zum Ende der 1880er Jahre, hatte er diese Karriere gegen die Politik als seine eigentliche Berufung eingetauscht und blickte seither ohne Sentiment auf die juristische Praxis. Als liberaler Abgeordneter, später als Handelsminister und Schatzkanzler hatte er in Recht und Gesetz zunächst nur Instrumente politischer Gestaltungsmacht gesehen, um die eigenen Vorstellungen in die Tat umzusetzen. Insofern überrascht es nicht, wenn Lloyd George, ähnlich wie Wilson und Clemenceau, die Friedenskonferenz als politische Veranstaltung begriff, bei der die Entscheidungen der Siegermächte gegenüber jedweder juristischen Auslegungskunst klar erkennbar bleiben müssten. „Let's be clear about this: we can't leave the interpretation of such clauses to lawyers"[280], mahnte er beispielsweise anlässlich der Diskussionen um das verwickelte Problem der Reparationen. Ähnlich selbstbewusst hatte er sich im November 1918 schon zur Strafverfolgung des deutschen Kaisers geäußert, als er angesichts der unsicheren Rechtslage wie fehlender Präzedenzfälle die legislative Kraft der Siegermächte hervorhob: „[W]e are making international law."[281]

---

279 Vgl. ebenda, S. 172f., Parry, United Kingdom, S. 121–126; Robert Jackson, The Chief. The Biography of Gordon Hewart, Lord Chief Justice of England, 1922–40, London 1959, S. 74–125. Außerdem: Lloyd George an Hewart, Brief v. 25.10.1919, in: PA-UK, DLG Papers, F/27/4/11.
280 Protokoll v. 29.03.1919, in: Mantoux, Deliberations, Bd. 1, S. 68–79, hier: S. 77.
281 Lloyd George, Truth, Bd. 1, S. 100.

Die Rechtsexperten der britischen Delegation waren damit in einem doppelten Sinne politische Juristen: Einerseits aufgrund ihrer Verankerung in dem politisch-parlamentarischen Regierungssystem Großbritanniens, andererseits im Hinblick auf die ihnen übertragenen Aufgaben. Das Auftreten von Lord Sumner in der Reparationskommission lässt dies beispielhaft erkennen. Es war ein offenkundiges Kalkül von Lloyd George, für diese Aufgabe keinen Ökonomen zu benennen, sondern einen gestandenen Law Lord aus dem Oberhaus, der sich weder durch die unüberschaubare Komplexität der Materie noch durch die Widerstände der anderen Delegationen wesentlich würde beeindrucken lassen. Im verbalen Schlagabtausch machte Sumner zumindest keine schlechte Figur, und wenngleich er (ebenso wie sein britischer Kollege Lord Cunliffe) von den übrigen Kommissionsmitgliedern bald als doktrinärer Blockierer wahrgenommen wurde, so entsprach das genau der ihm zugedachten Aufgabe, die politischen Manöver von Lloyd George hinter den Kulissen zu decken. Darauf wird noch im Detail einzugehen sein; hier lässt sich in aller Kürze festhalten, dass Sumners juristische Kompetenz in erster Linie dazu diente, die britischen Interessen in der Reparationsfrage auf aggressive Weise zu verteidigen.[282] Nicht ohne Grund bedachte Robert Cecil seinen Delegationskollegen mit dem Satz: „Some very able lawyers can be very cruel men."[283]

Aber auch die beiden Law Officers of the Crown, Gordon Hewart und Ernest Pollock, wurden vornehmlich dort herangezogen, wo umstrittene Positionen mit rechtlichen Mitteln vertreten werden mussten. Beide gehörten der Kommission für Kriegsverantwortung und Kriegsverbrechen an, wo sie, wie es Hewart gemeinsam mit seinem Amtsvorgänger Frederick Smith schon im Herbst 1918 in einem Memorandum gefordert hatte, die britische Linie einer Bestrafung aller deutschen Kriegsverbrecher bis zur Staatsspitze durchzusetzen versuchten. Jedoch ließen sich die Law Officers aufgrund ihrer exponierten Position und ihren Amtspflichten kaum längerfristig nach Paris delegieren oder gar in den regulären Konferenzbetrieb integrieren. Eine Durchsicht der Protokolle zeigt entsprechend, dass Hewart kaum an den Beratungen der Verantwortungs-Kommission teilnahm, sondern sich den ihm zugedachten Sitz mit seinem Stellvertreter Ernest Pollock teilte, der aber auch nur etappenweise nach Paris kommen konnte.[284] Besonders im späteren Konferenzverlauf vermochten die Law Officers nur

---

282 Vgl. Antony Lentin, „That Villain Lord Sumner"? Lord Sumner, Lloyd George and Reparations at the Paris Peace Conference, 1919, in: Johnson (Hrsg.), Peacemaking, S. 81–102, hier: S. 85f., 96–98.
283 Zit. nach. Lentin, Lloyd George, Wilson and the Guilt, S. 113, 172. Zu Sumners Auftreten in der Reparationskommission siehe unten, S. 525f.
284 Vgl. Spring-Rice, Minute v. 04.02.1919, in: TNA, FO 608/148/2, Bl. 398. Der neuseeländische Premier William Massey besetzte den zweiten britischen Sitz.

noch von London aus auf die übersandten Entwürfe eingehen, was während der hektischen Fertigstellung des Friedensvertrages mit Deutschland nicht unproblematisch war, trotz der Einrichtung eines Kurierdienstes mit regelmäßigen Flugverbindungen zwischen den beiden Hauptstädten. Auf letzte Änderungen in den Strafbestimmungen des Versailler Vertrages konnte Ernest Pollock beispielsweise nur noch mit einem Telegramm reagieren, das erst am 7. Mai in Paris eintraf und also unberücksichtigt blieb.[285]

Dass Pollock den Adressaten dieses Telegramms, Maurice Hankey, dazu aufforderte, die Stellungnahme unverzüglich an Cecil Hurst weiterzugeben, lag zwar zunächst an dessen Stellung im Redaktionskomitee, wo Anfang Mai der gesamte Vertragstext zusammengeführt wurde. Doch es lässt sich ein tieferer Sinn darin entdecken, denn das von Hurst besetzte Amt des Legal Advisors war im Foreign Office hauptsächlich geschaffen worden, um die Law Officers zu entlasten und die außenpolitische Rechtsberatung zu professionalisieren; zuvor, so die Überlieferung, hatten selbst hochgeheime Regierungsdokumente vom Außenministerium per Bahn an die Law Officers geschickt werden müssen.[286] Zwar war Hurst erst 1918, nach dem Ausscheiden des langjährigen Amtsinhabers Edward Davidson, in die Position des Principal Legal Advisors aufgerückt. Doch im Foreign Office verfügte er, darauf wurde hingewiesen, seit geraumer Zeit über eine gesicherte Stellung und hohen Respekt. Neben den umfangreichen Erfahrungen, die Hurst auf nahezu allen wesentlichen Konferenzen des europäischen Staatensystems des frühen 20. Jahrhunderts vorweisen konnte, hatte er sich nach 1914 besonders in der Rechtfertigung der Blockadepolitik Londons bewährt. Mitte Januar 1919 waren Hurst und sein Stellvertreter, William Malkin, in die französische Hauptstadt gereist, wo sich ihre eingespielte Zusammenarbeit noch intensivieren sollte. Wohlwollende Beobachter, so der einige Jahre später als (dritter) Legal Advisor hinzukommende Eric Beckett, waren zumindest beeindruckt, wie gut sich Hurst und Malkin ergänzten: „It would be difficult to find a pair whose qualities were more nicely complementary. I have often thought in this connexion of the dynamo and the flywheel. Hurst had the creative, constructive energy and enthusiasm. Malkin's more critical mind and calm temperament prevented jerks and stoppages and kept the machine running smoothly."[287]

---

285 Vgl. Pollock an Hankey, Telegramm v. 07.05.1919, in: TNA, FO 608/247/14, Bl. 232f. Siehe dazu auch abwiegelnd Hurst, Minute v. 07.05.1919, ebenda, Bl. 226. Als Überblick vgl. Lewis, Birth of the New Justice, S. 42–46; Schwengler, Völkerrecht, S. 71–80. Näheres zur Entstehung der Strafbestimmungen des Versailler Vertrages und der Rolle Pollocks ansonsten unten.
286 So Polden, The Institutions, S. 1071.
287 Beckett, Sir Cecil Hurst's Services, S. 2. Zur Abreise nach Paris siehe auch Margret Malkin an ihre Eltern, Brief v. 14.01.1919, in: CAC, Malkin Papers, MALK 1/1.

Abb. 8: Cecil Hurst (Zeichnung von Emil Stumpp aus dem Jahr 1928).

In Paris waren die beiden britischen Rechtsberater jedoch weitgehend auf sich alleine gestellt. Eine personelle und administrative Unterstützung war nicht vorhanden, auch weil die Stellung der Rechtsberater in der britischen Außenpolitik seit jeher freischwebender und unabhängiger ausgerichtet war, als sich dies für die anderen Nationen konstatieren lässt.[288] Bald nach ihrer Ankunft sahen sich Hurst und Malkin daher einer erheblichen, im Verlauf der Verhandlungen stetig steigenden Arbeitslast gegenüber. Dazu zählten nicht allein die sporadische Mitarbeit in einzelnen Kommissionen der Konferenz oder ihre tragende Rolle im Redaktionskomitee. Sondern beide Juristen wurden mit nahezu sämtlichen Rechtsfragen befasst, die in der eigenen Delegation einliefen, angefangen beim heiklen Problem, wie die Vollmachten der Vertreter der Dominions und Indiens ausformuliert sein müssten,[289] bis hin zur Anfrage eines Komitees

---

288 Vgl. Simpson, Rule of Law, S. 220–223; Parry, United Kingdom, S. 134f. Entsprechend fehlt es auch an einem Bestand der Legal Advisors im Rahmen des Foreign Office, siehe etwa Jones, Marking Foreign Policy, S. 28; Carty/Smith, Gerald Fitzmaurice, S. 1f.
289 Vgl. Hurst an Hardinge, Brief v. 24.03.1919, in: TNA, FO 608/162/7, Bl. 344f. Dahinter stand das Problem, dass die Delegierten der Dominions und Indiens in den von König Georg V. zu unterzeichnenden Vollmachten zwar als Bevollmächtigte ihrer Nation, nicht aber als Repräsentanten des gesamten British Empire auftreten durften.

der Londoner Inns of Court (Inner Temple), wie es in Frankreich und Deutschland um die Zulassung von Frauen zum Anwaltsberuf bestellt sei.[290] Die Folge war eine latente Überlastung, die bereits im April zu einem Zusammenbruch von Malkin führte, begünstigt offenbar von seiner Erschütterung nach einer Besichtigung der Schlachtfelder an der Westfront, wie sie von französischer Seite regelmäßig organisiert wurde. Hankey notierte nur lakonisch: „Unfortunately at the most critical point of the conference, Malkin, Hurst's understudy, as our principal draughtsman, has broken down."[291] Noch im Spätsommer, und angesichts der Tatsache, dass die Arbeitslast auch nach der Unterzeichnung des Versailler Vertrages nur unwesentlich nachgelassen hatte, drängte Hurst darauf, dass Malkin eine Auszeit von mindestens einem Monat brauchen würde.[292]

Ein Grund für diese Überlastung lag aber nicht nur in der schwachen institutionellen Unterstützung und einer diffusen Allzuständigkeit. Die Rechtsberater des Außenministeriums ließen sich zu weitaus mehr diplomatisch heiklen Aufgaben heranziehen als es für die Law Officers galt, deren politische Prominenz eher ein Hindernis für diffizile Gespräche darstellte. Hingegen hatte Hurst seit der Haager Konferenz von 1907 immer wieder die Haltung eines technischen und unpolitischen Sachverständigen kultiviert. Dass ein solches Auftreten wiederum einen eigenen politischen Wert besitzen mochte, lässt sich mit einem erneuten Blick auf die Verhandlungen zur Völkerbundsatzung illustrieren. Es war kein Zufall, dass der britisch-amerikanische Entwurf gerade aus der Zusammenarbeit von Cecil Hurst und David Hunter Miller entstanden war. Sicherlich galt für beide Juristen, dass sich ihre Hinzuziehung vor allem der Hoffnung verdankte, in letzter Minute einen Kompromiss zwischen den Positionen Wilsons und den britischen Vorstellungen aus dem Umfeld von Robert Cecil und Jan Smuts zu erzielen. Ein näherer Blick zeigt jedoch, dass sich Hurst gegenüber Miller weitgehend durchsetzen konnte, vielleicht aufgrund der unzureichenden Gestalt der US-Pläne, vielleicht aber auch, weil der amerikanische Wirtschaftsanwalt in derartigen Verhandlungen tatsächlich so unerfahren war, wie es im Lager der konservativen Legalisten immer wieder behauptet wurde. Der gemeinsame Satzungsentwurf trug jedenfalls eine unverkennbar britische Handschrift, und er wich, wie Wilson schon beim ersten Blick moniert hatte,

---

290 Vgl. Wrangham an Hurst, Brief v. 08.02.1919, in: TNA, FO 608/247/4, Bl. 119f.
291 Hankey an Adeline Hankey, Brief v. 10.04.1919, in: CAC, Hankey Papers, HANK 3/25, Bl. 38. Siehe auch Malkin an Margret Malkin, Brief v. 07.04.1919, in: CAC, Malkin Papers, MALK 1/2. Weiter: Headlam-Morley an Koppel, Brief v. 08.05.1919 (Auszug), in: Headlam-Morley, Memoir, S. 98–100, hier: S. 99.
292 Hurst, Notiz v. 08.09.1919, in: TNA, FO 608/151/2, Bl. 38.

von den ursprünglichen Vorstellungen der amerikanischen Seite in erheblichem Umfang ab.[293]

Mit Hursts Beteiligung verband sich aber vor allem ein Signal an die eigene Seite. Robert Cecil, der seit den Kriegsjahren als hauptsächlicher Verhandlungsführer der britischen Seite in der Angelegenheit eines Völkerbundes agierte, hatte in den vorangegangenen Wochen eine zunehmende Eigenständigkeit an den Tag gelegt, und er schien der Regierungsspitze mittlerweile als zu nachgiebig gegenüber amerikanischen Interessen.[294] Einzelne Absprachen zwischen Cecil und Miller hatten zuletzt fast privaten Charakter getragen.[295] Demgegenüber war von Hurst nicht nur bekannt, dass er eine weitaus größere Distanz zum Verhandlungsgegenstand besaß und die Idee eines Völkerbundes vom Standpunkt des völkerrechtlichen Praktikers skeptisch beurteilte.[296] Als loyaler Verfechter der britischen Regierungslinie garantierte seine Beteiligung vor allem, dass die politische Spitze um Lloyd George, allen sonstigen Spannungen zwischen Foreign Office, Kabinett und Delegationsleitung zum Trotz, in dieser Sache die Hoheit behaupten würde. Mit anderen Worten: Durch die Hinzuziehung von Hurst konnte der britische Premier seine Position nicht nur nach außen, gegenüber den anderen Alliierten, sondern vor allem auch nach innen, gegenüber eigenmächtigen Entscheidungen, durchsetzen.

Hingegen zeigte sich im Fortgang der Verhandlungen, dass eine juristische Expertise im engeren Sinne, gar externe Ratschläge aus der akademischen Völkerrechtslehre, in der britischen Delegation wenig wogen. So waren die Verhandlungen der Völkerbund-Kommission zwar anfänglich noch von dem wiederbelebten Phillimore-Komitee verfolgt worden, welches in London tagte und sich einzelne Entwürfe aus Paris zur Kommentierung schicken ließ. Doch angesichts des raschen Fortgangs der Gespräche war dieses Arrangement kaum praktikabel und für die Expertenrunde in der britischen Hauptstadt ein „sheer waste of their time"[297], wie ein Mitarbeiter von Cecil Anfang Februar festhielt, obwohl das Komitee erst einige Wochen später offiziell aufgelöst wurde.[298] In ähnlicher Weise blieb auch das umfassende Memorandum, welches Lassa Op-

---

293 Vgl. Miller Diary, Eintrag v. 02.02.1919, in: DHMD, Bd. 1, S. 105. Wilson scheiterte am nächsten Tag mit dem Versuch, den eigenen Entwurf doch noch in die Kommission einzubringen, siehe Cooper, Woodrow Wilson, S. 472; Yearwood, Guarantee of Peace, S. 119f.

294 Vgl. Johnson, Lord Robert Cecil, S. 101–104; Yearwood, Guarantee of Peace, S. 106, 109–112.

295 Vgl. Miller, Drafting, Bd. 1, S. 54–56.

296 Vgl. Hurst an Percy, Brief v. 01.01.1919; Percy an Hurst, Brief v. 01.01.1919, in: TNA, FO 800/249, Bl. 109f.

297 Walter, Minute v. 07.02.1919, in: TNA, FO 608/240/6, Bl. 81.

298 Vgl. Cecil an Phillimore, Brief v. 04.03.1919, in: TNA, FO 608/240/6, Bl. 84f.

penheim Anfang März zum vorläufigen Satzungsentwurf nach Paris geschickt hatte – und in dem er sich enthusiastisch über den Versuch äußerte, „to raise International Law from its present low to a higher level"[299] –, nahezu ohne Resonanz. Es lässt sich nicht erkennen, dass Oppenheims Anmerkungen in der britischen Diskussion irgendeine Rolle spielten. Schon dass der renommierte Völkerrechtler nicht von den Juristen der Delegation um einen Kommentar gebeten worden war, sondern von Philip Noel-Baker, dem Assistenten Robert Cecils, spricht Bände. Obwohl Hurst und Malkin in der Vergangenheit selbst öfters Kontakte zu Oppenheim unterhalten hatten, drängt sich der Eindruck auf, dass ihnen eine professorale Unterstützung im Frühjahr 1919 als wenig sinnvoll erschien, zumal sich das positivistische, ganz auf formalisierte Vertragsbeziehungen abhebende Rechtsverständnis Oppenheims von der etablierten Völkerrechtspraxis des Foreign Office abhob.[300]

In der Tat: Dass gerade die Juristen des britischen Außenamtes nicht für, sondern eher gegen eine einengende Kodifikation der Staatenbeziehungen fochten, lässt sich insbesondere am Umgang mit der umstrittenen Freiheit der Meere ablesen. Schon während der Kriegsjahre war das Foreign Office von zahlreichen Debatten zu Geltungskraft, Reichweite und Einschränkung des Seekriegsrechts heimgesucht worden, die eigentlich zwar in das Ressort der Admiralität fielen, doch gleichwohl erhebliche außenpolitische Implikationen besaßen. Da nahezu jeder Aspekt der Diskussion – etwa zu Blockade, Konterbande, Visitationsrecht, „Continuous Voyage" etc. – heikle Fragen berührte, überrascht es nicht, wenn die Londoner Regierung im Herbst 1918 großen Einsatz an den Tag gelegt hatte, um jedwede Erörterung im Rahmen der Friedenskonferenz zu vermeiden. So war es von Lloyd George im Vorfeld der Lansing-Note vom 5. November durchgesetzt worden, und so wurde es, zur großen Erleichterung von Cecil Hurst, in Paris auch gehandhabt. Im Januar konnte er die sicherheitshalber vorbereiteten Unterlagen, in denen die Forderung nach einer Abschaffung der Pariser Seerechtsdeklaration von 1856 begründet wurde, wieder nach London zurückschicken.[301] Dass die Frage des künftigen Seevölkerrechts die britischen Juristen trotzdem umtrieb wie kaum eine zweite, zeigte sich an der Tatsache, dass Hurst innerhalb der Delegation bald ein Buch des Völkerrechtlers Francis Piggott he-

---

299 Lassa Oppenheim, Observations on the Peace League Covenant, 01.03.1919, TNA, FO 608/243/1, Bl. 121–133, hier: Bl. 121.

300 Vgl. Kingsbury, Legal Positivism, S. 406f., 409–416.

301 Vgl. Hurst an Stewart, Brief v. 21.01.1919, in: TNA FO 372/1185, Nr. 176416. Der Vorgang sollte wiederum von der Admiralität übernommen werden. Siehe oben S. 120f., daneben Hull, Scrap of Paper, S. 207f., 323.

rumreichte, in dem gegen die Deklaration von 1856 zu Felde gezogen wurde.[302] Piggott, ehedem Chief Justice in Hongkong und in nahezu jeder Hinsicht ein Gegenbild zu Lassa Oppenheim, war zwar wegen der unverblümten Verteidigung britischer Interessen in seinen juristischen Schriften umstritten. Doch seine Vorbehalte gegenüber einer rechtspositivistischen Neuordnung der internationalen Beziehungen waren vom Selbstverständnis der Juristen im Foreign Office nicht weit entfernt. Was Hurst immer nur unterschwellig zu erkennen gab, verfocht Piggott in seinem Buch mit apodiktischer Bestimmtheit, nämlich dass das Völkerrecht „does not rest on principles which Congresses have endeavoured to formulate, but on wide and deep foundations"[303].

Als Zwischenbilanz kann an dieser Stelle wiederum der britische Vorbehalt gegenüber einer weitreichenden Formalisierung und Verrechtlichung der internationalen Ordnung herausgestellt werden. Dieser Befund unterstreicht einmal mehr, dass es ein leichtfertiger Kurzschluss wäre, Juristen in jedem Fall als Exponenten einer spezifisch legalistischen Weltsicht zu begreifen. Allerdings macht der Blick auf die britischen Legal Advisors auch deutlich, dass die Abwehr einer starren Kodifizierung der Staatenbeziehungen nicht unbedingt mit einer prinzipienlosen Machtpolitik gleichzusetzen, sondern auf andere Weltvorstellungen zurückzuführen ist, wie sie aus den gewachsenen Rechtstraditionen, aber auch der imperialen Gestalt Großbritanniens erwachsen waren. Das British Empire stellte bereits ein multinationales Kooperationsgefüge von globaler Ausdehnung dar, welches mit liberal-imperialem Sendungsbewusstsein und paternalistischem Gestus von London aus koordiniert wurde. Seine innere Funktionslogik basierte gerade nicht auf systematischen Prinzipien und Rechten, sondern folgte den allerorten immer wieder neu angepassten und abgewandelten Traditionen des Common Law und des englischen Parlamentarismus; dies waren die „wide and deep foundations" des Völkerrechts, von denen Piggott gesprochen hatte und die sich nur bedingt, so ließ es Cecil Hurst noch bei einer

---

302 Vgl. Hurst an Headlam-Morley, Brief o.D. [ca. Ende Feb. 1919], in: CAC, Headlam-Morley Papers, HDLM 688/1. Hinter dem Hinweis stand nicht zuletzt die schwierige Auseinandersetzung über die Finanzierung des mehrbändigen Werkes „The Law of the Sea", welche die dazu angesprochene Carnegie Endowment nur übernehmen wollte, sofern die Grotius Society die Publikation unterstützen würde, vgl. Bellott an Scott, Brief v. 22.05.1918 (auszugsweise Abschrift), in: CUML, CEIP Records, Box 574/2, Bl. 838, dort auch zahlreiche weitere Unterlagen. Zur Person siehe Peter Wesley-Smith, Sir Francis Piggott. Chief Justice in his own Cause, in: Hong Kong Law Journal 12, H. 3 (1982), S. 260–292, hier: S. 289. Siehe auch Lemnitzer, Power, S. 11f.; Hull, Scrap of Paper, S. 206, Fn. 141.
303 Francis Taylor Piggott, The Declaration of Paris 1856, London 1919, S. 210f., 218 (Zitat).

Vortragsreihe 1927 anklingen, in förmliche Verträge und starre Verpflichtungen würden übertragen lassen.[304]

Es war diese normative Verankerung in der Weltpolitik des Empire, welche den Juristen der britischen Delegation in besonderer Weise erlaubte, während der Friedenskonferenz die Interessen der eigenen Seite zu vertreten. Weder von den Law Officers noch von den Legal Advisors des Foreign Office wurde ernsthaft in Zweifel gezogen, dass die Verhandlungen eine politische Auseinandersetzung darstellten, in der sie gleichermaßen als Anwälte pragmatischer Vernunft wie als Advokaten der Londoner Regierungspolitik engagiert seien. Für Lloyd George, der in seiner Skepsis gegenüber einer legalistischen Außenpolitik Wilson und Clemenceau kaum nachstand, stellte es darum auch kein Problem dar, auf den Rechtsrat seiner Juristen zurückzugreifen. Vor allem Cecil Hurst agierte dabei so erfolgreich, dass Philip Kerr, der Privatsekretär Lloyd Georges und spätere Lord Lothian, im Juli 1919 sogar den Vorschlag machte, ihn zum britischen Botschafter in Washington zu ernennen; angesichts der Zunahme direkter Spitzengespräche zwischen den Regierungschefs wäre für diese Funktion, so Kerr, künftig weniger eine eigene politische Autorität denn eine umsichtige, loyale und effiziente Amtsführung entscheidend.[305] Dieser Vorschlag versandete zwar spurlos, aber dass Rechtsfragen immer nur unter dem Primat der politischen Gegebenheiten verhandelt werden konnten, war und blieb auf britischer Seite ebenso unbestritten wie ein Misstrauen gegenüber allen starren völkerrechtlichen Bindungen. Auch nach dem Weltkrieg erschien für die Ordnung der Welt immer noch eine benevolente Zivilisationsmacht des British Empire – oder was immer man darunter idealisieren mochte – als die einzig verlässliche Größe.

Zu den Rechtsberatern der übrigen Delegationen und den Kontakten in die Völkerrechtswissenschaft

Neben der amerikanischen, französischen und britischen Delegation lassen sich für nahezu alle übrigen Gesandtschaften weitere Juristen benennen, von denen an dieser Stelle kaum anders als summarisch einige Namen aufgezählt werden können. Der folgende Durchgang verfolgt allerdings ohnehin nicht den Anspruch einer vollständigen Übersicht, sondern soll, in Fortführung der vorangegangenen Überlegungen, die juristischen Handlungsrollen und ihre Einbindung

---

304 Vgl. Cecil J. B. Hurst, Great Britain and the Dominions. Lectures on the Harris Foundation 1927, Chicago 1928.

305 Vgl. Kerr an Lloyd George, Memorandum v. 24.07.1919, in: PA-UK, DLG Papers, F/89/3/9.

in das Feld der internationalen Politik weiter detaillieren, in einem nächsten Schritt aber auch den Blick auf die Begegnungen und allgemeinen Kontakte zur akademischen Völkerrechtslehre erweitern.

Für die italienische Delegation ist neben der Tatsache, dass Vittorio Orlando vor seiner Politikerkarriere als Professor für Verfassungsrecht tätig gewesen war,[306] zunächst auf Arturo Ricci-Busatti hinzuweisen. Ein ausgewiesener Fachmann auf dem Gebiet des internationalen Privatrechts, hatte er seit 1902 als Professor für Völkerrecht erst in Palermo und Bologna gelehrt und war dann an die Universität Rom berufen worden, wo er gemeinsam mit Dionisio Anzilotti 1906 mit der Rivista di Diritto internazionale die maßgebliche völkerrechtliche Zeitschrift Italiens gegründet hatte. Ricci-Busatti hatte zudem einen wesentlichen Anstoß für die Einrichtung einer Rechtsabteilung im italienischen Außenministerium (l'Ufficio del contenzioso e della legislazione) gegeben, als deren Direktor er seither amtierte. Seine Entsendung zu den Friedensverhandlungen war naheliegend, augenscheinlich aber auch seine Anwesenheit in Rom notwendig, weshalb er nur mit Verspätung in Paris eintraf und sich anfänglich, etwa in der Kommission zur Kriegsverantwortung oder im Redaktionskomitee, von seinem Mitarbeiter Gustavo Tosti vertreten lassen musste.[307]

Demgegenüber befand sich Dionisio Anzilotti, Ricci-Busattis Fakultätskollege und der wohl bekannteste italienische Völkerrechtler seiner Zeit, nicht auf der Liste der aus Rom entsandten Experten. Wiewohl er die römische Regierung seit Kriegsende maßgeblich in allen Fragen des Völkerbundes beraten hatte,[308] nahm er erst spät und nur ganz am Rande an den Verhandlungen teil, nämlich als er im Sommer in die Kommissionen zur Revision des Garantievertrages von 1839 wie der Generalakten von 1885 und 1890 eintrat. Eine weitaus prominentere Rolle konnte demgegenüber Vittorio Scialoja reklamieren, der, ehedem Professor für Römisches Recht und einstiger Justizminister, sowohl an den Verhandlungen der Völkerbund-Kommission wie der Kommission für Kriegsverantwortung und Kriegsverbrechern teilnahm. Daneben ist auf Mariano D'Amelio, Richter am Corte Suprema di Cassazione, also dem obersten Gerichtshof Ita-

---

306 Vgl. Di Scala, Vittorio Orlando, S. 13–15.

307 Vgl. Laura Pilotti (Hrsg.), Il Fondo archivistico „serie Z-contenzioso", Rom 1987, bes. S. 22–24, 28–47; Fabio Grassi (Hrsg.), La Formazione della diplomazia nazionale (1861–1915). Repertorio bio-bibliografico dei funzionari del Ministero degli affari esteri, Rom 1987, S. 617f. Zur „Rivista di Diritto internazionale" auch kursorisch Hueck, Gründung, S. 393f. Zu Tosti, der während der Friedensverhandlungen verstarb, vgl. die Nebenbemerkungen bei Malkin an Margret Malkin, Brief v. 20.03.1919, in: CAC, Malkin Papers, MALK 1/2.

308 Vgl. Italo Garzia, La nascita della Società delle Nazioni, in: Antonio Scottà (Hrsg.), La Conferenza di Pace di Parigi fra ieri e domani (1919–1920), Soveria Mannelli 2003, S. 277–315, hier: S. 290.

liens, hinzuweisen sowie auf Massimo Pilotti, ebenfalls ein Richter, der noch an einem rangniedrigen Berufungsgericht amtierte, jedoch vor dem Sprung in eine große Juristenkarriere stand, die ihn 1952 bis in das Amt des ersten Präsidenten des Europäischen Gerichtshofs führen sollte.[309]

Für die japanische Regierung besaß die Frage der juristischen Vertretung nicht zuletzt deshalb eine besondere Bedeutung, weil sich die Anerkennung Japans als gleichrangige Großmacht in den vorangegangenen Dekaden ganz wesentlich auf dessen demonstrative Achtung und Befolgung völkerrechtlicher Prinzipien gestützt hatte. Zwar kamen die wesentlichen Repräsentanten dieser Strategie, renommierte Völkerrechtler wie Aruga Nagao oder Sakuye Takahashi, welche Regierung und Militär im russisch-japanischen Krieg (1904/05) beraten hatten, nicht mehr nach Paris. Doch das Feld der Juristen, die nicht nur zwischen Völkerrechtslehre und Diplomatie, sondern ebenso mühelos auch zwischen Europa und Asien pendelten, hatte sich parallel zur intensiven Rezeption des europäischen Völkerrechts in Japan erheblich erweitert. Aufgrund seines Einflusses auf die japanische Europapolitik ist an erster Stelle dieser jüngeren Kohorte sicherlich Nagaoka Harukazu zu nennen. Nagaoka hatte in Tokio und Paris studiert und war nach 1902 für einige Jahre als Attaché an der japanischen Botschaft in der französischen Hauptstadt tätig gewesen, wo er Kontakte in die europäische Völkerrechtslehre gepflegt und sich vor allem um ein Bild von Japan als einer rechtstreuen, zivilisierten und ebenbürtigen Nation bemüht hatte.[310] Mit dem Ausbruch des Weltkrieges in ein Richteramt am japanischen Prisengerichtshof berufen, kehrte er schon 1917 wieder nach Europa zurück, wurde Rechtsberater der Pariser Botschaft und in dieser Funktion schließlich auch in die Delegation um Saionji und Makino berufen; auf der Friedenskonferenz saß Nagaoka, der später noch hochrangige Botschafterposten und ein Richteramt am Ständigen Internationalen Gerichtshof einnehmen sollte, im Redaktionskomitee sowie unter anderem in der Kommission für Kriegsverbrechen und Kriegsverantwortung.[311]

Einen ähnlichen Werdegang konnte auch der Gesandte in Brüssel vorweisen, Adachi Mineichirō, der vor dem Krieg zeitweilig als Direktor der Rechtsab-

---

309 Vgl. Composition and Organization of the Preliminary Peace Conference, 01.04.1919, in: FRUS, PPC 1919, Bd. 3, S. 1–90, hier: S. 20–22. Rückblickend siehe auch Tommaso Tittoni/Vittorio Scialoja, L'Italia alla Conferenza della pace. Discorsi e documenti, Rom 1921.
310 Vgl. Howland, International Law, S. 104, 110f., 114.
311 Vgl. Kinji Akashi, Japanese Predecessors of Judge Shigeru Oda in the World Courts. Works and Methods, in: Nisuke Andåo/Edward McWhinney/Rüdiger Wolfrum (Hrsg.), Judge Shigeru Oda. Liber Amicorum, Leiden 2002, S. 9–22, hier: S. 13–16; M. Nagaoka, Member of the Court, in: Annual Report of the Permanent Court of International Justice 12 (1935/36), S. 23f., daneben Brooks, Japan's Imperial Diplomacy, S. 18f.

teilung im japanischen Außenministerium amtiert hatte und seit 1905 als Professor für Völkerrecht und Diplomatiegeschichte in Tokio lehrte. In Paris gehörte Adachi, der in den 1930er Jahren zum Präsidenten des Ständigen Internationalen Gerichtshofs aufsteigen würde, ebenfalls der Kommission für Kriegsverbrechen und Kriegsverantwortung an, wo er zeitweise von seinem Tokioter Fakultätskollegen Sakutaro Tachi vertreten wurde. Auch dessen Karriere war in vielerlei Hinsicht parallel verlaufen, indem sie, nach Studienjahren in Europa kurz nach der Jahrhundertwende, ebenfalls zu einem Spagat zwischen einem akademischen Lehramt an der Universität und einer offiziellen Verpflichtung durch das Außenministerium führte; unter anderem hatte Sakutaro die japanischen Interessen auf der Londoner Seerechtskonferenz von 1908/09 vertreten.[312]

Kaum minder wichtiger war eine völkerrechtliche Expertise für die Delegationen der kleineren Nationen, und hier für jene mittleren Mächte, die in besonderer Weise auf ihre formale Gleichrangigkeit pochten. Dazu zählt zunächst die belgische Gesandtschaft, die mit renommierten Juristen entsprechend prominent besetzt war. Schon unter den drei belgischen Hauptdelegierten befand sich mit Jules van den Heuvel ein Rechtsprofessor, der sonst Verfassungsrecht an der Universität Löwen lehrte und dessen Sachkunde besonders in der Reparationsfrage einiges Gewicht hatte. Bemerkenswert war auch, dass der Sohn von Gustave Rolin-Jaequemyns, Edouard, der seit 1891 zu den führenden Kräften im Institut de Droit international gehörte und auf der Haager Konferenz von 1907 noch Siam vertreten hatte, als Generalsekretär der belgischen Delegation berufen worden war. In dieser Funktion rückte er im Verlauf der Verhandlungen immer weiter in den Vordergrund, so dass er am Ende für Belgien den Friedensvertrag von Sèvres unterzeichnete.[313] Zu den technischen Delegierten zählten

---

312 Hinweise zu den genannten Personen bei Zachmann, Völkerrechtsdenken und Außenpolitik, S. 33, 91–94 u.ö.; Hatsue Shinohara, US International Lawyers in the Interwar Years. A Forgotten Crusade, Cambridge, UK, New York 2012, S. 40; Burkman, Japan and the League, S. 37f., 57–59; Akashi, Japanese Predecessors; Fujio Ito, One Hundred Years of International Law Studies in Japan, in: Japanese Annual of International Law 13 (1969), S. 19–34, hier: S. 27f. Zur allgemeinen Haltung Japans gegenüber der Friedenskonferenz siehe nur Tadashi Nakatani, What Peace Meant to Japan. The Changeover at Paris in 1919, in: Toshihiro Minohara/Tze-Ki Hon (Hrsg.), The Decade of the Great War. Japan and the Wider World in the 1910s, Leiden 2014, S. 168–188; Brooks, Japan's Imperial Diplomacy, S. 32–36; zur Vorgeschichte neben den Darlegungen oben auch Arnulf Becker Lorca, Universal International Law. Nineteenth-Century Histories of Imposition and Appropriation, in: Harvard ILJ 51, H. 2 (2010), S. 475–552, hier: S. 529–533; Akashi, Japanese „Acceptance".
313 Vgl. Marks, Innocent Abroad, S. 93, 332.

schließlich anerkannte Rechtsgelehrte wie Edouard Descamps, Ernest Nys oder Charles de Visscher.[314]

Für die Delegation des SHS-Staates ist einerseits auf Slobodan Jovanović hinzuweisen, der seit 1896 an der Belgrader Universität als Staats- und Völkerrechtler tätig war und bis zur Mitte des 20. Jahrhunderts zu einem der führenden Gelehrten und Staatsmänner Serbiens aufsteigen sollte.[315] Andererseits lässt sich Milenko R. Vesnić herausheben, der zu den vier Ministres plénipotentiaires der Delegation zählte und gleichfalls in Belgrad Völkerrecht las, jedoch schon in den 1890er Jahren in den diplomatischen Dienst eingetreten war. Im Jahr 1904 zum serbischen Botschafter in Paris ernannt, hatte Vesnić nicht nur nach Ausbruch des Weltkrieges erfolgreich Sympathien für die serbische Sache mobilisieren können,[316] sondern seit Jahren auch Kontakte in die französische Völkerrechtslehre und in das Umfeld von Louis Renault gepflegt.[317] Gleiches gilt für den Griechen Nikolaos Politis, der dank einer Karriere als Völkerrechtler an französischen Universitäten ebenfalls mit Renault in Verbindung gestanden hatte, im Jahr 1916 allerdings zum griechischen Außenminister berufen worden war und nun neben Premierminister Eleftherios Venizelos der Delegation aus Athen vorstand.[318] Jovanović und Politis gehörten zudem der Kommission für Kriegsverbrechen an, die sich, darauf wird noch einzugehen sein, ohnehin als ein juristisches Kolloquium entpuppte; dass Vesnić und Politis darüber hinaus mit James Brown Scott in einem langjährigen Austausch standen, sei am Rande angemerkt.[319]

Nicht wenige Beobachter waren überrascht, dass die brasilianische Delegation darauf verzichtet hatte, Ruy Barbosa, den bekanntesten Völkerrechtler des Landes und Schrecken der Haager Verhandlungen von 1907, in ihre Reihen auf-

---

314 Vgl. Composition and Organization of the Preliminary Peace Conference, 01.04.1919, in: FRUS, PPC 1919, Bd. 3, S. 1–90, hier: S. 29, 31. Zu Visscher nur Philippe Couvreur, Charles de Visscher and International Justice, in: EJIL 11, H. 4 (2000), S. 905–938.

315 Vgl. Lederer, Yugoslavia, S. 93f., 314.

316 Als Auswahl seiner Reden und Veröffentlichungen der Kriegszeit vgl. Milenko R. Vesnić, La Serbie à travers la grande guerre, Paris 1921.

317 Vgl. Fauchille, Louis Renault, S. 122f., 145. Weiter: Djokić, Pašić and Trumbić, S. 66–68, 72f. u.ö.; Lederer, Yugoslavia, S. 50, 87, 90 u.ö. Siehe hagiographisch auch Radoslav Vesnić, Dr. Milenko Vesnić. Gransenjer srpske diplomatije, Belgrad 2008.

318 Vgl. zahlreiche Hinweise bei Petsalis-Diomidis, Greece, daneben Andrew Dalby, Eleftherios Venizelos. Greece, London 2010, S. 68, 85, 87f. Für Politis als Rechtsgelehrten siehe Marilena Papadaki, The „Government Intellectuals". Nicolas Politis – An Intellectual Portrait, in: EJIL 23, H. 1 (2012), S. 221–231; Umut Özsu, Politis and the Limits of Legal Form, in: EJIL 23, H. 1 (2012), S. 243–253, außerdem Neff, Justice among Nations, S. 347f.; Koskenniemi, Gentle Civilizer, S. 305–309.

319 Vgl. die Briefwechsel in: GUSC, Scott Papers, Box 6/6 und 8/9.

zunehmen.[320] Doch der an seiner Stelle ernannte Epitácio Pessoa zählte gleichfalls zu den herausragenden Juristen Brasiliens und war unter anderem Bundesrichter und Generalanwalt gewesen. Im Jahr 1919 wurde er, noch während seines Aufenthalts in Europa, überdies zum Präsidenten des Landes gewählt, bevor er 1923 ein Richteramt am Ständigen Internationalen Gerichtshof antrat; kurioserweise im ersten Fall als Wahlsieger über Ruy Barbosa, im zweiten Fall als dessen Nachfolger. Ohnehin stand das Völkerrecht in Südamerika in hoher Blüte. Sowohl der Repräsentant Uruguays, Außenminister Juan Antonio Buero, wie auch, und mehr noch, der Leiter der kubanischen Delegation, Antonio Sánchez de Bustamante, konnten eine glanzvolle Reputation als Völkerrechtler vorweisen.[321]

Doch die südamerikanischen Siegermächte oder auch China – das vom Völkerrechtler Wellington Koo vertreten wurde, der gerne seinen amerikanischen Lehrer John Bassett Moore als Rechtsberater der Delegation gesehen hätte[322] – spielten eine geringere Rolle als manche neutrale Nationen in Europa, die gleichfalls nicht zögerten, ihre juristischen Experten nach Paris zu entsenden. Mehrfach kam Max Huber, der Rechtsberater des Eidgenössischen Departments, in die französische Kapitale, um hier die Interessen der Schweiz zu verteidigen, darunter an erster Stelle ihre Neutralität, die auch durch eine Mitgliedschaft im Völkerbund nicht in Frage gestellt werden dürfe; ein diffiziles juristisches Spezialproblem, das Huber in seinen offiziellen Begegnungen vorbrachte, aber ebenso in Hintergrundgesprächen etwa mit David Hunter Miller, Manley O.

---

320 Angeblich hätten die USA mit Blick auf Barbosas Auftritt in Den Haag versucht, ihn als Leiter der brasilianischen Delegation zu verhindern, so das Gerücht bei Simpson, Great Powers, S. 133. Mit Streeter, Epitácio Pessoa, S. 77–79, ist jedoch von innenpolitischen Konflikten auszugehen, die dazu führten, dass Barbosa die angebotene Delegationsführung schließlich ablehnte. Siehe auch Claudel an Pichon, Brief v. 22.11.1918, in: DDF. Armistices et Paix I, S. 314f.
321 Vgl. Becker Lorca, Mestizo International Law, S. 69f., 327f. Eine Absetzung dieser südamerikanischen Politiker-Juristen vom internationalistischen Milieu hingegen bei Guillaume Sacriste/Antoine Vauchez, The Force of International Law. Lawyers' Diplomacy on the International Scene in the 1920s, in: Law & Social Inquiry 32, H. 1 (2007), S. 83–107, hier: S. 87. Speziell zu den genannten Personen vgl. Neff, Justice among Nations, S. 348, daneben Streeter, South America, S. 51f., 116f. (zu Buero); ders., Central America, S. 23f., 63f., 117–120 (zu Bustamante); ders., Epitácio Pessoa, S. 32f., 97f., 105–141 (zu Barbosa und Pessoa).
322 Zu Koo vgl. Clements, Wellington Koo, S. 31, 33, 55–83, daneben etwa Manela, Wilsonian Moment, S. 113–115. In der amerikanischen Regierung und besonders bei Wilson bestanden Vorbehalte, was die Teilnahme eines US-Bürgers als Interessenvertreter einer anderen Nation anging, so dass Moore letztlich nicht in die chinesische Delegation berufen wurde, vgl. Craft, John Bassett Moore, S. 233–235. Als Rechtsberater Chinas amtierten Liu Chung-cheh und Tsien Tai, in zweiter Reihe außerdem der Belgier Henri de Codt (der mit einer Schwester von Edouard Rolin-Jaequemyns verheiratet war).

Hudson oder James Brown Scott erörterte.[323] Aus den Niederlanden wurden Bernard Loder entsandt, ein hochrangiger Richter, sowie Jonkheer Willem van Eysinga, Völkerrechtslehrer an der Universität Leiden. Beide nahmen nicht nur an der für den 20./21. März angesetzten Aussprache zur Völkerbundssatzung mit den neutralen Nationen teil, sondern versuchten abseits der Konferenzsäle die Interessen der niederländischen Regierung bei der Schiffbarkeit des Rheins sowie, mit Belgien überaus umstritten, der Schelde zu wahren.[324]

Daneben lassen sich Völkerrechtler weiterer Nationen nennen, die sich während der Friedenskonferenz zwar in Paris aufhielten, jedoch keinen sichtbaren Bezug zu den Verhandlungen besaßen. Dass Alejandro Álvarez, der Rechtsberater des chilenischen Außenministeriums, der regelmäßig zwischen Südamerika und Europa pendelte und bereits in der französischen Kapitale studiert hatte, zumindest zeitweise in der Stadt war, scheint gesichert.[325] Auch der mexikanische Völkerrechtler und Präsident des Ständigen Schiedshofs in Den Haag, Francisco León de la Barra, der 1911 noch als Präsident seines Heimatlandes amtiert hatte, lebte inzwischen dauerhaft in Paris, wo er sich ganz auf seine akademischen Interessen konzentrieren wollte; als einziger Berührungspunkt zu den Delegationen lässt sich eine Verabredung zum Tee mit James Brown Scott nachweisen.[326] Nicht in einem freiwilligen, sondern einem erzwungenen Exil befand sich Boris Nolde, der Nachfolger von Friedrich Fromhold Martens und führende Rechtsberater des russischen Außenministeriums, der vor der bolschewistischen Revolution geflohen war und in Paris bis zu seinem Tod 1948 als staatenloser Emigrant ausharrte; ein Berührungspunkt zur Friedenskonferenz lässt sich auch in diesem Fall nicht ausmachen.[327] Demgegenüber konnte Léon Ostrorog, ein polnischer Jurist, der lange Jahre als Rechtsberater der Hohen Pforte in Konstantinopel tätig gewesen war, im Rahmen der Pariser Ver-

---

323 Vgl. Huber, Denkwürdigkeiten, S. 112–131. Hinweise u.a. in Miller Diary, Eintrag v. 25.03.1919, in: DHMD, Bd. 1, S. 201; Hudson Diary, Einträge v. 05.03. u. 18.03.1919, in: HLSL, Hudson Papers, Box 166/1, S. 168, 206; Huber an Scott, Brief v. 27.04.1919, in: GUSC, Scott Papers 4/4. Zu Huber siehe weiter Dietrich Schindler, Max Huber – his Life, in: EJIL 18, H. 1 (2007), S. 81–95, hier: S. 90–92; Daniel Thürer, Max Huber. A Portrait in Outline, in: EJIL 18, H. 1 (2007), S. 69–80, hier: S. 73f.; Koskenniemi, Gentle Civilizer, S. 227f.; zum Problem der Schweizer Neutralität im Völkerbund nur Charles Howard Ellis, The Origin, Structure, and Working of the League of Nations, London 1928, S. 102f.
324 Zur Einbindung der Neutralen in die Diskussion der Völkerbundssatzung siehe nur Miller, Drafting, Bd. 1, S. 303–309. Außerdem unten, S. 553.
325 Vgl. Carl Landauer, A Latin American in Paris. Alejandro Álvarez's „Le droit international américain", in: Leiden Journal of International Law 19 (2006), S. 957–981.
326 Vgl. Scott, Personal Impressions, o.D., in: GUSC, Scott Papers, Box 22/38.
327 Vgl. Peter Holquist, Dilemmas of a Progressive Administrator. Baron Boris Nolde, in: Kritika. Explorations in Russian and Eurasian History 7, H. 2 (2006), S. 241–273, hier: S. 253f.

handlungen zu seinen nationalen Wurzeln zurückkehren: Nachdem er sich schon während des Weltkriegs von seinem einstigen Dienstherren distanziert hatte, unterstützte er nun, wenngleich nur ganz am Rande, die polnische Delegation mit seiner juristischen Expertise.[328]

Mithin: Paris war im Frühjahr 1919 eine Hochburg des Völkerrechts, deren Fundamente nicht zuletzt darin bestanden, dass viele der angereisten Rechtsexperten bereits ihre universitäre Ausbildung ganz oder teilweise in der französischen Hauptstadt absolviert hatten. Nicht allein James Brown Scott, sondern auch Nikolaos Politis und Milenko Vesnić, Nagaoka Harukazu und Alejandro Álvarez und einige mehr hatten vor dem Weltkrieg bei Louis Renault an der Pariser Universität studiert. Es war insofern eine Art akademischer Heimkehr, wenn sich die Pforten der Rechtsfakultät an der Place du Panthéon am 8. Mai nochmals für zahlreiche der auf den vorhergehenden Seiten genannten Juristen öffneten. Zwar hatte es schon zuvor sporadische Kontakte in die französische Rechtswissenschaft gegeben, etwa wenn André Weiss seinen amerikanischen Kollegen in der Verkehrswege-Kommission, Manley O. Hudson, eingeladen hatte, als Zuhörer an einer Examensprüfung im internationalen Privatrecht teilzunehmen.[329] Doch im Mai trat in den Räumen der Pariser Rechtsfakultät zum ersten Mal seit 1913 wieder das Institut de Droit international zusammen, nur zu einer außerordentlichen Sitzung zwar, aber doch in dem Bemühen, einen neuen Anfang zu finden. Seit das für September 1914 vorgesehene Treffen in München abgesagt worden war, hatte die Institutsarbeit nahezu vollständig stagniert. In Gesprächen zwischen einzelnen Institutsmitgliedern, die sich als Delegierte und Berater in Paris aufhielten, war es daher immer wieder um eine Wiederbelebung des IDI gegangen, was zunächst zu zwei informellen Treffen mit Thomas Barclay, dem stellvertretenden Präsidenten des Instituts, sowie dem als Generalsekretär amtierenden Albéric Rolin geführt hatte, sodann zu der Entscheidung, für den Mai 1919 eine außerordentliche Versammlung an der Pariser Universität einzuberufen.[330]

Insgesamt waren es 25 Völkerrechtler, die Ferdinand Larnaude, der dem IDI zwar nicht angehörte, als Dekan jedoch die Rolle des Gastgebers einnahm, am

328 Vgl. Léon Ostrorog, The Turkish Problem. Things Seen and a few Deductions, London 1919; Composition and Organization of the Preliminary Peace Conference, 01.04.1919, in: FRUS, PPC 1919, Bd. 3, S. 1–90, hier: S. 40. Ein Auftritt von Ostrorog etwa in der Finanzkommission, Protokoll v. 28.03.1919, in: RdA, Bd. IV-B-6, S. 159–164, hier: S. 164. Siehe auch Cemil Aydin, The Politics of anti-Westernism in Asia. Visions of World Order in pan-Islamic and pan-Asian Thought, New York 2007, S. 80.
329 Vgl. Hudson Diary, Eintrag v. 03.03.1919, in: HLSL, Hudson Papers, Box 166/1, S. 170f.
330 Vgl. James Brown Scott, The Institute of International Law, in: AJIL 14, H. 4 (1920), S. 595–598, hier: S. 595f.

8. Mai in der Salles des Actes der Rechtsfakultät begrüßen konnte. Dass die französischen Mitglieder überproportional stark vertreten waren, überrascht angesichts der kurzfristigen Ankündigung wie der praktischen Reisemöglichkeiten nicht, ebenso wenig die nahezu ausschließliche Dominanz von Juristen aus den alliierten Nationen; einzig der spanische Völkerrechtler Aniceto Sela Sampil aus Oviedo vertrat ein neutrales Land. Dass keine Kollegen aus den ehemaligen Feindstaaten eingeladen worden waren, ließ sich vordergründig mit dem andauernden Kriegszustand rechtfertigen, bot aber auch Gelegenheit zur nochmaligen Ausdeutung des Weltkrieges als Kampf um das Völkerrecht. Nicht zufällig hob Larnaude in seiner Begrüßung hervor, dass „[l]a France a été le champion du droit dans cette guerre, comme elle l'a toujours été au cours de sa glorieuse histoire. C'est un hommage que vous lui rendez en la choisissant pour affirmer de nouveau la sainteté du droit."[331]

Doch nicht nur Larnaude bedachte das Institut de Droit international mit seiner Aufmerksamkeit, sondern bemerkenswerterweise auch Woodrow Wilson. Angesichts der indignierten Haltung, welche der amerikanische Präsident gegenüber den Rechtsberufen im Allgemeinen und dem legalistischen Establishment im Besonderen einnahm, war das nicht ohne Brisanz. In seiner Ansprache zum Dinner am 9. Mai zeigte sich Wilson jedenfalls selbstbewusst. Zwar sei das Völkerrecht in der Vergangenheit mit wissenschaftlichem Scharfsinn entwickelt worden, aber es habe trotzdem (oder gerade deswegen) nur wenig zur Befriedung der Welt beitragen können. „International law has – may I say it without offense? – been handled too exclusively by lawyers"[332], so hielt Wilson den versammelten Juristen unverblümt entgegen und forderte, dass sich die Zukunft des Völkerrechts nicht in akademischen Debatten erschöpfen dürfe. Im Gegenteil, das internationale Recht müsse als öffentliche Angelegenheit und moralische Kraft anerkannt und durch eine übergreifende Autorität, sprich den Völkerbund, gesichert werden.[333]

Es ist nicht überliefert, wie die anwesenden Juristen auf die Ausführungen Wilsons reagierten, zumal sich dieser zum Ende hin augenscheinlich in Versatzstücken seiner Wahlkampfreden verlor. Doch die Spekulation, ob und wie stark der amerikanische Präsident bei diesem Anlass bereits gesundheitlich angegrif-

---

331 Larnaude, Protokoll v. 08.05.1919, in: Annuaire de l'Institut de Droit international 27 (1919), S. 293–319, hier: S. 294.
332 Wilson, After-Dinner Remarks v. 09.05.1919, in: PWW, Bd. 58, S. 598–600, hier: S. 599. In anderer Transkription auch in: Annuaire de l'Institut de Droit international 27 (1919), S. VIII–XII, hier: S. X.
333 Vgl. Smith, Wilsonian Challenge, S. 205–207.

fen war, kann hier dahinstehen.[334] Für die Debatten innerhalb des IDI spielte Wilsons Auftritt keine Rolle, obschon man es als subtile Revanche lesen könnte, dass, nachdem Washington als Ort des nächsten Treffens bestimmt worden war, ausgerechnet Elihu Root – dessen Kritik am Entwurf der Völkerbundssatzung zeitgleich in der Presse Furore machte – zum neuen Präsidenten des IDI gewählt wurde.[335] Ohnehin nahmen Satzungs- und Verfahrensfragen den größten Teil der Diskussion vom 8. bis zum 10. Mai ein. Während alle inhaltlichen Debatten zurückgestellt wurden, ging es in erster Linie darum, wieder den Weg in ein geordnetes Institutsleben zu finden. Das IDI „put its house in order, so to speak, and prepared the way for an ordinary session", bilanzierte Scott in seinem Bericht im AJIL, musste aber auch einräumen, dass eine solche Rückkehr zum Status quo ante für eine Mehrheit der Mitglieder nicht hingereicht hatte: „There was a strong desire to take some action concerning the war and its conduct."[336]

Dieses Bedürfnis einer expliziten Stellungnahme des IDI zum Weltkrieg war in der Diskussion heftig umstritten gewesen. Der „caractère d'un corps strictement scientifique"[337] müsse gewahrt bleiben, so hatte Vesnić zu bedenken gegeben. Gleichwohl sprach sich eine Mehrheit dafür aus, eine Deklaration zu verabschieden, mit der die Rechtsbrüche der Mittelmächte, insbesondere aber ihre juristische Rechtfertigung als Notwehr scharf verurteilt werden sollten. Jede Wiederbelebung des Völkerrechts, so hieß es in der verabschiedeten Fassung, würde eine „honest collaboration by jurists" voraussetzen, „who are deeply imbued with the duty of respecting treaties and are seriously resolved not to admit any excuse for justifying the violation of a given pledge."[338]

Eine solche Aussage entsprach dem alliierten Standpunkt der Kriegszeit, wie er sich in den Publikationen etwa der Grotius Society oder des Komitees Pour la défense du droit international niedergeschlagen hatte. Zwar konnte eine skeptische Minderheit mit Scott, Bustamante und Vesnić noch durchsetzen, dass die Deklaration individuell unterzeichnet wurde und also nicht als offizielle Verlautbarung des Instituts gelten würde. Doch die Mehrheit des IDI erkannte in der Stellungnahme weniger eine unlautere Parteinahme denn eine Bekräftigung der eigenen fachlichen Haltung und insofern im Grunde eine Selbstver-

---

334 Vgl. Edwin Weinstein, Woodrow Wilson's Neuropsychological Impairment and the Paris Peace Conference, in: PWW, Bd. 58, S. 630–635, hier: S. 634.

335 So auf Vorschlag von Scott, vgl. Protokoll v. 10.05.1919, in: Annuaire de l'Institut de Droit international 27 (1919), S. 335–339, hier: S. 339.

336 Scott, Institute, S. 597. Siehe auch Coates, Legalist Empire, S. 167f.

337 Vesnić, Protokoll v. 10.05.1919, in: Annuaire de l'Institut de Droit international 27 (1919), S. 340–345, hier: S. 342.

338 Zit. nach Scott, Institute, S. 598.

ständlichkeit.[339] Dass die deutschen Juristen sich hingegen über diese Erklärung empörten, kann nicht verwundern. Zwar reiste Thomas Barclay schon Mitte 1919 nach Deutschland und versuchte, mit den deutschen Kollegen wieder Fühlung aufzunehmen.[340] Doch dies änderte nichts daran, dass langjährige Mitglieder wie Franz v. Liszt, Ferdinand v. Martitz, Christian Meurer oder Heinrich Triepel aus Protest austraten.[341]

Doch auch jenseits dieser anhaltenden Spannungen sahen sich die Bemühungen um eine Erneuerung des IDI vor Schwierigkeiten gestellt. Die Vorbereitungen für die nächste Sitzung in Washington fielen in sich zusammen, nachdem der US-Senat die Ratifikation des Versailler Vertrages abgelehnt hatte und damit der formelle Kriegszustand der USA mit den Mittelmächten andauerte. Am 28. Mai 1921 musste, wiederum in Paris, nochmals eine außerordentliche Sitzung improvisiert werden, bei der Rom als Ort eines neuen Treffens bestimmt und, vor allem, die dringend erforderliche Zuwahl neuer ordentlicher und assoziierter Mitglieder vorgenommen wurde. Die Reihen der formellen Institutsangehörigen hatten sich in den vergangenen acht Jahren bedenklich ausgedünnt – 25 der 60 ordentlichen Mitglieder waren mittlerweile verstorben oder ausgetreten –, so dass es nun geradezu zu einer Aufnahmewelle kam. Dass dabei auch und gerade jene Personen in den Vordergrund rückten, die sich während des Weltkrieges und auf der Friedenskonferenz einen Namen gemacht hatten, überrascht nicht. Dionisio Anzilotti und Albert Lapradelle, Nikolaos Politis oder Elihu Root stiegen zusammen mit über zwanzig anderen Juristen in den Kreis der ordentlichen Mitglieder auf; von den noch zahlreicher aufgenommenen assoziierten Mitgliedern seien hier allein Adachi Mineichirō und Jules Basdevant, Hugh Bellot und Philip Marshall Brown, Pearce Higgins und Max Huber, Arturo Ricci-Busatti und Charles de Visscher genannt.[342] Immerhin: Auch deutsche Juristen wurden berücksichtigt, wobei die Wahl mit Walther Schücking und Hans Wehberg auf jene Gelehrte fiel, die sich bereits in der Vergangenheit als kooperative Ansprechpartner erwiesen hatten und die sich am ehesten willens zeigten, mit ihren Kollegen aus den alliierten Nationen wieder in fachliche Verbindung zu treten.[343]

---

339 Vgl. aber Sacriste/Vauchez, Force of International Law, S. 94f.

340 Vgl. Rolin an Scott, Brief v. 08.11.1919 (Abschrift), in: CUML, CEIP Records, Box 579, Bl. 1338.

341 Vgl. Koskenniemi, Gentle Civilizer, S. 237. Ein Schlaglicht auf Meurer bei Toppe, Militär und Kriegsvölkerrecht, S. 131.

342 Vgl. James Brown Scott, The Institute of International Law, in: AJIL 16, H. 2 (1922), S. 243–248. Siehe auch Scott an Root, Brief v. 14.06.1921, in: LoC, Root Papers, Box 139.

343 Trotzdem protestierten auch Schücking und Wehberg gegen den Versailler Vertrag und lehnten jedweden Kriegsschuldvorwurf ab, vgl. Frank Bodendiek, Walther Schücking und

Insgesamt lässt sich konstatieren: Juristen spielten in sämtlichen Delegationen eine maßgebliche Rolle. Als Generalisten kamen sie mit allen heiklen Fragen der politischen Auseinandersetzung in Berührung, wobei sie zunächst die eigene Delegation berieten, teils aber auch selbst am Verhandlungstisch Platz nahmen, sei es als Agenten formalistischer Verzögerungen, als Zeugen demonstrativer Rechtstreue oder als Makler von Kompromissen. Entscheidend war aus Sicht der handelnden Staatsmänner einzig ihre Bereitschaft, die politischen Richtungsentscheidungen anzuerkennen und ihre eigenen Kompetenzen dafür einzusetzen, diesen Vorgaben nach innen und nach außen Geltung zu verschaffen. Dass diese Loyalität zwei Seiten hatte, zeigt indes der Blick auf die offiziellen Rechtsberater der Außenministerien. So wenig Zweifel daran bestehen konnten, dass sie die Interessen der eigenen Nation vertraten, so sehr waren sie in den Verfahrensgang der etablierten Diplomatie eingebettet. Regierungschefs wie Wilson und Clemenceau, die sich um eine Distanz zum außenpolitischen Establishment bemühten, zogen es daher vor, eigene Juristen heranzuziehen, rasch aber auch wieder fallenzulassen. Im britischen Fall lässt sich hingegen ein stabiles Vertrauen von Lloyd George in die Rechtsexperten des Foreign Office erkennen, vielleicht weil er einen anderen Blick auf rechtliche Fragen besaß, vielleicht auch deshalb, weil die Stellung der Legal Advisors weniger institutionalisiert und ihr Anspruch insgesamt zurückhaltender war.

Gleichwohl: Die Vorstellung einer juristischen Expertise, die während der Friedensverhandlungen analog zum spezialisierten Wissen anderer Disziplinen bestanden habe und die für eine akademische Unterfütterung der Entscheidungsfindung herangezogen worden sei, ist mit großer Skepsis zu betrachten. Noch deutlicher muss aber der Annahme widersprochen werden, dass die Rechtsberater über die einzelnen Gesandtschaften hinweg durch ein gemeinsames Berufsverständnis oder ein übergreifendes Weltbild als einheitliche Gruppe, gar als „epistemische Gemeinschaft" zu fassen wären. Schon das Treffen des Institut de Droit international im Mai 1919 zeigt, dass sich die Fiktion einer internationalen wie unpolitischen Fachgruppe nur punktuell behaupten ließ. Realiter diente jede rechtliche Expertise vor allem der Interessenverfolgung der eigenen Seite. Solange die Juristen hinter den Kulissen agierten, ging es vornehmlich darum, rechtliche Möglichkeiten zu erörtern und Argumente für die eigenen Positionen zusammenzutragen, welche das Geschehen auf der Vorder-

Hans Wehberg. Pazifistische Völkerrechtslehre in der ersten Hälfte des 20. Jahrhunderts, in: Die Friedens-Warte 74 (1999), S. 79–97, hier: S. 86f.; Acker, Walther Schücking, S. 158f. Dass die „Mitwirkung deutscher Gelehrter" am IDI aufmerksam registriert wurde, lässt sich etwa einem Schreiben des deutschen Botschafters in Rom entnehmen, vgl. Prittwitz an Auswärtiges Amt, Brief v. 05.10.1921, in: BArch Berlin, R 901/26823.

bühne im eigenen Sinne beeinflussen sollten. Traten die Rechtsexperten hingegen selbst ins Rampenlicht, dann in der Regel, um die Gegenseite auf eine andere Ebene zu zwingen. In diesen Momenten wurde versucht, die Verhandlungen aus der Logik der Diplomatie, des Kompromisses und des politischen Ausgleiches herauszulösen und der Schärfe des Arguments und der Geltungskraft des Rechts zu unterwerfen. Das war zwar in der Regel nur ein Mittel zum Zweck; es konnte aber bemerkenswert effektiv sein.

3 „Solution! Comité rédaction!": Das Redaktionskomitee und die Prüfung der Konferenzbeschlüsse

Die Herzkammer der Friedenskonferenz bildete das Redaktionskomitee. Auf dieses unscheinbare, zugleich aber unverzichtbare Komitee wurde bereits verschiedentlich hingewiesen; an dieser Stelle sollen die einzelnen Fäden zusammengeführt werden. Weder der Verlauf der Verhandlungen noch die Entstehung der Friedensverträge lassen sich ohne Berücksichtigung dieser meist ignorierten Instanz wirklich verstehen. Es waren die hier versammelten Juristen der Hauptmächte, welche hinter den Kulissen die eigentlichen Klauseln ausformulierten und zu einem Abkommen zusammensetzten, und sie mussten dabei nicht nur die politischen Beschlüsse und diplomatischen Kompromisse in eine adäquate Rechtssprache transformieren, sondern gerieten bald in die Rolle von Sachwaltern des gesamten Vertragswerkes. Damit gerät ein juristisches Handlungsfeld in den Mittelpunkt, welches sich einerseits komplementär zu der im vorangegangenen Kapitel ausgeloteten Rolle der Rechtsexperten als Interessenvertreter der jeweiligen Delegationsziele verhält. Andererseits bietet es Einsichten in einen Teilaspekt der Geschichte internationaler Beziehungen, namentlich einer fortschreitenden Institutionalisierung und Formalisierung zwischenstaatlicher Kooperation, über den wenig bekannt ist.[344]

---

344 Die Beteiligung von Juristen an der Sekretariats- und Redaktionsarbeit internationaler Konferenzen und Organisationen ist in historischer Hinsicht wenig erforscht, siehe daher nur Stéphanie Cartier/Cristina Hoss, The Role of Registries and Legal Secretariats in International Judicial Institutions, in: Cesare Romano/Karen J. Alter/Yuval Shany (Hrsg.), The Oxford Handbook of International Adjudication, Oxford 2014, S. 711–733. Ansätze bestehen für die Rolle von Juristen im europäischen Integrationsprozesses nach 1950, vgl. Antoine Vauchez, How to Become a Transnational Elite. Lawyers Politics at the Genesis of the European Communities (1950–1970), in: Hanne Petersen u.a. (Hrsg.), Paradoxes of European Legal Integration, Aldershot 2008, S. 129–148, auch Antoine Vauchez/Bruno de Witte (Hrsg.), Lawyering Europe. European Law as a Transnational Social Field, Oxford 2013. Beispielhaft, mit Hinweisen auf die hohe Bedeutung von Sekretariatsaufgaben und Verfahrensfragen für politische Aushandlungs-

Entstehung, Zusammensetzung und Arbeitsatmosphäre

Wie das gleichzeitig eingerichtete Generalsekretariat unter Paul Dutasta konnte das Redaktionskomitee auf verschiedene Vorläufer und Vorbilder zurückblicken. Für diplomatische Verhandlungen stellte die schriftliche Abfassung der meist mündlich getroffenen Vereinbarungen seit je eine besondere Herausforderung dar, die meist durch ein eigenes Komitee besorgt wurde, in das alle oder die wesentlichen Delegationen eigene Vertreter entsandten; so war es auf dem Wiener Kongress 1814/15 ebenso wie auf dem Pariser Kongress 1856, dem Berliner Kongress 1878 oder auf den Haager Konferenzen 1899/1907 gewesen. Zugleich lassen diese Stationen erkennen, dass diese Aufgabe zwar ursprünglich von den Diplomaten selbst wahrgenommen wurde – die Wiener Schlussakte verdankte sich den Formulierungskünsten eines Friedrich v. Gentz[345] –, zum Ende des 19. Jahrhunderts aber immer mehr auf einen einschlägig versierten Personenkreis übergegangen war, und zwar auf die Juristen und Rechtsberater der Außenministerien; der erste Jurisconsulte des Quai d'Orsay, Louis Renault, hatte auf den Haager Konferenzen die Maßstäbe gesetzt.[346]

Auch für die Pariser Friedenskonferenz war seit den ersten Planungen ein derartiges Komitee vorgesehen. In seiner „Note sur le Congrès de la Paix" hatte Henri Fromageot im November 1918 ein „Comité de rédaction" eingeplant, was in Tardieus „Plan des Premières Conversations" zum Jahreswechsel unverändert übernommen worden war. Der französische Entwurf sah ein sechsköpfiges, nach Sprachen differenziertes Gremium vor, in dem neben Französisch auch Englisch, Italienisch, Portugiesisch, eine slawische Sprache sowie Deutsch vertreten sein sollten.[347] Eine solche Aufteilung unterstreicht nicht nur die zentrale Rolle, welche einem (mutter-)sprachlichen Ausdrucksvermögen für die Verschriftlichung der Konferenzbeschlüsse zugeschrieben wurde, sondern sie lässt ebenso noch den Gedanken eines universalen Friedenskongresses erkennen. David Hunter Miller wollte in seiner ersten Stellungnahme darum noch Spanisch hinzufügen, was mit Blick auf die südamerikanischen Staaten (und trotz

---

prozesse in der Gegenwart, siehe Joanna Depledge, The Organization of Global Negotiations. Constructing the Climate Change Regime, London, Sterling, Va. 2005.

345 Vgl. Reinhard Stauber, Der Wiener Kongress, Wien, Köln 2014, S. 130f.

346 Das Haager Redaktionskomitee, so merkte etwa Scott später an, habe im Grunde aus zwei Gruppen bestanden: Renault einerseits, die übrigen Delegierten andererseits, vgl. Scott, In Memoriam, S. 608.

347 Vgl. Note sur le Congrès de la Paix, o.D., in: AD, Papiers Tardieu, PA-AP 116/296, Bl. 293–308, hier: S. 301. Siehe auch: Plan of the Preliminary Conversations Between the Allied Ministers, Memorandum v. 05.01.1919, in: FRUS, PPC 1919, Bd. 1, S. 386–396, hier: S. 396.

der Abwesenheit des im Krieg neutral gebliebenen Spaniens) einige Evidenz für sich beanspruchen konnte.[348]

Diese universale Ausrichtung hatte sich Anfang Januar weitgehend verflüchtigt. Als sie den Tardieu-Plan kommentierten, monierten Miller und Scott nunmehr an erster Stelle, dass nur ein englischsprachiger Repräsentant vorgesehen sei, mit Großbritannien und den USA jedoch zwei anglophone Mächte einen Sitz beanspruchen würden. Zudem wiesen sie auf die Erfahrungen der Haager Konferenzen hin, die es nahelegen würden, eine wie auch immer geartete Anbindung an die eigentlichen Entscheidungsträger vorzunehmen, so dass eine kurzfristige politische Abstimmung möglich sei. Denn die Redaktionsarbeit von 1907 habe zwar die hohe Bedeutung juristischer Expertise bei der Ausformulierung von Konferenzbeschlüssen gelehrt, zugleich aber auch zu der Einsicht geführt, dass sich die Formulierungsarbeit selten auf rein technisch-formale Fragen beschränken lasse: „Changes in the wording of a text often affect form as well as substance, when only the former is intended."[349]

Mag sich diese Mahnung rückblickend auch als hellsichtig erwiesen haben, blieb sie dennoch zunächst unberücksichtigt.[350] Vielmehr stimmte der Supreme Council in der entscheidenden Besprechung zum Konferenzverfahren am 15. Januar einem Vorschlag Wilsons zu, die Verschriftlichung der Beschlüsse nicht einem Redaktionskomitee, sondern dem Generalsekretariat zu übertragen.[351] Doch dieser Beschluss, der jede juristische Prüfung des Vertragstextes deutlich beschnitten hätte, wurde stillschweigend wieder umgeändert. Ohne dass sich der Supreme Council in erkennbarer Weise nochmals mit der Frage beschäftigt hatte, tauchte in der endgültigen Fassung des Konferenzreglements wieder ein eigenständiges Redaktionskomitee auf.[352]

---

348 David Hunter Miller, Memorandum Concerning the French Note, 22.11.1918, in: DHMD, Bd. 2, S. 28–42, hier: S. 42, mit der sprechenden Übersetzung des „Comité de rédaction" als „Committee on Style".
349 David Hunter Miller/James Brown Scott, Observations v. 12.01.1919, in: FRUS, PPC 1919, Bd. 1, S. 396–406, hier: S. 406.
350 Vgl. Marston, Peace Conference, S. 181.
351 Vgl. Protokoll v. 15.01.1919, in: FRUS, PPC 1919, Bd. 3, S. 557–565, hier: S. 562, zur Urheberschaft von Wilson für diese Initiative auch das komplementäre Protokoll v. 15.01.1919, in: ebenda, S. 566–577, hier: S. 575. In den Unterlagen der ACNP findet sich ein Entwurf vom folgenden Tag, in dem es hieß: „It will be the duty of the general Secretariat to draft the Resolutions adopted by the Conference", Peace Conference. Draft Regulations, Entwurf v. 16.01.1919, in: YLMA, House Papers, Box 189/2/125.
352 Vgl. Règlement de la Conférence de la Paix v. 15.01.1919, in: RdA, Bd. I, S. 9–12, hier: S. 12. Es ist anzunehmen, dass hier die Änderungen der nachfolgenden Tage unter stillschweigender Beibehaltung des Beschlussdatums eingearbeitet wurden.

Ein Blick in Millers Aufzeichnungen lässt den Schluss zu, dass diese Revision wahrscheinlich am Nachmittag des 16. Januar von jenem ad hoc installierten Komitee vorgenommen wurde, in dem Berthelot, Frazier und Hankey über die Geschäftsordnung der Konferenz berieten und dabei nicht nur von Miller, sondern auch von Henri Fromageot und Cecil Hurst unterstützt wurden.[353] Es ist wahrscheinlich, dass Wilsons Vorstoß in diesem Kreis für erhebliche Unruhe gesorgt hatte. Angesichts der Erfahrungen von Hurst und Fromageot konnte es keine gute Idee sein, die diffizile Redaktionsarbeit dem protokollarisch schwerfälligen Generalsekretariat zu übertragen, zumal sich Dutasta schon jetzt überfordert zeigte. Eine Rückänderung der fraglichen Passage erschien mithin ein Gebot der Vernunft, und dieses Vorgehen fand offenbar die stillschweigende Zustimmung des Supreme Council oder zumindest derjenigen seiner Angehörigen, die Blick und Interesse für ein solches unscheinbares, aber signifikante Detail aufbringen wollten.

Als die Konferenzregularien am 18. Januar offiziell von der Plenarversammlung der Konferenz verabschiedet wurden, war im einschlägigen Artikel XV jedenfalls ein eigenständiges Redaktionskomitee vorgesehen, dessen Distanz zur politischen Entscheidungsebene eher noch vergrößert worden war. Zwar sollten seine fünf Mitglieder von den Hauptmächten gestellt werden, doch sollten sie nicht aus dem Kreis der eigentlichen Unterhändler kommen.[354] Wann genau die Kandidaten dem Konferenzsekretariat mitgeteilt wurden, ist nicht ersichtlich. In der Sitzung wurden sie von Clemenceau nicht namentlich erwähnt, im Anhang des entsprechenden Protokolls aber wenig später folgende Personen aufgeführt: Henri Fromageot (Frankreich), der auch als Vorsitzender des Komitees amtierte, Cecil Hurst (British Empire), Nagaoka Harukazu (Japan), Arturo Ricci-Busatti (Italien) und, offenbar in letzter Minute, James Brown Scott (USA).[355]

Diese Auswahl barg wenige Überraschungen, handelte es sich doch um die leitenden Juristen der jeweiligen Außenämter. Zugleich setzte sich damit ein Geflecht personaler Kontakte fort, welches weit in die Zeit vor dem Weltkrieg zurückreichte. Sieht man von sporadischen Berührungspunkten innerhalb akade-

---

353 Vgl. Miller Diary, Eintrag v. 16.01.1919, in: DHMD, Bd. 1, S. 77–80. Siehe auch Marston, Peace Conference, S. 58–60, 182.

354 Vgl. Règlement de la Conférence de la Paix v. 15.01.1919, in: RdA, Bd. I, S. 9–12, hier: S. 12. Eine englische Fassung („Rules of Conference") ist abgedr. etwa im Anhang zum Protokoll v. 18.01.1919, in: FRUS, PPC 1919, Bd. 3, S. 172–175, oder bei Marston, Peace Conference, S. 264–267.

355 Zunächst war David Hunter Miller für den amerikanischen Sitz nominiert gewesen, was aber, möglicherweise aufgrund einer Intervention von Lansing, kurzfristig revidiert wurde, vgl. Miller Diary, Eintrag v. 18.01.1919, in: DHMD, Bd. 1, S. 83, Fn. e); Lansing Desk Diary, Eintrag v. 18.01.1919, in: LoC, Lansing Papers, Box 65.

mischer Zirkel ab, so lässt sich eine erste nachhaltige Begegnung für die Haager Konferenz von 1907 annehmen, an der alle fünf Personen teilgenommen hatten: Hurst und Scott waren bereits im dortigen Redaktionskomitee vertreten gewesen, ebenso Fromageot in seiner Rolle als Assistent von Louis Renault. Ricci-Busatti war als Rechtsberater der italienischen Delegation nach Den Haag entsandt worden, Nagaoka immerhin als Sekretär der japanischen Delegation.[356] Nur zwei Jahre später, 1908/09, waren Renault, Fromageot, Hurst und nun auch Ricci-Busatti im Redaktionskomitee der Londoner Seerechtskonferenz erneut aufeinander getroffen.[357] Weitere Kontakte hatten über die Vorbereitungskommission für eine dritte Haager Konferenz bestanden, ebenso natürlich über die offiziellen Dienstwege der Außenministerien während des Weltkrieges.

Es ist daher nicht übertrieben, wenn man wenigstens für drei, eher vier, vielleicht auch für alle fünf Juristen langjährige Bekanntschaften miteinander konstatiert, die sich nun in Paris fortsetzten und neben der fachlichen Zusammenarbeit auch eine persönliche, zuweilen geradezu freundschaftliche Ebene besaßen; nicht ohne Grund sprach Fromageot von der „bonne amitié du Comité"[358]. Dass man sich gegenseitig zum Dinner einlud, ist in den Quellen zumindest mehrfach bezeugt, und ebenso auch, dass diese Kontakte oftmals informellen Charakter besaßen und die Familien einbezogen.[359] Vor allem Fromageot, Hurst und Scott pflegten einen regen gesellschaftlichen Umgang miteinander, durch wechselseitige Besuche oder, sofern ein Automobil mit Fahrer organisiert werden konnte, durch gemeinsame Landpartien.[360] Und während der italienische und japanische Vertreter meist in einer randständigen Position verblieben, wuchs der zweite britische Rechtsberater, William Malkin, immer mehr in diese Gruppe hinein. „I like all the men on the Drafting Committee very much", so schrieb er im März an seine Ehefrau, und: „You understand that I am not really a member of the Committee (the American member is James Brown Scott, an old friend of Cecil's), but Cecil and I share things between us as is convenient,

---

356 Vgl. PHPC 1907, Bd. 1, S. 9f., 34f.
357 Vgl. Hold-Ferneck, Reform des Seekriegsrechts, S. 20f.; Ritter-Döring, Zwischen Normierung und Rüstungswettlauf, S. 278.
358 Fromageot an Scott, Brief v. 25.06.1919, in: GUSC, Scott Papers, Box 3/9. Ähnlich: Sweetser Diary, Einträge v. 23.04. u. 12.05.1919, in: LoC, Sweetser Papers, Box 1.
359 Davon zeugen etwa die Berichte von Margret Malkin an ihre Eltern, Briefe v. 05.11., 07.11., 12.11.1919, in: CAC, Malkin Papers, MALK 1/1. Freilich gab es auch hier Abstufungen, und es dauerte beispielsweise bis zum Abschluss der Pariser Session im Frühjahr 1920, bevor William Malkin die „mysterious Madam Nagaoka" kennenlernte, so Malkin an Margret Malkin, Brief v. 09.04.1920, in: ebenda, 1/2.
360 Vgl. etwa Malkin an Margret Malkin, Briefe v. 20.03. u. 05.04.1919, in: ebenda, 1/2.

and even if as sometimes happens we both turn up it generally saves time in the long run."[361]

Sicherlich dürfen diese personalen Bindungen und kollegialen Verhältnisse nicht überschätzt werden. Aber es ist doch bemerkenswert, wie sehr der innere Zirkel, den diese drei oder vier Juristen im Redaktionskomitee bildeten, zugleich jene politisch-kulturelle Zusammengehörigkeit zwischen den drei dominanten Siegermächten widerspiegelte, die im Weltkrieg als Rückgrat einer westlichen Zivilisation behauptet worden war. Großbritannien, Frankreich und die USA hatten sich spätestens ab 1917 als Nationen mit einem ähnlichen Weltverständnis präsentiert, welches auf internationale Kooperation, Rechtstreue und friedliche Konfliktlösung gerichtet sei. Es war nur ein kleiner Schritt, dieser Einträchtigkeit ein inneres Gemeinschaftsgefühl zu unterlegen und einen übergreifenden Wertehorizont zu behaupten. „They are to me, as to many a soul, three in one"[362], schrieb Scott einige Jahre nach der Friedenskonferenz an Hurst, und er meinte damit die Einheit der drei führenden Nationen des Westens, wie sie sich im Redaktionskomitee gespiegelt habe. Aber auch der disziplinären Herkunft ließ sich ein solche Zusammengehörigkeit abgewinnen, etwa wenn Fromageot in einem Schreiben an Scott von der gemeinsamen Familie der Völkerrechtler sprach, „à laquelle vous et moi nous avons l'honneur et le plaisir d'appartenir."[363] Schließlich mag man es auch eine sprechende Koinzidenz nennen, dass ausgerechnet Fromageot seit 1906 als Schiedsrichter („Umpire") in der langwierigen British-American Pecuniary Claims Arbitration amtierte und damit ein zentrales britisch-amerikanisches Schiedsverfahren zu moderieren suchte. Dass im Frühjahr 1919 ein Anlauf genommen wurde, diese Verhandlungen im Windschatten der Friedenskonferenz weiterzuführen, war ebenso naheliegend wie letztlich überambitioniert; nicht zuletzt angesichts der Arbeitsüberlastung des Redaktionskomitees ließe sich eine Fortführung der Schiedsgespräche nicht verwirklichen.[364]

---

361 Malkin an Margret Malkin, Brief v. 20.03.1919, in: ebenda 1/2.

362 Scott an Hurst, Brief v. 08.12.1923, in: GUSC, Scott Papers, Box 4/4.

363 Fromageot an Scott, Brief o.D. [1919], in: GUSC, Scott Papers, Box 3/9.

364 Die britisch-amerikanische „Pecuniary Claims Commissions" verhandelte seit 1906 über private Ansprüche aus bilateralen Konflikten zwischen beiden Nationen, die teilweise schon Dutzende Jahre zurücklagen. Anfang 1919 war der Vorschlag aufgekommen, die (temporäre) Anwesenheit der Unterhändler in Paris – Charles Fitzpatrick (eigentlich ein Kanadier) und Hurst von britischer Seite, Chandler Anderson und Robert Lansing von amerikanischer Seite – dazu zu nutzen, wenigstens die 1913 und 1914 begonnenen Verfahren abzuschließen, vgl. Hurst an Christie, Brief v. 17.03.1919, in: TNA, FO 608/244, Bl. 511, dort auch weitere Unterlagen. Zum Hintergrund siehe nur Chandler P. Anderson, American and British Claims Arbitration Tribunal, in: AJIL 15, H. 2 (1921), S. 266–268. Mit Blick auf die erbitterten Haager Debatten über die Schiedsbarkeit (siehe oben) ist noch anzumerken, dass derartige Entschädigungen als in be-

Kurz gesagt: Die persönliche Bekanntschaft, die berufliche Verbundenheit und die zumindest potentiell mögliche Überhöhung des eigenen Tuns im Sinne einer ideellen Zusammengehörigkeit erleichterten die Tätigkeit des Redaktionskomitees maßgeblich. Von Beginn an bestand ein kooperativ-kollegiales Vertrauensverhältnis zwischen den Juristen, welches zwar nicht die jeweilige Zugehörigkeit zur eigenen Delegation und die Verpflichtung auf deren Interessen relativierte, aber doch die Atmosphäre bestimmte und eine weitgehend reibungslose Zusammenarbeit erlaubte. Nicht zuletzt deswegen diente das Komitee immer wieder als informeller Gesprächs- und Abstimmungskanal, etwa wenn Scott in der amerikanischen Delegation eine von Hurst übermittelte britische Position vortrug, um vor den eigentlichen Verhandlungen ein Meinungsbild einzuholen.[365] Auch Fromageot wandte sich in heiklen Fragen vorab an Hurst.[366] Auf der anderen Seite sollte die Bedeutung des Redaktionskomitees für solche hintergründigen Gesprächskontakte nicht überschätzt werden, wenngleich sich die Frage, was innerhalb des Komitees im Detail besprochen wurde, jeder unmittelbaren Nachprüfung entzieht. Es wurden keine Protokolle geführt, wie selbst die zuständigen Stellen am Quai d'Orsay später überrascht feststellen mussten, als sie dem Redaktionskomitee in ihrer ab 1922 zusammengestellten Sammlung der Verhandlungsprotokolle zunächst noch eine eigene Ordnungsnummer (Pt. IV-A-1) zuwiesen, die aber nie durch einen Band untersetzt werden konnte.[367] Einzelne Unterlagen sind in verschiedenen Archivbeständen erhalten, in erster Linie als verstreute Rudimente im Nachlass von James Brown Scott,[368] aber auch in Form von Handakten und Arbeitspapieren von Henri Fromageot[369] und Cecil Hurst.[370] Doch dabei handelt es sich nicht um Sitzungspro-

---

sonderer Weise einer Arbitration zugänglich galten, vgl. nur Charles G. Fenwick/Edwin M. Borchard, The Distinction between Legal and Political Questions, in: Proceedings of the American Society of International Law 18 (1924), S. 44–57.

365 Vgl. Scott, Protokoll v. 25.07.1919, in: FRUS, PPC 1919, Bd. 11, S. 468–470, hier: S. 469.

366 Vgl. Hurst, Minute v. 22.02.1919, in: TNA, FO 608/72/29, Bl. 561B; Fromageot, Aktennotiz v. 24.02.1919, in: AD, Série A. Paix, 63, Bl. 191f.

367 Als amerikanische Stellen in den 1930er Jahren nachforschten, erhielten sie, kurioserweise vom britischen Foreign Office, die Auskunft, dass der vom Redaktionskomitee vorgesehene Band in den Recueil nicht publiziert werden könne „as there are no materials", so Atherton an Salmon, Brief v. 10.12.1931, in: NA-RA, RG 59, Box 4363, GC 763.72119/12498. Auf diesen Stand berief sich das State Department noch in den 1940er Jahren, als das Projekt einer eigenen Edition in Angriff genommen wurde, vgl. Notiz o.D., in: NA-RA, RG 256, 180.07/21 (M820, Roll 138).

368 Vgl. GUSC, Scott Papers, Box 24 bis 27.

369 Einzelne Entscheidungen des Council of Four in: AD, Service Juridique, Fonds Fromageot, Box 4 (für den deutschen Vertrag) und Box 5 (für den österreichischen Vertrag). Eine konsolidierte Aktenführung ist ab Jahresanfang 1920 zu konstatieren, siehe ebenda, Box 6.

tokolle nach dem üblichen Muster, sondern vor allem um die inhaltlichen Vorgaben der Regierungschefs, teils auch um handschriftliche Notizen, korrigierte Entwürfe einzelner Artikel sowie noch nicht einmal aufgeschnittene Druckbögen mit dem Vertragstext.[371]

Diese dürftige Überlieferung wird verständlich, wenn man sich vor Augen hält, dass das Komitee nicht nur sehr klein, hochgradig spezialisiert und von persönlicher Vertrautheit geprägt war, sondern auch nahezu täglich in einem eigenen Arbeitsraum im Obergeschoss des Quai d'Orsay zusammentrat. Noch im Sommer 1919 hielt Scott in einem internen Tätigkeitsbericht, den Joseph Grew nach der Unterzeichnung des Versailler Vertrages von allen Angehörigen der ACNP angefordert hatte, lakonisch fest, dass das Komitee „meets daily, morning and afternoon at Quai d'Orsay and evenings and Sundays when the business of the Conference requires it so to do."[372] Es wäre weit verfehlt, in diesen Treffen geordnete Sitzungen nach einer regulären Geschäftsordnung zu sehen; realiter rangen die Juristen inmitten von Papierbergen um einzelne Formulierungen, wie es etwa Headlam-Morley beschrieb: „It was an extraordinary sight; in the large room upstairs, the whole floor littered with papers, Fromageot at the head of the table, Hurst and Brown Scott opposite one another, Malkin hovering about, and the rest of us in the background."[373] Auch Arthur Sweetser zeigte sich bei einem Besuch überrascht, dass sich Papierstapel über den ganzen Raum verteilten:

> All about was confusion, chairs, tables, piles of documents. There seemed to be no order in it, but Dr. Scott said that there was and that before me in the staking was the Treaty of Peace. (...) We passed down the two tables, came to another series of papers on the red-plushed seats of several chairs, then on to more pages laid out on two sofas, around another side of the room to still more series of pages on chairs, and tables. Having thus made the grand tour of the walls of the room and picked up a copy of each article from its respective chair, table, or sofa, I had in my possession a complete copy of the Treaty.[374]

---

370 Eine thematische Sammlung von Entscheidungen des Council of Four in: TNA, FO 374/27 (für den deutschen Vertrag) und FO 374/28 (für den deutschen, österreichischen und bulgarischen Vertrag).

371 Dass die Verhandlungen eines Redaktionskomitees nicht protokolliert wurden, war freilich keine Ausnahme, sondern schon zuvor der Fall gewesen, vgl. für die Londoner Seerechtskonferenz 1908/09 etwa Hold-Ferneck, Reform des Seekriegsrechts, S. 18–20. Auch das weitgehend identisch besetzte Komitee für die Seekabel führte keine regulären Protokolle, vgl. RdA, Bd. IV-D-2, S. 126.

372 Scott an Grew, Brief v. 26.07.1919, in: YLMA, Polk Papers, Box 22/99.

373 Headlam-Morley Diary, Eintrag o.D. [04.05.1919], in: Headlam-Morley, Memoir, S. 115, dort falsch datiert auf Mitte Mai.

374 Sweetser Diary, Eintrag v. 12.05.1919, in: LoC, Sweetser Papers, Box 1, S. 3.

Aufgaben und Befugnisse der Konferenzjuristen

Nicht zuletzt die schwierige Quellenlage mag dazu beigetragen haben, dass die Tätigkeit der fünf Juristen in nahezu der gesamten Fachliteratur, von wenigen Ausnahmen abgesehen, unterschätzt, oft auch ignoriert worden ist.[375] Bei den Zeitgenossen hat sie hingegen vielfach Zustimmung und Anerkennung gefunden. Es war keine Ausnahme, wenn kurz nach Abschluss der Verhandlungen resümiert wurde, dass „[n]o other Commission surpassed this one in energy and powers of work"[376]. Schon im März 1919 hatte sich Harold Nicolson davon beeindruckt gezeigt, mit welcher Effizienz die juristischen „Techniker" die politischen „Kurzschlüsse" überbrücken würden: „The Legal experts, Hurst and Fromageot are marvelous. Impassive and quick. Like electricians fixing a short-circuit."[377] Auf eine ähnliche Metapher des maschinell-technischen Zeitalters rekurrierte wenig später auch der amerikanische Experte Clive Day: „The leader of these specialists, M. Fromageot, declared modestly that he was a mere ‚machine à écrire', to be employed by the commission in recording its results, but he early gave evidence of a feature not common in typewriters; the machine locked if one attempted to write with it anything that was not perfectly clear and specific."[378] Und selbst Lansing zeigte sich zufrieden, dass immerhin die redaktionelle Zusammenstellung der Entscheidungen in den Händen juristischer Experten gelegen habe: „To their legal knowledge, carefulness, and industry are due the phraseology of the majority of the articles of the treaty and their orderly arrangement. One dreads to think what the document would have looked like if it had not passed through their experienced hands."[379]

Auf der anderen Seite sollte nicht übersehen werden, dass anfänglich durchaus Bedenken bestanden hatten, die redaktionelle Überarbeitung einem Komitee zu überlassen, dessen Tätigkeit einer diplomatischen und politischen Kontrolle weitgehend entzogen schien. Als die Militärbestimmungen nach einer Diskussion im Supreme Council am 10. März 1919 an das Redaktionskomitee weitergeleitet werden sollten, insistierte Foch, dass an dessen Beratungen auch

---

375 Für eine typisch kursorische Erwähnung vgl. MacMillan, Peacemakers, S. 284. Eine Ausnahme auf weiter Flur stellt eigentlich nur Marston, Peace Conference, S. 181–185, dar.
376 Temperley, History, Bd. 1, S. 266. Zeitgenössisch ähnlich: Slosson, Constitution, S. 370; Fenwick, Organization, S. 210.
377 Nicolson Diary, Eintrag v. 18.03.1919, in: Nicolson, Peacemaking 1919, S. 285.
378 Day, Atmosphere and Organization, S. 30.
379 Lansing, The Big Four, S. 128f. Weitere Eindrücke etwa bei Laroche, Au Quai d'Orsay, S. 67, 108.

militärische Vertreter teilnehmen müssten.[380] Auch an anderer Stelle wurde Unmut laut, etwa wenn Headlam-Morley die Juristen für ihre Einwände gegenüber einem diplomatischen Kompromiss kritisierte: „[T]he lawyers make an objection to this that it would be very difficult to draft the treaty; my view is that it is the duty of the lawyers to draft treaties, however difficult, in accordance with the wishes of the political people."[381]

Angesichts solcher pointierter Wertungen liegt es nahe, einen Schritt zurückzutreten und zunächst die Stellung und das Aufgabenfeld des Redaktionskomitees genauer zu bestimmen. In den Konferenzregularien hieß es im einschlägigen Artikel XV lediglich, dass das „Committee shall deal only with questions which have been decided; its sole task shall be to draw up the texts of the decisions adopted and to present them to the Conference for approval."[382] Ähnlich zurückhaltend drückte sich auch Scott in seinem Schreiben an Grew aus: „The duty of this Committee was and is to put into shape the various proposals of the participating powers, adopted by the Conference in Plenary Session or by the Supreme Council"[383]. Dass das Redaktionskomitee jedoch bald zu einer zentralen Schaltstelle zwischen Kommissions- und Entscheidungsebene heranwuchs, zumal wenn die Delegierten untereinander uneinig waren, deuten einige Spottverse an, in denen der stete Rhythmus der Verhandlungen verkürzt, aber nicht unzutreffend folgendermaßen zusammenfasst wurde: „Ordre du jour, procès-verbal, motion! / Discussion, contre-proposition, / Conciliation, essai de transaction. / En vain! Chacun maintient sa position. / Solution! Comité rédaction / Sera chargé de la tabulation. / Puis aux Big Four, transmission! transmission! / Pour décision ou pour attribution."[384]

In der Tat ging die Tätigkeit des Redaktionskomitees über eine simple Übertragung der getroffenen Beschlüsse in eine rechtlich adäquate Sprache weit hinaus. Nahezu von Beginn der Verhandlungen an fiel ihm eine koordinierende und lenkende Rolle zu, für die es in den internationalen Konferenzen und Kongressen des 19. Jahrhunderts keine Vorläufer gab und die sich zunächst in der

---

380 Vgl. Protokoll v. 10.03.1919, in: FRUS, PPC 1919, Bd. 3, S. 294–313, hier: S. 301 u. 303. Siehe auch Hankey, Supreme Control, S. 91.

381 Headlam-Morley Diary, Eintrag v. 20.03.1919, in: Headlam-Morley, Memoir, S. 53.

382 Rules of Conference, Anhang zum Protokoll v. 18.01.1919, in: FRUS, PPC 1919, Bd. 3, S. 172–175, hier: S. 175. Französische Fassung: Règlement de la Conférence de la Paix v. 15.01.1919, in: RdA, Bd. I, S. 9–12, hier: S. 12.

383 Scott an Grew, Brief v. 26.07.1919, in: YLMA, Polk Papers, Box 22/99.

384 Der ermüdende Marathon nicht enden wollender Sitzungen stachelte zuweilen die Kreativität einzelner Delegierter an, und so ist neben einer Reihe von karikierenden Zeichnungen (insbesondere von Lansing, in: PUSC, Lansing Papers, Box 13/4) auch das satirische Protokoll einer imaginären Sitzung der Reparationskommission überliefert, in: YLMA, Polk Papers, Box 46/38. Die zitierten Verse dort als Annexe II.

Beratung der einzelnen Fachkommissionen zeigte. Am 6. März hatte der Supreme Council alle Konferenzausschüsse aufgefordert, den jeweiligen Abschlussberichten schon ausformulierte Klauseln anzufügen, also die einzelnen Empfehlungen bereits in konkrete Artikel und Paragraphen zu fassen. Auf diese Weise, so meinte House mit beträchtlichem Optimismus, erforderten die Beschlüsse kein zeitaufwendiges „re-drafting"[385], sondern könnten direkt zu einem Vertrag zusammengefügt werden. „[T]he treaty is built as we go along"[386], notierte Arthur Sweetser über diese Vorgehensweise. Doch die Hoffnung auf eine unkomplizierte Addition erfüllte sich nicht, schon weil durch die Aufforderung des Supreme Council die eigentlich auf den 8. März terminierte Vorlage der Abschlussberichte wieder in die Ferne rückte.[387] Die Kommissionen sollten zwar, so hatte es in der Anweisung vom 6. März noch geheißen, die Rechtsberater der einzelnen Delegationen heranziehen: „In preparing such clauses, the members of the Commissions and Committees should consult their legal advisers."[388] Doch in der Realität fiel diese Aufgabe meist den Konferenzjuristen zu. Es lassen sich zahlreiche Fälle nachweisen, in denen das Redaktionskomitee, teils in seiner Gesamtheit, teils durch einzelne Mitglieder, an den Kommissionsberatungen teilnahm und dort zu den getroffenen Beschlüssen vorab Stellung nahm. Am 15. März saßen Fromageot und seine Kollegen beispielsweise mit der Kommission für Polen zusammen, um nahezu vier Stunden über die Artikelentwürfe zu beraten.[389] Vier Tage später folgte ein Treffen mit der Kommission für die Tschechoslowakei,[390] wiederum um, wie der amerikanische Vertreter Charles Seymour kurz zuvor notiert hatte, vorab über „the articles to be inserted in the treaties with the enemy powers"[391] zu befinden. Vergleichbares fand schließlich am 29. März und 3. April in der Kommission für Rumänien und Jugoslawien statt.[392]

---

385 House, Protokoll v. 06.03.1919, in: FRUS, PPC 1919, Bd. 4, S. 213–251, hier: S. 214.
386 Sweetser Diary, Eintrag v. 04.04.1919, in: LoC, Sweetser Papers, Box 1.
387 Protokoll v. 24.02.1919, in: FRUS, PPC 1919, Bd. 4, S. 99–116, hier: S. 109. Diese Frist sollte nicht für solche Kommissionen gelten, die erst nach dem 15. Februar ihre Arbeit aufgenommen hatten.
388 Protokoll v. 06.03.1919, in: ebenda, Bd. 4, S. 213–251, hier: S. 214.
389 Vgl. Protokoll v. 15.03.1919, in: RdA, Bd. IV-C-2, S. 42–45. Es ist bezeichnend, dass David Hunter Miller irrtümlich auftauchte, um als amerikanischer Rechtsberater an der Sitzung teilzunehmen, angesichts des Redaktionskomitees aber rasch, nachdem er Scott sein Kartenmaterial zu Polen überlassen hatte, den Rückzug antrat, vgl. Miller Diary, Eintrag v. 15.03.1919, in: DHMD, Bd. 1, S. 170f.
390 Vgl. Protokoll v. 19.03.1919, in: RdA, Bd. IV-C-1, S. 59–65.
391 Brief v. 16.03.1919, in: Seymour, Letters, S. 174.
392 Vgl. Protokoll v. 29.03.1919, in: RdA, Bd. IV-C-5, S. 172–181.

Nicht überall wurden die Konferenzjuristen bereits während der Verhandlungen hinzugezogen. Eine Reihe von Kommissionen übertrug die Verschriftlichung der Beschlüsse zunächst einem eigenen Redaktionskomitee, so etwa die Kommissionen für den Völkerbund, für Kriegsverantwortung und Kriegsverbrechen, für internationale Arbeitsgesetzgebung oder auch für die Internationalisierung von Häfen, Wasserstraßen und Eisenbahnen.[393] Die Gestalt dieser internen Ausschüsse variierte jedoch stark. Im Fall des Völkerbundes wurde am 7. Februar zwar ein fünfköpfiges Komitee eingesetzt, bei näherem Hinsehen zeigt sich jedoch, dass daneben weitere kleinere Gruppen und Grüppchen mit der Überarbeitung einzelner Artikel betraut wurden.[394] Ein ähnliches Bild ergibt sich für die Kommission zur Internationalisierung der Verkehrswege, wo gleichfalls ad hoc gebildete Kleingruppen die Formulierung verschiedener Klauseln vornahmen. Die Kommission zu Kriegsverantwortung und Kriegsverbrechen verfügte wiederum über ein Redaktionskomitee großer Beständigkeit und Kompetenz, in dem anerkannte Juristen wie Edouard Rolin-Jaequemyns und Ernest Pollock, Albert Lapradelle und Mariano D'Amelio die Beratungsergebnisse in eine konzise schriftliche Form brachten.[395] Wiederum anders war es in der Finanzkommission oder der Kommission für Arbeitsgesetzgebung, wo die Abfassung der einzelnen „projet[s] d'articles" kurzerhand an die Sekretariate delegiert worden waren.[396]

Aber auch wo solche internen Ausschüsse bestanden, konnte man dem prüfenden Blick der Konferenzjuristen früher oder später nicht entgehen, wenngleich einige Kommissionen, wie die Wirtschaftskommission, ihre Entwürfe erst nach einer nachdrücklichen Ermahnung durch die Regierungschefs herausgeben wollten.[397] Ebenso sperrte sich die Völkerbund-Kommission zunächst dagegen, die von ihr mühselig ausgehandelte Satzung einer juristischen Durchsicht zu unterwerfen, zumal der Text am 1. und 2. April mehrfach gründlich durchgesehen worden war.[398] Doch das Ergebnis fiel besser aus als erhofft, zumindest im anerkennenden Urteil von Gordon Auchincloss: „The covenant has been

---

393 Vgl. Binkley, New Light II, S. 520.
394 Vgl. Kitsikis, Rôle des experts, S. 145.
395 Vgl. die Angaben in: RdA, Bd. IV-B-2, S. 3.
396 Vgl. ebenda, Bd. IV-B-6, S. 2, 35; ebenda, Bd. IV-B-4, S. 3, 48.
397 Vgl. Beschluss v. 25.04.1919, in: ebenda, Bd. I, S. 122.
398 Diesem internen Redaktionskomitee gehörte u.a. mit Cecil, Larnaude und Miller (der den Platz von House einnahm) einiger juristischer Sachverstand an. An den Sitzungen nahmen zudem Warrin, Hurst, Baker, Clauzel, Lapradelle und Sillac teil. Offenbar wurden aber keine erheblichen Änderungen am Text mehr vorgenommen, siehe neben Miller, Drafting, Bd. 1, S. 390–418 sowie 498, Fn. 3, auch Hudson Diary, Eintrag v. 02.04.1919, in: HLSL, Hudson Papers, Box 166/1, S. 248.

much improved by redrafting by the lawyers who have not been permitted to change any of the drafting of the first covenant, but who were given full authority to redraft the final covenant."[399]

Nicht überall war eine derartige Zustimmung zu verzeichnen. Die Mitglieder der Kommission zur Internationalisierung der Verkehrswege waren über die vom Redaktionskomitee nachträglich vorgenommenen Änderungen so empört, dass sie offen dagegen zu opponieren suchten.[400] Der Kommissionsvorsitzende, der Italiener Silvio Crespi, schrieb einen erzürnten Brief an Clemenceau, in dem er sich nicht nur bitterlich darüber beschwerte, dass die vorgenommenen Anpassungen „le sens et le fond des stipulations"[401] von Grund auf verändern würden, sondern auch, dass die Kommission gar nicht über die Überarbeitungen des Redaktionskomitees informiert worden sei. Auch Manley Hudson, der inzwischen den amerikanischen Sitz in der Kommission eingenommen hatte, erschien die eigenmächtige Vorgehensweise der Konferenzjuristen bedenklich. Das Redaktionskomitee, so notierte er in seinen privaten Aufzeichnungen, „had never sent these changes to us, and a question of jurisdiction between the two Commissions was involved. (...) Nowhere in the Conference does there seem to be any check on various Commissions. Whether their work will be gone over by the Big Four is exceedingly doubtful. Surely they cannot read everything."[402]

Es ist bezeichnend, dass David Hunter Miller, mit dem Hudson anschließend über das Problem beriet, den Vorschlag aufbrachte, dass es ein „small committee directly responsible to the Big Four" bräuchte, „to put the Treaty into shape, regardless of other Commissions."[403] Offenkundig war es selbst für wesentliche Akteure nicht unmittelbar einsichtig, dass das Redaktionskomitee längst in eine solche Rolle geschlüpft war und gegenüber den Kommissionen nicht mehr nur beratend auftrat, sondern deren Beschlüsse – nach der prinzipiellen Zustimmung wie den Änderungsvorgaben durch den Council of Four – selbstständig überarbeitete und in den Rahmen eines Friedensvertrages brachte. Selbst der amerikanische Vertreter im Konferenzsekretariat, Joseph Grew, zeigte sich, von Hudson am folgenden Tag auf diese Frage hin angesprochen,

---

399 Auchincloss an Polk, Telegramm v. 09.04.1919, in: YLMA, Auchincloss Papers, Box 3/31, S. 503–508, hier: S. 506. Eine Auflistung der Änderungen als Note by the British Delegation on the Redraft Submitted by the Drafting Committee, o.D. [07.04.1919], in: DHMD, Bd. 8, S. 1–5.
400 Vgl. Protokolle v. 22.04. bis 24.04.1919, in: RdA, Bd. IV-B-5, S. 246–287. Ausführlicher Wortlaut in: Paix de Versailles. Documentation Internationale, Bd. 337–401. Siehe auch Marston, Peace Conference, S. 184.
401 Crespi an Clemenceau, Brief v. 23.04.1919, in: AD, Service Juridique, Fonds Fromageot, Box 4.
402 Hudson Diary, Eintrag v. 22.04.1919, in: HLSL, Hudson Papers, Box 166/1, S. 298.
403 Ebenda.

bemerkenswert ahnungslos und wusste lediglich zu berichten, dass die „Drafting Commission did not report to the Secretary General, and he did not know what became of the Drafting Commission's work after it was finished."[404]

Insofern lag dem Unmut in der Kommission zur Internationalisierung der Verkehrswege nicht nur das Missverständnis zugrunde, dass die eigenen Beschlüsse bereits einen abgeschlossenen Charakter besäßen und unverändert in die Friedensbedingungen eingehen sollten.[405] Sondern offensichtlich war die Bedeutung des Redaktionskomitees zu diesem Zeitpunkt nur schwer einzuschätzen. Auch die Außenminister verkannten dessen Tätigkeit beträchtlich, denn als der Council of Five am 17. April in einer gemeinsamen Sitzung mit dem Redaktionskomitee konferierte, stellte sich rasch heraus, dass es den Konferenzjuristen weit mehr um eine Kohärenz des Vertragswerkes ging als darum, den einzelnen, teils disparaten Vorschlägen der Außenminister entgegenzukommen.[406] Fromageot bezweifelte beispielsweise, dass es sinnvoll sei, alle Unterzeichnerstaaten des Friedensvertrages, wie gefordert, auf die Internationale Opium-Konvention von 1912 zu verpflichten. Auch in der Frage, ob und inwieweit sich der Status von Prisengerichtshöfen im Friedensabkommen regeln lassen würde, kamen die Juristen den widersprüchlichen Überlegungen der Außenminister kaum entgegen. Es bestünden offenbar Meinungsunterschiede zwischen den Delegationen, so reagierte Fromageot auf die einzelnen Vorschläge, es sei daher „useless to propose a draft until agreement had been reached."[407]

Dass sich Cecil Hurst im gleichen Sinn bei Maurice Hankey über die Forderungen der Außenminister beschwert hatte und die Regierungschefs zu eindeutigen Beschlüssen aufforderte,[408] ist vermutlich weniger bemerkenswert als der allgemeine Befund, dass sich das Redaktionskomitee inzwischen eine beträchtliche Widerspenstigkeit gegenüber unklaren Vorgaben erlauben konnte. Sicherlich akzeptierten die Juristen am Ende den politischen Primat der Außenminister, und weder in dem einen noch dem anderen Punkt wurde auf eine entsprechende Bestimmung für den Friedensvertrag verzichtet; der Beitritt zur Interna-

---

404 Eintrag v. 23.04.1919, in: ebenda, S. 299.
405 Für die abschließende Überarbeitung der Artikel durch die Kommission vgl. den Anhang zum Protokoll v. 24.04.1919, in: RdA, Bd. IV-B-5, S. 266–270.
406 Hinter der Sitzung des Council of Five stand eine Liste offener, aber minder wichtiger und sehr diverser Einzelpunkte, welche die Regierungschefs an die Außenminister zur weiteren Beratungen abgegeben hatten, vgl. Protokoll v. 07.04.1919, in: Mantoux, Deliberations, Bd. 1, S. 165–180, hier: S. 165. Die Sitzungen dazu als Protokolle v. 15.04., 17.04. u. 19.04.1919, in: FRUS, PPC 1919, Bd. 4, S. 548–595. Siehe auch Marston, Peace Conference, S. 174, 183.
407 Fromageot, Protokoll v. 17.04.1919, in: FRUS, PPC 1919, Bd. 4, S. 566–584, hier: S. 573.
408 Vgl. Hankey, Protokoll v. 18.04.1919, in: Mantoux, Deliberations, Bd. 1, S. 269–275, hier: S. 270.

tionalen Opium-Konvention wurde in Artikel 295 VV geregelt, ein alliierter Vorbehalt gegen die Entscheidungen deutscher Prisengerichte fand sich in Artikel 440 VV. Trotzdem war in der Debatte deutlich geworden, dass sich das Komitee längst nicht mehr als redaktionelles Hilfsorgan verstand, sondern gegenüber den Delegierten mit beträchtlichem Selbstbewusstsein als Sachwalter eines rechtstechnisch soliden und kohärenten Friedensvertrages auftrat.

Die Ausfertigung der Vertragstexte ab April

Doch auch wenn das Selbstbewusstsein der Konferenzjuristen ohne die implizite Rückendeckung des Council of Four kaum denkbar war, greift es zu kurz, in ihnen nur willfährige Erfüllungsgehilfen der politischen Spitze zu sehen. Auch zwischen dem Redaktionskomitee und den Regierungschefs bestanden Spannungen, die ab Mitte April immer deutlicher hervortraten. Seit diesem Zeitpunkt geriet die Umwandlung der politischen Beschlüsse in jene enigmatische „legal phraseology"[409], deren Beherrschung allein den Juristen zugetraut wurde, immer mehr unter den Druck der Ereignisse. Am 18. April war eine erste Einladung an die deutsche Regierung ergangen, die Friedensbedingungen der alliierten und assoziierten Mächte in der kommenden Woche in Versailles entgegenzunehmen, was in den Pariser Ministerien, Kanzleien und Hotels zu einer hektischen Betriebsamkeit führte. Doch obwohl der italienische Delegierte Crespi am 20. April von einem „miracolo di rapidità"[410] im Abschluss der Verhandlungen sprach, zeigte sich rasch, dass die ursprüngliche Vorstellung einer einfachen Addition der verschiedenen Beschlüsse zu einem kohärenten Ganzen in der Realität kaum zu halten war und weitaus mehr Zeit kosten würde, als veranschlagt worden war. Dass die deutsche Seite ihrerseits taktierte und zunächst ankündigte, nur zwei untergeordnete Sekretäre zur Entgegennahme der Friedensbedingungen zu entsenden, brachte zeitlich wenig Entlastung. Selbst als die deutsche Delegation am 29. April schließlich in Versailles eintraf, waren große Teile des Vertragsentwurfes immer noch Stückwerk und ein Abschluss der redaktionellen Bearbeitung kaum abzuschätzen.[411]

---

409 Temperley, History, Bd. 1, S. 266.
410 Crespi Diario, Eintrag v. 20.04.1919, in: Crespi, Alla difesa d'Italia. Diario, S. 441.
411 Zur Ankunft der deutschen Delegation vgl. Christiane Scheidemann, Ulrich Graf Brockdorff-Rantzau (1869–1928). Eine politische Biographie, Frankfurt a.M. u.a. 1998, S. 458f.; Udo Wengst, Graf Brockdorff-Rantzau und die außenpolitischen Anfänge der Weimarer Republik, 2. Aufl., Bern, Frankfurt a.M., New York 1986, S. 41–45; Alma Luckau, The German Delegation at the Paris Peace Conference. A Documentary Study of Germany's Acceptance of the Treaty of Versailles, New York 1941, S. 54–61.

Dass die Regierungschefs diesem schleppenden Verlauf tatenlos zugesehen hätten, kann man ihnen jedoch nicht vorwerfen. In einem ersten Anlauf hatte Clemenceau am 16. April vorgeschlagen, eine eigenständige Kommission zur Ausfertigung des deutschen Friedensvertrages einzurichten, was jedoch von britischer Seite mit Blick auf die Kompetenzüberschneidung zum Redaktionskomitee zurückgewiesen worden war.[412] Auch der Vorstoß von André Tardieu zwei Tage später, stattdessen das Redaktionskomitee personell erheblich aufzustocken, wurde nicht aufgegriffen.[413] Während Wilson nach wie vor überhaupt keine Probleme sehen wollte – „the work of drafting consists only of inserting completely finished clauses in the treaty"[414] –, stellte Lloyd George fest, dass die Juristen selbst entscheiden müssten, ob und wann sie um fachliche Unterstützung nachsuchten. Der entsprechende Beschluss war etwas deutlicher formuliert und trug, zumindest zwischen den Zeilen, imperativen Charakter: „Les Membres du Comité de Rédaction sont invités à se faire aider par des hommes compétents, à leur choix, afin d'arriver à terminer leur tâche le 23 avril au plus tard."[415]

Doch eine solche Ermächtigung ging an dem eigentlichen Problem vorbei. Es hatte gute Gründe, wenn die Juristen, wie Headlam-Morley mit Blick auf Henri Fromageot und Cecil Hurst beobachtete, „insisted on doing everything themselves (...) and doing all the spadework."[416] Mit Blick auf die notwendige Stringenz des komplexen Vertragswerkes ist jedenfalls nachvollziehbar, dass die Durchsicht der von verschiedenen Stellen ausgearbeiteten Klauseln nur begrenzt zu delegieren war. An einer Stelle musste der gesamte Zusammenhang überblickt werden, um inhaltliche Überschneidungen, variierende Begriffsverwendungen, sprachliche Unklarheiten auszuschließen. Eine Erweiterung zu einem größeren Gremium oder die Einbeziehung neuer Mitarbeiter hätte zu einem organisatorischen Mehraufwand geführt, der Ende April nicht mehr ohne weiteres zu leisten war, während umgekehrt die Arbeitsteilung zwischen Fromageot,

---

412 Vgl. Protokoll v. 16.04.1919, in: Mantoux, Deliberations, Bd. 1, S. 257–264, hier: S. 258. Siehe auch die diktierten Aufzeichnungen Balfours zum 16.04.1919, in: TNA, FO 800/329, Bl. 229–235, hier: Bl. 232.
413 Vgl. Protokoll v. 18.04.1919, in: Mantoux, Deliberations, Bd. 1, S. 269–275, hier: S. 270.
414 Wilson, ebenda.
415 Liste de decisions prises par le Conseil des IV, 18.04.1919, in: AD, Service Juridique, Fonds Fromageot, Box 4. Eine anders formulierte Fassung dieses Beschlusses in RdA, Bd. I, S. 110, wo es heißt: „Étant donné le travail considérable du Comité de rédaction, qui demande en outre à connaître en termes précis les decisions du Conseil, il est décidé que les Membres du Comité de rédaction sont autorisés à déléguer certains travaux à des Comités formés de leurs juristes adjoints compétents et à prendre toute autre action nécessaire pour activer leur travail."
416 Headlam-Morley Diary, Eintrag o.D. [04.05.1919], in: Headlam-Morley, Memoir, S. 116.

Hurst/Malkin und Scott als der Kerngruppe des Redaktionskomitees vergleichsweise harmonisch und eingespielt verlief.[417]

Als eigentliche Herausforderung entpuppte sich ohnehin die Auseinandersetzung mit den Regierungschefs, welche sich, nachdem in der italienischen Krise kein unmittelbares Weiterkommen möglich gewesen war und sich Orlando von den Beratungen zurückgezogen hatte, verstärkt den übrigen Fragen zuwandten. Beginnend mit den Klauseln zur Demilitarisierung des linken Rheinufers, wurden ab dem 22. April nahezu täglich Entscheidungen an die Juristen weitergereicht. „Renvoi au Comité de rédaction", hieß es in den offiziellen Protokollen jeweils nach der Beschlussfassung, womit die Sache aus Sicht der Regierungschefs erledigt war und den Juristen zur abschließenden Bearbeitung überlassen wurde.[418] Doch je genauer das Redaktionskomitee die Vorlagen in eine Systematik zu bringen versuchte – das grundlegende Schema zum Vertragsaufbau ging auf ein Memorandum von Hurst aus dem März zurück[419] –, desto mehr widersprüchliche oder uneindeutige Punkte tauchten auf. Diese mussten teils in zeitraubender Rücksprache mit den Kommissionen geklärt werden,[420] wurden öfter aber zur endgültigen Klärung an die Regierungschefs zurückgeschickt; als Beispiele seien die Frage der Befestigungen Helgolands, die Annullierung des Friedensvertrages von Brest-Litowsk oder auch die staatsrechtliche Stellung von Danzig genannt.[421]

Seit der letzten Aprilwoche nahmen daher nicht nur die Anweisungen an das Redaktionskomitee stetig zu, sondern ebenso der Strom der Rückfragen an die Adresse der Regierungschefs.[422] Zwar erfolgte die Kommunikation zwischen den beiden Gremien, den protokollarischen Konventionen entsprechend, in einem hochformalisierten Stil durch kurze briefliche Mitteilungen, die zwischen Maurice Hankey, dem Sekretär des Council of Four, und dem Generalsekretariat unter Paul Dutasta zirkulierten. Doch der nähere Blick lässt erkennen, dass

---

417 Allerdings setzte Headlam-Morley den Anteil von James Brown Scott deutlich herab, vgl. ebenda. Demgegenüber behauptet Robert Lansing (The Services of Doctor James Brown Scott, 16.06.1919, in: LoC, Lansing Papers, Box 63) einen großen Einfluss von Scott. Ob Ricci-Busatti und Nagaoka, die für diese Phase nirgends erwähnt werden, überhaupt teilgenommen haben, ist unsicher.

418 Vgl. Protokoll v. 22.04.1919, in: FRUS, PPC 1919, Bd. 5, S. 112–122, hier: S. 113f., sowie die nachfolgenden Beschlüsse ab dem 22.04.1919, in: RdA, Bd. I, S. 113ff.

419 Vgl. Treaty of Peace with Germany, Memorandum [o.D.], in: TNA, FO 608/163/7, Bl. 150–161, sowie unten, S. 367f.

420 Vgl. Fromageot, Protokoll v. 02.05.1919, in: Mantoux, Deliberations, Bd. 1, S. 456–465, hier: S. 458.

421 Vgl. die Beschlüsse v. 29.04. u. 03.05.1919, in: RdA, Bd. I, S. 135, 148, 150.

422 Vgl. Walworth, Wilson and his Peacemakers, S. 383, Fn. 2.

Hankey im „desperate business getting the Treaty ready in time for the Huns"[423] den direkten Kontakt zu den Juristen zu schätzen wusste. Nicht nur trug er den drei verbliebenen Regierungschefs die Anfragen der Juristen öfters selbst vor, sondern er stimmte sich mit Hurst und Fromageot meist mündlich ab, so dass die Mitteilungen an Dutasta vielfach nur der guten Form halber erfolgten.[424]

Die Abhängigkeit vom Redaktionskomitee als der maßgeblichen Instanz für das Kollationieren sämtlicher Textentwürfe und Entscheidungen nahm in den nächsten Tagen jedenfalls stark zu. Es ist bezeichnend, dass sich der Council of Three in der besonders dramatischen Phase der Vertragsausarbeitung am 2. Mai dafür entschied, das Komitee nicht, wie es sonst üblicherweise geschah und weiterhin für alle übrigen Mitarbeiter und Experten galt, zur Besprechung herbeizuzitieren. Sondern die Regierungschefs, die sich mit den Juristen über die Frage beraten wollten, welche Textänderungen nach dem Auszug der italienischen Delegation notwendig seien, beschlossen kurzerhand, ihre für den Nachmittag geplante Sitzung von Wilsons Residenz in das französische Außenministerium zu verlegen. Das Redaktionskomitee habe derzeit viel zu tun, so Wilson, „and it is better not to distract it."[425] Dass an diesem Nachmittag auch einige Mitglieder der Kommission zur Internationalisierung der Verkehrswege beim Redaktionskomitee vorstellig geworden waren und Änderungen in den entsprechenden Klauseln verlangt hatten, wurde von den Regierungschefs daher

---

423 Hankey an Adeline Hankey, Brief v. 23.04.1919, in: CAC, Hankey Papers, HANK 3/25, Bl. 49.

424 Als Beispiel vgl. Hankey an Dutasta, Brief v. 06.05.1919, in: AD, Service Juridique, Fonds Fromageot, Box 4, mit dem lakonischen Hinweis: „Verbal instructions (...) were given to the Drafting Committee, who were present". Siehe auch Hankey, Supreme Control, S. 137. Die Korrespondenz zwischen Hankey und Dutasta ab Mai auch in: AD, Papiers Tardieu, PA-AP 116/ 304.

425 Wilson, Protokoll v. 02.05.1919, in: Mantoux, Deliberations, Bd. 1, S. 448–455, hier: S. 451. Dahinter stand das zuvor von Fromageot vorgebrachte Problem, wie mit der im Vertragsentwurf häufig gebrauchten Formel der „fünf Mächte" oder mit dem häufigen Verweis auf Italien umzugehen sei. Die Regierungschefs folgten am Nachmittag dem Vorschlag der Juristen, jeden expliziten Bezug aus dem Textentwurf zu streichen und stattdessen nur allgemein von Hauptmächten („principle powers") zu sprechen; eine Variation der Konferenzterminologie mit ihrer Differenzierung der Mächte in solche mit „allgemeinem" und solche mit „partikularem" Interesse. Lediglich in der Präambel sollten die Hauptmächte namentlich aufgezählt werden, so dass im Fall einer Rückkehr der italienischen Delegation an den Verhandlungstisch nur diese Seiten neu gedruckt werden müssten. Vgl. Protokoll v. 02.05.1919, in: ebenda, Bd. 1, S. 456– 465, hier: S. 457f. Siehe auch Hankey, Supreme Control, S. 140f. Zugleich sollte die italienische Seite darüber informiert werden, dass die Übergabe nunmehr für den 6. Mai eingeplant sei, vgl. Pichon an Barrère, Telegramm v. 01.05.1919, in: AD, Papiers Pichon, PA-AP 141/7, Bl. 186, dort auch weiterer Schriftwechsel.

nicht günstig aufgenommen.[426] Um die Konferenzjuristen stärker von derartigen Einflussnahmen abzuschirmen, trafen Clemenceau, Lloyd George und Wilson, offenbar einer Beschwerde von Fromageot folgend, den Beschluss, dass das Komitee alle Änderungswünsche ablehnen sollte, die nicht von ihnen autorisiert – und das hieß namentlich abgezeichnet – seien.[427]

Allerdings wurde das Redaktionskomitee an diesem Nachmittag des 2. Mai, einem Freitag, von den Regierungschefs ebenso mit der Frage konfrontiert, wann mit einem Abschluss der Arbeiten zu rechnen sei. Scott stellte daraufhin den Sonntagabend in Aussicht, was jedoch bedeutete, dass die Juristen fortan nahezu ununterbrochen tagen mussten. Vielleicht etwas leichtfertig hatte Malkin am Freitagabend noch an seine Ehefrau geschrieben: „Very much alive and kicking harder than ever. Our orders are to have the Treaty ready on Sunday night, 24 hours for the printer, and present it to the Boches on Tuesday. We think we can just do it if no one is more than usually stupid."[428] Der Termin am Sonntagabend war gleichwohl nicht zu halten, trotz Arbeitszeiten von sechs Uhr in der Frühe bis weit nach Mitternacht, die selbst hartgesottene Diplomaten in Erstaunen versetzten. Hurst und Malkin „have been working about 19 hours out of the 24 these last few days"[429], so notierte Crowe, und auch Headlam-Morley sah „Hurst, Fromageot and Malkin (...) worked to death."[430] Dass aus der deutschen Delegation, welche in der Verzögerung politisches Kalkül und eine zermürbende Hinhaltetaktik erblickte, gleichzeitig mit einer Abreise gedroht wurde, machte die Situation nicht einfacher.[431] Am Montagmorgen, dem 5. Mai, blieb den Regierungschefs zumindest wenig anderes übrig, als der (von Clemenceau vorgetragenen) Aussage von Fromageot zu vertrauen, dass spätestens am Abend ein fertiger Entwurf vorliegen werde und damit eine Übergabe am Mittwoch möglich sei.[432] In der Tat wurde die Zusammenkunft mit der deutschen

---

426 Vgl. Hudson Diary, Eintrag v. 02.05.1919, in: HLSL, Hudson Papers, Box 166/1, S. 329.
427 Vgl. Protokoll v. 02.05.1919, in: FRUS, PPC 1919, Bd. 5, S. 418–425, hier: S. 420. Der Beschluss v. 02.05.1919, in: RdA, Bd. I, S. 145: „[L]e Comité de rédaction est autorisé à rejeter toute correction, sauf celles envoyées par le Conseil suprême".
428 Malkin an Margret Malkin, Brief o.D. [02.05.1919], in: CAC, Malkin Papers, MALK 1/2.
429 Crowe an Clema Crowe, Brief v. 07.05.1919, in: Bodleian Lib., Crowe Papers, Ms.Eng. d.3024, Bl. 137.
430 Vgl. Headlam-Morley Diary, Eintrag o.D. [04.05.1919], in: Headlam-Morley, Memoir, S. 116. Siehe auch Malkin an Margret Malkin, Brief o.D. [04.05.1919], in: CAC, Malkin Papers, MALK 1/2.
431 Vgl. Wengst, Brockdorff-Rantzau, S. 47.
432 Vgl. Clemenceau, Protokoll v. 05.05.1919, in: Mantoux, Deliberations, Bd. 1, S. 481–488, hier: S. 481. In den Aufzeichnungen Hankeys wird hingegen Scott als Urheber des Mittwochstermins genannt, in einer Fußnote auch Hurst, vgl. Protokoll v. 05.05.1919, in: FRUS, PPC 1919, Bd. 5, S. 463–473, hier: S. 464.

Delegation, nach der ursprünglichen Diktion immerhin die erste Sitzung des eigentlichen Friedenskongresses, daraufhin für den Nachmittag des 7. Mai angesetzt. Ähnlich wie bei der Eröffnungssitzung sollte festgehalten werden, dass die symbolische Bedeutung, die diesem Datum – in diesem Fall der Jahrestag der Versenkung der RMS Lusitania – später zugemessen wurde, keinem Kalkül entsprang, sondern dem sinnsuchenden Blick nicht unmittelbar Beteiligter.[433]

Vielleicht noch problematischer war jedoch, dass Maurice Hankey gleich zu Beginn der Sitzung am Vormittag des 5. Mai eine Nachricht des Redaktionskomitees verlesen hatte, welche auf eine Änderung des Artikels 22 VBS hinwies, die am Wochenende vorgenommen worden sei.[434] Die neue Fassung erlaubte nun, dass eine Rekrutierung von Truppen aus den Mandatsgebieten – den ehemaligen deutschen Kolonien, die von einzelnen alliierten Staaten im Namen des Völkerbundes verwaltet werden sollten – nicht mehr allein, wie es ursprünglich geheißen hatte, für Polizeidienste und zum Schutz des jeweils heimischen Territoriums zulässig sein sollte. Sondern es war eine Erweiterung vorgenommen worden, wonach auch die militärische Verteidigung „of the territory of the mother country" unter die Klausel des Artikels 22 VBS fallen würde.[435] Das war keine unwichtige Änderung, denn im Weltkrieg hatten Kolonialtruppen eine bedeutende Rolle gespielt, und die Möglichkeit, reguläre Armeeeinheiten aus den Mandatsgebieten ausheben zu können, versprach eine substantielle Stärkung der eigenen militärischen Fähigkeiten; besonders die französische Regierung hatte ein großes Interesse an einer derartigen Öffnungsklausel. Auf der anderen Seite kollidierte eine solche Regelung eklatant mit dem besonders von amerikanischer Seite vertretenen Gedanken des gesamten Mandatssystems, wonach die „unmündigen" Völker zu einer Selbstregierung nach westlichen Zivilisationsstandards geführt werden sollten, nicht aber „militarisiert" und in die Rivalitäten der europäischen Kolonialmächte hineingezogen werden dürften.[436]

---

433 Vgl. House Diary, Eintrag v. 07.05.1919, in: YLMA, House Papers, Serie 2, vol. 7, S. 193: „It is strange that the presentation of the Treaty to the Germans should occur on the anniversary of the sinking of the Lusitania. This was not by design but by chance".

434 Vgl. Hankey, Protokoll v. 05.05.1919, in: FRUS, PPC 1919, Bd. 5, S. 463–473, hier: S. 463. Offenkundig wurde diese Frage vor Eintritt in die offizielle Besprechung verhandelt, da sie bei Mantoux nicht verzeichnet ist. Für Hankey besaß dieser Punkt allerdings große Bedeutung, sonst hätte er ihn in seine eigene Protokollfassung nicht aufgenommen.

435 Die Änderung war im Absatz zu der vor allem afrikanische Gebiete umfassenden Klasse der „B-Mandate" vorgenommen worden. Zum gesamten Komplex der Mandate siehe unten, S. 602ff.

436 Schon nach dem Cobb-Lippmann-Memorandum von Oktober 1918 zählt es zu den zentralen Zielen des Friedensschlusses, dass die koloniale Bevölkerung „should not be militarized", so Cobb-Lippmann-Memorandum v. 29.10.1918, in: FRUS 1918, Supp. 1, Bd. 1, S. 405–413, hier: S. 407.

Entsprechende französische Forderungen waren daher schon am 30. Januar im Supreme Council abgelehnt worden, wenngleich verbunden mit dem Kompromiss, dass eine Werbung von Freiwilligen in den Mandatsgebieten nicht ausgeschlossen sein solle.[437] Seither hatte der entsprechende Passus in der am 28. April verabschiedeten Völkerbundssatzung immer nur unbestimmt von „the defense of territory" gesprochen, und zu dieser ursprünglichen Formulierung, so bestätigten die Regierungschefs nach kurzer Diskussion am 5. Mai, sollte der Vertragstext zurückkehren.[438]

Der eigentlich bemerkenswerte Umstand an dieser Episode war freilich, dass das Redaktionskomitee in seiner Mitteilung angegeben hatte, die vorgenommene Modifikation des Artikels 22 VBS sei aufgrund einer Instruktion vorgenommen worden, die Clemenceau persönlich Fromageot erteilt habe.[439] Mindestens in zweifacher Hinsicht war eine solche Aussage ungewöhnlich. Erstens legte sie eine Nähe zwischen den Beteiligten offen, hier also zwischen Fromageot und Clemenceau, die nach ungeschriebenen Verhaltensmaßstäben vorausgesetzt, nicht aber öffentlich erörtert werden durfte. So wäre es zwar naiv anzunehmen, dass sich das Redaktionskomitee in seiner Tätigkeit in einem luftleeren Raum bewegt hätte oder dass es zwischen den Konferenzjuristen und ihren Delegationen keine Abstimmungen gegeben hätte. Dass Hankey mit Hurst in dauernder Verbindung stand, dass Lansing immer wieder die anliegenden Probleme mit Scott durchsprach oder dass Clemenceau für alle kritischen Fragen Fromageot einbestellte, war kein Geheimnis und galt in gewisser Weise als selbstverständlich.[440] Trotzdem war es wichtig, dass die Juristen ihre Tätigkeit im Redaktionskomitee und ihre Loyalität zur eigenen Regierung möglichst zwanglos, in jedem Fall aber unauffällig miteinander vereinbarten. Es ist durch eine rudimentäre Quellenüberlieferung nicht genau erkennbar, wie sich das Verhältnis zwischen Clemenceau und Fromageot in diesem Moment gestaltete und welche Wege in der Abstimmung zur Änderung des Artikels 22 VBS gegan-

437 Vgl. Protokoll, 30.01.1919, in: FRUS, PPC 1919, Bd. 3, S. 797–817, hier: S. 803–805; Miller Diary, Eintrag v. 30.01.1919, in: DHMD, Bd. 1, S. 99, Fn. b).
438 Für die Hintergründe vgl. Andrew/Kanya-Forstner, Climax, S. 183, 191; Birdsall, Versailles Twenty Years After, S. 77–82. Die Frage blieb umstritten, und noch im November musste Hurst zu der französischen Auslegung des Art. 22 VBS Stellung nehmen, vgl. Hurst, Memorandum v. 11.11.1919, in: TNA, FO 371/4310, Bl. 592f.
439 Vgl. Hankey, Protokoll v. 05.05.1919, in: FRUS, PPC 1919, Bd. 5, S. 463–473, hier: S. 463.
440 Beispielhafte Belege: Hankey an Hurst, Brief v. 22.04.1919; Hurst an Hankey, Brief v. 30.04.1919, in: TNA, FO 374/27; Lansing, The Services of Doctor James Brown Scott, 16.06.1919, in: LoC, Lansing Papers, Box 63; Lansing Desk Diary, Eintrag v. 16.04. u. 18.04.1919, in: ebenda, Box 65 (Reel 2), S. 106 u. 108; Fromageot an Scott, 25.06.1919, in: GUSC, Scott Papers, Box 3/9; Paul Cambon an Sohn, Brief v. 21.04.1919, in: Paul Cambon, Correspondance 1870–1940, 3 Bde., Paris 1942–1946, Bd. 3, S. 324.

gen wurden. Dass die Mitteilung des Redaktionskomitees am 5. Mai gleichwohl für einen kurzen Moment den Vorhang hob und zu sehen war, wie sich Clemenceau mit der Autorität seines Amtes über eine bindende Beschlusslage hinwegsetzen wollte, war eine ungewöhnliche Offenlegung.

Eben darum gibt die Episode, zweitens, auch einen Hinweis auf die Rolle des Redaktionskomitees im weiteren Kontext der Verhandlungen. In dieser Sicht bestand die eigentliche Bedeutung der Konferenzjuristen nicht allein in der redaktionellen Durchsicht des Vertragstextes, sondern vor allem darin, einen äußeren Rahmen für die Verhandlungen bereitzustellen. Es wurde ihnen eine Rolle als unabhängige Instanz zugewiesen, welche an den politischen Auseinandersetzungen unbeteiligt sei und weder durch äußere Einflüsse noch persönliche Präferenzen beeinflusst werden könne. Sicherlich war das eine Fiktion, die aber unverzichtbar war, um die Verhandlungen überhaupt zu einem Abschluss bringen zu können: Wo der Bereich des Redaktionskomitees begann, endete die Politik. Insofern war der Versuch, mit machtpolitischer Entschlossenheit die eigenen Interessen im Redaktionskomitee durchzusetzen, wie es im Konflikt um die Änderung des Artikels 22 VBS aufschien, eine Grenzüberschreitung, die für einen kurzen Moment sämtliche Verhandlungsgrundlagen in Frage stellte. Nicht nur das Vertrauen in die fachlich-unbeteiligte Haltung der Konferenzjuristen stand auf dem Spiel, sondern überhaupt die Möglichkeit, zu verbindlichen Entscheidungen zu kommen.

Dieses Erfordernis, dem Redaktionskomitee eine unabhängige Rolle zuzuschreiben und es nicht auf offensichtliche Weise unter Druck zu setzen, gab den Juristen einen starken Abwehrschild in die Hand. Nur so erklärt sich, weshalb sie den Änderungswunsch von Clemenceau am 5. Mai gefahrlos offenlegen konnten. Der französische Premierminister gab die angestrebte Änderung von Artikel 22 VBS jedenfalls unmittelbar auf und zog sich auf die Position zurück, dass für die gewählte Formulierung Fromageot selbst verantwortlich sei.[441] Eine sicherheitshalber von Wilson veranlasste Durchsicht der Satzung durch David Hunter Miller konnte am Nachmittag nur noch marginale sprachliche Änderungen nachweisen.[442] Faktisch waren die Konferenzjuristen die Architekten des Vertragswerkes geworden, die aus den politischen Vorgaben einen kohärenten Entwurf zu erstellen suchten und sich angesichts des eminenten Zeitdrucks

---

441 Vgl. Clemenceau, Protokoll v. 05.05.1919, in: FRUS, PPC 1919, Bd. 5, S. 463–473, hier: S. 463.
442 Vgl. Miller Diary, Eintrag v. 05.05.1919, in: DHMD, Bd. 1, S. 290f.; Hudson Diary, Eintrag v. 05.05.1919, in: HLSL, Hudson Papers, Box 166/1, S. 337; House Diary, Eintrag v. 05.05.1919, in: YLMA, House Papers, Serie 2, vol. 7, S. 189f.; Auchincloss Diary, Eintrag v. 05.05.1919, in: ebenda, Auchincloss Papers, Box 3/33, S. 559. Das Gutachten von Miller als Memorandum for the President, 05.05.1919, in DHMD, Bd. 9, S. 275.

nicht scheuten, alle Einflussversuche zurückzuweisen, widersprüchliche Bestimmungen selbst zu klären oder Fehlstellen eigenmächtig aufzufüllen: „In some cases", so lautete später die vornehme Umschreibung dieses redaktionellen Selbstbewusstseins, „it may be said to have gone further in interpretation than was perhaps intended."[443]

Das ging nicht immer ohne Blessuren vor sich, wie es am Abend des 5. Mai die Umsetzung eines allerletzten französischen Änderungswunsches bewies, der zunächst von Clemenceau an Cecil Hurst, sodann von André Tardieu an Hankey herangetragen wurde.[444] In diesem Fall handelte es sich um Artikel 430 VV, der eine Wiederbesetzung der linksrheinischen Gebiete erlaubte, wenn Deutschland die Erfüllung des Friedensvertrages verweigere („refuse to execute"). Darüber war in der Vergangenheit schon mehrfach gesprochen worden, und die französische Seite strebte eine möglichst weit formulierte Fassung an, sowohl zur Feststellung einer Vertragsverweigerung wie der dann anzusetzenden Sanktionen.[445] Zwar lassen sich einzelne Details kaum rekonstruieren, wohl aber, dass Hankey zu vorgerückter Stunde noch Lloyd George und Wilson in ihren Schlafgemächern aufsuchen und um ihr formales Einverständnis bitten musste.[446] Beide Regierungschefs waren mit der gewünschten Änderung einverstanden, allerdings sollte sich die Umsetzung durch die Konferenzjuristen in den vorgerückten Nachtstunden als fehlerhaft erweisen. Nicht nur wurde ein komplementärer Artikel im vorderen Teil des Vertragsentwurfs (Art. 44 VV) vergessen.[447] Sondern die neue Formulierung des Artikels 430 VV war auch nicht unbedingt gelungen, denn nun konnte sie so verstanden werden, dass eine Wiederbesetzung auch dann erfolgen könne, wenn die Reparationskommission der Ansicht sei, dass Deutschland den Friedensvertrag insgesamt oder auch nur in Teilen nicht erfülle („failed to observe").

Die weitreichenden Konsequenzen dieser Modifikation, die der Reparationskommission einen ungewöhnlich machtvollen Hebel an die Hand gab, wurden erst zum Ende der Woche deutlich, also nachdem der Vertrag der deutschen De-

---

443 Temperley, History, Bd. 1, S. 266. Außerdem: Marston, Peace Conference, S. 186f.

444 Auch hierzu sind die Überlieferungen schmal, vgl. Hankey, Supreme Control, S. 143f. u. 147.

445 Vgl. Schwabe, Deutsche Revolution, S. 496 u. 504.

446 Vgl. Hankey, Supreme Control, S. 144. Siehe auch Hankey an Adeline Hankey, Brief v. 07.05.1919, in: CAC, Hankey Papers, HANK 3/25, Bl. 62f.

447 Das räumte Hurst am nächsten Tag vor dem Council of Four ein, vgl. Protokoll v. 06.05.1919, in: FRUS, PPC 1919, Bd. 5, S. 491–495, hier: S. 491. Siehe auch Beschluss v. 06.05.1919, in: RdA, Bd. I, S. 158. Der Artikel wurde nachträglich den Friedensbedingungen wieder hinzugefügt und sah vor, dass jeder deutsche Verstoß gegen die Räumung und Demilitarisierung des Rheinlandes als feindliche Handlung und Versuch einer Störung des Weltfriedens anzusehen sei.

legation bereits übergeben worden war. Am Vormittag des 9. Mai bestellten die Regierungschefs Hurst zum Rapport ein, der sich einerseits die sprachliche Verschärfung – vom Unvermögen der Vertragserfüllung zu ihrer Verweigerung war es mehr als ein Schritt –, andererseits aber auch die Ausweitung über die Reparations-Bestimmungen hinaus vorhalten lassen musste.[448] Im Anschluss an diese Sitzung musste zudem Fromageot bei Clemenceau erscheinen.[449] Welche Auffassung der Jurisconsulte dabei vertrat, lässt sich nicht sicher erkennen; Hurst zeigte sich aber augenscheinlich unbeeindruckt. In einer anschließenden Aufzeichnung hielt er fest, dass sowohl die ursprüngliche Vorgabe der Regierungschefs unklar gewesen wie auch der materiellen Unterschied der Formulierungen gering sei.[450] Trotzdem folgte das Redaktionskomitee der Anweisung, eine neue Fassung vorzulegen, in der es schlussendlich abgemildert und konkretisiert hieß, dass eine Wiederbesetzung nur dann zulässig sein solle, falls Deutschland „refuses to observe the whole or part of her obligations under the present Treaty with regard to reparations."[451]

In der nachfolgenden Dekade hat die Frage, unter welchen rechtlichen Bedingungen eine Besetzung deutschen Territoriums durch alliierte Streitkräfte zulässig sei, die Gemüter sehr bewegt; entsprechend galt die Formulierung des Artikels 430 VV schon 1920 als „the most ominous provision of the Treaty"[452]. Vor allem im Zuge der Ruhrbesetzung 1923 fielen die Urteile unterschiedlich aus, und während die französische Seite teils in den Bestimmungen von Artikel 428–432 VV, teils in den Regelungen der §§ 17, 18 des Anhang II des Reparationskapitels eine Ermächtigungsgrundlage für ihr Vorgehen – und ihren Anspruch auf „produktive Pfänder" – sehen wollte, zeigten sich die britischen Juristen weitaus skeptischer.[453] Für den hier behandelten Zusammenhang bleibt vorerst nur festzuhalten: Die Gestaltungsmacht der Konferenzjuristen war er-

---

448 Vgl. Protokoll v. 09.05.1919, in: FRUS, PPC 1919, Bd. 5, S. 519f. Die Angabe in Protokoll v. 09.05.1919, in: Mantoux, Deliberations, Bd. 2, S. 9–12, hier: S. 11f., wonach es sich um James Brown Scott gehandelt habe, ist fehlerhaft.
449 Vgl. handschr. Notiz v. 09.05.1919, in: AD, Service Juridique, Fonds Fromageot, Box 4.
450 Vgl. Hurst, Aufzeichnung v. 09.05.1919, in: TNA, FO 374/27.
451 Vgl. Beschluss v. 12.05.1919, in: RdA, Bd. I, S. 168. Zur Endfassung siehe auch Hankey an Dutasta, Brief v. 12.05.1919, in: AD, Papiers Tardieu, PA-AP 116/304, Bl. 5. Hinweise auf die eng verwandte Diskussion des Art. 429 VV bei Jackson, Beyond the Balance, S. 296f.; Anna-Monika Lauter, Sicherheit und Reparationen. Die französische Öffentlichkeit, der Rhein und die Ruhr (1918–1923), Essen 2006, S. 201–207.
452 S.W. Armstrong, The Doctrine of the Equality of Nations in International Law and the Relation of the Doctrine to the Treaty of Versailles, in: AJIL 14, H. 4 (1920), S. 540–564, hier: S. 562.
453 Vgl. Jackson, Beyond the Balance, S. 382, 402; Blessing, Mögliche Frieden, S. 101f.; Stephen A. Schuker, The Rhineland Question. West European Security at the Paris Peace Confer-

heblich, allerdings auch ihre Verantwortung für einen kohärenten Vertragsentwurf. Zwar war bekannt und akzeptiert, dass jedes Komiteemitglied in einem Abhängigkeits- und Weisungsverhältnis zur jeweiligen nationalen Delegationsleitung stand. Doch erst mit einem unpolitischen und unparteiischen Auftreten erhielt das Redaktionskomitee seine effektive Funktion im Konferenzgefüge. Als Sachwalter des gesamten Friedensschlusses und vorgeblich unbeteiligte Instanz diente es dazu, politische Konflikte zu neutralisieren und zu einem verbindlichen Konsens voranzuschreiten; in dieser Sicht war es gerade die ostentative Beschränkung auf die in den Konferenzregularien allein vorgesehenen redaktionellen Aufgaben, welche die Juristen mit einer erheblichen Handlungsfreiheit und einem großen Selbstbewusstsein ausstatteten.

Die Institutionalisierung eines juristischen Konsiliums

Als in den frühen Morgenstunden des 7. Mai die ersten Exemplare der Friedensbedingungen von der französischen Nationaldruckerei, der Imprimerie Nationale im Hôtel de Rohan, ausgeliefert wurden, konnten zunächst nur Eingeweihte einen Blick in die 415 druckfrischen Seiten werfen. Zwar waren die wesentlichen Vertragsinhalte am Vortag den alliierten Delegationen, in einer hastig arrangierten Plenarsitzung und unter Ausschluss der Öffentlichkeit, vorgestellt worden. Doch diese Präsentation hatte sich in einem längeren und eintönigen Referat von Tardieu erschöpft, so dass kaum ein umfassender Eindruck zu gewinnen war.[454] Erst nachdem der Entwurf am Nachmittag des 7. Mai den deutschen Vertretern übergeben worden war, worüber unten noch im Detail berichtet werden soll, konnten die meisten Delegierten eines der voluminösen Exemplare in die Hand nehmen und sich selbst einen Eindruck verschaffen. Damit hatten sich zwar nicht die Sorgen der Londoner Times bewahrheitet, wonach ein bedauernswerter Kopist des Quai d'Orsay das Abkommen für jede Signatarmacht per Hand auf Pergament würde übertragen müssen.[455] Trotzdem schwante nicht wenigen Beobachtern, dass das Redaktionskomitee die einzige Instanz gewesen sei, welche den Text zuvor in seiner Gänze überblickt habe: „[E]xcept the Draf-

---

ence of 1919, in: Boemeke/Feldman/Glaser (Hrsg.), Treaty of Versailles, S. 275–312, hier: S. 305, Fn. 139. Näheres siehe unten, S. 576f.

454 Vgl. Protokoll v. 06.05.1919, in: FRUS, PPC 1919, Bd. 3, S. 333–390. Siehe auch Marston, Peace Conference, S. 191; Thompson, Peace Conference, S. 356f., sowie House Diary, Eintrag v. 06.05.1919, in: YLMA, House Papers, Serie 2, vol. 7, S. 191–193. Die Zusammenfassung von Tardieu zirkulierte auch als Drucksache.

455 Vgl. Drafting the Peace, in: The Times v. 19.04.1919, S. 12.

ting Committee people, I do not think that anyone read through the whole of the treaty"[456], schrieb etwa Headlam-Morley an das Foreign Office.[457]

Doch auch nach der Übergabe der alliierten Friedensbedingungen an die deutschen Vertreter kam das Redaktionskomitee nicht zur Ruhe. Die Regierungschefs – Vittorio Orlando hatte die Runde am Morgen des 7. Mai wieder zum Council of Four erweitert – gestanden den Konferenzjuristen zwar eine Erholungspause zu.[458] Dass der deutsche Vertragsentwurf jedoch immer noch eine Vielzahl offener Fragen enthielt, zeichnete sich früh ab. Immer mehr Rückmeldungen aus den einzelnen Kommissionen trafen ein, deren Mitglieder die getroffenen Bestimmungen nunmehr hatten nachlesen können und nicht allein Änderungsbedarf anmelden, sondern oft auch nur auf Druckfehler hinweisen wollten. Nicht ohne Grund, denn die in den letzten Tagen in einer „fearful hurry" zusammengefügte Fassung würde, wie es in der britischen Delegation mit dramatisierendem Akzent hieß, nur so vor „misprints besides actual mistakes of substance"[459] wimmeln. Das war zwar übertrieben, aber am 24. Mai entschied der Council of Four, dass das Redaktionskomitee sämtliche Errata sammeln und in eine überarbeitete Fassung eintragen sollte.[460] Rasch wurde daraus eine erkleckliche Fleißarbeit. In mehreren Durchgängen wurde der Text immer wieder Korrektur gelesen, so dass erst ein Monat später, am 24. Juni, eine über zehnseitige Auflistung aller Berichtigungen vorlag und an die deutsche Delegation weitergereicht werden konnte.[461]

Diese Korrekturen bezogen sich bereits auf den überarbeiteten Vertragsentwurf, der in Auseinandersetzung mit den deutschen Gegenvorschlägen vom 29. Mai entstanden war. Während ein eigenes „Comité de coordination" unter der Leitung von André Tardieu eine kommentierende Stellungnahme vorberei-

---

456 Vgl. Headlam-Morley an Koppel, Brief v. 08.05.1919 (Auszug), in: Headlam-Morley, Memoir, S. 98–100, hier: S. 99. Siehe auch Boemeke/Feldman/Glaser, Introduction, S. 20.

457 Ähnlich etwa Hankey, Supreme Control, S. 134; Herbert Hoover, The Ordeal of Woodrow Wilson, New York 1958, S. 233f.

458 Vgl. Beschluss v. 08.05.1919, in: RdA, Bd. I, S. 162.

459 So Spring-Rice an Warner, Brief v. 14.05.1919, in: TNA, FO 608/163, Bl. 278f., der damit die Ablehnung einer aus dem Foreign Office kommenden Anfrage, für das britische Parlament mindestens 1250 Exemplare der Friedensbedingungen nach London zu schicken, begründete; immerhin konnte Spring-Rice weitere 16 der 150 Exemplare, welche die britische Delegation insgesamt erhalten hatte, auf den Weg geben.

460 Vgl. Beschluss v. 24.05.1919, in: ebenda, Bd. I, S. 193. Als Beispiel für diesen Rücklauf siehe etwa die Schreiben verschiedener amerikanischer Experten, die Grew an Scott weiterleitete, in: GUSC, Scott Papers, Box 3/12.

461 Vgl. Note des Generalsekretariates v. 24.06.1919, in: Urkunden zum Friedensvertrage, hrsgg. v. Kraus/Rödiger, Bd. I, S. 703–718; Fromageot an Council of Four, Brief v. 25.06.1919, in: RdA, Bd. I, S. 278.

tet hatte, war es dem Redaktionskomitee zugefallen, die inhaltlichen Zugeständnisse der alliierten Nationen in den Vertragstext einzuarbeiten.[462] Diese Aufgabe zog sich bis in die frühen Morgenstunden des 16. Juni hin, wobei William Malkin dazu bestimmt worden war, alle Anpassungen und Korrekturen mit roter Tinte in die Druckfassung des zu übergebenden Exemplars einzutragen, damit sie auf deutscher Seite sofort sichtbar seien; noch beim Dinner war er mit einer „hand almost entirely stained with red ink"[463] aufgetaucht. Nachdem die Juristen am frühen Nachmittag nochmals mit Tardieus Komitee konferiert und den geänderten Entwurf mit den alliierten Begründungsschreiben verglichen hatten,[464] war Dutasta zur deutschen Delegation nach Versailles hinausgefahren, um den nunmehr endgültigen Vertragsentwurf zu übergeben. Dort hatte er, da sich Brockdorff-Rantzau aus repräsentativen Gründen geweigert hatte, mit Dutasta zusammenzutreffen, das handschriftlich modifizierte Exemplar neben Kurt Freiherr v. Lersner auch an Walter Simons übergeben, mit dem Malkin aus der Vorkriegszeit bekannt war. „I wonder if he recognized my writing!"[465], kommentierte dieser anschließend diesen Zufall.[466]

Auf diese letzte Phase in der Fertigstellung des deutschen Friedensabkommens fiel allerdings immer mehr der Schatten der ausstehenden Verträge. Seit der zweiten Maiwoche war das Redaktionskomitee dazu übergegangen, parallel die Friedensbedingungen für Österreich zusammenzustellen, woran sich ab Spätsommer der bulgarische Vertrag, ab Dezember der ungarische Vertrag und ab Februar 1920 der osmanische Vertrag anschloss; für Details sei auf die Ausführungen weiter unten hingewiesen. Schon der langgestreckte zeitliche Verlauf zeigt an, dass die Zusammenstellung der jeweiligen Friedensbedingungen auch hier keineswegs nur eine unproblematische Addition bereits getroffener Beschlüsse bedeutete. Wohl hatten der Supreme Council und vor allem die Kommissionen seit Februar über nahezu sämtliche Probleme des Friedens parallel verhandelt – mit Ausnahme der meisten Bestimmungen für das Osmanische Reich allerdings –, und spätestens Anfang April stand fest, dass es fünf

---

462 Vgl. Council of Four, Protokoll v. 12.06.1919, in: FRUS, PPC 1919, Bd. 6, S. 348–369, hier: S. 354; Beschluss v. 14.06.1919, in: RdA, Bd. I, S. 248. Siehe auch Marston, Peace Conference, S. 194–198.
463 Crowe an Clema Crowe, Brief v. 17.06.1919, in: Bodleian Lib., Crowe Papers, Ms.Eng. d.3025, Bl. 76.
464 Vgl. Hudson Diary, Eintrag v. 16.06.1919, in: HLSL, Hudson Papers, Box 166/1, S. 456.
465 Malkin an Margret Malkin, Brief o.D. [17.06.1919], in: CAC, Malkin Papers, MALK 1/2.
466 Zur Übergabe vgl. Victor Schiff, So war es in Versailles, 2., durchges. Aufl., Berlin 1929, S. 97f.; Karl Friedrich Nowak, Versailles, Berlin 1927, S. 304f. Die alliierte Note als Reply of the Allied and Associated Powers to the Observations of the German Delegation on the Conditions of Peace, in: FRUS, PPC 1919, Bd. 6, S. 926–996. Auch in: Urkunden zum Friedensvertrage, hrsgg. v. Kraus/Rödiger, Bd. I, S. 555–683. Ausführlicher dazu unten.

separate Friedensverträge nach identischem Muster geben sollte. Doch nicht alle Vorschriften ließen sich so einfach übertragen wie die Satzungen des Völkerbundes und der Internationalen Arbeitsorganisation, die auf Betreiben des Redaktionskomitees nochmals und wortgleich in den anderen Abkommen wiederholt werden sollten.[467] Schon bei den Friedensbedingungen für Österreich stießen die Juristen auf eine ganze Reihe offener Fragen, über die zuvor allenfalls eine vordergründige Einigkeit hergestellt worden war und die für den Vertragstext nunmehr endgültig entschieden werden mussten, was zwischen Council of Four und Redaktionskomitee ein erneutes Wechselspiel von Entscheidung, Rückfrage und Präzisierung in Gang setze.

Zugleich hatte sich ab Mitte Mai die politische Konstellation im Kreis der Regierungschefs verändert. Clemenceau, Lloyd George und Wilson mochten dem österreichischen Frieden kaum eine solche Aufmerksamkeit schenken, wie es für den deutschen Fall noch gegolten hatte. Hingegen sah Orlando die italienischen Interessen von der Auflösung des Habsburgerreiches und der künftigen Gestalt Österreichs unmittelbar berührt, so dass er im Council of Four mit neu entflammter Heftigkeit auftrat. Im Vordergrund standen, neben dem weiterhin ungelösten Konflikt um Fiume, vor allem die Abtretung von Südtirol und die Anerkennung des SHS-Staats, der in Rom mit größtem Misstrauen bedacht wurde. Obwohl oder gerade weil die Position von Orlando nach seinem temporären Rückzug von den Pariser Verhandlungen als geschwächt gelten musste, zeigte er sich in den Gesprächen um die territoriale Neuordnung Südosteuropas so widerspenstig, dass die Entscheidungsfindung im Council of Four neuerlich an ihre Grenzen geriet. „His mind seems to me completely unstable“[468], so meinte Wilson mit Blick auf Orlando während einer vertraulichen Unterredung mit Clemenceau und Lloyd George Anfang Juni.[469]

Wichtig daran war, dass das Vertrauen der drei Regierungschefs in das Redaktionskomitee in dieser Situation nochmals anwuchs. Den Konferenzjuristen wurde in den schwierigen Verhandlungen mit der italienischen Seite demonstrativ der Rücken gestärkt,[470] und diese starke Stellung behaupteten sie auch, als sich die Regierungschefs nach der Unterzeichnung des Versailler Vertrages am 28. Juni allen weiteren Auseinandersetzungen durch eine rasche Abreise

---

467 Vgl. Beschluss v. 14.05.1919, in: RdA, Bd. I, S. 174f. Siehe auch Protokoll v. 14.05.1919, in: Mantoux, Deliberations, Bd. 2, S. 69–73, hier: S. 71.
468 Wilson, Protokoll v. 06.06.1919, in: ebenda, Bd. 2, S. 323–329, hier: S. 323.
469 Für die Hintergründe vgl. Burgwyn, Legend, S. 298–303; Albrecht-Carrié, Italy, S. 164–196, auch: Lederer, Yugoslavia, S. 208–217.
470 Vgl. zum Beispiel Protokoll v. 31.05.1919, in: Mantoux, Deliberations, Bd. 2, S. 264–267, hier: S. 265. Vom italienischen Mitglied, Ricci-Busatti, ist in den Quellen zu diesem Zeitpunkt kaum je die Rede, ebenso wenig wie von Nagaoka; auch Scott wird seltener erwähnt.

entzogen. Während die ausstehenden Verhandlungen, wie dargestellt, mehr schlecht als recht auf den Council of Head of Delegations übergingen und sich vielerorts die Klagen über fortgehendes Personal und unkundige Neuankömmlinge häuften, konnte das Redaktionskomitee seine Position im Konferenzgefüge konsolidieren. Dass es mit seinem bislang erworbenen Verfahrenswissen eine wesentliche Rolle für die Fortführung und Routinisierung der Verhandlungen spielte, lässt sich einem Plädoyer von Headlam-Morley entnehmen, der mit Blick auf die geradezu traumatische Fertigstellung der deutschen Friedensbedingungen schon am 19. Mai an Hankey geschrieben hatte:

> [O]ur experience (...) as to the inconveniences which arose from the material going to the Drafting Committee at the last moment makes it clearly desirable to avoid the same rush of work at the end. In drawing up the clauses of this treaty, there were obviously some very complicated points (...) which make it especially important that it should have the careful criticism of skilled jurists. At the meetings of the Committee I took the view that it was much better that we should not spend our time on matters which certainly some of us did not really understand, but should deliberately leave the final revision to the lawyers.[471]

Bedenkt man, dass Headlam-Morley anfangs noch den Eigenmächtigkeiten der Rechtsexperten zutiefst misstraut hatte, so wird deutlich, wie sehr das Redaktionskomitee an Bedeutung gewonnen hatte. Das bedeutete nicht, dass die inhaltliche Gestaltung des Friedensschlusses auf die Juristen überging. Aber ab Sommer 1919 wurde das Zusammenspiel von politisch-diplomatischer Beschlussfassung und rechtlich-redaktioneller Expertise immer routinierter, und das Tätigkeitsfeld des Redaktionskomitees dehnte sich über die bloße Abfassung technisch einwandfreier Vertragsklauseln immer mehr aus. Drei wesentliche Bereiche lassen sich identifizieren: Erstens, und am unspektakulärsten, etablierte sich der Entwurf von Schriftstücken, Instruktionen und diplomatischen Noten als Aufgabe der Juristen, was nicht nur die politischen Entscheidungsträger von der Formulierung zuweilen heikler Dokumente entlastete, sondern auch einen juristisch-knappen, teils technizistischen Stil in den diplomatischen Schriftverkehr einbrachte. Zweitens fungierte das Redaktionskomitee mit zunehmender Dauer der Konferenz als informeller Wissensspeicher für das Zustandekommen der Friedensverträge, für ihre Anlage und ihre einzelnen Bestimmungen. Viele Details zur Entstehung konnten letztlich nur von den Juristen beantwortet werden, was sie sowohl gegenüber den anderen Konferenzgremien wie ihren Heimatinstitutionen in die Rolle wandelnder Kommentatoren

---

471 Headlam-Morley an Hankey, Brief v. 19.05.1919 (Auszug), in: Headlam-Morley, Memoir, S. 119f. Headlam-Morley bezog sich hier auf den Minderheitenvertrag mit Polen.

der Abkommen versetzte.[472] Damit oftmals verknüpft, bürgerte sich, drittens, ab Ende des Sommers in den Verhandlungen des Council of Heads of Delegations rasch das Verfahren ein, bei strittigen Fragen vorab das Redaktionskomitee anzurufen und mit einer juristischen Stellungnahme zu beauftragen. In der ersten Jahreshälfte hatte es schon einige Präzedenzfälle gegeben, etwa der Streit um die Zukunft der deutschen Seekabel im Mai oder die unklare Rechtslage nach der Selbstversenkung der deutschen Flotte in der Bucht von Scapa Flow im Juni. Zwar war der von den – teils untereinander uneinigen – Juristen vorgelegte Bericht in beiden Fällen nicht wirklich weiterführend gewesen, und zumindest bei der Diskussion, inwieweit der Vorfall von Scapa Flow einen Verstoß gegen die Waffenstillstandsbedingungen dargestellt habe, hatte sich die Diskussion, wie Hankey notierte, in einem „long and learned report from the legal advisors"[473] verloren; es überrascht nicht, dass Clemenceau auf die juristischen Ausführungen mit demonstrativer Verständnislosigkeit reagiert hatte.[474]

Trotzdem hatte sich diese Praxis einer juristischen Rückversicherung, bei der das Redaktionskomitee nahezu in die Rolle eines Konsiliums rückte, für die politischen Gespräche vielfach als hilfreich erwiesen, teils in der Sache, teils auch nur, weil sich damit Raum für diplomatische Manöver oder Zeit für interne Rücksprachen gewinnen ließ. Für die Gespräche im Council of Heads of Delegations stellte das keinen unwichtigen Punkt dar. Ab August häuften sich darum die Anfragen nach entsprechenden Stellungnahmen, wobei das Verfahren meist ähnlich war: Die Überweisung an das Redaktionskomitee wurde von den Juristen mit einer kurzen schriftlichen Erklärung beantwortet, die häufig in einer der nachfolgenden Sitzungen von Fromageot als Vorsitzendem weiter erläutert wurde.[475] Nur in Einzelfällen, wo die politische Bedeutung groß und die Meinungs-

---

472 So beispielsweise durch die Erläuterung, wie die Inkonsistenzen zwischen der englischen und französischen Fassung der Völkerbundssatzung zustande gekommen waren, Hurst an Crowe, Brief v. 25.07.1919, in: TNA, FO 608/163, Bl. 301f.

473 Hankey, Supreme Control, S. 181.

474 So forderte er Mantoux auf, den von Henri Fromageot verfassten Bericht des Redaktionskomitees zunächst vom Französischen ins Englische (!) zu übersetzen, damit er ihn verstehen könne, vgl. Aldrovandi Marescotti, Nuovi ricordi, S. 102. Zur Diskussion siehe das Protokoll v. 23.06.1919, in: FRUS, PPC 1919, Bd. 6, S. 641–644; weitere Unterlagen etwa in: YLMA, Polk Papers, Box 25/289, am Rande auch Hudson Diary, Eintrag v. 23.06.1919, in: HLSL, Hudson Papers, Box 166/1, S. 474f.

475 Nur beispielhaft etwa zu den Wirtschaftsbestimmungen des bulgarischen Vertrages: Memorandum v. 27.08.1919, in: FRUS, PPC 1919, Bd. 8, S. 93f.; zur Luftfahrtkonvention: Memorandum v. 18.09.1919, in: ebenda, S. 421f.; zur Demobilisierung von Hallers Armee: Note for the Secretary General Relative to Demobilized Poles, 05.11.1919, in: ebenda, Bd. 9, S. 16f.; zu den Eisenbahnen des Habsburgerreiches: Note Concerning the Rolling Stock of the State Railways in the Former Austro-Hungarian Monarchy, [Dez. 1919], in: ebenda, S. 444–446. Über ein der-

unterschiede eklatant waren, nahm das gesamte Redaktionskomitee an der Diskussion im Council of Heads of Delegations teil, prominent vor allem in der Frage, ob Artikel 61 der Weimarer Reichsverfassung gegen den Versailler Vertrag verstoße und ob darauf von den Siegermächten reagiert werden müsse. Hier ging es um die heikle Frage, wie die deutsche Verfassungsnorm, welche einen späteren Beitritt Österreichs zum Deutschen Reich in Aussicht nahm, mit Artikel 80 VV zu vereinbaren wäre, der die Eigenstaatlichkeit der Alpenrepublik festschrieb. Auf französische Seite war die Forderung erhoben worden, die deutsche Regierung zur Änderung dieses Artikels zu zwingen, was bei britischen und amerikanischen Vertretern auf Skepsis stieß. Allerdings fand der Kompromissvorschlag des Redaktionskomitees, eine förmliche Erklärung zum alliierten Standpunkt abzugeben und ansonsten dem analogen Artikel im österreichischen Friedensvertrag (Art. 88 VSG) noch mehr Nachdruck zu verleihen, bei Clemenceau und Tardieu wenig Zustimmung. Das Problem allein auf eine Auslegungsfrage zu reduzieren, so monierte der französische Regierungschef gegenüber den Juristen, die mit Ausnahme von Nagaoka allesamt an der entsprechenden Sitzung am 30. August teilnahmen, werde nicht genügen: „International lawyers were notorious for their differences of opinion. One lawyer would assert that an object was red, another that it was blue, whilst a third would be equally certain that it had no color at all."[476]

Dieser Polemik zum Trotz wurde im vorliegenden Fall zuletzt doch nach dem Vorschlag des Redaktionskomitees verfahren. Auch in der Summe zeigte sich die Unentbehrlichkeit eines solchen juristischen Beratungsorgans, welches nicht die Interessen nur einer Partei im Blick hatte, sondern gleichermaßen als übergeordnete Instanz auftreten konnte, in politischer Hinsicht berechenbar war sowie eine kaum zu übertreffende Detailkenntnis sämtlicher Friedensverträge besaß. Es war nur folgerichtig, wenn das Redaktionskomitee daher nicht nur nach dem Ende der Pariser Session fortbestand und den Regierungschefs ebenso bei den Beratungen über die Friedensverträge mit Ungarn und dem Os-

artiges Aufgabenfeld schon Scott an Grew, Brief v. 26.07.1919, in: YLMA, Polk Papers, Box 22/99.
476 Clemenceau, Protokoll v. 30.08.1919, in: FRUS, PPC 1919, Bd. 8, S. 12–28, hier: S. 16. Siehe auch Protokoll v. 09.09.1919, in: ebenda, S. 154–171, hier: S. 155–163. Am 22. September gab die deutsche Regierung eine Erklärung ab, dass sie Art. 61 WRV als gegenstandslos betrachtete. Siehe etwa Mitchell, Frank L. Polk, S. 60–63; Rudolf Laun, Deutschösterreich im Friedensvertrag von Versailles (Artikel 80 des Friedensvertrages), Kommentar nebst einschlägigen Noten, Berlin 1921, S. 23–26; Temperley, History, Bd. 1, S. 347. Daneben: Eintrag v. 19.09.1919, in: Mordacq, Ministère Clemenceau. Journal, Bd. 4, S. 105f., sowie die Unterlagen in: YLMA, Polk Papers, Box 25/297f.

manischen Reich beistand,[477] sondern sich bald als Organ der am 26. Januar 1920 ins Leben getretenen Botschafterkonferenz wiederfand. Schon angesichts der Tatsache, dass die alliierten Botschafter in Paris vielfach über die Ausführung und Auslegung einzelner Vertragsbestimmungen zu beraten hatten, war eine solche Anbindung naheliegend und, wie sich bald zeigte, auch dringend notwendig: In den kommenden acht Jahren sollten die Juristen über 100 Rechtsgutachten für die Botschafterkonferenz erstellen.[478]

Sicherlich: Man sollte weder die personelle Kontinuität noch die organisatorische Geschlossenheit des Redaktionskomitees überschätzen. Nach dem Auslaufen der eigentlichen Verhandlungen zwischen den Siegermächten im Frühjahr 1920 kamen die Rechtsberater der alliierten Außenministerien nur noch fallweise in Paris zusammen. Die Zentralfigur war und blieb unbestritten Henri Fromageot, der, später unterstützt von seinem prospektiven Nachfolger Jules Basdevant, der als Jurisconsulte des Quai d'Orsay zugleich als Vorsitzender des Redaktionskomitees amtierte und die Zusammenarbeit wesentlich koordinierte. Der innere Zusammenhalt der Runde wurde trotz der Revirements dadurch erleichtert, dass Wechsel in der überschaubaren Welt zwischen Völkerrechtslehre und außenpolitischer Rechtsberatung selten mit unbekannten Gesichtern verbunden waren. Als der italienische Vertreter Arturo Ricci-Busatti beispielsweise im Herbst von seinem jüngeren Kollegen Massimo Pilotti abgelöst wurde, war dieser durch seine Teilnahme an den Friedensverhandlungen bereits mit den Mitgliedern und Usancen des Redaktionskomitees vertraut. Gleiches galt in noch höherem Maße für William Malkin. Nachdem Cecil Hurst im Herbst 1919 nach Ägypten abgereist war, wo er die britischen Verhandlungen mit der revolutionären Unabhängigkeitsbewegung juristisch unterstützen sollte, rückte Malkin nun auch offiziell in die Position des Londoner Repräsentanten auf. Zwar musste er nach Hursts Rückkehr wieder ins zweite Glied zurücktreten. Doch er blieb weiterhin in alle Debatten involviert, bis er 1929 die Amtsnachfolge von Hurst als First Legal Advisor des Foreign Office antreten konnte.[479]

Weniger eindeutig ist der Fall von Nagaoka Harukazu, der wenigstens bis 1920 an den Sitzungen teilnahm, im darauffolgenden Jahr allerdings zum Ge-

---

477 Dass die Juristen dazu teils nach London und San Remo reisen mussten, stellte sich allerdings als wenig praktikabel dar, vgl. Malkin, Protokoll v. 11.03.1920, in: DBFP, First Ser., Bd. 7, S. 463–476, hier: S. 466.

478 Vgl. Heideking, Areopag, S. 39 sowie passim mit Hinweisen auf einzelne Stellungnahmen des Redaktionskomitees. Die Gutachten sind zu wesentlichen Teilen überliefert in: AD, Service Juridique, Fonds Fromageot, Box 6–17.

479 Vgl. Fitzmaurice, Sir Cecil Hurst, S. 468–470. Siehe auch die Unterlagen zur Beförderung von Malkin nach der Berufung von Cecil Hurst zum Richter am PCIJ im Jahr 1929, in: TNA, FO 366/870.

sandten in Prag ernannt wurde, späterhin überdies auch die wichtigen Botschafterposten in Berlin und Paris besetzte. Es ist nicht sicher festzustellen, ob und welcher Vertreter Japans an seine Stelle trat oder ob Nagaoka dieses Amt nebenher weiter ausübte.[480] Keinen Nachfolger fand jedenfalls James Brown Scott, der im Dezember mit der amerikanischen Delegation in die USA zurückging, obschon ihm das Angebot vorlag, als Rechtsberater der US-Botschaft in der französischen Metropole zu bleiben.[481] Eine weitere Beteiligung am Redaktionskomitee war zwar durch die ausbleibende Ratifikation der Friedensverträge ohnehin unmöglich geworden. Doch Scott, der schon im Mai 1919 vermutet hatte, dass die USA dem Friedensschluss nicht beitreten würden,[482] war augenscheinlich erleichtert, wieder in die Welt der CEIP und der akademischen Völkerrechtslehre zurückzukehren. „The Drafting Committee will feel quite bereft"[483], notierte Margret Malkin nach der offiziellen Verabschiedung von Scott im Dezember, der mit Hurst und Fromageot freilich in Kontakt blieb; zudem brach er schon im Mai 1920 neuerlich nach Europa auf, um zusammen mit Elihu Root an den Vorbereitungen zur Gründung des Ständigen Internationalen Gerichtshofs in Den Haag teilzunehmen.[484]

Im Kern waren es daher die britischen und französischen Juristen, welche die zentrale Achse des Redaktionskomitees bildeten. Ihre weitere Zusammenarbeit sollte schon deshalb nicht unterschätzt werden, weil sich im Jahrzehnt nach dem Friedensschluss immer wieder erhebliche Konflikte zwischen beiden Nationen ergaben, auch und gerade in der Umsetzung des Versailler Vertrages, in der Erzwingung seiner Bestimmungen wie in der Notwendigkeit seiner Revision.[485] Dass die Kontakte zwischen Hurst und Fromageot in der Zwischenkriegszeit so beständig waren, lag aber auch daran, dass beide Juristen, neben einer langjährigen, noch aus der Vorkriegszeit stammenden Vertrautheit, ähnliche Vorstellungen über die eigenen Aufgaben und über die Möglichkeiten des Rechts in der internationalen Politik hegten. Beide ließen, soweit erkennbar,

---

480 Bereits 1922 hat die japanische Regierung ihr Engagement in der Botschafterkonferenz reduziert, auch wenn sie bis 1927/28 weiterhin vertreten blieb, vgl. Heideking, Areopag, S. 28f.
481 Vgl. Scott an Wallace, Brief v. 31.10.1919, in: GUSC, Scott Papers, Box 11. Daneben stand auch eine Verwendung von Scott als amerikanischer Vertreter in der Rheinlandkommission im Raum, vgl. Eintrag v. 22.10.1919, in: Henry T. Allen, Mein Rheinland-Tagebuch, Berlin 1923, S. 33.
482 Nicht zuletzt diese Ansicht von Scott war es gewesen, die Maurice Hankey dazu bewogen hatte, die ihm angebotene Stelle als Generalsekretär des zu gründenden Völkerbundes abzulehnen, vgl. Hankey, Supreme Control, S. 103f.
483 Margret Malkin an ihre Eltern, Brief v. 09.12.1919, in: CAC, Malkin Papers, MALK 1/1.
484 Siehe unten, S. 584.
485 Statt anderer: William Laird Kleine-Ahlbrandt, The Burden of Victory. France, Britain and the Enforcement of the Versailles Peace, 1919–1925, Lanham, Md. 1995.

niemals einen Zweifel an ihrer Loyalität zur politischen Führung aufkommen, genossen aber darum auch ein weitgehendes Vertrauen; beide schätzten einen Stil der Berechenbarkeit und der ebenso diskreten wie vorausschauenden Abstimmung; und beide behandelten völkerrechtliche Fragen nicht als dogmatische Glaubenslehren, sondern als Möglichkeit, die zwischenstaatlichen Verhältnisse in gedeihlichen Bahnen zu halten, dramatische Zuspitzungen zu vermeiden und die gegenseitigen Interessen behutsam zu koordinieren.

Dieser abgeklärte Realismus machte Henri Fromageot und Cecil Hurst zu Schlüsselpersonen der europäischen und internationalen Politik der Jahre nach dem Ersten Weltkrieg. Es können die zahllosen Konferenzen, Gremien und Institutionen nicht aufgezählt werden, in denen sie sich nach 1920 auch jenseits des Redaktionskomitees begegneten. Lediglich auf die Juristen-Gespräche im Vorfeld der Locarno-Konferenz von 1925 soll abschließend noch hingewiesen werden, zumal gerade diese als Beispiel einer nüchternen Verständigungspolitik zur Mitte des Jahrzehnts gelten.[486] Tatsächlich stand dahinter, das sollte aus der vorangegangenen Darstellung deutlich geworden sein, eine langjährige Praxis der unauffälligen Abstimmung und der untergründigen Annäherung zwischen den Rechtsberatern der Außenämter, die auch in den politischen Führungsetagen einkalkuliert wurde. Es war kein Zufall, wenn der britische und der französische Regierungschef, Austen Chamberlain und Aristide Briand, im August 1925 gemeinsam mit Hurst und Fromageot verabredeten, dass der vorbereitete Entwurf eines Sicherheitspaktes zunächst mit Friedrich Gaus, dem Rechtsberater des Auswärtigen Amtes, diskutiert werden sollte.[487] Ab dem 1. September 1925 fanden daher in London mehrere Gesprächsrunden zwischen Fromageot, Hurst und Gaus statt, zu denen am Rande noch Massimo Pilotti für Italien und Albéric Rolin für Belgien hinzugezogen wurden. Schon im Jahr zuvor hatte man in ähnlicher Zusammensetzung über eine Revision der Versailler Reparationsbestimmungen verhandelt, und auch dieses Mal erwies sich der Verhandlungsrahmen offensichtlich als so tragfähig und die Atmosphäre als so konstruktiv, dass, wie Hurst anschließend dem Foreign Office berichten konnte, alle substantiellen Meinungsverschiedenheiten hatten ausgeräumt werden können.[488] Es herrscht in der Forschungsliteratur weitgehende Einmütigkeit darüber, dass mit dieser Abstimmung der Juristen die entscheidenden Grundlagen für den

---

486 Vgl. Peter Krüger, Locarno – Vorgeschichte und Ergebnis, in: Marten Breuer/Norman Weiß (Hrsg.), Das Vertragswerk von Locarno und seine Bedeutung für die internationale Gemeinschaft nach 80 Jahren, Frankfurt a.M. 2007, S. 77–110, hier: S. 98.

487 Vgl. Protokoll v. 11.08.1925, in: DBFP, First Ser., Bd. 27, S. 715–723, hier: S. 719.

488 Vgl. Hurst, Memorandum v. 05.09.1925, in: ebenda, Bd. 27, S. 760–762.

Verhandlungserfolg der Konferenz von Locarno einige Wochen später gelegt worden sei.[489]

Eine solche Deutung, so muss abschließend betont werden, sollte sich jedoch vor Tendenzen einer Mystifikation hüten. Es besteht die Gefahr, im exklusiven Zirkel der Rechtsberater und Kronjuristen die eigentlichen Strippenzieher der Diplomatie zu vermuten oder ihnen gar irrtümlich zuzuschreiben, qua Profession und fachlicher Expertise eine Erneuerung, gar eine Modernisierung und Verrechtlichung der internationalen Beziehungen angestrebt zu haben. Das war nicht der Fall. So ungewöhnlich kollegial die Juristen miteinander umgingen, so loyal vertraten sie die Interessen der eigenen Seite und betrachteten den Gestaltwandel der internationalen Beziehungen ansonsten mit meist konservativem Argwohn. Dass allen juristischen Abstimmungen immer politische Entscheidungen zugrunde lagen, war in diesem Kreis unbestritten. Insofern sollte die Tätigkeit des Redaktionskomitees nicht einseitig als Beleg für die Geltungskraft des Rechts in der Diplomatie und in den Staatenverhältnissen genommen werden. Alle Handlungsmacht der Juristen, ihr Einfluss und ihre Möglichkeiten der Einrede, waren nur möglich, weil die Vorteile ihrer Beteiligung auf politischer Ebene erkannt und längst in die eigene Kalkulation aufgenommen worden waren.

Zusammenfassend: Die Herstellung verbindlicher Entscheidungen auf der Pariser Friedenskonferenz erfolgte von Beginn an in einem unklaren, oft improvisierten, teils chaotischen Verfahren, welches aus der Distanz gleichwohl erstaunlich zielgerichtet erscheint. Zwar ließ sich die Vorstellung einer geordneten Beschlussfassung nach den Prämissen einer transparenten und rationalen „new diplomacy" kaum realisieren; zu wenig praktikabel und vielleicht auch zu idealistisch nahmen sich die ursprünglichen Pläne bald aus. Doch während es den nach außen sichtbaren Gremien wie der Plenarversammlung oder dem Supreme Council nur noch zufiel, die Legitimität der Konferenz und die zivilisatorische Zusammengehörigkeit der Siegermächte zu bekräftigen, entstanden die Friedensbedingungen hinter der Bühne in einem dreiteiligen Verfahren: Die Kommissionen sprachen allgemeine Empfehlungen aus; die Regierungschefs bestätigten oder, seltener, verwarfen diese; das Redaktionskomitee brachte diese Beschlüsse schließlich in eine adäquate vertragstechnische Form. Sicherlich

---

489 Vgl. besonders Stuby, Vom „Kronjuristen" zum „Kronzeugen", S. 160–177. Allgemein: Krüger, Völkerrecht und internationale Politik, S. 221–228; ders., Außenpolitik, S. 269–301. Weiter: Steiner, Lights, S. 384–456; Soutou, L'ordre européen, S. 322–326; ein Randhinweis auf die Fortführung der Juristenkooperation nach Locarno etwa bei Cohrs, Unfinished Peace, S. 468f.

bot jeder dieser Schritte weite Spielräume und war mit erheblichen Unsicherheiten wie Einflussmöglichkeiten befrachtet, weshalb es sich im Grunde von selbst verbietet, die schlussendlich getroffenen Festlegungen jeweils nur eindimensional aus den programmatischen Zielsetzungen einzelner Akteure erklären zu wollen. Trotzdem ist bemerkenswert, wie kohärent – gemessen an den Ausgangsbedingungen, den artikulierten Ansprüchen wie den drückenden Erwartungen – die alliierten Vertragsentwürfe insgesamt ausfielen. Deren Gesamtarchitektur, systemische Anlage und formale Gestalt soll im nächsten Kapitel noch genauer in den Blick genommen werden. An dieser Stelle lässt sich gleichwohl festhalten, dass der Wille zu bindenden Entscheidungen bei den führenden Repräsentanten der alliierten Hauptmächte so ausgeprägt war, dass sie die Vielfalt der konkurrierenden Interessen, der partikularen Forderungen und der eigenen Meinungsverschiedenheiten unter das Dach eines einheitlichen Vertragswerkes zu zwingen vermochten; sowohl ein Zerfall der Konferenz wie eine Beschränkung auf vage und unverbindliche Kompromisse wurden vermieden.

In diesem Prozess besaßen die Juristen eine herausgehobene, aber auch undankbare Stellung. Der abschließende Rundblick versucht, eine kleine Generallehre juristischer Expertise und außenpolitischer Rechtsberatung zu skizzieren, welche die oben bereits für die Haager Verhandlungen zusammengetragenen Einsichten fortschreibt.[490] Dabei gilt zunächst auch für die Juristen der Pariser Friedenskonferenz, dass die Einflüsse der unterschiedlichen Rechtskreise, der nationalen Traditionen, aber auch des individuellen Herkommens – der akademischen Prägungen, des Herkunftsmilieus, der Persönlichkeit – eine gewichtige Rolle spielten, aber deutlich hinter die Funktionen zurücktraten, welche ihnen im Konferenzverlauf zugewiesen wurden. Drei wesentliche Tätigkeitsfelder lassen sich unterscheiden:

Zu den wesentlichen Aufgaben der Juristen gehörten, erstens, die interne Beratung der eigenen Delegation, die Klärung der geltenden Rechtslage und die Prüfung der angestrebten Politik. Während akademische Meriten, aber auch eigene Vorstellungen im Sinne einer rechtspolitischen „agency" zumeist nur eine untergeordnete Rolle spielten – eine Ausnahme dürfte James Brown Scott als Verfechter eines spezifischen Legalismus darstellen –, waren absolute Loyalität, Verlässlichkeit und eine enge Vertrauensbeziehung zur Entscheidungsspitze unerlässlich. Das wurde während der Friedensgespräche von 1919 zwar dadurch verkompliziert, dass nicht, wie sonst üblich, die Außenminister und diplomatischen Apparate die primären Ansprechpartner darstellten, sondern die Regie-

---

490 Neben oben, S. 45ff., siehe ergänzend auch die Überlegungen von Zidar, Interpretation, S. 135f.; Simpson, Rule of Law, S. 224–226; Robbie Sabel, The Role of the Legal Advisor in Diplomacy, in: Diplomacy & Statecraft 8, H. 1 (1997), S. 1–9.

rungschefs alle Verhandlungen dominierten. Gleichwohl konnten auch diese nicht auf eine juristische Klärung der eigenen Absichten verzichten, wenngleich sie teilweise gezielt auf Berater außerhalb des außenpolitisch-diplomatischen Apparates (Miller, Larnaude) zurückgriffen. Wesentlich war in jedem Fall, dass die juristischen Hinweise stets nur der Absicherung und Ausformulierung der außenpolitischen Zielsetzungen dienten, nicht aber ihrer inhaltlichen Anleitung.

Daneben wurden die Rechtsexperten, zweitens, mit der Vertretung der Interessen und Zielsetzungen der eigenen Seite betraut. Dies stellt die gleichsam anwaltliche, advokatorische Seite der Rechtsberatung dar; es ging um den Entwurf von Rechtfertigungen, um günstige Auslegungen, um die Behauptung der eigenen Position mit den Mitteln des Rechts und teils in direkter Auseinandersetzung mit den anderen Verhandlungsparteien. Sicherlich ist dabei ein weiter Spannungsbogen von der kollegialen Kompromisssuche am Rande der Gespräche bis zur konfliktträchtigen Opposition am Verhandlungstisch zu beobachten. Der entscheidende Unterschied, der in dieser Hinsicht noch zu den Diplomaten bestand, war jedoch die Beschränkung auf eine spezifisch rechtsförmige Form des Argumentierens. In den Verhandlungen wurden Juristen als Techniker der Distanzierung herangezogen, deren Argumente vor allem deshalb ein besonderes Gewicht beanspruchen konnten, weil sie sich auf eine bezwingende Kraft des Rechts beriefen und eine eigene Interesselosigkeit vorgaben. In schwierigen Verhandlungssituationen musste damit nicht mehr über die zugrundeliegenden politischen Motive gesprochen werden, sondern es wurden Gründe (scheinbar) höherer Rationalität vorgebracht, denen meist nur noch auf gleicher Ebene begegnet werden konnte.

Drittens ist herauszuheben, dass sich – personifiziert im Redaktionskomitee – eine rechtliche Expertise auch formalisieren, institutionalisieren und als Sachwalter übergeordneter Interessen einsetzen ließ. Dass es sich dabei um ein politisches Kalkül handelte, die eigene Verfügungshoheit über Fragen der Auslegung wenigstens partiell aus der Hand zu geben, ist zwar offensichtlich. Doch dieses Vorgehen wurde einerseits dadurch erleichtert, dass der Schein einer Unabhängigkeit zuweilen größer war als die tatsächliche Distanz. Andererseits überwogen die Vorteile. Indem eine nominell unpolitische Instanz oberhalb der eigentlichen Verhandlungen installiert wurde, konnten die Konflikte zwischen den Verhandlungsparteien als politischer Streit um Inhalte geführt werden, ohne dass dies das eigentliche Konferenzziel, die Verabschiedung bindender Beschlüsse und ihre schriftliche Niederlegung als Friedensbedingungen der alliierten und assoziierten Nationen, gefährdet hätte. Auf andere Weise, so darf getrost resümiert werden, wäre eine Einigung angesichts der Vielzahl der Beteiligten, der Divergenz der Interessen, der Komplexität der Verfahrensgegenstände kaum möglich gewesen.

V Die formale Gestaltung des Friedens und die Verträge mit den Verlierermächten

Dieses Kapitel behandelt die Form des Friedensschlusses. Es blickt auf die äußere und vertragliche Gestalt, in welche die Vertreter der alliierten und assoziierten Mächte und namentlich das Redaktionskomitee die politischen Beschlüsse brachten, und es untersucht den förmlichen Abschluss der Friedensabkommen mit den Verlierermächten. Damit werden Aspekte in den Mittelpunkt gestellt, die meist mit einiger Interesselosigkeit übergangen und nur selten explizit problematisiert worden sind. Eine Politikgeschichte, welche nur am Inhalt von Entscheidungen, an den gegenständlichen Begründungen oder an den programmatischen Intentionen der handelnden Akteure interessiert ist, mag solche Äußerlichkeiten für peripher halten. Doch formale, protokollarische oder zeremonielle Fragen stellen keine Nebensächlichkeiten dar, sondern zielen auf den Kern des Rechts. Formalität ist ein zentrales Kriterium des Juristischen, weil sie eine rechtliche Gültigkeit durch äußerliche Kriterien und Handlungen erzeugt, nicht jedoch an inhaltliche Bestimmungen oder gar an innere Überzeugungen gebunden ist. Bezogen auf die Beendigung eines Kriegszustandes meint dies in erster Linie den Abschluss eines völkerrechtlichen Vertrages. Ein Friedensschluss, der sich nicht allein auf den Konsens und das innere Einverständnis der Kriegsparteien verlassen will, bedarf eines formalisierten Verfahrens, um die machtpolitischen Konsequenzen von Sieg und Niederlage, also die Überlegenheit des Siegers und die Unterlegenheit des Verlierers, rechtsgültig festzuschreiben.

Eben diese formale Ausgestaltung stellte sich nach dem Ersten Weltkrieg als ausgesprochen diffizil dar. Das folgende Kapitel nimmt in einem ersten Schritt die äußere Anlage der Friedensverträge in den Blick und geht der Frage nach, welche Rolle formale Kriterien in der interalliierten Diskussion spielten, warum die Beendigung des Krieges nicht anders als durch einen völkerrechtlichen Vertrag denkbar war und inwiefern sich darin zugleich Vorstellungen eines internationalen Regelsystems niederschlugen. In einem weiteren Schritt werden die Übergabe der alliierten Friedensbedingungen an das geschlagene Deutschland und der Abschluss des Versailler Vertrages dargestellt, sodann die Entstehung der vier weiteren Friedensabkommen; jeweils soll dabei ausgelotet werden, welche Zwänge und Chancen sich aus der vertragsrechtlichen Anlage für die beteiligten Parteien ergaben und welche Rückschlüsse sich daraus für die Charakterisierung des Friedens insgesamt ziehen lassen.

https://doi.org/10.1515/9783110581485-005

1 Von einem Weltvertrag zu einem Vertragsregime

Als Manley O. Hudson, der Assistent der amerikanischen Rechtsabteilung, am Neujahrstag 1919 sein Memorandum zur Form des Friedensschlusses fertiggestellt hatte, notierte er in seinem Tagebuch optimistisch: „I advocated one general treaty to which neutrals and all belligerents would be parties, because of the necessity of the Public Law provisions."[1] In der Tat ging der „Skeleton Treaty", den die amerikanischen Juristen zum Jahreswechsel als Grundmodell für ein Friedensabkommen zusammenstellten, noch von einem einheitlichen Vertragswerk mit universalen Dimensionen aus. Angesichts der vielfältigen Probleme in der Wiederherstellung und Weiterentwicklung der internationalen Ordnung, so sah es ein Entwurf aus den letzten Dezembertagen vor, sei nur ein Generalvertrag sämtlicher Staaten der Welt mit einem „common interest in the public law of the future"[2] vorstellbar; eine überarbeitete Fassung listete wenige Tage später insgesamt fünfzig potentielle Vertragsparteien auf und damit nahezu alle anerkannten Staaten der Erde.[3]

Dass dieser weitreichende Anspruch bald zerfiel, ist offensichtlich. Gleichwohl wäre es verkürzt, den Verhandlungen der alliierten Siegermächte von Beginn an die Absicht jeweils einzelner Verträge mit den Verliererstaaten zu unterstellen oder überhaupt eine klare Vorstellung von der Form des Friedensschlusses. Im Gegenteil, die äußere Ausgestaltung des Friedens entwickelte sich schubweise und ungesteuert. Sie führte nicht nur zu einer eminenten rechtstechnischen Detailliertheit, sondern auch zu einer Ausdifferenzierung in fünf Hauptverträge und rund fünfzig weitere Abkommen. Die folgenden Überlegungen sind diesem Prozess gewidmet. Sie zeigen auf, wie der Frieden seine formale Gestalt erhielt, welche Bedeutung einem Glauben an die bindende Kraft zwischenstaatlicher Abkommen zukam und inwieweit sich bereits mit diesen äußeren Festlegungen innere, materielle Wertsetzungen verknüpften.

---

1 Hudson Diary, Eintrag v. 01.01.1919, in: HLSL, Hudson Papers, Box 166/1, S. 83. Bereits im Mai 1918 hatte Manley O. Hudson erste Vorarbeiten für ein „permanent protocol of peace" als Grundlegung für ein „future regime in international relations" verfasst, vgl. Hudson an Miller, Brief v. 20.05.1918, in: HLSL, Hudson Papers, Box 73/2.
2 Miller/Scott, Skeleton Draft of Peace Treaty o.D. [30.12.1918], in: FRUS, PPC 1919, Bd. 1, S. 298–315, hier: S. 308.
3 Vgl. dies., Draft Treaty o.D. [09.01.1919], in: ebenda, Bd. 1, S. 316–324, hier: S. 317f. Zum „Skeleton Treaty" siehe auch oben, S. 272f.

Idee und Untergang eines Präliminarfriedens

Dass sich die seit Januar in Paris geführten Gespräche zwischen den alliierten Nationen zunächst auf einen Präliminarfriedensvertrag richten sollten, war, wie oben dargestellt, im Grunde selbstverständlich. Es war das unbestrittene Recht der Sieger, sich untereinander und vorab auf die Bedingungen eines Friedensschlusses zu einigen und diese der Verliererseite, bei Androhung einer Wiederaufnahme der militärischen Auseinandersetzung, einseitig zu diktieren. Weniger eindeutig verhielt es sich allerdings mit der Frage, inwieweit diese Präliminarien nur vorläufigen Charakter tragen und von einem endgültigen Friedensvertrag abweichen würden. Eine solche Unterscheidung wurde zwar von verschiedenen Seiten als etablierte Praxis behauptet. Ein Vorfriedensschluss solle demnach die schnelle Rückkehr zu normalen Verhältnissen ermöglichen, so dass eine endgültige Regelung erst in gemessenem Abstand zu den Leidenschaften des Krieges getroffen werden würde.[4] Doch faktisch war dieses Instrument in der Vergangenheit nie einheitlich gehandhabt worden. Waffenstillstand, Präliminarvertrag und Definitivfrieden hatten sich, allen Systematisierungsbemühungen der Völkerrechtslehre zum Trotz, vielfach überlagert und durchdrungen, so dass nur wenig feste Maßstäbe bestanden, auf die sich die Delegierten in ihrer Rede über einen Präliminarfrieden berufen konnten.[5] Mit Recht ist von David Hunter Miller festgestellt worden, dass es in Paris kaum einen anderen Begriff gab, um den eine derart babylonische Sprachverwirrung herrschte: „[T]he whole question of some kind of a preliminary Treaty as distinct from a Treaty which was not preliminary was in a fog in the minds of nearly everybody who was talking about it."[6]

Dass sich dieser Nebel in den Köpfen so rasch ausbreiten konnte, lag im Winter und Frühjahr 1919 vor allem an zwei gegenläufigen Entwicklungen. Einerseits wurde, zugespitzt formuliert, mit dem Beginn der Verhandlungen im Januar schon deren Abschluss erwartet. In allen beteiligten Nationen wurde es zum Problem, dass trotz der bereits im Oktober und November erfolgten Einstellung der Kämpfe ein formeller Kriegszustand andauerte und damit auch zahlreiche gesellschaftliche Belastungen von wirtschaftlichen Auflagen über die Pressezensur bis zur Wehrpflicht. Auf der anderen Seite unterlagen die interalliier-

---

4 So etwa die britischen Auffassungen aus dem Umfeld des PID, vgl. [Ernest Satow,] International Congresses, in: TNA, FO 373/7/27, S. 5f., 12f. Ähnlich auch Hall, Treatise, S. 599f., Fn. 4.
5 Vgl. Hausmann, Friedenspräliminarien, hier: S. 687f. Systematisierende Gedanken bei Dülffer, Versailles und die Friedensschlüsse, S. 162f.; Fisch, Krieg und Frieden, S. 363, 365, 408, 610f.; Baumgart, Friede von Paris, S. 134f. Mit Hinweisen auf einzelne Beispiele etwa Liszt, Völkerrecht, S. 322; Oppenheim, International Law, Bd. 1 (1905), S. 524.
6 Miller, Drafting, Bd. 1, S. 93.

ten Gespräche einer Eigendynamik, der eine starke Tendenz zur kontinuierlichen Ausweitung innewohnte. Nicht nur bestand die Sorge, dass einmal ausgeklammerte Fragen später kaum noch auf der Agenda eines allgemeinen Kongresses würden platziert werden können. Sondern der Anspruch einer möglichst weitreichenden Regelung zahlreicher Sachfragen, der in ähnlicher Form schon in den Friedensplanungen ab 1917/18 erkennbar gewesen war, führte auch rasch zu einer breiten Debatte zahlreicher inhaltlicher Probleme, die sich sowohl durch die antizipierten Dimensionen des Friedensschlusses wie die Vielzahl der Beteiligten noch multiplizierten: In dieser Sicht war es kaum vorstellbar, den Kriegszustand mit nur allgemeinen Entscheidungen zu wenigen Eckpunkten aufzuheben und ansonsten zur diplomatischen Routine des Status quo ante zurückzukehren.

Einen Ausweg aus diesen widersprüchlichen Motivlagen – drängende Zeitknappheit, zugleich aber vielfältige Regelungsansprüche – schien Mitte Februar die Frage des Waffenstillstands mit Deutschland zu bieten. Im Gegensatz zu seinen Bündnisnationen hatte das Reich keine formelle Kapitulationserklärung abgegeben, woraufhin von alliierter Seite nur ein auf 36 Tage befristeter Waffenstillstand akzeptiert worden war, der am 13. Dezember und 16. Januar erneuert worden war und dessen Verlängerung nun wieder auf die Tagesordnung rückte. Doch gerade weil es die deutsche Regierung im Oktober vermieden hatte, die eigene Niederlage einzugestehen, war es für die alliierten Regierungen zwingend gewesen, in das Waffenstillstandsabkommen genaue Bestimmungen aufzunehmen, welche der deutschen Seite jedwede Wiederaufnahme der Kämpfe erschweren sollte. Die Unterscheidung zwischen den militärischen Bedingungen im engeren Sinne und den weitergehenden politischen, territorialen oder wirtschaftlichen Auflagen war darum von Beginn an fließend gewesen, und sie wurden weiter dadurch verwischt, dass in den bisherigen Verhandlungen über eine Verlängerung immer auch schon Finanz- und Wirtschaftsfragen erörtert worden waren.[7] Dass die Bestimmungen des Waffenstillstandes schon im Vorfeld aller Verhandlungen ein allgemeines Grundgerüst für den künftigen Friedensschluss vorgaben, war offensichtlich und es bedurfte keiner besonderen Vorstellungskraft, hierin bereits die Grundlage eines Vorfriedensvertrages zu erkennen. Mit anderen Worten: Es drängte sich geradezu auf, die Waffenstillstandsvereinba-

---

7 Zu den Verhandlungen vgl. etwa die Unterlagen in Urkunden zum Friedensvertrage, hrsgg. v. Kraus/Rödiger, Bd. I, S. 61–128.

rung bei der nächsten Diskussion über deren Verlängerung zu formalisieren und in einem Präliminarfrieden aufgehen zu lassen.[8]

Als im Supreme Council ab dem 12. Februar über die anstehende Erneuerung des Waffenstillstandes debattiert wurde, zeichnete sich dieser Weg tatsächlich deutlich ab. Der Sitzung lag ein Bericht der Militärkommission unter der Leitung von Ferdinand Foch zugrunde, in dem eine deutlich verschärfte Gangart gegenüber der deutschen Seite gefordert wurde, da diese weiterhin nicht zu einer vollständigen Erfüllung der Waffenstillstandsbedingungen bereit sei. Als Empfehlung formulierten die Militärexperten, dass „Naval and Military terms of peace should be drawn up immediately by a Commission appointed for the purpose, and shall be imposed on the enemy."[9] Da hinter den Kulissen in eben diesem Sinne auch erste Gespräche zwischen amerikanischen und britischen Stellen geführt worden waren, überrascht es nicht, dass Balfour diesen Vorschlag nun aufgriff und sich Wilson anschließend mit Verve für diese „sound and statesmanlike idea" in die Bresche warf. Statt einer schrittweisen Ausdehnung des Waffenstillstands unter Hinzufügung immer neuer Bedingungen, so forderte Wilson, sollten der deutschen Seite unverzüglich abschließende Militärbestimmungen vorgelegt werden „on the understanding that non-acceptance of the whole of the terms would mean an immediate resumption of hostilities."[10] Zwar protestierte Clemenceau, der auf den Zusammenhang der Militärklauseln mit den anderen Sachfragen des Friedens hinwies, wohinter jeder Beobachter unschwer die französischen Pläne einer Rheingrenze vermuten konnte.[11] Doch Balfour und Wilson vermochten sich mit der Forderung durchzusetzen, dass der Waffenstillstand baldmöglichst durch „the formulation of definite preliminary terms of peace on military conditions"[12] abgelöst werden solle. Es wurde eine Kommission unter der Leitung von Foch eingesetzt, die während der bevorstehenden Rückreise Wilsons in die USA über die Friedensbedingungen zur Entwaffnung Deutschlands beraten sollte.[13]

---

8 Vgl. Soutou, Diplomacy, S. 540. Siehe ähnlich Lowry, Armistice, S. 163, der in den Waffenstillständen die Erfüllung der alliierten Kriegsziele erkennt. Auch: Fisch, Krieg und Frieden, S. 408, 611.
9 Kommissionbericht v. 10.02.1919, Anhang zum Protokoll v. 12.02.1919, in: FRUS, PPC 1919, Bd. 3, S. 970–999, hier: S. 986.
10 Wilson, Protokoll v. 12.02.1919, in: ebenda, Bd. 3, S. 970–999, hier: S. 973f.
11 Vgl. Clemenceau, Protokoll v. 12.02.1919, in: ebenda, Bd. 3, S. 970–999, hier: S. 974–978.
12 Wilson, Protokoll v. 12.02.1919, in: ebenda, Bd. 3, S. 1000–1012, hier: S. 1005.
13 Ebenda, S. 1009. Zum Kontext vgl. vor allem Lorna S. Jaffe, The Decision to Disarm Germany. British Policy towards Postwar German Disarmament, 1914–1919, Boston 1985, S. 175f., daneben Wilhelm Deist, Die militärischen Bestimmungen der Pariser Vorortverträge [1966], in: ders., Militär, Staat und Gesellschaft. Studien zur preußisch-deutschen Militärgeschichte, München 1991, S. 235–248, hier: S. 241f.; Schwabe, Deutsche Revolution, S. 387–389. Ein anschauli-

Damit schien der Weg gebahnt, die militärischen Bestimmungen des Waffenstillstandes mit Deutschland kurzerhand zu Friedenspräliminarien aus- und umzubauen und rasch zu einem förmlichen Kriegsende zu kommen. Allerdings ist seither umstritten, inwieweit Wilson diese Variante vor allem deshalb favorisierte, weil er in derartige Friedenspräliminarien neben den Militärbestimmungen auch die bereits fertiggestellte Völkerbundssatzung aufnehmen wollte. Demnach wäre es ihm vorrangig um ein Abkommen gegangen, welches alle Beteiligten schon jetzt auf einen wesentlichen Bestandteil des späteren Definitivfriedens, den Völkerbund, verpflichtet hätte, welches aber, so die angebliche Auffassung Wilsons, kein förmliches Ratifikationsverfahren und damit keine Rücksichtnahme auf die amerikanische Innenpolitik erfordert hätte.[14] Doch es ist nicht zwingend, ein solches Kalkül anzunehmen. Abgesehen von Wilsons grundsätzlicher Nonchalance in formalen Fragen, drängte sich die Angliederung weiterer Beschlüsse und Entscheidungen an einen Präliminarvertrag auch ohne derartige Hintergedanken auf. Besonders die Außenminister, die die Geschäfte des Supreme Council ab dem 19. Februar übernommen hatten und baldmöglichst zu vorzeigbaren Ergebnissen kommen wollten, forcierten diesen Gedanken. Es sei „desirable to proceed without delay to the consideration of other preliminary Peace Terms with Germany and to press on the necessary investigations with all possible speed"[15], so betonte Balfour am 22. Februar und forderte die Aufnahme aller Beschlüsse in die Friedenspräliminarien, über die in den Kommissionen inzwischen Einigkeit erzielt worden sei. Auch Lansing sekundierte bei dieser Gelegenheit, dass es ein Fehler sei „to treat the military terms of peace as distinct from the other terms of peace"[16].

Allerdings: Dass die Idee eines schlanken, aus den Waffenstillstandsbedingungen erwachsenen Präliminarfriedens scheitern sollte, lag nicht allein an der im Supreme Council am 24. Februar beschlossenen Erweiterung um die Territorialbestimmungen, die Finanz- und Wirtschaftsfragen sowie den Festlegungen

---

cher Bericht zur Sitzung auch von Kerr an Lloyd George, Brief v. 12.02.1919, in: PA-UK, DLG Papers, F/89/2/9.

14 So vor allem Kurt Wimer, Woodrow Wilson's Plans to Enter the League of Nations through an Executive Agreement, in: Western Political Quarterly 11, H. 4 (1958), S. 800–812, hier: S. 801–808, daran anknüpfend auch Schwabe, Deutsche Revolution, S. 408. Skeptisch hingegen die Annotationen in PWW, Bd. 56, S. 98, oder auch Smith, Lansing and the Paris Peace Conference, S. 326–328. Zum zugrundeliegenden Sachverhalt schon Miller, Drafting, Bd. 1, S. 88–100.

15 Balfour, Protokoll v. 22.02.1919, in: FRUS, PPC 1919, Bd. 4, S. 83–98, hier: S. 85.

16 Lansing, ebenda, S. 88. Daneben hatte Foch schon am 18. Februar die Aufnahme grundsätzlicher Festlegungen zu den deutschen Grenzen und zur Wiedergutmachung in den Präliminarfrieden gefordert, vgl. Jaffe, Decision, S. 182.

zur Strafverfolgung.[17] Als hauptsächliches Problem entpuppte sich vielmehr die Frage, inwieweit ein solches Vorfriedensabkommen den formalen Anforderungen an einen völkerrechtlichen Vertrag entsprechen müsse. Einen ersten Hinweis lieferte der französische Außenminister Pichon, als er in der entsprechenden Debatte, vermutlich auf einen Hinweis von Henri Fromageot gestützt, die Formulierung der „preliminary Peace Terms" in der Beschlussvorlage beanstandete. Wenn ein förmlicher Präliminarfrieden geschlossen werden solle, so Pichon, erfordere dies eine Ratifikation und damit in den USA auch eine Beteiligung des nationalen Gesetzgebers; es sei daher besser, von „preliminary conditions" zu sprechen. Auf die Nachfrage von Lansing, was genau dieser Ausdruck bedeuten würde, musste Pichon zugeben, dass damit letztlich nur solche Bedingungen gemeint seien, mit denen der bestehende Waffenstillstand ergänzt werden könne.[18]

Eine solche sukzessive Aufblähung des Waffenstillstandes stieß zwar auf den Widerspruch nicht nur von Lansing, sondern auch von Balfour. Eine abschließende Entscheidung wurde jedoch bei dieser Gelegenheit nicht getroffen, sondern bis zur Rückkehr Wilsons aus den USA vertagt. In der Tat loderte die seither im Hintergrund schwelende Frage nach der genauen Kennzeichnung des zu beschließenden Abkommens erst drei Wochen später wieder auf, auch weil sich die Ausarbeitung der Militärklauseln, des eigentlichen Kerns jedweder Rede von einem Präliminarfrieden, immer wieder verzögert hatte.[19] Doch entscheidend war, dass Wilson, der aus Washington ohnehin den düsteren Eindruck mitgebracht hatte, dass eine amerikanische Zustimmung zum Völkerbund keineswegs eine beschlossene Sache war, sich nach seiner Rückkehr über die von House zwischenzeitlich getroffenen Absprachen irritiert zeigte. Dass die Völkerbundssatzung nach den letzten Entscheidungen des Supreme Councils nun doch nicht mehr selbstverständlich zum Präliminarfrieden gerechnet wurde, deutete er zumindest als Versagen, möglicherweise sogar als Verrat von House. Das war zwar nicht fair, da dieser ein solches Zugeständnis keineswegs gemacht hatte. Doch auf der anderen Seite hatte House auch nicht in besonderer Weise für die Verklammerung von Präliminarfrieden und Völkerbund gekämpft; einerseits, weil in solchen formalen Fragen das skeptische Urteil des Juristen Lansing mehr Gewicht hatte, andererseits, weil es nicht absehbar gewe-

---

17 Vgl. Resolutionen v. 24.02.1919, in: FRUS, PPC 1919, Bd. 4, S. 99–116, hier: S. 108–111. Die Satzung des Völkerbundes war hingegen wieder ausgeklammert worden.
18 Pichon, Protokoll v. 24.02.1919, in: ebenda, Bd. 4, S. 99–116, hier: S. 102. Siehe auch Miller, Drafting, Bd. 1, S. 92–100.
19 Vgl. Marston, Peace Conference, S. 151f. für die dahinterstehenden Debatten etwa Jaffe, Decision, S. 165–194.

sen war, dass Wilson nach seiner Rückkehr eine solche Verkoppelung für unverzichtbar halten würde.[20]

Am 17. März, als im Supreme War Council die zwei Tage zuvor begonnenen Beratungen über die Militärbestimmungen fortgesetzt wurden, kulminierten diese Spannungslinien. Das Redaktionskomitee der Konferenz hatte in den vorangegangenen Tagen mehrfach mit den Militärexperten zusammengesessen, um über die Ausformulierung der einzelnen Bestimmungen zu beraten, und dabei hatte sich gezeigt, dass wesentliche Festlegungen kaum zu treffen waren, solange nicht über den formalen Charakter des gesamten Abkommens entschieden war.[21] Im Supreme War Council kam dieser Punkt bei der Aussprache des Artikels 47 des Entwurfs, des späteren Artikels 211 VV, welcher der deutschen Regierung eine Anpassung aller nationalen Gesetze an die festgesetzten Militärbestimmungen auferlegte, nochmals auf den Tisch. In der vorgelegten Textfassung war an dieser Stelle nur undeutlich die Rede davon gewesen, dass die Bestimmung drei Monate „à dater de la signature des présentes dispositions"[22] in Kraft treten sollten. In der Diskussion schlug Lansing vor, für die Fristsetzung eher den Zeitpunkt der Ratifikation als der Unterschrift anzusetzen, was auch von Henri Fromageot unterstützt wurde.[23] Das wiederum rief Wilson auf den Plan, der gegen die Notwendigkeit einer Ratifikation protestieren wollte, von Fromageot aber daraufhin mit folgender Alternative konfrontiert wurde: Entweder seien die vorliegenden Militärbestimmungen dem Waffenstillstand zuzurechnen, da sie noch nicht die endgültigen Friedensbedingungen („final Peace conditions") darstellen würden und also nicht notwendig in den Friedensvertrag eingehen würden. Oder sie seien als solche abschließenden Bedingungen zu verstehen, was sie zur Grundlage des künftigen Friedensvertrages machen und ein Ratifikationsverfahren erfordern würde.[24]

20 Vgl. Hodgson, Woodrow Wilson's Right Hand, S. 215–234; Walworth, Wilson and his Peacemakers, S. 181–197.
21 Es liegt nur ein Ergebnisprotokoll der in den fünf Sitzungen zwischen dem 11. und 14. März vorgenommenen Textänderungen vor, vgl. Travaux du Comité Spécial de Rédaction des Clauses Militaires, Navales et Aériennes, in: RdA, Bd. IV-D-1, S. 45–79.
22 Ebenda, S. 69.
23 Vgl. Lansing, Memorandum v. 19.03.1919, in: PWW, Bd. 56, S. 97f.
24 Vgl. Fromageot, Protokoll v. 17.03.1919, in: FRUS, PPC 1919, Bd. 4, S. 355–403, hier: S. 374. Die dahinterstehende Rechtsauffassung, dass auch ein Präliminarvertrag der Ratifikation bedürfe, war innerhalb der Völkerrechtslehre unbestritten, vgl. nur Lassa Oppenheim, International Law. A Treatise, Bd. 2, War and Neutrality, London 1906, S. 282. Auf den Zusammenstoß von Fromageot und Wilson gehen kursorisch ein etwa Walworth, Wilson and his Peacemakers, S. 199, 210f.; Schwabe, Deutsche Revolution, S. 408; Birdsall, Versailles Twenty Years After, S. 157f.; Marston, Peace Conference, S. 154; Miller, Drafting, Bd. 1, S. 88f.

Auf diese Weise mit der Dogmatik völkerrechtlicher Vertragsschlüsse konfrontiert, zögerte Wilson. Er sei der Auffassung, verteidigte er sich gegenüber Fromageot vorsichtig, dass der Supreme Council über ein zeitlich befristetes Abkommen berate, welches „a sort of exalted armistice" darstellen würde, „the terms being re-included in the formal Treaty."[25] Wenn dazu ein Ratifikationsverfahren erforderlich sei, werde sich der ganze Friedensprozess verzögern. Doch offenkundig wusste Wilson diesen Vorstoß nicht anders zu parieren, als zunächst eine Rücksprache mit den eigenen Rechtsberatern anzukündigen, zumal ihm Lansing schon während der Sitzung zugeflüstert hatte, dass eine Beteiligung des US-Senats in jedem Fall unumgänglich sei.[26] Diese Auffassung wurde unisono auch von David Hunter Miller und James Brown Scott vertreten, die noch am Abend zur Klärung des Sachverhaltes einbestellt wurden und am nächsten Tag ein entsprechendes Gutachten vorlegten: Jedes Abkommen, welches den Kriegszustand beende und Frieden deklariere, sei ein nach der US-Verfassung zustimmungspflichtiger internationaler Vertrag.[27] Dieser Vorbehalt führte bei Wilson, so berichtete Bonsal, wiewohl nur aus zweiter Hand, zu einem wütenden Ausbruch: „[H]e is reported to have commented, ‚Lawyers! They can tell you a dozen ways how a thing cannot be done but not a single one how it can be done.'"[28]

Seit dem 18. März, dem Tag nach der Sitzung des Supreme Council, war mithin unbestreitbar, dass es keinen gesonderten Präliminarvertrag mehr geben würde, sondern dass einerseits das – am 16. Februar auf unbestimmte Zeit verlängerte – Waffenstillstandsabkommen weiterhin diese Funktion ausfüllen müsste, dass andererseits alle Verhandlungen und Beschlüsse der Konferenz auf endgültige Friedensbedingungen hinauslaufen würden. Auch wenn im allgemeinen Sprachgebrauch oftmals weiterhin von einem Präliminarfrieden gesprochen wurde, hieß es innerhalb der amerikanischen Delegation schon am Nachmittag des 18. März zutreffend, dass „the preliminary Peace Treaty was in reality a complete and final declaration of peace"[29]. Auch Wilson vertrat, zu-

---

25 Wilson, Protokoll v. 17.03.1919, in: FRUS, PPC 1919, Bd. 4, S. 355–403, hier: S. 374.
26 Vgl. Lansing Desk Diary, Eintrag v. 17.03.1919, in: LoC, Lansing Papers, Box 65. Siehe auch die Aufzeichnungen von Lansing, Memorandum v. 19.03.1919, in: PWW, Bd. 56, S. 97f.
27 Vgl. Miller Diary, Eintrag v. 17.03.1919, in: DHMD, Bd. 1, S. 175f. Das Gutachten als Miller/ Scott, Opinion re Senate and Preliminary Peace Treaties, 18.03.1919, in: ebenda, Bd. 6, S. 434–436 (auch in: GUSC, Scott Papers, Box 22/35). Weiter: Walworth, Wilson and his Peacemakers, S. 199f., sowie die Erinnerungen von Lansing, Peace Negotiations, S. 206–208; Miller, Drafting, Bd. 1, S. 90–93.
28 Bonsal, Suitors and Suppliants, S. 257. Die Passage setzt sich dort fort: „House says there is not a word of truth in this gossip which he says is simply embroidered on the President's well-known dislike of the legal profession".
29 Protokoll v. 18.03.1919, in: FRUS, PPC 1919, Bd. 11, S. 119–121, hier: S. 121.

mindest nach den Aufzeichnungen seines Vertrauten Grayson, nunmehr mit großer Überzeugungskraft diese Auffassung.[30] Zwar blieb es noch einige Zeit unsicher, ob nicht doch ein vorlaufendes Abkommen mit den wesentlichen militärischen, territorialen und politischen Festlegungen auf den Weg gebracht werden könne, insbesondere also ohne die Satzung des Völkerbundes. Doch ein echter Zeitvorteil wäre damit kaum noch verbunden gewesen, und es hätte in Wilsons Augen den Nachteil gehabt, dass ein solches Abkommen die zentrale Bedeutung des Völkerbundes im Aufbau des Vertragswerkes relativiert, vielleicht sogar ausgehebelt hätte. Zum Monatsende, als sich die Gespräche ohnehin auf den Council of Four konzentrierten, konnte Wilson den drei anderen Regierungschefs nochmals und nunmehr endgültig die Zusage abringen, dass, wie es immerhin auch die Plenarversammlung der Konferenz am 25. Januar beschlossen hatte, die Satzung des Völkerbundes einen integralen Teil der Friedensbedingungen darstellen müsste.[31] Aus der vagen Vorstellung eines Präliminarfriedens war damit, der Logik völkerrechtlicher Vertragsgestaltung gehorchend, ein abschließendes Friedensabkommen geworden.

Die Aufgliederung in fünf Hauptverträge

Der Wegfall von wie auch immer ausgestalteten Friedenspräliminarien führte allerdings zu der Notwendigkeit, in den noch ausstehenden Fragen schnellstmöglich eine abschließende Einigkeit der alliierten und assoziierten Mächte herzustellen. Zwar kursierte zu diesem Zeitpunkt weiterhin die Vorstellung, sämtliche offenen Fragen zwischen allen Kriegsparteien gleichzeitig zu regeln, möglichweise sogar in einem übergreifenden Generalvertrag unter Einbezug der neutralen Staaten. Am 24. März erklärte Wilson gegenüber House, dass „all the treaties should be made at once"[32]. Doch andererseits verlagerte sich die Dis-

---

30 Vgl. Grayson Diary, Eintrag v. 18.03.1919, in: PWW, Bd. 56, S. 60f.

31 Vgl. Protokoll v. 25.03.1919, in: Mantoux, Deliberations, Bd. 1, S. 4–9, hier: S. 4f. Allerdings griff Wilson hier nochmals, wider besseren Wissens, vielleicht aber aus strategischen Gründen, auf das Argument zurück, dass ein Präliminarfrieden selbst unter Einschluss des Völkerbundes keiner Ratifikation durch den US-Senat bedürfe. Schon am Vortag hatte House den amerikanischen Präsidenten bedrängt, „to settle once and for all the question as to whether the League of Nations was to go into the Peace Treaty", House Diary, Eintrag v. 24.03.1919, in: YLMA, House Papers, Serie 2, vol. 7, S. 108. Der formale Beschluss v. 25.03.1919, in: RdA, Bd. I-1–4, S. 89.

32 House Diary, Eintrag v. 24.03.1919, in: YLMA, House Papers, Serie 2, vol. 7, S. 109. Ähnlich: Sweetser Diary, Eintrag v. 25.03.1919, in: LoC, Sweetser Papers, Box 1 („Peace was to be made with all four Central Empires simultaneously instead of Germany first and then with the others.").

kussion immer mehr auf die deutschen Friedensbedingungen, die zu diesem Zeitpunkt bereits als vergleichsweise weit fertiggestellt galten; ungelöst seien nur noch die Frage der linken Rheinseite und der Reparationen, so hatte Auchincloss schon am 19. März zuversichtlich an Polk gekabelt.[33] Denn so gravierend beide Punkte auch waren, so geringfügig nahmen sie sich angesichts jener fundamentalen Unsicherheit aus, welche die Zukunft der anderen Verliererstaaten umgab. Auch wenn die zuständigen Kommissionen seit Februar über ihr Schicksal beratschlagten, ließen wesentliche Grundentscheidungen immer noch auf sich warten. Als das Militärkomitee unter Foch im Februar aufgefordert wurde, analog zum deutschen Fall auch die Militärbestimmungen für Österreich-Ungarn zusammenzustellen, kapitulierte es drei Wochen später mit dem Hinweis, dass erst Klarheit über Anzahl, Gestalt und Grenzen der Nachfolgestaaten geschaffen werden müsste.[34] Noch schwieriger erwies sich der Umgang mit dem Osmanischen Reich, dessen Behandlungen in den französischen Novemberplänen von 1918 bewusst ganz an das Ende aller Verhandlungen gestellt worden war.[35]

Dieser faktische Vorrang des deutschen Vertrags wurde durch den institutionellen Übergang vom Supreme Council zum Council of Four weiter befestigt. Weniger sichtbar war indes, dass die Konferenzjuristen längst Überlegungen anstellten, inwieweit eigenständige, nacheinander abgeschlossene Friedensverträge der alliierten Mächte mit den jeweiligen Verliernernationen sinnvoller seien als ein Generalvertrag aller Kriegsparteien oder zumindest zeitgleiche Friedensverträge. Augenscheinlich hatte David Hunter Miller den Stein ins Rollen gebracht, als er am 16. März in Gesprächen mit dem amerikanischen Ökonomen Allyn Abbott Young, am folgenden Tag aber auch gegenüber House den Vorschlag aufbrachte, dass der deutsche Vertrag vorgezogen werden könne, sofern das Reich auf eine Anerkennung auch der nachfolgenden Abkommen zwischen den Siegermächten und den übrigen Verliernernationen verpflichtet werde.[36] Es war dann jedoch vor allem der britische Rechtsberater Cecil Hurst, der die Struktur eines solchen separaten Abkommens erstmals um den 17./18. März in

---

33 Auchincloss an Polk, Telegramm v. 19.03.1919, in: YLMA, Auchincloss Papers, Box 3/31, S. 457f.
34 Vgl. Protokoll v. 13.02.1919, in: FRUS, PPC 1919, Bd. 3, S. 1013–1038, hier: S. 1015; Protokoll v. 03.03.1919, in: ebenda, Bd. 4, S. 182–192, hier: S. 190f.
35 Vgl. Binkley, New Light I, S. 349.
36 Vgl. Miller Diary, Eintrag v. 16.03. u. 17.03.1919, in: DHMD, Bd. 1, S. 172, 174. Allerdings reklamierte auch House diese Idee für sich, vgl. House Diary, Eintrag v. 17.03.1919, in: YLMA, House Papers, Serie 2, vol. 7, S. 101.

einem Memorandum systematisch entwickelte.[37] Eine Anfrage von Balfour, wer eine Übersicht über die relevanten Themen eines Friedensschlusses mit dem Reich besitze, konnte Hurst schon am 19. März dahingehend beantworten, dass in Ermangelung eines zuständigen Komitees alle Materialien bei ihm zusammenlaufen würden: „I am endeavouring to carry out the duty myself of collecting all the material and putting it into shape in the proper order."[38] Am folgenden Tag sandte Hurst zudem eine Notiz an seinen amerikanischen Kollegen James Brown Scott, um sich mit ihm über „shape + scope of the forthcoming treaties" abzustimmen: „May I discuss matters with you? It w[ould] be private + unofficial of course."[39] Es ist nicht erkennbar, ob in diesen semioffiziellen Austausch auch Fromageot oder gar die übrigen Mitglieder des Redaktionskomitees eingebunden wurden, was mit Blick auf dessen originäre Zuständigkeit eigentlich nahegelegen hätte. Eingedenk der oben angedeuteten kollegialen Arbeitsatmosphäre wäre eine solche Kontaktaufnahme nicht unwahrscheinlich; sie sollte angesichts der eminent politischen Dimensionen aber nicht für selbstverständlich gehalten werden. In der amerikanischen Delegation war die bilaterale Abstimmung hingegen kein Geheimnis, denn noch bevor Scott das Memorandum von Hurst hatte zirkulieren lassen, informierte Lansing schon in größerer Runde darüber, dass die beiden Juristen gemeinsam an dem Entwurf eines Friedensvertrages mit Deutschland arbeiten würden.[40]

Die weitere Ausgestaltung des Friedensabkommens mit Deutschland folgte sodann weitgehend Hursts Ausarbeitung, welche im Kern um das Problem kreiste, wie sich ein separater Friedensvertrag mit dem Reich realisieren lasse, wiewohl sich weder die künftige Ordnung in Europa überschauen ließ noch die Verhältnisse der Alliierten untereinander wie zu den anderen Verlierernationen klar definiert werden konnten. Es mussten daher Möglichkeiten gefunden werden, die deutsche Seite im Friedensvertrag auf allgemeine Leitsätze und künftige Entwicklungen zu verpflichten, was, wie Hurst formulierte, geschehen könne durch „imposing upon the enemy acceptance of the principle agreed upon by the Allies and by stipulating that the principle is to be worked out in detail after

---

37 Vgl. Treaty of Peace with Germany, Memorandum [o.D.], in: TNA, FO 608/163/7, Bl. 150–161. Abgedr. in: FRUS, PPC 1919, Bd. 11, S. 532–535; DHMD, Bd. 7, S. 162–166. Der Entwurf von Hurst erfolgte im Anschluss an eine Absprache zwischen Hankey und House.
38 Hurst an Balfour, Minute v. 19.03.1919, in: TNA, FO 608/163/7, Bl. 149B.
39 Hurst an Scott, Brief v. 20.03.1919, in: GUSC, Scott Papers, Box 4/4.
40 Protokoll v. 22.03.1919, in: FRUS, PPC 1919, Bd. 11, S. 131f., hier: S. 131. Offenkundig wurde Lansing von Scott in dieser Sache kontinuierlich auf dem Laufenden gehalten, siehe Lansing Desk Diary, Einträge v. 20.03. u. 21.03.1919, in: LoC, Lansing Papers, Box 65.

the treaty has been signed."[41] In diesem Sinne wurde sodann eine Gliederung skizziert, die nicht nur in ihrer inneren Abfolge weitgehend mit dem späteren Versailler Vertrag übereinstimmte,[42] sondern in der eine ganze Reihe von Punkten aufgeführt wurden, in denen Deutschland auf spätere Regelungen festgelegt werden sollte. Dazu zählten Bestimmungen zum künftigen Verhältnis zu Russland und zur Türkei, aber auch die generelle Verpflichtung, verschiedenen Konventionen und Entscheidungen zuzustimmen, etwa zur Abrüstung, zur Internationalisierung der Verkehrswege, zum Verzicht auf Vorkriegsschulden, zu den Urteilen alliierter Prisengerichte etc. Auch der Völkerbund wurde in diesem Zusammenhang aufgeführt, indem Deutschland verpflichtet werden sollte „to join (...) when invited and to enter into no international engagement inconsistent with it"[43].

Der entscheidende Punkt ist, dass damit die Idee eines Generalvertrags auf eine virtuelle Ebene überführt wurde, so dass einerseits das Ziel einer umfassenden, kohärenten und systemischen Friedensordnung beibehalten werden konnte, andererseits nicht in jeder Einzelfrage bereits eine Entscheidung vorausgesetzt werden musste. Der für den deutschen Fall ausgearbeitete Vertragsentwurf war insofern vor allem Modell und Muster. Er stellte eine Schablone dar, welche mit den Beschlüssen zu den anderen Verlierernationen gefüllt werden konnte und sich durch Generalklauseln aber auch zu dem Fundament einer größeren Friedensordnung hätte weiterentwickeln lassen.[44] Rückschauend wird

---

41 Treaty of Peace with Germany, Memorandum [o.D.], in: FRUS, PPC 1919, Bd. 11, S. 532–535, hier: S. 533.

42 Das Völkerbundkapitel wurde später an den Anfang gestellt und einige Abschnitte erheblich ausgebaut, allerdings kamen als neue Kapitel nur noch die Satzung der Internationalen Arbeitsorganisation (Teil XIII), die Vorschriften zur zivilen Luftfahrt (Teil XI) sowie die Garantiebestimmungen (Teil XIV) hinzu.

43 Ebenda, S. 535. In der amerikanischen Delegation war bereits zuvor der Gedanken ventiliert worden, die Satzung des Völkerbundes nicht in voller Länge aufzunehmen, sondern lediglich Deutschland auf sie zu verpflichten. Scott war damit beauftragt worden, einen entsprechenden Artikel zu entwerfen, vgl. Protokoll v. 11.03.1919, in: FRUS, PPC 1919, Bd. 11, S. 110–114, hier: S. 113. Die von Scott vorgeschlagene Fassung vom 14.03.1919 in: GUSC, Scott Papers, Box 24/08.

44 So willigte Deutschland nach Art. 434 VV darin ein, „to recognise the full force of the Treaties of Peace and Additional Conventions which may be concluded by the Allied and Associated Powers with the Powers who fought on the side of Germany". Alle alliierten Abkommen mit den künftigen Nachfolgestaaten des zaristischen Russland mussten nach Art. 117 VV anerkannt werden; nach Art. 31 VV und Art. 40 VV zudem die Verträge zu Belgien und Luxemburg, über die eine Kommission ab Ende Juli beriet (RdA, Bd. VII-C-2). Ähnlich war aber auch Art. 36 VSG angelegt, demzufolge Österreich alle Gebietsverzichte zugunsten Italiens zu akzeptieren habe „by any treaties which may be concluded for the purpose of completing the present settlement". Gleichartige Regelungen beispielsweise noch in Art. 283 VV; Art. 84, 90 VSG;

man die damit verbundenen Spielräume sicherlich skeptisch beurteilen müssen, da sämtliche Signatarmächte in vielerlei Hinsicht einen Blankoscheck unterzeichnen sollten. Im Wahrnehmungshorizont der Friedensmacher bestach eine solche Vorgehensweise aber nicht allein durch die Anmutung großer Systematik und Stringenz, sondern in praktischer Hinsicht vor allem dadurch, dass sich Verhandlungen und Beschlussfassung beschleunigen ließen. Je länger die interalliierte Konferenz andauere, so notierte Hurst in seinem Memorandum, desto mehr würden die Möglichkeiten der alliierten Mächte abnehmen, die Gegenseite noch zur Annahme des Friedens zu zwingen. Wenn der deutsche Vertrag vorgezogen werde, sei jedoch vorstellbar, ihn später mit „some second treaty or convention" zu ergänzen, was nicht nur die weiteren Friedensabkommen sowie die übrigen Vereinbarungen der Alliierten untereinander bündeln könnte, sondern, vor allem, sämtliche beteiligte Partien nochmals auf die Gesamtheit aller getroffenen Beschlüsse verpflichten würde. Trotzdem sei schon das erste Abkommen mit Deutschland ein vollgültiger Friedensvertrag, weshalb, so summierte Hurst, „there is no need to call the forthcoming treaty the Preliminary Treaty of Peace as there will only be one. Peace will have been made once and for all. The second instrument to which the detailed arrangements are annexed can be called the Final Act."[45]

Dass Hurst an dieser Stelle auf den etablierten Begriff der Schlussakte („acte final") rekurrierte, war kein Zufall. Das einschlägige Handbuch der PID hatte beispielsweise die Wiener Kongressakte von 1815 in hohen Tönen als „one general treaty" und „general instrument" gelobt, „which served as a basis for the international life of Europe for nearly fifty years."[46] Mehr noch: Gerade die Zusammenstellung einzelner Beschlüsse zu einer abschließenden, von allen europäischen Staaten in ihrer Gesamtheit anerkannten Akte, so stand dort im Weiteren zu lesen, habe den Wiener Beschlüssen eine Wirkmacht und Dignität verliehen, „which no other instrument has ever attained. (...) [I]n the end, practically the whole of Europe acceded to the treaty; and its stipulations were thus in a special way agreed to, and in a sense guaranteed by all the sovereign States of Europe."[47]

Art. 60 VN; Art. 68, 74 VT; Art. 135 VS usw. Genannt sei außerdem noch die Verpflichtung auf ein künftiges Verkehrsregime nach Art. 379 VV; Art. 331 VSG; Art. 248 VN; Art. 314 VT; Art. 372 VS.

45 Treaty of Peace with Germany, Memorandum [o.D.], in: FRUS, PPC 1919, Bd. 11, S. 532–535, hier: S. 533.

46 Webster, Congress of Vienna, S. 79, 81.

47 Ebenda, S. 82. Dazu auch Stauber, Der Wiener Kongress, S. 129–136; Brian E. Vick, The Congress of Vienna. Power and Politics after Napoleon, Cambridge, Mass. 2014, S. 19, 332f.

Ein solcher affirmativer Bezug auf den Wiener Kongress von 1814/15 war zwar nicht unumstritten, zumal, wie erwähnt, auf amerikanischer Seite. Auch trug die Bezeichnung als Schlussakte keine eigenständige juristische Bedeutung in sich. Die Unterteilung völkerrechtlicher Abkommen in Verträge, Konventionen oder Deklarationen folgte seit jeher pragmatischen Erwägungen und besaß ebenso wenig rechtserheblichen Charakter wie ihre Bündelung zu Konferenz-, General- oder Schlussakten, die schon begrifflich kaum trennscharf zu differenzieren waren.[48] Trotzdem verweist der von Hurst gewählte Begriff der Schlussakte auf den antizipierten ganzheitlichen Charakter des Friedensschlusses.[49] Die Abkommen mit Deutschland und den anderen Verliererstaaten markierten in dieser Sicht nur den ersten Schritt, an den sich in mittelfristiger Perspektive weitere Verträge und zwischenstaatliche Instrumente anschließen müssten, die in ihrer Gesamtheit von allen beteiligten Parteien anzuerkennen wären. Eine Schlussakte wäre mithin der krönende Schlussstein des Friedensschlusses als Neuordnung der internationalen Verhältnisse.

Es ist offensichtlich, dass sich auch in diesem Fall juristische Empfehlungen und politische Erwartungen nahtlos zusammenfügten. Die von Cecil Hurst entwickelten Grundsätze für einen separaten Friedensvertrag mit Deutschland stießen vor allem deshalb auf Zustimmung, weil sie jene Beschleunigung der Verhandlungen versprachen, auf die führende Kreise der britischen (und weiterer) Delegation längst drängten. Entsprechend wurde Hursts Gliederungsschema der Fontainebleau-Denkschrift, die Lloyd George aus Unzufriedenheit über den schleppenden Fortgang der Beratungen am 25. März vorgelegt hatte, als „Outline of Peace Terms" angehängt.[50] Es liegt nahe, dass entweder Hankey oder Philip Kerr das Papier des Legal Advisors zu der Klausurberatung im Schloss Fontainebleau mitgebracht hatten. Zwar wurden einige Änderungen im Aufbau vorgenommen, aber im Ganzen ließ sich mit diesem Entwurf die Behauptung von Lloyd George untermauern, dass es möglich sei, binnen kurzem einen strengen, aber gerechten und tatsächlich ausführbaren Friedensvertrag mit Deutschland abzuschließen. Der Erfolg dieses Plädoyers für Mäßigung und einen „just peace" blieb bekanntlich begrenzt, da damit, wie von französischer

---

48 Aus der zeitgenössischen Fachliteratur vgl. Westlake, International Law, Bd. 1, S. 279; Oppenheim, International Law, Bd. 1 (1905), S. 529f.; aus heutiger Sicht etwa Aust, Modern Treaty Law, S. 85f.
49 In diese Richtung verweist auch das PID-Handbuch von [Ernest Satow,] International Congresses [1918], in: TNA, FO 373/7/27, S. 20, 23.
50 Vgl. Lloyd George, Some Considerations for the Peace Conference, Fontainebleau-Memorandum v. 25.03.1919, in: PWW, Bd. 56, S. 259–270, hier: S. 265–270. Aus Sicht der Akteure Hankey, Supreme Control, S. 99–103; Lloyd George, Truth, Bd. 1, S. 403–422, daneben: Roskill, Hankey, Bd. 2, S. 70f.

Seite mit einigem Recht eingewandt wurde, in erster Linie von den übrigen Alliierten Opfer verlangt, kaum aber britische Interessen zur Disposition gestellt wurden.[51] Trotzdem machte der von Cecil Hurst ausgearbeitete Entwurf erstmals einen Friedensschluss vorstellbar, der zwar aus einzelnen Verträgen bestehen würde, die jedoch durch Generalklauseln, vorgreifende Bestimmungen und eine zusammenfassende Schlussakte immer noch dem Anspruch einer größer angelegten, generellen Friedensordnung entsprechen würden.

Die Präambel und die Frage eines Vertragsfriedens

Dass mit den fünf Verlierernationen jeweils einzelne Friedensabkommen geschlossen werden sollten, woran sich unter Umständen noch eine zusammenfassende Schlussakte anschließen könne, folgte im Kern politischen Zwängen und gab nach der Idee eines Präliminarfriedens nun auch den Gedanken eines einheitlichen Generalvertrages unter Beteiligung aller Kriegsparteien preis. Gleichwohl änderte dies wenig daran, dass in jedem Einzelfall immer noch ein förmlicher, nach den Regeln des Völkerrechts gestalteter Friedensvertrag erforderlich war. Die Gliederung von Cecil Hurst hatte eine erste Systematik für die inhaltlichen Stipulationen geschaffen, die aber durch eine Präambel und einen Schlussteil noch einzurahmen waren. Beides gehörte zur üblichen, allerdings nicht zwingenden völkerrechtlichen Praxis. Um mit dem Schlussteil zu beginnen: Hier waren die Vorgaben für die Hinterlegung der Ratifikationsurkunden und das Inkrafttreten enthalten, zugleich aber auch festgestellt worden, dass im Fall des deutschen Vertrages gleichermaßen die englische wie die französische Sprachfassung authentisch sein sollte.[52] Um diesen Punkt hatte es von Beginn an unterschwellige Konflikte gegeben, da eine zweisprachige Ausfertigung der Konferenzbeschlüsse sowohl eine zeitliche Verzögerung bedeutete als auch ein latentes Moment der Ungenauigkeit in den Vertragstext hineintrug. In der Tat zirkulierten schon im Sommer erste Listen mit Unstimmigkeiten zu den beiden Fassungen der Völkerbundsatzung, und besonders James Brown Scott beklagte später erbittert, mit welcher Leichtfertigkeit und Ahnungslosigkeit der

---

51 Vgl. Lentin, Lloyd George and the Lost Peace, S. 11.
52 Die vier weiteren Verträge wurden gleichermaßen in einer englischen, französischen und italienischen Fassung vorgelegt, wobei allerdings die französische Fassung zur allein maßgeblichen bestimmt wurde, ausgenommen die Satzungen von Völkerbund und ILO, vgl. die Bestimmungen jeweils nach Art. 381 VSG, Art. 296 VN, Art. 364 VT, Art. 443 VS.

Vorrang des Französischen als traditioneller Sprache der europäischen Diplomatie geopfert worden sei.[53]

Die Präambel bildete hingegen den Auftakt des Vertrages. Üblicherweise setzte ein solcher Vorspruch den Grundton für die nachfolgenden Bestimmungen, indem die leitenden Prinzipien und Motive der Vertragsparteien dargelegt wurden.[54] Im Fall der Friedensverträge stellte der Wortlaut eine der heikelsten Entscheidungen dar, die von den alliierten Vertretern überhaupt zu treffen war, so dass es bemerkenswert ist, wenn sich die vorliegende Literatur kaum mit der Entstehungsgeschichte und Bedeutung der Präambel beschäftigt hat.[55] Das dürfte nicht allein an ihrer ebenso nüchternen wie opaken Formulierung liegen, sondern auch an einer überaus spärlichen Quellenlage. Es lässt sich aber rekonstruieren, dass die Konferenzjuristen am Nachmittag des 26. Aprils mit den Regierungschefs zusammenkamen, um über zwei alternative Entwürfe zur Präambel zu beraten: eine längere Fassung von französischer Seite und eine kürzere amerikanische Version, die aus der Feder von James Brown Scott stammte.[56] Der auffallendste Unterschied war, dass der französische Entwurf die Sinngebung des Weltkrieges als Kampf um Recht, Ehre und Freiheit in der Staatenwelt weitaus deutlicher auf den Punkt brachte. Die alliierten und assoziierten Mächte, so hieß es dort, hätten sich „dans un sentiment commun du droit, de l'honneur et de la liberté" zusammengeschlossen. Und weiter: „Ayant par leurs efforts, leurs sacrifices et le succès de leurs armes, triomphé des entreprises diri-

---

53 Vgl. Scott, Le français, S. 5–11, was später eine polemische Reaktion von Hudson nach sich zog, siehe Manley O. Hudson, Languages Used in Treaties, in: AJIL 26, H. 2 (1932), S. 368–372. Allgemein zum Sachverhalt siehe Laniol, Langue, S. 111–116; Alexander Ostrower, Language, Law, and Diplomacy. A Study of Linguistic Diversity in Official International Relations and International Law, Philadelphia 1965, S. 318f., 359–366.
54 Zu den Aufgaben einer Präambel in völkerrechtlichen Verträgen etwa Oppenheim, International Law, Bd. 1 (1905), S. 530, aus gegenwärtiger Sicht Aust, Modern Treaty Law, S. 366–369. Außerdem: Lesaffer, Peace Treaties, S. 77.
55 Wenn überhaupt, wird die Präambel nur am Rande erwähnt, vgl. Marston, Peace Conference, S. 188. Daneben weist Fisch, Krieg und Frieden, S. 493, darauf hin, dass der Friedensvertrag auch „nichtimmanente Einzelbegründungen" enthält. In der Tat werden an verschiedenen Stellen leitende Grundsätze proklamiert, so vor allem als Vorspruch zu den Bestimmungen zu Elsass-Lothringen (vor Art. 51 VV); zu Beginn der Militärbestimmungen vor Art. 159 VV (analog in Art. 118 VSG, Art. 64 VN, Art. 102 VT, Art. 152 VS); als Einleitung der Satzung der Internationalen Arbeitsorganisation (ILO) vor Art. 387 VV.
56 Die Überlieferung zu dieser Besprechung ist auch deshalb karg, weil Mantoux nicht anwesend war, vgl. Mantoux, Deliberations, Bd. 1, S. 388, Fn. 1. Einige knappe Hinweise im Protokoll v. 26.04.1919, in: FRUS, PPC 1919, Bd. 5, S. 299–301, hier: S. 299 (auch in: AD, Service Juridique, Fonds Fromageot, Box 4). Weiter der entsprechende Beschluss v. 26.04.1919, in: RdA, Bd. I, S. 126f.; Hankey an Dutasta, Brief v. 26.04.1919, in: TNA, FO 374/27 (auch in: FO 608/163, Bl. 384f.).

gées par l'Allemagne contre la paix des peuples et poursuivies par elle au mépris du droit des gens et de tout sentiment d'humanité." Ein letzter Absatz erklärt die feierliche Überzeugung der Siegermächte, dass die Bestimmungen des Friedensschlusses vor allem die Wiederkehr eines vergleichbaren Kriegs verhindern und die friedliche Zusammenarbeit der Nationen garantieren müssten.[57]

Demgegenüber verzichtete die Fassung von Scott, der im Januar schon die Präambel des amerikanischen „Skeleton Treaty" verfasst und Ende März weitere Überlegungen mit Robert Lansing diskutiert hatte, auf alle derartigen Beschwörungen und statuierte nur den alliierten Willen zu einem „firm, just and durable Peace".[58] Wo die französische Fassung den militärischen Triumph der eigenen Armeen herausstellte, wurde nur das deutsche Ersuchen um einen Waffenstillstand genannt. Auch auf eine klare Aussage zur deutschen Verantwortung für den Krieg wurde verzichtet. Scott beschränkte sich lediglich auf eine nüchterne Aufzählung der Anfänge, also der österreichisch-ungarischen Kriegserklärung gegenüber Serbien, der deutschen Kriegserklärung gegenüber Russland sowie des deutschen Überfalls auf Belgien.[59] Das war immer noch deutlicher als in den vorangegangenen Jahrzehnten üblich, doch eine emphatische Überhöhung des alliierten Kriegssieges als Triumph von Recht und Gerechtigkeit unterblieb ebenso wie eine eindeutige Schuldzuweisung an die Adresse der Verlierermächte.[60] Jede explizite Ausformulierung sei „extremely difficult when attempted in

---

57 Projet A2, Traité de Paix, Entwurf v. 22.04.1919, in: GUSC, Scott Papers, Box 25/11, S. 1.

58 Kurioserweise verpflichtete die Präambel des „Skeleton Treaty" (in: FRUS, PPC 1919, Bd. 1, S. 317f.) alle Vertragsstaaten auf jene „Declaration of the Rights and Duties of Nations", welche das (panamerikanische) American Institute for International Law im Januar 1916 unter Scotts Federführung angenommen hatte, vgl. auch Coates, Legalist Empire, S. 161f.; Juan Pablo Scarfi, El imperio de la ley. James Brown Scott y la construcción de un orden jurídico interamericano, Buenos Aires 2014, S. 141–150; Kuehl, Seeking World Order, S. 208. Diese Deklaration wurde in völkerrechtlichen Kreisen, besonders im Institut de Droit international und der Union juridique internationale, nach dem Krieg noch häufiger diskutiert, spielte für die Friedensverhandlungen indes keine Rolle. – In welchem Sinne Lansing im März mit Scott über die Präambel sprach, lässt sich nicht rekonstruieren, vgl. Lansing Desk Diary, Eintrag v. 31.03.1919, in: LoC, Lansing Papers, Box 65.

59 Der Entwurf von Scott ist überliefert als Anlage zum Protokoll v. 26.04.1919, in: FRUS, PPC 1919, Bd. 5, S. 299–301, hier: S. 300f. Zur Autorenschaft vgl. etwa Preamble (Treaty with Germany), o.D., in: YLMA, Polk Papers, Box 36/815.

60 Der endgültige Text lautete: „Bearing in mind that on the request of the Imperial German Government an Armistice was granted on November 11, 1918, to Germany by the Principal Allied and Associated Powers in order that a Treaty of Peace might be concluded with her, and // The Allied and Associated Powers being equally desirous that the war in which they were successively involved directly or indirectly and which originated in the declaration of war by Austria-Hungary on July 28, 1914, against Serbia, the declaration of war by Germany against Russia on August 1, 1914, and against France on August 3, 1914, and in the invasion of Belgium,

detail"[61], so erklärte Scott während der Sitzung, und er überzeugte damit offenbar auch die Regierungschefs, die sich dafür entschieden, eine inhaltliche Begründung wie in der französischen Fassung gänzlich fortzulassen. Es blieb bei dem Entwurf von Scott, für den nur noch der Zusatz bestimmt wurde, dass auch die deutsche Kriegserklärung gegenüber Frankreich aufzunehmen sei.[62]

Zwei Jahre später, während einer Vortragsreihe in Philadelphia, kam Scott am Rande nochmals auf die Präambel zu sprechen und deutete bei dieser Gelegenheit an, dass besonders deren knappe Form bei den Regierungschefs auf Zustimmung gestoßen sei:

> The absence of honeyed and generous phrases, ordinarily to be found in preambles, was noted. (...) [T]he commissioners who put their hands and seals to the treaty would, for the first time in history, sign a true preamble, and that any one consulting the treaty would, in its opening lines, have before his eyes the cause of the war and the defeat of Germany, admitted by the German commissioners, whose signatures were appended to the treaty.[63]

Diese rückblickende Darstellung erscheint zwar überzogen, da gerade der Verzicht auf eine explizite Erklärung zur deutschen Kriegsverantwortung die Diskussionen erst richtig anheizte und sowohl zu Spekulationen über die Motive der Friedensmacher wie zu gewagten Auslegungen des Artikels 231 VV als „Kriegsschuldartikel" führte.[64] Allerdings gibt die Aussage von Scott einen Hinweis auf den auch an anderer Stelle zu konstatierenden Zwang zur inneren Rechtfertigung des Friedens, der kaum mit traditionellen Vorstellungen vom Vorrang und von der machtpolitischen Gestaltungsfreiheit des Kriegssiegers in Übereinstimmung zu bringen war.

Dass in der Präambel eine eindeutige Begründung des Friedens fehlte und sie stattdessen unklaren, fast unentschiedenen Charakter trug, lässt sich jeden-

---

should be replaced by a firm, just and durable Peace, // For this purpose the High Contracting Parties represented as follows: (...) // Who having communicated their full powers found in good and due form have agreed as follows: // From the coming into force of the present Treaty the state of war will terminate. From that moment and subject to the provisions of this Treaty official relations with Germany, and with any of the German States, will be resumed by the Allied and Associated Powers."

61 Scott, Protokoll v. 26.04.1919, in: FRUS, PPC 1919, Bd. 5, S. 299–301, hier: S. 299.
62 Vgl. ebenda. Siehe auch Beschluss v. 26.04.1919, in: RdA, Bd. I, S. 126f.
63 James Brown Scott, The Trial of Kaiser, in: House/Seymour (Hrsg.), What really Happened at Paris, S. 231–258, hier: S. 236f.
64 Vgl. nur Camille Bloch/Pierre Renouvin, L'art. 231 du Traité de Versailles. Sa genèse et sa signification, in: Revue d'histoire de la guerre mondiale 10 (1932), S. 1–24, hier: S. 16, sowie unten, S. 528f. Als überraschend nüchtern wurde die Präambel von deutschen Juristen empfunden, vgl. Kunz, Revision, S. 104. Eine deutliche Schuldzuschreibung in der Präambel sehen indes Fisch, Krieg und Frieden, S. 205; Dickmann, Kriegsschuldfrage, S. 3, 30.

falls auch an anderen Beispielen erkennen. Einerseits wurde in der Aufzählung der Vertragsstaaten die Gesamtheit der Siegermächte – als der einen Vertragspartei – den jeweils einzelnen Verliierernationen – als der anderen Vertragspartei – gegenübergestellt.[65] Eine solche antagonistische Konfrontation, die im französischen Entwurf noch sehr viel stärker zum Ausdruck gekommen war,[66] bedeutete eine Abkehr von der seit dem Wiener Kongress üblicherweise praktizierten Vorgehensweise, welche eine alphabetische Reihenfolge aller Vertragsparteien (nach ihrer französischen Bezeichnung) nahegelegt hätte.[67] Sie entsprach aber der alliierten Vorstellung, dass der Krieg im Namen einer internationalen Gemeinschaft geführt worden sei, um einzelne aggressive Störer zur Räson zu rufen. Trotzdem trafen die Regierungschefs auf der anderen Seite den Beschluss, dass der Frieden in der Präambel nicht als erzwungen („imposed"), sondern als vereinbart („agreed") zu kennzeichnen sei.[68] Nach der Diskussion mit den Konferenzjuristen am 26. April hielt die verknappte Fassung des französischen Beschlussprotokolls fest: „Il est décidé que ce sera une paix ‚agréée' et que le Traité devra être préparé en cette forme."[69] Der Schlüsselsatz der Präambel bestimmte darum direkt im Anschluss an die Konfrontation der beiden Vertragsparteien in schnörkelloser Klarheit, dass diese „have *agreed* as follows: From the coming into force of the present Treaty the state of war will terminate."[70]

---

65 Mit der Auflistung der alliierten Staaten verband sich außerdem die Debatte um eine Unterteilung in Haupt- und Nebenmächte, aber auch die Frage, inwieweit hier jene Staaten aufzuführen seien, die lediglich die diplomatischen Beziehungen zu Deutschland unterbrochen, nicht aber den Krieg erklärt hatten. Das betraf Bolivien, Ecuador, Peru und Uruguay. Erst Anfang Mai fiel die Entscheidung, dass auch diese Nationen zu den Signatarstaaten gehören würden, vgl. Notiz v. 01.05.1919, in: AD, Service Juridique, Fonds Fromageot, Box 4. Die Nennung der Regierungsvertreter zählte zu den letzten Punkten, die vor einer Drucklegung des Vertragstextes überarbeitet wurden, da es hier zu steten Änderungen käme, so Malkin an Forbes, Brief v. 20.06.1919, in: TNA, FO 608/163, Bl. 294f.

66 Hier war Deutschland überhaupt nicht in der Reihe der Vertragsparteien aufgetaucht, sondern hätte sich mit seiner Unterschrift lediglich dazu verpflichtet, das zwischen den Siegerstaaten entstandene Abkommen anzuerkennen und vorbehaltlos auszuführen, vgl. Projet A2, Traité de Paix, Entwurf v. 22.04.1919, in: GUSC, Scott Papers, Box 25/11, S. 7f.

67 Vgl. ergänzend die Kommentierung in Treaty of Versailles, in: FRUS, PPC 1919, Bd. 5, S. 55–740, hier: S. 57–68. Siehe auch Herbert Kraus, Der Friedensvertrag von Versailles, in: JöR 9 (1920), S. 291–332, hier: S. 293.

68 Vgl. Protokoll v. 26.04.1919, in: FRUS, PPC 1919, Bd. 5, S. 299–301, hier: S. 299.

69 Beschluss v. 26.04.1919, in: RdA, Bd. I, S. 126f.

70 In der französischen Fassung entsprechend: „ont *convenu* des dispositions suivantes" (Hervorh. v. Verf.). Hingegen bestreitet Heinhard Steiger, Peace Treaties from Paris to Versailles, in: Lesaffer (Hrsg.), Peace Treaties, S. 59–99, hier: S. 80f., dass in der Präambel ein Konsens der Parteien ausgedrückt worden sei.

Sicherlich: Hier war die Rede vom Ende des Kriegszustandes, nicht vom Beginn des Friedens. Doch eine solche Ausformulierung war üblich, da die Beendigung des Krieges mit der Wiederherstellung des Friedens vielfach in eins gesetzt wurde und sich daneben präziser definieren ließ als der Friedenszustand.[71] Entscheidend ist allein, dass der Ausdruck eines „vereinbarten" Friedens sehr bewusst gewählt und dass das gesamte Abkommen damit ausdrücklich als Vertragsfrieden angelegt wurde.[72] Das mag überraschen, da meist davon ausgegangen worden ist, dass der Vertragsbegriff angesichts des Unterwerfungsanspruchs der Siegermächte nur eine Worthülse gewesen sei; gerade in Deutschland ist diese Auffassung mit großer Leidenschaft vertreten worden.[73] Und auch eine zurückhaltende Interpretation, welche diese Annahme nicht teilt, mag möglicherweise nur den technischen Ausdruck sehen und ihn für unproblematisch halten; demnach wäre die Förmlichkeit, mit der der Abschluss einer kriegerischen Auseinandersetzung ausgedrückt wird, mehr oder minder eine Selbstverständlichkeit.[74]

In beiden Fällen dürfte jedoch die spezifisch vertragsrechtliche Gestalt des Friedensschlusses, seine bewusste Kennzeichnung als Vereinbarung und damit als gemeinsame Willenserklärung der Parteien über den zugrundeliegenden Gegenstand, unterschätzt werden. Tritt man einen Schritt zurück, so springt der darin enthaltene, positivistisch eingefärbte Glaube an die Kraft internationaler Vertragsbeziehungen ins Auge, wie er in den internationalistischen Denkwelten des ausgehenden 19. Jahrhunderts verankert war und ganz dem Selbstverständnis der europäischen Staatenwelt entsprach. Nicht nur stellte der Vertrag die wichtigste Denkfigur der Völkerrechtslehre dar, um das zwischenstaatliche Recht jenseits einer übergeordneten Erzwingungsmacht zu begründen, sondern er versprach auch, die aus einem Krieg resultierenden Machtverhältnisse mitsamt ihren politischen, militärischen und wirtschaftlichen Konsequenzen auf rechtsförmige Weise anzuerkennen und zur stabilen Grundlage der künftigen

---

71 Vgl. Andreas Zimmer, Friedensverträge im Völkerrecht, Koblenz 1989, S. 23f.; Fisch, Krieg und Frieden, S. 314f. Siehe auch Lesaffer, Peace Treaties, S. 76–80.

72 Insofern trifft die Kritik von Nicolson, Peacemaking 1919, S. 95–100, den Sachverhalt nicht.

73 So etwa: Friedrich Stampfer, Von Versailles – zum Frieden!, Berlin 1920, S. 12–15; Hermann J. Held, Der Friedensvertrag von Versailles in den Jahren 1919–1923, in: JöR 12 (1924), S. 313–403, hier: S. 314; Wissmann, Revisionsprobleme, S. 18; aus der jüngeren Literatur etwa Fenske, Anfang vom Ende, S. 111; Kraus, Versailles, S. 11f., 25. Allgemein: Das Diktat von Versailles. Entstehung, Inhalt, Zerfall. Eine Darstellung in Dokumenten, hrsgg. v. Friedrich Berber, 2 Bde., Essen 1939. Als Überblick über den innenpolitischen Konsens in der Weimarer Republik siehe Lorenz, Weltgeschichte, S. 76–136. Für einen Vergleich mit dem Vertrag von Brest-Litowsk außerdem Baumgart, Brest-Litovsk und Versailles, S. 603–607.

74 Generalisierende Überlegungen etwa bei Steiger, Friede in der Rechtsgeschichte; Fisch, Krieg und Frieden, S. 4–17, auch Zimmer, Friedensverträge im Völkerrecht, S. 3–5.

Beziehungen zu machen.[75] Ein Friedensvertrag „verkündet der Welt, woran sie ist"[76], so hatte Bluntschli schon 1868 dargelegt, was nichts anderes meinte, als dass hier die Überlegenheit des Siegers und die Unterwerfung des Verlierers fixiert werden müsse, damit Rechtssicherheit bestehe: „Würde man die Verträge der Staten aus dem Grunde als ungültig anfechten können, daß der eine Stat aus Furcht vor dem anderen und durch dessen Drohungen geschreckt ohne freien Vertragswillen den Vertrag abgeschlossen habe, so gäbe es kein Ende des Völkerstreits und wäre niemals ein gesicherter Friedensstand zu erwarten."[77] Ein solches Urteil war Konsens in der Völkerrechtslehre. John Westlake meinte kurz nach der Jahrhundertwende mit ganz ähnlichen Worten, dass der Kriegssieger notwendig das Recht habe, den Kriegsverlierer zu unterwerfen und zudem eine vertragliche Anerkennung dieser Unterwerfung zu erzwingen: „If it were not so, no valid treaty of peace could be extorted by a successful war."[78] Auch Lassa Oppenheim sekundierte wenig später, indem er allein einen Friedensvertrag als „settled basis of the future relations between the parties"[79] gelten lassen wollte.

In dieser Sicht bedeutete die alliierte Entscheidung für einen Vertragsfrieden also gerade nicht einen Friedensschluss in freier Aushandlung zwischen den Parteien und unter Berücksichtigung aller Interessen, sondern zielte darauf ab, dass die geschlagenen Mächte ihre Niederlage eingestehen und die Bedingungen der siegreichen Seite anerkennen müssten. Ein solches Abkommen war einerseits ein notwendiges Diktat, weil es nicht auf das freie Einverständnis der Kriegsverlierer gegründet war, sondern allein auf die Überlegenheit der Sieger; dass diese bei einer Ablehnung der Friedensbedingungen die Feindseligkeiten wieder aufnehmen konnten, war selbstverständlich und in rechtlicher Sicht unproblematisch.[80] Andererseits erschien die formale Zustimmung der Kriegsverlierer notwendig, da erst ihre förmliche Akzeptanz das Ergebnis des Waffengangs als Grundlage der künftigen Beziehungen festschreiben würde. Es war für die siegreichen Nationen nicht möglich, dieses Grundmodell aufzugeben

---

75 Ein Friedensvertrag zielt im Kern immer auf „die rechtliche Regelung nichtrechtlicher Fragen", so Fisch, Krieg und Frieden, S. 16f. Siehe auch Steiger, Friede in der Rechtsgeschichte, S. 296f.

76 Bluntschli, Das moderne Völkerrecht, S. 382.

77 Ebenda, S. 234.

78 Westlake, International Law, Bd. 1, S. 279.

79 Oppenheim, International Law, Bd. 2 (1906), S. 286. In eine ähnliche Richtung: William Edward Hall, International Law, Oxford 1880, S. 273f., im Wortlaut unverändert noch in Hall, Treatise, S. 336.

80 Vgl. Würtenberger/Sydow, Versailles, S. 44f.; Grewe, Epochen, S. 700, Fn. 8; Georg Kotowski, Die Weimarer Republik zwischen Erfüllungspolitik und Widerstand, in: Hellmuth Rößler (Hrsg.), Die Folgen von Versailles, 1919–1924, Göttingen 1969, S. 143–168, hier: S. 145f.

und den Friedensschluss sichtbar und selbstverständlich auf ihren militärischen Triumph zu stützen. Jede Beendigung des Krieges erforderte eine Beteiligung der besiegten Nationen, selbst wenn sie politisch marginal war und einzig auf eine Unterschrift reduziert wurde. Ein Friedensschluss ohne Vertrag jedoch, in Form einer dauerhaften Übermächtigung, Beherrschung oder Zerschlagung, war undenkbar, selbst im Fall des Osmanischen Reiches, wo es die Eingriffsmöglichkeiten des Vertrages von Sèvres am ehesten noch rechtfertigen, von der Absicht einer drastischen Niederwerfung zu sprechen.

Vor diesem Hintergrund wird schließlich verständlich, warum sowohl der deutsche wie die übrigen Friedensverträge[81] nur von einer blutleeren Präambel eingeleitet wurden, in der weder die militärische Überlegenheit der alliierten Nationen in besonderer Weise herausgestellt wurde noch explizite Aussagen zur Kriegsverantwortung der unterlegenen Mächte oder zu den Motiven der Siegermächte enthalten waren. Auf die damit verknüpfte Debatte zur Schuldzuweisung wird noch einzugehen sein. Dass den Verlierermächten jedoch ein Vertragsfriede verweigert wurde, trifft nicht zu; als problematisch erwies sich vielmehr, dass der Frieden eben nur auf eine vertragsrechtliche Vereinbarung gestützt werden sollte, sein politisches Fundament jedoch unsicher und unbestimmt schien.

Der Friedensschluss als internationales Regime

Dass die Akzeptanz völkerrechtlicher Bindungen, die in der Vergangenheit angeblich zur selbstverständlichen Übung zwischen den europäischen Mächten gezählt hatte, mit dem Weltkrieg problematisch geworden war, wurde bereits mehrfach festgehalten. Es überrascht nicht, wenn Wilson in seiner New Yorker Rede vom 27. September 1918 den Ausblick gewagt hatte, dass „there will be parties to the peace whose promises have proved untrustworthy, and means

---

[81] Angepasst wurden zunächst nur die Angaben zum Kriegseintritt und der Hinweis auf die jeweilige Bündniskonstellation. Allerdings entspannen sich im Fall des österreichischen, dann auch des ungarischen Vertrages längere Debatten, nämlich einerseits, wie in der Präambel die Verantwortung der Doppelmonarchie für den Kriegsausbruch akzentuiert werden könne, ohne dass davon gleichzeitig die neu begründeten Nationen wie die Tschechoslowakei oder der SHS-Staat betroffen seien, und andererseits, ob und welche Länder hier nochmals explizit als Staaten anerkannt werden sollten, vgl. die Unterlagen in The Treaty of St. Germain. A Documentary History of its Territorial and Political Clauses, hrsg. v. Nina Almond u. Ralph Haswell Lutz, Stanford 1935, S. 235–256, sowie unten, S. 436. Im Fall von Bulgarien und dem Osmanischen Reich sollte es hingegen bei der „modification de noms" bleiben, vgl. etwa Traité avec la Turquie, o.D., in: AD, Papiers Tardieu, Box 340, Bl. 143.

must be found in connection with the peace settlement itself to remove that source of insecurity."[82] Umso bemerkenswerter ist, dass der Frieden am Ende trotzdem ganz auf die Annahme gestützt wurde, dass die Verliererstaaten die ihnen vertraglich auferlegten Bedingungen loyal befolgen würden; selbst eine Wiederaufnahme Deutschlands in den Kreis der europäischen Großmächte war bei einer skrupulösen Vertragserfüllung denkbar. Der gedankliche Fluchtpunkt eines Vertragsfriedens zielte auf das Prinzip einer rechtsförmigen Selbstorganisation der Staatenwelt und ihre fortschreitende Formalisierung durch Abkommen, Vereinbarungen und Konventionen. Die alliierten Vertreter mochten sich von der Vorstellung einer Matrix der völkerrechtlichen Auflagen und Verpflichtungen kaum je lösen. Für die Anlage der Friedensverträge ergab sich daraus eine zweifache Konsequenz. Einerseits zeichneten sich die Abkommen durch eine eminente Detailliertheit und Komplexität aus, die sich jeweils in mehreren hundert Artikeln und zahlreichen Anhängen niederschlug. Auf der anderen Seite war die Aufgliederung in fünf Hauptverträge nur ein erster Schritt gewesen, an den sich bald die Begründung weiterer Verträge, Konventionen und Deklarationen anschloss. Beide Aspekte sind an dieser Stelle näher zu beleuchten:

(1.) Mit den Friedensverträgen ging, entgegen der populären Annahme, keine Einschränkung der nationalen Souveränität einher, sondern die Entscheidung für einen Vertragsfrieden bestätigte vielmehr die eigenstaatliche Gewalt der Verlierernationen, ja, bestärkte sie geradezu. Im Gegensatz zu anderen historischen Konstellationen einer Beendigung großer Gewaltkonflikte war es nicht wirklich umstritten, dass die besiegten Nationen als selbstständige Staatswesen fortexistieren würden und dass das Verhältnis zu ihnen schnellstmöglich in geordnete, reguläre Bahnen übergeleitet werden müsste.[83] Halbsouveräne Gebilde oder unklare Abhängigkeitsverhältnisse sollten ebenso vermieden werden wie ein Zustand zwischen Krieg und Frieden. Die staatliche Unabhängigkeit der Verliererstaaten wurde darum zu keinem Zeitpunkt ernsthaft in Frage gestellt, sondern sollte eher noch eindeutiger bestimmt werden; zumal im Fall des zerfallenden Habsburger- wie des Osmanischen Reiches ging es darum, ein Gefüge stabiler einzelstaatlicher Einheiten überhaupt erst zu begründen.

Diese Bedeutung einer souveränen Staatsgewalt war zunächst deshalb so unbestritten, weil sich der Vertragsfrieden nur auf diese Weise überhaupt umsetzen ließ. Während es unübersehbare Ressourcen verlangt hätte, die gegnerischen Staaten militärisch zu übermächtigen und ihre Regierungsapparate der eigenen Erzwingungsgewalt zu unterwerfen, lag es sehr viel näher, einerseits

---

82 Wilson, Rede v. 27.09.1918, in: PWW, Bd. 51, S. 127–133, hier: S. 130.
83 Als Rundblick vgl. etwa Bernd Wegner (Hrsg.), Wie Kriege enden. Wege zum Frieden von der Antike bis zur Gegenwart, Paderborn 2002.

die Handlungsfähigkeit der Kriegsverlierer zu erhalten, andererseits eine möglichst genaue Steuerung und innere Konditionierung durch den Vertragstext anzustreben. In dieser Perspektive lag der eigentliche Clou darin, dass die Umsetzung des Friedens nicht Sache der alliierten Siegermächte, sondern der Verlierermächte sein würde. Die Verträge stellten, den mechanistischen Staatsvorstellungen der Zeit folgend, gleichsam eine Art rechtlicher Programmierung dar, welche die Regierungen der unterlegenen Nationen anleiten und zu einer Rehabilitation im alliierten Sinne anhalten sollte; Ziel war nicht eine dauerhafte Abhängigkeit, sondern eine internalisierte Akzeptanz der internationalen Rechtsordnung, wenigstens aber eine juristisch überformte Eindämmung und Verhinderung jeder neuerlichen Aggression.

In der Tat war der Steuerungsanspruch der Friedensverträge, aber auch der weiteren Abkommen wie etwa der Minderheitenverträge erheblich. Schon ein erster Blick auf den Aufbau des Versailler Vertrages, der immer auch Modell der nachfolgenden Abkommen war, zeigt eine rechtstechnische Komplexität und präskriptive Detailliertheit, die historisch einzigartig waren. Die Pariser Friedensschlüsse von 1814/15 und 1856, der Frankfurter Frieden 1871 oder noch der Frieden von Brest-Litowsk 1918 bestanden jeweils aus kaum mehr als ein oder zwei Dutzend Artikeln, die nur bedingt einer inneren Systematik folgten; selbst die Wiener Kongressakte vom 8. Juni 1815 kam nur auf rund 120 Artikel in acht eklektisch zusammengefügten Kapiteln. Demgegenüber umfasste der Versailler Vertrag insgesamt vierzehn Teile mit insgesamt 440 Artikeln, die teilweise noch über extensive Anhänge und Anlagen verfügten, welche die Bestimmungen weiter präzisierten. Dabei fielen klassische Materien wie die Neuziehung der Grenzen (Teil II) geradezu schmal aus – wiewohl der Anspruch geographischer Exaktheit bei näherem Hinsehen erheblich war –, und auch bei den territorialen Regelungen innerhalb (Teil III) und außerhalb Europas (Teil IV) war es vor allem die kleinteilige Festlegung von Verfahrensvorschriften zu Plebisziten, Optionsrechten oder Verkehrsanlagen, welche den Umfang anschwellen ließen. Im Anschluss an die Regelungen zum Saargebiet (Teil III, Art. 45 bis 50 VV) war beispielsweise ein Annex eingefügt worden, der die Vorschriften über die Gebietsabtretung, die künftige Herrschaftsform und die Rechte der lokalen Bevölkerung in weiteren drei Kapiteln mit 40 zusätzlichen Paragraphen regelte. Die allgemeinen Grundsätze der Reparationsbestimmungen (Teil VIII, Art. 231 bis 244 VV) verfügten über sieben Anhänge, doch umfangreicher noch waren die weitreichenden Vorgaben für Wirtschaft, Finanzen und Verkehr (Teile IX–XII), die sich in der – allerdings dreisprachigen – Fassung des Reichsgesetzblattes allein auf stolze zweihundert Druckseiten addierten. Selbst an scheinbar abseitige Fragen wurde gedacht, etwa wenn detaillierte Vorgaben zur Fortgeltung von Feuerversicherungen gemacht wurden (Abschnitt III., No. 9–10 im Anhang nach Art. 303 VV). Auch die Vorschriften für Entwaffnung, Abrüstung und De-militarisierung (Teil V) waren von strenger Genauigkeit, so dass das Kaliber von Munitionsbeständen oder die Zusammensetzung von Infanteriedivisionen präzi-se geregelt wurden (Art. 167; Tafel nach Art. 180 VV). Hinzu kam nicht nur die Satzung des Völkerbundes (Teil I) an der Spitze des Textes, sondern, gleichsam als Gegenstück, zum Ende hin auch die Satzung der neu zu begründenden In-ternationalen Arbeitsorganisation (Teil XIII).[84]

Dieser umfassende Regelungsanspruch ist verschiedentlich mit dem Ver-such erklärt worden, hier „alles hinein[zupacken], was man dem unterlegenen Deutschland aus Anlass dieser überaus günstigen Gelegenheit abpressen woll-te."[85] Tatsächlich aber handelte es sich zunächst um den Ausdruck einer Alter-nativ- und Hilflosigkeit. Da die deutsche Seite zu einer formellen Kapitulation nicht bereit gewesen war und eine militärische Erzwingung der alliierten Kriegs-ziele bald immer unwahrscheinlicher wurde, flossen beträchtliche Energien in die formalrechtlichen, sozusagen textimmanenten Möglichkeiten zur Feststel-lung des alliierten Sieges wie zur Durchsetzung des Friedens. In den Verhand-lungen wurden immer neue Kommissionen mit immer weiteren Befugnissen er-sonnen, welche die Erfüllung der friedensvertraglichen Bestimmungen kontrol-lieren sollten; allein der Versailler Vertrag sah schlussendlich 25 Kommissionen vor, darunter die territorialen Abstimmungs-, Grenz- und Besetzungskommis-sionen; die interalliierte Kontrollkommission zur Überwachung der Abrüstung und Entmilitarisierung; die Reparationskommission, der die Ermittlung der ge-nauen Zahlungshöhe der deutschen Wiedergutmachungsleistung übertragen wurde; schließlich die Verkehrskommissionen für die deutschen Flüsse.[86] Trotz-dem blieb der Einfluss der Kommissionen ebenso begrenzt wie überhaupt die Sanktionsmöglichkeiten der Siegermächte. Letztere ruhten im Kern auf den Ga-rantiebestimmungen des Teils XIV, also der auf fünfzehn Jahre angelegten Be-setzung des Rheinlandes (Art. 428–432 VV), welche allerdings mit erheblichen politischen Unwägbarkeiten befrachtet war. Bei Licht betrachtet, war für die

---

84 Zur oft notierten, selten aber systematisch befragten Komplexität des Versailler Vertrages vgl. verstreute Hinweise etwa bei Fellner, Friedensordnung von Paris, S. 306; Krüger, Ver-sailles, S. 13; Fisch, Krieg und Frieden, S. 612.
85 So Kraus, Versailles, S. 27. Kritisch auch Schwendemann, Versailles, S. 20; Kraus, Friedens-vertrag, S. 292f.
86 Eine Übersicht etwa als List of Commissions, Conferences, Tribunals to be set up under the Treaty of Peace with Germany, Entwurf v. 28.05.1919, in: TNA, FO 608/169/1, Bl. 3–6. Seit dem 5. Juli tagte eine Kommission zur Durchführung des Versailler Vertrages unter der Leitung von Tardieu, vgl. die Protokolle in RdA, Bd. VI-A-1. Siehe auch die Unterlagen in LoNA, Treaties, R1224, außerdem Walter Simons, Die Belastung der deutschen Souveränität durch die fremden Kommissionen, Berlin 1920.

Vertragsdurchführung darum vornehmlich die Kooperationsbereitschaft der Verlierernationen entscheidend. Dass sich damit zahllose Möglichkeiten für Einsprüche, Verzögerungstaktiken und Täuschungsmanöver verbanden, welche die Umsetzung der Bestimmungen für alle Beteiligten zu einem nervenaufreibenden Geschäft machen sollten, zeigte sich schon bald nach 1920.[87]

Trotzdem geht man nicht fehl, wenn man in der immensen Komplexität des Friedens die hohe Bedeutung gespiegelt sieht, welche Recht, Verträge und schriftliche Selbstverpflichtungen im Vorstellungshorizont der westlichen Gesellschaften seit dem 19. Jahrhundert einnahmen. Die Annahme, dass das Recht das vornehmste Mittel zur Konfliktlösung darstellte, war ebenso verbreitet wie die fortschrittsoptimistische Auffassung, dass eine rationale Steuerung von Staat und Gesellschaft möglich sei und die Willkür einer reinen Machtpolitik ablösen würde. Erst vor diesem Hintergrund hatte sich der Weltkrieg als Kampf um Recht und Gerechtigkeit deuten lassen, und diese Deutung verlängerte sich nunmehr ungebremst in den Friedensschluss. Alle alliierten Handlungsoptionen waren dadurch von Beginn an präfiguriert und begrenzt. Machtpolitische Forderungen, strategische Kalküle, Willkür und nationale Ambitionen ließen sich kaum als unverstelltes Siegerrecht durchsetzen; Ausnahmen, wie im Streit um Fiume, bestätigen die Regel. Stattdessen verschoben sich alle Argumente und Positionen in eine normative Sprache, wurden als legalistische oder legitim erscheinende Ansprüche vorgetragen und nahmen die Gestalt juristischer Klauseln an. Dass diese Form der Verrechtlichung nicht unbedingt eine tatsächliche Kodifikation in der Logik des Völkerrechts bedeutete, ist bereits oben festgestellt worden, zugleich jedoch auch, dass es zu kurz greift, wenn man darin nur die vordergründige Maskierung „eigentlicher" Absichten sieht. Weiter unten wird diese normative Strukturierung für einzelne Komponenten der Pariser Ordnung nochmals im Detail nachgezeichnet; hier kann es bei der Feststellung bleiben, dass der hohe Regelungsgrad des Friedens auf der Vorstellung basierte, dass die Verlierernationen in erster Linie vertrags- und rechtsförmig angeleitet werden sollten und sich tatsächlich auch anleiten lassen würden.

(2.) Die andere wesentliche Dimension, in der die systemische Anlage des gesamten Friedensschlusses nochmals greifbar wird, ist der mehrteilige, geradezu modulare äußere Aufbau. Dass die Aufgliederung in fünf Friedensabkommen von dem Gedanken begleitet war, noch weitere Abkommen hinzuzunehmen und durch eine abschließende Schlussakte zusammenzufassen, wurde bereits ausgeführt, obschon eine solche Gesamtvereinbarung nicht mehr zustande

---

87 Zur konfliktbehafteten Umsetzungsgeschichte vgl. etwa die Beiträge in Conan Fischer/Alan Sharp (Hrsg.), After the Versailles Treaty. Enforcement, Compliance, Contested Identities, London, New York 2008, daneben auch Kleine-Ahlbrandt, Burden of Victory.

kam. An sich war die Ergänzung von Friedensverträgen durch weitere Abkommen und Konventionen, teils auch nur aus „Anlass der guten Gelegenheit"[88], keine wirkliche Neuheit, sondern bereits in der Vergangenheit praktiziert worden. Doch sowohl die Anzahl der Verträge wie ihre Verknüpfung untereinander durch Generalklauseln, parallele Bestimmungen und Verweise ging über alle Präzedenzfälle hinaus. Die fünf Friedensverträge waren von einer ganzen Phalanx weiterer völkerrechtlicher Abkommen – Protokolle, Konventionen, Deklarationen – umgeben, von denen eine interne Aufzeichnung des Redaktionskomitees bereits im Dezember 1919 über 40 Stück zählte;[89] eine Liste des französischen Außenministeriums kam einige Jahre später sogar auf 55 Stück.[90] Tritt man einen Schritt zurück, so lassen sich mindestens drei unterschiedliche Regelungsfelder identifizieren:

Im Zentrum standen, erstens, die Verträge von Versailles, Saint-Germain, Neuilly, Trianon und Sèvres als die fünf Hauptsäulen des Friedens, wobei die vier Letzteren Varianten des deutschen Vertrages darstellten. Bereits zu ihrer Durchführung und Garantie wurden eigenständige Abkommen abgeschlossen, was teils pragmatische, teils politische Gründe hatte. Das zeitgleich mit dem deutschen Hauptvertrag am 28. Juni unterzeichnete Protokoll regelte beispielsweise einige Auslegungsfragen und Unklarheiten in der letzten Entwurfsfassung, die vor der Drucklegung des endgültigen Vertrages nicht mehr hatten berücksichtig werden können.[91] Auch das bei gleicher Gelegenheit unterschriebene Rheinlandabkommen präzisierte lediglich die in Artikel 428–432 VV erlassenen Bestimmungen über die alliierte Besetzung des linken Rheinufers in technischer Hinsicht. Hingegen stellte der ebenfalls am 28. Juni, allerdings schon am Vormittag im kleinen Rahmen unterzeichnete Beistandspakt zwischen Frankreich und den USA bzw. Großbritannien ein politisch so heikles Zugeständnis dar – er sollte den französischen Verzicht auf eine linksrheinische Sicherheitszone kompensieren, drohte dadurch aber das Vertrauen in den Völkerbund zu relativieren –, dass nur ein separates Abkommen vorstellbar war.[92] In inhaltlicher wie formaler Nähe zu den Friedensverträgen standen auch die Minderhei-

---

88 Zimmer, Friedensverträge im Völkerrecht, S. 6.
89 Vgl. State of the Work of the Drafting Committee, 12.12.1919, in: TNA, FO 608/172/19, Bl. 531–533.
90 Vgl. Traité et Conventions. État des Signatures, Accessions, Adhésions et Ratifications, in: RdA, Bd. VI-C, S. 396–416, hier: S. 397f.
91 Vgl. Protocol to the Treaty of Peace, 28.06.1919, in: FRUS, PPC 1919, Bd. 13, S. 740–742. Siehe dazu den Briefwechsel zwischen Brockdorff-Rantzau und Clemenceau, in: Urkunden zum Friedensvertrage, hrsgg. v. Kraus/Rödiger, Bd. I, S. 685–691, sowie die Empörung über die „vergessenen Konzessionen" etwa bei Kraus, Friedensvertrag, S. 293.
92 Vgl. Jackson, Beyond the Balance, S. 290–297. Details dazu unten, S. 570f.

tenschutzverträge mit Polen, der Tschechoslowakei, dem SHS-Staat, Rumänien und Griechenland, welche die entsprechenden Vorschriften der Verträge mit Österreich, Bulgarien, Ungarn und dem Osmanischen Reich spiegelten. Gerade indem diese Verträge auf eine innere Pazifikation der betroffenen Gesellschaften durch eine Teilhabe von Minderheiten zielten, lassen sie sich zum eigentlichen Kern der angestrebten Friedensordnung zählen, ebenso wie die Konvention zum griechisch-bulgarischen Bevölkerungsaustausch, die parallel zum Vertrag von Neuilly am 27. November 1919 unterzeichnet wurde.[93] Zu den Friedensregelungen im engeren Sinne zählte schließlich auch eine Reihe von Einzelvereinbarungen technischer Natur (so der nachträgliche Beitritt des SHS-Staates zum Vertrag von Saint-Germain oder die Verteilung der österreich-ungarischen Reparationslasten[94]), die ersten Verordnungen der Botschafterkonferenz (etwa zu einem zeitweilig erwogenen Plebiszit in Teschen[95]) und einseitige politische Erklärungen (beispielsweise die Deklaration der deutschen Regierung, Artikel 61 der Weimarer Reichsverfassung als unanwendbar zu betrachten).

Lassen sich all diese Instrumente noch einer Regelung der unmittelbaren Kriegsfolgen zurechnen, so wurden in Paris, zweitens, auch solche Streitfälle in den Blick genommen, welche nicht unmittelbar aus dem Weltkrieg herrührten, sondern in den internationalen Beziehungen seit längerem virulent waren. Dabei handelte es sich fast ausschließlich um umstrittene Territorialfragen, an deren Regelung die Verlierermächte nicht direkt beteiligt waren, an denen aber die alliierten Hauptmächte ein Interesse besaßen. Ein Beispiel wären die bald nach Kriegsende aufgekommen Überlegungen, im Rahmen der Friedensverhandlungen auch die langandauernden Grenzstreitigkeiten zwischen Peru, Chile und Bolivien, namentlich den Konflikt um die seit dem Salpeterkrieg (1879–1884) chilenisch besetzten Städte Tacna und Arica, aufzugreifen, was jedoch auf Drängen der USA rasch wieder von der Agenda abgesetzt wurde.[96] Demgegenüber wurde in der Frage der als staatenlos angesehenen, seit der Entdeckung reicher Kohlevorräte aber heftig umstrittenen Inselgruppe von Spitzbergen eine Einigung mit dänischen und norwegischen Emissären erzielt. Eine am 9. Februar 1920 unter alliierter Vermittlung geschlossene Konvention stipulierte

---

93 Zum System der Minderheitenschutzverträge siehe unten, S.629ff.
94 Vgl. 2 LNTS 36.
95 Vgl. 2 LNTS 50.
96 Vgl. Lansing an Polk, Telegramm v. 16.01.1919, in: FRUS, PPC 1919, Bd. 1, S. 561f.; Miller/ Scott, Memorandum zu Tacna-Arica v. 30.12.1918, in: DHMD, Bd. 3, S. 1–3. Skepsis zeigte sich auch in der britischen Delegation, wo diese Frage als ungeeignet für die Friedenskonferenz befunden wurde, vgl. Gerald Spicer, Minute v. 25.01.1919, in: TNA, FO 608/173/31, Bl. 479. Zum weiterem Verlauf auch Thomas Fischer, Die Souveränität der Schwachen. Lateinamerika und der Völkerbund 1920–1936, Stuttgart 2012, S. 140–166.

die norwegische Souveränität über das Gebiet, erklärte aber andererseits eine weitgehende Entmilitarisierung sowie eine internationale Ausbeutung der Bodenschätze.[97] Der Streit um die Åland-Inseln, also die Auseinandersetzung zwischen Schweden und Finnland um die Zugehörigkeit der dünn besiedelten, aber militärstrategisch wichtigen Inselgruppe inmitten der Ostsee, wurde hingegen zwar thematisiert – schon im April hatte sich Manley O. Hudson in die einschlägige völkerrechtliche Literatur eingelesen[98] –, letztlich aber ohne Entscheidung an den Völkerbund weitergereicht.[99] Auch die im Juli 1919 begonnenen Beratungen über eine Revision des Endvertrages von London (1839), der die belgische Neutralität hatte garantieren sollen und der nach dem deutschen Einmarsch gegenstandslos geworden war, endeten zunächst ohne Ergebnis. Obschon fertige Vertragsentwürfe vorlagen und besonders für die internationale Schifffahrt auf der Schelde auch dringend erwartet wurden, ließ sich eine Einigung aufgrund von belgisch-niederländischen Spannungen erst im April 1925 erzielen.[100]

Der dritte, ungleich größere Bereich der in den Pariser Verhandlungen beratschlagten Abkommen entfiel schließlich auf zwischenstaatliche Vertragsbeziehungen in einem allgemeinen Sinn. Damit sind in erster Linie die zahlreichen multilateralen Abkommen und Konventionen gemeint, welche die internationale Ordnung seit dem ausgehenden 19. Jahrhundert in zunehmendem Maße strukturiert hatten; auf diese Form einer „funktionalen Weltverflechtung durch Völkerrecht"[101] wurde bereits hingewiesen. Nicht wenige dieser Abkommen waren infolge des Krieges ausgesetzt worden, so dass es in einem ersten Schritt notwendig war, über ihr weiteres Schicksal zu entscheiden. Dazu zählten die Generalakten der Berliner Afrikakonferenz von 1885 oder der Brüsseler Antisklaverei-Konferenz von 1890, über deren Revision ab dem 8. Juli 1919 eine eigene Kommission verhandelte.[102] In einem weiteren Sinne gehörten hierzu aber nahezu sämtliche multilateralen Abkommen der Vorkriegszeit, von den 1904 bzw. 1910 geschlossenen Abkommen gegen den Frauen- und Mädchenhandel („Sup-

---

97 Vgl. RdA, Bd. VII-C-1; 2 LNTS 7.
98 Vgl. Hudson Diary, Eintrag v. 12.04.1919, in: HLSL, Hudson Papers, Box 166/1, S. 272.
99 Vgl. RdA, Bd. IV-C-7. Zur Uneinigkeit der Kommission siehe den Bericht des Vorsitzenden an den Supreme Council, 25.08.1919, in: ebenda, S. 204f. Über die Åland-Frage im deutschen Kalkül vgl. Grupp, Deutsche Außenpolitik, S. 262–268, eine unorthodoxe rechtshistorische Darstellung auch bei Berman, Passion and Ambivalence, S. 195–208.
100 Vgl. RdA, Bd. VII-C-2, dort S. 256–270 auch ein belgisch-niederländischer Vertragsentwurf (mitsamt Schiedsbarkeits-Konvention) sowie der Entwurf eines multilateralen Abkommens. Siehe auch Marks, Innocent Abroad, S. 280f.; Tillman, Anglo-American Relations, S. 194f.
101 Vgl. Vec, Recht und Normierung, S. 21. Siehe oben, S. 43f.
102 Vgl. RdA, Bd. VII-A-2.

pression of the White Slave Traffic") über die Sanitätskonvention von 1903 und die 1891 erneuerten Vereinbarungen des Weltpostvereins bis zur 1865 begründeten Konvention zur internationalen Verwaltung des Leuchtturms vor Kap Spartel (Marokko).[103]

Die Entscheidung über ein Wiederaufleben dieser – gemeinhin als unpolitisch betrachteten und darum mit dem Begriff der „economic treaties" belegten – Vereinbarungen hatte der Supreme Council im Februar der Wirtschaftskommission übertragen, auch weil in den Delegationen Uneinigkeit darüber bestand, wie in dieser Sache zu verfahren sei.[104] Hinter den Kulissen suchte Fromageot darum das Gespräch mit Hurst, um ihn vom französischen Standpunkt zu überzeugen, dass „this war had been such an exceptional war that it would be advisable to regard all treaties to which there had been enemy parties as well as Allied parties as at an end."[105] Das war von einer älteren Mehrheitsmeinung in der Völkerrechtslehre durchaus gedeckt,[106] kollidierte allerdings mit der Erwartung einer Vertiefung und Formalisierung der zwischenstaatlichen Verhältnisse. Nicht zuletzt deshalb verfocht die amerikanische Delegation die gegensätzliche Position, wonach nicht nur das automatische Wiederinkrafttreten dieses Vertragsgeflechts selbstverständlich sei, sondern ein weiterer Ausbau, zumal im Bereich der Handelsbeziehungen, zwingend geboten. Der zuständige Experte, Allyn Abbott Young, hatte bereits im Abschlussmemorandum der Inquiry einen „general commercial treaty" favorisiert, mit dem „a simple and uniform system of equality and fair dealing in all (...) trade relations"[107] garantiert werden könne.

In der Tat drängte es sich auf, neben der Erneuerung der bisherigen Verträge und Konventionen, die schließlich mit Artikel 282 bis 295 VV mehrheitlich wieder in Kraft gesetzt wurden,[108] zugleich über eine Vertiefung der internatio-

---

103 Eine britische Übersicht der einschlägigen Abkommen als Note by the British Delegation on the Abrogation or Revival of Economic Treaties, 11.03.1919, in: BDFA II, Ser. I, Bd. 4, S. 202f.
104 Protokoll v. 21.02.1919, in: FRUS, PPC 1919, Bd. 4, S. 58–82, hier: S. 64f.
105 So in der Wiedergabe von Hurst, Minute v. 22.02.1919, in: TNA, FO 608/72/29, Bl. 561B. Siehe auch Fromageot, Aktennotiz v. 24.02.1919, in: AD, Série A. Paix, 63, Bl. 191f.
106 Vgl. Hall, Treatise, S. 398–403; John Westlake, International Law, Bd. 2: War, Cambridge 1907, S. 29–32. In der Diskussion wurden verschiedene Kategorien internationaler Verträge vorgeschlagen, um Annullierung und Wiederaufleben differenziert erfassen zu können. Siehe aus heutiger Sicht Aust, Modern Treaty Law, S. 271f., daneben Zimmer, Friedensverträge im Völkerrecht, S. 46–49.
107 Outline of Tentative Report and Recommendations Prepared by the Intelligence Section, 21.01.1919, in: DHMD, Bd. 4, S. 209–281, hier: S. 270.
108 Vgl. Report presented by the Sub-Commission on Economic Treaties, 08.04.1919, in: TNA 608/74/4, Bl. 200–208B. Nach Art. 23 und 24 VBS wurden diese Verträge und ihre Büros zudem einer Aufsicht durch den Völkerbund unterstellt, vgl. Die Satzung des Völkerbundes. Vorver-

nalen Vertragsbeziehungen zu sprechen. Doch die Ergebnisse waren gemischt. So wurden zwar die Minderheitenschutzverträge dazu genutzt, die neuen Staaten wie Polen und die Tschechoslowakei, aber auch den SHS-Staat oder Griechenland auf den Beitritt zu einer Reihe derartiger Konventionen zu verpflichten, was mit Auflagen zum Marktzugang, zur Zollgesetzgebung oder Transitfreiheit verbunden war.[109] Trotzdem kam der von Young favorisierte „general commercial treaty" oder auch „commercial multilateral treaty", mit dem die gesamten Handels- und Wirtschaftsbeziehungen auf eine neue, freihändlerische Grundlage gestellt werden sollten, nie über vage Anfangsideen hinaus.[110] Die zuständigen britischen und französischen Experten sprachen zwar ebenfalls von der Notwendigkeit einer neuen Wirtschaftsordnung. Doch während Keynes dabei an eine etappenweise, behutsame Rückkehr zu einer Marktwirtschaft dachte, atmete die von Étienne Clémentel verfochtene Idee eines suprastaatlichen Zusammenschlusses bestimmter Wirtschaftszweige noch ganz den protektionistischen Geist der interalliierten Kartellwirtschaft aus dem Krieg. Ein solcher Staatsdirigismus war mit den amerikanischen Vertretern kaum zu machen, deren Betonung marktliberaler Motive bei den europäischen Verbündeten umgekehrt schon deshalb kaum Gehör fand, weil dadurch empfindliche Nachteile befürchtet wurden: Würden die bislang auf die Verlierernationen beschränkten ökonomischen Vorgaben, an erster Stelle das Meistbegünstigungsprinzip, auf alle Nationen ausgedehnt, so drohe die deutsche Industrieproduktion, die kaum von Kriegszerstörungen betroffen worden sei, alle Ansätze einer wirtschaftlichen Erholung etwa in Frankreich oder Belgien zunichtezumachen, was die Rollen von Kriegssieger und Kriegsverlierer geradewegs umgekehrt hätte.[111]

Ähnlich erfolglos verliefen die Gespräche im Fall der maßgeblich von britischer Seite angestrebten Generalkonvention für Verkehr und Transit, die in der Kommission für die Internationalisierung von Häfen, Wasserstraßen und Eisen-

---

öffentlichung aus dem Kommentar zum Friedensvertrag, kommentiert von Walther Schücking und Hans Wehberg, Berlin 1921, S. 481–484.

109 Siehe unten, S. 643f.

110 Vgl. Allyn Abbott Young, The Economic Settlement, in: House/Seymour (Hrsg.), What really happened at Paris, S. 291–318, hier: S. 314.

111 Vgl. Marc Trachtenberg, „A New Economic Order". Etienne Clementel and French Economic Diplomacy during the First World War, in: French Historical Studies 10, H. 2 (1977), S. 315–341, außerdem Jackson, Beyond the Balance, S. 247–254, 261f.; Tooze, Deluge, S. 251, 290f.; Fellner, Friedensordnung von Paris, S. 316–318. Überblicke weiter bei Elisabeth Glaser, The Making of the Economic Peace, in: Boemeke/Feldman/Glaser (Hrsg.), Treaty of Versailles, S. 371–400; Soutou, L'or et le sang, S. 748–844; Haupts, Deutsche Friedenspolitik, S. 155–179, 342–356.

bahnen in den ersten Sitzungen noch erörtert worden war.[112] Die Vorbehalte einzelner Staaten gegenüber einer weitreichenden Öffnung der Verkehrswege – darunter die Sorge der US-Regierung vor einer Internationalisierung des Panama-Kanals – waren aber letztlich zu groß, so dass das Thema noch im Februar wieder von der Tagesordnung genommen wurde.[113] Trotzdem fügte sich die Idee einer solchen Verkehrskonvention passgenau in die Erwartungen an eine systematische Neuordnung und Institutionalisierung der internationalen Verhältnisse durch den Friedensschluss. Es überrascht nicht, wenn der Supreme Council darum die Kommission im April zu weiteren Vorarbeiten für eine derartige Konvention jenseits des Friedensvertrages ermutigte.[114] Mit Erfolg, denn anhand von informellen Kontakten und Gesprächen lässt sich durchaus eine Linie von der Kommission in Paris bis zur Verkehrskonferenz des Völkerbundes 1921 in Barcelona ziehen.[115]

Eindeutig auf der Habenseite konnte verbucht werden, dass eine eigene Fachkommission zwischen März und Juli 1919 eine Luftfahrtkonvention ausarbeitete. Mit diesem Abkommen, das am 13. Oktober 1919 unterzeichnet wurde (obschon sich bereits Art. 319 VV darauf bezog), wurde die aufkommende zivile Luftfahrt erstmals in ihren Grundzügen geordnet.[116] Auch dass Artikel 295 VV den Beitritt aller Unterzeichnerstaaten des Versailler Vertrages zur Internationalen Opium-Konvention von 1912 stipulierte, mochte aus Sicht eines fortschrittsorientierten Internationalismus als Erfolg gelten.[117] Hier war neben allen humanitären Argumenten vor allem auf die Begründung zurückgegriffen worden, dass die Konvention in der Vergangenheit von eher zweifelhaften Staatswesen

---

112 Vgl. Protokoll v. 02.02.1919, in: RdA, Bd. IV-B-5, S. 11–31. Siehe auch das PID-Memorandum on Freedom of Transit [ca. 22.11.1918], in: TNA, FO 371/4354, Bl. 113–116. Weiter: Temperley, History, Bd. 2, S. 96f., 111.

113 Vgl. Hudson Diary, Eintrag v. 27. u. 28.02.1919, in: HLSL, Hudson Papers, Box 166/1, S. 148, 152; Stabler an Miller, Memo v. 28.02.1919, in: GUSC, Scott Papers, Box 5/9. Die Zurückhaltung der USA war wenig konsequent, denn im Fall der Dardanellen wurde eine Internationalisierung emphatisch eingefordert, vgl. Walworth, Wilson and his Peacemakers, S. 492, Fn. 40. Siehe auch MacMillan, Peacemakers, S. 187.

114 Vgl. Protokoll v. 26.04.1919, in: Mantoux, Deliberations, Bd. 1, S. 381–388, hier: S. 381f.

115 Vgl. G.E. Toulmin, The Barcelona Conference on Communications and Transit and the Danube Statute, in: BYBIL 3 (1922/23), S. 167–178; David Hunter Miller, The International Regime of Ports, Waterways and Railways, in: AJIL 13, H. 4 (1919), S. 669–686. Übergreifend auch Ivan Jakubec, Eisenbahn und Elbeschiffahrt in Mitteleuropa 1918–1938. Die Neuordnung der verkehrspolitischen Beziehungen zwischen der Tschechoslowakei, dem Deutschen Reich und Österreich in der Zwischenkriegszeit, Stuttgart 2001, S. 18–53; Karl F. Reiter, Die Verkehrsbestimmungen des Versailler Vertrages und ihre Weiterbildung auf den allgemeinen Verkehrskonferenzen von Barcelona und Genf, Würzburg 1929.

116 Vgl. RdA, Bd. VII-A-1.

117 Die analogen Bestimmungen in Art. 247 VSG; Art. 230 VT, Art. 174 VNS; Art. 280 VS.

wie Deutschland (als Hauptproduzent von Kokain) und der Türkei (als Haupt-produzent von Opium) blockiert worden sei, der Triumph der zivilisierten Natio-nen über diese Staaten also auch als Sieg über die Gefahren des Drogenkon-sums verstanden werden könne.[118] Doch schon der vergleichbare Vorstoß für ei-ne Verpflichtung aller Signatarstaaten auf die Berner Konvention zum Urheber-recht von 1886 (in der Fassung vom 20. März 1914) blieb rasch stecken. Durch die Aufnahme einer entsprechenden Klausel sollte besonders der Beitritt der USA und Österreich-Ungarns, die sich bislang gegen eine Mitgliedschaft ge-sperrt hatten, erwirkt werden. Weil jedoch das Vorhaben im Wesentlichen vom Büro der Organisation in Bern selbst initiiert worden war, scheiterte es sang- und klanglos; Artikel 286 VV setzte die Konvention zwar wieder in Kraft, in Arti-kel 306 VV wurden aber zugleich eine Reihe von Ausnahmen bestimmt.[119]

Schließlich mochte es sich aufdrängen, nach den Konventionen des Haager Kriegsvölkerrechts zu fragen, deren Weiterentwicklung durch eine dritte Haager Konferenz bis in die Kriegszeit gefordert worden war, so dass eine Thematisie-rung in den Friedensgesprächen wenigstens für unbefangene Betrachter nahe-lag. Doch eine solche Forderung wurde in den Delegationen der alliierten Hauptmächte allenfalls von einer kleinen Minderheit erhoben. Nicht nur in der Frage einer Schiedsgerichtsbarkeit, auf die noch im Detail einzugehen ist, be-standen Vorbehalte. Auch im Bereich der kriegsvölkerrechtlichen Vorgaben und Verpflichtungen war die Unsicherheit hoch, inwieweit eine weitere Kodifi-kation überhaupt wünschbar sei. Die britische Seite hatte sich beispielsweise schon frühzeitig darauf festgelegt, alle derartigen Fragen auszuklammern und im Zweifelsfall eher die Abschaffung einengender Auflagen und Regeln zu for-dern, namentlich der Pariser Seerechtsdeklaration von 1856. Jede Diskussion „of the laws of war might serve a useful purpose", so merkte Philip Noel-Baker

---

118 Vgl. Memorandum respecting the Enforcement of the 1912 Convention for the Suppression of the Opium Traffic, 26.03.1919, in: TNA, FO 374/20, Bl. 215Bf. Im Kern handelte es sich um eine amerikanische Initiative, die jedoch möglicherweise von einem Vorstoß des chinesischen Botschafters in Kopenhagen motiviert worden war, der an Lansing einen entsprechenden Ap-pell gerichtet hatte, siehe Yen an Lansing, Brief v. 22.12.1918, in: DHMD, Bd. 3, S. 416f., dort auch eine Ausarbeitung von Hudson zur internationalen Opium-Konvention. Siehe auch Shot-well Diary, Eintrag v. 03.02.1919, in: Shotwell, Paris Peace Conference, S. 163. Obwohl Lansing die Frage zunächst als unpassend für den Friedensvertrag bezeichnet hatte, machte er sich einige Wochen später im Council of Five zum Fürsprecher einer entsprechenden Regulierung, vgl. Lansing, Protokoll der Daily Meetings of the Commissioners Plenipotentiary, 05.02.1919, in: FRUS, PPC 1919, Bd. 11, S. 16–20, hier: S. 18.
119 Vgl. Isabella Löhr, Die Globalisierung geistiger Eigentumsrechte. Neue Strukturen interna-tionaler Zusammenarbeit 1886–1952, Göttingen 2010, S. 96f.

hintersinnig an, als in der argentinischen Presse entsprechende Forderungen aufkamen, „but not the one for which they were intended."[120]

Damit lässt sich für diesen und die vorangegangenen Abschnitte bilanzieren: Die Pariser Ordnung besaß im Konzept des völkerrechtlichen Vertrages eine zentrale Grundfigur. Der Glaube an die Kraft rechtverbindlicher Abkommen zwischen Staaten, wie er in den westlichen Gesellschaften des 19. Jahrhunderts aus einem – durchaus fragwürdigen – Analogieschluss zu dem Idealbild einer bürgerlichen Gesellschaft entsprungen war, überformte im Jahr 1919 alle Entscheidungen im Übergang vom Krieg zum Frieden. Dass die Verlierernationen zu Gebietsabtretungen, Entschädigungen oder künftigen Verhaltensweisen in erster Linie vertraglich verpflichtet werden sollten und werden könnten, stand ebenso außer Frage wie die Auffassung, dass der Frieden die vertragsförmige Verflechtung der Staatenwelt insgesamt festigen würde; beides trug dazu bei, dass sowohl Regelungsdichte wie Regelungskomplexität des Friedens präzedenzlos waren. Der völkerrechtliche Vertrag war zudem die einzig denkbare Figur einer internationalen Regulierung, welche die Souveränität der Staaten nicht aushöhlte, sondern voraussetzte. Anstatt die Beschlüsse von 1919/20 also als Strukturbruch in den internationalen Beziehungen zu begreifen, ist es sinnvoller, darin ein internationales Regime zu erkennen. Im Sinne der einschlägigen politik- und rechtswissenschaftlichen Begrifflichkeit ist damit gemeint, dass der Friedensschluss ein Ensemble von Prinzipien und Normen, Regeln und Verfahren darstellte, in deren Mittelpunkt das Prinzip vertrags- und rechtsförmiger Beziehungen zwischen unabhängigen Staaten stand. Es ging nicht um die Einrichtung einer übergeordneten Zwangsgewalt oder um die Unterwerfung unfriedlicher Nationen, sondern die Verpflichtung und Selbstverpflichtung aller Staaten auf ein multilaterales, beitrittsoffenes, rechtssetzendes Regime mit gleichrangigen Teilnehmern.[121]

Der entscheidende Punkt ist, dass dieses Regime nahezu ausschließlich auf die Bindung der Verlierernationen gestützt wurde. Alle vertraglichen Auflagen, Vorgaben und Zwänge sollten die in alliierten Augen notorische Unberechenbarkeit der einstigen Kriegsgegner einhegen und sie zu einer unbedingten

---

120 Baker, Minute v. 20.02.1919, in: TNA, FO 608/173/33, Bl. 618. Zur Debatte um die Schiedsbarkeit siehe unten, S. 577ff., zur britischen Kritik an der Seerechtsdeklaration oben, S. 120f. u. 304f.

121 Zum Konzept des „internationalen Regimes" vgl. Stephen D. Krasner (Hrsg.), International Regimes, 8. Aufl., Ithaca, N.Y. 1995, und als wesentlicher Begründer auch Robert O. Keohane, After Hegemony. Cooperation and Discord in the World Political Economy, Princeton 1984, bes. S. 49–109. Instruktiv die Verknüpfung von völkerrechtlichen Vertragsregimen zu Global-Governance-Strukturen bei Nele Matz, Wege zur Koordinierung völkerrechtlicher Verträge. Völkervertragsrechtliche und institutionelle Ansätze, Berlin u.a. 2005, S. 340–390.

Rechts- und Vertragstreue anhalten. Wohl verpflichteten manche Klauseln auch die Siegernationen. Doch damit verband sich ein geringeres Problem. Nicht nur achteten die Vertreter der Siegernationen sorgfältig und argwöhnisch darauf, keine besonders engen Bindungen einzugehen, sondern sie stellten die Maßstäbe des Friedens als prinzipiell identisch mit ihrem eigenen Selbstverständnis dar. In dieser Sicht sanktionierte und korrigierte das Regime der Friedensabkommen das Fehlverhalten der Verlierermächte, bestätigte aber die Rolle der alliierten Mächte als Repräsentanten der internationalen Gemeinschaft.

Eine solche Deutung war Voraussetzung, aber noch nicht identisch mit der Etablierung des Völkerbundes, von der noch ausführlicher die Rede sein wird. Hier kann es zunächst bei dem Hinweis bleiben, dass die Satzung des Völkerbundes, die als eigenständiges Abkommen in die fünf Friedensverträge inkorporiert worden war,[122] in einer eigenen Präambel sämtliche Motive in feierlicher Sprache aufführte, welche das Regime der Friedensverträge in alliierter Sicht auszeichnen sollten. Nicht ohne Grund hatte James Brown Scott die Kürze der Präambel des eigentlichen Friedensabkommens mit dem Hinweis auf die unmittelbar folgende Eröffnungsfanfare des Völkerbundkapitels gerechtfertigt.[123] Von einer internationalen Organisation mit eigener Rechtspersönlichkeit war nicht die Rede, sondern es ging ausschließlich darum, die Verhältnisse zwischen den Mitgliedsstaaten – zu denen die Verlierermächte noch nicht gehören konnten – als friedliche, vertrags- und rechtsförmige Beziehungen zu beschreiben. Das vorrangigste Ziel des Völkerbundes, so hieß es zum Auftakt, sei die Förderung der „international co-operation" und die Sicherung von „international peace and security" zwischen allen Mitgliedern. Dazu wurden vier Voraussetzungen formuliert, namentlich die Bereitschaft, zwischenstaatliche Konflikte nicht gewaltsam zu lösen, eine Verpflichtung auf „open, just and honorable relations" miteinander, die Anerkennung des Völkerrechts „as the actual rule of conduct among Governments" und schließlich, und erkennbar am wichtigsten, der „scrupulous respect for all treaty obligations in the dealings of organized peoples with one another".[124]

---

122 Auch David Hunter Miller als einer der wesentlichen Autoren der Satzung konnte rückblickend ein Staunen über diesen Aufbau nicht verhehlen, siehe Miller, Drafting, Bd. 1, S. 398: „In the final result, the Covenant was a document within a document, a treaty within a treaty; yet at the same time a separate and independent agreement (...). I do not recall any precedent even remotely similar in international documents".

123 Vgl. Scott, Protokoll v. 26.04.1919, in: FRUS, PPC 1919, Bd. 5, S. 299–301, hier: S. 299. Siehe auch Marston, Peace Conference, S. 188.

124 Vgl. Kennedy, Move to Institutions, S. 915–917, im Detail auch Paul You, Le Préambule des traités internationaux, Fribourg 1941, S. 90–104. Für Hinweise zur Entstehungsgeschichte vor allem Miller, Drafting, Bd. 1, S. 217–229, 260–262 u.ö.; Florence Wilson, The Origins of the

Das war ein getreuliches Abbild der normativen Erwartungen, wie sie in den westlichen Gesellschaften vor und während des Weltkrieges bestanden hatten. Die Welt war nur als ein staatliches Gliederungsgefüge vorstellbar, als ein Netz formalisierter Vertrags- und Rechtsverhältnisse zwischen den gleichartigen Einheiten der „organized peoples". Eben dieser vertragsförmige, staatszentrierte Internationalismus sollte durch das Regime der Friedensverträge wiederhergestellt, bestätigt und gesichert werden, wie es die alliierten Vertreter der deutschen Seite auch selbstbewusst ins Stammbuch diktierten: „[M]ultilateral and bilateral treaties between peoples must exist in times of peace, so that the principles of international law may be enforced and normal international relations maintained."[125] Doch dieses Selbstverständnis bewegte sich auf dünnem Eis. Letztlich blieben die Pariser Abkommen und Verträge jede überzeugende Antwort auf die Frage schuldig, wie sich die Einbindung der Verlierernationen jenseits von vertraglichen Auflagen und Beschränkungen gewährleisten ließ.

2 Erzwungene Integration: Der Friedensschluss mit Deutschland

Die „Herbeiführung eines Rechtsfriedens"[126], so hatte Ulrich Graf Brockdorff-Rantzau anlässlich seiner Ernennung zum Staatssekretär des Äußeren am 24. Dezember 1918 erklärt, sei die erste und vornehmste Aufgabe seines Amtes. Weder dieser Begriff noch seine öffentliche Verwendung vor den in Berlin versammelten Pressevertretern war ein Zufall. Zwar war Brockdorff-Rantzau bekannt, dass die Vertreter der Siegernationen in Paris zunächst nur untereinander beraten würden und, wenn überhaupt, erst im Anschluss ein Kongress mit den Verlierermächten zu erwarten sei. Trotzdem versuchte der oberste Diplomat

---

League Covenant. Documentary History of its Drafting, London 1928, S. 17–19, aufbauend auf der von ihr für die ACNP zusammengetragenen Documentary History of the Treaty of Peace. Covenant of the League of Nations, o.D. [1919], in: YLMA, Polk Papers, Box 36/816 (auch in: PUSC, Baker Papers, Box 8). Aus deutscher Sicht daneben Die Satzung des Völkerbundes, hrsgg. v. Schücking/Wehberg, S. 90–93, sowie die Dissertation des Sohnes von Walter Simons (Hans Simons, Die Präambel zur Pariser Völkerbundssatzung und das Völkerrecht, Diss. iur., Königsberg 1921), die notabena von Herbert Kraus betreut wurde.
125 Reply of the Allied and Associated Powers to the Observations of the German Delegation on the Conditions of Peace, 16.06.1919, in: FRUS, PPC 1919, Bd. 6, S. 935–996, hier: S. 974. Ganz ähnlich gegenüber der bulgarischen Delegation, siehe Reply of the Allied and Associated Powers to the Observations of the Bulgarian Delegation on the Conditions of Peace, 03.11.1919, in: ebenda, Bd. 8, S. 880–902, hier: S. 896.
126 Brockdorff-Rantzau, Erklärung vom 24.12.1918, in: Dokumente, hrsgg. v. Ulrich v. Brockdorff-Rantzau, Charlottenburg 1920, S. 13.

der jungen Republik, die Gegenseite mit der Forderung nach einem Rechtsfrieden schon frühzeitig festzulegen, und zwar juristisch auf die Lansing-Note vom 5. November, in einem moralischen Sinne aber auf eine Anerkennung der Demokratisierung Deutschlands. Der Übergang vom Kaiserreich zur Republik müsse und werde von der Gegenseite durch milde Friedensbedingungen honoriert werden, so die Überlegung, welche die zivilen und militärischen Spitzen des Reiches seit dem Frühherbst 1918 in selbstsuggestiver Weise beherrschte und die nunmehr von Brockdorff-Rantzau zum Fundament seiner außenpolitischen Konzeption genommen wurde.

Dass diese Strategie scheiterte und Deutschland zur Unterzeichnung eines harten, kompromisslosen und zutiefst ungerechten Friedensvertrages gezwungen worden sei, dürfte einen verbreiteten Konsens wiedergeben. Das folgende Kapitel will sich von dieser eingeschliffenen Interpretation ein Stück weit lösen. Es nimmt die bekannten Vorgänge zwischen der Übergabe der alliierten Friedensbedingungen am 7. Mai und der Unterzeichnung des Friedensvertrages am 28. Juni aus größerer Distanz in den Blick und schließt zugleich an die im vorhergehenden Kapitel entwickelten Einsichten in die spezifische Form des Friedensschlusses an. Im Mittelpunkt stehen nicht nur die erheblichen Diskrepanzen zwischen dem alliierten Verständnis des Friedens und den deutschen Deutungen und Umdeutungen, sondern ebenso, und darum soll es in besonderer Weise gehen, die variierenden Berufungen auf das Recht und die strategische Verwendung juristischer Argumente. Es wird gezeigt, dass nicht ohne Grund vom Recht als der Waffe des Schwächeren gesprochen wird; zugleich wird die These verfolgt, dass die Anrufung von Recht und Rechtlichkeit erheblich zu den späteren Problemen des Versailler Vertrages beitrug.

Die Übergabe des Vertragsentwurfs und die Schriftlichkeit der Verhandlungen

Dass die Entscheidungen über Deutschland als die unbestritten wichtigsten Beschlüsse der interalliierten Friedenskonferenz galten, wurde bereits oben dargelegt, ebenso auch, dass die Verhandlungen über den deutschen Vertrag ab Ende März in den Vordergrund rückten. Zwar waren in den ersten Aprilwochen noch heftige Konflikte im Council of Four zu bestehen, in der Reparations- und Rheinlandfrage oder im Streit um Shandong. Doch am 18. April erfolgte eine Einladung an die neue, seit Februar unter Reichskanzler Philipp Scheidemann amtierende deutsche Regierung: Die Bedingungen, zu denen die alliierten Nationen zu einem Friedensschluss bereit wären, könnten am 25. April in Versailles entgegengenommen werden.[127] Eine derartige Aufforderung wurde in Berlin zwar als herabsetzende Vorladung begriffen, so dass zunächst nur die Entsendung einiger untergeordneter Gesandter zugesagt wurde, was nun auf der anderen Seite als kalkulierter Affront empfunden wurde. Doch nach einigem diplomatischen Tauziehen erklärte sich die deutsche Regierung dazu bereit, eine umfassende Delegation zu entsenden, an deren Spitze der inzwischen formell zum Außenminister ernannte Ulrich Graf Brockdorff-Rantzau stehen sollte. Er wurde von fünf weiteren Hauptdelegierten begleitet, darunter mit Reichsjustizminister Otto Landsberg und Reichspostminister Johannes Giesberts zwei Angehörigen des Reichskabinetts, außerdem durch den Präsidenten der verfassunggebenden preußischen Landesversammlung Robert Leinert, den Finanzsachverständigen Carl Melchior sowie den oben bereits eingeführten Völkerrechtler Walther Schücking.[128]

Am Abend des 29. April trafen die deutschen Delegierten, deren Begleittross sich auf über hundert Personen summierte, in zwei Sonderzügen am Bahnhof von Vaucresson ein, einige Kilometer nördlich von Versailles. Die Unterbringung erfolgte im Hôtel des Réservoirs sowie zwei benachbarten Hotels, die in unmittelbarer Nähe zum Versailler Schlosspark gelegen waren, allerdings bald, mit Blick auf den Andrang zahlreicher Schaulustiger wie als demonstrative Geste, durch hastig aufgestellte Zäune abgeriegelt wurden. Vom Hôtel des Réservoirs waren es kaum fünf Minuten zum Trianon Palasthotel, in dem sich zwar immer noch einige Büros des Supreme War Council befanden, das nun aber als Ort für die formelle Übergabe der Friedensbedingungen ausgewählt worden war. Damit unterschied sich die Begegnung mit den Verlierermächten schon in räumlicher Hinsicht von den Verhandlungen der alliierten Siegermächte untereinander, die allesamt im Herzen von Paris stattfanden, im Außenamt am Quai d'Orsay und den weiteren Ministerien ebenso wie in den Hotelsalons der Staatslenker und den Séparées der umliegenden Restaurants. So sehr das Trianon Hotel oder das in nächster Nähe gelegene Königsschloss eindrucksvolle Örtlichkeiten darstellten, so unübersehbar war, dass sie jeweils nur für kurze und förmliche Begegnungen dienen sollten, für gemeinsame Gespräche oder ausgedehnte Verhandlungen jedoch kaum geeignet waren.[129] Zwar wurde das Zusammen-

---

127 Vgl. Nudant, Note v. 18.04.1919, in: Urkunden zum Friedensvertrage, hrsgg. v. Kraus/Rödiger, Bd. I, S. 144.
128 Vgl. Scheidemann, Brockdorff-Rantzau, S. 360–475; Wengst, Brockdorff-Rantzau, S. 9–46, als Überblick zur Delegation daneben Luckau, German Delegation, S. 54f., 188–194, sowie die Unterlagen in: PA-AA, R 22484. Außerdem: Hajo Holborn, Diplomats and Diplomacy in the Early Weimar Republic, in: Craig (Hrsg.), The Diplomats 1919–1939, S. 123–171, hier: S. 129–133.
129 Dieses Muster setzte sich bei den anderen Verlierermächten fort, die gleichfalls in einzelne Kleinstädte an der äußeren Grenze des Pariser Großraums eingeladen wurden, nach Saint-Ger-

treffen zwischen Kriegssiegern und Kriegsverlierern auf offizieller Ebene durchgängig als Friedenskongress bezeichnet, wie es der ursprünglich vorgesehenen Abfolge von internen Vorgesprächen einerseits, Verhandlungen mit der Gegenseite andererseits entsprach.[130] Doch eine solche Bezeichnung spiegelte im Grunde nur eine formelhafte Überhöhung wieder, hinter der nicht allein die deutsche Seite eine faktische Entleerung argwöhnte. Der Begriff des Kongresses erhöhte das symbolische Gewicht der Zusammenkunft, ohne dass sich damit im Frühjahr 1919 noch eine tatsächliche politische Bedeutung verbunden hätte. Mit anderen Worten: Die Begegnungen wurden nur äußerlich in eine etablierte Tradition eingestellt – oder was sich dafür halten ließ –, blieben aber gleichzeitig ganz auf einen engen protokollarischen Ablauf beschränkt. Es nimmt nicht wunder, dass im alltäglichen Sprachgebrauch der Delegierten wie in der Presse, von späteren Betrachtern ganz abgesehen, weiterhin und mit guten Gründen in erster Linie von einer Friedenskonferenz der alliierten Mächte gesprochen wurde.[131]

Über den Auftakt des Kongresses durch die Übergabe der Friedensbedingungen am 7. Mai 1919 ist viel geschrieben worden. Schon im Vorfeld war dieses Treffen symbolisch überdeterminiert. Der geplante Ablauf war im Council of Four vorab ebenso ausführlich diskutiert worden wie die Teilnehmerliste, deren Zusammenstellung rasch beträchtlichen Unmut hervorrief.[132] Die protokollarische Beschränkung auf die Ministres plénipotentiaires der siegreichen Nationen und eine Handvoll ausgewählter Gäste führe dazu, so wurde in der ACNP pikiert angemerkt, dass „most of the people who have done work on the Treaty have been left out"[133]. Erst in letzter Minute wurden Presse und Öffentlichkeit in Gestalt von 45 Journalisten zugelassen, allerdings keine Photographen, die sich

main, Neuilly-sur-Seine und Sèvres. Es ist vermutlich kein Zufall, dass der Begriff der Vorortverträge, der diese Randstellung reflektiert, neben dem deutschen Sprachgebrauch zwar noch im Ungarischen (Párizs környéki békeszerződések) eine Entsprechung findet, in der englisch- und französischsprachigen Literatur aber kaum gebräuchlich ist, vgl. etwa den distanzierten Unterton bei Becker, Traité de Versailles, S. 106f. Für Überlegungen zu einem „Heimvorteil" bei Friedensverhandlungen siehe nur Henrikson, Geography of Diplomacy, S. 374f.

130 Diese Nomenklatur wird erkennbar etwa in FRUS, PPC 1919, Bd. 3, S. 155, 411; RdA, Bd. I, S. XXIVf. Auch alle Einladungskarten für die einzelnen Begegnungen, etwa zur Übergabe der Friedensbedingungen oder zur Vertragsunterzeichnung, trugen die Bezeichnung als „Congrès de la Paix" bzw. „Peace Congress".

131 Vgl. Satow, Peacemaking, S. 24, 50–53.

132 Vgl. Protokoll v. 06.05. u. 07.05.1919, in: Mantoux, Deliberations, Bd. 1, S. 488–496, 500–505, hier: S. 492f., 500. Siehe auch Hankey, Arrangements for the Meeting with the Germans, Minute v. 05.05.1919, in: TNA, FO 608/163, Bl. 458f.

133 Auchincloss Diary, Eintrag v. 07.05.1919, in: YLMA, Auchincloss Papers, Box 3/33, S. 560. Ähnlich auch Fosdick: „I hope I shall have a chance to see the event, but about seven million

daher zu Dutzenden vor dem Hotel drängten. Die deutschen Vertreter seien sowohl bei der Ankunft wie bei der Abfahrt – aus Sicherheitsgründen wurde der kurze Weg vom Hôtel des Réservoirs mit mehreren Automobilen zurückgelegt – tausendfach im Bild festgehalten worden, beklagte sich Walther Schücking wenig später.[134]

Die eigentliche Zeremonie fiel kurz aus. Am 7. Mai, wenige Minuten nach 15 Uhr und nachdem sich unter den rund 200 Repräsentanten der alliierten Nationen eine erwartungsvolle Stille ausgebreitet hatte, betraten die deutschen Delegierten den großen Salon des Palasthotels. Sie wurden vom Protokollchef des Quai d'Orsay, William Martin, zu ihren Plätzen an einem vorbereiteten Tisch geleitet, der eine hufeisenförmige Tafel an der kurzen Seite schloss und den Regierungschefs der alliierten Hauptmächte direkt gegenüberlag; die deutschen Sekretäre nahmen an einem zweiten Tisch dahinter Platz. Nicht wenige Beobachter beschrieben dieses Arrangement als Angeklagten- und Richterbank,[135] was in zahlreichen Darstellungen in der Regel mit dem Hinweis ergänzt wird, dass Clemenceau in seiner Eröffnungsansprache mit martialischem Gestus von einer „Stunde der Abrechnung" gesprochen habe.[136] Zeitgenössische Abbildungen lassen allerdings erkennen, dass die Plätze der Delegierten durchaus in einem gleichförmigen Karree verteilt waren. Daneben macht ein Blick in die verfügbaren Protokolle und Aufzeichnungen deutlich, dass der französische Premier zwar in einer knappen Bemerkung tatsächlich von einer Begleichung aller Rechnungen gesprochen hatte,[137] ansonsten aber auf inhaltliche Ausführungen verzichtete und lediglich auf den Vertragsentwurf, gleichsam als gebündelter Ausdruck der alliierten Vorstellungen, hinwies. Den größten Teil seiner Anspra-

---

people are hoping the same thing and the hall at Versailles is limited", Fosdick an Familie, Brief v. 15.04.1919, in: PUSC, Fosdick Papers, Box 26/15.

134 Vgl. Schücking an Adelheid Schücking, Brief v. 18.05.1919, in: BArch Koblenz, NL Schücking, N 1051/108, S. 1f. Siehe auch Hankey, Supreme Control, S. 143; Schiff, So war es in Versailles, S. 47–52.

135 Schon im Vorfeld waren Beschreibungen des Sitzungssaals in französischen und britischen Zeitungen erschienen, in denen die Sitzordnung als „banc des accusés" oder „bar of justice" gedeutet wurde, siehe auch MacMillan, Peacemakers, S. 463; Horst Gründer, Walter Simons als Staatsmann, Jurist und Kirchenpolitiker, Neustadt an der Aisch 1975, S. 81. Daneben: Schiff, So war es in Versailles, S. 48.

136 So noch Kraus, Versailles, S. 25.

137 Wörtlich: „L'heure du lourd règlement des comptes est venue. Vous avez demandé la paix. Nous sommes en disposition de vous l'accorder", so hieß es etwa in der Mitschrift bei Le Temps v. 09.05.1919, zit. n. Urkunden zum Friedensvertrage, hrsgg. v. Kraus/Rödiger, Bd. I, S. 203. Dort auch die ähnlich lautende Niederschrift der deutschen Stenographen. Englische Übertragung in: Protokoll v. 07.05.1919, in: FRUS, PPC 1919, Bd. 3, S. 413–420, hier: S. 415: „The hour has struck for the weighty settlement of our accounts."

che machten darum Erläuterungen zum Verfahren aus, darunter an erster Stelle die Feststellung, dass nur schriftliche Gegenvorschläge akzeptiert werden könnten.[138] Im Anschluss trat Dutasta an den Tisch von Clemenceau und trug von dort den bereitgelegten Vertragstext, einen dicken, in cremeweißes Papier eingeschlagenen Band von 415 Seiten, durch den Raum zur Sitzreihe der deutschen Delegation.

Abb. 9: Ansprache von Georges Clemenceau (stehend) am 7. Mai 1919 im Trianon Palasthotel.

Eine derartige Präsentation entsprach der alliierten Vorstellung, dass der Friedensschluss in erster Linie aus einem Vertragstext bestehen würde, der aus rational begründeten Forderungen bestehen und die Wiederherstellung von Recht und Gerechtigkeit besiegeln würde. Eben diese Auffassung versuchte die deutsche Seite von Beginn an zu unterlaufen. Nachdem er den Vertragsentwurf entgegengenommen, angeblich auch seine Handschuhe achtlos auf dem Band abgelegt hatte, bat Brockdorff-Rantzau um das Wort und wählte aus den vorbereiteten Entwürfen die längste und schärfste Erwiderungsrede.[139] Nicht nur, dass er dabei gegen alle soziale Etikette und diplomatische Konvention verstieß, in-

---

138 Vgl. Clemenceau, ebenda, S. 415f.
139 Vgl. Brockdorff-Rantzau, ebenda, S. 413–420, hier: S. 417–420. Auch in: Dokumente, hrsgg. v. Brockdorff-Rantzau, S. 113–118, weitere Materialien daneben in Urkunden zum Friedensvertrage, hrsgg. v. Kraus/Rödiger, Bd. I, S. 200–208. Den Hinweis auf die Handschuhe nach der nicht auf eigener Anschauung beruhenden, gleichwohl lebhaften bis romanhaften Schilderung von Nowak, Versailles, S. 259–266.

dem er die Rede im Sitzen (und auf Deutsch) vortrug, wurde ihm von alliierter Seite vielfach verübelt. Sondern es war die mit ausführlichen inhaltlichen Einlassungen und einem „harsh and defiant tone"[140] vorgetragene Abweisung aller Vorwürfe, welche bei den Vertretern der Siegermächte den Eindruck bestätigte, dass den deutschen Repräsentanten jede Einsicht in die eigene Niederlage abgehe. In der deutschen Binnensicht mochten die Zugeständnisse und Nuancierungen beachtlich gewesen sein. Doch auf der anderen Seite wurde dies kaum wahrgenommen. Auf Hankey wirkte Brockdorff-Rantzau als „most sinister looking person, an incarnation of the whole Junker system"[141], und ähnlich bissig formulierte Wilson seinen Eindruck im kleinen Kreise: „The Germans are really a stupid people. They always do the wrong thing. They always did the wrong thing during the war. They don't understand human nature. This is the most tactless speech I have ever heard. It will set the whole world against them."[142]

Im Anschluss an den Vortrag von Brockdorff-Rantzau, der durch deutsche Übersetzer nochmals auf Englisch wie Französisch wiederholt worden war und dadurch den größten Teil der Sitzung beansprucht hatte, hob Clemenceau die Versammlung auf. Man mag es sinnbildlich werten, dass Brockdorff-Rantzau sofort nach seiner Rückkehr ins Hôtel des Réservoirs den übergebenen Vertragsentwurf auseinanderriss, wenn auch nur, um die einzelnen Kapitel schnellstmöglich parallel übersetzen zu lassen.[143] Der Schock, den die deutschen Delegierten nach einer ersten Durchsicht der Bestimmungen erlitten, ist viel beschrieben worden. Bereits am Abend wurde in einer internen Besprechung festgehalten, dass eine Unterzeichnung „die Deutsche Regierung zu Sklavenhaltern des eigenen Volkes"[144] machen würde. „So etwas von Niedertracht hätte niemand erwartet"[145], schrieb Schücking wenige Tage später nach Hause, und Victor Schiff, ein sozialdemokratischer Journalist, der als Delegationssekretär mit-

---

140 Hansen, Adventures, S. 301.

141 Hankey an Adeline Hankey, Brief v. 08.05.1919, in: CAC, Hankey Papers, HANK 3/25, Bl. 65. Siehe auch Hankey, Supreme Control, S. 150–155.

142 So notiert in Riddell Diary, Eintrag v. 07.05.1919, in: Riddell Diaries, S. 275. Vgl. auch Schwabe, Deutsche Revolution, S. 580, ansonsten zum Auftritt Brockdorff-Rantzaus weiter Steller, Diplomatie, S. 442–450; Scheidemann, Brockdorff-Rantzau, S. 461–475; Wengst, Brockdorff-Rantzau, S. 47–52; Lentin, Lloyd George, Wilson and the Guilt, S. 84–88; Gründer, Walter Simons, S. 79–81. Siehe aber auch Gerd Krumeich, Versailles 1919. Der Krieg in den Köpfen, in: Krumeich (Hrsg.), Versailles 1919, S. 53–64, hier: S. 59f.

143 Vgl. Hans Eduard Riesser, Von Versailles zur UNO. Aus den Erinnerungen eines Diplomaten, Bonn 1962, S. 41; Schiff, So war es in Versailles, S. 54.

144 Protokoll der Besprechung der Friedensdelegation v. 07.05.1919, in: PA-AA, R 22495, Bl. E212374.

145 Schücking an Adelheid Schücking, Brief v. 18.05.1919, in: BArch Koblenz, NL Schücking, N 1051/108, S. 3.

gereist war, vermittelte das Bild einer aufgewühlten Delegation, in der mit Entsetzen registriert worden sei, „daß die schlimmsten Befürchtungen weit übertroffen waren und daß uns Ungeheuerliches zugemutet wurde"[146].

Die einzelnen Vertragsbestimmungen können jedoch nur bedingt jene abgrundtiefe Empörung erklären, in welche sich die deutsche Seite nach dem 7. Mai immer mehr hineinsteigerte. Bei Licht betrachtet, stellten die vorgesehenen Gebietsabtretungen[147] und Abrüstungsverpflichtungen, die Reparationszahlungen, Finanzauflagen und Handelsbeschränkungen zwar schwere, kaum aber untragbare Belastungen dar.[148] Sicherlich folgte der Bekanntgabe der Friedensbedingungen ein Sturm der Entrüstung in der deutschen Öffentlichkeit.[149] Doch für die verantwortlichen Kreise in Politik, Diplomatie oder Militär konnte von einer plötzlichen Ernüchterung über einen ausgebliebenen „Wilson-Frieden" keineswegs die Rede sein. Die wesentlichen Grundlinien der alliierten Friedensbedingungen waren hier, nicht zuletzt durch abgefangene Telegramme, schon im Vorfeld bekannt gewesen und intensiv erörtert worden; Brockdorff-Rantzau hatte bereits am 21. März im Reichskabinett davon gesprochen, dass er einen „fertigen Vorfriedensentwurf" erwarte, der „in wichtigen Punkten von dem ursprünglichen Wilsonschen Programm" weit entfernt sein werde.[150]

---

146 Schiff, So war es in Versailles, S. 55.
147 Es mussten abgetreten werden im Westen: Elsass-Lothringen (Art. 51 VV), die Kreise Eupen und Malmedy (nach Volksabstimmung, Art. 33, 34 VV), das Saarland (temporär dem Völkerbund unterstellt, Art. 49 VV), das linke Rheinufer (als Garantie der Vertragserfüllung besetzt, Art. 428 VV); im Norden: Nordschleswig (nach Volksabstimmung, Art 110 VV); im Osten: Westpreußen und Posen (Art. 87 VV), Teile Oberschlesiens (nach Volksabstimmung, Art. 88 VV), das Hultschiner Ländchen (Art. 83 VV), das Memelland (Art. 99 VV). Danzig wurde (als freie Stadt, Art. 100, 102 VV) dem Völkerbund unterstellt. Außerhalb Europas: Kamerun, Togo, Deutsch-Südwestafrika und Deutsch-Ostafrika, daneben alle Besitzung in Ozeanien, darunter das Bismarck-Archipel und Kaiser-Wilhelms-Land, Samoa, die Marianen und Karolinen (alles pauschal als überseeische Besitzungen und Gebiete nach Art. 118, 119 VV), schließlich Shandong (Art. 156 VV). Zu den Territorialregelungen siehe allgemein unten.
148 So der Konsens einer weiten revisionistischen Literatur: William Mulligan, The Great War for Peace, New Haven 2014, S. 267–301; Konrad, Drafting the Peace, S. 615–620; Tooze, Deluge, S. 271–286; Marks, Mistakes and Myths, S. 654f., selbst Kraus, Versailles, S. 31–33. Siehe außerdem die meisten Beiträge in Boemeke/Feldman/Glaser (Hrsg.), Treaty of Versailles, sowie etwa Trachtenberg, Versailles after Sixty Years, S. 502–504; Maier, Truth; Marc Ferro, La Grande Guerre. 1914–1918, Paris 1969, S. 375–377.
149 Etwa: Barth, Dolchstoßlegenden, S. 447–463, oder mehrere Beiträge in Dülffer/Krumeich (Hrsg.), Der verlorene Frieden. Siehe auch Lorenz, Weltgeschichte, S. 55f.; Michael Dreyer/Oliver Lembcke, Die deutsche Diskussion um die Kriegsschuldfrage 1918/19, Berlin 1993, S. 101f.; Heinemann, Verdrängte Niederlage, S. 29–47.
150 [Brockdorff-Rantzau,] Anlage zum Protokoll v. 21.03.1919, in: Akten zur deutschen auswärtigen Politik 1918–1945. Serie A: 1918–1925, Göttingen 1982–1995, Bd. 1, S. 322–329, hier: S. 322. Siehe auch Dreyer/Lembcke, Diskussion um die Kriegsschuldfrage, S. 133f.; Wengst, Brock-

Besser wird der deutsche Unmut verständlich, wenn man ihn nicht allein als Abwehr der eigentlichen Vertragsinhalte interpretiert und auch nicht als schockartige Empörung über den Vorwurf einer alleinigen Kriegsschuld, über die weiter unten noch berichtet werden soll. Sondern es handelte sich um eine kalkulierte Reaktion, die zwar mit einer derartigen Wucht und Selbstsuggestion vorgetragen wurde, dass sie rasch zum Selbstläufer wurde, die aber gleichwohl im Kern von rationalen Überlegungen bestimmt war. So sollte mit dem fulminanten Protest, wie er etwa gegen die „völlige Vernichtung des deutschen Wirtschaftslebens"[151] erhoben wurde, die Behauptung untermauert werden, dass die alliierten Friedensbedingungen die Lebensfähigkeit und also die staatliche Existenz des Reiches gefährden würden. Denn nach völkerrechtlichen Grundsätzen, so konnte man in der einschlägigen Literatur der Zeit unschwer nachlesen, waren erzwungene Friedensverträge in rechtlicher Sicht nicht zu beanstanden, solange sie „do not destroy the independence of the state which has been obliged to enter into them"[152]. In dieser Sicht war es geradezu unverzichtbar, den vorgelegten Vertragsentwurf als Diktat mit existenzvernichtendem Charakter zu bezeichnen; nur auf diese Weise konnte er als unzulässig zurückgewiesen werden, und nur so ließ sich die Gegenseite an jene spezifischen Grenzen der Siegergewalt erinnern, wie sie die europäischen Großmächte im 19. Jahrhundert angeblich gegeneinander ausgeübt hatten.

Zwar hatte schon der Vertrag von Brest-Litowsk erkennen lassen, wie sehr das Bezugssystem einer europäischen Mächtesolidarität, zu der eine Berücksichtigung der vitalen Interessen der anderen Seite zählte, zerbrochen war; die Vertragsparteien hatten sich dort nicht mehr als ebenbürtige, ja, teils überhaupt nicht mehr als gleichartige Partner verstanden.[153] Wenn Brockdorff-Rantzau trotzdem sehr beharrlich versuchte, für das Deutsche Reich den Status einer europäischen Großmacht im Kreis der alliierten Hauptmächte zu reklamieren, dann lag das eben auch daran, dass ein solcher gewohnheitsrechtlicher Rang in der Vergangenheit immer einen Schutz dargestellt hatte. Das ging zwar an der alliierten Vorstellung weitgehend vorbei, dass die internationale Gemeinschaft nicht auf Größe, Macht und gewachsener Zusammengehörigkeit gegründet sei, sondern auf zivilisatorische Mindeststandards. Gleichwohl beschwor der deutsche Delegationsleiter bei jeder sich bietenden Gelegenheit nochmals jene Soli-

---

dorff-Rantzau, S. 29–31. Daneben: Ulrike Jureit, Das Ordnen von Räumen. Territorium und Lebensraum im 19. und 20. Jahrhundert, Hamburg 2012, S. 185f.

151 Vgl. Die Gegenvorschläge der Deutschen Regierung zu den Friedensbedingungen. Vollständiger amtlicher Text, Berlin 1919, S. 19.

152 Vgl. Hall, Treatise, S. 336.

153 Vgl. Tooze, Deluge, S. 124–140; Baumgart, Brest-Litowsk und Versailles, S. 616–619.

darität, Gleichrangigkeit und wechselseitige Rücksichtnahme, wie es dem Europäischen Konzert zumindest im Rückblick zugeschrieben werden konnte.[154] Vor diesem Hintergrund steigerte sich die deutsche Friedensdelegation in den Wochen nach dem 7. Mai geradezu in eine Opferrolle hinein, in welche eine passiv-aggressive Grundhaltung gegenüber den alliierten Vertretern ebenso hineinspielte wie Gefühle der Machtlosigkeit, latente Konflikte mit den Berliner Stellen und eine fiebrige Atmosphäre in der Versailler Isolation. Im Hôtel des Réservoirs sorgte nicht nur eine panische (und durchaus begründete[155]) Angst vor Spionage für eine angespannte Unsicherheit, sondern es kam immer wieder zu Szenen, in denen die deutschen Unterhändler um ihren Status bangten und eine respektvolle Behandlung nach den Maßstäben einer Großmacht einforderten.[156] Ein amerikanischer Verbindungsoffizier, der bereits am 25. April mit der durchreisenden Delegation in Koblenz zusammengetroffen war, hatte seine Vorgesetzten im Vorfeld vor der „sensitiveness (...) of the delegates as to their probable treatment at Versailles" gewarnt: „They evidently fear that they were likely looked on as Pariahs."[157]

Dass der Friedenskongress in Versailles wenig geeignet war, solche Befürchtungen zu zerstreuen und den deutschen Vertretern das Gefühl zu vermitteln, als gleichrangige Gesprächspartner akzeptiert zu werden, lag vor allem an der Entscheidung des Council of Four, auf mündliche Verhandlungen zu verzichten. In der späteren Kritik ist dieser Punkt meist in besonderer Weise herausgehoben, teils auch als kalkulierte Demütigung mit den Mitteln einer formalen Verfahrenshoheit gelesen worden.[158] Hätte man die deutschen Unter-

---

154 Dieser Zusammenhang bleibt oft unberücksichtigt, selbst entgegen des Titels bei Klaus Schwabe, „Gerechtigkeit für die Großmacht Deutschland." Die deutsche Friedensstrategie in Versailles, in: Krumeich (Hrsg.), Versailles 1919, S. 71–86, hier: S. 77–79.

155 Dies zeigen vor allem die Beobachtungsberichte der französischen Verbindungsoffiziere wie auch einzelne Abhörmaßnahmen, vgl. die Unterlagen in: AD, Papiers Tardieu, Box 321 (Mission Henry); und ebenda, Série A. Paix, 359; SHD, Fonds Clemenceau, 6N80 (Télégrammes interceptés). Die in der Vergangenheit konstatierte Unzugänglichkeit des Materials ist inzwischen obsolet, siehe trotzdem Alan Sharp, Quelqu'un nous écoute. French Interception of German Telegraphic and Telephonic Communications during the Paris Peace Conference, 1919: A Note, in: Intelligence and National Security 3 (1988), S. 124–127. Teils wurden die Nachrichten an britische Stellen weitergegeben, vgl. die Kopien in: PA-UK, DLG Papers, F/147/3/5 und F/147/3/7. Andererseits bestand dort wie in der amerikanischen Delegation das sichere Gefühl, selbst einer französischen Überwachung ausgesetzt zu sein, vgl. Cecil Diary, Eintrag v. 09.05.1919, in: British Library, Cecil Papers, 51131, Bl. 83; Walworth, Wilson and his Peacemakers, S. 292, Fn. 73.

156 Vgl. Scheidemann, Brockdorff-Rantzau, S. 459f.

157 George H. Harries an ACNP, Telegramm v. 28.04.1919, in: FRUS, PPC 1919, Bd. 12, S. 85f.

158 Vgl. Kolb, Frieden von Versailles, S. 10; Kunz, Revision, S. 2.

händler durch Gespräche eingebunden, so lässt sich diese Kritik holzschnittartig zusammenfassen, so wären Protest und Empörung um einiges schwächer ausgefallen.[159] Das mag in der Rückschau und vom Standpunkt politischer Klugheit richtig sein. Es übersieht aber, dass die alliierten Vertreter zu keinem Zeitpunkt aus einer rechtsförmigen Begründung des Friedensschluss heraustreten konnten. Der Anspruch, den Krieg im Namen des Völkerrechts und der internationalen Gerechtigkeit geführt zu haben, schuf sich eine eigene Realität. Bereits im Zusammenhang mit den Waffenstillstandsverhandlungen hatte Clemenceau unmissverständlich erklärt, dass die alliierten Positionen nicht Ausgangspunkt für Verhandlungen sein könnten, sondern von deutscher Seite zunächst als berechtigt akzeptiert werden müssten; erst nach einer solchen Anerkennung könnten Zugeständnisse gewährt werden.[160] Diese Haltung verschmolz mit der vornehmlich von amerikanischen und britischen Delegierten vertretenen Auffassung, dass ein schriftlicher Verhandlungsmodus spezifische Vorteile bieten würde, und zwar eine größere inhaltliche Genauigkeit einerseits und eine stärkere Zurückhaltung in den eigenen Zielen andererseits. Im Kern stand die optimistische Annahme dahinter, dass die Parteien durch die Publizität und Transparenz eines schriftlichen Austauschs nur berechtigte Forderungen zu Papier bringen würden. Solche Gedankengänge aus dem Arsenal einer „new diplomacy" waren schon im Herbst 1918 kurrent gewesen, und sie ließen sich noch Mitte April in einem Memorandum von Headlam-Morley finden, der eine Choreographie der Verhandlungen als formalisierten Austausch von schriftlichen Erklärungen und Gegenerklärungen vorschlug. Es sei ein Fehler, so hielt der britische Diplomat fest, von der Gegenseite die Unterzeichnung eines fertigen Vertragstextes zu erzwingen: „[B]y doing this we shall put ourselves completely in the wrong."[161] Doch das war keineswegs ein Plädoyer für ergebnisoffene Verhandlungen. Die Aufforderung an die deutschen Unterhändler, ihre Positionen in einer schriftlichen Stellungnahme darzulegen und zu begründen, folgte nämlich in erster Linie dem zuversichtlichen Gedanken, dass die von alliierter Seite festgesetzten Bedingungen eine solche Gegenüberstellung nicht zu fürchten brauchten. Ebenso wenig wie die oben umrissene Entscheidung für einen Vertragsfrieden eine freie Aushandlung meinte, sondern auf die rechtsverbindliche Anerkennung des alliierten Siegs zielte, ging es hier um eine Kompromisssuche zwischen den Parteien. Die schriftliche Verhand-

---

159 Vgl. Steller, Diplomatie, S. 419f.; Krüger, Versailles, S. 20–27. Siehe auch Shotwell, Paris Peace Conference, S. 44.
160 Vgl. Clemenceau, Protokoll v. 07.02.1919, in: FRUS, PPC 1919, Bd. 3, S. 895–925, hier: S. 906.
161 Headlam-Morley, Memorandum v. 14.04.1919, in: TNA, FO 608/163, Bl. 173–175, hier: Bl. 174. Das Memorandum auch in: Headlam-Morley, Memoir, S. 82–84.

lungsform sollte vielmehr die Inhalte, Argumente und Begründungen der beiden Seiten explizit konfrontieren und auf diese Weise die innere Berechtigung der alliierten Positionen bestätigen.[162]

Dass dieser Vorschlag zunächst nur auf verhaltene Zustimmung stieß, lag weniger an seiner inhaltlichen Folgerichtigkeit, sondern an praktischen Erwägungen. „We want some much quicker method without actually putting a pistol at their heads"[163], kommentierte Hardinge das Memorandum. Doch erst als die deutsche Seite in ihren ersten Noten mit großer Selbstverständlichkeit von mündlichen Verhandlungen ausging und die alliierte Seite damit frühzeitig festzulegen trachtete,[164] entschied sich der Council of Three für eine Vorgehensweise, die von den Vorstellungen Headlam-Morleys nicht weit entfernt war. Am 26. April fiel der endgültige Beschluss, nach der Übergabe der Friedensbedingungen keine mündlichen Verhandlungen zuzulassen, sondern eine Frist von fünfzehn Tagen – zunächst waren nur acht Tage vorgesehen – für schriftliche Stellungnahmen zu gewähren.[165]

Bei Licht betrachtet, behinderte diese Entscheidung jedoch weniger die deutschen Vertreter als die alliierten Regierungschefs selbst, die sich damit der Deutungshoheit über die Friedensbedingungen beraubten. Und die deutsche Seite nutzte diese Chance klug. Spätestens seit dem 2. Mai war Brockdorff-Rantzau bekannt, dass es keine mündlichen Verhandlungen geben sollte, weshalb die Ausführungen von Clemenceau bei der Übergabe der Friedensbedingungen nicht wirklich überraschend gekommen waren.[166] Es war auch keine unüberlegte, aus einem Affekt geborene Entscheidung, wenn der deutsche Delegationsleiter rasch ein besonderes Gewicht genau auf diesen Punkt legte und die Forderung nach mündlichen Gesprächen zu einem zentralen Baustein seiner Verhandlungsstrategie machte. Das Kalkül dahinter war nicht von der Hand zu weisen, denn neben dem offensichtlichen Versuch, überhaupt einen konkreten Verhandlungsspielraum zu schaffen, ließ sich die Gegenseite aufgrund ihrer Verweigerungshaltung problemlos ins moralische Unrecht setzen, was, so die Hoffnung, öffentliche Sympathien für die deutsche Position mobilisieren würde. Zwar versuchte die Pressezensur in den alliierten Ländern die öffentliche Erör-

---

162 Zur Genese dieser Vorstellungen siehe auch oben, S. 175ff.

163 Hardinge, Minute o.D., in: TNA, FO 608/163, Bl. 172B.

164 Vgl. Brockdorff-Rantzau, Note v. 21.04.1919, in: Urkunden zum Friedensvertrage, hrsgg. v. Kraus/Rödiger, Bd. I, S. 145. Siehe dazu die Diskussion im Konferenzsekretariat, Protokoll v. 23.04.1919, in: TNA, FO 608/163, Bl. 364–366.

165 Vgl. Protokoll v. 26.04.1919, in: FRUS, PPC 1919, Bd. 5, S. 291–298, hier: S. 293. Zwei Tage später wurden nochmals einige Anpassungen diskutiert, vgl. ebenda, S. 308–326, hier: S. 313f., 321f. Siehe auch Marston, Peace Conference, S. 189.

166 Vgl. Schwabe, Deutsche Revolution, S. 566.

terung der Friedensbedingungen eng zu kontrollieren und jedwede Resonanz auf die deutschen Stellungnahmen abzubremsen.[167] Doch schon am Tag nach der Übergabe hatte Brockdorff-Rantzau an das Auswärtige Amt geschrieben, dass der Diskussionsfaden um die Friedensbedingungen in der Öffentlichkeit kontinuierlich „fortzuspinnen"[168] sei, was vor allem meinte, das Verlangen nach mündlichen Verhandlungen bei jeder sich bietenden Gelegenheit zu wiederholen; selbst die mitgereisten Journalisten wurden aufgefordert, dieses Ansinnen in ihren Artikeln und gegenüber ihren Gesprächspartnern offensiv zu vertreten.[169]

Um den eigenen Standpunkt vor der Weltöffentlichkeit darzulegen und um die deutsche Empörung über die alliierte Vorgehensweise möglichst oft und vernehmlich vorzutragen, versuchte die deutsche Delegation den zugestandenen Spielraum für schriftliche Stellungnahmen und Gegenvorschläge jedenfalls effizient auszunutzen. „Es gibt nur eine Lösung: Verhandeln und zwar möglichst lange und langsam"[170], so schrieb der junge Diplomat Bernhard Wilhelm v. Bülow in einem Brief nach Berlin. Die deutsche Delegation, deren Zahl auch deshalb bis zum Monatsende auf 215 Personen anwachsen sollte,[171] warf sich rasch auf die Ausarbeitung umfangreicher Memoranden, die vielfach auf vorbereitete Argumente zurückgreifen konnten, welche ohne große Mühe auf die vorgelegten, im Grunde ja erwarteten Friedensbedingungen bezogen werden konnten.[172] Innerhalb von drei Wochen wurden insgesamt siebzehn Noten überreicht. Die Gegenseite konnte kaum angemessen reagieren, wenn sie nicht den Eindruck erwecken wollte, in einen regulären Austausch und damit in ordentliche Ver-

---

167 Während in deutschen Zeitungen in großer Aufmachung und im Detail über die Friedensbedingungen geschrieben wurde, war der französischen Presse eine ähnlich ausführliche Berichterstattung zunächst untersagt, vgl. Noble, Policies and Opinions, S. 353–374.
168 Brockdorff-Rantzau an Auswärtiges Amt, Telegramm v. 08.05.1919, in: PA-AA, R 22618, Bl. E215416.
169 Vgl. Wengst, Brockdorff-Rantzau, S. 53, 58. Eine Reihe von Pressegespräche aus dem Mai 1919 ist abgedr. in Dokumente, hrsgg. v. Brockdorff-Rantzau.
170 Bülow an Prittwitz und Gaffron, Brief v. 11.05.1919, zit. nach Hermann Graml, Bernhard von Bülow und die deutsche Außenpolitik. Hybris und Augenmaß im Auswärtigen Amt, München 2012, S. 27.
171 So zumindest die Zählung der französischen Beobachter, vgl. Bulletin de Reseignements No. 23 v. 31.05.1919, in: AD, Papiers Tardieu, Box 321, Bl. 118.
172 Dies gilt insbesondere für alle Unterlagen zu den Wirtschafts- und Finanzfragen, vgl. Luckau, German Delegation, S. 29–53, auch mit Hinweisen auf die Einbindung semioffizieller und privater Initiativen. Weiter: Dreyer/Lembcke, Diskussion um die Kriegsschuldfrage, S. 133–135. Ein Beispiel wäre eine Denkschrift aus dem Reichsschatzamt („Wie können wir den Gegnern Kriegsschäden ersetzen?") v. 04.01.1919, in: ADAP, Ser. A, Bd. 1, S. 168–183.

handlungen einzutreten.[173] Erst mit den am 29. Mai schließlich vorgelegten „Gegenvorschlägen der Deutschen Regierung" aber gelangte diese Strategie auf ihren Höhepunkt: Dem Textmassiv des Vertragsentwurfs vom 7. Mai wurde eine voluminöse Denkschrift von nahezu 120 Seiten entgegengesetzt.[174]

Die deutschen Juristen und die Forderung eines Rechtsfriedens

Mit ihren Gegenvorschlägen vom 29. Mai zielte die deutsche Delegation an erster Stelle auf eine Deutungshoheit über den Friedensschluss. Dem allliierten Vertragsentwurf, um dessen Stringenz das Redaktionskomitee im April so sehr gerungen hatte, wurde ein Kommentar nebst Rückfragen und Änderungsvorschlägen gegenübergestellt, der weit mehr auf zusammenhängende Argumente, eine schlüssigen Beweisführung und eine suggestive Sprache setzen konnte, als dies der anderen Seite mit den eigentlichen Friedensbedingungen möglich gewesen war. Welche Chancen sich damit boten, lässt sich an der Frage nach den Rechtsgrundlagen des Friedens aufzeigen, wie sie von deutscher Seite in den Mittelpunkt der Argumentation gerückt wurde. Vor allem die Lansing-Note vom 5. November, mit der die 14 Punkte und die weiteren Erklärungen von Woodrow Wilson angeblich als Grundlage der Verhandlungen vertraglich fixiert worden seien, bildete einen immer wiederkehrenden Bezugspunkt. Schon in seiner Besprechung mit dem Reichskabinett im März hatte Brockdorff-Rantzau festgehalten, dass der alliierte Entwurf „an der Hand der 14 Punkte der Botschaft Wilsons vom 8. Januar 1918 nachzuprüfen sein"[175] werde. Ähnlich war seine Argumentation auch am 7. Mai ausgefallen, als er die überreichten Friedensbedingungen

---

173 Als Einzelstücke etwa in: RdA, Bd. V-A; Urkunden zum Friedensvertrage, hrsgg. v. Kraus/ Rödiger, Bd. I. Eine erstaunliche Leistung erkennt in dieser Zahl etwa Dickmann, Kriegsschuldfrage, S. 76, während Schwabe, Deutsche Revolution, S. 587, davon spricht, dass die Alliierten von diesen Denkschriften „überschwemmt" worden seien. Zum Gesamtkontext weiter Scheidemann, Brockdorff-Rantzau, S. 473f.; Krüger, Versailles, S. 25–39; Schulz, Revolutionen und Friedensschlüsse, S. 224f.; Mayer, Politics and Diplomacy, S. 768–770; Holborn, Diplomats and Diplomacy in the Early Weimar Republic, S. 133f.
174 Vgl. Gegenvorschläge der Deutschen Regierung. Die Angabe zum Umfang der überreichten Fassung nach Summary of the Comments by the German Delegation on the Conditions of Peace, o.D. [Mai 1919], in: TNA, FO 374/21, S. 266–276, hier: S. 266. Von über 185 Druckseiten spricht Crowe an Clema Crowe, Brief v. 30.05.1919, in: Bodleian Lib., Crowe Papers, Ms.Eng. d.3025, Bl. 28B, von 230 Druckseiten hingegen Headlam-Morley an Leeper, Brief v. 30.05.1919, in: CAC, Headlam-Morley Papers, HDLM 688/2.
175 [Brockdorff-Rantzau,] Anlage zum Protokoll v. 21.03.1919, in: ADAP, Ser. A, Bd. 1, S. 322–329, hier: S. 322. Zu den daraus folgenden Richtlinien für die deutsche Delegation auch Haupts, Deutsche Friedenspolitik, S. 385–388.

mit dem Hinweis auf die Lansing-Note zurückgewiesen hatte; Deutschland sei nicht schutzlos, so hatte er den alliierten Regierungsvertretern entgegengehalten, denn: „Sie selbst haben uns einen Bundesgenossen zugeführt: das Recht, das uns durch den Vertrag über die Friedensgrundsätze gewährleistet ist."[176]

Es erstaunt nicht, dass für die Geltendmachung eines solchen Rechtsanspruches eine juristische Expertise nötig war, so dass zunächst die Juristen des Auswärtigen Amtes in den Blick zu nehmen sind, welche, ähnlich wie ihre alliierten Kollegen auf der anderen Seite, vielfach als die eigentlichen, „unermüdlichen Arbeitstiere"[177] hinter den Kulissen galten. Mit Walter Simons war der neue Leiter der Rechtsabteilung des Auswärtigen Amtes nach Versailles gereist, wo er als Vertrauter von Brockdorff-Rantzau bald der zweitwichtigste Mann der Gesandtschaft wurde.[178] Unterstützt wurde er in Versailles insbesondere von Friedrich Gaus[179], während in Berlin alle Rechtsfragen der Friedensverhandlungen durch Ernst v. Simson[180], Herbert Kraus[181] sowie Otto Göppert bearbeitet wurden.[182] Insgesamt hatte die Rechtsabteilung von der markanten Aufwertung des Völkerrechts bei Kriegsende erheblich profitiert, auch wenn es zu kurz greift, daraus zugleich auf einen Politikwandel zu schließen; die neue Aufmerksamkeit für rechtliche Fragen verknüpfte sich mühelos mit einer strukturellen Elitenkontinuität. So übernahm mit Simons zwar ein Demokrat die Leitung der

---

176 Rede v. 07.05.1919, in: Dokumente, hrsgg. v. Brockdorff-Rantzau, S. 113–118, hier: S. 115.

177 Schiff, So war es in Versailles, S. 105.

178 Vgl. Gründer, Walter Simons, S. 66–78.

179 Gaus war seit 1907 im Auswärtigen Amt tätig und wurde 1919 der formale Leiter der Rechtsabteilung der Versailler Delegation, im Jahr 1923 dann des entsprechenden Referats im Auswärtigen Amt, vgl. Stuby, Vom „Kronjuristen" zum „Kronzeugen", S. 76–78, 86f., 99–107.

180 Simson war zunächst Landrichter und kam über das Reichsjustizamt und das Reichswirtschaftsministerium Anfang 1919 in das Auswärtige Amt, wo er im Sommer dann Simons in der Leitung der Rechtsabteilung nachfolgte, vgl. Dieter Neitzert, Das Amt zwischen Versailles und Rapallo. Rückschau des Staatssekretärs Ernst von Simson, in: VfZ 60, H. 3 (2012), S. 443–490, hier: S. 457, 468.

181 Kraus hatte nach Studienaufenthalten in den USA und Paris an der Leipziger Universität über die Monroe-Doktrin habilitiert, war während des Krieges zunächst Rechtsberater der deutschen Militärverwaltung in Belgien gewesen, 1917 dann aber in die Rechtsabteilung des AA gewechselt, vgl. Heiko Meiertöns, An International Lawyer in Democracy and Dictatorship – Re-Introducing Herbert Kraus, in: EJIL 25, H. 1 (2014), S. 255–286, hier: S. 258–260, 263–265. Als Memoiren publizierte er nach dem Zweiten Weltkrieg Herbert Kraus, Tagebuchaufzeichnung über die Unterzeichnung des Vertrages von Versailles vom 28. Juni 1919. Privatdruck, Göttingen 1954.

182 Göppert war schon 1899 in den diplomatischen Dienst eingetreten und hatte ab 1904 unter Johannes Kriege gearbeitet, nach Ausbruch des Krieges jedoch verschiedene weitere andere Stationen durchlaufen. Er übernahm 1920 die Leitung der Rechtsabteilung.

Rechtsabteilung, nachdem der monarchistisch gesinnte Johannes Kriege aus dem Amt ausgeschieden war. Doch eine wirkliche Zäsur war damit nicht verbunden. Auch Simons konnte auf eine beachtliche Ministerialkarriere in den Jahren vor 1914 zurückblicken, während Kriege andererseits auf informelle Weise in die bisherigen Strukturen eingebunden blieb; mit Göppert, seinem Assistenten auf der Haager Konferenz von 1907, blieb er ebenso wie mit Friedrich Gaus bis in die 1920er Jahre in freundschaftlichem Kontakt.[183]

Für die Ausformulierung der deutschen Positionen war diese juristische Expertise unabdingbar, doch für die effektvolle Forderung nach einem Rechtsfrieden bedurfte es noch einer nach außen hin glaubwürdigen Demonstration einer gewandelten Einstellung zum Völkerrecht. Es nimmt daher nicht wunder, dass mit Walther Schücking ein renommierter Völkerrechtler zu den Ministres plénipotentiaires gehörte, der eben diese neue Achtung vor dem internationalen Recht verkörpern sollte. Zwar stand auch Schücking mit Johannes Kriege auf freundschaftlichem Fuße und war daneben zutiefst von einer Unschuld Deutschlands am Weltkrieg überzeugt.[184] Doch zugleich galt er als überzeugter Demokrat und Pazifist, der nach Kriegsende nicht ohne Grund zu politisch heiklen Aufgaben herangezogen worden war, etwa als Vorsitzender einer Kommission zur Ahndung der völkerrechtswidrigen Behandlung von Kriegsgefangenen oder als Mitarbeiter am deutschen Regierungsentwurf für einen Völkerbund. Schückings internationalistische Gesinnung war auf der Gegenseite jedenfalls gut bekannt, was ihn nun in besonderem Maße dazu zu prädestinieren schien, die deutschen Interessen in Versailles zu vertreten.[185] Daneben standen noch weitere namhafte Rechtsprofessoren auf Abruf bereit, zu denen eine interne

---

183 Vgl. Stuby, Vom „Kronjuristen" zum „Kronzeugen", S. 86f.; Grupp, Deutsche Außenpolitik, S. 22. Dass hinter der scharfen Betrachtung dieser Kontinuitätslinien auch die Debatte um Bruch und Fortsetzung in der deutschen Außenpolitik 1918/19 steht, ist offensichtlich, als Überblick vgl. Gottfried Niedhart, Die Außenpolitik der Weimarer Republik, 3., aktual. und erw. Aufl., München 2013, S. 46–63 m. w. Nachw. Zur Aufwertung der Juristen siehe auch die Eindrücke von Simson, in: Neitzert, Rückschau des Staatssekretärs Ernst von Simson, S. 468f.
184 Noch 1932 schrieb Schücking, inzwischen Richter am Ständigen Internationalen Gerichtshof in Den Haag, an Kriege, wieviel er ihm zu verdanken habe, vgl. Schücking an Kriege, Brief v. 28.02.1932, in: PA-AA, NL Kriege, Bd. 5. Zu Schücking siehe oben, S. 126f.
185 Vgl. Bodendiek, Walther Schückings Konzeption, S. 62–65; Acker, Walther Schücking, S. 110–122, zur Kriegsgefangenenkommission ebenda, S. 133–137, außerdem Dreyer/Lembcke, Diskussion um die Kriegsschuldfrage, S. 93f., sowie die Unterlagen in BArch Berlin, R 901/86423.

Aufstellung des Auswärtigen Amts etwa Theodor Niemeyer, Albrecht Mendelssohn Bartholdy und selbst den hochbetagten Franz v. Liszt zählte.[186]
Aber auch rhetorisch wurde eine Verhandlungsstrategie mit starken Bezügen zum Recht eingeschlagen. Schon in der ersten deutschen Note vom 9. Mai wurde beklagt, dass mit dem alliierten Vertragsentwurf „die vereinbarte Basis des Rechtsfriedens verlassen"[187] worden sei, und dieser Vorwurf wurde in den Gegenvorschlägen vom 29. Mai zum Gegenstand eines einleitenden Kapitels gemacht, das gänzlich dem Widerspruch zwischen den vorgelegten Friedensbedingungen und den „vereinbarten Rechtsgrundlagen, den früheren Zusicherungen der feindlichen Staatsmänner sowie den allgemeinen Völkerbundsideen"[188] gewidmet war. Autor dieses allgemeinen Teils war Schücking, der mit der hier verfochtenen Argumentation für die gesamte Debatte der nächsten Jahre und Jahrzehnte den Grundton vorgab. Demnach sei mit der Lansing-Note ein förmlicher Vorvertrag, ein „unzweifelhaft rechtsverbindliches pactum de contrahendo"[189] zustande gekommen, gegen welches die Alliierten praktisch mit jeder Einzelbestimmung verstoßen hätten. Ein solcher Vorwurf war nicht ungeschickt, denn damit vermochte die deutsche Seite nicht nur zu den vertragspositivistischen Vorstellungen aufzuschließen, welche auf der Gegenseite dem Friedensschluss zugrunde gelegt worden waren. Sondern er erlaubte Schücking, den Anspruch der Siegermächte, den Schutz des internationalen Rechts gegen die aggressive Machtpolitik des Reiches verteidigt zu haben, mit moralischer Wucht zurückzuspielen und nun der Gegenseite vorzuwerfen, dass über „sämtlichen Forderungen des Friedensvertrages (...) der berüchtigte Satz: ‚Macht geht vor Recht'"[190] stehe.

---

186 Vgl. Sachverständige, die bei den Friedenshandlungen für den Geschäftsbereich der Rechtsabteilung in Betracht kommen würden, Aufzeichnung o.D. [ca. Jan. 1919], in: PA-AA, R 22484. Siehe auch Luckau, German Delegation, S. 193f. Nur am Rande sei auf die „Heidelberger Arbeitsgemeinschaft für Politik des Rechts" hingewiesen, in deren Umfeld ebenfalls von einem Rechtsanspruch auf einen gerechten Frieden gesprochen wurde, vgl. Weinke, Gewalt, Geschichte, Gerechtigkeit, S. 88–102.
187 Brockdorff-Rantzau an Clemenceau, Note v. 09.05.1919, in: Urkunden zum Friedensvertrage, hrsgg. v. Kraus/Rödiger, Bd. I, S. 208f.
188 Gegenvorschläge der Deutschen Regierung, S. 5.
189 Ebenda. Dieses Argument war auch in der Denkschrift „Der Friede, ein Rechtsproblem" des Rechtsanwalts Ernst Frankenstein, der sich später im Bereich des Internationalen Privatrechts einen Namen gemacht hat, an die Delegation herangetragen worden, vgl. Frankenstein an Simons, Brief v. 26.04.1919, in: PA-AA, R 25808. Zur Frage eines pactum de contrahendo siehe auch oben, S. 162ff. Missverständlich hingegen die Darstellung bei Würtenberger/Sydow, Versailles, S. 43f., wonach sich die deutsche Seite auf das Waffenstillstandsabkommen als Vorvertrag bezogen hätte.
190 Gegenvorschläge der Deutschen Regierung, S. 11.

Ob es freilich ein politisch kluger Schachzug war, derart offensiv auf das Recht und eine rechtliche Expertise zu setzen, war keineswegs ausgemacht. Nicht alle in der deutschen Delegation hielten die ostentative Berufung auf die Lansing-Note vom 5. November für geschickt oder den damit verbundenen Anspruch für weiterführend, dass die alliierte Seite zunächst Selbstkritik üben und die vorgelegten Friedensbedingungen revidieren müsste, bevor sie aus deutscher Sicht akzeptabel sein könnten. Es sei der „Grundfehler des Exposés, dass es in seiner Gesamtheit den Eindruck der Anklage und der Kritik erweckt"[191], meinte etwa Ernst v. Simson. Auch Simons, an den diese Einschätzung gerichtet war, erschien die Argumentation hochfahrend und moralisierend; Schücking sei, so schrieb er wenig später an seine Frau, ein „großes Kind, ein reines Herz, und ein unverbesserlicher Idealist"[192], in politischen Fragen jedoch unbedarft und unerfahren. Allerdings blieb der in Versailles unternommene Versuch einer Kürzung der entsprechenden Passagen erfolglos. Bei den korrespondierenden Dienststellen in Berlin und Spa wurde eine umfängliche Stellungnahme favorisiert, und angesichts des latenten Konflikts der Versailler Delegation mit der Reichsregierung war es ohnehin schwer, zu einer eigenständigen Vorgehensweise zu gelangen.[193] Zwar überarbeitete Schücking seinen Text in den nächsten Tagen nochmals selbst, bevor seine Belehrung, wie ein Rechtsfrieden auf Grundlage der 14 Punkte auszusehen habe, in die Gegenvorschläge aufgenommen wurde. Trotzdem zeigte sich Walter Simons im kleinen Kreis über ein solches, wie es scheinen mochte, formalistisches und rechthaberisches Räsonnement verärgert, da damit letztlich alle weiteren Verhandlungen torpediert würden. Es habe zuvor behutsame, „unterirdische" Gesprächskontakte mit einem Abgesandten von Tardieu gegeben, so monierte er in einem Brief an Simson, doch mit der publikumsträchtigen Vorlage der Denkschrift sei jede informelle Verständigung hinfällig geworden.[194]

191 Simson an Simons, Brief v. 22.05.1919, in: PA-AA, R 25808.
192 Simons an Erna Simons, Brief v. 30.05.1919 (engl. Übersetzung), in: Luckau, German Delegation, S. 122–128, hier: S. 124 (Rückübersetzung v. Verf.). Die Urteile, ob Schücking als politischer Aktivist oder weltfremder Gelehrter gelten muss, gehen weit auseinander, siehe, mit Akzent auf Ersterem, Tams, Re-Introducing Walther Schücking, S. 730f., 735f. Daneben: Bodendiek, Walther Schückings Konzeption, S. 116–125; Acker, Walther Schücking, S. 111.
193 Vgl. Krüger, Deutschland, S. 202; Luckau, German Delegation, S. 85. Siehe auch Schücking an Adelheid Schücking, Brief v. 18.05.1919, in: BArch Koblenz, NL Schücking, N 1051/108, S. 3f.
194 Vgl. Simons an Simson, Brief v. 30.05.1919, in: PA-AA, R 25808. Zu den informellen Gesprächskanälen vgl. nur Jackson, Beyond the Balance, S. 257–259; Lloyd E. Ambrosius, Secret German-American Negotiations during the Paris Peace Conference, in: American Studies/Amerikastudien 24 (1979), S. 288–309; Leo Haupts, Zur deutschen und britischen Friedenspolitik in der Pariser Friedenskonferenz: Britisch-deutsche Separatverhandlungen im April–Mai 1919?, in: HZ 217 (1973), S. 54–98; Schwabe, Deutsche Revolution, S. 592–598, schließlich auch Fritz

Dass hinter der Einbeziehung von Schücking vor allem Opportunitätserwägungen standen, ist offensichtlich. Sein Auftreten als Delegierter sollte eine demonstrative Anerkennung des Völkerrechts durch die deutsche Regierung unterstreichen. Allerdings zeigte sich bald, dass derartigen Versuchen einer Anrufung des Rechts eine eigene Logik innewohnte, welche sich politisch kaum je einhegen ließ. So verständlich der Versuch war, sich auf die Lansing-Note als verbindliche Grundlage des Friedens zu versteifen, so sehr wurden damit die ohnehin schmalen Handlungsspielräume der deutschen Seite aufgegeben. Zwar mochte das Recht eine Waffe des Schwachen sein, und fraglos waren zahlreiche deutsche Vertreter zutiefst davon überzeugt, dass sich die Gegenseite Vertragsbruch, Untreue und rechtswidriges Verhalten vorwerfen lassen musste. Doch das obstinate Beharren auf Recht und Rechtlichkeit, mit dem Schücking eine schwer angreifbare Verteidigungsposition aufzubauen suchte, ahmte im Grunde nur die alliierte Haltung nach, die Friedensverhandlung weniger als Kompromisssuche denn als Konfrontation der Standpunkte anzulegen. Simons und Simson dürften zumindest geahnt haben, dass eine solche Vorgehensweise die politischen Möglichkeiten erheblich verengte. Pointiert gesagt: Ausgerechnet den Rechtsberatern des Auswärtigen Amts erschien die Forderung nach einem Rechtsfrieden hinderlich, was einmal mehr unterstreicht, wie wenig von derartigen Funktionsrollen auf inhaltliche Positionen geschlossen werden kann.

Diese Bedenken, wenn sie denn überhaupt hinreichend deutlich geäußert wurden, drangen nicht durch. Brockdorff-Rantzau, der, ähnlich wie wenige Wochen zuvor die alliierten Regierungschefs im Council of Four, immer wieder an die Grenzen seiner persönlichen Belastbarkeit stieß, tat sich zumindest schwer, die publikumsträchtige Formel eines Rechtsfriedens in irgendeiner Weise zu relativieren. Seine begleitende Mantelnote zu den Gegenvorschlägen, die vom Chefkorrespondenten der Frankfurter Zeitung, Bernhard Guttmann, redigiert worden war, nahm den Refrain des Rechts, der Rechtlichkeit und Gerechtigkeit jedenfalls mit großer Ernsthaftigkeit nochmals auf: „Wir hofften auf den Frieden des Rechts, den man uns verheißen. Wir waren entsetzt, als wir in jenem Dokument lasen, welche Forderungen die siegreiche Gewalt des Gegners an uns stellt."[195]

T. Epstein, Zwischen Compiègne und Versailles. Geheime amerikanische Militärdiplomatie in der Periode des Waffenstillstandes 1918/19. Die Rolle des Obersten Arthur L. Conger, in: VfZ 3, H. 4 (1955), S. 412–445.
195 Brockdorff-Rantzau an Clemenceau, Mantelnote vom 29.05.1919, in: Gegenvorschläge der Deutschen Regierung, S. 92–96, hier: S. 92. Allerdings war Guttmann überhaupt erst auf Betreiben von Simons hinzugezogen worden, um die deutsche Argumentation rhetorisch effektvoller zu gestalten, vgl. Luckau, German Delegation, S. 85.

Während derartige Bekundungen in der deutschen Öffentlichkeit auf große Resonanz stießen, wurden sie auf alliierter Seite mit einiger Reservation aufgenommen. „This kind of rhetoric is not likely to be very useful"[196], so hatte Crowe bereits am 7. Mai die insistente Berufung der deutschen Seite auf die 14 Punkte Wilsons kommentiert. Ähnlich skeptisch wurden die Gegenvorschläge betrachtet, zumal bereits der schiere Umfang – die Herstellung im eigens mitgeführten Druckereiwaggon des deutschen Sonderzugs hatte die ganze Nacht des 26./ 27. Mai gedauert[197] – für Bestürzung sorgte und es notwendig machte, dass zahlreiche Delegierte für die Übersetzungsarbeiten herangezogen werden mussten.[198] Mehr noch war es freilich der angeschlagene Ton, der für die alliierten Repräsentanten deutlich machte, dass sich die deutsche Seite weder als Verlierer fühlte noch sich umstandslos den Bedingungen der Siegermächte zu unterwerfen gedachte, sondern einen legalistischen Abwehrschild konstruierte. Wenn in der amerikanischen und britischen Delegation trotzdem eine gewisse Bereitschaft zum Einlenken bestand, dann in erster Linie mit Blick auf die eigenen Interessen, kaum jedoch aus Sympathie für die deutschen Einwände, in der eine ähnlich ignorante Haltung erblickt wurde wie in Brockdorff-Rantzaus Auftritt vom 7. Mai. Während Woodrow Wilson, der sich in seinem Urteil über das zähe Nachleben eines verstockten Autoritarismus bestätigt sah, die beanstandeten Punkte prüfen lassen wollte,[199] versuchte David Lloyd George sogar die Möglichkeit einer behutsamen Revision des Vertragstexts auszuloten.[200] Es lässt sich kaum unterscheiden, inwieweit dahinter innere Überzeugung, innenpolitisches Kalkül oder auch die sichere Gewissheit stand, dass sich die französische Regierung ohnehin gegen jede Änderung sperren würde. Überdies galt: So gering die Bereitschaft zu einer unvoreingenommenen Prüfung der deutschen Gegenvorschläge war, so schmal waren die technischen und praktisch-politischen Spielräume für jede größere Revision. Nicht nur war in Paris inzwischen der Friedensschluss mit Österreich in Angriff genommen worden, sondern es waren in den vergangenen Wochen und Monaten so viele Kompromisse in den deut-

---

196 Crowe an Clema Crowe, Brief v. 07.05.1919, in: Bodleian Lib., Crowe Papers, Ms.Eng. d.3024, Bl. 137f.

197 Vgl. Bulletin de Reseignements No. 22 v. 29.05.1919, in: AD, Papiers Tardieu, Box 321, Bl. 117. Siehe auch Schiff, So war es in Versailles, S. 78.

198 So, aufgrund seiner Deutschkenntnisse, etwa Eyre Crowe, vgl. Crowe/Corp, Our Ablest Public Servant, S. 348. Im Council of Four war angesichts eines Vorausexemplars des Memorandums schon am Vormittag des 29. Mai beschlossen worden, „as many persons as possible" mit den Übersetzungsarbeiten zu beauftragen, vgl. Protokoll v. 29.05.1919, in: FRUS, PPC 1919, Bd. 6, S. 103–114, hier: S. 105.

199 Vgl. Schwabe, Deutsche Revolution, S. 619–637.

200 Vgl. die gewundenen Darlegungen von Lloyd George, Protokoll v. 02.06.1919, in: Mantoux, Deliberations, Bd. 2, S. 268–277, hier: S. 268–272.

schen Vertragsentwurf hineingeflossen, dass es kaum vorstellbar schien, das Gesamtpaket nochmals aufzuschnüren.[201]
Der entscheidende Punkt lag woanders. Am 4. Juni hatte der Council of Four die Gegenvorschläge zur Prüfung an die jeweils zuständige Kommission weitergeleitet, in der eine kurze Stellungnahme erarbeitet werden sollte. Allerdings dürfte sich diese Prüfung nicht auf eine bloße Abweisung der deutschen Monita beschränken, so die Regierungschefs, sondern es sei vielmehr eine klare Erklärung, Begründung und Rechtfertigung der jeweiligen alliierten Position erforderlich: „As no general explanation has yet been made of the principles and reasons underlying the Draft Conditions of Peace, it is important that the Memorandum now to be issued should make these as clear as possible.“[202] Das war der zentrale Punkt. Die Vorstellung, dass der Vertragstext für sich selbst sprechen würde, hatte sich offenkundig nicht erfüllt. Es fehlte an einer eindeutigen Ausformulierung des von alliierter Seite implizierten Verständnisses, dass der Frieden die internationale Ordnung nach den Rechtsbrüchen der Verlierermächte wiederherstellen und befestigen würde; die Präambel war, wie dargelegt, in dieser Hinsicht vage geblieben. Dass sich die deutsche Seite nun ihrerseits auf die publikumsträchtige Forderung nach einem Rechtsfrieden verlegte, bestätigte diesen Eindruck ebenso wie die von Brockdorff-Rantzau mehrfach wiederholte Forderung, dass mündliche Verhandlungen notwendig seien, um die „Missverständnisse“[203] zwischen beiden Seiten auszuräumen. Die alliierten Vertreter sahen sich jedenfalls zu einer ausführlichen Replik geradezu gezwungen, wobei die Denkschrift, wie sie unter der Leitung von André Tardieu aus dem Rücklauf der einzelnen Kommissionen erstellt wurde, nur auf Einzelfragen zu den Vertragsinhalten eingehen sollte.[204] In politischer Hinsicht bedeutsamer war die Rechtfertigung der Friedensbedingungen im zugehörigen Begleitschreiben. Am 12. Juni wurde der erste Entwurf einer solchen Note im Council of Four vorgelegt, an dem Philip Kerr seit rund zehn Tagen gearbeitet hatte und der nun in mehreren Runden präzisiert und noch inhaltlich zugespitzt wurde.[205]

---

201 Zu dieser interalliierten Debatte um eine Revision nur Sharp, Versailles Settlement, S. 33; Lentin, Lloyd George and the Lost Peace, S. 9, 12, 71f.; Jaffe, Decision, S. 206f.; Mayer, Politics and Diplomacy, S. 798f.; Marston, Peace Conference, S. 196–198. Auch: Tardieu, La Paix, S. 133–138.
202 Protokoll v. 04.06.1919, in: FRUS, PPC 1919, Bd. 6, S. 183–188, hier: S. 186.
203 Mündliche Verhandlungen Vorbedingung einer Verständigung, Interview v. 02.06.1919, in: Dokumente, hrsgg. v. Brockdorff-Rantzau, S. 153–155, hier: S. 154. Ganz ähnlich: Brockdorff-Rantzau an Clemenceau, Note v. 24.05.1919, in: Urkunden zum Friedensvertrage, hrsgg. v. Kraus/Rödiger, Bd I, S. 271–275, hier: S. 272.
204 Vgl. Hudson Diary, Eintrag v. 13.06.1919, in: HLSL, Hudson Papers, Box 166/1, S. 443.
205 Vgl. Protokoll v. 12.06.1919, in: FRUS, PPC 1919, Bd. 6, S. 324–347, hier: S. 324–326, 330–339. Siehe auch Protokoll v. 03.06.1919, in: ebenda, S. 147–167, hier: S. 159; insofern ist es nicht

Allerdings war in dieser Ausarbeitung kaum auf die von Schücking vorgebrachte Klage reagiert worden, dass die vereinbarten Rechtsgrundlagen durch die alliierten Friedensbedingungen auf eklatante Weise verletzt worden seien. Zu dieser Frage legte Kerr ein gesondertes Memorandum vor, das zwar einige allgemeine Gegenargumente zusammentrug, allerdings unentschlossen und wenig ausgearbeitet wirkte.[206] Die Regierungschefs zeigten sich zunächst unsicher, ob in dieser Frage nicht eine weitaus ausführlichere Rechtfertigung notwendig sei oder letztlich sogar ein Farbbuch erstellt werden müsse; wenige Tage zuvor war in Berlin ein weiteres, besonders auf die Sympathien in den neutralen Ländern berechnetes Weißbuch publiziert worden.[207] Um aber die deutschen Vorwürfe in dieser Sache überhaupt zu kontern, wurde der Text zunächst akzeptiert und an das Komitee von Tardieu weitergeleitet.[208] Dort empfand Manley Hudson die Argumentation von Kerr jedoch als so „exceedingly poor"[209], dass er seinen Kollegen Whitney H. Shepardson, der zum engeren Mitarbeiterkreis von House zählte und sich bereits als Sekretär der Völkerbund-Kommission verdient gemacht hatte, mit einer grundlegenden Überarbeitung betraute.[210] Aus dieser Konstellation erwuchs am 15. Juni schließlich ein gemeinsam von Hudson und Shepardson verfasster Entwurf, der unter dem Titel „Basis of the Peace Negotiations" – das „legal basis" fiel erst in letzter Minute fort – die alliierte Replik eröffnete. Von Kerrs ursprünglicher Fassung, die zur Lansing-Note weitgehend geschwiegen hatte, ließ sich nicht mehr viel erkennen, auch wenn der deutsche Vorwurf ähnlich entschieden zurückgewiesen wurde. Keineswegs, so parierten die Autoren die Belehrung von Schücking, hätten die alliierten Staatsmänner in ihren öffentlichen Reden jene Versprechungen gemacht, auf die sich die deutschen Gegenvorschläge nun berufen würden. Zwar wurde zugestanden, dass die Lansing-Note eine bindende Vereinbarung dargestellt habe. Doch damit sei allein festgehalten worden, dass der Frieden auf den

---

zutreffend, dass das Begleitschreiben im Komitee von Tardieu ausgearbeitet wurde, wie etwa bei Temperley, History, Bd. 1, S. 271, festgestellt.

206 Protokoll v. 12.06.1919, in: FRUS, PPC 1919, Bd. 6, S. 324–347, hier: S. 326f. Der dort nicht überlieferte Entwurf von Kerr ist abgedr. in: PWW, Bd. 60, S. 451–459. Der erste Abschnitt („The Responsibility of Germany for the War") ging nachmals in das Reparationskapitel der alliierten Replik ein.

207 Vgl. Die Friedensverhandlungen in Versailles, Berlin 1919, zur Drucklegung Anfang Juni auch die Unterlagen und Schriftwechsel zwischen Herbert Kraus und Friedrich Gaus in: PA-AA, R 25900. Zum Phänomen der Farbbücher siehe etwa Zala, Geschichte unter der Schere, S. 23–47.

208 Vgl. Hankey an Dutasta, Brief v. 12.06.1919, in: AD, Service Juridique, Fonds Fromageot, Box 4.

209 Hudson Diary, Eintrag v. 14.06.1919, in: HLSL, Hudson Papers, Box 166/1, S. 449.

210 Vgl. Sweetser Diary, Eintrag v. 14.06.1919, in: LoC, Sweetser Papers, Box 1.

Prinzipien Wilsons basieren solle („might be based"), und eben diese Grundsätze seien es gewesen, „which have guided [the Allies] in the deliberations which have led to the formulation of the Conditions of Peace"[211].

Für die weitere Debatte sollte sich dieses Anerkenntnis als durchaus folgenreich darstellen. Kaum eine deutsche Wortmeldung mochte späterhin auf den Hinweis verzichten, wonach die alliierte Seite mit dieser Stellungnahme selbst zugegeben habe, dass die Lansing-Note als Rechtsgrundlage des Frieden dienen sollte.[212] Ein genauerer Blick lässt jedoch erkennen, dass sich diese Anerkennung nicht in eindeutiger Weise auf die Annahme eines förmlichen Vorvertrags erstreckte oder gar auf die deutsche Behauptung einer Rechtspflicht zur Umsetzung der 14 Punkte, wie immer sich diese hätten interpretieren lassen. Stattdessen unterstrichen Shepardson und Hudson die allgemeine inhaltliche Bedeutung der Grundsätze Wilsons für den Frieden, beschrieben sie aber zutreffend nur als Prinzipien und nicht als Rechtssätze. Als vereinbarte Grundlage des Friedensschlusses, so hieß es in der Replik lapidar, gelte allein die mehrfach bekräftige Auffassung der alliierten Seite, dass der Frieden „should undo the wrongs of 1914, vindicate justice and international right, and reconstruct the political foundations of Europe on lines which would give liberty to all its peoples, and therefore the prospect of a lasting peace."[213]

Angesichts einer derart allgemeinen Bestimmung der „agreed basis of peace" überrascht es nicht, dass die Frage nach der Rechtskraft der Lansing-Note noch einige Zeit untergründig weiterschwelte. In den Pariser Friedenverhandlungen spielte sie zwar keine Rolle mehr und wurde in der öffentlichen Diskussion bald von der sich rasch steigernden Empörung überdeckt, mit der die deutsche Seite auf die zugeschriebene Kriegsschuld reagierte. Doch in den Siegernationen fühlte man sich augenscheinlich dazu verpflichtet, nochmals und mit einer größeren inhaltlichen Anstrengung auf den im Raum stehenden Vorwurf einzugehen, dass der Frieden „in schroffstem Widerspruch mit der vereinbarten Grundlage für einen dauernden Rechtsfrieden"[214] stehe. Die frühste und vermutlich umfassendste Auseinandersetzung erschien im Frühjahr 1920 in Temper-

---

211 Reply of the Allied and Associated Powers to the Observations of the German Delegation on the Conditions of Peace, 16.06.1919, in: FRUS, PPC 1919, Bd. 6, S. 935–996, hier: S. 936.
212 Etwa: Hold-Ferneck, Frage der Rechtsverbindlichkeit, S. 113f.; Marx, Rechtsgrundlagen, S. 4; Wissmann, Revisionsprobleme, S. 7f. Verschiedentlich wird bereits einer Stellungnahme von Clemenceau vom 9. Mai zugeschrieben, implizit die bindende Kraft der Vereinbarungen aus dem Herbst 1918 anerkannt zu haben, vgl. Dickmann, Kriegsschuldfrage, S. 80.
213 Reply of the Allied and Associated Powers to the Observations of the German Delegation on the Conditions of Peace, 16.06.1919, in: FRUS, PPC 1919, Bd. 6, S. 935–996, hier: S. 937.
214 Gegenvorschläge der Deutschen Regierung, S. 19.

leys Konferenzhistorie.[215] Dort fiel das Urteil zwar recht salomonisch aus, indem die Interpretationsoffenheit sowohl der rechtlichen wie der politisch-prinzipiellen Festlegungen anerkannt wurde. Allerdings wurde zugleich mit Verwunderung festgehalten, dass Fragen des Rechts und der Gerechtigkeit vermutlich noch nie eine derartige Bedeutung als „a contractual stipulation binding the parties to an international dispute" besessen hätten: „It is not too much to say that both parties viewed justice as the most important of all the agreed conditions of peace."[216] Das war, um zu der Konferenz selbst zurückzukehren, in der Tat das offizielle Selbstverständnis, wenngleich immer nur die halbe Wahrheit. Dass die Rhetorik des Rechts oftmals unverbunden neben den machtpolitischen Interessen und Ambitionen einzelner Konferenzparteien stand, war unübersehbar und musste etwa von Manley Hudson noch während der Abschlussarbeiten an der alliierten Replik vom 16. Juni festgestellt werden. Als das Tardieu-Komitee am Quai d'Orsay die Drucklegung des Memorandums beaufsichtigte und letzte Änderungen vornahm, vertraute ihm der italienische Diplomat Luigi Vannutelli Rey zu fortgeschrittener Stunde an, dass seiner Ansicht nach „all of this talk about justice was mere bosh, and that statesmen should not deal in such rubbish. He said that Italy did not enter the war because of any ideals or any sense of justice or right."[217]

Trotz dieses ernüchternden Realismus: Die alliierte Replik auf die Gegenvorschläge („Reply of the Allied and Associated Powers to the Observations of the German Delegation") stellte das dritte voluminöse Schriftstück dieser Verhandlungsetappe dar.[218] Nachdem sie von Dutasta zusammen mit dem geringfügig modifizierten Vertragsentwurf am 16. Juni übergeben worden war, firmierte das Dokument in der deutschen Wahrnehmung sogleich als „Ultimatum der En-

---

215 Vgl. Temperley, History, Bd. 2, S. 245–419. Nicht zufällig galten die von Temperley herausgegebenen Bände stets als inoffizieller Kommentar zum Friedensvertrag. Auch Rechtsgrundlagen und Grundsätze der Lansing-Note wurden hier mit größter Genauigkeit seziert; als Autor dieses Teils zeichnete der amerikanische Rechtshistoriker Harold Hazeltine, der 1905 in Berlin in mittelalterlichem englischem Recht promoviert worden war, seit 1907 aber in Cambridge lehrte. Der zuerst für diese Abschnitte vorgesehene James Brown Scott hatte aufgrund seiner Arbeitsüberlastung, vielleicht auch aus Verdruss, seine ursprüngliche Zusage im November 1919 zurückgezogen, vgl. Scott an Temperley, Brief v. 29.11.1919, in: GUSC, Scott Papers, Box 11/13.
216 Temperley, History, Bd. 2, S. 260.
217 Hudson Diary, Eintrag v. 15.06.1919, in: HLSL, Hudson Papers, Box 166/1, S. 453.
218 Vgl. Reply of the Allied and Associated Powers to the Observations of the German Delegation on the Conditions of Peace, 16.06.1919, in: FRUS, PPC 1919, Bd. 6, S. 935–996. Dazu etwa Marston, Peace Conference, S. 194–198, daneben: Lentin, Lloyd George, Wilson and the Guilt, S. 102f. Schon den Zeitgenossen fiel der Umfang auf, vgl. Hansen, Adventures, S. 299, 339.

tente"[219]. In der Tat wurde die deutsche Regierung im Begleitschreiben von Clemenceau ultimativ aufgefordert, innerhalb von fünf Tagen ihre Bereitschaft zur Unterzeichnung des Vertrages in seiner vorliegenden Form zu erklären, da anderenfalls die Feindseligkeiten wieder aufgenommen werden würden. Angesichts der großen Mühen, welche in der alliierten Replik darauf verwandt wurde, die innere Kohärenz und die maßgeblichen Prinzipien der Friedensbedingungen herauszuheben, lässt sich darin jedoch vor allem ein nachgereichter Kommentar zu dem am 7. Mai übergebenen Vertragsentwurf erkennen. Es sei „in fact an ultimatum plus a sermon"[220], stellte Eyre Crowe fest, und mit Recht ist später argumentiert worden, dass erst in der Denkschrift „the complete argumentative and legal basis of the Treaty"[221] erkennbar werde. Einzelne inhaltliche Aspekte sollen noch im Detail untersucht werden, so dass hier der Hinweis ausreicht, wonach von alliierter Seite nahezu alle deutschen Gegenvorschläge abgewiesen wurden. Die deutsche Verantwortung für den Weltkrieg hingegen, wie sie in der Präambel nicht eindeutig stipuliert worden und allenfalls in Artikel 231 VV aufgeschienen war, wurde nochmals ausdrücklich bestätigt, eben weil, wie die Begleitnote unterstrich, die deutschen Vertreter „utterly fail to understand the position in which Germany stands today"[222]. Das meinte nichts anderes, als dass in Deutschland bislang weder die Berechtigung der alliierten Position noch die Haltlosigkeit der eigenen Forderungen realisiert worden sei. Wenn die alliierte Replik den gesamten Hintergrund von Weltkrieg und Weltfrieden anschließend in großer Ausführlichkeit abschritt, dann in dem offenkundigen Versuch, den legalistischen Einwendungen der Gegenseite den Boden zu entziehen und dem Vertragsentwurf eine größere inhaltliche Folgerichtigkeit als „peace of justice" zu verleihen. „Justice (...) is the only possible basis for the settlement of the accounts of this terrible war", so wurde das deutsche Verlangen nach einem Rechtsfrieden aufgegriffen, allerdings im eigenen Sinne mit dem Hinweis akzentuiert, dass die „essence of justice"[223] eine Wiedergutmachung begangenen Unrechts sein müsse.

---

219 Vgl. Das Ultimatum der Entente. Vollständiger Text der Mantelnote und der Antwort auf die deutschen Gegenvorschläge. Amtlicher Wortlaut, Berlin 1919. Siehe auch: Urkunden zum Friedensvertrage, hrsgg. v. Kraus/Rödiger, Bd. I, S. 555–682. Wenige Stunden zuvor war in der Delegation bereits darüber beraten worden, wie man sich gegenüber einem für die allernächste Zukunft erwarteten Ultimatum verhalten solle, vgl. Gründer, Walter Simons, S. 102.
220 Crowe an Clema Crowe, Brief v. 15.06.1919, in: Bodleian Lib., Crowe Papers, Ms.Eng. d.3025, Bl. 72B.
221 Temperley, History, Bd. 1, S. XI.
222 Clemenceau an Brockdorff-Rantzau, Note v. 16.06.1919, in: FRUS, PPC 1919, Bd. 6, S. 926–935, hier: S. 926.
223 Ebenda, S. 929f.

Die alliierte Unsicherheit und die Unterzeichnung des Versailler Vertrags

Die Situation zwischen Krieg und Frieden, die im Juni zu einer Entscheidung drängte, ließ sich mit diplomatischen Noten und rechtsförmigen Argumenten jedoch nur noch bedingt einfangen. In den Reihen der alliierten Unterhändler waren in den letzten Wochen immer wieder Stimmen laut geworden, welche die Bereitschaft der deutschen Seite bezweifelten, den unter so großen Mühen erstellten Vertragsentwurf überhaupt zu unterzeichnen: „What a lot of work wasted if the Germans don't sign!"[224], schrieb William Malkin an seine Frau. In der Tat folgte aus der Entscheidung für einen Vertragsfrieden, dass die Siegermächte gänzlich von einer deutschen Bereitschaft zur Unterzeichnung abhängig waren. Man war sich in den alliierten Reihen überdies bewusst, dass bereits das Waffenstillstandsersuchen vom Oktober 1918 nicht allein einer eigenen militärischen Überlegenheit zu verdanken gewesen war, sondern der Kalkulation von OHL und deutscher Politik, den Krieg möglichst in einer Position der Stärke zu beenden. Wohl hatte sich die militärische Kräftebalance seit dem Waffenstillstand vom 11. November erheblich verändert, an erster Stelle durch die Ablieferungspflichten, den erzwungenen Rückzug und die Besatzung der linksrheinischen Territorien nebst einigen entscheidenden Brückenköpfen. Doch dass ein sichtbarer Triumph der alliierten Streitkräfte ausgeblieben war, nährte nicht nur in Deutschland die Illusion einer ungeschlagenen Armee („Im Felde unbesiegt"), sondern führte auch auf Seiten der Entente zu einiger Unsicherheit über die faktische Kampfkraft des Gegners, zumal auf dessen eigenem Territorium; schon der vollständige und geordnete Rückzug der Truppen hatte den Organisationsgrad und die Ressourcen der deutschen Armee erheblich größer erscheinen lassen, als dies tatsächlich der Fall war.[225]

Gegen eine Wiederaufnahme der Kämpfe mit dem Ziel, die deutsche Regierung zur Unterzeichnung des Vertragsentwurfes zu zwingen, sprachen im Frühsommer 1919 vor allem zwei Gründe: Erstens bestand in den Siegernationen zu diesem Zeitpunkt ein erheblicher, politisch unmittelbar relevanter Druck, die Demobilisierung zu beschleunigen und überhaupt rasch zu einem Friedenszustand zurückzukehren. Der Waffenstillstand lag inzwischen über sieben Monate zurück, und es war für die alliierten Regierungen kaum vorstellbar, die eigenen Gesellschaften auf breiter Front für eine Fortführung des Krieges zu mobilisie-

---

224 Malkin an Margret Malkin, o.D. [17.06.1919], in: CAC, Malkin Papers, MALK 1–2.
225 Vgl. Michael Salewski, Entwaffnung und Militärkontrolle in Deutschland 1919–1927, München 1966, S. 21f. Siehe auch Barth, Dolchstoßlegenden, S. 212–220; Andreas Hillgruber, „Revisionismus". Kontinuität und Wandel in der Aussenpolitik der Weimarer Republik, in: HZ 237, H. 3 (1983), S. 597–621, hier: S. 601f.

ren oder gar für die Erzwingung eines Friedensvertrages, der nur schwer verständlich zu machen war.[226] Zweitens ließ sich gegen die Fortführung der Kampfhandlungen einwenden, dass jeder Einmarsch in Deutschland mit kaum kalkulierbaren Risiken und unabsehbare Weiterungen verbunden sein würde. Die Bedrohungswahrnehmung hatte sich dabei grundlegend gewandelt. Noch im Winter waren ein Kollaps der europäischen Mitte in die Anarchie und für das Reich ein blutiger Bürgerkrieg zwischen einer Militärdiktatur und den Spartakisten befürchtet worden. Eine militärische Besatzung wäre nach seinerzeitiger Wahrnehmung nicht nur mit einem unberechenbaren Partisanenkampf verbunden gewesen, sondern hätte die eigenen Truppen den Gefahren einer, wie es in der zeitgenössischen Diktion hieß, bolschewistischen „Infektion" ausgesetzt. Doch diese Deutung überlagerte sich seit Ende April 1919 schrittweise mit einem Bild neuerwachter deutscher Stärke, wobei dieser Umschwung ungefähr mit der Ankunft der deutschen Friedensdelegation in Versailles einherging. In Berichten aus Berlin wurde die deutsche Regierung ab Anfang Mai jedenfalls wieder stärker als gefestigt und handlungsfähig beschrieben.[227] Eine solche Regeneration deutscher Regierungsgewalt mochte zwar für die Umsetzung des Friedensvertrags unabdingbar sein, bedeutete auf der Kehrseite aber auch, dass mit einer neuen Entschlossenheit zu rechnen war, sich den alliierten Forderungen zu widersetzen oder im Fall von scheiternden Verhandlungen auf eine Wiederaufnahme der Kampfhandlungen zu setzen. Dass die Nationalversammlung am 12. Mai 1919 nicht in Weimar, sondern erstmals wieder in Berlin, in der Aula der Universität, zusammenkam und dass Ministerpräsident Philipp Scheidemann hier den vorgelegten Vertragsentwurf mit schroffer Rhetorik als „Gewaltfrieden" und „Mordplan" zurückwies („Welche Hand müsste nicht verdorren, die sich und uns in diese Fesseln legt"), war im Council of Four schon am folgenden Morgen als Signal wiedererwachter deutscher Stärke aufmerksam registriert worden.[228]

---

226 Vgl. Cabanes, 1919. Aftermath, S. 172–174, 182f.

227 So wies ein britischer Verbindungsoffizier beispielsweise den alarmistischen Grundton einer vorherigen Denkschrift von Mitte April zurück und hob die Entschlossenheit und Stabilität der deutschen Regierung heraus, vgl. Haking, Aufzeichnung v. 01.05.1919, in: TNA, FO 374/21, S. 218. Auch auf amerikanischer Seite nahmen die Berichte über eine rasch politische und militärische Stabilisierung der deutschen Regierung in diesem Zeitraum zu, vgl. Schwabe, Deutsche Revolution, S. 597. Ähnlich der Grundtenor in den französischen Berichten ab Juni, siehe die Unterlagen in: SHD, Fonds Clemenceau, 6N72.

228 Vgl. Protokoll v. 13.05.1919, in: Mantoux, Deliberations, Bd. 2, S. 49–60, hier: S. 49f. Zu Scheidemanns Ansprache siehe etwa Ragna Boden, Die Weimarer Nationalversammlung und die deutsche Außenpolitik. Waffenstillstand, Friedensverhandlungen und internationale Beziehungen in den Debatten von Februar bis August 1919, Frankfurt a.M. 2000, S. 120–123; Luckau, German Delegation, S. 96–100. Weiter: Lorenz, Weltgeschichte, S. 76–87.

Diese veränderten Wahrnehmungen ließen sich zwar immer mit unterschiedlichen Interessen verbinden, etwa wenn die französische Seite nun erst recht eine härtere Gangart einforderte, die britischen Vertreter hingegen eine größere Nachgiebigkeit für notwendig hielten. Doch das ändert nichts daran, dass jede Fortführung des Krieges ein politisch kaum durchsetzbares wie militärisch riskantes Vorhaben darstellte, wie den alliierten Regierungschefs im Juni von Ferdinand Foch als dem Oberbefehlshaber der alliierten Streitkräfte schonungslos vor Augen geführt wurde. Hatte Foch einen Vorstoß auf Berlin, der eine deutsche Regierung zur Unterschrift hätte zwingen können, am 10. Mai noch als weitgehend unproblematisch dargestellt,[229] so mussten die Regierungschefs nur einige Wochen später konsterniert erfahren, dass das alliierte Potential für diese Aufgabe vermutlich nicht mehr hinreichte. Der ursprüngliche Plan, der einen raschen Vormarsch über Frankfurt nach Weimar und Berlin vorgesehen und dazu auch auf die Unterstützung polnischer wie tschechoslowakischer Kräfte gesetzt hatte, sei, so teilte Foch am 16. Juni im Council of Four mit, angesichts der fortschreitenden eigenen Demobilisierung sowie des erstarkten Widerstandswillens der Gegenseite kaum mehr umsetzbar. Eine Invasion lasse sich allenfalls bis zur Weser planen, und jedes weitere Vorrücken in Richtung der deutschen Reichshauptstadt sei nur bei einer kompletten Ausschaltung der süddeutschen Staaten denkbar, wozu der französische Marschall den Abschluss separater Friedensverträge vorschlug, mithin eine Herauslösung von Bayern, Hessen, Baden und Württemberg aus dem Reichsverbund.[230]

Dass Foch damit unverhohlen auf jene Politik der Aufteilung Deutschlands durch die Förderung separatistischer Tendenzen zurückkam, über die er sich mit Clemenceau bereits in erbitterten Kämpfen über die Zukunft des Rheinlands überworfen hatte, stellte noch nicht einmal das größte Problem dar.[231] Seine nüchterne Lagebeurteilung nahm den Regierungschefs vielmehr ein zentrales Instrument aus der Hand. Im Council of Four kam es zu ungewöhnlich harten Worten und bitteren Vorwürfen, mit denen der alliierte Oberbefehlshaber nicht nur für eine unzureichende Planung kritisiert wurde, sondern insbesondere auch dafür, dass er seine Vorbehalte erst jetzt zu erkennen gebe.[232] Allerdings ergab auch eine Aussprache im Kreis des Supreme War Council vier Tage später kein wesentlich anderes Ergebnis. Foch ebenso wie die britischen und amerika-

---

229 Vgl. Protokoll v. 10.05.1919, in: FRUS, PPC 1919, Bd. 5, S. 537–540.

230 Vgl. Protokoll v. 16.06.1919, in: Mantoux, Deliberations, Bd. 2, S. 461–472, hier: S. 462–466.

231 Vgl. Jackson, Beyond the Balance, S. 300, 310f., sowie im Detail nochmals unten.

232 Vgl. Protokoll v. 16.06.1919, in: FRUS, PPC 1919, Bd. 6, S. 501–509, hier: S. 504–508. Ausführlicher: Protokoll v. 16.06.1919, in: Mantoux, Deliberations, Bd. 2, S. 461–472, hier: S. 466–469.

nischen Oberkommandierenden, die Generäle William Robertson und Tasker Bliss, beharrten unisono darauf, dass ein Vormarsch nach gegenwärtigen Kräfteverhältnissen allenfalls bis zur Weser realistisch wäre. Jedes weitere Vorgehen sei angesichts einer feindseligen Bevölkerung und von hunderttausenden ehemaligen Kombattanten im Operationsgebiet kaum zu kalkulieren.[233]

Mit einiger Distanz lässt sich in dieser Mitteilung ein Moment der Ernüchterung sehen, in dem auf alliierter Seite realisiert werden musste, dass auch ein hochgradig differenziertes Vertragswerk einer machtpolitischen Basis bedurfte. Der Herausforderung, gegen starke Widerstände nochmals alle Kräfte anzuspannen und zu einer umfassenden militärischen Mobilisierung zurückzukehren, standen alle Staatsmänner des Council of Four skeptisch gegenüber. Diese inneren Vorbehalte wurden zudem dadurch befeuert, dass immer wieder Gerüchte in Paris einliefen, die von einem heimlichen Schulterschluss zwischen deutschen und bolschewistischen Truppen zu berichten wussten, was neuerlichen Kampfhandlungen eine ganz andere Dimension verliehe hätte.[234] Zwar war schon in den Wochen zuvor der Gedanke ventiliert worden, dass die im März erheblich abgemilderte Blockade wieder verschärft werden könne, um die Gegenseite auf diese Weise zur Unterschrift zu zwingen. Doch auch wenn Lloyd George mit diesem Instrument nur drohen wollte, lehnte Wilson jedwede Rückkehr zur Blockade aus humanitären Erwägungen kategorisch ab, so dass derartige Pläne nicht konsequent verfolgt wurden.[235]

Schlussendlich blieb es den alliierten Vertretern erspart, ihre Karten auf den Tisch legen zu müssen. Kurz vor dem Auslaufen des alliierten Ultimatums zeichnete sich in der Nationalversammlung in Berlin eine vor allem von der SPD und dem Zentrum getragene Mehrheit ab, welche zur Unterzeichnung des Friedensvertrages bereit war, gegen die lautstarken Erwartungen der alten Eliten, gegen die eindringlichen Empfehlungen der Versailler Verhandlungsdelegation und auch gegen den Willen von Ministerpräsident Scheidemann. Dessen Kabinett trat folgerichtig in den frühen Morgenstunden des 20. Juni zurück, und

---

233 Vgl. Protokoll v. 20.06.1919, in: ebenda, Bd. 2, S. 493–502, hier: S. 496f.
234 So von einem Gewährsmann aus Den Haag: Townley, Memorandum v. 10.06.1919, in: TNA, FO 608/169/2, Bl. 427–430, allerdings mit der relativierenden Anmerkung von Hardinge, dass derartige Mutmaßungen wohl übertrieben seien.
235 Zur Diskussion vgl. Protokoll v. 13.06.1919, in: FRUS, PPC 1919, Bd. 6, S. 370–376, hier: S. 371f. Siehe außerdem Osborne, Britain's Economic Blockade, S. 188f.; Glaser, Making, S. 388–391; Walworth, Wilson and his Peacemakers, S. 428. Am folgenden Tag warnte auch Hoover den amerikanischen Präsidenten, dass sich eine erneute Verschärfung der Blockade für die mitteleuropäische Versorgungssituation als fatal erweisen würde, vgl. Hoover, The Memoirs, Bd. 1, S. 463f.

wenige Stunden später erfolgte die Demission von Brockdorff-Rantzau als Außenminister und Delegationsleiter.[236]

Für einen kurzen Moment mochte es zwar offen erscheinen, ob sich überhaupt ein Reichskabinett würde bilden lassen, welches zur Unterzeichnung des
Friedensabkommens bereit wäre. Bis in hohe Staatsämter kursierte die gewagte
Überlegung, das Land unter den Schirm des (allerdings noch nicht einmal gegründeten) Völkerbundes zu stellen oder auf andere Weise einer internationalen Treuhänderschaft zu übergeben. Schon im Mai hatte etwa Bernhard Wilhelm v. Bülow davon gesprochen, die alliierten Drohungen ins Leere laufen zu
lassen, eine Besetzung auf sich zu nehmen und „passive Resistenz" zu üben.[237]
Doch gegenüber solchen zugespitzten Positionen setzten sich jene Stimmen der
deutschen Politik durch, denen es in erster Linie um eine Konsolidierung der
jungen Republik ging und welche die Kriegsmüdigkeit der Bevölkerung und die
dramatische Versorgungslage höher veranschlagten als die Empörung über die
Vertragsbestimmungen. Am 22. Juni konnte der neuernannte Leiter der deutschen Friedensdelegation, Edgar Haniel v. Haimhausen, Clemenceau die Mitteilung machen, dass nunmehr eine Regierung unter der Leitung des Sozialdemokraten Gustav Bauer gebildet worden sei, die noch am selben Tag eine grundsätzliche Bereitschaft zu einer Annahme des Friedensvertrages erklärte. Allerdings wollten sich die alliierten Repräsentanten auf die im selben Atemzug formulierte Bedingung der neuen deutschen Regierung, wonach der Friedensvertrag nur ohne die „Ehrenpunkte" unterzeichnet werden könne, also ohne
„anzuerkennen, daß das deutsche Volk der Urheber des Krieges sei und ohne
eine Verpflichtung zur Auslieferung nach Artikel 227 bis 230 des Friedensvertrags zu übernehmen"[238], keinesfalls einlassen. Erst nachdem die deutsche Militärführung eine Wiederaufnahme der Kämpfe am folgenden Tag nochmals
nachdrücklich als aussichtslos bezeichnet und daneben eine Mehrheit der Nationalversammlung die Regierung Bauer zur Unterzeichnung autorisiert hatte,
machte Haniel in Versailles eine Mitteilung über den deutschen Entschluss, der

---

236 Die politischen Ereignisse in Deutschland können hier nicht dargestellt werden, siehe aber
Boden, Weimarer Nationalversammlung, S. 131–154; zur umstrittenen Taktik von Brockdorff-
Rantzau, auf eine Ablehnung zu setzen, außerdem Scheidemann, Brockdorff-Rantzau, S. 494–
508; Wengst, Brockdorff-Rantzau, S. 78–94. Aus der Nähe auch: Erzberger, Erlebnisse im Weltkrieg, S. 369–383.
237 Vgl. Graml, Bernhard von Bülow, S. 30.
238 So die von Gustav Bauer unterzeichnete Erklärung, Haniel an Clemenceau, Note v.
22.06.1919, in: Urkunden zum Friedensvertrage, hrsgg. v. Kraus/Rödiger, Bd. I, S. 693–697,
hier: S. 696.

„übermächtigen Gewalt" der alliierten Nationen zu weichen und die Friedensbedingungen vorbehaltlos, wenngleich unter Protest anzunehmen.[239]

Damit war der Weg für den Abschluss des Friedensvertrages frei. Als kurzfristiger Termin der offiziellen Unterzeichnung drängte sich der 28. Juni 1919 auf, also der fünfte Jahrestag der Ermordung des österreichisch-ungarischen Thronfolgers. Es stand bereits fest, dass der Akt im Spiegelsaal des Königsschlosses von Versailles stattfinden sollte, nicht zuletzt um wenigstens sinnbildlich jene Annullierung der deutschen Reichsgründung von 1871 vorzunehmen, die Poincaré schon in seiner Eröffnungsansprache vom Januar 1919 gefordert hatte. Unter der direkten Aufsicht von Clemenceau bemühte sich das französische Protokoll, dem Ereignis nun endlich jene überragende symbolische und zeremonielle Bedeutung zu verleihen, die im bisherigen Konferenzverlauf immer nur andeutungsweise aufgeschienen war. Schon im Vorfeld hatte sich der französische Premier nach Versailles aufgemacht, um die Örtlichkeiten gemeinsam mit Wilson, Balfour und Sonnino persönlich in Augenschein zu nehmen und letzte Festlegungen zum Ablauf zu treffen.[240] Auch dass eine Gruppe von „gueules cassées", schwerst gesichtsverletzten Soldaten, eingeladen wurde, an denen die deutschen Delegierten vorbeizugehen hatten, geschah auf den direkten Wunsch von Clemenceau.[241] Daneben wurde der medialen Repräsentation des Ereignisses eine herausgehobene Bedeutung beigemessen, etwa durch die offizielle Entscheidung, das Ereignis im vergleichsweise neuen Medium des Films festzuhalten.[242] Früh hatte sich zudem der britische Maler William Orpen eingeschaltet, der – in vager Nachfolge von Jean-Baptiste Isabey auf dem Wiener Kongress[243] – als semioffizieller Porträtmaler der Konferenz gelten konnte und bereits zahlreiche Delegierte gemalt hatte.[244] Nachdem er den Spiegelsaal

---

239 Vgl. Haniel an Clemenceau, Note v. 23.06.1919, in: ebenda, Bd. I, S. 699f.

240 Vgl. MacMillan, Peacemakers, S. 484; Duroselle, Clemenceau, S. 767f. Ein Plan mit minutiösen Hinweisen zum Ablauf ist überliefert als Projet à la Date du 25 Juni [sic!], in: CAC, Malkin Papers, MALK 1/5.

241 Vgl. Stéphane Audoin-Rouzeau, Die Delegation der „gueules cassées" in Versailles am 28. Juni 1919, in: Krumeich (Hrsg.), Versailles 1919, S. 281–287.

242 Vgl. Projet à la Date du 25 Juni, in: CAC, Malkin Papers, MALK 1/5, S. 13: „Un cinéma sera admis dans la Galerie des Glaces. La Section cinématographique de l'armée y prendra le film historique, à charge pour elle d'en délivrer copie aux Délégations étrangères et au commerce, gratuitement." Zu den Erwartungen der amerikanischen Presse in dieser Hinsicht vgl. Hayden, Negotiating in the Press, S. 181. Siehe auch Walworth, Wilson and his Peacemakers, S. 432.

243 So schon Dillon, Inside Story, S. 24. Siehe auch Vick, Congress of Vienna, S. 59f.

244 Vgl. William Orpen, An Onlooker in France, 1917–1919, London 1921, S. 98–120. Auch in der amerikanischen Delegation bestanden notabene Pläne für eine Reihe offizieller Gemälde, wobei unter anderem von John Singer Sargent, einem der berühmtesten Porträtmaler der USA (der Wilson schon 1917 gemalt hatte), die Rede war. Allerdings wurde letztlich kein offizieller

bereits im April in Augenschein genommen hatte, gab er verschiedene Hinweise, wie die gesamte Zeremonie für einen möglichst gelungenen Bildeffekt anzulegen sei, was zumindest in der britischen Delegation, die seine Ratschläge getreulich an das Konferenzsekretariat weitergab, durchaus auf entsprechend sensibilisierte Ohren stieß: „After all, in the future the pictorial representation of the signature is what will remain in people's minds much more vividly than any written description."[245]

Abb. 10: Der für die Unterzeichnungszeremonie vorbereitete Spiegelsaal im Versailler Königsschloss am 24. Juni 1919.

Allerdings: Die formalistische und juristisch-kleinteilige Gestalt des Friedensvertrages ließ sich am 28. Juni 1919 weder in einen eindringlichen Bildakt noch überhaupt in eine Zeremonie von großer politischer Kraft übertragen. Gerade Orpens eigenes Gemälde, welches zweifellos zu den bekanntesten Darstellungen des Ereignisses gehört, lässt die oft beschriebene Zwiespältigkeit der Unterzeichnungszeremonie deutlich hervortreten. Von großer Feierlichkeit ist hier kaum et-

Regierungsauftrag erteilt, vgl. Amerikanische Delegation, Protokoll v. 18.03.1919, in: FRUS, PPC 1919, Bd. 11, S. 119–121, hier: S. 120f. Siehe auch Neu, Colonel House, S. 418, 420.
245 Mair an Norman, Brief v. 15.04.1919, in: TNA, FO 608/162/9, Bl. 496, dort weitere Unterlagen.

was zu spüren, sondern der Moment der Unterschrift ist ganz an den unteren Bildrand gerückt, wo sich die beiden deutschen Delegierten, gebückt und von hinten gesehen, vor dem gold-düsteren, imperial aufragenden Dekor des Spiegelsaals und unter den unergründlichen Blicken der alliierten Staatsmänner

Abb. 11: William Orpen, The Signing of Peace in the Hall of Mirrors, Versailles, 28th June 1919 (1919).

über den Vertragstext beugen.[246] Sicherlich war diese Illustration hochgradig stilisiert, doch vielleicht darum von der Realität nicht weit entfernt. So pompös das Zusammentreffen in den Planungen angelegt gewesen war, so mediok012, unspektakulär und in Teilen geradezu banal wirkte der Ablauf auf viele anwesende Betrachter. Die deutsche Seite hatte ohnehin nur eine „demütigende Sieges- und Revanchekundgebung" erwartet, wie Haniel meinte, der darum auch

---

246 Vgl. zu diesem Gemälde auch Alan Sharp, The Signature of the Treaty of Versailles, in: ders. (Hrsg.), June 28th. Sarajevo 1914 – Versailles 1919, London 2014, S. 273–277, sowie Orpen, Onlooker, S. 116–120.

nur die Entsendung eines untergeordneten Repräsentanten angeregt hatte, der die „Zeichnung rein büromäßig auf höhere Weisung"[247] vollziehen solle. Dieser Vorschlag wurde zwar nicht aufgegriffen, sondern Außenminister Hermann Müller und Verkehrs- und Kolonialminister Johannes Bell nach Paris entsandt. Trotzdem fehlte es der Veranstaltung in nahezu jeder Hinsicht an einer herausgehobenen Dignität. Nachdem die deutschen Vertreter in den Saal geleitet worden waren, begnügte sich Clemenceau, ähnlich wie am 7. Mai, mit einigen formalen Hinweisen. Anschließend unterschrieben Müller und Bell wortlos den Friedensvertrag, das zugehörige Protokoll sowie das Rheinlandabkommen und warteten, skeptisch beäugt und mit eingefrorenen Mienen, auf ihren Plätzen zwischen den Vertretern Japans und Brasiliens die Unterzeichnung aller übrigen Delegierten ab. Doch was den deutschen Vertretern als langgezogene Wartezeit vorgekommen sein mag, verlief so zügig, dass die weitere Zeremonie dem anwesenden Manley O. Hudson rasch als „very unimpressive, and almost ridiculous"[248] erschien. Dass in dem mit mehreren hundert Personen dicht gefüllten Saal immer wieder Unruhe aufkam, trug zu dem Eindruck einer wenig feierlichen Veranstaltung bei. „People talked and cracked jokes to each other across tables"[249], beklagte sich Orpen nachher, und auch andere Stimmen monierten das Gedränge, die erhebliche Geräuschkulisse, die surrenden Filmkameras. Für Herbert Kraus, der als Sekretär der deutschen Delegation anwesend war, stellte sich neben dem „lebhafte[n] Stimmengewirr und [dem] dauernde[n] Hin- und Herlaufen"[250] vor allem die Sammlung von Autogrammen und Unterschriften durch zahlreiche Delegierte als Ärgernis dar, was auch von Edward House mit großem Unmut beobachtet wurde: „This is a pastime I did not indulge in. The signing of autograph albums, photographs and what not has become a great nuisance."[251] Am Ende hatte die gesamte Veranstaltung kaum eine Stunde gedauert.[252]

---

247 Haniel an Müller, Telegramm v. 22.06.1919, in: ADAP, Ser. A, Bd. 2, S. 134.
248 Hudson Diary, Eintrag v. 28.06.1919, in: HLSL, Hudson Papers, Box 166/1, S. 496.
249 Orpen, Onlooker, S. 118.
250 Kraus, Tagebuchaufzeichnung, S. 13.
251 House Diary, Eintrag v. 28.06.1919, in: YLMA, House Papers, Serie 2, vol. 7, S. 256. Die deutschen Delegierten wurden allerdings nur von einem Vertreter Boliviens und zwei Vertretern Kanadas um ihre Unterschrift auf dem offiziellen Programmblatt gebeten, vgl. Hermann Müller, in: Schiff, So war es in Versailles, S. 141.
252 Allgemein siehe Steller, Diplomatie, S. 450–463, auch mit Hinweisen zur älteren Literatur. Zum Ablauf liegt eine große Zahl von Berichten vor, neben den genannten siehe beispielsweise noch: Auchincloss Diary, 28.06.1919, in: YLMA, Auchincloss Papers, Box 3/34, S. 623–626; White an Root, Brief v. 30.06.1919, in: LoC, Root Papers, Box 137; Riddell Diary, Eintrag v. 28.06.1919, in: Riddell Diaries, S. 281f.; Charles Hardinge, Old Diplomacy. The Reminiscences

Der entscheidende Punkt ist, dass die Zeremonie von Versailles vor allem deshalb eigentümlich leer, glanzlos und ohne eigenständige politische Bedeutung blieb, weil der Friedensschluss ganz auf den Vertragstext aufgebaut war. Der gesamte Akt der Vertragsunterzeichnung vermochte kaum eine über sich selbst hinausweisende Botschaft zu transportieren, denn die Zustimmung der deutschen Vertreter war für die rechtliche Gültigkeit des Friedensvertrags notwendig, nicht aber für seine inhaltliche und also politische Begründung. Mit der Unterschrift von Versailles vollzog sich die erzwungene Integration des Kriegsverlierers in die angestrebte Nachkriegsordnung. Der Friedensschluss wurde auf einen völkerrechtlichen Vertrag und eine formalrechtliche Handlung verkürzt; außer Betracht blieb demgegenüber, dass der Übergang in einen stabilen Friedenszustand mehr bedurfte als die förmliche Anerkennung eines geschriebenen Texts, beispielsweise symbolische Ausdrucksformen einer wiedergefundenen Einmütigkeit in Europa, Gesten der Verständigung oder eine repräsentative Einbindung des einstigen Gegners. Doch eben daran mangelte es eklatant, wie es abschließend in einer Anmerkung von James Headlam-Morley nochmals zum Ausdruck kommt. Niemand habe den deutschen Delegierten besondere Beachtung geschenkt als sie nach dem Abschluss der Vertragsunterzeichnung aus dem Saal geleitet worden seien: „[T]here was no suggestion that, the peace having been signed, any change of attitude was to be begun. Looking back, the whole impression seems to me, *from a political point of view*, to be disastrous."[253]

Damit hatte ausgerechnet Headlam-Morley, der zuvor für schriftlich-distanzierte Verhandlungsformen plädiert hatte, gut erfasst, was sich als Haupteinwand gegen den Versailler Vertrag formulieren lässt: Er vermochte kaum eine friedensstiftende Macht zu entwickeln, weil er ganz auf die Bestimmungen des Vertragstextes setzte, auf symbolische Gesten hingegen ebenso verzichtete wie in seiner politischen Deckung unbestimmt erschien. Man braucht nicht so weit gehen wie Victor Schiff, der der französischen Seite vorwarf, „den Sieg, die Macht in starre Formen verewigen"[254] zu wollen, und es trifft den Kern der Sache auch nicht, wenn Carl Schmitt und andere deutsche Juristen nachmals von dem „leeren Normativismus"[255] des Versailler Friedens sprachen, der wenig

of Lord Hardinge of Penshurst, London 1947, S. 239; Hermann Müller, in: Schiff, So war es in Versailles, S. 138–141.

253 Headlam-Morley an Koppel (Foreign Office), Brief v. 30.06.1919, in: Headlam-Morley, Memoir, S. 178f. (Hervorh. v. Verf.). Eine leicht anders akzentuierte Interpretation bei Steller, Diplomatie, S. 459.

254 Schiff, So war es in Versailles, S. 51.

255 Carl Schmitt, Die Auflösung der europäischen Ordnung im „International Law" (1890–1939) [1940], in: ders., Staat, Großraum, Nomos. Arbeiten aus den Jahren 1916–1969, hrsgg. v. Günter Maschke, Berlin 1995, S. 372–387, hier: S. 374.

mehr als eine juristische Fassade vor politischer Schwäche gewesen sei. Der Blick auf Verhandlung und Abschluss des deutschen Friedensvertrages zeigt gleichwohl, wie es zu derartigen Urteilen kommen konnte. Nicht Ausgleich, politische Angleichung und ein Minimum von Ergebnisoffenheit standen im Vordergrund, sondern beide Seiten favorisierten eine legalistische Argumentation und versuchten, ihrer Position unbedingte Geltung zu verschaffen. Mehr noch: Die Repräsentanten der alliierten Nationen waren zwar davon überzeugt, dass der Friedensvertrag die Wiederherstellung von Recht und Gerechtigkeit in der internationalen Ordnung einleiten würde. Doch diese Überzeugung ließ sich den am 7. Mai weitgehend kommentarlos vorgelegten Bedingungen nicht unmissverständlich ablesen, weshalb sich die Gegenseite nachgerade dazu eingeladen sah, die kleinteilige, betont juristisch-technische Anlage des Vertragsentwurfs als infame Diskriminierung und Bruch mit allen Traditionen der europäischen Mächtesolidarität anzugreifen; es war eine kalkulierte Verständnislosigkeit, wenn Brockdorff-Rantzau und Schücking die Friedensbedingungen als ebenso unerhört wie unverständlich zurückwiesen und sich auf die Forderung nach einem „echten Rechtsfrieden" versteiften.

Es blieb den Siegermächten wenig anderes übrig, als dieser Forderung mit einer ausführlichen Erklärung über die eigenen Krieg- und Friedensziele entgegenzutreten und dabei besonders den deutschen Vorwurf abzuwehren, durch die Lansing-Note vom 5. November 1918 heimtückisch getäuscht worden zu sein. Doch auch eine solche nachgereichte Auslegung der eigenen Absichten verhinderte nicht, dass der Versailler Vertrag in Deutschland von Beginn an als nationales Drama und existenzbedrohendes Diktat inszeniert wurde. Das war von den eigentlichen Bestimmungen her zwar kaum gedeckt. Allerdings war es für die deutschen Vertreter geradezu unwiderstehlich, die Gegenüberstellung von Recht und Unrecht, mit der die Siegermächte ihre Position überformt hatten, nun selbst aufzugreifen und effektvoll umzudrehen. Sehr genau war in der Berliner Regierung registriert worden, wie machtvoll eine rechtsförmige Argumentation sein konnte. Ausgehend von den ersten Versuchen einer Revision der Friedensbedingungen bis weit in die 1920er Jahre lässt sich jedenfalls eine rasante Zunahme juristischer Muster in der Weimarer Außenpolitik erkennen; an dieser Stelle muss ein knapper Hinweis auf die Aufwertung der Rechtsabteilung im Auswärtigen Amt und den erheblichen Ausbau der akademischen Völkerrechtslehre in Deutschland dank staatlicher Initiativen und Subventionen genügen.[256]

---

256 Vgl. nur Michael Stolleis, Geschichte des öffentlichen Rechts in Deutschland, Bd. 3. Staats- und Verwaltungsrechtswissenschaft in Republik und Diktatur, 1914–1945, München 1999, S. 86–89, daneben Koskenniemi, Gentle Civilizer, S. 236–238; Hueck, Gründung, S. 410–416;

Am Ende blieb das Dilemma, dass der Vertrag von Versailles zwar volumi-
nös war, juristisch ausgefeilt und einen weitreichenden Anspruch als „Paix du
Droit" transportierte, in deutscher Sicht aber alles andere als ein Rechtsfrieden
war. Ein Friedensprozess im engeren Sinne konnte nicht eingeleitet werden.
Der Konsens zwischen den Großmächten Europas, auf den sich etwa das Europäische Konzert des 19. Jahrhunderts lange Jahrzehnte hatte stützen können,
war im Weltkrieg zerstört worden, doch der internationalistische, rechtliche
und zivilisatorische Fortschrittsanspruch des Pariser Ordnung erlaubte allenfalls eine äußerliche, gleichsam funktional-technische Integration der Verlierermächte. Die Bindungen, die zuvor auf unklare, aber selbstverständliche Weise
zwischen den europäischen Großmächten bestanden hatten, wurden nur noch
als formalisierte und vertragsförmige Verhältnisse definiert, was sich bis in die
persönlichen Begegnungen der Staatenvertreter erstreckte. Zu den prägenden
Dingen, die Ernst v. Simson bei den ersten direkten Verhandlungen nach Inkrafttreten des Versailler Vertrages im Juli 1920 in Spa wahrnahm, gehörte die
ungeheure Distanz zwischen den Parteien. Auch wenn man sich nun an einem
Tisch gegenübersaß, reichte es kaum zu einem Händeschütteln: „[Z]wischen
den beiden Lagern lag nicht nur eine unsichtbare, aber sehr fühlbare Eis-
schicht, sondern man blieb auch körperlich getrennt."[257]

3 Die versuchte Neuordnung Mittel- und Südosteuropas: Die Friedensschlüsse mit Österreich-Ungarn und Bulgarien

So sehr der Gedanke einer Bezähmung deutscher Machtpolitik während der
Friedenskonferenz von 1919/20 im Mittelpunkt stand: Bei Kriegsbeginn war
noch keineswegs ausgemacht gewesen, dass Deutschland sich zum hauptsächlichen Problemfall der europäischen Politik im 20. Jahrhundert entwickeln würde. Als eigentlicher Unruheherd galt vielmehr die südöstliche Peripherie Europas, und das nicht erst seit den Balkankriegen von 1912/13 oder den Schüssen
von Sarajevo im Sommer 1914. Seit Jahrzehnten stellten die als unklar, oft als
unreglementiert und gewalthaft, in jedem Fall aber als andersartig wahrgenommenen Verhältnisse zwischen Adria, Ägäis und Schwarzem Meer mit ihren zahlreichen Nationalitätenproblemen eine Herausforderung für die staatszentrierte

---

Krüger, Deutschland, S. 211. Zeittypisch etwa: Heinrich Pohl, Neues Völkerrecht auf Grund des
Versailler Vertrages, Berlin 1927, S. 35f., daneben die Unterlagen der Rechtsabteilung des Auswärtigen Amtes. Beispielhaft aus dem Umfeld der Ruhrbesetzung: Niemeyer an Rosenberg,
Brief v. 05.03.1923, in: PA-AA, R 54227.
257 Neitzert, Rückschau des Staatssekretärs Ernst von Simson, S. 473.

Weltvorstellung der westeuropäischen Eliten dar. Aus dieser Perspektive handelte es sich um eine heikle Bruchzone zwischen Orient und Okzident, der immer wieder ein latentes Defizit moderner Staatlichkeit zugeschrieben worden war, was mit Kriegsende und dem Zerfall der Habsburgermonarchie eine ganz neue Dramatik erhalten hatte. So lautstark die Befreiung der mittel- und südosteuropäischen Völker in der westlichen Öffentlichkeit begrüßt worden war, so unsicher war man in den politischen Entscheidungszentralen, wie sich eine effektive und dauerhafte nationalstaatliche Gliederungsstruktur in der Region installieren lasse.

Die Friedensverträge mit den Verbündeten des Deutschen Reiches waren Ausdruck dieser Suche nach Stabilität und Staatlichkeit. Im Gegensatz zum Versailler Vertrag, der auf eine machtpolitische Beschränkung des Kriegsverlierers abzielte und eine Verpflichtung zur Wiedergutmachung enthielt, unterlagen die Abkommen von Saint-Germain, Neuilly-sur-Seine und Trianon einem anderen Maßstab. Die Nachfolgestaaten des Habsburgerreiches, in einem weiteren Sinne aber alle Nationen und politischen Verbände Mittel und Südosteuropas, sollten in ein klar strukturiertes Gliederungsgefüge gebracht werden und so eine als notorisch volatil betrachtete Region dauerhaft befriedet werden. Das folgende Kapitel zeigt die alliierten Pläne für eine solche Stabilisierung anhand der Friedensschlüsse zu Österreich, Bulgarien und Ungarn auf, und es unterstreicht einmal mehr, dass diese Bemühungen ohne die seit Ende des 19. Jahrhunderts geführten Debatten über eine Formalisierung der internationalen Beziehungen und über die Zivilisationsstandards der europäischen Staatengemeinschaft kaum zu verstehen sind.

Der Vertrag von Saint-Germain

Bereits am 1. Mai 1919, und erkennbar im Überschwang der nahezu fertiggestellten Friedensbedingungen für Deutschland, ließen sich die alliierten Regierungschefs dazu verleiten, auch die Diskussion zu Österreich und Ungarn im Prinzip für abgeschlossen zu erklären und deshalb sowohl eine österreichische (für den 12. Mai) wie eine ungarische Delegation (für den 15. Mai) nach Paris einzuladen.[258] Das war ein ehrgeiziger Zeitplan, der im weiteren Kreis der Mitarbeiter für Unmut sorgte und im Fall von Ungarn zudem unmittelbar ausgesetzt wurde; eine Verhandlung mit der Revolutionsregierung um Béla Kun erschien letztlich doch undenkbar. Gleichwohl sollten wenigstens die zu

---

258 Vgl. Pichon, Protokoll v. 01.05.1919, in: FRUS, PPC 1919, Bd. 5, S. 389–400, hier: S. 392. Die Termine nach: Hankey an Pichon, Brief v. 01.05.1919, in: AD, Papiers Pichon 7, Bl. 184.

(Deutsch-)Österreich vorbereiteten Beschlüsse zu einem eigenständigen Vertragsentwurf addiert werden, weshalb die Einladung an die Wiener Regierung wenig später auf den Weg gebracht wurde und sich das Redaktionskomitee an die Arbeit machte.

Am 14. Mai traf eine österreichische Gesandtschaft von rund 40 Personen in Paris ein und wurde in mehreren Villen im kleinen Städtchen Saint-Germain-en-Laye untergebracht, rund 15 km westlich des Zentrums. An der Spitze der Delegation stand mit Karl Renner der agile, seit Oktober vorangegangenen Jahres amtierende Staatskanzler der neuen Republik; zu den prominenten Juristen zählten der frühere Justizminister Franz Klein, aber auch die als Sachverständige gelisteten Völkerrechtler Heinrich Lammasch und Rudolf Laun. Allerdings mussten die österreichischen Delegierten bald erfahren, dass jede Eile verfrüht gewesen war. In wesentlichen Fragen bestand auf alliierter Seite noch Uneinigkeit, und auch die Anpassung des Versailler Modells für den österreichischen Vertrag stellte sich angesichts der spezifischen Probleme, die sich aus dem Zerfall des Habsburgerreiches ergaben, schwieriger dar als vermutet. Zwar war auf der eigentlichen Arbeitsebene und zwischen den zuständigen Experten seit Monaten über die Auflösung der Doppelmonarchie diskutiert worden; dort waren die intrikaten staatsrechtlichen Probleme, die sich aus der Begründung neuer Staaten in Südosteuropa ergeben würden, durchaus bekannt. Doch es gab eine Reihe grundsätzlicher Entscheidungen, die einerseits nur von den politischen Spitzen der Hauptmächte selbst getroffen werden konnten, in denen aber andererseits die alliierten Nationen in der Region, namentlich die Tschechoslowakei, Rumänien und der SHS-Staat, eine Mitsprache forderten. Gerade in den territorialen Fragen war jede Beschlussfassung überaus mühselig, so dass mit Recht bemerkt worden ist, wie sehr die Entstehung des österreichischen Vertrages von einem „unglaublich komplexen Netz von Beratungen, Intrigen, Korrespondenzen, Fachgutachten, Propagandaschriften, diplomatischen Interventionen und letzten Endes auch militärischen Kämpfen"[259] umgeben war.[260]

---

259 Fritz Fellner, Der Vertrag von Saint Germain, in: Fellner, Vom Dreibund zum Völkerbund, S. 282–304, hier: S. 290.
260 Vgl. ebenda, S. 285–292, daneben etwa Hanns Haas, Österreich und die Alliierten 1918–1919, in: Isabella Ackerl/Rudolf Neck (Hrsg.), Saint-Germain 1919. Protokoll des Symposiums am 29. und 30. Mai 1979 in Wien, München 1989, S. 11–40. Weiter: MacMillan, Peacemakers, S. 254–260; Jamie Bulloch, Karl Renner. Austria, London 2009, S. 59–72. Zu Lammasch, der in Saint-Germain kaum Entfaltungsmöglichkeiten fand, nur Franz Schumacher, Lammasch in Saint-Germain, in: Lammasch/Sperl (Hrsg.), Heinrich Lammasch, S. 198–203.

Abb. 12: Die österreichischen Delegierten in Saint-Germain-en-Laye nach Prüfung ihrer Vollmachten am 19. Mai 1919.

Die österreichische Delegation musste jedenfalls einigen Langmut aufbringen. Wohl kam es am 2. Juni, nach knapp dreiwöchiger Wartezeit, zu einer offiziellen Übergabe der Friedensbedingungen im Schloss von Saint-Germain. Doch bei Licht betrachtet, war außer einem „simulacrum of a Treaty"[261], wie es Hankey später formulierte, wenig zu übergeben. Einige Teile seien noch nicht fertiggestellt, musste Clemenceau bei seiner Ansprache eingestehen, und er vertröstete die österreichische Seite gerade für neuralgische Punkte wie das Verhältnis zu Italien und dem SHS-Staat oder die Finanz- und Reparationsregelungen auf einen späteren Zeitpunkt.[262] In seiner Antwort reagierte Karl Renner gleichwohl geschmeidig und gelassen. Auf alliierter Seite wurde allgemein anerkannt, dass seine zurückhaltende (und in französischer Sprache vorgetragene) Erwiderungsrede einen erfreulichen Kontrast zur Ansprache von Brockdorff-Rantzau

---

261 Hankey, Supreme Control, S. 160.
262 Clemenceau, Protokoll v. 02.06.1919, in: FRUS, PPC 1919, Bd. 3, S. 424–430, hier: S. 426. Es war zunächst sogar die Rede davon gewesen, dass nur die losen Druckbögen übergeben werden sollten, vgl. Protokoll v. 27.05.1919, in: ebenda, Bd. 6, S. 63f., hier: S. 63.

am 7. Mai geboten habe.[263] Auch als die Verhandlungen über die nächsten drei Monate immer wieder stagnierten und sich innerhalb der Delegation, aber auch in Wien kritische Stimmen erhoben, die zu einer größeren Entschiedenheit gegenüber den Siegermächten aufriefen und eine Abreise unter Protest forderten, zeigte sich der österreichische Staatskanzler vergleichsweise besonnen und zurückhaltend.[264]

Doch diese Strategie der gutwilligen Kooperation und der demonstrativen Gesprächsbereitschaft trug wenige Früchte. Weder kam es zu mündlichen Verhandlungen, auf die Renner spekuliert hatte, noch zu einer nennenswerten Abmilderung der vorgelegten Friedensbedingungen. Nachdem die Regierungschefs direkte Gespräche am 31. Mai abgelehnt hatten,[265] beschränkten sich die weiteren Verhandlungen wiederum ganz auf den Austausch von diplomatischen Erklärungen und umfangreichen Denkschriften. Nach der Übergabe des Entwurfs erfolgte eine erste allgemeine Stellungnahme der österreichischen Seite am 10. Juni; daran schloss sich eine Reihe von Noten an, gefolgt am 12. und 25. Juli von ausführlichen Gegenvorschlägen. Im Gegenzug war von alliierter Seite am 20. Juli ein zweiter Entwurf der Friedensbedingungen übergeben worden, am 6. August eine erste Replik auf die Gegenvorschläge, außerdem am 2. September eine dritte, nun abgeschlossene Fassung des Vertragsentwurfs, der, niedergelegt in drei voluminösen Bänden, am 10. September schließlich im Schloss von Saint-Germain unterzeichnet werden konnte.[266]

Es bedarf keiner detaillierten Rekonstruktion dieses diplomatischen Notenwechsels, um zu erkennen, dass im Kreis der alliierten Hauptmächte eine teils aus Geringschätzung, teils aus Überlastung mit sonstigen Problemen geborene

---

263 Vgl. Renner, Protokoll v. 02.06.1919, in: ebenda, Bd. 3, S. 424–430, hier: S. 427–430. Dazu: Bulloch, Karl Renner, S. 75–77; Walter Rauscher, Karl Renner. Ein österreichischer Mythos, Wien 1995, S. 167–170; Friedrich F.G. Kleinwaechter, Von Schönbrunn bis St. Germain. Die Entstehung der Republik Österreich, Graz 1964, S. 206–212. Zur Rezeption beispielhaft: H. Wilson Harris, The Peace in the Making, London 1919, S. 203f.; Grayson Diary, Eintrag v. 02.06.1919, in: PWW, Bd. 60, S. 19, oder auch Les conditions de la Paix. Remise du traité aux délégués Autrichiens, in: Le Figaro v. 03.06.1919, S. 1.

264 Vgl. Bulloch, Karl Renner, S. 77–87; Rauscher, Karl Renner, S. 170–186.

265 Vgl. Clemenceau an Renner, Note v. 31.05.1919, in: Treaty of St. Germain, hrsgg. v. Almond/Lutz, S. 52.

266 Der Notenwechsel in RdA, Bd. V-5, teils auch in Treaty of St. Germain, hrsgg. v. Almond/Lutz. Die drei Bände von insgesamt 536 Seiten erklären sich aus der Tatsache, dass der Vertrag in englischer, französischer und italienischer Sprache vorgelegt wurde, wiewohl hier, im Gegensatz zum Versailler Vertrag, die französische Fassung als einzig autoritativer Text gelten sollte. Der Umfang des Vertrags von Saint-Germain fiel mit 381 Artikeln ansonsten etwas geringer aus. Siehe auch die Übersicht zu den verschiedenen übergebenen Fassungen v. 11.10.1919, in: TNA, FO 608/172/19, Bl. 443f.

Gleichgültigkeit den österreichischen Anliegen gegenüber dominierte. Von der Aufmerksamkeit, die alle Fragen des deutschen Friedensvertrages auf sich gezogen hatten, war der Vertrag von Saint-Germain weit entfernt, und wenn sich partiell auch ein größeres Wohlwollen gegenüber der neu entstandenen Republik erkennen lässt, so stand dahinter doch die realistische Einsicht, dass Österreich über keine eigenständige Machtposition in der europäischen Politik mehr verfügte, zumindest nicht in die einstige Großmachtrolle der Doppelmonarchie eintreten würde. „Are you going to treat the Austrians completely differently from the Germans?"[267], ließ sich Balfour am 1. Mai nochmals den Konsens im Council of Four bestätigen. Die territorialen Regelungen des österreichischen Friedensabkommens vollzogen zudem nur nach, was bereits mit dem Zerfall der Habsburgermonarchie ab Herbst 1918 nahezu irreversibel geworden war: Aus Böhmen, Mähren und der Slowakei bildete sich die Tschechoslowakei, Galizien ging größtenteils an Polen, die Bukowina an Rumänien, Istrien mit Triest und Südtirol an Italien. Sicherlich: Fiume blieb ein weiterhin zwischen Rom und Belgrad umstrittenes Problem, welches, wie dargestellt, auch die alliierten Regierungschefs intensiv beschäftigte. Im Grunde genommen waren jedoch die Steuerungsmöglichkeiten gering, zumal wenn es um Entscheidungen zugunsten der Verlierernation ging. Das für Unterkärnten und das Klagenfurter Becken in Artikel 49 VSG anberaumte Plebiszit, welches im Oktober 1920 zugunsten eines Verbleibs für Österreich ausfiel, ist ein Gegenbeispiel; daneben lässt sich auf die Entscheidung hinweisen, das ungarische Burgenland an die neue Republik anzugliedern.[268]

Trotzdem, oder gerade deswegen, bietet sich eine Lesart an, welche den Vertrag von Saint-Germain nicht allein als Beschluss über Österreich zu verstehen sucht, sondern ihn als Baustein in einem größeren Ensemble von Friedensregelungen interpretiert. Zwar wurden das Grundmodell und eine Reihe von Festlegungen aus dem Vertrag von Versailles übernommen, darunter – obwohl ursprünglich nicht selbstverständlich – die Satzung des Völkerbundes und der Internationalen Arbeitsorganisation, außerdem die Grundlinien einer neuen Wehrverfassung mit streng begrenztem Berufsheer (von nur 30 000 Mann) oder einzelne Elemente der Verkehrsbestimmungen. Doch es spricht für sich selbst, dass die beiden Friedensverträge für die einstige Doppelmonarchie nicht nur

---

267 Balfour, Protokoll v. 01.05.1919, in: Mantoux, Deliberations, Bd. 1, S. 443–448, hier: S. 447.
268 Eine allgemeine Übersicht der Bestimmungen bei Temperley, History, Bd. 4, S. 389–411, konzise auch MacMillan, Peacemakers, S. 255–264, zum Burgenland besonders auch Mari Vares, The Question of Western Hungary/Burgenland, 1918–1923. A Territorial Question in the Context of National and International Policy, Jyväskylä 2008, S. 115–155. Weiter siehe die Beiträge bei Isabella Ackerl/Rudolf Neck (Hrsg.), Saint-Germain 1919. Protokoll des Symposiums am 29. und 30. Mai 1979 in Wien, München 1989.

die eigenen, sondern auch sämtliche Grenzverläufe aller angrenzender Staaten festschreiben sollten, wie es eine Resolution des Council of Four bestimmte und wie es sich Hurst im Namen des Redaktionskomitees nochmals ausdrücklich hatte bestätigen lassen.[269] Der österreichische Friedensschluss zielte insofern weniger auf die Bändigung einer feindlichen Macht als auf die Etablierung einer einzelstaatlichen Gliederung im gesamten Bereich des ehemaligen Vielvölkerreichs, wie im Folgenden anhand der Debatte um die Rechtsnachfolge zur Habsburgermonarchie einerseits, anhand der umstrittenen Frage eines Anschlusses an Deutschland andererseits aufgezeigt werden soll.

Zunächst: Die Frage, inwieweit Österreich als neuer Staat oder als Rechtsnachfolger des Habsburgerreiches gelten müsse, wurde ab dem 26. Mai mehrfach im Council of Four besprochen. Die Position der Wiener Regierung selbst war in dieser Frage zunächst nicht eindeutig gewesen und hatte im Herbst 1918 zwischen Traditionsbezug und Neubeginn geschwankt. Dass die österreichische Delegation während der Verhandlungen aber von einem Untergang der Donaumonarchie ausging und das Friedensabkommen von Saint-Germain auch nur als Staatsvertrag titulieren wollte, verweist darauf, dass das Bedürfnis eines unbelasteten Neubeginns letztlich die Oberhand behalten hatte. Für die alliierten Vertreter in Paris war es hingegen schwieriger, zu einer eindeutigen Haltung zu kommen. Wohl gab es gute Gründe, Österreich im selben Atemzug wie etwa die Tschechoslowakei als neuen Staat zu begreifen, wofür sich besonders Headlam-Morley, unterstützt von David Hunter Miller, im Council of Four stark machte.[270] Andererseits provozierte ein solcher Neubeginn unweigerlich die Frage, wie mit der moralischen Verantwortung für den Weltkrieg und, wichtiger noch, mit seinen materiellen Folgen umgegangen werden sollte. Insbesondere für die anderen Nachfolgestaaten, für die Tschechoslowakei und den SHS-Staat, aber auch für Polen, war es von zentraler Bedeutung, die These eines österreichischen Neuanfangs zu bestreiten. Schon aus finanziellem Kalkül drängte es sich auf, die alleinige Verantwortung und sämtliche Folgelasten des Krieges auf die Wie-

---

269 Vgl. Hurst an Hankey, Brief v. 14.05.1919, in: AD, Service Juridique, Fonds Fromageot, Box 5; Protokoll v. 14.05.1919, in: FRUS, PPC 1919, Bd. 5, S. 614–623, hier: S. 620. Der ursprüngliche Beschluss in Protokoll v. 10.05.1919, in: ebenda, S. 541–543, hier: S. 543. Siehe auch Protokoll v. 08.05.1919, in: ebenda, S. 510–518, hier: S. 511f; Beschluss v. 08.05.1919, in: RdA, Bd. I, S. 161.
270 Vgl. Headlam-Morley u. Miller, in: Protokoll v. 26.05.1919, in: Mantoux, Deliberations, Bd. 2, S. 214–228, hier: S. 215f. Siehe hingegen die Distanzierung in Miller Diary, Eintrag v. 26.05.1919, in: DHMD, Bd. 1, S. 327. Der Debatte lag ein Memorandum von Headlam-Morley zugrunde, das in der amerikanischen Überlieferung aber fehlt, vgl. FRUS, PPC 1919, Bd. 6, S. 45–59, hier: S. 45f., 54, Fn. 4. Ein Abdruck als Notes on the Draft Austria Treaty v. 26.05.1919, in: Headlam-Morley, Memoir, S. 127–129.

ner Regierung als Rechtsnachfolgerin der k.u.k. Regierung abzuschieben. Er versuche mit aller Kraft, so schrieb etwa Edvard Beneš als Vertreter des tschechoslowakischen Staates nach Prag, einer „pauschal allen aufgezwungenen gewaltigen Entschädigungszahlung zu entgehen"[271].

Der Ende Mai von Lloyd George und Wilson unternommene Schachzug, das Thema durch eine Überweisung an das Redaktionskomitee zu entpolitisieren und eine tiefergehende Diskussion zu vermeiden, ging hingegen nicht auf. Die Konferenzjuristen machten sich zwar den Standpunkt von Headlam-Morley zu eigen und vertraten die Auffassung, dass Österreich aus prinzipiellen Erwägungen als „new state" gesehen werden müsse.[272] Doch gegen den Versuch, die Entscheidung allein den Juristen zu überlassen, wandte Orlando erfolgreich ein, dass es sich nicht allein um „a question of drafting, but one of material importance" handele.[273] Auch die französische Seite zeigte sich zögerlich, da am Quai d'Orsay großes Interesse an den künftigen Bündnisbeziehungen in die Region bestand und insofern die Nachfolgestaaten nicht verprellt werden sollten.[274] Im Vertragstext wurde daher jede eindeutige Festlegung vermieden. Die Präambel sprach allein für das Gebiet von Österreich von einer Kontinuität zum Habsburgerreich, und obwohl in wesentlichen Vertragsbestimmungen eine direkte Rechtsnachfolge der österreichischen Republik angedeutet war, standen dem zahlreiche andere Regelungen – besonders in den Wirtschafts- und Finanzbestimmungen – gegenüber, welche eher auf eine Diskontinuität hinwiesen.[275] Gerade die Verteilung der Kriegslasten ließ schließlich erkennen, dass die österrei-

---

271 Beneš an Alois Rašín, Brief v. 03.06.1919 (Übersetzung), in: Frank Hadler, Peacemaking 1919 im Spiegel der Briefe Edvard Beneš, in: Berliner Jahrbuch für osteuropäische Geschichte 1, H. 1/2 (1994), S. 213–255 u. 225–257, hier: S. 238.

272 Vgl. Hurst an Hankey, Brief v. 28.05.1919, in: FRUS, PPC 1919, Bd. 6, S. 111f.; Headlam-Morley an Hurst, Briefe v. 28. u. 29.05.1919 (Kopien), in: CAC, Headlam-Morley Papers, HDLM 688/1. Siehe auch Headlam-Morley an Hurst, Brief v. 26.05.1919 (Auszug), in: Headlam-Morley, Memoir, S. 126f.

273 Vgl. Orlando, Protokoll v. 29.05.1919, in: FRUS, PPC 1919, Bd. 6, S. 103–114, hier: S. 103f. Siehe auch Protokoll v. 29.05.1919, in: Mantoux, Deliberations, Bd. 2, S. 249–254, hier: S. 249f. Hingegen hatte Orlando auf der Londoner Konferenz im Dezember 1918 noch dafür plädiert, dass „[t]his was a juridical and not a political question. It was a question of international law for jurists to advise upon and did not differ very materially from a private legal action", zit. nach Lloyd George, Truth, Bd. 1, S. 484. Eine klassische Deutung der alliierten Haltung als „politisch" im Vergleich zu einer „rechtlichen" Position bei Krystyna Marek, Identity and Continuity of States in Public International Law, 2. Aufl., Genf 1968, S. 220–223.

274 Vgl. Jackson, Beyond the Balance, S. 235–243; Isabelle Davion, Mon voisin, cet ennemi. La France face aux relations polono-tchécoslovaques entre les deux guerres, Brüssel u.a. 2009.

275 Vgl. Fellner, Vertrag von Saint Germain, S. 290, aus eher juristischer Perspektive auch Oskar Lehner, The Identity of Austria 1918/19 as a Problem of State Succession, in: Austrian Journal of Public and International Law 44, H. 1 (1992), S. 63–84; Marek, Identity and Conti-

chische Republik nicht als einziger Nachfolgestaat in Haftung genommen werden sollte. Obwohl es noch erheblicher Auseinandersetzungen bedurfte und sich insbesondere die italienische Regierung unwillig zeigte, setzten die alliierten Regierungschefs zwei Zusatzabkommen für die Nachfolgestaaten durch, die parallel zum Friedensvertrag ausgearbeitet und am 10. September unterzeichnet wurden. Darin war eine detaillierte Aufschlüsselung vorgesehen, auf welche Weise sich Kriegslasten und Reparationsforderungen unter jenen Nationen verteilen sollten, die Territorien aus dem Bestand des Habsburgerreiches erhalten hatten; auf diese Weise könnten sich die neuen Staaten, so gab die Bezeichnung des Abkommens auf feinsinnige Weise zu erkennen, nicht zuletzt an den Kosten ihrer eigenen Befreiung beteiligen („contribution to the cost of liberation").[276] Freilich: Die Wiener Regierung konnte auch solcherart kleingerechnete Reparationslasten kaum tragen. Es war keine Überraschung, dass die für Österreich eingerichtete Reparationskommission nach nur wenigen Jahren die Zahlungsunfähigkeit der Republik feststellte und alle Verpflichtungen suspendierte.[277]

Die zweite Regelung, die aus den Bestimmungen des Vertrages von Saint-Germain herausgehoben werden soll, betraf das Problem einer Angliederung des österreichischen Rumpfstaates an Deutschland. Eine solche großdeutsche Lösung, deren Resonanzraum in der schwierigen deutschen Nationalstaatsbildung im 19. Jahrhundert zu sehen ist, war zwar in beiden Ländern seit Herbst 1918 verschiedentlich gefordert worden und mochte sich zudem auf das Prinzip der nationalen Selbstbestimmung berufen. Doch für die alliierten Siegermächte, allen voran für die französische Seite, war es unvorstellbar, dass Deutschland, der Kriegsverursacher und Kriegsverlierer, durch den Friedensvertrag einen territorialen Zugewinn erhalten würde und seine ohnehin erhebliche geopolitische Hegemonie in Mitteleuropa noch ausbauen könne.[278] Um jedwede Anmutung einer Nähe der beiden deutschsprachigen Staaten schon im Vorfeld zu ersticken,

---

nuity, S. 223f. Zum Konflikt um die Präambel etwa Temperley, History, Bd. 4, S. 395–401, die Dokumente in Treaty of St. Germain, hrsgg. v. Almond/Lutz, S. 235–256.

276 So für Polen, Rumänien, den SHS-Staat und die Tschechoslowakei: Agreement between the Allied and Associated Powers with regard to the contribution to the cost of liberation of the territories of the former Austro-Hungarian Monarchy, in: 2 LNTS 36. Für Italien hingegen: Agreement between the Allied and Associated Powers with regard to the Italian reparation payments, in: 2 LNTS 22.

277 Vgl. Olivier Buirette, „Réparer la guerre!" Histoire de la formation et des premiers travaux de la Commission interalliée des réparations de guerre appliquées aux alliés de l'Allemagne. Autriche, Hongrie et Bulgarie, 1919–1920, Paris 2005, S. 192f.; Manfred Bansleben, Das österreichische Reparationsproblem auf der Pariser Friedenskonferenz, Wien 1988, S. 38–76, 92–111. Außerdem: Keynes, Economic Consequences, S. 210–219.

278 Vgl. Fisch, Selbstbestimmungsrecht, S. 179f.; Stevenson, French War Aims, S. 182f.

hatten die Regierungschefs bereits Ende Mai entschieden, die zunächst auf „Deutschösterreich" ausgestellten Vollmachten der Gegenseite als Dokumente einer „Republik Österreich" zu behandeln und damit dem österreichischen Staat auf diplomatischer Ebene einen anderen Namen zuzuweisen.[279] Eine solche Festlegung überschritt jedoch augenscheinlich den Rahmen dessen, was aus juristischer Sicht noch für vertretbar gehalten werden konnte. Die zeitweilig für die Präambel vorgesehene Bestimmung, dass das Land „the name of the ‚Republic of Austria'" tragen solle, wurde ebenso wieder gestrichen wie ein späterer Rechtfertigungsversuch in der alliierten Replik auf die österreichischen Noten.[280]

Das eigentliche Verhältnis zwischen Österreich und Deutschland wurde durch eine eigene Klausel in den Friedensverträgen geregelt. Bereits seit März 1919 war über die Überlegung diskutiert worden, wie sich jedwedes Zusammengehen der beiden Länder de jure unterbinden lasse, woraus zunächst Artikel 80 VV, sodann Artikel 88 VSG erwachsen waren.[281] Allerdings greift es zu kurz, diese Bestimmung nur als machtpolitisch motivierte Diskriminierung zu begreifen. Bei näherem Hinsehen zeigt sich, dass mit der Klausel vor allem die Unabhängigkeit Österreichs festgeschrieben werden sollte.[282] Von einem „Anschlussver-

---

279 Davon war in der zuständigen Sitzung des Komitees zur Prüfung der Vollmachten anfänglich noch nicht die Rede gewesen, vgl. Protokoll v. 24.05.1919, in: RdA, Bd. IV-A-1, S. 33f. Erst nach Gesprächen der Regierungschefs (siehe Protokoll v. 29.05.1919, in: FRUS, PPC 1919, Bd. 6, S. 103–144, hier: S. 106f.) musste der Komitee-Vorsitzende Jules Cambon dem österreichischen Delegationsleiter mitteilen, dass die Siegermächte „ont décidé de reconnaître la nouvelle République sous la dénomination de ‚République d'Autriche'. Elles déclarent en conséquence qu'elles agréent les pleins pouvoirs remis le 19 mai comme habilitant les Délégués qui en sont titulaires à traiter au nom de la République d'Autriche", so Cambon an Renner, Brief v. 29.05.1919, in: RdA, Bd. IV-A-1, S. 35. Siehe auch Fellner, Vertrag von Saint Germain, S. 293f.
280 Vgl. den von Balfour (und offenbar Kerr) verfassten Entwurf einer Mantelnote o.D., in: FRUS, PPC 1919, Bd. 7, S. 860–865, hier: S. 864. Dahinter stand natürlich auch die Sorge, dass die Zuschreibung eines Namens als Indiz für einen neubegründeten Staat gelten konnte, siehe die Diskussion im Council of Heads of Delegations, Protokoll v. 30.08.1919, in: ebenda, Bd. 8, S. 12–28, hier: S. 14f.
281 Tardieu brachte diesen Gedanken in eine Sitzung des Zentralen Territorialkomitees ein, vgl. Protokoll v. 15.03.1919, in: RdA, Bd. IV-C-8, S. 13–15, hier: S. 15. Von dort wurde die Frage aufgrund der politischen Bedeutung an den Council of Four weitergeleitet, wo Clemenceau am 22. April einen entsprechenden Formulierungsvorschlag herumreichte, vgl. Protokoll v. 22.04.1919, in: FRUS, PPC 1919, Bd. 5, 112–122, hier: S. 114. Insofern immer noch unpräzise: Gerald Stourzh, Zur Genese des Anschlußverbots in den Verträgen von Versailles, Saint-Germain und Trianon, in: Ackerl/Neck (Hrsg.), Saint-Germain 1919, S. 41–53, hier: S. 41–43.
282 Die Formulierungen des Art. 88 VSG wurden allerdings nach der Debatte um Art. 61 der Weimarer Reichsverfassung (dazu oben, S. 348) angepasst, siehe etwa den Bericht des Redaktionskomitees v. 29.08.1919, in: FRUS, PPC 1919, Bd. 8, S. 25f.

bot", über das sich wenig später die nationalistischen Kreise in beiden Ländern empörten, war keineswegs die Rede. Nicht nur, dass jede Veränderung des territorialen Status quo mit Zustimmung des Völkerbundsrats potentiell möglich sein sollte, sprach gegen eine solche Lesart, auch wenn die Siegermächte hier zugestandenermaßen eine Vetoposition besaßen. Entscheidend war, dass diese Regelungen in einen wörtlichen und sachlichen Zusammenhang mit gleichgerichteten Bestimmungen zur Unabhängigkeit der Tschechoslowakei (Art. 81 VV, Art. 53 VSG, Art. 48 VT), Polens (Art. 87 VV), des SHS-Staates (Art. 46 VSG, Art. 41 VT) und der Nachfolgestaaten des russischen Reiches (Art. 116 VV, Art. 87 VSG, Art. 72 VT) eingebunden waren. Sie entsprachen, trotz der emphatischen Sprache des Artikels 80 VV,[283] im Kern der etablierten Praxis, in völkerrechtlichen Verträgen die Unabhängigkeit neuer Staatswesen anzuerkennen; so war mit ähnlichen Formulierungen beispielsweise schon die Unabhängigkeit Rumäniens, Serbiens oder Montenegros in der Berliner Kongressakte von 1878 festgehalten worden. Die Bestimmungen über die Unabhängigkeit Österreichs waren in dieser Sicht Teil einer größeren Entwicklung, welche, so die von alliierter Seite antizipierte Sinnfälligkeit eines historischen Fortschritts, die imperialen und multinationalen Herrschaftsverhältnisse in Mittel- und Südosteuropa durch eine klar gegliederte, einzelstaatliche Ordnung ablösen würde.[284]

Insofern gilt auch hier: Das politische Interesse der alliierten Seite, einen Zusammenschluss der beiden deutschsprachigen Nationen zu verhindern, musste – und konnte – in Formen präsentiert werden, die auf einen ostentativen Machtzwang verzichteten und die Begründung einer stabilen, gerechten und rechtsförmigen Staatenordnung als größeren Sinn des Friedensschlusses aufriefen. Dass diese Sinngebung auf der Gegenseite als scheinheilig attackiert wurde, ist zwar evident; in Deutschland und Österreich kamen sofort Proteste auf, welche in den Regelungen der Artikel 80 VV und 88 VSG einen eklatanten Verstoß gegen das Prinzip der Selbstbestimmung sahen.[285] Doch das änderte nichts an der Selbstverständlichkeit, mit der die alliierte Seite ihre Entscheidun-

---

283 So hieß es dort, dass Deutschland die österreichische Unabhängigkeit nicht nur anerkennen, sondern strikt respektieren werde („respectera strictement"; „will respect strictly"). Daneben fällt jedoch auf, dass die französische Textfassung von Art. 80 VV von „reconnaît" spricht, wie es auch für die Anerkennung der Unabhängigkeit der anderen Nationen gebracht wird; in der englischen Fassung ist hingegen von „acknowledge" die Rede, während für die übrigen Fälle „recognize" gebraucht wird.

284 Ähnlich: Fellner, Vertrag von Saint Germain, S. 296.

285 Das galt bereits für die semioffizielle deutsche Kommentierung durch das Auswärtige Amt, vgl. Laun, Deutschösterreich im Friedensvertrag, S. 7–26. Die Tonlage in Launs Einleitung war anfänglich als noch zu milde empfunden worden, vgl. Herbert Kraus, Protokoll über die Sitzung des erweiterten Redaktionsausschusses, 04.10.1920, in: PA-AA, R 96256, S. 1. Aus französischer Sicht auch Alcide Ebray, Der unsaubere Frieden, Berlin 1925, S. 121–134.

gen durch die notwendige Etablierung von unabhängigen Staaten als einzig vernünftige Form einer internationalen Ordnung begründete. Der Friedensschluss von Saint-Germain wurde damit weniger durch die Bändigung und Bestrafung einer ehemaligen Feindmacht gerechtfertigt als mit der Überleitung eines unabhängigen Österreichs und der anderen Nachfolgestaaten in ein stabiles Regionalgefüge. Selbst dass die neuen Staaten nicht nur eine effektive Staatsgewalt, eine definierte Bevölkerung und ein eindeutiges Territorium brauchen würden, sondern ebenso eine je eigene (National-)Geschichte, wurde friedensvertraglich bestimmt: In einem Sonderteil der Reparationsbestimmungen (Art. 192–196 VSG) wurde die Aufteilung der Güter, Kunstschätze und kulturellen Artefakte aus dem Habsburger Besitz geregelt, wonach jene Sammlungen und Objekte, die einen „part of the intellectual patrimony of the ceded districts" (Art. 196 VSG) darstellen würden, abzugeben seien. Auch dies entsprach dem Gedanken klar abgegrenzter Einheiten mit jeweils eigener, primär territorial bestimmter Kultur und stellte eine unübersehbare Absage an die gleichermaßen imperial wie multinational strukturierte Identität des einstigen Vielvölkerreiches dar.[286]

Sicherlich: Die alliierte Rechtfertigung einer einzelstaatlichen Gliederung war kaum von den nationalen Bestrebungen, ja, dem scharfen Nationalismus der Unabhängigkeitsbewegungen in Mittel- und Südosteuropa abzugrenzen. Auch die Repräsentanten der neubegründeten Staaten plädierten in den Pariser Verhandlungen mit Nachdruck dafür, die Auflösung der Habsburgermonarchie in den Friedensverträgen unübersehbar festzuschreiben. Zwar war durchaus umstritten, inwiefern die neuen Nationen, etwa die Tschechoslowakei, Polen oder der SHS-Staat, ihre völkerrechtliche Legitimität erst durch eine Klausel in den Friedensverträgen erhalten würden oder diese bereits mit der Anerkennung ihrer Exilregierungen bzw. den Unabhängigkeitserklärungen des Herbstes 1918 erworben hätten.[287] Doch bei näherem Hinsehen zeigt sich, dass der vehemente

---

286 Vgl. Herren, Shifting Identities, S. 76–82. Man kann darin aber auch eine (unbewusste) Anknüpfung an die Praxis der „nationalen Kompromisse" sehen, mit denen innerhalb des Habsburgerreiches schon vor 1914 erste nationale Kategorisierungen vorgenommen wurden, vgl. Judson, Habsburg Empire, S. 315f., 376f.

287 Vom Redaktionskomitee wurde moniert, dass die tschechoslowakischen Vertreter ihre Forderungen gegenüber Österreich auf die eigene revolutionäre Abspaltung stützen würden. Dagegen ließ sich die Auffassung verfechten, dass jeder Anspruch der Tschechoslowakei nur durch den Sieg der alliierten Mächte möglich geworden sei und daher im Friedensvertrag niedergelegt werden müsste, vgl. Memorandum o.D. [ca. 03.06.1919], in: AD, Service Juridique, Fonds Fromageot, Box 5. Siehe auch Mikulas Fabry, Recognizing States. International Society and the Establishment of New States Since 1776, Oxford 2010, S. 125f., daneben Peter Krüger, Die Friedensordnung von 1919 und die Entstehung neuer Staaten in Ostmitteleuropa, in: Lemberg/Heumos (Hrsg.), Jahr 1919, S. 93–115, hier: S. 110f.

Nationalismus der mitteleuropäischen Delegationen und Repräsentanten in alliierten Augen immer dann als kontraproduktiv galt, wenn er die erhoffte Stabilisierung der Region zu durchkreuzen drohte. Nationale Einheit und nationalstaatliche Geschlossenheit waren nach diesem Verständnis nie Werte an sich,
sondern sollten vorrangig dem Aufbau einer kooperativen Friedensordnung dienen. Dass die österreichische Republik in ihrer wirtschaftlichen Existenz durch
den Wegfall wesentlicher Teile der Agrar- und Rohstoffversorgung schwer be-
einträchtigt zu werden drohte, hatte beispielsweise bei britischen und amerikanischen Vertretern zu Konzepten einer überstaatlichen Wirtschaftsgemeinschaft
in der Donauregion geführt, welche die freie Zirkulation von Waren und Personen erlauben sollte. Doch auch wenn in Artikel 222 VSG ein „special customs
regime to certain natural or manufactured products" untereinander angeregt
wurde, zeigten sich die Repräsentanten der neubegründeten Staaten gegenüber
solchen Vorschlägen durchweg argwöhnisch. Sämtliche Pläne für einen föderal-
len Zusammenschluss der Nachfolgestaaten, welcher die wirtschaftlichen Folgen durch die neuen Grenzen hätte abmildern können, scheiterten darum an
der Entschlossenheit der jungen Regierungen, ihre neugewonnene Souveränität
in keiner Form schmälern zu lassen.[288]

Der wechselseitige Argwohn der neubegründeten Staaten zählte, zusammen mit dem eklatanten Mangel an Zeit und politischer Aufmerksamkeit auf
Seiten der Hauptmächte,[289] zu den hauptsächlichen Belastungen des österreichischen Vertrags. Trotzdem lässt sich in den Bestimmungen des am 16. Juli
1920 in Kraft getretenen Vertrages von Saint-Germain immer noch gut erkennen, dass er in erster Linie auf eine regionale Staatenordnung zugeschnitten
war. Die Überleitung der einzelnen Bestandteile des Habsburgerreiches in ein
einzelstaatliches Gefüge sollte irreversibel gemacht, zugleich die wirtschaftlichen Verwerfungen wenigstens in Ansätzen abgefedert werden. Das Ziel war
ein in seiner politischen Macht beschränktes, aber trotzdem aus sich selbst heraus lebensfähiges Österreich in einer stabilen regionalen Friedensordnung,
wie es auch in der abschließenden alliierten Replik vom 2. September nochmals

---

288 Vgl. Bátonyi, Britain and Central Europe, S. 34–60; Piotr Stefan Wandycz, France and her
Eastern Allies, 1919–1925. French-Czechoslovak-Polish Relations from the Paris Peace Conference to Locarno, Minneapolis 1962, S. 193–201. Als (ausschnittsweise) Übersicht zu den wirtschaftlichen Belastungen siehe daneben die Beiträge in Alice Teichova/Herbert Matis (Hrsg.),
Österreich und die Tschechoslowakei 1918–1938. Die wirtschaftliche Neuordnung in Zentraleuropa in der Zwischenkriegszeit, Wien 1996. Eine neuere, kliometrisch fundierte Relativierung
der ökonomischen Effekte der neuen Grenzen bei Nikolaus Wolf/Max-Stephan Schulze/Hans-
Christian Heinemeyer, On the Economic Consequences of the Peace. Trade and Borders after
Versailles, in: Journal of Economic History 71, H. 4 (2011), S. 915–949.
289 Vgl. Bátonyi, Britain and Central Europe, S. 17.

anklang: „[T]he Treaty of peace contains dispositions having in view the protection of small collectivities specially such as the new Austria. It will henceforth no more be possible for powerful empires to threaten with impunity the political and economic life of their weaker neighbors."[290]

Der Vertrag von Neuilly-sur-Seine

In eine ähnliche Richtung wies der Friedensvertrag mit Bulgarien. Nachdem die Hauptfragen zu Österreich weitgehend geklärt waren, lag es zwar nahe, nunmehr Ungarn in den Blick zu nehmen, zumal die Friedensbedingungen für beide Hälften der einstigen Doppelmonarchie parallel ausgearbeitet worden waren. Doch angesichts der anhaltend instabilen Situation in Budapest drängte es sich ab Juli immer mehr auf, den Vertrag mit Bulgarien vorzuziehen, auch weil er in Paris als das unproblematischste – da unbedeutendste – der fünf Abkommen eingeschätzt wurde. Ein solches Urteil entsprach jedoch keineswegs dem Selbstverständnis der Regierung in Sofia. Nachdem am 10. Juli eine Einladung zur Entgegennahme der Friedensbedingungen eingegangen war, reiste Premierminister Theodore Theodoroff an der Spitze einer Delegation nach Frankreich, wo er im Château de Madrid in Neuilly-sur-Seine, einer Gemeinde am westlichen Stadtrand, untergebracht wurde und sich auf den für den 25. Juli angekündigten Beginn der Gespräche einrichtete.[291] Trotz des eher ernüchternden Beispiels des deutschen und österreichischen Falls gaben sich die bulgarischen Vertreter dabei immer noch erheblichen Illusionen hin, da, wie es Theodoroff wenig später auch als offizielle Argumentationslinie vertrat, Bulgarien lediglich „under compulsion by ill-starred powers"[292], also unfreiwillig und damit unschuldig in den Krieg gezwungen worden sei. Die bulgarische Delegation sah der Begegnung mit den Siegermächten insofern nicht übermäßig pessimistisch entgegen, wobei mit guten Gründen darüber spekuliert werden kann, inwieweit die ausgebliebene militärische Besetzung Bulgariens oder überhaupt die Vernachlässigung Bulgariens durch die mit anderen Herausforderungen beschäftigten Siegermächte dazu beigetragen haben, dass in Sofia offenkundig noch weniger Einsicht in die eigene Niederlage bestand als anderenorts.[293]

---

290 Clemenceau, Mantelnote v. 02.09.1919, in: Treaty of St. Germain, hrsgg. v. Almond/Lutz, S. 225–228, hier: S. 227.
291 Vgl. Protokoll v. 10.07.1919, in: FRUS, PPC 1919, Bd. 7, S. 86–96, hier: S. 89.
292 Theodoroff, Protokoll v. 19.09.1919, in: ebenda, Bd. 3, S. 435–441, hier: S. 436.
293 Vgl. Temperley, History, Bd. 4, S. 411f. Zur bulgarischen Delegation weiter François Boulet, Les Délégations Allemande, Autrichienne, Bulgare, Hongroise et Ottomane aux Traités de Paix 1919–1920, in: ders. (Hrsg.), Les traités de paix 1919–1920 et l'Europe au XXème siècle, Paris

Doch die Fertigstellung der bulgarischen Friedensbedingungen zog sich über den August bis in den September hin. Die Delegierten in Neuilly-sur-Seine reagierten zunehmend irritiert, und gegenüber seinen alliierten Ansprechpartnern versuchte Theodoroff mehrmals deutlich zu machen, dass er sich keineswegs mit einem Platz am Katzentisch begnügen werde. Am 19. September konnte schließlich der alliierte Vertragsentwurf übergeben werden, zu deren Signatarstaaten auch die USA zählten, obwohl sie sich überhaupt nicht im Kriegszustand mit Bulgarien befanden.[294] Die rund einen Monat später vorgelegten Gegenvorschläge der bulgarischen Delegation wurden zwar zügig und kühl abgelehnt, doch da in Sofia eine neue Regierung zusammengetreten war und Theodoroff sein Amt verloren hatte, verzögerte sich das Verfahren nochmals. Die Delegationsleitung ging nun auf den neuen Premier Aleksandŭr Stamboliĭski über, der im November einen neuen Anlauf nahm, um wenigstens eine Änderung der Territorialbestimmungen zu erreichen.[295] Doch alle Vorstöße blieben ergebnislos, so dass sich Stamboliĭski in das Unvermeidliche fügen musste und am 27. November 1919 seine Unterschrift unter den Vertrag setzte. Nach dem Urteil einzelner Augenzeugen zeichnete sich die Unterzeichnungszeremonie vor allem durch einen beträchtlichen Kontrast aus, der zwischen dem prunkvollen Arrangement im Rathaus von Neuilly und dem Auftritt vom Stamboliĭski aufklaffte: In den Raum trat „a single gray-faced and very scared-looking, slightly stooped man (…). Was all this ceremony and this imposing array for the purpose of dealing with this lone individual – the peasant, Stambouliski? It looked as if the office boy had been called in for a conference with the board of directors."[296]

2007, S. 65–90, hier: S. 75–77; Drake, Bulgaria, S. 209f., sowie, stark sympathisierend, Kolev, Bulgarian Delegation, S. 46f. Daneben siehe auch die Berichte der französischen Verbindungsstellen in: AD, Papiers Tardieu, Box 336. Allgemein: Sharp, Versailles Settlement, S. 152f.; MacMillan, Peacemakers, S. 146–152.

294 Vgl. Protokoll v. 19.09.1919, in: FRUS, PPC 1919, Bd. 3, S. 435–441; Drake, Bulgaria, S. 211f. Die Aufnahme der Völkerbundssatzung mache es notwendig, so hatte Wilson schon im Mai argumentiert, dass auch die USA zu den Vertragsparteien des bulgarischen Friedensabkommens gehören müssten, vgl. Wilson, Protokoll v. 23.05.1919, in: Mantoux, Deliberations, Bd. 2, S. 186–195, hier: S. 191.

295 Vgl. Crampton, Aleksandŭr Stamboliĭski, S. 76–78; Kolev, Bulgarian Delegation, S. 51f.

296 Isaiah Bowman, Constantinople and the Balkans, in: House/Seymour (Hrsg.), What really Happened at Paris, S. 140–175, hier: S. 163f.

Abb. 13: Der bulgarische Premier Aleksandŭr Stamboliĭski (im Vordergrund) nach Unterzeichnung des Friedensvertrages im Rathaus von Neuilly am 27. November 1919.

Eine solche Geringschätzung galt sicherlich nicht allein dem Regierungschef, sondern überhaupt einer Nation, der nach alliierter Ansicht selbst in Südosteuropa nur eine mediokre Rolle zukommen würde. Doch auch wenn eine solche wenigstens unterschwellig spürbare Missachtung die Empörung über den Vertrag von Neuilly in Bulgarien dramatisch anfachte: Im Grunde fielen die inhaltlichen Bestimmungen nicht übermäßig drakonisch aus. Obwohl angesichts der von bulgarischer Seite vor und während des Weltkrieges begangenen Gräueltaten starke Vorbehalte bestanden, war die alliierte Behauptung, dass „no idea of vengeance (...) has animated the Allied and Associated Powers"[297], nicht gänzlich verkehrt.[298] Zieht man wiederum die technischen Details ab, so schält sich

---

297 Clemenceau, Mantelnote v. 03.11.1919, in: FRUS, PPC 1919, Bd. 8, S. 880–883, hier: S. 882.
298 Vgl. Crampton, Aleksandŭr Stamboliĭski, S. 84–97; MacMillan, Peacemakers, S. 152. Zur Diskussion um die bulgarischen Kriegsverbrechen siehe auch Lewis, Birth of the New Justice, S. 33, 52–55, zum Hintergrund der Balkan-Kriege und ihrer westlichen Rezeption etwa auch Marco Sigg, Die Balkankriege 1912/13. Bulgarische Kriegsrechtsverletzungen im Spiegel der europäischen Kriegsberichterstattung und des Carnegie-Berichts, in: Bernhard Chiari/Gerhard Paul Gross (Hrsg.), Am Rande Europas? Der Balkan – Raum und Bevölkerung als Wirkungsfelder militärischer Gewalt, München 2009, S. 104–119; Florian Keisinger, Unzivilisierte Kriege im zivilisierten Europa? Die Balkankriege und die öffentliche Meinung in Deutschland, Eng-

aus den 296 Artikeln eine Reihe von territorialen, politisch-militärischen und finanziellen Vorschriften heraus, welche den bulgarischen Staat zwar belasteten, kaum aber strangulierten. Zu den wichtigsten Regelungen gehörte die Abtretung von Westthrakien an die Siegermächte, was den Verlust des direkten Zugangs zum Mittelmeer bedeutete und, da die alliierten Regierungen eine Übertragung an Griechenland vereinbart hatten, eine unmittelbar konkurrierende Regionalmacht stärkte. Auf der anderen Seite waren die alliierten Hauptmächte bemüht, Bulgarien weiterhin einen Zugang zur Ägäis zu ermöglichen; so war es im März von Jules Cambon vorgeschlagen worden, und so entsprach es auch dem Paradigma internationaler Handels- und Verkehrsfreiheit. Die Verhandlungen drehten sich daher lange um die Frage, ob ein bulgarischer Freihafen an der nordägäischen Küste besser in Kavala, in Dedeagatsch (Alexandroupoli) oder sogar in Saloniki (Thessaloniki) einzurichten sei, was, wenig überraschend, jeweils erbitterten Widerstand bei den griechischen Vertretern hervorrief. Vielleicht auch deshalb wurde in den Vertrag von Neuilly wenig mehr als eine Absichtserklärung aufgenommen, welche die alliierten Hauptmächte allgemein auf eine Sicherung der „economic outlets of Bulgaria to the Ægean Sea" (Art. 48 VN) verpflichtete. Erst das Abkommen zur endgültigen Übertragung Westthrakiens an Griechenland, welches im Sommer des kommenden Jahres gleichzeitig zur Unterzeichnung des Friedensvertrages mit dem Osmanischen Reich abgeschlossen wurde, erklärte sodann Dedeagatsch zu einem internationalen Hafen und sah eine dauerhafte bulgarische Freizone vor.[299]

Neben Westthrakien wurde Bulgarien noch auf einzelne Abtretungen im Westen verpflichtet, wo mazedonische Gebiete an den SHS-Staat übergingen, und im Nordosten, wo Teile der Dobrudscha an Rumänien fielen. Der überwiegende Gebietsbestand von Bulgarien blieb jedoch unangetastet, und während die Militärbestimmungen mit einem Heer von 20 000 Mann und der weitgehenden Auflösung von Flotte und Luftstreitkräften im Rahmen des Erwartbaren blieben – und zudem rasch ausgehebelt wurden[300] –, akzeptierten die Siegermächte die beschränkte Zahlungsfähigkeit des geschlagenen Staates. Der Vertrag von Neuilly war der einzige der Friedensverträge, der eine pauschale Ent-

---

land und Irland 1876–1913, Paderborn 2008, S. 123–127. Dagegen erkennt Kolev, Bulgarian Delegation, S. 47f., in den Vorwürfen eine vornehmlich serbisch inspirierte Schmutzkampagne.
299 Vgl. Petsalis-Diomidis, Greece, S. 153, 285–290; Drake, Bulgaria, S. 119–130, 176–179, 206f. Die Konvention zu Thrakien in: 28 LNTS 226.
300 Vgl. Drake, Bulgaria, S. 278f.

schädigungssumme als Reparationsleistung vorsah, und zwar in Höhe von 2,25 Mrd. Goldfranken (Art. 121 VN).[301]

Insgesamt entsprachen die Bestimmungen des bulgarischen Friedensvertrages der bereits für den Vertrag von Saint-Germain aufgezeigten Grundlinie, dass die Etablierung einer beständigen Staatenordnung in Südosteuropa hohe Priorität besaß. Dem steht nicht entgegen, dass auch im Fall des Vertrages von Neuilly einzelne Vorschriften als, je nach Standpunkt, machtpolitische Instrumente gebraucht oder als unzumutbare Belastungen gedeutet werden konnten. Doch zumindest die alliierten Hauptmächte hätten in einer permanenten Unterwerfung Bulgariens nur wenige Vorteile erblickt. Es ging ihnen um eine Befriedung der Staatenbeziehungen auf dem Balkan, und dazu bedurfte es in erster Linie einer konsolidierten Regierung in Sofia ebenso wie eindeutiger Grenzen und einer wirtschafts- und handelspolitischen Normalisierung. Der bulgarische Friedensvertrag sei, so war in der Replik auf die bulgarischen Gegenvorschläge nicht ohne Grund herausgehoben worden, „calculated to ensure the peaceful development of Bulgaria and to allow her to reestablish her normal economic existence within a short period."[302]

Der Vertrag von Trianon

Letztlich blieb der bulgarische Vertrag aber nur ein Zwischenspiel auf dem Weg zum Friedensschluss mit Ungarn als der anderen Hälfte der Doppelmonarchie. In Budapest war die Auflösung der Realunion im Oktober 1918 mit einer starken Betonung staatsrechtlicher Kontinuitäten ebenso wie mit einem vehementen Nationalismus einhergegangen, was sich bis zu Versuchen einer Wiederbelebung des alten ungarischen Königtums erstreckt hatte. Aber auch so galt Ungarn vielen alliierten Betrachtern keineswegs als der harmlosere oder gar unschuldigere Teil des Habsburgerreiches. Im Gegenteil, die seit dem späten 19. Jahrhundert immer aggressiver verfochtene Politik der Magyarisierung schien den deutschen Germanisierungsbestrebungen kaum nachzustehen. In Großbritannien war diese Auffassung besonders von Robert Seton-Watson und Henry Wickham Steed einflussreich im Umfeld des Foreign Office verfochten worden, und auch auf amerikanischer Seite bestanden große Vorbehalte. Es war nicht untypisch, wenn etwa Allen Welsh Dulles im August 1918 an seinen Onkel Robert Lansing schrieb: „The Hungarians are the pest of the Monarchy,

---

301 Vgl. Buirette, „Réparer la guerre!", S. 99–104; Drake, Bulgaria, S. 250, 265f. Für eine weitere Aufschlüsselung der Vertragsinhalte vgl. Temperley, History, Bd. 4, S. 166–170, 444–460.
302 Clemenceau, Mantelnote v. 03.11.1919, in: FRUS, PPC 1919, Bd. 8, S. 880–883; hier: S. 882.

and they are not much better than some of the Pan-Germans of Austria from Bohemia and the Tyrol."[303]

Vor diesem Hintergrund, und auch dank des regen Lobbyismus, den verschiedene ost- und mitteleuropäischen Nationalbewegungen seit der letzten Kriegsphase in Paris, London und Washington entfaltet hatten, stand eigentlich schon im Winter 1918/19 fest, dass der Friedensschluss mit erheblichen Gebietsverlusten für Ungarn zugunsten der umgebenden oder neugebildeten Staaten einhergehen würde.[304] Auf dieser Grundlage fanden auch die Verhandlungen der zuständigen Territorialkommissionen der Friedenskonferenz statt, wo in der Regel nur noch über die genaue Festsetzung der Grenzverläufe und die dabei zum Tragen kommenden Begründungen gestritten wurde; die wesentlichen Festsetzungen wurden am 24. März in der Kommission für tschechoslowakische Angelegenheiten, sowie, nach einer Beratung mit dem Redaktionskomitee, am 3. April in der Kommission für rumänische und jugoslawische Angelegenheiten verabschiedet.[305] Trotzdem kam die weitere Arbeit am ungarischen Vertragstext im Frühjahr 1919 rasch zum Erliegen. Nachdem erste Entscheidungen aus Paris durchgesickert waren und zudem ein alliiertes Ultimatum eingegangen war, geriet die in Budapest amtierende Regierung von Mihály Károlyi unter starken innenpolitischen Druck. In der Folge sah sich Károlyi veranlasst, die Regierungsbefugnisse an die gemäßigten Sozialisten zu übergeben, die jedoch ihrerseits bereits nach einem Arrangement mit den Bolschewiki suchten. Trotz der politischen Wirren fanden sich Sozialisten und Bolschewisten zu einer Regierung zu-

---

303 Dulles an Lansing, Brief v. 24.08.1918, in: PUSC, A.W. Dulles Papers, Box 37/18. Zur Vorgeschichte einer solchen Einstellung auf amerikanischer Seite nur Phelps, U.S.-Habsburg Relations, S. 231–239, für Wilson etwa Magda Ádám, Woodrow Wilson and the Successor States. An American Plan for a New Central Europe [1987], in: dies. (Hrsg.), The Versailles System and Central Europe, Aldershot 2004, S. 3–27, im Kontext der Friedensplanungen auch Gelfand, Inquiry, S. 203–205. Zur britischen Position siehe etwa Bátonyi, Britain and Central Europe, S. 71–158, daneben Erik Goldstein, New Diplomacy and the New Europe at the Paris Peace Conference of 1919. The A.W.A. Leeper Papers, in: East European Quarterly 21, H. 4 (1987), S. 393–400; Goldstein, Winning the Peace, S. 130–140. Die französische Haltung war zurückhaltender, siehe in Ansätzen Lowczyk, Fabrique de la Paix, S. 383–424. Daneben: Krüger, Friedensordnung.
304 Vgl. Phelps, U.S.-Habsburg Relations, S. 245–257; Bryan Cartledge, Mihály Károlyie and István Bethlen. Hungary, London 2009, S. 43–50.
305 Vgl. Protokoll v. 03.04.1919, in: RdA, Bd. IV-C-5, S. 182–263, dort auch der Bericht mit umfangreichen Statistiken und Karten, welche die Entscheidungen jeweils begründen sollten. Für die Grenzfestlegungen im Detail siehe Deák, Hungary, S. 27–190; Low, Soviet Hungarian Republic, S. 31–39.

sammen, als deren Führungsfigur sich Béla Kun entpuppte, der am 21. März eine Räterepublik ausrief.[306]

Die in Paris versammelten Staatsmänner und Diplomaten waren von dieser revolutionären Umwälzung nachhaltig beeindruckt. Der Staatszerfall, wie er in Sankt Petersburg und Moskau begonnen hatte, schien in dramatischer Weise nun auch auf Mitteleuropa überzugreifen und damit alle elaborierten Vertragstexte, wie James Shotwell befürchtete, binnen kurzem in Altpapier zu verwandeln.[307] „One more house of cards has gone down"[308], so notierte Arthur Sweetser in seinem Tagebuch, und selbst ein nüchterner Betrachter wie Eyre Crowe meinte privatim, dass die Verlierermächte offensichtlich „prefer to go into revolution and anarchy rather than sign a bad peace."[309] Im Council of Four wurde rasch der Beschluss gefasst, eine informelle Erkundungsmission unter Jan Smuts nach Budapest zu entsenden, welche die Notwendigkeit einer Verständigung mit den neuen Machthabern, oder gar ihrer internationalen Anerkennung, ausloten sollte. Doch Smuts, der in seinem Sonderzug auf dem Budapester Ostbahnhof bei Stromausfall und strömendem Regen mit Béla Kun konferierte, konnte bald Entwarnung geben. Die Bolschewisten würden zwar eine despotische Gewaltherrschaft ausüben, doch deren Stabilität und Zukunftsaussicht sei angesichts der allgemein chaotischen Zustände in der ungarischen Kapitale überaus fragwürdig; auch der mitgereiste Harold Nicolson erklärte die Räterepublik als „just an incident and not worth treating seriously"[310].

Béla Kun zeigte sich indes entschlossen, den Gegenbeweis anzutreten. Nachdem der Versuch, das bolschewistische Russland als außenpolitische Schutzmacht zu gewinnen, erfolglos geblieben war, setzte er auf die nationalistische Mobilisierung der ungarischen Bevölkerung und eine militärische Rückgewinnung des seit Dezember 1918 von Rumänien besetzten Siebenbürgens. Allerdings hegte die rumänische Regierung unter Ionel Brătianu ihrerseits große territoriale Ambitionen, welche über die von alliierter Seite bereits zugestandenen oder wenigstens debattierten Gebietsabtretungen hinausgingen, und daneben spekulierten die Tschechoslowakei und der SHS-Staat auf weitere Zugewinne aus dem ungarischen Bestand. Es überrascht angesichts dieser widerstreiten-

---

306 Vgl. Cartledge, Károlyie and Bethlen, S. 55–66.

307 Vgl. Shotwell Diary, Eintrag v. 25.03.1919, in: Shotwell, Paris Peace Conference, S. 225.

308 Sweetser Diary, Eintrag v. 22.03.1919, in: LoC, Sweetser Papers, Box 1.

309 Crowe an Clema Crowe, Brief v. 27.03.1919, in: Bodleian Lib., Crowe Papers, Ms.Eng. d.3023, Bl. 142.

310 Nicolson Diary, Eintrag v. 04.04.1919, in: Nicolson, Peacemaking 1919, S. 302. Dort auch ein eindrucksvoller Bericht von der Mission Smuts, weiteres dann bei Bátonyi, Britain and Central Europe, S. 90–94; Goldstein, New Diplomacy, S. 397f.; Mayer, Politics and Diplomacy, S. 724–731; Low, Soviet Hungarian Republic, S. 52–62.

den Ansprüche und einer ohnehin hohen Gewaltdynamik nicht, dass die Situation im Herzen Ostmitteleuropas rasch unkontrollierbar wurde. Ab Frühjahr 1919 versuchten alle Seiten, den fluiden Zustand zwischen Krieg und Frieden dazu zu nutzen, sich vor jeder vertraglichen Festlegung im fernen Paris in eine günstige Position zu bringen. Dass in den westlichen Hauptstädten vielfach ein aggressives Vorgehen gegen den Bolschewismus gefordert, teils auch heimlich gefördert wurde, machte die Lage nicht besser. Faktisch herrschte ab Mai zwischen Ungarn und Rumänien wieder ein offener Kriegszustand, wobei die Vertreter der alliierten Hauptmächte mit Fassungslosigkeit registrieren mussten, wie wenig der rumänische Bündnispartner für ihre Appelle zur Einstellung der Kampfhandlungen noch empfänglich war. Erst nachdem rumänische Truppen im August schließlich Budapest besetzt hatten, Béla Kun vor der einsetzenden Woge der konterrevolutionären Gewalt geflohen war und die Räterepublik ein Ende gefunden hatte, lenkte Brătianu schrittweise ein.[311]

Eine stabile Regierung war unter den Bedingungen der rumänischen Okkupation gleichwohl nicht in Sicht. Der kurzfristig als Reichsverweser amtierende Erzherzog Joseph August, ein Habsburger aus der ungarischen Linie, besaß in Budapest nur wenig Rückhalt und galt in Paris zudem als so inakzeptabel, dass die alliierten Delegationsleiter am 22. August den Beschluss fassten, alle Verhandlungen mit einem Habsburger im Namen des europäischen Friedens abzulehnen.[312] Zu Herbstbeginn 1919 lag ein Friedensabkommen mit Ungarn daher immer noch in unerreichbarer Ferne, obschon, wie der amerikanische Delegierte Henry White gegenüber Elihu Root anmerkte, ein entsprechender Vertragsentwurf vorliege: Man warte nur auf eine verhandlungsfähige Regierung in Budapest, denn alle Friedensbedingungen seien „prepared for that country and can be ready in a short time to be handed to its Delegates."[313]

Von dieser Beobachtung Anfang Oktober dauerte es gleichwohl noch mehr als sechs Wochen, bevor sich in den politischen Wirren Ungarns und nach dem

---

311 Vgl. Deák, Hungary, S. 93–171; Mayer, Politics and Diplomacy, S. 827–852. Siehe auch Hitchins, Ionel Brătianu, S. 119–132; Cartledge, Károlyie and Bethlen, S. 81–90. Für die rumänische Politik daneben Hausleitner, Rumänisierung, S. 93–108; Sherman David Spector, Rumania at the Paris Conference. A Study of the Diplomacy of Ioan I.C. Brătianu, New York 1962, S. 159–166. Zur konterrevolutionären Gewalt nur Béla Bodó, Paramilitary Violence in Hungary after the First World War, in: East European Quarterly 38, H. 2 (2004), S. 129–173, daneben Böhler, Enduring Violence; Robert Gerwarth, Fighting the Red Beast. Counter-Revolutionary Violence in the Defeated States of Central Europe, in: Gerwarth/Horne (Hrsg.), War in Peace, S. 52–71.
312 Vgl. Protokoll v. 22.08.1919, in: FRUS, PPC 1919, Bd. 7, S. 780–810, hier: S. 792, 803. Siehe auch Magda Ádám, Delusions about Trianon, in: Ádám (Hrsg.), Versailles System, S. 29–42, hier: S. 37f.
313 White an Root, Brief v. 06.10.1919, in: LoC, Root Papers, Box 137.

Rückzug der rumänischen Truppen schließlich die Bildung einer neuen Staatsführung abzeichnete, welche eine zügige Wiederherstellung von Ruhe und Ordnung versprach und in welcher der konservative Militärführer Miklós Horthy eine Schlüsselstellung einnahm. Am 20. November wurden den alliierten Delegationsleitern zwei Telegramme des nach Budapest entsandten Diplomaten George Clerk vorgelegt, die erstmals vom Zusammentritt einer handlungsfähigen Koalitionsregierung berichteten.[314] Rund zehn Tage später, nach seiner Rückkehr aus Ungarn, konnte Clerk den alliierten Vertretern zudem mitteilen, dass die neuen Machthaber um den Ministerpräsidenten Károly Huszár alle jene Anforderungen für Friedensverhandlungen erfüllen würden, welche in Paris für notwendig gehalten wurden: Auch wenn die alten Eliten ein Übergewicht behaupten würden, seien Repräsentanten aller politischen Richtungen in die neue Regierung eingebunden; in Budapest bestehe eine effektive und verlässliche Herrschaftsgewalt, Huszár habe aber auch freie Wahlen auf Grundlage eines allgemeinen Wahlrechts in Aussicht gestellt; schließlich sei man darauf eingestellt, unverzüglich Delegierte für Friedensgespräche nach Paris zu entsenden.[315]

Die alliierten Delegationsleiter nahmen diese Nachrichten mit großer Erleichterung auf. Im Anschluss an Clerks Bericht vom 1. Dezember wurde der Beschluss gefasst, eine Einladung nach Budapest zu übermitteln und ungarische Regierungsvertreter zur Entgegennahme der Friedensbedingungen aufzufordern.[316] Diese Ungeduld war verständlich, denn seit dem Abschluss der Waffenstillstandskonvention von Belgrad am 13. November 1918 war über ein Jahr vergangen, in dem die Siegermächte weitgehend zur Untätigkeit verdammt gewesen waren; weder eine militärische Intervention noch gar die Installation eines willfährigen Marionettenregimes hatten jemals eine realistische Option dargestellt.[317] Nur mit einer berechenbaren, zuverlässigen und mit legitimem Mandat ausgestatteten Staatsführung, so war es dem normativen Vorstellungshorizont

---

314 Vgl. Protokoll v. 20.11.1919, in: FRUS, PPC 1919, Bd. 9, S. 236–283, hier: S. 236f., 251f. Siehe auch Crowe/Corp, Our Ablest Public Servant, S. 356.

315 Vgl. George Clerk, Bericht v. 29.11.1919, Anlage zu Protokoll v. 01.12.1919, in: FRUS, PPC 1919, Bd. 9, S. 394–404, hier: S. 394f. Zur Clerks Mission vgl. Bátonyi, Britain and Central Europe, S. 101–114. Vergleichbare Anforderungen an die ungarische Regierung waren im Übrigen schon einer interalliierten Militärmission auf den Weg gegeben worden, welche sich im August einen Eindruck von der Lage in Budapest verschaffen sollte, vgl. Polk an Bandholtz, Telegramm v. 13.08.1919, in: FRUS, PPC 1919, Bd. 12, S. 637f., hier: S. 637. Zu dieser Mission auch Deák, Hungary, S. 110–134.

316 Protokoll v. 01.12.1919, in: FRUS, PPC 1919, Bd. 9, S. 384–428, hier: S. 388, 404f.

317 Zu den britisch-französischen Debatten um eine militärische Intervention vgl. Low, Soviet Hungarian Republic, S. 73–82.

der Siegernationen eingeschrieben, lasse sich über einen tragfähigen Frieden verhandeln.[318]

Allerdings: Die Hoffnung auf eine innerstaatliche Stabilität in Ungarn war offenkundig so groß und der Wunsch nach klaren Verhältnissen so ausgeprägt, dass in Paris bereitwillig über die konterrevolutionären Gewaltexzesse nach dem Sturz Béla Kuns hinweggesehen wurde. George Clerk hatte in seinem Bericht zwar ausdrücklich betont, dass es bei dem Einmarsch von Horthys Truppen zu keinen nennenswerten Übergriffen gekommen sei und die ungarischen „Weißen" eine hohe Disziplin an den Tag gelegt hätten.[319] Doch diese Beschwörung erscheint mit Blick auf die in der historischen Forschung vielfach herausgearbeiteten Gewaltszenen in Budapest nur bedingt nachvollziehbar. Es lässt sich darin allenfalls ein Beleg für die Neigung zahlreicher westlicher Betrachter erkennen, das autoritäre Gebaren der neuen Regierung angesichts der politischen Instabilität in der Region – so wurden die Rumänen von Clerk etwa als „still learners in the art of Government"[320] beschrieben – zurückhaltend zu beurteilen. Auch der britische Diplomat Harold Butler hielt den ungarischen Eliten zugute, dass sie, „though in many ways oppressive", wenigstens „some standard of Western efficiency" besitzen würden.[321] Und das war eben der entscheidende Punkt: Nur eine Regierung im Besitz einer effektiven Herrschaftsgewalt konnte einen Friedensschluss im eigenen Land durchsetzen und garantieren.

Am 5. Januar 1920 setzte sich eine ungarische Delegation von 73 Personen in Budapest in Bewegung und traf zwei Tage später in Paris ein, wo sie, gleich ihrer bulgarischen Vorgängerin, im Château de Madrid in Neuilly-sur-Seine untergebracht wurde. An ihrer Spitze stand mit Albert v. Apponyi ein Exponent der aristokratisch-konservativen Eliten Ungarns, der zwar in alliierten Kreisen eine überaus schlechte Reputation besaß – er sei ein „rabid Germanophile and an ardent advocate of the oppression of small nationalities"[322], so hatte sich Pichon am 1. Dezember vernehmen lassen –, dessen Berufung aber letztlich zu einer ungarischen Angelegenheit erklärt wurde; auch dies ein Beispiel dafür, dass die souveräne Entscheidungsmacht der Verliererstaaten, aller Kritik zum Trotz,

---

318 Ähnlich: Vares, Question, S. 179–182.
319 Vgl. George Clerk, Bericht v. 29.11.1919, Anlage zu Protokoll v. 01.12.1919, in: FRUS, PPC 1919, Bd. 9, S. 394–404, hier: S. 396f., 399f.
320 Ebenda, S. 401. Eine Kritik an Rumänien, dem zahlreiche Übergriffe und eine brutale Assimilierungspraxis vorgeworfen wurden, war in den westlichen Nationen weit verbreitet, vgl. Hausleitner, Rumänisierung, S. 133–217. Siehe auch Cartledge, Károlyie and Bethlen, S. 86f.
321 Harold B. Butler, The Lost Peace. A Personal Impression, London 1941, S. 157.
322 Pichon, Protokoll v. 01.12.1919, in: FRUS, PPC 1919, Bd. 9, S. 384–428, hier: S. 387.

grundsätzlich respektiert wurde.[323] Am 15. Januar wurden die Friedenbedingungen in einer nunmehr gänzlich formlosen Prozedur, wie sie ursprünglich schon für den bulgarischen Vertrag vorgesehen worden war,[324] von Clemenceau am Quai d'Orsay übergeben, die zeitgleich von Apponyi geforderten mündlichen Verhandlungen hingegen abgewiesen. Trotzdem wurde dem ungarischen Delegationsleiter die Möglichkeit für eine Stellungnahme eingeräumt, zu der sich am nächsten Tag die Repräsentanten der alliierten Hauptmächte versammelten, also Clemenceau, dazu Lloyd George und Nitti, die sich ohnehin in Paris aufhielten, außerdem der amerikanische Botschafter Wallace und der japanische Botschafter Matsui. Doch Apponyis Plädoyer stieß in diesem wieder aufgelebten Supreme Council auf eine allenfalls gemischte Reaktion. Zwar argumentierte der ungarische Politiker geschickt und dazu in galantem Französisch; im Schlussteil wandte er sich zudem in italienischer Sprache direkt an die Vertreter der römischen Regierung. Doch inhaltlich galt diese Rede rasch als „second only in celebrity to that of Brockdorff-Rantzau"[325]. Apponyi wies nahezu alle Vorwürfe ab und forderte für Ungarn eine nachsichtige Behandlung, teils unter Hinweis auf die Bindung der Gegenseite an die 14 Punkte Wilsons, teils unter Hinweis auf die historische Rolle der Magyaren in der Verteidigung Europas (einstmals gegen die Türken, jetzt gegen die Bolschewiki).[326] Die alliierten Vertreter empfanden diese Darlegungen zwar als „too general and sweeping"[327], Apponyi rechtfertigte seine teils sophistischen Ausführungen aber nachmals als rein sachliche und streng faktenbezogene Erklärung.[328] Untermauert wurde der ungarische Standpunkt entsprechend von einer Vielzahl von Noten und Denkschriften, wobei das erste Konvolut – zur großen Überraschung der Gegenseite und diplomatisch unüblich – bereits beim Austausch der Vollmachten vorgelegt worden war; wenig später nutzte die ungarische Delegation die schriftlichen Ge-

---

323 Erste Bedenken bei Crowe an Clerk, Brief v. 06.11.1919, in: TNA, FO 608/26, Bl. 574f., wonach eine Benennung Apponyis „should be strongly discouraged". Auch von tschechoslowakischer Seite wurde ein entsprechender Druck entwickelt, die Nominierung Apponyis zu verhindern, wie der britische Geschäftsträger in Prag nach London mitteilte, Gosling an FO, Telegramm v. 06.12.1919, in: ebenda, Bl. 587. Letztlich wurde aber am 1. Dezember die Entscheidung getroffen, keinen aktiven Einfluss auszuüben, siehe auch Ignác Romsics, Der Friedensvertrag von Trianon, Herne 2005, S. 143f.; Deák, Hungary, S. 178–186.
324 Vgl. Drake, Bulgaria, S. 211f.
325 Temperley, History, Bd. 4, S. 418.
326 Vgl. Apponyi, Protokoll v. 16.01.1920, in: FRUS, PPC 1919, Bd. 9, S. 872–884, hier: S. 872–883. Siehe dazu Anikó Kovács-Bertrand, Der ungarische Revisionismus nach dem Ersten Weltkrieg. Der publizistische Kampf gegen den Friedensvertrag von Trianon (1918–1931), München 1997, S. 81–84.
327 So Lloyd George, Truth, Bd. 2, S. 970.
328 Vgl. Albert v. Apponyi, Erlebnisse und Ergebnisse, Berlin 1933, S. 240.

genvorschlägen vom 10. Februar dazu, ihre Position nochmals breit auszuführen.[329]

Ebenso wenig wie die anderen Verlierernationen erzielten die ungarischen Vertreter mit einer solchen Verhandlungsstrategie der sachlichen Begründung und umfangreichen Dokumentation der eigenen Rechtspositionen eine besondere Resonanz. Die alliierten Abstimmungsverfahren waren zu diesem Zeitpunkt zudem wieder in den flexibleren Gesprächsrahmen der traditionellen Diplomatie zurückgekehrt, so dass die politischen Entscheidungsträger nur noch bei den Konferenzen in London und San Remo über die ungarischen Angelegenheiten beraten konnten. Das schwächte die Einigkeit und Einmütigkeit der Siegermächte zwar ab und ließ die Spielräume für die Verfolgung der je eigenen nationalen Interessen anwachsen; so kam es beispielsweise zu informellen französisch-ungarischen Geheimverhandlungen über eine Revision der territorialen Bestimmungen und über eine wirtschaftliche Annäherung.[330] Doch diese Gespräche verliefen ergebnislos, während auf offizieller Ebene nur wenig Neigung bestand, den seit vergangenem Frühjahr vorliegenden und seither nur in Details angepassten Vertragskorpus grundlegend zu ändern. Es sei „not only difficult but almost impossible at this stage for the conference to discuss modifications to the treaty"[331], so unterstrich Lord Curzon, der Balfour im Herbst im Amt des britischen Außenministers nachgefolgt war, während der alliierten Verhandlungen in London im März 1920. Wenig später wurde die Pariser Botschafterkonferenz autorisiert, die offenen Fragen eigenverantwortlich zu entscheiden.[332] Spätestens mit der alliierten Replik vom 6. Mai war unverkennbar, dass das Grundmodell des Versailler Vertrages auch im ungarischen Fall weitgehend intakt bleiben und keine der bereits getroffenen Entscheidungen grundsätzlich zur Disposition gestellt werden würde; umgekehrt stießen die ungarischen For-

---

329 Vgl. Deák, Hungary, S. 206–211, daneben Vares, Question, S. 182–185. Nach der farbigen Schilderung von Augenzeugen waren die ungarischen Vertreter zur Übergabe ihrer Vollmachten am 14. Januar in einem mit Drucksachen und Akten geradezu überladenen Auto vorgefahren, vgl. Romsics, Friedensvertrag, S. 150. Die ungarischen Noten größtenteils in The Hungarian Peace Negotiations. An Account of the Work of the Hungarian Peace Delegation at Neuilly sur Seine. January to March 1920, 3 Bde., Budapest 1922.
330 Vgl. Romsics, Friedensvertrag, S. 171–182; Deák, Hungary, S. 285–290, auch Ádám, Delusions about Trianon, S. 40f.; Kovács-Bertrand, Der ungarische Revisionismus, S. 84f.
331 Curzon, Protokoll v. 08.03.1920, in: DBFP, First Ser., Bd. 7, S. 440–457, hier: S. 448. Ähnlich bereits die Meinung des neuen französischen Premierministers Alexandre Millerand, Protokoll v. 25.02.1920, in: ebenda, S. 238–249, hier: S. 248f. Für die trotzdem vorgenommenen Änderungen im Vertragstext siehe die Unterlagen in: TNA, FO 608/26, sowie in: AD, Série A. Paix, 138f.
332 Vgl. Heideking, Areopag, S. 156f. Zu Curzons Amtsübernahme im Foreign Office etwa Maisel, The Foreign Office, S. 2–14, 31–39.

derungen, darunter nach Plebisziten für sämtliche Gebietsabtretungen, durchgängig auf Ablehnung.

Als am 4. Juni 1920 in der Galerie des Cotelles des Grand Trianon, einem der Versailler Lustschlösser, der Friedensvertrag zwischen den alliierten und assoziierten Mächten und Ungarn unterzeichnet wurde, hatte das öffentliche Interesse deutlich nachgelassen.[333] Nachdem Apponyi am 14. Mai aus Protest gegen den Vertragsentwurf seinen Rücktritt erklärt hatte, waren zwei kaum bekannte Gesandte, Arbeitsminister Ákos Benárd und der Diplomat Alfred Drasche-Lázár, zu ungarischen Delegierten ernannt worden.[334] In Budapest war es zwar zu vehementen Demonstrationen gekommen, in denen sich bereits abzeichnete, wie sehr der Friedensvertrag von Trianon in den kommenden Jahrzehnten zu einem Gegenstand ungeheurer Empörung und unbedingten Revisionswillens werden sollte.[335] Doch bei Licht betrachtet, bestätigte das Abkommen zunächst nur die bereits eingetretene Sezession einzelner Gebietsteile (Slowakei, Kroatien und Slawonien, Siebenbürgen und das Banat), wie sie sich aus den Folgen des Weltkrieges und dem Zerfall des Habsburgerreiches ergeben hatten; von den alliierten Hauptmächten zu erwarten, dass sie diese territorialen Verwerfungen revidiert hätten, war schon zeitgenössisch eine irreale Vorstellung. Eine demonstrative Anerkennung der neuen Staaten wie der Tschechoslowakei wurde überdies noch nicht einmal mehr für notwendig gehalten, so dass der entsprechende Passus, der in die Präambel des Vertrages von Saint-Germain eingefügt worden war, wieder herausgenommen werden konnte.[336] Das einzige territoriale Arrangement, was faktisch erst durch den Friedensvertrag geschaffen wurde, stellte die Abtretung des Burgenlandes an Österreich dar, welche trotz des erbitterten Widerstands ungarischer Freischärler und nach einem durch italienische Vermittlung zustande gekommenen Plebiszit im Jahr 1921 erfolgte.[337]

---

333 Vgl. Fernand Rigny, Le Traité de Trianon, in: Le Figaro v. 05.06.1920, S. 1.
334 Vgl. Romsics, Friedensvertrag, S. 182, 186f.; Deák, Hungary, S. 285.
335 Vgl. Catherine Horel, Le traité de Trianon, 4 juin 1920, ou le deuil de la nation hongroise, in: Corine Defrance/Catherine Horel/François-Xavier Nérard (Hrsg.), Vaincus! Histoires de défaites Europe, XIXe–XXe siècles, Paris 2016, S. 207–228; Kovács-Bertrand, Der ungarische Revisionismus, S. 88–96.
336 Allerdings blieb es bei der Anerkennung der tschechoslowakischen Unabhängigkeit in Art. 48 VT, auch weil es hier, wie ausgeführt, im Kern um die Etablierung einer einzelstaatlichen Ordnung ging.
337 Dazu: Vares, Question, S. 208–289. Ödenburg (Soporn) blieb bei Ungarn.

Abb. 14: Die ungarische Delegation, angeführt von Ákos Benárd, auf dem Weg zur Vertragsunterzeichnung im Grand Trianon am 4. Juni 1920.

Insgesamt hatte Ungarn durch Krieg und Nachkrieg rund zwei Drittel seines einstigen Territoriums und mehr als die Hälfte seiner vormaligen Bevölkerung verloren. Sicherlich sind entsprechende Zugehörigkeiten nach Sprache, Ethnie und Staatsangehörigkeit kaum seriös zu kalkulieren, zumal wenn man mehrere Jahrzehnte einer Magyarisierungspolitik in Rechnung stellt. „After all, what were the Magyars? Hungary had been built up of denationalised peoples"[338], so hatte sich Berthelot im März 1920 vernehmen lassen. Dass von allen Seiten gleichwohl mit Statistiken, ethnographischen Kompendien und entsprechend buntgescheckten Karten gearbeitet wurde, sagt mehr über die legitimierende Funktion solcher Rationalitätskriterien und über die Weltvorstellungen der beteiligten Akteure aus als über die vielgestaltigen Lebensverhältnisse vor Ort.[339] Trotzdem ist nicht zu bestreiten, dass sich beträchtliche ungarische Minderhei-

---

338 Berthelot, Protokoll v. 03.03.1920, in: DBFP, First Ser., Bd. 7, S. 379–391, hier: S. 384.
339 Vgl. hier nur Jureit, Ordnen von Räumen, S. 179–217; Jeremy W. Crampton, The Cartographic Calculation of Space. Race Mapping and the Balkans at the Paris Peace Conference of 1919, in: Social & Cultural Geography 7, H. 5 (2006), S. 731–752; Palsky, Emmanuel de Martonne, S. 114–116. Für Beispiele aus der rumänischen Delegation vgl. Hausleitner, Rumänisierung, S. 102–107.

ten außerhalb der neuen Grenzen wiederfanden. Die sich daraus ergebenden Konsequenzen sollten zwar wiederum durch rechtliche Regelungen aufgefangen werden, namentlich durch die Vorschriften zu den Minderheiten- (Art. 54–60 VT) und Optionsrechten (Art. 61–66 VT), was mit den jeweiligen Minderheitenverträgen Rumäniens und des SHS-Staates eng verzahnt war (Art. 44 u. 47 VT). Doch einem langlebigen territorialen Revisionismus in Ungarn konnte damit kaum Einhalt geboten werden, wo derartige Bestimmungen bestenfalls als idealistische Traumgebilde galten, häufiger aber als juristische Feigenblätter vor sinistren politischen Absichten gedeutet wurden.[340]

Gegenüber den umstrittenen Grenz- und Territorialfragen des Vertrages von Trianon rückten alle weiteren Regelungen in den Hintergrund, entsprachen jedoch in ihren Grundzügen den vorangegangenen Abkommen.[341] Die ungarische Armee wurde auf 35 000 Mann begrenzt, daneben interalliierte Kontrollkommissionen eingerichtet. Dass Ungarn angesichts eines drastisch verkleinerten Territoriums kaum in der Lage sein würde, Reparationen für die verursachten Kriegsschäden zu leisten, wurde in Artikel 162 VT unumwunden anerkannt; ähnlich wie im Fall von Österreich und Bulgarien war allen Beteiligten klar, dass die förmliche Anerkennung einer Pflicht zur Wiedergutmachung allenfalls symbolischen Wert haben würde. So wurde in Artikel 161 VT zwar eine Verantwortung für die verursachten Kriegsschäden formuliert, wobei der Wortlaut bis auf die eingesetzten Namen mit Artikel 231 VV – dem deutschen „Kriegsschuldartikel" – identisch war. Doch von der späterhin durch die Reparationskommission festgesetzten Gesamtsumme wurden nur marginale Anteile getilgt, so dass es sich hier in erster Linie um ein populäres, in der Öffentlichkeit beliebig aufrufbares Ressentiment gegen die Kriegssieger handelte. De facto beschäftigte die Frage der Reparationen und der wechselseitigen Kompensation zwischen den Habsburger Nachfolgestaaten in den kommenden Jahren vornehmlich die Wirtschafts- und Finanzexperten der Außenämter und des Völkerbundes.[342]

---

340 Hinweise zum ungarischen Revisionismus u.a. bei Horel, Le traité de Trianon, S. 212–223; Ignác Romsics, Hungarian Revisionism in Thought and Action, 1920–1941. Plans, Expectations, Reality, in: Marina Cattaruzza/Dieter Langewiesche (Hrsg.), Territorial Revisionism and the Allies of Germany in the Second World War. Goals, Expectations, and Practices, New York 2013, S. 92–101, hier: S. 93–95; Kovács-Bertrand, Der ungarische Revisionismus, S. 199–290. Eine Gesamtdarstellung der territorialen Festlegungen von Trianon bei Macartney, Hungary.
341 Vgl. Konrad, Drafting the Peace, S. 623.
342 Vgl. Buirette, „Réparer la guerre!", S. 97–104, 175–181; Kent, Spoils of War, S. 250, 316f., für den weiteren Rahmen Patricia Clavin, Securing the World Economy. The Reinvention of the League of Nations, 1920–1946, Oxford 2013, S. 30–33, 179–182. Siehe auch Steiner, Lights, S. 488.

Zieht man eine Bilanz zu den drei Friedensabkommen mit Österreich, Bulgarien und Ungarn, so fällt zunächst ins Auge, dass das grundlegende Modell des Versailler Vertrages zwar nahezu unverändert intakt blieb, die Bestimmungen aber weniger auf die Domestikation einer aggressiven Großmacht abzielten als auf die Neuordnung und Stabilisierung der mittel- und südosteuropäischen Staatenverhältnisse. Sicherlich: Zahlreiche Artikel waren scheinbar unbedacht und ungeprüft vom Versailler Muster übernommen worden, etwa die verschiedentlich ridikülisierte Vorschrift, mit der den Binnenstaaten Österreich und Ungarn ein Besitz von U-Booten untersagt wurde (Art. 140 VSG; Art. 124 VT).[343] Gleichwohl geben die drei Friedensverträge in ihrer Gesamtheit eine andere Facette der Pariser Ordnung in großer Deutlichkeit zu erkennen, und zwar die Vorstellung, dass sich eine als notorisch instabil wahrgenommene Region durch ein Gliederungsgefüge innerlich wie äußerlich gefestigter Staaten nachhaltig befrieden lasse. Weder Diagnose noch Therapie stellten sich dabei als Innovation dar. Schon in den Jahrzehnten zuvor hatte in den westlichen Gesellschaften ein lebhafter Diskurs über die unzureichende Staatlichkeit und fehlende politische Strukturierung der Region bestanden, und die Nähe der drei Friedensverträge etwa zur Berliner Kongressakte von 1878, mit der die europäischen Großmächte in einem ersten Anlauf die Verhältnisse zwischen Adria, Ägäis und Schwarzem Meer zu regulieren versucht hatten, ist unübersehbar. Mehr noch: Letztlich stellten diese Abkommen eine implizite Antwort auf das Attentat von Sarajevo im Juni 1914 dar.[344] Denn die Zurückdrängung der pangermanischen Expansionsbestrebungen in der Region setzte, ebenso wie die Ausschaltung der osmanischen Einflüsse oder auch die Errichtung eines antibolschewistischen Cordon sanitaire, ein System nicht nur widerstandsfähiger und kooperationsbereiter, sondern auch nationalitätenpolitisch befriedeter Staaten voraus.[345]

Erst angesichts dieses Hintergrundes wird verständlich, warum die Friedensverträge von Saint-Germain, Neuilly und Trianon – und darüber hinaus

---

343 So bei Bulloch, Karl Renner, S. 74, im Anschluss an MacMillan, Peacemakers, S. 261. Demgegenüber wäre einzuwenden, dass eine exterritoriale Flotte, stationiert etwa in Vertragshäfen, wie sie die europäischen Mächte im 19. Jahrhundert in Ostasien besessen hatten, keineswegs auszuschließen war.

344 Das Attentat auf den österreichisch-ungarischen Thronfolger war während der Pariser Verhandlungen erstaunlich wenig präsent, vermutlich weil sich die Delegation des SHS-Staates gegen jede Thematisierung verwahrte und eine starke Unschuldsthese verfocht, wie sie wenig später etwa bei Vesnić, La Serbie, nochmals zu greifen war.

345 Vgl. Jackson, Beyond the Balance, S. 237–241; Andelman, Shattered Peace, S. 127–130, 155f.; Becker, Traité de Versailles, S. 86–90; Schulz, Revolutionen und Friedensschlüsse, S. 204. Die panslawischen Ambitionen der russischen Staatsführung wurden teils von den Bolschewiki absorbiert, teils von der im März 1919 gegründeten Dritten Kommunistischen Internationalen überdeckt.

sämtliche auf Südosteuropa bezogenen Abkommen und Konventionen von 1919/20 – so großes Augenmerk auf Stabilität, Eindeutigkeit und souveräne Eigenständigkeit der beteiligten Nationen legten. Die für den Versailler Vertrag konstitutive Vorstellung einer Wiederherstellung von Recht und Gerechtigkeit wurde zwar beibehalten, jedoch nicht unerheblich modifiziert. Ein Beispiel dafür ist der Umgang mit den Reparationsforderungen. Obwohl Österreich, Ungarn und Bulgarien mit nahezu identischen Worten wie im deutschen Fall eine Verantwortung für den Krieg und die Pflicht zur Wiedergutmachung zugewiesen wurde, so wurden diese Bestimmungen rasch und erheblich relativiert. Zwar handelte es sich um ein im Detail äußerst verworrenes Feld der Auf- und Gegenrechnungen, zumal alle Forderungen an das Habsburgerreich auf die Nachfolgestaaten aufgeteilt werden mussten. Im Ganzen dürfte jedoch unbestritten sein, dass die alliierte Seite an einer unbedingten Exekution der Forderungen weit weniger interessiert war als an der finanziellen und wirtschaftlichen Lebensfähigkeit der Verlierernationen und sämtlicher involvierter „new states". Die Vorstellung einer gegliederten Ordnung souveräner Einzelstaaten war so dominant und erwies sich für die nationalistischen Passionen vor Ort zudem als so anschlussfähig, dass sie alle in alliierten Kreisen zeitweilig angestellten Überlegungen einer grenzüberschreitenden wirtschaftlichen Kooperation im Donauraum, etwa durch ein Zollgemeinschaft, rasch überschatteten. Mehr noch: Als sich die deutsche Revisionspolitik ebenfalls auf das Argument einer Stärkung der wirtschaftlichen Lebensfähigkeit Österreichs stützte, um 1931 den Vorschlag einer deutsch-österreichischen Zollunion zu untermauern, sahen sich die westlichen Alliierten vor ein beträchtliches Argumentationsdilemma gestellt; nur mit knapper Mehrheit entschied der Ständige Internationale Gerichtshof, dass dieses Vorhaben gegen Artikel 88 VSG verstoßen würde.[346]

Auch ein Blick auf die territorialen Arrangements zeigt, dass es in erster Linie darum ging, klar konturierte Staatsgebilde mit eindeutigen Grenzen und eindeutigen Bevölkerungen zu definieren. Wiederum im Anschluss an ältere Traditionen der europäischen Großmachtpolitik wurde für die kleineren Nationen und Völkerschaften der Region ein äußerer Rahmen entworfen – der aber den faktischen Gebietsveränderungen durch die kriegerischen Auseinandersetzungen folgte –, innerhalb dessen jeweils nationale Selbstbestimmung und

---

346 Vgl. Steiner, Lights, S. 644–646; Kent, Spoils of War, S. 338; Krüger, Außenpolitik, S. 531–535. Am Rande sei angemerkt, dass die zu diesem Zeitpunkt am PCIJ als Richter amtierenden Henri Fromageot und Cecil Hurst zu unterschiedlichen Beurteilungen gelangten: Die Mehrheit votierte mit Fromageot, der zugleich Gerichtspräsident war, für eine Ablehnung des Vorhabens und setzte sich damit gegen die von Hurst angeführte Minderheit durch, vgl. Ole Spiermann, International Legal Argument in the Permanent Court of International Justice. The Rise of the International Judiciary, Cambridge, UK 2005, S. 316–320; McNair, Sir Cecil Hurst, S. 402.

Souveränität möglich sein sollten; darauf wird weiter unten noch gesondert einzugehen sein, ebenso wie auf den damit verschränkten Komplex der Minderheitenverträge oder auf das Verfahren des Bevölkerungsaustauschs. Alle diese Versuche verweisen auf das übergeordnete Bemühen, äußere Bedingungen zu
schaffen, welche den Staaten der Region ein gedeihliches Miteinander ermöglichen würden, sie aber auch im Inneren festigen sollten. Es war für die alliierten
Friedensmacher unverzichtbar, dass in Wien, Sofia und besonders Budapest eine handlungsfähige Staatsgewalt erkennbar sein müsste. Nur so ist die Bereitschaft zu erklären, mit der die alliierten Vertreter im Herbst 1919 die Koalitionsregierung um Miklós Horthy anzuerkennen bereit waren. Ein Arrangement mit
den Vertretern der alten Ordnung war allemal jenen düsteren Vision zerbroche-
ner Staatlichkeit und unberechenbarer Gewalt vorzuziehen, welche das Regiment von Béla Kun heraufbeschworen hatte. Auch dieser machtpolitische Realismus gehörte zu der übergreifenden Rationalität der Abkommen von Saint-
Germain, Neuilly und Trianon, die sich folgendermaßen zusammenfassen lässt:
Ziel war, unbenommen aller tatsächlichen oder zugeschriebenen Defizite, die
Etablierung einer stabilen einzelstaatlichen Ordnung in Südosteuropa und damit die nachhaltige Befriedung einer seit langem als neuralgische Bruchzone
Europas wahrgenommenen Region.

4 Antworten auf die „orientalische Frage": Der Friedensschluss mit dem Osmanischen Reich

Was schließlich blieb, war der Friedensvertrag mit dem Osmanischen Reich, der
insbesondere für die britischen Delegierten, welche die geopolitischen Ambitionen und Ängste des Viktorianischen Zeitalters geerbt hatten, nichts weniger als
einen Alptraum darstellte. Es war keine Einzelmeinung, wenn Balfour im August 1919 an Churchill schrieb, dass dieses Abkommen „promises to be the most
troublesome of all the troublesome questions with which the Conference has
had to deal"[347]. Angesichts eines solchen Unbehagens überrascht es nicht,
wenn schon im Frühjahr alle Gespräche über den türkischen Vertrag in den Kin-
derschuhen steckengeblieben waren. Dieses dilatorische Vorgehen ließ sich damit begründen, dass zunächst die allgemeinen Grundsätze des Friedens etabliert werden sollten und außerdem die amerikanischen Regierungsvertreter,
und namentlich Woodrow Wilson, noch Zeit brauchen würden, sich über eine
Beteiligung der USA klar zu werden. Denn dass die Vereinigten Staaten dem Osmanischen Reich nicht den Krieg erklärt hatten, hatte auf europäischer Seite

---

347 Balfour an Churchill, Brief v. 17.08.1919, in: TNA, FO 800/329, Bl. 255.

schon früh zu wagemutigen Hoffnungen auf ein verstärktes amerikanisches Engagement in der Region geführt, sei es durch eine Beteiligung an der internationalen Kontrolle der Meerengen zwischen Ägäis und Schwarzem Meer, sei es durch die Übernahme eines Mandats über einen neubegründeten armenischen Staat.[348]

Auch wenn derartige Spekulationen den angenehmen Effekt hatten, die diffizile Entscheidungsfindung über das Osmanische Reich vorerst auszuklammern und die eigenen imperialen Interessen nicht auf den Tisch legen zu müssen, waren sie mit Blick auf die USA nicht gänzlich aus der Luft gegriffen. In Washington bestand seit geraumer Zeit die Auffassung, dass es sich bei dem türkisch dominierten Vielvölkerimperium um ein wenig zukunftstaugliches Gebilde handelte. Innerhalb der Inquiry war „Turkey in Europe and Asia" zu jenen „war-breeding areas" gerechnet worden, die zur künftigen Sicherung des Weltfriedens pazifiziert werden müssten.[349] Daneben galt die künftige Öffnung der Dardanellen für den internationalen Schiffsverkehr aus Sicht der amerikanischen Experten als geradezu paradigmatisch für „the spirit of the new world order, and is so nearly axiomatic from the standpoint of international justice, as to require no elucidation."[350]

Doch der amerikanische Gestaltungswille gegenüber dem Osmanischen Reich erlahmte rasch. Obwohl Wilson seinen europäischen Gesprächspartnern einige Zeit noch das Gegenteil suggerierte, formierte sich in den politischen Spitzenkreisen Washingtons spätestens seit Frühjahr 1919 ein erheblicher Widerstand gegen eine längerfristige Präsenz in Kleinasien, einerseits aus prinzipieller Opposition gegenüber den Versprechungen des Präsidenten, dann aber auch aufgrund des sicheren Gespürs, hier in unabsehbare Konflikte hineingezogen zu werden. Überdies galt gerade der Umgang mit dem Osmanischen Reich in der amerikanischen Wahrnehmung stets als Musterfall jener europäisch-imperialistischen „old diplomacy", die allein an der Verteilung von Territorien und Einflusszonen interessiert sei. „The more I look into the Turkish question", so hatte Frank Polk bald nach seiner Ankunft im Juli 1919 an Lansing geschrieben, „the more I feel that we would be better out of the treaty entirely. It is going to be a fine old land-grabbing scheme."[351]

---

348 Vgl. Fromkin, Peace to End all Peace, S. 389–411; Walworth, Wilson and his Peacemakers, S. 485–510, allgemein auch MacMillan, Peacemakers, S. 386–391.
349 Vgl. A Preliminary Brief Outline of the Subjects to be Dealt with on the Inquiry [o.D.], Anlage zu Mezes an Lippmann, Brief v. 10.11.1917, in FRUS, PPC 1919, Bd. 1, S. 16f.
350 Outline of Tentative Report and Recommendations Prepared by the Intelligence Section, 21.01.1919, in: DHMD, Bd. 4, S. 209–281, hier: S. 256.
351 Polk an Lansing, Brief v. 31.07.1919, in: YLMA, Polk Papers, Box 9/312. Siehe auch Mitchell, Frank L. Polk, S. 53f.

Spätestens mit der Ablehnung des Versailler Vertrags durch den US-Kongress im November war unverkennbar, dass die amerikanische Regierung den Friedensschluss mit dem Osmanischen Reich nur noch aus der Distanz betrachten würde. Zwar hatte die von Wilson im Sommer 1919 initiierte King-Crane-Kommission, welche mehrere Wochen durch den Nahen Osten gereist war und die Stimmung in der lokalen Bevölkerung erkundet hatte, vor Ort die Hoffnung auf die Einrichtung eines oder gar mehrerer amerikanischer Mandate geweckt.[352] Doch diese Erwartung blieb ebenso unerfüllt wie die den USA von den europäischen Alliierten zugedachte Rolle als neutrale Vermittler, von der am Ende nur noch Artikel 89 VS übrigbleiben sollte; demzufolge würde es dem amerikanischen Präsident zufallen, die Grenzen eines unabhängigen Armenien festzulegen.[353]

Dass die Regelung der osmanischen Angelegenheiten vor allem den europäischen Mächten zufallen würde, war trotzdem weder eine Überraschung noch eine Neuheit. Für das Europäische Konzert hatte das Osmanische Reich stets das andere und fremdartige Gegenüber dargestellt, welches, wie erinnerlich, zwar 1856 zu den „avantages du droit public et du concert européen" zugelassen worden war, im letzten Drittel des 19. Jahrhunderts jedoch als so instabil gegolten hatte, dass es die staatlich geordnete Welt Europas zu bedrohen schien. Erst aus dieser Wahrnehmung war das liberal-imperiale Sendungsbewusstsein, ja, die machtpolitische Entschlossenheit erwachsen, die Neuordnung des Nahen Ostens als europäische Verpflichtung zu begreifen. Es war keineswegs ungewöhnlich gewesen, wenn etwa Lord Salisbury 1897 im britischen Oberhaus erklärt hatte: „I do not take the integrity of the Ottoman Empire for a permanent dogma. It was established by the legislature of Europe; it was established, it has been modified by them; no doubt it will be modified again."[354]

---

352 Vgl. Leonard V. Smith, Wilsonian Sovereignty in the Middle East. The King-Crane Commission Report of 1919, in: Douglas Howland/Luise White (Hrsg.), The State of Sovereignty. Territories, Laws, Populations, Bloomington 2009, S. 56–74.
353 Vgl. Charlie Laderman, Sharing the Burden? The American Solution to the Armenian Question, 1918–1920, in: Diplomatic History 40, H. 4 (2016), S. 664–694; Walworth, Wilson and his Peacemakers, S. 504–509. Von einem interessierten Standpunkt: Ara Papian, The Arbitral Award on Turkish-Armenian Boundary by Woodrow Wilson, in: Iran & the Caucasus 11, H. 2 (2007), S. 255–294, eher polemisch Tooze, Deluge, S. 378.
354 Zit. nach Westlake, International Law, Bd. 1, S. 309. Zur europäischen Identitätsfindung durch die Auseinandersetzung mit dem späten Osmanischen Reich vgl. hier nur Leslie R. Schumacher, The Eastern Question as a Europe Question. Viewing the Ascent of „Europe" through the Lens of Ottoman Decline, in: Journal of European Studies 44, H. 1 (2014), S. 64–80, hier: S. 72–77; Karsh/Karsh, Empires of the Sand, S. 69–93. Siehe auch oben, S. 38ff., außerdem unten, S. 509ff.

Auf einem solchen Hochmut war wenig später auch die alliierte Politik im Weltkrieg aufgebaut gewesen. Dass das Osmanische Reich im August 1914 erst einen Bündnisvertrag mit Deutschland abgeschlossen hatte und wenige Wochen später, Ende Oktober, auf Seiten der Mittelmächte in den Krieg eingetreten war, schien ganz der Logik einer antiwestlichen Koalition der autokratischen, militaristisch-aggressiven Mächte zu entsprechen. Sicherlich sind angesichts der empörten Rhetorik, mit der der Schulterschluss zwischen jungtürkischer und deutscher Machtpolitik von Seiten der Entente bedacht wurde, immer auch eigene imperiale Interessen in Rechnung zu stellen, die etwa auf eine Sicherung der Nachschub- und Handelsrouten nach Asien oder auf die in der Region vorfindlichen Ölquellen zielten. Trotzdem besaß der alliierte Kampf gegen das Osmanische Reich von Beginn an eine besondere ideologische Dimension. Musste im Konflikt mit Deutschland eine kulturelle Distanz teils erst propagandistisch hergestellt werden, lag die Wahrnehmung eines zivilisatorischen wie auch religiösen Antagonismus im Fall der Türkei abrufbereit vor. Es stellte daher keineswegs nur eine kurzfristige Propaganda dar, sondern entsprach einer tiefeingewurzelten Wahrnehmung, wenn die europäischen Alliierten die Befreiung aller Völker „subject to the bloody tyranny of the Turks" als Kriegsziel benannten und von einer endgültigen Aufhebung aller osmanischen Herrschaftsansprüche in Europa als „decidedly foreign to Western civilization"[355] sprachen.[356]

Vor diesem Hintergrund wurde in den alliierten Hauptstädten bereits während des Krieges mit einer grundlegenden Revision der politischen Verhältnisse in der Region gerechnet, die sich allerdings kaum anders als durch Vereinbarungen der europäischen Großmächte untereinander vorstellen ließ. Von den dazu geschlossenen Geheimverträgen, die teils widersprüchliche Versprechungen machten, seien hier neben dem Londoner Vertrag von 1915 allein noch die Hussein-McMahon-Korrespondenz (1915/16), das Sykes-Picot-Abkommen (1916) und die Balfour-Deklaration (1917) erwähnt.[357] Es war offensichtlich, dass zwar keine einheitliche Vorstellung über die Zukunft des Osmanischen Reiches be-

---

355 Sharp an Secretary of State (Lansing), Telegramm v. 10.01.1917, in: FRUS 1917, Supp. 1, Bd. 1, S. 6–9, hier: S. 8.

356 Vgl. Smith, Empires, S. 267–275; Fromkin, Peace to End all Peace, S. 119–200; Andrew/Kanya-Forstner, Climax, S. 55–136.

357 Zu diesen und weiteren Abkommen vor dem Hintergrund der Interessen der Großmächte vgl. nur Paul C. Helmreich, From Paris to Sèvres. The Partition of the Ottoman Empire at the Peace Conference of 1919–1920, Columbus 1974, S. 5–24. Weiter: Roland Banken, Die Verträge von Sèvres 1920 und Lausanne 1923. Eine völkerrechtliche Untersuchung zur Beendigung des Ersten Weltkrieges und zur Auflösung der sogenannten „Orientalischen Frage" durch die Friedensverträge zwischen den alliierten Mächten und der Türkei, Berlin 2014, S. 33–52; Fromkin, Peace to End all Peace, S. 173–200, 276–304; Anderson, Eastern Question, S. 336–344.

stand, jedoch ein entschiedener Wille, alle territorialen Revirements und künftige Einflusszonen nach europäischen Maßstäben und Imaginationen zu gestalten; der Hohen Pforte wurde allenfalls die Rolle eines Adressaten der westlichen Weisungen zugewiesen. Das Panorama einer möglichen Neuordnung war dabei großzügig bemessen. Während in der britischen Regierung ein neuer Zuschnitt von Kleinasien, Kaukasus und Nahost vor allem unter imperialem Blickwinkel diskutiert wurde, kam im Kreis der Grotius Society die Forderung auf, dass die finale Niederwerfung der Türkei die eigentliche Aufgabe des als christliche Allianz zu begründenden Völkerbundes sein müsse.[358] Auf amerikanischer Seite kursierten Pläne für die Überleitung wenigstens von Armenien, Mesopotamien, Syrien, Palästina in die staatliche Selbstständigkeit, außerdem für eine weitreichende Internationalisierung Konstantinopels und der Meerengen;[359] in Leserbriefen an die New York Times fand sich überdies der leicht surreale Vorschlag, die befreite Metropole am Bosporus zum Sitz einer Weltregierung zu bestimmen.[360] In den französischen Planungspapieren war schon Ende 1918 festgestellt worden, dass für das Osmanische Reich nur eine „complete reorganization, accompanied by intervention in her internal regime (which on principle is barred with respect to other states)"[361] in Betracht komme. Dies wurde an anderer Stelle zu der Empfehlung ausgebaut, dass die Türkei nicht nur auf einen entwaffneten Rumpfstaat in Anatolien zu beschränken sei, sondern dass ihre Polizei- und Ordnungskräfte sämtlich aus den Kolonien der europäischen Großmächte rekrutiert werden könnten.[362]

Mit anderen Worten: Dass in der Region tabula rasa gemacht werden könne und gemacht werden solle, war der kleinste gemeinsame Nenner zwischen den Siegermächten und folgte den jahrzehntelangen Debatten über die „orientalische Frage" und die vorgeblich defizitäre Staatlichkeit des Osmanischen Rei-

---

358 Vgl. William E. Darby, Cardinal Alberoni's Proposed European Alliance for the Subjugation and Settlement of the Turkish Empire, 1735, in: Transactions of the Grotius Society 5 (1919), S. 71–81. Daneben zu den britischen Planungen Goldstein, Winning the Peace, S. 151–179.
359 Vgl. Possible Plan for Turkey, Inquiry Document No. 738, in: NA-RA, RG 256/4 (M1107, Roll 35); International State at the Straits, Inquiry Document No. 1012, in: ebenda (M1107, Roll 47). Siehe auch Laderman, Sharing the Burden, S. 667–671.
360 Vgl. William Pierson Merrill, Capital of a League of Nations (Leserbrief), in: New York Times v. 30.10.1918.
361 Jusserand an Lansing, Memorandum v. 29.11.1918, in: FRUS, PPC 1919, Bd. 1, S. 365–371, hier: S. 366f. Siehe auch Turquie et Anciens Territoires Ottomans, Memorandum v. 17.12.1918, in: AD, Papiers Tardieu, Box 340, Bl. 23–47.
362 Vgl. Jackson, Beyond the Balance, S. 245, daneben zu den französischen Vorstellungen auch Lowczyk, Fabrique de la Paix, S. 433–467; Andrew/Kanya-Forstner, Climax, S. 83–179. Allgemein: MacMillan, Peacemakers, S. 377–410; Karsh/Karsh, Empires of the Sand, S. 222–243; Anderson, Eastern Question, S. 310–352.

ches. „The ‚Eastern Question' (...) will be settled at last"[363], so hieß es im September 1918 in der amerikanischen Presse, und dass diese Lösung nicht, wie im deutschen Fall, als ein förmliches Vertragsregime gedacht wurde, sondern mit sehr viel weitergehenden Steuerungseingriffen verbunden sein würde, zeigte sich bald. Nach dem Waffenstillstand von Moudros marschierten britische und französische Truppen Mitte November in Konstantinopel ein, gefolgt von einem kleineren italienischen Kontingent im Januar 1919. Seither bestand in der osmanischen Kapitale ein militärisches Besatzungsregiment der Siegermächte, das sich formal auf das Waffenstillstandsabkommen stützte und die souveräne Herrschaftsgewalt der Verlierernation vorgeblich respektierte, de facto aber ein quasi-koloniales Gouvernement darstellte; zumindest in Konstantinopel und Thrakien war die osmanische Souveränität weitgehend aufgehoben. Dieser Zustand wurde noch dadurch begünstigt, dass sich die osmanische Staats- und Regierungsspitze gegenüber den europäischen Militärführern, die, ergänzt um amerikanische und griechische Vertreter, bald als Alliierte Hochkommissare amtierten, zunächst abwartend bis kooperativ verhielt. Der seit 1918 amtierende Sultan, Mehmed VI. Vahideddin, und die Großwesire der rasch wechselnden Kabinette, vor allem Ahmed Tevfik und Damad Ferid, hofften lange noch auf einen günstigen Friedensschluss nach Maßgabe des zwölften von Wilsons 14 Punkten.[364]

Bei Licht betrachtet, bestanden wenige Anhaltspunkte für einen solchen Optimismus. Im Gegenteil, während in Paris alle Entscheidungen über einen türkischen Friedensvertrag zur Seite gelegt wurde – am 13. Mai 1919 wurde auch förmlich ein Beschluss zur Suspendierung der weiteren Beratungen in dieser Sache getroffen[365] –, versuchten die Siegermächte vor Ort bald Fakten zu schaffen. Die Grenzen zwischen militärischer Besatzung und politischer Kontrolle verschwammen rasch. In Konstantinopel entstand eine umfangreiche alliierte Bürokratie mit eigener Polizei und Gerichtsbarkeit. Den osmanischen Behörden wurden jeweils eigene Organe zur Seite gestellt, welche sich nur selten auf eine

363 Old Roads of Empire, in: New York Times v. 08.09.1918. Dass die Kategorien des 19. Jahrhunderts alle Entscheidungen von Paris bestimmt hätten, meint auch Helmreich, From Paris to Sèvres, S. 331.
364 Vgl. Nur Bilge Criss, Istanbul under Allied Occupation. 1918–1923, Leiden 1999, S. 40–59. Daneben: Zürcher, The Ottoman Empire, S. 192–194; Mango, Sultan to Atatürk, S. 47–50, zur türkischen Diplomatie im Übergang auch Roderic H. Davison, Turkish Diplomacy from Mudros to Lausanne, in: Craig (Hrsg.), The Diplomats 1919–1939, S. 172–209. Allgemein zur stellenweise enthusiastischen Rezeption von Wilsons Programmatik siehe nur Aydin, Politics, S. 128–141.
365 Diese Entscheidung wurde bezeichnenderweise mit der Arbeitsüberlastung des Redaktionskomitees begründet, vgl. Beschluss v. 13.05.1919, in: RdA, Bd. I, S. 171.

passive Oberaufsicht beschränkten.[366] Außerhalb der Hauptstadt versuchten die italienische und griechische Regierung zudem ihre jeweiligen geopolitischen Interessen mit militärischem Nachdruck durchzusetzen. Unter Berufung auf den Londoner Vertrag von 1915 und die nachfolgenden Geheimabkommen hatten italienische Truppen im April bereits Adalia (Antalya) besetzt. Nachdem jedoch der Streit um Fiume für Verwerfungen in den alliierten Reihen gesorgt hatte – am 24. April hatte Orlando die Gespräche in Paris abgebrochen – und Anfang Mai zudem ein italienisches Kriegsschiff in der Nähe von Smyrna (Izmir) gesichtet worden war, entschloss sich der geschrumpfte Council of Three für einen Kurswechsel. Wohl war Smyrna während des Krieges der italienischen Einflusszone zugerechnet worden. In Athen wurden allerdings gleichfalls Ansprüche auf die Hafenstadt an der türkischen Ägäisküste erhoben, und diese Ansprüche stießen desto mehr auf offene Ohren, je obstruktiver die Haltung der römischen Regierung erschien. Am 6. Mai stimmten die drei Regierungschefs den Plänen für eine militärische Intervention zu, und schon am 15. Mai wurde Smyrna von griechischen Truppen eingenommen, nominell um die fast zur Hälfte griechischstämmige Bevölkerung vor türkischen Übergriffen zu schützen, faktisch um den italienischen Ansprüchen eine Grenze zu setzen.[367] In Athen reichten die Ambitionen jedoch noch weiter. Eleftherios Venizelos, der überaus charismatische und in Westeuropa hochangesehene Premierminister, verfolgte seit geraumer Zeit den Gedanken eines großgriechischen, das gesamte ägäische Meer umgreifenden Staates („Megali Idea"). Dieses Vorhaben besaß erhebliche suggestive Kraft, welche sich aus einer Betonung der altgriechischen Zivilisation als Wiege der europäischen Kultur ebenso ergab wie aus einer Entgegensetzung zum vorgeblich unzivilisierten Osmanischen Reich.[368] Dass Griechenland die künftige Ordnungsmacht in der Region darstellen solle, war darum nicht allein das politische Ziel der Athener Staatsführung, sondern wurde beispielsweise auch in der britischen Regierung verfochten, die sich in besonderem Maße auf das stark philhellenische Sentiment der politischen Elite Englands bis hinauf zu David Lloyd George stützen konnte.[369]

---

366 Vgl. Criss, Istanbul under Allied Occupation, S. 60–80.
367 Vgl. Michael Llewellyn Smith, Ionian Vision. Greece in Asia Minor, 1919–1922, 3. Aufl., London 2000, S. 86–101, daneben auch Gingeras, Fall of the Sultanate, S. 266–269; Prott, Politics of Self-Determination, S. 182–187; Mango, Sultan to Atatürk, S. 59–64; Petsalis-Diomidis, Greece, S. 200–228; Helmreich, From Paris to Sèvres, S. 94–101.
368 Vgl. Smith, Ionian Vision, S. 1–34; Petsalis-Diomidis, Greece, S. 15–22. Siehe auch Dalby, Eleftherios Venizelos, S. 79–121.
369 Vgl. Smith, Ionian Vision, S. 62–66; Goldstein, Winning the Peace, S. 137f., 172, 243–251; Erik Goldstein, Great Britain and Greater Greece 1917–1920, in: Hist. J. 32, H. 2 (1989), S. 339–356.

Der Vertrag von Sèvres

Gegen diese Kombination aus militärischer Besatzung, geopolitischem Kalkül und ideellen Superioritätsgefühlen war die Regierung in Konstantinopel letztlich chancenlos. Dass für das Osmanische Reich ohnehin besondere Maßstäbe gelten sollten, hatte sich schon Ende Mai 1919 gezeigt, als der Council of Four, trotz der Bedenken Wilsons, in den Vorschlag einer Anhörung osmanischer Vertreter einwilligte.[370] Zwar hatten französische Diplomaten im Hintergrund einige Fäden gezogen, um dem britisch-griechischen Schulterschluss nicht gänzlich tatenlos zuzusehen, und nominell diente auch die griechische Invasion von Smyrna als Anlass für den Empfang einer Delegation.[371] Trotzdem stellte die Audienz für den seit März amtierenden Großwesir Damad Ferid eine beträchtliche Ausnahme von der sonstigen Praxis dar, mit den Verlierermächten erst zur Übergabe der Vertragsentwürfe zusammenzutreffen, eine Ausnahme allerdings, die nicht gegen, sondern eher für eine große Ignoranz gegenüber der Hohen Pforte spricht.[372]

Aus osmanischer Perspektive verlief die Anhörung vor dem eigens nochmals zusammengerufenen Supreme Council am 17. Juni jedenfalls kontraproduktiv. Damad Ferid, der wenige Tage zuvor eine Mitschuld der Hohen Pforte an der Ermordung der Armenier noch öffentlich eingestanden hatte, verlas eine offizielle Erklärung, welche die Verantwortung für den Kriegseintritt vor allem der seinerzeitigen Regierung der Jungtürken anlastete, zugleich aber alle Gewalttaten relativierte und eine ungebrochene territoriale Integrität des Osmanischen Reiches forderte. Das türkische Volk, so lautete das Hauptargument, sei an sämtlichen Übergriffen ebenso schuldlos gewesen wie am Entschluss zum Kriegsbündnis mit den Mittelmächten, welcher allein von den jungtürkischen Radikalen und ihren deutschen Einflüstern zu verantworten sei. Die Hohe Pforte habe nach dem Regierungswechsel inzwischen eine politische Umkehr vollzogen, so Damad Ferid, sie bekenne sich nunmehr ausdrücklich zu den Prinzipien Wilsons, und sie verlange die Wiederherstellung sämtlicher Vorkriegsgrenzen.[373]

---

370 Vgl. Protokoll v. 30.05.1918, in: Mantoux, Deliberations, Bd. 2, S. 254–263, hier: S. 255. Siehe auch Walworth, Wilson and his Peacemakers, S. 495.
371 So hatte sich der französische Generalkonsul in Smyrna bitterlich über das brutale Vorgehen der griechischen Streitkräfte bei der Besetzung der Stadt beklagt, vgl. Laporte an Pichon, Brief v. 25.05.1919 (Kopie), in: AD, Papiers Tardieu, Box 340, Bl. 122–129.
372 Vgl. Boulet, Délégations, S. 81–83.
373 Vgl. Damad Ferid, Protokoll v. 17.06.1919, in: FRUS, PPC 1919, Bd. 4, S. 508–512, hier: S. 509–511. Siehe auch Helmreich, From Paris to Sèvres, S. 109–111. Eine ähnliche Argumentation war schon in zahlreichen der Memoranden enthalten gewesen, welche türkische Ver-

Die alliierten Vertreter waren offenkundig ratlos, wie sie mit dieser Erklärung umgehen sollten. Die Sitzung wurde für eine Pause unterbrochen und im Anschluss erklärte Clemenceau lediglich frostig, dass die alliierte Antwort einige Zeit brauchen würde und man sich daher vertagen müsse. „Never has there been a more undignified proceeding"[374], merkte Hardinge über diese schroffe Abfertigung an. Tatsächlich bestand auf alliierter Seite wenig Bereitschaft, auf die Forderungen der Gegenseite in irgendeiner Weise einzugehen oder sich durch das Argument eines Regimewechsels (welches schon die deutsche Seite vergeblich vorgetragen hatte) beeindrucken zu lassen. Als Damad Ferid den osmanischen Standpunkt im Anschluss an das Treffen nochmals schriftlich zusammenfasste, trafen die Regierungschefs rasch die Entscheidung, jede weitere Begegnung zu vermeiden und nur noch ein schriftliches Antwortschreiben aufzusetzen. Der Tonfall dieser Replik aus der Feder von Arthur Balfour spiegelt nochmals eine geradezu ungehaltene Abwehr wider: „[E]very nation must be judged by the Government which rules it"[375], so wurde dort der Hinweis auf die jungtürkische Verantwortlichkeit pariert und ansonsten kühl mitgeteilt, dass die alliierten Mächte keinerlei Gewähr für die Integrität des Osmanischen Reich übernehmen könnten. Nachdem wenig später ein weiteres osmanisches Memorandum eingetroffen war, entschied der Council of Four kurzerhand, der Delegation um Damad Ferid eine baldige Rückkehr nach Konstantinopel nahezulegen. „That delegation and its memorandum are good jokes"[376], so merkte David Lloyd George an, und auch Wilson konstatierte, dass die osmanischen Vertreter „had exhibited complete absence of common sense and a total misunderstanding of the West. They had imagined that the Conference knew no history and was ready to swallow enormous falsehoods"[377]. Das war wenig diplomatisch ausgedrückt, brachte aber den in den alliierten Hauptstädten seit Jahrzehnten, wenn nicht seit Jahrhunderten bestehenden Konsens über den despotischen und korrupten Charakter des Osmanischen Reiches auf den Punkt.

---

bände unterschiedlicher Art seit Ende 1918 an westliche Adressen gerichtet hatten, siehe etwa die Unterlagen in: AD, Papiers Tardieu, Box 340.

374 Hardinge, Old Diplomacy, S. 239. Siehe auch Eintrag v. 17.06.1919, in: Mordacq, Ministère Clemenceau. Journal, Bd. 3, S. 327, 360.

375 Balfour, Entwurf v. 19.06.1919, in: FRUS, PPC 1919, Bd. 6, S. 577–580, hier: S. 579.

376 Lloyd George, Protokoll v. 26.06.1919, in: Mantoux, Deliberations, Bd. 2, S. 546–557, hier: S. 556.

377 Wilson, Protokoll v. 26.06.1919, in: FRUS, PPC 1919, Bd. 6, S. 710–715, hier: S. 711. Siehe auch Clemenceau an Damad Ferid, Brief v. 29.06.1919, in: AD, Papiers Tardieu, Box 340, Bl. 180f.

Abb. 15: Damad Ferid und weitere osmanische Gesandte verlassen das französische Außenministerium nach Gesprächen am 17. Juni 1919.

Diese skeptische, teils verachtungsvolle Haltung bestimmte auch den weiteren Gang der Ereignisse. Nach dem amerikanischen Rückzug aus den Verhandlungen wurde es für die britischen und französischen, am Rande auch die italienischen Vertreter zum Jahresende erforderlich, untereinander nach einer Verständigung zu suchen. Diese Gespräche und Kompromisse, so mühselig sie waren, ließen sich hinter den Kulissen der eigentlichen Friedenskonferenz zwar in den Grundzügen bis Dezember treffen. Trotzdem bedurfte es noch letzter Verhandlungen auf politischer Entscheidungsebene. Da sich die Vertreter Großbritanniens geweigert hatten, nach Übergabe der ungarischen Friedensbedingungen im Januar 1920 weiterhin vor Ort zu bleiben – mit Galgenhumor hatten einige Mitglieder der britischen Delegation am 14. Dezember 1919 den Jahrestag ihres ungebrochenen Aufenthalts in Paris gefeiert[378] –, wurde für den Februar eine Fortsetzung der Gespräche in London anberaumt. Allerdings folgten diese Verhandlungen, die zwischen dem 12. Februar und dem 10. April 1920 stattfanden,

---

378 Vgl. Margret Malkin an ihre Eltern, Brief v. 12.12.1919, in: CAC, Malkin Papers, MALK 1/1, dort auch mit der Klage, dass selbst die Belieferung mit der Londoner Times unregelmäßig geworden sei, und dem lakonischen Kommentar: „I think most people have forgotten our existence."

immer noch dem Verfahrensmodell der Pariser Session, insbesondere was die Unterteilung der Gespräche in einen Entscheidungszirkel der Regierungschefs einerseits, den Kreis der Außenminister und Botschafter andererseits anging. Für die letzten notwendigen Beschlüsse traten die alliierten Staatsführer sodann nochmals vom 18. bis zum 26. April in San Remo zusammen, einem prominenten Kurort in Ligurien nahe der französisch-italienischen Grenze, wo die Friedensbestimmungen für das Osmanische Reich abschließend besiegelt wurden.[379]

Das Modell des deutschen Vertrages stand auch für den Friedensschluss mit dem Osmanischen Reich nahezu unverändert Pate.[380] Die im Vorfeld auf britischer Seite vorbereiteten Entwürfe für ein eigenständiges Friedensabkommen mit der Hohen Pforte wurden damit aufgegeben, die vom Versailler Vertrag vorgegebene Gliederung jedoch mit Normen gefüllt, deren Regelungsanspruch über die anderen vier Friedensverträge beträchtlich hinausreichte. Im Kern zielten die Bestimmungen darauf ab, einen neuralgischen Konfliktfall der europäischen Politik aufzulösen.[381] Alle Beschlüsse zum Osmanischen Reich waren von der Wahrnehmung eines langjährigen Konflikts mit der Hohen Pforte überschattet, und sie wurden durch das geopolitisch-raumhafte Ordnungsdenken der Zeit zusätzlich stimuliert. In westlichen Augen stellten der europäische Teil des Osmanischen Reiches, vor allem aber Konstantinopel und die Meerengen nicht nur einen politischen Brennpunkt und eine wirtschaftliche wie militärische Schlüsselregion dar, sondern immer auch eine spannungsreiche Überlagerungszone unterschiedlicher Kulturen und eine geradezu mystische Brücke zwischen Ost und West.[382]

---

379 Vgl. Helmreich, From Paris to Sèvres, S. 242–313; A.E. Montgomery, The Making of the Treaty of Sèvres of 10 August 1920, in: Hist. J. 15, H. 4 (1972), S. 775–787. Die Protokolle sind enthalten in DBFP, First Ser., Bd. 7 (London) u. Bd. 8, S. 1–252 (San Remo).

380 Schon eine Übersicht aus dem Mai sah eine mit dem Versailler Vertrag identische Gliederung vor, vgl. Traité avec la Turquie, o.D. [Mai 1919], in: AD, Papiers Tardieu, Box 340, Bl. 143f. Beim Vertrag von Sèvres fiel im nächsten Jahr einzig das Kapitel zu den Reparationen mit der Begründung fort, dass der überschuldete türkische Staat seine Auslandsschulden ohnehin kaum bedienen könne; die Anerkennung der Kriegsverantwortung (Art. 231 VS) wurde daher dem Abschnitt zu den Finanzfragen zugeschlagen.

381 Vgl. MacMillan, Peacemakers, S. 353f. Der Entwurf eines eigenständigen Friedensvertrages mit der Türkei, der seit Dezember 1918 innerhalb der britischen Delegation zirkuliert war, wurde ab April 1919 nicht mehr aufgegriffen, vgl. Sketch of a Draft Treaty of Peace between Turkey and the Allied Governments, 21.12.1918, in: TNA, FO 371/4354, Bl. 23–39, sowie die letzte Fassung von ca. April 1919, in: ebenda, FO 608/116, Bl. 303–323.

382 Vgl. Schumacher, Eastern Question, S. 65f., 72–76, mit ähnlicher Deutung für den Balkan als Brücke zwischen Ost und West auch Maria N. Todorova, Imagining the Balkans, Neuaufl.,

In den Friedensbedingungen, die einer osmanischen Delegation in einer formlosen Zeremonie am 11. Mai 1920 am Quai d'Orsay übergeben wurden und die später nahezu unverändert den Vertrag von Sèvres bilden sollten, war die Vorstellung einer grundlegenden Revision der Verhältnisse in Kleinasien jedenfalls bis ins Detail ausgearbeitet. Um mit dem Problem der Dardanellen und des Bosporus zu beginnen: Dass die Verbindung zwischen Schwarzem Meer und Mittelmeer seit jeher, praktisch seit der Antike, eine herausgehobene strategische Bedeutung besessen hatte, war allen beteiligten Akteuren bewusst. Für die britische Regierung hatte die seit 1841 gesperrte Durchfahrt für Kriegsschiffe einen entscheidenden Baustein dargestellt, um die Kontrolle der eigenen Verkehrswege und imperialen Handelsrouten zu gewährleisten. Es war aber unklar, wie mit dieser Regelung, die vornehmlich auf eine Bedrohung durch die russische Flotte abgezielt hatte, künftig zu verfahren sein würde, zumal amerikanische Stimmen die freie Schiffbarkeit der Dardanellen im Zeichen einer allgemeinen Verkehrs- und Handelsfreiheit forderten. Bis in den Winter 1919/20 war daher über den Plan diskutiert worden, sowohl die Meerengen wie auch Konstantinopel, das als multiethnisch und multireligiös vielfältige Handelsmetropole seit 1453 unter türkischer Herrschaft stand, der osmanischen Souveränität zu entziehen, das gesamte Gebiet zu neutralisieren und unter die Hoheit einer internationalen – also europäisch dominierten – Kommission zu stellen. Daneben wurde zeitweilig noch über eine „Vatikan"-Lösung nachgedacht, wonach der Sultan als Kalif und damit geistliches Oberhaupt der Muslime in der Stadt verbleiben könne.[383] Dass derartige Pläne letztlich am Widerstand des britischen Kabinetts scheiterten, lag nicht allein daran, dass man Proteste bei den islamischen Bevölkerungsteilen des Empire fürchtete. Sondern die Vorstellung einer Internationalisierung als über- oder multinationale Verantwortung war nur bedingt mit der übergreifenden Rationalität der Pariser Ordnung vereinbar, wonach die internationale Ordnung in erster Linie durch die Souveränität der Einzelstaaten garantiert werden würde; überstaatliche Organisationsformen, wie sie, mit je unterschiedlicher Akzentuierung, für das Saarland oder Danzig eingerichtet und für Fiume wenigstens erwogen wurden, waren daher im Grunde systemfremde Erscheinungsformen. Entsprechend wurden in den alliierten Friedensbedingungen zwar für die Küsten der Meerengen eine umfassende Demilitarisierung und für den Schiffsverkehr eine internationale Kommission vorgesehen. Doch Konstantinopel sollte unter osmanischer Souveränität bleiben,

---

Oxford 2009, S. 8–16. Ähnliche Wahrnehmungsmuster wurden auch im Bericht der amerikanischen King-Crane-Kommission deutlich, vgl. Smith, Wilsonian Sovereignty, S. 70.

383 Vgl. Banken, Verträge, S. 178–193; Criss, Istanbul under Allied Occupation, S. 8f.; Bowman, Constantinople, S. 143–155.

wenngleich dies unter den Vorbehalt einer gewissenhaften Erfüllung des Friedensvertrags und sämtlicher zugehöriger Konventionen gestellt wurde. Anderenfalls, so sah es Artikel 36 VS vor, würden sich die Siegermächte das Recht zu einer nachträglichen Änderung der entsprechenden Bestimmungen vorbehalten, was nichts anderes meinte, als zu einem späteren Zeitpunkt eine erneute militärische Okkupation oder auch eine Internationalisierung der Stadt vorzunehmen.[384]

Die weiteren Territorialbestimmungen spiegelten das Bemühen, die vielschichtigen Herrschafts- und Klientelverhältnisse des Osmanischen Reiches zu bereinigen. Smyrna und Umgebung sollten zwar unter osmanischer Souveränität bleiben, angesichts der Bevölkerungsverhältnisse aber an Griechenland fallen. Armenien wurde als eigenständiger Staat anerkannt und den kurdischen Gebieten immerhin eine begrenzte Autonomie in Aussicht gestellt. Aus den osmanischen Besitzungen im arabischen Raum sollten Syrien und Mesopotamien als Staaten hervorgehen, außerdem Palästina, wo allerdings zugleich und in unklarer Weise eine „jüdische Heimstatt" etabliert werden würde. Dass auch das haschemitisch beherrschte Königreich Hedschas von der Regierung in Konstantinopel als Staat anerkannt werden musste, war schließlich ebenso selbstverständliche wie die formelle Akzeptanz des im Dezember 1914 eingerichteten britischen Protektorats über Ägypten. Im Grunde aber blieben zahlreiche territoriale Abgrenzungen im Vertragstext noch unbestimmt. Obwohl den lokalen Völkern im Weltkrieg und nochmals im Herbst 1918 eine „Befreiung", gar die Einrichtung nationaler Regierungen in Aussicht gestellt worden war, sollten die genauen Grenzen nach dem Ermessen der alliierten Hauptmächte erst später festgesetzt werden, wie es in Artikel 94 VS lapidar hieß.[385] Es war nicht untypisch, wenn der als Ratgeber hinzugezogene Präsident des Syrian Protestant College, Howard Bliss, im Februar vor dem Supreme Council zunächst von einer Rückständigkeit der syrischen Bevölkerung gesprochen hatte, welche in ihrer „capacity for self-determination and independence"[386] noch Unterstützung brauche. Im liberal-imperialen Selbstverständnis der alliierten Hauptmächte war es nur folgerichtig, den Prozess einer Staatswerdung auf der arabischen Halbinsel nicht nur als graduellen Vorgang zu begreifen, sondern, wie es in Artikel 22 VBS hieß, als „sacred trust of civilization" unter quasi-koloniale Aufsicht zu stellen; auf dieses System der Mandatsherrschaft wird noch einzugehen sein.[387]

---

384 Vgl. Banken, Verträge, S. 176.
385 Vgl. Steiner, Lights, S. 104f.
386 Bliss, Protokoll v. 13.02.1919, in: FRUS, PPC 1919, Bd. 3, S. 1013–1038, hier: S. 1016. Siehe auch Walworth, Wilson and his Peacemakers, S. 500; Bonsal, Suitors and Suppliants, S. 37, 45.
387 Vgl. Smith, Empires, S. 269–275; Karsh/Karsh, Empires of the Sand, S. 222–288; Roshwald, Ethnic Nationalism, S. 184–196, außerdem Fromkin, Peace to End all Peace, S. 389–465. Zum

Im Gegensatz zu den arabischen Territorien, die sich in westlichen Augen noch in einem vorstaatlichen, aber entwicklungsfähigen Zustand befanden, erschien die Staatlichkeit des Osmanischen Reiches sehr viel problematischer. Die „Unfähigkeit, den Staatszwecken allein und überhaupt genügen zu können"[388], von der Jellinek in den 1880er Jahren mit Blick auf die Hohe Pforte gesprochen hatte, bestand nach dem Ersten Weltkrieg in westlichen Augen unverändert fort. Auch nach 1918 sahen sich die europäischen Mächte dazu berechtigt, ja, mehr denn je dazu verpflichtet, nicht nur bestimmte Interessen – Handelsfreiheit, Schutz des Privateigentums, aber auch der christlichen Minderheiten – auf osmanischem Territorium durchzusetzen, sondern die Hohe Pforte insgesamt einer Modernisierung zu unterwerfen. Das bisherige System der Kapitulationen einschließlich einer umfassenden Konsulargerichtsbarkeit galt jedoch bei westlichen Diplomaten als nicht mehr zeitgemäß, zumindest als nicht ohne weiteres mit dem Kardinalprinzip der Pariser Ordnung, dem Grundsatz territorialer Souveränität, in Übereinstimmung zu bringen. Zwar waren die von der Hohen Pforte nach Kriegseintritt 1914 einseitig abgeschafften Kapitulationen nach dem Waffenstillstand wieder in Kraft gesetzt worden. Doch schon während der Verhandlungen in London hatten sich Paul Cambon und Curzon für eine Reform stark gemacht, mit der die fremdenrechtliche Gerichtsbarkeit im Osmanischen Reich neu geregelt werden sollte und welche die insgesamt „corrupt and unsatisfactory administration of the Turkish courts" beenden müsse, nicht zuletzt „in the interests of the Turks themselves."[389] Der einfachste Weg zu einer Angleichung an westliche Standards, oder was man dafür halten mochte, war insofern die Ausarbeitung eines neuen Justizsystems durch europäische Fachleute. Nach Artikel 136 II VS sollte eine alliierte Expertenkommission eingesetzt werden, welche eine neue Gerichtsverfassung für das Osmanische Reich ausarbeiten würde, die westlichen Ansprüchen genügen würde und darum die Kapitulationen ablösen könne. Eine Anhörung der türkischen Regierung war dabei zwar vorgesehen; der Beschluss über die Einführung des neuen Systems war aber letztlich einzig den Siegermächten vorbehalten.[390]

Ähnlich deutliche Vorgaben zur Herrschaftsausübung der Hohen Pforte betrafen nicht nur den Schutz der nichttürkischen Minderheiten oder die Strafverfolgung von Kriegsverbrechern, worauf unten noch einzugehen sein wird, son-

---

Versuch, in der arabischen Welt ein staatliches Gliederungsgefüge zu etablieren, siehe unten, S. 602ff.

388 Jellinek, Lehre, S. 115. Siehe bereits oben, S. 40.

389 Curzon, Protokoll v. 17.02.1920, in: DBFP, First Ser., Bd. 7, S. 86–98, hier: S. 88f.

390 Vgl. Banken, Verträge, S. 265–267. Im Kern geht der Artikel auf eine Ausarbeitung von Fromageot zurück, vgl. Protokoll v. 25.04.1920, in: DBFP, First Ser., Bd. 8, S. 185–197, hier: S. 191.

dern auch das Finanzwesen. Da sich die Sultansregierungen seit Mitte des 19. Jahrhunderts in einer dramatischen Weise bei europäischen Geldhäusern verschuldet hatten, bestand in diesem Bereich schon lange vor 1920 eine Form der internationalisierten Kontrolle. So war einige Jahre nach dem 1875 erfolgten Staatsbankrott eine privatrechtliche Schuldenverwaltung eingerichtet worden, die Administration de la Dette publique ottoman, welche streckenweise bis zu einem Drittel des osmanischen Staatshaushaltes kontrollierte und über eine eigene Finanzverwaltung mit rund 5000 Angestellten verfügte. Die Besonderheit lag darin, dass dahinter ein privates multinationales Konsortium stand, welches sich zwar in der Regel auf die Unterstützung der europäischen Regierungen verlassen konnte, selbst aber keine zwischenstaatliche Organisation war.[391] Dieses Kontrollsystem, dessen Tätigkeit im Weltkrieg durch die Ausweisung aller Mitarbeiter aus den Ententestaaten erheblich ins Stocken geraten war, wurde in den Friedensbedingungen jedoch nicht nur bestätigt, sondern auch in den originär staatlichen Bereich ausgeweitet. Die Auffassung, dass der osmanische Staat seine Auslandsschulden kaum bedienen könne, führte zum Plan einer internationalen Finanzkommission nach Artikel 231 IV VS, welche, besetzt mit je einem Vertreter der britischen, französischen und italienischen Regierung, jeden Haushaltsentwurf der osmanischen Regierung vor der Weitergabe an das Parlament überprüfen und freigeben sollte. Das war, angesichts der Budgetkontrolle als angestammtem Königsrecht des Parlaments und höchsten Ausdrucks nationaler Souveränität, eine schmerzhafte Auflage, die überdies mit der staatszentrierten Logik der Pariser Ordnung nur unter Mühen in Übereinstimmung zu bringen war. Mochte sich die Abhängigkeit von westlichen Geldhäusern zuvor noch als privatwirtschaftliche Verpflichtung rationalisieren lassen, so sollte der osmanische Staat nunmehr einer dauerhaften fiskalischen Anleitung und Kontrolle unterstellt werden.[392]

Mithin: Die Friedensbedingungen für das Osmanische Reich waren einschneidend, die Beschränkungen der türkischen Souveränität dramatisch, die alliierten Eingriffsrechte extensiv. Es nimmt nicht wunder, dass der Vertragsentwurf unmittelbar nach seiner Übergabe am 11. Mai 1920 in der türkischen Öffentlichkeit für einen Aufschrei sorgte. Allerdings richtete sich die Empörung nicht allein gegen die Siegermächte, sondern insbesondere auch gegen die Sultansregierung, der schon seit der (zweiten) Ernennung des in der Bevölkerung ungeliebten Damad Ferid zum Großwesir immer wieder Nachgiebigkeit gegenüber den alliierten Forderungen vorgeworfen worden war, deren Ohnmacht nun aber erst recht zu Tage trat. Zwar stand die osmanische Staatsführung nach

---

391 Vgl. Heimbeck, Abwicklung, S. 143–166.
392 Vgl. Banken, Verträge, S. 306–312; Helmreich, From Paris to Sèvres, S. 246–248.

einer neuerlichen Besatzung von Konstantinopel ab dem 16. März 1920 stärker denn je unter alliierter Kuratel. Doch in Anatolien verlor sie rapide an Einfluss. Schon seit Kriegsende waren hier Unruhen und einzelne Protestaktionen gegen die Siegermächte zu verzeichnen gewesen. Die griechische Intervention in Smyrna hatte ab Mitte Mai 1919 als mobilisierendes Moment gewirkt, welches aus den verstreuten Aktivitäten einen entschlossenen (para-)militärischen Widerstand erwachsen ließ. Den eigentlichen Wendepunkt markierte indes, zumindest wenn man hagiographischen Darstellungen der türkischen Nationalgeschichte Glauben schenken darf, die Ankunft des mehrfach ausgezeichneten Offiziers Mustafa Kemal (Atatürk) am 19. Mai in Samsun an der Schwarzmeerküste. Obwohl ursprünglich vom Sultan entsandt, um Ruhe und Ordnung in Anatolien herzustellen und so dem alliierten Verlangen nach geordneten Verhältnissen Rechnung zu tragen, sagte sich Kemal binnen kurzem von der Zentralregierung los. Anstatt die versprengten osmanischen Truppen zu entwaffnen, reorganisierte er die Streitkräfte und setzte dem von Smyrna weiter in das Hinterland vordringenden griechischen Heer bald eine effektive militärische Gegenwehr entgegen. Kemal rief zudem eine Reihe landesweiter Kongresse ein, aus denen, nachdem das letzte osmanische Parlament im Januar 1920 bereits einen türkischen Nationalpakt (Misak-ı Millî) mit sechs unverzichtbaren Forderungen verabschiedet hatte, im April die Große Nationalversammlung in Ankara hervorging. Damit waren die militärischen, politischen und ideologischen Grundlagen für eine Widerstandsbewegung gelegt, welche die Integrität und Souveränität der türkischen Kerngebiete gegen alle europäischen Zumutungen zu verteidigen bereit war.[393]

Eine offene Kampfansage an Sultan und Großwesir wurde von den Kemalisten zwar zunächst vermieden. In Paris, Rom und besonders in London betrachtete man den schleichenden Machverlust der Konstantinopler Zentralregierung trotzdem mit Sorge. Immer mehr osmanische Staatsbeamte und Soldaten folgten den Spuren von Mustafa Kemal und setzten sich aus der Stadt ab, um die Reihen der türkischen Nationalisten in Anatolien zu verstärken. Im Frühsommer 1920 entsprang der westlichen Ratlosigkeit dann der kühn anmutende, im Grunde aber verzweifelte Entschluss, nunmehr militärisch gegen die kemalistische Bewegung vorzugehen und sie nach Möglichkeit zu zerschlagen. Nur auf diese Weise schienen das geschwächte Sultanat und die diskreditierte Zentralregierung um Damad Ferid noch stabilisiert werden zu können, und nur eine

---

393 Vgl. Kayalı, Struggle, S. 114–133. Weiter: Stefan Plaggenborg, Ordnung und Gewalt. Kemalismus, Faschismus, Sozialismus, München 2012, S. 167–171. Natürlich konnte sich Kemal dazu auf den starken türkischen Nationalismus der Kriegszeit stützen, siehe Roshwald, Ethnic Nationalism, S. 105–113.

stabile Regierung bot wiederum die Gewähr für eine Unterzeichnung der alliierten Friedensbedingungen und ihre anschließende Durchsetzung.[394]
   Jede Intervention in Anatolien galt freilich als Hasardspiel. Die alliierten Militärführer hatten im April vor einer derartigen Operation gewarnt, welche nach
ihren Berechnungen die geradezu astronomische Zahl von 27 Divisionen voraussetzen würde.[395] Auch darum war das Angebot von Eleftherios Venizelos,
die griechischen Streitkräfte in Thrakien und der Gegend von Smyrna gegen die
türkischen Nationalisten in Gang zu setzen, anfänglich kaum ernstgenommen
worden. Im Juni 1920 jedoch, nach reichlicher Überzeugungsarbeit von Lloyd
George, akzeptierten die zögerlichen Regierungen in Paris und Rom, aber auch
das britische Kabinett den Vorschlag einer griechischen Intervention im Namen
der alliierten Siegermächte. Der Athener Regierung wurde weitgehend frei Hand
gelassen, und zur allgemeinen Überraschung stießen die griechischen Streitkräfte beim Vormarsch anfänglich nur auf geringen Widerstand. Schon am
30. Juni wurde die wichtige Provinzstadt Bursa eingenommen, am 26. Juli sodann das symbolträchtige Adrianopel (Edirne) in Ostthrakien.[396]
   Jedoch: Es handelte sich um kaum mehr als Pyrrhussiege. Wohl versetzten
diese militärischen Erfolge die alliierten Hauptmächte in die Lage, die am 25. Juni vorgelegten Gegenvorschläge der türkischen Seite zu ignorieren und von der
Sultansregierung die rasche Unterzeichnung der Friedensbedingungen einzufordern.[397] Da die Pariser Regierung darauf insistiert hatte, dass die symbolträchtige Zeremonie wiederum in Frankreich stattfinden müsse, wurde Sèvres, eine
kleinen Gemeinde im Südwesten der französischen Hauptstadt, zum Ort der Unterzeichnung bestimmt. Im Ausstellungsraum einer Porzellanfabrik setzte Damad Ferid am 10. August seine Unterschrift unter den Vertragstext. Doch dieser
formale Akt galt einem Dokument auf überaus unsicherer Grundlage. Allen Beteiligten war deutlich bewusst, dass, betrachtet man das gesamte Panorama der
fünf Friedensschlüsse, die Durchsetzung des Vertrages mit den härtesten Bedin-

---

394 Vgl. Fromkin, Peace to End all Peace, S. 404–411; Bozarslan, Empire ottoman, S. 334–344;
Helmreich, From Paris to Sèvres, S. 314–321.

395 Vgl. Protokoll v. 20.04.1920, in: DBFP, First Ser., Bd. 8, S. 54–67. Siehe auch Helmreich,
From Paris to Sèvres, S. 295.

396 Vgl. ebenda, S. 316–319. Aus der Nähe auch: Winston Churchill, The World Crisis. Bd. 5,
1918–1928, The Aftermath, New York 1929, S. 397–399, sowie, mit stark tendenziöser Verzeich-
nung, Lloyd George, Truth, Bd. 2, S. 1336–1345.

397 Vgl. Helmreich, From Paris to Sèvres, S. 318. Die Gegenvorschläge werden selbst in der
einschlägigen Literatur selten erwähnt, vgl. Observations générales présentées par la Délégation ottomane à la Conference de la paix, Paris 1920, als englische Übersetzung auch in: PA-
UK, DLG Papers, F/148/7/7. Ein Ausnahme bei Becker Lorca, Mestizo International Law,
S. 238f., dort aber als Propagandaschrift aufgefasst. Siehe hingegen Protokoll v. 07.07.1920,
in: DBFP, First Ser., Bd. 8, S. 443–452, hier: S. 443f.

gungen ausgerechnet der schwächsten Regierung zugefallen war. Angesichts der ausgezehrten Legitimationsbasis der Hohen Pforte waren erhebliche Widerstände zu erwarten. Die kemalistische Bewegung war von den griechischen Anfangserfolgen überdies kaum geschwächt worden, sondern hatte sich in anderen Regionen längst zu einem dominanten Machtfaktor entwickelt, im südlichen Kaukasus etwa, wo türkische Nationalisten gegen die Truppen der fragilen und kurzlebigen Republik Armenien fochten, oder in Kilikien, wo sie gegen französische Streitkräfte im Feld standen. Sicherlich mochten die Meinungen der alliierten Entscheidungsträger auseinandergehen, ob sich in dieser Situation eher Rückzug, Kompromiss oder eine Ausweitung des militärischen Engagements als geeignete Strategie empfehlen würde. Unbestritten war aber, dass die Chancen für eine Umsetzung des Friedensabkommens durch die Zentralregierung in Konstantinopel von Beginn an schlecht standen. Für die weitreichende Neuordnung der Region, wie sie den alliierten Planungen zugrundegelegen hatte, war mit der Unterzeichnung des Vertrages von Sèvres jedenfalls wenig gewonnen worden; einmal mehr, so hieß es im Sommer 1920 in den westlichen Hauptstädten, drohe der Versuch zu scheitern, die „orientalische Frage" im europäischen Sinne aufzulösen: „Cette question, le traité signé hier, à Sèvres, ne la termine sans doute pas, il ne la simplifie certainement pas: il la renouvelle."[398]

Abb. 16: Unterzeichnung des Vertrages von Sèvres am 10. August 1920.

---

398 La Cérémonie à Sèvres, in: Le Petit Journal v. 11.08.1920, S. 1. Weiter zur Unterzeichnung: Helmreich, From Paris to Sèvres, S. 320f.

Der türkische Unabhängigkeitskrieg und der Vertrag von Lausanne

Über den erst nach der Unterzeichnung des Friedensvertrages von Sèvres in vollen Schwung geratenen türkischen Befreiungskrieg braucht nicht im Detail berichtet werden. Dass das Abkommen von Sèvres eine Totgeburt darstellte, war schon bald zu hören. „This instrument, which had taken eighteen months to fashion, was obsolete before it was ready", so stellte Churchill einige Jahre später fest, und er gab zugleich auch den aus seiner Sicht entscheidenden Grund an: „All its main clauses depended for their effect upon one thing only: the Greek Army."[399] In der Tat erwies sich die optimistische Annahme, dass die griechischen Truppen den kemalistischen Widerstand brechen und einer willfährigen Sultansregierung den Weg zur Umsetzung des Friedensvertrages bahnen würden, als eklatante Fehlspekulation. Nicht nur, dass es der amtierenden Regierung in Konstantinopel erfolgreich gelang, eine Ratifikation des Vertrages von Sèvres immer wieder hinauszuschieben, so dass dieser nie in Kraft trat. Sondern die militärische Intervention wie die Expansionspläne der Athener Regierung befeuerten den Widerstandswillen der türkischen Nationalisten in ungeahntem Ausmaß. Wohl dauerte es bis in das nächste Jahr, bevor daraus militärische Erfolge erwuchsen. Doch dann wendete sich das Blatt rasch. Spätestens nach einer Entscheidungsschlacht im Spätsommer 1921, als türkische Truppen an den Ufern des Sakarya ein doppelt so großes Aufgebot der griechischen Streitkräfte in die Flucht geschlagen hatten, setzte sich in Paris und Rom, schließlich auch in London die Einsicht durch, dass der Friedensvertrag auf diese Weise nicht durchzusetzen sein würde. Erschwerend kam hinzu, dass Venizelos schon im November 1920 sein Amt verloren hatte und das Verhältnis der europäischen Hauptmächte zur neuen Regierung in Athen rasch abgekühlt war. Am 14. April 1921 waren die alliierten Nationen auch formal auf Distanz gegangen und hatten angesichts der zahlreichen griechischen Gräueltaten ihre Neutralität im nun voll entbrannten Krieg erklärt.[400] Die Politik der verbrannten Erde, welche die griechischen Streitkräfte beim Vormarsch in das anatolische Landesinnere praktiziert hatten, verprellte zudem nicht nur die eigenen Bündnispartner. Sie schlug mit größter Wucht auch auf ihre Urheber zurück, als es türkischen Truppen im September 1922 gelang, das nunmehr über drei Jahre griechisch besetzte Smyrna zurückzuerobern. Während weite Teile der

---

399 Churchill, World Crisis, Bd. 5, S. 399. Weiter zur Einschätzung des Vertrages von Sèvres nur Dorothée Schmid, Turquie. Le syndrome de Sèvres, ou la guerre qui n'en finit pas, in: Politique Étrangère 79, H. 1 (2014), S. 199–213; Helmreich, From Paris to Sèvres, S. 321–332; Montgomery, Making, S. 786f.
400 Vgl. Banken, Verträge, S. 394; Smith, Ionian Vision, S. 215.

traditionsreichen Hafenstadt in einem verheerenden Großfeuer zugrunde gingen, versuchten unzählige Einwohner griechischer und armenischer Abstammung oder auch nur christlichen Glaubens über die Ägäis nach Griechenland zu fliehen. Über 200 000 Personen wurden in den folgenden Wochen auf dem Seeweg evakuiert, was nicht nur die alliierte Intervention in Anatolien mit einem unvergleichlichen Fiasko enden ließ, sondern das Ende der griechischen Besiedlung Kleinasiens einleitete.[401]

Kurz vor dieser Katastrophe hatten sich die Staatsführungen in London, Paris und Rom bereits schrittweise zur Anerkennung der türkischen Nationalbewegung durchgerungen. Zu diesem Meinungsumschwung trug besonders der Umstand bei, dass sich ein kleines Kontingent britischer und französischer Soldaten, welches bei Çanakkale am südlichen Ufer der Dardanellen über die Neutralisierung der Meerengen wachte, plötzlich von vorrückenden kemalistischen Streitkräften eingekesselt fand. Die sich daraus entwickelnde „Chanakkrise" legte nicht nur tiefgreifende Differenzen zwischen Paris und London offen, sondern führte auch zu erheblichen Spannungen innerhalb des British Empire, da die Dominions keineswegs bereit waren, ein militärisches Engagement mitzutragen. Mit dem Bruch der liberalkonservativen Koalition in Großbritannien und dem Rücktritt von David Lloyd George verschwand kurz darauf das letzte Kabinett, welches noch an den Neuordnungsplänen der Kriegs- und unmittelbaren Nachkriegszeit festgehalten hatte; es war inzwischen unübersehbar, dass es in den westlichen Gesellschaften nur noch wenig Unterstützung für weitgreifende Interventionen gab.[402] Am 11. Oktober 1922 wurde in Mudanya, einem Kurort am Marmarameer, ein Waffenstillstand zwischen alliierten und türkischen Vertretern geschlossen, dem wenige Tage später auch die griechische Regierung beitrat. Zwar war es von westlicher Seite offen gelassen worden, ob an den in Aussicht genommenen Friedensverhandlungen neben den Repräsentanten der türkischen Nationalbewegung auch Delegierte der schattenhaft in Konstantinopel ausharrenden Zentralregierung teilnehmen sollten.[403] Doch eine solche Machtteilung und innenpolitische Rücksichtnahme lag nicht im Sinne von Mustafa Kemal, der nun einen endgültigen Bruch mit der Sultansregierung vollzog. Am 13. Oktober wurde Ankara zur türkischen Hauptstadt erklärt, eine Woche später marschierten kemalistische Truppen in Konstantinopel ein und übernahmen die Verwaltung der Stadt – deren offizielle Bezeichnung als İstanbul sich

---

401 Vgl. Nicholas Doumanis, Before the Nation. Muslim-Christian Coexistence and its Destruction in Late Ottoman Anatolia, Oxford 2013, S. 157–169; Helmreich, From Paris to Sèvres, S. 94–101.

402 Vgl. Smith, Empires, S. 274f.; Fry, And Fortune Fled, S. 591–642; Steiner, Lights, S. 114–118.

403 Vgl. Yanis Yanoulopoulos, The Conference of Lausanne 1922/23, London 1974, S. 14–40.

erst in den 1930er Jahren durchsetzte –, am 1. November sprach die Große Nationalversammlung der alten osmanischen Regierung schließlich formal jegliche Legitimität ab und erklärte die Abschaffung des Sultanats. Die Regierung des letzten Großwesirs, Ahmed Tevfik, trat von allen Ämtern zurück, während Sultan Mehmed VI. Vahideddin, dem die Kemalisten zunächst noch die geistliche Autorität eines Kalifen hatten zugestehen wollen, mit britischer Hilfe ins Exil nach San Remo flüchtete.[404]

Die Entscheidung für den Ort der Friedensverhandlungen fiel, wie bereits im Oktober 1918 erwogen, auf Lausanne in der neutralen Schweiz. Am 20. November 1922 kamen die Delegierten zur offiziellen Eröffnung im Casino de Montbenon zusammen. Im Gegensatz zu den Pariser Verhandlungen handelte es sich um weitgehend offene Gespräche unter Einbeziehung aller Parteien, was an der verworrenen Ausgangslage lag, daneben aber auf den Umstand zurückgeführt werden muss, dass die Vorteilssituation der Weltkriegssieger dahingeschmolzen war und das Momentum mittlerweile ganz auf Seiten der türkischen Nationalbewegung lag. Es waren auch nicht die Kemalisten gewesen, die um Friedensverhandlungen nachgesucht hatten, sondern die erste Einladung war von alliierter Seite ausgesprochen worden und hatte sich bereits mit einem ersten Zugeständnis, der Rückkehr Ostthrakiens unter türkische Herrschaft, verbunden.[405] Zwar suchte Curzon, der unterstützt vom britischen Hochkommissar in Konstantinopel, Horace Rumbold, die britische Delegation anführte, in den Verhandlungen nochmals eine europäische Geschlossenheit gegenüber der Türkei herzustellen. Doch weder zu den französischen noch den italienischen Vertretern bestand ein besonders Vertrauensverhältnis, ganz zu schweigen von den Delegierten der kleineren Mächte wie dem SHS-Staat oder Rumänien. Dass sich Griechenland durch den ehemaligen Premier Venizelos vertreten ließ, war zwar folgerichtig, besaß aber angesichts der ehedem hochfliegenden Pläne einer „Megali Idea" eine eigene Tragik.[406] Für Japan, welches zwei Botschafter entsandt hatte, spielten die europäischen Verwicklungen weiterhin nur eine untergeordnete Rolle, und auch die USA beschränkten sich ganz auf eine Beobachtermission um den einstigen Generalsekretär der ACNP, Joseph Grew, der in Lausanne kaum mehr als den „sorry state of Old-World diplomacy"[407] registriert haben wollte. Bemerkenswert, angesichts der geographischen Lage aber folge-

---

404 Vgl. Mango, Sultan to Atatürk, S. 149–156; Kayalı, Struggle, S. 141f.; Criss, Istanbul under Allied Occupation, S. 146–153. Als Kalif wurde der Cousin von Mehmed VI. Vahideddin eingesetzt, Abdülmecid II., der noch bis 1924 amtierte.
405 Vgl. Yanoulopoulos, Conference, S. 18f.
406 Vgl. Dalby, Eleftherios Venizelos, S. 137–141.
407 Joseph C. Grew, The Lausanne Peace Conference of 1922–1923, in: Proceedings of the Massachusetts Historical Society, Third Series 69 (1947–1950), S. 348–367, hier: S. 358.

richtig war daneben noch die Einbeziehung Bulgariens unter Aleksandŭr Stamboliĭski, das sein Stigma als Verlierernation schon weitgehend abgestreift hatte, sowie der Sowjetunion, die zwar offiziell erst im Dezember 1922 ins Leben trat, hier aber einen frühen Auftritt auf dem diplomatischen Parkett absolviert. Die bolschewistische Delegation wurde von Georgi Wassiljewitsch Tschitscherin angeführt, dem Nachfolger Trotzkis als Kommissar für Auswärtige Angelegenheiten und einem der Unterzeichner des Vertrages von Brest-Litowsk.[408]

Die bulgarischen und sowjetischen Vertreter kamen indes ebenso wenig über eine Statistenrolle hinaus wie etwa die albanischen Delegierten, die zu einzelnen Fragen hinzugezogen wurden.[409] Die Gespräche in Lausanne eröffneten im fortgesetzten Drama der „orientalischen Frage" vielmehr den letzten Akt, in welchem die verunsicherten Repräsentanten der westlichen Mächte auf türkische Vertreter mit großem Selbstbewusstsein trafen. Die Situation des Herbstes 1918 hatte sich nahezu umgedreht: Die Verlierernation des Weltkrieges verfügte über eine kampfentschlossene Armee im Feld, während die alliierten Siegermächte durch verschiedene Niederlagen der Nachkriegszeit erheblich gelitten hatten. Jede Reaktivierung des eigenen militärischen Potentials auf breiter Front war hier nur noch schwer vorstellbar; alles was über eine gezielte Kriegsführung mit begrenztem Einsatz von Truppen und Material hinausging, sah sich in den alliierten Nationen einem nahezu unüberwindlichen Widerstand gegenüber. Auf der Gegenseite wurde die Entschlossenheit der türkischen Führung hingegen durch die Ernennung von Mustafa İsmet (İsmet İnönü) zum Verhandlungsführer unterstrichen, der sich zuvor als erfolgreicher General einen Namen gemacht hatte und der die Forderungen Ankaras wenig diplomatisch, wiewohl mit großer Empfindlichkeit für alle Fragen der türkischen Souveränität und nationalen Ehre verfocht. Zwar hatten die drei einladenden Mächte – Frankreich, Großbritannien, Italien – sorgsam darauf geachtet, den formalen Konferenzablauf in den Händen zu behalten, etwa indem nur drei Hauptkommissionen vorgesehen waren, so dass der türkischen Seite problemlos ein Kommissionsvorsitz verweigert werden konnte.[410] Doch Mustafa İsmet zeigte sich von solchen formalistischen Winkelzügen unbeeindruckt. Die Türkei beanspruche vollständige Ebenbürtigkeit auf internationaler Ebene, so ließ er die versammelten Delegierten schon während seiner Eröffnungsansprache am 20. November wissen, denn

---

408 Vgl. Yanoulopoulos, Conference, S. 41f. Die sowjetische Delegation blieb von der zweiten Konferenzphase ab April 1923 ausgeschlossen.
409 Vgl. ebenda, S. 39f.
410 Die drei Kommissionen behandelten (1.) territoriale und militärische Fragen; (2.) die Kapitulationen, Justizangelegenheiten und Fremden- und Minderheitenrechte; (3.) wirtschaftliche und finanzielle Probleme, einschließlich der osmanischen Staatsschulden. Vgl. Banken, Verträge, S. 418f.

ihre Selbstbehauptung im nationalen Befreiungskampf verleihe ihr einen eigenen „place in civilised mankind with all those rights to existence and independence which are inherent in nations capable of a vigorous vitality"[411].

Abb. 17: Die türkische Delegation in Lausanne im Jahr 1923. Sitzend in der erste Reihe Mustafa
İsmet (4. v.l.) und der Rechtsberater Mehmed Munir (2. v.r.).

In diesem Hinweis auf die „vigorous vitality" der neuen Türkei klang bereits jener Grundakkord an, der in den Verhandlungen der kommenden Wochen immer vernehmlicher zu hören sein sollte. Alle Vorbehalte, die noch aus einer
jahrzehntelangen Tradition der europäischen Eingriffe und Einmischungen in
die osmanischen Staatsgeschäfte resultierten, ließ İsmet mit großer Unbeirrbar-
keit (und einer eklatanten Schwerhörigkeit) an der faktischen Machtposition
der Regierung in Ankara zerschellen. Einer solchen Politik der Stärke ließ sich
wenig entgegensetzen, zumal in der Außensicht die rasche Konsolidierung des

---

411 İsmet, Protokoll v. 20.11.1922, in: Lausanne Conference on Near Eastern Affairs 1922–1923.
Records of Proceedings and Drafts Terms of Peace, London 1923, S. 1–5, hier: S. 4. Zu İsmet
siehe auch Mango, Sultan to Atatürk, S. 159f.; Yanoulopoulos, Conference, S. 43; Davison,
Turkish Diplomacy, S. 199f.

kemalistischen Herrschaftsbereiches in Kleinasien deutlicher hervortrat als die dramatische Auszehrung der türkischen Gesellschaft, die seit den Balkankriegen 1912/13 in einem nahezu ungebrochenen Kriegszustand lebte. Die europäischen Hauptmächte fanden hingegen kaum zu einer gemeinsamen Linie, auch weil sich bereits an anderen Schauplätzen erkleckliche Spannungen auftaten. Dass die französische Regierung zu Jahresbeginn beispielsweise den Versuch machte, die Umsetzung des Versailler Vertrags durch eine Besetzung des Ruhrgebiets einseitig und gegen britischen Protest zu erzwingen, war für jedwedes koordinierte Vorgehen in Kleinasien und Nahost abträglich. Andererseits waren sowohl Poincaré in Paris wie auch Mussolini in Rom, so war es auf allen semioffiziellen diplomatischen Kanälen längst zu hören, nicht mehr bereit, das betont anti-türkische und pro-hellenische Engagement der britischen Regierung mitzutragen; verstärkend kam hinzu, dass nach dem im November erfolgten Machtwechsel in London unklar war, welche Richtung der neue Premierminister Großbritanniens, Andrew Bonar Law, einschlagen würde.[412]

Am 4. Februar 1923 wurden die Gespräche unterbrochen. Angesichts der Standfestigkeit İsmets einerseits und der Uneinigkeit der europäischen Delegierten andererseits, war es nicht gelungen, einen Kompromiss zusammenzubringen, der sowohl den alliierten Mindestvorstellungen über einen endgültigen Friedensschluss wie den Forderungen der türkischen Nationalisten genügt hätte. Neben allen Fragen der territorialen Integrität und der Anerkennung der neuen Regierung in Ankara stellte sich besonders die Fortführung der Kapitulationen und der Konsulargerichtsbarkeit als Stolperstein dar. Die westlichen Regierungen beharrten darauf, weiterhin die wirtschaftlichen Interessen, Investitionen und Rechtspositionen ihrer Staatsbürger zu schützen, während die türkische Seite darin Zeugnisse einer fortgesetzten äußeren Einmischung erkannten. Diese divergierenden Meinungen waren schon am 2. Dezember 1922, in der ersten Sitzung der Zweiten Kommission, in der über diese Fragen verhandelt wurde, offen zutage getreten. Während Curzon hervorhob, dass die Kapitulationen als formale Verträge zu behandeln seien und als „arrangements made by mutual consent"[413] nur im gegenseitigen Einvernehmen aufgehoben werden könnten, verfocht İsmet die konträre Position. Die Kapitulationen seien ein Relikt aus dem Mittelalter, so trug er aus einem ausführlichen, mutmaßlich von Mehmed Munir (Münir Ertegün), dem Rechtsberater der osmanischen Delegation,

---

412 Allgemein zur diplomatischen Grundkonstellation vgl. etwa Steiner, Lights, S. 122; Kleine-Ahlbrandt, Burden of Victory, S. 115–136, mit Blick auf die Rückwirkungen auf die Lausanner Konferenz auch Banken, Verträge, S. 389f., 417–422; Yanoulopoulos, Conference, S. 41–49.
413 Curzon, Protokoll v. 02.12.1922, in: Lausanne Conference. Records of Proceedings, S. 465–470, hier: S. 468.

vorbereiteten Memorandum vor, und sie seien eine Anomalie „in relation to public international law and to modern conceptions of sovereignty"[414]. Zur Begründung ihrer ersatzlosen Abschaffung wurde eine ganze Phalanx westlicher Juristen zitiert, darunter an erster Stelle der einstige französische Rechtsberater Louis Renault – dessen Nachfolger Henri Fromageot notabene ebenso an dieser Sitzung teilnahm wie etwa William Malkin für das Foreign Office oder eben Munir für die türkische Delegation.

Der entscheidende Punkt ist jedoch, dass eine solche Berufung auf juristische Argumente die normative Kraft des europäischen Völkerrechts eindrucksvoll bestätigte. Es war auch für die türkischen Nationalisten kaum vorstellbar, sich auf eine andere, etwa traditionalistische, religiöse oder dezidiert nichtwestliche Argumentationsgrundlage zu stellen. Im Gegenteil, im Repertoire eines westlich-modernen Völkerrechtsdenkens fand sich mit dem Souveränitätsbegriff eine unschlagbare Begründung für den eigenen Herrschaftsanspruch, der eben nicht mehr dynastisch oder religiös fundiert sein musste, sondern sich in der äußerlichen Unabhängigkeit von einer höheren Erzwingungsmacht und der unbeschränkten Herrschaftsgewalt im Inneren ausdrückte.[415] Angesichts der Tatsache, dass die Souveränität der Hohen Pforte von europäischer Seite seit dem 19. Jahrhundert meist mit Hinweis auf eine prekäre Staatlichkeit und ineffektive Herrschaftsgewalt relativiert worden war, war es nur folgerichtig, wenn die Delegation um Mustafa İsmet nun vor allem die faktische Machtposition der Regierung in Ankara heraushob. Mit Erfolg, denn so sehr die alliierten Vertreter zunächst noch auf Stereotype einer zivilisatorischen Rückständigkeit zurückgegriffen hatten, so wenig konnten sie die politischen Gegebenheiten ignorieren. Die effektive Herrschaftsgewalt der Kemalisten war unbestreitbar, ebenso ihre ganz in den etablierten völkerrechtlichen Formen und diplomatischen Konventionen vorgetragene Bereitschaft, in offizielle Beziehungen mit den alliierten Nationen zu treten und einen Friedensvertrag zu schließen. Es blieb den Siegermächten des Weltkrieges kaum etwas anderes übrig, als von ihrem hohen Ross

---

414 Memorandum der türkischen Delegation, 02.12.1922, in: ebenda, S. 471–480, hier: S. 472. Zur Rolle der Rechtsberater im osmanischen Außenministerium siehe Aimee Genell, The Well-Defended Domains. Eurocentric International Law and the Making of the Ottoman Office of Legal Counsel, in: Journal of the Ottoman and Turkish Studies Association 3, H. 2 (2016), S. 255–275.

415 Inwieweit diese Aneignung vor dem Hintergrund eines jahrzehntelangen europäisch-osmanischen Dialogs über Völkerrechtsfragen zu sehen ist, kann hier nicht entschieden werden, einführend etwa Özsu, Ottoman Empire, daneben zur Frage moderner Staatlichkeit in der arabischen Welt auch Michelle Burgis, Faith in the State? Traditions of Territoriality, International Law and the Emergence of Modern Arab Statehood, in: JHIL 11, H. 1 (2009), S. 37–79. Zur Adaption und Aneignung des (klassischen) europäischen Völkerrechts an der Peripherie außerdem Becker Lorca, Mestizo International Law, S. 41–75.

abzusteigen und der Tatsache ins Auge zu blicken, dass, nachdem der Versuch gescheitert war, dem Osmanischen Reich den Vertrag von Sèvres aufzuzwingen, nun die türkischen Nationalisten am längeren Hebel saßen. Sicherlich: Alle Seiten drohten während der Verhandlungen wiederholt mit einer Wiederaufnahme der Feindseligkeiten, selbst das vernichtend geschlagene Griechenland.[416] Doch im Kern konnte sich kaum eine Regierung eine derartige Be- und Überlastung der eigenen Gesellschaft vorstellen. Ein informelles Ende der Kampfhandlungen ohne völkerrechtliches Abkommen war für alle Beteiligten allerdings noch weniger denkbar; förmliche Vertragsverhältnisse galten aus europäischer Sicht, wie oben angesprochen, als unverzichtbare Grundlage jeder internationalen Ordnung.

Als die Verhandlungen am 23. April 1923 in Lausanne wieder aufgenommen wurden, folgte aus dieser Einsicht eine allgemein größere Kompromissbereitschaft. Was in den folgenden Wochen nicht in den Arbeitsgruppen und Kommissionen abschließend geregelt werden konnte, wurde zwischen den Delegationsleitern direkt besprochen, wobei sogar in der aufgeheizten Diskussion um eine griechische Reparationspflicht eine gesichtswahrende Lösung gefunden wurde. Die letzten Hindernisse wurden in einer dichten Sitzungsabfolge vom 7. bis zum 12. Juli aus dem Weg geräumt. Hinter den Kulissen machte sich in dieser zweiten Konferenzetappe zudem der Einfluss der technischen Experten stärker bemerkbar, insbesondere aber wiederum die Gesprächskontakte im Redaktionskomitee und die halbprivaten Beziehungen zwischen den Konferenzjuristen.[417] Als die Konferenz am 4. Mai in eine Sackgasse geraten war, hatte Rumbold İsmet geradezu angefleht, wenigstens die Rechtsberater miteinander konferieren zu lassen: „[W]e must find a way out of this deadlock, and we could not do better than begin by seeking the assistance of the legal experts."[418] In der Tat traf Munir in den folgenden Wochen offenbar mehrfach privatim mit seinen britischen und französischen Kollegen, also wohl Malkin und Fromageot,

---

416 Vgl. Banken, Verträge, S. 421, 423; Dalby, Eleftherios Venizelos, S. 139.

417 Angedeutet, aber nicht ausgeführt bei Yanoulopoulos, Conference, S. 154f. Über das Redaktionskomitee der Lausanner Verhandlungen ist wenig in Erfahrung zu bringen. Ein Entwurf für die Konferenzregularien sah, in offenkundiger Aufnahme der Pariser Erfahrungen, als erste Aufgabe eines solchen Komitees die „co-ordination of the results of the conference and their final embodiment in a unified form" vor, außerdem noch die juristische Beratung in allen Konferenzangelegenheiten. Es sollte sich aus einem britischen, französischen, italienischen, japanischen und türkischen Vertreter zusammensetzen, vgl. Draft Rules for the Conference on Eastern Affairs, 20.11.1922, in: Lausanne Conference. Records of Proceedings, S. 12–14, hier: S. 13f. Es scheint gesichert, dass sich hier Malkin, Fromageot, Nagaoka und Munir zusammenfanden; der italienische Repräsentant ist unbekannt, vermutlich handelte es sich um Pilotti.

418 So berichtete es zumindest Rumbold an Curzon, Brief v. 04.05.1923, in: DBFP, First Ser., Bd. 18, S. 718–720, hier: S. 720.

zusammen, was bald zu einem Kompromiss in der streitigen Sache führte.[419] Es hatte seinen guten Grund, wenn Rumbold während der abschließenden Sitzung am 17. Juli, auf der die ausstehenden Ergebnisse aller Kommissionen zusammengetragen wurden, die Arbeit von Fromageot und Munir als maßgeblich für den Verhandlungserfolg heraushob.[420]

Am 24. Juli 1923 konnte im Palais de Rumine in Lausanne schließlich ein Friedensvertrag unterzeichnet werden, der sich in mehrfacher Hinsicht von den vier bereits in Kraft getretenen Pariser Vorortverträgen unterschied. Zwar musste durch Artikel 25 VL die Rechtskraft der vorgegangenen Friedensabkommen mitsamt allen zugehörigen Konventionen anerkannt werden, was den Vertrag von Lausanne zu einem integralen Bestandteil der Pariser Ordnung machte. Doch nicht allein die politische Ausgangslage und der Verhandlungsmodus hatten sich geändert, auch in der äußerlichen Erscheinung waren Umfang und Regelungsanspruch des Vertrages geschrumpft. Weder die Völkerbundsatzung noch die Satzung der Internationalen Arbeitskommission wurde aufgenommen, und ebenso fehlten Vorschriften zum Militär, zur Strafverfolgung von Kriegsverbrechen oder zu Verkehrsfragen.[421] Der Charakter eines allumfassenden Friedensvertrages war zudem dadurch geschwächt worden, dass eine Reihe von Fragen herausgelöst und in parallele Abkommen und Deklarationen überführt worden waren. Dazu zählten etwa eine (beitrittsoffene) Konvention zur Schiffbarkeit der Meerengen, die zwar noch Maßnahmen der Entmilitarisierung vorsah, aber die Souveränität der Türkei weitgehend unangetastet ließ,[422] sowie die späterhin viel beachtete Konvention zum griechisch-türkischen Bevölkerungsaustausch, mit der die Siedlungsverhältnisse in beiden Staaten auf ethnisch-religiöser Grundlage „bereinigt" werden sollten.[423] Dass diese einzelnen Abkommen trotzdem zusammengehören sollten, machte eine Schlussakte deutlich, in der, wie es bei den Pariser Vorortverträgen letztlich unterblieben war, die einzelnen Verträge, Erklärungen und Protokolle zusammengebunden wurden; nach Artikel 143 VL sollten die Signatarstaaten nur eine Ratifikation der

---

419 Vgl. Yanoulopoulos, Conference, S. 167–169. Hinweis auf die Treffen etwa bei Rumbold an Curzon, Brief v. 26.05.1923, in: DBFP, First Ser., Bd. 18, S. 804–807, hier: S. 805. Natürlich gilt auch hier, dass die Rechtsberater in engem Kontakt mit ihren jeweiligen nationalen Institutionen blieben, vgl. Fromageot an Peretti, Brief v. 16.06.1923, in: AD, Service Juridique, Fonds Fromageot, Box 18.
420 Vgl. Rumbold an Curzon, Brief v. 17.07.1923, in: DBFP, First Ser., Bd. 18, S. 960–966, hier: S. 963.
421 Letztere wurden mit Art. 101 VL durch einen Verweis auf die Beschlüsse der Barcelona Konferenz 1921 inkorporiert, siehe auch oben S. 389.
422 Vgl. Banken, Verträge, S. 507–527.
423 Vgl. 32 LNTS 75. Zu den Hintergründen etwa Özsu, Formalizing Displacement, S. 70–98, und ausführlicher unten, S. 623ff.

Vertragsinstrumente in ihrer Gesamtheit, also lediglich der Schlussakte, durchführen, was der Gefahr einer partiellen Annahme einzelner Bestandteile entgegenwirken sollte.[424]

Auch inhaltlich hob sich der Lausanner Friedensvertrag von den vorangegangenen Abkommen ab. In der Eröffnungspartie wurde zwar nochmals die schon in Versailles gebrauchte Gegenüberstellung von zwei Parteien vorgenommen, wenngleich die alliierte Seite nur mehr sieben Staaten aufbieten konnte (und der SHS-Staat zudem noch die Unterschrift verweigerte). Doch von Siegern und Verlierern konnte nicht die Rede sein. Die Formulierungen der Präambel waren weitaus versöhnlicher und betonten vor allem, und erkennbar auf türkischen Wunsch, dass die künftigen Beziehungen zwischen den Vertragsparteien „must be based on respect for the independence and sovereignty of States". Das war ein an sich selbstverständliches völkerrechtliches Prinzip, welches aber an dieser Stelle die Anerkennung der Türkei als vollsouveränen Staat, und damit als gleichrangiges Rechtssubjekt wie gleichberechtigtes Mitglied der internationalen Staatengemeinschaft, nochmals ausdrücklich besiegelte. Auch in den nachfolgenden Stipulationen hatten sich die Kemalisten in einem erheblichen Umfang durchsetzen können. So unterwarf sich die Türkei zwar einem den mittel- und osteuropäischen Vorbildern vordergründig vergleichbaren System des Minderheitenschutzes. Doch dessen Bestimmungen hoben im Kern nur auf religiöse Unterscheidungskriterien ab und, wichtiger noch, sie sahen keine Autonomie oder gesonderten Rechte für die armenischen oder gar kurdischen Bevölkerungsteile vor; der armenische Staat, wie ihn der Vertrag von Sèvres vorgesehen hatte, war damit gänzlich von der Bildfläche verschwunden.[425]

In den Finanzbestimmungen erzielten die türkischen Unterhändler einen vorteilhaften Kompromiss, indem jenseits der fortbestehenden Administration de la Dette publique ottoman, die in der Folgezeit stetig an Bedeutung verlor, keine neuen Formen einer Haushaltskontrolle zugelassen werden mussten. Von größter symbolischer Bedeutung war die Abschaffung der verhassten Kapitulationen mit ihren Sonderregelungen und fremdenrechtlichen Vorbehalten. Mit Artikel 28 VL wurde ihr ersatzloser Wegfall erklärt, auch wenn zuvor noch einige Diskussionen nötig gewesen waren, bis Fromageot eine unverbindliche Formulierung ersonnen hatte, die es offen ließ, ob diese Abschaffung bereits durch die einseitige osmanische Erklärung von 1914 oder erst durch die Einwilligung

---

424 Eine Übersicht sämtlicher Konventionen, Protokolle und Erklärungen bei Banken, Verträge, S. 507–590. Siehe auch die Aufzeichnungen von Fromageot, Projet d'Acte Final [o.D.], in: AD, Service Juridique, Fonds Fromageot, Box 18.
425 Für den Versuch, trotzdem das Fortbestehen eines aus dem Vertrag von Sèvres hergeleiteten Rechts auf armenische Selbstständigkeit zu behaupten, vgl. Papian, Arbitral Award, S. 271f.

der alliierten Mächte im vorliegenden Vertrag erfolgt sei.[426] Zwar erklärte die türkische Regierung in einer Deklaration zur Justizverwaltung noch ihre Bereitschaft, anstelle der bisherigen Konsulargerichte nunmehr unabhängige „conseillers légistes européens", also europäische Rechtsberater, in den Dienst zu nehmen, die das türkische Gerichtswesen beobachten und dem Justizministerium Vorschläge unterbreiten sollten.[427] Doch angesichts der ursprünglichen Regelungen des Vertrags von Sèvres, welche den Siegermächten das Oktroi eines ganz neuen Justizsystems erlaubt hätten, wog dieses Zugeständnis letztlich gering. Es müsse eine „delicious satisfaction" für die türkische Delegation gewesen sein, so kommentierte Philip Marshall Brown, ein amerikanischer Völkerrechtler aus Harvard, nach Jahrzehnten der Demütigung endlich den europäischen Staaten die Bedingungen diktieren zu können.[428]

Auf der anderen Seite der Bilanz muss allerdings berücksichtigt werden, dass sich die türkische Nationalbewegung mit dem Friedensvertrag von Lausanne sang- und klanglos von der imperialen Gestalt des Osmanischen Reiches verabschiedete. So erfolgreich die Regierung in Ankara die staatliche Souveränität der Türkei behauptete, so unbestritten verzichtete sie auf sämtliche nichttürkische Gebiete. Für die osmanischen Herrschaftsrechte in Syrien und Mesopotamien, Sudan und Libyen, Ägypten und Zypern sah der Friedensvertrag von Lausanne jeweils formelle Verzichterklärungen vor; der Rückzug von der arabischen Halbinsel erfolgte implizit durch die Festlegung der südlichen Grenze in Artikel 3 VL. Eine solcher Verzicht war mehr, als im türkischen Nationalpakt von 1920 zugestanden worden war – hier war lediglich von Plebisziten die Rede gewesen –, und er ging auch über die 14 Punkte von Wilson hinaus, in denen für diese Territorien lediglich von einer „opportunity of autonomous development" gesprochen worden war. In gewisser Weise war dies der Preis, der sich mit der vehementen Berufung der kemalistischen Regierung auf den Grundsatz nationaler Souveränität verband: Die Loslösung von den alliierten Vorgaben und Bindungen erlaubte zwar eine Konsolidierung des eigenen Herrschaftsbereichs, jedoch nicht als imperiales Vielvölkergebilde, sondern nur als Staat

---

426 Die Klausel lautete: „Each of the High Contracting Parties hereby accepts, in so far as it is concerned, the complete abolition of the Capitulations in Turkey in every respect." Für eine zeitgenössische juristische Einschätzung etwa Edgar E. Turlington, The Settlement of Lausanne, in: AJIL 18, H. 4 (1924), S. 696–706, hier: S. 696f., daneben Özsu, Ottoman Empire, S. 444f.
427 Declaration relating to the Administration of Justice, 36 LNTS 161. Siehe auch Banken, Verträge, S. 573–577.
428 Philip Marshall Brown, From Sèvres to Lausanne, in: AJIL 18, H. 1 (1924), S. 113–116, hier: S. 115. Siehe auch die Bewertungen etwa bei Aydin, Politics, S. 163f.; Steiner, Lights, S. 120–123; Roshwald, Ethnic Nationalism, S. 185f.; MacMillan, Peacemakers, S. 453f.

nach westlichen Standards, mitsamt einer effektiven Staatsgewalt, definierter Staatsangehörigkeit und eindeutigem Staatsterritorium. In dem Maße, in dem die Türkei dadurch nationalstaatlicher, ethnisch homogener, vielleicht auch moderner und europäischer wurde, verloren die traditionellen Bindungen und Einflüsse des Osmanischen Reiches im nahöstlichen Raum an Bedeutung.[429]

Es war offensichtlich, dass von diesem politischen Rückzug in erster Linie die imperialen Mächte Europas profitieren würden, Großbritannien und Frankreich vor allem, am Rande aber auch Italien. Erst mit dem Friedensabkommen von Lausanne wurde es möglich, die eigenen imperialen Absichten im Nahen Osten und in Nordafrika in relativer Sicherheit vor türkischen Interventionen zu realisieren.[430] Mehr noch: Das osmanische Zurückweichen schien das Vordringen der westlichen Nationen in Nahost in besonderer Weise zu legitimieren, ja, geradezu zwingend erforderlich zu machen. Es entsprach den etablierten Rechtfertigungsmustern der europäischen Expansion, die Unterwerfung von Territorien und Völkern mit ihrer fehlenden oder unzureichenden Staatlichkeit zu begründen. Im Mandatssystem wurde dieses liberal-imperiale Sendungsbewusstsein, welches die Herrschaft der europäischen Großmächte als Garant internationaler Stabilität und als Schutz für die lokalen, stets als hilflos imaginierten Völkerschaften rationalisierte, nunmehr formalisiert; darüber wird noch zu berichten sein.[431] Damit zeigt sich aber auch: Trotz aller Unterschiede zu den vorherigen Friedensabkommen von 1919/20 wurde der staats- und vertragsfixierte Internationalismus der Pariser Ordnung in Lausanne nicht ernsthaft in Frage gestellt, sondern, von den alliierten Mächten wie der neuen Türkei gleichermaßen, bestätigt und fortgeschrieben.

Der Friedensvertrag von Lausanne verschaffte allen beteiligten Parteien eine dringend benötigte Atempause, zur Konsolidierung der eigenen Machtpositionen im Inneren und Äußeren ebenso wie zur militärischen und wirtschaftlichen Regeneration. Davon profitierten die türkische und die britische Seite in besonderem Maße: Die kemalistische Bewegung konnte sich nunmehr ganz den innenpolitischen Problemlagen zuwenden und, getragen vom Nimbus einer den europäischen Großmächten gewaltsam abgetrotzten Anerkennung, den eigenen Herrschaftsbereich in einen autoritär-laizistischen Nationalstaat umformen. Die britische Regierung, die besonders mit dem Meerengen-Abkommen

429 Vgl. Kayalı, Struggle, S. 141–146; Roshwald, Ethnic Nationalism, S. 186; Karsh/Karsh, Empires of the Sand, S. 326–341.

430 Hingegen wurde das Dreimächte-Abkommen, welches Großbritannien, Frankreich und Italien zur Aufteilung der Einflusszonen in Anatolien im Frühjahr 1920 geschlossen hatten, mit dem Vertrag von Lausanne gegenstandslos, vgl. Banken, Verträge, S. 363–372.

431 Vgl. Burgis, Faith, S. 68–75; Roshwald, Ethnic Nationalism, S. 187–197, sowie unten, S. 602ff.

ein lange gehegtes Ziel erreicht hatte, sah sich hingegen in die Lage versetzt, ihre Aufmerksamkeit wieder verstärkt auf die drängendsten Probleme des Empire zu richten, auf den Irischen Bürgerkrieg etwa, auf die kurdischen und irakischen Unruhen in Mesopotamien, vor allem aber auf Indien, wo die nationale Protestbewegung um Mahatma Gandhi (der sich mit dem osmanischen Sultan solidarisiert hatte und London eine antiislamische Kampagne vorwarf) beträchtlichen Zulauf fand.

Die französischen und auch italienischen Vertreter waren hingegen nicht in gleicher Weise überzeugt, einmal weil ihre wirtschaftlichen Sonderrechte und Investitionen im Osmanischen Reich nur wenig Berücksichtigung gefunden hatten, dann aber auch, weil die Pariser Regierung in den Aufteilungen des Nahen Ostens mit Syrien und dem Libanon die unvorteilhaftere Seite gewählt hatte, auf der es weniger Öl, aber mehr Proteste gab; nach 1925 entbrannten hier revolutionäre Unruhen mit dem Ziel, die französische Mandatsherrschaft abzuwerfen. Dass die europäischen Herrschaftsambitionen der Region ohnehin wenig Vorteile, aber bis auf den heutigen Tag anhaltende Probleme beschert haben, ist evident und muss nicht gesondert betont werden, ebenso wenig die Tatsache, dass das Lausanner Abkommen schon angesichts der vorgesehenen Zwangsumsiedlungen problematisch war. Auch für die Vertreter und Fürsprecher der armenischen und kurdischen Nationalbewegung stellte der Vertrag ein Desaster ersten Ranges dar. Man werde auf der im Vertrag von Sèvres formulierten Anerkennung eines unabhängigen Staates beharren, erklärte Avetis Aharonian trotzig, der als Vorsitzender einer armenischen Delegation das nie in Kraft getretene Friedensabkommen im August 1920 mitunterzeichnet hatte.[432]

Dass diese Proteste und die juristischen Einwendungen von Beginn an chancenlos waren, ist bekannt. Der Erfolg des Kemalismus schien eine Politik der ungezügelten Stärke zu bestätigen, in der legalistische Argumente wenig, eine machtbewusste Entschlossenheit hingegen alles zählte. Es überrascht nicht, wenn die kemalistische Bewegung in den Reihen der italienischen Faschisten und später auch der deutschen Nationalsozialisten mit Faszination betrachtet wurde; Nationalismus und Führerprinzip, eiserne Willensstärke und militärische Disziplin erschienen demnach als notwendige Tugenden, um gegen den internationalistischen Geist und die formalistisch-vertragspositivistische Gestalt der Pariser Ordnung zu Felde zu ziehen. Es zeugt von einiger Hellsichtigkeit, wenn in der New York Times schon am 24. September 1922 zu bedenken gegeben wurde, dass „[f]or the sake of the peace of Europe it is to be hoped that

---

432 Vgl. Armenia denounces Lausanne Treaty, in: New York Times v. 12.09.1923. Siehe auch Papian, Arbitral Award, S. 272.

the German Nationalists will not attempt to follow the example of the Turkish Nationalists."[433]

Trotzdem greift es zu kurz, im Frieden von Lausanne nur den Triumph einer – je nach Standpunkt: brutalen oder heroischen – Machtpolitik zu sehen, mit der eine Verlierermacht des Weltkrieges die Siegernationen in die Knie zwang und eine Revision der ursprünglichen Bedingungen durchsetzen konnte. Wohl hatten die drakonischen Bestimmungen des Vertrags von Sèvres, der nochmals sämtlichen europäischen Hochmut gegenüber der „orientalischen Welt" gebündelt hatte, erst entscheidend zu der Mobilisierung der kemalistischen Bewegung beigetragen. Doch im Kern ging es den türkischen Nationalisten von Beginn an, und im Gegensatz zu den anderen Verlierernationen, um weit mehr als nur um die Zurückweisung eines als ungerecht begriffenen Friedensschlusses. Die Regierung in Ankara zielte auf internationale Anerkennung und Aufnahme in die Staatengemeinschaft, wobei sie sich an erster Stelle auf das wichtigste Dogma der Völkerrechtslehre berief, nämlich auf das Prinzip der souveränen Gleichheit. Mit Erfolg: Während der Vertrag von Sèvres die jahrzehntelange Deklassierung der Hohen Pforte endgültig festgeschrieben hätte, hob der Vertrag von Lausanne die türkische Souveränität sichtbar hervor.

Vor diesem Hintergrund muss dem Feldzug der türkischen Nationalisten ein geradezu paradoxer Effekt attestiert werden: Erst die machtpolitische Zurückweisung internationaler Verträge, des Friedensvertrages von Sèvres ebenso wie der älteren, völkerrechtlich unbestrittenen Kapitulationen und Privilegien, machte die Türkei zu einem vollständig akzeptierten Mitglied in der internationalen Rechtsordnung. So gewaltsam der Hieb auch war, mit dem Mustafa Kemal den Gordischen Knoten der „orientalischen Frage" durchschlug, so unverkennbar berief sich die türkische Regierung nach 1922/23 auf westliche Vorbilder, vielleicht mit Ausnahme der weitreichenden, bald mythisch überhöhten Fixierung auf Mustafa Kemal als Gründungsfigur. Auf allen Ebenen wurden Reformbemühungen initiiert, welche eine Angleichung an europäische Maßstäbe forcieren sollten. Das unangefochtene Ziel war ein konsolidierter Nationalstaat mit respektierter Stellung in der internationalen Gemeinschaft.[434] Zwar bestand auf westlicher Seite weiterhin Unsicherheit, ob sich die Türkei nach dem Vertrag von Lausanne tatsächlich zu einem gleichartigen und ebenbürtigen Staatswesen entwickeln könne. Doch die vereinzelt noch geäußerten Bedenken, ob der Schritt nicht überhastet gewesen sei und „the Turks may have gained more

---

433 Edwin L. James, Allies Promise East Thrace to Turks, in: New York Times v. 24.09.1922. Siehe auch Stefan Ihrig, Atatürk in the Nazi Imagination, Cambridge, Mass. 2014.
434 Vgl. Plaggenborg, Ordnung, S. 69–84.

than was good for the nation"[435], verebbten bald. Dass die Regierung in Ankara einer effektiven, ja, autoritären Herrschaftsgewalt oberste Priorität einräumte, war jedenfalls ebenso unbestreitbar wie eine hochausgebildete Sensibilität für eine souveräne Gleichrangigkeit innerhalb der Staatengemeinschaft; in dieser Sicht lässt sich die Türkei gleichermaßen als rebellisches Kind wie als Musterschüler der Pariser Ordnung begreifen.

Es lässt sich für das gesamte Kapitel festhalten: Der Friedensschluss nach dem Ersten Weltkrieg besaß eine formale Gestalt, die ein inhaltliches Argument großer Reichweite darstellte. Er vollzog sich in der äußeren Form von Vertragsabschlüssen, die sich in juristischer Hinsicht als gemeinsame Willenserklärung der beteiligen Parteien zum Ende des Kriegszustandes darstellten, in weiterer Perspektive aber vor allem die Erwartung einer vertragsförmigen Ordnung der Welt widerspiegelten. Die Unterscheidung zwischen einem förmlichen Abkommen zum Abschluss des Krieges und den weitergehenden Beschlüssen für eine „organisation nouvelle des relations internationales"[436] waren von Beginn an fließend. In dem Vorschlag eines universalen Generalvertrages, wie er von Manley O. Hudson zum Jahreswechsel 1918/19 gemacht wurde, war die Vorstellung eines programmatisch und systemisch einheitlichen Friedensschlusses noch unverstellt enthalten gewesen. Diese Grundidee blieb bestehen, obwohl sich der Abschluss der fünf Friedensverträge und der rund fünfzig weiteren Abkommen und Konventionen immer weiter auseinanderzog. Zwar ist unübersehbar, wie unterschiedlich die Ziele der einzelnen Siegernationen oder auch innerhalb der beteiligten Regierungsstellen ausfielen. Doch tritt man einen Schritt zurück und nimmt das Gesamttableau aus der Vogelschau in den Blick, lässt sich unschwer erkennen, dass der Friedensschluss aus einem übergreifenden Vertragsregime bestand, welches aus den normativen Erwartungen, den vertragspositivistischen Glaubenslehren und liberal-imperialen Sinnwelten des ausgehenden 19. Jahrhunderts gespeist wurde. Die Ansicht, dass die Friedensverträge nicht bloß den Krieg beenden würden, sondern zugleich die internationale Ordnung erneuern müssten, ließ sich von den alliierten Repräsentanten nicht in Frage stellen, sondern stets nur im eigenen Sinne nutzen. Vor diesem Hintergrund können die Verträge mit den Verlierernationen auf dreifache Weise differenziert werden:

Erstens: Der Frieden von Versailles war ein originärer Vertragsfrieden. Aus Sicht der Siegermächte war es alternativlos, dass die deutsche Seite die Kriegs-

---

435 Brown, Sèvres to Lausanne, S. 115.
436 [Plan des Premières Conversations], Memorandum v. 05.01.1919, in: AD, Série A. Paix, 23, Bl. 5.

niederlage und die daraus folgenden Konsequenzen – etwa Reparationen, territoriale Abtretungen, Abrüstung, die strafrechtliche Verfolgung von Kriegsverbrechern etc. – vertraglich übernehmen müsse und auch übernehmen könne. Sämtliche Bestimmungen dienten nach alliierter Auffassung vorrangig der Bezähmung einer aggressiven Großmacht, was in Berlin zwar als herabsetzende und willkürliche Zurichtung verstanden, von den Friedensmachern jedoch als zwangsweise Integration in eine regelgeleitete Staatenordnung gerechtfertigt wurde. Eine solche förmliche Einbindung erschien umso notwendiger, weil sich der Frieden zu keinem Zeitpunkt auf eine militärische Niederwerfung stützen ließ. Das bedeutete zugleich, dass sich die Siegermächte trotz der Besatzung des Rheinlandes und einer allgemeinen Supervision durch die interalliierten Kommissionen in letzter Instanz immer auf die Bereitschaft und Fähigkeit der deutschen Regierung verlassen mussten, die auferlegten Vertragspflichten tatsächlich umzusetzen.

Im Grunde war dies bereits eine stillschweigende Rehabilitation, die den verklausulierten Friedensbedingungen allerdings kaum abzulesen war. Der Vertragstext vermochte nicht für sich selbst zu sprechen. Eine Präambel oder eine vergleichbare Begründung der alliierten Motive fehlte. Die Verengung des Friedens auf einen juristischen Akt entpuppte sich als eine Bürde, welche seine Legitimität und Akzeptanz von Beginn an belasten sollte. Mehr noch: Der alliierte Vertragspositivismus bot den deutschen Vertretern eine unwiderstehliche Chance, nach der moralischen Deutungshoheit über den Friedensschluss zu greifen. Der Formalismus der Gegenseite wurde mit gleichfalls rechtsförmig-formalistischen Argumenten gekontert, welche die Siegermächte nun ihrerseits rechtlich binden, vor allem aber öffentlich diskreditieren sollten. Dass dieses Räsonnement, wie es in der Berufung auf einen angeblichen Vorvertrag der Lansing-Note zum Ausdruck kam und auf Jahrzehnte hinaus nachwirken sollte, aus alliierter Sicht als eine intransigente Verweigerungshaltung wahrgenommen wurde, überrascht nicht und trug eher zu einer Verhärtung der eigenen Haltung bei; es ist daher nicht verwunderlich, dass sich in den Jahren nach 1918/19 die konfrontative Haltung der Kriegszeit nahezu unvermindert fortsetzte.

Zweitens: Demgegenüber folgten die Verträge von Saint-Germain, Neuilly-sur-Seine und Trianon einer anderen Logik. Waren die Restriktionen des deutschen Friedensvertrages einer Nation auf den Leib geschneidert worden, die in alliierten Augen als effizienter Machtstaat galt, so zielten die Friedensabkommen für Österreich, Bulgarien und Ungarn auf eine Stärkung der jeweiligen Eigenstaatlichkeit im Verbund mit den benachbarten Ländern. Die kriegsbedingte Auflösung der Doppelmonarchie wurde bestätigt und formalisiert, alle notwendigen Beschlüsse aber immer im Hinblick auf das übergeordnete Ziel einer regionalen Friedensordnung mit innerlich befriedeten, eindeutig abgegrenzten

Einheiten getroffen. Mehr als im deutschen Fall ging es darum, die Rahmenbe-
dingungen für die jeweiligen Verliererstaaten und neuen Nationen zu berücksichtigen, deren innere Gestalt wie äußere Stellung durch Vorgaben festgeschrieben werden sollte; Eingriffe erfolgten nur insoweit, wie es für den Erhalt
der regionalen Stabilität erforderlich schien. Eine grundlegende Revision der
faktischen Kriegsergebnisse oder gar eine umfassende Neuordnung auf dem
Reißbrett stand in Paris hingegen nie zur Debatte, schon weil jede militärische
Intervention zur Durchsetzung schwer vorstellbar war. In Paris war sehr genau
registriert worden, dass eine äußere Erzwingung alliierter Pläne angesichts der
lokalen Konflikte und Kriegshandlungen kaum eine realistische Option war; der
rumänische Vorstoß auf die Räterepublik Béla Kuns hatte diese relative Machtlosigkeit deutlich aufgezeigt. Mit Blick auf den angestrebten Frieden in Mittel-
und Südosteuropa, der, je nach Perspektive, mit dem Aufbau eines Cordon sanitaire oder der Verhinderung deutscher Einflusszonen identisch sein konnte, waren die alliierten Nationen darum zu erheblichen Zugeständnissen bereit, darunter nicht zuletzt zur Anerkennung von Regierungen, die von zweifelhafter
Legitimität waren, aber eine effektive Herrschaftsgewalt und regionale Stabilität
versprachen.

Drittens: Von einer solchen grundsätzlichen Akzeptanz der Verlierernationen war der Vertrag von Sèvres weit entfernt. Die alliierten Repräsentanten
zeigten sich entschlossen, die „orientalische Frage" ein für alle Mal zu beantworten. Das Osmanische Reich sollte auf einen türkischen (Rumpf-)Staat unter
internationaler Kontrolle reduziert und seine arabischen und nordafrikanischen
Besitzungen einer westlichen Herrschaftsgewalt übertragen werden, wenngleich mit der nominellen Perspektive einer nationalen Unabhängigkeit. Dagegen formierte sich erheblicher Widerstand. Der Aufstieg der türkischen Nationalisten in den Jahren nach 1919 hatte sicherlich viele Ursachen. Zu den wesentlichen Faktoren gehörte gleichwohl die Einsicht, dass sich die von alliierter Seite diktierten Auflagen und Einschränkungen nur aus einer Position der machtpolitischen Stärke zurückweisen ließen. Diese Entschlossenheit der kemalistischen Bewegung trug Früchte, denn je weniger sich die militärische Macht und
politische Herrschaftsgewalt der Regierung in Ankara bestreiten ließ, desto un-
vermeidlicher wurde es für die europäischen Mächte, die Türkei als gleichrangige Nation akzeptieren zu müssen. Im Friedensvertrag von Lausanne wurde diese Anerkennung schließlich formalisiert, allerdings, und das sollte nicht übersehen werden, immer noch zu den Bedingungen eines westlichen Internationalismus und auf Grundlage des etablierten Völkerrechts. Insofern mag es sich
beim Frieden von 1923 zwar vordergründig um eine Niederlage der alliierten
Mächte gehandelt haben; die Prinzipien und Prämissen der Pariser Ordnung
wurden mit dem Sieg der türkischen Nationalisten gleichwohl bestätigt.

Jede dieser Deutungen mag die Kritik herausfordern, über die Kontingenz und machtpolitische Dynamik der Vertragsentstehung hinwegzublicken. Es soll allerdings hier keineswegs in Abrede gestellt werden, dass alle beteiligten Parteien zuerst an ihre eigenen Interessen dachten und dass die Gespräche in Paris von opportunistischen Arrangements ebenso bestimmt wurden wie von der Disposition einzelner Akteure, von ihrem Ehrgeiz, ihrem Starrsinn, ihrer Kleinlichkeit. Darüber hinaus lässt sich ebenfalls nicht bestreiten, dass die Friedensabkommen nur in Ansätzen aus einer einheitlichen Programmatik entwickelt wurden, sondern in einem improvisierten Verfahren entstanden, in dem Zufälle und Missverständnisse eine oft größere Rolle spielten als rationale Erwägungen. Und trotzdem: Dem Pariser Friedensschluss von 1919/20 lag eine innere Logik zugrunde, welche den Akteuren nicht zugänglich war. Jede Forderung musste sich an den normativen Weltvorstellungen, wie sie sich in den westlichen Gesellschaften im letzten Drittel des 19. Jahrhunderts herausgebildet hatten, messen lassen, und jede Entscheidung war an eine vertrags- und rechtsförmige Rationalität gebunden, welche den Rahmen setzte und das Vokabular vorgab. Sämtliche machtpolitische Ambitionen unterlagen den Spielregeln eines förmlichen Vertragsschlusses, dem Vorrang juristischer Verfahren und den Argumenten eines staatszentrierten Internationalismus, nicht umgekehrt. In einer Gesamtbilanz ist daher die unsichtbare Kraft rechtsförmiger Argumente und formaler Faktoren ungleich höher zu veranschlagen als ein unkontrolliertes Machtgebaren der Sieger, die emotionalen Urgewalten von „Haß und Polemik"[437] oder gar die Nachwirkung einer irrationalen „Kriegspsychose"[438]. Es greift zu kurz, die Friedensverträge als Fassaden entlarven zu wollen, hinter denen sich politische, strategische, wirtschaftliche oder sonstige Interessen lediglich verbergen würden; bereits in der äußeren, rechts- und vertragsförmigen Gestalt des Friedens lag seine zentrale Bedeutung.

---

437 Krumeich, Der Krieg in den Köpfen, S. 54.
438 Krüger, Versailles, S. 17. Ähnlich schon Schulz, Revolutionen und Friedensschlüsse, S. 179; Dickmann, Kriegsschuldfrage, S. 2.

VI Die Pariser Ordnung: Bauformen eines staatszentrierten Internationalismus

Als Paul Cambon, der französische Botschafter in London, im Oktober 1918 einige Gedanken über den bevorstehenden Friedensschluss notierte, schien ihm über dessen inhaltliche Ausrichtung kaum ein Zweifel möglich. Wenn ein Sieg der Mittelmächte ganz Europa der Tyrannei eines preußischen Militarismus unterworfen hätte, so schrieb er an den französischen Außenminister Pichon, dann müsse der alliierte Sieg umgekehrt die Herrschaft des Rechts und die Freiheit der Völker herstellen; vorstellbar sei nichts weniger als „une paix de droit conforme aux idées libérales des nations latines et Anglo-Saxonne"[1].

Der Anspruch eines Friedens des Rechts bündelte in der Tat das Selbstverständnis der westlichen Gesellschaften. Zwar wurden nach dem Waffenstillstand vom Herbst 1918 in der Öffentlichkeit vielfach Forderungen nach Revanche, Vergeltung und Niederwerfung erhoben. Doch für die Repräsentanten der alliierten Regierungen war es kaum möglich, sich den normativen und moralischen Prämissen des eigenen Weltbilds zu entziehen, die Anrufung des Rechts während der Kriegszeit zu ignorieren und den Friedensschluss allein auf das machtpolitische Vorrecht des Kriegssiegers zu stützen. Im Gegenteil, während die Herausstellung einer militärischen Überlegenheit vermieden werden sollte, mussten sich neben den formalen Bestimmungen auch sämtliche inhaltlichen Beschlüsse der Friedensabkommen an Vorstellungen einer Verrechtlichung, Formalisierung und Wiederherstellung internationaler Ordnung messen lassen. Dieses Kapitel zeigt auf, wie sehr die materiellen Bestimmungen der Vertragswerke auf jene Kategorien des Rechts, der Rechtlichkeit und Rechtsförmigkeit angewiesen waren, welche nach Cambon die liberale Ideenwelt der westlichen Nationen bestimmte.

Das hatte beträchtliche Konsequenzen, die für drei Bereiche in größerem Detail behandelt werden: Ein erster Abschnitt untersucht das alliierte Bemühen, die Kriegsverantwortung der Verliererstaaten juristisch zu sanktionieren, sowohl in strafrechtlicher Hinsicht wie mit Blick auf Entschädigungen und Wiedergutmachungen. Es schließt sich ein Kapitel zur Begründung des Völkerbundes an, welches Aspekte einer Formalisierung der internationalen Beziehungen diskutiert, aber auch Fragen der Konfliktregulation, der kollektiven Sicherheit und gerichtlichen Streitbeilegung. Ein drittes Unterkapitel diskutiert schließlich die Territorialregelungen des Friedens, in denen sich der intrinsische Zusam-

---

1 Cambon an Pichon, Brief v. 16.10.1918, in: AD, Série A. Paix, 57, Bl. 22. Siehe auch Villate, La république des diplomates, S. 340–346.

https://doi.org/10.1515/9783110581485-006

menhang von Selbstbestimmung, Selbstführung und stabiler Staatlichkeit im alliierten Verständnis erkennen lässt. Auf dieser Grundlage kann schließlich die Idee eines staatszentrierten Internationalismus, also eines weltumspannenden Gliederungsgefüges unabhängiger, gleichartiger und durch Rechtsbeziehungen verknüpfter Staaten, als zentrales Leitmotiv der Pariser Ordnung rekonstruiert werden.

1 Die Wiederherstellung von Recht und Gerechtigkeit

Die Verletzung der belgischen Neutralität am 1. August 1914 war vielleicht die Urszene aller Rechtlosigkeit im Weltkrieg. Drei Tage nach dem Übertritt der deutschen Truppen in das Nachbarland hatte Bethmann Hollweg vor dem Reichstag davon gesprochen, dass „das Unrecht, das wir damit tun", wiedergut- gemacht werden solle, was noch in den 14 Punkten an herausragender Stelle aufgegriffen wurde. Im Programm des amerikanischen Präsidenten war die Wie- derherstellung der belgischen Souveränität mit einer Wiederherstellung des in- ternationalen Rechts prinzipiell identisch: „Without this healing act the whole structure and validity of international law is forever impaired."[2] Diesen Zusam- menhang hob David Hunter Miller im Sommer 1918 noch deutlicher hervor, als er nicht nur ein Schuldanerkenntnis, sondern auch eine förmliche Haftungser- klärung der deutschen Seite forderte:„[I]n order to preserve the integrity of in- ternational law, and to insure respect and obedience for international law of the future (...) there should be contained in the Peace Treaty a solemn express and explicit acknowledgment by the German people of the wrong done to Bel- gium by their rulers, and an equally distinct admission of liability on that ground in accordance with the principles and rules of international law."[3]

Damit hatte Miller bereits die wesentlichen Aspekte benannt, die in der zeit- genössischen Völkerrechtslehre an die Rechtsverletzungen eines Staates ge- knüpft wurden und die etwa Franz v. Liszt als vier denkbare Rechtsfolgen syste- matisiert hatte: Wiedergutmachung und Entschädigung durch den rechtsbrech- enden Staat; Genugtuung durch eine Entschuldigung oder eine vergleichbare symbolische Geste; die Gewährleistung einer Sicherheit bei Wiederholungsge- fahr; schließlich das Recht der verletzten Partei, die jeweiligen Buße zu erzwin- gen.[4] Diese Grundgedanken wurden auch für die Pariser Debatte bestimmend,

---

2 Woodrow Wilson, Address to Congress, 18.01.1918, in: PWW, Bd. 45, S. 534–539, hier: S. 537.
3 David Hunter Miller, American Program and International Law, in: DHMD, Bd. 2, S. 323–475, hier: S. 399f.
4 Vgl. Liszt, Völkerrecht, S. 196f.

wenngleich der feinfühlige Vorbehalt der akademischen Rechtslehre, wonach im Verhältnis zwischen souveränen Staaten nur von einem Delikt, nicht aber von Schuld und Verbrechen gesprochen werden solle, geringes Echo fand.[5] Im Gegenteil, auf alliierter Seite wurde auf robuste Weise der Anspruch verfochten, die Verliererstaaten – und, mehr noch, selbst einzelne ihrer Staatsangehörigen – zur Verantwortung zu ziehen, individuelles Fehlverhalten zu bestrafen und vielleicht sogar die Auslösung des Krieges überhaupt zu ahnden. Weder gedanklich noch wörtlich war der Begriff der Kriegsschuld weit entfernt. Dass die primäre Verantwortung der Mittelmächte auf Seiten der alliierten und assoziierten Nationen ohnehin als feststehende Tatsache galt, sollte nicht überraschen. Es dürfte jedoch wenig zum Verständnis des Friedens beitragen, wenn man längst ritualisierte Abwägungen der „Kriegsschulddebatte" fortschreibt und dieses Urteil, welches in der historiographischen Debatte – wenngleich mit erheblichen Differenzierungen – eher bestätigt worden ist, anhand der Julikrise von 1914 nochmals auf seine innere Berechtigung überprüft. Sinnvoller ist vielmehr die Frage, wieso die Verantwortung für den Kriegsausbruch überhaupt in einem juristischen Modus verhandelt wurde und mit welchen Folgen sich hierbei politische Erwartungen und rechtliche Begründungen verknüpften. Handelt es sich wirklich, wie besonders in der deutschsprachigen Forschung vielfach mit empörtem Unterton konstatiert wird, um einen einzigartigen, geradezu unerhörten Vorgang der Diskreditierung und Diskriminierung?[6]

Zweifel an einer derart groben Bewertung sind angebracht: Wie die folgende Darstellung – erst der Bestimmungen zur Strafverfolgung, dann zur Wiedergutmachung – aufzeigt, wurde der Umgang mit der Kriegsschuld der Mittelmächte wesentlich von längerfristig wirksamen Vorstellungen über Recht, Gerechtigkeit und Verrechtlichung im Staatensystem beeinflusst, die zwar politisch gestaltet und instrumentalisiert werden konnten, nicht aber grundsätzlich frei verfügbar waren. Insofern erlaubt die alliierte Auseinandersetzung mit dem Problem, wie in den Friedensverträgen auf eine gegnerische Schuld am und im Krieg reagiert werden sollte, eine erste Einsicht in die Architektur der Pariser Ordnung; dass diese Debatte und die getroffenen Festlegungen auf Seiten der Verlierernationen nur verzerrt wahrgenommen, tendenziös bewertet und politisch instrumentalisiert wurden, zeigt ein dritter Abschnitt zur Debatte um eine Kriegsschuld.

---

5 Ein solcher Vorbehalt stützte sich auf die Prämisse, dass es im Völkerrecht keine Möglichkeit einer übergeordneten Bewertung gebe, vgl. Oppenheim, International Law, Bd. 1 (1905), S. 204, ähnlich der Tenor bei Liszt, Völkerrecht, S. 190–197.
6 Vgl. Kraus, Versailles, S. 27f., ähnlich Lesaffer, Peace Treaties, S. 91. Weniger pointiert Dickmann, Kriegsschuldfrage, S. 7f. Daneben: Fisch, Krieg und Frieden, S. 204.

Die Strafverfolgung von Kriegsschuldigen und Kriegsverbrechern

Bereits während der Kriegszeit war in den alliierte Nationen intensiv über Möglichkeiten nachgedacht worden, wie sich die flagranten Verstöße der Mittelmächte gegen internationale Verträge und kriegsvölkerrechtliche Grundsätze würden ahnden lassen. Der Blick richtete sich dabei an erster Stelle auf die deutsche Verletzung der belgischen und luxemburgischen Neutralität, auf den unbeschränkten U-Boot-Krieg, die Zwangsarbeit von Zivilisten oder die Behandlung von Kriegsgefangenen. Daneben wurde teilweise schon eine strafrechtliche Verfolgung der eigentlichen Kriegsverantwortung diskutiert, auch wenn dies über den Rahmen des ius in bello hinausging und kaum mit dem Grundsatz des freien Kriegsführungsrechts souveräner Staaten in Übereinstimmung zu bringen war (ius ad bellum).[7] Bis in den Herbst 1918 blieb umstritten, auf welche Weise derartige Fragen im Friedensschluss behandelt werden könnten und wie sich dabei die Gewichte zwischen einer strafrechtlichen Verfolgung und einer bloß moralischen Sanktionierung verteilen würden. Anfang November zirkulierte auf französischer Seite eine erste Ausarbeitung zu den „clauses morales" – die nicht zufällig zunächst „clauses sentimentales" genannt worden waren[8] –, die wenig später teilweise in die überarbeitete Fassung der „Note sur le Congrès de la Paix" eingingen. Allerdings wurden hier die „[s]anctions à prendre contre les violences et crimes commis durant la guerre contre le droit public" immer noch deutlich von den „stipulations d'ordre morale" abgesetzt, mit denen die Gegenseite feierlich allen Rechtsbrüchen abschwören sollte („Répudiation solennelle des violations du droit des gens et des crimes contre l'humanité.").[9]

Gegenüber dieser zurückhaltenden Ansicht aus dem Quai d'Orsay hatten sich Larnaude und Lapradelle in ihren Gutachten bereits mit sehr viel größerer Bestimmtheit für eine explizite Bestrafung von Wilhelm II. als Hauptverantwortlichem für den Kriegsausbruch ausgesprochen, und diese Ansicht wurde nunmehr von den britischen Law Officers of the Crown, Frederick Smith und Gor-

---

7 Vgl. Hull, Scrap of Paper, zusammenfassend auch Deperchin, Laws of War. Weiter: Segesser, Recht statt Rache, S. 150–203; Schwengler, Völkerrecht, S. 21–70. Der Hintergrund nochmals bei Lovrić-Pernak, Morale internationale, S. 124–139.
8 Vgl. Clauses Morales, Memorandum v. 02.11.1918, in: DDF, Armistices et Paix I, S. 164, Fn. 1. Eine vorläufige Ausarbeitung als Clauses Morales du traité de Paix, Notizen v. 01.11.1918, in: AD, Série A. Paix, 288, Bl. 8. Dort auch weitere einschlägige Papiere.
9 Vgl. Note sur le Congrès de la Paix, o.D., in: AD, Papiers Tardieu, PA-AP 116/296, Bl. 293–308, hier: Bl. 307f. In dieser Ergänzung mit Binkley, New Light I, S. 345, einen „master stroke" der Pariser Diplomatie zu erkennen, erscheint allerdings übertrieben, obwohl dieser Zusatz von amerikanischer Seite zunächst übersehen wurde, vgl. David Hunter Miller, Memorandum Concerning the French Note, 22.11.1918, in: DHMD, Bd. 2, S. 28–42.

don Hewart, übernommen. Auf der Londoner Konferenz von Anfang Dezember legte Lloyd George einen Bericht der britischen Kronjuristen vor, in dem eine strafrechtliche Verfolgung der deutschen Staatsspitze gleichfalls nicht nur für geboten, sondern auch als völkerrechtlich möglich bezeichnet wurde.[10] Sicherlich, damit wurden auch die Stimmungslagen im Vorfeld der britischen Unterhauswahlen bedient, deren Parolen wie „Hang the Kaiser" Lloyd George so geschickt auszunutzen wusste, dass seine Koalitionsregierung am 14. Dezember triumphal im Amt bestätigt wurde. Trotzdem wäre es zu kurz gegriffen, im Anspruch der Strafverfolgung lediglich eine Instrumentalisierung zu erkennen oder eine Fortsetzung der propagandistischen Mobilisierung des Weltkriegs. Es handelte sich vielmehr um die unweigerliche Selbstbindung an den Anspruch, im Weltkrieg einen Kampf um das Völkerrecht ausgetragen zu haben. Wenn der alliierte Sieg zugleich den Triumph des Rechts bedeuten sollte, so ergab sich daraus nahezu zwingend eine Notwendigkeit, die Rechtsverletzungen der Gegenseite zu sanktionieren.[11]

Vor diesem Hintergrund war es letztlich eine Selbstverständlichkeit, wenn auf der zweiten Plenarversammlung der Friedenskonferenz am 25. Januar die Einrichtung einer eigenen Kommission zur Feststellung und Sanktionierung der gegnerischen Kriegsverantwortung und Kriegsverbrechen beschlossen wurde (Commission des Responsabilités des auteurs de la Guerre et Sanctions). Zum Vorsitzenden wurde der amerikanische Außenminister Robert Lansing ernannt, der sich nach Beginn der Beratungen, die ab dem 3. Februar in Räumlichkeiten des französischen Innenministeriums stattfanden, geradezu einem Kolloquium renommierter Juristen gegenübersah: Auf die Teilnahme der britischen Law Officers of the Crown, Hewart und Pollock, ist bereits hingewiesen worden, ebenso auf die führende Rolle von James Brown Scott als zweitem US-Vertreter.[12] Ferdinand Larnaude muss für Frankreich genannt werden, wenngleich er durch seine gleichzeitige Mitgliedschaft in der Völkerbund-Kommission einige Ter-

---

10 Für eine immer noch als vorläufig gekennzeichnete Fassung vgl. First Interim Report from the Committee of Enquiry into the Breaches of the Laws of War, 13.01.1919, in: TNA, CAB 24/85/6, Bl. 15–88. Siehe auch Schwengler, Völkerrecht, S. 71–77, sowie rückblickend Lloyd George, Truth, Bd. 1, S. 97, 137–143, dessen innerliche Ambivalenz hingegen Sharp, David Lloyd George, S. 45–47 hervorhebt. Für das französische Gutachten von Larnaude/Lapradelle, Examen de la Responsabilité, siehe bereits oben, S. 112f.
11 Vgl. Kampmark, Sacred Sovereigns, S. 523–525, auch Dülffer, Internationale Strafgerichtsbarkeit, S. 297–299.
12 Ebenso wie im Fall des Redaktionskomitees war Scott auch hier kurzfristig an die Stelle des ursprünglich vorgesehenen David Hunter Miller getreten, vgl. Miller Diary, Eintrag v. 01.02.1919, in: DHMD, Bd. 1, S. 104.

minkonflikte zu bewältigen hatte,[13] sodann der Italiener Vittoria Scialoja, der bald von Ricci-Busatti abgelöst wurde, Nagaoka Harukazu, später Sakutaro Tachi für Japan, Edouard Rolin-Jaequemyns für Belgien, Nikolaos Politis für Griechenland, schließlich Slobodan Jovanović für Serbien. Als Generalsekretär wurde Lapradelle ernannt. Mit einem Wort: Es waren die führenden Rechtspolitiker und Rechtsexperten der Delegationen vertreten.[14]

An eine unaufgeregte Erörterung war jedoch kaum zu denken. Trotz der Wahl von Lansing zum Vorsitzenden, den Tardieu unter Hinweis auf seine juristischen Erfahrungen für dieses Amt umworben hatte,[15] traten rasch erhebliche Differenzen zwischen der europäischen und der amerikanischen Position zu Tage. Der Streit entzündete sich einerseits an der Frage, ob und in welcher Weise die kriegsrechtlichen Verstöße der Gegenseite geahndet werden könnten, was das Problem einer internationalen Gerichtsbarkeit berührte. Andererseits, und gravierender noch, ging es um die Frage, ob man auch die (ehemalige) deutsche Staatsspitze und namentlich den (Ex-)Kaiser zur Verantwortung ziehen könnte, was das Problem berührte, inwieweit sich die Entfesselung des Weltkrieges an sich würde ahnden lassen. Gerade in diesem Punkt hatte die amerikanische Seite große Distanz zu den europäischen Forderungen an den Tag gelegt, und zwar die legalistische Fraktion des State Departments in gleicher Weise wie die Wilson-Administration.[16]

In der Rechtsabteilung der ACNP war man auf jedem Fall gut vorbereitet. Schon vor Beginn der eigentlichen Kommissionsberatungen, am 22. Januar, hatte Wilson eine amerikanische Stellungnahme zum Gutachten von Larnaude und Lapradelle angefordert. In den nächsten Tagen beschäftigten sich nicht nur James Brown Scott und sein Assistent George Finch mit diesem Thema, sondern

---

13 Vgl. Larnaude an Lansing, Brief v. 03.02.1919, in: LoC, Wilson Papers, Series 5B (Reel 392), Bl. 9239. Siehe auch Laniol, Ferdinand Larnaude, S. 50f.

14 Zur Kommission vgl. allgemein Lewis, Birth of the New Justice, S. 42–44; Schwengler, Völkerrecht, S. 90–92. Identische Protokolle in: RdA, Bd. IV-B-2 (in französischer Sprache); BDFA II, Ser. I, Bd. 4 (in englischer Sprache). Jeweils unterschiedliche Wortlautprotokolle jedoch in: Paix de Versailles. Documentation Internationale, Bd. 3 (in französischer Sprache); GUSC, Scott Papers, Box 29/1 und 29/2 (in englischer Sprache). Als Vertretung der kleineren Mächte mit „speziellen" Interessen waren in erster Linie solche Nationen in die Kommission entsandt worden, die sich als unmittelbare Opfer der aggressiven Kriegspolitik der Mittelmächte sahen und/oder unter deren Besatzung gestanden hatten: Belgien, Griechenland, Polen, Rumänien und Serbien.

15 Vgl. Tardieu an Lansing, Brief v. 02.02.1919, in: LoC, Lansing Papers, Box 41, Bl. 7171.

16 Vgl. Kampmark, Sacred Sovereigns, S. 525–531; Schwengler, Völkerrecht, S. 84–88; Smith, Lansing and the Paris Peace Conference, S. 424f.

auch Miller, Hudson und Hershey wurden am „hunting for precedents"[17] beteiligt, wie es der Tradition des Common Law entsprach. Die mitgeführte, umfangreiche Bibliothek der einschlägigen Fachliteratur wurde durchkämmt, einzelne Gerichtsurteile ließen sich aber trotzdem nur in der Bibliothèque nationale einsehen. Dass in der internen Debatte zunächst die Ächtung von Napoleon durch die Signatarmächte des Pariser Friedens von 1815 im Mittelpunkt stand, mochte auf den ersten Blick naheliegen,[18] wurde aber nicht systematisch verfolgt.[19] Vielmehr rückte ein Memorandum von Finch zwei andere Präzedenzfälle in den Vordergrund:

Erstens richtete Finch den Blick auf die internationalen Verfolgungs- und Vergeltungsmaßnahmen der westlichen Mächte nach der chinesischen Boxerrebellion.[20] Nach dem im September 1901 geschlossenen Friedensvertrag, dem „Boxer-Protokoll", sollte die chinesische Regierung für die Verluste und Schäden, welche die attackierten und vertriebenen Ausländer erlitten hatten, für rund 40 Jahre beträchtliche Indemnitäten in Höhe von 17 000 Tonnen Feinsilber zahlen. Daneben wurde eine unmittelbare strafrechtliche Ahndung unternommen, indem die Ermordung des Gesandten Clemens v. Ketteler dadurch gesühnt wurde, dass der chinesische Attentäter durch die deutschen Militärbehörden am Ort des Geschehens öffentlich enthauptet wurde.[21] Es war nicht ohne Sarkasmus, wenn Scott diese Vorgehensweise mit dem Satz kommentierte, dass „sauce for the goose would seem to be sauce for the gander". Doch wichtiger war ihm, dass diese Vergeltung für Kettelers Tod eine Ausnahme geblieben sei. Nachdrücklich unterstrich er, dass „the Boxer case is precedent for punishment

---

17 Hudson Diary, Eintrag v. 24.01.1919, in: HLSL, Hudson Papers, Box 166/1, S. 107. Siehe auch Miller Diary, Eintrag v. 21.01.1919, in: DHMD, Bd. 1, S. 86.

18 Aus historischer Sicht etwa James Shotwell, The Treatment of Napoleon [ca. 22.01.1919], in: ebenda, Bd. 4, S. 1–3, innerhalb der amerikanischen Völkerrechtslehre auch die Überlegungen bei Quincy Wright, The Legal Liability of the Kaiser, in: American Political Science Review 13, H. 1 (1919), S. 120–128. Der historische Kontext der Verbannung Napoleons etwa bei Stauber, Der Wiener Kongress, S. 103–108.

19 Auch der Fall des ägyptischen Nationalisten Arabi Pasha, der 1882 auf Betreiben britischer Vertreter in lebenslange Verbannung geschickt worden war, wurde nur am Rande herangezogen, siehe Manley O. Hudson, The Indictment of Arabi Pasha, o.D., in: DHMD, Bd. 3, S. 525f.

20 Vgl. [George Finch,] Memorandum Regarding the Responsibility of the Authors of the War and for the Crimes Committed in the War, o.D. [ca. 23.02.1919] in: ebenda, Bd. 3, S. 458–524, hier: S. 471–476.

21 Vgl. Lanxin Xiang, The Origins of the Boxer War. A Multinational Study, Hoboken 2014, kursorisch auch Neff, Justice among Nations, S. 336f.; Chi-Hua Tang, China-Europe, in: Fassbender/Peters (Hrsg.), Oxford Handbook, S. 702–723, S. 705; Osterhammel, Verwandlung, S. 690f.

of violators of International Law by (...) national authority."[22] Damit war nichts anderes gemeint, als dass Verstöße gegen allgemeine völkerrechtliche Normen, seien sie gewohnheitsrechtlich oder vertragsrechtlich begründete, nicht in erster Linie durch internationale Instanzen zu ahnden seien, sondern zunächst der Jurisdiktion der jeweiligen Staaten unterliegen würden; entsprechend war von amerikanischer Seite während des Weltkriegs auch die Position vertreten worden, dass der Kaiser in erster Linie von der neuen Führung in Deutschland zur Rechenschaft gezogen werden müsse.[23]

Zweitens wies Finch auf den Fall von Henry Wirz hin. Wirz war Kommandant eines konföderierten Gefangenenlagers im amerikanischen Bürgerkrieg gewesen und hatte in einer desolaten Unterbringungs- und Versorgungssituation ein so drakonisches Regiment geführt, dass nach dem Sieg der Unionstruppen gegen ihn Anklage erhoben worden war.[24] Als Grundlage seiner Verurteilung und Hinrichtung im Jahr 1865 diente der Lieber Code, was den Fall aus der amerikanischen Perspektive des Jahres 1919 denn auch zum geeigneten Präzedenzfall machte „for capital punishment for violation of laws of war by a Commission appointed by the victor"[25]. Das meinte: Sofern es eine einschlägige kodifizierte Grundlage gab, hier also das Haager Kriegsvölkerrecht, begriffen als Fortentwicklung in der Linie des Lieber Codes wie der Deklaration von Brüssel (1874) und des Oxford Manual (1880), war die Einsetzung eines (Militär-)Tribunals durch die Siegermächte nach amerikanischer Auffassung durchaus vorstellbar.[26]

Der eigentliche Schritt zum Krieg stellte nach amerikanischer Rechtsauffassung jedoch keinen Verstoß gegen das Völkerrecht dar, sondern fiel unter das ius ad bellum als Souveränitätsrecht jeden Staates. Solange die kriegsvölkerrechtlichen Anforderungen und Pflichten beachtet würden, sei es demzufolge unbeachtlich, aus welchen Gründen der Krieg erklärt wurde. Die daraus zu ziehenden Schlussfolgerungen lagen auf der Hand und wurden von Scott und Miller in einem abschließenden Gutachten für Wilson konzise zusammengefasst: Verstöße gegen das geltende Kriegsvölkerrecht könnten von alliierter Seite mit ju-

---

22 Scott, Personal Impressions, 22.01.1919, in: GUSC, Scott Papers, Box 22/38. Auch in Finch, Adventures in Internationalism, S. 220.
23 Vgl. Kampmark, No Peace, S. 784–791.
24 Vgl. [George Finch,] Memorandum Regarding the Responsibility of the Authors of the War and for the Crimes Committed in the War, in: DHMD, Bd. 3, S. 458–524, hier: S. 503–524.
25 Scott, Personal Impressions, 22.01.1919, in: GUSC, Scott Papers, Box 22/38. Schon 1917 war in der amerikanischen Diskussion auf den Fall von Henry Wirz hingewiesen worden, vgl. Segesser, Recht statt Rache, S. 180. Zu dessen Kontext siehe John Fabian Witt, Lincoln's Code. The Laws of War in American History, New York 2012, S. 298–303; Janis, America, S. 119f.
26 Vgl. Deperchin, Laws of War, S. 622–629.

ristischen Mitteln verfolgt und bestraft werden, nicht hingegen die allgemeine Entscheidung für den Krieg und auch nicht die Verletzung geltender Verträge wie im belgischen Fall. Denn hierbei handele es sich letztlich um politische Handlungen, die nur einer moralischen, nicht aber einer rechtlichen Beurteilung zugänglich sei. Mit unmissverständlicher Klarheit hieß das: Jede Verfolgung und Bestrafung des Kaisers „under whatever forms it might be clothed would, in reality, be a political and not a legal creation"[27].

Damit war die amerikanische Position zwar hinreichend klar bestimmt: Vorrang einer nationalen Strafverfolgung; Anklage vor den Militärtribunalen der Siegermächte nur bei entsprechender kriegsvölkerrechtlicher Grundlage; keine strafrechtliche Verfolgung des Kaisers. Doch die Mehrheit der europäischen Vertreter in der Kommission war längst auf einen anderen Kurs eingeschwenkt, gegen den sich die US-Delegierten kaum durchsetzen konnten. Vergeblich bemühten sich Lansing und Scott, wie sie es schon am Abend nach der ersten Kommissionssitzung verabredet hatten, in der Debatte immer wieder zwischen einer politisch-moralischen und einer juristisch relevanten Verantwortung zu trennen.[28] Mit besonderem Argwohn betrachteten sie vor allem die Formulierung von den „crimes against the laws of humanity", denen sich der Kaiser nach Auffassung der europäischen Kommissionsmehrheit schuldig gemacht habe. Hinter dieser Formulierung stand, kaum verhüllt, die Martens'sche Klausel von 1899, der zufolge Lücken im kodifizierten Völkerrecht unter anderem durch die „laws of humanity" kompensiert werden konnten; auch der britische Völkerrechtler Higgins hatte die „laws of humanity" als „basis of all laws" im Jahr 1917 gegen die Rechtlosigkeit der Mittelmächte in Stellung gebracht.[29] Pollock und Larnaude fühlten sich daher auf sicherem juristischem Terrain, als sie gegen den Widerstand von Lansing und Scott die Aufnahme gerade dieser Begrifflichkeit in den Abschlussbericht verfochten. Es sei notwendig, so legten die beiden europäischen Juristen in einer erregten Debatte am 24. März dar, der Ankla-

---

27 Miller/Scott, Observations on the Responsibility of the Authors of the War and for Crimes Committed in the War, o.D. [ca. 24./25.01.1919], in: DHMD, Bd. 3, S. 456f., hier: S. 457.
28 Vgl. Lansing Desk Diary, Eintrag v. 03.02.1919, in: LoC, Lansing Papers, Box 65. Siehe auch Lewis, Birth of the New Justice, S. 47–49; Kampmark, Sacred Sovereigns, S. 527–531.
29 Vgl. A. Pearce Higgins, Introduction, in: Hall, Treatise, S. V–XVI, hier: S. VI. Die Martens'sche Klausel war bereits wörtlich im Gutachten der britischen Law Officers of the Crown, welches in der zweiten Sitzung zu den Kommissionunterlagen genommen worden war, angeführt worden, vgl. Memorandum submitted by the British Delegates, Annex IV, Protokoll v. 07.02.1919, in: BDFA II, Ser. I, Bd. 4, S. 264–270, hier: S. 269. Zum Einfluss der Klausel in der Kommissionsarbeit siehe Lewis, Birth of the New Justice, S. 44–46, zu ihrer Entstehung und frühen Rezeption weiter Hull, Scrap of Paper, S. 73–76, 318f. Daneben noch Lingen, Fulfilling the Martens Clause, S. 196f.; Neff, War and the Law of Nations, S. 210; Best, Peace Conferences, S. 627, außerdem oben S. 60f.

ge eine öffentliche Resonanz zu geben, wie sie mit einer juristisch-nüchternen Sprache nicht zu erreichen sei. Larnaude sprach davon, die rechtlichen Feinheiten angesichts einer „sensibilité nouvelle dans l'opinion universelle"[30] zurücktreten zu lassen, und auch Pollock plädierte für eine weite Formulierung:

> When we know that the laws of war include the laws of humanity, that is a very good reason for putting it in, in order to show these persons who are not lawyers precisely what we do mean. I hope on that ground that the United States will come and meet us. We are not codifying here, we are sure not laying down the law, we are simply stating a fact, and I think if we put in those words and leave it there, we shall have made our report more easily intelligible to persons into whose hands it will ultimately fall.[31]

Doch bei den amerikanischen Vertretern löste dieses Argument lediglich Kopfschütteln aus, ebenso wie der Vorschlag, den Kaiser dafür zu belangen, dass er die kriegsrechtlichen Verstöße der deutschen Truppen nicht entschieden genug unterbunden habe. Schon zehn Tage zuvor hatte sich Lansing gegenüber Polk mit abfälligen Worten über die „British madness to try the Kaiser" geäußert, was nur auf Lloyd Georges Wahlversprechen zurückzuführen sei und wozu sich Pollock als williger Erfüllungsgehilfe und mit waghalsigen Konstruktionen hergebe: „Negative criminality is to my mind a most dangerous doctrine and one utterly inconsistent with English jurisprudence. But then we have all seen in the past intellect prostituted to political ends, and that is all that this is."[32]

Ein solcher legalistischer Purismus unterschätzte freilich die Entschlossenheit der europäischen Alliierten, über das etablierte Völkerrecht hinauszugehen und neues Recht zu setzen. Im vergangenen Herbst hatte Lloyd George im Imperial War Cabinet ähnlich kritische Einwände mit der Ansicht zurückgewiesen, dass die Wiederherstellung von Recht und Gerechtigkeit und die Etablierung einer internationalen Verantwortung nicht an formalistischen Einwänden scheitern dürfe: „I think he ought to stand his trial", so meinte er mit Blick auf den Kaiser und fügte hinzu: „With regard to the question of international law, well,

---

30 Larnaude, Protokoll v. 24.03.1919, in: RdA, Bd. IV-B-2, S. 109–118, hier: S. 118. Siehe auch Laniol, Ferdinand Larnaude, S. 52f.; Ders., L'article 231 du traité de Versailles, les faits et les représentations. Retours sur un mythe, in: Relations internationales 158 (2014), S. 9–25, hier: S. 11.

31 Pollock, Protokoll v. 24.03.1919, in: GUSC, Scott Papers, Box 29/2, S. 22. Siehe daneben Lansing Desk Diary, Eintrag v. 24.03.1919, in: LoC, Lansing Papers, Box 65, rückblickend auch Robert Lansing, Some Legal Questions of the Peace Conference, in: AJIL 13 (1919), S. 631–650, hier: S. 644–648. Konzise zu den europäischen Positionen ansonsten Lewis, Birth of the New Justice, S. 43–47.

32 Lansing an Polk, Brief v. 14.03.1919, in: YLMA, Polk Papers, Box 9/309. Zur weiteren Einordnung auch Kampmark, Sacred Sovereigns, S. 527–536; Schwengler, Völkerrecht, S. 101–105; Smith, Lansing and the Paris Peace Conference, S. 476–482.

we are making international law, and all we can claim is that international law should be based on justice. (...) There is a sense of justice in the world which will not be satisfied so long as this man is at large."[33] Auf französischer Seite wurde das ähnlich gesehen. Mit gutem Grund hatte Clemenceau dafür gesorgt, dass nicht ein Vertreter des Quai d'Orsay, sondern mit Larnaude und Lapradelle jene französischen Juristen in der Verantwortungskommission saßen, die eine aktive Strafverfolgung favorisierten.

Angesichts der Mehrheitsverhältnisse überrascht es nicht, wenn die britischen und französischen Meinungsführer dem mit Datum vom 29. März vorgelegten Kommissionsbericht ihren Stempel aufzudrücken vermochten. Zwar wurde aus der Feststellung, dass die Verlierermächte den Krieg allein zu verantworten und die belgische und luxemburgische Neutralität mutwillig verletzt hätten, kein Bestrafungsanspruch abgeleitet und also auch keine explizite Anklage des Kaisers formuliert, sondern nur eine förmliche Verdammung vor der Weltöffentlichkeit; damit wurde akzeptiert, dass die Auslösung des Krieges keinen Verstoß gegen geltendes Recht darstellte, wobei es aus Sicht der amerikanischen Vertreter auch hätte bleiben können.[34] Doch in einem nächsten Schritt wurde die Einrichtung eines Hochtribunals für all diejenigen Personen gefordert „without distinction of rank, including Chiefs of States, who have been guilty of offences against the law and customs of the war *or the laws of humanity*"[35]. Damit war nicht nur durch die Hintertür doch noch eine Verfolgung der deutschen Staatsspitze ermöglicht worden, sondern der Tatbestand wurde von kriegsrechtlichen Verstößen im engeren Sinne zugleich auf eine Verletzung unbestimmter Gesetze der Menschheit ausgedehnt, was eine weitgefasste Auffangnorm im Sinne der Martens'schen Klausel darstellte. Eine Amnestie sollte ausdrücklich ausgeschlossen sein.[36]

Den amerikanischen Vertretern blieb zunächst nur übrig, die Begrifflichkeit der „laws of humanity" in einem eigenen Sondervotum zu „principles of humanity"[37] abzumildern und sich damit ausdrücklich von der Kommissionsmehr-

---

33 Lloyd George, Truth, Bd. 1, S. 100. Siehe auch Fry, And Fortune Fled, S. 232.

34 Vgl. Schwengler, Völkerrecht, S. 95.

35 Report presented to the Preliminary Peace Conference by the Commission on the Responsibility of the Authors of the War and on the Enforcement of Penalties, 29.03.1919, in: BDFA II, Ser. I, Bd. 4, S. 347–360, hier: S. 356 (Hervorh. v. Vf.). Ähnlich: S. 359.

36 Zum Aspekt der Amnestie vgl. Gerd Hankel, Die Leipziger Prozesse. Deutsche Kriegsverbrechen und ihre strafrechtliche Verfolgung nach dem Ersten Weltkrieg, Hamburg 2003, S. 31–40. Es sei dahingestellt, ob es, wie in der Literatur verschiedentlich suggeriert, einen Rechtsanspruch auf Amnestie als übliche Praxis in zwischenstaatlichen Konflikten gegeben hat, siehe allgemein Dickmann, Kriegsschuldfrage, S. 4f. Umfassend: Fisch, Krieg und Frieden, S. 35–280.

37 Memorandum of Reservations presented by the Representatives of the United States to the Report of the Commission on Responsibilities, 04.04.1919, in: BDFA II, Ser. I, Bd. 4, S. 361–373,

heit abzugrenzen, was angesichts der ansonsten gepflegten Einmütigkeit ungewöhnlich war.[38] Doch da die Beschlüsse immer noch dem Council of Four vorgelegt sowie, was vielleicht wichtiger war, vom Redaktionskomitee durchgesehen werden mussten, eröffneten sich der amerikanischen Opposition neue Chancen. So hatte sich Wilson schon am 2. April, bei einer ersten Aussprache über den Bericht, zurückhaltend gezeigt, was sich auch in der ausführlicheren Diskussion zur Beschlussfassung in der darauffolgenden Woche nicht geändert hatte. Während Lloyd George und Clemenceau die Verfolgung aller Verantwortlichen und also auch des Kaisers forderten, brachte der amerikanische Präsident zahlreiche Bedenken hervor, ebenso wie übrigens auch Orlando, der allenfalls aus Respekt vor der Mehrheitsmeinung zu einer Zustimmung bereit war: „[I]f I must express my personal opinion, I think we have no right to punish", so warnte er, „[t]o create a different precedent is a serious thing."[39] Eine solche formaljuristische Zögerlichkeit war für Clemenceau indes unverständlich: „For me, one law dominates all others; that of responsibility. Civilization is the organization of human responsibilities."[40]

Derart kraftvoll vorgebrachte Argumente machten zwar offensichtlich Eindruck auf Wilson, doch da eine Einigung nicht zu erreichen war, wurde die weitere Diskussion auf den nächsten Tag, den 9. April, verschoben. Am Abend erhielt Wilson nochmals einen brieflichen Appell von Lansing, dass, sollte sich der Council of Four zu einer Anklage des Kaisers entscheiden, das Verfahren zumindest nicht als Gerichtsprozess bezeichnet werden dürfe, sondern als politischer Vorgang aus den „highest motives of international policy"[41]. Wilson verfasste daraufhin einen veränderten Entwurf des fraglichen Artikels, in dem sich einzelne Versatzstücke aus Lansings Schreiben wiederfanden, darunter insbesondere der Vorbehalt, dass sich die Anklage nicht auf eine „violation of crimi-

---

hier: S. 364. Die handschriftliche Änderung der „laws" zu „principles" wird in einer Entwurfsfassung sichtbar, vgl. [Memorandum, o.D.], in: GUSC, Scott Papers, Box 23/24, S. 8 (6a).

38 Der Vorschlag eines Minderheitenvotums ging auf einen Kompromissvorschlag von Wilson zurück, vgl. Lansing Desk Diary, Eintrag v. 15.03.1919, in: LoC, Lansing Papers, Box 65. Auch von japanischer Seite wurde eine Stellungnahme vorgelegt, die aber weniger umfangreich war und sich vor allem auf die Kompetenz des Siegers bezog, über den Verlierer Gericht zu sitzen. Siehe auch Lewis, Birth of the New Justice, S. 50; James F. Willis, Prologue to Nuremberg. The Politics and Diplomacy of Punishing War Criminals of the First World War, Westport, Conn. 1982, S. 75.

39 Orlando, Protokoll v. 08.04.1919, in: Mantoux, Deliberations, Bd. 1, S. 187–197, hier: S. 191.

40 Clemenceau, Protokoll v. 08.04.1919, in: ebenda, Bd. 1, S. 187–197, hier: S. 193.

41 Lansing an Wilson, Brief v. 08.04.1919, in: PWW, Bd. 57, S. 131f.

nal law" stützen dürfe, sondern auf „a supreme offense against international morality and the sanctity of treaties"[42].

Diese Formulierung stellte einen Durchbruch dar, denn sie wurde am nächsten Morgen von den übrigen Regierungschefs akzeptiert und an das Redaktionskomitee weitergeleitet.[43] Dort fielen die Reaktionen allerdings gemischt aus. Die Konferenzjuristen waren der Ansicht, dass, wie es Cecil Hurst in einer späteren Aktennotiz festhielt, „more was required if the scheme was to be rendered workable"[44]. Am 14. April versuchte Hurst den britischen Außenminister Balfour davon zu überzeugen, dass der verabschiedete Beschluss nur als „statement of principle" dienen solle und „that a complete scheme should be prepared by the Drafting Committee, filling in all the details which are not covered by the resolution."[45] Zwei Tage später verschaffte Balfour dem Redaktionskomitee tatsächlich freie Hand für die Überarbeitung sämtlicher Entwürfe in dieser Sache.[46] Diese Freiheit wussten die Juristen zu nutzen. Nicht nur entstand nun ein gänzlich neuer Artikel zur Anklage des Kaisers (der spätere Art. 227 VV), der nur wenige Formulierungen von Wilsons Entwurf aufnahm. Sondern auch die übrigen von der Verantwortungskommission vorgeschlagenen Artikel wurden von Grund auf neu konzipiert.[47] Von der auf britisch-französische Initiative unternommenen Begründung einer Strafverfolgung durch die Prinzipien der Martens'schen Klausel, also einer Strafverfolgung aufgrund von Verstößen gegen die „laws of humanity", blieb wenig übrig. Ausschließlich wurde nunmehr auf Verstöße gegen „the law and customs of war" abgehoben, was ganz der amerikanischen Forderung entsprach, sich im Rahmen des etablierten, insbesondere durch die Haager Konventionen kodifizierten Völkerrechts zu bewegen. Angeklagte Personen sollten vor Militärtribunale der jeweils betroffenen Staaten gestellt werden, wohingegen das vorgesehene internationale „High Tribunal composed of members named by the Allied and Associated States" so zusammenschrumpfte, dass es nur noch als „special tribunal" für die Anklage des Kaisers fungierte; jedwede Ähnlichkeit mit einem ordnungsgemäß institutionalisierten

---

42 Vgl. Wilson, Protokoll v. 09.04.1919, in: Mantoux, Deliberations, Bd. 1, S. 197–203, hier: S. 197. Siehe auch Schwengler, Völkerrecht, S. 110, allerdings mit einer wohl zu starken Betonung der Differenzen zwischen Lansing und Wilson.
43 Vgl. Hankey an Dutasta, Brief v. 10.04.1919, in: TNA, FO 608/24/12, Bl. 214f. Auch abgelegt in Hursts Handakten, vgl. FO 374/27. Da der japanische Vertreter Saionji Kinmochi erst später unterzeichnete, erfolgte die Weitergabe erst am 10. April.
44 Hurst, Minute v. 12.05.1919, in: TNA, FO 608/247/12, Bl. 213.
45 Hurst an Balfour, Brief v. 14.04.1919, in: PA-UK, DLG Papers, F/147/8.
46 Vgl. Balfour, Minute v. 16.04.1919, in: TNA, FO 800/329, Bl. 229–235, hier: Bl. 229.
47 Insofern ist die Feststellung missverständlich, dass der Bericht „weitgehend akzeptiert" und als Grundlage für die Art. 227–230 VV verwandt worden sei, so Segesser, Recht statt Rache, S. 218.

Gericht wurde bewusst vermieden. Wohl ist aufgrund der opaken Arbeitsweise des Redaktionskomitees nicht sicher zu sagen, ob diese Überarbeitungen wesentlich auf Scott zurückgingen oder ob auch Fromageot, Hurst oder Malkin in eine ähnliche Richtung tendierten. In jedem Fall aber hatte es gute Gründe, wenn Scott seither hervorhob, dass die amerikanische Rechtsauffassung in der Verantwortungskommission zwar in der Minderheit gewesen sei, sich aber dank des Redaktionskomitees im endgültigen Vertragstext durchgesetzt habe.[48]

Einen Rückschlag musste die amerikanische Position gleichwohl noch hinnehmen. Am 1. Mai brachte Lloyd George im Council of Four nochmals ein Monitum von Ernest Pollock ein, der mit den vom Redaktionskomitee vier Tage zuvor vorgelegten Artikelentwürfen nicht einverstanden gewesen war. Nur durch Zufall hatte Pollock überhaupt von der Überarbeitung erfahren und war daraufhin erbost nach Paris geeilt.[49] Besonders der von Lansing initiierte Einschub, dass der Kaiser „not for a violation of criminal law" angeklagt werden solle, erschien ihm grob missverständlich. Schließlich könne diese Formulierung dahingehend verstanden werden, dass der Kaiser in jedem Fall nicht gegen das Recht verstoßen habe, was einer offiziellen Exkulpation durch den Friedensvertrag gleichkommen würde.[50] Wilson gab in diesem Punkt nach, so dass sich Artikel 227 VV in der endgültigen Fassung schließlich folgendermaßen las: „The Allied and Associated Powers publicly arraign William II of Hohenzollern, formerly German Emperor, for a supreme offence against international morality and the sanctity of treaties." Zwar wurde im nachfolgenden Absatz immer noch festgehalten, dass sich das geplante Tribunal an den „highest motives of international policy" orientieren müsse, „with a view to vindicating the solemn obligations of international undertakings and the validity of international morality." Trotzdem war damit nicht mehr ohne weiteres zu erkennen, dass es sich um ein politisches Tribunal und kein förmliches Strafverfahren handeln sollte, wie es die herausgestrichene Sentenz betont hatte; im Gegenteil, der eigentlich als Chiffre für den politischen, nicht-juristischen Charakter gedachte Hinweis auf

---

48 Vgl. Scott an Grew, Brief v. 26.07.1919, in: YLMA, Polk Papers, Box 22/99. Ähnlich innerhalb der britischen Delegation etwa Spring-Rice, Minute v. 11.05.1919, in: TNA, FO 608/247/15, Bl. 234: „[T]he clauses submitted by the Commission with their Report had been superseded in the German Treaty by those which the Drafting Committee prepared at the discretion of the Council of Four."
49 In einer Aktennotiz empörte sich Pollock entsprechend auch über die klandestine Vorgehensweise des Redaktionskomitees, vgl. Pollock, Minute v. 12.05.1919, in: TNA, FO 608/244, Bl. 420.
50 Vgl. Lloyd George, Protokoll v. 01.05.1919, in: FRUS, PPC 1919, Bd. 5, S. 389–402, hier: S. 389. Bei Mantoux findet sich keine Aufzeichnung hierzu. Siehe auch allg. Schwengler, Völkerrecht, S. 112f.

die internationale Moral und die Heiligkeit der Verträge avancierte unversehens zur Rechtsgrundlage für eine strafrechtliche Verurteilung. Noch in der Rückschau polemisierte Scott gegen die damit verbundene Akzentverschiebung: „What is morality? What is international morality? What is an offense against international morality? And what is a *supreme* offense against this thing, whatever it may be?"[51]

Auf einer grundsätzlichen Ebene ist die entscheidende Frage freilich, warum die amerikanischen Vertreter gegenüber einer Anklage des Kaisers weitaus zögerlicher auftraten und in einem weitaus engeren Rahmen an dem Vorrang einer nationalen Verantwortung für die Strafverfolgung festhielten als ihre europäischen Kollegen. Dahinter nur einen dogmatischen Rechtspositivismus zu vermuten,[52] greift ebenso zu kurz wie die Unterstellung einer besonderen Rachsucht der britischen und französischen Seite. Wenig plausibel erscheint auch der Vorwurf, dass die ablehnende Haltung der US-Delegierten aus der Sorge vor einer Präzedenzwirkung resultierte, der womöglich einmal ein amerikanischer Präsident zum Opfer fallen könnte.[53] Besser werden diese Differenzen verständlich, wenn man die im Hintergrund gleichfalls geführte Debatte um eine Ahndung des Völkermords an den Armeniern einbezieht. Dass in diesem Fall eine grenzüberschreitende Sanktionierung und Strafverfolgung für die europäischen Alliierten weitgehend selbstverständlich war, entsprach einer jahrzehntelangen Praxis der Intervention im Namen des Völkerrechts und der Humanität. Neben der Abschaffung des Sklavenhandels nach dem Wiener Kongress war, wie bereits herausgehoben, vor allem die Auseinandersetzung mit dem Osmanischen Reich und seiner angeblich defizitären Staatlichkeit von besonderer Bedeutung gewesen. Spätestens seit dem 19. Jahrhundert hatten die europäischen Großmächte den Schutz der christlichen Minderheiten, aber auch Fragen der Handelsfreiheit, des Eigentumsschutzes, der unabhängigen Gerichtsbarkeit im Herrschaftsbereich der Hohen Pforte immer mehr zu einer internationalen Angelegenheit, ja, zu einer Verpflichtung der zivilisierten Welt und der Menschheit stilisiert.[54] Es kann darum nicht überraschen, wenn der Völkermord an den Armeniern nicht nur sofort in diese Kategorien eingeordnet, sondern dabei auch erstmals die Formulierung der „Verbrechen gegen die Menschlichkeit" verwendet wurde: In ihrer Erklärung vom 24. Mai 1915 hatten die Regierungen von

---

51 Scott, Trial, hier: S. 239. Die Polemik bei Schmitt, Nomos, S. 236, greift insofern ins Leere. Ergänzend der Rückblick von Lansing, Some Legal Questions, S. 646f.
52 Vgl. Dülffer, Internationale Strafgerichtsbarkeit, S. 299f.; Schwengler, Völkerrecht, S. 86; Dickmann, Kriegsschuldfrage, S. 26.
53 Vgl. Lewis, Birth of the New Justice, S. 49. Siehe auch Weinke, Gewalt, Geschichte, Gerechtigkeit, S. 66f.
54 Vgl. Rodogno, Against Massacre, S. 36–62.

Großbritannien, Frankreich und Russland davon gesprochen, dass sie alle Verantwortlichen für diese „new crimes of Turkey against humanity and civilization" strafrechtlich zur Rechenschaft ziehen würden.[55]

Es mag zutreffend sein, dass zu diesem Zeitpunkt, wie angemerkt worden ist, innerhalb der Völkerrechtslehre noch kaum eine Diskussion über die juristische Definition dieser „Verbrechen gegen die Menschlichkeit" geführt worden war, geschweige denn, dass es einen Konsens über die damit bezeichneten Straftatbestände gegeben hätte.[56] Doch das Verhältnis von Macht, Moral und Menschlichkeit war im Völkerrecht des ausgehenden 19. Jahrhundert intensiv diskutiert worden.[57] Es bedurfte keiner sonderlichen juristischen Verrenkung, wenn die europäischen Vertreter in der Verantwortungskommission auf die Martens'sche Klausel und den damit verbundenen Begriff der „laws of humanity" rekurrierten, um die Rechtsgrundlage für eine grenzüberschreitende Sanktionierung zu schaffen. Oder um es noch deutlicher zu formulieren: Erst aus einer seit Jahrzehnten gepflegten Auseinandersetzung mit dem Osmanischen Reich war jenes Selbstverständnis der europäischen Großmächte als Hüter des Völkerrecht erwachsen, welches im Friedensschluss nach dem Weltkrieg nunmehr als selbstverständliche Berechtigung zur Durchsetzung von Recht und Gerechtigkeit gegenüber den Verlierernationen ausbuchstabiert wurde.[58]

Während dieser Anspruch einer internationalisierten Strafverfolgung im Fall von Deutschland vielleicht auch deshalb für Irritationen sorgte, weil er eine bis dato nach außen gerichtete Interventions- und Sanktionierungspraxis auf eine europäische Großmacht bezogen hätte,[59] stieß er in der Debatte um den armenischen Völkermord kaum auf Widerspruch.[60] Besonders die britische Regierung bemühte sich um eine aktive Sanktionierung. Bei Kriegsende standen ca. eine Million Soldaten des British Empire auf dem Gebiet des ehemaligen Osmanischen Reiches, und nicht nur in London, sondern auch vor Ort, seit der Beset-

---

55 Siehe bereits oben, S. 98.

56 Vgl. Daniel Marc Segesser, Die historischen Wurzeln des Begriffs „Verbrechen gegen die Menschlichkeit", in: Jahrbuch der Juristischen Zeitgeschichte 8 (2007), S. 82–93, hier: S. 87f.

57 Vgl. Lovrić-Pernak, Morale internationale, bes. S. 155–157.

58 Vgl. Rodogno, Against Massacre, S. 18–54, Tusan, „Crimes against Humanity", S. 52–62; Özsu, Ottoman Empire, S. 429. Siehe weiter Kayaoğlu, Legal Imperialism, S. 104–148; Gong, Standard, S. 106–119.

59 Von einer „strukturellen Analogie" zwischen dem Schulddiktum von Versailles und vergleichbaren Wertungen in einer Vielzahl von Kolonialverträgen spricht Fisch, Krieg und Frieden, S. 219, 238f.

60 Erste Grundzüge der völkerrechtswissenschaftlichen Diskussion bei Daniel Marc Segesser, Dissolve or Punish? The International Debate Amongst Jurists and Publicists on the Consequences of the Armenian Genocide for the Ottoman Empire, 1915–23, in: Journal of Genocide Research 10, H. 1 (2008), S. 95–110.

zung Konstantinopels im November 1918, bestand große Bereitschaft, dieses Machtpotential zum Schutz der armenischen Vertriebenen und der Verfolgung der türkischen Täter einzusetzen.[61] Schon eine implizite Drohung hatte dazu geführt, dass sich die Regierung des letzten Sultans darum bemühte, in eigener Regie eine strafrechtliche Ahndung einzuleiten und damit zugleich auch jeden Vorwurf einer fehlenden staatlichen Durchsetzungskraft zu entkräften. Doch obwohl ein türkisches Militärtribunal im April seine Arbeit aufnahm, zeigten sich die alliierten Militärbehörden unzufrieden. Aus Sorge vor milden Urteilssprüchen und angesichts der Tatsache, dass zahlreiche Verdächtige ohne größere Schwierigkeiten hatten fliehen können, intervenierte Arthur Somerset Calthorpe, der britische Hochkommissar vor Ort. Im Mai ließ er alle inhaftierten Personen sowie weitere mutmaßliche Straftäter festsetzen und in die britische Kronkolonie nach Malta verbringen, wo sie bis zu einem Prozess vor einem internationalen Tribunal interniert werden sollten.[62]

Mit dieser Erwartung eines internationalen Tribunals waren die britischen Verantwortlichen den zeitgleich in Paris stattfinden Verhandlungen um einiges vorausgeeilt. Innerhalb der British Empire Delegation wurde diese Fragen zwar fortlaufend bearbeitet.[63] Doch es hatte seinen guten Grund, wenn Cecil Hurst im April 1919, als ihm eine Liste mit mutmaßlichen türkischen Kriegsverbrechern ausgehändigt wurde, lediglich anmerkte, dass „no action can be taken at present."[64] Zudem erschien es Hurst nicht zwingend, wie er zwei Wochen später notierte, im türkischen Fall von einem gemeinsamen Vorgehen der Alliierten auszugehen und mit strafrechtlichen Verfahren gegen die auf Malta internierten Personen zu warten, bis überhaupt eine alliierte Sanktionskompetenz per Friedensvertrag festgelegt worden sei.[65] In den Überlegungn des Legal Advisors lässt sich das Selbstverständnis des British Empire in nuce erkennen. Eine Bestrafung der osmanischen Verbrechen erforderte nicht notwendig eine formalisierte und kodifizierte Grundlage, sondern konnte sich auf die Gewissheit stützen, im Namen der zivilisierten Menschheit zu handeln.[66]

Dass die Liste der türkischen Kriegsverbrecher aus der griechischen Delegation gekommen war, war kein Zufall. Zwar stand hinter dem Interesse, mit dem

---

61 Entsprechende Bestimmungen zur Stationierung britischer Streitkräfte in armenischen Siedlungsgebieten waren bereits Teil des Waffenstillstands von Moudros gewesen, vgl. Dyer, Turkish Armistice II, S. 331–338.

62 Vgl. Tusan, „Crimes against Humanity", S. 62–69; Kévorkian, Armenian Genocide, S. 770–773; Dadrian, History of the Armenian Genocide, S. 308–310.

63 Siehe besonders die Unterlagen in: TNA, FO 608/244.

64 Hurst, Minute v. 23.04.1919, in: TNA, FO 608/247/1, Bl. 87.

65 Vgl. ders., Minute v. 08.05.1919, in: TNA, FO 608/244, Bl. 453f.

66 Vgl. Tusan, „Crimes against Humanity", S. 64–69.

sich auch die Athener Regierung für eine unnachgiebige Strafverfolgung engagierte, in erster Linie der Versuch, den eigenen Hegemonialanspruch im östlichen Mittelmeer politisch wie moralisch abzusichern. Die Besetzung von Smyrna im Mai 1919 war nicht zuletzt mit dem Schutz der griechischstämmigen Bevölkerung vor türkischen Übergriffen gerechtfertigt worden. Doch eine solche
Argumentation war eben nur möglich, weil sich die Athener Delegierten langfristigen Vorstellungen einer zivilisatorischen Entgegensetzung zum Osmanischen Reich bedienen und Griechenland als Ursprung einer europäischen Wer-
tegemeinschaft präsentieren konnten. Der griechische Vertreter in der Verantwortungskommission, der Völkerrechtler Nikolaos Politis, hatte das Osmanische Reich schon während des griechisch-türkischen Krieges von 1897 zu einer
„nation asiatique et barbare"[67] erklärt, und eben diese Interpretation konnte er
in seinem Amt als Außenminister im Frühjahr 1919 nahtlos fortführen. Die latente Bedrohung Europas durch die „barbarie turque"[68] habe sich, so schrieb er
im Januar an James Brown Scott, angesichts der Verbrechen an den Armeniern
nachdrücklich bestätigt.[69]

Angesichts der Prioritätensetzung der Verantwortungskommission kam der
britisch-griechische Schulterschluss allerdings nicht wirklich zum Tragen. Als
Politis am 7. Februar die Forderung erhob, auch über die osmanischen Verbrechen als Verstöße gegen „la loi humaine, la loi morale"[70] zu sprechen, erntete
er nur verhaltene Resonanz. Larnaude machte sich bei dieser Gelegenheit zwar
für ein internationales Tribunal stark, welches über weitgehende Eingriffsrechte
in die nationale Jurisdiktion verfügen könne.[71] Doch es ist nicht auszuschließen,
dass der französische Jurist dabei wiederum eher Deutschland im Sinn hatte,
und in jedem Fall war es evident, dass die amerikanischen Delegierten kaum
für eine Thematisierung des osmanischen Falls zu erwärmen waren. So groß die
Empörung über die Verfolgung der armenischen Bevölkerung in den USA gewesen sein mochte, so unbestreitbar ließ sie sich als innerstaatliches Geschehen in
einer Nation beschreiben, mit der sich die USA nicht einmal in einem Kriegszustand befanden. Es war aus amerikanischer Sicht kaum möglich, eine tragfähige
völkerrechtliche Begründung zur Ahndung dieser innerstaatlichen Gewaltexzesse zu finden. Da das etablierte Kriegsvölkerrecht stets nur von einer militärischen Konfrontation zwischen einzelnen Staaten ausging, blieb jede Debatte

---

67 Zit. nach Özsu, Politis, hier: S. 245.
68 Politis an Scott, Brief v. 28.01.1919, in: GUSC. Scott Papers, Box 6/6.
69 Zu Politis vgl. Papadaki, Government Intellectuals, S. 227f.
70 Protokoll v. 07.02.1919, in: RdA, Bd. IV-B-2, S. 29–37, hier: S. 30.
71 Vgl. Larnaude, Protokoll v. 07.02.1919, in: ebenda, Bd. IV-B-2, S. 29–37, hier: S. 30.

über eine Verletzung (und Wiederherstellung) völkerrechtlicher Positionen immer nur auf die zwischenstaatlichen Beziehungen beschränkt.

In der Verantwortungskommission wurde jedenfalls entschieden, die Verantwortung für den Völkermord an den Armeniern zunächst auszuklammern. Ein am 14. März vorgelegtes Memorandum der armenischen Gesandtschaft[72] wurde lediglich zu den Unterlagen genommen, und der abschließende Kommissionsbericht vom 29. März beschränkte sich allein auf das Deutsche Reich. Doch nachdem die Regierungschefs Anfang Mai beschlossen hatten, dass die Strafbestimmungen der Artikel 228 bis 230 VV im Grundsatz auch für die anderen Friedensverträge übernommen werden sollten, ergaben sich neue Spielräume.[73] Zwar wurde in der Kommission, die formell noch bis August 1919 bestand, der armenische Fall nicht noch einmal aufgegriffen.[74] Mit der Ausarbeitung des Vertrags von Sèvres rückten diese Fragen jedoch wieder in den Vordergrund. Die Strafbestimmungen für den türkischen Friedensvertrag wurden ab Ende Februar 1920 in einem neuen Komitee unter dem Vorsitz von Jules Cambon verhandelt,[75] wobei nun ohne amerikanische Beteiligung weitaus deutlicher an ein traditionelle europäische Interventionspraxis angeknüpft werden konnte, etwa indem Artikel 226 bis 230 VS eine gemeinschaftliche Strafverfolgung der alliierten Siegernationen stipulierte.[76] Gerade das koordinierte Vorgehen der europäischen Großmächte war ein entscheidender Punkt. Schon 1905 hatte Lassa Oppenheim prognostiziert, dass gemeinsame Interventionen im Interesse der Menschheit („interventions in the interests of humanity") vor allem dann völkerrechtlich legitim seien, wenn „they are exercised in the form of a *collective* intervention of the Powers."[77]

---

72 Vgl. Mémoire de la Délégation Nationale Arménienne déposé par la Délégation Hellénique, 14.03.1919, in: ebenda, Bd. IV-B-2, S. 511–514. Zum Auftritt der Armenier auch die stark sympathisierenden Aufzeichnungen bei Bonsal, Suitors and Suppliants, S. 186–201.
73 Hankey an Dutasta, Brief v. 09.05.1919, in: AD, Papiers Tardieu, PA-AP 116/304, Bl. 2. Auf eine Anklage der ehemaligen Staatsoberhäupter analog zu Art. 227 VV sollte hingegen verzichtet werden.
74 Das führt häufig dazu, dass seine Bedeutung für die Pariser Verhandlungen deutlich unterschätzt wird, vgl. Segesser, Recht statt Rache, S. 222–225.
75 Vgl. Cambon an Lloyd George, Brief v. 11.03.1920, in: DBFP, First Ser., Bd. 7, S. 601f.
76 Zur Diskussion vgl. Protokoll v. 23.03.1930, in: ebenda, Bd. 7, S. 591–605, hier: S. 593–596. Knapp auch: Dadrian, History of the Armenian Genocide, S. 304f.
77 Oppenheim, International Law, Bd. 1 (1905), S. 186f. (Hervorh. im Original). Siehe auch Rodogno, Against Massacre, S. 60f., zur weiteren Debatte um eine Formalisierung der Interventionspraxis neben Vec, Intervention/Nichtintervention, S. 141–144, auch Stefan Kroll, The Legal Justification of International Intervention. Theories of Community and Admissibility, in: Klose (Hrsg.), Emergence of Humanitarian Intervention, S. 73–88, hier: S. 84–87.

Ein expliziter Bezug auf die „laws of humanity" ließe sich zwar selbst in den Klauseln des Vertrags von Sèvres nicht mehr unterbringen, vielleicht auch, weil die eigentliche Ausformulierung wiederum dem Redaktionskomitee mit eher skeptischen Juristen wie Fromageot und Malkin oblag. Trotzdem gingen die Festlegungen über den Versailler Vertrag, der die Blaupause für die Strafbestimmungen der Abkommen von Saint-Germain, Neuilly und Trianon geliefert hatte, in zwei Punkten deutlich hinaus: Erstens wurde ein zusätzlicher Artikel eingefügt, um die Übergriffe auf die Armenier überhaupt strafrechtlich zu erfassen und als innerstaatliches „Massaker" mit einem eigenen Straftatbestand im Völkerrecht zu verknüpfen. Vermutlich aus Unsicherheit über die Tragfähigkeit dieser Konstruktion blieb eine eigentümliche und etwas ungelenke Anbindung an das Kriegsgeschehen bestehen, indem Artikel 230 VS die türkische Regierung zur Auslieferung aller Personen verpflichtete, „responsible for the massacres committed during the continuance of the state of war on territory which formed part of the Turkish Empire on August 1, 1914".[78]

Zweitens tauchte in diesem Artikel wiederum die Idee eines internationalen Tribunals auf, welches die amerikanischen Vertreter im Versailler Vertrag nur widerwillig und nur für eine politische Verdammung des Kaisers hatten zulassen wollen. Aus europäischer Sicht drängte es sich aber gerade für den armenischen Fall auf, eine übernationale Instanz der Strafverfolgung zu schaffen. Eine von den Großmächten dominierte Gerichtsbarkeit fügte sich nicht nur in den ohnehin ausgedehnten Katalog der Eingriffsrechte gegenüber dem Osmanischen Reich, sondern sie konnte bereits durch eine als unzureichend wahrgenommene (osmanische) bzw. gänzlich fehlende (armenische) Staatlichkeit noch zusätzlich gerechtfertigt werden. Die in den übrigen Friedensabkommen vorgesehene Bestimmung, wonach alle Rechtsverletzungen durch Militärtribunale der jeweils betroffenen Nationen geahndet werden sollten, war in diesem Fall jedenfalls nicht ohne weiteres anwendbar. Hingegen blieb die Frage, wer auf osmanischer Seite angeklagt und wer den alliierten Strafverfolgungsanspruch vertreten solle, zunächst unbestimmt. In Artikel 230 VS war nur vage die Rede davon, dass die alliierten Nationen das Recht hätten, „to designate the tribunal which shall try the persons so accused". Mit guten Gründen kann man darin einen Freibrief für jene auf britischer Seite bereits im Frühjahr 1919 angestellten Überlegungen sehen, eine Strafverfolgung weitgehend nach eigenem Ermessen durchzuführen.[79] Mehr noch: In einer solcherart „europäisierten" Intervention wird nochmals der weitgehende, zivilisatorisch-humanitär gestimmte Sank-

---

78 Vgl. Kévorkian, Armenian Genocide, S. 768f.; Garibian, From the 1915 Allied Joint Declaration, S. 90–92. Siehe auch Tusan, „Crimes against Humanity", S. 66–68.
79 Vgl. Garibian, From the 1915 Allied Joint Declaration, S. 91–94.

tionsanspruch greifbar, der ursprünglich auch auf das Deutsche Reich gezielt hatte und der während der Ausarbeitung des Versailler Vertrags einzig durch den Einspruch der amerikanischen Delegierten (und die Skrupel des Redaktionskomitees) in den Hintergrund gedrängt worden war.

Derartige Ambitionen verflogen nach 1919/20 jedoch rasch. Mit dem Rückzug der USA aus dem Vertragswerk fiel den europäischen Hauptmächten die alleinige Verantwortung für die Strafbestimmungen zu. Angesichts der damit gegebenen politischen Überforderung von Großbritannien und Frankreich, deren Regierungen neben den ausstehenden Problemen des Friedensschlusses noch zahlreiche weitere innen- und außenpolitische Konfliktfelder zu bestellen hatten, zeigte sich bald eine neue Kompromissbereitschaft, die sich freilich auch als stillschweigende Rückkehr zur Konsenspraxis des Europäischen Konzerts lesen lässt. Schon zum Jahreswechsel 1919/20 war die Anklage des deutschen Kaisers nach Artikel 227 VV ins Stocken geraten. Nachdem ursprüngliche Blütenträume eines Umbaus der Verantwortungskommission in eine dauerhaft institutionalisierte Strafverfolgungsbehörde schon im Sommer 1919 verwelkt waren,[80] hatte die britische Regierung zwar immerhin erste Vorbereitungen für die Einrichtung eines internationalen Tribunals in London getroffen. Allerdings wurde bald offensichtlich, dass die alliierten Siegermächte außerstande sein würden, eine Auslieferung des einstigen Monarchen aus den Niederlanden zu erzwingen. Auch wenn der Regierung in Den Haag zwischen Januar und März 1920 mehrmals eine entsprechende Forderung vorgetragen wurde, wobei hinter den Kulissen sogar die Möglichkeit von Sanktionen erwogen wurde,[81] blieben alle Appelle erfolglos. Nicht selten bestand über die Festigkeit der niederländischen Regierung sogar Erleichterung. Es kam von alliierter Seite verschiedentlich zu dezenten diplomatischen Hinweisen, dass man mit einer dauerhaften Internierung des Kaisers in Holland würde leben können, wiewohl die britischen Vertreter, den Fall Napoleons vor Augen, eine lebenslange Verbannung auf die Falklandinseln oder nach Ostindien vorgezogen hätten.[82]

---

80 Dieser Vorschlag kam offenbar vom britischen Attorney-General (Gordon Hewart), vgl. Hurst an Crowe, Brief v. 26.07.1919, in: TNA, FO 608/146, Bl. 365f. Hurst hatte nur Spott für diesen Plan übrig.

81 So wollte Berthelot offenbar die Zulassung der Niederlande zum Völkerbund von einer Auslieferung des Kaisers abhängig machen, vgl. Drummond an Spicer, Brief v. 05.02.1920, in: LoNA, Legal Section, R1273/2944.

82 Vgl. Willis, Prologue, S. 107–110, daneben Harald Wiggenhorn, Verliererjustiz. Die Leipziger Kriegsverbrecherprozesse nach dem Ersten Weltkrieg, Baden-Baden 2005, S. 54; Schwengler, Völkerrecht, S. 300f. Siehe auch den Sachstandsbericht von Hurst, Memorandum v. 12.07.1919, in: GUSC, Scott Papers, Box 23/35.

Wichtiger und erstaunlicher noch war die Bereitschaft, mit der die europä-ischen Siegermächte im Fall der kriegsrechtlichen Verstöße nun doch eine Strafverfolgung durch die deutsche Gerichtsbarkeit zu akzeptieren bereit waren. Zwar wurde besonders in der französischen und belgischen Öffentlichkeit auf einer Aburteilung vor alliierten Militärtribunalen beharrt, und im Sommer 1919 war hinter den Kulissen zudem ein Vorschlag von Ernest Pollock zirkuliert, wo-nach die Repatriierung der Kriegsgefangenen von der Erfüllung der Ausliefe-rungsforderungen abhängig gemacht werden sollte. Doch diese Verkopplung, die sich bereits in den ursprünglichen Vorschlägen der Verantwortungskommis-sion befunden hatte (und vom Redaktionskomitee später getilgt worden war), stieß sowohl bei Larnaude als auch Hurst auf Kritik.[83] Stattdessen bildete sich bis Februar ein alliierter Konsens heraus, zunächst keine Auslieferung von Kriegsverbrechern nach Artikel 228 VV zu erzwingen, sondern den deutschen Gegenvorschlag vom 25. Januar zu akzeptieren, in dem eine Ahndung der kriegsvölkerrechtlichen Verstöße durch das Reichsgericht in Leipzig angeboten wurde; schon seit November hatten Ernst v. Simson und Friedrich Gaus von der Rechtsabteilung des AA in Paris über eine solche Lösung verhandelt. Eine An-klage in Deutschland sollte nach dem Wortlaut des Versailler Vertrages zwar nicht automatisch von einem Verfahren vor einem alliierten Tribunal befreien, wie es der Grundsatz des ne bis in idem eigentlich nahegelegt hätte. Gleich-wohl, so wurde in den Kreisen der alliierten Juristen feinsinnig argumentiert, sei eine Anklage auf Grundlage der Versailler Bestimmungen nicht zwingend. Im Vertragstext seien beispielsweise keine Fristen für die Auslieferung definiert, so fasste Malkin einen Vorschlag von Fromageot zusammen, weshalb es mög-lich sei, „to postpone the demand for surrender in order to give time for the ac-cused to be tried by a German Court."[84]

Die aus diesen Konzessionen erwachsenen und seit Januar 1921 vor dem Leipziger Reichsgericht durchgeführten Kriegsverbrecherprozesse erbrachten bekanntlich nur bedingt jene Ergebnisse, auf welche die Verantwortungskom-mission rund zwei Jahre zuvor gehofft haben mochte. Daran änderte auch die Teilnahme von Ernest Pollock nichts, der als britischer Solicitor-General für ei-nige Verfahren nach Leipzig reiste, wo er zwar nicht als Nebenkläger auftrat, aber immerhin gut sichtbar neben dem Anklagevertreter auf dem Podium Platz

83 Vgl. zusammenfassend: Hurst, Minute v. 04.08.1919, in: TNA, FO 608/146, Bl. 89f., dort weitere Unterlagen zu diesem Punkt.
84 Malkin, Memorandum v. 03.12.1920, in: BDFA II, Ser. I, Bd. 5, S. 53. Zum gesamten Sach-verhalt vgl. Wiggenhorn, Verliererjustiz, S. 54–62; Krüger, Außenpolitik, S. 95–101; Schweng-ler, Völkerrecht, S. 300–343, außerdem Neitzert, Rückschau des Staatssekretärs Ernst von Sim-son S. 459–463.

nahm.[85] Doch während die Leipziger Richter die Prozesse durchaus ernst nahmen und auch Pollock der deutschen Seite attestierte, eigene Anstrengungen unternommen zu haben, sorgte die immer wieder durchscheinende obstruktive Einstellung der deutschen Behörden in den alliierten Ländern für Empörung.[86] Die französische Militärjustiz verhandelte einige Fälle in Abwesenheit der Angeklagten und fällte eine Reihe von drakonischen Urteilen, die zwar nicht vollstreckt werden konnten, die französisch-deutschen Beziehungen der Nachkriegszeit aber weiter vergifteten.[87] An dem Grundsatz nationaler Verantwortlichkeit für die Strafverfolgung wurde gleichwohl vorerst nicht mehr gerührt. Die europäischen Siegermächte verfügten, bei Licht besehen, weder über den politischen Willen noch die Machtmittel, eine Auslieferung erzwingen zu können; auch dies zählt zu der bereits angedeuteten Erfahrung, dass sich der Versailler Vertrag trotz seiner detaillierten Vorgaben nicht selbst exekutierte, sondern die Siegermächte immer auf eine kooperative Haltung der Reichsbehörden angewiesen waren.[88]

Noch deutlicher zeigte sich dieses Muster einer Rückgabe der Strafverfolgung in die nationale Verantwortung im Fall des türkischen Friedensschlusses. Angesichts der ausbleibenden Ratifikation des Vertrages von Sèvres blieben die Bestimmungen des Artikels 230 VS und damit alle Pläne für ein internationales Tribunal tote Buchstaben. Mit dem rasanten Aufstieg der kemalistischen Bewegung in Anatolien verschoben sich die Prioritäten der europäischen Regierungen. Die türkischen Nationalisten verfügten bald über ein solches Momentum, dass sie nicht nur die bedingungslose Freilassung der letzten rund 120 türkischen Gefangenen auf Malta im Sommer 1922 erzwingen konnten,[89] sondern auch in den Friedensverhandlungen von Lausanne wenige Wochen später sämtliche Strafbestimmungen ohne Probleme vom Tisch zu räumen vermochten. Im Friedensvertrag von Lausanne wurden die Massaker in Armenien mit keinem Wort mehr erwähnt. Stattdessen wurde in einer ergänzenden Konvention zum Friedensvertrag eine Generalamnestie aller Vertragsparteien für sämtliche Geschehnisse im Osmanischen Reich zwischen 1914 und 1922 vereinbart.[90] Von einer juristischen Aufarbeitung war seither nicht mehr die Rede. In der

---

85 Vgl. Wiggenhorn, Verliererjustiz, S. 155f.
86 Vgl. Lewis, Birth of the New Justice, S. 56–59; Hankel, Leipziger, S. 41–57; Horne/Kramer, German Atrocities, S. 345–355; Willis, Prologue, S. 116–125. Unterlagen von Pollock zu den Leipziger Prozessen in: Bodleian Lib., Hanworth Papers, Ms.Eng.c.944.
87 Vgl. Hankel, Leipziger, S. 481–499; Schwengler, Völkerrecht, S. 350–352.
88 Vgl. Wiggenhorn, Verliererjustiz, S. 153–400. Auch Willis, Prologue, S. 113–125.
89 Vgl. Kévorkian, Armenian Genocide, S. 804.
90 Vgl. ebenda, S. 799–805; Dadrian, History of the Armenian Genocide, S. 332–336, 422, daneben Banken, Verträge, S. 303, 567–569.

neuen türkischen Republik verfiel das armenische Schicksal rasch einer weitgehenden Tabuisierung bis hin zur offensiven Leugnung. In den europäischen Debatten der Zwischenkriegszeit blieb die Erinnerung an den Völkermord in Anatolien hingegen durchaus präsent und trug in den 1930er und 1940er Jahren zur Begriffsschöpfung des „Genozid" durch den polnischen Juristen Raphael Lemkin bei; nach dem Zweiten Weltkrieg diente gerade der armenische Fall neben dem Holocaust zur Begründung der „Konvention über die Verhütung und Bestrafung des Völkermordes", die im Jahr 1948 von den eben begründeten Vereinten Nationen verabschiedet wurde. Doch auch hier galt unverrückbar: Eine per se internationalisierte Zuständigkeit und Sanktionskompetenz war nicht vorgesehen; die Kodifikation der völkerstrafrechtlichen Tatbestände verband sich, wie es in Artikel VI der Konvention vorgesehen wurde, immer noch mit einem Vorrang der nationalen Gerichtsbarkeit in der Strafverfolgung.[91]

Insgesamt: Die Forderung nach einer Bestrafung der Schuldigen am und im Weltkrieg, die sich bereits während der Kriegszeit propagandistisch verselbstständigt hatte, stellte spätestens seit Dezember 1918 ein gemeinsames Ziel der alliierten Regierungen dar, auf das umso weniger verzichtet werden konnte, desto mehr die sonstigen Gemeinsamkeiten zwischen ihnen verblassten. Allerdings greift es zu kurz, die sich schon früh abzeichnenden Differenzen auf den Konflikt zwischen einer unnachgiebigen Rachsucht der europäischen Alliierten und einer maßvollen, rechtspositivistisch begründeten Position der amerikanischen Seite zu reduzieren. Tritt man einen Schritt zurück und nimmt neben dem deutschen auch den osmanischen Fall hinzu, so lässt sich deutlich erkennen, dass das europäische Drängen auf eine Internationalisierung der Strafverfolgung unmittelbar aus den zivilisatorisch-humanitären Denkwelten des 19. Jahrhunderts entwickelt war, in denen Europa als Schutzmacht erst der Christenheit, dann der Zivilisation, schließlich der Menschheit figurierte. Demnach war es nicht nur eine nach völkerrechtlichen Grundsätzen legitime, sondern auch moralisch gebotene Pflicht der europäischen Großmächte, im Namen internationaler Gerechtigkeit überall dort intervenierend einzugreifen, wo schwerste Verbrechen ungesühnt zu bleiben drohten; es war geradezu unvermeidbar, dass dieser Anspruch auch im Rahmen der Pariser Friedensverhandlungen erhoben werden würde.

Insofern ist die häufig anzutreffende Ansicht, erst die Schockerfahrung des Weltkrieges habe dogmatische Vorstellungen einer unantastbaren staatlichen

---

91 Die Konvention: 78 UNTS 277. Siehe auch Dadrian, History of the Armenian Genocide, S. 412–416, zu Lemkin etwa Weinke, Gewalt, Geschichte, Gerechtigkeit, S. 117–126, zur Frage der im Völkerrecht eingelagerten Gewalterfahrungen auch Troebst, Speichermedium der Konflikterinnerung, S. 409–413.

Souveränität aufgeweicht und unterlaufen, nicht ganz vollständig. Wenn ein Völkerrechtler wie Nikolaos Politis in den 1920er Jahren einer Relativierung nationaler Souveränität prominent das Wort redete, so war das weniger eine Innovation als die Aktualisierung bereits vorfindlicher Tendenzen im europäischen Völkerrecht.[92] Auf diese etablierten Traditionen einer europäischen Einmischung ist jedenfalls die Skepsis der amerikanischen Delegierten im Kern zurückzuführen. Die „Gesetze der Menschheit" waren in ihrer Sicht eine zweifelhafte Rechtsgrundlage, welche über die Verpflichtung jeder souveränen Nation, die Grundsätze des Rechts und der Gerechtigkeit im eigenen Machtbereich durchzusetzen, nicht wegtäuschen dürfte. Schließlich hatten sich gerade die amerikanischen Nationen in der Vergangenheit gegen einen europäischen Paternalismus durchsetzen müssen; die Abwehr jedweden Interventionsrechts Europas zählte bekanntlich seit der Monroe-Doktrin von 1823 zu den unverrückbaren Fundamenten der amerikanischen Außenpolitik.

Der in den Pariser Friedensverträgen enthaltene Anspruch einer Internationalisierung und also Europäisierung der Strafverfolgung ließ sich ohnehin kaum mit Leben erfüllen. Auf eine Anklage des Kaisers wurde verzichtet und die Verfolgung der deutschen Kriegsverbrecher bald von der Tagesordnung abgesetzt. Doch nicht allein die obstruktive Haltung der deutschen Seite, sondern auch die aggressive Abwehr der türkischen Nationalisten, die sich mit der Erbitterung jahrzehntelanger Unterlegenheit zur Wehr setzten, ließen den Preis für eine konsequente Durchsetzung einer internationalen Strafverfolgung in eine für London, Paris und Rom rasch unbezahlbare Höhe steigen. Nachdem ein früher Vorstoß für eine internationales Strafgericht im Vorfeld der Gründung des PCIJ im Jahr 1920 folgenlos versandet war, dauerte es bis zu den Nürnberger Prozessen von 1945, ehe es neuerlich zu einem Versuch kam, die strafrechtliche Sanktionierung großer und größter Menschheitsverbrechen in einem internationalen Rahmen vorzunehmen.[93] Späte Frucht dieser Bemühungen ist der durch das Römische Statut von 1998 begründete Internationale Strafgerichtshof in Den Haag. Dass die Vereinigten Staaten von Amerika diesem 2002 ins Leben getretenen Gerichtshof bis dato nicht beigetreten sind, sondern sich auf den Vorrang einer nationalen Strafverfolgung berufen, mag man als Abkehr vom amerikanischen Engagement bei den Nürnberger Tribunalen sehen; im Licht der hier dargestellten Vorgeschichte handelt es sich freilich um eine andere, längerfristig angelegte Traditionslinie. Eine noch tiefere historische Abgründigkeit gibt

---

92 Vgl. hingegen Cabanes, Great War, S. 74f., 301; Özsu, Politis, S. 247–250; Jones, Toward a Just World, S. 166.
93 Vgl. Priemel, Betrayal. Erste Hinweise auf die einschlägige juristische Literatur etwa bei Shaw, International Law, S. 285–320; Klabbers, International Law, S. 219–233.

allerdings der Protest einiger afrikanischen Ländern zu erkennen, welche dem Haager Gericht angesichts seiner bisherigen Ermittlungs- und Spruchpraxis eine imperialistische Agenda vorwerfen. Eine solche Kritik ist sicherlich zuerst ein politisches Abwehrargument. Sie trifft sich aber in eigentümlicher Weise mit dem hier dargestellten Sachverhalt: Der Anspruch einer alliierten Strafverfolgung nach dem Ersten Weltkrieg war ohne die Idee und Praxis einer grenzüberschreitenden, imperialen Interventionsmacht der europäischen Großmächte kaum zu denken.

Die Pflicht zur Entschädigung (Reparationen)

Während sich Anspruch und Praxis einer internationalen Strafverfolgung im Verlauf des 20. Jahrhunderts nur zögerlich durchsetzen konnten, wurden die im Friedensschluss von 1919/20 gleichfalls neu definierten Grundsätze einer fiskalischen Entschädigung rascher akzeptiert. Zwar lassen sich erste Überlegungen zu einer rechtlichen Erstattungspflicht für ein unrechtmäßiges Staatshandeln wenigstens auf die Völkerrechtslehre des 18. Jahrhunderts, vermutlich aber noch weiter zurückführen.[94] Doch erst mit Artikel 3 der IV. Haager Konvention von 1907 war erstmals ein förmlicher Anspruch kodifiziert worden, demzufolge ein Staat für die kriegsrechtlichen Verstöße seiner Streitkräfte haftbar gemacht werden konnte („be liable to pay compensation"). Im Ersten Weltkrieg gewannen Vorstellung von Ausgleichs- und Erstattungszahlungen für ungerechtfertigte militärische Verheerungen allerdings ein ganz neues Format, und es entwickelte sich eine langanhaltende Debatte um die fiskalische Wiedergutmachung und Entschädigung durch den Kriegsverlierer. Der entscheidende Punkt, um den es im Folgenden gehen soll, liegt in der sich wandelnden Begründung für die Anspruchsgrundlage. War es bis dato meist um eine pauschale Entschädigungszahlung gegangen, die zwar mit einem Hinweis auf die Schuldhaftigkeit des Verlierers rhetorisch gerechtfertigt werden mochte, letztlich aber allein dem politischen Ermessen der siegreichen Partei entsprang und also Beute- und Tributcharakter trug, so rückten nunmehr juristische Argumentationsmuster in den Vordergrund. Zwar blieb allein der Kriegsverlierer erstattungspflichtig. Doch an die Stelle einer machtpolitisch oktroyierten Forderung wurde nun ein rechtlicher Anspruch auf eine Erstattung nach begründeten Prinzipien gesetzt, was sich im Begriff der Reparationen kondensierte. Selbst wenn aus politischen, wirtschaftlichen oder strategischen Motiven also extensive Forderungen erhoben wurden, so mussten sie sich allein auf die Entschädigung und den Aus-

---

94 Vgl. James Crawford, State Responsibility. The General Part, Cambridge, UK 2013, S. 17–24.

gleich der unrechtmäßig zugefügten Schäden beziehen. In den finanziellen Friedensbestimmungen von Paris wurde damit von einer politischen Aushandlung auf eine rechtsförmige Auslegung umgestellt; zutreffend ist geurteilt worden, dass der Friedensschluss von 1919 „placed issues of responsibility for the major events of international war and peace irrevocably within the domain of the ‚legal‘"[95].

Am Beginn aller Debatten stand Woodrow Wilsons scharfe Absage an die übliche Praxis von Strafzahlungen als Kriegsentschädigung: „[N]o annexations, no contributions, no punitive damages"[96], so hatte der Präsident seine Position im Februar 1918 gegenüber dem amerikanischen Kongress formuliert und sich damit vor allem von den unterstellten Revanchegelüsten der europäischen Großmächte demonstrativ distanziert. An die Stelle willkürlich festgesetzter Entschädigungen („indemnities"), so konnte man Wilson verstehen, solle eine Begrenzung sämtlicher Zahlungen auf jene Fälle treten, in denen eine rechtswidrige Handlung der einen Partei zu einem Schaden der anderen Partei geführt habe, wo also eine Wiedergutmachungs- und Ersatzpflicht gleichsam nach zivilrechtlichen Grundsätzen („reparation") bestehe. In diese Richtung argumentierte wenig später jedenfalls David Hunter Miller, der, immerhin ein erfahrener Wirtschaftsanwalt, Wilsons Äußerungen in dieser Frage so konzise zusammenfasste, dass die eigentlich schwankende Haltung des Präsidenten zumindest im Fall der belgischen und französischen Kriegsschäden in eine vergleichsweise stabile Programmatik gebracht wurde.[97] In der Tat hatte Wilson in seinen 14 Punkten davon gesprochen, dass neben Belgien nur noch die verheerten Teile Nordfrankreichs „wiederhergestellt" („restored") werden müssten, am Rande auch Rumänien, Serbien und Montenegro. Eine solche Forderung nach Wiederherstellung ließ sich als Beschränkung der Reparationspflicht auf exakt jene Summen verstehen, welche zur Beseitigung von völkerrechtswidrig angerichteten Schäden und also für eine Rückkehr zum Status quo ante notwendig seien. Dies entsprach auch der Auffassung der zeitgenössischen Völkerrechtslehre, wonach, wie etwa Franz v. Liszt meinte, bei Verstößen gegen das internationale Recht der schuldhaft handelnde Staat „zunächst, soweit das möglich ist, den früheren Zustand wieder herzustellen und eine Entschädigung in Geld zu leisten"[98] habe.

---

95 Ebenda, S. 27f. Die Neuartigkeit betont etwa auch Fisch, Krieg und Frieden, S. 205f. Weiter: Zimmer, Friedensverträge im Völkerrecht, S. 64f.
96 Wilson, 11.02.1918, in: PWW, Bd. 46, S. 318–324, hier: S. 321.
97 Vgl. David Hunter Miller, American Program and International Law, in: DHMD, Bd. 2, S. 323–475, hier: S. 397–401. Hinweise zur amerikanischen Position in der Reparationsfrage bei Gelfand, Inquiry, S. 296–298; Walworth, Wilson and his Peacemakers, S. 163–180.
98 Liszt, Völkerrecht, S. 196.

Von der Praxis bisheriger Friedensschlüsse, dem Kriegsverlierer pauschale Entschädigungszahlungen aufzuerlegen, wich eine solche präzise Berechnung und Erstattung deutlich ab. So hatten sich die Vertreter der Bolschewiki und der deutschen Regierung noch im August 1918 auf ein Zusatzabkommen zum Vertrag von Brest-Litowsk geeinigt, wonach alle deutschen Ansprüche durch Zahlungen in Höhe von sechs Milliarden Goldmark pauschal abgegolten sein sollten. Im September waren zwei Sonderzüge mit Goldbarren im Gesamtgewicht von 93 Tonnen in Berlin eingetroffen, die allerdings nach Artikel XIX des Waffenstillstandsabkommens an die alliierte Seite weitergereicht werden mussten; die französische Nationalbank nahm das russische Gold anschließend in treuhänderischen Gewahrsam.[99]

Dass es den europäischen Nationen durch die amerikanische Position hingegen verwehrt sein sollte, für die eigenen Kriegskosten eine pauschale Erstattung einzufordern, sorgte bei den Regierungschefs in London, Paris und Rom für Konsternation. Nicht allein, aber vorwiegend aufgrund ihrer horrenden Auslandsschulden bei amerikanischen Kapitalgebern hatten sie auf umfangreiche Zahlungen durch das geschlagene Deutschland gesetzt.[100] Auch in der Öffentlichkeit Frankreichs und Englands war die Vorstellung eines „make Germany pay" ein populäres Thema, welches Lloyd George im Wahlkampf zum britischen Unterhaus erfolgreich zu seinen Gunsten zu mobilisieren wusste; Eric Geddes, der Unterhausabgeordnete von Cambridge, sprach in einer legendär gewordenen Formulierung davon, dass die Deutschen „are going to be squeezed as a lemon is squeezed – until the pips squeak"[101].

Die europäischen Regierungschefs hatten ihre weitreichenden Forderungen zwar bereits in den Verhandlungen um den Waffenstillstand Anfang November 1918 relativieren müssen, doch dabei Edward House immer noch einen begrifflichen Kompromiss großer Tragweite abzuhandeln vermocht. In der ingeniösen Formulierung von David Lloyd George seien die Reparationen vorgesehen als „compensation (...) for all damage done to the civilian population of the Allies and their property by the aggression of Germany by land, by sea and from the

---

99 Vgl. J.D. Smele, White Gold. The Imperial Russian Gold Reserve in the Anti-Bolshevik East, 1918–? (An Unconcluded Chapter in the History of the Russian Civil War), in: Europe-Asia Studies 46, H. 8 (1994), S. 1317–1347, hier: S. 1320; zum Zusatzabkommen auch Baumgart, Deutsche Ostpolitik 1918, S. 297f.

100 Vgl. Tooze, Deluge, S. 288–304.

101 Zit. nach Gomes, German Reparations, S. 14. Zur Bedeutung dieser „Khaki-Wahlen" am 14. Dezember für die Reparationsdebatte siehe etwa Mayer, Politics and Diplomacy, S. 133–166, daneben weiter Goldstein, Winning the Peace, S. 192–204; Lentin, Lloyd George, Wilson and the Guilt, S. 16–27; Birdsall, Versailles Twenty Years After, S. 36–40.

air."[102] Mit diesem Wortlaut, den House akzeptiert hatte und der wortgleich in die Lansing-Note vom 5. November eingegangen war, rückten nun sämtliche zivilen Schäden durch den deutschen Angriffskrieg ins Blickfeld, gleichviel wo und wem sie entstanden waren. Zwar hatte House dabei stets, und in Übereinstimmung mit den Grundsätzen Wilsons, an eine Begrenzung auf völkerrechtswidrig entstandene Schäden gedacht. Doch sein Vorschlag, diesen Vorbehalt dadurch zu explizieren, dass „the word ‚illegal' be placed before the words, damage done"[103], war in den Verhandlungen nicht durchgedrungen, vielleicht auch deshalb, weil House seine diplomatischen Möglichkeiten in diesem kritischen Moment nicht überreizen wollte.[104]

Zeitgleich war die Forderung nach einer Wiedergutmachung zwar auch in die eigentlichen Waffenstillstandsbedingungen aufgenommen worden. Doch selbst wenn dieser Vorstoß, der augenscheinlich auf die Initiative des französischen Finanzministers Louis-Lucien Klotz zurückging, in der etwas offeneren Formulierung einer „reparation for damage done" (Art. XIX) resultierte, ließ sich die formale Beschränkung der Lansing-Note kaum noch übertreten. Dies galt erst recht für die grundsätzliche Absage an jede Form einer pauschalen Indemnität oder Tributzahlung. Schon dass die europäischen Regierungschefs auf der Londoner Konferenz eine Kommission eingesetzt hatten, welche die Zahlungsfähigkeit der Feindnationen für „reparation and indemnity" gleichermaßen hatte beurteilen sollen, war bei amerikanischen Beobachtern auf Argwohn gestoßen.[105] Als die Reparationskommission der Friedenskonferenz am 3. Februar daher ihre Arbeit aufnahm, sinnigerweise unter dem Vorsitz von Klotz im Ministère des Finances in der Rue de Rivoli, stand der inhaltliche Rahmen im Grunde fest: Es sollte allein um die Erstattung der zivilen, nach amerikanischer Sicht zudem ausschließlich der völkerrechtswidrig verursachten Schäden gehen. Drei Unterkommissionen wurden gebildet – zur Ermittlung der Gesamthöhe der Schäden; zur Zahlungsfähigkeit der Verlierernationen; zu Fragen der Umsetzung und Garantie –, die es zusammengenommen auf immerhin 66 Sitzungen brachten; die Hauptkommission trat sechzehnmal zusammen.[106]

---

102 House an Lansing (für Wilson), Telegramm v. 30.10.1918, in: FRUS 1918, Supp. 1, Bd. 1, S. 425–427, hier: S. 425.

103 Ebenda, S. 426. Siehe auch Lowry, Armistice, S. 131f.

104 Vgl. Walworth, America's Moment 1918, S. 67–73.

105 Polk an Lansing, Telegramm v. 07.12.1918, in: FRUS, PPC 1919, Bd. 1, S. 340–342, hier: S. 340. Aus der weiten Literatur zur Genese der Reparationsfrage nur Gomes, German Reparations, S. 9–22; Sharp, Versailles Settlement, S. 82–87; Kent, Spoils of War, S. 57–66; Dickmann, Kriegsschuldfrage, S. 23f.; 48–50; Burnett, Reparation, Bd. 1, S. 13f.

106 Alle Protokolle in RdA, Bd. IV-B-3. Zahlreiche Dokumente und eine detaillierte Einführung außerdem in Burnett, Reparation, Bd. 1 u. 2. Zur Reparationsdebatte in Paris siehe weiter nur

Schon die hohe Anzahl an Sitzungen verweist darauf, dass diese Grundsätze im Detail durchaus interpretationsoffen waren, wie es sich im Verlauf der Verhandlungen besonders anhand von Unstimmigkeiten zwischen den amerikanischen und den britischen Vertretern zeigte.[107] Als Verfechter der US-Position trat John Foster Dulles auf, der nicht nur an der Seite seines Großvaters bereits an der Haager Konferenz von 1907 teilgenommen hatte, sondern als Neffe von Robert Lansing mit dem legalistischen Milieu des State Department bestens vertraut war. In der Reparationsfrage nahm er von Beginn an einen rein vertragspositivistischen Standpunkt ein. Deutlicher noch als Scott und Lansing in der Verantwortungskommission, vertrat er eine rein juristische, von allen politischen und moralischen Erwägungen bereinigte Argumentation. Einen frühen französischen Vorstoß, den Begriff des völkerrechtswidrigen Schadens angesichts der deutschen Ruchlosigkeit möglichst großzügig auszulegen und sich dazu hilfsweise auf das deutsche Zivilrecht, namentlich auf die Vorschriften zur Schadensersatzpflicht nach § 823 des Bürgerlichen Gesetzbuchs zu berufen, wies er kategorisch zurück. Es komme nicht auf die Intention der beteiligten Parteien an, so notierte in einer Stellungnahme, sondern einzig auf eine Verletzung des geltenden Rechts: „It is with legal rather than moral consideration with which we have to deal. However reprehensible morally may be an act, it gives rise to no right of reparation unless such act was in violation of law."[108]

Auch in den eigentlichen Kommissionsgesprächen beharrte Dulles auf einer engen Auslegung, wonach der Schritt zum Krieg keine Rechtsverletzung dargestellt habe – so sollte es, wie erwähnt, einige Wochen später auch die Verantwortungskommission in ihrem Bericht zugestehen –, sondern sich eine Entschädigungspflicht nur auf die in seinem Gefolge auftretenden Rechtsverstöße gründen könne. Dieser Grundsatz sei mit der Lansing-Note vom 5. November unzweifelhaft anerkannt worden, so erklärte Dulles in einer entscheidenden Sitzung am 13. Februar, so dass es in der Kommission nur noch um „à interpréter, non à construire"[109] gehen könne. Das meinte nichts anderes, als dass in das

---

Gomes, German Reparations, S. 31–46; Kent, Spoils of War, S. 66–82; Trachtenberg, Reparation at the Paris Peace Conference, aus dem Kreis der Beteiligten zudem etwa Lloyd George, Truth, Bd. 1, S. 435–513; Klotz, De la Guerre, S. 133–142; Bernard M. Baruch, The Making of the Reparation and Economic Sections of the Treaty, New York 1920. Zusammenfassend etwa: MacMillan, Peacemakers, S. 197–204, mit weiter Perspektive auch Marc Trachtenberg, Reparation in World Politics. France and European Economic Diplomacy, 1916–1923, New York 1980.

107 Vgl. Tillman, Anglo-American Relations, S. 229.

108 Dulles, Comment on French Project, Memorandum v. 04.02.1919, in: DHMD, Bd. 5, S. 147. Das zugrundeliegende französische Memorandum v. 01.02.1919, in: ebenda, Bd. 4, S. 363f.

109 Dulles, Reparations-Kommission, 13.02.1919, in: RdA, Bd. IV-B-3, S. 33–37, hier: S. 35. Die englische Übersetzung mit „construction rather than of original thought", wie bei Burnett, Rep-

Friedensabkommen nur solche fiskalischen Forderungen aufgenommen werden dürften, welche sich auf eine Wiedergutmachung der Rechtsverletzung und auf eine Wiederherstellung der kriegsverwüsteten Gebiete beziehen würden.

Dieser Standpunkt wurde von Lord Sumner, dem britischen Vertreter, keineswegs geteilt. Nicht zuletzt, um die Londoner Forderungen aggressiv und zugleich rechtsförmig zu vertreten, war Sumner in die Reparationskommission entsandt worden, wo er bald in die Rolle des alteuropäisch-zynischen Gegenspielers des jungen Dulles schlüpfte. In der Debatte vom 13. Februar griff Sumner jedenfalls den von Dulles verfochtenen Anspruch einer unbedingten Vertrags- und Rechtstreue auf, um ihn gleichsam auf höherer professioneller Ebene zu relativeren und zugleich den Erfahrungsvorsprung einer älteren Generation ins Feld zu führen: „I am by profession a lawyer, by many years of practice now a Judge, and I think of questions in terms of law."[110] Auf dieser Grundlage verwarf Sumner sodann die positivistische Argumentation von Dulles, gegen die er ein Bataillon völkergewohnheitsrechtlicher Grundsätze in Stellung brachte. Die Entschädigung von Kriegskosten sei durch zahllose Präzedenzfälle in den zwischenstaatlichen Verhältnissen unbestritten anerkannt, so Sumner, und führte mehrere Beispiele für die Maxime des „vae victis" an. Daraus ergebe sich, dass „if the practice of nations makes, as it does make, chapters of the law of nations, shall I say that the practice of nations has established the right of the victorious belligerent to require just repayment of those expenses of a war which an unjust war has forced upon him."[111] Außerdem müsse konstatiert werden, dass längst nicht alle am Friedensschluss beteiligte Staaten an den alliierten Absprachen im Vorfeld des Waffenstillstandes beteiligt gewesen seien, die Verhandlungen also wenigstens in dieser Hinsicht noch nicht abgeschlossen seien. Es sei jedenfalls nicht zutreffend, so bilanzierte Sumner, wenn Dulles die Lansing-Note als Rechtsgrundlage und förmlichen Vertrag hinzustellen versuche; realiter handele es sich um eine Diskussionsgrundlage, welche die „rights which the victorious belligerents possess by virtue of their victory"[112] – mithin das klassische Siegerrecht – nicht ausheben dürfe.

---

aration, Bd. 2, S. 308–317, hier: S. 310, verfehlt die ursprüngliche Prägnanz. Siehe auch Dickmann, Kriegsschuldfrage, S. 53.

110 Sumner, Rede v. 13.02.1919, in: Burnett, Reparation, Bd. 1, S. 564–569, hier: S. 564. Eine dem Sinn nach protokollierte Fassung auch im Protokoll v. 13.02.1919, in: ebenda, Bd. 2, S. 308–317, hier: S. 311f.; im französischen Original in RdA, Bd. IV-B-3, S. 33–37, hier: S. 36.

111 Sumner, Rede v. 13.02.1919, in: Burnett, Reparation, Bd. 1, S. 564–569, hier: S. 566.

112 Ebenda, S. 569. Zum Auftritt von Sumner siehe Lentin, Last Political Law Lord, S. 88. Das Argument, dass sich die Reparationen nicht auf einen Vertrag, sondern auf das Vorrecht des Siegers stützen müssten, wurde teilweise auch in amerikanischen Kreisen geteilt, vgl. Baruch, Making of the Reparation and Economic Sections, S. 312f. Allgemein zur völkerrechtlichen Pra-

Spätestens nach dieser Konfrontation waren die Fronten zwischen den amerikanischen und britischen Delegierten in der Reparationsdebatte verhärtet. Zwar vermochte sich weder Sumner noch ein anderer Delegierter mit der Forderung nach einer umfassenden Kriegsentschädigung gegen die amerikanische Rechtsauffassung durchzusetzen. Doch die enigmatische Formel des „all damage done to the civilian population" bot hinreichenden Spielraum für kreative Interpretationen. Zu den bekanntesten Winkelzügen gehört sicherlich die von Sumner ersonnene, allerdings erst von Jan Smuts durchgesetzte Argumentation, dass auch die Renten von Kriegswitwen und Kriegswaisen sowie die Trennungsgelder des militärischen Personals unter die zivilen Schäden fallen würden.[113] Der wesentliche Effekt bestand darin, dass die Gesamtsumme bald in astronomische Höhen schnellte, auch wenn sich eine solchen Ausweitung der Anspruchsgrundlage faktisch nur auf den Verteilschlüssel unter den Alliierten auswirkte, und zwar zu Lasten der französischen und, besonders, der belgischen Forderungen. Kein alliierter Staatsmann oder Sachverständiger ging angesichts der enormen Kriegsverheerungen ernsthaft davon aus, dass die Finanzkraft des geschlagenen Deutschland die Entschädigungssumme auch nur annähernd decken könne, weshalb die Höhe der Erstattungen stets durch die deutsche Zahlungsfähigkeit begrenzt sein sollte. Nach Wilsons Worten sei eine vollständige Reparationsverpflichtung „so colossal that it would be impracticable for the enemy States to make complete reparation."[114]

Über die genaue Festsetzung der deutschen Zahlungsfähigkeit aber, von deren Abschätzung jede Partei den Umfang der eigenen Forderungen abhängig machen wollte, gingen die Meinungen weit auseinander, ebenso wie über die zeitliche Dauer der Reparationen, die sich nach der meistgenannten Forderung wenigstens über dreißig Jahre erstrecken sollte. Es ist müßig, an dieser Stelle die verwickelten Diskussionsstränge nachzuzeichnen, zumal es letztlich weder in der zuständigen Unterkommission noch in der Hauptkommission zu einer Einigung kam. Auch wiederholte Treffen der Finanzexperten mit dem Council of

---

xis der Kriegsentschädigung im 19. Jahrhundert siehe beispielhaft Liszt, Völkerrecht, S. 323; Oppenheim, International Law, Bd. 1 (1905), S. 483; Westlake, International Law, Bd. 1, S. 62; Twiss, Law of Nations, Bd. 1, S. 13.

113 Dieses Argument hatte Wilson zunächst verachtungsvoll als „very legalistic" abgetan, war aber nachmals von Smuts überzeugt worden, vgl. Burnett, Reparation, S. 63. Siehe auch Lentin, Last Political Law Lord, S. 89–91; Curry, Wilson, Smuts, S. 984; Tillman, Anglo-American Relations, S. 244–246.

114 Wilson, Protokoll v. 29.03.1919, in: FRUS, PPC 1919, Bd. 5, S. 15–20, hier: S. 16f. Eine andere, eher umgangssprachliche Formulierung in den Aufzeichnung zum 29.03.1919, in: Mantoux, Deliberations, Bd. 1, S. 68–79, hier: S. 77f. Zur Frage der deutschen Zahlungsfähigkeit siehe weiter Kent, Spoils of War, S. 72f.; Burnett, Reparation, Bd. 1, S. 47–50.

Four ließen keinen Ausweg erkennen. Während Wilson und Clemenceau in einer entscheidenden Besprechung am 5. April durchaus zu Konzessionen bereit waren, scheiterten die Gespräche vor allem am Einspruch von David Lloyd George, der seine Position als „arch-maximalist"[115] lange Zeit durch die intransigenten Auftritte von Sumner hatte verschleiern können. In letzter Instanz wurde zu dem Kompromiss gegriffen, im Friedensvertrag überhaupt keine Angaben zu einer fixen Summe und zu den Modalitäten ihrer Zahlung zu machen. Als erster Abschlag wurde zwar die Auslieferung des Reichsbankgoldes, der Handelsflotte, deutscher Auslandsvermögen sowie zahlreicher Patente bestimmt, was auf die späteren Reparationszahlungen angerechnet werden sollte (teilweise aber auch rückgängig gemacht wurde); daneben sollte die deutsche Regierung 20 Mrd. Goldmark bereitstellen, um die Kosten der Besatzungsarmeen im Rheinland zu tragen und um über hinreichende Liquidität für den eigenen Einkauf von Nahrungsmitteln und Rohstoffen zu verfügen (Artikel 235 VV). Die Festlegung der eigentlichen Gesamtsumme wurde jedoch der künftigen Reparationskommission übertragen, welche – wie es auch den Grundsätzen einer präzisen Schadensermittlung entsprach – in einem zweijährigen Zeitraum die Höhe der erstattungsfähigen Schäden ermitteln und die deutsche Zahlungsfähigkeit prüfen sollte.[116]

Damit war ein Kompromiss gefunden, der zwar bei Wilson auf Sympathie stieß,[117] für die europäischen Regierungschefs aber nicht ohne Fallstricke war, da sie nun mit scheinbar leeren Händen vor ihr heimisches Publikum treten mussten. Vorwiegend aus diesem Grund hatte John Foster Dulles am 1. April eine ergänzende Klausel ausgearbeitet, welche den alliierten Rechtsanspruch auf Wiedergutmachung im Grundsatz stipulieren sollte, so dass ein mehr oder minder gesichtswahrender Rückzug von einer fixen Schadenssumme möglich wäre.[118] David Lloyd George erfasste die Intention des Textvorschlages sehr genau, als er im Council of Four auf die Erwartungen der britischen und französischen Öffentlichkeit hinwies und einen Wortlaut anmahnte, wonach „the Germans above all acknowledge their obligation to compensate us for all the consequences of their aggression. When this is done we will come to the question of Germany's capacity to pay"[119].

---

115 Lentin, Last Political Law Lord, S. 101. Siehe auch Lentin, „That Villain Lord Sumner"?, S. 98, sowie Fry, And Fortune Fled, S. 222f., 233f.; Sharp, Versailles Settlement, S. 84–87.

116 Vgl. ebenda, S. 95–100.

117 Vgl. Cooper, Woodrow Wilson, S. 497.

118 Vgl. Burnett, Reparation, Bd. 1, S. 67.

119 Lloyd George, Protokoll v. 05.04.1919, in: Mantoux, Deliberations, Bd. 1, S. 146–153, hier: S. 147. Vgl. Lentin, Lloyd George, Wilson and the Guilt, S. 107.

Aus dem Entwurf von Dulles erwuchs schließlich die Zwillingsregelung des Artikels 231 VV, der eine pauschale Verantwortung Deutschlands für alle angerichteten Schäden stipulierte, und des Artikels 232 VV, der diese Zahlungsverpflichtung unter das Diktum der tatsächlichen fiskalischen Möglichkeiten stellte. Der eigentlich heikle Punkt, um den ein Gutteil der späteren Debatten zu dem als „Kriegsschuldartikel" notorisch gewordenen Artikel 231 VV kreiste, lag freilich in der erklärenden Begründung für diese Zahlungspflicht, der zufolge die angerichteten Schäden auf die deutsche Entfesselung des Krieges zurückzuführen seien. Wörtlich hieß es: „The Allied and Associated Governments affirm and Germany accepts the responsibility of Germany and her allies for causing all the loss and damage to which the Allied and Associated Governments and their nationals have been subjected as a consequence of the war imposed upon them by the aggression of Germany and her allies."[120]

Gegen die deutsche Klage, dass mit dieser Klausel in erster Linie eine moralische Verdammung beabsichtigt worden sei, ist nahezu von Beginn an, spätestens aber ab Mitte der 1920er Jahre sehr beharrlich darauf hingewiesen worden, dass Artikel 231 VV nur eine rechtstechnische Selbstverständlichkeit, geradezu eine formaljuristische Bagatelle darstelle.[121] Diese Erklärung geht zwar an der Tatsache vorbei, dass die hier vorgenommene Feststellung einer deutschen Erstattungspflicht durchaus einem politischen Kalkül folgte und als Schutzschild gegen die Forderungen nach bedeutsamen Kompensationen in der alliierten Öffentlichkeit dienen sollte. Trotzdem trifft der Vorwurf einer bewussten Stigmatisierung an dieser Stelle nicht zu. In den Augen der alliierten Vertreter sollte Artikel 231 VV lediglich eine Grundlage für die fiskalischen Forderungen schaffen, wie es sich nicht allein aus den Aussagen unmittelbar Beteiligter wie etwa John Foster Dulles ergibt,[122] sondern durch präzise Untersuchungen zur Textgenese wie zu seinen sprachlichen Bestandteilen mehrfach bestätigt wor-

---

120 Nicht zuletzt das Verb „causing" sollte sich als Stolperstein entwickeln, zumal die offizielle deutsche Übersetzung daraus ein eher überzeichnetes „Urheber" machte, vgl. Burnett, Reparation, Bd. 1, S. 155, Fn. 33. Diese Übersetzung wird hingegen für unproblematisch gehalten bei Fisch, Krieg und Frieden, S. 206.

121 Zuerst bei Robert C. Binkley/A.C. Mahr, A New Interpretation of the „Responsibility" Clause in the Versailles Treaty, in: Current History 24, H. 3 (1926), S. 398–400, dann vor allem bei Bloch/Renouvin, L'art. 231. Dazu siehe auch Burnett, Reparation, S. 145f. Zur Haltung von Renouvin etwa John F. V. Keiger, The Fischer Controversy, the War Origins Debate and France. A Non-History, in: Journal of Contemporary History 48, H. 2 (2013), S. 363–375, hier: S. 371f.; Gerd Krumeich, Vergleichende Aspekte der „Kriegsschulddebatte" nach dem Ersten Weltkrieg, in: Wolfgang Michalka (Hrsg.), Der Erste Weltkrieg. Wirkung, Wahrnehmung, Analyse, München 1994, S. 913–928, hier: S. 920–924. Eine deutsche Gegenposition beispielhaft bei Kunz, Revision, S. 169.

122 Vgl. Burnett, Reparation, S. 70, Fn. 28.

den ist. So wenig die Ungenauigkeiten in der Formulierung und die inkonsisten-
ten Bezüge zum Wortlaut der Lansing-Note vom 5. November 1918 zu übersehen
sind, so unbestreitbar zielte der Artikel auf eine zivilrechtliche Erstattungspflicht der Kriegsverlierer, nicht auf eine strafrechtliche oder moralische Verurteilung. Daran ändern auch die verschiedenen Ausdeutungen des Begriffes der
„aggression" wenig, mit dem die alliierten Vertreter die deutschen Angriffshandlungen belegten. Im Kern wurde eine deliktische Haftung Deutschlands
für die zivilen Schäden der alliierten Seite stipuliert. Die Verantwortung für den
Kriegsausbruch musste dabei in deskriptiver Weise als Faktum vorausgesetzt
werden – wie auch die sprachliche Anbindung („as a consequence of") an-
zeigt –, wurde aber nicht selbst zum Gegenstand von Sanktionen gemacht.[123]

Das heißt nicht, dass die beteiligten Staatsmänner, Diplomaten oder Finanzexperten irgendeinen Zweifel an der gravierenden Schuld des Reiches hegten. Gleichwohl waren die Reparationen immer nur ein mittelbarer, abgeleiteter
Ausdruck davon und bezogen sich auf isolierte Aspekte des deutschen Staats-
handelns im Krieg. Ihre Aushandlung erfolgte abgekoppelt von den Beratungen
der Verantwortungskommission, was erklärt, warum Artikel 231 VV an den Beginn des Reparationskapitels gestellt und nicht etwa in die Präambel integriert
oder an eine andere prominente Stelle platziert wurde. Zudem wird damit verständlich, warum die Friedensabkommen für Österreich und Ungarn mit Artikel 177 VSG bzw. Artikel 161 VT identische Bestimmungen enthielten, die nahezu gleichlautend ausfielen.[124] Auch hier ging es nicht um einen moralischen
Vorwurf, sondern um die Haftung des Kriegsverlierers für die angerichteten
Schäden, welche die Alliierten in diesem Fall durch den „war imposed upon
them by the aggression of Austria-Hungary and her Allies" erlitten hatten.[125]

---

123 Die Darstellungen zur Genese des Art. 231 VV sind Legion, vgl. hier nur Laniol, L'article
231, S. 13–18; Fisch, Krieg und Frieden, S. 204–221; Dickmann, Kriegsschuldfrage, S. 43–59;
Burnett, Reparation, S. 66–70, 142–152. Die hier vertretene Lesart u.a. bei Sharp, Versailles
Settlement, S. 90f.; Dreyer/Lembcke, Diskussion um die Kriegsschuldfrage, S. 132; Heinemann,
Verdrängte Niederlage, S. 99f.; Schwabe, Deutsche Revolution, S. 432f.; eine andere Deutung
hingegen bei Krumeich, Vergleichende Aspekte, S. 914f.; Krüger, Außenpolitik, S. 63f.
124 Es ist signifikant, dass die Frage der österreichischen und ungarischen Reparationen in
der Zwischenkriegszeit rasch von der Bildfläche verschwand, vgl. zu ihrer gleichwohl umstrittenen Entstehung Buirette, „Réparer la guerre!"; Bansleben, Das österreichische Reparationsproblem.
125 Differenzierter fielen die Bestimmungen in den Friedensverträgen von Neuilly und Sèvres
(Art. 121 VN, Art. 231 VS) aus, in den lediglich von einem Beitritt Bulgariens und des Osmanischen Reichs zum Aggressionskrieg der Mittelmächte gesprochen wurde. Während im ersteren
Fall zudem nur eine Pauschalsumme bestimmt wurde, entfiel im Fall der hoffnungslos über-
schuldeten Hohen Pforte eine grundsätzliche Pflicht zur Reparation.

Dass das Bemühen, die Erstattungspflicht der Kriegsverlierer auf eine rationale Anspruchsgrundlage zu stellen, gerade im Deutschland der Zwischenkriegszeit auf Vorbehalte stieß, ist evident; hier verlegte man sich darauf, die Reparationsbestimmungen als verschleierte Tributzahlung, teils auch als „Mittel des Wirtschaftskriegs"[126] zu deuten. Einer solchen Ansicht ist zuzugestehen, dass das alliierte Verlangen nach Reparationen in der Tat vielfach extensiv und instrumentell ausgelegt wurde. Trotzdem muss man festhalten, dass sich nach den Buchstaben des Friedensvertrages die amerikanische Position, auf die sich im November 1918 auch die europäischen Regierungschefs mehr oder minder widerstrebend hatten verpflichten lassen, weitgehend durchgesetzt hatte. An die Stelle weitreichender Forderungen nach einer pauschalen Entschädigung oder gar nach Strafzahlungen im freien Ermessen der Sieger trat ein sehr viel engeres Verständnis der finanziellen Kompensationsmöglichkeiten. Während alle Aufwendungen für militärische Zwecke ausgeklammert blieben, wurde eine Ersatzpflicht nur für rechtswidrig verursachte („illegale") Schäden stipuliert sowie, dem Wortlaut der Lansing-Note folgend, für zivile Verluste. Die Reparationen blieben damit unmittelbar an zivilrechtlich anmutende Prinzipien der Haftung angebunden, wobei die eigentlichen Gegenstände der Kompensationspflicht im zweiten und dritten Absatz des Artikels 232 VV sowie in Anlage I des Reparationskapitels (nach Artikel 244 VV) im Einzelnen spezifiziert wurden. Dazu zählte einerseits eine Wiedergutmachung für die Invasion Belgiens mitsamt einer Erstattung aller belgischen Kriegskosten und der Schäden der nachfolgenden Okkupation, für die rechtswidrige Behandlung von Kriegsgefangenen und überhaupt kriegsrechtliche Verstöße. Andererseits sollte Schadensersatz für Verluste der Zivilbevölkerung der alliierten Nationen geleistet werden, was sich durch das gekonnte Taktieren der britischen Seite bis auf die Pension und Zuwendungen an die Familien von getöteten oder verletzten Armeeangehörigen erstreckte.

Wie sich diese Kosten im Einzelnen berechnen lassen würden, blieb zwar offen; nicht überall bestanden in dieser Hinsicht so klare Vorstellungen wie in der chinesischen Delegation, die 1000 Silberdollar für jeden der 1968 durch den deutschen U-Boot-Krieg getöteten Chinesen verlangte.[127] Doch es war offensichtlich, dass es trotz einer Formalisierung der Erstattungspflichten und Schadenskategorien möglich war, den eigenen Anteil an der Gesamtsumme mit geschick-

---

126 Held, Friedensvertrag, S. 359.
127 Vgl. chinesisches Memorandum, o.D., in: RdA, Bd. IV-B-3, S. 320–328, hier: S. 320. Derartige Forderungen variierten erheblich. Die Delegierten Haitis verlangten beispielsweise für die sechs Landsleute, die bei deutschen Torpedoangriff ihr Leben verloren hatten, die über sechsfache Summe von 180 000 Fr. zur Unterstützung der betroffenen Familien, vgl. Mémoire de la République d'Haïti, 19.03.1919, in: ebenda, Bd. IV-B-3, S. 345–357, hier: S. 347.

ten Rechenkünsten erheblich zu steigern. Die Verhandlungen wurden jedenfalls dadurch nicht einfacher, dass alle beteiligten Delegationen umfangreiche Schadensbilanzen einreichten, deren Substanz sich kaum überprüfen ließ, die sich aber rasch zu immensen Summen addierten. Er verstehe nicht, so mäkelte Lloyd George am 26. März an einem französischen Bericht herum, warum die Pariser Regierung für die Instandsetzung der schwer beschädigten oder zerstörten Bergwerksanlagen in Nordfrankreich ganze 80 Mio. Pfund Sterling ansetze, wo sich doch der Wert sämtlicher Bergwerke Großbritanniens (die zudem besser ausgebaut seien) gerade einmal auf 130 Mio. Pfund Sterling belaufen würden: „How can we justify that. The distribution of reparations must be made equitably; and, also, in presenting our bill to Germany, we shouldn't give the impression that we demand from her a payment double or triple what it ought to be."[128]

Damit wird der entscheidende Punkt greifbar: Indem alle Forderungen auf eine nachvollziehbare Grundlage gestellt, mit konkreten Schadensfällen begründet und als Rechtsansprüche formuliert werden mussten, veränderte sich die Debatte. Wohl hätte die im April 1921 auf 132 Mrd. Goldmark festgesetzte Summe, welche die Reparationskommission mühselig berechnet hatte, die Finanz- und Wirtschaftskraft der Weimarer Republik nicht überfordert, obschon alle Zahlungen nur widerwillig und stockend geleistet wurden.[129] Doch die Auseinandersetzung um Entschädigung und finanzielle Kompensation hatte sich ab Frühjahr 1919 auf ein Terrain mit eigenen Notwendigkeiten, Regeln und Codes verlagert. Dass alle machtpolitischen Ansprüche in einer legalistischen Camouflage auftreten mussten, war vielleicht ein geringeres Problem als die dramatische Verengung aller Verhandlungsspielräume. Angesichts der betont rechtsförmigen Argumentation, in der jede Seite die eigenen Forderungen vortrug, gab es wenig Raum für Kompromisse, Zugeständnisse oder Ausgleichsgeschäfte. An die Stelle der diplomatischen Aushandlung trat die Logik von Anspruchsgrundlagen, Haftungsregeln und Schadenskategorien, die nicht selten mit der Rhetorik (und zuweilen in der Person) von Wirtschaftsanwälten vorgetragen wurde. Es ist vielleicht ein treffender Ausdruck dieser Verschiebung zu einer ökonomisch-juristischen Expertise, wenn in diesem sich bis weit in die Zwischenkriegszeit hineinziehenden Konflikt eine erste temporäre Einigung durch den amerikanischen Finanzanwalt und Bankenpolitiker Charles G. Dawes

---

128 Lloyd George, Protokoll v. 23.03.1919, in: Mantoux, Deliberations, Bd. 1, S. 23–30, hier: S. 24.
129 Die Frage, in welchem Umfang tatsächlich Reparationen geleistet wurden, ist nach wie vor umstritten, vgl. pointiert Marks, Mistakes and Myths, S. 641–645. Siehe auch Sharp, Versailles Settlement, S. 105–108; Patricia Clavin, Reparations in the Long Run. Studying the Lessons of History, in: Fischer/Sharp (Hrsg.), After the Versailles Treaty, S. 97–112. Nach 1990 wurden letzte Forderungen privater Gläubiger nochmals bis 2010 bedient.

zustande gebracht wurde, der 1924 eine Anpassung der deutschen Reparationszahlungen aushandelte.[130]

Nüchtern bilanziert: Dass die Festsetzung einer greifbaren Summe in den Friedensbestimmungen von 1919 unterblieb, lag nicht allein am Unwillen der beteiligten Parteien. Sondern es stellte nahezu ein Ding der Unmöglichkeit dar, die proklamierte Wiederherstellung von Recht und Gerechtigkeit als jene politische Verhandlungsfrage um eine angemessene Wiedergutmachung zu behandeln, die sie faktisch war. Dass von amerikanischer Seite zudem unnachgiebig auf einer Bedienung der Kriegskredite beharrt wurde, sich also schon aus diesem Grunde eine politische Dispensierung der Ansprüche verbot, verschärfte die Problematik ebenso wie die stille Hoffnung der französischen Seite, durch die Reparationen einen Hebel zu erhalten, um die deutsche Seite weiter unter Druck zu setzen.[131] Doch im Grunde war eine juristische Regulierung der Entschädigungen angesichts der normativen Erwartungen und der vorherrschenden Rhetorik des Rechts alternativlos. Die damit eingeleitete Verschiebung von einer Politik der Wiedergutmachung zu einem Recht auf Entschädigung setzte sich überdies weit über den Pariser Fall hinaus fort: Seit den 1920er Jahren ist in mehreren Etappen ein umfassender völkerrechtlicher Komplex zur Staatenverantwortlichkeit entstanden, in dem die Pflichten zur (fiskalischen) Kompensation von Rechtsverletzungen sehr differenziert bewertet werden. Eine systematische Kodifizierung der völkergewohnheitsrechtlichen Prinzipien und verschiedenen Präzedenzfälle ist zwar erst zu Beginn des 21. Jahrhunderts, mit der Vorlage eines Entwurfs zur „Responsibility of States for Internationally Wrongful Acts" der Völkerrechts-Kommission der Vereinten Nationen, erfolgt.[132] Doch der Pariser Friedensschluss von 1919/20 stellte in diesem langwierigen Prozess eine wichtige Wegmarke dar: Die staatliche Haftung in Krieg und Frieden sollte nicht mehr von einer politischen Macht- oder Ohnmachtsposition abgeleitet, sondern fürderhin als allein rechtliche Frage begriffen und behandelt werden.

---

130 Zur hier nicht behandelten Nachgeschichte der Reparationen und der Reparationskommission vgl. nur Gomes, German Reparations, S. 47–191; Petersson, Anarchie und Weltrecht, S. 111–128; Kent, Spoils of War, S. 103–371, zu den besonders Ende der 1970er Jahre geführten Debatten auch Peter Krüger, Das Reparationsproblem der Weimarer Republik in fragwürdiger Sicht. Kritische Überlegungen zur neuesten Forschung, in: VfZ 29 (1981), S. 21–47; Maier, Truth; Trachtenberg, Reparation at the Paris Peace Conference; Sally Marks, The Myths of Reparations, in: CEH 11, H. 3 (1978), S. 231–255. Zusammenfassend zur gewandelten Rolle von Wirtschafts- und Finanzexperten in der Außenpolitik etwa Grupp, Deutsche Außenpolitik, S. 43–49.
131 Vgl. Tooze, Deluge, S. 297–304; Jackson, Beyond the Balance, S. 256f.; Miquel, La paix de Versailles, S. 419–494.
132 Vgl. Crawford, State Responsibility, S. 35–44, daneben Shaw, International Law, S. 566–586; Klabbers, International Law, S. 124–139.

Der Streit um die deutsche Kriegsschuld

Kaum ein Aspekt des Ersten Weltkriegs hat in der politischen Diskussion wie auch in der historischen Debatte derart tiefe Gräben aufgeworfen wie die Auseinandersetzung um die Kriegsschuld. Von den ersten Augusttagen 1914 bis auf den heutigen Tag hat sich die Frage, wem die Entfesselung des Kriegs anzulasten ist, als geradezu unerschöpflicher Quell der Selbstvergewisserung wie der Feindbestimmung erwiesen. Dass der Friedensschluss nach dem Weltkrieg nur eine vorläufige und unbefriedigende Antwort geben konnte, mag rückblickend offensichtlich erscheinen. Jede Klärung der Bedeutung, welche dieser Frage im Rahmen der Pariser Friedenskonferenz zukam, muss gleichwohl von der großen Überzeugungskraft ausgehen, mit der sich die Vertreter der alliierten Nationen auf die These einer alleinigen deutschen Verantwortung stützten. Im material-gesättigten Bericht der Verantwortungskommission vom 29. März war diese Auffassung in ungebrochener Kontinuität zu den Kriegsjahren auf den Punkt gebracht worden: Schuld am Ausbruch des Kriegs seien ausschließlich die Mittelmächte und ihre Verbündeten „in pursuance of a policy of aggression, the concealment of which gives to the origin of this war the character of a dark conspiracy against the peace of Europe."[133]

Doch so selbstgewiss dieses Urteil ausfiel: Den Friedensbedingungen vom 7. Mai, um hier und im Folgenden beim Versailler Vertrag zu bleiben, war gerade dieser Punkt nicht eindeutig ablesbar gewesen. Auch wenn die Strafbestimmungen und die Reparationen auf der These einer Verantwortung Deutschlands und seiner Verbündeten für den Weltkrieg aufbauten, fehlte dem Vertragstext das entscheidende Fundament eines eindeutig ausformulierten, inhaltlich begründeten Schuldvorwurfs. Mehr noch: Eine offensive Konfrontation der Gegenseite mit den alliierten Vorwürfen wurde weitgehend vermieden. Das war keine zufällige Unterlassung, sondern eine bewusste Entscheidung. So ausführlich Poincaré in seiner Eröffnungsrede vor der Plenarversammlung am 18. Januar eine dramatische Anklage gegen Deutschland erhoben hatte, so verknappt, geradezu verklausuliert war Clemenceau am 7. Mai, bei der Übergabe des Vertragsentwurfs, nur noch auf diesen Punkt zurückgekommen.[134] Auch in der eigentlichen Vertragsunterzeichnung vom 28. Juni hatte sich, wie dargestellt, zu keinem Zeitpunkt eine dramatische Anklage und Anprangerung erge-

---

133 Report presented to the Preliminary Peace Conference by the Commission on the Responsibility of the Authors of the War and on the Enforcement of Penalties, 29.03.1919, in: BDFA II, Ser. I, Bd. 4, S. 347–360, hier: S. 347. Ähnlich im Vorfeld: Larnaude/Lapradelle, Examen de la Responsabilité, S. 149f.
134 Andere Ansicht bei Krumeich, Vergleichende Aspekte, S. 917.

ben, sondern der Ablauf war auf eine formalistische, größtenteils gezwungene und doch teils schon desinteressierte Korrektheit beschränkt geblieben. In dieses Bild passt einerseits, dass Clemenceau eine Anfrage von Brockdorff-Rantzau zur Einsichtnahme in den Bericht der Verantwortungskommission selbst dann noch ablehnte, nachdem erste Auszüge in der Presse erschienen waren.[135] Auf der anderen Seite hatten die Regierungschefs, wie ebenfalls bereits skizziert, den französischen Entwurf zur Präambel, in dem der Vorwurf deutscher Kriegsschuld mit stark pathetischem Akzent formuliert worden war, in vollem Bewusstsein zurückgewiesen. Die stattdessen herangezogene Fassung aus der Feder von James Brown Scott beschränkte sich auf die Reihenfolge der Kriegserklärungen, womit die deutsche Verantwortung allenfalls angezeigt, nicht aber mit einer expliziten Wertung verbunden wurde.[136]

Diese Zurückhaltung mochte angesichts der hochgespannten Erwartungen in den alliierten Nationen und einer nach wie vor erregten Rhetorik nicht sofort auffallen. Doch gegen die Annahme, dass die Rationalität des Friedensschlusses von vornherein auf „Exklusion, Stigmatisierung und Bestrafung"[137] aufgebaut war, muss der Versuch der alliierten Vertreter gestellt werden, den Friedensvertrag gerade nicht als zornige, unversöhnliche Anklageschrift anzulegen, sondern als Dokument großen normativen Bemühens und rechtsförmlicher Genauigkeit. Alle moralischen und politischen Motive waren hier in einer rechtsförmigen Weise sublimiert. Die Rechtsverletzungen des Krieges sollten in juristischen Kategorien bewältigt werden, damit sich die alliierten Mächte gerade nicht auf ihre machtpolitische Überlegenheit zu berufen brauchten. Das war kein Edelmut, sondern die Folge einer suggestiven Deutung des Weltkrieges als Kampf um das Völkerrecht und der damit verbundenen normativen Erwartungen. Der Verzicht auf einen anklägerischen Gestus, die Beschränkung auf rechtsförmige Maßstäbe, überhaupt die „Grundhaltung der Legalität"[138] war insofern nur bedingt eine freie Entscheidung; sie folgte im Kern einer mehr oder minder zwingenden Selbstbindung an die proklamierten Maßstäbe des Rechts, der Vernunft, des Fortschritts.

Trotzdem, oder gerade deswegen, waren die Konsequenzen erheblich, und in der Rückschau mag man im Fehlen einer eindeutigen Erklärung zur Kriegsschuld einen psychologischen Fehler erkennen. Indem in den Friedensbedingungen die Verantwortung und Schuld der Mittelmächte vorausgesetzt, aber

---

135 Vgl. Clemenceau an Brockdorff-Rantzau, Note v. 20.05.1919, in: Urkunden zum Friedensvertrage, hrsgg. v. Kraus/Rödiger, Bd. I, S. 254f., als Replik auf Brockdorff-Rantzau an Clemenceau, Note v. 13.05.1919, in: ebenda, S. 239f.
136 Siehe oben, S. 374f.
137 Gerd Krumeich, Einleitung, in: Krumeich (Hrsg.), Versailles 1919, S. 11–16, hier: S. 12.
138 Fellner, Friedensordnung von Paris, S. 315.

nicht politisch ausgeführt wurden, konnten die alliierten Vertreter letztlich nur hoffen, dass die Gegenseite den impliziten Vorwurf stillschweigend akzeptieren würde. Allenfalls kontrafaktisch lässt sich darüber spekulieren, wie sich das Schicksal des Versailler Vertrags weiter entwickelt hätte, wenn die deutsche Seite dieses Eingeständnis tatsächlich passiv hingenommen oder wenigstens ignoriert hätte. Im besten, angesichts der Umstände allerdings unwahrscheinlichsten Fall wäre eine fortschreitende Eskalation der gegenseitigen Vorwürfe vermieden worden, vielleicht auch ein rascher Übergang zu einem pragmatischen Modus Vivendi mitsamt einer sukzessiven Revision des Friedensschlusses möglich gewesen.

Doch eben diesen Gefallen einer stillschweigenden Hinnahme wollte die deutsche Delegation den Siegermächten keineswegs tun, und angesichts der öffentlichen Aufmerksamkeit und unversöhnlichen Atmosphäre konnte sie es wohl auch nicht.[139] Brockdorff-Rantzau und seine Mitarbeiter identifizierten die Frage der Kriegsschuld vielmehr rasch und instinktsicher als zentralen Angriffspunkt in den alliierten Friedensbedingungen. Nachdem in den ersten Stellungnahmen im Anschluss an die Übergabe der Friedensbedingungen vom 7. Mai zunächst kaum auf die Schuldfrage eingegangen und allenfalls über die Auslieferungsbestimmungen geklagt worden war, rückte Brockdorff-Rantzau diesen Aspekt mit einer kraftvollen Note am 13. Mai in den Mittelpunkt. Man könne nicht akzeptieren, so formulierte der deutsche Delegationsleiter mit Blick auf die Reparationsforderungen, dass aus „einer Schuld der früheren Deutschen Regierung an der Entstehung des Weltkriegs ein Recht oder Anspruch der alliierten und assoziierten Mächte auf Entschädigung durch Deutschland für die durch den Krieg erlittenen Verluste abgeleitet" werde. Und in einem Zusatz, der in charakteristischer Weise deutlich macht, dass Artikel 231 VV erst zögerlich eine Bedeutung als moralische Anklage zugewiesen wurde, hieß es zudem: „Auch die Auffassung der alliierten und assoziierten Regierungen darüber, wer als Urheber des Krieges zu beschuldigen ist, wird von den Deutschen Delegierten nicht geteilt. (...) In dem vorgelegten Entwurf eines Friedensvertrags findet sich nichts, was jene Auffassung tatsächlich begründet, keinerlei Beweise werden für sie beigebracht."[140]

Tatsächlich dauerte es immer noch einige Zeit, bis sich die Empörung auf Artikel 231 VV als alles überragende „Kriegsschuldklausel" fokussierte. Die deutsche Seite arbeitete seit Mitte Mai intensiv daran, den im Vertragsentwurf implizit enthaltenen Schuldvorwurf freizulegen und auf die Tagesordnung zu

---

139 Vgl. Dickmann, Kriegsschuldfrage, S. 93.
140 Brockdorff-Rantzau an Clemenceau, Note v. 13.05.1919, in: Urkunden zum Friedensvertrage, hrsgg. v. Kraus/Rödiger, Bd. I, S. 239f., hier: S. 240.

bringen, ja, in der Öffentlichkeit mit ähnlicher Empörung zu skandalisieren wie die Abkehr von den vermeintlichen Versprechungen der Lansing-Note. In einer weiteren Note verlangte Brockdorff-Rantzau am 24. Mai nochmals eine Erklärung, „aus welchen Gründen und mit welchen Beweismitteln" eine Schuld des deutschen Volkes „an allen Schäden und Leiden dieses Krieges als Unterlage der Friedensbedingungen" gemacht werde; die Frage der Kriegsverantwortlichkeit sei eine „Lebensfrage des deutschen Volkes", die „in aller Öffentlichkeit erörtert werden" müsse.[141] Und um sogleich die eigene Position zu fixieren, ließ er wenige Tage später ein umfangreiches Memorandum nachreichen, welches den Bericht der Verantwortungskommission, der durch informelle Kanäle längst in deutsche Hände gelangt war, mit wissenschaftlicher Akribie und einem über hundertseitigen Materialanhang widerlegen sollte. In den Annalen der Friedensverhandlungen ist dieses Schriftstück als „Professoren-Denkschrift" eingegangen, wiewohl die nominellen Autoren Max Weber, Hans Delbrück, Max v. Montgelas und Albrecht Mendelssohn Bartholdy – Letzterer ein Völkerrechtler aus Würzburg – eher ihren Namen als ihre Feder geliehen hatten.[142]

Diese Strategie der empörten Abwehr basierte auf rationalen Erwägungen. Zunächst war eine alliierte Anklage seit geraumer Zeit erwartet worden. Im Auswärtigen Amt waren seit dem Waffenstillstand erhebliches Material zusammengetragen und erste Argumentationslinien entworfen worden, mit denen jedweder Schuldvorwurf öffentlichkeitswirksam zurückgewiesen werden sollte. Wohl war in den Wintermonaten entschieden worden, sich zunächst abwartend zu verhalten und von einem offensiven Vorgehen abzusehen, da ansonsten die „radikalen Elemente uns mit unangenehmen Veröffentlichungen in den Rücken fallen"[143]; hinter einer solchen Sorge stand der Streit über die Publikation einzelner Aktenstücke, welche die deutsche Position in den Verhandlungen belasten könnte.[144] Als allerdings durch informelle Gesprächskontakte der Eindruck wuchs, dass die Schuldfrage in Paris große Bedeutung besitzen würde, stiegen

---

141 Brockdorff-Rantzau an Clemenceau, Note v. 24.05.1919, in: ebenda, Bd. I, S. 271–275, hier: S. 275.

142 Vgl. Bemerkungen zum Bericht der Kommission der alliierten und associierten Regierungen über die Verantwortlichkeiten der Urheber des Krieges, Memorandum v. 27.05.1919, in: ebenda, Bd. I, S. 299–431. Zur Autorenschaft auch Schwengler, Völkerrecht, S. 185–187, daneben Weinke, Gewalt, Geschichte, Gerechtigkeit, S. 97–100; Segesser, Recht statt Rache, S. 220–222.

143 Dieckhoff an Bülow, Brief v. 05.03.1919, in: ADAP, Ser. A, Bd. 1, S. 270f., hier: S. 271.

144 Neben der Ende 1918 vom bayrischen Sozialistenführer Kurt Eisner initiierten Aktensammlung ist besonders auf eine ähnliche Unternehmung von Karl Kautsky hinzuweisen, dessen im Februar vorgelegte Denkschrift von der Reichsregierung nicht zur Publikation freigegeben wurde, vgl. Grupp, Deutsche Außenpolitik, S. 89–96.

auf deutscher Seite der Handlungsdruck und der Wunsch, sich zu erklären. Diesem Bedürfnis hatte Brockdorff-Rantzau schon bei der Übergabe des alliierten Entwurfs am 7. Mai mit überraschender Deutlichkeit nachgegeben, indem er in vorauseilender Abwehr, und bevor er überhaupt den genauen Wortlaut der Friedensbedingungen kennen konnte, erklärt hatte: „Es wird von uns verlangt, daß wir uns als die allein Schuldigen am Kriege bekennen; ein solches Bekenntnis wäre in meinem Munde eine Lüge."[145]

Auf der anderen Seite war es ein naheliegendes Kalkül der deutschen Repräsentanten, durch eine offensive Anfechtung der Schuldfrage nicht nur einzelne Bestimmungen des Friedensschlusses in Frage zu stellen, sondern dessen Grundlagen insgesamt zu erschüttern, vielleicht sogar die militärische Niederlage zu relativieren und gleichberechtigt an den Verhandlungstisch treten zu können. Dass die Siegermächte nicht berechtigt seien, in Fragen der Schuld am und im Krieg als Ankläger aufzutreten und sich selbst vielfacher Rechtsverletzungen hatten zuschulden kommen lassen – ein klassischer Tu-quoque-Vorwurf, der nach 1945 nochmals und mit größerer Vehemenz zurückkehren sollte[146] –, zählte ebenso zu den Gegenargumenten wie der damit verbundene Appell, eine unabhängige Kommission mit neutralen Sachverständigen einzurichten.[147] Insofern war die Behandlung der Schuldfrage immer auch von dem übergreifenden Kalkül der deutschen Delegation bestimmt, auf Zeit zu spielen, die Gegenseite durch eine öffentliche Debatte unter Druck zu setzen und zu gleichrangigen Verhandlungen zu kommen; im Kern stand dahinter eine Spekulation auf den Zerfall der alliierten Koalition, vielleicht gar auf eine Rückkehr zu den Usancen des Europäischen Konzerts oder was man dafür halten mochte.[148]

In der Reichsregierung war die Absicht, den Schuldvorwurf prominent zu bestreiten, jedoch alles andere als unumstritten. Im Gegenteil, die Vorgehensweise der Versailler Friedensdelegation rief teils scharfe Missbilligung hervor, da der gesamte Komplex untrennbar mit der heiklen, von innenpolitischen Machtkämpfen durchzogenen Frage verkoppelt war, wie sich Revolution, Republikanisierung und staatsrechtliche Kontinuität zum Kaiserreich zueinander

---

145 Vgl. Brockdorff-Rantzau, Rede v. 07.05.1919, in: Urkunden zum Friedensvertrage, hrsgg. v. Kraus/Rödiger, Bd. I, S. 200–208, hier: S. 206.
146 Vgl. Priemel, Betrayal, S. 6, 126 u.ö.
147 So bereits in den Ausführungen von Brockdorff-Rantzau im Reichskabinett, Aufzeichnung v. 21.03.1919, in: ADAP, Ser. A, Bd. 1, S. 322–329, hier: S. 328. Siehe auch Weinke, Gewalt, Geschichte, Gerechtigkeit, S. 69–78.
148 Zur Gesamtanlage der deutschen Verhandlungs- und Abwehrstrategie vgl. Laniol, L'article 231, S. 18–22; Horne/Kramer, German Atrocities, S. 333–337; Dreyer/Lembcke, Diskussion um die Kriegsschuldfrage, S. 31–122; Grupp, Deutsche Außenpolitik, S. 86–112; Heinemann, Verdrängte Niederlage, S. 22–53.

verhalten würden. Das von Brockdorff-Rantzau verfolgte Bemühen, die alliierte Schuldzuweisung pauschal abzulehnen und die deutsche Politik des Jahres 1914 wenigstens in Ansätzen zu rechtfertigen, ließ in den Augen mancher sozialdemokratischer Wortführer eine Abgrenzung zu jenen reaktionären Kreisen vermissen, in denen die politische Wirklichkeit durch Dolchstoßlegende, Revanchismus und antibolschewistische Revolutionspanik bereits bis zur Unkenntlichkeit verzerrt wurde. Aber auch darüber hinaus wurde in Weimar und Berlin durchaus erwogen, auf den Schuldvorwurf gar nicht weiter einzugehen, sondern in erster Linie, und sei es auch nur aus taktischen Gründen, die Distanz zur ehemaligen Staatsführung deutlich zu machen.[149] Selbst Walter Simons zeigte sich unsicher, wohin die kategorische Zurückweisung der alliierten Prämissen führen werde. Es sei falsch, „auf unsere bisherige Manier die Schuldfrage zu ignorieren – das macht einen verstockten und bösartigen Eindruck", so schrieb er nach Berlin, warnte allerdings im selben Atemzug davor, die Debatte „nach österreichischer Manier schweifwedelnd zu Gunsten der Entente für erledigt zu erklären."[150]

Insgesamt führte die Unbestimmtheit der Friedensbedingungen einerseits, die offensive Skandalisierungsstrategie der deutschen Delegierten andererseits dazu, dass die Schuldfrage binnen kurzem zu einem geradezu obsessiven Projektionsfeld der deutschen Innenpolitik wurde.[151] Eine nüchterne Betrachtung war kaum mehr möglich, ebenso wenig eine unaufgeregte Bilanzierung der übrigen Vertragsbestimmungen, in denen die Frage einer Kriegsverantwortung eine sehr viel geringere Rolle spielte, als es in deutschen Augen scheinen mochte. Auch wenn die alliierten Vertreter fallweise immer wieder auf den Schuldvorwurf zurückgriffen, um Entscheidungen und Festlegungen zulasten des Kriegsverlierers durchzusetzen, lässt sich der Versailler Vertrag, darauf ist oben bereits hingewiesen worden, in seiner Gesamtheit kaum als ein „Karthagischer Frieden" interpretieren. Das wurde letztlich auch von Brockdorff-Rantzau zugestanden, der in einem Interview am 30. Mai erklärte, dass in „dem Augenblick, wo der moralische Aufputz der Strafjustiz aus dem Friedensdokument entfernt" würde, es „in einem gewissen Umfange für Deutschland erträglich [sei]. Daß wir als Besiegte Opfer bringen müssen an Macht und Gut, sehen wir ein; als Verbrecher unsere Versetzung in die zweite Klasse des Nationenstandes zu unterschreiben, lehnen wir ab."[152]

---

149 Vgl. Boden, Weimarer Nationalversammlung, S. 123–127; Scheidemann, Brockdorff-Rantzau, S. 471–483; Schwabe, Deutsche Revolution, S. 590f.
150 Simons an Simson, Brief v. 04.06.1919, in: PA-AA, R 22506, Bl. 42.
151 Als Überblick hier nur Heinemann, Verdrängte Niederlage, S. 219–253.
152 Vgl. Interview mit Albrecht Haas, 30.05.1919, in: Dokumente, hrsgg. v. Brockdorff-Rantzau, S. 150–152, hier: S. 152.

Das war eine faktische Akzeptanz der Friedensbestimmungen. Ein geschulter Diplomat wie Brockdorff-Rantzau musste wissen, dass er damit in der Öffentlichkeit ein grundsätzliches Einverständnis mit dem Vertragsentwurf jenseits der Strafbestimmungen artikuliert hatte; exakt auf dieser Linie erfolgte, wie erinnerlich, drei Wochen später auch die Annahme aller Friedensbedingungen jenseits der „Ehrenpunkte" durch die Regierung von Gustav Bauer.[153] In den alliierten Reihen wuchsen zum Monatsende trotzdem Unmut und Unwilligkeit. Mit Recht wurde in der Beharrlichkeit, mit der die deutschen Vertreter den Schuldvorwurf in den Vordergrund rückten, der Versuch erblickt, den Friedensschluss in seiner Gesamtheit pauschal zurückzuweisen und in seinem Grundanliegen zu denunzieren. Wohl waren in Paris verschiedene Stimmen zu vernehmen, die zu moderaten Zugeständnissen bereit waren, vor allem in der britischen Delegation.[154] Doch eine Relativierung der deutschen Verantwortung für den Kriegsausbruch gehörte zu keinem Zeitpunkt dazu, und je mutiger die deutschen Vertreter die Karte der moralischen Empörung ausspielten (und gleichzeitig immer beharrlicher den Anspruch auf einen Frieden nach Maßgabe der 14 Punkte vortrugen), desto mehr setzte sich auf der Gegenseite die Überzeugung durch, den eigenen Standpunkt nochmals ausdrücklich explizieren zu müssen. Eine solche Rechtfertigung bildete, wie oben dargestellt, darum den Kern der offiziellen Replik auf die deutschen Gegenvorschläge, die ab Anfang Juni vorbereitet wurde. Nachdem Ernest Pollock für die Verantwortungskommission zunächst nur eine matte Stellungnahme vorgelegt hatte,[155] wurde der entscheidende Punkt der Kriegsverantwortung nochmals von Philip Kerr ausformuliert und in den Entwurf zur Mantelnote übernommen, die nach mehreren Diskussionsrunden am 12. Juni vom Council of Four akzeptiert worden war.[156]

Dieses Begleitschreiben zur alliierten Replik, das schließlich das Datum vom 16. Juni trug und von Clemenceau als Konferenzpräsidenten unterzeichnet war, machte unübersehbar deutlich, worauf die alliierten Nationen die besondere Verantwortung der Mittelmächte für „the greatest crime against humanity" gründen wollten. Mit der feinsinnigen Unterscheidung zwischen näheren und ferneren Kriegsursachen, wie sie die deutschen Vertreter mit der Behauptung einer Einkreisung durch missgünstige Nachbarstaaten vorgebracht hatten, hielt sich der Text kaum auf. Sondern die gesamte Argumentation nahm die bereits

---

153 Vgl. Dreyer/Lembcke, Diskussion um die Kriegsschuldfrage, S. 181–198.

154 Vgl. Lentin, Lloyd George, Wilson and the Guilt, S. 94–100.

155 Vgl. Ernest Pollock u.a., Memorandum v. 07.06.1919, Anhang VIII zu Protokoll v. 12.12.1919, in: FRUS, PPC 1919, Bd. 6, S. 348–369, hier: S. 368f.

156 Vgl. Protokoll v. 12.06.1919, in: ebenda, Bd. 6, S. 324–347, hier: S. 330–339. Das Memorandum von [Philip Kerr,] The Responsibility of Germany for the War [12.06.1919], in: PWW, Bd. 60, S. 451–459.

im Bericht der Verantwortungskommission enthaltene, faktisch aber seit Kriegsbeginn (und länger) verfochtene These auf, dass das Deutsche Reich seit Jahren,
wo nicht seit Jahrzehnten planmäßig auf die machtpolitische Unterwerfung der
friedliebenden Völker des übrigen Europa hingearbeitet habe: „For many years
the rulers of Germany, true to the Prussian tradition, strove for a position of
dominance in Europe. (...) They required that they should be able to dictate and
tyrannise to a subservient Europe, as they dictated and tyrannised over a subservient Germany." Eben zu diesem Zwecke hätten die deutschen Eliten heimlich und heimtückisch den Krieg vorbereitet und Österreich-Ungarn als „a subservient ally" zu einem militärischen Vorgehen gegen Serbien ermutigt, „know-
ing full well that a conflict involving the control of the Balkans could not be
localised and almost certainly meant a general war. In order to make doubly
sure, they refused every attempt at conciliation and conference until it was too
late, and the world war was inevitable for which they had plotted, and for
which alone among the nations they were fully equipped and prepared."[157]

Das war zwar eine unverkennbar tendenziöse Zuspitzung bis grobe Ver-
zeichnung.[158] Für den hier behandelten Zusammenhang ist jedoch entscheidend, dass damit von alliierter Seite erstmals jene scharfe Anklage offen ausgesprochen wurde, die sich im Vertragstext nicht in eindeutiger Form hatte finden
lassen. Nun erst konnte sich jene Dynamik der öffentlichen Empörung und der
gegenseitigen Vorwürfe Bahn brechen, welche den Friedensvertrag mit einer
moralisierenden Debatte überschattete und in der Groll, Kränkung und Indignation zu gängigen politischen Münzen wurden. Dass sich beide Seiten kaum je
von der Handlungslogik des jeweils eingeschlagenen Pfades zu lösen vermochten, mag man bedauern, ebenso auch, in welchem Umfang die Vertreter jedes
Lagers von der inhaltlichen Folgerichtigkeit und moralischen Integrität ihrer eigenen Position geblendet waren. Doch die Unfähigkeit, einen reflektierten
Standpunkt einzunehmen und sich in die Lage der Gegenseite hineinzuverset-
zen, dürfte angesichts der vorangegangenen Kriegserfahrungen und Kriegsdeutungen letztlich nur wenig überraschen. Das Wort von der „mentalen Verlängerung der Kriegssituation in den Friedenschluss"[159] bringt diese rechthaberische

---

157 Clemenceau an Brockdorff-Rantzau, Mantelnote v. 16.06.1919, in: FRUS, PPC 1919, Bd. 6,
S. 926–935, hier: S. 926f. Siehe auch Weinke, Gewalt, Geschichte, Gerechtigkeit, S. 64f. Es ist
mit guten Gründen davon gesprochen worden, dass von alliierter Seite damit auch Art. 231 VV
als „Kriegsschuldartikel" beglaubigt wurde, vgl. Laniol, L'article 231, S. 24.
158 Dass die These eines preußisch-deutschen Militarismus mit Weltmachtambitionen die his-
toriographische Debatte trotzdem über mehrere Jahrzehnte beschäftigt hat, sei nur am Rande
angemerkt.
159 Jost Dülffer, Frieden schließen nach einem Weltkrieg? Die mentale Verlängerung der
Kriegssituation in den Friedensschluss, in: Dülffer/Krumeich (Hrsg.), Der verlorene Frieden,

Unversöhnlichkeit auf den Punkt und bekräftigt nochmals, dass weder die Unterzeichnung noch das Inkrafttreten des Versailler Vertrags von den beteiligten Akteuren als Auftakt zu einer neuen politischen Verständigung gesehen wurde; der Antagonismus des Weltkriegs schwelte in der Nachkriegszeit auf vielen Ebenen weiter, wobei sich in mittlerer Perspektive die Besetzung des Ruhrgebiets 1923 als wesentlicher Gipfel- und Wendepunkt begreifen lässt.[160]

Für den Vorwurf der Kriegsschuld lässt sich im Ganzen zweierlei festhalten: Erstens war er in den Friedensbestimmungen implizit enthalten, um die Verantwortlichkeit der Verlierernationen in juristischen Kategorien zu etablieren. Dass die alliierten Siegermächte dabei von der Schuldhaftigkeit der Gegenseite und der Lauterkeit der eigenen Absichten ausgingen, erstaunt nicht, sondern entsprach ihrer Wahrnehmung des Konflikts; die zahlreichen Fälle einer eindeutigen Verletzung geltenden Völkerrechts durch die Mittelmächte ließen sich auch nicht ernsthaft bestreiten. Der entscheidende Punkt ist trotzdem, dass jedwede Zuweisung einer Verantwortung für den Krieg nicht als politische Übermächtigung dargestellt werden durfte oder sich gar allein auf die militärische Überlegenheit des Kriegssiegers gründen sollte. Stattdessen wurden rechtsförmige Maßstäbe der Gerechtigkeit (für die Opfer des Krieges) und der Haftung (für die angerichteten Zerstörungen) herangezogen, wie es der ideologischen Aufladung des Weltkriegs als Kampf zwischen Recht und Unrecht, in weiterer Perspektive aber den normativen Erwartungen der bürgerlich-liberalen Gesellschaften seit dem späten 19. Jahrhunderts entsprach. Der Glaubenssatz, dass eine Verletzung von Rechtspositionen notwendig einen Anspruch auf Ahndung, Wiedergutmachung und Heilung implizieren würde, stellte in dieser Sicht ein wesentliches Fundament des gesamten Friedensschlusses dar. Mehr noch: Es konnte geradezu als ein Prüfstein für den Selbstanspruch als zivilisierte Menschheit gelten, ob es gelang, die erlebten Schrecken nicht als schicksalshafte Fügung begreifen zu müssen, sondern als Ereignisse, welche sich durch die Feststellung und Ahndung der Verantwortlichkeit in einem rechtlichen Rahmen würden bewältigen lassen; dies war der tiefere Sinn der oben zitierten Aussage von Clemenceau, wonach sich in dieser Frage ein zivilisatorisches Vermögen zur Selbststeuerung ausdrücke: „Civilization is the organization of human responsibilities."[161]

Gerade dieser Anspruch erwies sich jedoch, zweitens, als problematisch. Der Versuch, im Friedensvertrag eine rationale, rechtsförmige und eo ipso „un-

---

S. 19–37, hier bes.: S. 25–35. Ähnlich: Horne/Kramer, German Atrocities, S. 355–365; Heinemann, Verdrängte Niederlage, S. 51–53.

160 Zur Zäsur des Jahres 1923 etwa Cohrs, Unfinished Peace, S. 100–116; Krüger, Außenpolitik, S. 183–206.

161 Clemenceau, Protokoll v. 08.04.1919, in: Mantoux, Deliberations, Bd. 1, S. 187–197, hier: S. 193. Siehe auch Lewis, Birth of the New Justice, S. 60, 62f.

politische" Anspruchsgrundlage zu begründen, konnte nur gelingen, wenn die Prämisse der Kriegsschuld stillschweigend akzeptiert wurde, wenn im gegebenen Fall also die deutsche Seite die ihr zugeschriebene Kriegsverantwortung akzeptiert und außerhalb des politischen Disputs gestellt hätte. Das war unrealistisch. Die deutschen Vertreter mit Brockdorff-Rantzau an der Spitze waren nicht bereit, die alliierte Grenzziehung zwischen Recht und Politik kommentarlos hinzunehmen. Einerseits bestand der berechtigte Argwohn, dass die alliierten Vertreter in der Schuldfrage eine zu verlockende politische Waffe sehen würden, die sie immer wieder zum eigenen Vorteil gebrauchen würden. Anderseits verfuhr die deutsche Seite ebenso, wenn sie der unwiderstehlichen Möglichkeit nachgab, diese Frage offensiv aufzugreifen. Gelang es den Vorwurf der Kriegsschuld zurückzuweisen, so könnte das Friedensabkommen in toto delegitimiert und die militärische Niederlage relativiert, wo nicht revidiert werden. Dies erklärt die Verbissenheit, mit der Recht gegen Recht gesetzt wurde. Die Geister der Rechthaberei, die man damit rief, blieben Deutschland, Europa und der Welt noch geraume Zeit erhalten. Die auf allen Seiten, besonders aber in der Weimarer Republik mit immenser Energie produzierten Darstellungen, historischen Auftragsarbeiten und Editionen zu den „wahren" Kriegsursachen legen ein beredtes Zeugnis für ihr jahrzehntelanges Fortspuken ab.[162] Und wenn diesen schriftlichen Monumenten eines abgelesen werden kann, dann die Einsicht, dass kaum etwas einer Aussöhnung so abträglich ist wie der unbedingte Anspruch, Recht behalten zu wollen.

In der Bilanz dieses Kapitels ist zunächst festzustellen: Der Pariser Friedensschluss von 1919/20 war ein Frieden des Rechts, und zwar auch dann, wenn man darunter nicht alleine die oben dargelegte Komplexität und rechtsförmliche Detailliertheit fasst, sondern auch den subjektiven Anspruch einer Wiederherstellung und Wiedergutmachung ernst nimmt. Mit den Festlegungen zu Strafverfolgung und Reparationen folgten die Friedensverträge den normativen Bindungen und Selbstbindungen der westlichen Gesellschaften, deren Erwartung einer fortschreitenden Verrechtlichung der Staatenbeziehungen sich in allen Beschlüssen niederschlug. Der Weltkrieg war ein maßgeblicher Katalysator gewesen, der diesen längerfristigen Wahrnehmungs- und Einstellungswandel gegenüber der internationalen Politik rapide beschleunigt hatte. Nach 1914 waren nicht nur die Mittelmächte und ihre Verbündeten auf die Rolle notorischer Rechtsverletzer und Rechtsverächter festgelegt worden. Sondern die existentielle Kraft der Kriegsdeutungen hatte die alliierten Nationen derart zu Hütern der internationalen Moral und zu Schutzmächten des Völkerrechts erklärt,

---

162 Vgl. Zala, Geschichte unter der Schere, S. 47–92; Heinemann, Verdrängte Niederlage, S. 74–119.

dass dieser Anspruch im Friedensschluss immer nur variiert, nie aber aufgegeben werden konnte. Zwar bestanden auf Seiten der Siegermächte unterschiedliche Motive, die sich weder unter einen gemeinsamen Hut bringen ließen noch sonderlich an hochherzigen oder idealistischen Maßstäben orientiert waren. Doch das ändert nichts daran, dass die alliierten Repräsentanten gezwungen waren, ihre machtpolitischen Eigeninteressen durchgehend mit dem normativen Anspruch einer Wiederherstellung von Recht und Gerechtigkeit zur Deckung bringen; nicht wenige Inkongruenzen und Widersprüche des Friedensschlusses haben hierin ihren Ursprung.

Die Verengung auf rechtsförmige Argumentationsmuster entpuppte sich aber noch aus einem anderen Grund als Achillesferse des gesamten Friedensschlusses. Mit der Weigerung der deutschen Vertreter, die dem Reich implizit zugeschriebene Schuld für den Krieg zu übernehmen, wurden die Grenzen einer rechtlichen Begründung des Friedens rasch unübersehbar. In den Verlierernationen wurde genau erkannt, welche strategischen Potentiale sich mit der Selbstverpflichtung der Gegenseite auf Maßstäbe des Rechts und der Gerechtigkeit boten. Indem sie den Schuldvorwurf mit moralpolitischer Verve zurückwiesen, legten sie die Axt an die Wurzel sämtlicher alliierter Ansprüche. Eine Änderung oder Abmilderung der Friedensbedingungen ließ sich so zwar nicht erreichen. Aber die alliierten Nationen mussten ihr Siegerrecht nun auf eine machtpolitische Weise hervorkehren, die weder mit ihrem normativen Selbstverständnis übereinstimmte noch in überzeugender Weise die Kriegsverantwortung der Gegenseite begründen konnte. Die Folge war eine rechthaberische, halsstarrige und verstockte Diskussion um Schuld und Verantwortlichkeit, die wenig zur Versöhnung beitrug, aber die Beziehungen zwischen den Nationen weiter vergiftete. Allein die deutsch-französischen Beziehungen der frühen 1920er Jahre bieten in dieser Hinsicht reichlich Anschauungsmaterial. Andererseits: Dass eine Politik der Großzügigkeit und der Nachsicht, so illusorisch sie zu jedem Zeitpunkt und auf jeder Seite war, tatsächlich die bessere Option dargestellt hätte, ist nicht sicher zu sagen. Der Verzicht auf Entschädigungen, die bedingungslose Amnestierung von Tätern, überhaupt die Rationalisierung des Weltkrieges als schicksalhaftes Unglück ohne Verantwortliche, ohne Genugtuung und ohne Aufarbeitung hätte sich angesichts der gegebenen Vorstellungen von Recht und Unrecht kaum vermitteln lassen, damals ebenso wenig wie heute.

2 Der Völkerbund und der Erhalt des Friedens

An großen Worten fehlte es nicht. Ein Wendepunkt in der Geschichte der Menschheit sei erreicht, so konnte das amerikanische Zeitungspublikum am

16. Februar 1919 in der New York Times lesen, zwei Tage nachdem die Plenarversammlung in Paris dem vorgelegten Entwurf eines Völkerbundes zugestimmt hatte. Die Schrecken des Krieges hätten das Gewissen der Welt wachgerüttelt und die Siegermächte dazu bestimmt, alle Staaten auf ein friedliches Miteinander zu verpflichten, um vergleichbare Gewaltexzesse fürderhin zu verhindern: „A momentous, perhaps the most momentous, forward step in the history of civilization has been taken. The hopes of many generations are to be realized. (...) We watch without too keen a sense of its majesty the turning point, the renaissance, the saving of civilization."[163]

Eine solche emphatische Beschreibung macht einmal mehr deutlich, dass der Friedensschluss nicht nur einer formellen Beendigung des Krieges dienen sollte oder gar einer Wiederherstellung des Status quo ante. Vielmehr galt er als Durchbruch für eine Formalisierung und Institutionalisierung der internationalen Beziehungen, wie es seit dem späten 19. Jahrhundert als notwendige Modernisierung der zwischenstaatlichen Verhältnisse debattiert worden war. Dass Korrekturen im europäischen Staatensystem nach dem Krieg erforderlich sein würden, war zwar schon nach Ausbruch der Feindseligkeiten festgestellt worden. Doch erst nach 1917, und vor allem um das Ausscheiden des Zarenreiches und den Eintritt der USA in den Konflikt zu rationalisieren, drängte es sich in den alliierten Nationen auf, eine Neufassung der internationalen Ordnung zu einer drängenden Notwendigkeit zu erklären. So unterschiedlich die Absichten und Hintergedanken waren, welche sich damit verbinden mochten, so sehr bestand bei Kriegsende ein alliierter Konsens, dass es eine neuartige Form der zwischenstaatlichen Koordination, Lenkung und Supervision geben müsse, welche den Frieden nach dem Weltkrieg langfristig erhalten würde und aktiv schützen könne.

Das folgende Kapitel erörtert einige Aspekte dieser Vorstellung, ohne zugleich die in der Forschung vielfach dargestellte Ideen- und Gründungsgeschichte des Völkerbundes nochmals im Detail zu rekapitulieren. Ein erster Abschnitt behandelt die neuralgische Frage nach Organisationsform und Zusammensetzung eines solchen Zusammenschlusses, wobei die kontrovers erörterte Führungsrolle der etablierten (europäischen) Großmächte im Vordergrund steht, die vermehrt mit inhaltlichen Kriterien untermauert werden musste. Die eigentlichen Möglichkeiten einer internationalen Konfliktregulation, und zwar innerhalb wie außerhalb des Völkerbundes, werden in zwei weiteren Abschnitten diskutiert: Zunächst vermittelt das Beispiel der französischen Sicherheitsinteressen in den linksrheinischen Gebieten einen beispielhaften Eindruck, warum sich eine machtpolitische Selbsthilfe im Rahmen des Friedensschlusses

---

163 The Nations United, in: New York Times v. 16.02.1919.

kaum durchsetzen ließ. Sodann wird den in der Völkerbund-Satzung vorgesehenen Möglichkeiten einer friedlichen Streitschlichtung nachgegangen und anhand der Debatten um die Gründung eines institutionalisierten Gerichtshofs ausgelotet, in welchem Verhältnis der Friedensschluss zu den Haager Traditionen einer Verrechtlichung stand.

Die Begründung des Völkerbundes aus dem Geist des Europäischen Konzerts

„Europe is being liquidated, and the League of Nations must be the heir to this great estate"[164], so hatte Jan Smuts in seiner Programmschrift zum Völkerbund formuliert, und man geht nicht fehl, diese knappe Sentenz als eine wesentliche Spur zu dem Selbstverständnis zu lesen, welches die Schöpfer des Völkerbundes im Frühjahr 1919 bewegte. Die europäische Staatengemeinschaft mit ihren wechselseitigen Abhängigkeiten, Vereinbarungen und Hierarchien schien an ein Ende gekommen. Das aggressive Ausgreifen der Mittelmächte hatte die gewachsene Zusammengehörigkeit und den Konsens zwischen den europäischen Nationen zerstört, so die alliierte Deutung, und wenn der Friedensschluss die Wiederkehr eines vergleichbaren Schreckens verhindern solle, dann bedurfte es eines grundsätzlichen Neuanfangs. Allerdings wurde dabei weniger auf die Schaffung einer übergeordneten Instanz – oder gar auf eine „internationale Organisation"[165] nach späterer Definition – abgezielt, sondern zunächst darauf, das meist als ungeordnet, wildwüchsig und anarchisch beschriebene Nebeneinander der Staaten in eine rational gegliederte Form zu bringen. Das Regime der Friedensverträge mit seinen Auflagen für die Kriegsverlierer war ein erster Schritt dazu, aber erst mit einem Völkerbund ließen sich die bewährten Mechanismen und unausgesprochenen „Verhaltensnormen"[166] des Europäischen Konzerts auf einer höheren Stufe formalisieren und institutionalisieren. Dies wurde nicht als Beschneidung der einzelstaatlichen Souveränität gedacht, sondern im Gegenteil als deren Ermöglichung: Einzig ein gemeinschaftlicher Zusammenschluss mit verlässlichen Mechanismen der Koordination, der Konfliktregulation und Sanktion schien eine Garantie vor der aggressiven Willkür einzelner

---

164 Smuts, League of Nations, S. 11.

165 Es geht in die Irre, den Völkerbund von vornherein als „internationale Organisation" – also: auf Dauer angelegt, mit eigenen Organen ausgestattet; grenzüberschreitende Betätigung mit überstaatlichen Aufgaben – zu beschreiben, wie etwa von Akira Iriye, Global Community. The Role of International Organizations in the Making of the Contemporary World, Berkeley 2002, S. 2f. Derartige Definitionen sind Ergebnis, nicht Ausgangspunkt des historischen Verlaufs.

166 Vgl. Schulz, Normen und Praxis, S. 69 u.ö.

Nationen bieten zu können. „If what we call the Concert of Europe had had sanctions at its disposal", so merkte Lloyd George gegenüber seinen Kollegen Anfang April lakonisch an, „it could have kept the peace."[167]

In dieser Erwartung verknüpften sich mehrere Ideenstränge, welche die europäischen und nordamerikanischen Gesellschaften seit dem letzten Drittel des 19. Jahrhunderts durchzogen hatten, bevor sie mit Ausbruch des Weltkrieges schlagartig als alliierte Weltanschauung politikmächtig geworden waren. In Frankreich war die Erwartung einer weiteren Verrechtlichung der Staatenbeziehungen im Umfeld des „pacifisme juridique" spätestens seit 1900 geläufig gewesen. Léon Bourgeois hatte von einem solidarischen Zusammenschluss der Staaten mit eigener Handlungsfähigkeit gesprochen, woraus während des Weltkrieges rasch die Forderung nach der „création d'un organisme judiciaire international" entstanden war.[168] Auf britischer Seite war die Frage einer Institutionalisierung hingegen untrennbar mit der Geschichte des British Empire und seiner Rechtfertigung als zivilisatorisch-humanitäres Projekt verbunden.[169] Allerdings war hier die Skepsis gegenüber einer allzu engen und doktrinären Festlegung größer, so dass nicht allein die Vorschläge von Jan Smuts, sondern auch die Ideen von Robert Cecil wie die Konzepte des Foreign Office letztlich immer um die Idee eines „improved Concert" gekreist hatten. Es ging, wie Alfred Zimmern später notierte, in erster Linie um ein elastisches Konferenz- und Abstimmungssystem, welches den „gulf between power and law" in der internationalen Politik überbrücken könne.[170]

Auf amerikanischer Seite bestanden zwar Vorbehalte gegenüber jedem Anschein einer wiederbelebten Gleichgewichtspolitik oder überhaupt allem, was sich als Intrigenspiel der europäischen Diplomatie deuten ließ. Trotzdem war es für Woodrow Wilson selbstverständlich, dass die internationale Ordnung nicht den Wechselfällen politischer Machtlagen oder zufälligen Allianzen überlassen werden könne, sondern, so hatte er in seiner letzten großen Kriegsrede im September 1918 in der Metropolitan Opera in New York formuliert, aus einem „common concert to oblige the observance of common rights"[171] bestehen müsse. Der dahinterstehende Gedanke eines Zusammenschlusses der rechtstreuen und zivilisierten, teils schon der demokratischen Staaten zur gemeinsamen Sicherung

---

167 Lloyd George, Protokoll v. 02.04.1919, in: Mantoux, Deliberations, Bd. 1, S. 118–123, hier: S. 122.
168 Hier nur: Bourgeois, Pour la société; Guieu, Rameau; Bouchard, Citoyen.
169 So vor allem bei Smuts, League of Nations, S. 7–30.
170 Vgl. Zimmern, League of Nations, S. 191–193. Dazu und zu Zimmerns Kritik an dem „lawyer's pipe-dream" des Legalismus zudem Mazower, No Enchanted Palace, S. 80.
171 Wilson, Address in the Metropolitan Opera House, 27.09.1918, in: PWW, Bd. 51, S. 127–133, hier: S. 128.

des Friedens, fand sich auch in den Reihen des amerikanischen Legalismus. Notwendig sei, wie etwa Elihu Root wenige Wochen zuvor gegenüber House meinte, ein „durable concert of peaceable nations", um den Weltfrieden garantieren zu können. Wenngleich „[s]ome rudimentary institutions have already been developed by agreement among the nations", so fehlte es nach Root trotzdem noch an einer Instanz, welche im „name or interest of the Community of Nations" auftreten und alle streitenden Staaten zur Wahrung des Friedens verpflichten könne.[172]

Dass ein solcher Zusammenschluss allein von den Großmächten wirksam angeführt werden könne, war in allen alliierten Nationen unbestritten. Auch in der Völkerrechtslehre war der Vorrang der (europäischen) Großmächte in den Jahren und Jahrzehnten vor dem Weltkrieg theoretisch ausformuliert worden. Jenseits der beobachtbaren Staatenpraxis – wie sie sich etwa in der Intervention der europäische Mächte sowie Japans und der USA in der chinesischen Boxerrebellion 1900 gezeigt hatte – gab es zwar kaum einen handhabbaren Maßstab für den Status als Großmacht; der Kreis der üblicherweise genannten Nationen ließ sich daher auch nie abschließend bestimmen. Trotzdem konnten die Großmächte als „a separate and recognised class"[173] beschrieben werden, deren Bedeutung sich weniger juristisch denn politisch und moralisch fassen lassen würde. Mit großer Sicherheit hatte Lassa Oppenheim im Jahr 1905 etwa festgestellt: „The Great Powers are the leaders of the Family of Nations, and every progress of the Law of Nations during the past is the result of their hegemony."[174]

Diese selbstverständliche Vorrangstellung der Großmächte lässt sich in nahezu allen Blaupausen des Völkerbundes wiederfinden. Schon in den frühen Planungen der Kriegszeit war meist zwischen einer Gesamtheit aller Mitgliedsstaaten und einer engeren Führungsgruppe unterschieden worden, und im Vorfeld der Friedenskonferenz hatte sich zudem die verwandte Frage gestellt, welche Staaten mit welchem Gewicht in den Verhandlungen repräsentiert sein sollten; daraus war die Differenzierung zwischen Mächten mit einem partikularen und einem generellen Interesse entstanden. Dieser Linie folgte nun der Hurst-Miller-Entwurf vom 2. Februar, als er in Artikel 3 (dem späteren Art. 4 VBS) ganz selbstverständlich von einer Vorrangstellung der fünf alliierten Hauptmächte

---

172 Root an House, Brief v. 16.08.1918, in: LoC, Root Papers, Box 136, S. 1, 5f. Dieser Brief fasste ein Gespräch zusammen, welches u.a. Root und Taft mit House über republikanische Vorstellungen zur Nachkriegsordnung geführt hatten, vgl. Zasloff, Law and the Shaping, S. 337.
173 Westlake, International Law, Bd. 1, S. 308.
174 Oppenheim, International Law, Bd. 1 (1905), S. 163; Rivier, Principes du Droit, Bd. 1, S. 125f. Siehe auch die Übersicht (aus skeptischer Perspektive) bei Dickinson, Equality, S. 117f., 123–145.

im Völkerbund sprach. Während in der Versammlung der Delegierten aller Mitgliedsstaaten, die später als „Assembly" gefasst wurde, sämtliche Nationen über alle Fragen gleichrangig beraten würden, sollte im „Executive Council" nur eine ausgewählte Gruppe zusammentreten, und zwar die alliierten Hauptmächte, welche „shall be deemed to be directly affected by all matters within the sphere of action of the League"[175]. Wenngleich die jeweils betroffenen Staaten immer gehört werden müssten, wären die Großmächte als Repräsentanten eines allgemeinen Interesses im Rat dauerhaft präsent, was bald zu einer Unterscheidung zwischen ständigen und nichtständigen Ratsmitgliedern überging.[176]

In den Debatten der Völkerbund-Kommission, die, wie erinnerlich, seit dem 3. Februar im Hôtel de Crillon tagte, stieß eine solche Sonderstellung der Großmächte rasch auf den Widerspruch der Delegierten der kleineren Nationen. Der Völkerbundsrat wäre auf diese Weise, so beanstandete etwa der brasilianische Vertreter Pessoa, „not an organ of the ‚League of Nations' but an organ of ‚Five Nations,' a kind of tribunal to which everyone would be subject."[177] Angesichts der Tatsache, dass sich der Unmut der kleineren Mächte in der Plenarversammlung der vorangegangenen Woche bereits mit gereizten Wortmeldungen angekündigt hatte, sahen sich die Vertreter der Hauptmächte in gewissen Grenzen zum Nachgeben genötigt: Einerseits sollte die Mehrheit der Großmächte – der Begriff schien Larnaude ohnehin unglücklich[178] – im Rat gewahrt bleiben, weshalb nur eine Erweiterung um vier kleinere Nationen akzeptiert werden konnte. Andererseits sollten diese vier Sitze nicht dauerhaft einzelnen Staaten zugeteilt werden, sondern würden von der Völkerbundsversammlung durch Wahl besetzt werden und rotieren; für den Anfang wurden den alliierten Hauptmächten vorerst noch drei weitere Siegerstaaten (Belgien, Brasilien, Griechenland) sowie Spanien als einziges neutrales Land als temporäre Ratsmitglieder an die Seite gestellt.

Doch das war, bei Licht betrachtet, ein geringes Zugeständnis angesichts einer epochalen Entscheidung. Der Wortlaut des Artikels 4 VBS etablierte zum ersten Mal eine völkerrechtliche Vorrangstellung bestimmter Großmächte in der internationalen Politik. Was zuvor als unbestimmtes Prinzip gedacht und mit wandelbaren Zuschreibungen ausgehandelt, aber als „by no means derived

---

175 Hurst-Miller-Entwurf [02.02.1919], in: DHMD, Bd. 4, S. 354–357, hier: S. 354. Siehe auch Johnson, Lord Robert Cecil, S. 101, 104.
176 Vgl. Yearwood, Guarantee of Peace, S. 119–122. Als Übersicht siehe auch Ellis, Origin, Structure, and Working, S. 122–162.
177 Pessoa, Protokoll v. 04.02.1919, in: Miller, Drafting, Bd. 2, S. 255–259, hier: S. 257.
178 Vgl. Larnaude, Protokoll v. 05.02.1919 [Aufz. W. Shepardson], in: ebenda, Bd. 1, S. 158–167, hier: S. 159.

from a legal basis or rule"[179] gesehen worden war, wurde nun mit einem förmlichen völkerrechtlichen Vertrag als Rechtsnorm fixiert. Den alliierten Hauptmächten – Frankreich, Großbritannien, Italien, Japan und den USA – wurde
jene Position als globale Führungsmächte zugewiesen, welche zuvor von den
fünf oder sechs Großmächten des Europäischen Konzerts informell ausgeübt
worden war. Es entstand gleichsam ein Direktorium der Staatengemeinschaft,
welches die Vorherrschaft der Siegernationen auf längere Dauer stellte und dessen Abkunft aus der alliierten Kooperation der Kriegszeit unübersehbar war; besonders der Supreme War Council habe als „valuable precedent (...) for the operation of international machinery"[180] gedient, so ist später festgestellt worden.

Die faktischen Kompetenzen des Rates waren freilich geringer, als man annehmen könnte. Nicht nur unterlagen alle Beschlüsse nach Artikel 5 VBS dem
Prinzip der Einstimmigkeit, wie es der Tradition einer einvernehmlichen Haltung der Großmächte des Europäischen Konzerts entsprach, sondern sie beschränkten sich im Wesentlichen auf Beratungen und Empfehlungen; auch und
gerade der Völkerbund beruhe, so versuchte Robert Cecil bei der zweiten Lesung des Artikels 4 VBS alle Proteste abzumildern, auf dem Grundsatz „that no
State should be forced into a decision against its will."[181] Das entsprach der
übergreifenden Rationalität des Friedensschlusses, wonach die Formalisierung
der internationalen Ordnung die Souveränität der Staaten nicht einschränken,
sondern voraussetzen und bekräftigen würde, und es entsprach auch der von
David Hunter Miller auf den Punkt gebrachten Vorstellung, dass die Autorität
des Völkerbundes in erster Linie aus der Kraft der Zusammengehörigkeit ent-
springen würde: „[T]he authority of the Association shall be that of a concert of
the sovereignty and sovereign powers of the constituting states."[182]

Doch trotz der faktisch geringen Befugnisse: Die Satzung des Völkerbundes
formalisierte und legalisierte eine Hegemonie der alliierten Hauptmächte.[183]
Zwei Aspekte forderten schon bei den Zeitgenossen erheblichen Protest heraus:
Einerseits lief die Kodifikation einer solchen Vorrangstellung dem Grundsatz ei-

---

179 Oppenheim, International Law, Bd. 1 (1905), S. 163.
180 Temperley, History, Bd. 6, S. 526.
181 Protokoll v. 10.04.1919, in: Miller, Drafting, Bd. 2, S. 360–374, hier: S. 364. Zur Bestimmung
und Abgrenzung der Befugnisse des Völkerbundsrats vgl. Zimmern, League of Nations, S. 447–
457; Die Satzung des Völkerbundes, hrsgg. v. Schücking/Wehberg, S. 165–173. Siehe außerdem
Kennedy, Move to Institutions, S. 870f., 956–979.
182 Vgl. David Hunter Miller, American Program and International Law, in: DHMD, Bd. 2,
S. 323–475, hier: S. 453.
183 Vgl. Simpson, Great Powers, S. 154–159. Weiter: Kennedy, Move to Institutions, S. 921f.,
973f.; Dickinson, Equality, S. 337–378. Außerdem: Kleinschmidt, Geschichte des Völkerrechts,
S. 424.

ner Rechtsgleichheit aller Staaten zuwider; andererseits ließ sich die Beschränkung der Ratsmitglieder auf die alliierten Siegernationen als Fortsetzung der
Kriegsallianz deuten, was andere Großmächte des einstigen Europäischen Konzerts, namentlich Deutschland als unterlegene Macht, sowie, als Verlierer anderer Art, Russland, von einer internationalen Führungsposition zunächst ausschloss. Beide Aspekte verdienen eine kurze Erörterung:

Erstens, so wurde schon in Paris moniert, stelle die Begrenzung der ständigen Ratsmitglieder auf den Kreis der fünf alliierten Hauptmächte eine willkürliche Zurücksetzung der kleineren Nationen dar, für die sich außerhalb einer
politischen, wirtschaftlichen oder militärischen (und damit wandelbaren)
Machtstellung kaum ein unanfechtbares Kriterium angeben lassen. „What you
propose is nothing else than the Holy Alliance", empörte sich der Belgier Paul
Hymans in der Kommissionsdebatte am 5. Februar, sekundiert von Milenko Vesnić aus Serbien, der darauf hinwies, dass an der letzten Haager Konferenz immerhin 44 Nationen teilgenommen hätten und sich die stetig erweiternde Staatengemeinschaft kaum mit zwei oder drei Ratssitzen würde abspeisen lassen.[184]
In der Tat war die Frage einer Differenzierung zwischen größeren und kleineren
Nationen schon auf der Haager Konferenz von 1907 eminent umstritten gewesen, und was seinerzeit nicht möglich gewesen war, so argwöhnten die Vertreter der kleineren Staaten, würden die alliierten Großmächte nun im Windschatten des Kriegssieges, und moralisch gestützt auf den von ihnen entrichteten
Blutzoll, durchsetzen wollen. Mit Blick auf Debatten der Vorkriegszeit überrascht es darum nicht, wenn die konservativen Legalisten der amerikanischen
Völkerrechtslehre zu den wortmächtigsten Kritikern dieser Privilegierung der
Großmächte gehörten. Bereits die Aufzeichnungen und Briefe von Robert Lansing aus dem Frühjahr 1919 sind gespickt mit erbosten Auslassungen darüber,
dass die Satzung den Vorrang der Großmächte festschreiben und den hart er-
kämpften Grundsatz der souveränen Gleichheit der Nationen aufgeben würde:
„It is really the Congress of Vienna over again", so hatte er schon im Januar
(und mit Blick auf die Konferenzorganisation) nach Washington an Frank Polk
geschrieben: „[F]ive or six great powers will run the world as they please and
the equal voice of the little nations will be a myth."[185] In seinen Aufzeichnungen
vom Juni hieß es sodann mit Blick auf die Völkerbundsatzung empört: „The
equality of nations before the law has been smashed to bits and thrown aside
with other discarded precepts. It may still be proclaimed as a creature of inter-

---

184 Vgl. Protokoll v. 05.02.1919 [Aufz. W. Shepardson], in: Miller, Drafting, Bd. 1, S. 158–167,
hier: S. 162.
185 Lansing an Polk, Brief v. 25.01.1919, in: YLMA, Polk Papers, Box 9/308.

national law, but it is treated as a fiction without a real value."[186] Zahlreiche Stimmen aus dem Lager der amerikanischen Völkerrechtslehre stimmten in die Diagnose ein, dass der Völkerbund den Weg zur „beneficent tyranny"[187] einer Weltregierung ebne. Auch über die Satzung hinaus, so wurde kurz nach Abschluss der Verhandlungen im AJIL beklagt, würden zahllose Bestimmungen des Versailler Vertrags darauf hinauslaufen, „[to] crystallize the primacy of five nations, the United States, Great Britain, France, Italy and Japan. (...) The Treaty of Versailles entrusts to those nations the peace of Europe, in fact, the peace of the world."[188]

Nicht allein die Dominanz der Großmächte rief Kritik hervor, sondern, zweitens, ebenso die Ausgrenzung der Verlierermächte. Dass hier der Unmut aus einer anderen Richtung kam, namentlich aus den Reihen der geschlagenen und sich zurückgesetzt fühlenden Nationen, ist wenig überraschend. So beklagte Walther Schücking in einer internen Ansprache am 5. Mai 1919, dass Deutschland in willkürlicher Weise aus dem Kreis der internationalen Führungsmächte ausgegrenzt werden solle. Die Zusammensetzung des Rates sei ein „politisches Direktorium", welches „die Schicksale der Welt in seine Hand nehmen will und (...) bloß aus der Entente bestehen soll." Es handele sich „um ein aristokratisches Regime innerhalb des Völkerbundes, ein Patronat, das die Großmächte der Entente aufrichten wollen"[189]. Auch in den drei Wochen später vorgelegten Gegenvorschlägen wurde ein ähnlicher Unmut laut, wenngleich Schücking, von dem wiederum die wesentlichen Abschnitte stammten, weniger die deutsche Ausgrenzung in den Mittelpunkt rückte als, taktisch geschickt, den rückständigen Charakter des alliierten Entwurfs geißelte. Der Völkerbundsrat bedeute eine Wiederbelebung der „unselige[n] Idee der heiligen Allianz von 1815", so hieß es hier, und dahinter stehe der Irrglauben,

---

186 Robert Lansing, Future Basis of the Foreign Policies of the United States, 09.06.1919, in: LoC, Lansing Papers, Box 63, Bl. 103–106, hier: S. 103f.
187 Ebenda, S. 104. Spätere Kritik bei Lansing, The Big Four, S. 22. Siehe auch Smith, Wilsonian Challenge, S. 188, 202–205.
188 Armstrong, Doctrine, S. 563f.
189 Walther Schücking, Ein neues Zeitalter? Kritik am Pariser Völkerbundsentwurf. Vortrag in Versailles vor der deutschen Friedensdelegation, gehalten am 5. Mai 1919, Berlin 1919, S. 7. Zum deutschen Standpunkt weiter etwa Marvin Benjamin Fried, Brockdorff-Rantzau and the Struggle for a Just Peace, in: Diplomacy and Statecraft 16, H. 2 (2005), S. 403–416, hier: S. 410f.; Schwabe, Gerechtigkeit, S. 76. Auch später noch, im einschlägigen Kommentar von Schücking und Wehberg, wurde eine kritische Parallele gebildet zu „den geborenen Mitgliedern in aristokratischen Oberhäusern", vgl. Die Satzung des Völkerbundes, hrsg. v. Schücking/Wehberg, S. 205.

von oben herab auf dem Wege diplomatischer Konferenzen mit diplomatischen Organen der Welt den Frieden sichern zu können! Man vermißt technische Behörden und unparteiische Instanzen neben dem von den Großmächten beherrschten Ausschuß, der die ganze Kulturwelt auf Kosten der Unabhängigkeit und Rechtsgleichheit der kleineren Staaten seiner Kontrolle unterwerfen kann. Die Fortdauer der alten auf Macht gestützten Politik mit ihren Rankünen und Rivalitäten ist damit nicht ausgeschlossen![190]

Dass war sorgfältig auf die alliierten Positionen der Kriegszeit abgestimmt, verfehlte aber ebenso jede Wirkung wie die im gleichen Atemzug aufgestellte Forderung, wonach „Deutschland sofort bei Unterzeichnung des vereinbarten Friedensdokumentes als gleichberechtigte Macht in den Völkerbund"[191] eintreten müsse. Doch auch wenn sich die deutsche Seite letztlich erfolglos auf der Klaviatur europäischer Gemeinsamkeit und Gemeinschaftlichkeit abmühen sollte, war dieser Punkt in alliierten Kreisen durchaus diskutiert worden. In der Frage einer deutschen Mitgliedschaft im Völkerbund – insbesondere im Völkerbundsrat – musste es letztlich zum Schwur kommen, ob es sich um einen freien Zusammenschluss aller Staaten handeln würde oder um einen in erster Linie inhaltlich bestimmten Bund, wie es besonders von französischer Seite vertreten wurde. Nach Auffassung der Pariser Regierung sollte der Unterschied zum Kriegsbündnis der Alliierten jedenfalls denkbar gering sein, da es sich in dem einen wie dem anderen Fall schließlich um einen Zusammenschluss der rechts- und vertragstreuen Nationen zum Schutz vor aggressiven Außenseitern handeln würde. Es erstaunt nicht, wenn Clemenceau schon Ende Januar im Supreme Council erklärt hatte, nur die Fortdauer des Kriegsbündnisses könne auf Dauer den Frieden erhalten und „[s]uch an alliance might well be termed a League of Nations."[192]

Nicht alle Verhandlungsparteien waren jedoch von einer solchen Ineinssetzung überzeugt. In den Debatten der Völkerbund-Kommission wurde die Frage der deutschen Mitgliedschaft daher kontrovers debattiert. Zwar insistierten Bourgeois und Larnaude darauf, dass „[t]he League is founded on and is the

---

190 Gegenvorschläge der Deutschen Regierung, S. 14.

191 Ebenda, S. 21. Hinter diesen Ausführungen stand nicht zuletzt der deutsche Regierungsentwurf für einen Völkerbund, der seit September 1918 im Rahmen der Deutschen Gesellschaft für Völkerrecht ausgearbeitet worden war und dessen letzte, maßgeblich von Simons und Schücking geprägte Fassung Brockdorff-Rantzau am 9. Mai übergeben hatte, vgl. Note der deutschen Friedensdelegation über den Völkerbund, 09.05.1919, in: Urkunden zum Friedensvertrage, hrsgg. v. Kraus/Rödiger, Bd. I, S. 209–222, dazu weiter Ursula Fortuna, Der Völkerbundgedanke in Deutschland während des Ersten Weltkrieges, Zürich 1974, S. 181–205, außerdem Gründer, Walter Simons, S. 68–75; Acker, Walther Schücking, S. 115–120.

192 Clemenceau, Protokoll v. 28.01.1919, in: FRUS, PPC 1919, Bd. 3, S. 758–771, hier: S. 769. Für eine abgewogene Darstellung der französischen Position vgl. Jackson, Beyond the Balance, S. 262–274. Auch: Haas, Französische Völkerbundpolitik, S. 67–75.

outgrowth of the war."[193] Doch eine Kommissionsmehrheit wollte den Völkerbund als integrative Institution begreifen, und daneben musste die Position der Verlierernationen wie der neutralen Staaten schon deshalb geklärt werden, um die Möglichkeit eines Gegenlagers oder gar einer Gegenallianz auszuschließen. Solange noch machtvolle Staaten und konkurrierende Bündnisse außerhalb des Völkerbundes bestehen könnten, so der Gedanke, hätte sich jene Volatilität der internationalen Beziehungen, die nach allgemeiner Anschauung in den Weltkrieg geführt hatte, kaum vermindert, sondern eher noch verstärkt.

Allerdings war unklar, wie sich die nicht an den Friedensverhandlungen beteiligten Staaten in den Völkerbund integrieren ließen und auf welche Kriterien sich eine Mitgliedschaft stützen könne. Im Fall der neutralen Nationen ließ sich dieses Problem vergleichsweise unkompliziert lösen. Es wurde eine Einladung an dreizehn Staaten von Argentinien über Dänemark und die Schweiz bis Venezuela ausgesprochen, sich mit eigenen Entwürfen und durch die Entsendung eigener Vertreter an der Diskussion in Paris zu beteiligen. Am 20. und 21. März traf die Völkerbund-Kommission in einer Sondersitzung mit den Delegierten der neutralen Staaten zusammen. Zwar wurde bei der wenig später begonnenen zweiten Lesung des Satzungsentwurfs kaum eine Anregung aus den Reihen der neutralen Staaten aufgenommen. Aber eine sichtbare Einbindung war immerhin erfolgt, so dass im Anhang der Völkerbundssatzung eine Einladung an diese dreizehn Staaten ausgesprochen wurde, dem Völkerbund sofort nach seiner Etablierung beizutreten.[194]

Sehr viel schwieriger war hingegen die Frage nach einer Mitgliedschaft der Verliererstaaten und insbesondere Deutschlands zu beantworten. Kaum ein alliierter Vertreter in Paris mochte sich für die Kriegsverlierer in die Bresche werfen; auf die rhetorische Frage von Robert Cecil, ob Deutschland als Großmacht zum Völkerbundsrat zugelassen werden solle, verzeichnete das Protokoll nur ein „general demurrer"[195]. Zahlreiche Delegierte erkannten zwar mit ungetrübtem Realismus, dass eine dauerhafte Ausgrenzung des Reichs angesichts seiner Machtstellung im Herzen Europas kaum möglich, geschweige denn diplomatisch klug sei. Doch selbst Wilson, der im Vorjahr noch selbstverständlich von der Einbindung eines geläuterten Reiches ausgegangen war, war inzwischen

---

193 Bourgeois, Protokoll v. 05.02.1919 [Aufz. W. Shepardson], in: Miller, Drafting, Bd. 1, S. 158–167, hier: S. 160.
194 Vgl. die Protokolle v. 20./21.03.1919, in: RdA, Bd. IV-B-1, S. 196–221. Eindrücke bei Huber, Denkwürdigkeiten, S. 119–126.
195 Protokoll v. 05.02.1919 [Aufz. W. Shepardson], in: Miller, Drafting, Bd. 1, S. 158–167, hier: S. 159. Cecil erblickt später in der Ausgrenzung Deutschlands eine wesentliche Ursache für alle Probleme des Völkerbundes, vgl. Cecil of Chelwood, Great Experiment, S. 107.

skeptisch geworden.[196] Allenfalls aus der sicheren Distanz Londons ließ sich die Mahnung aussprechen, dass eine fehlende Einbeziehung Deutschlands ein eklatanter Fehler sein würde. „The point on which I feel the greatest apprehension", so schrieb Alfred Zimmern an Headlam-Morley, „is the apparent exclusion of Germany from the Executive Council."[197] Im Spannungsfeld der Pariser Verhandlungen hatte ein solcher Wirklichkeitssinn hingegen einen schweren Stand. Lloyd George, aber auch Edward House versuchten in der letzten Phase der Verhandlungen im Juni zwar nochmals, eine frühzeitige Integration Deutschlands auf die Tagesordnung zu bringen.[198] Doch je beharrlicher Brockdorff-Rantzau auf einer Gleichbehandlung nach den Grundsätzen europäischer Großmachtpolitik pochte, desto mehr wuchs der Unwille bei den alliierten Vertretern und desto unwahrscheinlicher wurde eine vorbehaltlose Aufnahme in den Völkerbund.[199]

Die entscheidende Herausforderung bestand darin, dass zur Frage einer deutschen Mitgliedschaft rationale Kriterien gefunden werden mussten, um die Satzung weder mit dem Odium einer willkürlichen Diskriminierung noch eines rückgratlosen Opportunismus belasten zu müssen. Innerhalb der Völkerbund-Kommission war ab der dritten Sitzung am 5. Februar über mögliche Kriterien diskutiert worden. Der zugrundeliegende Hurst-Miller-Entwurf hatte in Artikel 6 (später Artikel 1 VBS) eine zustimmende Mehrheit von zwei Dritteln aller Mitgliedstaaten für die Aufnahme weiterer Staaten vorgesehen, sodann aber auch die Bereitschaft der neuen Mitglieder verlangt, sich den Rüstungsauflagen des Völkerbundes zu unterwerfen. Eine solche inhaltliche Auflage zeigte schon die beabsichtigte Richtung an, entpuppte sich aber als zu unspezifisch. Woodrow Wilson schlug darum eine Erweiterung durch eine Klausel vor, welche die Zulassung neuer Staaten von deren „Selbstregierung" abhängig machen sollte, mithin an eine demokratisch-republikanische Regierungsform knüpfte, wenigstens aber an eine staatliche Unabhängigkeit („only self-governing States shall be admitted"). Für diesen Vorschlag sprach zunächst, dass er die alliierten Forderungen der Kriegszeit aufgriff und mit französischen Forderungen korrespondierte.[200] Andererseits erwies sich in der weiteren Diskussion, dass weder „Selbstregierung" abschließend definiert werden konnte noch dass sich alle

---

196 Vgl. Klaus Schwabe, Woodrow Wilson and Germany's Membership in the League of Nations, 1918–19, in: CEH 8, H. 1 (1975), S. 3–22.
197 Zimmern an Headlam-Morley, Brief v. 20.02.1919, in: CAC, Headlam-Morley Papers, HDLM 688/2, S. 5.
198 Vgl. Yearwood, Guarantee of Peace, S. 130f.
199 Vgl. Joachim Wintzer, Deutschland und der Völkerbund 1918–1926, Paderborn 2006, S. 60–65.
200 Vgl. Haas, Französische Völkerbundpolitik, S. 44, 47.

Siegernationen auf einen solchen Begriff bringen ließen; besonders im Fall des British Empire ergaben sich heikle Fragen nach einer Eigenständigkeit der Dominions und, vor allem, Indiens. Auch dass Wilson die halbautonomen Philippinen ins Spiel brachte oder dass Larnaude einen kritischen Seitenblick auf das autokratische Regierungssystem Japans warf – was den japanischen Vertreter Makino zu einer ebenso raren wie erzürnten Wortmeldung provozierte –, war wenig hilfreich.[201]

Angesichts dieser Dissonanzen wurde die Debatte zunächst vertagt und erst wieder in der folgenden Woche, am 13. Februar, aufgenommen. Jedoch zeigte sich auch im zweiten Anlauf, dass es kaum möglich war, die Zulassung neuer Mitgliedsstaaten zum Völkerbund mit inhaltlichen Anforderungen zu verknüpfen, welche sich gleichermaßen auf die Gründungsmitglieder, die neutralen Nationen wie die Verliererstaaten würden anwenden lassen. Wohl schien es Bourgeois weiterhin undenkbar, die Türen des Völkerbundes für jene zu öffnen, „who are not worthy to come in"[202], was Larnaude dahingehend präzisierte, dass es spezielle Auflagen geben müsse für Deutschland, Bulgarien und das Osmanische Reich sowie alle übrigen Nationen „which are badly administered, not to use a more violent form of expression."[203] Doch in letzter Instanz lief die Debatte darauf hinaus, auf Vorgaben zur politischen Verfasstheit neuer Mitgliedsstaaten zu verzichten; auch ein republikanisches Deutschland oder gar ein bolschewistisches Russland mochten sich schließlich offensiv auf eine demokratische Ordnung mit allgemeiner Repräsentation und populärer Partizipation berufen. Die Formulierung von Artikel 1 VBS, in dem die Frage der Zulassung neuer Mitglieder nunmehr geregelt wurde, schlug stattdessen einen Bogen zu den etablierten Formen des europäischen Völkerrechts zurück. „Any fully self-governing State, Dominion or Colony", so hieß es hier, könne mit einer Zweidrittelmehrheit der Völkerbundversammlung zugelassen werden, sofern das prospektive Mitglied „effective guarantees of its sincere intention to observe its international obligations" geben könne. Das war sicherlich eine vage Anforderung, die sofort den Protest der deutschen Delegation in den Gegenvorschlägen vom 29. Mai heraufbeschwor.[204] Trotzdem war es kein Zufall, dass damit alle denkbaren Auflagen und Anforderungen auf den kleinsten gemeinsamen Nenner zusammenschrumpften, nämlich auf den Grundsatz unbedingter Vertragstreue als Fundament allen internationalen Rechts. Entsprechend klar

---

201 Vgl. Protokoll v. 05.02.1919 [Aufz. W. Shepardson], in: Miller, Drafting, Bd. 1, S. 158–167, hier: S. 164–167. Siehe auch Schwabe, Deutsche Revolution, S. 440f.
202 Bourgeois, Protokoll v. 12.02.1919 [Aufz. frz. Stenogr.], in: Miller, Drafting, Bd. 1, S. 229–240, hier: S. 239.
203 Larnaude, ebenda, S. 239f.
204 Vgl. Gegenvorschläge der Deutschen Regierung, S. 14.

konnte die alliierte Replik vom 16. Juni die deutschen Einwendungen darum auch mit dem Hinweis zurückweisen, dass keine Nation aus dem Völkerbund ausgeschlossen bleiben werde, „whose government shall have given clear proofs of its stability as well as of its intention to observe its international obligations – particularly those obligations which arise out of the Treaty of Peace"[205].

Eine deutsche Mitgliedschaft im Völkerbund war damit einzig an die Fähigkeit und Bereitwilligkeit geknüpft, sich den Regularien des internationalen Rechts skrupulös zu unterwerfen und, insbesondere, das Regime der Friedensverträge bedingungslos zu akzeptieren; das war der Punkt, auf den besonders die französischen Vertreter großen Wert legten, auch wenn sie im Grunde eine kraftvollere und längerfristige Abweisung Deutschlands gewünscht hatten.[206] In dieser Sicht war die Aussage der alliierten Replik, dass ein deutscher Beitritt schon in naher Zukunft geschehen möge, nicht allein diplomatischer Takt und Höflichkeit.[207] Dahinter stand vielmehr der Gedanke, dass die vorbehaltlose Erfüllung des Friedensvertrages in einen Prozess der Einkehr, Läuterung und Besserung auf deutscher Seite einmünden würde; schon im September 1918 hatte Wilson erklärt, dass Deutschland „will have to redeem her character, not by what happens at the peace table but by what follows"[208]. Auf der anderen Seite sollte eine baldige deutsche Aufnahme in den Völkerbund dessen universalistischen Charakter absichern, so dass keine größere Macht dauerhaft außerhalb der neuen internationalen Ordnung verharren würde. Allenfalls unbedeutende und halbzivilisierte Gemeinschaften mochten sich in dieser Sicht noch als außenstehende Gebilde behaupten, und selbst für diese lag eine Einbeziehung in Form einer treuhänderischen Verwaltung nahe, wie es mit dem – weiter unten noch darzustellenden – Mandatssystem für die außereuropäische Welt konzipiert worden war.

In der Realität der internationalen Politik nach 1920 blieb von derartigen Erwartungen wenig übrig. Dass die USA nach den erbitterten innenpolitischen Auseinandersetzungen um die Ratifikation des Versailler Vertrags dem Völkerbund nicht beitraten, minderte nicht allein die politische Durchsetzungskraft des Rates, sondern stellte bereits auf symbolischer Ebene eine kaum reparable Belastung der beanspruchten Universalität dar. Zwar wurden nach und nach al-

---

205 Reply of the Allied and Associated Powers to the Observations of the German Delegation on the Conditions of Peace, 16.06.1919, in: FRUS, PPC 1919, Bd. 6, S. 935–996, hier: S. 940.
206 Vgl. Jackson, Beyond the Balance, S. 273.
207 Vgl. ebenda. Zur Formulierung des Zeithorizonts („in the early future") gegen französischen Einspruch siehe Headlam-Morley Diary, Eintrag v. 19.06.1919 (Auszug), in: Headlam-Morley, Memoir, S. 155.
208 Wilson, Rede v. 27.09.1918, in: PWW, Bd. 51, S. 127–133, hier: S. 129.

le einstigen Feindmächte aufgenommen, doch dabei spielten „effektive Garantien" ihrer Rechtstreue kaum eine Rolle. Dass Österreich und Bulgarien schon im Dezember 1920 beitreten konnten, lässt sich unschwer auf das Interesse an einer fortgesetzten Aufspaltung der Mittelmächte zurückführen. Die Aufnahme von Ungarn im September 1922 war sowohl mit der umstrittenen Minderheitenschutzpolitik wie auch einer desolaten Finanzsituation verquickt, erfolgte aber unabhängig von weiteren Auflagen.[209] Im Fall von Deutschland ging es zwar durchaus um zusätzliche Garantien, da die deutschen Westgrenzen mit den Locarno-Verträgen im Herbst 1925 nochmals befestigt wurden und erst im Anschluss ein deutscher Beitritt möglich wurde (der dann sogleich in den Völkerbundsrat führte).[210] Aber schon die Aufnahme der Türkei im Juli 1932 folgte wieder anderen, eher geostrategischen Erwägungen, in denen ein Arrangement auf Grundlage des Status quo wichtiger war als alle Beweise, Zusicherungen oder Garantien einer besonderen Rechts- und Vertragstreue.[211]

Daneben wurde freilich die Erwartung rasch enttäuscht, dass sich die Mitglieder des Völkerbundsrats, zumal wo sie als Kriegssieger und Schutzmächte des internationalen Rechts auftraten, in besonderer Weise für den Erhalt des Friedens einsetzen würden. In vielen Krisen war es dem Rat angesichts der Beteiligung einzelner Mitglieder einerseits, dem Prinzip der einstimmigen Beschlussfassung andererseits, kaum möglich, die Einhaltung und Wiederherstellung des Friedenszustandes wirksam einzufordern; das japanische Ausgreifen in die Mandschurei (1931/32) und die italienische Annexion von Abessinien (1935/36) mögen als Beispiele genügen. Die Dynamik der internationalen Politik zeigte sich als sehr viel komplexer, die autoritative Kraft des Völkerbundes hingegen als weitaus geringer – und die moralische Sanktionskraft der Weltöffentlichkeit überdies als uneindeutiger –, als es in den Pariser Debatten jeweils antizipiert worden war. Eine politische Handlungsmacht war der Satzung kaum abzugewinnen, so dass der Völkerbundsrat zu einem wirkungslosen Gremium herabsank oder, mit gleichem Effekt, wenigstens als solches galt. Mit Wehmut und rückblickender Idealisierung erinnerte Alfred Zimmern angesichts der britisch-französischen Differenzen in der Mandschurei-Krise nochmals daran, dass „the Council of the League can only function if the old Concert is embedded inside it."[212]

Dieses etablierte Narrativ einer institutionellen Schwäche und politischen Lähmung muss mit Blick auf das ständige Sekretariat des Völkerbundes sicher-

---

209 Vgl. Macartney, Hungary, S. 464f.; Ellis, Origin, Structure, and Working, S. 101, 103.
210 Vgl. Wintzer, Deutschland, S. 449–561; Krüger, Locarno, S. 78–84.
211 Vgl. Zürcher, Turkey, S. 209–211.
212 Zimmern, League of Nations, S. 373.

lich relativiert werden. Die Pariser Bemühungen um eine Formalisierung der zwischenstaatlichen Beziehungen brachten mit dem Generalsekretariat in Genf ein neuartiges Organ hervor, welche sich in weiterer Perspektive als wesentliche Säule einer institutionalisierten Zusammenarbeit zwischen den Nationen entpuppt. Die hier initiierte Koordination zwischen staatlichen Agenturen, eigenen Expertengremien sowie zivilgesellschaftlichen Organisationen lässt sich als Meilenstein in der Geschichte internationaler Beziehungen begreifen; in der jüngeren Forschung wird mittlerweile hierin die eigentliche Bedeutung des Völkerbundes gesehen.[213] Nur am Rande sei noch darauf hingewiesen, dass das Sekretariat des Völkerbundes auch eine eigene Rechtsabteilung besaß, welche dem niederländischen Juristen Joost van Hamel unterstellt war und der unter anderem Manley O. Hudson, als Verbindungsperson in die USA, assoziiert wurde.[214]

Jedoch: In seinem politischen Kern war der Völkerbund hilflos gegenüber der Dynamik der Staatenbeziehungen, die spätestens ab Ende der 1920er Jahre immer rascher in eine zuvor nicht vorstellbare Konkurrenz der Ordnungsvorstellungen und Machtzentren überging. Es zeigte sich, dass das Leitbild einer staatlich gegliederten und vertragsrechtlich vernetzten Welt, wie es den liberal-imperialen Weltvorstellungen des ausgehenden 19. Jahrhundert entsprungen war, keineswegs unangefochten blieb und der Völkerbund auch nicht den letztgültigen Konsens über die internationale Ordnung repräsentierte. Der Führungsanspruch der westlichen Nationen, und namentlich Großbritanniens und Frankreichs, geriet immer stärker in die Defensive, durch politische Uneinigkeit zunächst und später durch die Weltwirtschaftskrise, sodann aber vor allem durch den Aufstieg ideologischer Rivalen. Der sowjetische Anspruch einer Weltrevolution einerseits, das völkische Großraumdenken im Faschismus und Nationalsozialismus andererseits, stellten kardinale Antagonismen der Pariser Ordnung dar. Zwar handelte es sich gleichfalls um Abkömmlinge westlicher Modernisierungs-, Planungs- und Rationalisierungsutopien des ausgehenden 19. Jahrhunderts. Doch dass sich damit gänzlich andere Konzepte überstaatlicher Ordnung

---

213 Vgl. Herren, Internationale Organisationen, S. 60–65; Susan Pedersen, Back to the League of Nations. Review Essay, in: AHR 112, H. 4 (2007), S. 1091–1117, hier: S. 1112–1116. Eine Darstellung allgemeiner Strukturen bei Ellis, Origin, Structure, and Working, S. 171–205.
214 Hamel hatte sich bereits im Herbst 1918 an Edward House gewandt und, mit starken antideutschen Untertönen, seine Dienste angeboten, vgl. Hamel an House, Brief v. 06.11.1918, in: YLMA, House Papers, Box 112/3904. Im April wandte sich Hamel sodann an Smuts, der einen Kontakt in die britischen Kreise um Eric Drummond vermittelte, wo im Frühsommer 1919 erste Personallisten zum Sekretariat zusammengestellt wurden, siehe vor allem die Unterlagen in LoNA, Personnel Files, S788, und die Korrespondenzen von Manley Hudson in: HLSL, Hudson Papers, Box 73/8 u. 74/5; LoNA, Personnel Files, S797.

verbanden, war offensichtlich. Prominentes Beispiel ist der 1939 von Carl Schmitt in einem nationalsozialistischen Sinne gestaltete Entwurf einer „völkerrechtlichen Großraumordnung mit Interventionsverbot raumfremder Mächte". Dieses Konzept gründete auf der Annahme, dass es ein Nebeneinander verschiedener Großräume oder Machtsphären („Reiche") geben solle, die jeweils von einer Hegemonialmacht mit rechtsetzendem Anspruch dominiert werden könnten. Statt vom Grundsatz einer Unabhängigkeit und Gleichrangigkeit aller souveränen Staaten im Rahmen eines gemeinsamen Völkerrechts auszugehen, zielte Schmitt mithin auf eine „wesentlich nichtuniversalistische, rechtliche Ordnung auf der Grundlage der Achtung jedes Volkstums"[215]. Auch wenn diese Position nicht vollständig mit dem völkischen Anti-Etatismus anderer NS-Ideologen deckungsgleich war,[216] betonte sie doch den Vorrang machtpolitischer Kräfteverhältnisse und verwarf die Idee eines positivistischen, global gültigen Völkerrechts zwischen gleichrangigen Staaten; mit welcher großen Härte der Kampf um die Gültigkeit derartiger Ordnungsentwürfe sodann ausgetragen werden sollte, zeigte sich spätestens in den 1940er Jahren.

In der Summe lässt sich festhalten: Der Entwurf der Völkerbundssatzung markierte einen der letzte Schritte im Übergang von der alteuropäischen Ordnung in eine universalistische Epoche. Hier wurde der Verfall der einstigen Stellung, den mehrere Mächte des einstigen Europäischen Konzerts erlitten hatten, ebenso formell fixiert wie die fünf alliierten Hauptmächte als neues Direktorium der internationalen Gemeinschaft eingesetzt. Während Deutschland seit dem Krieg als verworfene Nation gelten musste, Österreich-Ungarn sich unabwendbar in nationaler Auflösung befand und Russland in Bürgerkrieg und Anarchie unterzugehen drohte – vom Osmanischen Reich gar nicht zu sprechen –, wurde erstmals ein Kreis von Staaten mit einem besonderen internationalen Rechtsstatus abschließend definiert. Neben der beachtlichen Aufwertung Italiens, dessen fragiler Status als Großmacht in der Krise um Fiume nicht das letzte Mal dem Zusammenbruch nahe gewesen war,[217] fällt vor allem die Erweiterung um zwei außereuropäische Staaten ins Auge: Auf der einen Seite wurde die Stellung Ja-

---

215 Carl Schmitt, Völkerrechtliche Großraumordnung mit Interventionsverbot für raumfremde Mächte. Ein Beitrag zum Reichsbegriff im Völkerrecht [1939], Berlin 1991, S. 50. Dazu etwa Mathias Schmoeckel, Die Großraumtheorie. Ein Beitrag zur Geschichte der Völkerrechtswissenschaft im Dritten Reich, insbesondere der Kriegszeit, Berlin 1994; zum Problem auch Mazower, Governing the World, S. 180–188.
216 Vgl. Peter Karel Steck, Zwischen Volk und Staat. Das Völkerrechtssubjekt in der deutschen Völkerrechtslehre (1933–1941), Baden-Baden 2003.
217 Vgl. Nicolson, Peacemaking 1919, S. 178. Noch Mussolini war vielfach angetrieben vom Willen, den italienischen Anspruch auf eine Großmachtrolle zu rechtfertigen, siehe Steiner, Lights, S. 329.

pans als ostasiatische Groß- und Hegemonialmacht bestätigt, wenngleich halb-herzig und mit inneren Reserven. Faktisch blieben die japanischen Delegierten bei nahezu allen europäischen Angelegenheiten außen vor, verbanden mit dem Völkerbund jedoch selbst nur die Erwartung, in der Rolle als Großmacht bestä-tigt und ansonsten nicht im eigenen Hegemonialanspruch in Ostasien beein-trächtigt zu werden.[218] Auf der anderen Seite reagierten die USA auf den rasan-ten Aufstieg zu einer weltbestimmenden Großmacht ambivalent. Unter den Washingtoner Eliten bestanden nach wie vor starke isolationistische Strömun-gen, so dass alle europäischen Verstrickungen und internationalen Verpflich-tungen umso skeptischer betrachtet wurden, desto mehr man sich hingezogen, ja, hineingedrängt fühlte. Ein Vorschein dessen war schon im November 1918 zu verzeichnen gewesen, als Smuts die USA auf einem Empfang für amerikani-sche Journalisten überschwänglich dafür lobte, einen Anteil an den „burden of world politics" übernehmen zu wollen: „America has become jointly responsib-le with Europe for the new order which will arise from the ruins of this war."[219]

Das entpuppte sich als voreilig, da sich die weiteren Regierungen in Wash-ington nicht zuletzt angesichts solcher Erwartungen wieder aus den internatio-nalen Verhältnissen zurückzuziehen versuchten.[220] Erst im Zweiten Weltkrieg rückten die USA schließlich in die Rolle einer Hegemonialmacht des 20. Jahr-hunderts ein; dass dieser Aufstieg dann parallel zum dramatischen Niedergang des British Empire verlief, mochte Smuts kaum antizipiert haben. Trotzdem stand hinter der forcierten Einbindung der USA unverkennbar der Versuch, die herausgehobene Bedeutung, welche den europäischen Großmächten in den Staatenbeziehungen des 19. Jahrhunderts zugekommen war, nun auf einen uni-versalen Maßstab zu übertragen. Der Erhalt des Friedens und die Garantie des internationalen Rechts durch den Völkerbund waren nur vorstellbar, wenn die-ser im Zentrum von Nationen getragen war, welche sowohl die politische Kraft als auch eine moralische Integrität für diese Führungsrolle an den Tag legen würden; die „legitimacy as Great Powers had to rest on moral as well as mate-rial grounds, as a beacon and protector to the rest of the world."[221] Es über-rascht nicht, wenn dies im Sinnhorizont der alliierten Repräsentanten zunächst nur jene Staaten sein konnten, die sich im Weltkrieg als Schutzmächte von

---

218 Zusammenfassend: Burkman, Japan and the League, S. 210–221. Die Konflikte mit China und in der Mandschurei setzten Japans Beteiligung am Völkerbund in den 1930er Jahren ein Ende.
219 Old Europe is Dead, Gen. Smuts Asserts, in: New York Times v. 16.11.1918.
220 Vgl. Ambrosius, Wilson, Alliances, and the League of Nations, S. 148–165. Siehe aber auch Tooze, Deluge, S. 348f.; Cohrs, Unfinished Peace, S. 187–201. Zur amerikanischen Hegemonie nach 1945 vgl. Mazower, Governing the World, S. 191–428.
221 Smith, Wilsonian Challenge, S. 196.

Recht und Gerechtigkeit ausgezeichnet hatten und deren Vorrangstellung nun formalisiert werden musste.

Realiter war eine solche Konzeption des Völkerbundes aus dem Geist des Europäischen Konzerts kaum widerspruchsfrei und unproblematisch. Wohl darf die damit erzielte Stabilisierung der internationalen Ordnung nicht unterschätzt werden; auch in der Zwischenkriegszeit und darüber hinaus stellte die koordinierte Abstimmung zwischen den Großmächten einen wichtigen Bestandteil der internationalen Politik dar, so dass teils auch von einem fortgeführten oder erneuerten Konzert gesprochen wird.[222] Trotzdem war es einerseits offensichtlich, dass die Rolle als Führungsmacht nie von den Eigeninteressen und nationalen Egoismen der jeweiligen Großmächte abzutrennen war; oft genug präsentierten die Mitgliedsstaaten des Völkerbundsrats den eigenen Vorteil als allgemeines Interesse. Bedenklicher war auf der anderen Seite jedoch noch, dass die Hegemonie der alliierten Siegermächte stets an die machtpolitischen Folgen des Weltkriegs angebunden blieb. Obwohl später Deutschland und selbst die Sowjetunion aufgenommen wurden, blieb der Völkerbundsrat im Kern eine Instanz der alliierten Hauptmächte; dies zu ändern, hätte bedeutet, das Ergebnis des Weltkrieges zu relativieren und die internationale Ordnung einer politischen Dynamik mit unbekanntem Ergebnis auszuliefern.

Kollektive Sicherheit, Abrüstung und das Beispiel der französischen Rheinlandpolitik

Der Leitgedanke des Völkerbundes, die Kooperationen zwischen den Staaten zu institutionalisieren und das Instrumentarium für eine friedliche Konfliktregulation bereitzustellen – nominell auf Basis souveräner Gleichheit, faktisch unter dem Direktorat der alliierten Hauptmächte –, war zwar als Idee bestechend. Nicht alle in Paris versammelten Nationen waren jedoch von der praktischen Bedeutung einer solchen Friedensinstanz gleichermaßen überzeugt, und dass die Skeptiker von Georges Clemenceau angeführt wurden, lässt sich vor allem auf die Furcht der französischen Politik vor einer erneuten deutschen Aggression zurückführen. Anstatt sich auf die Mechanismen des Völkerbundes zu verlassen, lag eine Revision der deutsch-französischen Grenze mitsamt einer Neutralisierung der linksrheinischen Gebiete sehr viel näher. Das Ringen der alliierten Hauptmächte in dieser Frage zählt zu den großen Spannungslinien der Friedenskonferenz, die von der bisherigen Forschung mehrfach mit Akribie und

---

222 Vgl. Steiner, Lights, S. 299, 355–359; Cohrs, Unfinished Peace, S. 345–377. Hingegen setzt Krüger, Außenpolitik, S. 216f., eine solche Wiederaufnahme erst für die Locarno-Ära an.

hinsichtlich einer langwährenden deutsch-französischen Rivalität („Erbfeind-schaft") rekonstruiert worden ist. Rückt man allerdings die hier verfolgte Leit-frage nach der Bedeutung rechtlicher Argumente in den Mittelpunkt, so erlaubt ein näherer Blick nicht nur neue Einsichten in die Art und Weise, wie Fragen der Sicherheit, Abrüstung und Stabilität innerhalb und außerhalb des Völker-bundes ausgehandelt wurden. Sondern es wird einmal mehr greifbar, wie sich politische Entscheidungen und normative Erwartungen im Friedensschluss wechselseitig so durchdrangen, dass am Ende nur eine vertragsförmige, legalis-tisch überformte Regelung der Rheinlandfrage möglich war.

Das war nicht unbedingt zu erwarten gewesen. Während der Kriegsjahre hatten sich in Paris beträchtliche Ambitionen auf eine Verschiebung der deutsch-französischen Grenze nach Osten gerichtet, was über die als selbstver-ständlich betrachtete Rückkehr von Elsass-Lothringen rasch hinausging. So-wohl in der öffentlichen Debatte wie innerhalb politischer und militärischer Führungszirkel war wiederholt eine Wiederherstellung des Grenzverlaufs von 1794 gefordert worden, wenigstens aber eine Angliederung des Saargebiets mit seiner kaum beeinträchtigten Eisen- und Stahlindustrie, was gemeinhin als Kompensation für die verwüsteten Kohlegruben Nordfrankreichs gesehen wur-de. Auch wenn nur teilweise an eine offene Annexion gedacht wurde und die Schaffung formal unabhängiger Pufferstaaten näherlag, so stellte doch eine Zu-rückdrängung des Nachbarstaates hinter die natürliche Grenze des Rheinver-laufs den kleinsten gemeinsamen Nenner der französischen Ostpolitik dar. Es galt nach dem Waffenstillstand als geradezu alternativlos, in den bevorstehen-den Friedensverhandlungen auf ein Sicherheitsglacis entlang der linken Rhein-seite zu beharren, in welcher Form auch immer. Ferdinand Foch fasste die fran-zösischen Forderungen Ende November 1918 in einem Memorandum zusam-men,[223] über das in den Londoner Gesprächen vom Dezember erste Verhandlun-gen aufgenommen wurden.[224]

Die Reaktionen der anderen Alliierten waren indes ernüchternd. So sehr sich die machtpolitische Verfügung über fremdes Staatsgebiet und fremde Staatsbevölkerung auf ein Recht des Kriegssiegers berufen mochte, so wenig fügte sie sich in die übergeordnete Rationalität eines Friedensschlusses, der

---

223 Vgl. Foch an Clemenceau, Brief v. 28.11.1918, in: DDF. Armistices et Paix I, S. 359–363.
224 Allgemein vgl. Prott, Politics of Self-Determination, S. 54–82; Jackson, Beyond the Bal-ance, S. 277–283; Schuker, Rhineland Question, S. 279–286; Cox, French Peace Plans, S. 87–91; Jacques Bariéty, Les relations franco-allemandes après la première guerre mondiale, Paris 1977, S. 26–45; die öffentlichen Erwartungen etwa bei Noble, Policies and Opinions, S. 241–248; zur Diskussion während des Krieges siehe Lowczyk, Fabrique de la Paix, S. 129–242; Soutou, L'or et le sang, S. 788–794. Daneben: Duroselle, Clemenceau, S. 726–728; Stevenson, French War Aims, S. 74f., 83f., 111, 118–124.

ganz in der Sprache und Ideenwelt des internationalen Rechts angelegt war. Selbst wenn man Fragen der Selbstbestimmung, der nationalen Zugehörigkeit oder territorialen Integrität ausblendete, schienen die Konsequenzen für die politische Stabilität in Europa wenig kalkulierbar. In London, wo der Erhalt des Empire höhere Priorität genoss als der Schutz der französischen Grenzen, bestand daher ein ebenso großer Unmut wie in Washington, wo mit Blick auf die verfügbaren Bevölkerungsstatistiken und Sprachkarten zunächst nicht einmal die bedingungslose Angliederung Elsass-Lothringens für selbstverständlich gehalten worden war. Im Januar 1919 warnte House die französische Seite nachdrücklich davor, durch die gewaltsame Angliederung des linken Rheinufers auf Jahre und Jahrzehnte deutsche Revanchegelüste heraufzubeschwören. Zwar wurde man in Paris nicht müde, auf die kulturelle Nähe der rheinischen Bevölkerung zu Frankreich hinzuweisen. Doch was in einer selbstsuggestiven Wahrnehmung als frankophiler rheinischer Separatismus erscheinen mochte (und durch interessierte Kreise eine subtile politische und finanzielle Unterstützung fand), beeindruckte nur wenige US-Experten. Hier bestand kaum ein Zweifel daran, dass sich die lokale Bevölkerung am Niederrhein, an der Saar, in der Rheinpfalz oder Rheinhessen mehrheitlich als deutsch empfand und jede Form der Loslösung vom Reich starke Proteste hervorrufen würde. In dieser Sicht musste die französische Rheinlandpolitik als Musterbeispiel für jene Machinationen europäischer Großmachtpolitik gelten, denen nach dem Willen der amerikanischen Vertreter ein endgültiger Riegel vorgeschoben werden sollte.[225]

Wie aber ließ sich das französische Sicherheitsbedürfnis, das nicht nur mit großer Unnachgiebigkeit präsentiert wurde, sondern das bei den verbündeten Nationen trotz allem als nachvollziehbar, ja, als legitim galt, in den Friedensschluss integrieren? Der erste Blick richtete sich unweigerlich auf den Völkerbund und seine Mechanismen, welche die territoriale Integrität seiner Mitgliedsstaaten schützen sollten. Dazu war in Artikel 10 VBS eine Beistandspflicht niedergelegt worden, welche alle zugehörigen Nationen dazu verpflichtete „to respect and preserve as against external aggression the territorial integrity and existing political independence of all Members of the League". Zwar blieb unbestimmt, auf welche Weise sich ein Angriff oder auch nur die Gefährdung eines Mitgliedsstaates tatsächlich abwehren ließ, zumal der Völkerbundsrat lediglich

---

225 Vgl. Prott, Politics of Self-Determination, S. 69–75; Jackson, Beyond the Balance, S. 283–297; Schuker, Rhineland Question, S. 288f.; Stevenson, French War Aims, S. 144–160. Zur französischen Unterstützung des rheinischen Separatismus etwa Lauter, Sicherheit und Reparationen, S. 45–87; Martin Süss, Rheinhessen unter französischer Besatzung. Vom Waffenstillstand im November 1918 bis zum Ende der Separatistenunruhen im Februar 1924, Stuttgart 1988; für einen auf regionale Haltungen konzentrieren Blick auch Martin Schlemmer, „Los von Berlin". Die Rheinstaatbestrebungen nach dem Ersten Weltkrieg, Köln 2007.

eine Empfehlung abgeben konnte. Gleichwohl ging man mit dieser Konzeption über die Bindungen eines traditionellen Militärbündnisses hinaus und etablierte ein geschlossenes System gegenseitiger Bestandspflichten, welches sich mit gutem Recht als eine frühe Form „kollektiver Sicherheit" bezeichnen lässt.[226]

Im Rahmen eines solchen Systems konnte der Schutz Frankreichs vor einem deutschen Angriff eigentlich als ein Paradebeispiel dienen. Das Reich würde – zumindest in der Theorie – vor jeder Aggression schon deshalb zurückschrecken, weil es sich einerseits in eklatanter Weise ins Unrecht setzen und die Weltöffentlichkeit gegen sich aufbringen würde; die Macht der öffentlichen Meinung war von den Vätern des Völkerbundes stets denkbar hoch eingeschätzt worden.[227] Auf der anderen Seite müsste Deutschland befürchten, sich bei einem Angriff der geschlossenen Front sämtlicher Mitgliedsstaaten gegenüberzusehen, was nach Artikel 16 VBS selbst noch nach seinem Beitritt zum Völkerbund gelten würde. Jeder Angriffskrieg war ein Bruch des Bundes und eine Aggression gegen alle anderen Mitglieder; auf diesen Vorstellungen baute später unter anderem das Genfer Protokoll (1925), vor allem aber der Briand-Kellogg-Pakt (1928) auf.[228]

Bei genauerer Betrachtung jedoch, das wussten nicht allein die militärischen Experten, sondern auch die Diplomaten und Regierungsvertreter, waren derartige Klauseln mit einem gehörigen Schuss Realismus zu versetzen. Dass die Satzung zwar eine Schutzpflicht stipulierte, ihre Erfüllung aber weitgehend ungesichert war, ließ sich kaum übersehen. Es gab keinen Mechanismus und keine explizite Verpflichtung, wonach eine Nation gezwungen gewesen wäre, Frankreich bei einem Angriff bedingungslos, wirksam und vor allem rechtzeitig beizustehen. Gerade der zeitliche Aspekt wurde in zeitgenössischer Sicht als wesentlich erachtet. Eine der wichtigsten Lehren, die aus dem Weltkrieg gezogen wurden, war die Einsicht, dass der Angreifer ein Überraschungsmoment auf seiner Seite habe, welches ihn zunächst in die vorteilhaftere Stellung brin-

---

226 Zur Ausformulierung dieser Beistandspflicht in den Beratungen vgl. Wilson, Origins, S. 49f.; Miller, Drafting, Bd. 1, S. 168–178. Weiter: Cassese, States, S. 62–65; Simpson, Great Powers, S. 158; Kennedy, Move to Institutions, S. 941f. Zum Gedanken „kollektiver Sicherheit" in den Jahren nach 1920 hier nur Kießling, Macht, Recht, Legitimität, S. 182–189, weit gefasst Blessing, Mögliche Frieden, S. 185–332.

227 Vgl. Wertheim, League, S. 830f.; Walworth, Wilson and his Peacemakers, S. 108, 117; Arthur Sweetser, The League of Nations at Work, New York 1920, S. 99. Siehe auch Löhr/Herren, Gipfeltreffen, S. 412–416.

228 Vgl. Kießling, Macht, Recht, Legitimität, S. 185, 193f.; Blessing, Mögliche Frieden, S. 312–355; Krüger, Außenpolitik, S. 409.

gen würde; jede Form der effektiven und glaubhaften Abschreckung musste daher einem mühseligen Abwehrkampf vorgezogen werden.[229]

Eben aus diesem Grund hatten Léon Bourgeois und Ferdinand Larnaude in der Völkerbund-Kommission vehement die Forderung nach einer internationalen Armee unter der Führung des Völkerbundes erhoben. Nur auf diese Weise, so ließ sich argumentieren, sei es möglich, ohne einzelstaatlichen Entscheidungsvorbehalt und ohne Zeitverzug, dafür aber mit eigenen Truppen gegen einen äußeren Angreifer vorgehen zu können. „[I]f the League of Nations was going to impose a régime of peace upon all people", erklärte Larnaude am 13. Februar, dann bedürfe es folgerichtig einer zentralen Organisation „ready to act at once against an obstinate or bellicose Power."[230] Dass selbst Clemenceau nicht ernsthaft mit einer Zustimmung für diese Forderung gerechnet haben dürfte, sondern darin eher eine Verhandlungsmasse für andere Fragen sah, wurde bereits oben dargelegt. Gleichwohl ließ sich diese Taktik aber nur deshalb erfolgreich verfolgen, weil einzig eine internationale Streitmacht das französische Sicherheitsproblem innerhalb des Völkerbundes zu lösen versprach. Schon in seinem eigenen Völkerbundentwurf vom Juni 1918 hatte Bourgeois eine solche Streitmacht eingeplant, die nach Kriegsende aus den Truppen der Entente gebildet werden sollte; ein weiterer Beleg dafür, wie sehr die französische Seite von einer direkten Umwandlung der Kriegsallianz in den Völkerbund ausging.[231]

Dass der französische Vorstoß für die meisten übrigen Kommissionsmitglieder in das Reich der politischen Phantastik gehörte, überrascht nicht.[232] Selbst die ansonsten wohlwollende New York Times hatte ihr Erstaunen über das Ansinnen einer „world army" kaum verbergen können.[233] Auch aus der Völkerrechtswissenschaft erhob sich Widerspruch, etwa wenn Lassa Oppenheim die Vorstellung einer internationalen Streitmacht unter dem Kommando des Völ-

---

229 Nicht zuletzt deshalb wurden von britischer Seite ältere Pläne eines Kanaltunnels wieder aufgewärmt, mit dem die eigenen Truppen zügig auf den europäischen Kriegsschauplatz verbracht werden könnten, vgl. Alan Sharp, Britain and the Channel Tunnel 1919–1920, in: Australian Journal of Politics and History 25, H. 2 (1979), S. 210–215, außerdem die Unterlagen in: TNA, FO 608/124/11.
230 Larnaude, Protokoll v. 13.02.1919, in: Miller, Drafting, Bd. 2, S. 316–335, hier: 320.
231 Vgl. Marc Sorlot, Léon Bourgeois et la SDN, in: Niess/Vaïsse (Hrsg.), Léon Bourgeois (1851–1925), S. 103–110, hier: S. 104f. Siehe auch: Textes adoptés par la Commission Ministérielle Français de la Société des Nations, 08.06.1918, in: RdA IV-B-1, S. 11–17, hier: S. 14f. Weiter: Jackson, Beyond the Balance, S. 271f.; Johnson, Lord Robert Cecil, S. 105f.; Guieu, Rameau, S. 58f.; Haas, Französische Völkerbundpolitik, S. 102–104; Miller, Drafting, Bd. 1, S. 208f.
232 Vgl. nur Johnson, Lord Robert Cecil, S. 106; Knock, To End all Wars, S. 221f.; Tillman, Anglo-American Relations, S. 130.
233 Vgl. French Ask World Army, in: New York Times v. 12.02.1919.

kerbundes als Widerspruch in sich begriff; eine solche Armee würde derartig übermächtig sein, dass sie die existierende Staatenwelt als Gemeinschaft gleichrangiger Nationen zerstören statt bewahren würde.[234]

Auf der anderen Seite war das Argument, dass Frankreich derart geographisch exponiert sei und über so leidvolle Erfahrungen mit einer deutschen Aggression verfüge, dass die Beistandspflicht des Artikels 10 VBS nicht hinreichend sei, nicht umstandslos vom Tisch zu wischen. Als alternative Möglichkeit bot es sich aus Sicht der übrigen Alliierten aber an, die spezifischen militärischen Bestimmungen des Friedensschlusses wie auch die allgemeinen Grundsätze einer Rüstungskontrolle durch den Völkerbund dazu zu nutzen, Frankreich entgegenzukommen. So sollte nach Artikel 8 VBS die „geographical situation and circumstances of each State" in der Beurteilung der jeweiligen Abrüstungsbemühungen berücksichtigt werden, was ein kaum verhülltes Zugeständnis an die Pariser Regierung darstellte; die strategische Ausgangslage Frankreichs sollte anstatt durch eine linksrheinische Pufferzone durch eine vorteilhafte Gestaltung der militärischen Kräfteverhältnisse verbessert werden. Bereits im Januar hatte Edward House einem Vertrauten Tardieus, Louis Aubert, nahegelegt, auf ein territoriales Sicherheitsglacis zu verzichten und sich mit einer weitgehenden Abrüstung des Reiches zu begnügen. „[I]t would be bad for France, as well as for England and the United States, to impose a wrong upon Germany", so hielt er anschließend in seinem Tagebuch fest. „Our only chance for peace, I thought, was to create a league of nations, treat Germany fairly and see that she did not have an opportunity to again equip and maintain an army that would be formidable."[235]

Eine Zurückweisung der linksrheinischen Ambitionen Frankreichs unter Hinweis auf die militärische Bezähmung Deutschlands war jedoch auch deshalb naheliegend, weil die einschlägigen Bestimmungen zu Abrüstung und Demilitarisierung, welche das fünfte Kapitel des Versailler Vertrags bilden sollten, bereits weitreichend ausfielen. Sie gingen über die bis dato übliche Praxis deutlich hinaus, dem Kriegsverlierer eine mehr oder minder kurzfristige Entwaffnung aufzuerlegen. Die Streitkräfte des Reichs sollten nach dem Wortlaut der Friedensbedingungen vielmehr systematisch reduziert, die Wehrpflicht dauerhaft abgeschafft und Höchstgrenzen für den Personalbestand in allen Waffengattungen festgelegt werden. Daneben wurden zahlreiche Waffensysteme verboten,

---

234 Vgl. Lassa Oppenheim, The League of Nations and its Problems. Three Lectures, London, New York 1919, S. 21. In eine ähnliche Richtung ging auch die Sorge vor dem Aufstieg eines neuen Napoleon an die Spitze einer solcher Armee, „who would reorganize the governments of the world according to his taste", so bei Temperley, History, Bd. 6, S. 530.
235 House Diary, Eintrag v. 09.02.1919, in: YLMA, House Papers, Serie 2, vol. 7, S. 44.

nahezu sämtliche Grenzbefestigungen geschleift und der Große Generalstab – als terroristische oder verbrecherische Organisation avant la lettre – aufgelöst; ähnliche Bestimmungen, wenngleich in entsprechend geringerem Umfang fanden sich im Übrigen auch in den anderen Friedensverträgen.[236]

Der Nutzen dieser Bestimmungen war allerdings umstritten. Nach Artikel 42–44 VV sowie Artikel 180 VV wurde zwar eine dauerhafte Entmilitarisierung nicht nur der linksrheinischen Territorien, sondern auch des rechten Rheinufers in einem Streifen von 50 Kilometern stipuliert, was nochmals das Pariser Verlangen nach einer Sicherheitszone aufnahm. Daneben sahen Artikel 203–210 VV die Einrichtung von interalliierten Kontrollkommissionen vor, welche die Streitkräfte, Materialbestände und Rüstungsproduktion des Reichs im Blick behalten und regelmäßig darüber berichten sollten.[237] Doch in französischen Augen ließ sich nicht sicher ausmachen, ob und inwieweit eine effektive Überwachung der militärischen Auflagen überhaupt möglich sein würde. Offen wurde in der Pariser Presse davon gesprochen, dass die deutsche Seite die friedensvertraglichen Verbote und Vorschriften wiederum nur als Fetzen Papier begreifen werde.[238] Auch Ferdinand Foch betrachtete solche Auflagen kaum als langfristig wirksames Antidot gegen einen preußischen Militarismus. Deutschland werde sich der Umsetzung zu entziehen versuchen, so erklärte er gegenüber den alliierten Regierungschefs am 31. März: „[W]e will never be certain of it. We can't build upon what is not in our hands. The Germans can elude the stipulations that will be imposed upon them in all sorts of ways."[239] Und damit keinerlei Zweifel an seinem Standpunkt aufkommen konnte, setzte er nochmals unmissverständlich hinzu, dass einzig eine militärische Kontrolle des linken Rheinufers einen neuen Waffengang verhindern könne: „The peace can only be guaranteed by the possession of the left bank of the Rhine."[240]

Im Gegensatz dazu hegten die amerikanischen und britischen Vertreter größere Hoffnungen, dass eine drastische Reduzierung der deutschen Militärmacht eine allgemeine Abrüstung einleiten und den Frieden in Europa sichern und er-

---

236 Vgl. Richard J. Shuster, German Disarmament after World War I. The Diplomacy of International Arms Inspection 1920–1931, London, New York 2006, S. 11–23; Jaffe, Decision, S. 165–194; Salewski, Entwaffnung, S. 15–36. Zur Neuheit dieser Form von erzwungener Demilitarisierung, die sich zuvor eher punktuell und oft auf einzelne Territorien oder Befestigungen beschränkt hatte, siehe die kursorischen Hinweise bei David J. Bederman, Collective Security, Demilitarization and „Pariah" States, in: EJIL 13, H. 1 (2002), S. 121–138, hier: S. 123f.; Fisch, Krieg und Frieden, S. 489f.

237 Vgl. Salewski, Entwaffnung, S. 48–56.

238 Vgl. Noble, Policies and Opinions, S. 180.

239 Foch, Protokoll v. 31.03.1919, in: Mantoux, Deliberations, Bd. 1, S. 86–99, hier: S. 87.

240 Ebenda, S. 88. Siehe auch Jackson, Beyond the Balance, S. 282.

halten könne.[241] Besonders die British Empire Delegation hatte schon zu Beginn der Friedensverhandlungen deutlich gemacht, dass sie die Frage einer allgemeinen Abrüstung an zentraler Stelle der Konferenz behandelt wissen wollte, etwa wenn Balfour am 21. Januar – erfolglos – die Einrichtung einer gesonderten Kommission für Abrüstungsfragen anregte.[242] Schon aus innenpolitischen Gründen wollte die Londoner Regierung rasch zu einer Demobilisierung übergehen und die verbleibenden militärischen Ressourcen eher an den Krisenherden des Empire konzentrieren, etwa in Irland, Indien oder Mesopotamien.[243] Aus diesen Gründen lehnte es Lloyd George zunächst auch ab, britische Truppen zur Sicherung des Friedens abzustellen. Es erscheine ihm sinnvoller, so sagte er am 23. Januar im Supreme Council, den Gegner zu einer Abrüstung zu zwingen als selbst eine riesige Streitmacht unter Waffen zu halten oder gar weiter aufzurüsten.[244] In den folgenden Wochen wiederholte er dieses Argument mehrfach, so am 7. Februar, als er mit Blick auf die notwendige Demilitarisierung Deutschlands nachdrücklich unterstrich, dass „[a]ll he wanted was to get the guns away from the Germans, so that it might not be necessary to maintain huge armies. He did not contemplate making Europe an armed camp for ever, and the way to prevent this was to disarm Germany."[245]

Derartige Forderungen, die Entwaffnung der Verlierernationen mit einer allgemeinen Abrüstung zu verknüpfen, mochten neben militärstrategischen Erwägungen auch einer britischen Tradition des Humanitarismus und Pazifismus entwachsen sein (wenngleich nicht unbedingt den unglücklichen Abrüstungsbemühungen der Haager Konferenzen). Dass sie in den Pariser Verhandlungen zwischen Februar und April 1919 zeitweilig ein starkes Momentum erhielten, lag jedoch vor allem an dem Versuch, auf diese Weise die französischen Forderungen nach einer Rheingrenze politisch einzudämmen und moralisch zu neutralisieren. Auch in seinem Fontainebleau-Memorandum vom 25. März sprach sich Lloyd George für eine weitere Abrüstung in Europa aus, wobei er diesen

---

241 Vgl. Deist, Die militärischen Bestimmungen, S. 240. Dies kam in der alliierten Replik vom 16. Juni nochmals deutlich zum Ausdruck, als der deutsche Protest einer einseitigen Abrüstung zurückgewiesen wurde: „It is therefore right, as it is necessary, that the process of limitation of armaments should begin with the nation which has been responsible for their expansion. It is not until the aggressor has led the way that the attacked can safely afford to follow suit." Reply of the Allied and Associated Powers to the Observations of the German Delegation on the Conditions of Peace, 16.06.1919, in: FRUS, PPC 1919, Bd. 6, S. 935–996, hier: S. 955.
242 Balfour, Protokoll v. 21.01.1919, in: ebenda, Bd. 3, S. 654–669, hier: S. 669.
243 Vgl. Schuker, Rhineland Question, S. 287f.
244 Vgl. Lloyd George, Protokoll v. 23.01.1919, FRUS, PPC 1919, Bd. 3, S. 693–703, hier: 694f. Siehe auch Deist, Die militärischen Bestimmungen, S. 240; Marston, Peace Conference, S. 79f.
245 Lloyd George, Protokoll v. 07.02.1919, in: FRUS, PPC 1919, Bd. 3, S. 895–925, hier: S. 907. Siehe auch Jaffe, Decision, S. 144–146.

Appell bewusst mit der eindringlichen Ermahnung verband, dass die Friedensmacht des Völkerbundes auf das Vertrauen seiner Mitglieder gebaut sein müsse. Zwar gestand er zu, dass eine hinreichende militärische Schlagkraft notwendig sei, solange das Schicksal Deutschlands oder auch Russlands noch nicht geklärt sei.[246] Doch zugleich beschrieb er die erzwungene Entwaffnung der Kriegsverlierer als Verpflichtung „to impose a limitation upon ourselves"[247]; die Militärbestimmungen sollten im Friedensvertrag darum als „first step in the limitation of the armaments of all nations"[248] bezeichnet werden.

In Woodrow Wilson fand die Vorstellung einer generellen Abrüstung einen bereitwilligen Unterstützer, einmal, weil schon die 14 Punkte in eine ähnliche Richtung gewiesen hatten, dann aber auch, weil er gleichfalls nach Möglichkeiten suchte, die französischen Territorialforderungen am Rhein zu unterlaufen. Folglich war es auch Wilson, der den Gedanken eines förmlichen Bekenntnisses zu einer allgemeinen Abrüstung nochmals aufgriff.[249] Daraus erwuchs schlussendlich die Präambel vor Artikel 159 VV, in der die einseitige Entwaffnung und erzwungene Abrüstung des Kriegsverlierers als „initiation of a general limitation of the armaments of all nations" behauptet wurde.[250] Dass dieser Anspruch kaum eingelöst wurde, ist offensichtlich, ebenso wie die Tatsache, dass sich die deutsche Seite später kaum genug daran tun konnte, diese Formulierung als herausragendes Zeugnis alliierter Scheinheiligkeit anzuprangern.[251]

Allen Bemühungen zum Trotz: Clemenceau zeigte sich in der linksrheinischen Frage von den moralischen Appellen der amerikanischen und britischen Seite ebenso unbeeindruckt wie von ihren politischen Drohgebärden. In der

---

246 Vgl. Lloyd George, Some Considerations for the Peace Conference, Fontainebleau-Memorandum v. 25.03.1919, in: PWW, Bd. 56, S. 259–270, hier: S. 263f.

247 Ebenda, S. 263.

248 Ebenda, S. 268.

249 Vgl. Wilson, Protokoll v. 26.04.1919, in: FRUS, PPC 1919, Bd. 5, S. 299–301, hier: S. 299. Ursprünglich stammte der Gedanke eines eigenen Vorspruchs zu den Militärbestimmungen offenbar von Hankey, der eine entsprechende Anmerkung im Gliederungsschema des Fontainebleau-Memorandums vorgenommen hatte, vgl. Hankey an Hurst, Brief v. 23.04.1919, in: TNA, FO 374/27. Siehe auch Jaffe, Decision, S. 199, 201.

250 Vgl. ebenda, S. 201–203; Schwabe, Deutsche Revolution, S. 405; Birdsall, Versailles Twenty Years After, S. 169, während hingegen Salewski, Entwaffnung, S. 34f., den britischen Hintergrund übersieht. Daneben allgemein: Shuster, German Disarmament, S. 13–23, zum weiteren Verlauf außerdem Andrew Webster, Making Disarmament Work. The Implementation of the International Disarmament Provisions in the League of Nations Covenant, 1919–1925, in: Fischer/Sharp (Hrsg.), After the Versailles Treaty, S. 133–152.

251 Schon bald nach der Übergabe der Friedensbedingungen griffen deutsche Vertreter diese Erklärung auf, um die alliierten Vertreter daran zu messen, vgl. Salewski, Entwaffnung, S. 35, 233, 315f., daneben Cohrs, Unfinished Peace, S. 474f.; Krüger, Außenpolitik, S. 546f. Weiter: Schwabe, Deutsche Revolution, S. 607–609.

französischen Regierung wurde klar gesehen, dass eine Abrüstung der europäischen Landmächte für die angelsächsischen Seemächte nahezu kostenfrei zu haben war.[252] Mehr noch: Großbritannien wäre, gestützt auf seine weltweit interventionsfähige Royal Navy, mehr denn je in eine globale Schlüsselstellung aufgerückt, in der letztlich nur die USA als Konkurrenz zu fürchten gewesen wären. Es war kein Zufall gewesen, wenn Vertreter der britischen wie der amerikanischen Marine im Vorfeld alle Hebel in Bewegung gesetzt hatten, damit Fragen der Flottenrüstung nicht auf der offiziellen Agenda der Verhandlungen erschienen waren. Zwar waren auf inoffizieller Ebene in Paris trotzdem Gespräche über eine Koordination der maritimen Rüstungsplanungen geführt worden, doch die meisten Streitfragen zwischen den USA und Großbritannien ließen sich erst einige Jahre später, auf der Washingtoner Flottenkonferenz von 1922, in ein gemeinsames Abkommen überführen.[253]

Es war nachvollziehbar, wenn Clemenceau nach Lektüre des Fontainebleau-Memorandums mit einigem Grimm beklagte, dass es sich die beiden angelsächsischen Großmächte spätestens nach der Auslieferung der deutschen Flotte leisten konnten, konziliant aufzutreten. „We must have an equivalent on land", so erneuerte er im Council of Four am 27. März die Forderung nach einer linksrheinischen Pufferzone, denn: „America is far away, protected by the ocean. Not even Napoleon himself could touch England. You are both sheltered; we are not."[254] Allerdings begann sich zu diesem Zeitpunkt bereits eine Lösung abzuzeichnen. Der erste Schritt bestand in dem Angebot eines separaten Garantievertrages, der Frankreich den Beistand der amerikanischen und britischen Streitkräfte für den Fall eines deutschen Angriffs zusichern sollte. Philip Kerr war bereits im Februar zu der Einsicht gekommen, dass der Völkerbund in Frankreich so lange als „little more than a scrap of paper"[255] gelten würde, solange man die Sicherheit der französischen Grenzen nicht glaubwürdig garantieren könne. In Gesprächen mit André Tardieu entwickelte er am 11. und 12. März erste Überlegungen in die Richtung einer Beistandszusage, obwohl zunächst der Einspruch im Raum stand, wie eine militärische Unterstützung der Westmächte im Angriffsfall rechtzeitig auf dem Schlachtfeld eintreffen könn-

---

252 Vgl. Jaffe, Decision, S. 200f.
253 Vgl. Tillman, Anglo-American Relations, S. 287–294, daneben etwa MacMillan, Peacemakers, S. 186–190; Goldstein, First World War, S. 73–79; Deist, Die militärischen Bestimmungen, S. 244f., jeweils mit weiteren Hinweisen.
254 Protokoll v. 27.03.1919, in: Mantoux, Deliberations, Bd. 1, S. 31–38, hier: S. 34f. Das Argument war freilich zuvor schon mehrfach vertreten worden, vgl. Cohrs, Unfinished Peace, S. 50.
255 Kerr an Lloyd George, Brief v. 18.02.1919, in: PA-UK, DLG Papers, F/89/2/23, S. 4.

te.[256] Schwerer wog jedoch die Ungewissheit, wie die amerikanische Seite angesichts eines traditionellen Argwohns gegen alle „entangling alliances" eine solche Bündnisverpflichtung aufnehmen würde; es war bekannt, dass sich der amerikanische Präsident seit 1916/17 mehrfach mit schroffen Worten gegen Sonderbündnisse und Kriegspakte einzelner Staatengruppen ausgesprochen hatte und einzig auf die ganzheitliche Lösung des Völkerbundes setzen wollte.[257]

Doch am 14. März, unmittelbar nach seiner Rückkehr aus den USA, reagierte Wilson auf den britischen Vorschlag eine solchen Separatabkommens überraschend positiv, vermutlich weil damit eine Überwindung der französischen Blockadehaltung vorstellbar wurde, dann aber auch, weil sich ein solcher Garantievertrag als bloße Überbrückung rechtfertigen ließ; er wäre in dem Moment hinfällig, wenn der Völkerbund und seine Maschinerie der friedlichen Konfliktlösung vollständig etabliert seien.[258] Das war eine stark selbstsuggestive Deutung, mit der Wilson augenscheinlich vor allem sich selbst über die Konsequenzen hinwegtäuschen wollte, welche eine derartige Verpflichtung zur Intervention in Europa bedeuten würde. Innerhalb des außenpolitischen Establishments der USA sah man die Dinge kritischer. In Paris warnte Henry White nachdrücklich vor der Leichtfertigkeit, die USA auf diese Weise in unabsehbare künftige Konflikte zu verwickeln, und das Committee on Foreign Relations des US-Senates sollte Wilson im Sommer gerade wegen dieser Zusage hart angehen.[259]

Nachdem Lloyd George und Wilson am Nachmittag des 14. März den Vorschlag eines gesonderten Garantievertrags unterbreitet hatten, nahm Clemenceau das Angebot jedenfalls begeistert an. Das musste zwar alle jene Politiker Frankreichs bis hin zu Staatspräsident Raymond Poincaré vor den Kopf stoßen, die das nationale Sicherheitsinteresse einzig in einem territorialen Revirement nach traditionellem Muster gewahrt sahen, mithin in einer Angliederung des linken Rheinlands. Doch die Umwandlung einer solchen materiellen Sicherheit in eine ideelle Garantie vollzog Clemenceau in vollem Bewusstsein. Obwohl er am 14. und 15. März selbst im engeren Kreise seiner Berater für eine solche Lö-

256 Vgl. Kerr, Notes of Discussion with M. Tardieu and Dr. Mazes [sic!], 12.03.1919, in: PA-UK, DLG Papers, F/89/2/40, S. 12f. Siehe auch Tardieu, La Paix, S. 190–193.

257 Vgl. Ambrosius, Wilson, Alliances, and the League of Nations, S. 140–145.

258 Vgl. Jackson, Beyond the Balance, S. 291f.; Schuker, Rhineland Question, S. 297f.; Haas, Französische Völkerbundpolitik, S. 81–83. Siehe auch Lloyd George, Truth, Bd. 1, S. 403.

259 Vgl. White an Wilson, Brief v. 16.04.1919, in: PWW, Bd. 57, S. 416f.; Walworth, Wilson and his Peacemakers, S. 322; Lloyd E. Ambrosius, Wilson, the Republicans, and French Security after World War I, in: The Journal of American History 59, H. 2 (1972), S. 341–352, hier: S. 344. Der Text der Garantieabkommen, die am 28. Juni 1919 in Versailles unterzeichnet wurden, etwa in: FRUS, PPC 1919, Bd. 13, S. 757–762.

sung werben musste,[260] erschien ihm eine langfristige Verbindung Frankreichs zu den USA und Großbritannien ein größerer Gewinn als ein isolierter Erfolg am Rhein, dessen politische Kosten und Kollateralschäden schwer zu kalkulieren waren. Wohl verbot sich der Begriff der Allianz nahezu von selbst und wurde in der Öffentlichkeit auch sorgfältig vermieden.[261] Doch in der Sache strebte Clemenceau genau das an. Mit dem scheinbar plötzlichen Nachgeben in einer Frage, über die seit Wochen erbittert gerungen worden war, erhielt er einen neuen Spielraum, um, wie von Tardieu auch sogleich zu Papier gebracht wurde, von Wilson und Lloyd George weitere Zugeständnisse auf eben dieser Linie zu fordern.[262]

In der Tat war es nach dem Einlenken der französischen Regierung für die amerikanischen und britischen Vertreter schwieriger, sich abweisend zu verhalten. Doch erst als Lloyd George für einige Zeit nach London abreisen musste, vermochte Clemenceau, vermittelt und unterstützt von House,[263] dem amerikanischen Präsidenten die Zusage für seine zweite und entscheidende Forderung zu entlocken: Eine interalliierte Besetzung der linksrheinischen Gebiete sollte die deutsche Vertragserfüllung absichern und erst nach Abwicklung aller Reparationspflichten wieder aufgehoben werden. Nachdem Wilson am 15. April zögerlich ein Einverständnis signalisiert hatte, wurde der Beschluss fünf Tage später fixiert und am 22. April vom Council of Four verabschiedet, wiewohl Lloyd George zunächst verärgert reagiert hatte, als er nach seiner Rückkehr von dem neuen Arrangement erfahren hatte.[264]

Dieses Zugeständnis einer interalliierten Besetzung, wie es in Artikel 428–432 VV sowie in einem im Mai ausgehandelten Abkommen niedergelegt wurde, markierte den endgültigen Schritt zur Lösung der heiklen Rheinlandfrage. Vorgesehen war nunmehr eine Okkupation durch französische und belgische, amerikanische und britische Truppen in insgesamt drei Zonen mit Brückenköpfen bei Köln, Koblenz, Mainz und Kehl, welche nach festgelegten Zeiträumen (fünf, zehn, fünfzehn Jahre) geräumt werden sollten. Mehr noch als im Fall des Garan-

260 Vgl. Einträge v. 14.03. u. 15.03.1919, in: Louis Loucheur, Carnets secrets. 1908–1932, Brüssel 1962, S. 71f. Außerdem: Tardieu, La Paix, S. 194f.
261 Vgl. Haas, Französische Völkerbundpolitik, S. 84f.
262 Vgl. Clemenceau an Wilson, Brief v. 17.03.1919, in: PWW, Bd. 56, S. 8–14. Das Original als Note sur la suggestion présentée le 14 mars, 17.03.1919, in: AD, Papiers Tardieu, PA-AP 116/418. Abgedr. auch in Tardieu, La Paix, S. 197–201. Siehe auch Duroselle, Clemenceau, S. 751–756.
263 Vgl. House Diary, Einträge v. 14.04 u. 15.04.1919, in: YLMA, House Papers, Serie 2, vol. 7, S. 155–160. Auch: Schuker, Rhineland Question, S. 303f. Allerdings war inzwischen eine erhebliche Entfremdung zwischen House und Wilson eingetreten, vgl. Neu, Colonel House, S. 405f.
264 Vgl. Protokoll v. 22.04.1919, in: FRUS, PPC 1919, Bd. 5, S. 112–122, hier: S. 113f., 116f. Siehe auch Lloyd George, Truth, Bd. 1, S. 425–427.

tiepaktes bewegte sich die gefundene Lösung in vollständiger Übereinstimmung mit den gängigen völkerrechtlichen Praktiken und Methoden. In nahezu jedem einschlägigen Lehrbuch ließ sich nachlesen, dass die Besetzung fremden Staatsgebiets zu den anerkannten und akzeptierten Mitteln „of securing the performance of a treaty"[265] zählte. Die Okkupation stellte insofern eine Garantie der getreulichen Vertragserfüllung dar; sie bestätigte und vertiefte den positivistischen Regelungsglauben des Friedensschlusses; und sie band alle Unterzeichnerstaaten langfristig an seine wortgetreue Umsetzung. Zwar ist evident, dass die Frage nach der Erfüllung oder Nicht-Erfüllung jeweils große Interpretationsspielräume eröffnete; schon in der Ausformulierung des einschlägigen Artikels 430 VV durch das Redaktionskomitee hatte es, wie erinnerlich, Unklarheiten und Unstimmigkeiten gegeben. Doch es geht zu weit, in den unbestimmten Auslegungsmöglichkeiten ein bewusstes Kalkül zu sehen oder die Okkupation überhaupt als „Prinzip der Gewalt" zu behaupten, wie es in den deutschen Gegenvorschlägen vom 29. Mai getan wurde. Jedenfalls war es nicht ohne Ironie, wenn man auf deutscher Seite derartige Garantieklauseln zurückwies und die Erfüllung des Friedensvertrags nunmehr einzig auf die „Grundlagen der Moral und der Kultur" und der „Treue gegen abgeschlossene Verträge und übernommene Verpflichtungen"[266] stützen wollte; auch hier lässt sich das Bemühen der deutschen Vertreter erkennen, die Gegenseite mit deren eigenen Ansprüchen unter Druck zu setzen.

In der französischen Öffentlichkeit und Politik wurde die Aufgabe der linksrheinischen Forderungen hingegen nicht sofort verstanden. Ein großer Teil der politischen Eliten war der Auffassung, dass der „Père la Victoire" leichtfertig den Frieden verspielt habe. Bis in höchste Regierungskreise bestand Unverständnis über die einsame, scheinbar unerklärliche Entscheidung Clemenceaus, eine territorial greifbare Sicherheit gegen papierne Zusagen eingetauscht zu haben.[267] Paul Cambon meinte in einem Privatbrief hellsichtig, dass Lloyd George und Wilson überhaupt nicht zu derartigen Zusagen befugt seien; „en réalité ils ne donnent rien."[268] Bei Ferdinand Foch schlug dieser Unmut in unverhüllte Insubordination um. Doch als er sich in einer Sitzung des Ministerrates am 25. April offen gegen den Regierungschef stellte, zeigte sich, dass er seine politi-

---

265 Oppenheim, International Law, Bd. 1 (1905), S. 543. Siehe auch Hall, Treatise, S. 357; Liszt, Völkerrecht, S. 182, 197.
266 Gegenvorschläge der Deutschen Regierung, S. 87, 91. Dazu Clemenceau, Grandeurs et misères, S. 164.
267 Vgl. Noble, Policies and Opinions, S. 251–262.
268 Paul Cambon an Sohn, Brief v. 15.04.1919, in: Cambon, Correspondance, Bd. 3, S. 323. Derartige Zweifel teilte auch sein Bruder, Jules Cambon, vgl. Villate, La république des diplomates, S. 353.

sche Schlagkraft falsch eingeschätzt hatte. Weder bei den sympathisierenden Ministern noch bei Staatspräsident Poincaré, einem der schärfsten Kritiker Clemenceaus, fand Fochs Protest aktive Unterstützung. Vor die Entscheidung gestellt, die eigene Regierung in einer kritischen Phase der Friedensverhandlungen zu stürzen, neigten die meisten Kabinettsmitglieder dazu, den beschwichtigenden Aussagen des Regierungschefs zu vertrauen, in denen der ausgehandelte Kompromiss als Verhandlungserfolg präsentiert wurde: Deutschland werde die ihm auferlegten Lasten nicht tragen können und Bankrott gehen, so soll Clemenceau bei dieser Gelegenheit in einem vielzitierten Ausspruch gesagt haben, weshalb die Besatzung des Rheinlandes de facto unbegrenzte Zeit dauern werde.[269]

Gleichwohl spricht einiges dafür, dass es sich vor allem um ein innenpolitisches Argument handelte, mit dem Clemenceau die oppositionellen Forderungen der eigenen Seite unterlaufen und der eigenen Regierung das Überleben sichern wollte. An der Förderung eines rheinischen Separatismus war der französische Regierungschef nie wirklich interessiert, und er erhob auch keinen Einspruch, als Ende Mai ein erster, von Foch ausgearbeiteter Entwurf eines Abkommens über die linksrheinische Okkupation im Council of Four wieder kassiert wurde; mit seiner Zustimmung entstand in den ersten Juniwochen ein sehr viel moderateres Statut, in dem nun eine gemeinsame zivile Oberbehörde der alliierten Besatzungsmächte vorgesehen war.[270] Im Juni lehnte Clemenceau zudem, wie erinnerlich, Fochs Planungen ab, das Reich zu einer Unterschrift unter den Friedensvertrag zu zwingen, indem nach einem militärischen Einmarsch die süddeutschen Staaten abgespalten werden sollten; auch hier lässt sich nicht erkennen, dass der Regierungschef nach Anlässen und Vorwänden einer französischen Dominanzpolitik suchte.[271]

---

269 Vgl. Jackson, Beyond the Balance, S. 299–302; Becker, Clemenceau, S. 149–157; Greenhalgh, Foch in Command, S. 501f.; Schuker, Rhineland Question, S. 307–309; Duroselle, Clemenceau, S. 756f.; Stevenson, French War Aims, S. 176f.; Miquel, La paix de Versailles, S. 387–401. Die Aussage von Clemenceau geht zurück auf Notizen von Jules Jeanneney, einem Unterstaatssekretär, siehe dazu Bariéty, Relations franco-allemandes, S. 62. Im gleichen Sinne: Eintrag v. 25.04.1919, in: Mordacq, Ministère Clemenceau. Journal, Bd. 3, S. 245.

270 Zur Revision, die auf den Protest des amerikanischen Gesandten im Rheinland, Noyes, zurückging, vgl. Protokoll v. 29.05.1919, in: Mantoux, Deliberations, Bd. 2, S. 249–254, hier: S. 251–254. Siehe auch Schwabe, Deutsche Revolution, S. 486–489. Die weiteren Verhandlungen in RdA, Bd. IV-D-6, der Text des am 28. Juni unterzeichneten Abkommens etwa in FRUS, PPC 1919, Bd. 13, S. 762–769.

271 Insgesamt dürfte die Tatsache, dass eine Rückführung des vergleichsweise jungen deutschen Einheitsstaates auf seine Gliedstaaten in Paris nicht ernsthaft erwogen wurde, vielfach unterschätzt worden sein, vgl. auch Tooze, Deluge, S. 272–275.

Das war keinesfalls einer besonderen Sympathie für Deutschland geschuldet, sondern verweist auf das durchgängige Bestreben, den Friedensvertrag nicht mit den Makeln eines machtpolitischen Triumphs alten Stils belasten zu müssen und die Kräfte Frankreichs nicht zu überfordern. Auch wenn sich Clemenceaus Vorgehen in dieser Frage kaum auf eine einfache Programmatik herunterbrechen lässt, sondern als situative Kombination der verfügbaren Argumente und Optionen nach Maßgabe der politischen Möglichkeiten begriffen werden muss, suchte er doch nach Lösungen, welche sich nicht in Widerspruch zur normativen Logik des Friedensvertrags setzten, sondern größtmöglichen Nutzen aus ihr zu ziehen versuchten. Eben darum war Clemenceau an einem engen Schulterschluss mit den USA und Großbritannien gelegen, deren militärische Beistands- und Allianzzusage er höher veranschlagte als das Phantasma einer internationalen Armee. Indem er eine Verknüpfung zwischen Vertragsgarantie und interalliierter Okkupation herstellte, wurden die alliierten Nationen langfristig und vertragsförmig an die Durchsetzung des Friedensschlusses gebunden. Mit Recht ist darauf hingewiesen worden, dass diese Ansätze der französischen Sicherheitspolitik einen legalistischen Ausdruck verliehen, der bislang zu wenig beachtet worden ist.[272] Darin nur das Scheitern einer traditionellen Machtpolitik zu sehen, dürfte ihren spezifisch zukunftsgewandten Realismus jedenfalls verfehlen. Clemenceau antizipierte nicht allein die Fortschritte in der modernen Kriegsführung – im Luftkrieg würde ein territoriales Glacis wenig bedeuten –, sondern er hatte vor allem erkannt, dass Frankreich jedwede internationale Legitimität verloren hätte, wenn die Pariser Regierung ihre ursprünglichen Pläne für die linksrheinischen Territorien gewaltsam und unilateral durchgesetzt hätte. Anstatt auf eine Selbsthilfe zu setzen, war es sehr viel naheliegender und den strapazierten Ressourcen der Grande Nation fraglos auch angemessener, die Umwandlung des Kriegsbündnisses in ein originär westliches Allianzsystem zu betreiben, dessen innere Logik sich nicht zuletzt aus einer Betonung gemeinschaftlicher Werte und Ideale speisen konnte.

Insgesamt: Nicht in einer Durchsetzung der linksrheinischen Ambitionen Frankreichs, sondern in dem Verzicht darauf zeigte sich Georges Clemenceau als weitsichtiger Politiker. Während er die Bestimmungen des Völkerbundes zur Beistandspflicht nach Artikel 10 VBS als ebenso unzureichend betrachtete wie eine erzwungene Abrüstung Deutschlands, war er bereit, die Forderung nach einem territorialen Arrangement alten Stils zugunsten einer langfristigen, vertraglich überformten Einbindung der alliierten Westmächte fallenzulassen. Das war klug kalkuliert, trug aber ein hohes Risiko, wie sich bald zeigte. Mit dem Rückzug der USA scheiterte der Garantiepakt sang- und klanglos, zumal die bri-

---

272 So Jackson, Beyond the Balance, S. 296.

tische Zusage an eine amerikanische Ratifikation gekoppelt war.[273] Trotzdem erfolgte die Preisgabe der Politik Clemenceaus erst in dem Moment, als sich spätere französische Regierungen dem Gefühl einer internationalen Verlassenheit hingaben und zu einer aggressiveren Vorgehensweise gegenüber Deutschland übergingen. Am 11. Januar 1923, ein Jahr nach seinem Wechsel in das Amt des Regierungschefs, ließ Raymond Poincaré französische Truppen aus den Besatzungszonen in das Ruhrgebiet einrücken, um, mit Unterstützung einiger belgischer Bataillone und einer italienischen Ingenieurskommission, einzelne friedensvertragliche Ansprüche aus den Reparationen gewaltsam durchzusetzen.[274]

Ob die Reichsregierung bei den in Rede stehenden Sachlieferungen aus Unwillen oder aus objektiver Unmöglichkeit in Rückstand geraten war, sei hier dahingestellt; es ist jedenfalls bezeichnend, dass dieser Rückfall in eine Machtpolitik klassischen Zuschnitts auf der ganzen Linie scheiterte. Nicht nur vermochte Poincaré mit diesem Strategiewechsel die deutsche Seite kaum zu einer größeren Bereitwilligkeit in der Vertragserfüllung anzuhalten. Sondern er beschädigte auch das Verhältnis zu den USA und Großbritannien nachhaltig. In London wurde der Einmarsch in das Ruhrgebiet zwar zurückhaltend, aber doch unmissverständlich als Bruch des Versailler Vertrags gewertet, wie es Außenminister Curzon in einer Note vom 11. August 1923 offiziell feststellte.[275] Angesichts der Tatsache, dass Clemenceau gerade in der alliierten Berufung auf Recht und Gerechtigkeit den zentralen Pfeiler für die Absicherung aller französischen Sicherheitsbedürfnisse gesehen hatte, war das dramatisch. Es überrascht nicht, wenn

---

273 Darin ist ein hinterlistiges Kalkül von Lloyd George gesehen worden, vgl. Lentin, Lloyd George and the Lost Peace, S. 57f., dort auch mit dem Hinweis, dass Cecil Hurst den Textvorschlag nach den Wünschen des britischen Premiers ausgearbeitet habe.

274 Vgl. hier nur Lauter, Sicherheit und Reparationen, S. 290–357; Stanislas Jeannesson, Poincaré, la France et la Ruhr, 1922–1924. Histoire d'une occupation, Straßburg 1998; Bariéty, Relations franco-allemandes, S. 91–120, sowie die Beiträge in Gerd Krumeich/Joachim Schröder (Hrsg.), Der Schatten des Weltkriegs. Die Ruhrbesetzung 1923, Essen 2004; Klaus Schwabe (Hrsg.), Die Ruhrkrise 1923. Wendepunkt der internationalen Beziehungen nach dem Ersten Weltkrieg, 2. Aufl., Paderborn 1996. Siehe auch Benjamin Schulte, Die Verweigerung des Friedens. Die Ruhrkrise 1923 als Ausdruck gescheiterter kultureller Demobilisierung nach dem Ersten Weltkrieg, in: Westfälische Forschungen 62 (2012), S. 349–375.

275 Vgl. Curzon, Note v. 11.08.1923, in: DBFP, First Ser., Bd. 21, S. 467–480. Zur internen Debatte siehe schon eine Stellungnahme von Cecil Hurst als Anhang zu einem Memorandum zur Dauer der Rheinlandbesetzung v. 24.07.1922, in: BDFA II, Ser. I, Bd. 5, S. 308–312. Weiter zur britischen Skepsis: Arnold McNair, The Legality of the Occupation of the Ruhr, in: BYBIL 5 (1924), S. 17–37. Siehe außerdem die Kontroverse zwischen, ausgerechnet, Miller und Finch: David Hunter Miller, The Occupation of the Ruhr, in: The Yale Law Journal 34, H. 1 (1924), S. 46–59, hier: S. 55f., gegen George A. Finch, The Legality of the Occupation of the Ruhr Valley, in: AJIL 17, H. 4 (1923), S. 724–733, hier: S. 728f. Dazu: Miller an Hudson, Brief v. 23.02.1924; Hudson an Miller, Brief v. 29.02.1924, in: HLSL, Hudson Papers, Box 10/35.

er, der öffentlich zur Politik seines Nachfolgers schwieg, privatim scharfe Kritik an Poincarés Vorgehen übte.[276] Spätestens zur Mitte der 1920er Jahre war offensichtlich, dass die aus der Kriegszeit übergeleitete Idee einer politisch-kulturellen Affinität zwischen Frankreich, Großbritannien und den USA, vorgestellt als Gravitationszentrum eines nordatlantischen Westens und damit gleichsam als eine Vorform der NATO,[277] kaum noch existent war. Während eine anglo-amerikanische Achse, wie sie bereits während der Etablierung des Dawes-Planes erkennbar wurde, immerhin temporär etabliert werden konnte,[278] waren die Eliten der französischen Politik erst in den 1940er Jahren, mit dem Zweiten Weltkrieg und im Übergang in den Kalten Krieg, dazu bereit, nochmals größeres politisches Kapital in die Idee einer westlichen Gemeinschaft zu investieren.

Internationale Gerichtsbarkeit und die langen Schatten der Haager Konferenzen

Dass Bedrohungen nicht allein durch Selbsthilfe begegnet und Streitigkeiten nicht durch kriegerische Auseinandersetzungen ausgetragen werden sollten, sondern in einem reglementierten Verfahren und unter Beteiligung der internationalen Gemeinschaft, galt über den Fall des linken Rheinlands hinaus. Neben der herausgehobenen Rolle des Völkerbundsrats, dessen Empfehlungen zur Konfliktregulation vom politischen und moralischen Gewicht seiner Mitglieder getragen sein sollten, richtete sich mit dem Friedensschluss zugleich neue Aufmerksamkeit auf die Frage einer internationalen Gerichtsbarkeit. Für nicht wenige Völkerrechtler, juristisch versierte Diplomaten und legalistisch gestimmte Politiker drängte es sich auf, in Paris an die Debatten der Haager Konferenzen von 1899 und 1907 zur Einrichtung einer internationalen Gerichtsbarkeit anzuknüpfen. Während Vorstellungen einer strafrechtlichen Instanz, wie erwähnt, noch randständig blieben, zeichnete sich in den internationalistischen Milieus auf beiden Seiten des Atlantiks in der Tat die Erwartung ab, dass der bevorstehende Friedensschluss auch Gelegenheit zur Wiederaufnahme, Fortführung und Vertiefung der schiedsgerichtlichen Diskussion der Vorkriegszeit bieten würde. Auf charakteristische Weise sprach etwa eine Notiz von George Finch aus dem Dezember 1918 davon, dass mit dem Sieg der alliierten Nationen die

---

276 Vgl. Watson, Père la Victoire, S. 110f. Erst in seinen Memoiren setzte sich Clemenceau mit Poincaré auseinander, vgl. Clemenceau, Grandeurs et misères, S. 151–231.
277 So schon Ambrosius, Wilson, Alliances, and the League of Nations, S. 161. Auch: Tooze, Deluge, S. 290; Jackson, Beyond the Balance, S. 294, 308.
278 So die These vor allem bei Cohrs, Unfinished Peace.

letzten Hindernisse für die Etablierung einer obligatorischen Schiedsgerichtsbarkeit aus dem Weg geräumt seien:

> At the present peace conference, Germany will not be in the position effectively to oppose
> the wishes of the civilized world, as she was and did at The Hague. It is submitted, there-
> fore, that the logical step for the Allies to take is to do now what they so earnestly desired
> to do but were prevented by Germany from doing in 1907, namely, conclude a general
> treaty of compulsory arbitration of arbitral disputes.[279]

Das war eine kühne Deutung, und wenn diese legalistischen Hoffnungen auf
der Pariser Friedenskonferenz alsbald scheiterten, so lag das neben den Reserven der führenden Staatsmänner nicht zuletzt an der stillen, aber entschiedenen Opposition der britischen Delegation. In London hatte sich der Vorbehalt
gegenüber einem Obligatorium seit 1907 keineswegs abgeschwächt, sondern als
roter Faden durch alle einschlägigen Planungspapiere der Kriegszeit gezogen.
Entsprechend alarmiert hatte man im Foreign Office reagiert, als sich sowohl
auf amerikanischer wie französischer Seite eine grundsätzliche Sympathie für
eine Schiedspflicht abzeichnete; sowohl im Magnolia Draft von Edward House
als auch im Papier der Bourgeois-Kommission war einem Obligatorium ein hoher Rang zugewiesen worden. Noch vor Beginn der eigentlichen Gespräche, im
Januar 1919, arbeite Eyre Crowe daher auf Bitten von Robert Cecil ein Papier mit
dem Titel „Some Notes on Compulsory Arbitration" aus, welches eine unmiss-
verständliche Gegenposition vertrat. Mit großer Eindringlichkeit wies Crowe auf
eine ganze Reihe von Schwierigkeiten hin, darunter an erster Stelle auf das
Problem, inwieweit sich Konflikte um die nationale Ehre oder vitale Interessen
überhaupt in ein rechtsförmiges Verfahren bringen lassen würden; von den
Vorbehalten, die Marschall v. Bieberstein im Jahr 1907 geäußert hatte, war das
nicht weit entfernt.[280]

Doch die Überzeugungskraft von politischen Positionen ergibt sich bekanntlich nicht allein aus ihrem Inhalt, sondern ebenso aus ihrem Kontext, aus
Erwartungen und Zuschreibungen. Der Einspruch von Eyre Crowe wurde nach
Zirkulation des Memorandums und einigen Hintergrundgesprächen auf amerikanischer und französischer Seite rasch akzeptiert, so dass der Gedanke eines

---

279 George Finch, Outline of a Plan for the Maintenance of International Peace, Memorandum
v. 24.12.1918, in: DHMD, Bd. 2, S. 487–495, hier: S. 488.
280 Vgl. Eyre Crowe, Some Notes on Compulsory Arbitration, Memorandum v. 09.01.1919, in:
TNA, FO 374/20, Bl. 14–17. Auch in: YLMA, House Papers, Box 209/2/860. Abgedr. etwa in:
BDFA II, Ser. I, Bd. 4, S. 155–157. Siehe auch Johnson, Lord Robert Cecil, S. 100; Otte, Between
Old Diplomacy and New, S. 31.

Obligatoriums noch im Januar 1919 wieder von der Bildfläche verschwand.[281] Zwar kamen in den folgenden Wochen innerhalb der Völkerbund-Kommission nochmals Forderungen auf, eine derartige Schiedspflicht in der Satzung zu verankern. Neben den unermüdlichen Vorstößen von Léon Bourgeois sprach sich beispielsweise auch der portugiesische Vertreter dafür aus, „to make international arbitration obligatory at least for cases of a judicial order"[282]; in eine ähnliche Richtung wies ein Ergänzungsvorschlag des serbischen Delegierten und Belgrader Rechtsprofessors Milenko Vesnić.[283]

Angesichts der Zweifel, die auf der anderen Seite des Verhandlungstisches, insbesondere bei Woodrow Wilson und Robert Cecil, bestanden, trug ein solches Ansinnen freilich nicht weit. Das bedeutet nicht, dass in der Satzung des Völkerbundes das etablierte Instrumentarium der Schiedsbarkeit ignoriert worden wäre, wohl aber, dass auf Elemente des Zwangs und der bindenden Verpflichtung verzichtet wurde. Schon dass es den Mitgliedsstaaten nach Artikel 12 VBS überlassen blieb, bei Konflikten untereinander entweder den Völkerbundsrat anzurufen oder eine schiedsgerichtliche Regelung anzustreben, verweist auf einen Vorbehalt der einzelstaatlichen Entscheidungsfreiheit. Unabhängig davon wurde in Artikel 13 VBS der Versuch unternommen, die seit geraumer Zeit schwelende Frage zu beantworten, welche zwischenstaatlichen Konflikte als rechtlich, welche als politisch zu gelten hätten; nach Absatz 2 würden sich solche Streitigkeiten für eine schiedsgerichtliche Erledigung eignen, in denen es um eine Vertragsauslegung, Fragen des Völkerrechts oder eine internationale Rechtsverletzung nebst Wiedergutmachung ging. Eine allgemeine Rechtspflicht zur Schiedsbarkeit wurde hingegen nicht formuliert, auch wenn im Wirtschaftskapitel immerhin gemischte Schiedstribunale zur Verhandlung privatrechtlicher Ansprüche eingerichtet wurden (Artikel 304 VV), die in den Folgejahren zahlreiche Fälle von Erstattung und Entschädigung verhandelten.[284]

---

281 Vgl. Crowe/Corp, Our Ablest Public Servant, S. 303–311; Tillman, Anglo-American Relations, S. 108–113. Siehe weiter Eyre Crowe an Clema Crowe, Brief v. 18.01.1919, in: Bodleian Lib., Crowe Papers, MS.Eng.d.3022, Bl. 63.
282 Jaime Batalha Reis, Protokoll v. 13.02.1919, in: Miller, Drafting, Bd. 2, S. 298–316, hier: S. 299.
283 Vgl. David Hunter Miller, Memorandum on Amendments to be Proposed by M. Vesnitch, o.D. [10.02.1919], in: DHMD, Bd. 5, S. 217f.
284 Vgl. Baruch, Making of the Reparation and Economic Sections, S. 112–114. Daneben: Neff, Justice among Nations, S. 357; Sacriste/Vauchez, Force of International Law, S. 98f.; als Beispiel einer schiedsgerichtlichen Auseinandersetzung (mit Portugal) etwa Jakob Zollmann, Naulila 1914, World War I in Angola and International Law. A Study in (Post-)Colonial Border Regimes and Interstate Arbitration, Baden-Baden 2016, S. 241–386. Zu den 20 000 Einzelklagen amerikanischer Staatsbürger siehe Burkhard Jähnicke, Washington und Berlin zwischen den

Allerdings: In Paris blieb es nicht bei einer Debatte um die Schiedsgerichtsbarkeit, sondern es wurde, bemerkenswerterweise wiederum von britischer Seite, ein Vorstoß unternommen, den seit geraumer Zeit durch die legalistischen Milieus zirkulierenden Gedanken eines Staatengerichtshofs aufzugreifen und den Völkerbund mit einem „permanent court of international law" auszustatten.[285] Bereits am 29. Januar hatte Robert Cecil ein Memorandum an David Hunter Miller übersandt,[286] in dem ein solches Gericht nicht nur als Berufungsinstanz für die Schiedsgerichte der verschiedenen Verwaltungsunionen vorgesehen war, also gleichsam als „Court of Appeal" auf internationaler Ebene. Diesem Gerichtshof sollte vielmehr auch die Entscheidung aller Streitigkeiten übertragen werden, welche sich aus den Verträgen und Konventionen des gegenwärtigen Friedensschlusses ergeben würden. Die Zeit sei reif für eine internationale Gerichtsbarkeit, so argumentierte Cecil und berief sich dabei auf juristische Autoritäten wie Lassa Oppenheim, Frederick Pollock oder John Westlake, denen zufolge ein Gericht als „necessary basis of all legal development in international relations"[287] dienen würde.

Der britische Vorschlag traf auf eine gespaltene US-Delegation. Die Etablierung einer internationalen Gerichtsbarkeit stellte zwar das Flaggschiff des konservativen Legalismus dar und war seit Jahren immer wieder gefordert worden, von Robert Lansing ebenso wie von Elihu Root oder James Brown Scott.[288] Doch schon deshalb lag es nahe, dass Woodrow Wilson große Vorbehalte gegenüber einer Institution hegen musste, in der Konflikte eher nach formalisierten Regeln entschieden wurden denn in einem politischen Ausgleichsverfahren und im Licht der wachsamen Öffentlichkeit. Aus dem Magnolia Draft von Edward House, dem keineswegs eine besondere Sympathie für legalistische Positionen vorzuwerfen war, hatte Wilson im vergangenen Sommer den vorgesehenen Gerichtshof jedenfalls bewusst herausgestrichen.[289] In Paris erklärte sich der amerikanische Präsident unter dem Eindruck heftiger Appelle Ende Januar 1919 allerdings doch dazu bereit, im Rahmen des Völkerbundes ein dauerhaft institu-

---

Kriegen. Die Mixed Claims Commission in den transatlantischen Beziehungen, Baden-Baden 2003.

285 So legten die britischen Entwürfe vom 14. und 20. Januar großes Augenmerk auf die Einrichtung eines solchen Gerichts, vgl. Miller, Drafting, Bd. 2, S. 61–65, 106–117. Siehe auch die Unterlagen in: TNA, FO 608/243/1.

286 Vgl. Cecil an Miller, Brief v. 29.01.1919, in: DHMD, Bd. 4, S. 304a–304c, hier: S. 304c.

287 [Robert Cecil,] Notes on a Permanent Court, Memorandum o.D., in: ebenda, Bd. 4, S. 309–311, hier: S. 311. Keine zwei Wochen später kam von Pollock nochmals eine Argumentationshilfe: Frederick Pollock, A Permanent International Court, Memorandum v. 10.02.1919, in: TNA, FO 608/240/3, Bl. 21–24.

288 Vgl. Wertheim, League, S. 8–18; Zasloff, Law and the Shaping, S. 280–283.

289 Vgl. Davis, United States and the Second Hague Peace Conference, S. 347.

tionalisiertes Gericht zu akzeptieren.[290] Der Hurst-Miller-Entwurf sah darum in Artikel 12 (später Artikel 14 VBS) einen entsprechenden Gerichtshof vor, allerdings einzig für solche internationalen Streitigkeiten, in denen die diplomatischen Möglichkeiten erschöpft seien.[291]

Wie lassen sich diese scheinbar konträren Ansichten – keine obligatorische Schiedsbarkeit, wohl aber Forderungen nach einem permanenten Gerichtshof – erklären? Bei näherem Hinsehen zeigt sich, dass dahinter vor allem unterschiedliche Vorstellungen zur Flexibilität einer solchen Konfliktregulierung standen. Während der prospektive Gerichtshof an den Völkerbund angeschlossen werden sollte und sich also unter dem Patronat der Großmächte befinden würde, wohnte dem Grundsatz der obligatorischen Schiedsbarkeit eine egalitäre Komponente inne. Im Kern handelte es sich hier um einen juristischen Automatismus, der die in einen Streitfall verwickelten Staaten ohne Ansehen ihrer jeweiligen Eigenart, Position und Machtstellung in ein vorgezeichnetes Verfahren geschickt hätte. Zugegeben: Innerhalb eines solchen Verfahrens wäre sodann nach Kompromissen gesucht und eine Aushandlung nach politischen Kräfteverhältnissen vorgenommen worden; das war auch der Grund, warum es in legalistischen Kreisen immer nur als Zwischenstufe zu einer rechtsprechenden Instanz galt.[292] Doch das britische Anliegen zielte auf eine Umkehrung dieses Vorgehens. Nach Robert Cecil sollten die Staaten zunächst selbst, in souveräner Entscheidung und also nach politischen Erwägungen, über die Einleitung eines Verfahrens entscheiden, die eigentliche Konfliktlösung im nächsten Schritt jedoch als echter Rechtsspruch durch eine unabhängige internationale Instanz bestimmt werden. Eine solche Perspektive erklärt auch, warum Cecil die neuralgische Frage der Richterernennung, an der die Haager Debatte über einen permanenten Gerichtshof letztlich gescheitert war, im Rahmen des Völkerbundes erheblich relativierte. Die Forderung nach souveräner Gleichheit der kleineren Nationen, wie sie Ruy Barbosa 1907 beharrlich vorgetragen habe, sei nicht nur „theoretically preposterous", so notierte er in seinem Memorandum, sondern „entirely incompatible with the conception of a League of Nations"[293], was nichts anderes meinte, als dass sich auch und gerade im Fall eines internationalen Gerichtshofes ein selbstverständlicher Vorrang der Großmächte ergeben würde.

---

290 Vgl. Tillman, Anglo-American Relations, S. 119–123.
291 Vgl. Hurst-Miller-Entwurf, [02.02.1919], in: DHMD, Bd. 4, S. 354–357, hier. S. 355. Siehe auch Carl, Zwischen staatlicher Souveränität, S. 253–258; Walworth, Wilson and his Peacemakers, S. 117.
292 Vgl. Boyle, Foundations of World Order, S. 38f.
293 [Robert Cecil,] Notes on a Permanent Court, Memorandum o.D., in: DHMD, Bd. 4, S. 309–311, hier: S. 310.

Vermutlich waren trotzdem alle beteiligten Akteure erleichtert, dass Stellung und Aufgaben eines solchen Gerichtshofs in Paris nicht mehr im Detail ausgehandelt werden mussten. Nach Artikel 14 VBS sollte es vielmehr dem Völkerbundsrat überlassen bleiben, die genaue Gestalt eines solchen Ständigen Internationalen Gerichtshof (Permanent Court of International Justice, PCIJ) zu definieren und den Mitgliedsstaaten einen Vorschlag zu Zusammensetzung und Zuständigkeit zu unterbreiten. Auf diese Weise brauchte in den Verhandlungen der Völkerbund-Kommission keine genaue Festlegung getroffen werden, sondern es konnte bei der Stipulation des allgemeinen Prinzips bleiben, wonach Streitsachen nur im Einvernehmen der Parteien vor dem Gericht verhandelt werden sollten. Wörtlich lautete die Formulierung im einschlägigen Artikel: „The Court shall be competent to hear and determine any dispute of an international character which the parties thereto submit to it."[294]

Dass damit keinerlei bindende Verpflichtungen formuliert wurden, sondern jedes Verfahren immer nur von Willen und Bereitschaft der Streitparteien abhängig war, brachte freilich all jene in Rage, die sich eine weitaus stärkere Rechtspflicht gewünscht hatten. In seinem offenen Brief an den republikanischen US-Politiker Will H. Hays beklagte Elihu Root Ende März lebhaft, welche große Chance versäumt worden sei. Die Bestimmungen der Völkerbundssatzung „put the whole subject of arbitration back where it was twenty-five years ago. Instead of perfecting and putting teeth into the system of arbitration provided for by The Hague Conventions it throws those conventions upon the scrap heap."[295] Dringend forderte er die Verhandlungsparteien in Paris auf, die Satzung durch die Aufnahme eines Obligatoriums zu ergänzen, was in der Führungsspitze der ACNP freilich konsequent ignoriert wurde; Roots Forderungen hätten sich, so merkte David Hunter Miller später spöttisch an, völlig „outside the realm of practical politics"[296] bewegt.

Vielleicht gründete es in einem solchen Gefühl der Überlegenheit, vielleicht war es auch der späte Versuch einer Einbindung des politischen Gegenübers, wenn sich Wilson, House und Miller kurz darauf doch noch um Elihu Root bemühten. Im Sommer 1919 wurde ihm aus diesem Kreis angetragen, das Amt des amerikanischen Repräsentanten in den Gesprächen zur Gründung des PCIJ

---

294 Vgl. Spiermann, International Legal Argument, S. 3–7; Miller, Drafting, Bd. 1, S. 290.
295 Vgl. Root an Hays, Brief v. 29.03.1919, in: AJIL 13 (1919), S. 580–596, hier: S. 587. Dazu etwa: Zasloff, Law and the Shaping, S. 343–346.
296 Miller, Drafting, Bd. 1, S. 380.

nach Artikel 14 VBS zu übernehmen.[297] Das war zwar ein frühzeitiges Angebot, da sich für Ratifikation und Inkrafttreten des Versailler Vertrags kaum ein Zeitpunkt absehen ließ, geschweige denn für die Konstituierung des Völkerbundsrats, der allein die notwendigen Schritte zur Einrichtung eines solchen Gerichtshofs anstoßen konnte. Doch auch wenn Root anfänglich zögerte, sagte er bald zu, augenscheinlich weil er die Chancen einer Mitarbeit höher einschätzte als die politischen Risiken.[298] Das war kein falsches Kalkül, denn das Advisory Committee of Jurists for the Establishment of a Permanent Court of International Justice, wie die offizielle Bezeichnung dieses Vorbereitungsgremiums lautete, erwarb sich rasch große Anerkennung. Schon durch seine Zusammensetzung konnte es als respektables Gremium gelten. Auf der Liste der zwölf Juristen, die ungefähr nach geographisch-nationalen Proporzkriterien ausgewählt worden waren – eine offizielle Einladung durch den Völkerbundsrat erfolgte erst auf dessen zweiter offizieller Sitzung im Februar 1920 –, standen in großer Anzahl jene Völkerrechtler verzeichnet, welche die einschlägigen Gremien von Den Haag bis Paris bevölkert hatten, darunter neben Root beispielsweise Walter Phillimore aus Großbritannien, Arturo Ricci-Busatti aus Italien, Edouard Descamps aus Belgien und Adachi Mineichirō aus Japan. Der ursprünglich nominierte Henri Fromageot hatte seine Zusage in letzter Minute zwar wieder zurückgezogen, ebenso der ersatzweise benannte André Weiss, so dass aus dem Quai d'Orsay nur Albert Lapradelle als „jurisconsulte-adjoint" entsandt wurde. Aus den im Krieg neutral gebliebenen Ländern kamen Rafael Altamira (Spanien), Francis Hagerup (Norwegen) und Bernard Loder (Niederlande).[299]

Schlussendlich waren es zehn Juristen, die das Advisory Committee bildeten und denen es zufiel, den seit geraumer Zeit erstrebten Weltgerichtshof in einem Vorschlag für den Völkerbundsrat konzeptionell zu umreißen. Dass mit den Vorgaben des Artikels 14 VBS tatsächlich ein distinkter Gerichtshof, ein „Court of Justice", begründet werden sollte und nicht bloß ein Schiedsgericht, hatte im Vorfeld bereits ein Memorandum der Rechtsabteilung des Völkerbun-

---

297 Vgl. Miller an Root, Brief v. 07.07.1919, in: LoC, Root Papers, Box 137. Der Beschluss war offensichtlich schon im Juni gefallen, siehe Auchincloss Diary, Eintrag v. 12.06.1919, in: YLMA, Auchincloss Papers, Box 3/34, S. 606.
298 Vgl. Jessup, Elihu Root, Bd. 2, S. 418f.
299 Vgl. Ole Spiermann, „Who Attempts Too Much Does Nothing Well". The 1920 Advisory Committee of Jurists and the Statute of the Permanent Court of International Justice, in: BYBIL 73 (2003), S. 187–260, hier: S. 187–207. Alle wichtigen Dokumente in Documents Presented to the Committee Relating to Existing Plans for the Establishment of a Permanent Court of International Justice, hrsgg. v. Advisory Committe of Jurists, [London] 1920, zahlreiche relevante Unterlagen sonst auch bei Scott, Project. Zur Ernennung einzelner Personen siehe auch die Unterlagen in: LoNA, Advisory Committee, R1299.

des festgehalten.[300] Es war ein Ausdruck großer Hoffnung, wenn James Brown Scott, der von Root eingeladen worden war, als sein Assistent an den Verhandlungen teilzunehmen, voller Emphase an die gemeinsamen Anfänge auf der Haager Konferenz von 1907 dachte und ein Lebensziel in greifbarer Nähe sah: „I could not yesterday find adequate words to thank you for your desire to have me accompany you to Europe and break a lance, as it were, in behalf of the Permanent Court of Justice. I always appreciate your approval, and the request touched a vital spot, as I have for years past lived, worked and prayed for a Permanent International Court of Justice."[301]

Abb. 18: Das Advisory Committee of Jurists in Den Haag, 1920. Am hinteren Tisch außen James Brown Scott, neben ihm Elihu Root.

---

300 Vgl. Legal Section of the Secretariat of the League of Nations, Memorandum on the Different Questions Arising in Connection with the Establishment of the Permanent Court of International Justice, in: Documents, hrsgg. v. Advisory Committee, S. 1–120, hier: S. 6f., 113–118.
301 Scott an Rott, Brief v. 06.05.1920, in: GUSC, Scott Papers, Box 7/4. Realiter ging Scotts Rolle weit über die eines Assistenten hinaus und er wurde nicht selten als ebenbürtiges Mitglied der Kommission behandelt, vgl. etwa Walter G. F. Phillimore, Scheme for the Permanent Court of International Justice, in: Transactions of the Grotius Society 6 (1920), S. 89–98, hier: S. 89. Daneben: Coates, Legalist Empire, S. 171; Nurnberger, James Brown Scott, S. 293. Umfangreiche Unterlagen in: GUSC, Scott Papers, Box 34/01–10.

Das waren große Worte, doch nicht wenige Juristen des Advisory Committee fühlten sich tatsächlich eng mit den Traditionen der Haager Konferenzen verbunden. Nach dem ersten Zusammentritt am 16. Juni 1920 in Den Haag – schon die Wahl der Örtlichkeit war in gewisser Weise zwingend gewesen, obschon zeitweilig auch von London und Brüssel als Tagungsort die Rede gewesen war – brauchte das Komitee nur wenige Wochen, um einen konzisen Entwurf auszuarbeiten. In der Schlusssitzung am 24. Juli wurde ein 62 Artikel umfassendes Statut für einen internationalen Gerichtshof einstimmig angenommen und Anfang August dem Völkerbundsrat vorgelegt.[302] Darin wurde nicht nur ein dauerhaft institutionalisierter Spruchkörper mit einer generellen Zuständigkeit für alle internationalen Rechtsstreitigkeiten vorgesehen, sondern auch Festlegungen für zwei in der Vergangenheit umstrittene Punkte getroffen: Es wurde, sehr verknappt gesagt, einerseits eine obligatorische Verpflichtung zur Anrufung des Gerichtes in „justiziablen“ Fällen vorgesehen, andererseits die lange Zeit als unpassierbar geltende Klippe der Richterernennung umschifft. Hier war es vor allem der im Völkerbundsrat bereits formalisierte Vorrang der Großmächte, der – wie es Robert Cecil vorausgesagt hatte und wie es nun maßgeblich von Elihu Root forciert wurde – einen Kompromiss erlaubte: Die Richterbank sollte zu gleichen Teilen mit Kandidaten des Völkerbundsrats wie der Völkerbundversammlung besetzt werden.[303] Damit sollte zwar den Interessen der größeren wie der kleineren Nationen gleichermaßen Rechnung getragen werden, doch bei Licht besehen handelte es sich unbestritten um eine Privilegierung der Großmächte, was auch nicht durch das Zugeständnis abgemildert wurde, wonach alle Kandidaten durch den Haager Schiedshof nominiert werden sollten.[304]

Im Ganzen entpuppte sich dieser Entwurf für einen internationalen Gerichtshof weitgehend als identisch mit dem 1907 gescheiterten Plan eines „Cour de justice arbitrale“, ergänzt um ein Obligatorium und mit einem tragfähigen Kompromiss in der Frage der Richterernennung; nicht ohne Grund sprach Artikel 1 des Entwurfs ausdrücklich von einer Ergänzung bestehender Schiedsinsti-

---

302 Für den Entwurf vgl. die Kommentierung bei Scott, Project, S. 49–132. Zusammenfassend auch Carl, Zwischen staatlicher Souveränität, S. 262–267.
303 Vgl. Scott, Project, S. 29–45, mit Hinweisen auf die Vorbilder aus dem amerikanischen Rechtssystem. Siehe auch knapp James Brown Scott, A Permanent Court of International Justice, in: AJIL 14, H. 4 (1920), S. 581–590, hier: S. 583f.
304 Vgl. Spiermann, „Who Attempts Too Much“, S. 201–204. Siehe auch Neff, Justice among Nations, S. 354; Simpson, Great Powers, S. 157f. Bemerkenswert ist darüber hinaus, dass schon hier eine Erweiterung der Richterbank um jene Großmächte erörtert wurde, die, wie Deutschland, Russland oder die Vereinigten Staaten, dem Völkerbund noch nicht angehörten, vgl. Protokoll v. 23.06.1920, in: Advisory Committee of Jurists, Procès-Verbaux of the Proceedings of the Committee, Den Haag 1920, S. 167–184, hier: S. 182.

tutionen.[305] Um diesen Bezug zu den Haager Traditionen noch deutlicher hervorzuheben, verabschiedete das Advisory Committee im Anschluss an das Ge-
richtsstatut überdies drei ergänzende Resolutionen zum weiteren Ausbau des
„empire of law"[306]. Dass gleich der erste Beschluss auf eine Fortbildung des Völkerrechts durch periodische Staatenkonferenzen abzielte, kann nicht überraschen. Mit großer Selbstverständlichkeit ging etwa Scott davon aus, dass das
Advisory Committee „nothing more nor less than a Committee in the interval
between the Second and Third Hague Conferences"[307] darstelle. Die Fortschrei-
bung einer internationalen Verrechtlichung durch eine institutionalisierte Kon-
ferenzabfolge drängte sich in dieser Sicht geradezu auf, was zwar eine uneinge-
löste Hoffnung bleiben sollte, sich in den 1920er Jahren aber bis in die Initiative
des Völkerbundes zur „Progressive Codification of International Law" erstreckte.[308]

Die zweite Resolution war zunächst umstrittener, denn sie sah die Etablierung eines „High Court of International Justice" vor, also eines Strafgerichtshofs
„competent to try crimes against international public order and the universal
law of nations". Zwar wurde während der Debatten kritisch nachgefragt, etwa
wenn Ricci-Busatti und Root die Kompetenzen der Komitees überschritten sahen und vor der Entstehung einer „great central authority"[309] warnten. Doch
der Völkerbundversammlung wurde letztlich nur die Prüfung der Idee empfoh-
len; unter Hinweis auf die amerikanischen Vorbehalte in der Pariser Verantwortungskommission konzedierte Scott später, dass mit einem solchen Strafgerichtshof immerhin die unersprießliche Debatte um die Verantwortung und
Strafbarkeit von Wilhelm II. vermieden worden wäre.[310] Der dritte Beschluss des
Advisory Committee forderte schließlich die Einrichtung einer Akademie für
Völkerrecht in Den Haag, was ebenfalls an die Vorkriegszeit anknüpfte. Eine

---

305 Vgl. Tams, Zweite Haager Konferenz, S. 134f.
306 Scott, Project, S. 133.
307 Scott an Butler, Brief v. 09.09.1920, in: GUSC, Scott Papers, Box 11.
308 Vgl. Spiermann, „Who Attempts Too Much", S. 227f., zum Expertenkomitee des Völkerbunds zur Fortbildung des Völkerrechts ab Mitte der 1920er Jahre siehe einführend die mate-
rialreiche Sammlung von Shabtai Rosenne (Hrsg.), League of Nations Committee of Experts for
the Progressive Codification of International Law, 1925–1928, 2 Bde., Dobbs Ferry, N.Y. 1972.
309 Root, Protokoll v. 13.07.1920, in: Advisory Committee of Jurists, Procès-Verbaux of the
Proceedings of the Committee, S. 497–524, hier: S. 505.
310 Vgl. Scott, Project, S. 139f. Weiter: Lewis, Birth of the New Justice, S. 79–89; Spiermann,
„Who Attempts Too Much", S. 228–230.

solche legalistische Zentralinstitution hätte, mit großzügigen Subventionen durch die CEIP, bereits 1914 eröffnen sollen, wozu es nunmehr erst 1923 kam.[311]

Allerdings: Trotz dieser emphatischen Anknüpfung an die Traditionen der Haager Konferenzen von 1899 und 1907 war aus nüchterner Perspektive unverkennbar, dass der Zenit der legalistischen Ideenwelt mittlerweile überschritten war. Weder auf der Pariser Friedenskonferenz noch im Genfer Völkerbund besaßen die Haager Traditionalisten einen besonderen Rückhalt oder starke Fürsprache. Die Völkerbundversammlung im Herbst wollte beispielsweise die drei Resolutionen des Advisory Committee überhaupt nicht aufgreifen.[312] Bezeichnender war allerdings noch, dass der Völkerbundsrat den Entwurf des Advisory Committee bereits im August 1920 durch die eigenen Juristen hatte durchsehen lassen, wobei an erster Stelle das Obligatorium herausgestrichen worden war; nicht zufällig hatte Cecil Hurst als ein Skeptiker des Haager Legalismus hier das Skalpell angesetzt, assistiert von Dionisio Anzilotti wie von Joost van Hamel als dem Leiter der Rechtsabteilung des Völkerbundes.[313] Dass selbst Léon Bourgeois diese Streichung der obligatorischen Schiedsbarkeit unterstützte, mag mit einer (unverbindlichen) Options-Klausel zu tun gehabt haben, mit der Staaten ihre grundsätzliche Akzeptanz der obligatorischen Schiedsbarkeit erklären konnten, vielleicht aber auch mit einer wahrgenommenen Unvereinbarkeit zu Artikel 13 VBS; ähnlich wie Elihu Root konnte er sich mit dem Gedanken trösten, dass der eigentliche Durchbruch in der Frage der Richterernennung erfolgt und so wenigstens das 1907 gescheiterte Projekt eines institutionalisierten Schiedsgerichtshofs zustande gekommen war.[314] In der Tat lässt sich nicht ernsthaft bestreiten, dass sich alle hochfliegenden Erwartungen an ein streng unpolitisches Gericht kaum realisieren ließen. Im Gegenteil: Der Haager Gerichtshof konnte nur begründet werden, weil er sich in sorgsam kalkulierter Halbdistanz zu den politischen Entscheidungszentren, namentlich zum Völkerbundsrat wie zu den Kabinetten und Außenministerien der Großmächte, bewegte.

Wie spannungsreich diese Existenz an der Schnittstelle von Recht und Politik sein konnte, zeigte sich schon bald nachdem das neue Gericht im September 1921 seine Arbeit aufgenommen hatte. Gleich der erste Fall behandelte einen Konflikt um die Auslegung des Versailler Vertrags, und zwar den Streit um die Internationalisierung des Kaiser-Wilhelm-Kanals (des heutigen Nord-Ostsee-Ka-

---

311 Vgl. Scott, Project, S. 140–142. Siehe auch Koskenniemi, Gentle Civilizer, S. 192f., zur Finanzierung durch die CEIP auch Rietzler, Fortunes of a Profession, S. 11 m. w. Nachw.

312 Vgl. Spiermann, „Who Attempts Too Much", S. 252f.

313 Vgl. ebenda, S. 243f.

314 Vgl. ebenda, S. 248–260, außerdem Neff, Justice among Nations, S. 354; Carl, Zwischen staatlicher Souveränität, S. 267–272.

nals) nach Artikel 380 VV.[315] Dieser in der völkerrechtlichen Literatur vielzitierte „Wimbledon"-Fall begründete nicht nur einen dogmatischen Standard in der Frage, inwieweit die staatliche Souveränität durch einen völkerrechtlichen Vertrag eingeschränkt werden könne oder ob der Abschluss des Vertrags nicht selbst einen Ausfluss der Souveränität darstelle.[316] Sondern das Verfahren stellte einen der wichtigsten Vorstöße der deutschen Regierung dar, eine Revision des Versailler Vertrags auf juristischem Weg einzuleiten. In Berlin war der Prozess gezielt angestrebt worden, denn er stelle, so hieß es in einer internen Korrespondenz des Auswärtigen Amtes, eine einzigartige Gelegenheit dar, um „uns rechtsliebend zu beweisen"[317] und zugleich den Völkerbundsrat auszumanövrieren. Das Gericht setzte sich, so hieß es in der Wilhelmstraße zudem, „aus Männern zusammen, die fast ausnahmslos als internationale Größen anerkannt sind und alle einen Ruf zu verlieren haben. Es erscheint ganz ausgeschlossen, daß sie sich einer politischen Rechtsbeugung schuldig machen würden."[318] Nicht zuletzt um zu dieser wahrgenommenen Respektabilität aufzuschließen, wurde wiederum Walther Schücking zum nationalen Vertreter auf der Richterbank („judge ad hoc") ernannt.[319]

Die deutsche Regierung unterlag im „Wimbledon"-Prozess trotzdem.[320] Von einer „politischen Rechtsbeugung" lässt sich zwar nicht ernsthaft sprechen, wohl aber davon, dass die Rechtsvertreter der alliierten Nationen – Hurst, Basdevant, Pilotti und Ito, ergänzend war noch Polen mit Gustave Olechowski dem Verfahren beigetreten – bessere Argumente mobilisieren konnten als der deutsche Vertreter Eugen Schiffer, ehedem Justizminister im Kabinett von Gustav Bauer. Dass auf der Richterbank mehrere Juristen saßen, die an den Friedensverhandlungen von Paris beteiligt gewesen waren, sollte zwar nicht ignoriert,

---

315 Konkret ging es um die Weigerung der Reichsregierung, im März 1921 die Durchfahrt des unter französischer Flagge stehenden und mit Kriegsmaterial für Polen beladenen Frachters „S.S. Wimbledon" durch den Kanal zu gestatten. Zwar war in Art. 380 VV die Freigabe des Kanals für die Schiffe von allen in Frieden mit Deutschland stehenden Nationen verfügt worden, doch die deutsche Regierung machte ihre im vorangegangenen Jahr erklärte Neutralität im polnisch-russischen Krieg als höherrangiges Recht geltend.
316 Vgl. Spiermann, International Legal Argument, S. 175–186; Ernst Wolgast, Der Wimbledonprozeß vor dem Völkerbundsgerichtshof, Berlin 1926.
317 Bülow an Dieckhoff, Brief v. 26.07.1923, in: ADAP, Ser. A, Bd. 8, S. 208–211, hier: S. 210.
318 Ebenda, S. 209.
319 Vgl. Ole Spiermann, Professor Walther Schücking at the Permanent Court of International Justice, in: EJIL 22, H. 3 (2011), S. 783–799, hier: S. 786–790, daneben Acker, Walther Schücking, S. 203–205. Im Jahr 1931 wurde Schücking schließlich zum internationalen Richter am PCIJ gewählt. Weiter zur deutschen Politik hinsichtlich des PCIJ auch Carl, Zwischen staatlicher Souveränität, S. 274–279.
320 Vgl. PCIJ Ser. A, No. 1 (1923).

aber auch nicht überschätzt werden.[321] Einerseits darf eine gewisse Neigung vorausgesetzt werden, in Zweifelsfragen zugunsten der Versailler Vertragsbestimmungen zu entscheiden. Auf der anderen Seite lässt sich der Richterschaft des PCIJ gerade in den ersten Jahren nicht absprechen, dass sie sich um eine sichtbare Distanz zu den Siegermächten des Weltkriegs bemüht und Streitsachen mit akademischer Ausführlichkeit erörtert habe; die ersten beiden Gerichtspräsidenten, der Niederländer Bernard Loder und der Schweizer Max Huber, waren bewusst aus den Reihen der neutralen Staaten berufen worden.[322]

Es kann hier nicht entschieden werden, ob diese betont unpolitische Haltung einer Akzeptanz des Gerichts bei den nationalen Regierungen in den ersten Jahren nach 1921 eher zu- oder abträglich war; dass sie sich zum Ende des Jahrzehnts abschwächte, ist allerdings als Indikator für die Zunahme einer parteilichen und national voreingenommenen Spruchpraxis interpretiert worden.[323] Mit Anzilotti war 1927 bereits ein Repräsentant der alliierten Nationen zum Gerichtspräsidenten gewählt worden, doch erst die Ernennung von Henri Fromageot und Cecil Hurst im darauffolgenden Jahr erregte erheblichen Unmut. Beide Juristen, deren maßgebliche Redaktionsarbeit bei den Pariser Friedensverträgen kein Geheimnis war, galten schon aufgrund ihrer Funktion in den Außenämtern als loyale Verfechter nationaler Interessen. Hans Wehberg sah in ihrer Ernennung die endgültige Abkehr von dem Anspruch eines unpolitischen, zumindest politikfernen Gerichtshofs nach Haager Idealen; stattdessen hätten sich die alliierten Regierungen durch die Entsendung treuer Angestellter nunmehr einen direkten Zugriff auf die Richterbank gesichert.[324] Unterschwellig wurde es Fromageot und Hurst zudem verübelt, dass sie als juristische Praktiker akademisch wenig ausgewiesen waren, zumindest aber nicht in erster Linie als Universitätsprofessoren wirkten. Das war sicherlich nicht ganz gerecht, zumal wenn man das Engagement bedenkt, mit dem Hurst die Gründung und Redaktionsarbeit des British Yearbook of International Law (ab 1921/22) zu einer Her-

---

321 Die Kammer bestand aus den Präsidenten Bernard Loder (Niederlande) und André Weiss (Frankreich), daneben aus Lord Finlay (GB), Didrik Nyholm (Dänemark), John Bassett Moore (USA), Antonio Sánchez de Bustamante (Kuba), Rafael Altamira (Spanien), Shigeru Oda (Japan), Dionisio Anzilotti (Italien), Max Huber (Schweiz), als Hilfsrichter Wang Ch'ung-hui (China).
322 Vgl. Spiermann, International Legal Argument, S. 134–147. Siehe auch Huber, Denkwürdigkeiten, S. 262–293, dazu Schindler, Max Huber, S. 93f.
323 Vgl. Spiermann, International Legal Argument, S. 384–390; Norman L. Hill, National Judges in the Permanent Court of International Justice, in: AJIL 25, H. 4 (1931), S. 670–683. Knappe Überblicke bei Neff, Justice among Nations, S. 355–357; Grewe, Epochen, S. 719–724.
324 Vgl. Hans Wehberg, Zur Wahl des französischen Mitgliedes des Weltgerichtshofs, in: Die Friedens-Warte 29 (1929), S. 17.

zensangelegenheit gemacht hatte.[325] Gleichwohl war zutreffend, dass beide Juristen, wie bereits angedeutet, ein betont realistisches, politikaffines Verständnis des Völkerrechts pflegten. Dass er von einer akademisch-doktrinären Herangehensweise wenig überzeugt war, bekannte der streitbare Cecil Hurst auch auf der Richterbank des PCIJ in unverblümter Weise: „Professors make bad judges. What is required is people who have had practical experience and not professorial experience."[326]

Zusammenfassend für das gesamte Kapitel: Die Begründung des Völkerbundes zielte auf eine Institutionalisierung und Formalisierung der zwischenstaatlichen Verhältnisse. Damit war nicht in erster Linie die Schaffung einer internationalen Organisation gemeint – auch wenn Eigenleben und Eigenlogik der geschaffenen Einrichtung bald unübersehbar in diese Richtung wiesen –, sondern zunächst der Versuch, das unverbundene und konfliktbehaftet Nebeneinander der Staaten in ein geordnetes Miteinander zu verwandeln. Ein solches kooperatives Gefüge mit verbindlichen Regeln, Mechanismen und Instanzen insbesondere zur Streitschlichtung entsprach den normativen Erwartungen der Vorkriegszeit und erschien nach den Erfahrungen des Weltkriegs notwendiger denn je, allzumal sich im Horizont der Zeit damit keine Aufgabe nationaler Souveränität verband. Im Gegenteil, in Ermangelung einer zentralen Erzwingungsgewalt schien erst ein solcher gemeinschaftlicher Zusammenhalt die Unabhängigkeit und territoriale Integrität jedes Mitgliedsstaats gegenüber der Aggression einzelner Außenseiter wirksam garantieren zu können.

Eine solche Garantie der internationalen Ordnung, der friedlichen Staatenbeziehungen und des Völkerrechts markierte nach dem Willen seiner Begründer das eigentliche Zentrum des Völkerbundes, und während sich über zahlreiche Einzelfragen kaum Einigkeit erzielen ließ, so stimmten doch alle Vertreter der alliierten Hauptmächte unisono darin überein, dass die Großmächte dabei eine zentrale Rolle spielen müssten. Dieser Vorrang, wie er mit der Zusammensetzung des Völkerbundsrats kodifiziert wurde, folgte nicht allein machtpolitischen Ambitionen und war auch nicht nur der Absicht geschuldet, die eigene Vormachtstellung auf Dauer zu stellen. Es handelte sich vielmehr um eine Übernahme und Formalisierung wesentlicher Prinzipien des Europäischen Konzerts.

---

325 Vgl. Lingens, British Yearbook of International Law, S. 598f., 608–612; auch Beckett, Sir Cecil Hurst's Services, S. 1, 4.

326 Hurst, Minute v. 30.11.1928, zit. nach Spiermann, International Legal Argument, S. 308. Die gleichen Vorbehalte hatte Hurst schon 1921, nach der Wahl der ersten Richter, geäußert, siehe ebenda, S. 140. Nicht hilfreich war sicherlich auch, dass Hurst die Arbeitsweise des PCIJ in der Presse wiederholt kritisch betrachtete, vgl. Cecil Hurst Criticizes World Court, in: New York Times v. 13.06.1931. Zu Fromageot und Hurst in der europäischen Politik der Zwischenkriegszeit siehe auch oben, S. 350f.

Nicht allein in der juristischen Literatur, sondern auch in Politik, Diplomatie und Öffentlichkeit war den europäischen Großmächten seit Jahrzehnten eine besondere Verantwortung für den Erhalt des Friedens und die Wahrung des internationalen Rechts zugewiesen worden, und diese herausgehobene Stellung wurde nach dem Zerfall der alten europäischen Ordnung auf die internationale Gemeinschaft des Völkerbundes übertragen. Auch die internationale Gerichtsbarkeit des PCIJ ließ sich nur unter herausgehobener Beteiligung der Großmächte denken, wie es die neugefundene Einmütigkeit in der Besetzung der Richterbank zeigt; nicht umsonst meinte Max Huber mit Blick auf seinen britischen Kollegen Lord Finlay am PCIJ, dieser habe „unbewußt, aber in der Naivität fast brutal, die Präponderanz der Großmächte als Voraussetzung des internationalen Rechts"[327] begriffen. Das war fraglos korrekt beobachtet. So sehr die kleineren Nationen oder auch die ausgegrenzten Verliererernationen dagegen protestieren mochten, so sehr basierte der Völkerbund auf der Auffassung, dass eine internationale Ordnung mit eigenen Regeln, Kooperationsformen und Sanktionsmechanismen ohne die Existenz starker Garantiemächte nicht vorstellbar sei, dass es also, kurz gesagt, kein Recht ohne Macht geben könne.

Da der Weltkrieg aber als Konflikt zwischen Macht und Recht geführt und stets auf den Grundsatz hingewiesen worden war, dass auch kleinere Staaten wie Belgien oder Serbien als gleichrangig gelten mussten, bestanden von Beginn an erhebliche Spannungen, die kaum aufzulösen waren. Bemerkenswerterweise führte gerade dieser unterschwellige Druck dazu, dass sich die alliierten Hauptmächte noch stärker auf das von ihnen eingerichtete System verpflichtet sahen, und zwar in der Selbst- wie Fremdwahrnehmung. Die gesamte Legitimität der Pariser Ordnung hing letztlich davon ab, ob sie tatsächlich jene Rolle als Schutzmächte des zwischenstaatlichen Friedens und des internationalen Rechts würden ausfüllen können, die ihnen nach der Logik des Pariser Friedensschlusses zugewiesen wurde. Welche Kraft dem innewohnte, lässt sich anhand der französischen Rheinlandpolitik beobachten. Hier wurde nicht nur ein Konflikt um nationale Sicherheitsgarantien innerhalb wie außerhalb des Völkerbundes ausgetragen, sondern es ging um die Frage, ob sich die Siegermächte angesichts der von ihnen aufgestellten Standards überhaupt noch eine Machtpolitik klassischen Zuschnitts leisten könnten, mitsamt einer freien Festlegung der nationalen Interessen und ihrer unilateralen Durchsetzung. Die Reaktionen auf die französische Ruhrbesetzung 1923 – ebenso wie etwa auf die italienische Annexion von Abessinien 1936 – verweisen darauf, dass die Antwort negativ ausfallen musste. Die Implikationen waren weitreichend. Nur noch randständige Nationen, Außenseiter und aggressive Revisionsmächte können sich seither

---

327 Huber, Denkwürdigkeiten, S. 290.

eine sichtbare Verachtung des Völkerrechts leisten; alle anderen Staaten sahen sich auf eine normative Weltordnung großer Kraft, aber enigmatischer politischer Fundamente verwiesen,

3 Die Welt als Staatensystem

Am Abend des 24. Februar 1919, nachdem er mehrere Stunden mit dem amerikanischen Balkanexperten Clive Day über mögliche Grenzziehungen in Thrakien diskutiert hatte, zeigte sich der britische Diplomat Harold Nicolson ernüchtert: „How fallible one feels here!", notierte er voller Skrupel in seinem Tagebuch: „A map – a pencil – tracing paper. Yet my courage fails at the thought of the people whom our errant lines enclose or exclude"[328]. In der Tat gehört die Vorstellung, dass die Landkarten Europas und der Welt in den Pariser Hinterzimmern mit Ignoranz und Nonchalance übermalt worden seien, zu den stärksten Assoziationen, die sich mit der Friedenskonferenz verbinden. Während sich außerhalb der Konferenzräume hohe und höchste Erwartungen auf eine neue Ära der Selbstbestimmung gerichtet hätten, so will es zumindest eine missgünstige Interpretation, hätten die Friedensmacher mit atemberaubender Naivität ebenso wie mit machtpolitischem Kalkül die Staatenwelt neu zu arrangieren versucht.

Eine solche Deutung mag durch die Betrachtung einzelner Territorialbeschlüsse gestützt werden, trifft aber nicht das Gesamtbild. Nicht nur kann kaum ignoriert werden, dass die meisten Grenzrevisionen und staatlichen Neugründungen, welche die Farbwechsel der Landkarten zwischen 1918 und 1923 beherrschten, bereits in den Verwerfungen der Kriegszeit angelegt gewesen waren und von den alliierten Siegermächten lediglich bestätigt werden mussten. Sondern bei näherer Betrachtung zeigt sich, dass die territorialen Bestimmungen vielfach nur funktionale Instrumente darstellten, um die internationale Ordnung zu stabilisieren und zu garantieren. „The success of any future League of Nations depends upon the status quo which it is created to guarantee"[329], hatte sich Manley Hudson im November 1918 gegenüber David Hunter Miller geäußert, und die darin liegende Auffassung verweist auf den dritten wesentlichen Baustein in der Pariser Ordnung: Neben der Wiederherstellung des internationalen Rechts und der Etablierung einer Konfliktregulation unter dem Patronat der Großmächte zielte der Friedensschluss auf eine verbesserte Strukturie-

---

328 Nicolson Diary, Eintrag v. 24.02.1919, in: Nicolson, Peacemaking 1919, S. 269.
329 Vgl. Hudson an Miller, Brief v. 21.11.1918, in: DHMD, Bd. 2, S. 26f.

rung, Vernetzung und damit Stabilisierung der Welt durch ein Gliederungsgefüge einzelstaatlicher Einheiten.

Das nachfolgende Kapitel betrachtet diesen Gestaltungsanspruch, seine Umsetzung wie seine Konsequenzen. Einzelne Ausschnitte aus den territorialen Arrangements des Friedensschlusses werden entlang von drei Achsen analysiert: In einem ersten Schritt wird nach dem Begriff der Selbstbestimmung für die Anerkennung neuer Staaten gefragt, was mit Debatten zur Erweiterung der internationalen Gemeinschaft verbunden war und in der Etablierung des Mandatssystems greifbar wird. Sodann werden verschiedene Versuche der alliierten Vertreter erörtert, die einzelnen Gebietsabtretungen und Grenzrevisionen durch allgemeine Prinzipien zu rationalisieren; in diesem Kontext zielte der Gedanke der Selbstbestimmung eher auf eine nationalstaatliche Abgrenzung. Am Beispiel der Neubegründung polnischer Staatlichkeit beleuchtet der letzte Abschnitt schließlich den gedachten Zusammenhang von innerer und äußerer Stabilität, wie er sich besonders in den Auflagen zum Minderheitenschutz niedergeschlagen hat. Angesichts der geographischen Vielgestaltigkeit des Friedensschlusses und der Komplexität jedes Einzelfalls kann eine auch nur annähernd vollständige Darstellung sämtlicher Territorialbestimmungen kaum geboten werden.[330] Es geht an dieser Stelle vorrangig darum, die handlungsleitende Vorstellung eines staatszentrierten Internationalismus und einer vertraglich vernetzten Welt gleichberechtigter Staaten darzulegen und als dritten Peiler der Pariser Ordnung zu beschreiben.

Das Recht auf Selbstbestimmung und die Fähigkeit zur Selbstführung

Das „nationale Selbstbestimmungsrecht der Völker" gehört zu den machtvollsten Schlagworten, welche sich mit dem Friedensschluss von 1919/20 verbinden. Zwar dürfte es in dieser Formulierung zeitgenössisch sehr viel weniger gängig gewesen sein, als es spätere Interpretationen nahelegen, und ein positives Recht im juristischen Sinne wurde es auch erst mit den Menschen- und Bürgerrechtspakten von 1966.[331] Aber das mit diesem Begriff bezeichnete Verlangen nach nationaler Unabhängigkeit und staatlicher Eigenständigkeit war bei Kriegsende durchaus in unzähligen Schattierungen präsent, ebenso der in der Forschung oftmals herausgearbeitete Umschlag dieser großen Erwartungen in eine noch größere Enttäuschung und Erbitterung. Nicht allein angesichts der

---

330 Geeignete Überblicke etwa bei Lawrence Martin, The Treaties of Peace, 1919–1923, New York 1924; Temperley, History, Bde. 2, 4, 6.
331 Vgl. Fisch, Selbstbestimmungsrecht, S. 18.

Nationalitätenproblematik in Mittel- und Osteuropa, so dürfte sich ein verbreiteter Konsens zusammenfassen lassen, erwies sich die Idee der Selbstbestimmung als „simply loaded with dynamite"[332]. Auch die mehr oder minder unvorhergesehene Aneignung des Begriffs durch die antikolonialen National- und Unabhängigkeitsbewegungen[333] wie durch die Verlierernationen brachte die alliierten Vertreter in erhebliche Schwierigkeiten. In der Tat konnte sich die aggressive Rhetorik, mit der in Deutschland oder Ungarn die aufgezwungenen Gebietsabtretungen als Verletzung eines Selbstbestimmungsrechts zurückgewiesen wurden, bis in die schrillsten Tonlagen steigern.[334] Den Grundakkord hatte Brockdorff-Rantzau bereits im Mai 1919 gesetzt, als er, in wörtlicher Übernahme einer entsprechenden Formulierung Wilsons, der Gegenseite vorwarf, dass entgegen aller Versprechungen nun doch „Bevölkerungen und Gebiete von der bisherigen Souveränität zu einer anderen verschachert werden, als ob sie bloße Gegenstände oder Steine in einem Spiel wären."[335]

So nachvollziehbar eine solche Empörung sein mag: Sie verfehlt den Sinnhorizont der alliierten Vertreter und die normative Rationalität des Friedensschlusses. Keineswegs verband sich mit der Idee der Selbstbestimmung ein Angebot an Volksgruppen unterschiedlichster Art, frei über ihre eigene Selbstständigkeit zu entscheiden, und es war auch kaum daran gedacht, territoriale Zuordnungen an lokalen Befindlichkeiten auszurichten. Lässt man sich nicht von den wütenden Protesten beeindrucken, welche nahezu jede Grenzziehung begleiteten, so wird rasch deutlich, dass Selbstbestimmung im alliierten Verständnis in erster Linie eine Chiffre für die Stabilisierung der internationalen

---

332 So, in einer vielzitierten Formulierung, Lansing, Peace Negotiations, S. 97. Siehe auch Smith, Lansing and the Paris Peace Conference, S. 227.

333 Vgl. Manela, Wilsonian Moment, bes. S. 59–62.

334 Beispielhaft zur Kritik vgl. nur Stampfer, Von Versailles – zum Frieden!, S. 27, 36 u.ö.; Ebray, Der unsaubere Frieden, S. 51 u.ö.; Kunz, Revision, S. 15 u.ö.; Schwendemann, Versailles, S. 47–78. Zur ungarischen Haltung nur Kovács-Bertrand, Der ungarische Revisionismus. Weiter: Fenske, Anfang vom Ende, S. 115f.; Würtenberger/Sydow, Versailles, S. 45f.; Georg E. Schmid, Selbstbestimmung 1919. Anmerkungen zur historischen Dimension und Relevanz eines politischen Schlagwortes, in: Karl Bosl (Hrsg.), Versailles, St. Germain, Trianon. Umbruch in Europa vor fünfzig Jahren, München 1971, S. 127–142, hier: S. 127f. Übergreifend auch Leander Palleit, Völkerrecht und Selbstbestimmung. Zum Begriff des Selbstbestimmungsrechts der Völker in der deutschen und österreichischen Völkerrechtswissenschaft 1918–1933, Baden-Baden 2008.

335 Brockdorff-Rantzau an Clemenceau, Note v. 13.05.1919, in: Urkunden zum Friedensvertrage, hrsg. v. Kraus/Rödiger, Bd. I, S. 242–245, hier: S. 243. Siehe auch Schwabe, Deutsche Revolution, S. 58, 585f. Eigentlicher Autor der Note war Simons, vgl. Gründer, Walter Simons, S. 86, die zugrundeliegende Formulierung stammte aus Wilsons Rede vor dem US-Kongress, 11.02.1918, in: PWW, Bd. 46, S. 318–324, hier: S. 322f.; siehe auch oben, S. 184.

Gemeinschaft durch eine souveräne Staatlichkeit darstellte. Es ging weniger darum, dass der „freie Wille der Völker festgestellt" und als „Leitlinie"[336] des Friedens dienen sollte, sondern um einen Maßstab für die Anerkennung eines politischen Kollektivs als Staat nach europäischem Modell.

Um diesen Hintergrund, der im bisherigen Untersuchungsverlauf immer wieder aufgeschienen ist, weiter zu erhellen, mag ein kurzer Blick auf die Genealogie des Gedankens nationaler Selbstbestimmung hilfreich sein. Dass sich der Begriff bis in das Zeitalter der bürgerlichen Revolutionen im späten 18. Jahrhundert zurückverfolgen lässt und besonders im deutschen Idealismus zur Blüte gelangt war, hat die Forschung verschiedentlich hervorgehoben. Vor allem in der Philosophie Immanuel Kants und Johann Gottlieb Fichtes wurde Selbstbestimmung zu einem Ausdruck höchster persönlicher Freiheit mit universaler Ausstrahlungsmacht verdichtet.[337] Seit den 1830er Jahren wurde der Begriff jedoch von einzelnen Nationalbewegungen auch in eine kollektive Dimension übertragen, untermauert von der suggestiven Annahme, dass zwischen einer menschlichen Gemeinschaft der freien Bürger und einer Gemeinschaft der unabhängigen Nationen und Völker grundsätzliche Parallelen bestehen würden. In verschiedenen Unabhängigkeitsbewegungen wuchs der Idee der Selbstbestimmung zum Ende des 19. Jahrhunderts immer stärkeres Mobilisierungspotential zu, dessen politische Kraft bis in den Ausbruch des Ersten Weltkriegs hineinreichte. Nicht nur lassen sich hinter dem Attentat von Sarajevo am 28. Juni 1914 unschwer Forderungen nach nationaler Eigenständigkeit ausmachen, sondern sie erfassten während der Kriegsverlaufs alle jene Völkerschaften rund um die Welt, die sich als Untertanen einer fremden Herrschaftsgewalt sahen und nun eine Chance erkannten, dagegen aufzubegehren. Bereits in den britischen Dominions und in Indien, aber auch in den übrigen Kolonien, Protektoraten und abhängigen Gebieten aller Kriegsparteien führte die notwendige Mobilisierung von Ressourcen und Personal für den europäischen Krieg zu einem gewachsenen Selbstbewusstsein, welches in der Idee nationaler Selbstbestimmtheit eine geeignete Projektionsfläche fand.[338] Allerdings waren es zuerst die Vielvölkerreiche Europas, in denen sich derartige Ansprüche nationaler Eigenständigkeit mit kaum abzubremsender Vehemenz Bahn brachen. Noch vor dem Zerfall des Habsburgerreiches waren die ersten Auflösungserscheinungen an

---

336 Vgl. Dülffer, Diskussion um das Selbstbestimmungsrecht, S. 121.
337 Vgl. Eric D. Weitz, Self-Determination. How a German Enlightenment Idea Became the Slogan of National Liberation and a Human Right, in: The American Historical Review 120, H. 2 (2015), S. 462–496. Siehe auch Fisch, Selbstbestimmungsrecht, S. 25–33. Eine noch weiterer Rückgriff bei Edward J. Kolla, The French Revolution, the Union of Avignon, and the Challenges of National Self-Determination, in: Law and History Review 31, H. 4 (2013), S. 717–747.
338 Vgl. Manela, Wilsonian Moment, S. 35–54.

der russischen Peripherie zu beobachten: Finnland erklärte seine Unabhängigkeit im Dezember 1917, gefolgt von der Ukraine oder den baltischen Staaten. Auch vom Kaukasus bis in die arabische Welt zeigten sich Ansätze für eine Neuorganisation politischer Herrschaftsgewalt, wenngleich die wenigsten der neubegründeten Nationen den Furien von Revolution und Konterrevolution, von Krieg und Bürgerkrieg länger standzuhalten vermochten; in ganzen Regionen kam es, wie erinnerlich, zu einem Niedergang jeder berechenbaren Herrschaftsgewalt.[339]

Es war diese Wahrnehmung eines Abgleitens in Anarchie und Chaos, welche zahlreiche Zeitgenossen in den alliierten Nationen davon überzeugt hatte, den Begriff der Selbstbestimmung nicht als bloße nationale Eigenständigkeit zu verstehen, sondern als Beitrag zu einer stabilen Herrschaftsordnung zu interpretieren. Schon Wilsons 14-Punkte-Programm und seine weiteren Friedensreden hatten in eine solche Richtung gedeutet, die von den Zeitgenossen zwar häufig übersehen wurde, die letztlich aber wichtiger war als die – häufig unbestimmten – Aussagen zu einzelnen Territorialfragen. Demnach meinte Selbstbestimmung, wie oben dargestellt, vor allem die Abkehr von einer autokratischen Unterwerfung und ein republikanisches „self-government" im amerikanischen Sinne, also eine Beteiligung der Bürger (was, zeittypisch, allein die männlichen und weißen Bürger umfasste) an den Angelegenheiten des Gemeinwesens.[340] Das konnte mit der Unabhängigkeit eines eigenen Herrschaftsverbands einhergehen, musste es aber nicht, solange nur die Möglichkeit einer von Unterdrückung und Unterjochung freien Lebensweise gegeben sei. Der springende Punkt war, dass sich diese Verfügung über die Bedingungen der eigenen politischen Existenz zugleich als Voraussetzung zwischenstaatlicher Stabilität und Berechenbarkeit verstehen ließ. In der alliierten Deutung besaß Selbstbestimmung seit der letzten Kriegsphase eine eminent stabilisierende und damit friedensstiftende Dimension. Herrschaftsverbände, die sich auf eine Partizipation und Zustimmung der Beherrschten stützen könnten, wurden für zuverlässiger, ausgleichender und friedfertiger gehalten als autokratische Regime, deren innere

---

339 Vgl. Soutou, Diplomacy, S. 525–530; Fabry, Recognizing States, S. 119–122.
340 Zur Genese und Aussage des 14-Punkte-Programms siehe bereits S. 102ff. Daneben zur Vorbildwirkung der USA gerade im Verständnis von Wilson vgl. nur Lloyd E. Ambrosius, Woodrow Wilson and the Culture of Wilsonianism, in: ders., Wilsonianism. Woodrow Wilson and his Legacy in American Foreign Relations, Basingstoke 2002, S. 21–29, hier: S. 21 („His internationalism derived from his Americanism"). Ebenso: Fabry, Recognizing States, S. 120.

Repression immer wieder in äußere Aggression umschlagen würde; so sah es nicht allein Woodrow Wilson, sondern Georges Clemenceau gleichermaßen.[341] Verkürzt gesprochen: Wo Selbstbestimmung bestehe, sei eine Bürgerschaft kaum für gewaltsame Unternehmungen gegen andere Staaten oder nationale Minderheiten zu gewinnen, sondern strebe schon aus Eigeninteresse nach einem gedeihlichen und kooperativen Miteinander.[342]

Dass derartige Prämissen, die später in Theorien eines „demokratischen Friedens"[343] eingehen sollten, vor allem auf die innere Verfasstheit der Nationen abhoben, hat verschiedentlich dazu geführt, den alliierten und zumal den amerikanischen Vertretern eine weitreichende Demokratisierungsmission zuzuschreiben.[344] Einzelne Aussagen von Wilson scheinen diesen Eindruck vorderhand zu bestätigen, darunter die berühmte Formulierung in seiner Kongressrede vom 2. April 1917, dass die Welt „must be made safe for democracy"[345]. Gleichwohl darf nicht übersehen werden, dass die Kriegssieger nur bedingt die Absicht einer aktiven Beeinflussung oder gar Revolutionierung der inneren Verhältnisse einzelner Nationen verfolgten. Neben taktischen Erwägungen sprach dagegen schon die Auffassung, dass eine demokratische Ordnung in zeitgenössischer Sicht letztlich immer nur ein abgeleitetes Phänomen war und jene Mündigkeit und Reife, rationale Gesittung und politische Selbstbeherrschung voraussetzen würde, die als Eigenschaften der zivilisierten Nationen gelten mussten. Da der herkömmliche Standard der Zivilisation im Zuge des Weltkriegs jedoch fragwürdig geworden war, trat nun der Begriff der Selbstbestimmung immer mehr an seine Stelle. Schon strukturell waren beide Argumente verwandt, da sie gleichermaßen auf der Auffassung basierten, dass die Außenbeziehungen

---

341 Vgl. Dzovinar Kévonian, Refondation des relations internationales et processus de légitimation. Georges Clemenceau et le concept politique de droit des peuples à disposer d'eux-mêmes, in: Brodziak/Fontaine (Hrsg.), Clemenceau, S. 183–202, hier: S. 188–196.
342 Aus einer weiten Literatur nochmals: Weitz, Self-Determination, S. 464f.; Throntveit, Fable, S. 451–455; Palleit, Völkerrecht und Selbstbestimmung, S. 40–44; Lynch, Woodrow Wilson, S. 424f.
343 Vgl. Jost Dülffer, „Demokratie und Frieden" als wissenschaftliches Paradigma, in: Jost Dülffer/Gottfried Niedhart (Hrsg.), Frieden durch Demokratie? Genese, Wirkung und Kritik eines Deutungsmusters, Essen 2011, S. 35–51.
344 Vgl. Annie Deperchin, Sortir de la Grande Guerre. Le droit des peuples et la construction de la paix, in: Dauchy/Vec (Hrsg.), Les conflits entre peuples, S. 129–143. Daneben: Kampmark, No Peace; Schwabe, Deutsche Revolution. Eine entsprechende Kritik bei Larsen, Abandoning Democracy.
345 Woodrow Wilson, Address to a Joint Session of Congress v. 02.04.1917, in: PWW, Bd. 41, S. 519–527, hier: S. 525. Interpretationen und Einordnungen etwa bei Throntveit, Fable, S. 456; Dülffer, Selbstbestimmung, S. 120; Ambrosius, Democracy, S. 226; Fellner, Friedensordnung von Paris, S. 316; Knock, To End all Wars, S. 142f., 146f.

eines politischen Kollektivs von seiner inneren Verfasstheit abhingen, obschon der Begriff der Zivilisation auf schwer änderbare kulturelle und rassische Voraussetzungen hinwies, Selbstbestimmung hingegen auf ein nationales Bewusstsein und politische Organisiertheit. Wichtiger war allerdings, dass es sich in beiden Fällen um eine Zuschreibung außerhalb der Reichweite der betroffenen Kollektive handelte. Ebenso wenig wie über ihre Zivilisiertheit vermochten aspirierende Nationen und Volksgruppen über ihre Selbstbestimmtheit zu entscheiden. Die Entscheidung, ob einem Kollektiv diese Eigenschaft zuerkannt werden konnte, lag in beiden Fällen bei den Führungsmächten der internationalen Gemeinschaft, nunmehr also bei den alliierten und assoziierten Hauptmächten.

Damit schließt sich der Kreis: Als der Supreme Council im Januar 1919 zusammentrat, war dies nicht nur ein äußerlicher Anschluss an die Tradition der großen Kongresse, auf denen die Großmächte im 19. Jahrhundert über die Zulassung von äußeren Mächten, politischen Kollektiven und Völkerschaften zur europäischen Ordnung verhandelt hatten. Sondern es handelte sich auch um eine inhaltliche Fortführung, wenngleich in modernisiertem Gewand. Statt um die Zugehörigkeit zu einem europäischen Zivilisationskreis oder eine Angleichung daran ging es nunmehr um die Befähigung zur Selbstbestimmung im Rahmen einer internationalen Gemeinschaft. Trotzdem kam es immer noch und allein dem Direktorium der alliierten Hauptmächte zu, über die Anerkennung der vorgetragenen Ansprüche zu entscheiden und damit über die Bedingungen der reklamierten Selbstbestimmung zu verfügen. So entsprach es auch dem überwältigenden Konsens der Völkerrechtslehre. Anders als es einzelne Nationalbewegungen einforderten, teils auch in mehr oder minder revolutionärer Form selbst zu erzwingen suchten, ließ sich eine international akzeptierte Unabhängigkeit nach juristischer Auffassung erst durch einen äußeren Zulassungsakt, namentlich durch einen Vertrag oder wenigstens durch die Aufnahme diplomatischer Kontakte mit einer der Großmächte erreichen.[346] Jeder Herrschaftsverband konnte nur durch eine förmliche Anerkennung in die internationale Gemeinschaft eintreten und damit zu einem souveränen Völkerrechtssubjekt werden. Eine solche Form der Anerkennung ist später als „konstitutive Theorie" beschrieben worden, gegen die sich im weiteren Verlauf des 20. Jahrhunderts – und zumal nach den ernüchternden Erfahrungen der Dekolonisierung seit den 1950er Jahren – weitgehend die Meinung durchgesetzt habe, dass, sofern die wesentlichen Kriterien für Staatlichkeit vorliegen, eine einseitige Er-

---

346 Vgl. Oppenheim, International Law, Bd. 1 (1905), S. 109f.; Liszt, Völkerrecht, S. 45f.; Westlake, International Law, Bd. 1, S. 49. Außerdem: Becker Lorca, Mestizo International Law, S. 101–107; zur klassischen Anerkennungsdoktrin auch Grewe, Epochen, S. 584–590.

klärung für die Begründung der Völkerrechtssubjektivität genügen solle („deklaratorische Theorie").[347]

Für eine solche fremdbestimmte Selbstbestimmung gab es in zeitgenössischer Sicht nachvollziehbare Gründe. Die Anerkennung eines politischen Kollektivs als gleichrangiger Träger völkerrechtlicher Rechte und Pflichten musste als eminent riskanter Moment gelten. Eine Kooptation in die „Familie der Nationen" war kaum reversibel zu machen, weshalb gewährleistet sein musste, dass sich der neue Staat den Regeln der internationalen Gemeinschaft nicht nur bedingungslos unterwerfen wolle, sondern – mit Blick auf seine innere Geschlossenheit, auf die Effektivität seiner Staatsgewalt oder auf die „Reife" seiner Bevölkerung – auch unterwerfen könne. Für die Aufnahme in den Völkerbund war diese Vorstellung, wie skizziert, in Artikel 1 VBS mit dem Erfordernis effektiver Garantien für eine Rechts- und Vertragstreue explizit ausformuliert worden. Die Anerkennung eines Herrschaftsverbandes als Völkerrechtssubjekt wurde damit nicht mehr auf seine Zivilisiertheit gestützt, sondern auf seine Staatlichkeit, auf seine staatliche Berechenbarkeit, Effizienz und Verantwortlichkeit im Rahmen der internationalen Ordnung. Und wo Zweifel daran bestanden, mochte sich die internationale Anerkennung weiterhin mit Auflagen, Bedingungen und Einschränkungen versehen lassen, wie es schon in der Berliner Kongressakte von 1878 gegenüber Rumänien und anderen Nationen praktiziert worden war und wie es 1919, das wird unten im größerem Detail zu erörtern sein, in die Minderheitenschutzverträge einging.

Erst aus dieser Perspektive wird deutlich, dass jede Forderung einer Selbstbestimmung im alliierten Verständnis nicht allein, vielleicht nicht einmal hauptsächlich, im Hinblick auf die nationalen Aspirationen eines politischen Verbandes zu betrachten war, sondern als Problem der internationalen Gemeinschaft. Die alliierten Hauptmächte reklamierten eine Verantwortung für die gesamte Staatenordnung, und wenngleich diese Verantwortung sehr unterschiedlich ausgelegt werden konnte, lässt ein Blick in die Protokolle des Supreme Council die breiten Spuren der entsprechenden Debatten erkennen. Die Vorstellung, dass das Habsburgerreich von einem Gefüge stabiler Nationalstaaten abgelöst werden müsse, überformte sämtliche Entscheidungen zu den Friedensverträgen mit Österreich, Ungarn und Bulgarien. Schon im Vorfeld war unbestritten gewesen, dass die formale Anerkennung von Polen oder der Tschechoslowakei zu den wichtigsten Aufgaben der Friedenskonferenz gehören würde. Zwar wurden im Supreme Council noch die Repräsentanten der polnischen und

---

347 Eine Übersicht bei Fabry, Recognizing States, S. 117–218, aus heutiger Sicht zudem Shaw, International Law, S. 321–328; Klabbers, International Law, S. 72–76. Siehe auch Becker Lorca, Mestizo International Law, S. 337–341. Es gibt Anzeichen für eine rückläufige Tendenz.

tschechoslowakischen (Exil-)Organisationen angehört, welche in der letzten Kriegsphase als De-facto-Regierungen der neuen Nationen anerkannt worden waren. Doch realiter ging es hier nur noch um die Grenzverläufe der neuen Staaten. Ähnlich war es im Hinblick auf die Etablierung des SHS-Staates, der als integrierte südslawische Nation aus Serben und Kroaten, Slowenen und Bosniaken fungieren sollte, im Grunde aber ein nur ein vergrößertes Serbien darstellte. Dass die serbischen Eliten dabei eine unangefochtene Führungsrolle einnehmen würden, folgte dem diplomatischen Geschick ihrer Vertreter, war aber zugleich Ausdruck einer alliierten Sympathie mit Serbien als erstem Opfer der Mittelmächte. In ähnlicher Weise konnte schließlich die Volksgruppe der Armenier auf das Wohlwollen der Siegernationen rechnen, obwohl an ihrer Fähigkeit zur Selbstbestimmung teilweise Zweifel bestanden. Nachdem jedoch die Spekulationen auf ein amerikanisches Mandat in der Region gescheitert waren, wurde in einer armenischen Eigenstaatlichkeit wenigstens ein notdürftiger Schutz vor neuerlichen türkischen Übergriffen gesehen; bekanntlich trat auch diese in Artikel 88 des Vertrages von Sèvres verankerte Anerkennung nie in Kraft, sondern wurde mit der Friedensregelung von Lausanne 1923 wiederum Makulatur.[348]

Abgesehen von diesen vergleichsweise unstrittigen Fällen bestand wenig Einigkeit über die Anerkennung weiterer Staaten. Auf dem Balkan konnte Albanien zwar seine Eigenstaatlichkeit behaupten, nicht aber Montenegro, welches angesichts der serbischen Einflussversuche und einer internen Herrschaftskrise – König Nikola war 1916 ins italienische Exil geflüchtet – im SHS-Staat aufging.[349] Vergeblich bemühte sich eine Delegation aus Bessarabien um eine formale Anerkennung als souveräner Staat, konnte aber nicht verhindern, dass die einstmals russische Provinz Rumänien zugeschlagen wurde.[350] Ohnehin bereiteten die Herrschaftsgebilde auf dem Territorium und an der Peripherie des zerfallenden Russlands den Pariser Friedensmachern die größten Sorgen. Finnland hatte sich zwar durch eine frühe Abspaltung im Dezember 1917 bereits als eigenständige Nation in der internationalen Wahrnehmung behauptet. Trotzdem wollte Balfour den französischen Forderung nach einer förmlichen Anerkennung noch im Januar 1919 nicht nachgeben, wiewohl er zugestehen musste, dass „the Finns were behaving well"[351]; die britische Anerkennung erfolgte erst im Mai. Überdies blieb Finnland im Hinblick auf das Schicksal der übrigen Na-

---

348 Vgl. Fabry, Recognizing States, S. 122–132; Roshwald, Ethnic Nationalism, S. 157–171, für Armenien auch Banken, Verträge, S. 217f.
349 Vgl. Jelavich/Jelavich, Establishment of the Balkan National States, S. 301, 316–319.
350 Vgl. Svetlana Suveica, „Russkoe Delo" and the „Bessarabian Cause". The Russian Political Émigrés and the Bessarabians in Paris (1919–1920), Regensburg 2014; Spector, Rumania, S. 101f., 222–225.
351 Balfour, Protokoll v. 27.01.1919, in: FRUS, PPC 1919, Bd. 3, S. 729–737, hier: S. 734.

tionen des russischen Zarenreiches eine Ausnahme.[352] Dass etwa die Ukraine oder die baltischen und kaukasischen Staaten im Friedensvertrag von Brest-Litowsk anerkannt worden waren, wurde von den alliierten Nationen ausdrücklich nicht übernommen; nicht zuletzt deswegen war bereits im Waffenstillstandsabkommen vom 11. November 1918 ein Passus aufgenommen worden, wonach Deutschland einer Aufhebung der östlichen Friedensabkommen zustimmen müsse. In Artikel 116 VV wurde diese Annullierung nochmals wiederholt, gefolgt von einer Verpflichtung der deutschen Regierung, alle Beziehungen der Siegermächte „with States now existing or coming into existence in future in the whole or part of the former Empire of Russia" (so Artikel 117 VV) anzuerkennen.[353]

Faktisch zögerten die alliierten Nationen die Aufnahme offizieller Beziehungen zu den einzelnen Herrschaftsgruppierungen in dem ehedem russischen Gebieten oftmals hinaus. Es dominierten kurzfristige Zugeständnisse und taktische Spekulationen, wie es in dem Plan einer gesonderten Konferenz mit den russischen Bürgerkriegsparteien zum Ausdruck kam oder auch in der zeitweiligen, umstrittenen Anerkennung der Regierung von Alexander Koltschak als legitime Vertretung der russischen Nation.[354] Auch eine Mission des amerikanischen Diplomaten William Bullitt, der im März 1919 inoffizielle Gespräche in Moskau führte und die Vorschläge der Bolschewiki nach Paris übermittelte, endete ohne greifbares Ergebnis.[355] Die Vertreter der europäischen Hauptmächte waren davon überzeugt, dass es kaum belastbare diplomatische Verhandlungen und gemeinsame Abkommen mit den neuen Machthabern in Moskau geben könne, ja, dass es überhaupt zweifelhaft sei, von einer legitimen Herrschaftsgewalt im völkerrechtlichen Sinne zu sprechen. Andererseits war unklar, welches Verhältnis zu Russland stattdessen eingenommen werden solle. Als ab Mai 1919 über eine Aufhebung der Blockade nicht nur gegenüber Deutschland, sondern auch gegenüber Russland debattiert wurde – das reale Handelsvolumen war vernachlässigbar –, entzündete sich ein Streit an der Frage, inwieweit man ge-

---

352 Vgl. Fabry, Recognizing States, S. 132–134.
353 Vgl. Thompson, Russia, S. 309–314. Es blieb ein juristisch schwer zu klärendes Minenfeld, ob nicht auch die deutsche Anerkennung bereits Rechtsfolgen im Hinblick auf die eigenstaatliche Existenz etwa von Georgien, Dagestan oder Aserbaidschan ausgelöst hatte; zur umstrittenen Anerkennung letzterer Nation vgl. Hasanli, Foreign Policy, S. 324–349; für die Ukraine etwa Milow, Die ukrainische Frage, S. 255–293; für die baltischen Staaten schließlich Alston, Piip, Meierovics and Voldemaras, S. 120–135.
354 Vgl. Mayer, Politics and Diplomacy, S. 284–343, 813–826; Thompson, Russia, S. 82–130, 268–308.
355 Vgl. William C. Bullitt, The Bullitt Mission to Russia. Testimony before the Committee on Foreign Relations United States Senate, 2. Aufl., New York 1919, außerdem Schickel, Zwischen Wilson und Lenin, S. 163–201; Walworth, Wilson and his Peacemakers, S. 235–254.

genüber den Bolschewiki überhaupt an völkerrechtliche Standards gebunden sei. Das von amerikanischer Seite vorgebrachte Argument, dass kein förmlicher Kriegszustand bestehe, eine Blockade also juristisch nicht zulässig sei – „We fought for international law; it is not for us to violate it"[356], so hatte, ausgerechnet, Woodrow Wilson erklärt –, überzeugte die britischen und französischen Vertreter nicht. In ihrer Sicht mussten große Teile Russlands als Zonen irregulärer Gewalt, Anarchie und chaotischer Zustände gelten. An regelhafte Beziehungen sei kaum zu denken, so hieß es einige Wochen später in einem Telegramm von Balfour, der Wilson nochmals für eine Blockade zu gewinnen versuchte: „The language in which International Law is expressed is fitted to describe the relations between organized States, but is not so well fitted to deal with relations between organized States on the one hand, and unorganized chaos on the other."[357]

Die Wahrnehmung eines „unorganized chaos" bestimmte allerdings nicht nur den Blick auf Südosteuropa und das bolschewistische Russland, sondern darüber hinaus auch auf den Nahen und Mittleren Osten und bis nach Afrika. Hier stellte sich die Frage einer Anerkennung neuer Staaten, und damit die Zubilligung einer Fähigkeit zur Selbstregierung und Selbstführung nach westlichen Maßstäben, nochmals auf andere Weise. Dass das Osmanische Reich als defizitärer Herrschaftsverband gesehen wurde und zu einem Rumpfstaat unter europäischer Kuratel reduziert werden sollte, wurde bereits herausgestellt, ebenso auch, dass eine derartige Absicht an der erbitterten Gegenwehr der kemalistischen Bewegung scheitern sollte; im Frieden von Lausanne konnte sie einige Jahre später eine förmliche Anerkennung ihrer staatlichen Um- und Neugründung der Türkei ertrotzen. Bei Kriegsende hatten die alliierten Vertreter jedoch nicht nur einen solchen Anspruch türkischer Selbstbestimmung weit von sich gewiesen. Noch weniger waren sie bereit gewesen, den Forderungen nach nationaler Unabhängigkeit in den einstigen Provinzen des Osmanischen Reiches, besonders auf der arabischen Halbinsel, nachzugeben. Während des Weltkriegs waren zwar Versprechungen einer arabischen Eigenstaatlichkeit gemacht und so die lokalen Eliten gegen die osmanische Oberhoheit mobilisiert worden; eine Delegation aus dem haschemitischen Königreich Hedschas war darum unter Führung von Emir Faisal zu den Pariser Verhandlungen gereist.[358] Doch im Grunde wurde die arabische Bevölkerung in den westlichen Kapitalen nach wie

---

356 Protokoll v. 17.06.1919, in: Mantoux, Deliberations, Bd. 2, S. 481–493, hier: S. 483.
357 Balfour, Telegramm an Wilson v. 25.07.1919 (Entwurf), in: FRUS, PPC 1919, Bd. 7, S. 312–314, hier: S. 313. Zur Frage der Blockade vgl. hier nur Thompson, Russia, S. 325–328. Schon im März hatte Alfred Zimmer vor einer Aufhebung der Blockade gewarnt, vgl. Zimmern an Headlam-Morley, Brief v. 17.03.1919, in: CAC, Headlam-Morley Papers, HDLM 688/2.
358 Vgl. Dawisha, Arab Nationalism, S. 34–49, auch McNamara, The Hashemites, S. 85f.

vor als Ansammlung unreifer, unmündiger und staatsferner Stammesgruppen betrachtet. Während im Hintergrund ein erbittertes britisch-französisches Tauziehen um die Durchführung des Sykes-Picot-Abkommens von 1916 einsetzte, versuchten die alliierten Mächte ihren Verfügungsanspruch über die arabischen Territorien öffentlich dadurch zu rechtfertigten, dass sie die Kolonien und Einflussgebiete der Verlierermächte als einen „sacred trust of civilization" umschrieben. Konkret hieß das: Für alle jene Territorien „which are inhabited by peoples not yet able to stand by themselves under the strenuous conditions of the modern world", wie wenig später der einschlägige Artikel 22 VBS lautete, solle der Völkerbund die Herrschaft stellvertretend jenen „advanced nations" als Mandat übertragen, „who by reason of their resources, their experience, or their geographical position can best undertake this responsibility".[359]

Damit wurde die Zurückweisung arabischer Selbstbestimmung auf doppelte Weise an einen normativen Maßstab geknüpft. Der Anspruch staatlicher Eigenständigkeit wurde nicht pauschal verneint, sondern mit der Formulierung des „not yet able" auf eine unbestimmte Zukunft vertagt; zugleich wurde mit der Idee einer vertretungsweisen Mandatsherrschaft jede Form einer willkürlichen Aneignung oder machtpolitischen Annexion ostentativ in Abrede gestellt. Ein solches Vorgehen basierte im Kern auf Vorschlägen von Jan Smuts, die schon Ende 1918 in den alliierten Reihen Furore gemacht hatten. Zwar war es Smuts vor allem darum gegangen, jene Melange aus kolonialem Expansionsdrang, globalem Ordnungsanspruch und wohlmeinendem Paternalismus, wie sie für das British Empire kennzeichnend war, in neue Formen umzugießen. Doch seine Idee, die infolge des Weltkriegs „freigesetzten" Völkerschaften, in Osteuropa ebenso wie in den Kolonien, einer internationalen Treuhänderschaft zu unterstellen, fiel in Paris auf fruchtbaren Boden.[360] Während die Zukunft der zerfallenden Vielvölkerreiche bald aus der Diskussion genommen wurde – und sich der Vorschlag, Mexiko einem amerikanischen Mandat zu unterstellen, als Zeitungsente erwies[361] –, verengte sich der Blick auf die einstigen deutschen Kolo-

---

359 Vgl. Pedersen, The Guardians, S. 27–35, der weitere Horizont bei Gingeras, Fall of the Sultanate, S. 189–233; Fromkin, Peace to End all Peace, S. 389–411; Roshwald, Ethnic Nationalism, S. 187–196; Karsh/Karsh, Empires of the Sand, S. 261–269. Siehe auch Anghie, Imperialism, S. 119–123.

360 Vgl. Smuts, League of Nations, S. 16–24. Dazu: Pedersen, The Guardians, S. 27; Smith, Empires, S. 262f.; Mazower, No Enchanted Palace, S. 40–42.

361 Dahinter stand die in den USA bewegt geführte Diskussion, welche Gefahr von einem gescheiterten Staat an den eigenen Südgrenzen ausgehen würde. Schon im März kursierten erste Gerüchte einer Mandatsverwaltung Mexikos in der amerikanischen Presse (vgl. Auchincloss Diary, Eintrag v. 30.03.1919, in: YLMA, Auchincloss Papers, Box 3/32, S. 482), und noch im Juni erstellte David Hunter Miller ein Gutachten für Polk, in dem derartige Meldungen als haltlos zurückgewiesen wurden, vgl. Memorandum for Mr. Polk, 20.06.1919, in: ebenda, Polk Pa-

nien und osmanischen Provinzen. In Artikel 22 VBS wurden diese Territorien in drei Klassen mit je unterschiedlicher Befähigung zur Selbstbestimmung und Selbstführung eingeteilt: Die Herrschaftsverbände in den nichttürkischen Gebieten des Osmanischen Reiches, vor allem auf der arabischen Halbinsel, firmierten als erste Kategorie der, wie es bald hieß, A-Mandate. Sie könnten in ihrer eigenstaatlichen Existenz vorläufig anerkannt werden („provisionally recognized"), wenngleich sie unter Aufsicht verbleiben müssten „until such time as they are able to stand alone". Die zweite Gruppe umfasste vornehmlich die einstigen deutschen Kolonien in Afrika, also Kamerun und Togo sowie Deutsch-Ostafrika (mit Teilen der späteren Staaten Tansania, Burundi und Ruanda). Hier fielen die Möglichkeiten zur Selbstverwaltung schon sehr viel eingeschränkter aus, so dass wesentliche Bereiche wie innere Ordnung und äußere Verteidigung dem jeweiligen Treuhänder zufallen würden; die Frage, ob sich das Mandat auch auf die Aushebung von Truppen zur Verteidigung des Staatsgebietes des Mandatars erstrecken würde, hatte die Fertigstellung der Versailler Friedensbedingungen, wie erinnerlich, noch am 5. Mai in eine letzte Krise geführt. In der letzten Kategorie fanden sich schließlich einerseits die versprengten deutschen Besitzungen in Ozeanien, darunter das Bismarck-Archipel und Kaiser-Wilhelms-Land (Neuguinea), Samoa, die Marianen und Karolinen sowie weitere pazifische Inseln, andererseits – auf starkes Drängen von Smuts und der übrigen Vertreter Südafrikas – auch Südwestafrika (Namibia). Hier war der Unterschied zu einer kolonialen Inbesitznahme kaum noch wahrnehmbar. Diese Gebiete wurden als so dünn besiedelt, rückständig und weit entfernt behauptet, dass ihre Verwaltung „under the laws of the Mandatary as integral portions of its territory" gerechtfertigt schien, was im Kern auf eine Angliederung und Annexion hinauslief.[362]

Dass die alliierten Hauptmächte dabei als Sachwalter eines allgemeinen Interesses eingesetzt und zugleich die Untauglichkeit der Verlierermächte, namentlich Deutschlands, in kolonialen Angelegenheiten festgestellt wurden, kann nicht überraschen. Auf die Behauptung von „Germany's dereliction in the

---

pers, Box 30/506. Das entsprechende Dementi: No Mandate for Mexico, in: New York Times v. 21.06.1919.

362 Vgl. Pedersen, The Guardians, S. 17–44, daneben hier nur Kleinschmidt, Geschichte des Völkerrechts, S. 428–434; Andrew J. Crozier, The Establishment of the Mandates System 1919–25. Some Problems Created by the Paris Peace Conference, in: Journal of Contemporary History 14, H. 3 (1979), S. 483–513, und immer noch Quincy Wright, Mandates under the League of Nations, Chicago 1930. Zur Genese des Art. 22 VBS siehe außerdem Wilson, Origins, S. 85–94; Die Satzung des Völkerbundes, hrsg. v. Schücking/Wehberg, S. 417–436.

sphere of colonial civilisation"[363] reagierte die deutsche Seite zwar mit Empörung, konnte allerdings der nach Artikel 119 VV erzwungenen Abtretung aller überseeischen Besitzungen wenig entgegensetzen. Die analog zur „Kriegsschuldlüge" aufgebrachte „Kolonialschuldlüge"[364] besaß nur begrenztes Mobilisierungspotential, während sich die alliierten Vertreter auf jene machtvolle Tradition eines „liberal imperium"[365] stützen konnten, welches im 19. Jahrhundert etwa die Abschaffung der Sklaverei, das Verbot des kolonialen Spirituosen- und Waffenhandels oder einzelne Zivilisierungsmissionen gerechtfertigt hatte. Auch und gerade nach dem Weltkrieg wurde der Anspruch verfochten, die vorgeblich unreglementierten Räume der außereuropäischen Welt zu pazifizieren, nach völkerrechtlichen Grundsätzen zu ordnen und in das Netz der internationalen Beziehungen einzubinden, insbesondere natürlich in die globalen Handelsströme. Zwar ließ sich der „code of colonial conduct binding upon [all] colonial powers"[366], den das Cobb-Lippmann-Memorandum im Herbst 1918 angeregt hatte, während der Friedensverhandlungen nicht systematisch ausarbeiten. Aber aus der dahinterstehenden Logik, dass eine koloniale Fremdbestimmung gerechtfertigt sei, sofern sie nicht willkürlich und egoistisch, sondern an rechtliche Formen gebunden sei und als „trustee for the natives and for the interests of the society of nations"[367] ausgeübt werde, konnte die Pariser Friedenskonferenz kaum ausbrechen. Entsprechend wurden nicht nur die auf der Berliner Afrikakonferenz 1884/85 und der Brüsseler Konferenz von 1889/90 verabschiedeten Grundsätze in eigenen Kommissionen nochmals aufgegriffen und bei Gelegenheit der Vertragsunterzeichnung von Saint-Germain im September als erneuerte Konventionen verabschiedet.[368] Sondern das gesamte Mandatssystem

---

363 Reply of the Allied and Associated Powers to the Observations of the German Delegation on the Conditions of Peace, 16.06.1919, in: FRUS, PPC 1919, Bd. 6, S. 935–996, hier: S. 952.
364 Vgl. Lothar Kühne, Das Kolonialverbrechen von Versailles. Die Räuber von Versailles, die Mandatare und das etatistische Völkerrecht: Die Totengräber der weißen Kolonialherrschaft, Graz 1939, S. 61f.; Hermann J. Held, Die Überwindung des „Friedensvertrags von Versailles" durch die deutsche Völkerrechtspolitik 1933–1938, in: JöR 25 (1938), S. 418–499, hier: S. 424.
365 So Smith, Empires, S. 261.
366 Cobb-Lippmann-Memorandum v. 29.10.1918, in: FRUS 1918, Supp. 1, Bd. 1, S. 405–413, hier: S. 407.
367 Ebenda.
368 Vgl. RdA, Bd. VII-A-2. Die Entscheidung für die neuen Verhandlungen zur Eindämmung des Spirituosen- und Waffenhandels in der kolonialen Welt folgten der Auffassung, dass die zugrundeliegenden Konventionen von 1885 bzw. 1890 mit dem Weltkrieg an ein Ende gekommen waren. Siehe die Besprechung der Außenminister, Protokoll v. 25.06.1919, in: FRUS, PPC 1919, Bd. 4, S. 847–863, hier: S. 856f. Die Ergebnisse als 7 LNTS 331; 8 LNTS 11; 8 LNTS 25. Deutschland war auf die künftigen alliierten Beschlüsse schon in Art. 126 VV verpflichtet worden.

fand seine Legitimation in der Absicht, durch eine Formalisierung der kolonialen Herrschaft der internationalen Ordnung mehr Struktur, größere Berechenbarkeit, mithin eine erhöhte Stabilität zu verleihen. Wie schwach und angreifbar eine solche Rechtfertigung war, zeigte sich jedoch bald. Besonders in der Verfügungsgewalt über die osmanischen Provinzen, Vilâyets und Sandschaks im arabischen Raum sahen sich die alliierten Hauptmächte mit dem Problem konfrontiert, dass Bezeichnungen wie Syrien oder Mesopotamien nicht allein geographische Markierungen darstellten, sondern auf territorial gebundene Herrschaftsstrukturen verwiesen, in denen eigene Vorstellung zur staatlichen Selbstständigkeit bestanden.[369] Es war eine bewusst gewählte Formulierung gewesen, wenn in Artikel 22 VBS für die arabischen Mandatsgebiete der Klasse A explizit von „communities" gesprochen worden war, für die Gebiete der Klasse B hingegen nur von „peoples" und in Klasse C nur noch von (gleichsam menschenleeren) „territories". Wenigstens für den arabischen Raum lag es nahe, die politische Strukturierung der lokalen Bevölkerung durch eine Staatsform nach europäischer Definition vorzunehmen, also die örtlichen Herrschaftsarrangements mit einem klar umgrenzten Territorium, einer eindeutigen Staatsbevölkerung und einer effektiven Staatsgewalt auszustatten. „The duty of the victors was first to create Syria, then Syrians"[370], so ist mit einiger Übertreibung, aber nicht zu Unrecht festgestellt worden.[371]

Dass sich diese Etablierung eines staatlichen Gliederungsgefüges auf der arabischen Halbinsel auf Jahrzehnte hinaus und in nahezu jeder Hinsicht als Gegenteil zu der beabsichtigten Stabilisierung und Pazifizierung erweisen sollte, ist mit Blick auf die weitere Geschichte des Nahen Ostens unverkennbar. Über die Gewichtung einzelner Faktoren mag man debattieren, deutlich sind jedoch zwei wesentliche Tendenzen. Erstens konnte man sich in den westlichen Hauptstädten lange Zeit kaum von einem Denken in Einflusszonen und Klientelverhältnissen lösen, wie es schon in den konkurrierenden Abkommen der Kriegszeit zum Ausdruck gekommen war; dass die strategische Bedeutung der Region mit dem Anwachsen des globalen Ölbedarfs rapide in die Höhe schnellte, kam hinzu. In dieser Sicht war das Mandatssystem eine dürftige Verschleierung, welche die kolonialen Ambitionen der verantwortlichen Nationen kaum verdecken konnte. Entsprechend blieb die Erwartung, dass sie die jeweiligen Territorien selbstlos auf dem Weg in die eigenstaatliche Existenz begleiten und

---

369 Vgl. Burgis, Faith, S. 68–75.
370 Smith, Wilsonian Sovereignty, S. 66.
371 Als weiteres Beispiel anhand der Erfindung einer palästinensischen Staatszugehörigkeit vgl. Mutaz Qafisheh, Genesis of Citizenship in Palestine and Israel. Palestinian Nationality during the Period 1917–1925, in: JHIL 11, H. 1 (2009), S. 1–36.

das eigene Engagement sukzessive verringern würden, eine Illusion. Einzig Mesopotamien schaffte diesen Schritt in die Unabhängigkeit, indem es als Königreich Irak im Jahr 1932 in die staatliche Selbstständigkeit entlassen wurde.[372] Zweitens wurde rasch offensichtlich, dass sich der arabische Nationalismus, den die Staaten der Entente im Kampf gegen das Osmanische Reich mobilisiert hatten, keineswegs umstandslos einer Aufsicht der europäischen Mächte unterwerfen wollte; allenfalls die USA, so war dem Bericht der amerikanischen King-Crane-Kommission im Sommer 1919 zu entnehmen, würden von der lokalen Bevölkerung als Mandatar akzeptiert werden.[373] Der Unmut der lokalen Eliten über die Pariser Festlegungen schnellte jedenfalls rasch in die Höhe. Spätestens ab Frühjahr 1920, nachdem sich die europäischen Siegermächte in London und San Remo über die Aufteilung der zu verwaltenden Gebiete endgültig geeinigt hatten, war unübersehbar deutlich, dass die Interessen der betroffenen Völkerschaften auch im Mandatssystem kaum Berücksichtigung finden würden. Dass im März 1920 ein Nationalkongress die Unabhängigkeit eines großsyrischen Staates unter Einbeziehung von Jordanien, Palästina und des Libanon erklärt und Faisal zum König ernannt hatte, stellte für die französische Regierung keinen Grund dar, die eigene Vorgehensweise zu überdenken. Gegen die syrischen Nationalisten wurden die Kolonialstreitkräfte Frankreichs in Gang gesetzt und Faisal gewaltsam aus Damaskus vertrieben. Dass ihn die britische Regierung daraufhin unbewegt zum König von Mesopotamien nobilitierte, lässt das beträchtliche Gestaltungsbewusstsein der europäischen Mandatsmächte ebenso unverstellt hervortreten wie ihre Rivalität.[374] Auch die Einrichtung einer „jüdischen Heimstatt" in Palästina, wie sie die Balfour-Deklaration von 1917 den zionistischen Verbänden versprochen hatte und auf welche in London besonderes Augenmerk gelegt wurde, erwuchs aus einem derartigen Verfügungsanspruch über die arabische Welt, von späteren Gewaltexzessen – etwa der Bombardierung von Damaskus 1925 – ganz abgesehen.[375]

---

372 Dass dahinter vor allem der Unwille Großbritanniens stand, die politischen, ökonomischen und militärischen Kosten der Mandatsverantwortung weiterhin zu tragen, sollte nicht unerwähnt bleiben, und auch nicht, dass die Interessen der westlichen Ölwirtschaft durch Konzessionen gesichert blieben, vgl. Susan Pedersen, Getting out of Iraq – in 1932. The League of Nations and the Road to Normative Statehood, in: AHR 115, H. 4 (2010), S. 975–1000.

373 Vgl. Smith, Wilsonian Sovereignty, S. 65–71.

374 Vgl. Dawisha, Arab Nationalism, S. 47; Pedersen, The Guardians, S. 35–42; McNamara, The Hashemites, S. 99–142; Fromkin, Peace to End all Peace, S. 424–455; Andrew/Kanya-Forstner, Climax, S. 215–219, 228–231.

375 Vgl. Thomas G. Fraser, Chaim Weizmann. The Zionist Dream, London 2009, S. 97–122. Zum militärischen Vorgehen in Syrien, mit dem sich einige völkerrechtliche Probleme verknüpften und welches in der Mandatskommission des Völkerbundes lebhaft debattiert wurde, vgl. nur Becker Lorca, Mestizo International Law, S. 287–304; Pedersen, The Guardians, S. 142–168.

Die verwickelten Details der im weiteren 20. Jahrhundert periodisch aufflammenden Auseinandersetzungen um die Ordnung des Nahen Ostens können
hier nicht im Einzelnen betrachtet werden, ebenso wenig die Rolle des Völkerbundes, der die Mandate erst 1922 förmlich ausfertigte, nach bitteren Auseinandersetzungen hinter den Kulissen. Wohl stieg die zunächst unscheinbare „Permanent Mandates Commission" des Völkerbundes in den folgenden Jahren zu
einem zentralen Akteur auf. Doch die westlichen Erwartungen an die positiven,
stabilisierenden Effekte des Mandatssystems erfüllten sich kaum. Trotzdem –
oder gerade deswegen – ist bemerkenswert, dass sich die mit den Mandaten
vorgegebene Strukturierung der Region als erstaunlich langlebig erwiesen hat.
Trotz aller Revolten, Proteste und Regionalkriege, welche in den Jahrzehnten
vor, während und nach der Dekolonisierung entbrannten, ist die nach dem
Weltkrieg entstandene staatliche Gliederung der arabischen Halbinsel (wie später auch des subsaharischen Afrikas) nur wenig in Frage gestellt worden ist. Der
Traum einer panarabischen oder gar panislamischen Volksgemeinschaft („Um-
ma") jenseits der starren Staatenordnung des europäischen Völkerrechts vermochte nie hinreichende Kraft zu entwickeln, um die während des Weltkriegs
abgesprochenen und im Mandatssystem formalisierten Grenzen nochmals
grundlegend umzuwerfen; noch nicht einmal die temporäre Vereinigung Sy-
riens und Ägyptens zur Vereinigten Arabischen Republik zwischen 1958 und
1961 mag als ernsthafter Vorstoß in diese Richtung gewertet werden. Nahezu alle auf der arabischen Halbinsel begründeten Staaten entwickelten ein, phasenweise durchaus politisch und religiös sehr unterschiedlich akzentuiertes, nationales Eigenleben, welches nach der Dekolonisierung oftmals erst richtig auf-
blühte und noch das Ende des Kalten Krieges überdauert hat.[376]

Die Zählebigkeit der von den alliierten Hauptmächten bestimmten und vom
Völkerbund legalisierten Staatengliederung lässt sich zunächst mit dem völkerrechtlichen Grundsatz des Uti possidetis juris erklären, der die Beibehaltung
einmal getroffener territorialer Arrangements und Grenzziehungen auch nach
Systembrüchen rechtfertigt.[377] Doch eine solche Erklärung reicht nicht aus. Als

---

376 Vgl. Roshwald, Ethnic Nationalism, S. 187–196; Wolfgang Reinhard, Geschichte der Staatsgewalt und europäische Expansion, in: ders. (Hrsg.), Verstaatlichung der Welt? Europäische
Staatsmodelle und außereuropäische Machtprozesse, München 1999, S. 317–356, hier: S. 340–
345. Siehe auch Karin Loevy, Reinventing a Region (1915–22). Visions of the Middle East in
Legal and Diplomatic Texts Leading to the Palestine Mandate, in: Israel Law Review 49, H. 3
(2016), S. 309–337.
377 Vgl. Fabry, Recognizing States, S. 160–168. Als „Bändigung der Anarchie" (wiewohl auf
den amerikanischen Kontinent bezogen) verstanden bei Jörg Fisch, Selbstbestimmung vor der
Selbstbestimmung. Die Herausbildung des modernen Begriffs des Selbstbestimmungsrechts
der Völker in Amerika, in: Fisch (Hrsg.), Verteilung der Welt, S. 87–110, hier: S. 98–102.

entscheidend entpuppt sich bei näherem Hinsehen, dass die arabischen Nationen mit dem Mandatssystem auf eine Weise als potentielle Mitglieder der Staatengemeinschaft gekennzeichnet worden waren, dass davon kaum mehr abgewichen werden konnte. Alle arabischen Forderungen nach nationaler Selbstbestimmung griffen unweigerlich auf diese Vorgaben als normative Argumentations- und Anspruchsgrundlage zurück. So richtig es daher ist, dass dem Mandatssystem die kolonialen Interessen der westlichen Imperialmächte zugrunde lagen, so unbestreitbar ist auch, dass der damit verbundene Zwang zur Formalisierung und Legalisierung eine Entwicklung initiierte, die nicht mehr abgebrochen werden konnte. Der Anspruch, mit dem die Vertreter der alliierten Hauptmächte das Mandatssystem als Fortschritt gegenüber einer willkürlichen und egoistischen Kolonialpolitik zu präsentieren suchten, etablierte erst jene Maßstäbe, an denen sie sich selbst messen lassen mussten und auf die sich zunehmend auch die von ihnen beherrschten Völker berufen konnten. Die späteren Debatten im Völkerbund sowie in den Kommentarspalten der Weltpresse geben ein beeindruckendes Zeugnis von dieser normativen Dynamik, obschon zuzugestehen ist, dass es Jahrzehnte dauern sollte, bevor daraus politische Konsequenzen gezogen werden konnte.[378]

In der Summe lässt sich notieren, dass die Repräsentanten der alliierten Hauptmächte die umlaufenden Forderungen nationaler Selbstbestimmung in erster Linie in die Kategorien des europäischen Völkerrechts einordneten, also jedwede Anerkennung als souveräner Einzelstaat immer mit Blick auf die gesamte internationale Ordnung debattierten. Die Zulassung zur Staatengemeinschaft setzte in erster Linie die Fähigkeit und Bereitschaft voraus, sich internationalen Regeln und Pflichten zu unterwerfen, war also mit einer – in welche diplomatischen Formeln auch immer verkleideten – Einschätzung über die Tauglichkeit, Stabilität und Effizienz der jeweiligen Herrschaftsgewalt verknüpft. Damit wurden bisherige Vorstellungen eines zivilisatorischen Entwicklungsstandes überblendet, ohne dass dem Begriff der Selbstbestimmung tatsächlich die konstitutive Kraft einer Eigenstaatlichkeit nach freiem Ermessen zugewachsen wäre. Auch weiterhin blieb die Verfügungshoheit über die Anerkennung neuer Staaten in den Händen der Großmächte, als die nunmehr die alliierten Hauptmächte auftraten; diese allein entschieden über den Rahmen, in dem einzelne Kollektive ein Recht auf Selbstbestimmung beanspruchen konnten.

---

378 Vgl. Pedersen, The Guardians, S. 195–407. Siehe auch Smith, Empires, S. 256; Roshwald, Ethnic Nationalism, S. 187f.; eine etwas anders akzentuierte Interpretation bei Anghie, Imperialism, S. 190–195.

Trotzdem fällt es schwer, in den Verhandlungen des Supreme Council über die Neuordnung Europas und der Welt lediglich ein machtpolitisches Schauspiel zu sehen. Die Auffassung, dass Selbstbestimmung nicht vorstellbar sei ohne Gewähr einer berechenbaren Selbstführung, hatte einen unverfügbaren Kern: die Vorstellung, dass der Erhalt des Friedens und die Wahrung des internationalen Rechts auf eine Gemeinschaft ähnlich strukturierter und vergleichbar agierender Nationen angewiesen seien. Daran blieben die Repräsentanten der alliierten Hauptmächte gebunden, auch wenn man gewiss nicht über ihre Ignoranz und rassistische Manier hinwegsehen kann, mit denen sie einzelnen Völkerschaften und Herrschaftsverbänden der außereuropäischen Welt eine Unfähigkeit zur staatlichen Organisation zuschrieben. Die Vorstellung einer einzelstaatlich geordneten Welt auf Grundlage des europäischen Staatsmodells war trotzdem alternativlos geworden. Mehr noch: Die Dogmatisierung einer selbstbestimmten, souveränen Staatlichkeit konnte sich unversehens auch als emanzipatorische Kraft erweisen, wenn es im weiteren Verlauf des 20. Jahrhunderts darum ging, eine Kolonial-, Protektorats- oder Mandatsherrschaft zurückzuweisen; es war kein Zufall, dass der wesentliche Schritt zu einer deklarativen Theorie der Staatenanerkennung mit der Konvention von Montevideo (1933), die ohne Beteiligung der europäischen Kolonialmächte unter Federführung der (süd-)amerikanischen Nationen entstand, vollzogen wurde.[379]

Die Rationalisierung von Gebietsabtretungen und Grenzziehungen

Die Anerkennung von Herrschaftsverbänden als souveräne Staaten stellte jedoch nur die eine Seite der Territorialbestimmungen des Friedensschlusses dar. Mindestens ebenso große, und oft größere, Aufmerksamkeit richtete sich auf einzelne Gebietsabtretungen und Grenzveränderungen, wenngleich für die alliierten Hauptmächte hierbei geringere Spielräume bestanden, als zeitgenössisch und später angenommen worden ist; nicht selten ging es nur um eine Legalisierung des jeweiligen Besitzstandes bei Kriegsende.[380] Trotzdem bedurften die Territorialregelungen immer noch einer spezifischen Rechtfertigung in der Logik des Friedensschlusses, welche über den Hinweis auf eine faktische Machtsituation hinausging. Im zeitgenössischen Völkerrecht war zwar die Berechtigung eines Kriegssiegers, Gebietsteile der unterlegenen Partei zu annektieren – sprich: eine Gebietszession zu erzwingen –, noch weithin unbestritten,

---

379 Vgl. Becker Lorca, Mestizo International Law, S. 337–352; Fisch, Selbstbestimmungsrecht, S. 217–249.
380 Vgl. Dülffer, Selbstbestimmung, S. 123–125.

zumal wo die Existenz des unterlegenen Staates gewahrt und eine Übertragung in den ordnungsgemäßen Formen eines Friedensvertrags vorgenommen wurde.[381] Doch dass die Verhandlungsparteien in Paris unter einem erheblich gewachsenen Legitimationsdruck standen, ist unverkennbar. Gerade in diesem Zusammenhang entwickelte das umlaufende Schlagwort der Selbstbestimmung eine ungeheure Suggestivkraft, insofern es als Recht einer lokalen Population ausgelegt werden konnte, über die eigene nationale Zugehörigkeit zu entscheiden. Zugleich muss die in der Forschung immer wieder anzutreffende Auffassung, dass die alliierten Experten in erster Linie darüber debattiert hätten, wie sich Grenzen in Übereinstimmung mit – oft unklaren – Siedlungsverhältnissen würden ziehen lassen, um zu möglichst homogenen Nationen zu kommen, relativiert werden.[382] Solche Vorstellungen existierten fraglos, und sie wurde von nicht wenigen Nationalbewegungen auch in einer ethnisch verschärften Fassung des Selbstbestimmungsprinzips eingefordert. Für die Territorialbeschlüsse und ihre Rechtfertigung waren sie aber von weit geringerer Bedeutung als der übergeordnete Anspruch, durch klar kontuierte, selbstständig lebensfähige und innerlich befriedete Staaten eine Stabilisierung der internationalen Ordnung herzustellen. Nicht auf Grundlage eines Selbstbestimmungsrechts, sondern allein wegen dieser pazifizierenden Funktion konnten die alliierten Vertreter sämtliche territoriale Regelungen als, wie es in der Mantelnote zur alliierten Replik vom 16. Juni hieß, „necessary to the future peace of Europe"[383] legitimieren.

Wie notwendig eine solche normative Rechtfertigung jeweils war, lässt sich zunächst ex negativo erkennen, nämlich anhand jener Konflikte, in denen eine Gebietsabtretung ohne plausible Begründung vorgenommen wurde. Die Anzahl dieser Fälle war zwar begrenzt. Doch angesichts der Tatsache, dass sich die alliierten Vertreter hierbei einzig auf das machtpolitische Vorrecht des Kriegssiegers stützen konnten, führten sie jeweils zu erbitterten Auseinandersetzungen mit weitreichenden Folgen. Nachdem sich die französischen Ansprüche auf die linke Rheinseite doch noch mit einem Kompromiss hatten beilegen lassen, waren es im Kern drei territoriale Entscheidungen, die in diesem Zusammenhang zu nennen sind und die, vielleicht nicht zufällig, von Italien und Japan als den schwächeren der alliierten Hauptmächte erhoben wurden: Der bereits erwähnte Streit um die kroatische Hafenstadt Fiume, die Abtretung des deutsch geprägten

381 Etwa: Hall, Treatise, S. 606; Oppenheim, International Law, Bd. 1 (1905), S. 270. Siehe auch Zimmer, Friedensverträge im Völkerrecht, S. 49f.
382 Vgl. aber Prott, Politics of Self-Determination, S. 113–147; Sluga, Nation, S. 11–16, 33–60.
383 Clemenceau an Brockdorff-Rantzau, Note v. 16.06.1919, in: FRUS, PPC 1919, Bd. 6, S. 926–935, hier: S. 932.

Südtirol an Italien und der japanische Anspruch auf die chinesische Halbinsel Shandong. Das Legitimationsdefizit jeder dieser Fälle rührte an erster Stelle aus dem Umstand, dass die Regierungen in Rom und Tokio wenig Argumente in Übereinstimmung mit der normativen Rationalität des Friedensschlusses vorbringen konnten, sondern immer nur auf jene Vereinbarungen der Kriegszeit pochten, die mittlerweile als Musterbeispiele einer intriganten, ruchlosen Geheimdiplomatie gelten mussten. Nur mit Mühe konnten amerikanische Vertreter erklären, dass der italienische Anspruch auf Südtirol zwar mit dem 14-Punkte-Programm kollidieren mochte, durch den Grundsatz einer Unantastbarkeit internationaler Verträge, namentlich des Londoner Vertrages vom 26. April 1915, jedoch respektiert werden müsse.[384] In allen drei Fällen war es zudem nicht einfach, die territorialen Forderungen mit einer Selbstbestimmung der lokalen Bevölkerung in Übereinstimmung zu bringen, wie es für Fiume mit dem Hinweis auf einen italienischen Irredentismus vielleicht noch notdürftig gelingen mochte, kaum aber für Südtirol und schon gar nicht für die japanischen Ansprüche auf Shandong als einer unzweifelhaften Kernprovinz Chinas.[385]

Vor allem der Umstand, dass mit derartigen Annexionsplänen die angestrebte Stabilisierung der internationalen Verhältnisse offensichtlich konterkariert wurde, entpuppte sich als Erklärungsproblem. Es brauchte keine besondere Phantasie, als Folge dieser Gebietsabtretungen erhebliche Spannungen und einen langanhaltenden Revisionismus zu befürchten. In Paris kam es deshalb zu erbitterten Auseinandersetzungen, so in der amerikanischen Delegation, wo Wilsons Nachgiebigkeit gegenüber den italienischen Ansprüchen auf Südtirol zu einer tiefen Krise mit mehreren Rücktritten führte.[386] Es erstaunt auch nicht, wenn die Beziehungen zwischen den beteiligten Staaten auf Jahrzehnte hinaus

---

384 Ähnlich sophistisch fiel die Rechtfertigung auch im Fall von Shandong aus, in dem sich die japanische Seite auf ihre Kriegsverträge mit China berief, vgl. Smith, Empires, S. 265–267. Nicht zuletzt zur Abwehr dieser Argumentation zog die chinesische Seite den amerikanischen Juristen John Bassett Moore heran, vgl. Craft, John Bassett Moore, S. 235f.

385 Zu jedem dieser drei Fälle liegt eine hochdifferenzierte Spezialliteratur vor, einige beispielhafte Angaben (jeweils m. w. Nachw.) müssen genügen, so für Südtirol vgl. Karl Stuhlpfarrer, Südtirol 1919, in: Ackerl/Neck (Hrsg.), Saint-Germain 1919, S. 54–77; Richard Schober, Die Tiroler Frage auf der Friedenskonferenz von Saint Germain, Innsbruck 1982. Für den Streit um Shandong vgl. Bruce A. Elleman, Wilson and China. A Revised History of the Shandong Question, Armonk, N.Y. 2002, S. 33–134; Kawamura, Wilsonian Idealism and Japanese Claims; Craft, John Bassett Moore, einordnend auch MacMillan, Peacemakers, S. 333–353. Hinweise zum Streit um Fiume oben, S. 250ff.

386 Für eine geradezu klassische Interpretation vgl. Sterling J. Kernek, Woodrow Wilson and National Self-Determination along Italy's Frontier. A Study of the Manipulation of Principles in the Pursuit of Political Interests, in: Proceedings of the American Philosophical Society 126, H. 4 (1982), S. 243–300. Siehe auch Reisser, The Black Book, S. 67–69; Nielson, American His-

schwer belastet waren. Tragfähige Regelungen wurden für Südtirol und Fiume faktisch erst nach dem Zweiten Weltkrieg getroffen. Größer waren die Folgen sogar noch im Fall von Shandong. Die Abtretung an Japan entfachte im Mai 1919 einen Proteststurm in China, der in eine revolutionäre Massenbewegung („Bewegung des vierten Mai") überging und in dessen Folge die chinesischen Vertreter die Unterzeichnung des Versailler Vertrags verweigerten. Die gesamte Nation wurde von einer tiefgreifenden, gleichermaßen nationalistischen, antijapanischen wie (proto-)sozialistischen Mobilisierung erfasst, deren Bedeutung für die chinesische Geschichte im 20. Jahrhundert kaum überschätzt werden kann.[387]

In einer Gesamtbetrachtung der Pariser Territorialregelungen stellt die für Fiume, Südtirol und Shandong zu beobachtende Macht- und Annexionspolitik gleichwohl eine Ausnahme dar. Häufiger dominierte der Versuch, einzelne Gebietsabtretungen und Grenzverschiebungen in Übereinstimmung mit den allgemeinen Grundsätzen des Friedensschlusses zu bringen. Das wichtigste Argument war dabei, noch vor der Berufung auf eine Herstellung internationaler Gerechtigkeit, dass der vorgesehene territoriale Zuschnitt den jeweiligen Einzelstaat und damit die internationale Ordnung stabilisieren würde. Nimmt man etwa die Gebietsregelungen zugunsten der neuen Staaten wie Polen oder der Tschechoslowakei oder auch des SHS-Staates in den Blick, so wird rasch deutlich, dass ihre Logik jeweils auf die Etablierung, Abgrenzung und Vernetzung lebensfähiger staatlicher Einheiten hinauslief, auch weil diese Nationen, anders als es etwa für Italien oder Japan gelten mochte, in ihrer Existenz als unabhängige Staatswesen tatsächlich noch gefährdet schienen. So wurden in der Debatte um die Westgrenzen des neubegründeten Polens, wie sie am 19. März im Supreme Council geführt wurde, die vorgeschlagenen Grenzziehungen gleich mehrfach als „a matter of life and death"[388] gerechtfertigt. Zwar unterstrich Jules Cambon, der Vorsitzendes der Kommission für die polnischen Angelegenheiten,

---

torians, S. 156; Walworth, Wilson and his Peacemakers, S. 54f. Auch aufgrund von Shandong kam es zu Rücktritten, vgl. MacMillan, Peacemakers, S. 353.

387 Vgl. Xu Guoqi, China and Empire, in: Gerwarth/Manela (Hrsg.), Empires at War, S. 214–234, hier: S. 229–234. Weiter: Manela, Wilsonian Moment, S. 185–196; Elleman, Wilson and China, S. 135–182.

388 Cambon, Protokoll v. 19.03.1919, in: FRUS, PPC 1919, Bd. 4, S. 404–422, hier: S. 414. Der zugrundeliegende Bericht auch als Rapport No. 1 v. 19.03.1919, in: RdA, Bd. IV-C-2, S. 54–73. Allgemein zur Debatte um die polnischen Westgrenzen etwa Conrad, Umkämpfte Grenzen, S. 127–143; Prott, Politics of Self-Determination, S. 131–140. Von nicht geringer Bedeutung war dabei, dass der polnischen Seite – in Zusammenspiel mit französischen Stellen – durch eine geschickt gestaltete Karte eine effektvolle Präsentation der eigenen Forderungen gelang, vgl. Jureit, Ordnen von Räumen, S. 199–202.

dass man in der Ausarbeitung der Grenzen auch das „ethnological principle"[389] herangezogen habe. Doch David Lloyd George, der gegen die Vorschläge sein Veto einlegte, protestiert gegen die Abtretung deutscher Gebietsteile mit einer Bevölkerung von über zwei Millionen nicht in erster Linie wegen einer Verletzung des Selbstbestimmungsprinzips, sondern weil eine solche starke Minderheit „might spell serious trouble for Poland in the future" und sich letztlich als „seed of future war"[390] entpuppen könnte.

Die normative Wirkungsmacht einer Begründung, welche auf die Schaffung lebensfähiger Einheiten abstellte, lässt sich anhand der Debatte um Oberschlesien nochmals beispielhaft veranschaulichen. Der von Roman Dmowski, dem polnischen Vertreter, schon am 29. Januar im Supreme Council erhobene Anspruch auf eine Angliederung des gesamten Ostens der preußischen Provinz Schlesien ließ sich zwar weder historisch noch ethnisch eindeutig begründen, und er ging auch weit über das hinaus, was man zeitgleich in der Berliner Regierung für möglich hielt, geschweige denn zuzugestehen bereit war.[391] Im Rahmen der Pariser Ordnung ließ sich eine solch weitgehende Abtretung aber dadurch rechtfertigen, dass Oberschlesien als ressourcenreiches und produktives Industrierevier den neubegründeten polnischen Staat mit einem wirtschaftlichen Kern auszustatten versprach, der zu seiner wirtschaftlichen und also militärischen Existenzsicherung erheblich beitragen würde. Nur auf diese Weise, so das Argument gleichermaßen von polnischen und alliierten Vertretern, könne sich der junge Staat in der Einflusssphäre der ehemaligen Teilungsmächte Deutschland und Russland behaupten und zu einer regionalen Ordnungsmacht heranwachsen; pointieren ließ sich diese Begründung zudem mit dem Argument, dass ein Verlust des oberschlesischen Rohstoff- und Industriepotentials die deutsche Rüstungsindustrie schwächen und eine ergänzende Abrüstungskontrolle darstellen würde. Die deutsche Delegation wies derartige Vorstellungen zwar empört zurück und sprach von einem „durch nichts zu rechtfertigenden Einbruch in das geographische und wirtschaftliche Gefüge des Deutschen Reiches"[392]. Doch gegen die zugrundeliegende Logik, die territoriale Integrität

---

389 Cambon, Protokoll v. 19.03.1919, in: FRUS, PPC 1919, Bd. 4, S. 404–422, hier: S. 413.
390 Lloyd George, ebenda, S. 414, 417. Zur Haltung des britischen Premiers, dem verschiedentlich anti-polnische Affekte vorgehalten worden sind, auch Norman Davies, Lloyd George and Poland, 1919–20, in: Journal of Contemporary History 6, H. 3 (1971), S. 132–154; Fry, And Fortune Fled, S. 260f. Weiter: Wandycz, France and her Eastern Allies, S. 34–45.
391 Vgl. Dmowski, Protokoll v. 29.01.1919, in: FRUS, PPC 1919, Bd. 3, S. 772–779, hier: S. 773–779. Siehe auch Włodzimierz Borodziej, Geschichte Polens im 20. Jahrhundert, München 2010, S. 97–106.
392 Gegenvorschläge der Deutschen Regierung, S. 36. Siehe auch Jureit, Ordnen von Räumen, S. 208–212.

des Reiches und die Selbstbestimmung der deutschen Bevölkerung müssten angesichts eines polnischen Existenzrechtes zurücktreten, ließ sich wenig ausrichten. „The restoration of the Polish State is a great historical act", so lautete die alliierte Replik auf den deutschen Protest, „which cannot be achieved without breaking many ties and causing temporary difficulty and distress to many individuals."[393]

Dass die diskutierten Gebietsabtretungen vielfach funktional angelegt waren und über die Stärkung einzelner Staaten zugleich das internationale Beziehungsgefüge in seiner Gesamtheit stabilisieren sollten, lässt sich auch einem zweiten Beispiel ablesen, und zwar dem Zugang Polens zur See und der damit verbundenen Rolle Danzigs als Ostseehafens. Im frühen 20. Jahrhundert besaßen maritime Verbindungen und Verknüpfungen einen hohen Stellenwert, und zumal die globale Zirkulation von Waren und Menschen galt in westlicher Sicht als entscheidender Motor für eine Modernisierung, Formalisierung und Verrechtlichung der internationalen Verhältnisse. Mit einer solchen Begründung waren in der Vergangenheit nicht nur zahlreiche Märkte der außereuropäischen Welt geöffnet worden, was in der Praxis meist unfaire Handelspraktiken, „ungleiche Verträge" und teils rohe Gewalt meinte. Sondern die Vorstellung eines globalen Handelsnetzes, welches alle Nationen über die Weltmeere, dem „World's Highway"[394], zum gegenseitigen Nutzen verbinden würde, versprach unmittelbar zum Frieden, zur Gemeinschaftlichkeit der Völker und dem Fortschritt der Menschheit beizutragen. Mit Emphase hatte Woodrow Wilson im Jahr 1917 gefordert „to make the seas indeed free and common in practically all circumstances for the use of mankind (...). There can be no trust or intimacy between the peoples of the world without them. The free, constant, unthreatened

---

393 Reply of the Allied and Associated Powers to the Observations of the German Delegation on the Conditions of Peace, 16.06.1919, in: FRUS, PPC 1919, Bd. 6, S. 935–996, hier: S. 948. Weiter: T. Hunt Tooley, National Identity and Weimar Germany. Upper Silesia and the Eastern Border, 1918–1922, Lincoln 1997, S. 24–52; F. Gregory Campbell, The Struggle for Upper Silesia, 1919–1922, in: The Journal of Modern History 42, H. 3 (1970), S. 361–385, außerdem mehrere Beiträge in Kai Struve (Hrsg.), Oberschlesien nach dem Ersten Weltkrieg. Studien zum nationalen Konflikt und seiner Erinnerung, Marburg 2003.

394 Vgl. Norman Angell, The World's Highway. Some Notes on America's Relation to Sea Power and Non-Military Sanctions for the Law of Nations, New York 1916. Angell wurde besonders im Umfeld der progressiven Internationalisten der Inquiry viel gelesen und war als Journalist auch in Paris präsent, wo er u.a. mit Manley Hudson in Kontakt stand, vgl. Hudson Diary, Eintrag v. 01.01.1919, in: HLSL, Hudson Papers, Box 166/1, S. 83 u.ö. Bereits im Krieg hatten sich über die linksgerichtete Union of Democratic Control auch lose Verbindungen zu Robert Cecil ergeben, vgl. Johnson, Lord Robert Cecil, S. 76f.

intercourse of nations is an essential part of the process of peace and of development."[395]

In einer solchen freihändlerisch inspirierten Sicht war der Anschluss an das globale Handels- und Verkehrsnetz der Meere eine grundlegende Voraussetzung für die staatliche Gliederung der Welt. Die Forderung nach einem polnischen Zugang zur See war unmittelbar aus der Annahme hergeleitet, dass ein Herrschaftsverband erst durch seine Außenbeziehungen, durch seine Fähigkeit zum wirtschaftlichen Austausch ebenso wie zur militärischen Kooperation, seine Staatlichkeit behaupten könne. Bevor Wilson „a free and secure access to the sea" für Polen in den ersten Rang der amerikanischen Kriegsziele erhoben hatte, war in den Reihen der Inquiry, aber auch in britischen Kreisen zwar noch die Idee bevorzugt worden, Freihafenzonen in Bremen und Hamburg einzurichten, die zollfrei über Flüsse und Kanäle vom polnischen Kernland aus erreichbar sein sollten.[396] Doch nach Beginn der Friedensgespräche richtete sich das Augenmerk rasch auf eine Abtretung von Danzig, das sich durch die Lage an der Weichselmündung als zentrale polnische Hafenstadt anbot. Daneben wurde Polen ein eigenständiger Zugang zur Küste zugesprochen, der als Landstreifen von mehreren Dutzenden Kilometern Breite durch westpreußisches Gebiet und Weichselpommern bis zur Putziger Nehrung führen sollte, dadurch allerdings Ostpreußen vom übrigen Staatsgebiet des Reiches abtrennte („Polnischer Korridor").[397]

Ein derartiges territoriales Arrangement war nicht unumstritten, sondern stellte letztlich eine Abwägungsfrage dar. „The difficulty was to arrive at a balance between conflicting considerations"[398], meinte Wilson dazu. So verletzte die erzwungene Abtretung westpreußischer Gebietsteile zwar die Integrität des deutschen Staatsgebiets, kollidierte mit den Interessen der lokalen Bevölkerung

---

395 Wilson, Ansprache vor dem US-Senat v. 22.01.1917, in: FRUS 1917, Supp. 1, S. 24–29, hier: S. 28.

396 Vgl. Memorandum v. 22.12.1917, in: FRUS, PPC 1919, Bd. 1, S. 41–53, hier: S. 51. Siehe auch Gelfand, Inquiry, S. 323f., daneben zu den britischen Planungen etwa Goldstein, Winning the Peace, S. 145f., zu den französischen Vorschlägen Lowczyk, Fabrique de la Paix, S. 318–322.

397 Vgl. Roger Moorhouse, „The Sore That Would Never Heal". The Genesis of the Polish Corridor, in: Fischer/Sharp (Hrsg.), After the Versailles Treaty, S. 185–195; Lutz Oberdörfer, Die Danzig/Korridor- und die Memelfrage in Versailles und den ersten Nachkriegsjahren, in: Udo Arnold/Mario Glauert/Jürgen Sarnowsky (Hrsg.), Preußische Landesgeschichte. Festschrift für Bernhart Jähnig, Marburg 2001, S. 85–98; Anna M. Cienciala, The Battle of Danzig and the Polish Corridor at the Paris Peace Conference of 1919, in: Paul Latawski (Hrsg.), The Reconstruction of Poland, 1914–1923, New York 1992, S. 71–94.

398 Wilson, Protokoll v. 19.03.1919, in: FRUS, PPC 1919, Bd. 4, S. 404–422, hier: S. 418. Für eine sorgfältige Abwägung plädierte etwa auch Theodore S. Woolsey, Self-Determination, in: AJIL 13, H. 2 (1919), S. 302–305.

und ließ eine anhaltende Unzufriedenheit befürchten. Sie brauchte sich jedoch nicht allein auf das Siegerrecht zu stützen, wie es etwa für Südtirol oder Shandong geschehen musste, sondern konnte mit der Notwendigkeit eines polnischen Seezugangs und damit als Akt internationaler Gerechtigkeit, ja, als völkerrechtlicher Fortschritt begründet werden. Es sei anerkannt worden, so wurden die Pariser Beschlüsse wenig später in der einschlägigen Literatur rationalisiert, dass „the inland state has a peculiar legal condition which is not improved by dogmatic generalizations about equality"[399]. Das war verklausuliert ausgedrückt, meinte im Kern aber nichts anderes, als dass die souveräne Gleichheit der Staaten nicht als eine beziehungslose Koexistenz unantastbarer Einheiten gedacht werden dürfe. Im Gegenteil, da sich die Staaten in einer Gemeinschaft miteinander befinden würden, so lässt sich die entsprechende Überlegung zusammenfassen, gebe es kein Recht auf ein solipsistisches Dasein. Vielmehr müssten die konkurrierenden Bedürfnisse der Nationen überall dort miteinander abgewogen werden, wo die Lebensfähigkeit und Eigenständigkeit einzelner Staaten auf dem Spiel stehen würden; die Gleichheit der einzelstaatlichen Souveränität fand ihre Schranke in einer existenzbedrohenden Ungleichheit. Für die Zugehörigkeit Danzigs zum Reich dürfe nicht das Daseinsrecht von 20 Mio. Polen geopfert werden, hieß es in alliierten Memoranden.[400] Nicht überall fielen derartige Abwägungen überdies zuungunsten der Verlierermächte aus. Die von tschechoslowakischer Seite erhobene Forderung nach einem Gebietskorridor durch das Burgenland bis zur Ägäis wurde beispielsweise zurückgewiesen; Artikel 363 und 364 VV sahen stattdessen für die Häfen von Hamburg und Stettin entsprechende Freizonen zur Pacht („Moldauhafen") vor, nach Artikel 322 VSG wurden der Tschechoslowakei daneben eigene Bahnlinien zu den Häfen von Triest und Fiume zugestanden.[401]

Eine solche Bereitschaft zur Abwägung konkurrierender Interessen lässt sich daneben auch in einer Reihe von Spezialregelungen entdecken, welche die vorgesehenen Territorialregelungen jeweils auf rechtsförmige Weise abmildern und abfedern sollten und für die sich wiederum die polnischen Westgrenzen

---

399 Dickinson, Equality, S. 341.
400 Vgl. Cienciala, Battle of Danzig, S. 74.
401 Vgl. Jakubec, Eisenbahn und Elbeschiffahrt, S. 34f.; Hans Lemberg, Die Tschechoslowakei im Jahr 1. Der Staatsaufbau, die Liquidierung der Revolution und die Alternativen 1919, in: Lemberg/Heumos (Hrsg.), Jahr 1919, S. 225–248, hier: S. 230; Miller, The International Regime, S. 673. Österreich und Ungarn wurden in Art. 311 VSG und Art. 294 VT ein freier Zugang zur Ägäis durch gesonderte Konventionen in Aussicht gestellt. Ebenso muss die bulgarische Freihafenzone in Dedeagatsch in diesem Zusammenhang genannt werden. Eine Übersicht auch bei Jan Verzijl, International Law in Historical Perspective, Bd. 3, State Territory, Leiden 1970, S. 241–245.

beispielhaft heranziehen lassen. Denn konnte die Abtretung von Oberschlesien und Danzig vorderhand mit der Sicherung eines polnischen Existenzrechts gerechtfertigt werden, so wurden rasch weiterer Bestimmungen notwendig, welche den Eindruck einer willkürlichen und punitiven Festlegung vermeiden sollten und in denen die Interessen der betroffenen Bevölkerung wenigstens nominell Berücksichtigung finden mussten. Aus diesem Grund sah der Versailler Vertrag weder in dem einen noch in dem anderen Fall eine simple Annexion durch Polen vor. Für Danzig setzten britische Vertreter im April 1919 durch, dass die Stadt internationalisiert und unter die Aufsicht des Völkerbundes gestellt werden sollte; für Oberschlesien wurde Anfang Juni zudem der Vorschlag von David Lloyd George akzeptiert, ein Plebiszit durchzuführen, mit dem die lokale Bevölkerung ihren Wunsch nach nationaler Zugehörigkeit ausdrücken könne.[402]

Dass die weitergehenden Vorschläge der Kommission für polnische Angelegenheiten damit zurückgewiesen wurden, sich aber statt einer Revision zugunsten der deutschen Seite die Komplexität der Regelung noch einmal erhöhte, überrascht nicht; jeweils stach das Argument größerer Rechtlichkeit, Gerechtigkeit und rechtstechnischer Präzision. Der nähere Blick auf beide Beschlüsse zeigt zumindest weitere Facetten in der Formalisierung und Rechtfertigung von Gebietsabtretungen. Um mit Danzig zu beginnen: Die westpreußische Hafenstadt wurde nach Artikel 102 VV in eine Freie Stadt umgewandelt („internationalisiert"), wobei sie zwar in einem engen außenpolitischen und wirtschaftlichen Verhältnis zu Polen stehen sollte, gleichwohl allein dem Völkerbund unterstellt sein würde. Der Danziger Bevölkerung wurde nach den friedensvertraglichen Festlegungen eine eigene Verfassung zugestanden, Polen hingegen zahlreiche Nutzungsrechte wirtschaftlicher, verkehrs- und kommunikationstechnischer Art. Auch über den Vertragstext hinaus sollten die Beziehungen zwischen der Freien Stadt und Polen künftig durch ein internationales Abkommen geregelt werden, dessen Aushandlung die alliierten Hauptmächte nach Artikel 104 VV vermitteln wollten.[403]

Das war zwar eine erkennbare Verlegenheitslösung, die aber, und das ist der hier entscheidende Punkt, auf einen ostentativ ausgeübten Zwang verzichtete, eine offene Annexion vermied und einen heiklen Zwischenzustand durch

---

402 Vgl. Conrad, Umkämpfte Grenzen, S. 134, 137f.; Goldstein, Winning the Peace, S. 263–265; Gisela Bertram-Libal, Die britische Politik in der Oberschlesienfrage 1919–1922, in: VfZ 20, H. 2 (1972), S. 105–132.
403 Vgl. John Brown Mason, The Danzig Dilemma. A Study in Peacemaking by Compromise, Stanford 1947, S. 35–60, außerdem Oberdörfer, Danzig, S. 92f.; Cienciala, Battle of Danzig; Lundgreen-Nielsen, Polish Problem, S. 269–273; aus stark revisionistischer Sicht auch Walther Recke, Danzig auf der Pariser Friedenskonferenz, Danzig 1937.

vielfältige Rechtsregeln zu fixieren suchte; Headlam-Morley sprach gar von dem Versuch, den übersteigerten Nationalismus aller Seiten durch einen „semi-independent city-state"[404] zu überwinden. Die Übergabe der formalen Gebietshoheit an den Völkerbund, der vor Ort durch einen Hochkommissar und eine eigene Verwaltung präsent sein würde, verzichtete auf eine eindeutige Zuordnung zu einem Nationalstaat, versuchte sich jedoch einem abstrahierten Konzept von Staatlichkeit anzunähern. Es wurden zahlreiche detaillierte Bestimmungen erlassen, welche einerseits die lokale Bevölkerung in ihren Interessen, Besitztümern und Rechten schützen, andererseits aber die polnischen Ansprüche in einem klar definierten Umfang berücksichtigen sollten. Dahinter stand die Hoffnung, den Kompromiss durch eine rechtstechnische Detailliertheit und Präzision zu stabilisieren, so dass sich Danzig gerade nicht, wie von vielen zeitgenössischen Kritikern beargwöhnt, zu einem neuen Elsass-Lothringen und damit einem dauerhaften Unruheherd der europäischen Politik entwickeln würde.[405]

Dass sich diese Hoffnung nicht erfüllte, ist bekannt. Die deutsch-polnischen Beziehungen blieben in den 1920er Jahren überaus spannungsreich, wobei gerade Streitfälle aus Danzig den Ständigen Internationalen Gerichtshof in Den Haag mehrmals beschäftigten.[406] Noch bezeichnender ist freilich, dass die Beschießung der polnischen Militäreinrichtungen auf der Westerplatte vor Danzig zu den ersten Kriegshandlungen des Zweiten Weltkriegs gehörte. Natürlich greift es zu kurz, den gewalttätigen Revisionismus der NS-Diktatur aus dem Friedensabkommen von 1919 erklären zu wollen. Dass sich alle Beteiligten aber schon frühzeitig über das Konstrukt einer internationalisierten Stadt ernüchtert zeigten, dürfte gleichwohl unbestritten sein. Es verwundert wenig, dass in den Pariser Verhandlungen letztlich nur wenige Fälle einer solchen staatsähnlichen Verwaltung unter internationaler Aufsicht vorgesehen wurden, darunter, mit je unterschiedlichen Hintergedanken und jeweils anderer Akzentuierung, für Fiume[407], das Saarland[408] und das Memelgebiet[409]. Eine eigentümliche Ausnahme war Smyrna, da hier nach Artikel 69 VS zwar die osmanische Souveränität sym-

---

404 Headlam-Morley, Minute v. 03.03.1919, in: Headlam-Morley, Memoir, S. 39–41, hier: S. 40.
405 Vgl. Oberdörfer, Danzig, S. 89; Moorhouse, „The Sore That Would Never Heal", S. 186. Siehe außerdem Conrad, Umkämpfte Grenzen, S. 152–155.
406 Vgl. Spiermann, International Legal Argument, S. 270–273, 332–340.
407 Zu den langwierigen Verhandlungen für eine kurzfristige Kompromisslösung vgl. Albrecht-Carrié, Italy, S. 293–326.
408 Vgl. Eduard Biesel, Die völkerrechtliche Stellung des Saargebiets, Leipzig, Frankfurt a.M. 1929.
409 Vgl. Christian-Alexander Schröder, Das „Territoire de Memel". Entwicklung und Entstehung eines völkerrechtlichen Provisoriums, Berlin 2004; Friedrich Janz, Die Entstehung des Memelgebietes. Zugleich ein Beitrag zur Entstehungsgeschichte des Versailler Vertrages, Berlin 1928.

bolisch bestehen bleiben sollte, aber Stadt und Umland effektiv durch den griechischen Staat verwaltet werden sollten. Ansonsten wurden derartige Konstrukte mit uneindeutigen Herrschaftsverhältnissen möglichst vermieden. Die zeitweilig erwogene Internationalisierung etwa von Konstantinopel, Triest und Saloniki sowie der gesamten Zone des Kaiser-Wilhelm-Kanals in Schleswig verschwand jeweils rasch aus der Diskussion.[410] Eine solche Zurückhaltung kann angesichts der übergreifenden Rationalität des Friedensschlusses letztlich auch nicht überraschen. In der Logik des staatszentrierten Internationalismus bedurfte es einer klaren einzelstaatlichen Verantwortung; nur eine unangefochtene Souveränität mochte als Garant internationaler Stabilität dienen, nicht das heikle Nebeneinander unterschiedlicher Kompetenzen und konkurrierender Autoritäten, wie es in Danzig wenig später zu beobachten war.[411]

Der Versuch, einen Zustand uneindeutiger politischer Herrschaftsgewalt durch vertragsrechtliche Bestimmungen auf Dauer zu stellen, mochte für Danzig zwar letztlich scheitern. Doch das dahinterstehende Bemühen, in umstrittenen Grenzfragen nach einer rechtsförmigen Lösung zu suchen und auf eine einseitige, gewaltsame Festlegung nach Möglichkeit zu verzichten, lässt sich auch im Fall der vorgesehenen Volksabstimmungen beobachten, die für einzelnen Territorialfragen angesetzt wurden. Neben dem erst spät zugelassenen Plebiszit für Oberschlesien (Art. 88 VV) – hier war zeitweilig sogar ebenfalls von einer Internationalisierung durch einen Freistaat die Rede gewesen[412] – wurden im Versailler Vertrag auch Abstimmungen für die Bezirke Marienwerder und Allenstein in Ostpreußen (Art. 94, 96 VV) vorgesehen, weiter eine Volksabstimmung für Nordschleswig[413] (Art. 109 VV) sowie, in leicht abgewandelte Form, für die

---

410 Vgl. Preliminary Brief Outline of the Subjects to be Dealt with on the Inquiry [o.D.], Anlage zu Mezes an Lippmann, Brief v. 10.11.1917, in: FRUS, PPC 1919, Bd. 1, S. 16f. Die von dänischer Seite betriebene Internationalisierung Schleswigs und des Kaiser-Wilhelm-Kanals hatte sich Danzig zum Vorbild gesetzt, vgl. Anton Golecki, Der Vertrag von Versailles und die Entstehung der deutsch-dänischen Grenze 1918–1920, in: Zeitschrift der Gesellschaft für Schleswig-Holsteinische Geschichte 115 (1990), S. 255–286, hier: S. 281.

411 Vgl. Mason, Danzig Dilemma, S. 228–247, daneben John Kuhn Bleimaier, The Legal Status of the Free City of Danzig 1920–1939. Lessons to be Derived from the Experiences of a Non-State Entity in the International Community, in: Hague Yearbook of International Law 2 (1989), S. 69–93. Seit den 1990er Jahren ist jedoch ein neues, positiver akzentuiertes Interesses an derartigen Konstruktionen einer „International Territorial Administration" erwacht, vgl. Berman, Passion and Ambivalence, S. 223–230; Carsten Stahn, The Law and Practice of International Territorial Administration. Versailles to Iraq and Beyond, Cambridge, UK, New York 2008, S. 59–61.

412 Vgl. Ralph Schattkowsky, Deutschland und Polen von 1918/19 bis 1925. Deutsch-polnische Beziehungen zwischen Versailles und Locarno, Frankfurt a.M. 1994, S. 66–69.

413 Vgl. Golecki, Vertrag von Versailles, S. 270–277.

Kreise Eupen und Malmedy[414] an der preußisch-belgischen Grenze (Art. 34 VV). Auch im Saarland sollte 15 Jahre nach Inkrafttreten des Friedensabkommens über die künftige Zugehörigkeit abgestimmt werden (Nr. 34, nach Art. 50 VV). Der Vertrag von Saint-Germain bestimmte außerdem ein Plebiszit für Unterkärnten[415] (Art. 49, 50 VSG), wozu später noch eine Abstimmung in Ödenburg (Sopron)[416] trat, die von der Pariser Botschafterkonferenz an die Stelle der eigentlich vorgesehenen Abtretung der Stadt und ihres Umlandes an Österreich gesetzt wurde.[417] Ein vorübergehend für Teschen vorgesehenes Plebizsit wurde nicht mehr realisiert.[418]

Man sollte diese Volksabstimmungen nicht als Formen praktizierter Demokratie überschätzen, wiewohl sie in der zeitgenössischen wie späteren Wahrnehmung oftmals als Ausdruck einer Selbstbestimmung der betroffenen Bevölkerung interpretiert wurden.[419] Realiter dienten die Plebiszite in erster Linie dazu, umstrittene Grenzziehungen auf eine Weise zu befestigen und zu legitimieren, wie es durch eine bloß machtpolitische Zuordnung nicht möglich gewesen wäre. Wie in ähnlicher Weise schon bei den ersten Volksabstimmungen im Gefolge der Französischen Revolution zu beobachten, waren sie nur dort vorstellbar, wo sich mit dem Ergebnis keine existentiellen Interessen der dominierenden Akteure verbanden.[420] So sehr die polnischen Vertreter protestieren mochten, so sehr diente das Plebiszit in Oberschlesien der alliierten Absicht, dem deutschen Vorwurf einer willkürlichen Machtpolitik die Spitze abbrechen zu können, zumal die eigenen Experten deutliche Mehrheiten für Polen erwarteten.[421] Überdies wurde im Vertragstext der Vorbehalt formuliert, dass sich aus dem Ergebnis der Abstimmung kein Automatismus ergeben würde: Die vorgesehene Interalliierte Plebiszit-Kommission, so hieß es im Anhang zu Artikel 88 VV, würde auf Grundlage der Abstimmung lediglich eine Empfehlung aussprechen; in letzter Instanz konnten die alliierten Siegermächte immer noch frei über den Grenzverlauf verfügen. Tatsächlich trat dieser Fall ein. Die Abstimmung im März 1921 fiel so knapp und uneindeutig aus, dass die Pariser Bot-

---

414 Vgl. Marks, Innocent Abroad, S. 154, 159–161.

415 Vgl. Hellwig Valentin (Hrsg.), Die Kärntner Volksabstimmung 1920 und die Geschichtsforschung. Leistungen, Defizite, Perspektiven, Klagenfurt 2002.

416 Vgl. Vares, Question, S. 235–275; John C. Swanson, The Sopron Plebiscite of 1921. A Success Story, in: East European Quarterly 34, H. 1 (2000), S. 81–94.

417 Vgl. Fisch, Selbstbestimmungsrecht, S. 170–182.

418 Vgl. Davion, Mon voisin, S. 37–77.

419 So u.a. aber Prott, Politics of Self-Determination, S. 12; Deperchin, Sortir, S. 136f.; Zimmer, Friedensverträge im Völkerrecht, S. 57f.

420 Vgl. Fisch, Selbstbestimmungsrecht, S. 168f.; Dülffer, Selbstbestimmung, S. 135. Siehe auch Wambaugh, Monograph on Plebiscites, S. 33–57.

421 Vgl. Conrad, Umkämpfte Grenzen, S. 137–141.

schafterkonferenz im Oktober den Beschluss traf, die Provinz aufzuteilen. Der agrarisch geprägte Westteil Oberschlesiens blieb bei Preußen, der rohstoffreiche Ostteil mit den Industriezentren in Kattowitz, Beuthen und Tarnowitz wurde an den polnischen Staat angeschlossen.[422]

Internationalisierung und Plebiszite waren nicht die einzigen Instrumente, mit denen die beabsichtigten Territorialregelungen des Friedensschlusses auf rechtsförmige Weise so abgefedert werden sollten, dass sie nicht als Gefährdung, sondern als Festigung der zwischenstaatlichen Ordnung erscheinen konnten. Dazu gehörte auch eine innerstaatliche Homogenisierung der Bevölkerung, was stellenweise auf ethnonationalistisches Gedankengut verweisen mochte, öfter aber als eine politische Mediatisierung einzelner Gruppen, als Vermeidung von Irredentismus und als Abmilderung potentieller Unruheherde gedacht wurde. Sicherlich: Derartige Vorstellungen waren oftmals von einer Rhetorik der Selbstbestimmung begleitet, und sie waren eng mit der Erfindung eines Konzepts nationaler Minderheiten und Mehrheiten verbunden.[423] Doch im Kern folgte jede Umgestaltung oder Anpassung von Siedlungsverhältnissen dem Ziel, Konflikte innerhalb der neugeschaffenen Staaten zu minieren und dadurch die neubegründeten Staaten zu entlasten; wo eine solche Arrondierung nicht möglich oder opportun war, wurde ein Minderheitenschutz installiert, was den Aspekt der Schutzbedürftigkeit von der Staatsgewalt auf einzelne Bevölkerungsgruppen verschob und worüber das nachfolgende Kapitel in größerem Detail berichtet.

Eine erste Angleichung der Populationsverhältnisse an die neuen Grenzverläufe sollte zunächst durch ein Auswanderungs- und Optionsrecht möglich sein. In alle Friedensverträge waren Bestimmungen aufgenommen, wonach die Bevölkerung eines abgetretenen Territoriums darüber befinden konnte, ob sie in den zedierenden Staat auswandern oder die Staatsbürgerschaft des neuen Staates annehmen wollte; so war es schon seit Mitte des 19. Jahrhunderts bei Grenzrevisionen innerhalb Europas praktiziert worden.[424] Für den deutsch-polnischen Fall enthielten beispielsweise Artikel 91 bzw. 106 VV (für Danzig) die einschlägigen Bestimmungen, nach denen sich die ansässige Bevölkerung in-

---

422 Zum Plebiszit in Oberschlesien vgl. Tooley, National Identity, S. 200–270, und die Beiträge in Bernhart Jähnig (Hrsg.), Die Volksabstimmung 1920. Voraussetzungen, Verlauf und Folgen, Marburg 2003. Daneben noch Conrad, Umkämpfte Grenzen, S. 164–180; Jureit, Ordnen von Räumen, S. 213–216. Zur Umsetzung etwa Andrzej Michalczyk, Große Politik in mikrohistorischer Perspektive. Machtwechsel im polnischen Oberschlesien 1922 und 1926, in: Mathias Beer/Dietrich Beyrau/Cornelia Rauh (Hrsg.), Deutschsein als Grenzerfahrung. Minderheitenpolitik in Europa zwischen 1914 und 1950, Essen 2009, S. 199–214.
423 Vgl. Weitz, From the Vienna to the Paris System, S. 1329–1331.
424 Vgl. Zimmer, Friedensverträge im Völkerrecht, S. 55–57.

nerhalb von zwei Jahren für eine der beiden Seiten entscheiden konnte. Eine doppelte Staatsbürgerschaft war nicht vorgesehen und widersprach auch der Logik der Pariser Ordnung; erst die eindeutige Zuordnung von Bevölkerung, Territorium und Herrschaftsgewalt zu einem Staat machte ein System souveräner Einheiten überhaupt denkbar.[425]

Allerdings ließ sich die Idee einer Auswanderung noch in einem weit größeren Maßstab vorstellen, und zwar als organisierter Bevölkerungsaustausch. Ging es beim Optionsrecht darum, eine staatsbürgerliche Zugehörigkeit nach individueller Wahl herzustellen, so folgte die Vorstellung eines umfassenden Transfers von Volksgruppen der Annahme einer per se fest umrissenen Identität nach nationalen, ethnischen oder konfessionellen Kriterien. Dabei lässt sich, am Rande bemerkt, eine eigentümliche Dialektik zu den Plebisziten feststellen: Während Volksabstimmungen auf die als fortschrittlich geltenden Verliererstaaten wie Deutschland und Österreich-Ungarn beschränkt blieben, wurde eine planmäßige Umsiedlung von Volksgruppen einzig für Südosteuropa vorgesehen. Man mag spekulieren, inwieweit darin Auffassungen von einer eingeschränkten Mündigkeit einer agrarisch-rückständigen, als wenig kultiviert geltenden Bevölkerung mitschwangen oder auch die Wahrnehmung einer geringeren Legitimationsbedürftigkeit von Grenzziehungen; Vorschläge für Volksabstimmungen in Fiume und Dalmatien, Albanien und Bessarabien, in der Süddobrudscha, Mazedonien oder Thrakien wurden jedenfalls durchgängig abgelehnt.[426]

Ein Austausch von ganzen Populationsgruppen ließ sich jedenfalls als originärer Beitrag zur Stabilisierung der zwischenstaatlichen Verhältnisse rechtfertigen, wenngleich es in Paris nur zum Abschluss eines einzigen derartigen Abkommens kam. Der Vertrag von Neuilly sah in Artikel 56 eine gesonderte Konvention zwischen Bulgarien und Griechenland vor, die am 27. November 1919 unterzeichnet werden konnte. Als Modell wurde dabei eine Vereinbarung zwischen Bulgarien und dem Osmanischen Reich zugrunde gelegt, mit der im Jahr 1913, zum Ende der Balkankriege, bereits ein erster Austausch von Bevölkerungsgruppen vereinbart worden war. Dabei hatte es sich letztlich zwar nur um

---

425 Vgl. Josef L. Kunz, Die völkerrechtliche Option, 2 Bde., Breslau 1925, Bd. 1, S. 237–271, 276–283. Beispielhaft: Jens Boysen, Staatsbürgerliche Optionen in Posen nach 1918, in: Beer/Beyrau/Rauh (Hrsg.), Deutschsein als Grenzerfahrung, S. 175–188; Schattkowsky, Deutschland und Polen, S. 141–152. Siehe auch Fisch, Selbstbestimmungsrecht, S. 74–76.

426 Zu diesen aus unterschiedlicher Motivation vorgeschlagenen Plebisziten vgl. kursorisch die Hinweise etwa bei Petsalis-Diomidis, Greece, S. 213f., 254; Deák, Hungary, S. 85–88, 232f.; Drake, Bulgaria, S. 81, 225, 270f.; Spector, Rumania, S. 156; Albrecht-Carrié, Italy, S. 128f., 268. Eine Ausnahme war Smyrna, wo nach Art. 83 VN ein Plebiszit zumindest in den Bereich des Vorstellbaren fiel, siehe Prott, Politics of Self-Determination, S. 107f.

die Legalisierung eines Status quo nach einer mehr oder minder wilden Vertreibung gehandelt. Während des Weltkriegs waren Vorstellungen einer aktiven und systematischen Bevölkerungspolitik auf ethnisch-religiöser Basis jedoch kontinuierlich in den Vordergrund gerückt. Besonders die Athener Regierung um Eleftherios Venizelos verfocht seit Jahren die Idee einer Arrondierung der Populationsverhältnisse durch die An- und Umsiedlung griechischer Bevölkerungsteile rund um das Ägäische Meer. Auch in den Augen vieler westlicher Betrachter besaß eine Neuordnung gerade des Balkans einige Plausibilität; die buntscheckige und zersplitterte Siedlungsstruktur, so die zugrundeliegende Annahme, sei der maßgebliche Faktor für die notorische Instabilität, Korruption und Despotie in dieser Region. Die Umsiedlung einzelner Volksgruppen ließ sich vor diesem Hintergrund als rationale Form einer Konfliktvermeidung verstehen, mithin als weiterer Schritt zur Herstellung jener klar konturierten Staatenordnung, in der allein ein Friedenszustand erhalten werden mochte. Allerdings war es für die alliierten Vertreter von größter Bedeutung, dass eine solche geordnete Umsiedlung von jener ungeregelten Vertreibung, Ausplünderung und gewalttätigen Deportation grundsätzlich unterschieden werden müsse, wie sie der Peripherie Europas üblicherweise zugeschrieben wurde. In Paris ließ sich ein Bevölkerungstransfer nur auf Grundlage rational differenzierter und juristisch durchgeformter Bestimmungen vorstellen, so dass es nicht erstaunt, wenn die Konvention zum bulgarisch-griechischen Bevölkerungsaustausch wesentlich aus der Feder von Nikolaos Politis stammte. Zahlreiche Verhandlungserfolge der griechischen Delegation beruhten neben dem Charisma von Venizelos vor allem auf der Fähigkeit von Politis, die Athener Interessen in Sprache und Diktion des europäischen Völkerrechts vorzutragen.[427]

Im Ergebnis dieser Vereinbarungen wurde schließlich stipuliert, dass weder Bulgarien noch Griechenland der „reciprocal voluntary emigration of the racial, religious and linguistic minorities" jeweils Hindernissen in den Weg legen würden. Eine solche nüchterne Formulierung kann sicherlich nicht übertünchen, dass die Umsetzung vor Ort einer ganz anderen, oft gewaltsamen Logik folgte. Auch wenn von einer Freiwilligkeit der Umsiedlung gesprochen wurde, ist der Zwangscharakter dieser Maßnahme unbestreitbar, zumal vor dem Hintergrund ohnehin massiver Wanderungsbewegungen.[428] Die eingeleitete Politik einer eth-

---

427 Vgl. Özsu, Formalizing Displacement, S. 51–59; Schwartz, Ethnische „Säuberungen", S. 309–318; Philipp Ther, Die dunkle Seite der Nationalstaaten. „Ethnische Säuberungen" im modernen Europa, Göttingen 2011, S. 75–80, 91–96. Der Entwurf von Politis v. 24.10.1919, in: BDFA II, Ser. I, Bd. 8, S. 253–255. Die eigentliche Konvention dann in: 1 LNTS 68.
428 Vgl. nur Marina Cattaruzza, Endstation Vertreibung. Minderheitenfrage und Zwangsmigrationen in Ostmitteleuropa, 1919–1949, in: Journal of Modern European History 6, H. 1 (2008), S. 5–29, hier: S. 6f., 16f.

nisch-nationalen Arrondierung von Gesellschaften war jedenfalls kaum noch zu stoppen. Als in den Friedensverhandlungen von Lausanne eine vergleichbare Konvention zum griechisch-türkischen Bevölkerungsaustausch ausgehandelt wurde, sprach schon der erste Artikel unverstellt von einem „compulsory exchange". Alle „Turkish nationals of the Greek Orthodox religion established in Turkish territory, and of Greek nationals of the Moslem religion established in Greek territory"[429] sollten in den ihnen jeweils zugerechneten Staat zwangsweise umgesiedelt werden. Damit wurde zwar nochmals ein konfessionelles Bekenntnis zum Maßstab staatsbürgerlicher Zugehörigkeit erklärt. Doch dass sich diese bevölkerungspolitische Homogenisierung und Entflechtung bald auch auf andere (sprachliche, ethnische, rassische) Kriterien erweitern konnte, ist offensichtlich; für die spätere Geschichte des 20. Jahrhunderts sollte sich eine derartige Klassifikation von Personengruppen mit einem vermeintlich objektivierbaren Wesenskern als fatal erweisen.[430]

Trotzdem: Es wäre verkürzt, die Pariser Ordnung für die späteren Versuche einer völkischen Flurbereinigung verantwortlich zu machen oder auch nur für den eskalierenden Nationalismus der Zwischenkriegszeit. Sicherlich waren die teils durchgesetzten, teils nur erwogenen Regelungen zu den Gebietsabtretungen und Grenzrevisionen insgesamt wenig geeignet, ihren Zweck zu erfüllen: Oft haben sie die zugrundeliegenden Probleme erst verschärft; nicht selten dienten sie als Camouflage für machtpolitische Ambitionen; für die lokalen Auseinandersetzungen besaßen sie faktisch wenig Bedeutung. Gleichwohl muss man akzeptieren, dass die große Ernüchterung über die Konsequenzen einer sozialtechnologisch gestalteten und von exklusiven Zuordnungen geprägten Idee politischer Verfasstheit noch bevorstand. Zu Beginn des 20. Jahrhunderts galt eine klare Definition von Staatsgewalt, Bevölkerung, Territorium – als den drei Grundelementen staatlicher Existenz – auf Grundlage rechtsförmiger Verfahren als erheblicher Fortschritt, der über die mehrdeutigen Zugehörigkeiten, die informellen Abhängigkeiten und unklaren Identitäten, wie sie in den meisten Gesellschaften noch bestanden, hinauswies. Insofern entsprang die Hoffnung der alliierten Vertreter, dass sich eine stabile Friedensordnung aus innerlich konso-

---

429 Art. 1 der Konvention, in: 32 LNTS 75 (77). Nähere Ausführungen bei Özsu, Formalizing Displacement, S. 70–98, außerdem die Beiträge in Renée Hirschon (Hrsg.), Crossing the Aegean. An Appraisal of the 1923 Compulsory Population Exchange between Greece and Turkey, New York 2003.

430 Vgl. Weitz, From the Vienna to the Paris System, S. 1327–1333. Siehe auch Özsu, Formalizing Displacement, S. 121–129; Schwartz, Ethnische „Säuberungen", S. 332. Weiter: Judson, Habsburg Empire, S. 442–452; Roshwald, Ethnic Nationalism, S. 198–210, als Fallstudie für den Balkan auch Jane K. Cowan, Fixing National Subjects in the 1920s Southern Balkans. Also an International Practice, in: American Ethnologist 35, H. 2 (2008), S. 338–356.

lidierten und mit einer berechenbaren Herrschaftsgewalt ausgestatteten Staaten ergeben würde, nicht einem naiven und kurzsichtigen Idealismus. Sie folgte den Maßstäben des europäischen Völkerrechts spätestens seit dem letzten Drittel des 19. Jahrhunderts. Eine fortschreitende „Verstaatung" der Welt galt in diesem von nahezu sämtlichen westlichen Deutungseliten geteilten Vorstellungshorizont als notwendige Bedingung aller internationalen Ordnung und Friedlichkeit überhaupt; sie war alternativlos, um Menschen und Räume nachhaltig zu befrieden und die Welt als ein zusammengehöriges Ganzes zu denken. „[F]or every part of the population and territory of the civilised world", so hatte John Westlake diese Auffassung auf den Punkt gebracht, „the full powers of a sovereign state must exist in some quarter. That must be so, not only for the benefit of the population and territory in question, but also for that of the rest of the world."[431]

Angesichts der krisenhaften Verwerfungen in den Monaten nach Kriegsende sollte man die Fixierung der alliierten Vertreter auf eine stabile Staatlichkeit jedenfalls nicht voreilig zurückzuweisen. Die Repräsentanten der Hauptmächte bemühten sich auf diese Weise, einer Zerrüttung aller berechenbaren Herrschaftsgewalt an der europäischen Peripherie entgegenzuwirken und zugleich das gesamte System des Völkerbundes, der institutionalisierten Kooperation und friedlichen Streitschlichtung mit Leben zu erfüllen. Was die Staatsmänner und Diplomaten der Pariser Friedenskonferenz umtrieb, war insofern nicht mehr allein die Sorge vor einer zügellosen Machtpolitik und hochtechnisierten Barbarei, wie es sich angesichts der Schlachtfelder im Westen Europas aufgedrängt hatte, und es war auch weniger das Schreckbild einer bolschewistischen Machtergreifung. Sondern im Zentrum stand letztlich die Angst vor dem anarchischen Zerfall aller zwischenstaatlichen Ordnung und einer Unregierbarkeit der Welt. Man tut sich schwer, diese Furcht vorderhand als unbegründet abzutun. Die Delegationen und Experten der alliierten Hauptmächte konferierten in dem Bewusstsein, dass der Zerfall berechenbarer Staatlichkeit vielerorts galoppierende Züge angenommen hatte, dass in zahlreichen Metropolen offener Bürgerkrieg herrschte und dass selbst verbündete Nationen wie Rumänien oder Polen einen aggressiven, kaum zu stoppenden Expansionsdrang an den Tag legten. Im Kurland oder in Oberschlesien, in Teschen, Galizien oder der Bukowina, in der Ukraine, Bessarabien oder dem Südkaukasus kam es zu blutigen Zusammenstößen, die kaum noch als geordnete Gefechtssituationen oder als Ausei-

---

431 Westlake, International Law, Bd. 1, S. 22. Siehe allgemein etwa Wolfgang Reinhard, Moderne Staatsbildung – eine ansteckende Krankheit?, in: Reinhard (Hrsg.), Verstaatlichung der Welt?, S. VII–XIV.

nandersetzung staatlicher Armeen mit einer klaren Unterscheidung von Kombattanten und Zivilisten zu beschreiben waren.[432] Es ließ sich von Paris aus jedenfalls kaum ausmachen, ob und wann sich aus dieser Szenerie der Gewalt halbwegs berechenbare und legitime Herrschaftsgewalten herausschälen würden, die sich in das von den alliierten Hauptmächten umrissene Staatensystem eingefügt hätten und die auf einer Ebene gleichrangiger Souveränität akzeptiert worden wären. Den Vertretern der Siegermächte war bewusst, dass sie jenseits einer umfassenden militärischen Intervention kaum über die Möglichkeit verfügten, gegen jene irregulären Gewaltakteure vorzugehen, die vielerorts die Macht an sich gerissen hatten, sei es als lokale Kriegsherren mit eigenen Milizen, sei es als marodierende Banden, sei es als freiwillige Schutztruppen mit mehr oder minder diktatorischem Auftreten. Die polnischen Insurgenten oder die deutschen Freikorps und Grenzschutzverbände können als Beispiele für eine solche aggressive Selbstmobilisierung genannt werden, die von einer Rhetorik der nationalistisch-völkischen Ermächtigung ebenso begleitet wurde wie von einer Entgrenzung der Gewalt abseits jedweder kriegsrechtlichen Einhegung.[433] Das Wort Ernst v. Salomons, dass die Freikorps den „Staat in einer staatenlosen Zeit"[434] dargestellt hätten, bringt die ganze Problematik der Epoche auf den Punkt. Gerade in Deutschland bestanden übermächtige Ängste vor dem Zerfall staatlicher Autorität, militärischer Wehrlosigkeit und einer Auflösung der Ostgrenzen in einem scheinbar uferlosen Nichts.[435] Solche Sorgen beschränkten sich überdies nicht auf Pamphlete und Agitationsreden, sondern erstreckten sich bis in die preußische Bürokratie, wo sich die Selbstverständlichkeit der etablierten Reglements, Loyalitäten und Hierarchien rapide zu verflüssigen begann. Seit dem Posener Aufstand von Dezember 1918 und, mehr noch, seit der Diskussion der alliierten Friedensbedingungen ab Mai 1919 zirkulierte durch die ostpreußischen Dienststellen der wagemutige Plan, aus dem Reichsverbund herauszutreten. Ein militaristisch-

432 Statt anderer: Gerwarth, Vanquished.
433 Nur als Schlaglichter: Wróbel, Revival of Poland; Bernhard Sauer, Vom Mythos eines ewigen Soldatentums. Der Feldzug deutscher Freikorps im Baltikum im Jahre 1919, in: ZfG 43, H. 10 (1995), S. 869–902, daneben Hinweise bei Böhler, Generals and Warlords, S. 57–63; Gerwarth, Fighting the Red, S. 57f.; Julia Eichenberg, Consent, Coercion and Endurance in Eastern Europe. Poland and the Fluidity of War Experiences, in: Böhler u.a. (Hrsg.), Legacies of Violence, S. 235–258, hier: S. 249–252; Barth, Dolchstoßlegenden, S. 229–273.
434 Zit. n. Wirsching, Vom Weltkrieg zum Bürgerkrieg, S. 132.
435 Vgl. Annemarie Sammartino, The Impossible Border. Germany and the East, 1914–1922, Ithaca, N.Y. 2010, S. 45–70, 120–137, weiterer Überblick auch bei Vanessa Conze, „Unverheilte Brandwunden in der Außenhaut des Volkskörpers". Der deutsche Grenz-Diskurs der Zwischenkriegszeit (1919–1930), in: Wolfgang Hardtwig (Hrsg.), Ordnungen in der Krise. Zur politischen Kulturgeschichte Deutschlands 1900–1933, München 2007, S. 21–48.

autoritärer „Oststaat" sollte seine Unabhängigkeit erklären und sich einer durch den Versailler Vertrag gefesselten Republik entziehen; nur so würde sich ein letzter Rest deutscher Eigenständigkeit behaupten und der als unvermeidlich erwartete Krieg gegen Polen erfolgreich durchfechten lassen.[436]

Dass dieser Hasard letztlich nicht gewagt wurde, lag weniger an der Durchsetzungsfähigkeit der Reichsregierung als an dem Zögern Hindenburgs, der einen solchen Coup nicht unterstützen mochte.[437] Trotzdem unterstreicht der Oststaats-Plan, in welchem Ausmaß bisherige Strukturen nationaler und internationaler Politik als fluide gesehen wurden und wie unsicher jede darauf gestützte Beschlussfassung der Pariser Friedensmacher erscheinen musste. Die Verknüpfung zwischen den Bestimmungen der Friedensverträge und den Handlungsmöglichkeiten der darauf verpflichteten Regierungen blieb bis weit in das Jahr 1920 volatil und fragwürdig. Ob der von alliierter Seite im November 1919 verfügten Rückführung der deutschen Truppen aus dem Baltikum tatsächlich Folge geleistet werden würde, ließ sich beispielsweise zunächst ebenso wenig übersehen wie die Erfüllung der im April 1920 aufgestellten Forderung, die Freikorps und freiwilligen Grenzschutzverbände aufzulösen. Und nicht allein in Deutschland, sondern in kaum einem Land in Mittel- und Osteuropa konnte sich die Regierung ihres Monopols staatlicher Gewalt unumschränkt sicher sein. Vom Kapp-Lüttwitz-Putsch 1920 und dem kommunistischen Aufstand in Mitteldeutschland 1921 bis zu Mussolinis Marsch auf Rom 1922, von den ungarischen Aufständen im Vorfeld des Plebiszits von Ödenburg 1921 bis zur Besetzung des Memellandes durch litauische Kräfte 1923 („Klaipėda-Revolte"), immer wieder kam es im ersten Jahrfünft nach Kriegsende zu Ausbrüchen irregulärer Gewalt.

Doch dort, wo es den Trägern organisierter Herrschaftsgewalt möglich war, die ihnen entglittenen Zügel politischer Handlungsmacht ab 1920 schrittweise wieder fester in die Hände zu nehmen, bedeutete dies nolens volens eine Bestätigung der Pariser Ordnung. Jede Rückkehr in geordnete Verhältnisse meinte, dass die vorgesehenen Plebiszite durchgeführt, die Grenzen durch die vorgesehenen Grenzkommissionen festgelegt, die Verfahren zur Optionsregelung und zum Bevölkerungsaustausch umgesetzt wurden. Sämtliche zwischenstaatlichen Beziehungen vollzogen sich damit wieder in einem Modus vertraglicher Verpflichtungen und förmlicher Bindungen, nicht selten unter Beteiligung von Botschafterkonferenz oder Völkerbund. Das war nicht selbstverständlich, zeigt aber: Kein Staat, keine revolutionäre Bewegung, kein irregulärer politischer

---

436 Vgl. dazu Schattkowsky, Deutschland und Polen, S. 69–80; Hagen Schulze, Der Oststaat-Plan 1919, in: VfZ 18, H. 2 (1970), S. 123–163.
437 Vgl. ebenda, S. 151–158.

Verband war in der Zwischenkriegszeit stark genug, eine ernsthafte Alternative zur Pariser Ordnung zu formulieren.

Zusammenfassend: Der Pariser Friedensschluss sah nur in bemerkenswert wenigen Fällen solche Gebietsabtretungen vor, die sich allein auf das Recht des Kriegssiegers stützten und eine primär machtpolitische Verfügung über fremdes Staatsgebiet darstellten. Häufiger kam es zu Territorialregelungen, die auf eine möglichst rechtsförmige, rationale Abgrenzung der staatlichen Einheiten abzielten und sich einer neuartigen Legitimation zu versichern suchten. Im Vordergrund stand der Anspruch, durch einen politisch, wirtschaftlich oder militärisch vorteilhaften Zuschnitt die Stabilität einzelner Staaten zu befestigen und damit insgesamt die Friedlichkeit der internationalen Ordnung zu erhöhen. Alle spezifischen Phänomene der Territorialbeschlüsse – Plebiszite und Internationalisierung, Optionsrechte und Bevölkerungsaustausch – waren letztlich auf dieses Ziel ausgerichtet und blieben an den normativen Anspruch gebunden, die zwischenstaatlichen Beziehungen auf rechtliche Weise zu ordnen, zu strukturieren und zu stabilisieren.

Dass die jeweiligen Gebietsabtretungen von Bevölkerung und Regierung der zedierenden Nationen trotzdem als willkürlich empfunden wurden, dürfte außer Frage stehen. Ebenso unbestritten ist die Tatsache, dass die getroffenen Entscheidungen ihren Anspruch meist verfehlten und im Regelfall wenig zu einer internationalen Stabilisierung beitrugen; bei näherer Betrachtung waren sie oft inkohärent, uneindeutig oder in offenkundiger Weise von den machtpolitischen Motiven der Siegernationen bestimmt. Aber das ist hier nicht der entscheidende Punkt. Sondern es muss der Befund festgehalten werden, dass die alliierten Hauptmächte auch in der Frage der Territorialbestimmungen den Modus einer äußerlichen Verrechtlichung und Formalisierung nicht mehr verlassen konnten; wichtiger als jede Einzelentscheidung war auch hier die Notwendigkeit, die prekären Kompromisse, die machtpolitischen Ambitionen und widerstreitenden Interessen in eine Form zu bringen, welche jeden Eindruck einer willkürlichen Übermächtigung und gewalthaften Verfügung vermied.

Anerkennung als Verpflichtung: Die Auflagen zum Minderheitenschutz am Beispiel Polens

In der Neubegründung Polens nach dem Ersten Weltkrieg, das ist auf den vorangegangenen Seiten bereits deutlich geworden, lassen sich zentrale Fragen des Friedensschlusses bündeln. Folgt man nicht einer heroisierenden Lesart, welche die Wiedergeburt der polnische Rzeczpospolita auf die mutige Selbstermächtigung entschlossener Patrioten im Herbst 1918 oder auf die militärischen

Siege gegen die Rote Armee im Jahr 1920 gründet, sondern blickt auf die Anerkennung des polnischen Staates im Zuge der Friedensverhandlungen von 1919, so wird der Zusammenhang zwischen der Zuerkennung nationaler Selbstbestimmung und der Erwartung an eine geordnete Selbstführung nochmals greifbar. In seiner Entstehung galt der polnische Staat aus Sicht der alliierten Repräsentanten in Paris jedenfalls als so instabil und konfliktbelastet, dass nicht allein seine Grenzen, sondern auch seine innere Ausgestaltung zu einer internationalen Angelegenheit erklärt werden mussten. Um diese Sorge soll es im Folgenden gehen, denn sie schlug sich in einem eigenständigen Vertrag nieder, der eine Reihe von Schutzrechten für nationale und religiöse Minoritäten niederlegte, mit dem die alliierten Hauptmächte eine Konditionierung des polnischen Herrschaftsverbandes vornahmen. Insofern steht der Minderheitenvertrag zwischen den alliierten Hauptmächten und Polen nicht allein beispielhaft für eine ganze Reihe vergleichbarer Abkommen, die in ihrer Gesamtheit das Minderheitenschutzsystem des Pariser Friedensschlusses bildeten und damit die langwierige Nationalitätenproblematik des 19. Jahrhunderts in rechtsförmige Bahnen überzuleiten suchten. Sondern er erlaubt weitere Einsichten in den Anspruch der Friedensmacher, durch vertragliche Vorgaben eine Stabilisierung der Staatenwelt zu erreichen.

Zunächst: Die Entscheidung für die Einrichtung eines polnischen Staates war auf alliierter Seite bereits während des Kriegsverlaufs gefallen, und sie war, im Gegensatz etwa zur Gründung der Tschechoslowakei, vergleichsweise unumstritten gewesen.[438] Im November 1916 hatten die Mittelmächte bereits ein Regentschaftskönigreich Polen als Vasallenstaat proklamiert, was durch die Entente zwar nicht anerkannt worden war, sie aber vor die Notwendigkeit gestellt hatte, sich gleichfalls zu erklären. Seit längerer Zeit warben auch polnische Lobbyisten in den westlichen Hauptstädten intensiv dafür, die Zerschlagung Polen-Litauens im späten 18. Jahrhundert in einem Akt historischer Gerechtigkeit zu revidieren. Woodrow Wilson hatte diesen Anspruch schon zu Jahresbeginn 1917, also noch als Staatsoberhaupt einer neutralen Nation, mit der Forderung nach einem „united, independent, and autonomous Poland"[439] aufgegriffen. In Paris und London erkannt man insofern rasch, dass eine Unterstützung der polnischen Nationalbewegung einen beträchtlichen politischen Mehrwert besaß. So konnte nicht nur der moralische Vorsprung der eigenen Seite abgesichert

---

438 Trotzdem erfuhren die tschechoslowakischen Diplomaten in Paris mehr Sympathie und besaßen größeren Rückhalt bei den westlichen Vertretern, vgl. Krüger, Friedensordnung, S. 104.

439 Vgl. Wilson, Ansprache vor dem US-Senat v. 22.01.1917, in: FRUS 1917, Supp. 1, S. 24–29, hier: S. 27. Siehe auch Walworth, America's Moment 1918, S. 176; Lundgreen-Nielsen, Polish Problem, S. 81.

werden, sondern eine Etablierung Polens als starke Regionalmacht versprach zugleich eine Schwächung Deutschlands wie eine Eindämmung des Bolschewismus. Es überrascht darum nicht, wenn die alliierte Bereitschaft, eine polnische Eigenstaatlichkeit zu fordern und fördern, lange vor Kriegsende feststand. Auf amerikanischer Seite hatte sich Manley Hudson bereits im September 1917 mit Nonchalance über die Mehrheitsmeinung der völkerrechtlichen Literatur hinweggesetzt und Argumente für die unverzügliche Anerkennung eines polnischen Staates jenseits des Regentschaftskönigreiches zusammengetragen: Auch wenn es derzeit weder eine Regierung noch ein Staatsgebiet gäbe, so Hudson, könnten die USA eine Eigenstaatlichkeit Polens unter Hinweis auf vorangegangene Formen staatliche Existenz einerseits und auf eine polnische Bevölkerungsmehrheit etwa in Posen und Krakau andererseits bereits zum jetzigen Zeitpunkt anerkennen.[440]

Das war eine wagemutige Auslegung, und faktisch blieb die Frage einer förmlichen Anerkennung polnischer Staatlichkeit noch über das Kriegsende hinaus in der Schwebe. Die alliierten Hauptmächte hatten sich zwischen Sommer und Herbst 1917 zwar nach und nach zu einer diplomatischen Anerkennung des von Roman Dmowski im Exil begründeten Polnischen Nationalkomitees (Komitet Narodowy Polski) bereiterklärt. Auch dass sich nunmehr ein aktives Engagement von exilpolnischen Streitkräften abzeichnete, die unter Józef Haller in Frankreich aufgestellt wurden, ließ sich als Ausdruck einer polnischen Eigenstaatlichkeit akzeptieren. Trotzdem wurde ein formeller Anerkennungsakt auf den Friedensschluss vertagt, weil die Verpflichtung der Kriegsgegner ebenso wie jedwede Entscheidung über konkrete Gebietsbestände und Grenzen nur in einem solchen Rahmen möglich schien. Mit Blick auf die unklaren ethnischen Gemengelagen in Mitteleuropa war überdies absehbar, dass der polnische Anspruch auf Selbstbestimmung nicht nur die Abtretung deutscher Territorien in Schlesien, Pommern, West- und Ostpreußen auf die Tagesordnung brachte, sondern mit der Zukunft Russlands ebenso verknüpft war wie mit dem Schicksal weiterer Volksgruppen, etwa der Litauer und Weißrussen, Ukrainer und Tschechen. Das 14-Punkte-Programm hatte einen „independent Polish state" zwar nur für „territories inhabited by indisputably Polish populations" ins Auge

---

440 Vgl. [Manley O. Hudson,] Memorandum v. 13.09.1917, in: LoC, Woolsey Papers, Box 91. Hintergründe der amerikanischen Planungen auch bei Mieczysław B. Biskupski, Re-Creating Central Europe. The United States „Inquiry" into the Future of Poland in 1918, in: International History Review 12, H. 2 (1990), S. 249–279; die britische Sicht bei Goldstein, Winning the Peace, S. 11f., 144–146; die französischen Positionen und ihre öffentliche Resonanz bei Jackson, Beyond the Balance, S. 168–172; Stevenson, French War Aims, S. 30–32, 52–56; Miquel, La paix de Versailles, S. 149–153; Wandycz, France and her Eastern Allies, S. 6–26. Zusammenfassend: Conrad, Umkämpfte Grenzen, S. 49–88; Lundgreen-Nielsen, Polish Problem, S. 58–89.

gefasst. Doch solche Forderungen entpuppten sich als deutungsoffen, einmal weil, wie in britischen Papieren illusionslos festgestellt wurde, sich die Frage einer nationalen Zugehörigkeit kaum eindeutig klären ließ: „[E]ven with the best will it would frequently prove impossible to determine the nationality of individuals in these nationally mixed territories."[441] Auf der anderen Seite zeigte sich bis Kriegsende immer deutlicher, dass die polnische Nationalbewegung über kein eindeutiges Macht- und Aktivitätszentrum verfügte, sondern der Anspruch einer Eigenstaatlichkeit von konkurrierenden Gruppen erhoben wurde. Stark vereinfacht dargestellt: Während das Nationalkomitee unter Dmowski eine Keimzelle des neuen polnischen Staates im Exil zu bilden versuchte, erklärte sich der Oberbefehlshaber der polnischen Truppen, Józef Piłsudski, in Warschau im November 1918 kurzerhand zum Staatschef des Regentschaftskönigreichs und beanspruchte die alleinige Staatsgewalt.[442]

Von stabilen Herrschaftsstrukturen in den polnischen Siedlungsgebieten ließ sich im Winter 1918/19 jedoch kaum schon sprechen, sondern allenfalls von einem embryonalen Staatswesen mit fluiden Grenzverläufen, welches sich rasch einer kulminierenden politischen, militärischen und wirtschaftlichen Krise ausgesetzt sah. Gewalthafte Ausschreitungen nahmen drastisch zu, die sich mit überschießendem Nationalismus häufig gegen wirkliche und vermeintliche Feinde Polens richteten.[443] Während im ehemaligen Gebiet des Oberbefehlshabers Ost („Ober Ost"), also in Kurland, Litauen und dem nordöstlichen Grenzraum Polens, noch deutsche Truppen von nahezu 500 000 Mann stationiert waren, über deren Rückführung in Paris heftig gestritten wurde, gerieten polnische Verbände zunächst in Galizien mit Einheiten der jungen ukrainischen Republik in Konflikt.[444] Bedeutsamer war noch, dass sich in Posen zum Jahresende ein Aufstand gegen die preußische Verwaltung erhob und im Januar 1919 zu einer polnischen Besatzung führte; der deutschen Regierung wurde während der Verhandlungen zur Verlängerung des Waffenstillstandes und im Vorgriff

441 Report on Poland, o.D. [Dez. 1918], in: TNA, FO 371/4354, Bl. 142–151, hier: Bl. 147.
442 Vgl. Andrzej Ajnenkiel, The Establishment of a National Government in Poland, 1918, in: Latawski (Hrsg.), The Reconstruction of Poland, 1914–1923, S. 133–143; Lundgreen-Nielsen, Polish Problem, S. 92–104, allgemein Eichenberg, Consent, Coercion and Endurance, S. 244–257; Borodziej, Geschichte Polens, S. 97–107.
443 Vgl. Wróbel, Revival of Poland, S. 292–302; Prusin, Lands Between, S. 80–84.
444 Zum Konflikt um die polnischen Ostgrenzen vgl. nur Conrad, Umkämpfte Grenzen, S. 229–237; Milow, Die ukrainische Frage, S. 294–341, daneben Laurence J. Orzell, A „Hotly Disputed" Issue. Eastern Galicia at the Paris Peace Conference 1919, in: The Polish Review 25, H. 1 (1980), S. 49–68; Lundgreen-Nielsen, Polish Problem, S. 385–398.

auf die erwarteten Gebietsabtretungen jedwede militärische Gegenwehr untersagt.[445]

Wenige Tage vor dem Posener Aufstand war Ignacy Paderewski in der Region eingetroffen, ein berühmter Konzertpianist von flamboyantem Auftreten, der während des Krieges die polnischen Interessen in Washington vertreten hatte.[446] Von Piłsudski im Januar 1919 zum Ministerpräsidenten und Außenminister ernannt, übernahm Paderewski formell die Leitung der polnischen Friedensdelegation, überließ das Feld aber bis April zunächst dem politisch erfahreneren Roman Dmowski, der bald beachtliche Verhandlungserfolge vorweisen konnte.[447] Trotzdem stieß die polnische Delegation in den Reihen der alliierten Hauptmächte immer wieder auf Misstrauen, bei aller grundsätzlichen Sympathie für eine staatliche Neubegründung. Während die französische Seite ganz auf ihre engen Kontakte zu Dmowski setzte,[448] zeigten sich britische und amerikanische Vertreter von der Stimmenvielfalt und der offensichtlichen Machtkonkurrenz in den polnischen Reihen irritiert.[449] Vor allem aber stellte sich angesichts der unübersichtlichen Verhältnisse in Polen zu Jahresbeginn 1919 die Frage, inwieweit überhaupt eine berechenbare Herrschaftsgewalt in Warschau bestehen würde, welche dem neubegründeten Staat die erforderliche Stabilität und außenpolitische Verlässlichkeit verleihen konnte. Von London aus schrieb Zimmern warnend an Headlam-Morley: „The Poles are not only incompetent but are indulging in a mad wave of Imperialism and Chauvinism. They are entirely unreliable."[450] Selbst Foch hatte im Januar das Verhalten der polnischen Führung als so „divergent and eccentric"[451] bezeichnet, dass der Supreme Coun-

---

445 Vgl. Trierer Abkommen v. 16.02.1919, in: Urkunden zum Friedensvertrage, hrsgg. v. Kraus/ Rödiger, Bd. I, S. 97. Zusammenfassend auch Schattkowsky, Deutschland und Polen, S. 35–48, daneben Conrad, Umkämpfte Grenzen, S. 112–125.

446 Vgl. Anita Prażmowska, Ignacy Paderewski. Poland, London 2009, S. 3–17, 46–52.

447 Vgl. Borodziej, Geschichte Polens, S. 100, 110. Eine allerdings ambivalente Bilanz bei Piotr Stefan Wandycz, Dmowski's Policy at the Paris Peace Conference. Success or Failure, in: Latawski (Hrsg.), The Reconstruction of Poland, 1914–1923, S. 117–132.

448 Vgl. Lowczyk, Fabrique de la Paix, S. 318–321; Stevenson, French War Aims, S. 86–88, 98f., 106f.; Wandycz, France and her Eastern Allies, S. 19f. Daneben die entsprechenden Urteile von Allen Leeper bei Goldstein, Winning the Peace, S. 259f.

449 Vgl. die teils ironische, teils überhebliche Darstellung bei Bonsal, Suitors and Suppliants, S. 118–121. Missbilligend etwa auch Shotwell Diary, Eintrag v. 27.02.1919, in: Shotwell, Paris Peace Conference, S. 189f., wo davon berichtet wird, wie sich einige überrumpelte US-Delegierte bei einer privaten Essenseinladung plötzlich von polnischen Historikern, Geographen und Statistikern bedrängt sahen.

450 Zimmern an Headlam-Morley, Brief v. 26.02.1919, in: CAC, Headlam-Morley Papers, HDLM 688/2, S. 2.

451 Protokoll v. 22.01.1919, in: FRUS, PPC 1919, Bd. 3, S. 670–675, hier: S. 672.

cil zunächst beschlossen hatte, eine interalliierte Erkundungsmission nach Warschau zu schicken, um sich ein genaueres Bild über die Lage zu verschaffen.[452]

Damit war die Frage der internationalen Anerkennung eines polnischen Staates von Beginn an mit der Sorge um seine innere Stabilität und Lebensfähigkeit verknüpft. Im Supreme Council fand sich am 21. Februar zwar eine Mehrheit, der längst geübten diplomatischen Praxis endlich Taten folgen zu lassen und die Regierung um Paderewski als legitime Vertretung Polens anzuerkennen.[453] Doch die Anerkennung einer Regierung war, trotz fließender Übergänge, nach völkerrechtlicher Lehre nicht identisch mit einer Anerkennung eines Staates, über dessen Bevölkerung und Territorium ebenfalls Klarheit bestehen musste. Gerade diese Punkte erwiesen sich im polnischen Fall als schwierig, so dass in den folgenden Wochen nicht nur die förmliche Anerkennung weiterhin mit einem letzten Vorbehalt versehen blieb, sondern sich das Problem verschärfte, mit welchen Grenzen und Siedlungsverhältnissen der polnische Staat überhaupt begründet werden könne.[454] Ein Memorandum der Inquiry hatte bereits 1917 von den Notwendigkeit gesprochen, „to insist at the outset upon a democratic basis for the Polish state. Unless this is loyally observed, the internal friction of Poles, Ruthenians, and Jews is likely to render Poland impotent in the presence of Germany."[455] Entlang dieser Erwartung, dass nur ein integratives Gemeinwesen auch einen stabilen und damit lebensfähigen Staat tragen könne, entwickelte sich nunmehr die weitere Diskussion in Paris. Während kleinere Minderheiten wie Kaschuben, Masuren oder die Wasserpolnisch sprechenden Oberschlesier wenig beachtet wurden – auch weil ihr nationales Bewusstsein als „very weak"[456] klassifiziert wurde –, richtete sich die Aufmerksamkeit der alliierten Vertreter einerseits auf die deutsche Minderheit, die künftig innerhalb der polnischen Grenzen verbleiben würde, andererseits, und vor allem, auf die jüdische Bevölkerung, deren Stellung als prekär galt. Zwar waren Berichte von antijüdischen Ausschreitungen in Osteuropa keineswegs eine Neuigkeit und hatten bereits in der Vergangenheit das stereotype Vorurteil bestätigt, wonach sich die Rückständigkeit des „Ostjudentums" und die repressive Intole-

---

452 Vgl. Lundgreen-Nielsen, Polish Problem, S. 170–178, auch Marston, Peace Conference, S. 116.
453 Vgl. Protokoll v. 21.02.1919, in: FRUS, PPC 1919, Bd. 4, S. 58–82, hier: S. 61f. Die USA waren in der Anerkennung Ende Januar vorangegangen, in den Tagen nach dem Beschluss des Supreme Council zogen Frankreich, Großbritannien und Italien nach; Japan folgte Anfang März.
454 Vgl. Berman, Passion and Ambivalence, S. 212, mit Hinweisen auf die Besonderheit, dass im polnischen Fall „the nation would dictate the contours of the state rather than vice versa".
455 Memorandum v. 22.12.1917, in: FRUS, PPC 1919, Bd. 1, S. 41–53, hier: S. 52.
456 Report on Poland, o.D. [Dez. 1918], in: TNA, FO 371/4354, Bl. 142–151, hier: Bl. 143.

ranz der östlichen Gesellschaften wechselseitig bedingen würden.[457] Doch im Herbst 1918 nahm die Wahrnehmung sprunghaft zu, dass sich der Umgang mit den jüdischen Bevölkerungsteilen als ernsthafte Belastung für eine staatliche Neugründung Polens erweisen würde; die Nachricht, dass eine polnische Soldateska im besetzten Lemberg einen Pogrom mit Dutzenden, wenn nicht Hunderten Toten veranstaltet hatte, platzierte diesen Eindruck im November unübersehbar auf den Titelseiten der internationalen Presse.[458]

Dass die Frage der jüdischen Minderheit in den Pariser Verhandlungen ab März neue Bedeutung erlangen sollte, lag vor allem an drei Faktoren: Erstens griffen jüdische Verbände die einzelnen Übergriffe auf und versuchten, nicht selten mit dramatisch überhöhten Opferzahlen, in den alliierten Nationen für weitreichende Autonomie- und Selbstverwaltungsrechte der jüdischen Gemeinden in den neuen Staaten Osteuropas zu werben, wenigstens aber für einen restriktiven Minderheitenschutz.[459] Diese Kampagnen trafen und überschnitten sich, zweitens, mit den Bemühungen deutscher Zeitungen und Regierungsstellen, die Ausschreitungen mit empörtem Gestus zu skandalisieren und als Beleg für ein polnisches Staatsversagen darzustellen. Das Kalkül dahinter war leicht zu durchschauen: In dem Maße, wie sich das Deutsche Reich als Garant von Besitz und Leben der jüdischen Bevölkerung präsentierte, mochte sich die Diskussion um Gebietsabtretungen im deutschen Osten wenigstens auf untergründiger Ebene beeinflussen lassen.[460] Drittens agierten die polnischen Vertreter auf diplomatischer Ebene nicht immer geschickt, indem sie antisemitische Übergriffe in Polen zu bagatellisieren suchten oder, häufiger noch, der jüdischen Minderheit selbst die Verantwortung zuschoben. Schon während der Kriegsjahre waren Diplomaten und Repräsentanten der Entente immer wieder vom rabiaten Antisemitismus eines Roman Dmowski befremdet gewesen.[461] Als die polnische

---

457 Vgl. Piotr J. Wróbel, Foreshadowing the Holocaust. The Wars of 1914–1921 and Anti-Jewish Violence in Central and Eastern Europe, in: Böhler u.a. (Hrsg.), Legacies of Violence, S. 169–208; Fink, Defending the Rights of Others, S. 44–49.
458 Aus der Presse vgl. etwa 1,100 Jews Murdered in Lemberg Pogroms, in: New York Times v. 30.11.1918. Detailliert dazu Fink, Defending the Rights of Others, S. 101–130, auch mit Hinweisen auf die faktisch sehr viel geringeren Opferzahlen. Ebenfalls ausgesprochen skeptisch: Neal Pease, „This Troublesome Question". The United States and the „Polish Pogroms" of 1918/1919, in: Mieczysław B. Biskupski (Hrsg.), Ideology, Politics, and Diplomacy in East Central Europe, Rochester 2003, S. 58–79.
459 Vgl. Fink, Defending the Rights of Others, S. 125–129; Christian Raitz v. Frentz, A Lesson Forgotten. Minority Protection under the League of Nations. The Case of the German Minority in Poland 1920–1934, Hamburg 1999, S. 44–48, 57f.
460 Vgl. Fink, Defending the Rights of Others, S. 238–243.
461 Vgl. ebenda, S. 92, 97; Prażmowska, Ignacy Paderewski, S. 20f., 29f.; Bonsal, Suitors and Suppliants, S. 124f.

Staatsführung ab März 1919 zudem eine neue militärische Offensive in den Grenzgebieten zur Ukraine – in Wolhynien und Ostgalizien – einleitete, wurde auf alliierter Seite empört registriert, dass es im Zug der Kämpfe erneut zu schweren Ausschreitungen gegen die jüdische Bevölkerung kam, besonders in Pinsk und Lida. Es kostete Paderewski, der am 6. April nach Paris gereist war, erhebliche Mühen, die diplomatischen Wogen wieder zu glätten und sich nochmals der prinzipiellen Rückendeckung der alliierten Hauptmächte für eine polnische Eigenstaatlichkeit zu versichern.[462]

Gleichzeitig entwickelte die Vorstellung, dass zur Selbstbestimmung nur solche Herrschaftsverbände zugelassen werden könnten, die zu einer Selbstführung nach westlichen Maßstäben in der Lage seien, immer stärker eine eigene politische Kraft. Bis April hatte sich die Auffassung der alliierten Regierungschefs herausgebildet, dass Polen im Gegenzug für seine internationale Anerkennung auf bestimmte Standards im Umgang mit seinen nationalen Minderheiten verpflichtet werden solle. Das war, bei Licht betrachtet, bereits eine reduzierte Variante des ursprünglichen Plans, in einem „supplementary agreement" zur Völkerbundssatzung allen neubegründeten Staaten eine Gleichbehandlung aller Bevölkerungsgruppen aufzuerlegen.[463] Doch dieser Vorschlag war bereits in den Verhandlungen zwischen David Hunter Miller, Robert Cecil und Cecil Hurst getilgt worden, so dass nur noch die in der Satzung vorgesehene Garantie einer freien Religionsausübung einen gewissen Rechtsschutz für Minderheiten geboten hätte. Allerdings war auch dieses Verbot „[to] discriminate, either in law or in fact, against those who practice any particular creed, religion, or belief"[464] aufgrund seines universalen Charakters von Beginn an skeptisch beäugt worden. Als von japanischer Seite noch die Forderung aufgebracht wurde, die Gleichbehandlung aller Rassen unter eine analoge Schutzklausel zu bringen, war die Mehrheit in der Völkerbund-Kommission sofort bereit gewesen, eher die Religionsfreiheit zu opfern als sich auf eine Diskussion eines solchen Anliegens einzulassen; am 13. Februar war der entsprechende Passus auf Vorschlag von Eleftherios Venizelos aus dem Satzungsentwurf gestrichen worden.[465]

---

462 Vgl. Fink, Defending the Rights of Others, S. 173–193.
463 Vgl. Wilson, Entwurf v. 10.01.1919 (mit Kommentaren von Miller), in: Miller, Drafting, Bd. 2, S. 65–93, hier: S. 91. Dazu: Raitz v. Frentz, A Lesson Forgotten, S. 50f.; Erwin Viefhaus, Die Minderheitenfrage und die Entstehung der Minderheitenschutzverträge auf der Pariser Friedenskonferenz 1919. Eine Studie zur Geschichte des Nationalitätenproblems im 19. und 20. Jahrhundert, Würzburg 1960, S. 109–113.
464 Hurst-Miller-Entwurf, [02.02.1919], in: DHMD, Bd. 4, S. 354–357, hier: S. 357.
465 Vgl. Protokoll v. 13.02.1919, in: Miller, Drafting, Bd. 2, S. 316–335, hier: S. 325. Siehe auch Fink, Defending the Rights of Others, S. 151–160; Raitz v. Frentz, A Lesson Forgotten, S. 50–53; zum vieldiskutierten japanischen Vorstoß weiter Burkman, Japan and the League, S. 82f.; Nao-

Dass der Minderheitenschutz kein generelles Prinzip des Völkerbundes darstellen würde, sondern immer nur für einzelne Staaten gelten solle, stand mithin früh fest. Innerhalb der britischen Delegation wurde im März festgehalten, dass die Diskussion der Minderheitenproblematik nur für „new states or as regards fresh territory guaranteed under the Peace to existing states"[466] relevant sei. Doch obwohl Malkin bereits im April den Entwurf eines Vertrags zwischen Polen und den alliierten Hauptmächten vorbereitet hatte,[467] erhielt die Debatte erst ab Anfang Mai neuen Schwung, als der Council of Four nunmehr ein gesondertes Komitee zur Erörterung dieser Fragen einsetzte. Als Vorsitzender des zunächst winzigen Gremiums für die neubegründeten Staaten (New States Committee) amtierte Philippe Berthelot, dessen Interesse und Engagement jedoch gering blieben; die einzigen sonstigen Mitglieder waren David Hunter Miller für die USA und James Headlam-Morley für Großbritannien. Zwar hatte Miller, der von Manley Hudson unterstützt und Ende Mai abgelöst wurde, bereits wesentliche Abstimmungen mit jüdischen Verbandsvertretern geleistet.[468] Dennoch gelang es Headlam-Morley, nicht zuletzt dank der Zuarbeit von Malkin und Edward Carr als dem Sekretär des Komitees, weitgehend problemlos, die Gespräche im britischen Sinne zu dominieren.[469]

Die einzelnen Verhandlungsschritte des Komitees brauchen nicht im Einzelnen nachvollzogen werden. Für den hier behandelten Zusammenhang reicht die Feststellung, dass die britischen Entwürfe im Vergleich zu den amerikanischen Plänen, die sich vielfach auf die weiterreichenden Forderungen der jüdischen Vertreter stützten, zurückhaltender angelegt waren, sich aber nicht zuletzt deshalb besser durchsetzen ließen.[470] Inhaltlich wurde die staatsbürgerli-

---

ko Shimazu, Japan, Race, and Equality. The Racial Equality Proposal of 1919, London 1998; Kawamura, Wilsonian Idealism and Japanese Claims, S. 517–520.

466 Headlam-Morley an Crowe, Minute v. 05.03.1919, in: TNA, FO 608/151/19, Bl. 273–276, hier: Bl. 273. Zugrundeliegend: Malkin, Memorandum v. 26.02.1919, in: ebenda, Bl. 277f.

467 Vgl. Hurst, Minute v. 25.04.1919, in: TNA, FO 608/61.

468 Zur Kooperation zwischen Miller und den jüdischen Repräsentanten Julian Mack und Louis Marshall, beides hochrangige Richter in den USA, nur Viefhaus, Minderheitenfrage, S. 138–151. Daneben: Raitz v. Frentz, A Lesson Forgotten, S. 56–59.

469 Vgl. Fink, Defending the Rights of Others, S. 211–217; Raitz v. Frentz, A Lesson Forgotten, S. 56–66; Viefhaus, Minderheitenfrage, S. 152–162. Siehe auch Headlam-Morley an Hankey, Brief v. 02.05.1919 (Auszug), in: Headlam-Morley, Memoir, S. 91f. Die Protokolle in: RdA, Bd. VII-B-1; BDFA II, Ser. I, Bd. 8, S. 30–283. Eine offenbar von Headlam-Morley zum eigenen Gebrauch zusammengestellte Chronologie mit wichtigen Punkten in: CAC, Headlam-Morley Papers, HDLM 727/11/8. Die Zusammensetzung des Komitees wuchs mit seiner Lebensdauer stetig an und umfasste bald auch die übrigen Delegationen; die letzte Sitzung fand am 9. Dezember statt.

470 Vgl. Raitz v. Frentz, A Lesson Forgotten, S. 57f., 61–66.

che Zugehörigkeit der Minderheiten zum polnischen Staat festgestellt, ihre rechtliche Gleichstellung mit der Mehrheitsgesellschaft erklärt sowie einzelne Schutzrechte vor allem im Erziehungswesen, im Gebrauch der Muttersprache und in der Religionsausübung begründet. Dass es sich nicht um nebensächliche Rechte handelte, zeigt bereits der Umstand, dass diese Grundsätze wenig später in Artikel 1 des polnischen Minderheitenvertrages (PMV) als „fundamental laws" des neuen Staates beschrieben wurden. Wenn sich bei näherer Betrachtung trotzdem große Spielräume in der Auslegung und Umsetzung zeigen, so lag das vornehmlich an den Reserven der britischen Seite. Schon im März war man sich hier einig gewesen, dass die Vorschriften nicht zu formalistisch oder doktrinär ausfallen dürften; es sei sinnvoll, so hatte Harold Nicolson zu einem Memorandum von Malkin angemerkt, „to adopt vague, if somewhat anodyne formulae"[471].

Angesichts des späten Zeitpunkts, an dem die Beratungen im Komitee für die neubegründeten Staaten aufgenommen worden waren, ließen sich die Regelungen zum Minderheitenschutz jedoch kaum mehr in die eigentlichen Friedensverträge integrieren. Das Redaktionskomitee legte bereits letzte Hand an die deutschen Friedensbedingungen, als entschieden wurde, dass wenigstens noch eine entsprechende Generalklausel ausgearbeitet werden solle. Mit der Unterzeichnung würde die Anerkennung des neuen polnischen Staates einen Schlusspunkt erhalten, so war allen Beteiligten bewusst, weshalb der Friedensvertrag mit Deutschland als letzte Möglichkeit galt, um noch einen wirksamen Hebel für derartige Auflagen anzusetzen. In wenigen Tagen entstand darum Artikel 93 VV, der Polen auf den Schutz aller Bevölkerungsteile „who differ from the majority of the population in race, language, or religion" verpflichtete.[472]

Es unterstreicht die Vorreiterfunktion des polnischen Falles, wenn diese Klausel im Versailler Vertrag nicht nur wortgleich auch auf die Tschechoslowakei angewandt wurde, sondern sich auch in den übrigen Friedensverträgen wiederfand und die Einbindung weiterer Staaten in das System des Minderheiten-

---

471 Nicolson, Minute v. 12.03.1919, in: TNA, FO 608/151/19, Bl. 287. Eine inhaltliche Analyse etwa bei Fink, Defending the Rights of Others, S. 257–260.
472 Vgl. Protokoll v. 03.05.1919, in: Mantoux, Deliberations, Bd. 1, S. 465–473, hier: S. 472f. Siehe auch Hudson Diary, Eintrag v. 05.05.1919, in: HLSL, Hudson Papers, Box 166/1, S. 335. Die Urheberschaft der Formulierung liegt wohl bei Headlam-Morley. Bedeutsam daran ist, dass hier ausdrücklich nicht von „nationalen" Minderheiten gesprochen wurde, um jeden Gedanken an Irredentismus oder auch an lokale Autonomieforderungen auszuschließen, siehe auch Raitz v. Frentz, A Lesson Forgotten, S. 60.

schutzes stipulierte.[473] Trotzdem handelte es sich jeweils nur um Anknüpfungspunkte für gesonderte Abkommen, von denen als erster der polnische Minderheitenschutzvertrag ab Mitte Mai 1919 ausgearbeitet wurde.[474] Die Vorschriften dieser Abkommen für die neubegründeten Nationen wurden nach dem Abschluss des Versailler Vertrags zudem wortgleich in die vier übrigen Friedensverträge aufgenommen, also auf die übrigen Verliererstaaten bezogen, auch wenn sich in technischer Hinsicht allenfalls Österreich und Ungarn als neue Staaten begreifen ließen, kaum jedoch Bulgarien und das Osmanische Reich.[475] Die Entscheidung fiel trotzdem ohne größere Diskussion, vermutlich weil den Balkanstaaten und der Hohen Pforte seit Jahrzehnten immer wieder Auflagen zum Schutz von Minderheiten gemacht worden waren.[476] Im Fall des Osmanischen Reiches sollte diese Praxis der erzwungen Reformen, wie sie bereits mit dem Pariser Frieden von 1856 zu einer Gleichstellung der christlichen Bevölkerungsteile hätte führen sollen, selbst die türkische Selbstbehauptung im Unabhängigkeitskrieg überdauern. Obwohl die türkische Seite in den Verhandlungen von Lausanne 1922/23 nahezu alle äußeren Eingriffe zurückweisen konnte, blieben die Bestimmungen zum Minderheitenschutz davon ausgenommen und wurden darum vom Vertrag von Sèvres unverändert in den Friedensvertrag von Lausanne (Artikel 38–44) übernommen; das einzige, wiewohl materiell weitreichende Zugeständnis war eine Beschränkung auf die Religionszugehörigkeit als ausschlaggebendes Kriterium.[477]

Dass hingegen das Deutsche Reich von derartigen Auflagen ausgenommen blieb, mag auf den ersten Blick bemerkenswert erscheinen. Ein naheliegender,

---

473 Alle entsprechenden Klauseln: Art. 86 VV (für die Tschechoslowakei); Art. 93 VV (für Polen); Art. 51 VSG (für den SHS-Staat); Art. 57 VSG (nochmals für die Tschechoslowakei); Art. 60 VSG (für Rumänien); Art. 86 VS (für Griechenland); Art. 93 VS (für Armenien). Zum polnischen Minderheitenschutz als Modellfall etwa Schwartz, Ethnische „Säuberungen", S. 341–344; Walworth, Wilson and his Peacemakers, S. 475.

474 Allerdings mit teilweise nicht unerheblichen Anpassungen, so etwa dem Wegfall der speziellen Rechte für die jüdische Bevölkerung im tschechoslowakischen Fall, vgl. Viefhaus, Minderheitenfrage, S. 188.

475 Die Bindung der Verliererstaaten an einen Minderheitenschutz: Österreich (Art. 62–69 VSG); Ungarn (Art. 54–60 VT); Bulgarien (Art. 49–57 VN); das Osmanische Reich (Art. 140–151 VS). Als Ausschnitt für den ungarischen Fall siehe auch Gábor Hamza, Traité de Paix de Trianon et la protection des minorités en Hongrie, in: JHIL 10, H. 1 (2008), S. 147–156.

476 Vgl. Protokoll v. 23.05.1919, in: BDFA II, Ser. I, Bd. 8, S. 61–64, hier: S. 62. Ein weiterer Grund bestand in einer demonstrativen Geste gegenüber der rumänischen Delegation, deren Widerstand möglicherweise leichter zu überwinden sei, wenn auch die Kriegsverlierer derartige Verpflichtungen zu übernehmen hatten, vgl. Protokoll v. 27.05.1919, in: ebenda, S. 64–67, hier: S. 64.

477 Vgl. Banken, Verträge, S. 267–281, 456–466.

allerdings nicht ausschlaggebender Grund dürfte in der Tatsache liegen, dass die Bestimmungen zum Minderheitenschutz bei der Vertragsübergabe am 7. Mai noch nicht ansatzweise fertiggestellt waren. Es ist jedoch plausibler, in der alliierten Zurückhaltung eine stillschweigende Bestätigung der Rolle Deutschlands als europäische Großmacht zu sehen. Jede Rehabilitation des Reiches setzte zwar, wie aufgezeigt, eine demonstrative Rechtstreue wie Selbstverpflichtung auf die Erfüllung des Friedensvertrages voraus. Doch offenkundig überschritten derartige Auflagen den Rahmen dessen, was Deutschland billigerweise zugemutet werden sollte. Der Vorwurf einer mangelnden Reziprozität, wie ihn die polnischen Diplomaten bald erhoben, wurde von alliierter Seite jedenfalls abgewiesen, wiewohl es Wilson zum Ende wenigstens rhetorisch bedauerte, dass dem Schutz der deutschen Minderheit in den abgetretenen Gebieten kein vergleichbarer Schutz der polnischen Minderheit in Deutschland gegenüberstehen würde.[478]

Vielleicht noch erstaunlicher erscheint jedoch, dass neben den neuen Staaten und den Verlierernationen noch zwei Siegermächte unter das Minderheitenschutzsystem gebracht werden sollten. Schon kurz nach seinem Zusammentritt hatte das Komitee für die neubegründeten Staaten entschieden, auch Rumänien und Griechenland einzubeziehen.[479] Zur Begründung wurde auf die jeweiligen territorialen Zugewinne hingewiesen – erinnert sei an Siebenbürgen oder Thrakien –, aber auch auf ältere Vertragspflichten.[480] Sicherlich mochte es gewagt erscheinen, wenn Wilson die Frage von Miller, „whether Roumania was considered as a new State for the purposes of our Committee"[481], umstandslos bejahte. Doch gerade das Schicksal der jüdischen Minderheit in Rumänien galt als besonders beklagenswert. Es war allgemeiner Konsens der westlichen Diplomatie, dass sich die Regierungen in Bukarest, wie es Headlam-Morley im Council of Four nochmals hervorhob, in der Vergangenheit kaum um die Auflagen zum

---

478 Vgl. Fink, Defending the Rights of Others, S. 215; Viefhaus, Minderheitenfrage, S. 200. Eine Rechtfertigung aus Sicht des Komitees für die neubegründeten Staaten in der Stellungnahme von Berthelot an Hankey, Brief v. 19.09.1919, in: AD, Service Juridique, Fonds Fromageot, Box 5.

479 Vgl. Protokoll v. 05.05.1919, in: BDFA II, Ser. I, Bd. 8, S. 36f. Für die Bestätigung der Regierungschefs am folgenden Tag siehe Protokoll v. 06.05.1919, in: FRUS, PPC 1919, Bd. 5, S. 474–490, hier: S. 483.

480 Neben der Berliner Kongressakte von 1878 war damit vor allem das Londoner Protokoll von 1830 gemeint, mit der die europäischen Großmächte die Unabhängigkeit Griechenlands anerkannt hatten, vgl. Rodogno, Against Massacre, S. 87–90; Weitz, From the Vienna to the Paris System, S. 1317, 1326f.; Temperley, History, Bd. 5, S. 112–120. Instruktiv ist außerdem die griechische Stellungnahme: Venizelos an Berthelot, Brief v. 31.07.1919, in: BDFA II, Ser. I, Bd. 8, S. 193–196.

481 Miller Diary, Eintrag v. 03.05.1919, in: DHMD, Bd. 1, S. 287.

Minderheitenschutz geschert hätten, wie sie in der Berliner Kongressakte von 1878 im Gegenzug für die Anerkennung der rumänischen Unabhängigkeit stipuliert worden waren.[482] Ein Bericht vom 16. Juli, der nochmals die wesentlichen Gründe für die Verpflichtung auf einen effektiven Minderheitenschutz aufzählte, untermauerte denn auch die Auffassung, dass die Signatarmächte von 1878 kaum umhin könnten, die entsprechenden Bestimmungen angesichts der rumänischen Unnachgiebigkeit zu erneuern und anzupassen: „The renewal of the old obligations therefore calls for their being reformulated so as to meet the needs of the present situation, and so as to embody the results of the experience of half a century."[483]

Dass sich in den Delegationen der betroffenen Nationen bald Widerstand regte, sollte ebenso wenig überraschen wie die Tatsache, dass sich der rumänische Ministerpräsident Ionel Brătianu zum Wortführer des Unmuts machte. Als am 31. Mai eine Plenarversammlung zur Aussprache über die österreichischen Friedensbedingungen zusammentrat, wies Brătianu, dessen Ansehen durch den zeitgleichen Ausbruch neuer rumänisch-ungarischer Kampfhandlungen ohnehin an einem Tiefpunkt angelangt war, jede Verpflichtung zum Minderheitenschutz rundweg zurück. Eine gesonderte Rechtsstellung für nationale und religiöse Minderheiten würde ihre Loyalität zur Staatsmacht unterminieren, erklärte er, und überhaupt seien solche Auflagen unannehmbar. Rumänien sei ein souveräner Staat und könne keiner äußeren Bindung zustimmen, solange es sich nicht um ein universelles, für alle Mitgliedsstaaten des Völkerbundes gültiges Prinzip handele.[484]

Damit klang bereits ein zentrales Abwehrargument an, auf das sich wenig später auch die polnische Delegation in ihrer Stellungnahme zu Artikel 93 VV berief. Am 31. Mai hatte sich Paderewski angesichts der Philippika von Brătianu zwar diplomatisch klug zurückgehalten. Doch in einer schriftlichen Erklärung versuchte er am 15. Juni ebenfalls, die Debatte auf eine universales Minderhei-

---

482 Vgl. Headlam-Morley, Protokoll v. 03.05.1919, in: Mantoux, Deliberations, Bd. 1, S. 465–473, hier: S. 473. Auch: Headlam-Morley, Memoir, S. 133f.
483 Report No. 6: Roumania, in: BDFA II, Ser. I, Bd. 8, S. 148–153, hier: S. 152. Ein Problem ergab sich aus der Tatsache, dass auch das Deutsche Reich zu den Vertragsstaaten von 1878 zählte. Der Vorschlag einer eigenen Klausel im Vertrag von Versailles, der die deutsche Bindung an die Akte von 1878 hätte auflösen können, wurde nicht mehr aufgegriffen, vgl. Report No. 5, in: ebenda, S. 96. Siehe auch oben, S. 39.
484 Vgl. Brătianu, Protokoll v. 31.05.1919, in: FRUS, PPC 1919, Bd. 3, S. 394–410, hier: S. 395–397, 399. Siehe auch Hitchins, Ionel Brătianu, S. 123–126; Fink, Defending the Rights of Others, S. 232–235; Hausleitner, Rumänisierung, S. 112–114; Spector, Rumania, S. 141f.; Viefhaus, Minderheitenfrage, S. 190–192. Die Debatte über den rumänischen Minderheitenschutzvertrag wurde erst im Juli wieder aufgegriffen, siehe auch Hudson an Scott, Memorandum v. 07.07.1919, in: HLSL, Hudson Papers, Box 36/3.

tenschutzsystem zu lenken, wohl wissend, dass dies für die alliierten Hauptmächte schon im Hinblick auf die eigenen Minderheiten kaum akzeptabel sein konnte; man denke allein an das konfliktbelastete Verhältnis der britischen Regierung zur irischen Bevölkerung.[485] Gesonderte Auflagen, so Paderewski, wären eine Fortführung jener Politik der äußeren Einmischung und Fremdbestimmung, unter der die polnische Nation in der Vergangenheit genug gelitten habe. Es sei überdies falsch, die jüdische Bevölkerung durch Sonderrechte von einer notwendigen Assimilation abzubringen. Vielmehr werden mit dem Minderheitenschutz ein „new Jewish problem" entstehen, so erklärte er mit drohendem Unterton, unter dessen „unwelcome surprises" die alliierten Hauptmächte selbst leiden würden, allzumal angesichts der „migratory capacities of the Jewish population, which so readily transports itself from one State to another"[486].

Der von Paderewski vorgebrachte Protest, dass Polen nicht als „nation of inferior standard of civilization" behandelt werden dürfe und als „ignorant of the conceptions of a modern state"[487], war vom Verständnis der alliierten Vertreter jedoch nicht weit entfernt. In deren Sicht rechtfertigten sich die Auflagen des Minderheitenschutzes tatsächlich durch die wahrgenommenen Defizite einer polnischen Staatlichkeit. Nach wie vor bestand in Paris der Eindruck verworrener Führungskonflikte und chaotischer Vielstimmigkeit auf polnischer Seite, ganz abgesehen von der vermuteten Unfähigkeit, ja, des Unwillens Warschaus, antisemitische Übergriffe und sonstige Ausschreitungen effektiv zu unterbinden. Auch dass sich die polnische Seite wiederholt über das alliierte Bemühen hinweggesetzt hatte, einen Waffenstillstand mit Vertretern der Ukraine zu vermitteln, passte in dieses Bild einer bedenklichen Unzuverlässigkeit.[488]

Es waren diese Zweifel an der staatlichen Integrität eines neubegründeten Polen, welche die Vertreter der alliierten Hauptmächte immer wieder bewogen, neben dem Minderheitenschutz noch weitere Auflagen ins Auge zu fassen. So war Mitte April in der britischen Delegation die Überlegung aufgekommen, den Hebel staatlicher Anerkennung und territorialer Erweiterung auch für die Siche-

---

485 Vgl. Walworth, Wilson and his Peacemakers, S. 468–472.
486 Paderewski, Memorandum v. 15.06.1919, Anhang II zum Protokoll v. 17.06.1919, in: FRUS, PPC 1919, Bd. 6, S. 535–540, hier: S. 539. Am folgenden Tag beschäftigte sich auch das Komitee für die neubegründeten Staaten mit dem Memorandum, vgl. Protokoll v. 18.06.1919, in: BDFA II, Ser. I, Bd. 8, S. 100–106, hier: S. 100. Weiter: Lundgreen-Nielsen, Polish Problem, S. 378–381; Viefhaus, Minderheitenfrage, S. 198–200.
487 Paderewski, Memorandum v. 15.06.1919, Anhang II zum Protokoll v. 17.06.1919, in: FRUS, PPC 1919, Bd. 6, S. 535–540, hier: S. 536.
488 Zu den Bemühungen alliierter Emissäre vgl. Milow, Die ukrainische Frage, S. 308–341.

rung der „Allied commercial interests"[489] einzusetzen, also, wie es im 19. Jahrhundert gängige Praxis gewesen war, der Gegenseite besondere Vorschriften zum Schutz der eigenen Kapital- und Handelsinteressen aufzuerlegen. Zwar hatte Hurst dieses Ansinnen mit dem Argument abzuwehren versucht, dass der Friedensschluss mit Deutschland nicht der geeignet Ort sei, die neuen Staaten auf bestimmte Wirtschafts- oder Handelsklauseln zu verpflichten, zumal im Fall von Polen und der Tschechoslowakei ohnehin die Gelegenheit dazu verpasst worden sei; dahinter stand die nüchterne Einsicht, dass angesichts der seit Monaten geübten diplomatischen Praxis an einer Anerkennung Polens letztlich kaum noch gerüttelt werden könne.[490]

Gleichwohl flammte die Diskussion während der Ausarbeitung des Minderheitenschutzvertrags im Mai erneut auf, und nunmehr führte sie tatsächlich zu einer Reihe entsprechender Vorschriften. Obwohl in der Forschung vielfach ignoriert, wurden die Klauseln zum eigentlichen Minderheitenschutz noch durch ein zweites Kapitel ergänzt, in dem weitere acht Artikel (sowie zwei Anhänge) die Einbindung Polens in die Staatengemeinschaft regelten (Art. 13–21 PMV).[491] Zwar handelte es sich auf den ersten Blick um technische Details der zwischenstaatlichen Beziehungen, darunter um Fragen der konsularischen Vertretung und der Meistbegünstigung, um Erleichterung im Zollverkehr und Grundsätze der Transitfreiheit, schließlich um den Beitritt Polens zu einem ganzen Bündel jener multilateralen Vertragswerke, Konventionen und „economic treaties", über die bereits die Wirtschaftskommission intensiv debattiert hatte.[492] Doch es wurde offenkundig nicht für selbstverständlich gehalten, dass sich der neue polnische Staat in dieses zwischenstaatliche Geflecht selbst integrieren würde. Die alliierten Hauptmächte wollten die wesentlichen Grundlagen der internationalen Beziehungen darum als Auflage formulieren, wie es in der Vergangenheit immer wieder praktiziert worden war: „[I]st ein souveränes Staatswesen entstanden", so hatte Georg Jellinek beispielsweise mit Blick auf den Berliner Kongress 1878 geschrieben, „schlingen sich sofort um dasselbe internationale Verpflichtungen, ja werden ihm durch den Act seines Entstehens selbst auferlegt."[493]

---

489 Carter an Tufton, Brief v. 16.04.1919, in: TNA, FO 608/74/5, Bl. 262f.

490 Vgl. Hurst, Minute v. 25.04.1919, in: TNA, FO 608/74/5, Bl. 261.

491 So geht Fink, Defending the Rights of Others, S. 257–260, über die wirtschaftlichen Bestimmungen kommentarlos hinweg.

492 Zeitweilig war sich Hudson allerdings nicht sicher, ob alle von britischer und französischer Seite vorgeschlagenen Detailregelungen im amerikanischen Interesse wären, vgl. Hudson an House, Memorandum v. 12.06.1919, in: YLMA, House Papers, Box 63/2016. Siehe auch oben, S. 387.

493 Jellinek, Lehre, S. 97.

Mit anderen Worten: Das Bemerkenswerte des Minderheitenschutzsystems lag nicht allein in dem Umstand, dass hier ältere Formen des internationalen Schutzes von religiösen, ethnischen oder sprachlichen Volksgruppen gegenüber einer Mehrheitsgesellschaft vertraglich formalisiert wurden. Vielmehr lässt sich hier nochmals der bereits mehrfach aufgezeigte Zusammenhang erkennen, dass Bereitschaft und Fähigkeit zu einer internationalen Rechtstreue für eine Anerkennung der souveränen Gleichrangigkeit eines Staates unabdingbar waren; wo daran Zweifel bestanden, war eine vertragsförmige Anleitung und Aufsicht unter dem Patronat der Großmächte geboten. Nicht zufällig hatte Woodrow Wilson dem Protest der kleineren Nationen am 31. Mai mit schneidender Kälte die Tatsache entgegengehalten, dass die Großmächte nur dann als „common partnership of right" den Frieden der Welt garantieren könnten, wenn die Unruheherde ausgeräumt seien, die sich aus einer despotischen Behandlung und unzulänglichen Integration von Minderheiten in zahlreichen Staaten ergeben würden.[494]

Dieser Tonfall war wenig später auch der offiziellen Replik auf Paderewskis Memorandum vom 15. Juni zu entnehmen, welche als Begleitschreiben mit der endgültigen Fassung des Minderheitenvertrages am 24. Juni an die polnische Delegation übersandt wurde. Der Anspruch der alliierten Hauptmächte, die internationalen Verhältnisse in der Tradition europäischer Großmachtpolitik zu ordnen, sie zugleich aber durch einen spezifischen Vertragspositivismus weiterzuentwickeln und im Rahmen des Völkerbundes zu formalisieren, war hier mit den Händen zu greifen.[495] So wurde einerseits daran erinnert, dass eine konditionale Anerkennung durchaus gängige Praxis für eine Zulassung zur internationalen Gemeinschaft sei, was mit einem Exkurs bis in den Protokolltext der seinerzeitigen Verhandlungen zur Berliner Kongressakte von 1878 hineinführte.[496] Die rechtsförmige Gestalt des Minderheitenschutzes wurde jedoch andererseits als beträchtlicher Fortschritt gegenüber den willkürlichen Auflagen früherer Zeiten bezeichnet. Polen sei mit dem Minderheitenschutzvertrag nicht mehr einem unbestimmten Interventionsrecht ausgeliefert:

> Under the older system the guarantee for the execution of similar provisions was vested in the Great Powers. Experience has shown that this was in practice ineffective, and it was

---

494 Vgl. Wilson, Protokoll v. 31.05.1919, in: FRUS, PPC 1919, Bd. 3, S. 394–410, hier: S. 406–408. Dazu auch: Viefhaus, Minderheitenfrage, S. 192f. Hinweise zum kühlen und machtbewussten Auftreten des amerikanischen Präsidenten im Sweetser Diary, Eintrag v. 09.06.1919, in: LoC, Sweetser Papers, Box 1.

495 Vgl. Viefhaus, Minderheitenfrage, S. 207f.

496 Vgl. Clemenceau, Mantelnote v. [24.]06.1919 (Entwurf), in: FRUS, PPC 1919, Bd. 6, S. 629–634, hier: S. 630.

also open to the criticism that it might give to the Great Powers, either individually or in combination, a right to interfere in the internal constitution of the States affected which could be used for political purposes. Under the new system the guarantee is entrusted to the League of Nations. The clauses dealing with this guarantee have been carefully drafted so as to make it clear that Poland will not be in any way under the tutelage of those Powers who are signatories to the Treaty.[497]

Das war zwar Augenwischerei. Auch wenn der Minderheitenschutz durch den Völkerbund überwacht werden sollte, fielen die wesentlichen Befugnisse allein dem Völkerbundsrat und damit den alliierten Hauptmächten zu, welche, wie sich in den folgenden Jahren herausstellen sollte, kaum als unparteiische Instanzen auftreten konnten.[498] Doch auf der anderen Seite wurden mit diesem System, welches am Ende aus mehreren Verträgen, einzelnen Vertragskapiteln und einseitigen Erklärungen bestand,[499] durchaus rechtliche Standards etabliert, die, vergleichbar dem Mandatssystem, über eine eigene Logik verfügten: So sehr sie sich politisch instrumentalisieren ließen, so wenig waren sie frei verfügbar.[500] Gewiss erfüllten die Abkommen den ihnen zugedachten Zweck nur ungenügend, und mit Recht kann man im Scheitern derartiger Kollektiv- und Gruppenrechte eine wichtige Voraussetzung für den Aufstieg individualisierter Menschenrechte sehen.[501] Trotzdem wäre es verkürzt, den desillusionierten Blick späterer Zeiten zum Maßstab zu nehmen und den Minderheitenschutz auf einen irrlichternden Idealismus, eine machttaktische Scharade gar, zu reduzieren. Im Vorstellungshorizont der Zeit handelte es sich um einen naheliegenden Schritt der Verrechtlichung, Stabilisierung und Modernisierung der internationalen Beziehungen. Voller Optimismus sprach etwa Manley Hudson, der ab Mai

---

497 Ebenda, S. 631. Der Text der Note war von Headlam-Morley, Carr und Hudson ausgearbeitet worden.

498 Vgl. Fink, Defending the Rights of Others, S. 243–247, 274–283, 343–358.

499 Dazu zählten die Minderheitenschutzverträge mit Polen, dem SHS-Staat, Rumänien, Griechenland; die entsprechenden Kapitel in den Friedensverträgen von Saint-Germain, Neuilly, Trianon, Sèvres/Lausanne sowie in dem deutsch-polnischen Vertrag zu Oberschlesien; außerdem eine Reihe von Selbstverpflichtungen etwa durch Finnland, Albanien und die baltischen Staaten.

500 Vgl. hier nur Dzovinar Kévonian, Les juristes, la protection des minorités et l'internationalisation des Droits de l'homme. Le cas de la France (1919–1939), in: Relations internationales 149 (2012), S. 57–72, mit anderem Akzent auch Tara Zahra, The „Minority Problem" and National Classification in the French and Czechoslovak Borderlands, in: Contemporary European History 17, H. 2 (2008), S. 137–165.

501 So die These vor allem bei Mark Mazower, The Strange Trimph of Human Rights, in: Hist. J. 47, H. 2 (2004), S. 379–398, auch: Mazower, Governing the World, S. 159–162. Weiter dazu: Cabanes, Great War, S. 9; Weitz, From the Vienna to the Paris System, S. 1342f.; Winter, Dreams of Peace and Freedom, S. 208.

die Verhandlungen für die amerikanische Seite geführt hatte, vom Minderheitenschutz als „one of the very best features of our work in Paris"[502]; an anderer Stelle erblickte er darin eine „notable contribution to the effort to get international justice through law rather than without law."[503]

Gegen ein derartiges Fortschrittsbewusstsein waren die jüdischen wie polnischen Vertreter machtlos. Bei einer allerletzten Anhörung im Council of Four unternahm Paderewski am 27. Juni zwar nochmals den Versuch, einzelne Änderungen zu erreichen, insbesondere hinsichtlich einer reziproken Behandlung der polnischen Minderheit in Deutschland und in der Frage des Jiddischen als Unterrichtssprache.[504] Doch obwohl die alliierten Regierungschefs bei dieser Gelegenheit weitere Zugeständnisse im Streit um Ostgalizien machten und Polen zudem eine indirekte militärische Unterstützung zusagten, waren die Kernpunkte des Minderheitenschutzes nicht verhandelbar. Trotz erheblichen Unmuts in Warschauer Regierungskreisen, und anders als es die rumänischen Vertreter im Herbst versuchen sollten,[505] entschied sich die polnische Delegation daher zur Unterschrift. Am 28. Juni 1919, unmittelbar im Anschluss an die Unterzeichnungszeremonie des Friedensabkommens mit Deutschland und während bereits die ersten Kanonenschüsse der Siegesfeier zu hören waren, wurden Paderewski und Dmowski in einen Nebenflügel des Königsschlosses geleitet, wo sie den „kleinen" Versailler Vertrag, wie das Abkommen forthin genannt wurde, unterzeichneten.[506] Die Erleichterung, dass damit der letzte Schritt in der Zulassung Polens zur Staatengemeinschaft endgültig abgeschlossen werden konnte, war den lavierenden Formulierungen der Präambel deutlich abzulesen. Die alliierten Hauptmächte hätten Polen bereits „as a sovereign and independent State" anerkannt, so wurde hier versichert, nur um wenige Zeilen später anzufügen, dass sie die „recognition of the Polish State (...) as a sovereign and independent member of the family of nations" trotzdem nochmals bestätigen wollten.

---

502 Hudson an House, Brief v. 17.12.1920, in: HLSL, Hudson Papers, Box 9/7.
503 Manley O. Hudson, The Protection of Minorities and Natives in the Transferred Territories, in: House/Seymour (Hrsg.), What really Happened at Paris, S. 204–230, hier: S. 229.
504 Zur Anhörung von Paderewski vor dem Council of Four wurde aufgrund der diffizilen juristischen Problematik auch Cecil Hurst herangezogen, vgl. Protokoll v. 27.06.1919, in: FRUS, PPC 1919, Bd. 6, S. 723–734, hier: S. 723–727. Siehe auch Lundgreen-Nielsen, Polish Problem, S. 382.
505 Die rumänischen Vertreter verweigerten angesichts der Minderheitenbestimmungen zunächst eine Unterschrift unter die Verträge von Saint-Germain und Neuilly. Erst nach Zugeständnissen von alliierter Seite trat Rumänien den beiden Abkommen am 9. Dezember 1919 bei, vgl. Hitchins, Ionel Brătianu, S. 126–129; Spector, Rumania, S. 204–208; Viefhaus, Minderheitenfrage, S. 223f.
506 Vgl. Fink, Defending the Rights of Others, S. 256f.

Zum Abschluss dieses Kapitels kann festgehalten werden: Die Bestimmungen des Pariser Friedensschlusses haben die Landkarten der Welt umgestaltet, sie haben sie allerdings nicht so dauerhaft festgeschrieben, wie es im Herbst 1918 die Fürsprecher erhofft und die Kritiker befürchtet hatten. Das 14-Punkte-Programm von Woodrow Wilson war zwar als rhetorischer Bezugspunkt allgegenwärtig. In den Verhandlungsrunden zeigte sich allerdings, dass es, durchaus absichtsvoll, über erhebliche Spielräume verfügte. Das galt auch und gerade für die Verknüpfung einzelner Gebietsregelungen mit dem Gedanken einer Selbstbestimmung, welche, so ist auf den vorangegangenen Seiten argumentiert worden, in Paris kaum je den zwingenden Charakter und die dramatische Bedeutung besaß, wie es von außen und im Nachhinein behauptet worden ist. Wohl besaßen Forderungen nach nationaler Selbstbestimmung eine hohe Mobilisierungskraft in der Öffentlichkeit. Trotzdem waren sie für die Aushandlung der Friedensabkommen nur von begrenzter Bedeutung: Einerseits wurde die Idee einer nationalen Selbstbestimmung vornehmlich in Form einer internationalen Anerkennung virulent, also in den Debatten um die Zulassung eines neuen Staates zur Staatengemeinschaft. In diesem Kontext war ein Recht auf Selbstbestimmung nie von einer Befähigung zur berechenbaren und geordneten Selbstführung zu trennen, ohne die, so der zeitgenössische Konsens, die „Familie der Nationen", die Existenz des Völkerrechts, ja, überhaupt der Frieden auf der Welt undenkbar schien. Andererseits stellte sich Selbstbestimmung in den Gebiets- und Grenzfragen nur als ein Faktor in einem größeren Abwägungsprozess dar, der um Probleme der Stabilisierung und Legitimierung der geschaffenen Verhältnisse kreiste. Die Bemühungen, Staaten und Nationalitäten in eine ungefähre Übereinstimmung zu bringen, uneindeutige Siedlungsverhältnisse aufzulösen und große Minderheitengruppen zu vermeiden, waren nie das eigentliche Ziel, sondern verhielten sich stets funktional zum Anspruch, eine akzeptierte und dauerhaft tragfähige Territorialordnung zu schaffen. Auch wenn in den zerfallenden Vielvölkerreichen, und dort insbesondere bei den Eliten der verschiedenen Nationalbewegungen, fraglos ein aggressiver, oft ethnisch begründeter Nationalismus dominierte: Die Idee einer homogenen Nationalstaatlichkeit besaß für die eigentliche Entscheidungsfindung in Paris eine sehr viel geringere Bedeutung als gemeinhin angenommen.

Sicherlich: In allen territorialen Regelungen war der Spielraum der Interpretationen, der tendenziösen Ausdeutungen und der taktischen Kompromisse groß, und er wurde reichlich genutzt. Aber er war eben nicht beliebig. Alle Beschlüsse mussten, wenigstens nach außen hin, der Logik des staatszentrierten Internationalismus gehorchen, hatten sich also an der Herstellung eines stabilen Gliederungsgefüges einzelstaatlicher, klar abgegrenzter und untereinander vertragsförmig vernetzter Einheiten auszurichten. So sehr diese übergreifende

Rationalität des Friedensschlusses auch für einzelne nationale Interessen instrumentalisiert werden konnte, so wenig ließ sie sich ignorieren oder öffentlich konterkarieren; konfliktbelastete Gegenbeispiele wie Fiume, Südtirol oder Shandong bestätigen die Regel. Denn nur befriedete Gesellschaften konnten stabile staatliche Strukturen hervorbringen, so die zeittypische Vorstellung, und nur mit stabilen, konsolidierten und berechenbaren Staaten war ein Erhalt des Friedens möglich.

Eine solche Erwartung entsprach ganz den liberal-imperialen Weltbildern und Fortschrittshoffnungen seit Mitte des 19. Jahrhunderts. Dass sie sich nicht erfüllte, dürfte mit Blick auf die Zwischenkriegszeit außer Frage stehen. Gleichwohl muss festgestellt werden, dass im Sinnsystem der Pariser Ordnung weniger Aspekte des Nationalismus und der Nation im Mittelpunkt standen als Konzepte der Staatlichkeit, der Souveränität und der berechenbaren Organisation politischer Herrschaftsgewalt. Der souveräne Staat nach europäischem Muster entpuppt sich bei näherem Hinsehen als die alles überragende Grundfigur des Friedensschlusses. Nahezu alle Beschlüsse setzten einen unabhängigen, handlungsfähigen und adressierbaren Staat voraus; in den internationalisierten Territorien wurden derartige Eigenschaften simuliert, im Rahmen des Mandatssystems treuhänderisch beansprucht. Die Existenz von Räumen und Menschen jenseits der staatsfixierten Ordnung des europäischen Völkerrechts erschien hingegen immer mehr als Problem. Während die Herstellung von staatsbürgerlichen Zuordnungen, ja, die Erfindung ganzer Staatsbevölkerungen – der Österreicher oder Palästinenser etwa oder wenig später der Ägypter – rapide zunahm, wurde Staatenlosigkeit zu einer Anomalie und zu einem Problem.[507] Darin lassen sich Prozesse der Universalisierung und Standardisierung erkennen, in denen unter Staat kaum mehr ein konkretes, historisch gewachsenes Gebilde verstanden wurde, sondern eine abstrahierte, gleichförmige Grundeinheit des Internationalen. Jeder Staat müsse eine „suitable geographic and business unit"[508] sein, so hatte es im Vorfeld in einem Memorandum der Inquiry geheißen. Die Vorstellung, dass jede staatliche Herrschaft durch drei Elemente (Staatsgewalt, Gebiet, Bevölkerung) bestimmt sei, führte dazu, jedes dieser Elemente auch für tatsächlich eindeutig definierbar zu halten. In zahllosen Verhandlungsrunden der Friedenskonferenz ist diese Logik der Definition und Abgrenzung erkennbar. Territorien wie Populationen wurden abgegrenzt und Staaten zugeordnet, obschon

---

507 Vgl. Kathrin Kollmeier, Eine „Anomalie des Rechts" als Politikum. Die internationale Verhandlung von Staatenlosigkeit 1919–1930, in: Zeitschrift für neuere Rechtsgeschichte 35 (2013), S. 193–208.
508 A Preliminary Brief Outline of the Subjects to be Dealt with on the Inquiry [o.D.], Anlage zu Mezes an Lippmann, Brief v. 10.11.1917, in FRUS, PPC 1919, Bd. 1, S. 15.

ein Blick beispielsweise auf die Auflösung der Doppelmonarchie oder die Arrondierung der Grenzen in Thrakien erkennen lässt, wie sehr Menschen dadurch in Verwirrung über ihre Identität gestürzt werden konnten. Doch auch die Effektivität einer politischen Herrschaftsgewalt ließ sich an der imaginierten Norm europäischer Staatlichkeit messen und, wie im Fall von Polen, durch ergänzende Auflagen stabilisieren und komplettieren. Insofern: Die eingangs zitierten Skrupel, die Harold Nicolson angesichts der Konsequenzen seines Tuns umtrieben, waren nur zu berechtigt; zugleich waren sie aber auch die unerwarteten, unüberschaubaren, vielleicht auch unabwendbaren Folgen des verzweifelten Versuchs, in einer fragil und zerrissen wirkenden Welt neue Fundamente der Staatlichkeit und der Sicherheit zu begründen.

Inwieweit ergibt es Sinn, von einer Pariser Ordnung sprechen? Lässt sich eine übergreifende Rationalität der friedensvertraglichen Bestimmungen erkennen, eine innere Logik und systemische Gestalt, die es rechtfertigt, die Abkommen von 1919/20 in ähnlicher Weise als ganzheitliche Friedensordnung zu verstehen, wie es üblicherweise für die mit dem Wiener Kongress von 1814/15 begründete Staatenordnung geschieht? Von einer kohärenten Programmatik einzelner Nationen, Delegationen oder Akteure wird man in dem einen wie anderen Fall sicherlich kaum sprechen können, so viel sollte jedenfalls auf den vorangegangenen Seiten deutlich geworden sein. Es führt auch nicht weit, die Vertragstexte an den Proklamationen der alliierten Friedensmacher aus den Kriegsjahren zu messen, um sie sodann als gelungen oder misslungen zu bewerten. In der Forschung ist zwar vielfach der Versuch unternommen worden, das 14-Punkte-Programm des US-Präsidenten als letztgültigen Maßstab an den Versailler Vertrag und die anderen Abkommen anzulegen. Doch dass diese Bemühungen im Regelfall durch die Frage eines Rechtsanspruchs auf Grundlage der Lansing-Note motiviert waren und meist einer Auseinandersetzung um die Legitimation oder Delegitimation des Friedens dienten, ist offensichtlich.

Dieses Kapitel hatte einen anderen Weg eingeschlagen. Es hat die Entstehung der friedensvertraglichen Regelungen für einzelne größere Felder betrachtet und dabei Einflussgrößen unterschiedlicher Art ausgemacht, die sich wechselseitig durchdrangen und überlagerten: So lassen sich die Beschlüsse der Friedenskonferenz, erstens, als das Ergebnis konkreter Verhandlungsmomente lesen, die durch die Dynamik von politischen Machtlagen, von Opportunitäten, taktischen Kalkülen, Kompromissen und hintergründigen Interessen strukturiert waren. Sodann waren die Verhandlungsbeschlüsse, zweitens, vielfach bestimmt von den Ereignissen und Erfahrungen der Kriegszeit. Nicht nur mussten sie unweigerlich auf Geschehnisse des Krieges reagieren, sondern sich ebenso auf die programmatischen und propagandistischen Erklärungen der alliierten

Nationen zwischen 1914 und 1918 beziehen; auch eine mentale Disposition der Unversöhnlichkeit wirkte nach. Drittens aber sind die Friedensbestimmungen nicht ohne die normativen Erwartungen und Verständnishorizonte zu verstehen, welche die westlichen Gesellschaften seit dem 19. Jahrhundert durchzogen, darunter eine besondere Wertschätzung für das Recht und für rechtsförmige Konfliktlösungen, für Ideen des Kontraktualismus, der Vertragsfreiheit und der fortschreitenden Weltverflechtung durch Austausch und Handel, einen liberal-imperialen Paternalismus und ein zivilisatorisches Sendungsbewusstsein eingeschlossen.

Die Friedensverträge waren von einer wechselnden Kombination dieser kurz-, mittel- und langfristigen Einflussfaktoren geprägt, wobei gerade ihre Addition einzelnen Beschlüssen eine immense Zugkraft und Stimmigkeit verleihen konnten. Begreift man die dritte Ebene langlaufender normativer Weltvorstellungen als gedankliches Fundament, so wird deutlich, dass hinter den Friedensabkommen, ungeachtet aller machttaktischen Ambitionen, Kompromisse und Unzulänglichkeiten, ein bemerkenswerter uniformer Vorstellungshorizont stand. In der Forschung wird oft versucht, die Pariser Beschlüsse auf einen Nenner von Nationalität und Nationalismus zu bringen, was in der jüngeren Literatur noch mit Hinweisen auf die Ansätze einer neuartigen Gestaltung der Populationsverhältnisse ergänzt wird.[509] Das ist richtig, reicht aber nicht aus, um die eigentliche Spezifik der Pariser Ordnung zu erfassen, welche, so die hier vertretene These, weniger auf Nationalität als auf Staatlichkeit aufbaute. Im Mittelpunkt stand die Auffassung, dass die Welt aus einem Gliederungsgefüge unabhängiger Staaten bestehen solle, die aber nicht beziehungslos nebeneinander stehen konnten und sollten, sondern durch vertrags- und rechtsförmiger Beziehungen zu einer Gemeinschaft verbunden wären; sämtliche Auflagen, welche den Kriegsverlierern durch das Regime der Friedensverträge auferlegt wurden, basierten auf diesem Gedanken.

Vor diesem Hintergrund waren nationale Homogenität, aber auch demokratische Partizipation jeweils Faktoren, um die Stabilität zu erhöhen und zwischenstaatliche Konflikte zu reduzieren, nicht aber ein Ziel an sich. Eine unbeschränkte souveräne, aber soziable Eigenstaatlichkeit war zudem Voraussetzung, um eine Sanktionsgewalt gegenüber den Verlierermächten zu beanspruchen, und ebenso war sie notwendig, um die wahrgenommene Anarchie der internationalen Politik zu überwinden und die Staatenwelt im Rahmen des Völkerbundes auf neue Weise zu formalisieren. Es verfehlt den zeitgenössischen Sinnhorizont, im Völkerbund zunächst eine internationale Organisation mit ei-

---

[509] Vgl. Berman, Passion and Ambivalence, S. 121–125; Weitz, From the Vienna to the Paris System, S. 1314, 1341.

gener Rechtspersönlichkeit erkennen zu wollen. Auch wenn sich die in Genf etablierten Strukturen wenig später in diese Richtung bewegten, so war doch an eine übernationale Instanz mit autonomer Handlungsfähigkeit kaum gedacht worden; es ging nicht um eine Beschränkung, sondern um eine Garantie der souveränen Gleichheit aller Staaten und um die Einbettung ihrer Unabhängigkeit und territorialen Integrität in wechselseitige Vertragsbeziehungen, Verbindungen und Verflechtungen.

Zwar bestanden stete Spannungen zwischen der herausgehobenen Vormachtstellung der Großmächte und den übrigen Mitgliedern der Staatengemeinschaft. Doch der Führungsanspruch der alliierten Hauptmächte mitsamt seiner Institutionalisierung im Völkerbundsrat transformierte im Grunde nur die jahrzehntealte Praxis des Europäischen Konzerts in zeitgemäße Kategorien. Nicht nur wurden die etablierten informellen Abstimmungs- und Koordinationsverfahren in festere Bahnen gelenkt, auf eine kodifizierte Grundlage gestützt und punktuell für kleinere Nationen geöffnet. Sondern auch die Annahme einer besonderen Verantwortung der Großmächte für den Schutz der internationalen Stabilität, des Friedens und des Rechts blieb erhalten. Das fügte sich wiederum zu dem mit dem Weltkrieg verbundenen Revirement der Mächte, wonach die Verliererstaaten als unzuverlässig und rechtsbrüchig zurücktreten mussten, zwei außereuropäische Siegernationen hingegen endgültig als den europäischen Großmächten ebenbürtig akzeptiert wurden. Allerdings fiel der Anspruch, ein allgemeines Interesse zu repräsentieren, als Selbstverpflichtung auf die alliierten Hauptmächte zurück. Dass sich nicht alle Siegermächte an einer solchen Verpflichtung orientieren konnten oder wollten, zählt zu den großen Dilemmata der Zwischenkriegszeit, wenngleich hier offen bleiben muss, ob die damit verbundenen Legitimationsprobleme eher auf das Konto der Staaten mit ihren machtpolitischen Ansprüchen gebucht werden müssen oder aber zu Lasten einer Öffentlichkeit und Rechtslehre gehen, die von den Mächten des Völkerbundsrats ein betont rechtsförmiges, verantwortliches und friedenwahrendes Verhalten erwartet haben.

Eine solche Erwartung enthüllt vielleicht den innersten Kern der Pariser Ordnung. Die Idee einer selbstorganisierenden Staatengemeinschaft war darauf angewiesen, dass ihre einzelnen Mitglieder sich selbst in einem kooperativen Sinne zu steuern vermochten; allein auf diese Weise ließ sich ein Friedenszustand vorstellen, der nicht von einem übermächtigen Hegemon erzwungen war. Die Unterwerfung unfriedlicher Nationen durch eine Koalition der rechtstreuen Staaten konnte nur ein letztes Mittel sein, so die Lehre des Weltkrieges, und sie ließ sich kaum als dauerhafte Fremdbeherrschung vorstellen. Dass das Regime der Friedensverträge so große Anstrengungen darauf verwandte, durch Eingriffe in die Innenpolitik, durch langfristige Vertragspflichten, durch territoriale Arrangements die Voraussetzungen stabiler Staatlichkeit zu verbessern, hat hier seine Wurzel. Es war in den Augen der alliierten Repräsentanten und überhaupt zahlreicher Zeitgenossen unverzichtbar, alle Nationen auf gemeinsame Grundlagen des Miteinanders zu verpflichten. Weder das Christentum noch eine monarchische Legitimität noch der Standard der Zivilisation mochten dabei als übergreifende Bezugspunkte dienen, sondern an ihre Stelle trat einzig die Forderung nach innerer Stabilität und Rechtstreue, nach einer Garantie der getreulichen Vertragserfüllung, der kooperativen Gesinnung, überhaupt nach einer Bereitschaft und Fähigkeit zu „open, just and honorable relations", wie es in der Präambel des Völkerbundes formuliert war.

Dass die Realität in der internationalen Politik bald in eine andere Richtung zeigte, ist evident, ebenso auch, dass die Forderung nach inneren, kulturellen, mentalen, gar nationalcharakterlichen Voraussetzungen der Rechtstreue zumeist reine Rhetorik blieb und bleiben musste. Trotzdem ändert dies nichts daran, dass sich das Konzept des souveränen, aber kooperativen und gemeinschaftsbezogenen Einzelstaates erst mit und durch die Pariser Ordnung als universales Modell durchgesetzt hat. Was im 19. Jahrhundert auf den Westfälischen Frieden projiziert wurde und im 20. Jahrhundert sodann auf den Wiener Kongress, wurde faktisch erst mit den Beschlüssen der Friedenskonferenz 1919/20 zu einem globalen Leitbild. Erst jetzt war Staatlichkeit nicht mehr eine europäische Sonderform politischer Herrschaft, sondern ein abstraktes Prinzip mit verallgemeinerbaren Kriterien und universalen Anwendungsmöglichkeiten; und erst jetzt wurde die Welt als internationale Gemeinschaft gedacht, die unabwendbar aus solchen Grundeinheiten zusammengesetzt war. Natürlich hatten die Siegermächte keineswegs vor, ihre koloniale Präsenz, ihre Ansprüche und Interessen rund um den Globus zu relativeren. Doch spätestens mit dem Mandatssystem mussten sie den Grundsatz bekräftigen, der in ähnlicher Form bereits für die Nachfolgestaaten der Vielvölkerreiche gegolten hatte und aus dem sich eine allgemeine Entwicklungsrichtung extrapolieren ließ: Jeder politische Verband konnte eine äußere Beherrschung ablösen, sobald er sich zu den Grundsätzen der internationalen Gemeinschaft bekannte und eine effektive Selbstführung und Selbstkontrolle plausibel in Aussicht stellen konnte. Der Erfolg dieses Versprechens war immens. Nahezu alle Befreiungsbewegungen, Sezessionen oder Dekolonisierungskämpfe im weiteren 20. Jahrhundert zielten auf eine eigenstaatliche Existenz und internationale Gleichrangigkeit nach dieser Prämisse. Die Figur des unabhängigen, aber kooperativen Staates wurde in einer so unverrückbaren Weise als globale Grundform politischer Existenz verankert, dass es schwer fallen mag, die Alternativen überhaupt noch am Horizont zu sehen. Realiter bestanden und bestehen zahlreiche andere Formen in der Organisation von Herrschaftsgewalt, von autarken Stämmen und Nomadenvölkern über halbsouveräne Territorien bis zu offenen und verdeckten Abhängigkeitsbeziehungen; das Panorama des Mit- und Nebeneinanders politischer, militärischer, religiöser oder wirtschaftlicher Formationen mit je eigener Ordnungsmacht und eigenen Rechtsverhältnissen ist in historischer Sicht außerordentlich weit gespannt. Vielleicht ist es der Triumph, vielleicht ist es die Tragödie der Pariser Ordnung, diese Vielfalt auf die abstrakten, juristischen, universalen Prinzipien eines staatszentrierten Internationalismus reduziert zu haben.

Bilanz und Ausblick

Im Jahr 1934 wurden der völkerrechtlichen Ordnung der Welt zwei Diagnosen gestellt, die unterschiedlicher nicht hätten ausfallen können: Der Wiener Rechtspositivist Hans Kelsen entwarf in seiner „Reinen Rechtslehre" den Gedanken einer „auf zunehmende Zentralisation gerichtete[n] Rechtsentwicklung", die letztlich auf „die organisatorische Einheit einer universalen Weltrechtsgemeinschaft, das heißt die Ausbildung eines Weltstaates"[1] hinauslaufen würde. Von einer derartigen Entgrenzung des Völkerrechts wollte sein langjähriger Antipode Carl Schmitt nichts wissen. Auch und gerade das Recht der Staatenwelt sei an eine konkrete, raumbezogene Ordnung gebunden, so formulierte der frischgebackene Parteigänger der NS-Diktatur, wohingegen jede Idee eines überstaatlichen Weltrechts nur ein Trugbild in politischer Absicht darstelle. Die ganze „Scheinblüte" des Völkerrechts, so polemisierte Schmitt, sei nur Ausdruck „einer bestimmten, den Versailler Imperialismus heiligenden Weltanschauung und der ihr zugehörigen pazifistischen und liberal-demokratischen politischen Gesinnung"[2].

Der Friedensschluss nach dem Ersten Weltkrieg macht deutlich, wie derart konträre Auffassungen zustande kommen konnten. Er basierte auf der Erwartung, dass eine gemeinsame Rechtsordnung aller Staaten der Welt bestehen solle, doch zugleich setzte er sie mit dem Sieg der alliierten und assoziierten Mächte in eins. Was darum auf der einen Seite als notwendige Verrechtlichung der Staatenwelt dargestellt wurde und als Erzwingung internationaler Verantwortlichkeit und Vertragstreue, erschien auf der anderen Seite als Maskerade einer machtpolitischen Unterwerfung, bestenfalls als einfältiger Idealismus. Die vorliegende Studie hat an vielen Beispielen aufgezeigt, über welche politische Kraft und Dynamik diese Vorstellungen verfügten. Die folgenden vier Abschnitte führen, ohne die Befunde der einzelnen Kapitel im Detail zu wiederholen, die wesentlichen Ergebnisse nochmals auf einer allgemeinen Ebene zusammen und versuchen einen Ausblick auf den weiteren Verlauf des 20. Jahrhunderts.

Erstens: Der Pariser Friedensschluss ist kaum zu verstehen ohne den Blick zurück in das 19. Jahrhundert. Spätestens seit dem letzten Drittel des Jahrhunderts setzten sich in den westeuropäisch-nordamerikanischen Gesellschaften stark normativ getönte Ordnungsvorstellungen zur Welt durch. Der Aufstieg der

---

1 Hans Kelsen, Reine Rechtslehre. Einleitung in die rechtswissenschaftliche Problematik, Leipzig 1934, S. 134. Siehe auch Jochen v. Bernstorff, Der Glaube an das universale Recht. Zur Völkerrechtstheorie Hans Kelsens und seiner Schüler, Baden-Baden 2001, S. 69–104.
2 Carl Schmitt, Nationalsozialismus und Völkerrecht [1934], in: ders., Frieden oder Pazifismus? Arbeiten zum Völkerrecht und zur internationalen Politik 1924–1978, hrsgg. v. Günter Maschke, Berlin 2005, S. 391–406, hier: S. 395.

https://doi.org/10.1515/9783110581485-007

bürgerlichen Ideenwelten von Liberalismus und Nationalismus, Konstitutionalismus und Kontraktualismus beschränkte sich nicht nur auf die innerstaatliche Verfasstheit, sondern strahlte gleichermaßen auf die Staatenverhältnisse aus. An die Stelle einer gewachsenen Verbundenheit der Dynastien in der christlich-abendländischen Gemeinschaft Europas trat die Vorstellung eines regelgeleiteten Miteinanders zwischen allen Völkern, Nationen und Staaten der Erde, deren Beziehungen in gleicher Weise als ein Kooperationsgefüge zwischen abgeschlossenen Entitäten imaginiert wurde, wie es als Ideal einer bürgerlichen Gesellschaft gedacht wurde. Ähnlich wie es für das Zusammenleben freier und gleicher Bürger innerhalb eines Staates gelten sollte, müssten sich auch die Mitglieder der internationalen Gemeinschaft als gleichrangige, selbstbestimmte und zu vernunftgeleiteten Entscheidungen befähigte Akteure begegnen. Sicherheit und Stabilität, Kooperation und Friedlichkeit waren demnach nicht von einer übergeordneten Hegemonialmacht erzwungen – nach liberalem Glauben selbst im innerstaatlichen Verkehr nicht –, sondern Ergebnis einer rationalen, vertragsförmigen, oft ökonomisch überformten Aushandlung zwischen autonomen Einheiten, die sich zu freiwilligen Tauschbeziehungen miteinander verbinden würden; bürgerliche Gesellschaft und Staatengemeinschaft waren in dieser Sicht selbstregulierende Kollektive.

Vor diesem Hintergrund avancierte das Völkerrecht seit der Mitte des 19. Jahrhunderts zu einem Hauptstrang in den liberalen Fortschrittserzählungen der Zeit. Zwar muss man alle normativen Leitbilder deutlich vom existierenden Korpus völkerrechtlicher Doktrinen abheben; selbst wenn sich die internationalen Rechtsbeziehungen und Vertragswerke in diesem Zeitraum dramatisch vermehrten – die Haager Konventionen sind nur die Spitze des Eisbergs –, blieben Umfang und Reichweite einer tatsächlichen Verregelung noch überschaubar. Trotzdem ist unverkennbar, dass der Aufschwung der disziplinären Völkerrechtslehre bald von einer neuartigen fortschrittsoptimistischen Selbstgewissheit angetrieben wurde, in der sich Humanitarismus und wohlwollender Paternalismus, kosmopolitische Ideale und imperialistisches Sendungsbewusstsein amalgamierten. Dogmatisch wurde das Völkerrecht immer weniger naturrechtlich-historisch hergeleitet, sondern, szientistisch überformt, auf abstrahierte Begriffe und positivistische Kategorien aufgebaut. Sicherlich, lange Zeit blieb es noch selbstverständlich, dass „rückständige" und „halbzivilisierte" Völkerschaften rund um den Globus keinesfalls als gleichrangige Völkerrechtssubjekte anerkannt werden könnten, sondern allenfalls unter kolonialer Verwaltung eine internationale Sichtbarkeit erlangen mochten. Doch die Erwartung, dass die Welt aus einem Gliederungsgefüge gleichartiger, nach identischen Grundsätzen organisierter und nach einer gleichen Logik funktionierender Staaten bestehen würde, hatte sich zum Ende des Jahrhunderts weitgehend durchgesetzt.

Die Konsequenzen waren erheblich. Was zuvor nur ein regionales – und, bei Licht besehen, ebenso exklusives wie flexibles – Regelwerk zwischen einigen Monarchen und Kollektiven des europäischen Kontinents dargestellt hatte, erschien nunmehr als universales Normsystem für sämtliche zwischenstaatlichen Beziehung. Die pauschale Feststellung, dass der Multilateralismus der Wiener Ordnung im späten 19. Jahrhundert durch einen aggressiven Nationalismus zerstört worden sei, mag daher zwar auf eine Zunahme der Spannungen in Europa hinweisen. Man darf aber nicht übersehen, dass die überstaatlichen Arrangements des Europäischen Konzerts schon seit längerer Zeit als rückständig galten und von den bürgerlichen Eliten, und zumal von der Völkerrechtslehre, keineswegs als sonderlich rechtsförmiges System begriffen wurden. Die führende Rolle der europäischen Großmächte war zwar auch im liberalen Weltbild selbstverständlich. Doch diese Führung sollte in einem definierten Rahmen, auf rechtlicher Grundlage und im allgemeinen Interesse der Staatengemeinschaft ausgeübt werden; sie durfte nicht als bloße Willkür und egoistische Interessenverfolgung erscheinen oder allein auf eine machtpolitische Überlegenheit gegründet sein.

Zweitens: Mit dem Kriegsausbruch 1914 erfuhr dieser fortschrittsoptimistische, aber unverbindliche Glaube an eine Verrechtlichung der Staatenwelt eine jähe Relevanz. Angesichts der Rechtsbrüche der Mittelmächte, mehr aber noch angesichts ihrer diesbezüglichen Ignoranz, lag es für die Entente-Mächte von Beginn an nahe, den Konflikt als Konfrontation von Recht und Unrecht, von Fortschritt und Regression zu beschreiben. Der Krieg wurde demnach nicht aus Gründen einer zwischenstaatlichen Rivalität geführt, sondern zur Verteidigung der zivilisierten Staatenwelt vor aggressiven Außenseitern. Das war zwar eine erkennbar einseitige Behauptung, die in erster Linie der propagandistischen Rechtfertigung und Mobilisierung diente. Sie konnte sich jedoch nicht allein auf das deutsche Vorgehen gegenüber Belgien berufen oder auf die Verweigerungshaltung des Reichs bereits bei den Haager Verhandlungen von 1899/1907, sondern bezog ihre eigentliche Überzeugungskraft aus dem normativen Erwartungshorizont des ausgehenden 19. Jahrhunderts. Bestehende Vorstellungen von der Unberechenbarkeit und Rechtsverachtung autokratischer Regime oder von der defizitären Staatlichkeit multinationaler Reichsverbände wurden unter dem Eindruck des Kriegsausbruchs auf die Gegenseite projiziert, was sich nach 1917, nach dem Ausscheiden des zaristischen Russlands und dem Eintritt der USA, nochmals intensivierte. In der Folge wurde der Weltkrieg in den westlichen Gesellschaften immer stärker als ein Kampf zur Verteidigung der internationalen Gemeinschaft, der zwischenstaatlichen Rechtsbeziehungen wie der souveränen Gleichrangigkeit der freien Nationen, interpretiert.

Dieser Anspruch, den Krieg im Namen des Völkerrechts geführt und gewonnen zu haben, drückte dem gesamten Friedensschluss einen unübersehbaren Stempel auf. Es war für die Siegermächte kaum möglich, sich allein auf eine politische Bezwingung und militärische Überwältigung der Mittelmächte zu berufen. Einerseits war eine sichtbare Niederwerfung zumindest im deutschen Fall ausgeblieben; die von der Reichsführung verweigerte Kapitulation konnte nie erzwungen, sondern immer nur formal behauptet werden. Andererseits, und wichtiger noch, sollte nach den alliierten Deklamationen gerade nicht die Macht, sondern das Recht triumphiert haben. „What we seek is the reign of law"[3], so hatte Wilson in seiner Ansprache in Mount Vernon am 4. Juli 1918 erklärt, und dieser Anspruch wurde in der alliierten Mantelnote vom 16. Juni 1919 mit großer Ernsthaftigkeit bekräftigt: „[N]ations as well as individuals are to be brought beneath the reign of law", so hieß es hier über die entscheidende Leitmaxime des Friedens, und dazu sei notwendig, dass „justice is not deflected for the sake of convenient peace."[4]

Der Pariser Friedensschluss von 1919/20 war damit ein originärer Rechts- und Vertragsfrieden. Die Beendigung des Kriegszustandes und die Herstellung friedfertiger Verhältnisse sollten in einem Modus der Rechtlichkeit vollzogen werden, der auf eine vertragsförmige Verpflichtung und innere Konditionierung der Verlierernationen abzielte. Alle Bestimmungen mussten, unter welchen Mühen und Verrenkungen auch immer, als Beitrag zu einer gerechten Kriegsbewältigung wie zur Stabilisierung der Staatengemeinschaft rationalisiert werden können; entsprechend war nahezu jede einzelne Klausel – sei es zur Strafverfolgung oder zu den Reparationen, zur Abrüstung oder der Begründung des Völkerbundes, zu den Gebietsabtretungen oder Wirtschaftsbestimmungen – in einer spezifisch legalistischen Form, Diktion und Logik angelegt.

Um kein Missverständnis aufkommen zu lassen: Diese rechtsförmige Ausgestaltung folgte nicht notwendig dem Bemühen um eine „tatsächliche" Gerechtigkeit, was immer man darunter auch verstehen mag. Sie entsprach zwar dem normativen Selbstverständnis der westlichen Gesellschaften, doch dass sie sich ebenso gut für andere Zwecke instrumentalisieren ließ, kann nicht ernsthaft bestritten werden. Zahlreiche Vertreter der Siegermächte bedienten sich der Rhetorik und des Anscheins des Rechts vor allem deshalb, um eigene Interessen durchzusetzen oder wenigstens eine moralisch überlegene Position zu behaup-

---

3 Woodrow Wilson, Ansprache v. 04.07.1918, in: PWW, Bd. 48, S. 514–517, hier: S. 517. Ein affirmativer Bezug darauf etwa bei Baruch, Making of the Reparation and Economic Sections, S. 308–312.
4 Clemenceau an Brockdorff-Rantzau, Mantelnote v. 16.06.1919, in: FRUS, PPC 1919, Bd. 6, S. 926–935, hier: S. 930.

ten. Trotzdem wird eine Kritik, welche das legalistische Gepräge des Friedens nur als Fassade vor politischen Zielsetzungen begreift, dem Sachverhalt nicht gerecht. Die formale wie materielle Berufung auf das Recht erzeugte eine Eigenlogik, die sich nie effektiv kontrollieren ließ. Abstrakt gesprochen: Durch die spezifische Sollens-Struktur des Rechts erhielten alle festgelegte Bestimmungen eine Wirkmächtigkeit eigener Art, die sie unabhängig von den Hintergedanken ihrer Schöpfer machte. Jede Auslegung der Friedensabkommen konnte immer nur von dem als Vertragstext äußerlich gemachten Willen der Siegermächte ausgehen, nicht von ihren unausgesprochenen Vorbehalten oder machtpolitischen Absichten.

Die Vertreter der alliierten Nationen merkten jedenfalls bald, dass die rhetorische Behauptung eines „Paix du Droit" mit erheblichen politischen Folgekosten verbunden war. Es bedurfte großer Anstrengungen, um das deutsche Beharren auf einen „echten Rechtsfrieden" nach Maßgabe der 14 Punkte zurückzuweisen, ohne sich zugleich von den eigenen Proklamationen der Rechts- und Vertragstreue zu distanzieren zu müssen. Selbst wenn man in der Anrufung des Rechts also nur eine Maskerade erkennen würde, so kann man feststellen, dass die alliierten Repräsentanten diese Maske nicht mehr ohne weiteres ablegen konnten. Wer sich, wie etwa Raymond Poincaré mit der Ruhrbesetzung 1923, zu einer allzu offenen Machtpolitik hinreißen ließ, gab unweigerlich die hässliche Fratze eines rücksichtslosen Gewaltpolitikers zu erkennen.

Damit wird das eigentliche Problem greifbar: Die eminent vertragspositivistische, normativ aufgeladene Gestalt des Friedens überformte und strukturierte sämtliche alliierten Handlungsmöglichkeiten. Zwar bot die pathetische Anrufung des Rechts ebenso wie die juristische Komplexität der Vertragswerke erhebliche Vorteile, etwa indem sie die militärische Unklarheit des Kriegsausgangs oder die Interessengegensätze im eigenen Lager kaschierte. Doch die Siegernationen büßten dadurch an politischer Gestaltungsfreiheit ein. Weder war ihnen jemals eine flexible, kompromissorientierte Einbindung der Kriegsgegner möglich, wozu etwa die schrittweise Akzeptanz Frankreichs auf dem Wiener Kongress 1814/15 als Modell hätte dienen können, noch sahen sie sich zu einer rigorosen machtpolitischen Niederwerfung des Gegners in der Lage, wie es für den Umgang mit Deutschland und Japan nach 1945 kennzeichnend werden sollte.

Dass die Kriegssieger den unterlegenen Nationen in diesem Rahmen immer noch schmerzliche Vorschriften auferlegen konnten, sollte nicht überraschen. Als Diktat und „Unrechtsfrieden" lässt sich der Friedensschluss gleichwohl nicht bewerten. Die meisten Bestimmungen waren an sich keineswegs untragbar. Im Fall des Versailler Vertrags kann man zudem plausibel argumentieren, dass eine konziliantere Verhandlungslinie der deutschen Seite mittelfristig wohl eine Revision der meisten Auflagen hätte erreichen können. Das zeigt sich noch deutlicher für die Friedensschlüsse in Mittel- und Südosteuropa, allerdings kaum für das Abkommen mit dem Osmanischen Reich. Der Vertrag von Sèvres kann am ehesten noch als ein Gewaltfrieden mit Unterwerfungscharakter charakterisiert werden, der in der Tradition einer jahrzehntelangen Einmischungspolitik der europäischen Großmächte stand, jedoch unversehens zu ihrem Endpunkt geriet. Nach der ausbleibenden Ratifikation und angesichts des Siegeszuges der Kemalisten mussten die alliierten Nationen zugeben, dass ihre politischen, militärischen und auch mentalen Ressourcen nicht mehr ausreichten, um der Türkei nochmals die eigenen Interessen aufzuzwingen. In ähnlich hilfloser Weise standen die Siegermächte freilich auch der politischen Dramatisierung von „Versailles" in Deutschland oder von „Trianon" in Ungarn gegenüber, die zwar mehr mit einer Ablehnung der Kriegsniederlage als mit den eigentlichen Vertragsbestimmungen zu tun hatte, sich gleichwohl rasch zu einem „Revisionssyndrom" (M. Salewski) verselbstständigte. Kurzum: Die Spannung zwischen dem normativen Überschuss des Friedens und seiner politischen Unbestimmtheit ließ sich auch in den 1920er Jahren kaum auflösen. So elaboriert das Pariser Vertragsregime in juristischer Hinsicht sein mochte, so wenig konnte es die Verhältnisse zwischen den verfeindeten Lagern befrieden oder die Dynamik der internationalen Politik in geordnete Bahnen leiten.

Drittens: Unabhängig von dem Aufschwung normativer Weltvorstellungen, oder mit diesen nur mittelbar verkoppelt, erfuhr das Völkerrecht im ausgehenden 19. Jahrhundert eine praktischen Aufwertung in den Staatenbeziehungen. Im diplomatischen Verkehr spielten Juristen zunehmend eine größere Rolle, was gegenüber älteren Formen der Rechtsberatung und Rechtskonsultation insofern ein neuartiges Phänomen darstellte, als ein dezidiert juristischer Aufgabenkreis nunmehr bewusst von den etablierten Formen der Diplomatie abgetrennt wurde. Nominell folgte dies einem Anspruch unpolitischer Professionalisierung, Modernisierung und Verfachlichung und war angesichts der zunehmenden Komplexität der internationalen Rechts- und Vertragsverhältnisse durchaus nachvollziehbar. Trotzdem erweiterte die Einbeziehung professioneller Völkerrechtler die Außenbeziehungen nicht nur, sondern veränderte sie insgesamt. Es zeigt sich rasch, dass juristische Argumente in bestimmten Verhandlungssituationen einen Vorteil boten, etwa weil sie einzelne Positionen als zwingend oder unantastbar kennzeichnen konnten und nur durch eine Replik auf gleicher, also rechtlicher Ebene angreifbar waren. Durch den Rückgriff auf juristische Instanzen und Akteure ergaben sich neue Möglichkeiten für gesichtswahrende Kompromisse, aber auch für hintergründige Zugeständnisse oder Blockaden. Jede rechtliche Beurteilung schien einer politischen Auseinandersetzung auf besondere Weise entzogen, freilich ohne jemals – das dürfte sich von selbst verstehen – unpolitisch in einem naiven Sinne zu sein.

Dieser Zusammenhang erklärt auch, warum eine simple Beschreibung von Völkerrechtlern als Repräsentanten einer fortschreitenden Verrechtlichung zu kurz greift. Sicherlich lässt sich in Einzelfällen ein idealistischer Glaube an das eigene Tun wie an die Friedensmacht des Rechts beobachten, der in die Diplomatie hineingetragen werden sollte. Doch im Regelfall war in der internationalen Politik für persönliche Überzeugungen wenig Platz. Es hat seinen guten Grund, wenn das Verhältnis zwischen akademischer Völkerrechtslehre und etablierter Diplomatie noch zum Ende des 19. Jahrhunderts von einem wechselseitigen Misstrauen charakterisiert war. Während Juristen eine angeblich aristokratisch-dünkelhafte Aushandlung der Staatenbeziehungen nach politischen Opportunitätskriterien beklagten, warnten Diplomaten vor einem bürgerlich-doktrinären Formalismus, dem jeder Sinn für die Möglichkeiten einer geschmeidigen Staatskunst abgehe.

Diese Skepsis ist stellenweise noch auf der Pariser Friedenskonferenz zu erkennen. Nicht allein in den Außenämtern, sondern besonders auf der politischen Entscheidungsebene bestand eine prononcierte Ablehnung gegenüber jedweder rechtlichen Einengung der eigenen Handlungsoptionen. So sehr der Friedensschluss einem normativen Vorstellungshorizont genügen musste, so sehr waren Georges Clemenceau, David Lloyd George und Woodrow Wilson der Überzeugung, dass die Verhandlungen eine originär politische Angelegenheit darstellten. Auch aus diesem Grund kamen die Exponenten des französischen oder amerikanischen Legalismus nie über eine Randstellung hinaus. Schon jede verbale Anknüpfung an die Haager Konferenzen war problematisch. Hingegen war es für die alliierten Regierungschefs ein Glücksfall, dass ihnen mit dem von Henri Fromageot und Cecil Hurst angeführten Redaktionskomitee eine Gruppe diplomatisch erfahrener Juristen gegenübertrat, die keinen Zweifel an dem unbedingten Primat der politischen Führung aufkommen ließ. Selbst dort, wo sich die Beschlüsse der Regierungschefs als undeutlich, fragwürdig oder sogar widersprüchlich ausnahmen, bemühten sich die Konferenzjuristen um eine vertragstechnische Gestaltung, welche die jeweiligen Vorgaben mit den übergeordneten Ansprüchen und den rechtstechnischen Notwendigkeiten in einen Ausgleich zu bringen suchte. Der bemerkenswerte Erfolg, mit dem dieser undankbare Balanceakt gelang, ist in bisherigen Betrachtungen zur Friedenskonferenz bislang nur unzureichend berücksichtigt und noch seltener gewürdigt worden; er war aber eine wesentliche Voraussetzung für die, trotz aller Defizite, imposante Architektur der Friedensverträge und ihre einzigartige Stellung in der Geschichte der modernen Staatenbeziehungen.

Doch die Bedeutung der juristischen Tätigkeit hinter den Kulissen reichte noch weiter. Das Redaktionskomitee der Pariser Friedenskonferenz war ein zentraler Knotenpunkt in dem losen Netzwerk, welches die Rechtsberater der Außenämter seit der Vorkriegszeit untereinander verband und das sich bis weit in die Zwischenkriegszeit fortsetzen sollte. Für die offizielle Außenpolitik erwiesen sich diese kleinen Zirkel nach 1920 rasch als unverzichtbar. Je weniger an der unbedingten Loyalität und der politischen Zurückhaltung der Rechtsberater gezweifelt werden konnte, desto eher wurden sie nicht nur zur juristischen Absicherung des eigenen Vorgehens herangezogen, sondern ebenso für Vorabsprachen oder die Abstimmung einzelner Interessen. Wohlgemerkt: Man sollte diese Tätigkeit nicht falsch einschätzen; politische Differenzen wurden koordiniert, nicht ausgetragen. Doch tritt man einen Schritt zurück, so verweist genau dieser Umstand auf einen staunenswerten Konsens. Alle Akteure stimmten darin überein, dass in den Staatenbeziehungen zwischen Recht und Politik unterschieden werden könne und unterschieden werden solle. Mehr noch: Von allen Seiten wurde eine – zwar nicht unbegrenzte, aber doch weitgehende – Unverfügbarkeit des Rechts akzeptiert, weil es sich nur so als politische Kraft einsetzen ließ. Erst auf dieser Grundlage kam es, über alle Staaten und Systeme hinweg, zu einem Aufstieg der Völkerrechtler als einer spezifischen Funktionsgruppe in der Außenpolitik, auf deren Beteiligung seither keine Regierung mehr verzichten konnte.

Viertens: Schließlich bestätigte und bekräftigte der Pariser Friedensschluss die Vorstellung einer rechts- und vertragsförmig organisierten, interdependenten Gemeinschaft souveräner Staaten. Obwohl kaum programmatisch ausformuliert und nicht selten gegenläufig zu den Intentionen der Siegermächte, wurden die normativen Erwartungen des 19. Jahrhunderts mit den Friedensverträgen zumindest ansatzweise in ein juristisches Regelsystem transformiert; die Institutionalisierung der Staatengemeinschaft im Völkerbund mag hierfür ebenso als Beispiel dienen wie das prinzipielle Anerkenntnis, dass internationale Rechtsbrüche einer Sanktionierung und Wiedergutmachung bedürfen würden. Wichtiger als solche Einzelaspekte war jedoch, dass der staatszentrierte Internationalismus des europäischen Völkerrechts nunmehr endgültig zur dominanten, oft einzig vorstellbaren Ordnungsform des Planeten avancierte. Zwar mag es mit Blick auf die Zwischenkriegszeit naheliegen, den Beschlüssen von 1919/20 die Entfesselung eines unversöhnlichen Nationalismus und einer unerbittlichen Bevölkerungspolitik anzulasten, wie es sich etwa in der konfliktreichen Etablierung von Nationalstaaten in multiethnischen Territorien beobachten lässt. Aus größerer Perspektive zeigt sich allerdings, dass Fragen der nationalen Identität, der ethnographischen Zuordnung und Grenzziehung in der Pariser Ordnung vorwiegend funktionale Bedeutung besaßen, indem sie die einzelstaatliche Gliederung der Welt rationalisieren und legitimieren sollten. Obwohl noch vorwiegend auf Europa und die europäische Peripherie bezogen, bildete der Friedensschluss eine entscheidende Schwelle für die universale Transformation politischer Herrschaftsverhältnisse im 20. Jahrhundert, die immer mehr in ein uniformes Gefüge gleichartiger, rechtlich gleichrangiger Einheiten gebracht wurden; selbst das Mandatssystem oder die nachfolgende Dekolonisierung lässt sich nur mit Blick auf diese fundamentale „Verstaatung" der Welt erklären.

Dass mit dem Pariser Friedensschluss die Souveränität der Einzelstaaten erheblich beschränkt worden sei, wie es mit der These eines „modernen" Völkerrechts oftmals assoziiert wird, lässt sich hingegen nicht ohne weiteres nachvollziehen. Auch in einem völkerrechtlich formalisierten Staatensystem sollten alle Mitglieder immer noch eine exklusive Herrschaftsgewalt über das eigene Territorium und die eigene Bevölkerung ausüben. So einschneidend die Auflagen für die Kriegsverlierer ausfielen, so präskriptiv etwa die Minderheitenverträge waren, so bedeutsam sich die Gründung des Völkerbundes oder der ILO ausnahmen, so wenig wurde 1919 an unabhängige Institutionen auf überstaatlicher Ebene, gar an eine super-souveräne Erzwingungsmacht gedacht. Im Gegenteil, die hohe Bedeutung der einzelstaatlichen Souveränität, welche allein als Voraussetzung internationaler Stabilität gelten konnte, machte ihre inhaltliche Bestimmung und innere Befestigung nur umso notwendiger. Zwar hatte die Praxis staatlicher Souveränität in der Vergangenheit niemals jener unumschränkten, ungeregelten, willkürlichen Machtentfaltung entsprochen, wie es eine verzerrte Wahrnehmung im und nach dem Ersten Weltkrieg glauben machen wollte. Doch erst in der Pariser Ordnung wurden ältere Traditionen und vereinzelte Vorläufer, wie sie sich beispielhaft in der Berliner Kongressakte von 1878 finden lassen, so systematisch zusammengezogen und normativ ausgedeutet, dass Souveränität nicht nur mehr ex negativo – als Abwesenheit einer höheren und äußeren Gewalt – definiert wurde, sondern inhaltlich gefüllt werden konnte: Jede Anerkennung einer souveränen Selbstbestimmung war von der Fähigkeit wie Bereitschaft zu einer geordneten Selbstführung nach den Maßstäben des Völkerrechts abhängig.

Damit wurde der innere Zustand eines politischen Verbandes zum Maßstab seiner äußeren Akzeptanz, wobei die Bewertung im weiten, wenngleich nicht unbegrenzten Ermessen der dominierenden Großmächte stand. Die zugrundeliegenden Kriterien veränderten sich im 20. Jahrhundert auf charakteristische Weise. Kaum verhandelbar waren eine effektive Regierungsgewalt und stabile Außenbeziehungen, während Vorstellungen einer zivilisatorischen „Reife" und kulturellen Gesittung nach dem Ersten Weltkrieg an Bedeutung verloren und Erwartungen an eine demokratisch-republikanische Verfasstheit sich nicht dauerhaft durchsetzen konnten. Nach 1945 und, vor allem, nach 1989/91 gewannen hingegen individual- und menschenrechtliche Kriterien an Gewicht. Mittlerweile wird die Zuerkennung und Achtung von Souveränität gar mit der theoretischen Figur einer „sovereignty as responsibility" verknüpft, worunter eine Schutzverantwortung für die eigene, teils auch für eine fremde Bevölkerung nach universalen moralischen Prämissen verstanden wird; ein Vorläufer dieser Vorstellung lässt sich in dem Interventionsanspruch erkennen, mit dem die Imperialmächte Großbritannien und Frankreich eine Strafverfolgung der osmanischen Staatsverbrechen betrieben.

Insgesamt sollte aber nicht der Eindruck erweckt werden, dass der Aufstieg des staatszentrierten Internationalismus im 20. Jahrhundert einen mühelosen Siegeslauf dargestellt habe und gänzlich ohne Widerspruch geblieben sei. Die der Pariser Ordnung zugrundeliegenden Ideen einer liberalen Weltgestaltung, in der Recht und Verträge, Handel und Verkehr zwischen abgeschlossenen Entitäten – Bürgern wie Staaten – die entscheidenden Bezugsgrößen darstellten, gerieten vor allem durch die Konkurrenz der ideologischen Großordnungen des 20. Jahrhunderts unter erheblichen Druck. Schon in den Reihen der Bolschewiki hatte die Neigung bestanden, völkerrechtliche Normen und internationalistische Ideale zunächst als taktische Fragen zu behandeln, was sich in der Sowjetunion ungebrochen fortsetzte. Wohl bestand auf theoretischer Ebene die Idee einer revolutionären Einschmelzung aller Länder in einer kommunistischen Weltgesellschaft. Doch praktisch kamen die Anläufe einer eigenständigen sowjetischen Völkerrechtsdoktrin kaum über den Versuch hinaus, durch eine ausgeprägte Betonung nationaler Souveränität jede westliche Einrede in den eigenen Herrschaftsbereich abzuwehren; dass eine Eigenstaatlichkeit im sowjetischen Orbit oftmals nur ein Potemkin'sches Dorf unter der Aufsicht der Moskauer Parteiführung darstellte, lässt sich kaum bestreiten.

War die sowjetische Haltung eher defensiv ausgerichtet, so wurden die normativen Prämissen der Pariser Ordnung in den Reihen der reaktionär-autoritären bis faschistischen Bewegungen der Zwischenkriegszeit auf ungleich aggressivere Weise in Frage gestellt. Besonders der Aufstieg Benito Mussolinis war eng mit der nationalistischen Empörung über den in Paris angeblich „verstümmelten Sieg" („vittoria mutilata") Italiens verbunden. Das rücksichtslose Vorgehen, mit dem die italienische Staatsführung seit den 1920er Jahren ihren Einflussbereich auf dem Balkan und in Afrika zu vergrößern suchte, entsprang dem demonstrativen Anspruch, zu einer Politik jenseits internationaler Verpflichtungen und Regelwerke in der Lage sein zu können. Zwar lässt sich immer noch einwenden, dass ein solches Vorgehen weniger einer genuin faschistischen Konzeption denn einer tradierten Großmachtpolitik folgte; in ähnlicher Weise verband sich auch mit dem Vorgehen Japans in Ostasien oder dem Aufstieg der kemalistischen Bewegung in der Türkei keine grundlegende Infragestellung des Staatensystems, sondern nur die Absicht, einen herausgehobenen Platz darin einzunehmen. Doch derartige Einschränkungen und Vorbehalte lassen sich für die NS-Diktatur nicht mehr ernsthaft vorbringen. Obwohl hier gleichfalls Elemente einer traditionellen Großmachtpolitik unter Beachtung diplomatischer und rechtlicher Standards zu erkennen sind, mit der die Westmächte hingehalten und die konservativen Eliten eingebunden werden sollten, setzten sich spätestens mit Ausbruch des Zweiten Weltkrieges die radikalen Kräfte durch. Es ist offensichtlich, dass die nationalsozialistische Weltanschauung schon im Ansatz mit einer universalen Gleichrangigkeit aller souveränen Staaten unvereinbar war und stattdessen auf völkisch-rassischen Hierarchien basierte. Sämtliche überstaatlichen Rechtsbindungen konnten in einer solchen Sicht immer nur Ausdruck der Machtverhältnisse in einem ewigen Konkurrenzkampf der Nationen, Völker und Rassen sein.

In der zweiten Hälfte des 20. Jahrhunderts sind Alternativen zum staatszentrierten Internationalismus weitgehend aus dem Blickfeld entschwunden. Die staatliche Gliederung des Planeten und die Universalität des Völkerrechts werden nirgendwo mehr ernsthaft in Frage gestellt. Überdies ist es in den Jahrzehnten nach 1989/91 zu einer derart überwältigenden Ausweitung völkerrechtlicher Regelwerke und Institutionen gekommen, dass teilweise schon von einer globalen Konstitutionalisierung durch ein höherrangiges Völker- und Weltrecht gesprochen wird. Auch wenn man in dieser Frage zurückhaltend ist, fällt auf, dass die globalen Probleme der Gegenwart, vom Klimaschutz über die Flüchtlingskrisen bis zum Schutz länderübergreifender Infrastrukturen, oftmals Forderungen nach einer weiteren Verrechtlichung und Internationalisierung auslösen, also weiterhin die freiwillige Selbstbindung souveräner Staaten eingefordert wird. Es ist nicht schwer, hierin ein Fortleben der normativen Erwartungen des 19. Jahrhunderts zu erkennen, die sich gerade in Deutschland zu einem mittlerweile machtvollen „Diskurs der Rechte, der Weltgesellschaft, der Weltbürger, der internationalen Zivilgesellschaft, der säkularen Rationalität, des Humanismus und der internationalen Gouvernanz"[5] verfestigt haben.

In dem zunehmend dichteren Geflecht der universalen Rechtsbeziehungen ist zwar die exklusive Stellung der Staaten längst zugunsten internationaler Organisationen relativiert worden. Ein nächster Schritt wird vermutlich in der Wiederzulassung privater Akteure zur internationalen Ordnung bestehen, da sich die tiefgreifende Regulierungsmacht und Strukturhoheit der digitalen Weltkonzerne nicht mehr ernsthaft ignorieren lässt. Möglicherweise wird man auch, zumal im Zeichen einer überstaatlichen Schutzverantwortung, über die Relati-

---

5 Haltern, Was bedeutet Souveränität?, S. 88.

vierung einer souveränen Eigenstaatlichkeit von „failed states" und „rogue states" sprechen, daneben vielleicht über die Berücksichtigung nur virtuell existierender Gemeinschaften mit gemeinsamem Handlungsanspruch. Doch solche Umbrüche lassen an erster Stelle eine weitere Pluralisierung der Weltrechtsgemeinschaft erwarten und eine beschleunigte Differenzierung in verschachtelte, einander überlappende Regime, kaum jedoch einen formalisierten Weltstaat, wie er in den einleitend zitierten Worten von Hans Kelsen aufscheint. Aber auch ein Auseinandertreten in mehrere abgeschlossene Ordnungssysteme, wie es Carl Schmitt vorgeschwebt hatte, erscheint angesichts der weltweiten ökonomischen Verflechtung derzeit unwahrscheinlich. Es ist nicht erkennbar, dass etwa die russische oder chinesische Staatsführung in absehbarer Zeit mit der gegenwärtigen Völkerrechtsordnung brechen werden, auch wenn die Versuche einer taktischen Umdeutung nach den eigenen Präferenzen zunehmen. Ebenso wenig steht zu erwarten, dass dem fundamentalistischen Sturmlauf des „Islamischen Staats" im Nahen Osten weitere Anläufe folgen werden, eine autonome Herrschaftsgewalt außerhalb der existierenden Staatengemeinschaft und des von ihr hervorgebrachten Völkerrechts begründen und behaupten zu wollen.

Vor diesem Panorama wird, schlussendlich, die historische Gebundenheit des Pariser Friedensschlusses nochmals greifbar. Dass die Kompromisse der alliierten und assoziierten Nationen allerorten Enttäuschung und Erbitterung hervorriefen, sollte nicht den Blick für die übergreifende Entwicklungsdynamik verstellen. So ungeeignet der Friedensschluss für die Herstellung einträglicher Beziehung zwischen den Kriegsparteien war, so sehr war er symptomatischer Ausdruck eines fortschrittsgewissen, liberalen, teils auch imperialen Ordnungsanspruchs, die politischen Weltverhältnisse völkerrechtlich zu erfassen und zu regulieren. Alle Defizite, Instrumentalisierungsversuche und missgünstige Umdeutungen können nicht darüber hinwegtäuschen, dass die Friedensverträge langlaufende normative Erwartungen großer Kohärenz und Eindringlichkeit bündelten, die noch die Gegenwart prägen. Von der Prämisse, dass eine gemeinsame Rechtsordnung aller Staaten der Welt bestehen solle, mag man sich kaum distanzieren; freilich hat es gerade dieser Anspruch so schwer gemacht, die verfeindeten Beziehungen nach dem Ersten Weltkrieg zu versöhnen. Am Ende bleibt es eine Gewissensentscheidung, ob man das kardinale Problem des Friedens eher in seinen normativen Ansprüchen erblickt, in ihrer ungenügenden Erzwingung oder in ihrer unzureichenden Akzeptanz. In jedem Fall kann bilanziert werden: Mit Recht allein lässt sich kein Frieden gestalten.

Nachwort

Bei der vorliegenden Studie handelt es sich um die überarbeitete Fassung meiner im Juli 2016 von der Philosophischen Fakultät der Humboldt-Universität zu Berlin angenommenen Habilitationsschrift. Im darauffolgenden Jahr wurde sie mit dem Otto-Hintze-Preis der Michael-und-Claudia-Borgolte-Stiftung ausgezeichnet. Für den Druck ist das Manuskript durchgesehen und um zwei Kapitel zum Stellenwert des Völkerrechts in der internationalen Politik nach 1856 gekürzt worden; einzelne Aspekte wurden, wo es für das Verständnis notwendig schien, in die übrigen Kapitel eingearbeitet. Seither erschienene Literatur konnte nur noch in einem begrenzten Umfang aufgenommen werden. Orts- und Eigennamen folgen, mit einigen begründeten Ausnahmen, der Diktion, wie sie zeitgenössisch in Deutschland und anderen westlichen Ländern üblich war. Fremdsprachliche Institutionsbezeichnungen und Sachbegriffe wurden dort eingedeutscht, wo es der Lesbarkeit entgegenkam.

Dass aus vagen Ideen ein umfassendes Untersuchungsvorhaben werden konnte, welches mich über viele Jahre intensiv beschäftigt hat, verdanke ich an erster Stelle der VolkswagenStiftung und ihrer großzügigen Förderung durch ein Dilthey-Fellowship. Das Institut für Geschichtswissenschaften der Humboldt-Universität zu Berlin hat mir in dieser Zeit eine sichere akademische Heimat geboten. Für die Anbindung an seinen Lehrstuhl, für freundschaftlichen Rat und Ermutigung bin ich Martin Sabrow sehr verbunden; neben ihm sind die Gutachten im Habilitationsverfahren von Gabriele Metzler und Andreas Wirsching erstellt worden, wofür auch ihnen herzlich gedankt sei.

Das Vorhaben wäre nicht möglich gewesen ohne Unterstützung von vielen Seiten. Der stete Zuspruch der Kolleginnen und Kollegen am Arbeitsbereich hat wesentlich zum Gelingen des Projekts beigetragen; mein Dank geht stellvertretend an Sabine Moller und Peter Ulrich Weiß. In zahlreichen Archiven und Bibliotheken wurde mir mit Rat und Tat und unvermuteten Quellenhinweisen weitergeholfen. Diskussionen in verschiedenen Kolloquien und mit Projektgruppen u.a. in Berlin, Bologna, Freiburg/Br., Göttingen, Konstanz, Leipzig, München, Münster, Oxford, Paris, Princeton oder Potsdam haben hilfreiche Anstöße gegeben. Ein Auslandsjahr am Institute for Advanced Study in Princeton, N.J. sowie mehrere Aufenthalte am Deutschen Historischen Institut in Paris sind der konzentrierten Arbeit am Manuskript und der Durchsicht wesentlicher Quellenbestände sehr zugutegekommen. Schließlich waren die Gespräche über Recht und Geschichte von großem Wert, die ich in den letzten Jahren mit Julia Eichenberg, Benjamin Lahusen und Kim Christian Priemel an der Humboldt-Universität füh-

https://doi.org/10.1515/9783110581485-008

ren konnte; letzterer hat das Manuskript zudem gründlich gelesen und wertvolle Hinweise gegeben.

Während der Arbeit am Manuskript haben mich meine studentischen Mitarbeiterinnen und Mitarbeiter der letzten Jahre in wunderbarer Weise unterstützt: Karin Trieloff, inzwischen Doktorandin im Forschungsvorhaben, Amelie Tscheu, Henning Ruwe und Sophie Abramowicz. In der Endphase war es aber vor allem Timo Walz, der mit klugen Kommentaren und einer unvergleichlichen Umsicht dazu beigetragen hat, das Manuskript zu einem guten Abschluss zu bringen. Cordula Hubert hat den Text sorgfältig durchgesehen und lektoriert; im Verlag wurde ich von Rabea Rittgerodt kompetent betreut. Dafür, dass der Titel in die „Studien zur Internationalen Geschichte" aufgenommen wurde, danke ich Eckart Conze stellvertretend für den Kreis der übrigen Herausgeberinnen und Herausgeber.

Schließlich und endlich: Die größte Dankesschuld habe ich bei meiner Frau, unseren Kindern, der Familie abzutragen. Ohne ihre Nachsicht und Geduld wäre dieses Buch nicht entstanden.

Potsdam, im Dezember 2017

Abkürzungen

AA	Auswärtiges Amt
ACNP	American Commission to Negotiate Peace
AD	Archives diplomatiques
ADAP	Akten zur deutschen auswärtigen Politik 1918–1945
AHR	American Historical Review
AJIL	American Journal of International Law
AN	Archives nationales, Paris
ASIL	American Society for International Law
BArch	Bundesarchiv
BDFA	British Documents on Foreign Affairs
BDOW	British Documents on the Origins of the War 1898–1914
Bodleian Lib.	Bodleian Library, University of Oxford
BYBIL	British Yearbook of International Law
CAC	Churchill Archives Centre, Cambridge, UK
CEH	Central European History
CEIP	Carnegie Endowment for International Peace
CTS	Consolidated Treaty Series
CUML	Columbia University, Rare Book and Manuscript Library
DBFP	Documents on British Foreign Policy
DDF	Documents diplomatiques français
DHMD	David Hunter Miller, My Diary at the Conference of Paris
EJIL	European Journal of International Law
FRUS	Papers Relating to the Foreign Relations of the United States
GG	Geschichte und Gesellschaft
GPEK	Die grosse Politik der Europäischen Kabinette 1871–1914
GUSC	Georgetown University Special Collections
Harvard ILJ	Harvard International Law Journal
Hist. J.	The Historical Journal
HLKO	Haager Landkriegsordnung
HLSL	Harvard Law School Library, Historical and Special Collections
HZ	Historische Zeitschrift
IDI	Institut de Droit international
ILO	Internationale Arbeitsorganisation
JHIL	Journal of History of International Law
JöR	Jahrbuch des öffentlichen Rechts
LNTS	League of Nations Treaty Series
LoC	Library of Congress
LoNA	League of Nations Archives, Genf
NA-RA	National Archives and Records Administration, College Park, Md.
OHL	Oberste Heeresleitung
PA-AA	Politisches Archiv des Auswärtigen Amtes
PA-UK	Parliamentary Archive, Großbritannien
PCIJ	Permanent Court of International Justice
PHPC	Proceedings of the Hague Peace Conferences

https://doi.org/10.1515/9783110581485-009

PID	Political Intelligence Department
PMV	Polnischer Minderheitenschutzvertrag v. 28.06.1919
PUSC	Princeton University Library, Rare Books and Special Collections
PWW	The Papers of Woodrow Wilson
RdA	Conférence de la Paix 1919–1920. Recueil des Actes de la Conférence
RDI	Revue de droit international et de législation comparée
SHD	Service historique de la Défense
SHS-Staat	Kraljevina Srba, Hrvata i Slovenaca (Königreich der Serben, Kroaten und Slowenen)
TNA	The National Archives, Kew
UNTS	United Nations Treaty Series
VBS	Völkerbundssatzung
VfZ	Vierteljahrshefte für Zeitgeschichte
VL	Vertrag von Lausanne v. 24.07.1923
VN	Vertrag von Neuilly-sur-Seine v. 27.11.1919
VS	Vertrag von Sèvres v. 10.08.1920
VSG	Vertrag von Saint-Germain-en-Laye v. 19.09.1919
VT	Vertrag von Trianon v. 04.06.1920
VV	Vertrag von Versailles v. 28.06.1919
WRV	Weimarer Reichsverfassung
YLMA	Yale University Library, Manuscripts and Archives
ZaöRV	Zeitschrift für ausländisches öffentliches Recht und Völkerrecht
ZfG	Zeitschrift für Geschichtswissenschaft
ZfV	Zeitschrift für Völkerrecht
ZHF	Zeithistorische Forschungen

Quellen und Literatur

1 Quellen

Unveröffentlichte Quellen

Archives diplomatiques (AD), La Courneuve, Frankreich
Fonds Personnel, 2ᵉ Série
Papiers Léon Bourgeois (PA-AP 29)
Papiers Jules Cambon (PA-AP 43)
Papiers Paul Dutasta (PA-AP 67)
Papiers Stéphen Pichon (PA-AP 141)
Papiers Louis Renault (PA-AP 147)
Papiers André Tardieu (PA-AP 166)
Série A. Paix
Série Service Juridique, Sous-série Fonds Fromageot
Série Société des Nations
Série Z. Europe 1918–1929

Archives nationales (AN), Paris, Frankreich
Ministère de l'Instruction Publique (F/17)

Politisches Archiv des Auswärtigen Amtes (PA-AA), Berlin, Deutschland
Deutsche Friedensdelegation in Versailles
Friedensabteilung
Rechtsabteilung
Nachlass Johannes Kriege

University of Oxford, Bodleian Library, Großbritannien
Eyre Crowe Papers
Hanworth (Ernest Murray Pollock) Papers

British Library, London, Großbritannien
Cecil of Chelwood (Robert Cecil) Papers

Bundesarchiv (BArch), Berlin/Koblenz, Deutschland
Nachlass Walther Schücking (N1051)
Nachlass Hans Wehberg (N1199)
Nachlass Philipp Zorn (N1206)
Auswärtiges Amt, Rechtsabteilung (R 901)

Churchill Archives Centre (CAC), Cambridge, Großbritannien
Maurice Hankey Papers (HANK)
James Headlam-Morley Papers (HDLM)
William and Margaret Malkin Papers (MALK)

https://doi.org/10.1515/9783110581485-010

Columbia University Rare Book and Manuscript Library (CUML), New York, USA
Carnegie Endowment for International Peace Records (CEIP)
Nicholas Murray Butler Papers
James Shotwell Papers

Georgetown University Special Collections (GUSC), Washington, D.C., USA
James Brown Scott Papers

Harvard Law School Library, Historical and Special Collections (HLSL), Cambridge, Ma., USA
Manley O. Hudson Papers

Library of Congress (LoC), Washington, D.C., USA
Ray Stannard Baker Papers
Robert Lansing Papers
David Hunter Miller Papers
Elihu Root Papers
Arthur Sweetser Papers
Woodrow Wilson Papers
Lester H. Woolsey Papers

League of Nations Archives (LoNA), Genf, Schweiz
Advisory Committee to PCIJ
Legal Section
Treaties
Personnel Files

The National Archives (TNA), Kew, Großbritannien
War Cabinet and Cabinet: Memoranda (CAB 24)
Chief Clerk's Department and Successors: Records (FO 366)
Political Departments: General Correspondence from 1906–1966 (FO 371)
Treaty Department and Successors: General Correspondence from 1906 (FO 372)
Peace Conference: Handbooks (FO 373)
Peace Conference: Acts of the Conference (FO 374)
Peace Conference: British Delegation, Correspondence and Papers (FO 608)
Eyre Crowe Papers (FO 800/243)
Philip Noel-Baker Papers (FO 800/249)
Various Private Papers (FO 800/329)

National Archives and Records Administration (NA-RA), College Park, Md., USA
American Commission to Negotiate Peace (RG 256)
Department of State (RG 59)

Parliamentary Archive (PA-UK), London, Großbritannien
David Lloyd George Papers

Princeton Univ. Rare Books and Special Collections (PUSC), Princeton, N.J., USA
Ray Stannard Baker Papers
Gilbert F. Close Papers
Allen W. Dulles Papers
John Foster Dulles Papers

Raymond B. Fosdick Papers
Robert Lansing Papers

Service historique de la Défense (SHD), Vincennes, Frankreich

Fonds Georges Clemenceau

Yale University Library, Manuscripts and Archives (YLMA), New Haven, Ct., USA

Gordon Auchincloss Papers
Edward M. House Papers
Frank L. Polk Papers

Zeitungen/Periodika

Annuaire de l'Institut de Droit International (Brüssel)
Deutsche Juristen-Zeitung (Berlin)
Le Figaro (Paris)
The New York Times (New York)
Le Petit Journal (Paris)
Proceedings of the American Society of International Law (New York)
Revue de droit international et de législation comparée (Paris)
Le Temps (Paris)
The Times (London)
Verhandlungen des Reichstages, Stenographische Berichte (Berlin)

Sammlungen völkerrechtlicher Verträge

Consolidated Treaty Series, hrsgg. v. Clive Perry, 231 Bde., Dobbs Ferry, N.Y. 1969–
    1981. [= CTS]
League of Nations Treaty Series, hrsgg. vom Völkerbund, 205 Bde., Lausanne u.a. 1920–1946.
    [= LNTS]
United Nations Treaty Series, hrsgg. von den Vereinten Nationen, New York, 1947ff. [= UNTS]

Editionen und wissenschaftliche Ausgaben

Akten zur deutschen auswärtigen Politik 1918–1945. Serie A, 1918–1925, Göttingen 1982–
    1995. [= ADAP]
British Documents on Foreign Affairs. Part II [= BDFA II]
—, Serie H, The First World War, 1914–1918, hrsgg. v. David Stevenson, Kenneth Bourne u. Paul
    Preston, 12 Bde., Frederick, Md. 1989.
—, Serie I, The Paris Peace Conference, hrsgg. v. Michael L. Dockrill, 15 Bde., Frederick, Md.
    1989–1991.

British Documents on the Origins of the War 1898–1914, hrsgg. v. George P. Gooch u. Harold Temperley, London 1927ff. [= BDOW]

—, Bd. 1, The End of British Isolation, London 1927.

—, Bd. 8, Arbitration, Neutrality and Security, London 1932.

Cambon, Paul, Correspondance 1870–1940, 3 Bde., Paris 1942–1946.

Documents diplomatiques français. Armistices et Paix 1918–1920, Bd. 1, hrsgg. v. Robert Frank u. Gerd Krumeich, Brüssel 2014. [= DDF]

Documents on British Foreign Policy, 1919–1939. First Series, hrsgg. v. Ernest L. Woodward u. William N. Medlicott, London 1947–1986. [= DBFP]

Die grosse Politik der Europäischen Kabinette 1871–1914. Sammlung der diplomatischen Akten des Auswärtigen Amtes, 40 Bde., Berlin 1922–1927. [= GPEK]

Mantoux, Paul, Les délibérations du Conseil des quatre, 24 mars–28 juin 1919, 2 Bde., Paris 1955.

—, The Deliberations of the Council of Four (March 24–June 28, 1919), hrsgg. v. Arthur Link, 2 Bde., Princeton 1992.

La Paix de Versailles. La documentation internationale, hrsgg. v. Albert Geouffre de Lapradelle, 12 Bde., Paris 1929–1939.

The Papers of Woodrow Wilson, hrsgg. v. Arthur Link, 69 Bde., Princeton 1966–1994. [= PWW]

Papers Relating to the Foreign Relations of the United States, hrsgg. v. State Department, Washington 1861ff. [= FRUS]

—, 1915. Supplement, The World War, Washington 1928.

—, 1917. Supplement 1, The World War, Washington 1931.

—, 1918. Supplement 1, The World War, 2 Bde., Washington 1933.

—, The Lansing Papers, 1914–1920, 2 Bde., Washington 1939–1940.

—, The Paris Peace Conference, 1919, 13 Bde., Washington 1942–1947. [= FRUS PPC 1919]

Rangel, Sandra K., Records of the American Commission to Negotiate Peace. Inventory of Record Group 256, Washington 1974.

The Treaty of St. Germain. A Documentary History of its Territorial and Political Clauses, hrsgg. v. Nina Almond u. Ralph Haswell Lutz, Stanford 1935.

Zeitgenössische Sammlungen und amtliche Drucksachen

A Catalogue of Paris Peace Conference Delegation Propaganda in the Hoover War Library, Stanford 1926.

Advisory Committee of Jurists, Procès-Verbaux of the Proceedings of the Committee, Den Haag 1920.

Comité d'études. Travaux, 2 Bde., Paris 1918f.

Conférence de la Paix 1919–1920. Recueil des Actes de la Conférence, 42 Bde., Paris 1922–1935. [= RdA]

Conférence des Préliminaires de Paix: Composition et Fonctionnement, 1er Avril, Paris 1919.

Conférence des Préliminaires de Paix: Composition et Fonctionnement, 1er Octobre, Paris 1919.

Documents Presented to the Committee Relating to Existing Plans for the Establishment of a Permanent Court of International Justice, hrsgg. v. Advisory Committee of Jurists, [London] 1920.

Dokumente, hrsgg. v. Ulrich v. Brockdorff-Rantzau, Charlottenburg 1920.

Die Friedensverhandlungen in Versailles, Berlin 1919.
Die Gegenvorschläge der Deutschen Regierung zu den Friedensbedingungen. Vollständiger amtlicher Text, Berlin 1919.
The Hague Conventions and Declarations of 1899 and 1907, hrsgg. v. James Brown Scott, New York 1915.
A History of the Peace Conference of Paris, hrsgg. v. Harold W. V. Temperley, 6 Bde., London 1920–1924.
The Hungarian Peace Negotiations. An Account of the Work of the Hungarian Peace Delegation at Neuilly sur Seine. January to March 1920, 3 Bde., Budapest 1922.
Hurst, Cecil J. B., International Law: The Collected Papers of Sir Cecil Hurst, London 1950.
The Intimate Papers of Colonel House, hrsgg. v. Charles Seymour, 4 Bde., Boston, New York 1926–1928.
Lausanne Conference on Near Eastern Affairs 1922–1923. Records of Proceedings and Draft Terms of Peace, London 1923.
Miller, David Hunter, My Diary at the Conference of Paris. With Documents, 22 Bde., New York 1924. [= DHMD]
Observations générales présentées par la Délégation ottomane à la Conference de la paix, Paris 1920.
The Proceedings of the Hague Peace Conferences. The Conference of 1899. Translation of the Official Texts, hrsgg. v. James Brown Scott, New York 1920. [= PHPC 1899]
The Proceedings of the Hague Peace Conferences. The Conference of 1907. Translation of the Official Texts, hrsgg. v. James Brown Scott, 3 Bde., New York 1921. [= PHPC 1907]
Die Satzung des Völkerbundes. Vorveröffentlichung aus dem Kommentar zum Friedensvertrag, kommentiert von Walther Schücking und Hans Wehberg, Berlin 1921.
Das Staatsarchiv. Sammlung der officiellen Actenstücke zur Geschichte der Gegenwart, 86 Bde., Leipzig 1861–1914.
Das Ultimatum der Entente. Vollständiger Text der Mantelnote und der Antwort auf die deutschen Gegenvorschläge. Amtlicher Wortlaut, Berlin 1919.
Urkunden zum Friedensvertrage von Versailles vom 28. Juni 1919, hrsgg. v. Herbert Kraus u. Gustav Rödiger, 2 Bde., Berlin 1920.

Sonstige gedruckte Quellen; Memoiren; zeitgenössische Literatur

Aldrovandi Marescotti, Luigi, Nuovi ricordi e frammenti di diario per far séguito a Guerra diplomatica (1914–1919), Mailand 1938.
—, Guerra diplomatica. Ricordi e framenti di diario (1914–1919), 8. Aufl., Mailand 1940.
Allen, Henry T., Mein Rheinland-Tagebuch, Berlin 1923.
Alvensleben, Oda v., Unterseebootskrieg und Völkerrecht, Stuttgart 1916.
Anderson, Chandler P., American and British Claims Arbitration Tribunal, in: AJIL 15, H. 2 (1921), S. 266–268.
Angell, Norman, The Great Illusion. A Study of the Relation of Military Power to National Advantage, New York, London 1910.
—, The World's Highway. Some Notes on America's Relation to Sea Power and Non-Military Sanctions for the Law of Nations, New York 1916.

The Appointment of Mr. Robert Lansing of New York as Counselor of the Department of State, in: AJIL 8, H. 2 (1914), S. 336–338.

Apponyi, Albert v., Erlebnisse und Ergebnisse, Berlin 1933.

Armstrong, S. W., The Doctrine of the Equality of Nations in International Law and the Relation of the Doctrine to the Treaty of Versailles, in: AJIL 14, H. 4 (1920), S. 540–564.

The Assembling of the Peace Conference, in: The Manchester Guardian History of the War 106 (19.07.1919), S. 121–132.

The Attitude of Journals of International Law in Time of War, in: AJIL 9, H. 4 (1915), S. 924–927.

Baker, Philip, The Making of the Covenant from a British Point of View, in: Peter Munch (Hrsg.), Les origines et l'oeuvre de la Société des nations, 2 Bde., Kopenhagen 1923, Bd. 1, S. 16–67.

Baker, Ray Stannard, What Wilson Did at Paris, New York 1920.

—, Woodrow Wilson and World Settlement, 3 Bde., London, New York 1923.

Balfour, Arthur J., The British Blockade, London 1915.

Bartlett, Vernon, Behind the Scenes at the Peace Conference, London 1919.

Baruch, Bernard M., The Making of the Reparation and Economic Sections of the Treaty, New York 1920.

Basdevant, Jules, Les Déportations du Nord de la France et de la Belgique en vue du Travail forcé et le Droit international, Paris 1917.

Bass, John Foster, The Peace Tangle, New York 1920.

Bellot, Hugh H. L., War Crimes: Their Prevention and Punishment, in: Transactions of the Grotius Society 2 (1916), S. 31–55.

—, Editorial Comment, in: Problems of the War. Papers Read before the Society 3 (1917), S. Vf.

—, The Publications of Le Comité pour la défense du Droit International, in: Journal of Comparative Legislation and International Law. New Series 18, H. 1 (1918), S. 136–140.

Biesel, Eduard, Die völkerrechtliche Stellung des Saargebiets, Leipzig, Frankfurt a.M. 1929.

Binkley, Robert C./Mahr, A.C., A New Interpretation of the „Responsibility" Clause in the Versailles Treaty, in: Current History 24, H. 3 (1926), S. 398–400.

—, New Light on the Paris Peace Conference (I.), in: Political Science Quarterly 46, H. 3 (1931), S. 335–361.

—, New Light on the Paris Peace Conference (II.), in: Political Science Quarterly 46, H. 4 (1931), S. 509–547.

—, Documentation internationale. La paix de Versailles by M. Lapradelle, in: The Journal of Modern History 4, H. 1 (1932), S. 155f.

Bisschop, W. R., International Leagues, in: Transactions of the Grotius Society 2 (1916), S. 117–133.

Bloch, Camille/Renouvin, Pierre, L'art. 231 du Traité de Versailles. Sa genèse et sa signification, in: Revue d'histoire de la guerre mondiale 10 (1932), S. 1–24.

Bluntschli, Johann Caspar, Das moderne Völkerrecht der civilisirten Staten. Als Rechtsbuch dargestellt, Nördlingen 1868.

—, Le Congrès de Berlin et sa portée au point de vue du droit international, in: RDI 11 (1879), S. 1–37, 411–430; 12 (1880), S. 276–294, 410–424.

Boidin, Paul, Les lois de la guerre et les deux Conférences de la Haye (1899–1907), Paris 1908.

Bonsal, Stephen, Unfinished Business, London 1944.

—, Suitors and Suppliants. The Little Nations at Versailles, New York 1946.

Bourgeois, Léon, La Société des Nations, in: ders., Pour la société des nations, Paris 1910, S. 265–289.

—, Pour la société des nations, Paris 1910.

—, Le Traité de paix de Versailles, Paris 1919.

Bowman, Isaiah, Constantinople and the Balkans, in: House/Seymour (Hrsg.), What really Happened at Paris, S. 140–175.

Brown, Philip Marshall, From Sèvres to Lausanne, in: AJIL 18, H. 1 (1924), S. 113–116.

Bullitt, William C., The Bullitt Mission to Russia. Testimony before the Committee on Foreign Relations United States Senate, 2. Aufl., New York 1919.

Burnett, Philip M., Reparation at the Paris Peace Conference, 2 Bde., New York 1940.

Calvo, Carlos, Le droit international théorique et pratique, Bd. 3, 4. Aufl., Paris 1888.

Cecil of Chelwood, Robert, A Great Experiment. An Autobiography, New York 1941.

Chesterton, Gilbert K., Why England Came to Be in It, in: New York Times Current History: The European War 1 (Aug.–Dez. 1914), S. 108–125.

Churchill, Winston, The World Crisis. Bd. 5, 1918–1928, The Aftermath, New York 1929.

Clemenceau, Georges, Grandeurs et misères d'une victoire, Paris 1930.

Creel, George, How We Advertised America. The First Telling of the Amazing Story of the Committee on Public Information that Carried the Gospel of Americanism to Every Corner of the Globe, New York 1920.

—, The War, the World and Wilson, New York 1920.

Crespi, Silvio, Alla difesa d'Italia in guerra e a Versailles. Diario, 1917–1919, 2. Aufl., Mailand 1938.

Crocker, Henry G., Memorandum of Authorities on Law of Angary, Washington 1919.

Darby, William E., Cardinal Alberoni's Proposed European Alliance for the Subjugation and Settlement of the Turkish Empire, 1735, in: Transactions of the Grotius Society 5 (1919), S. 71–81.

Day, Clive, The Atmosphere and Organization of the Peace Conference, in: House/Seymour (Hrsg.), What really Happened at Paris, S. 15–36.

The Diary of Edward Goschen 1900–1914, hrsgg. v. Christopher H. D. Howard, London 1980.

Dickinson, Edwin D., The Equality of States in International Law, Cambridge, Mass. 1920.

Das Diktat von Versailles. Entstehung, Inhalt, Zerfall. Eine Darstellung in Dokumenten, hrsgg. v. Friedrich Berber, 2 Bde., Essen 1939.

Dillon, Emile, A Scrap of Paper. The Inner History of German Diplomacy and her Scheme of World-Wide Conquest, 2. Aufl., London, New York, Toronto 1914.

—, The Inside Story of the Peace Conference, New York 1920.

Ebray, Alcide, Der unsaubere Frieden, Berlin 1925.

Ellis, Charles Howard, The Origin, Structure, and Working of the League of Nations, London 1928.

Erzberger, Matthias, Erlebnisse im Weltkrieg, Stuttgart 1920.

Fauchille, Paul, L'Évacuation des territoires occupés par l'Allemagne dans le Nord de la France, Paris 1917.

—, Louis Renault (1843–1918). Sa vie – son œuvre, Paris 1918.

Fenwick, Charles G., Organization and Procedure of the Peace Conference, in: American Political Science Review 13, H. 2 (1919), S. 199–212.

—/Borchard, Edwin M., The Distinction between Legal and Political Questions, in: Proceedings of the American Society of International Law 18 (1924), S. 44–57.

Finch, George A., The Legality of the Occupation of the Ruhr Valley, in: AJIL 17, H. 4 (1923), S. 724–733.

Flach, Jacques, Le Droit de la Force et la Force du Droit, Paris 1915.

Fleischmann, Max, Der verschärfte Unterseeboot-Krieg. Verwicklungen mit den Vereinigten Staaten von Amerika, in: ZfV 10 (1917/18), S. 401–447.

Foch, Ferdinand, Mémoires pour servir à l'histoire de la guerre de 1914–1918, 2 Bde., Paris 1931.

Fromageot, Henri, De la double nationalité des individus et des sociétés. Thèse pour le doctorat, Paris 1891.

—, Code maritime Britannique. Loi anglaise sur la marine marchande, Paris 1896.

Garner, James W., Some Questions of International Law in the European War, VIII: Blockades, in: AJIL 9, H. 4 (1915), S. 818–857.

—, International Law and the World War, 2 Bde., London 1920.

—, Le développement et les tendances récentes du droit international, in: Recueil des cours/ Académie de Droit International de La Haye, H. 1 (1931), S. 605–720.

Goudy, Henry, Introduction, in: Problems of the War. Papers Read before the Society 1 (1915), S. 1–7.

The Hague Conventions and the Neutrality of Belgium and Luxemburg, in: AJIL 9, H. 4 (1915), S. 959–962.

Hall, William Edward, International Law, Oxford 1880.

—, A Treatise on International Law, 7. Aufl., Oxford, London, New York 1917.

Hankey, Maurice, The Supreme Control at the Paris Peace Conference 1919. A Commentary, London 1963.

Hansen, Harry, The Adventures of the Fourteen Points. Vivid and Dramatic Episodes of the Peace Conference from its Opening at Paris to the Signing of the Treaty of Versailles, New York 1919.

Hardinge, Charles, Old Diplomacy. The Reminiscences of Lord Hardinge of Penshurst, London 1947.

Harris, H. Wilson, The Peace in the Making, London 1919.

Headlam-Morley, James, A Memoir of the Paris Peace Conference, 1919, London 1972.

Heffter, August W., Das Europäische Völkerrecht der Gegenwart, Berlin 1867.

Heilborn, Paul, Der verschärfte Seekrieg, in: ZfV 9 (1916), S. 44–62.

Held, Hermann J., Der Friedensvertrag von Versailles in den Jahren 1919–1923, in: JöR 12 (1924), S. 313–403.

—, Die Überwindung des „Friedensvertrags von Versailles" durch die deutsche Völkerrechtspolitik 1933–1938, in: JöR 25 (1938), S. 418–499.

Hershey, Amos S., Diplomatic Agents and Immunities, Washington 1919.

Higgins, A. Pearce, The Hague Peace Conferences and Other International Conferences Concerning the Laws and Usages of War. Texts of Conventions with Commentaries, Cambridge, UK 1909.

—, Defensively-Armed Merchant Ships and Submarine Warfare, London 1917.

Hill, Norman L., National Judges in the Permanent Court of International Justice, in: AJIL 25, H. 4 (1931), S. 670–683.

Hold-Ferneck, Alexander, Die Reform des Seekriegsrechts durch die Londoner Konferenz 1908/ 09, Stuttgart 1914.

—, Zur Frage der Rechtsverbindlichkeit des Friedensvertrages von Versailles, in: Zeitschrift für Internationales Recht 30 (1923), S. 110–117.

Holls, Frederick W., The Peace Conference at the Hague and its Bearings on International Law and Policy, New York 1900.

Honorable Chandler P. Anderson. New Counsellor for the Department of State, in: AJIL 5, H. 2 (1911), S. 440–442.

Hoover, Herbert, The Memoirs of Herbert Hoover, Bd. 1, Years of Adventure, 1874–1920, New York 1951.

—, The Ordeal of Woodrow Wilson, New York 1958.

House, Edward M./Seymour, Charles (Hrsg.), What really Happened at Paris. The Story of the Peace Conference, 1918–1919, by American Delegates, London 1921.

Hudson, Manley O., The Protection of Minorities and Natives in the Transferred Territories, in: House/Seymour (Hrsg.), What really Happened at Paris, S. 204–230.

—, Languages Used in Treaties, in: AJIL 26, H. 2 (1932), S. 368–372.

Hurst, Cecil J. B., Great Britain and the Dominions. Lectures on the Harris Foundation 1927, Chicago 1928.

International Arbitration, International Tribunal. A Collection of the Various Schemes wich Have Been Propounded; and of Instances in the 19th Century, hrsgg. v. William E. Darby, 4. Aufl., London 1904.

Janz, Friedrich, Die Entstehung des Memelgebietes. Zugleich ein Beitrag zur Entstehungsgeschichte des Versailler Vertrages, Berlin 1928.

Jellinek, Georg, Die Lehre von den Staatenverbindungen, Wien 1882.

Kaeckenbeeck, Georges, Divergences between British and Other Views on International Law, in: Transactions of the Grotius Society 4 (1918), S. 213–252.

Kelsen, Hans, Reine Rechtslehre. Einleitung in die rechtswissenschaftliche Problematik, Leipzig 1934.

Keynes, John Maynard, The Economic Consequences of the Peace, New York 1920.

Klotz, Louis-Lucien, De la Guerre à la paix. Souvenirs et documents, Paris 1924.

Knorr, Wilhelm, Völkerrecht für weitere Kreise, in: ZfV 9 (1916), S. 340–350.

Koellreuter, Otto, Kriegsziel und Völkerrecht. Betrachtungen aus der Front, in: ZfV 10 (1917/18), S. 493–503.

Kohler, Josef, Notwehr und Neutralität, in: ZfV 8 (1914), S. 576–580.

—, Das neue Völkerrecht, in: ZfV 9 (1916), S. 5–10.

—, Wilsons Botschaft, in: Deutsche Juristen-Zeitung 22, Nr. 9/10 (1917), S. 457f.

Kraus, Herbert, Der Friedensvertrag von Versailles, in: JöR 9 (1920), S. 291–332.

Kühne, Lothar, Die Revision der Pariser Friedensverträge. Eine völkerrechtliche Untersuchung, Berlin 1932.

—, Das Kolonialverbrechen von Versailles. Die Räuber von Versailles, die Mandatare und das etatistische Völkerrecht: Die Totengräber der weißen Kolonialherrschaft, Graz 1939.

Lammasch, Heinrich, Aus meinem Leben, in: Marga Lammasch/Hans Sperl (Hrsg.), Heinrich Lammasch. Seine Aufzeichnungen, sein Wirken und seine Politik, Wien 1922, S. 10–102.

Lansing, Robert, Some Legal Questions of the Peace Conference, in: AJIL 13 (1919), S. 631–650.

—, The Big Four and Others of the Peace Conference, Boston, New York 1921.

—, The Peace Negotiations. A Personal Narrative, Boston, New York 1921.

Larnaude, Ferdinand, La science française. Les sciences juridiques et politiques, Paris 1915.

—, La Faculté de Droit, La vie universitaire à Paris. Ouvrage publié sous les auspices du Conseil de l'Université de Paris, Paris 1918, S. 75–99.

—/Lapradelle, Albert Geouffre de, Examen de la Responsabilité Pénale de l'Empreur Guillaume d'Allemagne, in: Journal du Droit International 46 (1919), S. 131–162.

Laroche, Jules, Au Quai d'Orsay avec Briand et Poincaré. 1913–1926, Paris 1957.

Laun, Rudolf, Deutschösterreich im Friedensvertrag von Versailles (Artikel 80 des Friedensvertrages), Kommentar nebst einschlägigen Noten, Berlin 1921.

Le Fur, Louis, Des représailles en temps de Guerre. Représailles et réparations, Paris 1919.

Legal Section of the Secretariat of the League of Nations, Memorandum on the Different Questions Arising in Connection with the Establishment of the Permanent Court of International Justice, Documents Presented to the Committee Relating to Existing Plans for the Establishment of a Permanent Court of International Justice, hrsgg. v. Advisory Committe of Jurists, [London] 1920, S. 1–120.

La ligue allemande „La Patrie nouvelle" (Neues Vaterland) pour la paix, in: Journal du Droit International 42 (1915), S. 943f.

Lingelbach, William E., Belgian Neutrality. Its Origin and Interpretation, in: AHR 39, H. 1 (1933), S. 48–72.

Lippmann, Walter, The Political Scene. An Essay on the Victory of 1918, New York 1919.

Liszt, Franz v., Das Völkerrecht. Systematisch dargestellt, 4. Aufl., Berlin 1906.

Lloyd George. A Diary by Frances Stevenson, hrsgg. v. A. J. P. Taylor, London 1971.

Lloyd George, David, The Truth about the Peace Treaties. Memoirs of the Peace Conference, 2 Bde., London 1938.

Loucheur, Louis, Carnets secrets. 1908–1932, Brüssel 1962.

Malkin, Herbert William, International Law in Practice, in: Law Quarterly Review 49 (1933), S. 489–510.

Martens, Friedrich Fromhold, Traité de Droit International, Bd. 3, Paris 1887.

Martin, Lawrence, The Treaties of Peace, 1919–1923, New York 1924.

Marx, Wilhelm, Die Rechtsgrundlagen der Pariser Friedensverhandlungen und ihre Verletzung durch den Vertrag von Versailles, in: Heinrich Schnee/Hans Draeger (Hrsg.), Zehn Jahre Versailles, 3 Bde., Berlin 1929, Bd. 1, S. 1–14.

Maxwell, Elsa, R.S.V.P. Elsa Maxwell's Own Story, Boston 1954.

McNair, Arnold, The Legality of the Occupation of the Ruhr, in: BYBIL 5 (1924), S. 17–37.

Mendelssohn Bartholdy, Albrecht, Handelskrieg und Rechtsprechung, in: ZfV 10 (1917/18), S. 282–321.

Mérignhac, Alexandre, La Guerre Économique Allemande, Paris 1919.

—/Lémonon, Ernest, Le Droit des Gens et la Guerre de 1914–1918, 2 Bde., Paris 1921.

Meurer, Christian, Die Haager Friedenskonferenz. Bd. 2, Kriegsrecht, München 1907.

—, The Program of the Freedom of the Sea. A Political Study in International Law, Washington 1919.

Mezes, Sidney E., Preparations for Peace, in: House/Seymour (Hrsg.), What really Happened at Paris, S. 1–14.

Miller, David Hunter, The International Regime of Ports, Waterways and Railways, in: AJIL 13, H. 4 (1919), S. 669–686.

—, The Making of the League of Nations, in: House/Seymour (Hrsg.), What really Happened at Paris, S. 398–424.

—, Some Legal Aspects of the Visit of President Wilson to Paris, in: Harvard Law Review 36, H. 1 (1922), S. 51–78.

—, The Occupation of the Ruhr, in: The Yale Law Journal 34, H. 1 (1924), S. 46–59.

—, The Drafting of the Covenant, 2. Bde., New York 1928.

Minutes of the Meeting of the Executive Council, 17.04.1919, in: Proceedings of the American Society of International Law 13 (1919), S. 39–64

Mohl, Robert v., Die Pflege der internationalen Gemeinschaft als Aufgabe des Völkerrechtes, in: ders., Staatsrecht, Völkerrecht und Politik, Bd. 1, Tübingen 1860, S. 579–636.

Mordacq, Jean Jules Henri, Le ministère Clemenceau. Journal d'un témoin, 4 Bde., Paris 1930–1931.

Muir, Ramsay, Nationalism and Internationalism. The Culmination of Modern History, Boston 1917.

Müller-Meiningen, Ernst, „Who are the huns?" The Law of Nations and its Breakers, Berlin 1915.

Munro, Henry F., Berlin Congress, Washington, D.C. 1918.

Neukamp, Ernst, Die Haager Friedenskonferenzen und der Europäische Krieg, in: ZfV 8 (1914), S. 545–568.

Nicolson, Harold, Peacemaking 1919, London 1933.

Niemeyer, Theodor, Der Versailler Vertrag und seine Revisionsmöglichkeit, in: Heinrich Schnee/Hans Draeger (Hrsg.), Zehn Jahre Versailles, 3 Bde., Berlin 1929, Bd. 1, S. 133–157.

Noble, George Bernard, Policies and Opinions at Paris, 1919. Wilsonian Diplomacy, the Versailles Peace, and French Public Opinion, New York 1935.

Nowak, Karl Friedrich, Versailles, Berlin 1927.

Oppenheim, Lassa, International Law. A Treatise, Bd. 1, Peace, London 1905.

—, International Law. A Treatise, Bd. 2, War and Neutrality, London 1906.

—, The Science of International Law. Its Task and Method, in: AJIL 2, H. 2 (1908), S. 313–356.

—, The League of Nations and its Problems. Three Lectures, London, New York 1919.

Orpen, William, An Onlooker in France, 1917–1919, London 1921.

Ostrorog, Léon, The Turkish Problem. Things Seen and a few Deductions, London 1919.

Phillimore, Robert, Commentaries upon International Law, Bd. 1, 3. Aufl., London 1879.

—, Commentaries upon International Law, Bd. 2, 3. Aufl., London 1882.

Phillimore, Walter G. F., Scheme for the Permanent Court of International Justice, in: Transactions of the Grotius Society 6 (1920), S. 89–98.

Phillipson, Coleman, International Law and the Great War, London 1915.

Piggott, Francis Taylor, The Declaration of Paris 1856, London 1919.

Pillet, Antoine, Les violences allemandes à l'encontre des non-combattants, Paris 1917.

Pohl, Heinrich, Neues Völkerrecht auf Grund des Versailler Vertrages, Berlin 1927.

—, Philipp Zorn als Forscher, Lehrer und Politiker. Blätter zu seinem Gedächtnis, Tübingen 1928.

Poincaré, Raymond, Au service de la France. Neuf années de souvenirs, 11 Bde., Paris 1974.

Rehm, Hermann, Der Unterseebootkrieg, in: ZfV 9 (1916), S. 20–43.

Reiter, Karl F., Die Verkehrsbestimmungen des Versailler Vertrages und ihre Weiterbildung auf den allgemeinen Verkehrskonferenzen von Barcelona und Genf, Würzburg 1929.

Renault, Louis, Introduction à l'étude du droit international, Paris 1879.

—, De l'Application du Droit pénal aux faits de guerre, in: Journal du Droit International 42 (1915), S. 313–344.

—, Les premières violations du droit des gens par l'Allemagne, Luxembourg et Belgique, Paris 1917.

The Riddell Diaries, 1908–1923, hrsgg. v. John M. McEwen, London, Dover, N.H. 1986.

Riesser, Hans Eduard, Von Versailles zur UNO. Aus den Erinnerungen eines Diplomaten, Bonn 1962.

Rivier, Alphonse, Principes du Droit des Gens, 2 Bde., Paris 1896.

Rolin-Jaequemyns, Gustave, De l'étude de la législation comparée et de droit international, in: RDI 1 (1869), S. 1–17.

—, Rezension zu La Russia ed il trattato di Parigi del 1856, in: RDI 3 (1871), S. 515.

—, Le droit international et la question d'Orient, Gent 1876.

Root, Elihu, The Outlook for International Law, in: AJIL 10, H. 1 (1916), S. 1–11.

—, The Codification of International Law, in: AJIL 19, H. 4 (1925), S. 675–684.

Roxburgh, Ronald F., The Legal Position of the Declaration of London, in: Journal of the Society of Comparative Legislation 15, H. 2 (1915), S. 72–75.

Rules, in: Problems of the War. Papers Read before the Society 1 (1915), S. VIIf.

Satow, Ernest, Peacemaking, Old and New, in: Cambridge Historical Journal 1, H. 1 (1923), S. 23–60.

Die Satzung des Völkerbundes. Vorveröffentlichung aus dem Kommentar zum Friedensvertrag, kommentiert von Walther Schücking und Hans Wehberg, Berlin 1921.

Schiff, Victor, So war es in Versailles, 2., durchges. Aufl., Berlin 1929.

Schmalzigang, W., Bulletin de Jurisprudence Allemande, in: Journal du Droit International 43 (1916), S. 624–633.

Schmitt, Carl, Völkerrechtliche Großraumordnung mit Interventionsverbot für raumfremde Mächte. Ein Beitrag zum Reichsbegriff im Völkerrecht [1939], Berlin 1991.

—, Die Auflösung der europäischen Ordnung im „International Law" (1890–1939) [1940], in: ders., Staat, Großraum, Nomos. Arbeiten aus den Jahren 1916–1969, hrsgg. v. Günter Maschke, Berlin 1995, S. 372–387.

—, Der Nomos der Erde im Völkerrecht des Jus Publicum Europaeum [1950], 4. Aufl., Berlin 1997.

—, Nationalsozialismus und Völkerrecht [1934], in: ders., Frieden oder Pazifismus? Arbeiten zum Völkerrecht und zur internationalen Politik 1924–1978, hrsgg. v. Günter Maschke, Berlin 2005, S. 391–406.

Schücking, Walther, Ein neues Zeitalter? Kritik am Pariser Völkerbundsentwurf. Vortrag in Versailles vor der deutschen Friedensdelegation, gehalten am 5. Mai 1919, Berlin 1919.

Schumacher, Franz, Lammasch in Saint-Germain, in: Marga Lammasch/Hans Sperl (Hrsg.), Heinrich Lammasch. Seine Aufzeichnungen, sein Wirken und seine Politik, Wien 1922, S. 198–203.

Schwendemann, Karl, Versailles nach 15 Jahren. Der Stand der Revision des Versailler Diktats, Berlin 1935.

Scott, James Brown (Hrsg.), Cases on International Law. Selected from Decisions of English and American Courts, Boston 1902.

—, Recommendation for a Third Peace Conference at the Hague, in: AJIL 2, H. 4 (1908), S. 815–822.

—, The Hague Peace Conferences of 1899 and 1907. A Series of Lectures Delivered before the John Hopkins University, 2 Bde., Baltimore 1909.

—, The Status of the Declaration of London, in: AJIL 9, H. 1 (1915), S. 199–202.

—, Lester H. Woolsey, the New Solicitor for the Department of State, in: AJIL 11, H. 3 (1917), S. 645f.

—, Peace through Justice. Three Papers on International Justice and the Means of Attaining It, New York u.a. 1917.

—, In Memoriam. Louis Renault, in: AJIL 12, H. 3 (1918), S. 606–610.

—, Report of the Division of International Law, in: Carnegie Endowment for International Peace. Yearbook 8 (1919), S. 105–136.

—, A Permanent Court of International Justice, in: AJIL 14, H. 4 (1920), S. 581–590.

—, Report of the Division of International Law, in: Carnegie Endowment for International Peace. Yearbook 9 (1920), S. 83–125.

—, The Institute of International Law, in: AJIL 14, H. 4 (1920), S. 595–598.

—, The Project of a Permanent Court of International Justice and Resolutions of the Advisory Committee of Jurists. Report and Commentary, Washington 1920.

—, The Trial of Kaiser, in: House/ Seymour (Hrsg.), What really Happened at Paris, S. 231–258.

—, The Institute of International Law, in: AJIL 16, H. 2 (1922), S. 243–248.

—, Le français, langue diplomatique moderne. Étude critique de conciliation internationale, Paris 1924.

—, Elihu Root – an Appreciation, in: Proceedings of the American Society of International Law 31 (1937), S. 1–33.

Seymour, Charles, Struggle for the Adriatic, in: Yale Review 11 (1919), S. 462–481.

—, Geography, Justice and Politics at the Paris Peace Conference of 1919, New York 1951.

—, Letters from the Paris Peace Conference, hrsgg. v. Harold B. Whiteman Jr., New Haven 1965.

Shotwell, James T., At the Paris Peace Conference, New York 1937.

Simons, Hans, Die Präambel zur Pariser Völkerbundssatzung und das Völkerrecht, Diss. iur., Königsberg 1921.

Simons, Walter, Die Belastung der deutschen Souveränität durch die fremden Kommissionen, Berlin 1920.

Slosson, Preston, The Constitution of the Peace Conference, in: Political Science Quarterly 35, H. 3 (1920), S. 360–371.

Smuts, Jan Christiaan, The League of Nations. A Practical Suggestion, London 1918.

Sonnino, Sidney, Diario, hrsgg. v. Pietro Pastorelli, 3 Bde., Bari 1972.

Stampfer, Friedrich, Von Versailles – zum Frieden!, Berlin 1920.

Statuts votés par la Conférence Juridique internationale de Gand, le 10 Septembre 1873, in: Annuaire de l'Institut de Droit International 1 (1877), S. 1–5.

Steed, Henry Wickham, Through Thirty Years 1892–1922. A Personal Narrative, Bd. 2, Garden City Park, N.Y. 1925.

Strupp, Karl, Eine deutsche Gesellschaft für Völkerrecht, in: Deutsche Juristen-Zeitung 22 (1917), S. 492f.

Sweetser, Arthur, The League of Nations at Work, New York 1920.

Tardieu, André, La Paix. Préface de Georges Clemenceau, Paris 1921.

Thompson, Charles T., The Peace Conference Day by Day. A Presidential Pilgrimage Leading to the Discovery of Europe, New York 1920.

Tittoni, Tommaso/Scialoja, Vittorio, L'Italia alla Conferenza della pace. Discorsi e documenti, Rom 1921.

Toulmin, G.E., The Barcelona Conference on Communications and Transit and the Danube Statute, in: BYBIL 3 (1922/23), S. 167–178.

Turlington, Edgar E., The Settlement of Lausanne, in: AJIL 18, H. 4 (1924), S. 696–706.

Tumulty, Joseph P., Woodrow Wilson as I Know Him, Garden City Park, N.Y. 1921.

Twiss, Travers, The Law of Nations Considered as Independent Political Communities. On the Rights and Duties of Nations in Time of Peace, 2. Aufl., Oxford 1884.

Vesnić, Milenko R., La Serbie à travers la grande guerre, Paris 1921.

Wambaugh, Sarah, A Monograph on Plebiscites. With a Collection of Official Documents, New York 1920.

Warrin, Frank, The Neutrality of Belgium, Washington 1918.

Webster, Charles K., The Congress of Vienna, 1814–1815, London u.a. 1919.

Wehberg, Hans, Die dritte Haager Friedenskonferenz, in: ZfV 8 (1914), S. 247–264.

—, Zur Wahl des französischen Mitgliedes des Weltgerichtshofs, in: Die Friedens-Warte 29 (1929), S. 17.

Westlake, John, International Law, Bd. 1: Peace, Cambridge, UK 1904.

—, International Law, Bd. 2: War, Cambridge, UK 1907.

Whittuck, E. A., International Law Teaching, in: Problems of the War. Papers Read before the Society 3 (1917), S. 43–59.

William L. Penfield, in: AJIL 4, H. 3 (1910), S. 677–679.

Wilson, Florence, The Origins of the League Covenant. Documentary History of its Drafting, London 1928.

Wilson, George Grafton, The Defense of International Law, in: AJIL 12, H. 2 (1918), S. 378–380.

Wissmann, Herbert, Revisionsprobleme des Diktats von Versailles, Berlin 1936.

Wolgast, Ernst, Der Wimbledonprozeß vor dem Völkerbundsgerichtshof, Berlin 1926.

Woodward, Ernest L., The Congress of Berlin 1878, London 1920.

Woolsey, Lester H., The Legal Adviser of the Department of State, in: AJIL 26, H. 1 (1932), S. 124–126.

—, George A. Finch. September 22, 1884–July 17, 1957, in: AJIL 51, H. 4 (1957), S. 754–757.

Woolsey, Theodore S., Submarine Reflections, in: AJIL 11, H. 1 (1917), S. 137.

—, Self-Determination, in: AJIL 13, H. 2 (1919), S. 302–305.

—, Two Treaties of Paris, in: AJIL 13, H. 1 (1919), S. 81–84.

Wright, Quincy, The Legal Liability of the Kaiser, in: American Political Science Review 13, H. 1 (1919), S. 120–128.

—, Mandates under the League of Nations, Chicago 1930.

Young, Allyn Abbott, The Economic Settlement, in: House/Seymour (Hrsg.), What really Happened at Paris, S. 291–318.

Zimmern, Alfred, The League of Nations and the Rule of Law, 1918–1935, London 1936.

Zorn, Philipp, Deutschland und die beiden Haager Friedenskonferenzen, Stuttgart, Berlin 1920.

2 Literatur (ab ca. Ende der 1930er Jahre)

Abbenhuis, Maartje M./Barber, Christopher Ernest/Higgins, Annalise R. (Hrsg.), War, Peace and International Order? The Legacies of the Hague Conferences of 1899 and 1907, Abingdon, N.Y. 2017.

Acker, Detlev, Walther Schücking, 1875–1955, Münster 1970.

Ackerl, Isabella/Neck, Rudolf (Hrsg.), Saint-Germain 1919. Protokoll des Symposiums am 29. und 30. Mai 1979 in Wien, München 1989.

Ádám, Magda, Delusions about Trianon, in: dies. (Hrsg.), The Versailles System and Central Europe, Aldershot 2004, S. 29–42.

—, Woodrow Wilson and the Successor States. An American Plan for a New Central Europe [1987], in: dies. (Hrsg.), The Versailles System and Central Europe, Aldershot 2004, S. 3–27.

Ajnenkiel, Andrzej, The Establishment of a National Government in Poland, 1918, in: Paul Latawski (Hrsg.), The Reconstruction of Poland, 1914–1923, New York 1992, S. 133–143.

Akashi, Kinji, Japanese Predecessors of Judge Shigeru Oda in the World Courts. Works and Methods, in: Nisuke Andåo/Edward McWhinney/Rüdiger Wolfrum (Hrsg.), Judge Shigeru Oda. Liber Amicorum, Leiden 2002, S. 9–22.

—, Japanese „Acceptance" of the European Law of Nations. A Brief History of International Law in Japan c. 1853–1900, in: Michael Stolleis/Masaharu Yanagihara (Hrsg.), East Asian and European Perspectives on International Law, Baden-Baden 2004, S. 1–21.

Albrecht-Carrié, René, Italy at the Paris Peace Conference, New York 1938.

Alston, Charlotte, Antonius Piip, Zigfrīds Meierovics and Augustinas Voldemaras. The Baltic States, London 2010.

Ambrosius, Lloyd E., Wilson, the Republicans, and French Security after World War I, in: The Journal of American History 59, H. 2 (1972), S. 341–352.

—, Secret German-American Negotiations during the Paris Peace Conference, in: American Studies/Amerikastudien 24 (1979), S. 288–309.

—, Woodrow Wilson and the American Diplomatic Tradition. The Treaty Fight in Perspective, Cambridge, UK 1987.

—, Wilsonian Statecraft. Theory and Practice of Liberal Internationalism during World War I, Wilmington, Del. 1991.

—, Woodrow Wilson and the Culture of Wilsonianism, in: ders., Wilsonianism. Woodrow Wilson and his Legacy in American Foreign Relations, Basingstoke 2002, S. 21–29.

—, Woodrow Wilson, Alliances, and the League of Nations, in: Journal of the Gilded Age and Progressive Era 5, H. 2 (2006), S. 139–165.

—, Democracy, Peace, and World Order, in: John Milton Cooper (Hrsg.), Reconsidering Woodrow Wilson. Progressivism, Internationalism, War, and Peace, Washington 2008, S. 225–249.

Andelman, David, A Shattered Peace. Versailles 1919 and the Price we Pay Today, Hoboken 2008.

Anderson, Matthew S., The Eastern Question, 1774–1923, London 1966.

Andrew, Christopher M./Kanya-Forstner, A. S., The Climax of French Imperial Expansion, 1914–1924, Stanford 1981.

Anghie, Antony, Imperialism, Sovereignty and the Making of International Law, Cambridge, UK 2005.

Anievas, Alexander, International Relations between War and Revolution. Wilsonian Diplomacy and the Making of the Treaty of Versailles, in: International Politics 51, H. 5 (2014), S. 619–647.

Arnauld, Andreas (Hrsg.), Völkerrechtsgeschichte(n). Historische Narrative und Konzepte im Wandel, Berlin 2017.

Audoin-Rouzeau, Stéphane, Die Delegation der „gueules cassées" in Versailles am 28. Juni 1919, in: Krumeich (Hrsg.), Versailles 1919, S. 281–287.

—/Prochasson, Christophe (Hrsg.), Sortir de la grande guerre. Le monde et l'après-1918, Paris 2008.

Aust, Anthony, Modern Treaty Law and Practice, 3. Aufl., Cambridge, UK, New York 2013.

Aust, Martin, Völkerrechttransfer im Zarenreich. Internationalismus und Imperium bei Fedor F. Martens, in: Osteuropa 60, H. 9 (2010), S. 113–125.

Aydin, Cemil, The Politics of anti-Westernism in Asia. Visions of World Order in pan-Islamic and pan-Asian Thought, New York 2007.

Baberowski, Jörg, Krieg in staatsfernen Räumen. Russland und die Sowjetunion 1905–1950, in: Dietrich Beyrau/Michael Hochgeschwender/Dieter Langewiesche (Hrsg.), Formen des Krieges. Von der Antike bis zur Gegenwart, Paderborn 2007, S. 291–309.

Bachofen, Maja, Lord Robert Cecil und der Völkerbund, Zürich 1959.

Badem, Candan, The Ottoman Crimean War. 1853–1856, Leiden 2010.

Bailliet, Cecilia M./Larsen, Kjetil Mujezinovic (Hrsg.), Promoting Peace through International Law, Oxford 2015.

Baillou, Jean, Les affaires étrangères et le corps diplomatique français, 2 Bde., Paris 1984.

Baltrusch, Ernst, Außenpolitik, Bünde und Reichsbildung in der Antike, München 2008.

Banken, Roland, Die Verträge von Sèvres 1920 und Lausanne 1923. Eine völkerrechtliche Untersuchung zur Beendigung des Ersten Weltkrieges und zur Auflösung der sogenannten „Orientalischen Frage" durch die Friedensverträge zwischen den alliierten Mächten und der Türkei, Berlin 2014.

Bansleben, Manfred, Das österreichische Reparationsproblem auf der Pariser Friedenskonferenz, Wien 1988.

Bariéty, Jacques, Les relations franco-allemandes après la première guerre mondiale, Paris 1977.

—, Comité d'etudes du Quai d'Orsay et les frontières de la Grande Roumanie, 1918–1919, in: Revue Roumaine d'histoire 35, H. 1 (1996), S. 43–51.

Barnett, Michael N., Empire of Humanity. A History of Humanitarianism, Ithaca, N.Y. 2011.

Barré, Jean-Luc, Le Seigneur-Chat. Philippe Berthelot, 1866–1934, Paris 1988.

Barth, Boris, Dolchstoßlegenden und politische Desintegration. Das Trauma der deutschen Niederlage im Ersten Weltkrieg 1914–1933, Düsseldorf 2003.

—/Osterhammel, Jürgen (Hrsg.), Zivilisierungsmissionen. Imperiale Weltverbesserung seit dem 18. Jahrhundert, Konstanz 2005.

Bartov, Omer/Weitz, Eric D. (Hrsg.), Shatterzone of Empires. Coexistence and Violence in the German, Habsburg, Russian, and Ottoman Borderlands, Bloomington 2013.

Bátonyi, Gábor, Britain and Central Europe. 1918–1933, Oxford 1999.

Baumgart, Winfried, Deutsche Ostpolitik 1918. Von Brest-Litowsk bis zum Ende des Ersten Weltkrieges, München, Wien 1966.

—, Brest-Litovsk und Versailles. Ein Vergleich zweier Friedensschlüsse, in: HZ 210 (1970), S. 583–619.

—, Der Friede von Paris 1856. Studien zum Verhältnis von Kriegführung, Politik und Friedensbewahrung, München 1972.

—, Vom europäischen Konzert zum Völkerbund. Friedensschlüsse und Friedenssicherung von Wien bis Versailles, 2., erw. Aufl., Darmstadt 1987.

—, Europäisches Konzert und nationale Bewegung. Internationale Beziehungen 1830–1878, 2., durchges. und erg. Aufl., Paderborn 2007.

Bavendamm, Gundula, La ville lumière: Kriegsgesellschaft und militärisches Geheimnis im Ersten Weltkrieg am Beispiel von Paris, in: Gerhard Hirschfeld u.a. (Hrsg.), Kriegserfahrungen. Studien zur Sozial- und Mentalitätsgeschichte des Ersten Weltkriegs, Essen 1997, S. 53–67.

Becker, Jean-Jacques, Le traité de Versailles, Paris 2002.

—, Clemenceau, chef de guerre, Paris 2012.

Becker Lorca, Arnulf, Universal International Law. Nineteenth-Century Histories of Imposition and Appropriation, in: Harvard ILJ 51, H. 2 (2010), S. 475–552.

—, Eurocentrism in the History of International Law, in: Fassbender/Peters (Hrsg.), Oxford Handbook, S. 1037–1057.
—, Mestizo International Law. A Global Intellectual History 1842–1933, Cambridge, UK 2015.
Beckett, Eric, Sir Cecil Hurst's Services to International Law, in: BYBIL 26 (1949), S. 1–5.
Bederman, David J., The 1871 London Declaration, rebus sic stantibus and a Primitivist View of the Law of Nations, in: AJIL 82, H. 1 (1988), S. 1–40.
—, Collective Security, Demilitarization and „Pariah" States, in: EJIL 13, H. 1 (2002), S. 121–138.
Bell, Duncan (Hrsg.), Victorian Visions of Global Order. Empire and International Relations in Nineteenth-Century Political Thought, Cambridge, UK 2007.
—, Victorian Visions of Global Order. An Introduction, in: ders. (Hrsg.), Victorian Visions of Global Order, S. 1–25.
Belmessous, Saliha (Hrsg.), Empire by Treaty. Negotiating European Expansion, 1600–1900, Oxford 2015.
Bergien, Rüdiger, Die bellizistische Republik. Wehrkonsens und „Wehrhaftmachung" in Deutschland 1918–1933, München 2012.
Berman, Nathaniel, Passion and Ambivalence. Colonialism, Nationalism, and International Law, Leiden, Boston 2012.
Bernstorff, Jochen v., Der Glaube an das universale Recht. Zur Völkerrechtstheorie Hans Kelsens und seiner Schüler, Baden-Baden 2001.
Bertram-Libal, Gisela, Die britische Politik in der Oberschlesienfrage 1919–1922, in: VfZ 20, H. 2 (1972), S. 105–132.
Best, Geoffrey, Peace Conferences and the Century of Total War. The 1899 Hague Conference and What Came after, in: International Affairs 75, H. 3 (1999), S. 619–634.
Bilder, Richard, The Office of the Legal Adviser. The State Department Lawyer and Foreign Affairs, in: AJIL 56, H. 3 (1962), S. 633–684.
Bindig, Andrea, Humanitäres Völkerrecht als symbolische Form. Zur Normativität humanitären Völkerrechts im Spiegel der Philosophie der symbolischen Formen Ernst Cassirers, Tübingen 2015.
Bingham, Tom, The Alabama Claims Arbitration, in: International and Comparative Law Quarterly 54, H. 1 (2005), S. 1–26.
Birdsall, Paul, Versailles Twenty Years After. A Defense [1941], Neudr., Hamden 1962.
Biskupski, Mieczysław B., Re-Creating Central Europe. The United States „Inquiry" into the Future of Poland in 1918, in: International History Review 12, H. 2 (1990), S. 249–279.
Blair, Scott G., Les origines en France de la SDN. Léon Bourgeois et la Commission interministérielle d'Études pour la Société des Nations (1917–1919), in: Alexandre Niess/Maurice Vaïsse (Hrsg.), Léon Bourgeois (1851–1925). Du solidarisme à la Société des Nations, Langres 2006, S. 73–101.
Blatt, Joel, France and Italy at the Paris Peace Conference, in: International History Review 8, H. 1 (1986), S. 27–40.
Bleimaier, John Kuhn, The Legal Status of the Free City of Danzig 1920–1939. Lessons to be Derived from the Experiences of a Non-State Entity in the International Community, in: Hague Yearbook of International Law 2 (1989), S. 69–93.
Blessing, Ralph, Der mögliche Frieden. Die Modernisierung der Außenpolitik und die deutsch-französischen Beziehungen 1923–1929, München 2008.

Boden, Ragna, Die Weimarer Nationalversammlung und die deutsche Außenpolitik. Waffenstillstand, Friedensverhandlungen und internationale Beziehungen in den Debatten von Februar bis August 1919, Frankfurt a.M. 2000.

Bodendiek, Frank, Walther Schücking und Hans Wehberg. Pazifistische Völkerrechtslehre in der ersten Hälfte des 20. Jahrhunderts, in: Die Friedens-Warte 74 (1999), S. 79–97.

—, Walther Schückings Konzeption der internationalen Ordnung. Dogmatische Strukturen und ideengeschichtliche Bedeutung, Berlin 2001.

Bodó, Béla, Paramilitary Violence in Hungary after the First World War, in: East European Quarterly 38, H. 2 (2004), S. 129–173.

Boemeke, Manfred F./Feldman, Gerald D./Glaser, Elisabeth, Introduction, in: dies. (Hrsg.), The Treaty of Versailles, S. 1–20.

—/Feldman, Gerald D./Glaser, Elisabeth (Hrsg.), The Treaty of Versailles. A Reassessment after 75 Years, New York 1998.

Bogdandy, Armin v./Hinghofer-Szalkay, Stephan, Das etwas unheimliche Ius Publicum Europaeum. Begriffsgeschichtliche Analysen im Spannungsfeld von europäischem Rechtsraum, droit public de l'Europe und Carl Schmitt, in: ZaöRV 73, H. 2 (2013), S. 209–248.

Böhler, Jochen, Enduring Violence. The Postwar Struggles in East-Central Europe, 1917–21, in: Journal of Contemporary History 50, H. 1 (2014), S. 58–77.

—, Generals and Warlords, Revolutionaries and Nation-State Builders. The First World War and its Aftermath in Central and Eastern Europe, in: ders./Borodziej/Puttkamer (Hrsg.), Legacies of Violence, S. 51–66.

—/Borodziej, Włodzimierz/Puttkamer, Joachim v. (Hrsg.), Legacies of Violence. Eastern Europe's First World War, München 2014.

Bönker, Dirk, Ein German Way of War? Deutscher Militarismus und maritime Kriegführung im Ersten Weltkrieg, in: Sven Oliver Müller/Cornelius Torp (Hrsg.), Das deutsche Kaiserreich in der Kontroverse, Göttingen 2009, S. 308–322.

Borodziej, Włodzimierz, Geschichte Polens im 20. Jahrhundert, München 2010.

Bouchard, Carl, Le citoyen et l'ordre mondial (1914–1919). Le rêve d'une paix durable au lendemain de la Grande Guerre en France, en Grande-Bretagne et aux États-Unis, Paris 2008.

Boulet, François, Les Délégations Allemande, Autrichienne, Bulgare, Hongroise et Ottomane aux Traités de Paix 1919–1920, in: ders. (Hrsg.), Les traités de paix 1919–1920 et l'Europe au XXème siècle, Paris 2007, S. 65–90.

Boyle, Francis A., Foundations of World Order. The Legalist Approach to International Relations (1898–1922), Durham, N.C. 1999.

Boysen, Jens, Staatsbürgerliche Optionen in Posen nach 1918, in: Mathias Beer/Dietrich Beyrau/Cornelia Rauh (Hrsg.), Deutschsein als Grenzerfahrung. Minderheitenpolitik in Europa zwischen 1914 und 1950, Essen 2009, S. 175–188.

Bozarslan, Hamit, Empire ottoman, Turquie, monde arabe. De la fin de la guerre à la fin de l'empire, in: Audoin-Rouzeau/Prochasson (Hrsg.), Sortir de la grande guerre, S. 329–347.

Brock, Lothar, Frieden durch Recht. Anmerkungen zum Thema im historischen Kontext, in: Peter Becker/Reiner Braun/Dieter Deiseroth (Hrsg.), Frieden durch Recht?, Berlin 2010, S. 15–34.

Brooks, Barbara J., Japan's Imperial Diplomacy. Consuls, Treaty Ports, and War in China, 1895–1938, Honolulu 2000.

Brose, Eric D., A History of the Great War. World War One and the International Crisis of the Early Twentieth Century, New York 2010.

Buirette, Olivier, André Tardieu et l'Europe Centrale, in: Bulgarian Historical Review 25, H. 2 (1997), S. 75–95.

—, „Réparer la guerre!" Histoire de la formation et des premiers travaux de la Commission interalliée des réparations de guerre appliquées aux alliés de l'Allemagne: Autriche, Hongrie et Bulgarie, 1919–1920, Paris 2005.

Bulloch, Jamie, Karl Renner. Austria, London 2009.

Burgis, Michelle, Faith in the State? Traditions of Territoriality, International Law and the Emergence of Modern Arab Statehood, in: JHIL 11, H. 1 (2009), S. 37–79.

Burgwyn, H. James, The Legend of the Mutilated Victory. Italy, the Great War, and the Paris Peace Conference, 1915–1919, Westport, Conn. 1993.

Burkman, Thomas W., Japan and the League of Nations. Empire and World Order, 1914–1938, Honolulu 2008.

Burschel, Peter/Kundrus, Birthe (Hrsg.), Diplomatiegeschichte. [= Historische Anthropologie. Themenheft 21/2], Köln 2013.

Burton, June K., Fromageot, Henri-Auguste, in: Warren Frederick Kuehl (Hrsg.), Biographical Dictionary of Internationalists, Westport, Conn. 1983, S. 277f.

Butler, Harold B., The Lost Peace. A Personal Impression, London 1941.

Cabanes, Bruno, Die französischen Soldaten und der „Verlust des Sieges", in: Krumeich (Hrsg.), Versailles 1919, S. 269–279.

—, Clemenceau après le traité de Versailles, in: Sylvie Brodziak/Caroline Fontaine (Hrsg.), Clemenceau et la Grande Guerre, La Crèche 2010, S. 203–216.

—, 1919. Aftermath, in: Jay M. Winter (Hrsg.), The Cambridge History of the First World War, 3 Bde., Cambridge, UK 2014, Bd. 1, S. 172–197.

—, The Great War and the Origins of Humanitarianism, 1918–1924, Cambridge, UK 2014.

Calic, Marie-Janine, Geschichte Jugoslawiens im 20. Jahrhundert, München 2010.

Campbell, F. Gregory, The Struggle for Upper Silesia, 1919–1922, in: The Journal of Modern History 42, H. 3 (1970), S. 361–385.

Carl, Maxi Ines, Zwischen staatlicher Souveränität und Völkerrechtsgemeinschaft. Deutschlands Haltung und Beitrag zur Entstehung des Ständigen Internationalen Gerichtshofs, Baden-Baden 2012.

Carlier, Claude/Soutou, Georges-Henri (Hrsg.), 1918–1925: Comment faire la paix?, Paris 2001.

Carr, Edward H., The Twenty Years' Crisis, 1919–1939. An Introduction to the Study of International Relations [1946], 2. Aufl., London 1964.

Cartier, Stéphanie/Hoss, Cristina, The Role of Registries and Legal Secretariats in International Judicial Institutions, in: Cesare Romano/Karen J. Alter/Yuval Shany (Hrsg.), The Oxford Handbook of International Adjudication, Oxford 2014, S. 711–733.

Cartledge, Bryan, Mihály Károlyie and István Bethlen. Hungary, London 2009.

Carty, Anthony, The Evolution of International Legal Scholarship in Germany during the Kaiserreich and the Weimarer Republik (1871–1933), in: German Yearbook of International Law 50 (2007), S. 29–90.

—, Doctrine versus State Practice, in: Fassbender/Peters (Hrsg.), Oxford Handbook, S. 972–996.

—/Smith, Richard A., Sir Gerald Fitzmaurice and the World Crisis. A Legal Adviser in the Foreign Office, Den Haag 2000.

Cassese, Antonio, The Role of the Legal Advisor in Ensuring that Foreign Policy Conforms to International Legal Standards, in: Michigan Journal of International Law 14 (1992), S. 139–217.

—, States: Rise and Decline of the Primary Subjects of the International Community, in: Fassbender/Peters (Hrsg.), Oxford Handbook, S. 49–70.

Cattaruzza, Marina, Endstation Vertreibung. Minderheitenfrage und Zwangsmigrationen in Ostmitteleuropa, 1919–1949, in: Journal of Modern European History 6, H. 1 (2008), S. 5–29.

—, L'Italia e la Questione Adriatica. Dibattiti Parlamentari e Panorama Internazionale (1918–1926), Rom 2014.

—/Zala, Sacha, Wider das Selbstbestimmungsrecht? Wilsons Vierzehn Punkte und Italien in der europäischen Ordnung am Ende des Ersten Weltkriegs, in: Jörg Fisch (Hrsg.), Die Verteilung der Welt, München 2011, S. 141–156.

Challener, Richard D., The French Foreign Office. The Era of Philippe Berthelot, in: Gordon A. Craig (Hrsg.), The Diplomats 1919–1939, Princeton 1953, S. 49–85.

Charlesworth, Hilary/Kennedy, David, Afterword: and Forward. There Remains so Much We do not Know, in: Anne Orford (Hrsg.), International Law and its Others, Cambridge, UK 2006, S. 401–408.

Chary, Frederick B., The History of Bulgaria, Santa Barbara 2011.

Chaumont, Charles, Hommage. Jules Basdevant, in: Annuaire français de droit international 13 (1967), S. 1–3.

Cienciala, Anna M., The Battle of Danzig and the Polish Corridor at the Paris Peace Conference of 1919, in: Paul Latawski (Hrsg.), The Reconstruction of Poland, 1914–1923, New York 1992, S. 71–94.

Civitello, Maryann, The State Department and Peacemaking, 1917–1920. Attitudes of State Department Officials toward Wilson's Peacemaking Efforts, Ph.D. Fordham Univ. 1981.

Clark, Christopher M., The Sleepwalkers. How Europe Went to War in 1914, London 2012.

Clark, Ian, Legitimacy in International Society, Oxford 2009.

Clavin, Patricia, Reparations in the Long Run. Studying the Lessons of History, in: Fischer/Sharp (Hrsg.), After the Versailles Treaty, S. 97–112.

—, Securing the World Economy. The Reinvention of the League of Nations, 1920–1946, Oxford 2013.

Clements, Jonathan, Prince Saionji. Japan, London 2008.

—, Wellington Koo. China, London 2008.

Clinton, Michael G., The French Peace Movement, 1821–1919, Ph.D. Notre Dame 1998.

Coates, Benjamin A., Legalist Empire. International Law and American Foreign Relations in the Early Twentieth Century, New York 2016.

Cogan, Jacob Katz, The Oxford Handbook of the History of International Law, in: AJIL 108, H. 2 (2014), S. 371–376.

Cohrs, Patrick O., The Unfinished Peace after World War I. America, Britain and the Stabilisation of Europe, 1919–1932, Cambridge, UK, New York 2006.

Conrad, Benjamin, Umkämpfte Grenzen, umkämpfte Bevölkerung. Die Entstehung der Staatsgrenzen der Zweiten Polnischen Republik 1918–1923, Stuttgart 2014.

Conze, Eckart, „Wer von Europa spricht, hat unrecht." Aufstieg und Verfall des vertragsrechtlichen Multilateralismus im europäischen Staatensystem des 19. Jahrhunderts, in: Historisches Jahrbuch 121 (2001), S. 214–241.

—, Abschied von Staat und Politik? Überlegungen zur Geschichte der internationalen Politik, in: ders./Ulrich Lappenküper/Guido Müller (Hrsg.), Geschichte der internationalen Beziehungen. Erneuerung und Erweiterung einer historischen Disziplin, Köln 2004, S. 15–43.

—, Völkerstrafrecht und Völkerstrafrechtspoltik, in: Jost Dülffer/Wilfried Loth (Hrsg.), Dimensionen internationaler Geschichte, München 2012, S. 189–209.

Conze, Vanessa, „Unverheilte Brandwunden in der Außenhaut des Volkskörpers". Der deutsche Grenz-Diskurs der Zwischenkriegszeit (1919–1930), in: Wolfgang Hardtwig (Hrsg.), Ordnungen in der Krise. Zur politischen Kulturgeschichte Deutschlands 1900–1933, München 2007, S. 21–48.

Cooper, John Milton, Woodrow Wilson. A Biography, New York 2009.

Cornish, William, International Law, in: ders. u.a. (Hrsg.), The Oxford History of the Laws of England, Oxford 2010, S. 255–277.

Cornwall, Mark, Auflösung und Niederlage. Die österreichisch-ungarische Revolution, in: ders. (Hrsg.), Die letzten Jahre der Donaumonarchie. Der erste Vielvölkerstaat im Europa des frühen 20. Jahrhunderts, 2. Aufl., Essen 2006, S. 174–201.

Cortright, David, Peace. A History of Movements and Ideas, Cambridge, UK 2008.

Couvreur, Philippe, Charles de Visscher and International Justice, in: EJIL 11, H. 4 (2000), S. 905–938.

Cowan, Jane K., Fixing National Subjects in the 1920s Southern Balkans. Also an International Practice, in: American Ethnologist 35, H. 2 (2008), S. 338–356.

Cox, Frederick J., The French Peace Plans, 1918–1919. The Germ of the Conflict between Ferdinand Foch and Georges Clemenceau, in: ders. (Hrsg.), Studies in Modern European History in Honor of Franklin Charles Palm, New York 1956, S. 81–104.

Craft, Stephen G., John Bassett Moore, Robert Lansing, and the Shandong Question, in: Pacific Historical Review 66, H. 2 (1997), S. 231–249.

Craig, Gordon A., The British Foreign Office from Grey to Austen Chamberlain, in: ders. (Hrsg.), The Diplomats 1919–1939, Princeton 1953, S. 15–48.

Crampton, Jeremy W., The Cartographic Calculation of Space. Race Mapping and the Balkans at the Paris Peace Conference of 1919, in: Social & Cultural Geography 7, H. 5 (2006), S. 731–752.

Crampton, Richard, Aleksandŭr Stambolīĭski, Bulgaria, London 2009.

Craven, Matthew, The Invention of a Tradition. Westlake, The Berlin Conference and the Historicisation of International Law, in: Nuzzo/Vec (Hrsg.), Constructing International Law, S. 363–402.

—, Theorizing the Turn to History in International Law, in: Anne Orford/Florian Hoffmann (Hrsg.), The Oxford Handbook of the Theory of International Law, Oxford 2016, S. 21–37.

—/Fitzmaurice, M./Vogiatzi, Maria (Hrsg.), Time, History and International Law, Leiden 2007.

Crawford, James, Public International Law in Twentieth-Century England, in: Jack Beatson/Reinhard Zimmermann (Hrsg.), Jurists Uprooted. German-Speaking Émigré Lawyers in Twentieth-Century Britain, Oxford 2004, S. 681–708.

—, The Creation of States in International Law, 2. Aufl., Oxford 2006.

—, State Responsibility. The General Part, Cambridge, UK 2013.

Criss, Nur Bilge, Istanbul under Allied Occupation. 1918–1923, Leiden 1999.

Cronier, Emmanuelle, The Street, in: Jay M. Winter/Jean-Louis Robert (Hrsg.), Capital Cities at War. Paris, London, Berlin 1914–1919, Bd. 2, Cambridge, UK 2007, S. 57–104.

Crowe, Sibyl/Corp, Edward T., Our Ablest Public Servant. Sir Eyre Crowe, 1864–1925, Braunton Devon 1993.

Crozier, Andrew J., The Establishment of the Mandates System 1919–25. Some Problems Created by the Paris Peace Conference, in: Journal of Contemporary History 14, H. 3 (1979), S. 483–513.

Crunden, Robert Morse, Ministers of Reform. The Progressives' Achievement in American Civilization, 1889–1920, Urbana, Ill. 1984.

Curry, George, Woodrow Wilson, Jan Smuts, and the Versailles Settlement, in: AHR 66, H. 4 (1961), S. 968–986.

Dadrian, Vahakn N., The History of the Armenian Genocide. Ethnic Conflict from the Balkans to Anatolia to the Caucasus, 4., überarb. Aufl., New York, Oxford 2003.

Dalby, Andrew, Eleftherios Venizelos. Greece, London 2010.

Davies, Norman, Lloyd George and Poland, 1919–20, in: Journal of Contemporary History 6, H. 3 (1971), S. 132–154.

Davion, Isabelle, Mon voisin, cet ennemi. La France face aux relations polono-tchécoslovaques entre les deux guerres, Brüssel u.a. 2009.

Davison, Roderic H., Turkish Diplomacy from Mudros to Lausanne, in: Gordon A. Craig (Hrsg.), The Diplomats 1919–1939, Princeton 1953, S. 172–209.

Dawisha, Adeed, Arab Nationalism in the Twentieth Century. From Triumph to Despair, Neuaufl., Princeton 2016.

Deák, Francis, Hungary at the Paris Peace Conference. The Diplomatic History of the Treaty of Trianon [1942], New York 1972.

DeArmond Davis, Calvin, The United States and the First Hague Peace Conference, Ithaca, N.Y. 1962.

—, The United States and the Second Hague Peace Conference. American Diplomacy and International Organization, 1899–1914, Durham, N.C. 1975.

Debo, Richard K., Survival and Consolidation. The Foreign Policy of Soviet Russia, 1918–1921, Montreal 1992.

Defrasne, Jean, Le pacifisme en France, Paris 1994.

Deist, Wilhelm, Die militärischen Bestimmungen der Pariser Vorortverträge [1966], in: ders., Militär, Staat und Gesellschaft. Studien zur preußisch-deutschen Militärgeschichte, München 1991, S. 235–248.

Delahunty, Robert J./Yoo, John C., Peace through Law? The Failure of a Noble Experiment, in: Michigan Law Review 106 (2008), S. 923–939.

Denfeld, Claudia, Hans Wehberg. Die Organisation der Staatengemeinschaft, Baden-Baden, Tübingen 2008.

Deperchin, Annie, Die französischen Juristen und der Versailler Vertrag, in: Krumeich (Hrsg.), Versailles 1919, S. 87–102.

—, La conférence de la paix, in: Stéphane Audoin-Rouzeau/Jean-Jacques Becker (Hrsg.), Encyclopédie de la Grande Guerre 1914–1918. Histoire et culture, Paris 2004, S. 993–1005.

—, Sortir de la Grande Guerre. Le droit des peuples et la construction de la paix, in: Serge Dauchy/Miloš Vec (Hrsg.), Les conflits entre peuples. De la résolution libre à la résolution imposée, Baden-Baden 2011, S. 129–143.

—, The Laws of War, in: Jay M. Winter (Hrsg.), The Cambridge History of the First World War, 3 Bde., Cambridge, UK 2014, Bd. 1, S. 615–638.

Depledge, Joanna, The Organization of Global Negotiations. Constructing the Climate Change Regime, London, Sterling, Va. 2005.

Dhondt, Frederik, Looking Beyond the Tip of the Iceberg. Diplomatic Praxis and Legal Culture in the History of Public International Law, in: Rechtskultur. Zeitschrift für Europäische Rechtsgeschichte 2 (2013), S. 31–42.

—, Recent Research in the History of International Law, in: Tijdschrift voor Rechtsgeschiedenis 84, H. 1–2 (2016), S. 313–334.

Di Scala, Spencer M., Vittorio Orlando. Italy, London 2010.

Dickmann, Fritz, Die Kriegsschuldfrage auf der Friedenskonferenz von Paris 1919, in: HZ 197, H. 1 (1963), S. 1–101.

Dipper, Christof (Hrsg.), Rechtskultur, Rechtswissenschaft, Rechtsberufe im 19. Jahrhundert. Professionalisierung und Verrechtlichung in Deutschland und Italien, Berlin 2000.

Djokić, Dejan, Nikola Pašić and Ante Trumbić. The Kingdom of Serbs, Croats and Slovenes, London 2010.

Dockrill, Michael L./Fisher, John (Hrsg.), The Paris Peace Conference, 1919. Peace Without Victory?, Basingstoke 2001.

—/Steiner, Zara, The Foreign Office at the Paris Peace Conference in 1919, in: International History Review 2, H. 1 (1980), S. 55–86.

Doenecke, Justus D., Nothing less than War. A New History of America's Entry into World War I, Lexington, Ky. 2011.

Doerr, Paul W., British Foreign Policy, 1919–1939, Manchester 1998.

Dos Passos, John, Mr. Wilson's War, Garden City Park, N.Y. 1962.

Doumanis, Nicholas, Before the Nation. Muslim-Christian Coexistence and its Destruction in Late Ottoman Anatolia, Oxford 2013.

Drake, Edson James, Bulgaria at the Paris Peace Conference. A Diplomatic History of the Treaty of Neuilly-sur-Seine, Ph.D. Georgetown 1967.

Dreyer, Michael/Lembcke, Oliver, Die deutsche Diskussion um die Kriegsschuldfrage 1918/19, Berlin 1993.

Drouin, Michel, Georges Clemenceau, les États-Unis et Wilson dans L'Homme enchaîné de 1914 à 1917, in: Sylvie Brodziak/Caroline Fontaine (Hrsg.), Clemenceau et la Grande Guerre, La Crèche 2010, S. 163–182.

Dubin, Martin, The Carnegie Endowment for International Peace and the Advocacy of a League of Nations, 1914–1918, in: Proceedings of the American Philosophical Society 123, H. 6 (1979), S. 344–368.

Duchhardt, Heinz, Das „Westfälische System". Realität und Mythos, in: Thiessen (Hrsg.), Akteure der Außenbeziehungen, S. 393–401.

—, From the Peace of Westphalia to the Congress of Vienna, in: Fassbender/Peters (Hrsg.), Oxford Handbook, S. 628–653.

Dülffer, Jost, Regeln gegen den Krieg? Die Haager Friedenskonferenzen 1899 und 1907 in der internationalen Politik, Frankfurt a.M., Berlin, Wien 1981.

—/Haas, Christa, Léon Bourgeois and the Reaction in France to His Receiving the Nobel Peace Prize in 1920, in: Francia 20, H. 3 (1993), S. 19–35.

—/Krumeich, Gerd (Hrsg.), Der verlorene Frieden. Politik und Kriegskultur nach 1918, Essen 2002.

—, Frieden schließen nach einem Weltkrieg? Die mentale Verlängerung der Kriegssituation in den Friedensschluss, in: ders./Krumeich (Hrsg.), Der verlorene Frieden, S. 19–37.

—, Selbstbestimmung, Wirtschaftsinteressen und Großmachtpolitik. Grundprinzipien für die Friedensregelung nach dem Ersten Weltkrieg, in: ders. (Hrsg.), Frieden stiften. Deeskalations- und Friedenspolitik im 20. Jahrhundert, Köln, Weimar, Wien 2008, S. 118–137.

—, Versailles und die Friedensschlüsse des 19. und 20. Jahrhunderts [2001], in: ders. (Hrsg.), Frieden stiften. Deeskalations- und Friedenspolitik im 20. Jahrhundert, Köln, Weimar, Wien 2008, S. 157–173.

—, „Demokratie und Frieden" als wissenschaftliches Paradigma, in: ders./Gottfried Niedhart (Hrsg.), Frieden durch Demokratie? Genese, Wirkung und Kritik eines Deutungsmusters, Essen 2011, S. 35–51.

—, Die Diskussion um das Selbstbestimmungsrecht und die Friedensregelungen nach den Weltkriegen des 20. Jahrhunderts, in: Jörg Fisch (Hrsg.), Die Verteilung der Welt, München 2011, S. 113–116.

—, Recht, Normen und Macht, in: ders./Wilfried Loth (Hrsg.), Dimensionen internationaler Geschichte, München 2012, S. 169–188.

—, Internationale Strafgerichtsbarkeit und die Friedensordnung nach dem Ersten Weltkrieg, in: Michaela Bachem-Rehm/Claudia Hiepel/Henning Türk (Hrsg.), Teilungen überwinden. Europäische und internationale Geschichte im 19. und 20. Jahrhundert. Festschrift für Wilfried Loth, München 2014, S. 293–303.

Duroselle, Jean-Baptiste, Clemenceau, Paris 1988.

Dyer, Gwynne, The Turkish Armistice of 1918. 1: The Turkish Decision for a Separate Peace, Autumn 1918, in: Middle Eastern Studies 8, H. 2 (1972), S. 143–178.

—, The Turkish Armistice of 1918. 2: A Lost Opportunity. The Armistice Negotiations of Moudros, in: Middle Eastern Studies 8, H. 3 (1972), S. 313–348.

Edele, Mark/Gerwarth, Robert, The Limits of Demobilization. Global Perspectives on the Aftermath of the Great War, in: Journal of Contemporary History 50, H. 1 (2014), S. 3–14.

Edwards, John L.J., The Law Officers of the Crown. A Study of the Offices of Attorney-General and Solicitor-General of England with an Account of the Office of the Director of Public Prosecutions of England, London 1964.

Eichenberg, Julia/Newman, John Paul, Aftershocks. Violence in Dissolving Empires after the First World War, in: Contemporary European History 19, H. 3 (2010), S. 183–194.

—, Consent, Coercion and Endurance in Eastern Europe. Poland and the Fluidity of War Experiences, in: Böhler/Borodziej/Puttkamer (Hrsg.), Legacies of Violence, S. 235–258.

Ekstein, Michael H./Steiner, Zara, The Sarajevo Crisis, in: Francis H. Hinsley (Hrsg.), British Foreign Policy under Sir Edward Grey [1977], Cambridge, UK 2008, S. 397–410.

Elcock, Howard, Portrait of a Decision. The Council of Four and the Treaty of Versailles, London 1972.

Elleman, Bruce A., Wilson and China. A Revised History of the Shandong Question, Armonk, N. Y. 2002.

Epstein, Fritz T., Zwischen Compiègne und Versailles. Geheime amerikanische Militärdiplomatie in der Periode des Waffenstillstandes 1918/19: Die Rolle des Obersten Arthur L. Conger, in: VfZ 3, H. 4 (1955), S. 412–445.

Eskander, Saad, Britain's Policy in Southern Kurdistan. The Formation and the Termination of the First Kurdish Government, 1918–1919, in: British Journal of Middle Eastern Studies 27, H. 2 (2000), S. 139–163.

Eyffinger, Arthur, The 1899 Hague Peace Conference. The Parliament of Man, the Federation of the World, Den Haag 1999.

—, The 1907 Hague Peace Conference. „The Conscience of the Civilized World", Den Haag 2007.

Fabre, Rémi, Un exemple de pacifisme juridique. Théodore Ruyssen et le mouvement „La paix par le droit", in: Vingtième Siècle 39 (1993), S. 38–54.

Fabry, Mikulas, Recognizing States. International Society and the Establishment of New States Since 1776, Oxford 2010.

Fair, John D., Harold Temperley. A Scholar and Romantic in the Public Realm, Newark 1992.

Fassbender, Bardo/Peters, Anne (Hrsg.), The Oxford Handbook of the History of International Law, Oxford 2012.

—/—, Towards a Global History of International Law, in: dies. (Hrsg.), The Oxford Handbook of the History of International Law, Oxford 2012, S. 1–24.

Fellner, Fritz, Der Vertrag von Saint Germain, in: ders., Vom Dreibund zum Völkerbund. Studien zur Geschichte der internationalen Beziehungen 1882–1919, hrsgg. v. Heidrun Maschl u. Brigitte Mazhohl-Wallnig, Wien 1994, S. 282–304.

—, Die Friedensordnung von Paris 1919/20 – Machtdiktat oder Rechtsfriede? Versuch einer Interpretation, in: ders., Vom Dreibund zum Völkerbund. Studien zur Geschichte der internationalen Beziehungen 1882–1919, hrsgg. v. Heidrun Maschl u. Brigitte Mazhohl-Wallnig, Wien 1994, S. 305–320.

Fenske, Hans, Der Anfang vom Ende des alten Europa. Die alliierte Verweigerung von Friedensgesprächen 1914–1919, München 2013.

Ferguson, Niall, The Pity of War. Explaining World War I, New York 1999.

Ferreira, José M., Portugal na Conferência da Paz, Paris, 1919, Lissabon 1992.

Ferro, Marc, La Grande Guerre. 1914–1918, Paris 1969.

Finch, Eleanor H., Lester H. Woolsey, 1877–1961, in: AJIL 56, H. 1 (1962), S. 130–134.

Finch, George A., James Brown Scott, 1866–1943, in: AJIL 38, H. 2 (1944), S. 183–217.

—, Adventures in Internationalism. A Biography of James Brown Scott, Clark, N.J. 2012.

Findley, Carter Vaughn, The Tanzimat, in: Reşat Kasaba (Hrsg.), Turkey in the Modern World, Cambridge, UK 2008, S. 11–37.

Fink, Carole, Defending the Rights of Others. The Great Powers, the Jews, and International Minority Protection, 1878–1938, New York 2006.

Fisch, Jörg, Krieg und Frieden im Friedensvertrag. Eine universalgeschichtliche Studie über Grundlagen und Formelemente des Friedensschlusses, Stuttgart 1979.

—, Die europäische Expansion und das Völkerrecht. Die Auseinandersetzungen um den Status der überseeischen Gebiete vom 15. Jahrhundert bis zur Gegenwart, Stuttgart 1984.

—, Das Volk im „Völkerrecht". Staat, Volk und Individuum im internationalen Recht am Ende des Ersten Weltkrieges, in: Manfred Hettling (Hrsg.), Volksgeschichten im Europa der Zwischenkriegszeit, Göttingen 2003, S. 38–64.

—, Das Selbstbestimmungsrecht der Völker. Die Domestizierung einer Illusion, München 2010.

—, Selbstbestimmung vor der Selbstbestimmung. Die Herausbildung des modernen Begriffs des Selbstbestimmungsrechts der Völker in Amerika, in: ders. (Hrsg.), Die Verteilung der Welt, München 2011, S. 87–110.

—, Völkerrecht, in: Jost Dülffer/Wilfried Loth (Hrsg.), Dimensionen internationaler Geschichte, München 2012, S. 151–168.

Fischer, Conan/Sharp, Alan (Hrsg.), After the Versailles Treaty. Enforcement, Compliance, Contested Identities, London, New York 2008.

Fischer, Thomas, Die Souveränität der Schwachen. Lateinamerika und der Völkerbund 1920–1936, Stuttgart 2012.

Fitzmaurice, Andrew, Liberalism and Empire in Nineteenth-Century International Law, in: AHR 117, H. 1 (2012), S. 122–140.

Fitzmaurice, Gerald, Sir Cecil Hurst (1870–1963), in: Annuaire de l'Institut de Droit international 13, H. 2 (1963), S. 462–477.

Flanagan, Jason C., Woodrow Wilson's „Rhetorical Restructuring": The Transformation of the American Self and the Construction of the German Enemy, in: Rhetoric & Public Affairs 7, H. 2 (2004), S. 115–148.

Fleury, Antoine, Die Pariser Vorortverträge, in: Pim den Boer u.a. (Hrsg.), Europäische Erinnerungsorte, 3 Bde., München 2012, Bd. 2, Das Haus Europa, S. 505–513.

Floto, Inga, Colonel House in Paris. A Study of American Policy at the Paris Peace Conference 1919, Princeton 1980.

Fortuna, Ursula, Der Völkerbundsgedanke in Deutschland während des Ersten Weltkrieges, Zürich 1974.

François, Etienne, Geschichte und Selbstverständnis des Pariser Regierungszentrums, in: Helmut Engel/Wolfgang Ribbe (Hrsg.), Geschichtsmeile Wilhelmstraße, Berlin 1997, S. 189–197.

Fraser, Thomas G., Chaim Weizmann. The Zionist Dream, London 2009.

Frei, Gabriela A., Great Britain, Contraband and Future Maritime Conflict (1885–1916), in: Francia 40 (2013), S. 409–418.

Fried, Marvin Benjamin, Brockdorff-Rantzau and the Struggle for a Just Peace, in: Diplomacy and Statecraft 16, H. 2 (2005), S. 403–416.

Fromkin, David, A Peace to End All Peace. The Fall of the Ottoman Empire and the Creation of the Modern Middle East, 2. Aufl., New York 2009.

Fry, Michael G., British Revisionism, in: Boemeke/Feldman/Glaser (Hrsg.), The Treaty of Versailles, S. 565–601.

—, And Fortune Fled. David Lloyd George, the First Democratic Statesman, 1916–1922, New York 2011.

Garcia-Salmones Rovira, Mónica, Walther Schücking and the Pacifist Traditions of International Law, in: EJIL 22, H. 3 (2011), S. 755–782.

Garibian, Sévane, From the 1915 Allied Joint Declaration to the 1920 Treaty of Sèvres. Back to an International Criminal Law in Progress, in: Armenian Review 52 (2010), S. 87–102.

Garzia, Italo, La nascita della Società delle Nazioni, in: Antonio Scottà (Hrsg.), La Conferenza di Pace di Parigi fra ieri e domani (1919–1920), Soveria Mannelli 2003, S. 277–315.

Gaudemet, Yves-Henri, Les juristes et la vie politique de la IIIᵉ République, Paris 1970.

Gelfand, Lawrence E., The Inquiry. American Preparations for Peace, 1917–1919, Westport, Conn. 1976.

Genell, Aimee, The Well-Defended Domains. Eurocentric International Law and the Making of the Ottoman Office of Legal Counsel, in: Journal of the Ottoman and Turkish Studies Association 3, H. 2 (2016), S. 255–275.

Geppert, Dominik, Pressekriege. Öffentlichkeit und Diplomatie in den deutsch-britischen Beziehungen (1896–1912), München 2007.

Gerwarth, Robert, The Central European Counter-Revolution. Paramilitary Violence in Germany, Austria, and Hungary after the Great War, in: Past and Present 200 (2008), S. 175–209.

—/Horne, John (Hrsg.), War in Peace. Paramilitary Violence in Europe after the Great War, Oxford 2012.

—, Fighting the Red Beast. Counter-Revolutionary Violence in the Defeated States of Central Europe, in: ders./Horne (Hrsg.), War in Peace, S. 52–71.

—, The Vanquished. Why the First World War Failed to End, 1917–1923, London 2016.

Geyer, Martin H./Paulmann, Johannes (Hrsg.), The Mechanics of Internationalism. Culture, Society, and Politics from the 1840s to the First World War, Oxford 2001.

Giladi, Rotem, The Enactment of Irony. Reflections on the Origins of the Martens Clause, in: EJIL 25, H. 3 (2014), S. 847–869.

Gilbert, Bentley B., Pacifist to Interventionist: David Lloyd George in 1911 and 1914. Was Belgium an Issue?, in: Hist. J. 28, H. 4 (1985), S. 863–885.

Gingeras, Ryan, Fall of the Sultanate. The Great War and the End of the Ottoman Empire, 1908–1922, Oxford 2016.

Glaser, Elisabeth, The Making of the Economic Peace, in: Boemeke/Feldman/Glaser (Hrsg.), The Treaty of Versailles, S. 371–400.

Goebel, Michael, Anti-Imperial Metropolis. Interwar Paris and the Seeds of Third-World Nationalism, New York 2015.

Goldstein, Erik, New Diplomacy and the New Europe at the Paris Peace Conference of 1919. The A.W.A. Leeper Papers, in: East European Quarterly 21, H. 4 (1987), S. 393–400.

—, Great Britain and Greater Greece 1917–1920, in: Hist. J. 32, H. 2 (1989), S. 339–356.

—, Winning the Peace. British Diplomatic Strategy, Peace Planning, and the Paris Peace Conference, 1916–1920, Oxford 1991.

—, The First World War Peace Settlements, 1919–1925, Harlow 2002.

Golecki, Anton, Der Vertrag von Versailles und die Entstehung der deutsch-dänischen Grenze 1918–1920, in: Zeitschrift der Gesellschaft für Schleswig-Holsteinische Geschichte 115 (1990), S. 255–286.

Gomes, Leonard, German Reparations, 1919–1932. A Historical Survey, Basingstoke 2010.

Gong, Gerrit W., The Standard of „Civilization" in International Society, Oxford 1984.

Gordon, Robert W., The American Legal Profession, 1870–2000, in: Michael Grossberg/Christopher Tomlins (Hrsg.), The Cambridge History of Law in America, Bd. 3, The Twentieth Century and After (1920–), Cambridge, UK 2008, S. 73–126.

Graebner, Norman A./Bennett, Edward M., The Versailles Treaty and its Legacy. The Failure of the Wilsonian Vision, New York 2011.

Graml, Hermann, Bernhard von Bülow und die deutsche Außenpolitik. Hybris und Augenmaß im Auswärtigen Amt, München 2012.

Grassi, Fabio (Hrsg.), La Formazione della diplomazia nazionale (1861–1915). Repertorio bio-bibliografico dei funzionari del Ministero degli affari esteri, Rom 1987.

Greenhalgh, Elizabeth, Foch in Command. The Forging of a First World War General, Cambridge, UK 2011.

Gregory, Adrian, Lost Generations. The Impact of Military Casualties on Paris, London, and Berlin, in: Jay M. Winter/Jean-Louis Robert (Hrsg.), Capital Cities at War. Paris, London, Berlin 1914–1919, Bd. 2, Cambridge 2007, S. 57–103.

Grew, Joseph C., The Lausanne Peace Conference of 1922–1923, in: Proceedings of the Massachusetts Historical Society, Third Series 69 (1947–1950), S. 348–367.

—, Turbulent Era. A Diplomatic Record of Forty Years, 1904–1945, 2 Bde., Boston 1952.

Grewe, Wilhelm, Epochen der Völkerrechtsgeschichte, 2. Aufl., Baden-Baden 1988.

—, Was ist „klassisches", was ist „modernes" Völkerrecht?, in: Alexander Böhm/Klaus Lüderssen/Karl-Heinz Ziegler (Hrsg.), Idee und Realität des Rechts in der Entwicklung internationaler Beziehungen. Festgabe für Wolfgang Preiser, Baden-Baden 1983, S. 111–131.

—, Friede durch Recht?, Berlin 1985.

Gros, Dominique, La légitimation par le droit, in: Marc Olivier Baruch/Vincent Duclert (Hrsg.), Serviteurs de l'État. Une histoire politique de l'administration française, 1875–1945, Paris 2000, S. 19–35.

Gründer, Horst, Walter Simons als Staatsmann, Jurist und Kirchenpolitiker, Neustadt an der Aisch 1975.

Grupp, Peter, Deutsche Außenpolitik im Schatten von Versailles 1918–1920. Zur Politik des Auswärtigen Amts vom Ende des Ersten Weltkriegs und der Novemberrevolution bis zum Inkrafttreten des Versailler Vertrags, Paderborn 1988.

Guieu, Jean-Michel, Le rameau et le glaive. Les militants français pour la Société des Nations, Paris 2008.

—, Les juristes internationalistes français, l'Europe et la paix à la Belle Époque, in: Relations internationales 149 (2012), S. 27–41.

—/Kévonian, Dzovinar, Introduction. Juristes et relations internationales, in: Relations internationales 149 (2012), S. 3–11.

Gullace, Nicoletta F., Sexual Violence and Family Honor. British Propaganda and International Law during the First World War, in: AHR 102, H. 3 (1997), S. 714–747.

Gunzenhäuser, Max, Die Pariser Friedenskonferenz 1919 und die Friedensverträge 1919–1920. Literaturbericht und Bibliographie, Frankfurt a.M. 1970.

Haas, Christa, Die französische Völkerbundpolitik 1917–1926, Dortmund 1996.

Haas, Hanns, Österreich und die Alliierten 1918–1919, in: Ackerl/Neck (Hrsg.), Saint-Germain 1919, S. 11–40.

Hadler, Frank, Peacemaking 1919 im Spiegel der Briefe Edvard Beneš, in: Berliner Jahrbuch für osteuropäische Geschichte 1, H. 1/2 (1994), S. 213–255 u. 225–257.

Hall, Richard C., Bulgaria in the First World War, in: Historian 73, H. 2 (2011), S. 300–315.

Haltern, Ulrich R., Was bedeutet Souveränität?, Tübingen 2007.

Hampe, Karl-Alexander, Das Auswärtige Amt in der Ära Bismarck, Bonn 1995.

Hamza, Gábor, Traité de Paix de Trianon et la protection des minorités en Hongrie, in: JHIL 10, H. 1 (2008), S. 147–156.

Hankel, Gerd, Die Leipziger Prozesse. Deutsche Kriegsverbrechen und ihre strafrechtliche Verfolgung nach dem Ersten Weltkrieg, Hamburg 2003.

Harris, Steven, Taming Arbitration. States' Men, Lawyers, and Peace Advocates from the Hague to the War, in: JHIL 19, H. 3 (2017), S. 362–396

Hart, H. L. A., Der Begriff des Rechts, Neuaufl., Frankfurt a.M. 2011.

Hasanli, Jamil, Foreign Policy of the Republic of Azerbaijan. The Difficult Road to Western Integration, 1918–1920, London 2016.

Haupts, Leo, Zur deutschen und britischen Friedenspolitik in der Pariser Friedenskonferenz. Britisch-deutsche Separatverhandlungen im April–Mai 1919?, in: HZ 217 (1973), S. 54–98.

—, Deutsche Friedenspolitik 1918–1919. Eine Alternative zur Machtpolitik des Ersten Weltkrieges?, Düsseldorf 1976.

Hausleitner, Mariana, Die Rumänisierung der Bukowina. Die Durchsetzung des nationalstaatlichen Anspruchs Großrumäniens 1918–1944, München 2001.

Hausmann, Paulus Andreas, Friedenspräliminarien in der Völkerrechtsgeschichte, in: ZaöRV 25 (1965), S. 657–692.

Hayden, Joseph Raymond, Negotiating in the Press. American Journalism and Diplomacy, 1918–1919, Baton Rouge 2010.

Hayne, M. B., The French Foreign Office and the Origins of the First World War 1898–1914, Oxford 1993.

Heffernan, Michael, Geography, Cartography and Military Intelligence. The Royal Geographical Society and the First World War, in: Transactions of the Institute of British Geographers, New Series 21, H. 3 (1996), S. 504–533.

Heideking, Jürgen, Areopag der Diplomaten. Die Pariser Botschafterkonferenz der alliierten Hauptmächte und die Probleme der europäischen Politik 1920–1931, Husum 1979.

Heimbeck, Lea, Die Abwicklung von Staatsbankrotten im Völkerrecht, Baden-Baden 2013.

Heinemann, Ulrich, Die verdrängte Niederlage. Politische Öffentlichkeit und Kriegsschuldfrage in der Weimarer Republik, Göttingen 1983.

Helmreich, Paul C., From Paris to Sèvres. The Partition of the Ottoman Empire at the Peace Conference of 1919–1920, Columbus 1974.

Henrikson, Alan K., The Geography of Diplomacy, in: Colin Robert Flint (Hrsg.), The Geography of War and Peace. From Death Camps to Diplomats, Oxford, New York 2005, S. 369–394.

Hepp, John, James Brown Scott and the Rise of Public International Law, in: Journal of the Gilded Age and Progressive Era 7, H. 2 (2008), S. 151–179.

Herren, Madeleine, Hintertüren zur Macht. Internationalismus und modernisierungsorientierte Außenpolitik in Belgien, der Schweiz und den USA 1865–1914, München 2000.

—, Governmental Internationalism and the Beginning of a New World Order in the Late Nineteenth Century, in: Martin H. Geyer/Johannes Paulmann (Hrsg.), The Mechanics of Internationalism. Culture, Society, and Politics from the 1840s to the First World War, Oxford 2001, S. 121–144.

—, Internationale Organisationen seit 1865. Eine Globalgeschichte der internationalen Ordnung, Darmstadt 2009.

—, Shifting Identities and Cosmopolitan Machineries. A New World Imagined at the 1919 Peace Conference in Paris, in: Christiane Brosius/Roland Wenzlhuemer (Hrsg.), Transcultural Turbulences, Berlin, Heidelberg 2011, S. 67–82.

—, Diplomatie im Fokus der Globalgeschichte, in: Neue Politische Literatur 61, H. 3 (2016), S. 413–438.

Higonnet, Patrice L. R., Paris. Capital of the World, Cambridge, Mass. 2002.

Hildebrand, Klaus, Europäisches Zentrum, überseeische Peripherie und neue Welt. Über den Wandel des Staatensystems zwischen dem Berliner Kongress (1878) und dem Pariser Frieden (1919/20), in: HZ 240 (1989), S. 53–94.

Hillgruber, Andreas, „Revisionismus". Kontinuität und Wandel in der Außenpolitik in der Weimarer Republik, in: HZ 237, H. 3 (1983), S. 597–621.

Hirschon, Renée (Hrsg.), Crossing the Aegean. An Appraisal of the 1923 Compulsory Population Exchange between Greece and Turkey, New York 2003.

Hitchins, Keith, Ionel Brătianu. Romania, London 2011.

Hodgson, Godfrey, Woodrow Wilson's Right Hand. The Life of Colonel Edward M. House, New Haven 2006.

Holborn, Hajo, Diplomats and Diplomacy in the Early Weimar Republic, in: Gordon A. Craig (Hrsg.), The Diplomats 1919–1939, Princeton 1953, S. 123–171.

Holquist, Peter, Dilemmas of a Progressive Administrator. Baron Boris Nolde, in: Kritika. Explorations in Russian and Eurasian History 7, H. 2 (2006), S. 241–273.

Hölzle, Erwin, Die Selbstentmachtung Europas. Das Experiment des Friedens vor und im Ersten Weltkrieg. Unter Verwertung unveröffentlichter, zum Teil verlorengegangener deutscher und französischer Dokumente, Göttingen 1975.

Horel, Catherine, Le traité de Trianon, 4 juin 1920, ou le deuil de la nation hongroise, in: Corine Defrance/Catherine Horel/François-Xavier Nérard (Hrsg.), Vaincus! Histoires de défaites Europe, XIXᵉ–XXᵉ siècles, Paris 2016, S. 207–228.

Horne, John, Art. Barbaren, in: Gerhard Hirschfeld/Gerd Krumeich/Irina Renz (Hrsg.), Enzyklopädie Erster Weltkrieg, Paderborn 2003, S. 370–372.

—/Kramer, Alan, German Atrocities, 1914. A History of Denial, New Haven 2001.

Howland, Douglas, International Law and Japanese Sovereignty. The Emerging Global Order in the 19th Century, New York 2016.

Huber, Max, Denkwürdigkeiten 1907–1924, Zürich 1974.

Hueck, Ingo, Die Gründung völkerrechtlicher Zeitschriften in Deutschland im internationalen Vergleich, in: Michael Stolleis (Hrsg.), Juristische Zeitschriften. Die neuen Medien des 18.–20. Jahrhunderts, Frankfurt a.M. 1999, S. 379–420.

—, Völkerrechtsgeschichte. Hauptrichtungen, Tendenzen, Perspektiven, in: Wilfried Loth/ Jürgen Osterhammel (Hrsg.), Internationale Geschichte, München 2000, S. 267–285.

Hull, Isabel V., Absolute Destruction. Military Culture and the Practices of War in Imperial Germany, Ithaca, N.Y. 2005.

—, A Scrap of Paper. Breaking and Making International Law During the Great War, Ithaca, N.Y. 2014.

Ihrig, Stefan, Atatürk in the Nazi Imagination, Cambridge, Mass. 2014.

Iriye, Akira, Global Community. The Role of International Organizations in the Making of the Contemporary World, Berkeley 2002.

Ito, Fujio, One Hundred Years of International Law Studies in Japan, in: Japanese Annual of International Law 13 (1969), S. 19–34.

Jackson, Peter, Tradition and Adaptation. The Social Universe of the French Foreign Ministry in the Era of the First World War, in: French History 24, H. 2 (2010), S. 164–196.

—, Beyond the Balance of Power. France and the Politics of National Security in the Era of the First World War, Cambridge, UK 2013.

Jackson, Robert, The Chief. The Biography of Gordon Hewart, Lord Chief Justice of England, 1922–40, London 1959.

Jaffe, Lorna S., The Decision to Disarm Germany. British Policy towards Postwar German Disarmament, 1914–1919, Boston 1985.

Jähnicke, Burkhard, Washington und Berlin zwischen den Kriegen. Die Mixed Claims Commission in den transatlantischen Beziehungen, Baden-Baden 2003.

Jähnig, Bernhart (Hrsg.), Die Volksabstimmung 1920. Voraussetzungen, Verlauf und Folgen, Marburg 2003.

Jakubec, Ivan, Eisenbahn und Elbeschiffahrt in Mitteleuropa 1918–1938. Die Neuordnung der verkehrspolitischen Beziehungen zwischen der Tschechoslowakei, dem Deutschen Reich und Österreich in der Zwischenkriegszeit, Stuttgart 2001.

Janis, Mark Weston, America and the Law of Nations 1776–1939, Oxford 2010.

Jeannesson, Stanislas, Poincaré, la France et la Ruhr, 1922–1924. Histoire d'une occupation, Straßburg 1998.

Jelavich, Charles/Jelavich, Barbara, The Establishment of the Balkan National States, 1804– 1920, 3. Aufl., Seattle 1997.

Jessup, Philip C., Elihu Root, 2 Bde., New York 1938.

Johnson, David H. N., The English Tradition of International Law, in: International and Comparative Law Quarterly 11, H. 2 (1962), S. 416–445.

Johnson, Gaynor, Lord Robert Cecil. Politician and Internationalist, Farnham 2013.

Joll, James/Martel, Gordon (Hrsg.), The Origins of the First World War, 3. Aufl., Harlow 2007.

Jonas, Michael/Lappenküper, Ulrich/Wegner, Bernd (Hrsg.), Stabilität durch Gleichgewicht? Balance of Power im internationalen System der Neuzeit, Paderborn 2015.

Jones, Dorothy V., Toward a Just World. The Critical Years in the Search for International Justice, Chicago 2002.

Jones, Kate, Marking Foreign Policy by Justice. The Legal Advisers to the Foreign Office, 1876–1953, in: Robert McCorquodale/Jean-Pierre Gauci (Hrsg.), British Influences on International Law, 1915–2015, Leiden 2016, S. 28–55.

Jones, Ray, The Nineteenth-Century Foreign Office. An Administrative History, London 1971.

Jouannet, Emmanuelle, The Liberal-Welfarist Law of Nations. A History of International Law, Cambridge, UK, New York 2012.

Judson, Pieter M., The Habsburg Empire. A New History, Cambridge, Mass. 2016.

Jureit, Ulrike, Das Ordnen von Räumen. Territorium und Lebensraum im 19. und 20. Jahrhundert, Hamburg 2012.

Kampmark, Binoy, Sacred Sovereigns and Punishable War Crimes. The Ambivalence of the Wilson Administration towards a Trial of Kaiser Wilhelm II, in: Australian Journal of Politics & History 53, H. 4 (2007), S. 519–537.

—, „No Peace with the Hohenzollerns": American Attitudes on Political Legitimacy towards Hohenzollern Germany, 1917–1918, in: Diplomatic History 34, H. 5 (2010), S. 769–791.

Karsh, Efraim/Karsh, Inari, Empires of the Sand. The Struggle for Mastery in the Middle East, 1789–1923, Cambridge, Mass., London 2001.

Kawamura, Noriko, Wilsonian Idealism and Japanese Claims at the Paris Peace Conference, in: The Pacific Historical Review 66, H. 4 (1997), S. 503–526.

Kayalı, Hasan, The Struggle for Independence, in: Reşat Kasaba (Hrsg.), Turkey in the Modern World, Cambridge, UK 2008, S. 112–146.

Kayaoğlu, Turan, Legal Imperialism. Sovereignty and Extraterritoriality in Japan, the Ottoman Empire, and China, Cambridge, UK 2010.

Keefer, Scott Andrew, The Law of Nations and Britain's Quest for Naval Security. International Law and Arms Control, 1898–1914, Cham 2016.

Keiger, John F. V., The Fischer Controversy, the War Origins Debate and France. A Non-History, in: Journal of Contemporary History 48, H. 2 (2013), S. 363–375.

Keisinger, Florian, Unzivilisierte Kriege im zivilisierten Europa? Die Balkankriege und die öffentliche Meinung in Deutschland, England und Irland 1876–1913, Paderborn 2008.

Kemmerer, Alexandra, Towards a Global History of International Law? Editor's Note, in: EJIL 25, H. 1 (2014), S. 287–295.

Kennedy, David, The Move to Institutions, in: Cardozo Law Review 8, H. 5 (1987), S. 841–988.

—, International Law and the Nineteenth Century. History of an Illusion, in: Nordic Journal of International Law 65 (1996), S. 385–420.

—, A World of Struggle. How Power, Law, and Expertise Shape Global Political Economy, Princeton 2016.

Kennedy, Ross A., The Will to Believe. Woodrow Wilson, World War I, and America's Strategy for Peace and Security, Kent, Oh. 2009.

Kent, Bruce, The Spoils of War. The Politics, Economics, and Diplomacy of Reparations, 1918–1932, Oxford 1991.

Keohane, Robert O., After Hegemony. Cooperation and Discord in the World Political Economy, Princeton 1984.

Kernek, Sterling J., Woodrow Wilson and National Self-Determination along Italy's Frontier. A Study of the Manipulation of Principles in the Pursuit of Political Interests, in: Proceedings of the American Philosophical Society 126, H. 4 (1982), S. 243–300.

Kersten, Jens, Georg Jellinek und die klassische Staatslehre, Tübingen, Berlin 2000.

Kévonian, Dzovinar, Refondation des relations internationales et processus de légitimation. Georges Clemenceau et le concept politique de droit des peuples à disposer d'eux-mêmes, in: Sylvie Brodziak/Caroline Fontaine (Hrsg.), Clemenceau et la Grande Guerre, La Crèche 2010, S. 183–202.

—, Les juristes, la protection des minorités et l'internationalisation des Droits de l'homme. Le cas de la France (1919–1939), in: Relations internationales 149 (2012), S. 57–72.

Kévorkian, Raymond H., The Armenian Genocide. A Complete History, London, New York 2011.

Keylor, William R., The Legacy of the Great War. Peacemaking 1919, Boston 1998.

—, Versailles and International Diplomacy, in: Boemeke/Feldman/Glaser (Hrsg.), The Treaty of Versailles, S. 469–505.

—, The Messiah and the Tiger. Woodrow Wilson, Georges Clemenceau, and the Cultural Stereotypes of America and France at the Paris Peace Conference of 1919, in: William L. Chew (Hrsg.), National Stereotypes in Perspective. Americans in France, Frenchmen in America, Amsterdam 2001, S. 283–298.

Kießling, Friedrich, Gegen den „großen" Krieg? Entspannung in den internationalen Beziehungen 1911–1914, München 2002.

—, Macht, Recht, Legitimität. Aufstieg und Verfall von Verrechtlichung und kollektiver Sicherheit in den internationalen Beziehungen der Zwischenkriegszeit, in: Ulrich Lappenküper/Reiner Marcowitz (Hrsg.), Macht und Recht. Völkerrecht in den internationalen Beziehungen, Paderborn 2010, S. 181–206.

—, (Welt-)Öffentlichkeit, in: Jost Dülffer/Wilfried Loth (Hrsg.), Dimensionen internationaler Geschichte, München 2012, S. 85–105.

Kingsbury, Benedict, Legal Positivism as Normative Politics. International Society, Balance of Power and Lassa Oppenheim's Positive Law, in: EJIL 13, H. 2 (2002), S. 401–436.

Kirchheimer, Otto, Zur Staatslehre des Sozialismus und Bolschewismus, in: Zeitschrift für Politik 17 (1928), S. 593–611.

Kitsikis, Dimitri, Le rôle des experts à la conférence de la paix de 1919. Gestation d'une technocratie en politique internationale, Ottawa 1972.

Klabbers, Jan, International Law, Cambridge, UK 2013.

Kleine-Ahlbrandt, William Laird, The Burden of Victory. France, Britain and the Enforcement of the Versailles Peace, 1919–1925, Lanham, Md. 1995.

Kleinschmidt, Harald, Geschichte des Völkerrechts im Krieg und Frieden, Darmstadt 2013.

Kleinwaechter, Friedrich F.G., Von Schönbrunn bis St. Germain. Die Entstehung der Republik Österreich, Graz 1964.

Klose, Fabian (Hrsg.), The Emergence of Humanitarian Intervention. Ideas and Practice from the Nineteenth Century to the Present, Cambridge, UK 2016.

Knock, Thomas J., To End all Wars. Woodrow Wilson and the Quest for a New World Order, New York 1992.

—, Wilsonian Concepts and International Realities at the End of the War, in: Boemeke/Feldman/Glaser (Hrsg.), The Treaty of Versailles, S. 111–130.

Kolb, Eberhard, Der Frieden von Versailles, München 2005.

Kolev, Valery, The Bulgarian Delegation at the Paris Peace Conference, 1919–1920, in: Jahrbuch für Europäische Geschichte 13 (2012), S. 43–53.

Kolla, Edward J., The French Revolution, the Union of Avignon, and the Challenges of National Self-Determination, in: Law and History Review 31, H. 4 (2013), S. 717–747.

Kollmeier, Kathrin, Eine „Anomalie des Rechts" als Politikum. Die internationale Verhandlung von Staatenlosigkeit 1919–1930, in: Zeitschrift für neuere Rechtsgeschichte 35 (2013), S. 193–208.

Konrad, Helmut, Drafting the Peace, in: Jay M. Winter (Hrsg.), The Cambridge History of the First World War, 3 Bde., Cambridge, UK 2014, Bd. 2, S. 606–637.

—/Maderthaner, Wolfgang (Hrsg.), … der Rest ist Österreich. Das Werden der Ersten Republik, 2 Bde., Wien 2008/2009.

Koskenniemi, Martti, The Gentle Civilizer of Nations. The Rise and Fall of International Law 1870–1960, Cambridge, UK 2002.

—, International Law in Europe. Between Tradition and Renewal, in: EJIL 16, H. 1 (2005), S. 113– 124.

—, Between Apology and Utopia. The Politics of International Law [1990], in: ders., The Politics of International Law, Oxford 2011, S. 35–62.

—, A History of International Law Histories, in: Fassbender/Peters (Hrsg.), Oxford Handbook, S. 943–971.

Kotowski, Georg, Die Weimarer Republik zwischen Erfüllungspolitik und Widerstand, in: Hellmuth Rößler (Hrsg.), Die Folgen von Versailles, 1919–1924, Göttingen 1969, S. 143– 168.

Kott, Sandrine, Une „communauté épistémique" du social? Experts de l'OIT et internationalisation des politiques sociales dans l'entre-deux-guerres, in: Genèses 71, H. 2 (2008), S. 26–46.

Kovács-Bertrand, Anikó, Der ungarische Revisionismus nach dem Ersten Weltkrieg. Der publizistische Kampf gegen den Friedensvertrag von Trianon (1918–1931), München 1997.

Kramer, Alan, Dynamic of Destruction. Culture and Mass Killing in the First World War, Oxford 2007.

Krasner, Stephen D. (Hrsg.), International Regimes, 8. Aufl., Ithaca, N.Y. 1995.

Kraus, Hans-Christof, Versailles und die Folgen. Außenpolitik zwischen Revisionismus und Verständigung 1919–1933, Berlin 2013.

Kraus, Herbert, Tagebuchaufzeichnung über die Unterzeichnung des Vertrages von Versailles vom 28. Juni 1919. Privatdruck, Göttingen 1954.

Krizman, Bogdan, The Belgrade Armistice of 13 November 1918, in: Slavonic and East European Review 48, H. 110 (1970), S. 67–87.

Kroll, Stefan, The Legal Justification of International Intervention. Theories of Community and Admissibility, in: Klose (Hrsg.), The Emergence of Humanitarian Intervention, S. 73–88.

Kroos, Jaan, Professor Martensi ärasöit [Professor Martens' Abreise, dt. 1992], Tallinn 1984.

Krüger, Peter, Deutschland und die Reparationen 1918/19. Die Genesis des Reparationsproblems in Deutschland zwischen Waffenstillstand und Versailler Friedensschluß, Stuttgart 1973.

—, Das Reparationsproblem der Weimarer Republik in fragwürdiger Sicht. Kritische Überlegungen zur neuesten Forschung, in: VfZ 29 (1981), S. 21–47.

—, Die Außenpolitik der Republik von Weimar, Darmstadt 1985.

—, Die Friedensordnung von 1919 und die Entstehung neuer Staaten in Ostmitteleuropa, in: Lemberg/Heumos (Hrsg.), Das Jahr 1919 in der Tschechoslowakei und in Ostmitteleuropa, S. 93–115.

—, Versailles. Deutsche Außenpolitik zwischen Revisionismus und Friedenssicherung, 2. Aufl., München 1993.

—, Locarno – Vorgeschichte und Ergebnis, in: Marten Breuer/Norman Weiß (Hrsg.), Das Vertragswerk von Locarno und seine Bedeutung für die internationale Gemeinschaft nach 80 Jahren, Frankfurt a.M. 2007, S. 77–110.

—, Völkerrecht und internationale Politik. Internationale Neuordnung nach dem Ersten Weltkrieg, in: Ulrich Lappenküper/Reiner Marcowitz (Hrsg.), Macht und Recht. Völkerrecht in den internationalen Beziehungen, Paderborn 2010, S. 207–232.

Krumeich, Gerd, Vergleichende Aspekte der „Kriegsschulddebatte" nach dem Ersten Weltkrieg, in: Wolfgang Michalka (Hrsg.), Der Erste Weltkrieg. Wirkung, Wahrnehmung, Analyse, München 1994, S. 913–928.

—, (Hrsg.), Versailles 1919. Ziele, Wirkung, Wahrnehmung, Essen 2001.

—, Einleitung, in: ders. (Hrsg.), Versailles 1919. Ziele, Wirkung, Wahrnehmung, Essen 2001, S. 11–16.

—, Versailles 1919. Der Krieg in den Köpfen, in: ders. (Hrsg.), Versailles 1919, S. 53–64.

—, Juli 1914. Eine Bilanz, Paderborn 2013.

—/Schröder, Joachim (Hrsg.), Der Schatten des Weltkriegs. Die Ruhrbesetzung 1923, Essen 2004.

Kuehl, Warren F., Seeking World Order. The United States and International Organization to 1920, Nashville 1969.

Laderman, Charlie, Sharing the Burden? The American Solution to the Armenian Question, 1918–1920, in: Diplomatic History 40, H. 4 (2016), S. 664–694.

Lambert, Nicholas A., Planning Armageddon. British Economic Warfare and the First World War, Cambridge, Mass. 2012.

Landauer, Carl, A Latin American in Paris. Alejandro Álvarez's „Le droit international américain", in: Leiden Journal of International Law 19 (2006), S. 957–981.

Laniol, Vincent, Langue et relations internationales. Le monopole perdu de la langue française à la Conférence de la Paix de 1919, in: Denis Rolland/Jean-François Sirinelli (Hrsg.), Histoire culturelle des relations internationales. Carrefour méthodologique. XXᵉ siècle, Paris 2004, S. 79–116.

—, Des archives emblématiques dans la guerre. Le destin „secret" des originaux des traités de Versailles et de Saint-Germain pendant la seconde guerre mondiale, in: Guerres mondiales et conflits contemporains, H. 229 (2008), S. 21–41.

—, Ferdinand Larnaude, un „délégué technique" à la conférence de la Paix de 1919 entre expertise et „culture de guerre", in: Relations internationales 149, H. 1 (2012), S. 43–55.

—, L'article 231 du traité de Versailles, les faits et les représentations. Retours sur un mythe, in: Relations internationales 158 (2014), S. 9–25.

Lanxin Xiang, The Origins of the Boxer War. A Multinational Study, Hoboken 2014.

Lappenküper, Ulrich/Marcowitz, Reiner, Einführung, in: dies. (Hrsg.), Macht und Recht. Völkerrecht in den internationalen Beziehungen, Paderborn 2010, S. IX–XXIII.

Larsen, Daniel, Abandoning Democracy. Woodrow Wilson and Promoting German Democracy, 1918–1919, in: Diplomatic History 37, H. 3 (2013), S. 476–508.

Lauren, Paul G., Diplomats and Bureaucrats. The first Institutional Responses to Twentieth-Century Diplomacy in France and Germany, Stanford 1976.

Lauter, Anna-Monika, Sicherheit und Reparationen. Die französische Öffentlichkeit, der Rhein und die Ruhr (1918–1923), Essen 2006.

Lazo, Dimitrii, A Question of Loyalty. Robert Lansing and the Treaty of Versailles, in: Diplomatic History 9 (1985), S. 35–53.

Le Béguec, Gilles, La république des avocats, Paris 2003.

Lederer, Ivo J., Yugoslavia at the Paris Peace Conference. A Study in Frontiermaking, New Haven 1963.

Lehner, Oskar, The Identity of Austria 1918/19 as a Problem of State Succession, in: Austrian Journal of Public and International Law 44, H. 1 (1992), S. 63–84.

Lemberg, Hans/Heumos, Peter (Hrsg.), Das Jahr 1919 in der Tschechoslowakei und in Ostmitteleuropa, München 1993.

—, Die Tschechoslowakei im Jahr 1. Der Staatsaufbau, die Liquidierung der Revolution und die Alternativen 1919, in: ders./Heumos (Hrsg.), Das Jahr 1919 in der Tschechoslowakei und in Ostmitteleuropa, S. 225–248.

Lemnitzer, Jan Martin, Power, Law and the End of Privateering, Basingstoke 2014.

Lentin, Antony, Lloyd George, Woodrow Wilson and the Guilt of Germany. An Essay in the Pre-History of Appeasement, Leicester 1984.

—, Lloyd George and the Lost Peace. From Versailles to Hitler, 1919–1940, Basingstoke 2002.

—, The Last Political Law Lord. Lord Sumner (1859–1934), Newcastle 2008.

—, „That Villain Lord Sumner"? Lord Sumner, Lloyd George and Reparations at the Paris Peace Conference, 1919, in: Gaynor Johnson (Hrsg.), Peacemaking, Peacemakers and Diplomacy, 1880–1939. Essays in Honour of Professor Alan Sharp, Newcastle upon Tyne 2010, S. 81–102.

Leonhard, Jörn, Die Büchse der Pandora. Geschichte des Ersten Weltkrieges, München 2014.

Lesaffer, Randall (Hrsg.), Peace Treaties and International Law in European History. From the Late Middle Ages to World War One, Cambridge, UK 2004.

—, Peace Treaties from Lodi to Westphalia, in: ders. (Hrsg.), Peace Treaties and International Law in European History, S. 9–44.

—, International Law and its History. The Story of an Unrequited Love, in: Craven/Fitzmaurice/Vogiatzi (Hrsg.), Time, History and International Law, S. 27–41.

—, The Classical Law of Nations (1500–1800), in: Alexander Orakhelashvili (Hrsg.), Research Handbook on the Theory and History of International Law, Cheltenham 2011, S. 408–440.

—, Peace Treaties and the Formation of International Law, in: Fassbender/Peters (Hrsg.), Oxford Handbook, S. 71–94.

Lewis, Mark, The Birth of the New Justice. The Internationalization of Crime and Punishment, 1919–1950, Oxford 2014.

Lingen, Kerstin v., Fulfilling the Martens Clause: Debating 'Crimes Against Humanity', 1899–1945, in: Fabian Klose/Mirjam Thulin (Hrsg.): Humanity. A History of European Concepts in Practice from the Sixteenth Century to the Present, Göttingen 2016, S. 187–208.

Lingens, Karl-Heinz, The British Yearbook of International Law zwischen den Weltkriegen, in: Michael Stolleis (Hrsg.), Juristische Zeitschriften in Europa, Frankfurt a.M. 2006, S. 597–626.

—, Der Jay-Vertrag (1794) als Geburtsstunde der modernen internationalen Schiedsgerichtsbarkeit? Zur Entstehung eines undifferenzierten Geschichtsbildes, in: Serge Dauchy/Miloš Vec (Hrsg.), Les conflits entre peuples. De la résolution libre à la résolution imposée, Baden-Baden 2011, S. 65–82.

Link, Sandra, Ein Realist mit Idealen. Der Völkerrechtler Karl Strupp (1886–1940), Baden-Baden 2003.

Llanque, Marcus, Demokratisches Denken im Krieg. Die deutsche Debatte im Ersten Weltkrieg, Berlin 2000.

Lobban, Michael, English Approaches to International Law in the Nineteenth Century, in: Craven/Fitzmaurice/Vogiatzi (Hrsg.), Time, History and International Law, S. 65–90.

Loevy, Karin, Reinventing a Region (1915–22). Visions of the Middle East in Legal and Diplomatic Texts Leading to the Palestine Mandate, in: Israel Law Review 49, H. 3 (2016), S. 309–337.

Löhnig, Martin/Preisner, Mareike, Das Haager Kriegsvölkerrecht – Scheitern und Ruhm, in: Martin Löhnig/Mareike Preisner/Thomas Schlemmer (Hrsg.), Krieg und Recht. Die Ausdifferenzierung des Rechts von der ersten Haager Friedenskonferenz bis heute, Regenstauf 2014, S. 9–24.

Löhr, Isabella, Die Globalisierung geistiger Eigentumsrechte. Neue Strukturen internationaler Zusammenarbeit 1886–1952, Göttingen 2010.

—/Herren, Madeleine, Gipfeltreffen im Schatten der Weltpolitik. Arthur Sweetser und die Mediendiplomatie des Völkerbunds, in: ZfG 62 (2014), S. 411–424.

—/Wenzlhuemer, Roland (Hrsg.), The Nation State and Beyond. Governing Globalization Processes in the Nineteenth and Early Twentieth Centuries, Berlin, Heidelberg 2013.

Lorenz, Thomas, „Die Weltgeschichte ist das Weltgericht!" Der Versailler Vertrag in Diskurs und Zeitgeist der Weimarer Republik, Frankfurt a.M. 2008.

Lovin, Clifford R., A School for Diplomats. The Paris Peace Conference of 1919, Lanham, Md., Oxford 1997.

Lovrić-Pernak, Kristina, Morale internationale und humanité im Völkerrecht des späten 19. Jahrhunderts, Baden-Baden 2013.

Low, Alfred D., The Soviet Hungarian Republic and the Paris Peace Conference, in: Transactions of the American Philosophical Society. New Series 53, H. 10 (1963), S. 1–91.

Lowczyk, Olivier, La fabrique de la paix. Du Comité d'études à la Conférence de la paix, l'élaboration par la France des traités de la Première guerre mondiale, Paris 2010.

Lowry, Bullit, Armistice 1918, Kent, Oh. 1996.

Luckau, Alma, The German Delegation at the Paris Peace Conference. A Documentary Study of Germany's Acceptance of the Treaty of Versailles, New York 1941.

Luhmann, Niklas, Legitimation durch Verfahren, 9. Aufl., Frankfurt a.M. 2013.

Lundgreen-Nielsen, Kay, The Polish Problem at the Paris Peace Conference. A Study of the Policies of the Great Powers and the Poles, 1918–1919, Odense 1979.

—, The Mayer Thesis Reconsidered. The Poles and the Paris Peace Conference, 1919, in: International History Review 7, H. 1 (1985), S. 68–102.

Lynch, Allen, Woodrow Wilson and the Principle of „National Self-Determination". A Reconsideration, in: Review of International Studies 28, H. 2 (2002), S. 419–436.

Macartney, C. A., Hungary and her Successors. The Treaty of Trianon and its Consequences 1919–1937, Neuaufl., London 1965.

MacDonald, Ronald St. John, The Role of the Legal Adviser of Ministries of Foreign Affairs, in: Recueil des Cours/Académie de Droit International de La Haye 149, H. 3 (1977), S. 377–482.

MacGill, Hugh/Newmyer, R. Kent, Legal Education and Legal Thought, 1790–1920, in: Michael Grossberg/Christopher Tomlins (Hrsg.), The Cambridge History of Law in America, Bd. 2, The Long Nineteenth Century (1789–1920), Cambridge, UK 2008, S. 36–67.

MacMillan, Margaret, Peacemakers. The Paris Conference of 1919 and its Attempt to End War, London 2001.

Maier, Charles S., Recasting bourgeois Europe. Stabilization in France, Germany, and Italy in the Decade after World War I, Princeton 1975.

—, The Truth about the Treaties, in: Journal of Modern History 51, H. 1 (1979), S. 56–67.

Maisel, Ephraim, The Foreign Office and Foreign Policy, 1919–1926, Brighton 1994.

Maiwald, Serge, Der Berliner Kongress 1878 und das Völkerrecht. Die Lösung des Balkanproblems im 19. Jahrhundert, Stuttgart 1948.

Mälksoo, Lauri, Friedrich Fromhold von Martens (Fyodor Fyodorovich Martens) (1845–1909), in: Fassbender/Peters (Hrsg.), Oxford Handbook, S. 1147–1151.

Manela, Erez, The Wilsonian Moment. Self-Determination and the International Origins of Anticolonial Nationalism, Oxford 2007.

Mango, Andrew, From the Sultan to Atatürk. Turkey, London 2009.

Marchand, C. Roland, The American Peace Movement and Social Reform, 1898–1918, Princeton 1972.

Marcowitz, Reiner, Von der Diplomatiegeschichte zur Geschichte der internationalen Beziehungen, in: Francia 32, H. 3 (2005), S. 75–100.

Marek, Krystyna, Identity and Continuity of States in Public International Law, 2. Aufl., Genf 1968.

Marion, Loïc, La notion de pactum de contrahendo dans la jurisprudence internationale, in: Revue générale de droit international public 78 (1974), S. 351–398.

Marks, Sally, Behind the Scenes of the Paris Peace Conference of 1919, in: Journal of British Studies 9, H. 2 (1970), S. 154–180.

—, The Myths of Reparations, in: CEH 11, H. 3 (1978), S. 231–255.

—, Innocent Abroad. Belgium at the Paris Peace Conference of 1919, Chapel Hill 1981.

—, Smoke and Mirrors. In Smoke-Filled Rooms and the Galerie des Glaces, in: Boemeke/Feldman/Glaser (Hrsg.), The Treaty of Versailles, S. 337–370.

—, Paul Hymans. Belgium, London 2010.

—, Mistakes and Myths. The Allies, Germany, and the Versailles Treaty, 1918–1921, in: The Journal of Modern History 85, H. 3 (2013), S. 632–659.

Marston, Frank S., The Peace Conference of 1919. Organization and Procedure, London, New York 1944.

Mason, John Brown, The Danzig Dilemma. A Study in Peacemaking by Compromise, Stanford 1947.

Matz, Nele, Wege zur Koordinierung völkerrechtlicher Verträge. Völkervertragsrechtliche und institutionelle Ansätze, Berlin u.a. 2005.

Mayer, Arno J., Political Origins of the New Diplomacy, 1917–18, New Haven 1959.

—, Politics and Diplomacy of Peacemaking. Containment and Counterrevolution at Versailles, 1918–1919, New York 1967.

Mazower, Mark, The Strange Trimph of Human Rights, in: Hist. J. 47, H. 2 (2004), S. 379–398.

—, No Enchanted Palace. The End of Empire and the Ideological Origins of the United Nations, Princeton 2009.

—, Governing the World. The History of an Idea, New York 2012.

McKinnon Wood, Hugh, The Treaty of Paris and Turkey's Status in International Law, in: AJIL 37, H. 2 (1943), S. 262–274.

—, The Debt of International Law in Britain to the Civil Law and the Civilians, in: Transactions of the Grotius Society 39 (1953), S. 183–210.

—, Sir Cecil James Barrington Hurst, GCMG, KCB, QC, LLD, in: BYBIL 38 (1962), S. 400–406.

McNamara, Robert, The Hashemites. The Dream of Arabia, London 2009.

Mégret, Frédéric, International Law as Law, in: James Crawford/Martti Koskenniemi (Hrsg.), The Cambridge Companion to International Law, Cambridge, UK, New York 2012, S. 64–92.

Meiertöns, Heiko, An International Lawyer in Democracy and Dictatorship – Re-Introducing Herbert Kraus, in: EJIL 25, H. 1 (2014), S. 255–286.

Melville, Ralph/Schröder, Hans-Jürgen (Hrsg.), Der Berliner Kongreß von 1878. Die Politik der Großmächte und die Probleme der Modernisierung in Südosteuropa in der zweiten Hälfte des 19. Jahrhunderts, Wiesbaden 1982.

Merillat, Herbert C. L. (Hrsg.), Legal Advisers and Foreign Affairs, Dobbs Ferry, N.Y. 1964.

Michalczyk, Andrzej, Große Politik in mikrohistorischer Perspektive. Machtwechsel im polnischen Oberschlesien 1922 und 1926, in: Mathias Beer/Dietrich Beyrau/Cornelia Rauh (Hrsg.), Deutschsein als Grenzerfahrung. Minderheitenpolitik in Europa zwischen 1914 und 1950, Essen 2009, S. 199–214.

Mick, Christoph, 1918. Endgame, in: Jay M. Winter (Hrsg.), The Cambridge History of the First World War, 3 Bde., Cambridge, UK 2014, Bd. 1, S. 133–171.

Milow, Caroline, Die ukrainische Frage 1917–1923 im Spannungsfeld der europäischen Diplomatie, Wiesbaden 2002.

Miquel, Pierre, La paix de Versailles et l'opinion publique française, Paris 1972.

Mitchell, Kell F., Frank L. Polk and the Paris Peace Conference, 1919, Ph.D. Univ. of Georgia 1966.

Monnet, François, Refaire la République. André Tardieu, une dérive réactionnaire (1876–1945), Paris 1993.

Montgomery, A.E., The Making of the Treaty of Sèvres of 10 August 1920, in: Hist. J. 15, H. 4 (1972), S. 775–787.

Moorhouse, Roger, „The Sore That Would Never Heal". The Genesis of the Polish Corridor, in: Fischer/Sharp (Hrsg.), After the Versailles Treaty, S. 185–195.

Morefield, Jeanne, Covenants without Swords. Idealist Liberalism and the Spirit of Empire, Princeton 2005.

Müller, Sven Oliver/Torp, Cornelius, Das Bild des deutschen Kaiserreichs im Wandel, in: dies. (Hrsg.), Das deutsche Kaiserreich in der Kontroverse, Göttingen 2009, S. 9–27.

Mulligan, William, The Great War for Peace, New Haven 2014.

—, The Trial Continues. New Directions in the Study of the Origins of the First World War, in: The English Historical Review 129, H. 538 (2014), S. 639–666.

Münkler, Herfried, Der große Krieg. Die Welt 1914–1918, Berlin 2013.

Musson, Anthony/Stebbings, Chantal (Hrsg.), Making Legal History. Approaches and Methodologies, Cambridge, UK 2012.

Nakatani, Tadashi, What Peace Meant to Japan. The Changeover at Paris in 1919, in: Toshihiro Minohara/Tze-Ki Hon (Hrsg.), The Decade of the Great War. Japan and the Wider World in the 1910s, Leiden 2014, S. 168–188.

Nécrologie. Jules Basdevant, in: Revue internationale de droit comparé 21, H. 4 (1969), S. 821–824.

Neff, Stephen C., War and the Law of Nations. A General History, Cambridge, UK 2005.

—, Justice among Nations. A History of International Law, Cambridge, Mass. 2014.

Neitzert, Dieter, Das Amt zwischen Versailles und Rapallo. Rückschau des Staatssekretärs Ernst von Simson, in: VfZ 60, H. 3 (2012), S. 443–490.

Neu, Charles E., Colonel House. A Biography of Woodrow Wilson's Silent Partner, New York 2015.

Nicault, Catherine, Léon Bourgeois, militant de la Paix (1899–1918), in: Alexandre Niess/Maurice Vaïsse (Hrsg.), Léon Bourgeois (1851–1925). Du solidarisme à la Société des Nations, Langres 2006, S. 43–72.

Niedhart, Gottfried, Die Außenpolitik der Weimarer Republik, 3., aktual. und erw. Aufl., München 2013.

Nielson, Jonathan M., American Historians in War and Peace. Patriotism, Diplomacy, and the Paris Peace Conference 1919, Dubuque 1994.

Nies, Kirsten, „Die Geschichte ist weiter als wir". Zur Entwicklung des politischen und völkerrechtlichen Denkens Josef Kohlers in der Wilhelminischen Ära, Berlin 2009.

Ninkovich, Frank A., Global Dawn. The Cultural Foundation of American Internationalism, 1865–1890, Cambridge, Mass. 2009.

Nouailhat, Yves-Henri, France et États-Unis. Août 1914–avril 1917, Paris 1979.

Nurnberger, Ralph D., James Brown Scott. Peace Through Justice, Ph.D. Georgetown Univ. 1975.

Nuzzo, Luigi/Vec, Miloš (Hrsg.), Constructing International Law. The Birth of a Discipline, Frankfurt a.M. 2012.

Oberdörfer, Lutz, Die Danzig/Korridor- und die Memelfrage in Versailles und den ersten Nachkriegsjahren, in: Udo Arnold/Mario Glauert/Jürgen Sarnowsky (Hrsg.), Preußische Landesgeschichte. Festschrift für Bernhart Jähnig, Marburg 2001, S. 85–98.

Orzell, Laurence J., A „Hotly Disputed" Issue. Eastern Galicia at the Paris Peace Conference 1919, in: The Polish Review 25, H. 1 (1980), S. 49–68.

Osborne, Eric W., Britain's Economic Blockade of Germany, 1914–1919, London, Portland 2004.

Osiander, Andreas, Sovereignty, International Relations, and the Westphalian Myth, in: International Organization 55, H. 2 (2001), S. 251–287.

Osterhammel, Jürgen, Die Verwandlung der Welt. Eine Geschichte des 19. Jahrhunderts, 4., durchges. Aufl., München 2009.

Ostrower, Alexander, Language, Law, and Diplomacy. A Study of Linguistic Diversity in Official International Relations and International Law, Philadelphia 1965.

Otte, Thomas G., A „German Paperchase". The „Scrap of Paper" Controversy and the Problem of Myth and Memory in International History, in: Diplomacy & Statecraft 18, H. 1 (2007), S. 53–87.

—, „Outdoor Relief for the Aristocracy"? European Nobility and Diplomacy, 1850–1914, in: Markus Mösslang/Torsten Riotte (Hrsg.), The Diplomats' World. A Cultural History of Diplomacy, 1815–1914, Oxford 2008, S. 23–58.

—, Between Old Diplomacy and New. Eyre Crowe and British Foreign Policy 1914–1925, in: Gaynor Johnson (Hrsg.), Peacemaking, Peacemakers and Diplomacy, 1880–1939. Essays in Honour of Professor Alan Sharp, Newcastle upon Tyne 2010, S. 17–49.

Özsu, Umut, Agency, Universality, and the Politics of International Legal History, in: Harvard ILJ 52 (2010), S. 58–72.

—, Ottoman Empire, in: Fassbender/Peters (Hrsg.), Oxford Handbook, S. 429–448.

—, Politis and the Limits of Legal Form, in: EJIL 23, H. 1 (2012), S. 243–253.

—, Formalizing Displacement. International Law and Population Transfers, Oxford 2015.

Paech, Norman/Stuby, Gerhard, Machtpolitik und Völkerrecht in den internationalen Beziehungen. Ein Studienbuch, Baden-Baden 1994.

Palleit, Leander, Völkerrecht und Selbstbestimmung. Zum Begriff des Selbstbestimmungsrechts der Völker in der deutschen und österreichischen Völkerrechtswissenschaft 1918–1933, Baden-Baden 2008.

Palsky, Gilles, Emmanuel de Martonne and the Ethnographical Cartography of Central Europe (1917–1920), in: Imago Mundi 54 (2002), S. 111–119.

Papadaki, Marilena, The „Government Intellectuals". Nicolas Politis – An Intellectual Portrait, in: EJIL 23, H. 1 (2012), S. 221–231.

Papian, Ara, The Arbitral Award on Turkish-Armenian Boundary by Woodrow Wilson, in: Iran & the Caucasus 11, H. 2 (2007), S. 255–294.

Parfitt, Rose, The Spectre of Sources, in: EJIL 25, H. 1 (2014), S. 297–306.

Parry, Clive, United Kingdom, in: Merillat (Hrsg.), Legal Advisers and Foreign Affairs, S. 101–152.

Pauka, Marc, Kultur, Fortschritt und Reziprozität. Die Begriffsgeschichte des zivilisierten Staates im Völkerrecht, Baden-Baden 2012.

Paulmann, Johannes, Pomp und Politik. Monarchenbegegnungen in Europa zwischen Ancien Régime und Erstem Weltkrieg, Paderborn 2000.

—, Reformer, Experten und Diplomaten. Grundlagen des Internationalismus im 19. Jahrhundert, in: Thiessen (Hrsg.), Akteure der Außenbeziehungen, S. 173–197.

—, Diplomatie, in: Jost Dülffer/Wilfried Loth (Hrsg.), Dimensionen internationaler Geschichte, München 2012, S. 47–64.

Payk, Marcus M., Institutionalisierung und Verrechtlichung: Die Geschichte des Völkerrechts im späten 19. und frühen 20. Jahrhundert, in: Archiv für Sozialgeschichte 52 (2012), S. 861–883.

—/Pergher, Roberta (Hrsg.), Beyond Versailles. Governance, Legitimacy, and the Formation of New Polities after the Great War, Bloomington i.E.

Pease, Neal, „This Troublesome Question". The United States and the „Polish Pogroms" of 1918/1919, in: Mieczysław B. Biskupski (Hrsg.), Ideology, Politics, and Diplomacy in East Central Europe, Rochester 2003, S. 58–79.

Pedersen, Susan, Back to the League of Nations. Review Essay, in: AHR 112, H. 4 (2007), S. 1091–1117.

—, Getting out of Iraq – in 1932. The League of Nations and the Road to Normative Statehood, in: AHR 115, H. 4 (2010), S. 975–1000.

—, The Guardians. The League of Nations and the Crisis of Empire, Oxford, New York 2015.

Péter, László, R. W. Seton-Watson's Changing Views on the National Question of the Habsburg Monarchy and the European Balance of Power, in: Slavonic and East European Review 82, H. 3 (2004), S. 655–679.

Petersson, Niels P., Anarchie und Weltrecht. Das Deutsche Reich und die Institutionen der Weltwirtschaft 1890–1930, Göttingen 2009.

Petsalēs-Diomēdēs, Nikolaos, Greece at the Paris Peace Conference 1919, Thessaloniki 1978.

Pfeil, Florian, Globale Verrechtlichung. Global Governance und die Konstitutionalisierung des internationalen Rechts, Baden-Baden 2011.

Phelps, Nicole M., U.S.–Habsburg Relations from 1815 to the Paris Peace Conference. Sovereignty Transformed, New York 2013.

Phillips, Howard/Killingray, David (Hrsg.), The Spanish Influenza Pandemic of 1918–19. New Perspectives, London 2003.

Pilotti, Laura (Hrsg.), Il Fondo archivistico „serie Z-contenzioso", Rom 1987.

Pink, Gerhard Paul, The Conference of Ambassadors (Paris 1920–1931), Genf 1942.

Pitts, Jennifer, A Turn to Empire. The Rise of Imperial Liberalism in Britain and France, Princeton 2006.

—, Boundaries of Victorian International Law, in: Bell (Hrsg.), Victorian Visions of Global Order, S. 67–88.

Plaggenborg, Stefan, Ordnung und Gewalt. Kemalismus, Faschismus, Sozialismus, München 2012.

Polden, Patrick, The Institutions and Governance of the Bar, in: William Cornish u.a. (Hrsg.), The Oxford History of the Laws of England, Oxford 2010, S. 1063–1107.

Posey, John P., David Hunter Miller at the Paris Peace Conference. November, 1918–May, 1919, Ph.D. Univ. of Georgia 1962.

—, David Hunter Miller as an Informal Diplomat. The Fiume Question at the Paris Peace Conference 1919, in: Southern Quarterly 3 (1967), S. 251–272.

Prażmowska, Anita, Ignacy Paderewski. Poland, London 2009.

Priemel, Kim C., The Betrayal. The Nuremberg Trials and German Divergence, Oxford 2016.

Prott, Volker, The Politics of Self-Determination. Remaking Territories and National Identities in Europe, 1917–1923, Oxford 2016.

Prusin, Alexander Victor, The Lands Between. Conflict in the East European Borderlands, 1870–1992, Oxford 2010.

Pyta, Wolfram (Hrsg.), Das europäische Mächtekonzert. Friedens- und Sicherheitspolitik vom Wiener Kongress 1815 bis zum Krimkrieg 1853, Köln 2008.

Qafisheh, Mutaz, Genesis of Citizenship in Palestine and Israel. Palestinian Nationality during the Period 1917–1925, in: JHIL 11, H. 1 (2009), S. 1–36.

Raitz v. Frentz, Christian, A Lesson Forgotten. Minority Protection under the League of Nations. The Case of the German Minority in Poland 1920–1934, Hamburg 1999.

Rauchensteiner, Manfried, Der Erste Weltkrieg und das Ende der Habsburgermonarchie 1914–1918, Wien 2013.

Rauscher, Walter, Karl Renner. Ein österreichischer Mythos, Wien 1995.

Recke, Walther, Danzig auf der Pariser Friedenskonferenz, Danzig 1937.

Reid, Cecilie, Peace and Law. Peace Activism and International Arbitration, 1895–1907, in: Peace & Change 29, H. 3–4 (2004), S. 527–548.

Reinhard, Wolfgang, Geschichte der Staatsgewalt. Eine vergleichende Verfassungsgeschichte Europas von den Anfängen bis zur Gegenwart, München 1999.

—, Geschichte der Staatsgewalt und europäische Expansion, in: ders. (Hrsg.), Verstaatlichung der Welt? Europäische Staatsmodelle und außereuropäische Machtprozesse, München 1999, S. 317–356.

—, Moderne Staatsbildung – eine ansteckende Krankheit?, in: ders. (Hrsg.), Verstaatlichung der Welt? Europäische Staatsmodelle und außereuropäische Machtprozesse, München 1999, S. VII–XIV.

—, Die Unterwerfung der Welt. Globalgeschichte der europäischen Expansion, 1415–2015, München 2016.

Reisser, Wesley J., The Black Book. Woodrow Wilson's Secret Plan for Peace, Lanham, Md. 2012.

Renouvin, Pierre, Le traité de Versailles, Paris 1969.

—, L'Armistice de Rethondes. 11 novembre 1918 [1968], Neuaufl., Paris 2006.

Reynolds, Michael A., Shattering Empires. The Clash and Collapse of the Ottoman and Russian Empires, 1908–1918, Cambridge, UK 2011.

Ribi Forclaz, Amalia, Humanitarian Imperialism. The Politics of Anti-Slavery Activism, 1880–1940, Oxford 2015.

Rietzler, Katharina, Fortunes of a Profession. American Foundations and International Law, 1910–1939, in: Global Society 28, H. 1 (2014), S. 8–23.

Rindfleisch, Alexander, Zwischen Kriegserwartung und Verrechtlichung, Norderstedt, Köln 2012.

Ritter-Döring, Verena, Zwischen Normierung und Rüstungswettlauf. Die Entwicklung des Seekriegsrechts, 1856–1914, Baden-Baden 2014.

Röben, Betsy, Johann Caspar Bluntschli, Francis Lieber und das moderne Völkerrecht 1861–1881, Baden-Baden 2003.

Rößler, Hellmuth (Hrsg.), Ideologie und Machtpolitik 1919. Plan und Werk der Pariser Friedenskonferenzen 1919, Göttingen 1966.

Rodogno, Davide, Against Massacre. Humanitarian Interventions in the Ottoman Empire, 1815–1914. The Emergence of a European Concept and International Practice, Princeton 2012.

—, European Legal Doctrines on Intervention and the Status of the Ottoman Empire within the ,Family of Nations' Throughout the Nineteenth Century, in: Journal of the History of International Law/Revue d'histoire du droit international 18, H. 1 (2016), S. 5–41.

Romsics, Ignác, Der Friedensvertrag von Trianon, Herne 2005.

—, Hungarian Revisionism in Thought and Action, 1920–1941. Plans, Expectations, Reality, in: Marina Cattaruzza/Dieter Langewiesche (Hrsg.), Territorial Revisionism and the Allies of Germany in the Second World War. Goals, Expectations, and Practices, New York 2013, S. 92–101.

Rose, Andreas, Zwischen Empire und Kontinent. Britische Außenpolitik vor dem Ersten Weltkrieg, München 2011.

Rosenne, Shabtai (Hrsg.), League of Nations Committee of Experts for the Progressive Codification of International Law, 1925–1928, 2 Bde., Dobbs Ferry, N.Y. 1972.

Roshwald, Aviel, Ethnic Nationalism and the Fall of Empires. Central Europe, Russia, and the Middle East, 1914–1923, London 2001.

Roskill, Stephen, Hankey: Man of Secrets, 3 Bde., London 1970–1974.

Rossi, Christopher R., Broken Chain of Being. James Scott Brown and the Origins of Modern International Law, Den Haag 1998.

Rossini, Daniela, Woodrow Wilson and the American Myth in Italy. Culture, Diplomacy, and War Propaganda, Cambridge, Mass. 2008.

Rupp, Leila J., Worlds of Women. The Making of an International Women's Movement, Princeton 1997.

Sabel, Robbie, The Role of the Legal Advisor in Diplomacy, in: Diplomacy & Statecraft 8, H. 1 (1997), S. 1–9.

Sacriste, Guillaume, Droit, histoire et politique en 1900. Sur quelques implications politiques de la méthode du droit constitutionnel à la fin du XIXème siècle, in: Revue d'histoire des sciences humaines 1, H. 4 (2001), S. 69–94.

—/Vauchez, Antoine, The Force of International Law. Lawyers' Diplomacy on the International Scene in the 1920s, in: Law & Social Inquiry 32, H. 1 (2007), S. 83–107.

Salewski, Michael, Entwaffnung und Militärkontrolle in Deutschland 1919–1927, München 1966.

—, Das Weimarer Revisionssyndrom, in: Aus Politik und Zeitgeschichte, B2 (1980), S. 14–25.

—, Versailles 1919. Der fast gelungene Frieden, in: Wolfgang Elz/Sönke Neitzel (Hrsg.), Internationale Beziehungen im 19. und 20. Jahrhundert. Festschrift für Winfried Baumgart zum 65. Geburtstag, Paderborn 2003, S. 187–203.

Sallet, Richard, Der diplomatische Dienst. Seine Geschichte und Organisation in Frankreich, Großbritannien und den Vereinigten Staaten, Stuttgart 1953.

Sammartino, Annemarie, The Impossible Border. Germany and the East, 1914–1922, Ithaca, N. Y. 2010.

Sanborn, Joshua, The Genesis of Russian Warlordism. Violence and Governance during the First World War and the Civil War, in: Contemporary European History 19, H. 3 (2010), S. 195–213.

—, Imperial Apocalypse. The Great War and the Destruction of the Russian Empire, Oxford 2014.

Sauer, Bernhard, Vom Mythos eines ewigen Soldatentums. Der Feldzug deutscher Freikorps im Baltikum im Jahre 1919, in: ZfG 43, H. 10 (1995), S. 869–902.

Scarfi, Juan Pablo, El imperio de la ley. James Brown Scott y la construcción de un orden jurídico interamericano, Buenos Aires 2014.

Schattenberg, Susanne, 1918 – Die Neuerfindung der Diplomatie und die Friedensverhandlungen von Brest-Litowsk, in: Matthias Stadelmann/Lilia Antipow (Hrsg.), Schlüsseljahre. Zentrale Konstellationen der mittel- und osteuropäischen Geschichte. Festschrift für Helmut Altrichter zum 65. Geburtstag, Stuttgart 2011, S. 273–293.

Schattkowsky, Ralph, Deutschland und Polen von 1918/19 bis 1925. Deutsch-polnische Beziehungen zwischen Versailles und Locarno, Frankfurt a.M. 1994.

Scheffler, Thomas, „Wenn hinten, weit, in der Türkei die Völker aufeinander schlagen …". Zum Funktionswandel „orientalischer" Gewalt in europäischen Öffentlichkeiten des 19. und 20. Jahrhunderts, in: Jörg Requate/Martin Schulze Wessel (Hrsg.), Europäische Öffentlichkeit. Transnationale Kommunikation seit dem 18. Jahrhundert, Frankfurt a.M. 2002, S. 205–223.

Scheidemann, Christiane, Ulrich Graf Brockdorff-Rantzau (1869–1928). Eine politische Biographie, Frankfurt a.M. u.a. 1998.

Schickel, Matthias, Zwischen Wilson und Lenin. Die Anfänge der globalen Blockbildung in den Jahren 1917–1919, dargestellt am Beispiel des amerikanischen Diplomaten William Christian Bullitt, Hamburg 2005.

Schindler, Dietrich, Max Huber – his Life, in: EJIL 18, H. 1 (2007), S. 81–95.

Schirmer, Jakob, „Weder Krieg noch Frieden" – das diplomatische Dilemma von Brest-Litowsk 1917/18, in: Journal der Juristischen Zeitgeschichte 5, H. 1 (2011), S. 9–13.

Schlemmer, Martin, „Los von Berlin". Die Rheinstaatbestrebungen nach dem Ersten Weltkrieg, Köln 2007.

Schlichtmann, Klaus, Walther Schücking (1875–1935), Völkerrechtler, Pazifist und Parlamentarier, in: Historische Mitteilungen der Ranke-Gesellschaft 15 (2002), S. 129–147.

Schlochauer, Hans-Jürgen, Die Entwicklung der internationalen Schiedsidee, in: Archiv des Völkerrechts 10, H. 1 (1962), S. 1–41.

Schmid, Dorothée, Turquie. Le syndrome de Sèvres, ou la guerre qui n'en finit pas, in: Politique Étrangère 79, H. 1 (2014), S. 199–213.

Schmid, Georg E., Selbstbestimmung 1919. Anmerkungen zur historischen Dimension und Relevanz eines politischen Schlagwortes, in: Karl Bosl (Hrsg.), Versailles, St. Germain, Trianon. Umbruch in Europa vor fünfzig Jahren, München 1971, S. 127–142.

Schmidt, Julia, Konservative Staatsrechtslehre und Friedenspolitik. Leben und Werk Philipp Zorns, Ebelsbach 2001.

Schmitt, Bernadotte E., The Peace Conference of 1919, in: The Journal of Modern History 16, H. 1 (1944), S. 49–59.

Schmoeckel, Mathias, Die Großraumtheorie. Ein Beitrag zur Geschichte der Völkerrechtswissenschaft im Dritten Reich, insbesondere der Kriegszeit, Berlin 1994.

—, Consent and Caution. Lassa Oppenheim and his Reaction to World War I, in: Lesaffer (Hrsg.), Peace Treaties and International Law in European History, S. 270–288.

Schneider, Patricia (Hrsg.), Frieden durch Recht. Friedenssicherung durch internationale Rechtsprechung und Rechtsdurchsetzung, Baden-Baden 2003.

Schnell, Felix, Räume des Schreckens. Gewalträume und Gruppenmilitanz in der Ukraine, 1905–1933, Hamburg 2012.

Schober, Richard, Die Tiroler Frage auf der Friedenskonferenz von Saint Germain, Innsbruck 1982.

Schramm, Martin, Das Deutschlandbild in der britischen Presse 1912–1919, Berlin 2007.

Schranz, Daniel, Der Friedensvertrag als Beutestück. Zum Schicksal der Originalurkunde des Versailler Vertrages im Zweiten Weltkrieg, in: Krumeich (Hrsg.), Versailles 1919, S. 342–348.

Schröder, Christian-Alexander, Das „Territoire de Memel". Entwicklung und Entstehung eines völkerrechtlichen Provisoriums, Berlin 2004.

Schroeder, Paul W., The Transformation of European Politics, 1763–1848, Oxford 1994.

—, The Vienna System and its Stability. The Problem of Stabilizing a State System in Transformation, in: Peter Krüger (Hrsg.), Das europäische Staatensystem im Wandel. Strukturelle Bedingungen und bewegende Kräfte seit der Frühen Neuzeit, München 1996, S. 107–122.

Schuker, Stephen A., The Rhineland Question. West European Security at the Paris Peace Conference of 1919, in: Boemeke/Feldman/Glaser (Hrsg.), The Treaty of Versailles, S. 275–312.

—, Woodrow Wilson vs. American Public Opinion. The Unconditional Surrender Movement of 1918, in: Guido Müller (Hrsg.), Deutschland und der Westen. Internationale Beziehungen im 20. Jahrhundert. Festschrift für Klaus Schwabe zum 65. Geburtstag, Stuttgart 1998, S. 101–110.

—, J. M. Keynes and the Personal Politics of Reparations, in: Diplomacy & Statecraft 25, 3/4 (2014), S. 453–471, 579–591.

Schulte, Benjamin, Die Verweigerung des Friedens. Die Ruhrkrise 1923 als Ausdruck gescheiterter kultureller Demobilisierung nach dem Ersten Weltkrieg, in: Westfälische Forschungen 62 (2012), S. 349–375.

Schulz, Gerhard, Revolutionen und Friedensschlüsse. 1917–1920, 6. Aufl., München 1985.

Schulz, Matthias, Normen und Praxis. Das Europäische Konzert der Großmächte als Sicherheitsrat 1815–1860, München 2009.

—, Macht, internationale Politik und Normenwandel im Staatensystem des 19. Jahrhunderts, in: Ulrich Lappenküper/Reiner Marcowitz (Hrsg.), Macht und Recht. Völkerrecht in den internationalen Beziehungen, Paderborn 2010, S. 113–134.

Schulz, Oliver, „This clumsy fabric of barbarous power". Die europäische Außenpolitik und der außereuropäische Raum am Beispiel des Osmanischen Reiches, in: Pyta (Hrsg.), Das europäische Mächtekonzert, S. 273–298.

Schulze, Hagen, Der Oststaat-Plan 1919, in: VfZ 18, H. 2 (1970), S. 123–163.

Schumacher, Leslie R., The Eastern Question as a Europe Question. Viewing the Ascent of „Europe" through the Lens of Ottoman Decline, in: Journal of European Studies 44, H. 1 (2014), S. 64–80.

Schwabe, Klaus, Deutsche Revolution und Wilson-Frieden. Die amerikanische und deutsche Friedensstrategie zwischen Ideologie und Machtpolitik 1918/19, Düsseldorf 1971.

—, Woodrow Wilson and Germany's Membership in the League of Nations, 1918–19, in: CEH 8, H. 1 (1975), S. 3–22.

— (Hrsg.), Die Ruhrkrise 1923. Wendepunkt der internationalen Beziehungen nach dem Ersten Weltkrieg, 2. Aufl., Paderborn 1996.

— (Hrsg.), Quellen zum Friedensschluß von Versailles, Darmstadt 1997.

—, „Gerechtigkeit für die Großmacht Deutschland." Die deutsche Friedensstrategie in Versailles, in: Krumeich (Hrsg.), Versailles 1919, S. 71–86.

Schwartz, Michael, Ethnische „Säuberungen" in der Moderne. Globale Wechselwirkungen nationalistischer Gewaltpolitik im 19. und 20. Jahrhundert, München 2013.

Schwengler, Walter, Völkerrecht, Versailler Vertrag und Auslieferungsfrage. Die Strafverfolgung wegen Kriegsverbrechern als Problem des Friedensschlusses 1919/20, Stuttgart 1982.

Scott, Hamish M., Diplomatic Culture in Old Regime Europe, in: Brendan Simms/Hamish M. Scott (Hrsg.), Cultures of Power in Europe during the Long Eighteenth Century, Cambridge, UK, New York 2007, S. 58–85.

Segesser, Daniel Marc, Die historischen Wurzeln des Begriffs „Verbrechen gegen die Menschlichkeit", in: Jahrbuch der Juristischen Zeitgeschichte 8 (2007), S. 82–93.

—, Dissolve or Punish? The International Debate Amongst Jurists and Publicists on the Consequences of the Armenian Genocide for the Ottoman Empire, 1915–23, in: Journal of Genocide Research 10, H. 1 (2008), S. 95–110.

—, Recht statt Rache oder Rache durch Recht? Die Ahndung von Kriegsverbrechen in der internationalen wissenschaftlichen Debatte 1872–1945, Paderborn 2010.

Seidel, Andrew D., The Use of the Physical Environment in Peace Negotiations, in: Journal of Architectural Education 32, H. 2 (1978), S. 19–23.

Sharp, Alan, Britain and the Channel Tunnel 1919–1920, in: Australian Journal of Politics and History 25, H. 2 (1979), S. 210–215.

—, Quelqu'un nous écoute. French Interception of German Telegraphic and Telephonic Communications during the Paris Peace Conference, 1919: A Note, in: Intelligence and National Security 3 (1988), S. 124–127.

—, David Lloyd George. Great Britain, London 2008.

—, The Versailles Settlement. Peacemaking after the First World War, 1919–1923, 2. Aufl., Basingstoke 2008.

—, The Signature of the Treaty of Versailles, in: ders. (Hrsg.), June 28th. Sarajevo 1914 – Versailles 1919, London 2014, S. 273–277.

Shaw, Malcolm, International Law, 7. Aufl., Cambridge, UK 2014.

Shimazu, Naoko, Japan, Race, and Equality. The Racial Equality Proposal of 1919, London 1998.

Shinohara, Hatsue, US International Lawyers in the Interwar Years. A Forgotten Crusade, Cambridge, UK, New York 2012.

Shuster, Richard J., German Disarmament after World War I. The Diplomacy of International Arms Inspection 1920–1931, London, New York 2006.

Sigg, Marco, Die Balkankriege 1912/13. Bulgarische Kriegsrechtsverletzungen im Spiegel der europäischen Kriegsberichterstattung und des Carnegie-Berichts, in: Bernhard Chiari/Gerhard Paul Gross (Hrsg.), Am Rande Europas? Der Balkan – Raum und Bevölkerung als Wirkungsfelder militärischer Gewalt, München 2009, S. 104–119.

Simpson, A.W. Brian, in: AJIL 96, H. 4 (2002), S. 995–1000.

—, The Rule of Law in International Affairs. Maccabaean Lecture in Jurisprudence, in: Proceedings of the British Academy 125 (2003), S. 211–263.

Simpson, Gerry J., Great Powers and Outlaw States. Unequal Sovereigns in the International Legal Order, Cambridge, UK 2004.

—, International Law in Diplomatic History, in: James Crawford/Martti Koskenniemi (Hrsg.), The Cambridge Companion to International Law, Cambridge, UK, New York 2012, S. 25–46.

—, The Sentimental Life of International Law, in: London Review of International Law 3, H. 1 (2015), S. 3–29.

Skordos, Adamantios, Geschichtsregionale Völkerrechtsforschung. Der Fall Südosteuropa, in: Zeitschrift für Ostmitteleuropa-Forschung 61, H. 3 (2012), S. 433–473.

Sluga, Glenda, The Nation, Psychology, and International Politics, 1870–1919, Basingstoke 2006.

—, Internationalism in the Age of Nationalism, Philadelphia 2013.

Smele, J.D., White Gold. The Imperial Russian Gold Reserve in the Anti-Bolshevik East, 1918–? (An Unconcluded Chapter in the History of the Russian Civil War), in: Europe-Asia Studies 46, H. 8 (1994), S. 1317–1347.

Smith, Daniel M., Robert Lansing and American Neutrality. 1914–1917, Berkeley 1958.

Smith, Ephraim Koch, Robert Lansing and the Paris Peace Conference, Ph.D. John Hopkins Univ. Baltimore 1972.

Smith, Leonard V., Wilsonian Sovereignty in the Middle East. The King-Crane Commission Report of 1919, in: Douglas Howland/Luise White (Hrsg.), The State of Sovereignty. Territories, Laws, Populations, Bloomington 2009, S. 56–74.

—, The Wilsonian Challenge to International Law, in: JHIL 13, H. 1 (2011), S. 179–208.

—, Empires at the Paris Peace Conference, in: Robert Gerwarth/Erez Manela (Hrsg.), Empires at War. 1911–1923, Oxford 2014, S. 254–276.

Smith, Michael Llewellyn, Ionian Vision. Greece in Asia Minor, 1919–1922, 3. Aufl., London 2000.

Smith, Neil, American Empire. Roosevelt's Geographer and the Prelude to Globalization, Berkeley 2003.

Sorlot, Marc, Léon Bourgeois, 1851–1925. Un moraliste en politique, Paris 2005.

—, Léon Bourgeois et la SDN, in: Alexandre Niess/Maurice Vaïsse (Hrsg.), Léon Bourgeois (1851–1925). Du solidarisme à la Société des Nations, Langres 2006, S. 103–110.

Soutou, Georges-Henri, L'or et le sang. Les buts de guerre économiques de la Première Guerre mondiale, Paris 1989.

—, L'ordre européen. De Versailles à Locarno, in: Carlier/Soutou (Hrsg.), 1918–1925, S. 301–331.

—, Diplomacy, in: Jay M. Winter (Hrsg.), The Cambridge History of the First World War, 3 Bde., Cambridge, UK 2014, Bd. 2, S. 495–541.

Spector, Sherman David, Rumania at the Paris Conference. A Study of the Diplomacy of Ioan I. C. Brătianu, New York 1962.

Spiermann, Ole, „Who Attempts Too Much Does Nothing Well": The 1920 Advisory Committee of Jurists and the Statute of the Permanent Court of International Justice, in: BYBIL 73 (2003), S. 187–260.

—, International Legal Argument in the Permanent Court of International Justice. The Rise of the International Judiciary, Cambridge, UK 2005.

—, Professor Walther Schücking at the Permanent Court of International Justice, in: EJIL 22, H. 3 (2011), S. 783–799.

Stahn, Carsten, The Law and Practice of International Territorial Administration. Versailles to Iraq and Beyond, Cambridge, UK, New York 2008.

Stapelbroek, Koen, Trade, Chartered Companies, and Mercantile Associations, in: Fassbender/ Peters (Hrsg.), Oxford Handbook, S. 338–358.

Stauber, Reinhard, Der Wiener Kongress, Wien, Köln 2014.

Steck, Peter Karel, Zwischen Volk und Staat. Das Völkerrechtssubjekt in der deutschen Völker- rechtslehre (1933–1941), Baden-Baden 2003.

Steel, Ronald, Prologue. 1919–1945–1989, in: Boemeke/Feldman/Glaser (Hrsg.), The Treaty of Versailles, S. 21–34.

Steiger, Heinhard, Art. Völkerrecht, in: Otto Brunner/Werner Conze/Reinhart Koselleck (Hrsg.), Geschichtliche Grundbegriffe. Historisches Lexikon zur politisch-sozialen Sprache in Deutschland, 8 Bde., Stuttgart 1992, Bd. 7, S. 97–140.

—, Peace Treaties from Paris to Versailles, in: Lesaffer (Hrsg.), Peace Treaties and International Law in European History, S. 59–99.

—, Von der Staatengesellschaft zur Weltrepublik? Aufsätze zur Geschichte des Völkerrechts aus vierzig Jahren, Baden-Baden 2009

—, Der Westfälische Frieden – Grundgesetz für Europa?, in: ders., Von der Staatengesellschaft zur Weltrepublik?, S. 383–429.

—, Friede in der Rechtsgeschichte [2003], in: ders., Von der Staatengesellschaft zur Weltre- publik?, S. 293–355.

—, Remarks Concerning the Normative Structure of Modern World Order in a Historical Perspective, in: ders., Von der Staatengesellschaft zur Weltrepublik?, S. 749–775.

—, Vom Völkerrecht der Christenheit zum Weltbürgerrecht. Überlegungen zur Epochenbildung in der Völkerrechtsgeschichte, in: ders., Von der Staatengesellschaft zur Weltrepublik?, S. 51–66.

—, Zur Begründung der Universalität des Völkerrechts, in: ders., Von der Staatengesellschaft zur Weltrepublik?, S. 667–692.

—, Universalität und Partikularität des Völkerrechts in geschichtlicher Perspektive. Aufsätze zur Völkerrechtsgeschichte 2008–2015, Baden-Baden 2015.

—, Von einer eurozentrischen zu einer globalen Völkerrechtsgeschichte? [2014], in: ders., Universalität und Partikularität des Völkerrechts in geschichtlicher Perspektive, S. 31–48.

—, Was heißt und zu welchem Ende studiert man Völkerrechtsgeschichte? [2011], in: ders., Universalität und Partikularität des Völkerrechts in geschichtlicher Perspektive, S. 49–62.

Steigerwald, David, Wilsonian Idealism in America, Ithaca, N.Y. 1994.

Steiner, Zara, The Lights that Failed. European International History 1919–1933, Oxford 2007.

Steller, Verena, Diplomatie von Angesicht zu Angesicht. Diplomatische Handlungsformen in den deutsch-französischen Beziehungen 1870–1919, Paderborn 2011.

Stengers, Jean, Leopold II and the Association Internationale du Congo, in: Stig Förster/ Wolfgang J. Mommsen/Ronald E. Robinson (Hrsg.), Bismarck, Europe and Africa. The Berlin Africa Conference 1884–1885 and the Onset of Partition, Oxford 1988, S. 229–244.

Stevenson, David, French War Aims against Germany, 1914–1919, Oxford 1982.

—, French War Aims and Peace Planning, in: Boemeke/Feldman/Glaser (Hrsg.), The Treaty of Versailles, S. 87–109.

—, With Our Backs to the Wall. Victory and Defeat in 1918, Cambridge, Mass. 2011.

Stollberg-Rilinger, Barbara (Hrsg.), Was heißt Kulturgeschichte des Politischen?, Berlin 2005.

—, Völkerrechtlicher Status und zeremonielle Praxis auf dem Westfälischen Friedenskongreß, in: Michael Jucker u.a. (Hrsg.), Rechtsformen internationaler Politik. Theorie, Norm und Praxis vom 12. bis 18. Jahrhundert, Berlin 2011, S. 147–164.

Stolleis, Michael, Geschichte des öffentlichen Rechts in Deutschland, Bd. 2, Staatsrechtslehre und Verwaltungswissenschaft, 1800–1914, München 1992.

—, Geschichte des öffentlichen Rechts in Deutschland, Bd. 3, Staats- und Verwaltungsrechtswissenschaft in Republik und Diktatur, 1914–1945, München 1999.

—, Zur Ideengeschichte des Völkerrechts 1870–1939, in: Lutz Raphael/Heinz-Elmar Tenorth (Hrsg.), Ideen als gesellschaftliche Gestaltungskraft im Europa der Neuzeit. Beiträge für eine erneuerte Geistesgeschichte, München 2006, S. 161–170.

Stourzh, Gerald, Zur Genese des Anschlußverbots in den Verträgen von Versailles, Saint-Germain und Trianon, in: Ackerl/Neck (Hrsg.), Saint-Germain 1919, S. 41–53.

Stovall, Tyler Edward, Paris and the Spirit of 1919. Consumer Struggles, Transnationalism, and Revolution, Cambridge, UK, New York 2012.

Streeter, Michael, Epitácio Pessoa. Brazil, London 2010.

—, Central America and the Treaty of Versailles, New York 2011.

—, South America and the Treaty of Versailles, New York 2011.

Struck, Bernhard/Rodogno, Davide/Vogel, Jakob (Hrsg.), Shaping the Transnational Sphere. Experts, Networks, Issues, New York 2013.

Struve, Kai (Hrsg.), Oberschlesien nach dem Ersten Weltkrieg. Studien zum nationalen Konflikt und seiner Erinnerung, Marburg 2003.

Stuby, Gerhard, Vom „Kronjuristen" zum „Kronzeugen". Friedrich Wilhelm Gaus. Ein Leben im Auswärtigen Amt der Wilhelmstraße, Hamburg 2008.

Stuhlpfarrer, Karl, Südtirol 1919, in: Ackerl/Neck (Hrsg.), Saint-Germain 1919, S. 54–77.

Sundhaussen, Holm, Von der Multiethnizität zum Nationalstaat. Der Zerfall „Kakaniens" und die staatliche Neuordnung im Donauraum am Ende des Ersten Weltkrieges, in: ders./Hans-Joachim Torke (Hrsg.), 1917–1918 als Epochengrenze?, Wiesbaden 2000, S. 79–100.

Süss, Martin, Rheinhessen unter französischer Besatzung. Vom Waffenstillstand im November 1918 bis zum Ende der Separatistenunruhen im Februar 1924, Stuttgart 1988.

Suveica, Svetlana, „Russkoe Delo" and the „Bessarabian Cause". The Russian Political Émigrés and the Bessarabians in Paris (1919–1920), Regensburg 2014.

Swanson, John C., The Sopron Plebiscite of 1921. A Success Story, in: East European Quarterly 34, H. 1 (2000), S. 81–94.

Sylvest, Casper, The Foundations of Victorian International Law, in: Bell (Hrsg.), Victorian Visions of Global Order, S. 47–66.

—, „Our passion for legality". International Law and Imperialism in Late Nineteenth-Century Britain, in: Review of International Studies 34, H. 3 (2008), S. 403–423.

—, British Liberal Internationalism, 1880–1930. Making Progress?, Manchester 2009.

Tams, Christian J., Die Zweite Haager Konferenz und das Recht der friedlichen Streitbeilegung, in: Die Friedens-Warte 82 (2007), S. 119–138.

—, Re-Introducing Walther Schücking, in: EJIL 22, H. 3 (2011), S. 725–739.

Tang, Chi-Hua, China-Europe, in: Fassbender/Peters (Hrsg.), Oxford Handbook, S. 702–723.

Teichova, Alice/Matis, Herbert (Hrsg.), Österreich und die Tschechoslowakei 1918–1938. Die wirtschaftliche Neuordnung in Zentraleuropa in der Zwischenkriegszeit, Wien 1996.

Ter Minassian, Taline, Les géographes français et la délimitation des frontières balkaniques à la Conférence de la Paix en 1919, in: Revue d'histoire moderne et contemporaine 44, H. 2 (1997), S. 252–286.

Tetsuya, Toyoda, L'aspect universaliste du droit international européen du 19ème siècle et le statut juridique de la Turquie avant 1856, in: JHIL 8 (2006), S. 19–37.

Ther, Philipp, Die dunkle Seite der Nationalstaaten. „Ethnische Säuberungen" im modernen Europa, Göttingen 2011.

Thiemeyer, Guido, The „Forces Profondes" of Internationalism in the Late Nineteenth Century: Politics, Economy and Culture, in: Löhr/Wenzlhuemer (Hrsg.), The Nation State and Beyond, S. 27–42.

Thiessen, Hillard v. (Hrsg.), Akteure der Außenbeziehungen. Netzwerke und Interkulturalität im historischen Wandel, Köln 2010.

Thompson, John A., Wilsonianism. The Dynamics of a Conflicted Concept, in: International Affairs 86, H. 1 (2010), S. 27–47.

Thompson, John M., Russia, Bolshevism, and the Versailles Peace, Princeton 1966.

Throntveit, Trygve, The Fable of the Fourteen Points. Woodrow Wilson and National Self-Determination, in: Diplomatic History 35 (2011), S. 445–481.

Thürer, Daniel, Max Huber. A Portrait in Outline, in: EJIL 18, H. 1 (2007), S. 69–80.

Tillman, Seth P., Anglo-American Relations at the Paris Peace Conference of 1919, Princeton 1961.

Todorova, Maria N., Imagining the Balkans, Neuaufl., Oxford 2009.

Tomuschat, Christian, The 1871 Peace Treaty between France and Germany and the 1919 Peace Treaty of Versailles, in: Lesaffer (Hrsg.), Peace Treaties and International Law in European History, S. 382–396.

Tomes, Jason, Balfour and Foreign Policy. The International Thought of a Conservative Statesman, Cambridge, UK, New York 1997.

Tooley, T. Hunt, National Identity and Weimar Germany. Upper Silesia and the Eastern Border, 1918–1922, Lincoln 1997.

Tooze, Adam, The Deluge. The Great War and the Remaking of Global Order, 1916–1931, London 2014.

Toppe, Andreas, Militär und Kriegsvölkerrecht. Rechtsnorm, Fachdiskurs und Kriegspraxis in Deutschland 1899–1940, München 2008.

Trachtenberg, Marc, „A New Economic Order". Etienne Clementel and French Economic Diplomacy during the First World War, in: French Historical Studies 10, H. 2 (1977), S. 315–341.

—, Reparation at the Paris Peace Conference, in: The Journal of Modern History 51, H. 1 (1979), S. 24–55.

—, Reparation in World Politics. France and European Economic Diplomacy, 1916–1923, New York 1980.

—, Versailles after Sixty Years, in: Journal of Contemporary History 17, H. 3 (1982), S. 487–506.

Trask, David F., The United States in the Supreme War Council. American War Aims and Inter-Allied Strategy, 1917–1918, Middletown, Conn. 1961.

Troebst, Stefan, Speichermedium der Konflikterinnerung. Zur osteuropäischen Prägung des modernen Völkerrechts, in: Zeitschrift für Ostmitteleuropa-Forschung 61, H. 3 (2012), S. 405–432.

Tucker, Robert W., Woodrow Wilson and the Great War. Reconsidering America's Neutrality 1914–1917, Charlottesville 2007.

Türcke, Kurt Egon Freiherr v., Die alliierten und assoziierten Hauptmächte. Rechtsform einer gescheiterten Weltordnung, Berlin 1942.

Tusan, Michelle, „Crimes against Humanity". Human Rights, the British Empire, and the Origins of the Response to the Armenian Genocide, in: AHR 119, H. 1 (2014), S. 47–77.

Uhlenbrock, Henning, Der Staat als juristische Person. Dogmengeschichtliche Untersuchung zu einem Grundbegriff der deutschen Staatsrechtslehre, Berlin 2000.

Uhlig, Ralph, Die Interparlamentarische Union 1899–1914. Friedenssicherungsbemühungen im Zeitalter des Imperialismus, Stuttgart 1988.

Valentin, Hellwig (Hrsg.), Die Kärntner Volksabstimmung 1920 und die Geschichtsforschung. Leistungen, Defizite, Perspektiven, Klagenfurt 2002.

van Daele, Jasmien, Engineering Social Peace. Networks, Ideas, and the Founding of the International Labour Organization, in: International Review of Social History 50, H. 3 (2005), S. 435–466.

van Ittersum, Martine Julia, Hugo Grotius. The Making of a Founding Father of International Law, in: Anne Orford/Florian Hoffmann (Hrsg.), The Oxford Handbook of the Theory of International Law, Oxford 2016, S. 82–100.

Vares, Mari, The Question of Western Hungary/Burgenland, 1918–1923. A Territorial Question in the Context of National and International Policy, Jyväskylä 2008.

Vauchez, Antoine, How to Become a Transnational Elite. Lawyers' Politics at the Genesis of the European Communities (1950–1970), in: Hanne Petersen u.a. (Hrsg.), Paradoxes of European Legal Integration, Aldershot 2008, S. 129–148.

—/Witte, Bruno de (Hrsg.), Lawyering Europe. European Law as a Transnational Social Field, Oxford 2013.

Vec, Miloš, Recht und Normierung in der industriellen Revolution. Neue Strukturen der Normsetzung in Völkerrecht, staatlicher Gesetzgebung und gesellschaftlicher Selbstnormierung, Frankfurt a.M. 2006.

—, Intervention/Nichtintervention. Verrechtlichung der Politik und Politisierung des Völkerrechts im 19. Jahrhundert, in: Ulrich Lappenküper/Reiner Marcowitz (Hrsg.), Macht und Recht. Völkerrecht in den internationalen Beziehungen, Paderborn 2010, S. 135–160.

—, Grundrechte der Staaten. Die Tradierung des Natur- und Völkerrechts der Aufklärung, in: Rechtsgeschichte 18 (2011), S. 66–95.

—, Verrechtlichung internationaler Streitbeilegung im 19. und 20. Jahrhundert? Beobachtungen und Fragen zu den Strukturen völkerrechtlicher Konfliktaustragung, in: Serge Dauchy/Miloš Vec (Hrsg.), Les conflits entre peuples. De la résolution libre à la résolution imposée, Baden-Baden 2011, S. 1–23.

—, From the Congress of Vienna to the Paris Peace Treaties of 1919, in: Fassbender/Peters (Hrsg.), Oxford Handbook, S. 654–678.

—, Principles in 19th Century International Law Doctrine, in: Nuzzo/Vec (Hrsg.), Constructing International Law, S. 209–227.

Verzijl, Jan, International Law in Historical Perspective, Bd. 3, State Territory, Leiden 1970.

Vesnić, Radoslav, Dr. Milenko Vesnić. Gransenjer srpske diplomatije, Belgrad 2008.

Vick, Brian E., The Congress of Vienna. Power and Politics after Napoleon, Cambridge, Mass. 2014.

Viefhaus, Erwin, Die Minderheitenfrage und die Entstehung der Minderheitenschutzverträge auf der Pariser Friedenskonferenz 1919. Eine Studie zur Geschichte des Nationalitätenproblems im 19. und 20. Jahrhundert, Würzburg 1960.

Villate, Laurent, La république des diplomates. Paul et Jules Cambon, 1843–1935, Paris 2001.

Visscher, Charles de/Carpmael, Kenneth/Colombos, C. John, Sir Cecil Hurst: Two Tributes, in: The International and Comparative Law Quarterly 13, H. 1 (1964), S. 1–5.

Wade, Rex Arvin, The Russian Revolution, 1917, 2. Aufl., Cambridge, UK 2006.

Walworth, Arthur, America's Moment 1918. American Diplomacy at the End of World War I, New York 1977.

—, Wilson and his Peacemakers. American Diplomacy at the Paris Peace Conference, 1919, New York 1986.

Wandycz, Piotr Stefan, France and her Eastern Allies, 1919–1925. French-Czechoslovak-Polish Relations from the Paris Peace Conference to Locarno, Minneapolis 1962.

—, Dmowski's Policy at the Paris Peace Conference. Success or Failure, in: Paul Latawski (Hrsg.), The Reconstruction of Poland, 1914–1923, New York 1992, S. 117–132.

Warman, Roberta M., The Erosion of Foreign Office Influence in the Making of Foreign Policy, 1916–1918, in: Hist. J. 15, H. 1 (1972), S. 133–159.

Watson, David, Père la Victoire or Perdre la Victoire. Clemenceau's Defence of the Peace Settlement, in: Gaynor Johnson (Hrsg.), Peacemaking, Peacemakers and Diplomacy, 1880–1939. Essays in Honour of Professor Alan Sharp, Newcastle upon Tyne 2010, S. 103–119.

Webster, Andrew, Making Disarmament Work. The Implementation of the International Disarmament Provisions in the League of Nations Covenant, 1919–1925, in: Fischer/Sharp (Hrsg.), After the Versailles Treaty, S. 133–152.

Wegner, Bernd (Hrsg.), Wie Kriege enden. Wege zum Frieden von der Antike bis zur Gegenwart, Paderborn 2002.

Weinke, Annette, Gewalt, Geschichte, Gerechtigkeit. Transnationale Debatten über deutsche Staatsverbrechen im 20. Jahrhundert, Göttingen 2016.

Weitz, Eric D., From the Vienna to the Paris System. International Politics and the Entangled Histories of Human Rights, Forced Deportations, and Civilizing Missions, in: AHR 113, H. 5 (2008), S. 1313–1343.

—, Self-Determination. How a German Enlightenment Idea Became the Slogan of National Liberation and a Human Right, in: The American Historical Review 120, H. 2 (2015), S. 462–496.

Wendt, Bernd Jürgen, Lloyd George's Fontainebleau-Memorandum: Eine Wurzel des Appeasement?, in: Ursula Lehmkuhl/Clemens A. Wurm/Hubert Zimmermann (Hrsg.), Deutschland, Großbritannien, Amerika. Politik, Gesellschaft und Internationale Geschichte im 20. Jahrhundert. Festschrift für Gustav Schmidt zum 65. Geburtstag, Stuttgart 2003, S. 27–44.

Wengst, Udo, Graf Brockdorff-Rantzau und die außenpolitischen Anfänge der Weimarer Republik, 2. Aufl., Bern, Frankfurt a.M., New York 1986.

Wertheim, Stephen, The League that Wasn't. American Designs for a Legalist-Sanctionist League of Nations and the Intellectual Origins of International Organization, 1914–1920, in: Diplomatic History 35, H. 5 (2011), S. 797–836.

—, The League of Nations: A Retreat from International Law?, in: Journal of Global History 7, H. 2 (2012), S. 210–232.

Wesley-Smith, Peter, Sir Francis Piggott. Chief Justice in his own Cause, in: Hong Kong Law Journal 12, H. 3 (1982), S. 260–292.

Wheatley, Natasha, New Subjects in International Law and Order, in: Glenda Sluga/Patricia Clavin (Hrsg.), Internationalisms. A Twentieth-Century History, Cambridge, UK, New York 2017, S. 265–286.

Wiggenhorn, Harald, Verliererjustiz. Die Leipziger Kriegsverbrecherprozesse nach dem Ersten Weltkrieg, Baden-Baden 2005.

Williams, Andrew, Why Don't the French do Think Tanks? France Faces up to the Anglo-Saxon Superpowers, 1918–1921, in: Review of International Studies 34, H. 1 (2008), S. 53–68.

Willis, James F., Prologue to Nuremberg. The Politics and Diplomacy of Punishing War Criminals of the First World War, Westport, Conn. 1982.

Wimer, Kurt, Woodrow Wilson's Plans to Enter the League of Nations through an Executive Agreement, in: Western Political Quarterly 11, H. 4 (1958), S. 800–812.

Windsor, Matthew, Consigliere or Conscience? The Role of the Government Legal Adviser, in: Jean d'Aspremont u.a. (Hrsg.), International Law as a Profession, Cambridge 2017, S. 355–388.

Winter, Jay M., Dreams of Peace and Freedom. Utopian Moments in the Twentieth Century, New Haven 2006.

—/Prost, Antoine, The Great War. Historical Debates, 1914 to the Present, Cambridge, UK 2005.

Wintzer, Joachim, Deutschland und der Völkerbund 1918–1926, Paderborn 2006.

Wirsching, Andreas, Vom Weltkrieg zum Bürgerkrieg? Politischer Extremismus in Deutschland und Frankreich 1918–1933/39. Berlin und Paris im Vergleich, München 1999.

Witt, John Fabian, Lincoln's Code. The Laws of War in American History, New York 2012.

Wolf, Nikolaus/Schulze, Max-Stephan/Heinemeyer, Hans-Christian, On the Economic Consequences of the Peace. Trade and Borders after Versailles, in: Journal of Economic History 71, H. 4 (2011), S. 915–949.

Wróbel, Piotr J., The Revival of Poland and Paramilitary Violence, 1918–1920, in: Rüdiger Bergien/Ralf Pröve (Hrsg.), Spießer, Patrioten, Revolutionäre. Militärische Mobilisierung und gesellschaftliche Ordnung in der Neuzeit, Göttingen 2010, S. 281–304.

—, Foreshadowing the Holocaust. The Wars of 1914–1921 and Anti-Jewish Violence in Central and Eastern Europe, in: Böhler/Borodziej/Puttkamer (Hrsg.), Legacies of Violence, S. 169–208.

Würtenberger, Thomas/Sydow, Gernot, Versailles und das Völkerrecht, in: Krumeich (Hrsg.), Versailles 1919, S. 35–52.

Wüst, Anja, Das völkerrechtliche Werk von Georges Scelle im Frankreich der Zwischenkriegszeit, Baden-Baden 2007.

Xu Guoqi, China and Empire, in: Robert Gerwarth/Erez Manela (Hrsg.), Empires at War. 1911–1923, Oxford 2014, S. 214–234.

Yanoulopoulos, Yanis, The Conference of Lausanne 1922/23, London 1974.

Yearwood, Peter J., Guarantee of Peace. The League of Nations in British Policy, 1914–1925, Oxford, New York 2009.

You, Paul, Le Préambule des traités internationaux, Fribourg 1941.

Zachmann, Urs Matthias, Völkerrechtsdenken und Außenpolitik in Japan, 1919–1960, Baden-Baden 2013.

Zahra, Tara, The „Minority Problem" and National Classification in the French and Czechoslovak Borderlands, in: Contemporary European History 17, H. 2 (2008), S. 137–165.

Zala, Sacha, Geschichte unter der Schere politischer Zensur. Amtliche Aktensammlungen im internationalen Vergleich, München 2001.

Zasloff, Jonathan M., Law and the Shaping of American Foreign Policy. From the Gilded Age to the New Era, in: New York University Law Review 78 (2003), S. 240–373.

Zidar, Andraž, Interpretation and the International Legal Profession. Between Duty and Aspiration, in: Andrea Bianchi/Daniel Peat/Matthew Windsor (Hrsg.), Interpretation in International Law, Oxford 2015, S. 133–146.

Ziebura, Gilbert, Weltwirtschaft und Weltpolitik 1922/24–1931. Zwischen Rekonstruktion und Zusammenbruch, Frankfurt a.M. 1984.

Ziegler, Karl-Heinz, Emer de Vattel und die Entwicklung des Völkerrechts im 18. Jahrhundert, in: Markus Kremer/Hans-Richard Reuter (Hrsg.), Macht und Moral. Politisches Denken im 17. und 18. Jahrhundert, Stuttgart 2007, S. 321–341.

—, Völkerrechtsgeschichte. Ein Studienbuch, 2., durchges. u. erg. Aufl., München 2007.

Zimmer, Andreas, Friedensverträge im Völkerrecht, Koblenz 1989.

Zimmermann, Ludwig, Frankreichs Ruhrpolitik von Versailles bis zum Dawesplan, Göttingen 1971.

Zollmann, Jakob, Naulila 1914, World War I in Angola and International Law. A Study in (Post-) Colonial Border Regimes and Interstate Arbitration, Baden-Baden 2016.

Zürcher, Erik J., Turkey. A Modern History, Neuaufl., London 1998.

—, The Ottoman Empire 1850–1922. Unavoidable Failure?, in: ders., The Young Turk Legacy and Nation Building. From the Ottoman Empire to Atatürk's Turkey, London 2010, S. 59–72.

—, The Ottoman Empire and the Armistice of Moudhros, in: ders., The Young Turk Legacy and Nation Building. From the Ottoman Empire to Atatürk's Turkey, London 2010, S. 188–194.

Abbildungsverzeichnis

https://doi.org/10.1515/9783110581485-011

Index

https://doi.org/10.1515/9783110581485-012